Kaiser   Grenzverwirrungen

Gerhard Kaiser   Grenzverwirrungen

Literaturwissenschaft
im Nationalsozialismus

Akademie Verlag

Gedruckt mit Unterstützung der Geschwister Boehringer Ingelheim
Stiftung für Geisteswissenschaften in Ingelheim am Rhein sowie
der Deutschen Forschungsgemeinschaft.

Das vorliegende Buch wurde im Dezember 2006 als Habilitationsschrift
im Fachbereich 3 (Sprach-, Literatur- und Medienwissenschaften)
der Universität Siegen eingereicht.

Bibliografische Information der Deutschen Nationalbibliothek:
Die Deutsche Nationalbibliothek verzeichnet diese Publikation
in der Deutschen Nationalbibliografie; detaillierte bibliografische Daten
sind im Internet über http://dnb.d-nb.de abrufbar.

ISBN 978-3-05-004411-8

© Akademie Verlag GmbH, Berlin 2008

Das eingesetzte Papier ist alterungsbeständig nach DIN / ISO 9706.

Alle Rechte, insbesondere die der Übersetzung in andere Sprachen, vorbehalten.
Kein Teil dieses Buches darf ohne schriftliche Genehmigung des Verlages
in irgendeiner Form – durch Photokopie, Mikroverfilmung oder irgendein anderes
Verfahren – reproduziert oder in eine von Maschinen, insbesondere von Daten-
verarbeitungsmaschinen, verwendbare Sprache übertragen oder übersetzt werden.

Einbandgestaltung: breutypo. Christopher Breu, Berlin
Innengestaltung: Petra Florath, Berlin
Satz: Werksatz Schmidt & Schulz, Gräfenhainichen
Druck und Bindung: Druckhaus „Thomas Müntzer", Bad Langensalza

Printed in the Federal Republic of Germany

Inhaltsverzeichnis

Einleitung	1
1. Wissenschaftshistoriographische Vorüberlegungen	7
1.1 Anspruch, Ziel, Forschungsperspektive, Methodik und Darstellungsweise	7
1.2 Skizze der Forschungssituation: Zwei Basiserzählungen zur Literaturwissenwissenschaft im NS und die Position der vorliegenden Studie	10
1.3 Heuristisches Instrumentarium	13
Eigensinn und Resonanz (Feld, Spiel und Denkstil)	14
Redeweisen (Scharnierbegriffe, Scharniererzählungen, Semantischer Umbau)	28
Akteure	31
2. Quellen	34
3. Vier mögliche Einwände: Selektion, Apologetik, Relativismus, Blinder Fleck	35
3.1 Willkürliche Selektion des Beobachtungszeitraums?	35
3.2 Implizite Apologetik?	36
3.3 Kognitiver Relativismus?	37
3.4 Blinder Fleck?	39
4. Aufbau der Studie und erste Übersicht	41
I. Annäherungen an einen Denkstil: Paratexte 1941/42	51
Zwei germanistische „Gemeinschaftswerke"	53
Von deutscher Art in Sprache und Dichtung	55
Gedicht und Gedanke	65

II. Resonanzkonstellation 1933–1945 73
1. „Halb so teuer und doppelt so deutsch": Zum Resonanzprofil der Geisteswissenschaften zwischen 1933 und 1945 75
2. Legitimationsprobleme einer „durchaus nicht notwendigen Wissenschaft": Zum Resonanzprofil der Neueren deutschen Literaturwissenschaft zwischen 1933 und 1945 80
3. Nationalsozialistische Steuerungsversuche und Entwicklung der Personalkonstellation in der Neueren deutschen Literaturwissenschaft unter den hochschul- und wissenschaftspolitischen Rahmenbedingungen zwischen 1933 und 1945 89
3.1 Das „Gesetz zur Wiederherstellung des Berufsbeamtentums": Entlassungen und Vertreibungen 92
3.2 Partielle Neuregelung des Berufungsverfahrens 98
3.3 Erneuerung der Reichshabilitationsordnung (RHO) 107

III. Grenzverwirrungen – Die Neuere deutsche Literaturwissenschaft zwischen Eigensinn und Resonanz 125
1. Eröffnungsspiele: Akklamation, Abwehr und Distinktion – Programmatische Texte 1933/34 127

Die „Herren Professoren" und die „Jugend selbst": Die Reaktionen auf die Machtübergabe an den Hochschulen und ihr Zusammenhang mit der Generationszugehörigkeit und dem akademischen Status der Akteure 127
Reaktionen in der Literaturwissenschaft: Akklamatorischer Grundtenor und das Spektrum der Akteure 132
Die feinen Unterschiede 1: Radikal und randständig: Walther Linden und die disziplinären Exklusionsmechanismen 141
Die feinen Unterschiede 2: Gerhard Fricke und die doppelte Distinktionsstrategie eines erfolgreichen Nachwuchswissenschaftlers 148
Die feinen Unterschiede 3: Relativierte Vehemenz und Besitzstandswahrung: Günther Weydt und das Echo des disziplinären Establishments 154
Die feinen Unterschiede 4: Karl Viëtor und die Variante einer etablierten „Wissenschaft vom deutschen Menschen" 161
Die feinen Unterschiede 5: Militärisch mit Maßen: Arthur Hübner und Hans Heinrich Borcherdt 168
Die feinen Unterschiede 6: Heinz Kindermann und die „volle Breite des völkischen Seins" 183

Die feinen Unterschiede 7: Josef Nadler oder „Wo ich bin, da ist die deutsche
Literaturwissenschaft" 187
Dem „Oberbau eine zeitgemäße Umformung" verleihen – Zur Umbenennung
der Zeitschrift „Euphorion" 192
Zwischenfazit 196

2. „Die ewige Wiederkehr des Neuen": Revitalisierungsdiskurse
im Zeichen des „Lebens" 199

2.1 Anmerkungen zum Lebens-Diskurs 201

2.2 Die Literaturwissenschaft und der resonanzstarke aber vage Lebens-Begriff
vor 1933 218
Vier Aspekte des Lebens-Diskurses vor 1933 218
a) ein makrologischer Impetus 223
b) eine dezidierte Abgrenzung von den Naturwissenschaften 225
c) Ressentiments gegenüber der Moderne 226
d) der „Mut" zur (Selbst-)Darstellung 227
Die Argumentationsfigur der Revitalisierung und die Öffnung der Disziplin
für metaphysische Fragestellungen 229

2.3 Wiederholungsspiele – Literaturwissenschaft und Leben nach 1933 240
Semantische „Ausweitung der Kampfzone": Anmerkungen zu einer Kontroverse im Zeichen des „Lebens" zwischen Hermann Pongs und Gerhard Fricke 254
Literaturwissenschaft als „wildes Dazwischen" oder: Der Lebenswissenschaftler
Herbert Cysarz 272
Das Finstere in klassischen Zeiten. Auseinandersetzungen um die lebenswissenschaftlichen Deutungen von Schillers theoretischen Schriften 281

3. Schwierigkeiten mit der „kopernikanischen Wende": Von der begrenzten
Anziehungskraft des Rasse-Begriffes für die Literaturwissenschaft vor und
nach 1933 294

3.1 Zur „Karriere" eines Scharnierbegriffes – Der Rasse-Begriff seit der zweiten
Hälfte des 19. Jahrhunderts 295
Welt- und kulturgeschichtliche Schlüsselattitüde des Rasse-Begriffes 298
Die Aura (natur-)wissenschaftlicher Objektivität des Rasse-Begriffes 312
Die Aura eines gesteigerten Anwendungsbezuges und die Resonanz
des Rasse-Begriffes im politischen Feld 317

3.2 Laienspiele – Literaturwissenschaft und „Rasse" vor und nach 1933 322
Skepsis und Ausgrenzung: Literaturwissenschaft und „Rasse" vor 1933 ... 322

Skepsis, Applikation und Distinktion – Von den Schwierigkeiten mit einem politischen Hochwertbegriff: Literaturwissenschaft und „Rasse" zwischen 1933 und 1945 327

Skeptische bzw. prospektive Integration 333
Pragmatische Applikationen:
1) *Ornamentale Kollusionssemantik (z. B. Müller, Petsch, Emrich)* 338
2) *„wir wollen Sinn und wenn wir deshalb das Sinnlose an uns geschehen lassen müssen": Heinz Otto Burgers „Anfang"* 344
Programmatische Applikationen:
1) *Versöhnung oder Ernüchterung und Unbedingtheit? Neuordnungsvarianten im Zeichen der Rasse von den Rändern der Disziplin: Ludwig Büttner und Hans Rössner* 355
2) *Professionalisierungsversuche und „biologischer Funktionalismus" im Schatten der „Bauhütte": „Rassische Betrachtungsweisen" im Zentrum der Disziplin (Willi Flemming und Franz Koch)* 365
Zwischen Distinktion und paratextueller Integration: Josef Nadlers Stammeskunde als „reactionary modernism" und der Rasse-Begriff 390

4. Literaturwissenschaft als Wirklichkeitswissenschaft und als Wesens- und Wertewissenschaft im Zeichen des „Volkes": Modernisierungsvarianten und orthodoxer *mainstream* 411

4.1 Zur „Karriere" des Scharnierbegriffes Volk 412

4.2 Gesellschaftsspiele: Wirklichkeitswissenschaft von der und für die „Volksgemeinschaft" 419

Soziologisierung und Empirisierung des Blicks: Literatursoziologie als Wirklichkeitswissenschaft bei Viëtor, Keferstein und Flemming 423
Von der „Vollwirklichkeit" zur Volkswirklichkeit: Heinz Kindermanns Umbau von der „literarhistorischen Anthropologie" zur „volkhaften Lebenswissenschaft" 441

4.3 Weihespiele: Literaturwissenschaft als volksbezogene Wesens- und Wertewissenschaft 464

Der orthodoxe *mainstream* und das Scharnier-Narrativ der „Deutschen Bewegung" 464
Der „Weg um die Kugel": Clemens Lugowskis semantischer Umbau vom „mythischen Analogon" zur „deutschen Wirklichkeit" als semantisches Einfädeln in den orthodoxen *mainstream* 484
„Entschuldigen Sie, verehrte Leser, daß wir eine Schillerausgabe machen ..." – Probleme mit der Orthodoxie I: Orthodoxie zwischen Resonanz und Eigensinn und der „Fall" Beißner 501

„Volk nennt er ein einziges Mal ..." – Probleme mit der Orthodoxie II: Orthodoxie und Langeweile oder Hermann Pongs' „existentialistische" Literaturwissenschaft als Reaktion auf die „Gefahr einer völkischen Konvention" ... 508
„Volk" im Werten – Probleme mit der Orthodoxie III: Orthodoxie und literaturhistoriographische Wertung 534
„Lebensgefühl (was ist das eigentlich??)" oder der „Schrecken der Beresina" – Die Debatte um den Biedermeier-Begriff als literaturhistoriographische Epochenbezeichnung 538
„Echt"/„Unecht": Zur Kanonisierung der „Gegenwartsliteratur" 561

4.4 Sinnsoldaten: Die Neuere deutsche Literaturwissenschaft und der Krieg .. 569
Sinnstiftung durch Repräsentation 575
Sinnstiftung durch Legitimations- und Kompensationsangebote 586
„wir brauchen ein Symbol" oder Lesen in Zeiten des Krieges: Hölderlin-Inszenierung 1943/44 600
Frühe Sakralisierung: George und Hellingrath 601
Doppeltes Rückzugsgefecht mit Hölderlin im Krieg: Von militärischen und mentalitäts-, bzw. mediengeschichtlichen Niederlagen 606
Hölderlin als Objekt einer „reinen" Literaturwissenschaft 1: Die Stuttgarter Hölderlin-Ausgabe 625
Hölderlin als Objekt einer „reinen" Literaturwissenschaft 2: Paul Böckmanns und Max Kommerells Hölderlin-Deutungen 632

5. „Neue" Grenzen und alte Verwirrungen: Literaturwissenschaft und „Dichtung" 655

5.1 Dichtung und Gestalt oder Das Leben in der Dichtung: Günther Müllers „morphologische Poetik" als Fährenvariante zwischen Lebens- und Dichtungswissenschaft 669

IV. Nachspiele: Diskursives Vergangenheitsmanagement in der Neueren deutschen Literaturwissenschaft nach 1945 697

Anhang 711
Danksagung 717
Literaturverzeichnis 719
Verzeichnis der Abkürzungen 766
Namenverzeichnis 767

Für O. F. K.

„Der Umstand, daß Intellektuelle meist mit Intellektuellen zu tun haben, sollte sie nicht dazu verführen, ihresgleichen für noch gemeiner zu halten als den Rest der Menschheit. Denn sie erfahren sich durchweg in der beschämendsten und unwürdigsten Situation von allen, der von konkurrierenden Bittstellern, und kehren sich damit fast zwanghaft untereinander die abscheulichsten Seiten zu. [...] Berechtigte Schuldgefühle derer, die von der physischen Arbeit ausgenommen sind, sollten nicht zur Ausrede werden für die ‚Idiotie des Landlebens'. Die Intellektuellen, die als einzige über die Intellektuellen schreiben und ihnen ihren schlechten Namen in dem der Echtheit machen, verstärken die Lüge. Ein großer Teil des herrschenden Anti-Intellektualismus und Irrationalismus [...] wird in Gang gesetzt, indem die Schreibenden den Konkurrenzmechanismus anklagen, ohne ihn zu durchschauen, und ihm so verfallen. In ihrer eigenen Branche haben sie das Bewußtsein des tat twam asi sich versperrt. Deshalb laufen sie dann in die indischen Tempel."
(Theodor W. Adorno: Minima Moralia)

„Geschichte im eigentlichen Sinn wiederholt sich nicht. Da aber die Zahl der Illusionen, deren der Mensch fähig ist, begrenzt ist, kehren sie unter anderer Verkleidung immer wieder und geben einem erzverrotteten Dreck den Anschein der Neuheit und den Firnis der Tragik."
(Émil M. Cioran: Vom Nachteil, geboren zu sein)

Einleitung

Eine „Grenzverwirrung von Wissenschaft und Politik, die beiden Teilen nicht zum Vorteil gereicht", diagnostiziert der Berliner Ordinarius für Literaturgeschichte, Franz Koch, 1939 in einer geheimen, „Schweigen hieße Verrat" betitelten Denkschrift für die Reichskanzlei.[1] Dass gerade Koch eine solche Klage anstimmt, mag überraschen. Denn gerade in ihm selbst personalisiert sich diese „Grenzverwirrung" gleichsam exemplarisch. Ist er doch nicht nur als Literaturwissenschaftler, sondern zugleich auch als Hauptlektor im „Amt Schrifttumspflege" unter der Leitung Rosenbergs, und somit als wissenschafts*politischer*, nationalsozialistischer Beobachter der Literaturwissenschaft, tätig. Der Berliner Literaturwissenschaftler ist denn auch vor allem vom despektierlichen, bisweilen entschieden anti-akademischen Verhalten der nationalsozialistischen Machthaber gegenüber der Professorenschaft enttäuscht. Aber es sind nicht nur der Standesdünkel und die gekränkte Eitelkeit eines Gelehrten, der sich von der „neuen Zeit" unter den neuen Machthabern mehr Aufmerksamkeit und Prestige für sich und seine Wissenschaft versprochen hat, die sich hier artikulieren. Kochs Beschwerden zielen darüber hinaus auch auf Grundsätzlicheres. Enttäuscht gibt er sich auch von den seines Erachtens unangemessenen Ansprüchen der Politik an die Wissenschaft. „Man verlangt von der Wissenschaft", so heißt es in der Denkschrift weiter,

> daß sie „politisch" sei, was nicht für jede Wissenschaft in diesem unmittelbaren Sinne Geltung haben kann. Gewiß gibt es Fachwissenschaften wie Wehrlehre, Pädagogik, gewisse Zweige der Geschichte, die ihrem **Wesen** nach politisch sind und waren und vornehmlich der politischen Bildung und politischen Führung dienen. Andere Disziplinen sind es nicht so unmittelbar. Sie dazu zu machen, würde eine Verkennung ihres eigentlichen Wesens und Charakters bedeuten.[2]

Dass sich mit Franz Koch also ausgerechnet ein Literaturwissenschaftler um die Eigenständigkeit seines Faches zu sorgen vorgibt, der selbst mit seinen Schriften gerade zu jenen „Grenzverwirrungen" nachhaltig beiträgt, die er hier beklagt[3], mag man als historischen

---

1   Zit. nach Seier, Hellmut: Niveaukritik und partielle Opposition. Zur Lage an den deutschen Hochschulen 1939/40, in: Archiv für Kulturgeschichte, 58, 1976, S. 227–246, S. 240. S. dort auch zu den näheren Umständen dieser Denkschrift.
2   Zit. nach ebd. Hier und im Folgenden entsprechen die Hervorhebungen in den Zitaten, wenn nicht anders vermerkt, den Hervorhebungen in den Originalen.
3   Zu Franz Koch im Detail s. v. a. die Kapitel I und III.3.2.

Treppenwitz verbuchen. Nichtsdestoweniger verweist sein Lamento auf den für die vorliegende Studie zentralen Umstand, dass die Grenze zwischen (Literatur-) Wissenschaft und Politik, oder allgemeiner gesprochen: die Grenzen zwischen wissenschaftlicher und nicht-wissenschaftlicher Kommunikation, sowie die Regeln selbst, die diese Grenzen konstituieren, zwischen 1933 und 1945 offensichtlich in erheblichem Maße „auf dem Spiel" stehen.

Was aber ist überhaupt gemeint, wenn Koch hier eine „Grenzverwirrung" beklagt? Diese Frage zieht sogleich ein Bündel weiterer Fragen nach sich. Wann hört eine geisteswissenschaftliche Disziplin wie die Literaturwissenschaft[4] überhaupt auf, wissenschaftlich zu sein? Unter diktatorischen Bedingungen, wenn sie aus Zwang, aus Anpassung oder freiwillig politisch wird? Wann ist eine literaturwissenschaftliche Aussage nicht mehr wissenschaftlich, wann wird oder ist sie politisch? Oder kann sie auch beides zugleich sein? War die Neuere deutsche Literaturwissenschaft nach der politischen Zäsur der Machtübergabe von 1933 und während des Nationalsozialismus keine Wissenschaft, waren ihre Vertreter keine Wissenschaftler mehr? Welche Handlungsspielräume hatte das Fach überhaupt zwischen 1933 und 1945? War es durch die Eingriffe der nationalsozialistischen Wissenschaftspolitik sowie durch ihre eigenen Anpassungsbemühungen fremdbestimmt, also heteronom, oder hat die Disziplin doch weiterhin nach ihren *eigenen*, (literatur)wissenschaftlichen Regeln funktioniert, ist sie also autonom geblieben? Oder war sie zumindest relativ autonom, was jedoch zugleich implizieren würde, dass sie auch relativ heteronom war?

Auf diese Fragen gibt es keine einfachen Antworten. Denn es ist nicht leicht, die komplexe Gemengelage aus wissenschaftlichem Eigensinn, Anpassung und Zwang, als die sich das Verhältnis von Disziplingeschichte und wissenschaftsexterner Geschichte bei differenzierter Betrachtung präsentiert, noch in eine „große Erzählung" zu überführen. Wie schwierig es ist, die oben gestellten Fragen zu beantworten, vor allem dann, wenn das Augenmerk sich auf das wissenschaftsgeschichtliche Detail zu richten beginnt, mag der kurze Blick auf ein Beispiel illustrieren.

Folgender Gedankengang findet sich in einem 1939 in der *Zeitschrift für Deutsche Bildung* veröffentlichten Beitrag. „Sprache", so der angesehene Nachwuchswissenschaftler Clemens Lugowski[5] dort,

---

[4] Wenn im Folgenden aus textökonomischen Gründen (und auf Kosten terminologischer Präzision) die Rede von der „Literaturwissenschaft" sein wird, so ist damit, falls nicht anderweitig expliziert, stets lediglich die Neuere deutsche Literaturwissenschaft gemeint. Zur historischen Semantik der Begriffe Literatur/literarisch/Literaturwissenschaft s. Weimar, Klaus: Literatur, Literaturgeschichte, Literaturwissenschaft. Zur Geschichte der Bezeichnungen für eine Wissenschaft und ihren Gegenstand, in: Wagenknecht, Christian (Hrsg.): Zur Terminologie der Literaturwissenschaft, Stuttgart 1988, S. 9–23; Rosenberg, Rainer: Literarisch/Literatur, in: Barck, Karlheinz u. a. (Hrsg.): Ästhetische Grundbegriffe, Bd. III, Stuttgart 2001, S. 665–693; ders.: Verhandlungen des Literaturbegriffs, Berlin 2003; Kaiser, Gerhard: Literarisch/Literatur, in: Trebess, Achim (Hrsg.): Metzler Lexikon Ästhetik, Stuttgart/Weimar 2006, S. 235–238.

[5] Zu Lugowski s. v. a. das Kapitel III.4.3.

ist nicht ein bloßes Werkzeug, das von jeweils einzelnen Menschen nach Willkür gehandhabt wird. [...] Das heißt, es ist nicht der persönlichen Willkür überlassen, wie man spricht; sondern die Sprache selbst setzt und begrenzt jedem seine Möglichkeiten. Die meisten Menschen beherrschen nicht ihre Sprache, sondern sie werden von ihr beherrscht. Das heißt, auch dort, wo kein wirklich schaffender Mensch mehr hinter einer Sprachgebärde steht, kann die Sprache noch aus sich selbst, aus einer Art Beharrung heraus Formen schaffen. So entstehen die deutschsprachigen Verse Heinrich Heines, um noch einmal dieses Beispiel eines deutsch schreibenden Juden zu nennen. Und weil **dieser** Sprachformung nicht mehr ein persönlich ausgeformtes Menschentum zugeordnet, weil sie heimatlos ist, werden sich in ihr immer wieder Ungereimtheiten, Versager, Unstimmigkeiten, Brüche aufweisen lassen, die das Ganze als bloße Fassade und die angebliche Deutschheit der Formung als Eigentum nicht des Autors, sondern der Sprache entlarven, die für ihn dichtete und dachte.[6]

Sind diese Aussagen (noch) wissenschaftlich? Oder sind sie (nur noch) politisch? Oder sind sie beides zugleich? Lugowskis einleitende Ausführungen über die Sprache als über- bzw. vorindividueller Bedingung der Möglichkeit individueller Kommunikation erscheinen einem heutigen, zumindest aber einem geisteswissenschaftlich informierten Leser durchaus vertraut. Das klingt, in seiner Prägnanz und Kühle, geradezu strukturalistisch. Denn so oder doch zumindest so ähnlich würde man wahrscheinlich auch heute noch in einem sprach- oder literaturwissenschaftlichen Einführungsseminar über die strukturalistische Sicht des Verhältnisses „Individuum – Sprache" belehrt werden können. Berücksichtigt man den zeitgenössischen Kontext der damaligen Literaturwissenschaft, für die sprachtheoretische Grundlagenreflexionen nicht zum alltäglichen Wissenschaftsgeschäft gehörten, dann erscheinen Lugowskis Überlegungen nicht nur als wissenschaftlich, sondern regelrecht als „modern".

Irritierend für den heutigen Leser wirkt jedoch die Kopplung dieser gleichsam protostrukturalistischen Überlegungen, deren „Wissenschaftlichkeit" anzuerkennen also wenigstens dem Geisteswissenschaftler kaum Probleme bereitet, mit dem unmittelbar sich anschließenden, aus den vorangegangenen Überlegungen ja abgeleiteten, rassistischen Werturteil über den, wie Lugowski es am Beginn des gleichen Aufsatzes formuliert, „Literaturjude[n]"[7] Heine. Kaum einen Satz weit voneinander entfernt sind hier also sprachtheoretische Prämisse und rassistische *conclusio*, wissenschaftlich auftretende Reflexion und politisch motiviertes, rassistisches Werturteil. Offensichtlich haben wir es hier mit einem Komplex von Aussagen zu tun, der sowohl wissenschaftlich, als auch politisch, d.h. hier rassistisch

---

6   Lugowski, Clemens: Dichtung als Verkörperung deutschen Volkstums, in: ZfDB, 15, 1939, S. 2–10, hier: S. 9. Die folgenden Ausführungen zu dieser Passage haben lediglich einleitenden Charakter. Es geht also an dieser Stelle weder um eine erschöpfende Interpretation der angeführten Passage, noch um eine Analyse von Lugowskis Stellung in der Literaturwissenschaft während des NS. S. dazu ausführlich unter III.4.3.
7   Lugowski, Clemens: a.a.O., S. 2.

ist. Lugowskis Rede ist mehrfach adressiert: sie will, dieser Eindruck stellt sich ein, als wissenschaftliche *und* als politische Aussage verstanden werden.

Irritierender noch ist aber etwas anderes: Denn die Frage, ob auch den damaligen Rezipienten dieser Passage Lugowskis Heine-Verdikt überhaupt als „unwissenschaftlich" aufgefallen wäre, ist durchaus nicht so leicht zu beantworten. Zwar waren sich die meisten Literaturwissenschaftler darin einig, dass ihre Wissenschaft auch zu Werturteilen über die Literatur berechtigt, wenn nicht gar verpflichtet sei. Viele gingen sogar davon aus, dass die Literaturwissenschaft *nur dann* eine echte Wissenschaft sei, wenn sie auch solche Werturteile fälle. Ob es jedoch noch wissenschaftlich sei, solche Wertungen auf der Grundlage „rassenkundlicher" Kategorien zu treffen, war durchaus unklar.[8]

Die Grenzen zwischen Wissenschaft und Nicht-Wissenschaft, zwischen Wissenschaft und Politik verwirren sich jedoch nicht erst in der Retrospektive, also für den heutigen Betrachter der Literaturwissenschaft im NS. Auch den zeitgenössischen Literaturwissenschaftlern selbst waren sie – dies dokumentieren die eingangs zitierten Bemerkungen Franz Kochs – alles andere als klar.

Die quellengesättigte Rekonstruktion und Analyse der „Grenzverwirrungen" bzw. der disziplinspezifischen „Spiele"[9] um diese Grenzen, d. h. der expliziten wie impliziten Auseinandersetzungen darüber, bzw. den Kämpfen darum, was aus welchen Gründen (noch oder schon nicht mehr) als „wissenschaftlich" im Sinne der Literaturwissenschaft zu gelten habe, ist das Ziel der vorliegenden Arbeit.[10] Dergestalt wird sie den Versuch unternehmen, eine möglichst differenzierte Antwort zu geben nicht nur auf die oben angeführten sondern auch auf die Fragen danach, wie die Neuere deutsche Literaturwissenschaft auf die nationalsozialistische Diktatur reagiert, welche Anstrengungen sie unternimmt, um sich auf die gewandelte Situation resonanzbewusst einzustellen und wie sie – falls sie dies tut – ihre semantischen Bestände umbaut.

Dass, wer eine solche Geschichte schreibt, nicht einfach darstellt, „wie es gewesen ist", ist längst auch im Kontext der Wissenschaftsgeschichtsschreibung eine Binsenweisheit, die hier deshalb nicht mehr diskutiert werden muss. Die jeweilige Forschungsperspektive bestimmt die Selektion, die Darstellung sowie die Interpretation der *res gestae* und damit auch deren Rekonstruktion. Die Forschungsperspektive dieser Studie soll deshalb im Rahmen des folgenden Kapitels, das die perspektivbestimmenden, wissenschaftshistoriographischen Vorüberlegungen transparent macht, dargelegt werden.

---

8   Auch dieser Frage kann hier einleitend nicht erschöpfend nachgegangen werden. S. dazu aber vor allem III.3.
9   Zum Begriff des Spieles s. unter 1.
10 Die Rekonstruktion der jeweiligen Verwendungsweisen, der extensionalen wie intensionalen Zurichtungen von „Wissenschaftlichkeit", mithin ihre konsequente Historisierung, bleibt m. E. eine der vordringlichen Aufgaben der Wissenschaftsgeschichtsschreibung.

1. Wissenschaftshistoriographische Vorüberlegungen

1.1 Anspruch, Ziel, Forschungsperspektive, Methodik[11] und Darstellungsweise

Seit mit Peter Sturms Dissertation über *Literaturwissenschaft im Dritten Reich*[12] die erste und bisher letzte monographische Darstellung erschienen ist, die sich unter einer durchgängigen und einheitlichen Perspektive dem Gesamtkomplex Literaturwissenschaft und NS zuwendet, sind mittlerweile mehr als zehn Jahre vergangen. Der Wissensstand hinsichtlich der Fachgeschichte während des NS hat sich in dieser Zeit freilich, sozusagen unterhalb der Ebene der „großen Erzählungen" (s. dazu 1.2), angesichts zahlreicher forschungsgeschichtlicher, biographischer und institutionengeschichtlicher Detailstudien, die durch Archivmaterialien fundiert sind, erheblich erweitert und verfeinert.[13]

In ihren Verästelungen, in ihrem Facettenreichtum wie auch in ihren Widersprüchen ist die differenzierte Forschungslage für den wissenschaftsgeschichtlich interessierten Nicht-Spezialisten deshalb kaum noch zu überblicken. Gerade angesichts einer solchen Situation erscheint eine erneute, methodisch reflektierte Gesamtdarstellung, die diesem Wissensstand Rechnung trägt, ohne sich in ihm zu verlieren, ebenso als Desiderat wie auch als Wagnis. Insofern versteht sich die vorliegende Studie als Angebot einer erneuten, monographischen Zwischensynthese.[14] Als *Zwischen*synthese beinhaltet sie zugleich das Angebot, ihre Ergebnisse und Befunde durch weitere Detail- und Archivforschungen zu überprüfen und gegebenenfalls zu optimieren.

Ziel der vorliegenden Arbeit ist – wie oben bereits gesagt – eine möglichst umfassende sowie differenzierte Rekonstruktion und Analyse der „Grenzverwirrungen" zwischen Wissenschaft und Politik, zwischen Wissenschaft und Nicht-Wissenschaft in der Literaturwis-

---

11 In diesem Teilkapitel wird die Methodik der Arbeit lediglich proleptisch skizziert. Zur Entfaltung des heuristischen Instrumentariums im Detail s. unter 1.3.
12 Sturm, Peter: Literaturwissenschaft im Dritten Reich. Germanistische Wissenschaftsformation und politisches System, Wien 1995. Zur Würdigung und Kritik dieser Arbeit s. unter „Akteure" im Unterkapitel. 1.3.3.
13 Was die vorliegende Arbeit diesen Detailstudien verdankt, ist in den Anmerkungen jeweils ausgewiesen. Was die Ausdifferenzierung und Optimierung der Fachgeschichtsschreibung betrifft, so kann ihre Institutionalisierung, die sich in der Gründung des „Marbacher Arbeitskreises für Geschichte der Germanistik" sowie in den regelmäßigen Veröffentlichungen der „Arbeitsstelle für die Erforschung der Geschichte der Germanistik im Deutschen Literaturarchiv Marbach" manifestiert, an Wichtigkeit wohl kaum überschätzt werden.
14 Hinsichtlich des Transitorischen aber auch hinsichtlich des Wertes solcher Syntheseangebote kommt etwa Nicholas Boyle im Vorwort zu seiner monumentalen Goethebiographie zu einer Einschätzung, der hier *mutatis mutandis* nichts hinzuzufügen ist: „Was ich zu bieten habe, ist eine Synthese von Synthesen, und der Wert der Kompilationen, auf denen meine Arbeit fußt, wird diese selber lange überdauern. Wenn aber eine solche Synthese nicht von Zeit zu Zeit, und für eine bestimmte Zeit, unternommen wird, wozu sind dann die Kompilationen gut?" (Boyle, Nicholas: Goethe I. 1749–1790, zweite, durchgesehene Auflage, München 1999, S. 10)

senschaft unter den Bedingungen des NS. Um solchen „Grenzverwirrungen", die sich etwa in der zitierten Passage aus Lugowskis Text exemplarisch andeuteten, in methodisch reflektierter Weise auf die Spur zu kommen, fragt die Studie nach dem disziplinspezifischen *Verhältnis von Eigensinn und Resonanz* in dieser Phase.

Die Forschungsperspektive richtet sich deshalb auf jenen, an den *Redeweisen der Disziplin* zu vermessenden Zwischenbereich von „Professionalisierung und Politisierung"[15], von Forschungslogik und politisch-gesellschaftlicher Logik, in dem sich dieses Verhältnis von Eigensinn und Resonanz manifestiert. Sie geht somit weder von einer „reinen" noch von einer „willfährigen" Disziplin aus, sondern vielmehr davon, dass die Grenzen zwischen Wissenschaft und Nicht-Wissenschaft prinzipiell variabel (d.h. *nicht*: beliebig!) sind, insofern sie als Resultat der fortlaufenden Auseinandersetzungen um eben diese Grenzen begriffen werden müssen.

Methodisch gesehen integriert diese Perspektive in einem durch den erhöhten Kontextualisierungsbedarf des Forschungs„gegenstandes" gebotenen Verfahren, das man als „reflektierten Synkretismus" bezeichnen könnte, sowohl unterschiedliche wissenschaftssoziologische, argumentationsgeschichtliche und textanalytische Forschungsansätze, als auch einzelne Forschungsergebnisse aus der Fachgeschichte, der Forschungsgeschichte, der Wissenschaftsgeschichte, der Geschichte des deutschen Bildungsbürgertums und der Gesellschaftsgeschichte. Es dürfte mithin klar sein, dass der Fokus der vorliegenden Arbeit weniger auf der „klassischen" Forschungs-, Fach- oder Institutionengeschichte liegt, wenngleich sie ohne den stetigen Rückbezug auf deren Resultate gar nicht denkbar wäre.

Indem diese Arbeit die Analyse literaturwissenschaftlicher Redeweisen, d.h. die Funktionsweise fachspezifischer Begriffe, Argumentationsmuster und Erzählungen in den Mittelpunkt stellt und somit auch der textgenauen Analyse literaturwissenschaftlicher Schriften größeren Raum zugesteht, als dies in anderen Arbeiten zur Fachgeschichte im NS sonst üblich ist, bewegt sie sich auf einer *mittleren Syntheseebene*. Dies meint: Sie bewegt sich unterhalb der Abstraktionshöhe einer systemtheoretischen Wissenschaftsauffassung, deren theoretische Makrooptik auf die Wissenschaft als eines autopoietischen Sozialsystems zu „Konkretionsdefizite[n]"[16] führen kann, sobald sie sich der empirisch-historischen Mikro-

---

15 Maas, Utz: Die Entwicklung der deutschsprachigen Sprachwissenschaft von 1900 bis 1950: Zwischen Professionalisierung und Politisierung, in: Zeitschrift für germanistische Linguistik, 16, 1988, S. 253–290.

16 Ries, Thorsten: Wissenschaftsgeschichte mit oder ohne System? Ein methodologischer Rückblick auf das DFG-Projekt *Wissenschaftsgeschichte der Germanistik im 19. Jahrhundert*, in: Berichte zur Wissenschaftsgeschichte, 24, 2001, S. 29–46, hier: S. 33. Ries, der die Applizierbarkeit der systemtheoretischen Wissenschaftstheorie auf den Gegenstandsbereich der Wissenschaftsgeschichtsschreibung der Germanistik kritisch diskutiert, kommt an dieser Stelle zu dem Schluss, dass „jeder Versuch, mit systemtheoretischem Hintergrund Wissenschaftsgeschichte zu schreiben, strenggenommen an einem Konkretionsdefizit [leidet]." Angesichts dieses „Konkretionsdefizits der Systemtheorie", die ihre Voraussetzungen – Differenzierung in Disziplinen in einem bestimmten Zeitraum und Kontinuität von Institutionen (als System/Umwelt-Stabilisierte) – „‚von oben' auf den Gegenstand der Disziplingeschichte herabsenk[e]", wirke „ein großer Teil des empirischen Materials theoretisch nicht unmittelbar anschlußfähig […] und somit etwas verloren." (S. 36) S. dazu auch unter 1.2 und 1.3.

ebene der Wissenschaftsgeschichte(n) zuwendet (s. dazu unten). Zugleich aber bewegt sie sich oberhalb der personalbiographischen Ebene. Zwar spielt – wie noch zu zeigen sein wird – der für die notwendigen Nuancierungen unerlässliche Blick auf einzelne Akteure auch innerhalb der hier gewählten Forschungsperspektive eine durchaus gewichtige Rolle. Allerdings erhebt die vorliegende Studie den Anspruch, das unverzichtbare Detailwissen über einzelne Wissenschaftler in eine umfassendere Perspektive auf die Fachentwicklung während des NS zu integrieren.

Diese Integration und detailüberwölbende Analyse soll mit Hilfe der heuristischen Leitbegriffe *Eigensinn* und *Resonanz* (*Feld, Spiel* und *Denkstil*), *Redeweisen* und *semantische Umbauten* sowie durch den Begriff des *Akteurs* geleistet werden. Dieses heuristische Instrumentarium bildet das Profil der vorliegenden Arbeit. Nach einer kurzen Skizze der Forschungssituation soll dieses Instrumentarium deshalb – im Vergleich und in Auseinandersetzung mit anderen Forschungspositionen – vorgestellt werden.

Die Entfaltung und Erläuterung dieser *Suchbegriffe mittlerer Reichweite* (s. 1.3) machen bisweilen einen gewissen Abstraktionsgrad erforderlich. Bei einem Leser, der mit dem legitimen Anspruch an diese Studie herantritt, vor allem oder „lediglich" über die Wissenschafts*geschichte*[17] der Literaturwissenschaft während des NS aufgeklärt zu werden, mögen diese wissenschafts*historiographischen* Vorüberlegungen deshalb möglicherweise den Eindruck erzeugen, als entfernten sie sich unnötigerweise von der „Sache selbst". Dieser Problematik ist sich der Verfasser durchaus bewusst. Allerdings ist er zugleich der festen Überzeugung, dass, um überhaupt erst „zur Sache" kommen zu können, ein solcher „Vorlauf" *auf der gedanklichen Ebene* unabdingbar ist. Die Art des suchenden Zugriffs, d.h. das heuristische Instrumentarium, „macht" gleichsam erst aus der gefundenen eine dargestellte Sache und gehört somit notwendig zu ihr selbst. *Auf der Darstellungsebene* jedoch wäre ein Verfahren denkbar gewesen, das auf einen solchen „Vorlauf" verzichtet und das die heuristischen Begriffe dann erst erläutert, wenn sie im Zuge der Darstellung verwendet werden. Ich habe mich gegen ein solches Verfahren entschieden, um den Fluss der Darstellung in den Hauptkapiteln nicht durch wiederholtes „Springen" auf die Ebene begrifflicher Erörterungen zu unterbrechen. Zwar wird – auf die Gefahr hin, dass der Eindruck einer gewissen Jargonhaftigkeit sich einstellen mag – das suchbegriffliche „Besteck" auch in den Hauptkapiteln wiederholt auftauchen, um daran zu erinnern, dass das, was hier gefunden wurde

---

17 Zur analytisch sinnvollen Unterscheidung zwischen Wissenschaftsgeschichte (Daten, Ereignisse), Wissenschaftsgeschichtsschreibung („Beschreibung", „Erklärung" der Wissenschaftsgeschichte) und Wissenschaftshistoriographie (Überlegungen zum Verfassen von Wissenschaftsgeschichte) s. Danneberg, Lutz/ Schönert, Jörg: Belehrt und verführt durch Wissenschaftsgeschichte, in: Dainat, Holger/Boden, Petra (Hrsg.): Atta Troll tanzt noch, Berlin 1997, S. 13–57. Gemäß dieser Einteilung bewegen sich die folgenden Überlegungen auf der Ebene der Wissenschaftshistoriographie. Dass es sich bei dieser Differenzierung lediglich um eine analytisch sinnvolle handeln kann, liegt auf der Hand, ist doch die Interdependenz zwischen dem, was als wissenschaftsgeschichtliches „Ereignis" (Ebene 1) überhaupt die Schwelle zur Darstellung überschreitet, und den zugrundegelegten Erklärungsmodellen (Ebene 2) sowie den vorgängigen Überlegungen zum Verfassen von Wissenschaftsgeschichte (Ebene 3) evident.

und gesehen wird, sich immer schon einer ganz bestimmten Perspektive verdankt. Allerdings sollten sich die Begriffe in diesen Fällen, aus dem jeweiligen Kontext heraus, gleichsam „von selbst" verstehen. D. h. die der Einleitung folgende Darstellung ist in ihrer Gesamtheit und ihrem Anspruch nach so angelegt, dass ihr auch derjenige an „der Sache" interessierte Leser folgen können soll, der ihre vorgängige wissenschaftshistoriographische Entwicklung übersprungen hat. Die folgenden beiden Unterkapitel richten sich mithin vor allem an jene Leser, die den ebenfalls legitimen Anspruch erheben, die wissenschaftshistoriographische Zulässigkeit der gewählten Perspektive und deren Grundlegung zu überprüfen.

1.2 Skizze der Forschungssituation: Zwei Basiserzählungen zur Literaturwissenschaft im NS und die Position der vorliegenden Studie

Kaum eine zweite geisteswissenschaftliche Disziplin hat ihre eigene Geschichte unter verschiedenen Aspekten so intensiv erforscht wie die Literaturwissenschaft.[18] Die prinzipielle Frage nach der Heteronomie, bzw. der Autonomie der Literaturwissenschaft hat dabei gerade dann, wenn es um die Fachgeschichte während des Nationalsozialismus geht, nach einer ersten Phase des verdrängenden „Vergangenheitsmanagements" und des „kollektiven Beschweigens"[19] immer wieder (und ungeachtet der jeweils zugrundegelegten Methodik) im Vordergrund gestanden. Zwei, zum Teil miteinander konkurrierende Basiserzählungen über die Literaturwissenschaft im NS haben sich – so wird man zuspitzen dürfen – bis heute herausgebildet.

Die erste geht auf die unbestreitbaren Verdienste des seit der zweiten Hälfte der 1960er Jahre auch für die Fachgeschichte wirksamen, ideologiekritischen Ansatzes zurück.[20] Die

---

18 Im Folgenden geht es nicht um eine ausführliche Darstellung der Entwicklung der Fachgeschichtsschreibung, sondern lediglich darum, die wichtigsten Positionen innerhalb der Fachhistoriographie zum NS in ihren Grundzügen deutlich werden zu lassen. Hilfreiche Bibliographien finden sich bei Fiedeldey-Martyn, Cornelia: Bibliographie zur Wissenschaftsgeschichte der deutschen Literaturwissenschaft 1973–1989, in: Fohrmann, Jürgen/Vosskamp, Wilhelm (Hrsg.): Wissenschaftsgeschichte der Germanistik im 19. Jahrhundert, Stuttgart/Weimar 1994, S. 742–767; Dainat, Holger/Danneberg, Lutz/Schernus, Wilhelm: Geschichte der Kultur- und Sozialwissenschaften in der NS-Zeit. Auswahlbibliographie, in: Dainat, Holger/Danneberg, Lutz (Hrsg.): Literaturwissenschaft und Nationalsozialismus, Tübingen 2003, S. 387–444.

19 Vgl. Kaiser, Gerhard/Krell, Matthias: Ausblenden, Versachlichen, Überschreiben. Diskursives Vergangenheitsmanagement in der Sprach- und Literaturwissenschaft in Deutschland nach 1945, in: Weisbrod, Bernd (Hrsg.): Akademische Vergangenheitspolitik. Beiträge zur Wissenschaftskultur der Nachkriegszeit, Göttingen 2002, S. 190–214.

20 Die Distanzierung von der „germanistischen Ideologiekritik" wird vor allem im Laufe der späten 1980er und der 1990er Jahre zu einem geradezu rituellen, distinktiven Sprachspiel, das mittlerweile selbst einer wissenschaftshistoriographischen Analyse durchaus würdig wäre. Der Umstand, dass dieser vielfach geschmähten, ideologiekritischen Phase ungeachtet ihrer methodischen Vereinseitigungen das Verdienst zukommt, eine selbstreflexive, kritische Wissenschaftsgeschichte der Germanistik erst initiiert zu haben, kann jedoch kaum überschätzt werden.

„große Erzählung" der ideologiekritischen Fachgeschichtsschreibung, angetreten gegen jene Rede vom „intakten Kern" des Faches auch während des NS, die die erste Phase von der Nachkriegszeit bis ungefähr in die Mitte der 1960er Jahre dominiert, bestimmt die Germanistik als zunächst liberale oder gar demokratische Oppositionswissenschaft, die im Verlauf der deutschen Geschichte (der gescheiterten 48er Revolution, der Reichseinigung von oben und dem wachsenden Radikalnationalismus) an der Präparierung des deutschen Bürgertums für den NS mitarbeitet. Diese Erzählung blendet vor allem den heteronomen Gleichtakt von Wissenschafts- und Politikgeschichte, die Instrumentalisierung des Faches während des NS einerseits sowie das NS-affirmative bzw. -kompatible Verhalten prominenter Fachvertreter andererseits auf. Spätere Varianten dieser Erzählung finden sich – ungeachtet des unterschiedlichen methodischen Zuschnitts dieser Arbeiten – sowohl in Jost Hermands Versuch einer kleinen Fachgeschichte, als auch in der personengeschichtlichen Studie zu Hermann Pongs von Hartmut Gaul-Ferenschild sowie in der diskursanalytisch ausgerichteten Monographie Peter Sturms.[21]

Die zweite Basiserzählung, die sich vor allem im Zuge einer Fachgeschichtsschreibung entwickelt, die „schwache Anleihen bei der Systemtheorie"[22] macht, insistiert gegenüber einer allzu kurzschlüssigen Parallelisierung von politischer Geschichte und germanistischer Fachgeschichte auf einer stärkeren Eigenlogik und Mehrsträngigkeit der Fachentwicklung. Dieser Ansatz einer mehrfach perspektivierten Wissenschaftshistoriographie[23], der das ebenfalls unbestreitbare Verdienst zukommt, die Bedeutung des komplexen und langfristigen Zusammenspiels von organisatorischen, wissens- und leistungsbezogenen Aspekten für die Fachgeschichte des 19. und 20. Jahrhunderts erstmals genauer analysiert zu haben, relativiert zugleich die Bedeutung der Diskontinuitätsmarken „1933" und „1945" für die Fachgeschichte.[24] Die Basiserzählung dieses Ansatzes schreibt Fachgeschichte als Prozess der Ausdifferenzierung und Binnendifferenzierung, als einen Prozess, in dem zwar Zugeständ-

---

21 Hermand, Jost: Geschichte der Germanistik, Reinbek bei Hamburg 1994; Gaul-Ferenschild, Hartmut: National-völkisch-konservative Germanistik. Kritische Wissenschaftsgeschichte in personengeschichtlicher Darstellung, Bonn 1993; Sturm, Peter: a.a.O.
22 Fohrmann, Jürgen: Von den deutschen Studien zur Literaturwissenschaft, in: ders./Vosskamp, Wilhelm (Hrsg.): Wissenschaftsgeschichte der Germanistik im 19. Jahrhundert, Stuttgart/Weimar 1994, S. 1–14, hier: S. 11.
23 Fohrmann, Jürgen: Organisation, Wissen, Leistung. Konzeptuelle Überlegungen zu einer Wissenschaftsgeschichte der Germanistik, in: Internationales Archiv für Sozialgeschichte der deutschen Literatur, 16, 1991, S. 110–125; s. dazu wiederum kritisch: Höppner, Wolfgang: Mehrfachperspektivierung versus Ideologiekritik. Ein Diskussionsbeitrag zur Methodik der Wissenschaftsgeschichtsschreibung, in: Zeitschrift für Germanistik [Neue Folge], V/3, 1995, S. 624–633. Eine konsequente Anwendung des Konzeptes der „Mehrfachperspektivierung" zur Beschreibung der Fachgeschichte während des NS findet sich etwa bei Dainat, Holger: Germanistische Literaturwissenschaft, in: Hausmann, Frank-Rutger (Hrsg.): Die Rolle der Geisteswissenschaften im Dritten Reich 1933–1945, München 2002, S. 63–86.
24 S. Vosskamp, Wilhelm: Kontinuität und Diskontinuität. Zur deutschen Literaturwissenschaft im Dritten Reich, in: Lundgreen, Peter (Hrsg.): Wissenschaft im Dritten Reich, Frankfurt am Main 1985, S. 140–163. Zur Kritik an Vosskamps Kontinuitätsthese s. Gaul-Ferenschild, Hartmut: a.a.O., S. 232.

nisse an den Radikalnationalismus und den Nationalsozialismus gemacht werden, in dem aber letztlich die Autonomie des Faches als markante Kontinuitätslinie zu gelten hat.

Freilich fällt es auf, dass in verschiedenen Beiträgen dieser Richtung immer dann, wenn es um den Problemkomplex NS und Germanistik geht, Befunde auftauchen, die starke Effekte der Heteronomie dokumentieren und die diese „große Erzählung" von der letztlich gewahrten Autonomie des Faches auf der empirischen Ebene gleichsam unterlaufen.[25] Die zugrundegelegte Autonomie-Hypothese führt dann bisweilen dazu, dass bestimmte empirische Befunde der Theorie zuliebe in den Bereich der Bedeutungslosigkeit gleichsam „wegrationalisiert" werden müssen.[26] Offenbar jedenfalls operiert das Fach in dieser Phase weniger autonom, als es Luhmanns Vorstellung einer „autopoietischen Autonomie" zulässt.[27]

Obwohl die vorliegende Studie ohne die Ergebnisse sowohl der ideologiekritisch ausgerichteten als auch der systemtheoretisch orientierten Fachgeschichtsforschung nicht denkbar wäre, wird sie keine der beiden oben skizzierten Basiserzählungen fortschreiben. Die

---

25 Wilhelm Vosskamp etwa konstatiert für den NS eine Radikalisierung im Barockbild, eine „politische Engführung und Zuspitzung, die in den zwanziger Jahren so nicht beobachtet werden kann." (Vosskamp, Wilhelm: Deutsche Barockforschung in den zwanziger und dreißiger Jahren, in: Garber, Klaus (Hrsg.): Europäische Barockforschung, Teil 1, Wiesbaden 1991, S. 683–702, hier: S. 702)

26 So wird etwa – um nur ein Beispiel zu nennen – in Andreas Pilgers bedeutender Studie zur Germanistik an der Universität Münster eine dezidiert nationalsozialistische Ideologeme integrierende Droste-Deutung Schulte-Kemminghausens kurzerhand zur Nicht-Wissenschaft erklärt: „Mit Wissenschaft hatte eine solche Deutung nichts mehr zu tun. Das Maß, in dem hier den politischen Irritationen des Nationalsozialismus für die Neustrukturierung des eigenen Forschungsprogramms Rechnung getragen wurde, war zu groß, als daß Anschlußfähigkeit an den disziplinären Diskurs noch gewährleistet war. Für die Forschung zur Wissenschaftsgeschichte der NS-Zeit ist eine ernsthafte und einläßliche Auseinandersetzung mit diesen Extremvarianten im Prinzip entbehrlich." (Pilger, Andreas: Germanistik an der Universität Münster, Heidelberg 2004, S. 367) Solche Deutungen, wie diejenige Schulte-Kemminghausens, mögen in ihrer Anschlussfähigkeit begrenzt geblieben sein. Ein deshalb vernachlässigenswerter Einzelfall, so wird die vorliegende Studie zeigen, bleibt sie jedoch nicht. Auch solche extremen „Irritationen" wirken natürlich auf die wissenschaftliche Kommunikation zurück und gehören *in* den Bereich derselben insofern, als dass sie in ihrer Gesamtheit und auf Dauer zur Verwirrung der Grenzen zwischen dem, was noch, und dem, was nicht mehr als wissenschaftlich gilt, nachhaltig beitragen können. Gerade auch an der argumentativen Systematik solcher „Irritationen", die immer auch eine Gefährdung der Fortsetzung des wissenschaftlichen Spiels nach den bisher tradierten Regeln bedeuten können, ist deshalb die vorliegende Arbeit interessiert.

27 In einer grundsätzlichen Kritik an der Gültigkeit dieser Autonomie-Hypothese für die Fachgeschichte während des NS hat Ludwig Jäger unlängst gar zur Debatte gestellt, ob die Rede von der Autonomie nicht zu einer „Erinnerungs-Disziplin" im Rahmen der „Disziplinen-Erinnerung" führe, die die seines Erachtens nachweisbare Abhängigkeit des Faches von nationalsozialistischen, wissenschaftspolitischen Institutionen während des NS nachhaltig ausblende und so einer Neuauflage der Erzählung vom „intakten Kern" Vorschub leiste (s. Jäger, Ludwig: Disziplinen-Erinnerung – Erinnerungs-Disziplin. Der Fall Beißner und die NS-Fachgeschichtsschreibung der Germanistik, in: Lehmann, Hartmut/Oexle, Otto Gerhard (Hrsg.): Nationalsozialismus in den Kulturwissenschaften. Band 1: Fächer – Milieus – Karrieren, Göttingen 2004, S. 67–127).

hier entwickelte Forschungsperspektive zielt vielmehr auf Nuancierungsgewinne jenseits dieser beiden „großen Erzählungen" von Autonomie und Heteronomie.

Die Ergebnisse der Studie – soviel sei hier vorweggenommen – erweisen zum Einen erneut die Unhaltbarkeit jener älteren, ideologiekritisch orientierten Hypothese, der zufolge sich die Disziplin als ein politisch durchinstrumentalisierter, monoparadigmatischer Komplex von gleichgeschalteten Redeweisen begreifen lässt. Zum Anderen erweist sich jedoch auch jene Hypothese der neueren Forschung zur Wissenschaftsgeschichte der Germanistik im NS, die zumindest tendenziell die politisch indifferente Eigenlogik des Subsystems „Literaturwissenschaft" auch unter diktatorischen Bedingungen stark in den Vordergrund rückt, in ihrer an systemtheoretischen Prämissen orientierten Makrooptik als zu weitmaschig, um der *Gleichzeitigkeit von Eigensinn und Resonanz* gerecht zu werden. Diese Gleichzeitigkeit der Integration außerwissenschaftlicher, in Sonderheit politischer Imperative in den disziplinären Diskurs einerseits, und der Kontinuierung eines disziplinspezifischen, wissenschaftlichen Eigensinnes andererseits bleibt bis zum Ende des NS wirksam.[28] Die Grenze zwischen literaturwissenschaftlichem Eigensinn und außerwissenschaftlich ausgerichteten Resonanzstrategien bleibt, wie die textgenaue und argumentationsgeschichtliche Analyse des umfangreichen Quellenmaterials zeigen wird, während des gesamten Untersuchungszeitraumes unscharf und umstritten.

1.3 Heuristisches Instrumentarium

Die meisten der Elemente des hier vorgestellten Analysekonzeptes leiten sich zwar aus Überlegungen her, die notwendigerweise über den Horizont einer Disziplingeschichte oder einer Geschichte der Geisteswissenschaften hinausgehen.[29] Der Anspruch und somit auch

---

28   Die vorliegende Studie zieht das Bourdieu'sche Konzept des sozialen Feldes dem des Systems sowie die heuristischen Leitkategorien von Eigensinn und Resonanz dem asymmetrischen Gegenbegriffspaar „Autonomie-Heteronomie" vor, um eines der Grundprobleme einer systemtheoretisch orientierten Wissenschaftsforschung zu vermeiden: Während letztere, auch wenn ihr gesammeltes empirisches Material starke Effekte der Heteronomie dokumentiert, schlussendlich und der vorausgesetzten Theorie zuliebe immer wieder und bis an die Grenzen der Integrierbarkeit des vorgelegten Materials in die Theorie die Autonomie des untersuchten Systems feststellen muss (denn: entweder ein System ist autonom, oder es ist kein System), stellt sich ein solches Problem für den hier gewählten Ansatz nicht. Indem die Grenzen zwischen sozialen Feldern als prinzipiell variabel (d.h., wie gesagt, *nicht*: als beliebig!) gedacht werden, insofern sie als Resultat der fortlaufenden Auseinandersetzungen um eben diese Grenzen begriffen werden, ist etwa auch eine partielle oder temporäre „Etablierung der Heteronomie [d. h. in unserer Terminologie: der außerwissenschaftlichen Resonanzabhängigkeit; G. K.] im Innern der Felder" (Schwingel, Markus: Pierre Bourdieu. Zur Einführung, Hamburg 1995, S. 139) denkbar, ohne dass solche Felder gleich als zerstört gedacht werden müssten. Gleichzeitigkeit sowie auch Gleichrangigkeit von Eigensinn und Resonanz sind also im Rahmen des hier vorgestellten Konzeptes durchaus denkbar.

29   In seinen Grundzügen ist das hier vorgestellte Konzept jenen wissenschaftshistoriographischen Überlegungen „mittlerer Reichweite" verpflichtet, die im Rahmen des von Georg Bollenbeck und Clemens

die Reichweite dieses Analysekonzeptes beschränken sich *hier* jedoch, auch wenn der Skopus seiner vorangehenden Entwicklung natürlich ungleich weiter ist, forschungspragmatisch darauf, die perspektivische Rekonstruktion der Wissenschaftsgeschichte *einer* bestimmten Disziplin[30] während *einer* bestimmten historischen Phase zu ermöglichen.[31]

Eigensinn und Resonanz (Feld, Spiel und Denkstil)

Die beiden idealtypischen und heuristischen Kategorien „Eigensinn" und „Resonanz" reagieren auf eine der zentralen Auseinandersetzungen innerhalb der Wissenschaftsforschung. Gemeint ist hier die zählebige Debatte zwischen „Internalisten" und „Externalisten". Es geht dabei, vereinfacht gesagt, um die Frage nach der Autonomie bzw. der Heteronomie der Wissenschaften. Darum also, wie etwa Renate Mayntz formuliert, „wie weit die Wis-

Knobloch geleiteten, interdisziplinären Forschungsprojektes zu den „Semantischen Umbauten in den Geisteswissenschaften" entwickelt worden sind. S. dazu v. a.: Bollenbeck, Georg: Das neue Interesse an der Wissenschaftshistoriographie und das Forschungsprojekt „semantischer Umbau der Geisteswissenschaften", in: ders./Knobloch, Clemens (Hrsg.): Semantischer Umbau der Geisteswissenschaften nach 1933 und 1945, Heidelberg 2001, S. 9–40; Knobloch, Clemens: Über die Schulung des fachgeschichtlichen Blickes: Methodenprobleme bei der Analyse der „semantischen Umbauten", in: Bollenbeck, Georg/ders. (Hrsg.): a. a. O., S. 203–235; Bollenbeck, Georg/Knobloch, Clemens: Einleitung. „Öffentlichkeit" als Ressource, in: dies. (Hrsg.): Resonanzkonstellationen. Die illusionäre Autonomie der Kulturwissenschaften, Heidelberg 2004, S. 7–13; Kaiser, Gerhard/Krell, Matthias: Einleitung, in: dies. (Hrsg.): Zwischen Resonanz und Eigensinn. Studien zur Geschichte der Sprach- und Literaturwissenschaften im 20. Jahrhundert, Heidelberg 2005, S. VII–XIX; Kaiser, Gerhard: Zwischen Eigensinn und Resonanz. Anmerkungen zum literaturwissenschaftlichen Feld am Beispiel der „Rasse"-Semantik zwischen 1933 und 1945, in: ders./Krell, Matthias (Hrsg.): a. a. O., S. 1–29. Der epistemologische Fokus sowie die methodologischen Leitannahmen dieses Siegener Forschungsprojektes richten sich – mit der Neueren deutschen Literaturwissenschaft und der Sprachwissenschaft – auf zwei zentrale, *geisteswissenschaftliche* Disziplinen. Über den Horizont der Geisteswissenschaften hinaus zielen die Überlegungen Pierre Bourdieus und Ludwik Flecks (s. dazu unten), deren wissenschaftssoziologischen Konzepten der hier vorgestellte Ansatz ebenfalls entscheidende Anregungen verdankt.

30 Zum Begriff der Disziplin mit Blick auf die germanistische Fachgeschichte s. u. a. Höppner, Wolfgang: Zum Selbstbild der deutschen Philologie in ihrer Frühphase im Kontext des Disziplin-Begriffs und seiner Beschreibung, in: Danneberg, Lutz/Höppner, Wolfgang/Klausnitzer, Ralf (Hrsg.): Stil, Schule, Disziplin. Analyse und Erprobung von Konzepten wissenschaftsgeschichtlicher Rekonstruktion (I), Frankfurt am Main u. a. 2005, S. 65–86.

31 Zur „Auswahl" gerade dieser Phase sowie den mit dieser Selektion verbundenen Implikationen s. das Unterkapitel 3. Mit dieser Selbstbeschränkung soll natürlich nicht ausgeschlossen werden, dass dieses Konzept auch für eine auf andere Disziplinen und andere Zeiträume bezogene Wissenschaftsgeschichtsschreibung fruchtbar sein kann. Allerdings versteht sich das Konzept nicht als ein gegenstands- bzw. problemindifferent applizierbares „System". „Ein als ‚System' gefügter Baukasten wissenschaftshistorischer Instrumente", darauf verweisen etwa Danneberg, Höppner und Klausnitzer zurecht, „würde erfordern, daß sich Problementwicklungen stillstellen lassen oder daß es ein verbindliches Problemgefüge für alle wissenschaftshistorischen Untersuchungen gibt." (Danneberg, Lutz/Höppner, Wolfgang/Klausnitzer, Ralf: Einleitung, in: dies. (Hrsg.): a. a. O., S. VII–XXI, hier: S. IX)

senschaftsentwicklung von wissenschaftsinternen, kognitiven Faktoren, oder aber von außerwissenschaftlichen, externen Faktoren bestimmt wird."[32] In der noch genauer zu erläuternden Gegenüberstellung von „Eigensinn" und „Resonanz" scheint der kategorial gedachte Gegensatz von „Autonomie" und „Heteronomie" zwar zunächst noch weitergeschrieben zu werden, dessen dichotomisierende Substantialisierungen sollen indes hier vermieden werden. Die neuere Wissenschaftsforschung optiert zunehmend für ein „kontextualistisches" Modell der Wissenschaftsbeschreibung. In ihrem Buch *Re-Thinking Science*, das immerhin für sich beansprucht, das Verhältnis zwischen Wissenschaft und Öffentlichkeit grundlegend neu zu überdenken, konstatieren etwa Nowotny/Scott/Gibbons, „that science could no longer be regarded as an autonomous space clearly demarcated from the 'others' of society, culture and (more arguably) economy" und äußern die prinzipielle Vermutung, dass „'internal' and 'external' are perhaps no longer valid categories."[33] Es stellt sich hier allerdings die Frage, ob der wissenschaftliche Raum denn überhaupt jemals so klar von den anderen Räumen zu separieren gewesen ist, wie es das Zitat ja impliziert. Darüber hinaus: so neu ist das Modell einer kontextualistischen Wissenschaftsforschung – wie weiter unten noch anhand der Überlegungen Ludwik Flecks gezeigt werden wird – nicht. (Es verweist viel eher auf den Ressourcencharakter des „Neuigkeits"-Postulates innerhalb der wissenschaftlichen Kommunikation.)

Als analytische Kategorienbildung der Wissenschaftsforschung greift die statische Distinktion zwischen einem internen, autonomen, nur den Regeln der sachbezogenen und vernunftgeleiteten Wahrheitserkenntnis verpflichteten Bereich der Wissenschaft und den davon klar abgrenzbaren, externen Bereichen anderer gesellschaftlicher Praxisformen sicherlich zu kurz.[34] Eine solche kategoriale Trennung verstellt gerade den Blick auf jene „Grenzverwirrungen", die das Interesse dieser Arbeit ausmachen.

Der Begriff des Eigensinns, der gerade im Blick auf die Phase zwischen 1933 und 1945 nicht gleichzusetzen ist mit „Widerstand"[35], soll in unserem Zusammenhang a) *nicht-individualistisch* und b) *relational* verstanden werden.

---

32   Mayntz, Renate: Autonomie oder Abhängigkeit: Externe Einflüsse auf Gehalt und Entwicklung wissenschaftlichen Wissens, in: Schönert, Jörg (Hrsg.): Literaturwissenschaft und Wissenschaftsforschung, Stuttgart/Weimar 2000, S. XXVII–XLII, hier: S. XXVII.

33   Nowotny, Helga/Scott, Peter/Gibbons, Michael: Re-Thinking Science. Knowledge and the Public in an Age of Uncertainty, Cambridge 2001, S. 1. Zur Kontextualisierung von Wissenschaftsforschung s. auch: Weingart, Peter: Die Stunde der Wahrheit? Zum Verhältnis der Wissenschaft zu Politik, Wirtschaft und Medien in der Wissensgesellschaft, Weilerswist 2001.

34   Nichtsdestoweniger ist sie als Gegenstand der Wissenschaftsforschung von zentraler Bedeutung. Gehört sie doch zu den vielfach bemühten Topoi der Selbstthematisierungs-Folklore der Wissenschaften. Die Rede von der „Wissenschaftlichkeit" des eigenen Tuns, oder davon, dass man einen ganz bestimmten Typus von „Wissenschaftlichkeit" gerade nicht mehr perpetuieren wolle, präsentiert sich als eine der zentralen diskursiven Ressourcen wissenschaftlicher Selbstdarstellung.

35   S. zu dieser Differenzierung auch Ash, Mitchell: Wissenschaft und Politik als Ressourcen für einander, in: vom Bruch, Rüdiger/Kaderas, Brigitte (Hrsg.): Wissenschaft und Wissenschaftspolitik. Bestandsaufnahmen zu Formationen, Brüchen und Kontinuitäten im Deutschland des 20. Jahrhunderts, Wiesbaden 2002, S. 32–51, hier v. a. S. 47.

Nicht-individualistisch meint hier, er bezieht sich auf das wissenschaftliche „Feld" und nicht auf das „einsame" und „freie" (akademische) Subjekt, das losgelöst von allen heteronomen Zwängen allein seinen rein wissenschaftlichen Impulsen folgt.[36] *Relational* heißt, er bezieht sich auf die je spezifischen „Denkstile" der einzelnen Disziplinen zu unterschiedlichen Zeiten. Dies gilt es im Folgenden eingehender zu erläutern.

Zu a)
Bezugsgröße des Eigensinns ist in unserem Verständnis das wissenschaftliche „Feld" im Allgemeinen und das literaturwissenschaftliche Feld[37] im Besonderen. Der Feld-Begriff Bourdieus erweist sich im Rahmen der Wissenschaftsforschung vor allem deshalb als heuristisch aufschlussreich, weil er das rigorose Entweder-Oder zwischen internalistischen und externalistischen Gegenstandsdeutungen überflüssig macht.

Feld im Bourdieu'schen Sinne beschreibt einen eigengesetzlichen Ordnungsraum innerhalb der Gesamtgesellschaft, in dem sich spezifische Zugriffsweisen auf die Welt entfalten, mithin einen „mit eigenen Gesetzen ausgestatteten Mikrokosmos". Dieser „ist zwar, wie der Makrokosmos, sozialen Gesetzen unterworfen, aber es sind nicht dieselben."[38] Es wäre also ein externalistischer Reduktionismus und Kurzschluss, „die Funktionsgesetze des Feldes auf externe soziale Gesetze zu verkürzen"[39]. Demzufolge können die strukturprägenden Gesetze etwa der Politik, der Ökonomie, der Kultur oder der Erziehung nicht ohne feldspezifische Brechungen, „Übersetzungen" innerhalb des wissenschaftlichen Feldes funktionieren. Ein solcher Brechungs-Effekt zeigt sich etwa – um hier nur ein veranschaulichendes Beispiel zu nennen – in der eingangs zitierten Passage aus Lugowskis Beitrag, wenn er die

---

36   Diese etwas überspitzte Formulierung eines individualtheoretischen Zugangs soll jedoch keineswegs implizieren, dass Wissenschaftsgeschichte nicht auch auf dem Wege der Personengeschichte zu erhellenden Einsichten gelangen kann (s. etwa die anregende Studie zum Literaturwissenschaftler Hermann Pongs von Gaul-Ferenschild, Hartmut: a.a.O.). Es sollen hier lediglich die perspektivischen Schwerpunktverlagerungen, die unsere Verwendungsweise des Begriffes charakterisieren, deutlicher gemacht werden (zum Status einzelner Akteure innerhalb des hier vorgestellten Konzeptes s. u.). Darüber hinaus gilt, dass die Personalisierung von Wissenschaftsgeschichte als beobachtbare, argumentative Strategie innerhalb des wissenschaftlichen Feldes als diskursive Ressource funktionieren kann. Man denke hier etwa an die nach 1945 beobachtbaren Exkulpationsstrategien, in deren Zuge „Fehlverhalten" während des NS individuell zugerechnet wird. S. dazu Teil IV.
37   Streng genommen handelt es sich natürlich beim literaturwissenschaftlichen Feld um ein *Teil*feld des geisteswissenschaftlichen Feldes, das wiederum ein Teilfeld des gesamten wissenschaftlichen Feldes ist. Diese notwendige und durchaus folgenreiche Binnendifferenzierung werde ich weiter unten thematisieren, wenn es um den Denkstil einzelner Teilfelder geht. Aus textökonomischen Gründen behalte ich allerdings den Begriff des Feldes auch dann bei, wenn damit lediglich das literaturwissenschaftliche *Teil*feld gemeint ist.
38   Bourdieu, Pierre: Vom Gebrauch der Wissenschaft. Für eine klinische Soziologie des wissenschaftlichen Feldes, Konstanz 1998, S. 18. An anderer Stelle bezeichnet Bourdieu Felder auch als „autonome Sphären, in denen nach jeweils besonderen Regeln ‚gespielt' wird." (Bourdieu, Pierre: Rede und Antwort, Frankfurt am Main 1992, S. 187)
39   Bourdieu, Pierre: Vom Gebrauch, S. 26.

rassistische Diskreditierung Heines dadurch zu „fundieren" bestrebt ist, dass er sie aus einer wissenschaftlichen, d.h. hier: sprachtheoretischen Vorüberlegung ableitet.

Der spezifische Eigensinn des wissenschaftlichen Feldes wird Bourdieu zufolge getragen von einer „illusio", „einer Sublimation, die stillschweigend von jedem Neuzugang gefordert wird."[40] Gemeint ist damit eine Art „Wissenschaftsglauben", d.h. eine Art interesseloses Interesses an der Wahrheit, „das zur Anerkennung des Spiels bewegt, zum Glauben, daß es das wissenschaftliche Spiel [...] wert ist, gespielt zu werden."[41] „Doch unterschwellig", so Bourdieu weiter, „ist das ‚reine', das uneigennützige Interesse ein Interesse an der Uneigennützigkeit, eine Art des Interesses, die zu allen Ökonomien symbolischer Güter, allen antiökonomischen Ökonomien gehört, wo es in gewissem Sinne die Uneigennützigkeit ist, die sich ‚auszahlt'."[42]

„Unterhalb" dieser feldspezifischen und kollektiv geteilten *illusio* von der Uneigennützigkeit und der „reinen" Wahrheitsbezogenheit der eigenen Tätigkeit entfaltet sich denn auch innerhalb des wissenschaftlichen Feldes jene agonale Logik, die – so eine weitere für unseren Zusammenhang fundamentale Annahme Bourdieus – alle gesellschaftlichen Felder auch zu „Kampffelder[n] [macht], auf denen um Wahrung oder Veränderung der Kräfteverhältnisse gerungen wird."[43] Die einzelnen Akteure oder Gruppen von Akteuren eines

---

40 Bourdieu, Pierre: Vom Gebrauch, S. 27.
41 Ebd.
42 Ebd.
43 Bourdieu, Pierre: Sozialer Raum und „Klassen". Zwei Vorlesungen, Frankfurt am Main 1985, S. 74. Die soziologische Theorie Bourdieus ist – gemäß ihrem Anspruch, eine umfassende Analyse gesellschaftlicher Herrschafts- und Ungleichheitsverhältnisse zu leisten – durch einen panagonalen Impetus gekennzeichnet (verwiesen sei hier aus der mittlerweile unüberschaubaren Flut an Sekundärliteratur zu Bourdieu lediglich auf Müller, Hans-Peter: Kultur, Geschmack und Distinktion. Grundzüge der Kultursoziologie Pierre Bourdieus, in: Neidhardt, Friedhelm/Lepsius, M. Rainer/Weiß, Johannes (Hrsg.): Kultur und Gesellschaft (= Sonderheft der Kölner Zeitschrift für Soziologie und Sozialpsychologie), Opladen 1986, S. 162–190; ders.: Sozialstruktur und Lebensstile. Der neuere theoretische Diskurs über soziale Ungleichheit, Frankfurt am Main 1992; Schwingel, Markus: Analytik der Kämpfe. Macht und Herrschaft in der Soziologie Bourdieus, Hamburg 1993; ders.: Pierre Bourdieu. Zur Einführung, Hamburg 1995; Nassehi, Armin/Nollmann, Gerd (Hrsg.): Bourdieu und Luhmann. Ein Theorienvergleich, Frankfurt am Main 2004). Dieser Impetus – so könnte man einwenden – mag in seiner ostentativen „Gnadenlosigkeit" mit Blick auf die Wissenschaftsgeschichte nicht nur ernüchternd, sondern auch aspektmonistisch wirken. Unterschlägt doch, wer Konkurrenz als das alleinige Motiv jedweden wissenschaftlichen Handelns annimmt, mögliche andere wie den Drang nach Erkenntnisgewinn, Nachahmung, Solidarität oder Freundschaft. Als *individualpsychologische* Momente der Handlungsmotivation würde Bourdieu diese Kategorien sicherlich auch nicht prinzipiell in Frage stellen, sie allerdings für eine wissenschaftliche (und das heißt bei ihm: soziologische) Analyse transindividueller Prozesse als unzulänglich erklären. Handlungen, so Bourdieu, richten „sich objektiv auf Ziele [...], die nicht unbedingt auch die subjektiv angestrebten Ziele sein müssen." (Bourdieu, Pierre: Soziologische Fragen, Frankfurt am Main 1993, S. 113) Es kann hier natürlich nicht der Ort sein, die meta- oder vortheoretischen Prämissen von Bourdieus eigener Theoriebildung zu diskutieren. Als *heuristische* Annahme hat sich das strukturprägende Konkurrenzprinzip indes im Rahmen der vorliegenden Untersuchung am „empirischen Material" (d.h. hier: den Texten der Akteure) als äußerst aufschlussreich erwiesen und bewährt.

Feldes „spielen", d. h. konkurrieren zum Einen um die Verbesserung ihrer eigenen Positionen innerhalb dieses Feldes, mithin um die Verteilung des feldspezifischen Kapitals (das wiederum ihre Positionen im Feld bedingt), zum Anderen und damit einhergehend kämpfen sie auch um die feldspezifischen „Spielregeln", bzw. deren Legitimität und somit immer auch um die Grenzen des Feldes, dem sie angehören. Demzufolge „gilt, daß in jedem dieser Spiel-Räume sowohl die Definition dessen, worum gespielt wird, als auch der Trümpfe, die stechen, immer wieder aufs Spiel gesetzt werden kann."[44]

Das weitgefächerte Assoziationsspektrum der Spiel-Metapher mag zweifellos ein gewisses Unbehagen erzeugen. So treffend das in ihr enthaltene Moment der Rollenhaftigkeit sowie der Aspekt eines durch vorgängige und transindividuelle Regeln immer schon begrenzten Repertoires an Variations- und Strategiemöglichkeiten in unserem Zusammenhang auch sind, so bedenklich mögen gerade im Blick auf die Wissenschaften unter diktatorischen Bedingungen die in der Metapher ebenfalls präsenten Aspekte des Handlungsvoluntarismus' und der Harm- bzw. Folgenlosigkeit anmuten. Auf den Aspekt des Handlungsvoluntarismus' werde ich im Fortgang meiner einleitenden Überlegungen noch gesondert zu sprechen kommen (s. 1.3.3), zum zweiten Aspekt hier nur soviel: Der Gesichtspunkt der Harmlosigkeit und Folgenlosigkeit (etwas ist ja „nur ein Spiel" und deshalb „letzten Endes" auch nicht ernst zu nehmen) lässt sich zweifellos nicht ohne weiteres „wegraisonnieren". Dennoch scheint mir das heuristische Potential des Begriffes zu überwiegen und er sollte hier keineswegs als postmodernistische Ästhetisierungs- oder gar Verharmlosungschiffre für die Bedingungen und Konsequenzen wissenschaftlicher Tätigkeit im Allgemeinen und während des NS im Besonderen missverstanden werden. Das Wissenschaftsspiel wird hier verstanden als eine *kampfanaloge* Auseinandersetzung um Machtpositionen, deren Verlauf und Ausgang durchaus erhebliche Folgen nicht nur für die Karrieren, sondern auch für die psychische und physische Konstitution der beteiligten Akteure haben kann. Zur Disposition stehen nicht nur die Regeln, sondern im Zuge der Auseinandersetzungen können sogar „die Bedingungen des Zugangs zum Spiel"[45] umgeschrieben werden. Ein solch dezidiertes Umschreiben der Zugangsbedingungen liegt gerade mit Blick auf die wissenschaftspolitischen Maßnahmen während des NS vor. Zwar sind die Ausgangsbedingungen für jüdische oder politisch eher links orientierte Wissenschaftler auch vor 1933 nicht besonders günstig, zum expliziten Ausschluss von der Teilnahme am Wissenschaftsspiel kommt es aber erst während des NS. Für nicht wenige ist dieses Zugangsverbot jedoch nur die Vorstufe zu noch viel Schlimmerem (zu den Entlassungen und Vertreibungen und ihren für manche Akteure in den Tod führenden Folgeentwicklungen s. mit Blick auf die Literaturwissenschaft Teil II, Kap. 3.) Wenn im Folgenden also von „Spielen" die Rede ist, so sollte stets mitbedacht werden, dass damit solche Spiele gemeint sind, an deren Ernsthaftigkeit keinerlei Zweifel bestehen kann. Gerade die durch die wissenschaftspolitischen Maßnahmen des NS nachhaltig eingeschränkten Zugangsbedingungen und Handlungs-

---

44   Bourdieu, Pierre: Sozialer Raum und „Klassen". Zwei Vorlesungen, Frankfurt am Main 1985, S. 27.
45   Bourdieu, Pierre: Vom Gebrauch, S. 25.

spielräume machen aus solchen Wissenschaftsspielen, auch wenn die Möglichkeit zu unterschiedlichen strategischen Optionen durchaus noch besteht, Spiele auf engem Raum. So verstanden sind die Wissenschaftsspiele unter den diktatorischen Bedingungen des NS nicht nur Spiele *um*, sondern auch solche *mit* Grenzen.

Die verschiedenen wissenschaftsrelevanten Kapitalien (wissenschaftliche Reputation, institutionelle Macht, Geldmittel) werden im Rahmen solcher Auseinandersetzungen zugleich als „Waffe und umkämpftes Objekt wirksam".[46] Welcher Strategien sich einzelne Akteure befleißigen, um einander im wissenschaftlichen Feld zu überbieten oder auszustechen, hängt Bourdieu zufolge deshalb nicht zuletzt von ihrer augenblicklichen, kapitalbedingten Position innerhalb des Feldes ab: Während „Erhaltungsstrategien" vorrangig von bereits etablierten Akteuren eingesetzt werden, die ihre dominante Position festigen wollen, sind „Strategien der Häresie"[47], d.h. der Infragestellung der etablierten Ordnung, vor allem für jene noch nicht etablierten Akteure attraktiv, die ihrerseits darauf zielen, herrschende Positionen zu erwerben und die momentane Hegemonie der Konkurrenten zu brechen. Im Laufe der vorliegenden Studie wird sich indes zeigen, dass es sich bei dieser ein wenig schematisch anmutenden Zweiteilung möglicher Strategien bestenfalls um Idealtypen handeln kann. Zumindest jene Strategien, die sich in den Redeweisen der literaturwissenschaftlichen Akteure zwischen 1933 und 1945 abzeichnen, erscheinen in den meisten Fällen als Mischformen, die „erhaltende" und „häretische" Aspekte miteinander kombinieren.[48] „Reine" Erhaltungsstrategien sind vor allem angesichts des außerwissenschaftlichen Resonanzdrucks, der während des NS zweifellos herrscht, wenig wahrscheinlich. Fälle „reiner" Häresie sind innerhalb des wissenschaftlichen Feldes allein schon deshalb eher selten, weil die Inszenierung eines völligen Bruchs mit der Tradition innerdisziplinär kaum prämierungsträchtig ist. Dies beeinflusst natürlich auch die Themenwahl der Akteure. „So the strategy of a scientist, faced with a range of options for future research, and seeking for competitive advantage", betont etwa David Edge,

> is to choose topics sufficiently *close* to mainstream concerns to ensure recognition, but sufficiently *distinct* to prevent duplication, and to ensure that the work will be perceived as significant (This need not to be a *conscious* strategy. It arises naturally from the established criteria for "interesting" research topics.).[49]

Der Grad des Eigensinns eines wissenschaftlichen Feldes zeigt sich an seiner „Brechungsstärke", d.h. daran, wie direkt oder indirekt Impulse, Einflussnahmen oder Zwänge aus

---

46 Bourdieu, Pierre, Wacquant, Loïc J. D.: Die Ziele der reflexiven Soziologie, in: dies. (Hrsg.): Reflexive Anthropologie, Frankfurt am Main 1996, S. 95–249, hier: S. 128.
47 Bourdieu, Pierre: Soziologische Fragen, Frankfurt am Main 1993.
48 Differenzierter ist denn auch Bourdieus eigene Darstellung möglicher Strategien, wenn es um das wissenschaftliche Feld in Frankreich geht (Bourdieu, Pierre: Homo academicus, Frankfurt am Main 1988; s. hier etwa die S. 190–198, wenn es um den Typus des „arrivierten Häretikers" geht).
49 Edge, David: Competition in Modern Science, in: Frängsmyr, Tore (Hrsg.): Solomon's House Revisited. The Organization and Institutionalization of Science, Canton 1990, S. 208–232, hier: S. 214.

anderen Gesellschaftsbereichen in den Wissenschaften zum Ausdruck kommen. Im wissenschaftlichen Spiel um Anerkennung und Positionen wird nun nach 1933 auch das politische Feld einerseits in verstärktem Maße zu einer „neuen" potentiellen Resonanzressource für die Wissenschaften. Andererseits wird es mit seinen – wie noch zu zeigen sein wird – durchaus heterogenen wissenschaftspolitischen Steuerungs- und Eingriffsversuchen in ebenso verstärktem Maße zu einer potentiellen Quelle der Gefährdung des feldspezifischen Eigensinnes.

Zu b)
So anregend und heuristisch wertvoll Bourdieus Ansatz sein mag, seine etwas summarische Rede vom „wissenschaftlichen Feld" bedarf sicherlich einer weiteren Differenzierung. Anders gesagt: die formale Bestimmung des Eigensinns als antiökonomischer Ökonomie und als Vermögen, außerwissenschaftliche Zwänge in den wissenschaftlichen Diskurs zu übersetzen, muss sicherlich durch eine historisch-semantische Analyse der jeweiligen inhaltlichen Komponenten eines je spezifischen Eigensinns konkretisiert werden.

Damit ist der *relationale Aspekt* des Eigensinns gemeint. Relational ist der Eigensinn nicht nur durch seine (positive oder negative) Bezogenheit auf andere gesellschaftliche Felder. Auch innerhalb des wissenschaftlichen Feldes kennzeichnet ihn eine Relationalität in zweierlei Hinsicht.

Zunächst in *synchroner Hinsicht*: Auch wenn die sozialen Gesetze, die etwa die Positionierungskämpfe der Wissenschaftsspieler bestimmen, Strukturhomologien in allen Teilbereichen des wissenschaftlichen Feldes erzeugen, so wird man festhalten müssen, dass der Eigensinn etwa der natur- und technikwissenschaftlichen Disziplinen nicht deckungsgleich mit dem der sogenannten Geisteswissenschaften ist.[50] Jener „Adel des Nutzlosen", der als Selbstzuschreibungstopos für die Konstitution eines geisteswissenschaftlichen Eigensinns eine zentrale Rolle (ge)spielt (hat), und der sich auf „die nicht-kumulative Entwicklung der Wissensbestände, die individuelle Form der Forschung, Hermeneutik als Methode, die Nicht-Reproduzierbarkeit der Ergebnisse"[51] beruft, ist für den Eigensinn der Natur- und Technikwissenschaften zweifelsohne von geringerer Bedeutung. Sicherlich sind auch *innerhalb* der Geisteswissenschaften Differenzierungen nötig. Der Eigensinn etwa der für quasi-

---

50   Peter J. Brenner konstatiert diesbezüglich: „Denn ihre bis in die Gegenwart reichende Reputation beziehen die neuzeitlichen Geisteswissenschaften aus der Abwehr gerade jener Momente, welche die neuzeitlichen Naturwissenschaften bestimmen: Sie bestehen auf einem spezifischen Wahrheitsanspruch, der nicht zwingend an die Auslöschung des Subjektes durch eine ‚Methode' gebunden ist, und sie verweigern die Erfüllung von Nützlichkeitsanforderungen." (Brenner, Peter J.: Das Verschwinden des Eigensinns. Der Strukturwandel der Geisteswissenschaften in der modernen Gesellschaft, in: ders. (Hrsg.): Geist, Geld und Wissenschaft. Arbeits- und Darstellungsformen von Literaturwissenschaft, Frankfurt am Main 1993, S. 21–65, hier: S. 22)
51   Weingart, Peter/Prinz, Wolfgang/Kastner, Maria u. a. (Hrsg.): Die sog. Geisteswissenschaften: Außenansichten. Die Entwicklung der Geisteswissenschaften in der BRD 1954–1987, Frankfurt am Main 1991, S. 9f.

naturwissenschaftliche Selbstinszenierungen offenen Sprachwissenschaften ist ein anderer als der der geisteswissenschaftlich fixierten Literaturwissenschaften; die unterschiedliche Anschlussfähigkeit der beiden Fächer etwa an den Rasse-Diskurs (s. III.3) bestätigt eine solche Vermutung.[52]

Was die einzelnen wissenschaftlichen Teilfelder in dieser Hinsicht voneinander unterscheidet, das soll hier mit Ludwik Fleck als ihr jeweiliger Denkstil bezeichnet werden. Unter Denkstil versteht der Mediziner und Wissenschaftssoziologe Fleck „nicht nur diese oder jene Färbung der Begriffe und diese oder jene Art sie zu verbinden"[53], sondern auch die „Gesamtheit geistiger Bereitschaften, das Bereitsein für solches und nicht anderes Sehen und Handeln. Die Abhängigkeit der wissenschaftlichen Tatsache vom Denkstil ist", so Fleck, „evident."[54] Ein Denkstil ist Fleck zufolge charakterisiert durch „gemeinsame Merkmale der Probleme, die ein Denkkollektiv [d.h.: die Träger der geschichtlichen Entwicklung eines Denkgebietes, eines bestimmten Wissensbestandes und Kulturstandes; GK] interessieren; [durch die] Urteile, die es als evident betrachtet; [durch die] Methoden, die es als Erkenntnismittel anwendet. Ihn begleitet eventuell ein technischer oder literarischer Stil des Wissenssystems."[55] Flecks Begriff des Denkstils, der die individualitätskonstitutiven Bedeutungskomponenten des Stil-Begriffes freilich ausblendet[56], bildet gleichsam das Herzstück seines zwar wenig systematischen, dafür aber in heuristischer Hinsicht umso anregenderen Entwurfes.[57] Flecks Ansatz verweist, indem er die Rekonstruktion der gesell-

---

52 Zum Rasse-Diskurs in den Sprachwissenschaften s. Knobloch, Clemens: Rassesemantik in der deutschen Sprachwissenschaft um 1933, in: Dutz, Klaus D. (Hrsg.): Später Mittag. Vermischte Anmerkungen zur Metahistoriographie, Münster 2003, S. 143–160.
53 Fleck, Ludwik: Entstehung und Entwicklung einer wissenschaftlichen Tatsache. Einführung in die Lehre vom Denkstil und Denkkollektiv [1935], Frankfurt am Main 1999, S. 85.
54 Ebd.
55 Fleck, Ludwik: a.a.O., S. 130. An anderer Stelle heißt es: „Der Forscher hat aber kein Bewußtsein der Auswahl, im Gegenteil, die Auswahl drängt sich ihm direkt und bindend auf, indem sie aus einer Denkstimmung, aus dem Komplex seiner geistigen Bereitschaften, aus seinen Denkgewohnheiten hervorgeht – kurz gesagt, aus dem was ich *Denkstil* nenne. Der so gefaßte Denkstil ist das Ergebnis theoretischer und praktischer Ausbildung der gegebenen Person, und indem er vom Lehrer auf den Schüler übergeht, stellt er einen gewissen traditionellen Wert dar, der einer spezifischen geschichtlichen Entwicklung und spezifischen soziologischen Gesetzen unterliegt." (Fleck, Ludwik: Über die wissenschaftliche Beobachtung und Wahrnehmung im allgemeinen [1935], in: ders.: Erfahrung und Tatsache. Gesammelte Aufsätze. Mit einer Einleitung herausgegeben von Lothar Schäfer und Thomas Schnelle, Frankfurt am Main 1983, S. 59–83, hier: S. 67f.)
56 In Flecks Entwurf ist „Stil" als Kollektivstil und nicht als Individualstil gedacht. Diese Option ist natürlich keinesfalls zwingend, scheint aber gerade im Blick auf eine solche Wissenschaftsgeschichtsschreibung sinnvoll zu sein, die „von einem Verständnis von Geschichte als komplexem Gebilde vielgestaltiger Wechselwirkungen und nicht von einer idealisierten linearen Abfolge großer Einzelgestalten und -ereignisse ausgeht." (Werle, Dirk: Stil, Denkstil, Wissenschaftsstil. Vorschläge zur Bestimmung und Verwendung eines Begriffs in der Wissenschaftsgeschichte der Geistes- und Kulturwissenschaften, in: Danneberg, Lutz/Höppner, Wolfgang/Klausnitzer, Ralf (Hrsg.): a.a.O., S. 3–30, hier: S. 11)
57 Die wissenschafts*theoretische* Unzulänglichkeit, die Vagheit und das Schillernde des Denkstil-Begriffes sind in den Diskussionen um Flecks Konzept wiederholt und sicherlich mit einigem Recht moniert

schaftlichen Ermöglichungszusammenhänge wissenschaftlicher Tatsachenproduktion einfordert, auf die Unmöglichkeit einer *kategorialen* Distinktion zwischen wissenschaftlicher und nicht-, bzw. außer-wissenschaftlicher Praxis. Das Erkennen und auch die Formulierung wissenschaftlicher „Wahrheiten" vollziehe sich keineswegs in einem gleichsam geschichts- und gesellschaftsfreien Raum, in dem nur die formallogischen Regeln des Denkens ausschlaggebend seien. Flecks These ist vielmehr, dass „das Erkennen die am stärksten sozialbedingte Tätigkeit darstellt, und dass Erkenntnis das soziale Gebilde katexochen ist."[58] Der wissenschaftlich Erkennende, so Flecks Annahme, ist immer schon Bestandteil eines ganz bestimmten Kulturmilieus, eines ganz bestimmten Denkkollektivs und partizipiere deshalb vor aller Erkenntnis auch immer schon an einem ganz bestimmten, sozial bedingten, Denkstil und dessen Artikulationsregularitäten.[59]

worden (s. Werle, Dirk: a. a. O.). Ian Hacking etwa verweist auf den bedenkenswerten Umstand, dass diejenigen Aspekte des Wissenschaftsgeschehens, die Fleck unter dem Begriff des Denkstils subsumiert, sich gerade nicht nur auf das Denken beschränken, sondern auch kommunikative und emotionale Aspekte mitumfassen. Er schlägt deshalb vor, den Begriff des Denkstils durch *style of scientific reasoning* zu ersetzen (Hacking, Ian: Styles of Scientific Thinking or Reasoning: A New Analytical Tool for Historians and Philosophers of the Sciences, in: Gavroglu, Kostas u. a. (Hrsg.): Trends in the Historiography of Science, Dordrecht u. a. 1994, S. 31–48, hier S. 33). Werles fundierte Untersuchung kommt jedoch aufgrund des Vergleiches mit konkurrierenden, wissenschaftshistoriographischen Konzepten (Form, Schule, Paradigma und Methode) zu folgendem überzeugenden „Minimalvorschlag zur Bestimmung und Verwendung des Konzeptes in der Historiographie der Geistes- und Kulturwissenschaften: ‚Stil' bezeichnet ein strukturell komplexes Bündel inhaltlich-formal charakteristischer Faktoren und Eigenschaften der Präsentation und Produktion von Wissensansprüchen, die untereinander in Wechselbeziehung stehen. [...] Der Umstand, dass ein so bestimmter Begriff des Stils neben gewissen Überschneidungen jeweils in signifikanten Punkten von den zur Konfrontation herangezogenen Begriffen abweicht, spricht für seine Verwendung im Rahmen eines begrifflichen Instrumentariums wissenschaftshistorischer Forschung. Als **historischer Nachfrage- und Beschreibungsbegriff mittlerer Reichweite ist das Konzept in heuristischer Absicht**, zur Generierung neuer Probleme und Perspektiven, oder zur Komplexitätsreduktion, etwa zur Individuierung, Typologisierung, vergleichenden Gegenüberstellung oder Periodisierung historischer Fakten und Konstellationen verwendbar." (Werle, Dirk: a. a. O., S. 29 f.; Hervorhebungen G. K.) Zum wissenschaftsgeschichtlichen und biographischen Hintergrund von Flecks Programm, das sich selbst wiederum in dezidierter Konkurrenz zur Wissenschaftsauffassung des „Logischen Positivismus" inszeniert s. v. a. Schäfer, Lothar/Schnelle, Thomas: Ludwik Flecks Begründung der soziologischen Betrachtungsweise in der Wissenschaftsgeschichte, in: Fleck, Ludwik: Entstehung, a. a. O., S. VII–XLIX; dies.: Die Aktualität Ludwik Flecks in Wissenschaftssoziologie und Erkenntnistheorie, in: Fleck, Ludwik: Erfahrung und Tatsache, a. a. O., S. 9–34.

58 Fleck, Ludwik: Entstehung und Entwicklung einer wissenschaftlichen Tatsache. Einführung in die Lehre vom Denkstil und Denkkollektiv [1935], Frankfurt am Main 1999, S. 58.

59 Flecks Programm – insofern mag es selbst wiederum als Ausdruck eines zeitspezifischen Denkstils erscheinen – ist zum Zeitpunkt seines Erscheinens keineswegs singulär. Die von ihm selbst ins Spiel gebrachte Frontstellung gegen den sog. „Logischen Positivismus", die von einer zurecht um die „Rehabilitierung" des lange vergessenen Fleck bemühten Sekundärliteratur immer wieder dankbar aufgegriffen wird, verstellt ein wenig den Blick darauf, dass bereits Karl Mannheim innerhalb seiner Wissenssoziologie mit der „Lehre von der Faktizität der Seinsverbundenheit" des Wissens zu ganz ähnlichen Ergebnissen kommt. Die Nähe etwa zwischen dem, was Mannheim als die „Aspektstruktur" des Wis-

1. WISSENSCHAFTSHISTORIOGRAPHISCHE VORÜBERLEGUNGEN 23

Die Kategorie des Denkstils ermöglicht aber nicht nur eine differenziertere Beschreibung des jeweiligen Eigensinnes unterschiedlicher Disziplinen, sondern auch die *diachrone Relationalisierung* des Eigensinnes *einer* Disziplin. Der Eigensinn etwa der Neueren deutschen Literaturwissenschaft der 1940er und 1950er Jahre dürfte sich – wenn auch sicherlich nicht in jeder Hinsicht – von dem der 1960er und 1970er Jahre unterscheiden.

Schließlich erlaubt es Flecks Denkstil-Konzept, das Moment der diachronen Beharrlichkeit, bzw. das der Kontinuität, das dem Begriff des Eigensinns inhäriert[60], der Analyse

---

sens bezeichnet, und Flecks „Denkstil" ist kaum zu übersehen. So heißt es in Mannheims 1931 erstmals publiziertem Artikel zur „Wissenssoziologie": „**Aspektstruktur** bezeichnet in diesem Sinne die Art, wie einer eine Sache sieht, was er an ihr erfasst und wie er sich einen Sachverhalt im Denken konstruiert. Aspekt ist also mehr als eine bloß formale Bestimmung des Denkens, bezieht sich auch auf qualitative Momente im Erkenntnisaufbau, und zwar auf Momente, die von einer bloß formalen Logik vernachlässigt werden müssen. Eben diese Momente nämlich begründen es, daß zwei Menschen, auch wenn sie die formal-logischen Bestimmungen [...] identisch zur Anwendung bringen, noch keineswegs identisch, daß sie über den gleichen Gegenstand vielmehr oft höchst verschieden urteilen." (Mannheim, Karl: Wissenssoziologie, in: Vierkandt, Alfred (Hrsg.): Handwörterbuch der Soziologie [1931], Unveränderter Neudruck, Stuttgart 1959, S. 659–680, hier: S. 662) Zu ganz ähnlichen Einsichten gelangt in der Physik auch Erwin Schrödinger, der 1932 die Preußische Akademie der Wissenschaften mit der Frage „Ist die Naturwissenschaft milieubedingt?" konfrontiert (Schrödinger, Erwin: Über Indeterminismus in der Physik. Ist die Naturwissenschaft milieubedingt? Zwei Vorträge zur Kritik naturwissenschaftlicher Erkenntnis, Leipzig 1932). S. dazu u. a. Weiss, Burghard: a. a. O., S. 153.

60 Fleck selbst spricht in diesem Zusammenhang von der „Beharrungstendenz der Meinungssysteme" (Fleck, Ludwik: Entstehung, S. 40–53). Gerade in der Tatsache, dass das Denkstil-Konzept eine Annäherung an beharrende oder nur in langwierigen, evolutionären Prozessen sich entwickelnde wissenschaftliche „Systeme" erlaubt, liegt ein Vorteil gegenüber dem Kuhn'schen Konzept des Paradigmas, das vor allen Dingen dazu geeignet erscheint, Momente der Diskontinuität in der Wissenschaftsgeschichte zu beschreiben (Kuhn, Thomas S.: Die Struktur wissenschaftlicher Revolutionen [1962]. Zweite revidierte und um das Postskriptum von 1969 ergänzte Auflage, Frankfurt am Main 1976). Zu einem Vergleich der Ansätze Kuhns und Flecks s. u. a. Wittich, Dieter: Das Verhältnis von Wissenschaft und Kultur in der Wissenschaftstheorie von Ludwik Fleck, in: Zeitschrift für Deutsche Philosophie, 31, 1983, S. 852–855; Fuchs, Thomas: Fortschritt, Diskontinuität und Einheit der Wissenschaften. Eine Untersuchung zum Problem wissenschaftlicher Polyperspektivität, in: Gesnerus, 50, 1993, S. 201–222, der ebenfalls zu dem Schluss kommt, dass Flecks Konzept es ermögliche, „das Moment der Kontinuität im diskontinuierlichen Ablauf der Wissenschaftsgeschichte" (211) in den Blick zu nehmen. Ob Kuhns wissenschaftstheoretisches Konzept, das hier natürlich weder in seiner Differenziertheit noch in seiner Offenheit ausführlich diskutiert werden kann, überhaupt auf die Sozial-, Geistes- oder Kulturwissenschaften anwendbar ist, ist nach wie vor umstritten. Streng genommen, d. h. wissenschaftstheoretisch, verfügt zumindest die Neuere deutsche Literaturwissenschaft nicht über ein Paradigma im Kuhn'schen Sinne (nicht einmal für die Sozialwissenschaften scheint dies bei Kuhn selbst zu gelten, s. Kuhn, Thomas: a. a. O., S. 9f. und 30), weshalb es auch wenig Sinn macht, sie wissenschaftshistorisch unter dem Aspekt etwa des „Paradigmenwechsels" zu analysieren. Zudem geht Kuhns Paradigmen-Modell davon aus, dass unterschiedliche Paradigmen inkommensurable Weltbilder erzeugen. Dieser Aspekt der Inkommensurabilität wird im Denkstil-Modell flexibilisiert: „Unterschiedliche Denk- oder Wissenschaftsstile können, müssen aber nicht inkommensurabel sein. Es ist auch möglich, dass sie mehr oder weniger kompatibel sind." (Werle, Dirk: a. a. O., S. 21) Gerade der Aspekt der Kompatibilisierung programmatischer Vorschläge, die – explizit oder implizit – auf eine

zugänglich zu machen. Existieren nämlich bestimmte Gruppen, die sich als Träger der geschichtlichen Entwicklung eines Denk-, Wissens- oder Kulturgebietes etablieren können, lange genug, so fixiert sich Fleck zufolge deren Denkstil und prägt spezifische inhaltliche wie formale Strukturen aus, die relativ unabhängig von den Wandlungen innerhalb anderer gesellschaftlicher Felder perpetuiert werden. Die mentalitätsgeschichtliche Disposition der Trägerschichten eines Denkstils spielt hierbei – dies zeigt die bildungsbürgerlich geprägte Kunstsemantik der Literaturwissenschaft deutlich – eine nicht zu unterschätzende Rolle.[61]

Fassen wir zusammen:
Die heuristische Kategorie des Eigensinns umfasst in unserem Zusammenhang zwei Aspekte:
1. die spezifischen sozialen und diskursiven Regeln, die das wissenschaftliche Feld als Gesamtphänomen konstituieren und durch die es sich von anderen gesellschaftlichen Feldern unterscheidet und abgrenzt. Insofern ist der Begriff des Eigensinns weitestgehend noch kompatibel mit Luhmanns systemtheoretischen Überlegungen zu den historischen Ausdifferenzierungsprozessen, als deren Ergebnis er das moderne System der Wissenschaft begreift.[62] Für eine Wissenschafts*geschichts*schreibung indes, die m. E. auf dieser Ebene der soziologischen Makrotheorie nicht stehen bleiben kann, ist deshalb eine weitere sowohl diachrone wie synchrone Relationalisierung des „Eigensinnes" notwendig. Somit umfasst der Begriff des Eigensinns auch
2. die je spezifischen Denkstile der einzelnen Disziplinen zu unterschiedlichen Zeiten, d.h. ein implizites Set von Denk-, bzw. Sprach- und Verhaltensregelungen, das den Raum und die Grenzen des als Wissenschaft innerhalb einer Disziplin Kommunikablen strukturiert und dessen Missachtung innerfachlich sanktioniert werden kann. Dieser Raum des Kommunikablen kann sowohl das Wissenschaftsethos, als auch die Theorien, Methoden und Gegenstände einer Disziplin umfassen und er ist ein „Gegenstand" permanenter Auseinandersetzungen. Damit umfasst der Begriff auch jenes implizite Wissen, das zwar nicht festgeschrieben und auch nicht festschreibbar, das aber dennoch konstitutiv für den Prozess der Wissensproduktion ist. Die neuere Wissenschaftsforschung spricht in diesem Zusammenhang auch von *tacit knowledge*.[63]

Erweiterung, Umwandlung oder gar Verletzung des Denkstils zielen, wird im Blick auf die Literaturwissenschaft zwischen 1933 und 1945 eine gewichtige Rolle spielen.
61 S. dazu die Studien Georg Bollenbecks zur Persistenz der gerade für die Literaturwissenschaft konstitutiven bildungsbürgerlichen Deutungsmuster (Bildung und Kultur. Glanz und Elend eines deutschen Deutungsmusters, Frankfurt am Main 1994; Tradition – Avantgarde – Reaktion. Deutsche Kontroversen um die kulturelle Moderne 1880–1945, Frankfurt am Main 1999).
62 S. Luhmann, Niklas: Die Wissenschaft der Gesellschaft, Frankfurt am Main 1990, S. 271–361.
63 S. dazu Collins, Harry M.: What is tacit knowledge?, in: Schatzki, Theodore R./Knorr Cetina, Karin/von Savigny, Eike (Hrsg.): The Practice Turn in Contemporary Theory, London 2001, S. 107–119.

Was meint Resonanz?[64] Auch der Begriff der Resonanz, der in unserem Verständnis Resonanzbedürftigkeit, Resonanzkalkül und Resonanzeffekte umfassen kann, zielt auf die Kontextualität von Wissenschaft. Resonanzphänomene liegen in unserem Zusammenhang zunächst ganz allgemein immer dann vor, wenn sich ein innerhalb des wissenschaftlichen Feldes produzierter Diskurs als anschlussfähig auch an außerhalb des Feldes zirkulierende Diskurse erweist oder erweisen soll.

Resonanz kann sich erstens auf die einzelnen wissenschaftlichen Akteure beziehen, d. h. auf die „Wissenschaftsspieler" innerhalb des wissenschaftlichen Feldes. Der Begriff meint dann die Bezogenheit ihres Handelns auf ihre jeweilige Disziplin, auf andere wissenschaftliche Teilbereiche und vor allem auf andere gesellschaftliche Felder sowie die für die Akteure (positiven oder negativen) Effekte dieser Bezogenheit. Wer wissenschaftlich publiziert, will in der Regel auch wahrgenommen werden. Das durch inner- wie außerdisziplinäre Resonanzeffekte akkumulierte Kapital eines Akteurs (man könnte sagen: sein Resonanzkapital) hat nachhaltigen Einfluss im Rahmen des oben beschriebenen Konkurrenzkampfes. Der Resonanz-Aspekt ist also eine stets mitzudenkende, relativ konstante Bezugsgröße wissenschaftlicher Kommunikation.

Zweitens richtet sich der Resonanz-Begriff darüber hinaus auf den wissenschaftlichen Teilbereich als Gesamtphänomen (etwa: die Disziplin Literaturwissenschaft) in seiner (ihrer) Bezogenheit auf andere gesellschaftliche Felder (Politik, Kultur, Ökonomie, Erziehung). In diesem Zusammenhang geht es vorrangig um die selbstlegitimatorische Außendarstellung eines Faches.

Resonanz ist keineswegs in jeder Hinsicht der unmittelbare Gegenpol von Eigensinn. Dies zeigt sich vor allem mit Blick auf den ersten Aspekt des Begriffes. Dazu hier nur stichwortartig: Die Partizipation am Eigensinn eines Faches, d. h. das Sich-Einüben und das Mitspielen nach den jeweiligen denkstilspezifischen Regeln, ist für den einzelnen wissenschaftlichen Akteur, zumal wenn es sich um „Feldnovizen" handelt, als Bedingung der Möglichkeit für innerfachliche Resonanz zunächst unerlässlich. Wer innerhalb der *eigenen* Fachöffentlichkeit (Fleck spricht in diesem Zusammenhang vom esoterischen Zirkel) positive Resonanzeffekte erzielen will, darf zunächst keinen Denkstil-Bruch, bzw. keine „reine" Häresie begehen. Der Auf- und Ausbau des eigenen Resonanzkapitals hängt sicherlich – neben dem inner- wie außerwissenschaftlichen sozialen Kapital der Akteure – eng mit dem „Platzierungssinn" (Bourdieu) der einzelnen „Wissenschaftsspieler" zusammen, d. h. ihrer Fähigkeit, die eigene wissenschaftliche Textproduktion und deren Inszenierung resonanzfähig innerhalb des diskursiven Geflechts aus feldspezifischem Eigensinn und außerwissenschaftlichen Anforderungen zu positionieren.[65]

---

64 Zum Folgenden vgl. v. a. Bollenbeck, Georg: Das neue Interesse, a. a. O. sowie Knobloch, Clemens: Über die Schulung, a. a. O.

65 „Diese Kunst des Erspürens von Tendenzen, die immer wieder ihren engen Zusammenhang mit einer gehobenen gesellschaftlichen Herkunft und Bildung erweist, und es erlaubt, sich zur rechten Zeit des richtigen Gegenstandes zu bemächtigen, gute Veröffentlichungsorte […] zu wählen, ist einer der Gründe für die deutlichsten Abweichungen verschiedener wissenschaftlicher Karrieren […] Dieser

Ein Maximum an Resonanz – darauf deuteten bereits die Bemerkungen David Edges (s. o.) hin – können jene Texte verbuchen, die, gleichsam auf unterschiedliche Resonanzräume hin adressiert, die prekäre Balance zwischen je wirksamem disziplinären Eigensinn und feldübergreifendem Resonanzkalkül zu wahren wissen.

Kommen wir zum zweiten Aspekt, der Bezogenheit des wissenschaftlichen Teilbereiches als Gesamtphänomen auf andere gesellschaftliche Felder. Die Geschichten wissenschaftlicher Disziplinen entwickeln sich – bei aller Beharrlichkeit des jeweiligen Eigensinns – nicht unabhängig von den jeweiligen Resonanzverhältnissen außerhalb des wissenschaftlichen Feldes. Anders gesagt: das, was ein wissenschaftlicher Teilbereich an Wissen produziert und an Leistungen „anbietet", bedarf der Wahrnehmung und der Nachfrage in anderen gesellschaftlichen Teilbereichen und ist somit immer auch auf die Resonanzverhältnisse in diesen Teilbereichen, bzw. in der Gesamtgesellschaft bezogen.

Der Eigensinn einer Disziplin und die gesellschaftliche Resonanzkonstellation, in die sie eingebettet ist, stehen dabei in einem interdependenten Verhältnis, ohne dass man allerdings den ersteren aus letzterer deduzieren kann. Wenn das, was eine Disziplin anzubieten gewohnt ist, ihre Leistungsangebote, nicht mehr wahrgenommen und nachgefragt werden, mithin keine Resonanzeffekte außerhalb der Disziplin mehr mobilisieren können, gerät die Disziplin unter Legitimationsdruck. Im Rahmen der innerdisziplinären Selbstthematisierung der Literaturwissenschaft ist dieser Legitimationsdruck stets als „Krise" codiert worden.[66]

Eine der gewichtigsten Leistungsangebote der Literaturwissenschaft neben der Bereitstellung literaturhistorischen Wissens besteht, ungeachtet kontrafaktischer Selbstzuschreibungen und erheblicher Schwankungen im nachfragenden Erziehungsbereich, vor allem darin, dass sie die Gesellschaft mit ausgebildeten Deutschlehrern versorgt. Obwohl diese leistungsbezogene Legitimation kaum jemals grundsätzlich gefährdet war, erweist sich das 20. Jahrhundert für die Literaturwissenschaft sicherlich als ein langes Jahrhundert des permanenten Legitimationsdrucks. Dies liegt sicherlich in erheblichem Maße an der seit

---

Spielsinn ist zuerst Sinn für die Geschichte des Spiels, ein Sinn für seine Zukunft. Wie ein Rugbyspieler weiß, wohin der Ball fliegen wird und sich bereits dort befindet, wenn er zu Boden fällt, ist derjenige ein guter Wissenschaftsspieler, der sich, ohne rechnen zu müssen oder berechnend zu sein, für das entscheidet, was sich auszahlt." (Bourdieu, Pierre: Vom Gebrauch, S. 24) Die von Bourdieu angesprochene Bedeutung der „gehobenen gesellschaftlichen Herkunft" (mithin die wissenssoziologisch durchaus bedeutsame Frage nach dem Habitus der Akteure) wird im Rahmen der vorliegenden Studie von eher untergeordneter Bedeutung bleiben. Dies nicht zuletzt deshalb, weil aufgrund der Rahmung des Untersuchungszeitraums die Zahl der hier zur Disposition stehenden Akteure zu gering ist, um empirisch valide Aussagen über einen etwaigen Zusammenhang von sozialem Herkunftsmilieu und Resonanzgeschick treffen zu können. Von dieser Einschränkung unberührt bleibt natürlich der an den Texten selbst aufweisbare Umstand, dass das bildungsbürgerliche Herkunftsmilieu, dem ein Großteil der literaturwissenschaftlichen Akteure entstammt, den Denkstil der Disziplin nachhaltig mitprägt.

66 Zum Krisen-Diskurs in der Literaturwissenschaft des 20. Jahrhunderts s.: Bollenbeck, Georg/Kaiser, Gerhard: Kulturwissenschaftliche Ansätze in der Literaturwissenschaft, in: Handbuch der Kulturwissenschaften, Band 2: Paradigmen und Disziplinen, hrsg. von Friedrich Jaeger und Jürgen Straub, Stuttgart/Weimar 2004, S. 615–637.

dem Ende des 19. Jahrhunderts sich intensivierenden Konkurrenzsituation zu den Natur- und Technikwissenschaften, deren wachsender Resonanzvorsprung durch die lebensweltliche Nützlichkeit ihrer Ergebnisse den Druck auf die Literaturwissenschaft erhöht. Denn „[j]e mehr sich Deutschland zu einem modernen Industriestaat entwickelt, desto stärker kommt es zu einem Missverhältnis zwischen geisteswissenschaftlichen Praxen, neuen Welterfahrungen und naturwissenschaftlich-technischen Wissensbedürfnissen." [67]

Der permanente Legitimationsdruck resultiert jedoch sicherlich auch aus dem kontinuierlichen Anspruch der Literaturwissenschaft auf eine fachüberschreitende Resonanz. Denn seit ihrer Etablierung im frühen 19. Jahrhundert als eines jener geisteswissenschaftlichen Kernfächer, das für die nationale Identität der Geisteswissenschaften und für die nationalkulturelle Sinnstiftung von erheblicher Bedeutung ist, sieht sich die Literaturwissenschaft legitimiert, diesen sinn-, orientierungs- und identitätsstiftenden Anspruch zu erheben und glaubt sich eben durch diesen Anspruch legitimiert.[68] Der Anspruch auf fachübergreifende Resonanz, so könnte man es paradox zuspitzen, ist zugleich ein wesentlicher Bestandteil des literaturwissenschaftlichen Eigensinns.[69] In den Selbstzuschreibungen des Faches beschränkt sich also das Spektrum seiner Leistungsangebote – und das wohl bis heute – nie ausschließlich darauf, Deutschlehrer auszubilden oder darauf, das Wissen über einen bestimmten gesellschaftlichen Teilbereich, die Literatur, auf methodisch gesicherte und intersubjektiv nachvollziehbare Weise zu vermehren und zu vertiefen. Die Literaturwissenschaft ist, je nach der gesellschaftlichen Resonanzkonstellation mehr oder weniger explizit, von Anfang an immer *auch* auf Sinnstiftung angelegt, d.h. hier auf die Produktion von fachübergreifend resonanzfähigen Identifikationserzählungen über die (deutsche) Literatur, deren Anschlussfähigkeit in anderen gesellschaftlichen Teilbereichen auch jenseits des erzieherischen Feldes (vor allem innerhalb des kulturellen und des politischen Feldes) als eine gewichtige Legitimationsressource des eigenen Tuns interpretiert wird.[70]

---

67 Bollenbeck, Georg: Das neue Interesse, S. 15. S. dazu auch Dainat, Holger: Vom Nutzen und Nachteil, eine Geisteswissenschaft zu sein. Zur Karriere der Unterscheidung von Natur- und Geisteswissenschaften, in: Brenner, Peter J. (Hrsg.): Geist, Geld und Wissenschaft. Arbeits- und Darstellungsformen von Literaturwissenschaft, Frankfurt am Main 1993, S. 66–98; ders.: Gefesselt an den Siegeswagen der Naturwissenschaften. Über die bezeichnende Macht der Geisteswissenschaften, in: Fohrmann, Jürgen u. a. (Hrsg.): Autorität der/in Sprache, Literatur, Neuen Medien. Vorträge des Bonner Germanistentages 1997, 2 Bde, Bd. 1, Bielefeld 1999, S. 302–318.

68 Zum Konstitutionsprozess der Literaturwissenschaft als universitärer Disziplin mit nationalpädagogischem Impetus s.: Fohrmann, Jürgen/Vosskamp, Wilhelm (Hrsg.): Wissenschaftsgeschichte der Germanistik im 19. Jahrhundert, Stuttgart/Weimar 1994.

69 Dieser über das Philologische hinaus sinnstiftende Impetus gilt sowohl für die vermeintlich „positivistische" Scherer-Schule (s. dazu Höppner, Wolfgang: Das „Ererbte, Erlernte und Erlebte" im Werk Wilhelm Scherers: Ein Beitrag zur Geschichte der Germanistik, Köln 1993), als auch natürlich für die gegen „den" literaturwissenschaftlichen Positivismus angetretene Geistesgeschichte (s. dazu: Kolk, Rainer: Reflexionsformel und Ethikangebot, in: König, Christoph/Lämmert, Eberhard (Hrsg.): Literaturwissenschaft und Geistesgeschichte 1910 bis 1925, Frankfurt am Main 1993, S. 38–45).

70 Auch hierin zeichnet sich (für unsere Zwecke) das Konzept sozialer Felder gegenüber demjenigen der Systemtheorie durch eine größere Flexibilität (Kritiker würden wohl sagen: durch eine größere Unge-

Redeweisen (Scharnierbegriffe, Scharniererzählungen, Semantischer Umbau)

Wie verhält es sich mit der Operationalisierbarkeit der bisher entfalteten heuristischen Leitkategorien im Rahmen einer Wissenschaftsgeschichtsschreibung der Neueren deutschen Literaturwissenschaft für den hier anvisierten zeitlichen Rahmen? Wie lassen sich der Eigensinn eines Feldes, sein Denkstil, sein Resonanzbedarf und seine Resonanzstrategien sowie schließlich die feldspezifischen Auseinandersetzungen um die Grenzen der Wissenschaftlichkeit rekonstruieren? Wie lassen sich – und diese Frage drängt sich mit Blick auf die politische Zäsur von 1933 selbstverständlich auf – Beharrlichkeit und/oder Wandel eines Denkstils rekonstruieren?

Die Wissenschaftshistoriographie hat es, ganz unabhängig zunächst davon, ob sich ihr Erkenntnisinteresse vorrangig auf Denkstile, auf Handlungsweisen, auf Institutionen oder auf Personen richtet, vornehmlich mit textuell verfassten Quellen, also „medialen Artefakten"[71] zu tun. Deshalb erweisen sich auch im Zusammenhang der hier gewählten Perspektive – dies mag zunächst banal klingen – die zwischen 1933 und 1945 produzierten *Texte* als der Gegenstandsbereich, an dem allein sich die Rekonstruktionsarbeit orientieren kann. Wissensproduktion, -präsentation und -zirkulation sind, in der Literaturwissenschaft möglicherweise stärker noch als in den natur- und technikwissenschaftlichen Disziplinen, textgebunden.[72] An den Texten einer Disziplin lassen sich ihre Redeweisen über sich selbst, über ihre Theorien, ihre Methoden, ihre Gegenstände sowie über ihre Außenbeziehungen ablesen. In diesen Redeweisen manifestieren sich der Eigensinn, der Denkstil und die Resonanzstrategien einer Disziplin. Eine Analyse der Redeweisen verspricht deshalb – so die

---

nauigkeit) aus: Während Luhmanns Theorie der Systeme davon ausgeht, dass jedem gesellschaftlichen Teilsystem *eine* Funktion zukommt, durch die es bestimmt ist, geht Bourdieus Ansatz davon aus, dass soziale Felder (wie in unserem Zusammenhang eben das Teilfeld der Literaturwissenschaft verdeutlicht) in der Regel eine Vielzahl von Aufgaben übernehmen können, „ohne dass sich eine eindeutige Zuordnung von sozialen Feldern und Funktionen einstellt." (Kneer, Georg: Differenzierung bei Luhmann und Bourdieu. Ein Theorienvergleich, in: Nassehi, Armin/Nollmann, Gerd (Hrsg.): a. a. O., S. 25–56, hier: S. 39; s. dazu auch: Bourdieu, Pierre: Das religiöse Feld. Texte zur Ökonomie des Heilsgeschehens, Konstanz 2000, S. 20) Dies liegt vor allem an der unterschiedlichen Korrelationierung von Differenzierungsprozess und Funktion bei Luhmann und Bourdieu. Für letzteren „gilt [...] die Funktionsorientierung weder als Auslöser noch als Bezugspunkt sozialer Differenzierungsprozesse. Die einzelnen sozialen Felder, aus denen sich der soziale Makrokosmos zusammensetzt, folgen keiner Funktionslogik, vor allem sind sie ‚kein Produkt irgendeiner immanenten Eigenentwicklung der Struktur' [Bourdieu, Pierre/Wacquant Loïc J. D.: a. a. O., S. 136]. Vielmehr meint soziale Differenzierung aus der Sicht von Bourdieu primär Differenzierung von Knappheiten und damit Differenzierung von Konflikten um Verteilung und Umverteilung spezifischer Knappheiten." (Kneer, Georg: a. a. O., S. 39)

71 Werle, Dirk: a. a. O., S. 11.
72 Der wissenschaftshistorisch durchaus bedeutsame Aspekt der mündlichen Kommunikation, d. h. der akademischen Lehre, kann hier insofern vernachlässigt werden, als dass auch er für die Wissenschaftshistoriographie (zumindest derjenigen des hier fraglichen Zeitraums) wenn überhaupt nur noch auf der Basis von Texten (etwa Vorlesungsmanuskripten oder -mitschriften) rekonstruiert werden kann.

Annahme dieser Studie – Aufschluss über Denkstile, Argumentationsmuster, Narrative und prototypische Probleme der Disziplin, über deren Kontinuität und Diskontinuität vor dem Hintergrund des gewandelten politischen Systems.

„Redeweisen" meint in diesem Zusammenhang nicht feste Regeln der Wissenschaftlichkeit. Es wäre für unsere Fragestellung nach dem Verhältnis von Eigensinn und Resonanz unangemessen, den kognitiven Rang der Redeweisen in den Mittelpunkt der Analyse zu stellen. Gleichwohl sollte eine um Differenziertheit bemühte Wissenschaftsgeschichtsschreibung auf die Feststellung kognitiver Differenzen zwischen Beiträgen, die sich ähnlicher Redeweisen bedienen, nicht verzichten. „Redeweisen" interessieren hier jedoch zunächst und vor allem als analysierbares Medium von „akademischen" Praxen, die dem disziplinären Eigensinn und der disziplinübergreifenden Resonanz, dem esoterischen wie dem exoterischen Diskurs[73], verpflichtet sind. Das Augenmerk richtet sich demnach besonders auf immer wieder auftauchende, thematisch fokussierte, kollektive und mehrfach adressierte Redeweisen im disziplinären Kontext: Scharnierbegriffe, Scharniergeschichten (d.h. rekurrente narrative Strukturen)[74], „die als ‚Boten' oder ‚Fähren' zwischen fachlicher und öffentlicher Kommu-

---

[73] Die von Fleck übernommene Unterscheidung „exoterisch/esoterisch" zielt vor allem auf den potentiellen Adressatenkreis von zirkulierenden Wissensbeständen. Dieser Adressatenkreis wiederum wird hauptsächlich durch den Publikationsort und den Stil eines Textes konstituiert. Demzufolge sollen hier unter exoterischen Texten jene verstanden werden, die sich nach Ort und Stil nicht vorrangig oder nicht ausschließlich an ein fachmännisches Publikum richten; Fleck spricht in diesem Zusammenhang vom „gebildeten Dilettanten" (Fleck, Ludwik: Entstehung, S. 149). Flecks Begriffsverwendung erweiternd sollen als „exoterisch" hier jedoch auch all jene Texte verstanden werden, die von Akteuren stammen, die nicht innerhalb des literaturwissenschaftlichen Feldes verankert sind. Unter esoterischen Texten verstehe ich all jene, die – von Fachleuten geschrieben – sich hauptsächlich an ein Fachpublikum richten.

[74] Die Analyse solcher narrativen Muster und Strukturen fragt also nach dem *Wie* des Erzählens auch in wissenschaftlichen Texten. Somit folgt die vorliegende Studie bis zu einem gewissen Grade der im Zuge des sogenannten *narrativist turn* und vor allem mit den Arbeiten Hayden Whites erneut in den Vordergrund gerückten Einsicht, dass auch die wissenschaftliche Produktion von (Literatur-)Geschichte an Sprachlichkeit und Textlichkeit und damit auch an textspezifische Sinnzuweisungs- und Rekonstruktionsverfahren gebunden ist. Allerdings – dies sei betont – soll hier aus dieser Annahme, die zweifellos den dogmatischen Anspruch auf einen historiographischen Faktualismus perforiert, nicht die bedingungslose Unterstellung eines Fiktionalismus resultieren (wie dies etwa in den Arbeiten Whites bisweilen der Fall zu sein scheint; s. White, Hayden V.: Tropics of Discourse. Essays in Cultural Criticism, Baltimore 1978). Auch hier gilt: die Einsicht in die Schwierigkeit, *kategorial* zwischen wissenschaftlichem (hier: historiographischem) und nicht-wissenschaftlichem (d. h.: fiktionalem) Erzählen zu unterscheiden, bedeutet nicht, dass es sinnlos sei, überhaupt Unterschiede zu machen. Zweifellos spielt – um einmal Jakobson zu bemühen – bei den meisten historiographischen Texten im Unterschied zu fiktionalen Texten die referentielle Funktion der Sprachzeichen eine ungleich größere Rolle als die appellative, emotive, poetische, metasprachliche oder phatische Funktion. Dass die letztgenannten Funktionen gleichwohl auch bei wissenschaftlichen Texten durchaus eine bedeutsame Rolle spielen *können*, wird die vorliegende Studie zur Genüge dokumentieren. Zum Verhältnis von Historiographie und Narratologie s. u. a. Schönert, Jörg: Zum Status und zur disziplinären Reichweite von Narratologie, in: Borsó, Vittoria/Kann, Christoph (Hrsg.): Geschichtsdarstellung. Medien – Methoden – Strategien, Köln/Weimar/Wien 2004, S. 131–143.

nikation dienen können, weil sie in beiden Feldern für zirkulationsfähige Inhalte stehen"[75], disziplinkonstituierende Grundmuster und privilegierte Gegenstandsbereiche, die zwischen der disziplinären und der allgemeinen Kommunikation vermitteln. Scharnierbegriffe sind mithin auf einer gleichsam mittleren Ebene zwischen (idealiter terminologisierten) „neutralen", fachsprachlichen Elementen (d. h. in unserem Zusammenhang z. B. Begriffe der Rhetorik, Metrik oder der Gattungslehre) und Begriffen der Basissemantik der kulturraisonnierenden Öffentlichkeit und des politischen Feldes zu situieren.[76]

> Scharnierbegriffe sind innerfachlich terminologisiert und tragen in der allgemeinen Kommunikation eine starke Wert- oder Affektladung. Sie taugen also einerseits dazu, diese Ladungen auch dem fachlichen Gegenstand mitzuteilen, andererseits adeln sie im Gegenzug das gemeinsprachliche Objekt mit fachlicher Würde.[77]

Scharnierbegriffe und Scharniergeschichten verbinden die Disziplin mit den jeweils kurrenten, gesellschaftlichen Selbstdeutungen. Gemeinsam mit den „rein" fachsprachlichen Elementen erscheinen Scharnierbegriffe und -erzählungen als semantische Indikatoren für den Denkstil einer Disziplin.

Der Einbezug begriffsübergreifender Einheiten deutet bereits darauf hin, dass hier nicht einem sprachlichen Substantialismus das Wort geredet werden soll. Nicht in das einzelne Wort geht die Fülle des außerwissenschaftlichen und des disziplinären Bedeutungszusammenhangs ein, vielmehr wird das Wort erst zum Begriff innerhalb eines bestimmten Verwendungskontextes, einer bestimmten Verwendungsgeschichte. Erst im Zusammenhang mit spezifischen Argumentations- und Erzählmustern, die sich um solche Worte gleichsam anlagern, d. h. eingebettet in spezifische argumentative und narrative Kontexte, werden Worte zu Scharnierbegriffen und können ihre indexikalische „Ladung" aufbauen und entfalten.[78] Deshalb wird es die vorliegende Studie – auch wenn sie aus darstellungspragmatischen Gründen im Hauptkapitel einer begriffsgeschichtlich orientierten Gliederung folgt (s. III.) – nicht dabei bewenden lassen können, die Kurrenz bestimmter Scharnierbegriffe mit mehr oder weniger aus dem Zusammenhang gelösten Zitaten zu belegen. Der Anspruch auf eine *argumentations*geschichtliche Analyse verpflichtet sie vielmehr dazu, die jeweilige narrative Einbettung solcher Begriffe, ihr jeweiliges *emplotment* an den Texten selbst zu rekonstruieren und zu analysieren, weshalb bisweilen das Zitieren längerer Passagen aus methodischen Gründen unumgänglich ist.

---

75 Knobloch, Clemens: Über die Schulung, S. 209. Vgl. auch ders.: Überlegungen zur Theorie der Begriffsgeschichte aus Sprach- und kommunikationswissenschaftlicher Sicht, in: Archiv für Begriffsgeschichte, Bd. XXXV, 1992, S. 7–24.
76 Bollenbeck, Georg: Das neue Interesse, S. 17. Mit Bollenbeck wird man davon ausgehen dürfen, „dass die Sprachregelungen des jeweiligen politischen Systems die Basissemantik der Redeweisen prägen und modifizieren." (26f.)
77 Knobloch, Clemens: Über die Schulung, S. 209.
78 Zu dieser – im sprachwissenschaftlichen Sinne verstanden – pragmatischen Ausrichtung einer historischen Semantik s. Busse, Dietrich: Historische Semantik. Analyse eines Programms, Stuttgart 1987.

Aus diesem Blickwinkel betrachtet – um diesen Aspekt hier abschließend zur Sprache zu bringen – stellt sich die Frage nach möglichen Denkstilwandlungen, nach möglichen Verschiebungen im Verhältnis von Eigensinn und Resonanz als Frage nach den „semantischen Umbauten" innerhalb einer Disziplin. Unter „semantischem Umbau" soll hier die Gesamtheit jener Wandlungen und Verschiebungen verstanden werden, die sich – mitbedingt möglicherweise durch den politischen Systemwechsel[79] – an den Redeweisen einer Disziplin ablesen lassen „und die somit auf veränderte Forschungs- und Resonanzbedingungen verweisen."[80]

Akteure

Der innerhalb der Wissenschaftshistoriographie problematische Status wissenschaftlicher Akteure berührt sich zum Teil noch einmal mit dem bereits angesprochenen Problem eines sprachfixierten Substantialismus. Die durch die geschilderten wissenschaftshistoriographischen Voraussetzungen bedingte Konzentration auf transindividuelle „Einheiten", die entweder – wie „Denkstil", „Redeweisen" oder „semantischer Umbau" – sprachlich bedingt sind, oder die – wie „Feld", „Leistungsangebot" oder „Resonanz" – sich einer soziologischen Perspektive verdanken, könnte den Schluss, bzw. den Vorwurf nahe legen, dass im Zuge eines diskursanalytischen oder soziologischen Determinismus' der Blick auf einzelne Akteure im Rahmen der folgenden Untersuchung konsequent (und unzulässigerweise) ausgeblendet werde. In der Tat scheinen ja gerade die Annahme eines kollektiven Denkstils sowie die Voraussetzung von tradierten Redeweisen und semantischen Beständen, die immer schon bestehen, bevor der einzelne Akteur das Feld überhaupt „betritt", auf einen quasi-objektiven Strukturalismus zu deuten, der von der Rekonstruierbarkeit gleichsam mechanisch ablaufender Regularitäten ausgeht.

Wen kümmert es also schon, *wer* spricht? Die vorliegende Studie ganz gewiss. Sicherlich, der Eigensinn einer Disziplin, ihr Denkstil, ihre tradierten Redeweisen binden das akademische Personal formal wie inhaltlich an bestimmte Diskursrituale und sie grenzen andere Aussagemöglichkeiten von vornherein aus.[81] Insofern ist es sicherlich richtig, dass – wie etwa Jürgen Link unlängst noch einmal betont hat – „Diskurse nicht von personalen Subjekten ‚ausgehandelt' werden."[82] Auch die vorliegende Studie sieht in den einzelnen

---

79 Die vorsichtige Formulierung soll mit Blick auf die Neuere deutsche Literaturwissenschaft während des NS darauf verweisen, dass zunächst weder einfach davon auszugehen ist, *dass* es solche Umbauten gegeben hat, noch davon, dass – wenn es sie gegeben hat – diese zwangsläufig auch auf den politischen Systemwechsel zurückzuführen sind.
80 Bollenbeck, Georg: Das neue Interesse, S. 16.
81 S. Bollenbeck, Georg: Das neue Interesse, S. 21.
82 Link, Jürgen: Warum Diskurse nicht von personalen Subjekten „ausgehandelt" werden, in: Keller, Reiner/Hirseland, Andreas/Schneider, Werner/Viehöver, Willy (Hrsg.): Die diskursive Konstruktion von Wirklichkeit, Konstanz 2005, S. 77–99.

Akteuren nicht die souveränen Schöpfer des sprachlichen Ausdrucks. Dennoch wäre es ebenso verfehlt, sie lediglich als „Marionetten der Diskurse"[83] zu begreifen. Auch wenn Subjekte keine Diskurse „aushandeln", so kämpfen doch immerhin Akteure um ihre Positionen innerhalb der Diskurse. Die Strukturen prägen die Akteure; aber zugleich ist es auch die Praxis der Akteure, die den Bestand der Strukturen ermöglicht.[84] Man sollte auf der einen Seite die Möglichkeiten zur Häresie, mithin zur dezidierten Abweichung vom diskursiven *mainstream* innerhalb des wissenschaftlichen Feldes nicht – wie Bourdieu dies zuweilen nahezulegen scheint – überschätzen.[85] Auf der anderen Seite sollte man jedoch auch die im Denkstil sich manifestierende „Harmonie der Täuschungen" nicht wie Fleck, bei dem der Konkurrenz- und Distinktionsaspekt wissenschaftlicher Tätigkeit kaum eine Rolle spielt, überschätzen. Gerade der Konkurrenzaspekt, der Kampf um die knappe Ressource Aufmerksamkeit, zwingt die Akteure dazu, sich auch dann noch unterscheidbar zu machen, wenn man die diskursiven Traditionen der Disziplin bedient. Er eröffnet somit Spielräume für eine „akteurspezifische[] Nutzung"[86] etablierter Redeweisen, Spielräume für unterschiedliche Strategien und auch für unterschiedliche Niveaus.[87] Nicht alle – um ein Beispiel an dieser Stelle nur anzudeuten – zielen zwischen 1933 und 1945 auf das Gleiche in der gleichen Weise, wenn sie den Scharnierbegriff des „Volkes" oder die „Scharniererzählung" von der „Deutschen Bewegung" bemühen. Auch wenn die Schnittmenge solcher Redeweisen zweifellos groß ist (und deren Rekonstruktion *eine* wichtige Aufgabe der vorliegenden Untersuchung ist), so gibt es doch akteurspezifische, strategische Distink-

---

83 Bollenbeck, Georg: a. a. O., S. 21. Auch (der spätere) Foucault scheint bisweilen von einem paradoxalen Zugleich von diskursgeleitetem Reagieren und diskursleitendem Agieren auszugehen, so etwa, wenn er mit Blick auf das Verhältnis Diskurs – Subjekt von einer „zweifachen Unterwerfung" spricht: von „d[er] Unterwerfung der sprechenden Subjekte unter die Diskurse und d[er] Unterwerfung der Diskurse unter die Gruppe der sprechenden Subjekte." (Foucault, Michel: Die Ordnung des Diskurses, Frankfurt am Main 1991, S. 29) Bemerkenswerter Weise wartet übrigens gerade der vermeintliche subjektkritische „Klassiker" Foucaults – *Was ist ein Autor?* – am Ende (und mit Blick auf die Geisteswissenschaften) mit der – wissenschaftshistoriographisch meines Erachtens wenig ergiebigen – Figur des „Diskursivitäts*begründers*" (Hervorh. G. K.) auf (s. Foucault, Michel: Was ist ein Autor?, in: Jannidis, Fotis/Lauer, Gerhard/Martinez, Matias/Winko, Simone (Hrsg.): Texte zur Theorie der Autorschaft, Stuttgart 2003, S. 198–229, hier: S. 218–225).
84 Auch Bourdieu insistiert jenseits sowohl gängiger handlungstheoretischer Konzeptualisierungen mit ihrer „naiv finalistischen Anschauung der Praktik" (Bourdieu, Pierre: Rede und Antwort, Frankfurt am Main 1992, S. 114) als auch jenseits eines „orthodoxen" Strukturalismus auf der Behauptung, „dass objektive soziale Strukturen nur vermittels ‚leibhaftiger Akteure' existieren." (Schwingel, Markus: a. a. O., S. 76 f.) Zu Bourdieus „strukturalistische[r] Kritik des Strukturalismus" s. auch Kneer, Georg: S. 17 f.
85 Es versteht sich, dass die Häresie als inszenierte Abweichung natürlich nur in Beziehung auf jenen orthodoxen Diskurs denkbar ist und funktioniert, von dem sie sich abzugrenzen den Anspruch erhebt.
86 Schwingel, Markus: a. a. O., S. 72.
87 „Die Regeln des Feldes", so Georg Kneer, „geben vor, was im Rahmen des ‚Spiels' erlaubt bzw. verboten ist, ohne damit auch die einzelnen Spielzüge oder Stellungnahmen der Akteure festzulegen." (Kneer, Georg: a. a. O., S. 44)

tionssignale im Blick auf die in diesen Redeweisen kommunizierten Programmatiken und Leistungsangebote.

Zudem gewinnt die Frage, *wer* spricht, noch zusätzliche Relevanz, wenn man sie übersetzt in die feldanalytische Frage, *von welcher Position aus* (innerhalb wie außerhalb des Feldes) jemand spricht. Wenn hier also von Akteuren die Rede sein wird, so sind damit eben keine Subjekte, etwa im Sinne von „ganzen Menschen", sondern vor allem *Positionsinhaber* gemeint. Es mag der gleiche Diskurs sein, im Blick auf das Verhältnis von Eigensinn und Resonanz aber macht es einen erheblichen Unterschied, ob z. B. ein Ordinarius einer renommierten Universität oder ein disziplinär (noch) nicht etablierter Akteur von den Rändern des Feldes aus etwa für die Integration rassenideologischer Fragestellungen in das literaturwissenschaftliche Profil plädiert. Der daraus resultierenden Forderung nach einer Differenzierung des argumentationsgeschichtlichen Blicks, nach einer Differenzierung, die den derzeitigen Wissensstand über die einzelnen Akteure jenseits eines anekdotischen Biographismus berücksichtigt und zu integrieren in der Lage ist, fühlt sich die vorliegende Studie durchaus verpflichtet.

Dies nicht zuletzt unterscheidet sie von der Studie Peter Sturms, zu deren diskursanalytischem Ansatz sie zwar in einer gewissen Nähe zu stehen scheint, von deren Herangehensweise (und deshalb auch von deren Ergebnissen) sie doch nachhaltig abweicht. Aus den diskursanalytischen Prämissen Sturms scheint eine gewisse Indifferenz gerade gegenüber den Akteuren zu resultieren. Differenzierungen im Hinblick auf deren reputative und/oder institutionelle Positionierung finden sich in Sturms Monographie nicht. D. h. es bleibt im Rahmen seiner Untersuchung letztlich weitestgehend unklar, von welcher „Literaturwissenschaft" Sturm eigentlich spricht. Eine Unterscheidung zwischen Hochschulwissenschaft, außerhalb des Hochschulkontextes situierten germanistischen und anderen Akteuren sucht man vergebens. So rekurriert er etwa, um hier nur einen Punkt zu nennen, ohne die nötigen Differenzierungen, auf Texte Nadlers, Mulots, Langenbuchers, Fechters, Kolbenheyers, Baeumlers oder Bartels, die ihm offensichtlich aus der diskursanalytischen Perspektive allesamt als gleichrangiges Belegmaterial für seine Thesen zu einer als genuin nationalsozialistisch begriffenen Literaturwissenschaft dienen. Der Umstand, dass dabei unkenntlich bleibt, dass es sich bei den oben Genannten – mit Ausnahme Nadlers (und selbst darüber könnte man streiten) – nicht einmal um Literaturwissenschaftler in einem engeren Sinne handelt, schränkt die Relevanz des herbeigezogenen Materials für eine Disziplingeschichtsschreibung zweifellos nachhaltig ein.[88]

---

[88] Darüber hinaus wird auch innerhalb der akademischen Zunft nicht differenziert nach Generation und Position. Diachron verengt wird die Auswahl zudem durch ihre starke Fixierung auf das Schrifttum um 1933. Sturms These, bzw. sein Anliegen ist der Aufweis einer genuin nationalsozialistischen Germanistik samt ihrer Programmatik (v. a. anhand programmatisch-theoretischer Texte). Sturm zufolge gibt es eine „neue" nationalsozialistische, literaturwissenschaftliche Programmatik, Methodik und Literaturgeschichtsschreibung und die politische Zäsur von 1933 figuriert bei ihm als „Wendepunkt in der Germanistik" (186). Ohne hier schon auf diese sicherlich problematische These weiter einzugehen, sollen doch einige zentrale Kritikpunkte an Sturms Arbeit nicht verschwiegen werden, auch wenn man

2. Quellen

Da die vorliegende Studie den nunmehr eingehend erläuterten Anspruch erhebt, das Verhältnis von Eigensinn und Resonanz innerhalb der Neueren deutschen Literaturwissenschaft während des NS zu rekonstruieren und zu analysieren, erstreckt sich das für die Fragestellung relevante Quellenspektrum sowohl auf die *esoterische* als auch auf die *exoterische* Kommunikation der Disziplin, die es in möglichst umfassendem Maße zu berücksichtigen galt. Von Bedeutung sind deshalb nicht nur jene veröffentlichten und nicht öffentlichen Texte[89], in denen sich Experten der Disziplin an ihresgleichen wenden, sondern auch jene „verteilersprachlichen" Dokumente, die gleichsam als „Popularisierungsmedien" der Literaturwissenschaft fungieren. Dies meint Einführungen, Literaturgeschichten, Hand-

> einräumen muss, dass der Wissensstand der Fachgeschichtsforschung, auf den Sturm zu dieser Zeit zurückgreifen konnte, bei weitem noch nicht so entwickelt war, wie dies heute der Fall ist.
> Der *erste Punkt* betrifft seine monoparadigmatisch-instrumentalistische Interpretation der NS-Kulturpolitik. Sturm verkennt den eklektizistischen Charakter des NS und folgt den ausgetretenen Bahnen einer rein instrumentalistischen Interpretation der NS-Kulturpolitik. Er missachtet den mentalitätsgeschichtlichen und ideengeschichtlichen Ermöglichungszusammenhang wie auch die diskurs*geschichtliche* Speisung der Kunstphilosopheme nationalsozialistischer Kulturpolitiker und stellt sie gleichsam als originäre Kreationen *ex nihilo* dar, die dann auf andere Teilbereiche der Gesellschaft einwirken. (s. etwa S. 28, wo Sturm allzu aspektmonistisch von den „ideologischen Vorgaben der politischen Führung an die Wissenschaftsvertreter" spricht.) D. h. Sturm verkennt die synchrone, v. a. aber die diachrone Zirkulationsstruktur des wissenschaftlichen Wissens. Er hat ein statisches und eindimensionales Modell des Verhältnisses Wissenschaft – Politik/Gesellschaft. Der *zweite* und in unserem Zusammenhang noch wichtigere Punkt betrifft die Auswahl der Quellen. Deren inhaltlicher Schwerpunkt liegt bei ihm auf wissenschaftstheoretisch-programmatischen Quellen, die sicherlich wichtig sind, aber als alleiniges empirisches Material zweifellos eine zu begrenzte Datenbasis abgeben, um Schlüsse für eine abschließende Beurteilung des Verhältnisses von Wissenschaft und Politik zu erlauben (die programmatischen Verlautbarungen decken sich natürlich keineswegs mit den disziplinären Forschungsprozessen zwischen 1933 und 1945). *Drittens* schließlich kommt es zu einigen unhaltbaren wissenschaftshistorischen Verzerrungen, so etwa wenn Sturm vom „wissenschaftstheoretischen Kahlschlag durch nationalsozialistische Forscher" (29) spricht; dies ist allein deshalb schon nicht haltbar, weil viele der bereits vor 1933 virulenten theoretischen Ansätze auch nach 1933 weiter zirkulieren können und selbst dezidiert sich zum Nationalsozialismus bekennende Literaturwissenschaftler durchaus – wie noch zu zeigen sein wird – darauf insistierten, bereits etablierte, wissenschaftliche Standards nicht zu unterschreiten. Zweifellos unterschätzt Sturm hier die Langlebigkeit und Persistenz des literaturwissenschaftlichen Denkstils und er überschätzt die Konsequenzen einer Rhetorik, die um die Inszenierung einer literaturwissenschaftlichen Parallel-Revolution bemüht ist.
>
> 89 Mit nicht öffentlichen Quellen sind hier vor allem Gutachten sowie die intradisziplinäre, informelle und formelle „Netzwerk"kommunikation gemeint. Glücklicherweise hat die germanistische Wissenschaftsgeschichtsschreibung zum NS auch diesbezüglich mittlerweile einen Stand erreicht, der die aus forschungspragmatischen Gründen notwendige Einschränkung erlaubte, bei der Berücksichtigung dieser unveröffentlichten Quellen weitestgehend auf die bereits von Kollegen geleistete Arbeit zurückgreifen zu können. Wo die Verwendung solcher Quellen nicht – wie etwa bei den meisten der hier berücksichtigten Anträge auf DFG-Ressourcen und den entsprechenden Gutachten – auf Autopsie beruht, habe ich dies selbstverständlich durch Angabe der Fundstelle kenntlich gemacht.

bücher, Lexika, Beiträge in nicht-wissenschaftlichen Zeitschriften und Zeitungen oder (Fest-)Vorträge, die sich an eine „breitere" Öffentlichkeit wenden und die sich für die Analyse der resonanzstrategischen Außenkommunikation der Disziplin besonders eignen. Darüber hinaus galt es auch, jene Dokumente einer *exoterischen* Kommunikation über literaturwissenschaftliche „Gegenstände" zu berücksichtigen, die von Akteuren stammen, die nicht innerhalb des Feldes etabliert sind oder die gleichsam nur von seinen Rändern aus an den „Spielen" um die Grenzen partizipieren. Solche Texte sind – als Dokumente einer außerdisziplinären Literaturwissenschaftsbeobachtung – in unserem Zusammenhang vor allem dann von Interesse, weil, bzw. wenn sich die Akteure innerhalb des esoterischen Zirkels genötigt sehen, auf sie zu reagieren. Um die Grenzen wird zwar vor allem im Inneren der Disziplin gekämpft, so dass den Dokumenten disziplinär etablierter Akteure freilich ein besonderes Gewicht zukommt, gleichwohl tragen solche exoterischen Dokumente zur Konstitution jener disziplinübergreifenden Resonanzkonstellation bei, innerhalb derer auch die Akteure des esoterischen Zirkels (re-)agieren müssen.

3. Vier mögliche Einwände: Selektion, Apologetik, Relativismus, Blinder Fleck

Die vorliegende Studie sieht sich möglicherweise mit gegenstands- wie methodenbezogenen Vorwürfen konfrontiert. Nicht alle Einwände kann man – glücklicherweise – voraussehen. Auf vier sehr naheliegende soll hier jedoch kurz eingegangen werden.

3.1 Willkürliche Selektion des Beobachtungszeitraums?

Ein *erster Einwand* könnte sich auf die durch die politischen Zäsuren markierte und deshalb im Blick auf die Disziplingeschichte recht willkürlich anmutende Selektion des Untersuchungszeitraums richten. Er könnte auf die bereits angesprochene, wachsende Skepsis der neueren Wissenschaftsforschung zur Geschichte der Germanistik gegenüber allzu einsinnigen Rekonstruktionsvarianten der jeweiligen Beziehungen zwischen Fachgeschichte und politischer Geschichte verweisen. Die hier vorgelegte Studie träfe ein solcher Einwand nur bedingt. Zwar zielt die historische Rahmensetzung der Arbeit auf eine disziplingeschichtliche Gesamtschau, die sich auf den Zeitraum zwischen 1933 und 1945 beschränkt. Die politische Zäsur von 1933 dient dabei jedoch vor allem als *heuristische* Diskontinuitätsmarke für die Fragen nach dem Verhältnis von Eigensinn und Resonanz und nach möglichen semantischen Umbauten unter einer politisch veränderten Resonanzkonstellation.[90] Sie soll jedoch den Blick auf zäsurenindifferente Kontinuitäten, mithin auf das

---

90 Aus darstellungspragmatischen sowie methodologischen Gründen (zu letzteren s. Anm. 97) werde ich im Rahmen dieser Studie auf eine Bezugnahme auf die Disziplingeschichte nach 1945 – mit Ausnahme des abschließenden Kapitels – verzichten.

komplexe Verhältnis von wissenschaftlichen Akteuren, wissenschaftlichen Denkstilen, kurzfristigen politischen Optionen und längerfristig wirksamen Strukturen gerade nicht verstellen. Dies bedeutet aber, dass die Frage nach einem möglichen Wandel des literaturwissenschaftlichen Denkstils, sowie nach den semantischen Umbauten, an denen er sich ablesen lässt, notwendigerweise immer auch den Blick auf die Tendenzen innerhalb der Disziplin *vor* 1933 erforderlich macht. Darüber hinaus, dies dürfte bereits klar geworden sein, wird der politische Wandel – und mithin das politische Feld als potentieller Resonanzraum der Disziplin – keineswegs als *der* wissenschaftshistoriographisch auszuzeichnende Faktor schlechthin, sondern lediglich als *ein* möglicher, wenn freilich auch gewichtiger, Faktor innerhalb eines Bündels möglicher, interdependenter Einflussgrößen begriffen.

3.2 Implizite Apologetik?

Der *zweite Einwand* hängt mit der historischen wie historiographischen Spezifik des Gegenstandes zusammen und betrifft die Darstellungs*haltung* der folgenden Ausführungen. Er zielt also auf die Frage nach der moralischen Bewertung des Dargestellten. Man könnte dem Versuch, das Interaktionsgeflecht des literaturwissenschaftlichen Feldes zwischen 1933 und 1945 aus seinen resonanzkonstellatorischen und -strategischen Möglichkeitsbedingungen zu rekonstruieren, eine Tendenz zur *impliziten Apologetik* unterstellen. Das Ansinnen, transindividuelle Ermöglichungszusammenhänge wissenschaftlichen Agierens in jener Zeitspanne freizulegen, wie auch die Frage, wie sich eine Disziplin auf politisch gewandelte Resonanzverhältnisse strategisch einzustellen versucht, könnten mithin missverstanden werden als mehr oder weniger verschleierte Rechtfertigungsdiskurse, die beabsichtigen, das Handeln der einzelnen literaturwissenschaftlichen Akteure während des NS als ein in gleichsam unausweichliche diskursive wie institutionelle Mechanismen eingebundenes Reagieren darzustellen und somit moralischen Beurteilungskriterien zu entziehen. Gleichwohl – dies sei hier ausdrücklich betont – geht es im Folgenden nicht um die unterschwellige Proliferation argumentativer Exkulpationsfiguren. Argumentations-, mentalitäts- wie ereignisgeschichtliche Möglichkeitsbedingungen sollen, bei aller durchaus berechtigten Skepsis gegenüber moralisierenden Verdikten vom hohen Ross einer rückwärts gekehrten Prophetie[91], nicht zum Dämon einer den Einzelnen verstrickenden Sachzwanglogik hypostasiert werden. Es geht auch nicht darum, den kokett sich gebärdenden, historiographischen Steilheiten eines ostentativen moralischen Indifferentismus Vorschub zu leisten. Am versagenden Handlungsbewusstsein eines erschreckend großen Teils der Hochschullehrerschaft zwischen 1933 und 1945, am „moralischen Debakel der Mehrheit, die nicht nur die Vertreibung ihrer Zunftgenossen hinnahm, sondern auch unverzichtbare wissenschaftliche Normen, ethische Prinzipien und den vielbeschworenen Korporationsgeist schnöde ver-

---

91 Zur grundsätzlichen Schwierigkeit, als Historiker moralische Urteile zu fällen, s.: Heller, Agnes: A theory of history, London 1982, bes. S. 117–127 („Moral judgements in historiography").

riet"⁹², kann, auch eingedenk der prinzipiellen Anfechtbarkeit jedes Historiographen selbst in möglichen, vergleichbaren Situationen, gar kein Zweifel bestehen.

Und dennoch dispensiert eine solche einmal anerkannte moralische Grundtatsache die Wissenschaftsgeschichtsschreibung keineswegs davon, differenzierter nach den jeweiligen historischen Möglichkeitsbedingungen und den Funktionsweisen feldspezifischer Kommunikationen zu fragen; auch nicht davon, nach jenen längerfristigen Dispositionen zu fragen, die das Handeln einzelner wissenschaftlicher Akteure neben – oder gar abseits – der unmittelbaren politischen Ereignisgeschichte strukturieren und konturieren. Die Feststellung des moralischen Versagens eines Großteils der akademischen Elite während des NS wird durch ihre permanente Wiederholung nicht einsichtiger. Mehr noch: Der permanent reproduzierte Verweis auf das moralische Versagen dieses oder jenes Akteurs in diesem oder jenem Fall während des NS wäre hier nicht nur wohlfeil und zeugte von durchaus bedenklicher Überheblichkeit, sondern er wäre wissenschaftshistoriographisch unergiebig. Es gilt, auf der für die (Wissenschafts-)Geschichtsschreibung bedeutsamen, weil kategorialen *Differenz zwischen Verstehen und Einverständnis* zu insistieren. Der Versuch, das Interaktions- und Diskursgeflecht der Disziplin verstehend zu rekonstruieren, impliziert keineswegs zwangsläufig das moralische Einverständnis mit den Handlungen der jeweiligen Akteure. Umgekehrt lässt auch die mehr oder weniger häufige Kundgabe des Nicht-Einverständnisses nicht zwangsläufig auf ein angemesseneres Verstehen der dargestellten Handlungen und ihrer Motivstrukturen schließen. Dass es sich bei den feldspezifischen Interaktionen – wie bereits erwähnt – nicht nur um strukturell determinierte Reaktionsmechanismen handelt, wird vielmehr erst verstehbar durch die Rekonstruktion der zeitspezifischen, feldrelevanten Resonanzkonstellation. Erst ihre Rekonstruktion lässt die potentiellen Resonanzräume wissenschaftlicher Kommunikation und den Handlungsspielraum, die Handlungsoptionen der Feldakteure für eine differenzierte Analyse transparent werden.

3.3 Kognitiver Relativismus?

Ein *dritter Einwand* könnte den *kognitiven Relativismus* einer Wissenschaftsgeschichtsschreibung tadeln, deren vorrangiges Erkenntnisinteresse nicht darin besteht, über die Wahrheit bzw. die Falschheit der zur Sprache kommenden (literaturwissenschaftlichen) Theorieansätze, Methoden und Erkenntnisse zu befinden, sondern vielmehr darin, das historisch spezifische Resonanzpotential literaturwissenschaftlicher Kommunikationsakte zu analysieren. Dieser mögliche Einwand ist indes nur insofern treffend, als dass der kognitive Gehalt einzelner historischer Theorieansätze, Methoden und Erkenntnisse, wie er sich vom heutigen Stand der literaturwissenschaftlichen Fachentwicklung aus präsentiert, in der Tat *nicht der vorrangige Gegenstand* der folgenden Ausführungen ist.

---

92 Wehler, Hans-Ulrich: Deutsche Gesellschaftsgeschichte. Vierter Band. Vom Beginn des Ersten Weltkriegs bis zur Gründung der beiden deutschen Staaten, München 2003, S. 825.

Diese Entscheidung verweist indes weder auf eine Haltung, die die Beliebigkeit wissenschaftlicher Wahrheitsansprüche zum dogmatischen Prinzip erklärt, noch soll sie implizieren, dass die Frage nach der Wahrheit literaturwissenschaftlicher Aussagen prinzipiell sinnlos sei. Nichtsdestoweniger liegt ihr ein spezifisches Verständnis von Wissenschaftsgeschichtsschreibung der Literaturwissenschaft zu Grunde.[93] Der kognitive Gehalt von Theorien und Methoden, der sich vor allem darin manifestiert, dass eben diese Theorien und Methoden in der jeweils aktuellen Wissenschaftslandschaft noch präsent sind, ist Gegenstand einer Theorie- und Methodengeschichte der Disziplin. Der kognitive Gehalt einzelner literaturwissenschaftlicher Erkenntnisse ist Gegenstand der Forschungsgeschichte einzelner literaturwissenschaftlicher Forschungsbereiche. Prinzipielle Überlegungen zur Wahrhaftigkeit literaturwissenschaftlicher Aussagen wären – falls man solches für möglich und angebracht hielte – Gegenstand einer erst noch zu entwerfenden Wissenschaftstheorie der Literaturwissenschaft.

Das Erkenntnisinteresse einer Wissenschaftshistoriographie der Literaturwissenschaft im hier verstandenen Sinne hat die Ergebnisse der Theorie-, Methoden- und Forschungsgeschichten zwar zu berücksichtigen, jedoch ist es anders ausgerichtet: Sein Gegenstand ist nicht die Wahrheit und Falschheit von literaturwissenschaftlichen Aussagen in einem absoluten Sinne, sondern die Wahrheits*fähigkeit*, bzw. die disziplinspezifische *Wissenschaftlichkeit* literaturwissenschaftlicher Kommunikationsakte zu einer bestimmten Zeit. Es geht ihr also um die Resonanz- bzw. Zirkulationsfähigkeit als wissenschaftlich anerkannter Kommunikationsakte. Dass die Resonanzfähigkeit einer wissenschaftlichen Aussage nicht gleichbedeutend mit ihrem kognitiven Gehalt sein muss, liegt auf der Hand. Die Wissenschaftsgeschichte, daran erinnert etwa Hartmut Böhme zurecht, „ist eine riesige Landschaft aufgegebener Terrains und Ruinen, die einmal im Glanz der Episteme standen."[94]

Es hieße jedoch, den Resonanzbegriff unzulässig zu vereinfachen, würde man den Schluss ziehen wollen, wahrheitsfähig in einem solchen Verständnis sei nur dasjenige, was außerhalb des wissenschaftlichen Feldes – etwa im politischen Feld – Resonanz erziele. Denn der Raum des als wahrheitsfähig innerhalb einer Disziplin Kommunizierbaren wird nicht zuletzt eben durch je zeitspezifische fachliche kognitive Standards, die Bestandteil des Denkstils sind, bestimmt, so dass eben nicht zu jeder Zeit „alles geht". Insofern spielt der kognitive Gehalt einer Aussage, eben als innerdisziplinär umstrittene Wahrheitsfähigkeit von Kommunikation, durchaus eine Rolle für die Wissenschaftsgeschichtsschreibung. Insofern Aussagen dann als wahrheitsfähig, bzw. als wissenschaftlich gelten, wenn sie in Form und Gehalt mit dem je zeitspezifischen Denkstil einer Disziplin ein hohes Maß an Über-

---

93 Zur prinzipiellen Diskussion der Übertragbarkeit von Modellen aus der Tradition der an den Naturwissenschaften orientierten *science studies* auf eine Wissenschaftsforschung der Literaturwissenschaft s. Schönert, Jörg (Hrsg.): Literaturwissenschaft und Wissenschaftsforschung. DFG-Symposion 1998, Stuttgart/Weimar 2000.
94 Böhme, Hartmut: Fetischismus und Kultur. Eine andere Theorie der Moderne, Reinbek bei Hamburg 2006, S. 87.

einstimmung aufweisen, kann man hier von einer *Kompatibilitätsannahme der Wahrheitsfähigkeit* sprechen. Vom substantialistischen Standpunkt einer Theorie wissenschaftlicher Wahrheit aus erscheint dies freilich relativistisch. Vom Standpunkt des wissenschaftshistoriographischen Erkenntnisinteresses aus ist eine solche Suspension der Wahrheitsfrage nicht nur ein pragmatisches Gebot, sondern auch ein Gebot, das im Gegenstandsbereich der Wissenschaftsgeschichtsschreibung selbst begründet liegt. Denn käme in ihren retrospektiven Skopus nur das, was etwa theorie-, methoden- oder forschungsgeschichtlich auch heute noch von fachlicher Relevanz ist, könnte sie z.B. nur ein äußerst unvollständiges Bild der Literaturwissenschaftslandschaft zwischen 1933 und 1945 liefern und hätte als Wissenschafts*geschichts*schreibung in einem ihrer Hauptanliegen versagt.

3.4 Blinder Fleck?

Ein *vierter möglicher Einwand* könnte auf jenen „blinden Fleck"[95] der vorliegenden Untersuchung stoßen, der sich darin dokumentiere, dass die verwendete heuristische Terminologie Resultat genau jener semantischen Transferprozesse auf der Beobachtungsebene sei, die man auf der Ebene des Beobachteten analysiert.[96] Das meint in diesem Zusammenhang vor allem den Transfer solcher Begriffe wie „Resonanzkonstellation", „Resonanzkalkül" oder „Leistungsangebot" aus dem augenblicklich diskurshegemonialen ökonomischen Feld.

---

95 Zur Problematik des „blinden Flecks" s. Luhmann, Niklas: Die Wissenschaft der Gesellschaft, Frankfurt am Main 1990, S. 83ff., wo es u.a. heißt, „daß die Operation des Beobachtens sich in ihrem Vollzug nicht selbst als wahr bzw. unwahr bezeichnen kann, sondern daß dies voraussetzt, daß nun diese Beobachtung ihrerseits beobachtet wird." (85) Insofern letzteres hier vorwegnehmend geschieht, vollzieht sich – im Sinne Luhmanns – so etwas wie ein proleptischer *reentry*. S. dazu etwa Luhmanns Ausführungen: „Der Beobachter tritt in das Beobachtete wieder ein. Der Beobachter ist Teil dessen, was er beobachtet, sieht sich in der paradoxen Situation dessen, was er beobachtet. Er kann einen Betrieb, eine Gesellschaft, einen Bereich der Physik beobachten, wenn er die Unterscheidung von Beobachtendem und Beobachtetem in das Objekt wieder hineinführt." (Luhmann, Niklas: Einführung in die Systemtheorie, Darmstadt 2002, S. 166f.) Zur „methodisch kontrollierten Selbstbeobachtung" und zum „Selbsteinschluss" bei Luhmann *und* bei Bourdieu s. Nassehi, Armin/Nollmann, Gerd: a.a.O., S. 16f.

96 Hinzu kommt noch der paradoxe Umstand, dass die vorliegende Studie selbst das *ist*, wovon sie u.a. handelt: nicht nur, dass sie als Teil literaturwissenschaftlicher Kommunikation literaturwissenschaftliche Kommunikation beobachten zu können beansprucht und somit in gewisser Weise selbst jenen „Gesetzen" unterliegt, die sie aufzuzeigen beansprucht, sondern sie handelt darüber hinaus, als Habilitationsschrift, u.a. von Habilitationsschriften. Es liegt auf der Hand, dass demzufolge also – ginge man davon aus, das hier entwickelte analytische Konzept könne über den zur Disposition stehenden Zeitraum hinaus fruchtbar sein – die auf der Ebene des Beobachteten analysierten Zusammenhänge auch für die vorliegende Schrift selbst gültig wären. Allerdings kann auf diesen paradoxen Umstand hier lediglich reflektiert werden. Durch permanente Selbstbeobachtung bei der Beobachtung „auflösen" lässt er sich nicht. Ein gewisses Maß an Bescheidenheit bei der Einschätzung der eigenen perspektivischen „Höhen"distanz zum untersuchten Gegenstand zeitigt er gleichwohl.

Dieser unbestreitbare Sachverhalt mag als Makel erscheinen, vor allem dann, wenn man der Idealvorstellung eines „reinen" wissenschaftlichen Sprechens anhängt oder skeptisch auf die „Neoliberalisierung" auch nichtökonomischer Diskurse hinweist. Es kann jedoch hier nicht der Ort sein, epistemologische Fragen der Möglichkeit und der Problematik einer wissenschaftlichen Metasprachlichkeit zu erörtern.

Den wissenschaftshistoriographischen Verweis, dass semantische Transferprozesse keineswegs nur in den Zeiten von Diktaturen zu beobachten sind, sondern gleichsam zu den unvermeidlichen Grundprozessen des kommunikativen Verkehrs zwischen Wissenschaft und Nicht-Wissenschaft gehören, mag man noch als generalisierende Ausflucht bezeichnen. Forschungsperspektivierend wie darstellungstechnisch zeichnet sich die Wahl der Terminologie in dieser Studie allerdings durch einen nicht zu unterschätzenden Vorteil aus: Sie wahrt eine denkbar große Distanz zur Objektsprache des Untersuchungsbereiches.[97] So be-

---

[97] Mit dieser Entscheidung für eine allochthone Semantik verstößt die vorliegende Untersuchung ganz entschieden gegen jenes anti-präsentistische, auf Kuhns Kritik an kontinuitätsstiftenden Konzeptionen zurückgehende Prinzip, das in der – vor allem anglo-amerikanischen – wissenschaftshistoriographischen Debatte unter dem Stichwort des „Verfügbarkeitsprinzips" („availability-principle") diskutiert wird. Dieses lautet „in seiner konzisesten Fassung", wie Carlos Spoerhase in einer anregenden Studie zu diesem Thema erläutert, „daß keine adäquate wissenschaftshistorische Interpretation Wissensbestände, Beschreibungsbegriffe oder Klassifikationsschemata verwenden darf, die den Zeitgenossen des zu interpretierenden Gegenstandes selbst nicht zugänglich oder verfügbar gewesen sind." (Spoerhase, Carlos: Über die Gleichgültigkeit der Gegenwart. Das Verfügbarkeitsprinzip in der Methodologie der Wissenschaftsgeschichte, in: Danneberg, Lutz/Höppner, Wolfgang/Klausnitzer, Ralf (Hrsg.): a. a. O., S. 87–108, hier: S. 96) Spoerhase plausibilisiert indes in seiner Studie, warum diese „Vorgabe an den Historiker, nur mit linguistischen und epistemischen Ressourcen zu arbeiten, die den Zeitgenossen des Untersuchungsgegenstands verfügbar gewesen sind, zu restriktiv ist." (106; zu den überzeugenden Gegenargumenten s. v. a. 98–105) Allerdings versucht die vorliegende Studie den z. T. durchaus berechtigten Einwänden, die eine anti-präsentistische Konzeption der Wissenschaftshistoriographie gegen solche gleichsam teleologischen Erzählmodelle erhebt, denen die Wissenschaft der Vergangenheit lediglich als zielgerichteter Vorlauf zur Wissenschaft der Gegenwart erscheint, in zweierlei Hinsicht Rechnung zu tragen: 1. die allochthone Beschreibungssemantik soll dadurch konterkariert werden, dass das autochthone Vokabular der Beobachtungsphase selbst hinreichend – im Wortsinn – zur Sprache kommt. D. h. der semantische Transfer innerhalb dieser Arbeit, der ja zumeist nicht nur mit bloß deskriptiven Ansprüchen, sondern auch mit dem Anspruch auftritt, Zusammenhänge zu interpretieren, soll durch seine Nachvollziehbarkeit in der Darstellung selbst ein gewisses Maß an intersubjektiver Kontrollier- und Nachprüfbarkeit erhalten. Dies – darauf wurde bereits verwiesen – zeitigt die Notwendigkeit ausführlicherer Zitate, in denen die Zeitgenossen eben selbst – und d. h. immer auch: in ihrer Sprache und möglichst im Zusammenhang ihrer Argumente – zu Wort kommen; 2. die Darstellung wird insofern den Ansprüchen eines anti-präsentistischen Historismus Rechnung tragen, als dass sie bei der Analyse der Redeweisen einzelner Akteure auf die Hinzunahme des ja durchaus vorhandenen Wissens über deren „Geschicke" nach 1945 weitestgehend verzichten wird. Zudem wird in Fragen der Vorwegnahme oder der Anbahnung bestimmter Konzepte und Methoden, die im Untersuchungszeitraum eine Rolle spielen und die sich dann unmittelbar nach 1945 oder später (und evtl. bis heute) als erfolgreich erweisen, mit einer gewissen, methodologisch bedingten Skrupulosität argumentiert werden (s. dazu etwa jene Überlegungen innerhalb dieser Arbeit, die sich mit der „Modernität" bestimmter Ansätze – etwa den soziologischen oder werkimmanenten – beschäftigen).

trachtet sollte sie weniger als Ausdruck einer unreflektierten oder resonanzkalkulatorischen semantischen Ökonomisierung des heuristischen Instrumentariums erscheinen, sondern vielmehr als ein bewusster, erkenntnissteigernde Verfremdungseffekte zeitigender Metapherntransfer, der Distanz zur Selbstthematisierungssemantik der literaturwissenschaftlichen Disziplin während des untersuchten Zeitraumes schafft. Gerade diese Verfremdung des Blickes, die eine potentiell sicherlich provokative Distanz zwischen der Sprache auf der Objekt- und derjenigen auf der Analyseebene zeitigt, erlaubt es indes, jene wissenschaftshistoriographisch relevanten Zusammenhänge beschreibbar zu machen, die in den Selbstthematisierungsdiskursen der Literaturwissenschaft jener Zeit weitestgehend ausgeblendet bleiben.

4. Aufbau der Studie und erste Übersicht

Die Studie ist in vier Teile gegliedert. Teil I zielt anhand einer eingehenden exemplarischen Analyse von zwei 1941, bzw. 1942 veröffentlichten, programmatischen Textdokumenten auf eine erste Annäherung an den literaturwissenschaftlichen Denkstil des fraglichen Zeitraums.

In einem Zeitraum von knapp einem Jahr erscheinen 1941 und 1942 mit *Von deutscher Art in Sprache und Dichtung*, dem Beitrag des Faches zum „Kriegseinsatz der Geisteswissenschaften", und mit *Gedicht und Gedanke* zwei germanistische „Gemeinschaftswerke"[98], deren Vorworte heute als idealtypische Abbreviaturen der Möglichkeiten innerhalb des literaturwissenschaftlichen Denkstils während des NS erscheinen.

Exemplarisch ist diese erste „Grenzerkundung" in zweierlei Hinsicht: Erstens soll sie den Leser am Beispiel zwei überschaubarer Textdokumente vertraut machen mit den zwischen 1933 und 1945 möglichen Austarierungen des Verhältnisses von Eigensinn und Resonanz. Was fachintern „erlaubt", und was „verboten" ist, lässt sich exemplarisch an diesen beiden Texten, in denen sich sowohl die zeitgenössischen, programmatischen Diskurse über Konturen und Strukturen des disziplinären Eigensinns als auch die disziplinspezifischen Resonanzstrategien bündeln, aufzeigen. Von den beiden in diesen paratextuellen Eröffnungen sichtbar werdenden Profilbildungsoptionen der Literaturwissenschaft, als Lebenswissenschaft zum Einen und als Text-, bzw. Dichtungswissenschaft zum Anderen, wird der literaturwissenschaftliche Denkstil während des NS konturiert und strukturiert. Zweitens soll der Leser im Zuge dieser Analyse vertraut gemacht werden mit den zentralen Zugangs- und Verfahrensweisen dieser Arbeit.

Teil II rekonstruiert *die wesentlichen Grundlinien* der zwischen 1933 und 1945 wirksamen Resonanzkonstellation, unter deren Bedingungen die Disziplin agiert und reagiert.

---

[98] Von deutscher Art in Sprache und Dichtung, hrsg. im Namen der germanistischen Fachgruppe von Gerhard Fricke, Franz Koch und Klemens Lugowski, 5 Bde., Stuttgart/Berlin 1941; Gedicht und Gedanke. Auslegungen deutscher Gedichte, hrsg. von Heinz Otto Burger, Halle 1942.

Zunächst soll deshalb das im Vergleich mit den Natur- und Technikwissenschaften geschwächte „Resonanzprofil" der im weitesten Sinne als Geisteswissenschaften zu bezeichnenden Disziplinen skizziert werden (II.1), um dann nach der spezifischen Stellung der Neueren deutschen Literaturwissenschaft und ihren Legitimationsproblemen innerhalb dieser Resonanzkonstellation zu fragen (II.2). Die Neuere deutsche Literaturwissenschaft agiert, auch wenn ihre Vertreter die Lage gerade nach dem Machtantritt der Nationalsozialisten anders interpretieren, zumindest bis zum Ende der 1930er Jahre unter den Bedingungen einer doppelten Legitimationsschwächung. Ihre wichtigsten extern adressierten Leistungsangebote werden entweder weniger nachgefragt oder sie erhalten massive Konkurrenz. Die Nachfrage nach ausgebildeten Deutschlehrern beginnt angesichts einer akademischen „Überfüllungskrise" schon vor 1933 zu sinken. Zum Anderen gerät auch das zweite zentrale, fachüberschreitend adressierte Leistungsangebot der Literaturwissenschaft, gemeint ist ihr Beitrag zur nationalkulturellen Sinn- und Orientierungsstiftung, seit der ereignisgeschichtlichen Zäsur von 1933 zunehmend unter Konkurrenz- und Distinktionsdruck. Die vielfach durchaus gehegte Hoffnung, im NS wieder zu einer gewichtigen Leit- und Orientierungsdisziplin werden zu können, wird enttäuscht. Der Anspruch des Faches, haupt- oder gar alleinzuständig „deutsche Wesensfragen" zu behandeln, mithin sein Anspruch, die Formen und Inhalte des nationalen, kulturellen Gedächtnisses diskurshegemonial zu verwalten, wird durch außer- wie innerwissenschaftliche Konkurrenz erschüttert. Das Fach sieht sich nunmehr in unmittelbarer Konkurrenz mit den konfligierenden Institutionen innerhalb des polykratisch strukturierten, kulturpolitischen Feldes. Institutionen wie Goebbels Reichsministerium für Volksaufklärung und Propaganda, Himmlers Forschungsgemeinschaft Ahnenerbe oder das Amt Rosenberg wollen ihre eigenen Vorstellungen eines nationalen „Identitätsmanagements" durchsetzen und sie erheben Anspruch auf Ressourcen. Daneben erwächst der Literaturwissenschaft innerwissenschaftliche Konkurrenz auf dem Gebiet „deutscher Ursprungsfragen" durch die zwischen 1933 und 1945 expandierenden „Gewinnerwissenschaften" der Vor- und Frühgeschichte sowie vor allem der Volkskunde.

Die Machtübergabe an die Nationalsozialisten lenkt notwendigerweise den Blick besonders auch auf das politische Feld innerhalb dieser Resonanzkonstellation, auf die Beschränkungen und Impulse, die Zwänge und Möglichkeitsbedingungen, die von der nationalsozialistischen Hochschul- und Wissenschaftspolitik ausgehen und auf das wissenschaftliche Feld und dessen institutionelle Verfasstheit im Allgemeinen sowie auf die Literaturwissenschaft im Besonderen einwirken. Deshalb sollen in II.3 die in sich durchaus heterogenen hochschul- und wissenschaftspolitischen Rahmenbedingungen, die wesentlichen Steuerungsinstrumente des NS und ihre Auswirkungen auf die Personalkonstellation der Literaturwissenschaft skizziert werden: das erneuerte Beamtengesetz, das die Entlassung „nichtarischer" und politisch unliebsamer Hochschullehrer regelt, die partielle Neuregelung des Berufungsverfahrens, mit der man den Einfluss staatlicher und parteilicher Instanzen (des Reichserziehungsministeriums sowie der NSDAP und ihren Gliederungen) bei der Besetzung von Stellen zu stärken bestrebt ist, sowie die Erneuerung der

Reichshabilitationsordnung, durch die man stärker als bisher die weltanschauliche Selektion des wissenschaftlichen Nachwuchses kontrollieren will.

Diese Steuerungsmaßnahmen greifen indes – dies gilt auch im Blick auf die Literaturwissenschaft, deren Personalkonstellation im Vergleich mit anderen Disziplinen relativ konstant bleibt – nur bedingt, was nicht zuletzt auf die permanente Konkurrenzsituation innerhalb des hochschulpolitischen Steuerungsapparates zurückzuführen ist. Neben dem erst 1934 gegründeten Reichserziehungsministerium (REM) unter Bernhard Rust, der ebenfalls 1934 ins Leben gerufenen Hochschulkommission der NSDAP unter Leitung von Rudolf Heß, dem Nationalsozialistischen Deutschen Dozentenbund (NSDDB) und dem Amt Wissenschaft in der Dienststelle Rosenberg versuchen – zumindest temporär und punktuell – auch Himmlers „Ahnenerbe", der Nationalsozialistische Deutsche Studentenbund (NSDStB) sowie einige regionale und lokale Machthaber maßgeblichen Einfluss zu gewinnen auf die Ausgestaltung der nationalsozialistischen Hochschulpolitik. Keine dieser Instanzen kann auf Dauer die Oberhand gewinnen.

Dennoch wäre es unangemessen, aus dem Fehlen einer *einheitlichen*, zielgerichteten Hochschulpolitik auf die Abwesenheit oder die Konsequenzenlosigkeit einer nationalsozialistischen Hochschulpolitik *überhaupt* zu schließen. Für die Literaturwissenschaft etwa kann – das Kapitel beschließend – gezeigt werden, dass die hochschulpolitischen Steuerungsmaßnahmen (neben den massiven Auswirkungen, die sie für die von den Entlassungen und Vertreibungen bertoffenen Wissenschaftler mit sich bringen) vor allem für den akademischen Nachwuchs nicht ohne Konsequenzen bleiben. In Sonderheit das um eine hochschul*didaktische* Prüfung erweiterte Habilitationsverfahren, bei dem es nun auch um die „weltanschauliche Eignung" der Kandidaten geht, erzeugt einen Diskursraum, der sich als Schule der Mehrfachadressierung charakterisieren lässt. Müssen oder wollen doch gerade die Stellenanwärter bei ihren Qualifikationsleistungen, wie ein Blick u.a. auf die Beiträge der Habilitanden Hans Pyritz oder Fritz Martini zeigt, den politischen Resonanzraum stets in ihr Kalkül miteinbeziehen.

Teil III, der eigentliche Hauptteil der Arbeit, widmet sich auf der Grundlage der in den beiden ersten Teilen gewonnenen Einsichten über die denkstilbedingte und für den NS kennzeichnende resonanzkonstellatorische „Rahmung" der Disziplin einer umfassenden argumentationsgeschichtlichen Rekonstruktion jener Grenzverwirrungen, die das Bild der Disziplin zwischen 1933 und 1945 prägen. Freilich – und deshalb bedarf es eben eines argumentations*geschichtlichen* Zugangs – beginnen diese Prozesse lange vor 1933.

Diese Rekonstruktion, so die bereits erläuterte Annahme dieser Studie, stützt sich auf eine möglichst präzise und quellengesättigte Analyse der „Redeweisen" der Disziplin und ihrer semantischen Umbauten. Somit soll jenseits dichotomisierender „Großerzählungen" von Autonomie und Heteronomie Aufschluss gewonnen werden über das ebenso komplexe wie umkämpfte und deshalb nicht ohne weiteres auf einen Begriff zu bringende Verhältnis von Eigensinn und Resonanz während des NS. Zwar steht dabei die Untersuchung der „Redeweisen", d.h. die Beschreibung und die Analyse der wichtigsten Scharnierbegriffe und -erzählungen im Vordergrund, diese sollen jedoch stets grundiert und rekontextualisiert werden durch den Blick auf ihre institutionen- und forschungsgeschichtlichen sowie ihre akteursspezifischen Ermöglichungszusammenhänge.

Dabei steht in III.1 zunächst die Frage im Vordergrund, wie sich die Disziplin in den beiden Jahren unmittelbar nach dem Machtwechsel positioniert, d. h. mit welchen Strategien, programmatischen Entwürfen und legitimatorischen Erzählungen sie auf den politischen Wandel innerhalb der Resonanzkonstellation reagiert. *Dass* man innerhalb des literaturwissenschaftlichen Feldes auf die Machtübergabe an die Nationalsozialisten reagiert, lässt sich unschwer an den zahlreichen zwischen 1933 und 1934 publizierten programmatischen Entwürfen sowohl etablierter wie randständiger Akteure erkennen.

Der textgenauen Analyse dieser programmatischen Schriften räumt die vorliegende Studie größeren Raum ein, als dies in vielen anderen Arbeiten zur Fachgeschichte im NS sonst üblich ist. Sie gibt sich mithin nicht damit zufrieden, diese Schriften nur als Dokumente einer einstimmigen Akklamation des neuen Regimes zu deuten und diese Deutung dann mit einigen mehr oder weniger aus dem Zusammenhang gerissenen Zitaten zu untermauern. Gewiss, der affirmative, bisweilen gar euphorische Grundtenor dieser programmatischen Äußerungen ist evident. Zahlreiche Literaturwissenschaftler begrüßen den Nationalsozialismus in dieser Anfangsphase als den „Retter" deutscher Kultur und Wissenschaft. Mit der politischen Zäsur sehen viele von ihnen zugleich eine kulturgeschichtliche Morgenröte beginnen, die jenseits der Irritationen einer als „liberalistisch" und „internationalistisch" gebrandmarkten kulturellen Moderne den erneuten „Durchbruch" zu einer als spezifisch deutsch verstandenen Kultur- und Wissenschaftsauffassung ermöglicht.

Jedoch wird eine Re-Lektüre dieser Dokumente, die durch die heuristischen Leitannahmen sensibilisiert ist für die distinktiven und resonanzstrategischen Zwischen- und Misstöne, die „feinen Unterschiede" und die Schizophrenie inner- bzw. unterhalb dieses akklamatorischen Grundtenors zeigen können. Der feldspezifische, programmatische Diskurs von 1933/34 entpuppt sich so als ein Kommunikationsnetz von zum Teil konfligierenden, distinktionsstrategischen und widersprüchlichen Interaktionen, in dessen Zuge sich nicht nur die Disziplin, sondern auch einzelne Akteure mit ihren Programmen und jeweiligen Vorstellungen von der Literaturwissenschaft vor dem Hintergrund des politischen System„wandels" in Stellung bringen und Positionen besetzen.

Differenzen zeigen sich also bereits innerhalb dieses programmatischen Interaktionsgeflechtes sowie dann in der Folgezeit, wenn es um die Frage geht, in welchem Maße sich das Fach an politischen Leitvorstellungen zu orientieren habe und welches der je vertretenen Konzepte der Literaturwissenschaft (u. a. geistesgeschichtliche, philologische, volkszentrierte oder stammeskundliche) als das den neuen Verhältnissen gemäßeste zu gelten habe. Entscheidend ist in diesem Zusammenhang in der Regel die Position, die der jeweilige Akteur innerhalb des literaturwissenschaftlichen Feldes einnimmt. Je marginaler diese Position ist, desto radikaler scheint er – wie u. a. das Beispiel Walther Lindens zeigt – für eine Politisierung der disziplinären Matrix im Zeichen einer „politischen Lebenswissenschaft" zu optieren, von der er sich möglicherweise eine Verbesserung der eigenen Position erhofft. Umgekehrt gilt: je gefestigter die Position eines Akteurs bereits ist, dies zeigen etwa die

Beiträge Viëtors, Korffs oder Hübners, desto größer ist die Wahrscheinlichkeit, dass er auch auf dem Eigensinn der Disziplin, den es vor allzu wohlfeilen, tagespolitisch motivierten Anmutungen zu schützen gelte, insistiert. Das vielfach sichtbare Bemühen dieser Akteure, resonanzstrategische Offerten an die neuen Machthaber gleichzeitig mit den Anforderungen eines disziplinären Eigensinns auszubalancieren, zeitigt häufig einen zwischen Akklamation und Abwehr des Diskontinuierlichen oszillierenden Argumentationsduktus, in dem sich – bis in die Mikroebene der Texte hinein – die Grenzen zwischen homöostatischem und schizophrenen Diskurs verwirren.

Die Kapitel III.2 bis III.5 entfalten den kontinuierlichen Fortgang jener Auseinandersetzungen und Grenzverwirrungen, die sich bereits in den programmatischen Schriften der ersten Jahre andeuten. Aus darstellungspragmatischen Gründen orientiert sich die Gliederung hier am Leitseil der für den Untersuchungszeitraum wesentlichen Scharnierbegriffe. Als solche figurieren – wie die umfassenden Quellenstudien zeigen – „Leben", „Rasse", „Volk" und „Dichtung".[99]

Kapitel III.2 rekonstruiert zunächst die transdisziplinären Verwendungsgeschichten des Lebens-Begriffes, bzw. der um ihn angelagerten Argumentationsmuster und Erzählungen in den Geisteswissenschaften *vor* 1933. Im resonanzstarken Scharnierbegriff des Lebens, so zeigt das Kapitel 2.1., bündeln bzw. artikulieren sich vor allem drei, bisweilen ineinander übergehende, umfassendere Diskurse: *erstens* eine kritische bis pessimistische Deutung der Moderne, *zum Zweiten* eine Erkenntniskritik allgemeineren Zuschnitts und schließlich – *drittens* – eine spezifischere Wissenschafts-, bzw. Universitätskritik. Während die beiden letztgenannten Aspekte vorrangig wissenschaftsintern kommuniziert werden, handelt es sich bei der Modernekritik um einen auch außerhalb der Wissenschaften resonanzträchtigen Diskurs. Kapitel 2.2 analysiert das erhebliche Attraktivitätspotential, das der Scharnierbegriff *vor* 1933 innerhalb des literaturwissenschaftlichen Feldes im Allgemeinen und für einzelne Akteure im Besonderen entfalten kann. Nicht zuletzt im Zeichen des Lebens-Begriffs inszeniert das Fach seit den 1910er Jahren jenen partiellen Denkstilwandel, in dessen Zuge sich sein Profil nachhaltig von einem philologischen zu einem „geistesgeschichtlichen" Selbstverständnis verschiebt. Die Erläuterung jener für diesen gewandelten disziplinären Denkstil bezeichnenden Aspekte (sein makrologischer Impetus, die dezidierte Abgrenzung von den Naturwissenschaften, das Ressentiment gegenüber der Moderne sowie der „Mut" zu neuen literaturgeschichtlichen Darstellungsweisen) beschließt das Teilkapitel.

---

99 Dies bedeutet – *notabene* – natürlich nicht, dass alle Redeweisen, die einen oder mehrere dieser Scharnierbegriffe enthalten, sich in positiver Weise auf den/die Begriff(e) beziehen müssen. Zudem gilt es zu beachten: Zwar rekurrieren die meisten Texte auf mehrere dieser Begriffe, dennoch – dies wird zu zeigen sein – entpuppt sich in den meisten Fällen doch *einer* der Scharnierbegriffe gleichsam als konstitutiv für die Textstruktur und als argumentationsleitendes Organisationszentrum, um das sich dann bestimmte Scharniererzählungen anlagern. Dass die Worte allerdings erst *im Kontext* dieser, ihrer, jeweiligen Verwendungsgeschichten ihr Potential als Scharnierbegriffe entfalten können, darauf wurde bereits hingewiesen.

Welche Rolle der Begriff und die um ihn zentrierten Revitalisierungsdiskurse dann *nach* 1933 wieder und noch einmal spielen können, dieser Frage widmet sich schließlich das Unterkapitel 2.3. Der Beginn des nationalsozialistischen Regimes scheint auch der literaturwissenschaftlichen Rede vom Leben wieder neue Energien zuzuführen. Die Argumentationsfigur der Revitalisierung, bzw. die mit ihr abrufbaren disziplinären Selbstdeutungsschemata gewinnen – nachdem diese seit der zweiten Hälfte der 1920er Jahre im Zuge einer Rephilologisierung des eigenen Profils ein wenig abgeklungen sind – erneut an programmatischer Relevanz. Relativ unabhängig von Position und Generationszugehörigkeit zieht sich der Lebensdiskurs erneut wie ein roter Faden, wie ein einigendes Band durch die literaturwissenschaftlichen Selbstthematisierungstexte in den Jahren von 1933 bis 1945.

Ob es sich um bereits etablierte, ältere Ordinarien wie Korff, Cysarz oder Flemming, um einen innerdisziplinär eher umstrittenen Akteur wie Linden, um einen wendigen Vielschreiber wie Kindermann, um jüngere, z. T. bereits etablierte Nachwuchswissenschaftler wie Fricke, Weydt oder Böckmann, oder schließlich um einen politischen Aktivisten wie Rössner handelt: sie alle partizipieren am Lebensdiskurs. Unabhängig davon, ob man sich angesichts der gewandelten Resonanzkonstellation nun in der Tat auch neue Impulse entweder für eine Vereinheitlichung der seit der geistesgeschichtlichen Wende methodologisch pluralisierten Disziplin oder Positionsverbesserungen verspricht, oder ob man sich einfach nur genötigt fühlt, auf die pompöse Inszenierung einer „neuen Zeit" in der Politik legitimationsstrategisch mit einer semantischen Parallelaktion reagieren zu müssen – die programmatische Forderung nach einer „neuen" Lebens- und Wirklichkeitsbezogenheit der Literaturwissenschaft kann disziplinintern auf Zustimmung rechnen. Markiert sie doch genau jenen denkstilkonturierenden, aber inhaltlich vagen Minimalkonsens, auf den sich auch solche Forscher einigen können, zwischen denen in methodischer Hinsicht erhebliche Differenzen bestehen. Gerade die semantische Flexibilität, bzw. die Vagheit des Lebens-Begriffes machen es möglich, dass in seinem Namen sowohl ein geistesgeschichtlich ausgerichteter Wissenschaftler wie Korff, als auch ein wissenschaftspolitischer Akteur wie Rössner für eine „neue" Lebensbezogenheit der Literaturwissenschaft optieren können. Eine Literaturwissenschaft, die sich explizit weigerte, eine Lebenswissenschaft sein oder werden zu wollen – dies ist innerhalb des Denkstils der Disziplin vor wie nach 1933 ein kaum denkbarer, zumindest aber ein kaum kommunizierbarer Gedanke.

Die „neue" Lebensbezogenheit der Literaturwissenschaft bleibt allerdings ebenso konsensträchtig wie vage. Gerade jedoch aufgrund ihrer Unschärfe bleibt die Rede über die Lebensbezogenheit der Disziplin nicht ohne Konsequenzen. Ihr distinktives Potential entfaltet sie besonders dann, wenn im Rahmen von feldinternen Positionierungskämpfen die Lebensbezogenheit, d. h. die Legitimität und die Denkstilkonformität eines Akteurs, bzw. seiner Tätigkeit dezidiert in Zweifel gezogen wird. Um eben solche Fälle handelt es sich sowohl bei der Kontroverse zwischen den Ordinarien Hermann Pongs und Gerhard Fricke, als auch bei den Auseinandersetzungen um den Status von Schillers theoretischen Schriften. Letztere gehen vor allem von Cysarz' Schiller-Monographie aus. Beide „Fälle" sollen hier deshalb eingehender dargestellt werden. Da es sich bei Cysarz zudem zweifellos um einen der wichtigsten Repräsentanten des Typus' „Lebenswissenschaftler" handelt, wird zudem der Darstellung der Schiller-Kontroverse noch ein skizzenhaftes Portrait dieses Akteurs vorangestellt.

Dem Vakuum, das der Lebens-Diskurs nicht ausfüllen kann, versucht man innerhalb der Literaturwissenschaft resonanzstrategisch mit solchen Konzepten zu begegnen, die im Zeichen der „Rasse" oder des „Volkes" einen semantischen Umbau der Disziplin anvisieren.

Kapitel 3 beschäftigt sich demzufolge mit jenen, vor allem (jedoch keineswegs ausschließlich) von den Rändern der Disziplin aus lancierten semantischen Strategien, die einer „rassenkundlich" orientierten Verschiebung der Grenzen des literaturwissenschaftlichen Denkstils das Wort reden. Anders als die übrigen Scharnierbegriffe spielt der Rasse-Begriff, dessen Verwendungsgeschichte und disziplinen- und wissenschaftsübergreifendes Resonanzpotential zunächst rekonstruiert wird (3.1), in der Literaturwissenschaft vor 1933 kaum eine Rolle.

Dass und warum „rassenkundliche" Konzepte auch nach 1933 – trotz ihres, wie man annehmen könnte, hohen politischen Resonanzpotentials – innerhalb der Literaturwissenschaft lediglich in beschränktem Maße anschlussfähig bleiben, analysiert und erläutert Kapitel 3.2.

Ungeachtet seines begrenzten Wirkungsradius' hinterlässt der Rasse-Begriff zahlreiche Spuren im Textgeflecht der literaturwissenschaftlichen Selbstverständigungsdiskurse und Distinktions„gefechte". Bei der Diagnose eines (partiellen) Misserfolges lässt es das Kapitel deshalb nicht bewenden, sondern es zielt darauf, diesen Befund durch eine Analyse des Spektrums rassebezogener Redeweisen (affirmativer wie kritischer) materialfundiert zu unterfüttern und zu präzisieren. Dieses Spektrum reicht, wie gezeigt werden soll, von skeptischen Integrationsversuchen über pragmatische und programmatische Applikationsstrategien, die sowohl von den Rändern, als auch vom esoterischen Zirkel der Disziplin (Willi Flemming, Franz Koch) ausgehen, bis zu positionsbedingten und akteursspezifischen Schwankungen zwischen entschiedener Distinktion und paratextueller Integration. Ein solches Oszillieren dokumentiert sich vor allem in den Schriften Josef Nadlers, dessen bereits in den 1910er Jahren entwickelte, vielfach diskutierte stammes- und landschaftskundliche Literaturgeschichtsschreibung in ihrer Ambivalenz als ein Beispiel von *reactionary modernism* innerhalb des literaturwissenschaftlichen Feldes erscheint. Nadler sieht „rassenkundliche" Entwürfe (zunächst) vor allem als unmittelbare Konkurrenzprogramme zu seinem eigenen, ethnogeographischen Konzept. Seinen letztlich scheiternden „Spielen" um Abgrenzung ist deshalb der letzte Teil dieses Kapitels gewidmet.

Wesentlich erfolgreicher sind jene Konzepte und Erzählungen, die sich um den ebenfalls bereits älteren Hochwert- und Identifikationsbegriff des Volkes gruppieren. Die „Karriere" dieses Scharnierbegriffes steht deshalb am Anfang des 4. Kapitels (4.1). Unterhalb der felddurchdringenden Präsenz der um das deutsche „Volk" kreisenden Scharniererzählungen differenzieren sich zwischen 1933 und 1945 im Wesentlichen zwei unterschiedliche Varianten einer volksbezogenen Literaturwissenschaft aus:

Während sich die eine als quasi-soziologische „Modernisierungs"variante begreift und von ihren Proponenten (u. a. Viëtor und Keferstein) als Wirklichkeitswissenschaft von der und für die „Volksgemeinschaft" inszeniert wird (4.2), versteht sich die zweite Variante als volksbezogene Wesens- und Wertewissenschaft (4.3). Der Weg bzw. der semantische Umbau, der zwischen diesen beiden Varianten zu absolvieren ist, lässt sich u. a. paradigmatisch am umfangreichen Œuvre Heinz Kindermanns nachvollziehen, dem deshalb ein eigenes Unterkapitel gewidmet ist.

In den Konzeptionen einer Literaturwissenschaft als volksbezogener Wesens- und Wertewissenschaft konstituiert sich, vor allem gruppiert um die konsensuelle „Großerzählung" von der „deutschen Bewegung", zwischen 1933 und 1945 der resonanzgewisse *orthodoxe mainstream* der Disziplin. Selbst für einen bereits von den Zeitgenossen und in der Fachhistoriographie bis heute als exzeptionell gepriesenen Akteur wie Clemens Lugowski, in dessen 1932 publizierter, heute als „Klassiker" geltenden Dissertation über *Die Form der Individualität im Roman* sich der Volksbezug indes schon andeutet, erscheint das semantische Einfädeln in diesen *orthodoxen mainstream* als probate Option. Das Lugowski gewidmete Unterkapitel geht aber auch der Frage nach, ob und in welchem Maße diese Option bereits in seiner Dissertation angelegt ist.

Jedoch auch innerhalb dieses *mainstreams* kommt es nicht ohne weiteres zu einer „harmonischen" Ausbalancierung eines denkstilspezifischen Eigensinns mit einem vornehmlich politisch adressierten Resonanzkalkül. „Probleme mit der Orthodoxie" können aus unterschiedlichen Gründen entstehen. Am Beispiel der indikationsträchtigen Auseinandersetzungen um Beißners Einleitung zum wissenschafts- und kulturpolitischen Reputationsprojekt der großen Schiller-Nationalausgabe offenbart sich das Prekäre eines disziplinären Grenzgängertums, das – resonanzgewiss – einerseits auf die wissenschaftspolitischen Institutionen des NS als Ressourcenspender zielt und das andererseits zugleich auf den Grenzen des disziplinären Eigensinns glaubt beharren zu können.

Dass zuviel an orthodoxem Konsens zugleich das Problem zeitigt, als „Wissenschaftsspieler" im Konzert der Einigen nicht mehr wahrnehmbar zu sein, zeigt sich am Beispiel Hermann Pongs', der die „Gefahr einer völkischen Konvention" heraufziehen sieht. In seinem Entwurf einer „existentialistischen" Literaturwissenschaft, die den Volks-Begriff mit dem philosophisch nobilitierten Existenz-Begriff zu koppeln versucht, manifestiert sich exemplarisch das schwierige Verhältnis von außerwissenschaftlicher Resonanz- und innerdisziplinärer Distinktionsstrategie. Der vornehmlich innerdisziplinär adressierte Überbietungsgestus, der sein Konzept kennzeichnet, erhöht zwar dessen Wahrnehmbarkeit, beeinträchtigt jedoch zugleich dessen außerdisziplinäres Resonanzpotential. Den wissenschaftspolitischen Beobachtungsinstanzen des NS erscheint sein Konzept als zu „akademisch" und „professoral".

Die Rolle des Scharnierbegriffs und der Scharniererzählungen im Rahmen der literaturhistoriographischen Praxis (d. h. „Volk" im Werten von Epochen und Autoren) rekonstruieren die beiden letzen Teile des Kapitels 4.3. Dass der disziplinär weitestgehend geteilte Konsens im Werten von Epochen und Autoren jedoch so sehr jene immer auch auf Dissens angelegte Forschungsdynamik lahm legt, dass man beginnt, Debatten gleichsam zu simulieren, zeigt die literaturwissenschaftliche Auseinandersetzung um die Grenzen des Biedermeier-Begriffes.

Der letzte Teil des vierten Kapitels (4.4) analysiert die Funktion einer volksbezogenen Wesens- und Wertewissenschaft im Krieg. Die Handlungs- und Redeweisen einer so konzeptionierten Literaturwissenschaft zielen – ohne dass es nachhaltiger semantischer Umbauten während des Krieges noch bedürfte – auf Sinnstiftung durch Repräsentation, Legitimation und Kompensation. Diese dreifache Sinnstiftungsfunktion verdichtet sich exemplarisch in einem disziplinspezifischen Leistungsangebot: Auf das durch den Krieg gesteigerte Bedürfnis nach symbolischer Repräsentation, Legitimation und Kompensation reagiert die Disziplin u. a. mit der Konstruktion „Hölderlins", die freilich an lange vor 1933 wirksame Traditionen anknüpfen kann. Eine „dichte Beschreibung" jener Inszenierungsaktivitäten, die um den schwäbischen Dichter kreisen, beschließt das vierte Kapitel. Dabei zeigen sich vor allem zwei bemerkenswerte Aspekte: Erstens handelt es sich bei der Hölderlin-Inszenierung um *ein doppeltes Rückzugsgefecht*. Denn Sinnstiftung heischend flankiert die Literaturwissenschaft mit ihren Hölderlin-Erzählungen den militärischen Niedergang des „tausendjährigen Reiches", während sie zugleich auch gegen den mentalitäts- wie mediengeschichtlichen Niedergang „ihres" Leitmediums, des Buches, ankämpft, das im Rahmen einer vorrangig auf Zerstreuung angelegten, nationalsozialistischen Kriegskulturpolitik einen weiteren Marginalisierungsschub erfährt. Zweitens zeigt sich, dass es selbst innerhalb dieser in den Feierlichkeiten von 1943 kulminierenden „Hölderlin-Inszenierung" Akteure gibt, die – ebenfalls vermittelt über die Projektionsfläche des Dichters – entschieden auf Distinktion und Distanz setzen. In Max Kommerells Schriften zu Hölderlin etwa artikuliert sich zwar kein Widerstand, aber der Wille zur Abständigkeit vom disziplinären *mainstream*. Sein Rekurs auf eine Literaturwissenschaft als Dichtungswissenschaft zeigt sich indes bereits eingebettet in Redeweisen, die gegen Ende der 1930er Jahre nicht singulär bleiben.

Insofern leitet die argumentationsgeschichtliche Analyse seiner Hölderlin-Interpretationen bereits über zu Kapitel 5, in dem es um die Rekonstruktion jener sich am Ende der dreißiger Jahre verdichtenden Redeweisen geht, die im Zeichen der „Dichtung", die es wieder „als Dichtung" zu begreifen gelte, auf eine Respezifikation literaturwissenschaftlicher Programmatik setzen. Allerdings handelt es sich bei der Konzeption einer Literaturwissenschaft als Dichtungswissenschaft keineswegs (oder doch nur im Ausnahmefall des Schweizer Germanisten Emil Staiger) um eine nachdrückliche Absage an die diversen lebenswissenschaftlichen Entwürfe. Bis zum Ende des Dritten Reiches werden beide Varianten, die gleichsam die Grenzlinien des literaturwissenschaftlichen Denkstils markieren, koexistieren.

Dies verdeutlicht paradigmatisch auch Günther Müllers Konzept einer „morphologischen Poetik" (5.1), die als Fährenvariante zwischen Lebens- und Dichtungswissenschaft – strukturiert durch die beiden Scharnierbergriffe „Dichtung" und „Gestalt" – das prekäre Verhältnis zwischen literaturwissenschaftlichem Eigensinn und außerwissenschaftlich orientierter Resonanzbedürftigkeit noch einmal auszubalancieren versucht.

Teil IV der Studie liefert schließlich einen kurzen Ausblick auf die „Nachspiele". Er thematisiert das akademische „Vergangenheitsmanagement" der Neueren deutschen Literaturwissenschaft nach 1945.

Die im Verlauf der Studie hoffentlich transparent werdende Komplexität des analysierten Gegenstandsbereiches soll nicht wieder dadurch aufgelöst oder unterboten werden, dass sie abschließend in das Begriffsschema einer zusammenfassenden, „großen Erzählung" über die Autonomie oder Heteronomie der Literaturwissenschaft im NS eingepasst wird. Dies selbst auf die Gefahr hin, dass man – wie Lutz Danneberg und Jörg Schönert es treffend formulieren – aus Wissenschaftsgeschichte „eben doch nur Wissenschafts*geschichte*"[100] lernt.

---

100 Danneberg, Lutz/Schönert, Jörg: a. a. O., S. 56. „Um so detaillierter der wissenschaftshistorische Zugriff wird", so heißt es dort, „desto stärker individualisieren sich die Umstände, desto geringer erscheint die Möglichkeit, die Vergangenheit mit der Gegenwart (oder Zukunft) zu verknüpfen und zu übergreifenden Aussagen zu gelangen. Einmal fixierte Muster verflüchtigen sich mit zunehmender Detailkenntnis. Was vermag eine Wissenschaftsgeschichtsschreibung dann noch anzubieten, um von ihr zur Gegenwartsdiagnose oder zur anzustrebenden Zukunft einer Disziplin zu lernen?" (55)

I. Annäherungen an einen Denkstil:
   Paratexte 1941/42

Zwei germanistische „Gemeinschaftswerke"

In einem Zeitraum von knapp einem Jahr erscheinen 1941 und 1942 zwei germanistische „Gemeinschaftswerke", deren paratextuelle Eröffnungen heute als Verdichtungszentren der diskursiven Entwicklungen innerhalb der Neueren deutschen Literaturwissenschaft während des Nationalsozialismus erscheinen. Geradezu als idealtypische Abbreviaturen des zwischen 1933 und 1945 innerdisziplinär Möglichen, in denen sich sowohl die zeitgenössischen, programmatischen Diskurse über Konturen und Strukturen des disziplinären Eigensinns als auch die fachspezifischen Resonanzstrategien bündeln, lassen sich die Vorworte zum fünfbändigen Sammelwerk *Von deutscher Art in Sprache und Dichtung*[1] und zur *Gedicht und Gedanke*[2] betitelten Sammlung von „Auslegungen deutscher Gedichte" lesen. Indem beide Vorworte den jeweils versammelten Beiträgen unterschiedlicher Autoren einen vereinheitlichenden Rahmen verleihen sollen, kommunizieren sie neben den gängigen expositorischen Topoi implizit zugleich auch disziplinäre Programme. Disziplinäre Programme richten sich jedoch nicht nur an die eigene *scientific community*, sondern zugleich auch, wie etwa Timothy Lenoir betont[3], an das außerfachliche Umfeld. Als Scharniertexte angesiedelt zwischen der binnenwissenschaftlichen Kommunikation, in die sie einleiten, und den Umfeldern des Faches, besteht eine zentrale Funktion der Vorworte demzufolge darin, die disziplinären Textsammlungen als „Leistungsschau" mit inner- und außerwissenschaftlichem Resonanzkalkül zu inszenieren. Gleichsam idealtypisch lassen sich anhand der beiden paratextuellen Eröffnungen jene programmatischen Pole im Rahmen

---

1 Von deutscher Art in Sprache und Dichtung, hrsg. im Namen der germanistischen Fachgruppe von Gerhard Fricke, Franz Koch und Klemens Lugowski, 5 Bde., Stuttgart/Berlin 1941 (im Folgenden zitiert als: VdA).
2 Gedicht und Gedanke. Auslegungen deutscher Gedichte, hrsg. von Heinz Otto Burger, Halle 1942 (Fortan zitiert als: GuG).
3 Lenoir charakterisiert disziplinäre Programme als „ihrer Ausrichtung nach zutiefst politisch", da sie – im Unterschied etwa zu Forschungsprogrammen – weniger an kognitiven Problemkomplexen ausgerichtet sind; sie regelten vielmehr den „Austausch zwischen dem wissenschaftlichen Unternehmen und der politischen Ökonomie seines Umfeldes." (Lenoir, Timothy: Politik im Tempel der Wissenschaft. Forschung und Machtausübung im deutschen Kaiserreich, Frankfurt am Main/New York 1992, S. 212 und 210)

des literaturwissenschaftlichen Denkstils rekonstruieren, zwischen denen die Selbstthematisierungsdiskurse über eine angemessene Wissenschaftlichkeits-Konzeption des Faches zwischen 1933 und 1945 mit unterschiedlichen Schwerpunktsetzungen oszillieren und sich überlappen. Während das fünfbändige Sammelwerk zumindest paratextuell als Höhe- und Bewährungspunkt einer *als (politischer) Lebenswissenschaft konzipierten Literaturwissenschaft* inszeniert wird, enthält das Vorwort zur Sammlung der Gedichtinterpretationen in Grundzügen das disziplinäre Programm einer *als Dichtungswissenschaft verstandenen Literaturwissenschaft*. Keine der beiden paratextuellen Eröffnungen zeichnet sich – selbst gemessen am Standardniveau exordialer Rituale – durch überdurchschnittliche kognitive Originalität aus.[4] Ihre Durchschnittlichkeit verleiht ihnen jedoch wissenschafts- wie mentalitätsgeschichtliche Repräsentativität. Gewiss hieße es, die zumindest bis 1945 nachweisbare Beständigkeit der lebenswissenschaftlichen Ausrichtung innerhalb des literaturwissenschaftlichen Denkstils zu unterschätzen und das Erscheinen von *Gedicht und Gedanke* überzuinterpretieren, würde man die Sammlung der Gedichtinterpretationen bereits als Ausdruck etwa eines fachinternen Paradigmenwechsels[5] hin zur immanenten Interpretation deuten. Sowohl die Tatsache, dass ein Drittel der Beiträge in *Gedicht und Gedanke* von Autoren stammt, die auch Texte zu den „Kriegseinsatz"-Bänden beisteuern[6], als auch das tentative Vorwort selbst (s. u.) mahnen diesbezüglich eher zur Vorsicht. Dennoch: Sowohl der Umstand, dass an beiden Projekten die zeitgenössische, bzw. die kommende germanistische „Prominenz" partizipiert[7], als auch die jeweils unterschiedlichen programmatischen Schwerpunktsetzungen, die paratextuell legitimiert werden, erlauben einen indikationsträchtigen Blick auf die gleichzeitig möglichen, zulässigen Weisen des literaturwissenschaftlichen Sprechens und auf die Legitimationsstrategien der Disziplin zwischen 1933 und 1945.

---

4 Dies mag auch der Grund sein, warum Rainer Rosenbergs jüngster Beitrag zum selben Thema die Vorworte nur sporadisch berücksichtigt und von einem gewissen (durchaus nachvollziehbaren) Überdruss an der Thematisierung der beiden Sammelbände nicht ganz frei ist. S. Rosenberg, Rainer: *Von deutscher Art* zu *Gedicht und Gedanke*, in: Dainat, Holger/Danneberg, Lutz (Hrsg.): Literaturwissenschaft und Nationalsozialismus, Tübingen 2003, S. 263–270.

5 Zur generellen Fragwürdigkeit des Paradigma-Begriffes für eine Historiographie der Literaturwissenschaft s. Einleitung, Anm. 60.

6 In beiden „Gemeinschaftswerken" publizieren: Friedrich Neumann, Hans Naumann, Hermann Schneider, Herbert Cysarz, Paul Böckmann, Clemens Lugowski, Robert Petsch, Günther Müller, Paul Merker und der Verfasser des Vorwortes zu *Gedicht und Gedanke* selbst, Heinz Otto Burger.

7 Zu *VdA* tragen neben den bereits Genannten u. a. bei: Otto Hoefler, Julius Schwietering, Willi Flemming, Julius Petersen, Benno von Wiese, Heinz Kindermann, Wolfdietrich Rasch, Paul Kluckhohn, Franz Schultz, Karl Justus Obenauer, Ernst Beutler, Fritz Martini, Kurt May, Hans Heinrich Borcherdt, Friedrich Panzer; zu *GuG*: Henning Brinkmann, Emil Staiger, Max Kommerell, Joachim Müller, Ferdinand Josef Schneider, Friedrich Sengle, Hermann Pongs.

Von deutscher Art in Sprache und Dichtung

Betrachten wir zunächst die paratextuelle Inszenierung des germanistischen Beitrages zum „Kriegseinsatz der Deutschen Geisteswissenschaften", dessen wissenschafts- und zeitgeschichtlichen Hintergründe und Begleitumstände als hinreichend erforscht gelten können.[8] Dass allein schon die Teilnahme an einem disziplinübergreifenden Großunterfangen, welches als geistige Parallelaktion zum militärischen Kriegseinsatz codiert wird, von der Ausrichtung des disziplinären Resonanzkalküls auf das außerwissenschaftliche, hier vor allem das politische Umfeld zeugt, dürfte offensichtlich sein.[9]

Gerade weil aber die seit 1933 ohnehin verstärkte Möglichkeit zur Ausrichtung der fachlichen Kommunikation an die Adresse der nationalsozialistischen Wissenschaftsbeobachtung[10] durch den Krieg noch einmal zusätzlich motiviert und legitimiert wird, liegt es nahe, sich die argumentative Grundstruktur des Vorwortes zum germanistischen „Kriegseinsatz"-Beitrag noch einmal genauer zu vergegenwärtigen. Kann man doch aus den genannten Gründen davon ausgehen, dass in dem vom Berliner Ordinarius Franz Koch gezeichneten Vorwort[11] sich jenes argumentative Repertoire gleichsam idealtypisch entfaltet,

---

[8] S. dazu das Standardwerk: Hausmann, Frank-Rutger: „Deutsche Geisteswissenschaft" im Zweiten Weltkrieg. Die „Aktion Ritterbusch" (1940–1945). Zweite, erweiterte Aufl., Dresden/München 2002. Zum „Kriegseinsatz" der Germanisten s. Herden, Werner: Zwischen „Gleichschaltung" und Kriegseinsatz. Positionen der Germanistik in der Zeit des Faschismus, in: Wissenschaftliche Zeitschrift der Humboldt-Universität zu Berlin, 33, 1987, S. 1875–1879.

[9] Der Historiker Ulrich Sieg warnt davor, die wissenschaftsgeschichtliche Bedeutung des „Gemeinschaftswerkes" – auch wenn ihm angesichts des Kriegsverlaufes keine breitere Rezeption beschieden gewesen sei – zu unterschätzen. Sieg zufolge belegt das Projekt, „wie bereitwillig die Professorenschaft an propagandistischen Aufgaben mitwirkte und wie leicht Interdisziplinarität fiel, wenn sie im Dienst einer – angeblich – höheren Idee stand. Namhafte Gelehrte, wie der Mediävist und Marburger Rektor Theodor Mayer, waren begeistert. Am 24. Februar urteilte Hermann Heimpel in einem Privatbrief, Mayer sei endlich ‚am Ziel [seines] Ehrgeizes angelangt: Kriegseinsatz!'" (Sieg, Ulrich: Strukturwandel der Wissenschaft im Nationalsozialismus, in: Berichte zur Wissenschaftsgeschichte, 24, 2001, S. 255–270, hier: S. 264).

[10] Die Hypothese der Präponderanz des politischen Feldes (etwa gegenüber sozialen, kulturellen und ökonomischen Strukturbedingungen) für die Historiographie des NS (und des 1. Weltkrieges) betont jetzt auch: Wehler, Hans-Ulrich: a. a. O., S. 597 ff. Wehler spricht in diesem Zusammenhang von einer „Umkehrung der leitenden Gesichtspunkte" (597).

[11] Das Vorwort trägt zwar nur die Unterschrift Kochs, aufgrund signifikanter Übereinstimmungen in Inhalt und Duktus mit dem bereits zuvor an die Bandmitarbeiter verschickten Plan „Zum wissenschaftlichen Einsatz Deutscher Germanisten im Kriege", der von Koch und Gerhard Fricke gemeinsam gezeichnet ist, darf aber zumindest von der Zustimmung Frickes (wenn nicht gar von dessen Mitverfasserschaft) ausgegangen werden. Dieser Plan ist abgedruckt in: Hausmann, Frank-Rutger: a. a. O., S. 204–208. Zu Franz Koch s.: Höppner, Wolfgang: Der Berliner Germanist Franz Koch in Warschau. Aspekte der Wissenschaftspolitik des ‚Dritten Reiches' im okkupierten Polen, in: Convivum. Germanistisches Jahrbuch Polen, 1997, S. 61–82; ders.: Germanisten auf Reisen. Die Vorträge und Reiseberichte von Franz Koch als Beitrag zur auswärtigen Kultur- und Wissenschaftspolitik der deutschen NS-Diktatur in Europa, in: Trans. Internet-Zeitschrift für Kulturwissenschaften 2, 1997, http://www.adis.at/arlt/institut/trans/2Nr/hoeppner.htm; ders.: Ein „verantwortungsbewußter Mittler". Der Ger-

das für die Ausrichtung des disziplinären Eigensinns auf den außerwissenschaftlichen, d. h. in diesem Fall vor allem auf den politischen Resonanzraum, spezifisch ist.

Vier, zum Teil ineinander verschränkte, argumentative Strategien prägen Kochs paratextuelle Inszenierung der Literaturwissenschaft als einer (politischen) Lebenswissenschaft. Zunächst und *erstens* handelt es sich um die semantische Synchronisation außerwissenschaftlicher, politischer und geistiger, wissenschaftlicher Prozesse. Diese Strategie ist im Falle des „Kriegseinsatzes", wie bereits gesagt, ohnehin durch den Veröffentlichungsrahmen schon vollzogen, wird aber von Koch sowohl am Anfang wie auch am Ende seiner Ausführungen noch einmal explizit durchgeführt:

> Der totale Krieg, wie wir ihn erleben, ist nicht nur eine militärische, sondern zugleich auch eine geistig-kulturelle Auseinandersetzung größten Maßes. Geht es doch nicht um irgendwelche Einzelziele, sondern um den Untergang eines überlebten und siechen Zustandes und um die Schaffung eines neuen und gesunden, um den Untergang des alten und den Aufbau eines neuen Europa. Vor Deutschland erhebt sich die ungeheure Aufgabe, diesem neuen Europa auch eine neue geistige Ordnung zu geben, geistig zu durchdringen, was das Schwert erobert hat. In der Erkenntnis dieser geschichtlichen Stunde haben sich die deutschen Geisteswissenschaften aufgemacht, um auf ihre Weise am Kriege teilzunehmen, indem sie der künftigen friedlichen Auseinandersetzung vorarbeiten. [...] Zwei Bewegungen vor allem, die einander bedingen und befruchten, in Wirklichkeit daher nur eine sind, durchformen heute unser Volk: ein leidenschaftlicher politischer Gestaltungswille und ein ebenso leidenschaftliches Streben nach Selbstfindung und Selbstgestaltung, nach Erkenntnis des eigensten Wesenskerns. (VdA, V)

Politisch-militärische Expansion und geistig-wissenschaftliche „Auseinandersetzung" werden hier von Koch als zwei Seiten ein und desselben Vorganges in Szene gesetzt.[12] Diese

---

manist Franz Koch und die Literatur in Österreich, in: Baur, Uwe/Gradwohl-Schlacher, Karin/Fuchs, Sabine (Hrsg.): Macht Literatur Krieg. Österreichische Literatur im Nationalsozialismus, Wien/Köln/Weimar 1998, S. 163–181; ders.: Der Berliner Germanist Franz Koch als ‚Literaturvermittler', Hochschullehrer und Erzieher, in: Bey, Gesine (Hrsg.): Berliner Universität und deutsche Literaturgeschichte, Frankfurt am Main/Berlin/Bern/New York/Paris/Wien 1998, S. 105–128; ders.: Das Berliner Germanische Seminar in den Jahren 1933 bis 1945. Kontinuität und Diskontinuität in der Geschichte einer wissenschaftlichen Institution, in: Dainat, Holger/Danneberg, Lutz (Hrsg.): Literaturwissenschaft und Nationalsozialismus, Tübingen 2003, S. 87–106.

12 Zur habituellen, bildungsbürgerlichen Neigung, politische Ereignisse vorrangig als geistige zu deuten s.: Ringer, Fritz K.: Die Gelehrten. Der Niedergang der deutschen Mandarine 1890–1933, [1969], Stuttgart 1987, S. 78–119. Auch die Parallelisierung von politisch-militärischen Erfolgen mit literarischen Initiativen hatte sich in der akademischen Literaturgeschichtsschreibung längst als ein beliebtes argumentatives Muster etabliert. So heißt es etwa in Scherers Literaturgeschichte: „Goethe forderte, was sich schon bei seinen Lebzeiten zu erfüllen begann und vor unseren Augen immer noch mehr und vielleicht schon zu viel erfüllt. Die kurze poetische Blütezeit, wie sie durch die Taten Friedrichs des Großen gefördert wurde, enthielt eine Prophezeiung auf neue Taten. Die Freude an seinen Dichtern gab einem zerrissenen Volke den einzigen gemeinsamen Besitz, in dem es sich stolz und kräftig fühlte. Die Dichter selbst erinnerten an vergangene Tage politischer Größe. Das Nationalbewußtsein er-

synchronisierende Bezugnahme auf außerwissenschaftliche Geschehnisse stellt argumentationstheoretisch sozusagen die Bedingung der Möglichkeit lebenswissenschaftlicher Inszenierungen dar. Dass Koch bei seiner Reinszenierung einer „geistigen Mobilmachung"[13] auf den sonst im Rahmen literaturwissenschaftlicher Selbstthematisierungen – wie wir noch sehen werden (III.2) – vielfach bemühten Begriff des Lebens selbst verzichten kann, liegt vor allem daran, dass die Kriegssituation als konkrete und potenzierteste Manifestation einer Situation gedeutet werden kann, in der eine Wissenschaft ihre „Lebensbezogenheit" unter Beweis zu stellen vermag. Die Beschwörung des ungleich vageren Lebens-Begriffes selbst wird damit überflüssig. Dass sich Kochs Legitimation germanistischer Tätigkeit in den Zeiten des Krieges argumentationsgeschichtlich jedoch durchaus noch in der Tradition jener „Geist-Leben"-Opposition bewegt, die auch die Literaturwissenschaft seit dem Beginn des 20. Jahrhunderts so vehement umtreibt, wird deutlich, wenn er seine Eröffnung mit einer vornehmlich außerfachlich adressierten Versicherung beschließt: der Versicherung nämlich, dass „unser Volk aus dem Gewollten [des vorliegenden Gemeinschaftswerkes; G. K.] die Gewißheit schöpfen [kann], daß auch der deutsche Geist nicht müßig geht, sondern Entscheidungen sucht, Grenzen verschiebt und um eine neue organische Ordnung auch seines Reiches ringt." (VdA, IX) Der Krieg, dies verdeutlicht die Kampf-Metaphorik und das Tat- und Entschiedenheitspathos dieser Passage[14], wird von Koch zur äußersten und zugleich zur idealen Möglichkeit einer (Re-)Vitalisierung geistiger, literaturwissenschaftlicher Tätigkeit[15] stilisiert.

Die semantische Synchronisation geistiger, bzw. geisteswissenschaftlicher und politisch-militärischer Aktivitäten soll in Zeiten knapper Aufmerksamkeits- und Geldressourcen die Praxisrelevanz der eigenen Disziplin vor allem für den außerwissenschaftlichen Resonanzraum plausibilisieren. Diese Synchronisation wird zudem noch durch eine binnenwissenschaftliche Konkurrenzsituation forciert. Gemeint ist damit die seit dem Ende des 19. Jahrhunderts sich verschärfende „Krise" der Geisteswissenschaften, die durch die Er-

starkte; und was eben noch ein phantastischer Wunsch zu sein schien, ward beglückende Wahrheit." (Scherer, Wilhelm: Geschichte der deutschen Literatur [1883], 16. Aufl., Berlin 1927, S. 719. S. dazu auch: Harth, Dietrich: Nationalliteratur – ein Projekt der Moderne zwischen Mystifikation und politischer Integrationsrhetorik, in: Gardt, Andreas (Hrsg.): Nation und Sprache. Die Diskussion ihres Verhältnisses in Geschichte und Gegenwart, Berlin/New York 2000, S. 349–381, hier S. 375 ff.)

13 Zur akademisch-bildungsbürgerlichen Inszenierung des 1. Weltkrieges als eines „Kulturkrieges" unter der Sammelbezeichnung „Ideen von 1914" s. u. a.: Flasch, Kurt: Die geistige Mobilmachung. Die deutschen Intellektuellen und der Erste Weltkrieg, Berlin 2000.

14 Ohne die kulturwissenschaftliche Hypostasierung des „Körpers", bzw. der „Körperlichkeit" zu einem geschichtsdiagnostischen Schlüsselbegriff bedenkenlos hier übernehmen zu wollen, so ist die geradezu inflationäre Häufigkeit, mit der seit dem Beginn des 20. Jahrhunderts in geisteswissenschaftlichen Texten bis zur Ermüdung und darüber hinaus etwa die Kampf-/Sport-/Körper-Metapher des „Ringens" bemüht wird, um die Lebenszugewandtheit geistiger Tätigkeit zu illustrieren, durchaus auffällig. Sie wäre sicherlich eine eigene begriffsgeschichtliche Analyse wert. Zur Kriegs- und Kampfmetaphorik innerhalb der Germanistik nach wie vor ausgezeichnet: Dahle, Wendula: Der Einsatz der Wissenschaft. Eine sprachinhaltliche Analyse militärischer Terminologie in der Germanistik 1933–1945, Bonn 1969.

15 Zur Argumentationsfigur der Re-Vitalisierung und zum Lebens-Begriff s. III.2.

folgsgeschichte der Natur- und Technikwissenschaften zunehmend unter gesellschaftlichen Legitimationsdruck geraten. Die Kriegssituation verschärft diese Konkurrenzsituation mit den anwendungsbezogenen und erfolgreichen Natur- und Technikwissenschaften noch zusätzlich. Dass somit dem geisteswissenschaftlichen „Kriegseinsatz"-Projekt im Allgemeinen, dem Beitrag der Germanisten aber im Besonderen der Charakter eines die eigene Relevanz inszenierenden Rückzugsgefechtes anhaftet, wird schlaglichtartig deutlich an dem von Koch und Gerhard Fricke gezeichneten und an die Mitarbeiter verschickten Plan „Zum wissenschaftlichen Einsatz Deutscher Germanisten im Kriege". Dort heißt es mit Blick auf die Legitimationsnöte der Geisteswissenschaften:

> Neben den Naturwissenschaften, deren praktischer Einsatz unmittelbar einleuchtet und in breitester Grundlage im Gang ist, hat die Geisteswissenschaft in diesem Entscheidungskampf um die deutsche und europäische Zukunft ihre eigene wichtige Aufgabe. Indem auch sie sich entschlossen einreiht in die geistige Front des alle Deutschen fordernden Krieges, kämpft sie zugleich für ihre eigene, noch keineswegs unangefochtene Rechtfertigung und Neubegründung.[16]

Die *zweite* argumentative Strategie zielt in Form eines Postulates auf die Vorrangstellung der eigenen Disziplin innerhalb der Geisteswissenschaften:

> Der Germanistik kommt in diesem Kreise von Wissenschaften [gemeint sind die Geisteswissenschaften; G. K.] zweifellos eine Schlüsselstellung zu und nur über den Ansatzpunkt ihrer Front konnte sich ein Zweifel erheben. (VdA, V)

Dieses hier zum Ausdruck gebrachte Selbstverständnis der Priorität der eigenen Disziplin speist sich aus der nationalen Tradition jener sinn- und ordnungsstiftenden Funktion, die die „Lehre und Wissenschaft von deutscher Sprache und Dichtung" (ebd.) im Laufe des 19. Jahrhunderts entwickelt. Denn als akademisch sich institutionalisierender, gesellschaftlich legitimierter Teilbereich, dem u. a. die Konstruktion und die Verwaltung des nationalen Gedächtnisses obliegt, trägt die Germanistik nicht unwesentlich zur symbolischen Identitätsbildung innerhalb eines Landes bei, in dem die Deutungseliten das kaum ausgeprägte Selbstverständnis als Staatsnation durch das Selbstinterpretationsangebot als Kulturnation zu kompensieren versuchen. Mit und an dieser identitätsstiftenden Funktion wächst das Selbstbewusstsein der noch jungen Universitätsdisziplin.[17] Allerdings scheint sich diese in Kochs Postulat noch nachklingende Funktion der Germanistik, mithin auch

---

16 Koch, Franz/Fricke, Gerhard: Zum wissenschaftlichen Einsatz Deutscher Germanisten im Kriege, hier zit. nach: Hausmann, Frank-Rutger: a. a. O., S. 205.
17 Zur Germanistik im 19. Jahrhundert s. u. a.: Fohrmann, Jürgen/Voßkamp, Wilhelm (Hrsg.): a. a. O.; Fohrmann, Jürgen: Das Projekt der deutschen Literaturgeschichte. Entstehung und Scheitern einer nationalen Poesiegeschichtsschreibung zwischen Humanismus und Kaiserreich. Stuttgart 1989; Müller, Jörg J. (Hrsg.): Germanistik und deutsche Nation. Zur Konstitution bürgerlichen Bewusstseins [1974], Stuttgart/Weimar 2000.

ihre Schlüsselrolle im Konzert der nationalen Gedächtnisverwaltung, 1941 nicht mehr von selbst zu verstehen. Die inner- wie außerfachlichen Gründe für diesen Bedeutungsverlust können hier zunächst nur angedeutet werden. Da ist zum Einen die seit den 1910er Jahren beobachtbare Tendenz zur methodologischen und methodischen Diversifizierung und Differenzierung innerhalb des Faches, die zunehmend Zweifel an seiner Einheitlichkeit aufkommen lassen.[18] Diese Heterogenität der disziplinären Matrix, die im ersten Drittel des 20. Jahrhunderts zunehmend als grundlegende „Krise" der literaturwissenschaftlichen Disziplin sowohl inner- wie außerhalb des Faches kommuniziert wird, bagatellisiert Koch resonanzstrategisch zu geringfügigen Zweifeln „über den Ansatzpunkt ihrer Front". Außerfachliche Gründe kommen durch die sich mit der Machtübergabe von 1933 wandelnde Resonanzkonstellation hinzu (s. dazu v. a. Teil II): Konkurrenz als hegemonialer Instanz des nationalen Identitätsmanagements erwächst der Literaturwissenschaft nicht nur auf innerwissenschaftlicher Ebene durch die im politischen Feld während des NS resonanzstarken Fächer Volkskunde und Prähistorie, sondern auf außerwissenschaftlicher Ebene auch durch die zahlreichen Parteiinstanzen, die mit- und untereinander im Wettstreit um die weltanschaulichen Richtlinienkompetenzen liegen.[19]

Deshalb kann Koch diesen Anspruch auf eine Schlüsselstellung der Germanistik auch nicht einfach bloß postulieren, er muss ihn in einer *dritten* „Operation" auch – zumindest ansatzweise – legitimieren. Dies geschieht über die von Koch dargelegte Gegenstandskonstitution des Faches. Die dritte argumentative „Operation" zielt demnach unmittelbar auf die disziplinäre Matrix und kann als Medialisierung und Metaphysizierung des Gegenstandsbereiches mit eindeutigem politischem Resonanzkalkül bezeichnet werden. Medialisierung meint zunächst, dass deutsche Literatur und Sprache von Koch zwar als *Gegenstände* literaturwissenschaftlicher Erkenntnis beschrieben werden, aber sie sind nicht das eigentliche *Ziel* dieser Erkenntnis. Sie dienen vielmehr als Mittel, als Medien zur Erkenntnis von etwas, das zwar in der Literatur und in der Sprache Ausdruck findet, aber – als

---

18 König, Christoph/Lämmert, Eberhard (Hrsg.): Literaturwissenschaft und Geistesgeschichte 1910 bis 1925, Frankfurt am Main 1993; Dainat, Holger: Deutsche Literaturwissenschaft zwischen den Weltkriegen, in: Zeitschrift für Germanistik, N. F. 3, 1991, S. 600–608; ders.: Von der Neueren Deutschen Literaturgeschichte zur Literaturwissenschaft. Die Fachentwicklung von 1890 bis 1913/14, in: Fohrmann, Jürgen; Voßkamp, Wilhelm (Hrsg.): Wissenschaftsgeschichte der Germanistik im 19. Jahrhundert. Stuttgart, Weimar 1994. S. 494–537; ders.: „Erlösung von jenem ertötenden Historismus". Die Neuere deutsche Literaturwissenschaft zu Beginn der zwanziger Jahre, in: Bialas, Wolfgang/Raulet, Gérard (Hrsg.): Die Historismusdebatte in der Weimarer Republik. Frankfurt a. M. u. a. 1996, S. 248–271.
19 S. dazu: Grüttner, Michael: Die nationalsozialistische Wissenschaftspolitik und die Geisteswissenschaften, in: Dainat, Holger/Danneberg, Lutz (Hrsg.): a. a. O., S. 13–40; zur Volkskunde: Jacobeit, Wolfgang u. a. (Hrsg.): Völkische Wissenschaft. Gestalten und Tendenzen der deutschen und österreichischen Volkskunde in der ersten Hälfte des 20. Jahrhunderts, Wien u. a. 1994; zur Prähistorie s.: Leube, Achim (Hrsg.): Prähistorie und Nationalsozialismus. Die mittel- und osteuropäische Ur- und Frühgeschichtsforschung in den Jahren 1933–1945, Heidelberg 2002.

ontologisches Objekt einer metaphysischen Wesensschau – über sie hinaus geht.[20] Das eigentliche Ziel der Germanistik ist es nach Koch, mittels der Sprachdokumente

> die Voraussetzung für die Nachbarwissenschaften, den Spiegel selber, den Maßstab, die Erkenntnis zu schaffen, was denn diese unsere deutsche Art ist und bedeutet, was es, geistig-seelisch gesehen, heißt, ein Deutscher zu sein. Der Antwort auf diese Frage näher zu kommen, von seiten der germanistischen Wissenschaft einen Beitrag zu jenem Selbstfindungsstreben unseres Volkes zu leisten, ist daher Ziel und Absicht dieses Unternehmens „Von deutscher Art". Es läßt sich nicht durch das Lächeln jener irre machen, die dieser Grundfrage ihr zweifelndes Ignorabimus oder Ineffabile entgegensetzen. [...] Hat man das zuweilen vergessen und über den Reizen des Weges zum Ziele dieses selbst aus den Augen verloren, so kehrt der neue Forschungswille bewußt zu seinem Ursprunge zurück, wenn er es sich wieder zur Aufgabe macht, dem gehaltvollsten und ertragreichsten Erze, das es gibt, unserer Sprache und Dichtung, dieser Selbstoffenbarung der deutschen Seele, deutschen Art, das reine Gold ihres Wesens abzugewinnen. (VdA, VI)

Das Wesen der „deutschen Seele", mithin die „Deutschheit"[21], ist also das substantialisierte Erkenntnisziel der Germanistik, das sie „über den Reizen des Weges zum Ziele", d.h. hier eben den (literarischen) Sprachdokumenten selbst, „aus den Augen verloren" hat. Indes ist der „neue Forschungswille" so neu nicht, und die von Koch durchgeführte Operation der Medialisierung und Metaphysizierung des Gegenstandsbereiches liegt durchaus innerhalb der Grenzen des immer noch geistesgeschichtlich geprägten Denkstils der zeitgenössischen Literaturwissenschaft. Die Medialisierung literarischer Texte, d.h. die erkenntnisperspektivierende Voraussetzung, dass sie zur Exemplifikation umfassenderer Zusammenhänge dienen können und sollen, fügt sich nahtlos in die disziplinäre Matrix der Zeit ein. Immerhin kritisiert etwa mit Hans Epstein bereits 1929 ein Beobachter der zeitgenössischen Literaturwissenschaft die *Metaphysizierung in der literaturwissenschaftlichen Begriffsbildung und ihre Folgen.*[22] Auch die ontologisierende Spezifikation der Germanistik zu einer „Ethno-

---

20 Die Analyse dieser dritten argumentativen Operation greift zurück auf Überlegungen aus Klaus Weimars anregender Vergleichsstudie zu den literaturwissenschaftlichen Konzeptionen Emil Ermatingers und Emil Staigers: Weimar, Klaus: Literaturwissenschaftliche Konzeption und politisches Engagement. Eine Fallstudie über Emil Ermatinger und Emil Staiger, in: Dainat, Holger/Danneberg, Lutz (Hrsg.): a. a. O., S. 271–286, hier v. a. S. 276 ff.
21 Zu den Inklusions- und Exklusionsfunktionen der Verwendungsweisen des Begriffes „deutsch" s.: Weimar, Klaus: Deutsche Deutsche, in: Boden, Petra/Dainat, Holger (Hrsg.): Atta Troll tanzt noch. Selbstbesichtigungen der literaturwissenschaftlichen Germanistik, Berlin 1997. S. 127–138.
22 Epstein, Hans: Die Metaphysizierung in der literarwissenschaftlichen Begriffsbildung und ihre Folgen. Dargelegt an drei Theorien über das Literaturbarock, in: Germanische Studien, 1929, H. 73, S. 1–69. Auch Oskar Benda kennzeichnet nicht ohne Ironie als habituelles Signum der „neuen" geistesgeschichtlichen Literaturwissenschaft – im Rekurs auf eine Formulierung Emil Ermatingers – deren „Mut zur Metaphysik" (Benda, Oskar: Artikel „Literaturwissenschaft", in: Hofstaetter, Walther/Peters, Ulrich (Hrsg.): Sachwörterbuch der Deutschkunde, Bd. II, Leipzig und Berlin 1930, S. 746–750,

metaphysik" des Deutschen impliziert im literaturwissenschaftlichen Diskurs der Zeit nicht zwangsläufig auch ein politisches Resonanzkalkül, das den Eigensinn der Disziplin über Gebühr strapazieren würde. Sie gehört zum argumentativen Repertoire deutschkundlicher und geistesgeschichtlicher Theorieinszenierungen ebenso wie die für den literaturwissenschaftlichen Diskurs über das „deutsche Wesen" spezifische *petitio principii*, die man auch in Kochs Vorwort findet. Sie besteht darin, dass das, was man als neu zu erforschen vorgibt, bereits voraussetzt. In den Worten Kochs:

> Denn dass eine solche geprägte Form, ein Kern, ein Wesen da ist, wissen wir nun wieder und ebendeshalb will es scheinen, als wären wir in den letzten Jahren mit ihrem leidenschaftlichen Selbstfindungs- und Erkenntnistrieb seinem Geheimnis näher gekommen als in Jahrzehnten vorher. (VdA, VII)

So ist denn selbst von den wenigen Kritikern des interdisziplinären Großunternehmens auch der Charakter des längst Bekannten, der die traditionell geistesgeschichtlich zugeschnittenen Beiträge kennzeichnet und kompatibel mit dem literaturwissenschaftlichen Denkstil der Zeit macht, angemerkt worden.[23] Max Wehrli etwa, als Schweizer gleichsam Außenbeobachter der deutschen Literaturwissenschaft, bezeichnet *Von deutscher Art* in der *Schweizerischen Hochschulzeitung* einerseits als „größte[n] neuere[n] Versuch, mit dem Gedanken ‚volkhafter' Literaturwissenschaft ernst zu machen, und zwar wissenschaftlicher als Nadler", betont aber andererseits das bis zum Überdruss bereits Bekannte des Unternehmens:

> Es ist abenteuerlich, wie nun über 40 Mitarbeiter versuchen, jeder in seinem Bereich, diese deutsche Art einzukreisen. Man vernimmt die bekannte Musterkarte: der Deutsche oder der ‚nordische Leistungsmensch' ist dynamisch, intuitiv, lebt in der Tat statt in der ratio; er ist heroisch, treu und redlich, naturverbunden, herb und schamhaft.

---

hier: S. 747.) Der 1933 amtsvertriebene Berliner Germanist Werner Richter kommt angesichts des forcierten Willens der Literaturwissenschaft zur Synthese zu dem Schluss: „Heute kommt in Deutschland keine Geisteswissenschaft mehr ohne den Aufblick zum Transcendenten aus." (Richter, Werner: Von der Literaturwissenschaft zur Literaturgeschichte, in: Monatshefte für deutschen Unterricht (Official Organ of the Germanic Section of the Modern Language Association of the Central West and South), XXXIII, Januar 1941, 1, S. 1–22, hier: S. 7.

23 Die innerfachliche, deutsche Rezeption des Sammelwerkes ist überwiegend positiv bis enthusiasmiert. Kindermann etwa bescheinigt sich selbst und den übrigen Beiträgern: „So läßt dieses Kriegswerk der deutschen Germanisten den ganzen bisher vollzogenen Wandlungsvorgang, auf engen Raum zusammengedrängt, noch einmal vor unseren Augen vorüberziehen; es steht damit vor Freund und Feind als Repräsentation der neuen wissenschaftlichen und zugleich der neuen weltanschaulichen Haltung. Es legt […] Zeugnis davon ab, daß die deutschen Geisteswissenschaften und besonders die Literaturwissenschaft nicht tot sind, sondern im Gegenteil, sich kräftiger denn je entwickeln." (Kindermann, Heinz: Die deutsche Literaturwissenschaft an der Wende zweier Zeitalter, in: Geist der Zeit. Wesen und Gestalt der Völker (Organ des Deutschen Akademischen Austauschdienstes, hg. von Wilhelm Burmeister und Dr. Herbert Scurla), Heft 1, 1943, S. 1–17, hier: S. 16) Erich Trunz bespricht das Werk lobend gar auf zwanzig Seiten in: Göttingsche gelehrte Anzeigen, 205, 1943, S. 1–20.

> Die Begriffe germanisch und deutsch sind dabei oft verwechselt, so sehr selbst ein begeisterter Germane wie Andreas Heusler davor gewarnt hat.[24]

Das Neuigkeitspostulat Kochs erweist sich so vor allem als eine Strategie zur Legitimation der germanistischen Tätigkeit, die auf Resonanz in der außerfachlichen Öffentlichkeit, in Sonderheit aber wohl im politischen Feld zielt. Dies wird deutlich, wenn er die Beschwörung der einheits- und sinnstiftenden Funktion des „Gemeinschaftswerks", d. h. dessen außerwissenschaftliche Praxisrelevanz, explizit mit einer Berufung auf den Nationalsozialismus koppelt:

> Abschließend versucht eine andere Gruppe von Fragestellungen und Themen das artgemäße Deutsche aus den inneren Formgesetzen deutscher Dichtungsgattungen wie des Romans, der Tragödie, des Liedes, endlich aus denjenigen Ideen und Mächten zu erschließen, die durch die Art, wie der Deutsche sich mit ihnen auseinandersetzt, sein Wesen offenbaren, um endlich aus allen Spannungen, aus der unendlichen geschichtlichen Fülle noch einmal die tatsächliche Einheit der deutschen Dichtung als Beweis für die Einheit des Wesens, der rassischen Substanz, aufzubauen. So will die vom kulturellen und politischen Ethos des Nationalsozialismus getragene Forschung wissenschaftlich gesicherte Tatsachen gefühls- und erlebnisnahe auch außerwissenschaftlichen Kreisen zugänglich machen nicht zuletzt auch dem Auslande, das daraus ersehn mag, wie der Deutsche sich mit seiner eigenen kulturellen Vergangenheit auseinandersetzt und welcher Wandel sich im Gebiete wissenschaftlicher Fragestellungen und Methoden vollzogen hat und vollzieht. (VdA, VIII f.)

Das von Koch an den nationalsozialistischen Resonanzraum adressierte Leistungsangebot der Literaturwissenschaft könnte deutlicher als im letzten Satz der zitierten Passage, in dem Eigensinn und Resonanzkalkül geradezu sloganartig miteinander verbunden werden, kaum zum Ausdruck kommen. Qua Medialisierung und Metaphysizierung ihres Gegenstandsbereiches konstruiert die Disziplin die „tatsächliche Einheit der deutschen Dichtung" – dass es sich dabei in der Tat um eine *Konstruktions*leistung handelt, wird dadurch ersichtlich, dass es Koch zufolge darum geht, diese Einheit erst „aufzubauen" (ebd.).

Dieses Leistungsangebot wäre durchaus noch kompatibel mit dem, was Rainer Kolk als das sinn- und orientierungsstiftende „Ethikangebot" der Geistesgeschichte charakterisiert.[25] Koch aber geht weiter. Indem er die (Re-)Konstruktion dieser Einheit als „Beweis [...] der rassischen Substanz" funktionalisiert, koppelt er die Literaturwissenschaft semantisch an die diffuse Rassenideologie des NS, von dessen „kulturellem und politischem Ethos" die Forschung ja getragen sei.[26] Aber die Literaturwissenschaft hat nach Koch noch

---

24 Wehrli, Max: Deutsche Literaturwissenschaft, in: Schweizerische Hochschulzeitung, Heft 5, 1943, S. 297–308, hier: S. 297 f.
25 Kolk, Rainer: Reflexionsformel und Ethikangebot, in: König, Christoph/Lämmert, Eberhard (Hrsg.): a. a. O., S. 38–45.
26 Zu der sich hier auch bei Koch dokumentierenden Argumentationsfigur, die eine Übereinstimmung mit der durchaus hypothetischen Größe eines nationalsozialistischen, wissenschaftsleitenden Ethos

mehr zu bieten, um ihre „Kriegsdiensttauglichkeit" zu demonstrieren. Denn sie konstruiert nicht nur den Beweis für die „rassische Substanz" der Deutschen. Sie übernimmt darüber hinaus auch die transdisziplinäre Funktion, dieses Wissen – „gefühls- und erlebnisnahe", wie Koch in lebensphilosophischer Diktion versichert – zu popularisieren. Das literaturwissenschaftliche Leistungsangebot, das Koch paratextuell entwirft, umfasst also auch die strategische Proliferation des Rassenideologems im Inland und im (z. T. besetzten) Ausland. Darin wohl besteht die „Neu"artigkeit des von Koch beschriebenen „Forschungswillens" der Germanistik.

Jedoch ist die wissenschaftliche Dignität des „Rasse"-Begriffs und der mit ihm operierenden literaturwissenschaftlichen Strömungen innerhalb der Disziplin auch zwischen 1933 und 1945 keineswegs unumstritten (s. dazu III.3), was sich auch darin dokumentiert, dass Koch in der oben zitierten Passage ausdrücklich darauf verweist, dass es um die Vermittlung „wissenschaftlich gesicherter Tatsachen" geht.

In diesem Zusammenhang steht eine *vierte* argumentative Strategie, durch die das Vorwort gekennzeichnet ist. Es handelt sich dabei um die innerdisziplinär adressierte Kompatibilisierung des rassenideologisch „erweiterten" Leistungsangebotes. Es geht mithin darum, mögliche Dissonanzen des naturwissenschaftlich imprägnierten Rasse-Begriffes zum disziplinären Denkstil dadurch zu entschärfen, dass das tradierte Ethos der Disziplin als vereinbar mit dem zuvor beschworenen „neuen Forschungswillen" und mit dem „kulturellen und politischen Ethos des Nationalsozialismus" inszeniert wird. Der disziplinäre Denkstil muss also für rassenideologische Wissensbestände und Handlungsanweisungen durchlässig gemacht und erweitert werden. Die paratextuelle Eröffnung zu *Von deutscher Art* enthält jene beiden Kompatibilisierungsvarianten, die innerhalb der Literaturwissenschaft während des NS die Eingemeindungsstrategien rassenkundlicher Ansätze dominieren. Dies meint zum Einen die prophylaktische Versicherung, dass das philologische Ethos der Exaktheit und der Detailanalyse[27], mithin der Standard der disziplinspezifischen Vorstellungen von Wissenschaftlichkeit, als Grundlage metaphysischer Synthesen unangetastet bleibt:

---

insinuiert, und die zwischen 1933 und 1945 bei aller Unklarheit des nationalsozialistischen Wissenschaftsverständnisses als Quelle für die rhetorische Inszenierung disziplinärer Programme hochfrequent ist, s.: Danneberg, Lutz/Schernus, Wilhelm: Der Streit um den Wissenschaftsbegriff während des Nationalsozialismus, in: Dainat, Holger/Danneberg, Lutz (Hrsg.): Literaturwissenschaft und Nationalsozialismus, Tübingen 2003, S. 41–55, hier v. a. S. 41 f.

27 Zum philologischen Ethos, das sich im Zuge der Ausdifferenzierung und Institutionalisierung der Disziplin im Laufe des 19. Jahrhunderts als denkstilspezifisches Handlungsbewusstsein etabliert s.: Fohrmann, Jürgen/Voßkamp, Wilhelm (Hrsg.): Von der gelehrten zur disziplinären Gemeinschaft (= DVjs-Sonderheft 1987); Kolk, Rainer: Wahrheit – Methode – Charakter. Zur wissenschaftlichen Ethik der Germanistik im 19. Jahrhundert, in: IASL 14, 1989, S. 50–73; ders.: Liebhaber, Gelehrte, Experten. Das Sozialsystem der Germanistik bis zum Beginn des 20. Jahrhunderts, in: Fohrmann, Jürgen/Voßkamp, Wilhelm (Hrsg.): a. a. O., S. 48–114; Wegmann, Nikolaus: Was heißt einen „klassischen Text" lesen? Philologische Selbstreflexion zwischen Wissenschaft und Bildung, in: Fohrmann, Jürgen/Voßkamp, Wilhelm (Hrsg.): a. a. O., S. 334–450; Weimar, Klaus: Geschichte der deutschen Literaturwissenschaft bis zum Ende des 19. Jahrhunderts, München 1989.

> Nach wie vor wird dabei exakte Einzelforschung die Grundlage geisteswissenschaftlicher Arbeit sein und bleiben müssen. Aber das Mittel darf nicht zum Selbstzweck werden und den Mut nicht ersticken, die Ergebnisse solcher Einzelforschung immer wieder auch auf das Ziel hin zu ordnen, immer wieder eine Synthese zu wagen, die auch dem Nicht-Gelehrten einen Blick auf das Wesen verstattet. (VdA, VII)

Diese Versicherung, dass man ungeachtet der Medialisierung und Metaphysizierung des Gegenstandsbereiches, die tradierten, konsensuellen Mindestanforderungen an Wissenschaftlichkeit einhält, ist selbst bereits eine traditionelle, innerdisziplinäre Argumentationsfigur. Sie etabliert sich als diskursive Konstante im Zuge der geistesgeschichtlichen Opposition gegen den vermeintlichen Positivismus der Philologie seit den 1910er Jahren und sie zielt auf die Konstruktion disziplinärer Homogenität, die angesichts eines sich differenzierenden Methodenspektrums über die Beschwörung eines gemeinschaftlichen wissenschaftlichen Handlungsbewusstseins vermittelt werden muss.[28] Zum Anderen handelt es sich um eine zunächst paradox anmutende Relativierung des Neuigkeitspostulates. Die gleichsam chiastische Argumentationsstruktur erklärt sich indes durch die Mehrfachadressierung: Während es im Blick auf die außerfachliche Adressatenschaft resonanzstrategisch angemessen ist, Altes als neu zu inszenieren, gilt für den innerfachlichen Resonanzraum gerade das Umgekehrte. Der „neue Forschungswille" muss als bereits in den Traditionen des Faches verankert dargestellt werden. Die außerfachlichen Anmutungen müssen in den Horizont des disziplinären Denkstils transformiert werden. So erklärt denn auch Koch im Blick auf die „neue" Frage nach dem Wesen des deutschen Volkes, die er im weiteren Verlauf des Textes ja rassenideologisch ausrichten wird:

> Ist doch diese Frage so alt wie die Germanistik selbst, jene Wissenschaft, die ihre Geburt einem ähnlichen Aufbruch volkhaften Willens, wie wir ihn erleben, verdankt, und steht doch seit Jakob Grimm hinter allen ihren Bemühungen letztlich die Frage nach dem art- und wesensmäßig Deutschen. (VdA, VI)

Durch den Bezug auf den quasi-mythologischen, disziplinären Gründerheros Grimm, durch die insinuierte, zweifache Synchronisation von Politik- und Wissenschaftsgeschichte (antinapoleonische Kriege – Geburt der Germanistik/NS – „neue Germanistik") wird der rassenideologisch zu beantwortenden Frage nach der „deutschen Art" eine fachgeschichtlich gleichsam primordiale Dignität attestiert.

In Kochs paratextueller Eröffnung liegen mit den beschriebenen argumentativen Strategien der Synchronisation, der Priorisierung, der Medialisierung und der Kompatibilisierung jene diskursiven Strategien repräsentativ und gebündelt vor, die für solche programmatischen Selbstentwürfe bezeichnend sind, die vor und während des NS die Disziplin als

---

28 S. dazu Barner, Wilfried: Zwischen Gravitation und Opposition. Philologie in der Epoche der Geistesgeschichte, in: König, Christoph/Lämmert, Eberhard (Hrsg.): a. a. O., S. 201–231; Dainat, Holger: Überbietung der Philologie. Zum Beitrag von Wilfried Barner, in: König, Christoph/Lämmert, Eberhard (Hrsg.): a. a. O., S. 232–239.

eine praxisrelevante Lebenswissenschaft inszenieren. Die rassensemantische Spezifikation der Medialisierung des Gegenstandsbereiches jedoch, die sich bei Koch findet, bleibt auch zwischen 1933 und 1945 eine lediglich mögliche und nicht zwingend zu realisierende Variante, wie der Blick auf die paratextuelle Eröffnung von *Gedicht und Gedanke* zeigt.

Gedicht und Gedanke

Das von Heinz Otto Burger verfasste Vorwort zum Sammelband der Gedichtinterpretationen enthält sich jeglicher rassensemantischer Kollusionssignale. Dies ist umso bemerkenswerter, wenn man bedenkt, dass gerade Burger nach 1933 als einer der ersten Literaturwissenschaftler die Integration rassenkundlicher Motive in die disziplinäre Matrix erprobt.[29] Keineswegs aber ist es so, dass Burgers paratextuelle Eröffnung dezidiert als Gegenprogrammatik zum Konzept einer lebenswissenschaftlichen Literaturwissenschaft entworfen würde. Dennoch ist der Text durch eine pragmatische Schwerpunktverschiebung von der Lebenswissenschaft hin zur Dichtungs-, d. h. Textwissenschaft gekennzeichnet und er indiziert – mit seiner Konzeption einer als Dichtungswissenschaft verstandenen Literaturwissenschaft – eine zweite, optionale Ausrichtung innerhalb des disziplinären Denkstils.

---

29 S. Burger, Heinz Otto: Die rassischen Kräfte im deutschen Schrifttum, in: Zeitschrift für Deutschkunde, 48, 1934, S. 462–476 (vgl. dazu auch die eingehendere Analyse dieses Textes in III.3). Dass es sich zudem bei dem von Burger skizzierten Programm nicht um ein dezidiertes Gegen-Projekt zur Literaturwissenschaft als (politischer) Lebenswissenschaft handelt, wird auch daran deutlich, dass der Herausgeber selbst – wie bereits erwähnt – zu *Von deutscher Art* beiträgt; s. Burger, Heinz Otto: Die deutsche Sendung im Bekenntnis der Dichter, in: VdA, Bd. V, S. 305–340. Dort dokumentiert der außerordentliche Professor an der Technischen Hochschule Danzig, dass er zur zeitgemäßen Synchronisation seines Gegenstandes durchaus willens ist. Wie bei den meisten Beiträgen, so beschränken sich auch bei Burgers traditionell geistesgeschichtlicher Analyse des „Sendungsbewußtseins" in der deutschen Literatur vom Archipoeta bis zu Kolbenheyer die vornehmlich außerwissenschaftlich adressierten Passagen weitestgehend auf die Einleitung. Die Paratextualität des politischen Resonanzkalküls, das die Gesamtstruktur des 5-bändigen Sammelwerkes kennzeichnet, wird so auf der Mikroebene vieler Einzelbeiträge noch einmal reproduziert. Bei Burger liest sich das wie folgt: „Durch die nationalsozialistische Revolution und den Krieg hat sich das deutsche Volk nicht allein seine gleichberechtigte Stellung unter den europäischen Völkern wieder erobert, es kann sich vielmehr bereits anschicken, den ganzen Erdteil neu zu ordnen. Als Frucht der völkischen Erhebung fallen Deutschland übervölkische Aufgaben von solcher Größe zu, daß kein Unberufener die Hände danach ausstrecken dürfte. Selbst der genialste Politiker kann ja nicht aus jedem beliebigen Volk die politische und geistige Führungsmacht des ehrwürdigsten der Kontinente machen. Wer aber sagt uns, daß **unser** Volk zu dieser einzigartigen Aufgabe berufen ist? [...] Fast alle Großen unseres Volkes trugen in sich die gläubige Gewißheit, Deutschland werde einmal wieder in irgendeiner Form die Führung übernehmen, damit so das Schicksal Europas sich vollende oder neu beginne. Was könnte uns heiliger sein als dieser Glaube unserer Väter durch acht Jahrhunderte hindurch? Auf ihn hin dürfen wir das Höchste wagen. –" (S. 305)

Allerdings gilt es mit etwaigen *ex post*-Genealogisierungen disziplinärer Programme vorsichtig zu sein.[30] Was sich unter der gewandelten Resonanzkonstellation nach 1945 als „(werkimmanente) Interpretation" zum profilbestimmenden Diskurselement entwickeln sollte, erscheint 1942 eben lediglich als ein weiterer, *möglicher* Entwurf disziplinärer Identitätskonstruktion neben den diversen lebenswissenschaftlichen Optionen.

Zunächst fällt auf, dass die bei Koch noch so grundlegende semantische Synchronisation von politischen, in irgendeiner Weise „lebensbezogenen" und literaturwissenschaftlichen Prozessen in Burgers Vorwort nur noch rhapsodischen Stellenwert hat. Aber auch eine deutsche „Dichtungswissenschaft" kann 1942 nicht völlig auf die Inszenierung von „Lebensbezüglichkeit" verzichten.[31] Sie beschränkt sich jedoch auf die nicht mehr begründete, einleitende Behauptung, „daß ein solches Beginnen [die Gedichtauslegung] auch mitten im Kriege sein gutes Recht habe" (GuG, 5) im ersten Absatz und auf das unmotiviert wirkende Postulat einer legitimitäts- wie nobilitätsstiftenden Funktion des Gedichtes im Schlusssatz des Textes: „Dem ‚Reich', für das wir kämpfen, gibt sein Recht und seinen Adel nicht zuletzt das deutsche Gedicht." (GuG, 7)

Darüber hinaus verflüchtigt sich der Bezug zum Leben der Kriegsgegenwart in die Verweise auf Äußerlichkeiten wie den „feldgrauen Rock" der Dichtungsdeuter, den „Truppenübungsplatz" (GuG, 7) als Aufenthaltsort des Vorwortverfassers oder in die von unfreiwilliger Komik nicht ganz freie, semantische „Aufrüstung" der Dichtungsdeutung zum „methodischen Wagnis", das „Aug in Auge" und „ohne jede Ausflucht" mit dem einzel-

---

30 Darauf weist zurecht Rainer Rosenberg hin, dessen kursorische Sichtung der Einzelbeiträge von *Gedicht und Gedanke* zu dem Schluss kommt, dass „in den meisten Fällen […] die werkimmanente Interpretation genau das heraus[bringt], was die geistesgeschichtlichen Epochenbildner an dem betreffenden Autor auch schon bemerkt hatten." (Rosenberg, Rainer: a. a. O., S. 269). Sicherlich ist Rosenbergs Diagnose im Blick auf den kognitiven Gehalt der meisten Beiträge uneingeschränkt zuzustimmen. Dennoch unterschätzt Rosenberg möglicherweise den resonanzstrategischen Charakter der paratextuellen Eröffnung, die ja die gesammelten Beiträge erst – wenn auch tentativ – unter dem Signum eines disziplinären Programmes vereinigt.

31 Innerhalb der Schweizer Literaturwissenschaft wird, spätestens seit dem Erscheinen von Emil Staigers „Die Zeit als Einbildungskraft des Dichters" (1939), vor allem aber mit der programmatischen Neugründung der Zeitschrift „Trivium" 1942, die „neue" Programmatik einer Literaturwissenschaft als „Dichtungswissenschaft" weitaus weniger tentativ kommuniziert. S. dazu III.5. So fällt denn etwa Max Wehrlis Beurteilung von *Gedicht und Gedanke* trotz seines grundsätzlichen Begrüßens der Programmatik eher kritisch aus: „Dennoch will die neuere Literaturwissenschaft v. a. Interpretation sein. Sie wendet sich mit Vorliebe dem dafür bequemsten und geschlossensten Gebilde, dem *lyrischen* Gedichte, zu. Einen aufschlußreichen Überblick gewährt die Sammlung ‚Gedicht und Gedanke' […] Die 28 Mitarbeiter mühen sich überall ab, jene Einheit und Mitte des Gedichts zu finden, die sich in Laut, Bild und Sinn erst entfaltet. Sie erscheint unter verschiedenen Namen als ‚Stimmung', als ‚Rhythmus', als ‚Mythus', Begriffe, deren Tauglichkeit zu einer wirklich variierbaren, individualisierenden Typologie des Dichtwerks sich erst noch erweisen müßte. An einem einzelnen Gedicht ist leicht interpretieren, solange man daran allgemeine Feststellungen über den Dichter oder über das Wesen der Dichtung macht (wie das in vielen Fällen hier geschieht, daß das Einzelwerk auch wieder nur Beleg und Anlaß statt Gegenstand ist.) Eine wirklich **werkbezogene Interpretation** aber ist, als diszipliniertes Abschreiten des existenziellen Zirkels, eine schwierige Kunst." (Wehrli, Max: a. a. O., S. 299 f.)

nen „dichterischen Gebilde" (GuG, 6) konfrontiere. Die Literaturwissenschaft wird hier nicht – wie noch bei Koch – zur gegenwartsgesättigten Kern- und geistigen Eingreiftruppe im europäischen Kriegseinsatz stilisiert; bereits elegisch und im Duktus eher bescheiden als kämpferisch und auf Vorrangigkeit insistierend wird sie von Burger – mit dem für die Geisteswissenschaften durchaus zeitspezifischen Bezug auf Hölderlin als Gewährsmann – zum nachsorgenden Krisenkompensationsmanagement mit zeitlosen Inhalten und gesamteuropäischer Adressatenschaft verpflichtet: „Sie [die Literaturwissenschaft] wird sich stärker als je darauf besinnen, welche überzeitlich notwendenden Kräfte sie zu verwalten und zu vermitteln, unserem Volk und den Völkern Europas zu ‚erschließen' hat. ‚Was aber **bleibet**, stiften die Dichter.'" (GuG, 6)[32]

Die eigentlich zentralen argumentativen Strategien sind in Burgers paratextueller Eröffnung demzufolge auch anders gelagert. Die bei Koch zu beobachtende Medialisierung des literaturwissenschaftlichen Gegenstandsbereiches wird – wenn auch vorsichtig – zurückgenommen. Lenkten bei Koch die einzelnen literarischen Texte als „Reize des Weges" die Literaturwissenschaft von ihrem eigentlichen Ziel ab, so werden sie von Burger zu einem neuen Schwerpunkt literaturwissenschaftlicher Arbeit stilisiert. Das „Sprachkunstwerk" erscheint nunmehr als „ein Phänomen, das Sinn und Wert in sich selber trägt." (GuG, 5) Zwar erteilt auch Burger, etwaige Spannungen innerhalb seiner Disziplin im Voraus überspielend, den geistesgeschichtlichen Medialisierungen eine innerdisziplinäre Bestandsgarantie, indem er sie als einen „Pol" literaturwissenschaftlicher Tätigkeit, als *eine* legitime Art der „literarischen Interpretation" bezeichnet. Dass er jedoch die „zweite Art", die „erschließende" Interpretation, der der Text nicht nur Mittel, sondern zugleich auch Ziel der Auslegung ist, sowohl für das kommende als auch für das ursprünglichere Modell hält, wird deutlich, wenn er festhält:

> Dem Herausgeber erscheint es dabei, als sei die zweite Art der Interpretation, die ‚erschließende', im 19. Jahrhundert mehr und mehr zurückgetreten, um nun heute wieder – bewußt oder unbewußt – die Richtung anzugeben. Hier, möchte er denn auch glauben, liegt noch ein weites und fruchtbares Feld, eine große Aufgabe, die Zukunft vor der Wissenschaft von deutscher Dichtung. (ebd.)

Auch Burger also inszeniert innerfachlich adressiert – wenn auch indirekter als Koch – das von ihm skizzierte disziplinäre Programm als eine Rückkehr zu den eigentlichen, verdrängten „Wurzeln" der Disziplin. Diese liegen indes – so wird man Burgers Bemerkung interpretieren dürfen – nicht in der von Koch im Rekurs auf Grimm postulierten nationalen

---

32 Zur Inszenierung „Hölderlins" als eines quasi-mythologischen Zeugen eines „heroischen Unterganges" vor allem seit 1943 s. Teil III, Kap. 4.4. Ohne dass Burger 1942 den Namen nennen muss (oder will), gilt Hölderlin 1942 auch durch die seit 1936 publizierten Hölderlin-Exegesen Heideggers als assoziative Bezugsgröße textnaher Interpretation; s. dazu: Albert, Claudia: Dichtung als „worthafte Stiftung des Seins" – Heideggers Hölderlindeutung und ihre Rezeption, in: dies. (Hrsg.): Deutsche Klassiker im Nationalsozialismus. Schiller – Kleist – Hölderlin, S. 209–216.

Wesensschau, sondern vielmehr im philologischen Ethos der Hingabe an das einzelne „deutsche" Sprachdokument. Jedoch zeigte bereits die Analyse von Kochs Vorwort: Was innerfachlich adressiert als Traditionswahrung, als Authentizitätsversprechen kommuniziert werden kann, muss im Blick auf außerdisziplinäre Resonanzräume als Innovation inszeniert werden. Die Respezifikation des Gegenstandsbereiches, wie dessen zusätzliche Verengung auf lyrische Texte, an denen *Gedicht und Gedanke* das disziplinäre Programm zunächst pragmatisch exemplifiziert, lässt unter den zeitspezifischen Bedingungen den politischen Resonanzraum als Ressource für eine dichtungswissenschaftliche Programmatik eher unangemessen erscheinen. Burgers Text thematisiert diesen Umstand indirekt, wenn er dem Vorwurf entgegenzutreten versucht, der konzentrierte Umgang mit Gedichten scheine im Unterschied zur „Hingabe an Musik oder Kunst" der „rechte[n] Atmosphäre des Ernstes" zu entbehren und „einen erwachsenen Mann fast der Lächerlichkeit" (GuG, 6) auszusetzen. Gerade von einem solchen *hautgout* des praxisfernen Müßiggängertums gilt es also den professionellen Umgang mit Gedichten, der gleichsam als exemplarisches Bewährungsfeld der textwissenschaftlichen Programmatik erscheint, zu befreien. Es gilt mithin, diesen Umgang zu legitimieren, indem seine Dignität wie auch seine fachübergreifende Nützlichkeit überzeugend kommuniziert wird. Soll also der akademisch institutionalisierte, staatlich alimentierte Umgang mit „Dichtung" auf Dauer gestellt werden, muss – kurz gesagt – zweierlei gezeigt werden können: dass „Interpretation" nützlich ist und dass sie angesichts der Komplexität des Gegenstandes *professionell* betrieben werden muss. In Burgers Text lassen sich zwei, einander ergänzende resonanzsemantische Strategien beschreiben, die auf diese Ziele abheben: die Pragmatisierung und die Nobilitierung literaturwissenschaftlicher Tätigkeit unter dem Leitbegriff der „erschließenden Interpretation". Vor allem erstere impliziert eine gewichtigere Schwerpunktverlagerung gegenüber lebenswissenschaftlichen Konzepten, als es ein Vergleich der Einzelbeiträge von *Gedicht und Gedanke* und *Von deutscher Art* vermuten lässt. Was heißt also Pragmatisierung? Der Begriff zielt auf die Inszenierung eines gesteigerten Anwendungsbezuges literaturwissenschaftlicher Verfahren. Vorrangiger außerwissenschaftlicher Resonanzraum ist nicht mehr das politische Feld, sondern die gesellschaftlichen Instanzen der Literaturproduktion und – wichtiger noch – der Literaturvermittlung, die Burgers Vorwort bereits im ersten Satz als Mitarbeitergruppen des Bandes aufzählt: vom „Ursprung" der Literaturproduktion, den „Dichtern", über die „Literaturwissenschaftler" als Hochschullehrer und die „Deutschlehrer" bis zu den „Liebhabern der Dichtung aus praktischen Berufen" (GuG, 5). Dieser Verlagerung des potentiellen Resonanzraumes korrespondiert eine Schwerpunktverschiebung innerhalb des literaturwissenschaftlichen Leistungsangebotes. Statt des diskursiven Managements nationaler Identitätsmythen rückt die „praktische Unterweisung für den Umgang mit Gedichten" (GuG, 6) in den Vordergrund. Statt texttranszendierender Sinnstiftung geht es also vorrangig um textbearbeitende Handlungsanleitung, um Orientierung am und im Text. Denn, wie Burger formuliert: „Es will ja durchaus gelernt sein, zu hören, was alles ein Gedicht uns sagen kann, sich wirklich ansprechen zu lassen und dann diese Erfahrung seinerseits anzusprechen und mitzuteilen." (GuG, 6)

Die anvisierte pragmatische Operationalisierung literaturwissenschaftlicher Verfahrensbestände[33] richtet sich auf eine Kette der „Angesprochenen" und „Ansprechenden". Sie adressiert die Lehrer und Studenten des literaturwissenschaftlichen Hochschulbetriebs, der Burger zufolge daran krankt, „daß man zu wenig Grund-legen lehre und lerne" (GuG, 6). Die Studenten verfügten zwar über allgemeines geistesgeschichtliches Wissen („über den allgemeinen Gang der Literaturgeschichte"), versagten aber im Blick auf jenes praktische Wissen, das für sie als spätere Deutschlehrer von Bedeutung ist. Denselben „Mangel an praktischer Unterweisung" empfände demzufolge „auch der Deutschlehrer und der künstlerisch willige Laie." (ebd.) Das disziplinäre Programm der „erschließenden Interpretation", das Burger im Vorwort in Ansätzen entwirft, verspricht also den außerdisziplinären Adressaten ein gewisses Maß an operationalisierbarer Verhaltenssicherheit im Umgang mit literarischen Texten. Somit wird die „Interpretation" zumindest implizit inszeniert auch als angemessenes Antidotum gegen den vor allem gegen Ende der 30er Jahre zunehmend beklagten, durch die wissenschaftspolitischen Maßnahmen des NS-Regimes mitbedingten Niveauverlust der fachlichen Ausbildung in den einzelnen Fakultäten.[34] Die Sammlung

---

33 Es sei hier betont, dass es sich um eine *pragmatische* Operationalisierung der Verfahrensbestände (im Vergleich zu geistesgeschichtlichen Herangehensweisen) handelt und nicht um eine szientifische. Von einer Verwissenschaftlichung literaturwissenschaftlicher Interpretationsverfahren im Sinne etwa jener kognitiven und terminologischen Szientifizierungen, die die strukturalistische Textanalyse kennzeichnen, kann zumindest im Blick auf *Gedicht und Gedanke* – dies betont Rosenberg (Rosenberg, a. a. O., S. 269) völlig zurecht – nicht die Rede sein. Holger Dainat (Germanistische Literaturwissenschaft, in: Hausmann, Frank-Rutger (Hrsg.): Die Rolle der Geisteswissenschaften im Dritten Reich 1933–1945, München 2002, S. 63–86, hier S. 82) weist auf den interessanten Umstand hin, dass der Impuls für eine Aufwertung der Interpretation weniger aus der Fachwissenschaft, als vielmehr aus dem erzieherischen Umfeld des Deutschunterrichts selbst kommt. Bereits im Februar 1933 plädiert der Germanistenverband während einer Ausschusstagung in Erfurt im Blick auf die wissenschaftliche Ausbildung der Deutschlehrer dafür, das „Schwergewicht der Ausbildung" auf die Schulung zur Interpretation zu legen: „In der echten Interpretation, der eigentlichen Kunstleistung des Philologen, schießen Sprachwissenschaft, Literaturwissenschaft und jede Art von Sachwissenschaft zu einem lebendigen Ganzen zusammen." (Die Leitsätze: Die wissenschaftliche Ausbildung der Deutschlehrer, in: J[ohann] G[eorg] S[prengel]: Die Erfurter Ausschußtagung (3.–5. Februar 1933), in: Deutsche Bildung. Mitteilungen der Gesellschaft für deutsche Bildung (Deutscher Germanistenverband), 14, 1933, Nr. 1/2, S. 6–10, hier: S. 7). Dies bestätigt eindrücklich die Annahme, dass die konzeptionelle Erweiterung innerhalb des literaturwissenschaftlichen Feldes hin zur Dichtungswissenschaft mit einer Schwerpunktverschiebung auf der Ebene der Leistungsangebote einhergeht: vom politischen zum erzieherischen Feld.

34 Dieser Niveauverlust resultiert nicht zuletzt aus der Belastung der Studentenschaft durch außerfachliche Ansprüche, denen es neben der fachlichen Ausbildung gerecht zu werden gilt (etwa politische Schulungen, Pflichtsport, Arbeitseinsätze in der Landwirtschaft und der Fabrik). S. diesbezüglich Grüttner, der feststellt: „Als Ergebnis kann aber festgehalten werden, dass das Niveau der fachlichen Ausbildung in allen Fakultäten stetig gesunken ist. In dieser Diagnose waren sich alle zeitgenössischen Fachleute bemerkenswert einig." (Grüttner, Michael: Die deutschen Universitäten unter dem Hakenkreuz, in: Connelly, John/ders. (Hrsg.): Zwischen Autonomie und Anpassung. Universitäten in den Diktaturen des 20. Jahrhunderts, Paderborn/München/Wien/Zürich 2003, S. 67–100, hier: S. 93.) Dazu auch: Sieg, Ulrich: Strukturwandel der Wissenschaft im Nationalsozialismus, in: Berichte zur Wissenschaftsgeschichte, 24, 2001, S. 255–270, hier S. 258, wo Sieg die Klagen „über die mangelnde

von Interpretationen, so Burger, sei „auch als Text für literaturwissenschaftliche Übungen besonders geeignet." (GuG, 7) Die bereits angesprochene Integration von Gedichtinterpretationen aus jenen außerwissenschaftlichen Feldern, die anzusprechen man bestrebt ist, unterstreicht den pragmatischen Anspruch des Programmes auf exoterische Anschlussfähigkeit zusätzlich. Nicht zuletzt die Tatsache, dass Schriftsteller wie Wilhelm von Scholz, Josef Weinheber, Hermann Claudius oder Börries Freiherr von Münchhausen mit Fremd- und Eigeninterpretationen im Sammelband vertreten sind[35], reproduziert personalstrategisch noch einmal den pragmatischen, „neuen" Anspruch des disziplinären Programms; demonstriert man damit doch, dass man – im Unterschied zur geistesgeschichtlichen Literaturgeschichtsschreibung, der die literarischen Texte oftmals lediglich als flüchtig herbeigezogenes Belegmaterial für ihre ausgreifenden Synthesen dienten – bereit ist, die Dichter nicht nur „beim Wort zu nehmen", sondern sie auch zu Wort kommen zu lassen. Nicht zuletzt das hohe Maß an exoterischer Anschlussfähigkeit des disziplinären Programms, das Burger hier bereits betont, ermöglicht die spätere Erfolgsgeschichte der „erschließenden Interpretation" (s. III.5).

Soll aber die Reproduktion der interpretierenden Literaturwissenschaft als eines gesellschaftlich legitimierten, wissenschaftlichen Teilbereiches nicht gefährdet werden, so gilt es zugleich, die „neue Sachlichkeit" literaturwissenschaftlicher Tätigkeit argumentativ gegen Banalisierung und den Vorwurf des Dilettantismus zu immunisieren. Dies geschieht über die Nobilitierung des respezifizierten Objektbereiches der Literaturwissenschaft, eben der „Dichtung". Das Geheimnisvolle, Exklusive literaturwissenschaftlicher Tätigkeit wird von den Verfahrensweisen in den Gegenstand selbst verschoben und strahlt von dort auf die Disziplin zurück. Zwar möchte die „erschließende Interpretation" „eine wesentliche Forderung zugleich der Wissenschaft und der allgemeinen geistigen Kultur erfüllen helfen, indem [sie] an Beispielen vor Augen stellt, was Gedichte **bedeuten**" (GuG, 6), dennoch darf man Gedichte, so Burger,

> nicht auf die Straße schütten. Gegen allzu große Vertraulichkeit wahrt das Gedicht seine Überlebensgröße, unsere Aussage über das, was es ‚gebe', kann immer nur annähernd sein, ein Gleichsam. Keiner von uns ist so vermessen, ein Gedicht ausschöpfen und sein Geheimnis allen gemein machen zu wollen. (GuG, 7)

Mit der hier dargelegten, kunstreligiösen Bescheidenheit des professionellen, bildungsbürgerlichen Deuters im Angesichte seines Gegenstandes wird resonanzstrategisch auch die Exklusivität literaturwissenschaftlicher Tätigkeit kommuniziert. Dies geschieht allerdings nicht mehr direkt, wie etwa bei Kochs postulierter Vorrangstellung der Germanistik, son-

---

Berufstüchtigkeit der Hochschulabsolventen" thematisiert. S. auch Seier, Hellmuth: Niveaukritik und partielle Opposition. Zur Lage an den deutschen Hochschulen 1939/40, in: Archiv für Kulturgeschichte, 58, 1976, S. 227–246.

35 S. Scholz, Wilhelm von: C. F. Meyer: Die sterbende Meduse, in: GuG, S. 288–293; Weinheber, Josef: In eigener Sache, in: GuG, S. 363–377; Claudius, Hermann: Begegnung mit dem eigenen Gedicht, in: GuG, S. 378–379; Freiherr von Münchhausen, Börries: Autophilologie, in: GuG, S. 380–390.

dern vermittelt über die Komplexität und die begriffliche Inkommensurabilität des Gegenstandes, der „unserer Fassung ein Übermaß" (ebd.) bleiben muss. Die literarische Interpretation, so Burger weiter, kommt „nicht zur Ruhe; in jeder Situation stellt sich die Aufgabe der Auslegung wieder neu." (ebd.) Es handelt sich also nicht um einen wirklichen Bruch mit dem am Beispiel Kochs beschriebenen, geistesgeschichtlichen Impetus der Metaphysizierung. Dieser wird lediglich auf den Gegenstand selbst, das zum „Ding an sich" hypostasiert wird, umgelenkt. Das Axiom eines *artificium ineffabile* begründet zugleich den Charakter einer prinzipiell unendlichen Annäherung der „erschließenden Interpretation": „je mehr wir es [das Gedicht] zu ergründen versuchen, desto ‚tiefer' wird es." (ebd.) Legitimationsstrategisch gesehen kommuniziert das Axiom der infiniten Annäherung weniger die Unzulänglichkeit literaturwissenschaftlicher Tätigkeit, als vielmehr ihren Anspruch auf Reproduktion und Dauer. Der Adel ihres Gegenstandes legitimiert ihren Fortbestand. Die Dignität der Dichtung macht die Literaturwissenschaft zu einer dauernden Schule der Annäherung. Paradoxerweise fordert das in Burgers Vorwort angedeutete, disziplinäre Programm eine langfristigere gesellschaftliche Bestandsgarantie ein, als es dem Programm einer politischen Lebenswissenschaft im Sinne Kochs möglich ist. Indem die „erschließende Interpretation" die pragmatische Spezifikation des literaturwissenschaftlichen Gegenstandsbereiches und die Pragmatisierung ihrer Verfahrensweisen an die Voraussetzung der Ganzheit eben dieses Gegenstandes koppelt, kann sie ihr prinzipiell unendliches Fragen an die gleichen Gegenstände legitimieren. Das prinzipielle „Scheitern" jeder Interpretation wird zugleich zum Beweis für die präsupponierte Ganzheit des Gegenstandes stilisiert. Gerade ihre Unzulänglichkeit stellt also die „erschließende Interpretation" auf Dauer. Die Präsupposition der „Deutschheit", die die Konzepte einer politischen Lebenswissenschaft kennzeichnet, erlaubt dagegen nur eine zeitlich limitierte Beschäftigung mit ihren jeweiligen Gegenständen. Denn hat sie die „Deutschheit" eines literarischen Gebildes erst einmal „erwiesen", erübrigt sich gemäß ihrer Programmatik eine weitere wissenschaftliche Beschäftigung mit diesem Objekt. Zwar wird man keineswegs behaupten können, dass diese mögliche Verödung der disziplinären Tätigkeit 1942 ein Thema gewesen sei, an dem sich die literaturwissenschaftliche Selbstbeobachtung allzu heftig oder offenkundig entzündet hätte. Von heute aus gesehen jedoch mag es scheinen, als markiere die konzertierte Großaktion *Von deutscher Art* nicht nur den inszenatorischen Höhepunkt einer zur Lebenswissenschaft stilisierten Literaturwissenschaft, sondern zugleich auch deren Schwanengesang. Im Vergleich jedenfalls zur disziplinären Programmatik der „Interpretation", deren inner- wie außerfachliches Anschlusspotential sich durch die gewandelte Resonanzkonstellation nach 1945 noch intensivieren sollte, erscheint der lebenswissenschaftliche Entwurf disziplinären Selbstverständnisses, der jahrzehntelang den Eigensinn wie das Resonanzkalkül der Literaturwissenschaft dominiert, als Auslaufmodell fachlicher Identitätskonstruktion.[36]

---

36 Dies zeigt sich etwa auch darin, dass noch 11 Jahre nach seinem Erscheinen eine 10-seitige, positive Rezension zu *Gedicht und Gedanke* in einer renommierten Fachzeitschrift erscheint. Das disziplinäre Bedürfnis, solcherart auch mit *Von deutscher Art* zu verfahren, dürfte sich indes in Grenzen gehalten

Zur Zeit ihrer Veröffentlichung sind die beiden Gemeinschaftswerke samt ihrer paratextuellen Eröffnungen nahezu gleichzeitige wie gleichermaßen legitime Profilbildungsproben, die den Raum der zwischen 1933 und 1945 möglichen Austarierungen des Verhältnisses von Eigensinn und Resonanz idealtypisch vermessen. Von den beiden Profilbildungsoptionen der Literaturwissenschaft als Lebenswissenschaft und als Textwissenschaft wird der disziplinäre Denkstil während des NS konturiert und strukturiert. Es gilt nun, dieses Feld des Möglichen mit seinen Schattierungen und Grauzonen vor dem Hintergrund der politisch gewandelten Resonanzkonstellation differenzierter zu beschreiben und zu analysieren.

haben. Kurt May konstatiert in seiner Rezension: „Hier ist eine große Aufgabe in würdigster Weise gelöst." (May, Kurt: Rez. zu Heinz Otto Burger: Gedicht und Gedanke, in: Zeitschrift für Deutsche Philologie, 72, 1953, S. 204–213, hier: S. 204) Geradezu paradigmatisch für die obigen Darlegungen ist auch Mays Sentenz zu der Frage, inwieweit die „Auslegungsarbeit" der (nationalen) Geschichtlichkeit ihres Gegenstandes gerecht werden könne: „Man muß nicht immer das deutsche Wesen bereden, wenn man von dem handelt, was deutsch ist." (213)

II. Resonanzkonstellation 1933–1945

"[W]ie herrlich muß es sein, in dieser Zeit als junger Forscher im Dienste der deutschen Dichtung und damit auch im Dienste des deutschen Volkslebens stehen und arbeiten zu dürfen!" (Hellmuth Langenbucher)[1]

1. „Halb so teuer und doppelt so deutsch": Zum Resonanzprofil der Geisteswissenschaften zwischen 1933 und 1945

„Halb so teuer und doppelt so deutsch". Mit diesem Slogan wirbt 1934 der Vorsitzende der Meister-Eckhart-Kommission, Erich Seeberg, erfolgreich für sein Projekt einer „volkstümlichen", d.h. mit einem nationalpädagogischen Impetus auftretenden Meister-Eckhart-Edition bei der DFG.[2] Allzu leicht ließe sich Seebergs Inszenierung eines günstigen Germanozentrismus nur als ein besonders eklatantes Beispiel für den opportunistischen Ausverkauf geisteswissenschaftlicher Editionsarbeit in den Zeiten einer gewandelten Resonanzkonstellation ironisieren. *In nuce* jedoch indiziert Seebergs „Marketingstrategie", die eine retrospektiv-imaginäre Wurzelschau des „Deutschen" mit dem Argument ihrer ökonomischen Effizienz grundiert, wie prekär die Resonanzkonstellation in den dreißiger und vierziger Jahren für die meisten geisteswissenschaftlichen Fächer ist.

Zudem dokumentiert die Inszenierung einer geisteswissenschaftlichen Mythenverwaltung für die schmale Brieftasche, dass die Krise, in der sich die deutschen Hochschulen im Allgemeinen seit Beginn der 30er Jahre und die Geisteswissenschaften im Besonderen

---

1 Langenbucher, Hellmuth: Die Geschichte der deutschen Dichtung. Programme, Forderungen und Aufgaben der Literaturwissenschaft im Neuen Reich, in: Nationalsozialistische Monatshefte, 9, 1938, S. 293–310 und S. 435–445, hier: S. 303. Zur Geschichte und zur Funktion der *Nationalsozialistischen Monatshefte* s. den instruktiven Beitrag von Rusinek, Bernd A.: Die *Nationalsozialistischen Monatshefte* und *Volkstum und Heimat*, in: Grunewald, Michel/Puschner, Uwe (Hrsg.): Das konservative Intellektuellen-Milieu in Deutschland, seine Presse und seine Netzwerke (1890–1960), Bern 2003, S. 575–616.
2 Zit. nach Sieg, Ulrich: a.a.O., S. 262. Dort auch weitere Details zum engeren Kontext des Slogans. Sowohl das pekuniäre wie auch das nationale Argument richtet sich gegen die ältere, von Raymund Klybansky besorgte Edition Eckharts. Zur Meister-Eckhart-Edition s. auch Mertens, Lothar: „Nur politisch Würdige". Die DFG-Forschungsförderung im Dritten Reich 1933–1937, Berlin 2004, S. 214.

bereits seit der ersten Dekade des Jahrhunderts befinden, mit der Machtübergabe an die Nationalsozialisten keineswegs endet. Die Krise der Hochschule – darauf verweist Michael Grüttner – ist, als finanzielle Krise, als Legitimationskrise und als Krise des wissenschaftlichen Nachwuchses, gleich eine dreifache.[3] Während der Weltwirtschaftskrise sinken z. B. in Preußen die staatlichen Aufwendungen für die Universitäten um mehr als ein Drittel von 70,8 (1929) auf 43,2 Millionen Reichsmark (1932). Gleichzeitig wächst, auch innerhalb des wissenschaftlichen Feldes, in Sonderheit mit Blick auf die anwendungsferneren Geisteswissenschaften der Zweifel an der gesellschaftlichen Legitimation eines zunehmend als „lebensabgewandt" kritisierten Wissenschafts„betriebes", der sich in hochspezialisierten Diskursen zu verlieren scheint. Komplettiert und verschärft schließlich wird das Krisenszenario durch eine „von den Zeitgenossen als katastrophal empfundene Überfüllungskrise in den akademischen Berufen".[4] Diese Krise betrifft sowohl die Zukunftsaussichten des wissenschaftlichen Nachwuchses – nur ein Drittel etwa der Privatdozenten und nichtbeamteten außerordentlichen Professoren kann zu Beginn der 30er Jahre an den Philosophischen Fakultäten darauf hoffen, jemals eine feste Stellung zu erhalten – als auch die akademisch ausgebildeten Berufsanfänger insgesamt, deren Zahl den tatsächlichen Bedarf auf dem Arbeitsmarkt um das zwei- bis dreifache überschreitet. Unter den politisch gewandelten Resonanzbedingungen des NS findet diese dreifache Krise keineswegs ihr Ende.

An der vor allem innerhalb der Forschung selbst sich als zählebig erweisenden Erzählung von der prinzipiellen Wissenschaftsfeindlichkeit des NS-Regimes sind sicherlich berechtigte Zweifel anzumelden.[5] Gewiss, Hitler selbst ist weder der Wissenschaft als Gesamtphänomen in einem abstrakteren Sinne, noch den Professoren sonderlich wohl gesonnen. „Wissenschaft ist Hitler grundsätzlich unsympathisch"[6], bedauert bereits 1933 der Physiker Johannes Stark, der von 1934 bis 1936 als Präsident der DFG amtiert.[7] Vor allem

---

3   S. dazu und zum Folgenden Grüttner, Michael: a. a. O., S. 71 ff. Zu den Zahlenangaben s. ebenfalls dort, bzw. Pfetsch, Frank R.: Datenhandbuch zur Wissenschaftsentwicklung 1850–1975, Köln ²1985, S. 120.
4   Grüttner, Michael: a. a. O., S. 72.
5   Zu einer differenzierteren Beurteilung des Verhältnisses der wissenschaftspolitischen Institutionen des NS-Regimes zu den einzelnen Wissenschaften s. Raphael, Lutz: Radikales Ordnungsdenken und die Organisation totalitärer Herrschaft. Weltanschauungseliten und Humanwissenschaftler im NS-Regime, in: Geschichte und Gesellschaft, 27, 2001, Heft 1, S. 5–40; Fischer, Klaus: Repression und Privilegierung: Wissenschaftspolitik im Dritten Reich, in: Beyrau, Dietrich (Hrsg.): Im Dschungel der Macht. Intellektuelle Professionen unter Stalin und Hitler, Göttingen 2000, S. 170–194.
6   Zit. nach Grüttner, Michael: Wissenschaft, in: Benz, Wolfgang/Graml, Hermann/Weiß, Hermann (Hrsg.): Enzyklopädie des Nationalsozialismus, München ³1998, S. 135–153, hier: S. 137.
7   Zur DFG s. Hammerstein, Notker: Die Deutsche Forschungsgemeinschaft in der Weimarer Republik und im Dritten Reich. Wissenschaftspolitik in Republik und Diktatur 1920–1945, München 1999. Darin zum Aufstieg und zum Scheitern Starks v. a. die S. 110–118 und 193–202; ders.: Wissenschaftssystem und Wissenschaftspolitik im Nationalsozialismus, in: vom Bruch, Rüdiger/Kaderas, Brigitte (Hrsg.): Wissenschaften und Wissenschaftspolitik. Bestandsaufnahmen zu Formationen, Brüchen und Kontinuitäten im Deutschland des 20. Jahrhunderts, Stuttgart 2002, S. 219–224. Kritisch gegenüber Hammersteins These eines äußerlich intakten Weiterbestehens des deutschen Hochschulwesens unter

1. ZUM RESONANZPROFIL DER GEISTESWISSENSCHAFTEN ZWISCHEN 1933 UND 1945

gegen den Typus des „Intellektuellen" richtet sich das affektive Ressentiment des „Führers". Dieses Ressentiment reicht – bekanntermaßen – bis zu jenen vielzitierten Ausrottungsphantasien, denen er im Tischgespräch in einer geheim gehaltenen Rede vor Pressevertretern Luft macht: „Wenn ich so die intellektuellen Schichten bei uns ansehe – leider, man braucht sie ja, sonst könnte man sie eines Tages ja, ich weiß nicht, ausrotten oder so was – aber man braucht sie leider."[8] Weil man sie aber – vor allem seit dem Beginn der Kriegsphase – braucht, hat man sie durchaus auch gefördert.[9] Umgekehrt hat indes auch die Wissenschaft – ungeachtet aller Klagen über das bisweilen despektierliche Verhalten der neuen Führungsriege – durchaus von der Politik profitieren können. Wissenschaft und Politik sind auch zwischen 1933 und 1945 Ressourcen *für einander* gewesen.[10] Der latente und bisweilen offene Antiintellektualismus der NS-Führungsriege sollte darüber nicht hinwegtäuschen.

So steigen etwa seit 1935 die staatlichen Wissenschaftsausgaben wieder deutlich an. 1942, am Höhepunkt seiner Wissenschaftsförderung angelangt, gibt das Reichsministerium des Innern 131 Millionen Reichsmark für seine Wissenschaftsförderung aus.[11] Den-

---

besonderer Berücksichtigung der DFG äußert sich Mertens, Lothar: Einige Anmerkungen zur NS-Wissenschafts- und Forschungspolitik, in: vom Bruch, Rüdiger/Kaderas, Brigitte (Hrsg.): a. a. O., S. 225–240 (S. dazu auch Anm. 39 in diesem Kapitel).

8 Rede vom 10.11.1938, auszugsweise in: Domarus, Max: Hitler. Reden und Proklamationen 1933–1945, Bd. I, Wiesbaden 1973, S. 975 f. Zum Ressentiment Hitlers, das sich in diesem Zitat dokumentiert s. auch: Hachmeister, Lutz: Der Gegnerforscher. Die Karriere des SS-Führers Franz Alfred Six, München 1998, S. 29 f. Auch ein überzeugter Nationalsozialist wie der Berliner Literaturwissenschaftler Franz Koch klagt in einer vertraulichen Denkschrift vom November 1939 angesichts des ostentativen Antiintellektualismus des Regimes: „Die Autorität der Universität, im weiteren Sinne der Wissenschaft ist zerstört, der Wissenschaftler, der Professor gilt, indem man ihn […] zum ‚Intellektuellen' stempelt, geradezu grundsätzlich als anfechtbare Erscheinung." Der Professor, so Koch weiter, werde „mit Abgunst und Misstrauen betrachtet, in der Öffentlichkeit immer wieder angegriffen, allzu selten geschützt und verteidigt, […] niemals anerkannt." (Zit. nach Grüttner, Michael: Die deutschen Universitäten unter dem Hakenkreuz, in: Connelly, John/ders. (Hrsg.): a. a. O., S. 67–100, hier: S. 89 f.)

9 Hitlers Verhältnis zur Wissenschaft war keineswegs frei von Ambivalenzen. Monika Leske verweist auf eine Anekdote, die die Unstetigkeit von Hitlers Sichtweise in wissenschaftlichen Angelegenheiten illustriert: „So brachte […] Alfred Rosenberg in einer Tagebuchnotiz des Jahres 1940 seine Verwunderung über eine Bemerkung von Hitler zum Ausdruck, der seinem Weltanschauungsbeauftragten gegenüber geäußert hatte, die nationalsozialistische Weltanschauung dürfe der Forschung nicht vorschreiben, sondern müsse aus ihrer Arbeit die abstrakten Gesetze folgen. Rosenberg zeigte sich ob solcher ungewohnten Rede etwas erstaunt und stellte, möglicherweise nicht ohne Ironie, lakonisch fest: ‚Die positivistische Note des Führers war mir etwas neu. Da er aber den sicheren Glauben an Vorsehung hat, sind eben beide Welten bei ihm zu Hause.'" (Leske, Monika: Philosophen im „Dritten Reich", Berlin 1990, S. 52)

10 Zur „gegenseitigen Mobilisierbarkeit von Ressourcenensembles", d. h. gegen eine einsinnige, instrumentalistische Deutung des Verhältnisses zwischen Wissenschaft und Politik s. Ash, Mitchell: Wissenschaft und Politik als Ressourcen für einander, in: vom Bruch, Rüdiger/Kaderas, Brigitte (Hrsg.): a. a. O., S. 32–51, hier v. a. S. 33 ff.

11 Zwischen 1935 und 1938 verdoppelt das Reichswissenschaftsministerium seinen Etat auf 22 Millionen RM. 1942 wendet es 97 Millionen RM auf. Das Reichsministerium des Innern gibt bereits 1935

noch: Für die universitären, geisteswissenschaftlichen Fächer haben sich – von einigen Ausnahmen abgesehen (s. u.) – die Ressourcenzuwendungen, anders als es einige ihrer professionellen Weltanschauungsproduzenten während der Aufbruchseuphorie von 1933 erwartet haben mögen, unter der gewandelten Resonanzkonstellation nicht verbessert. Unter dem Fahnenwort der „Anwendungsorientierung" können vor allem die außeruniversitäre Großforschung und die Naturwissenschaften von den mobilisierten Ressourcen profitieren. Die Chemie etwa gilt „als Musterbeispiel anwendungsorientierter Wissenschaft"[12] und das Fördervolumen der DFG für *die* zeitgemäße Leitwissenschaft, die Biologie, steigt zwischen 1932 und 1939 um das Zehnfache auf ca. 500.000 Reichsmark, wobei vor allem außeruniversitäre Institutionen, wie etwa die Kaiser-Wilhelm-Institute, von diesen Zuwendungen profitieren.[13] Profitieren können von den politischen Machthabern auch jene humanwissenschaftlichen Disziplinen, die es, wie die Medizin, die Rechtswissenschaft oder die Sozialwissenschaft und die Psychologie, verstehen, ein „politikberatendes Expertentum"[14] zu inszenieren, das den terroristischen innen- wie außenpolitischen Ausgrenzungs- und Ausrottungspraktiken des Regimes nicht nur als kognitive Ressource das benötigte Planungswissen, sondern als Legitimationsressource auch die Berufungsmöglichkeit auf wissenschaftliche „Sachlichkeit" zur Verfügung stellt.[15]

ca. 43 Millionen RM aus. Alle Angaben nach Fahlbusch, Michael: Die „Südostdeutsche Forschungsgemeinschaft". Politische Beratung und NS-Volkstumspolitik, in: Schulze, Winfried/Oexle, Otto Gerhard (Hrsg.): Deutsche Historiker im Nationalsozialismus, Frankfurt am Main 1999, S. 241–261, hier: S. 242 ff.

12 Sieg, Ulrich: a. a. O., S. 259. Dort auch (S. 264) die Angaben zur Biologie. Zur Biologie im NS s. u. a. Bäumer, Änne: NS-Biologie, Stuttgart 1990; Deichmann, Ute: Biologen unter Hitler. Porträt einer Wissenschaft im NS-Staat, Frankfurt am Main 1995. Lutz Raphael (a. a. O., S. 14) bezeichnet die Jahre zwischen 1933 und 1945 als „in gewisser Hinsicht goldene Zeiten für staatlich finanzierte anwendungsorientierte Forschung." Zu einer anderen Einschätzung der Chemie gelangt indes Fischer, der konstatiert: „Mathematik, Physik und Chemie wurden an den Technischen Hochschulen nur noch als Hilfsfächer der Ingenieursausbildung angesehen und infolgedessen stark zurückgefahren." (Fischer, Klaus: a. a. O., S. 180)

13 „Die Biologie", so Klaus Fischer, „gehörte zweifellos zu den vom Nationalsozialismus hofierten Wissenschaften. Insbesondere von der Vererbungsforschung erhoffte man sich Unterstützung bei der Verwirklichung der Rassen- und Volkstumspolitik sowie die Schaffung und Absicherung ihrer wissenschaftlichen Basis." (Fischer, Klaus: a. a. O., S. 182) Zu den Zahlenangaben s. Deichmann, Ute: Die biologische Forschung an Universitäten und Kaiser-Wilhelm-Instituten 1933–1945, in: Meinel, Christoph/Voswinckel, Peter (Hrsg.): Medizin, Naturwissenschaft, Technik und Nationalsozialismus, Stuttgart 1994, S. 100–110.

14 Zur Rolle der Humanwissenschaften s. Raphael, Lutz: a. a. O. Dort (v. a. S. 35 ff.) auch die These, dass während des NS der Typus des auf Sachlichkeit und Zweckrationalität sich berufenden „Experten" den älteren Typus des „Gelehrten" verdränge.

15 Zur „Professionalisierung" der Soziologie im Zeichen von Demographie, Demoskopie, Agrarsoziologie, Parteienforschung und Organisationslehre wie auch zum Legitimationswandel innerhalb der Psychologie von theoretischen Nützlichkeitserwägungen zur praktischen Anwendbarkeit im Rahmen der Test- und Wehrmachtspsychologie s. Fischer, Klaus: a. a. O., S. 186 ff.

1. ZUM RESONANZPROFIL DER GEISTESWISSENSCHAFTEN ZWISCHEN 1933 UND 1945

Es soll hier aber keineswegs darum gehen, die Rolle der Geisteswissenschaften während des NS zu marginalisieren. Aus der Vergleichsperspektive des gesamten wissenschaftlichen Feldes jedoch kann kein Zweifel daran bestehen, dass jener bereits vor 1933 einsetzende Trend zum Bedeutungsverlust der universitären Geisteswissenschaften sich auch nach 1933 weiter fortschreibt.[16] Im Laufe des Krieges, als auch der aktuelle Bedarf an Sinnstiftung wieder steigt (s. dazu Teil III, 4.4), zeichnet sich zwar wieder ein gewisses Maß an Prestigezuwachs für einige geisteswissenschaftliche Disziplinen ab, andererseits dominieren gerade nach 1939 Kosten-Nutzen-Kalküle noch ausschließlicher das Verhältnis von Wissenschaft und Politik.

Mangelndes Prestige im politischen Feld, wie auch erhebliche Schwierigkeiten, reproduktionsrelevante Ressourcen zu mobilisieren, kennzeichnen – bei allen Differenzen zwischen den einzelnen Disziplinen – das geisteswissenschaftliche Resonanzprofil. So kann etwa Reichserziehungsminister Rust öffentlich deklarieren, „was heute noch in der Geisteswissenschaft lebe, das sei von gestern und vorgestern."[17] „Der Aufbau des Reiches", so heißt es im *Schwarzen Korps* zu den geisteswissenschaftlichen Inszenierungsversuchen eines akademischen „Vordenkertums",

> blieb unberührt von allen diesen Theorien. […] Was der Staat ist, wissen wir vom Führer, was andere darüber schreiben, betrifft uns nicht. Der Führer braucht keine Professoren, um das auszuführen, was er vorbedacht hat. Wir brauchen keine Theorien, wir freuen uns an dem, was ist und was wird.[18]

Dass das traditionell intellektuellenfeindliche SS-Organ *Das Schwarze Korps* geisteswissenschaftlichen Versuchen, das aus heterogenen, zum Teil widersprüchlichen Elementen sich zusammensetzende Weltanschauungskonglomerat des NS theoretisch auf den Begriff zu bringen, wenig abzugewinnen weiß, mag nicht weiter verwundern. Der sinkende Kurswert der Geisteswissenschaften dokumentiert sich indes auch noch auf anderen Gebieten. Eine der klassischen externen Leistungsangebote der Geisteswissenschaften, die Ausbildung angehender Gymnasiallehrer, verliert angesichts der massiven „Überfüllungskrise" der Hochschulen, die bis gegen Ende der 30er Jahre andauert, bis zum Kriegsbeginn erheblich an Relevanz. Die Zahl der Studenten geisteswissenschaftlicher Fächer sinkt, bevor sie aufgrund akuten Nachwuchsmangels seit 1940 wieder zunimmt, zwischen 1932 und 1939/40 von 19 % auf nur noch 11 % aller Studierenden.[19] Dem korrespondieren sowohl die über-

---

16 Darin übereinstimmend auch Grüttner, Michael: Die nationalsozialistische Wissenschaftspolitik und die Geisteswissenschaften, in: Dainat, Holger/Danneberg, Lutz (Hrsg.): a. a. O., S. 26 ff. und Sieg, Ulrich: a. a. O., S. 265.
17 Rust, Bernhard: Die totale geistige Umgestaltung, in: Berliner Tageblatt Nr. 102 vom 29. 02. 1936.
18 „Politik den Berufenen!", in: Das Schwarze Korps, Nr. 31 vom 31. 07. 1941. Dort auch eine Absage an den „hundertköpfig sich gegenseitig auffressenden Professorennationalsozialismus."
19 Angaben bei Grüttner, Michael: Studenten im Dritten Reich, Paderborn 1995, S. 490. S. dort auch die Angaben zu den geringeren Verlusten der Naturwissenschaften. Die allgemein feststellbare Verringerung setzt jedoch bereits vor 1933 ein. Michael Grüttner weist darauf hin, dass 1939 nur noch

proportional sinkende Zahl planmäßiger geisteswissenschaftlicher Professuren – Grüttner zufolge sinkt zwischen 1931 und 1938 die Zahl der planmäßigen Professuren in den Geisteswissenschaften von 486 auf 439[20] – als auch die Verringerung der für die Geisteswissenschaften aufgewendeten DFG-Gelder um mehr als die Hälfte.[21]

Dass der bereits erwähnte „Kriegseinsatz" der Geisteswissenschaften einen Versuch der geisteswissenschaftlichen Disziplinen darstellt, in Zeiten einer ungünstigen Resonanzkonstellation die eigene „Nützlichkeit" – vor allem im Vergleich mit jenen Wissenschaften, denen es gelingt ihre „Anwendungsorientierung" erfolgreich zu dokumentieren – zu inszenieren, dürfte angesichts dieser strukturellen Ansichten der Wissenschaftslandschaft noch einmal deutlich geworden sein. Wie wirkt sich nun aber die hier skizzierte Konstellation auf die Neuere deutsche Literaturwissenschaft aus? Wie (re)agiert sie angesichts der langfristigen, strukturellen Verschiebungen und Entwicklungen im Wissenschafts- und Erziehungssystem, wie ist ihr Resonanzprofil innerhalb der kulturraisonnierenden Öffentlichkeit zwischen 1933 und 1945 einzuschätzen und wie – so wird schließlich zu fragen sein – richtet sie, falls sie dies tut, ihre kommunikativen Prozesse auf die unmittelbare politische Ereignisgeschichte, auf die Anforderungen des neuen politischen Systems aus?

2. Legitimationsprobleme einer „durchaus nicht notwendigen Wissenschaft": Zum Resonanzprofil der Neueren deutschen Literaturwissenschaft zwischen 1933 und 1945

„Die Literaturgeschichte gehört eigentlich, selbst im besten Fall, nicht zu den durchaus notwendigen Wissenschaften", konstatiert vor dem 1. Weltkrieg der Schriftsteller Paul Ernst in seinen *Gedanken über Literaturwissenschaft*.[22] Ernst richtet sich hier vor allem gegen die

---

40.717 Studierende an den Universitäten des „Altreiches" immatrikuliert sind. Das sind 39 % des Bestandes von 1931. Als weitere gewichtige Gründe für den Rückgang verweist Grüttner – neben der desolaten Arbeitsmarktlage – auf die demographische Entwicklung (Verringerung der Geburtenzahlen während des ersten Weltkriegs) wie auf die gewachsene Attraktivität anderer Berufsfelder (S. 101 ff.; zum Bedeutungsverlust der kulturwissenschaftlichen Fächer bis 1939, ein Trend, der sich ab 1940 wieder leicht abschwächt, s. S. 134 ff.). Fischer (a.a.O., S. 180) betont indes auch den starken Rückgang der Studentenzahlen in den Naturwissenschaften.

20 Diese Quote von 9,7 % übersteigt den allgemeinen Rückgang an anderen Fakultäten (Medizin: Rückgang um 2,6 %, Naturwissenschaften um 4,2 %) beträchtlich (Grüttner, Michael: Die nationalsozialistische Wissenschaftspolitik und die Geisteswissenschaften, in: Dainat, Holger/Danneberg, Lutz (Hrsg.): a.a.O., S. 36).

21 Während Ende der 20er Jahre noch ca. 30 % der Aufwendungen den Geisteswissenschaften zukommen, sind es 1943/44 weniger als 15 %. S. Hammerstein, Notker: a.a.O., S. 64 und 408. Zur erheblichen Reduktion der Mittel für die Geisteswissenschaften etwa im Rechnungsjahr 1936 s. Mertens, Lothar: a.a.O., S. 219 ff.

22 Ernst, Paul: Gedanken über Literaturwissenschaft, in: Die neue Literatur, 1934, S. 339–345, hier: S. 339.

2. LEGITIMATIONSPROBLEME EINER „DURCHAUS NICHT NOTWENDIGEN WISSENSCHAFT"

seit der geistesgeschichtlichen Wende in den 1910er Jahren zunehmend als positivistisch stigmatisierte Scherer-Schule. Die moderne Literaturwissenschaft[23], so der vom sozialistischen Naturalismus zu einem völkisch-nationalen Neo-Klassizismus konvertierte Autor weiter, sei lediglich eine „pedantische Technik", die wiederum den Vorwand abgebe, „unter welchem geist- und herzlose Spießer die Dichtung bekämpfen."[24]

Ein Jahr nach der Machtübergabe an die Nationalsozialisten druckt die Zeitschrift „Die neue Literatur" Ernsts bis dahin unveröffentlichte Polemik mit dem vom Herausgeber vorangestellten Hinweis ab, dass die Literaturwissenschaft sich zwar mittlerweile „verschiedentlich gewandelt" habe, dass jedoch „[i]hr Wesen und Unwesen mit wenigen Ausnahmen das gleiche geblieben" sei.[25]

Sicherlich könnte man das anti-szientifische (präziser: das anti-positivistische) Unbehagen an der Wissenschaft, das sich hier innerhalb eines Teilbereiches der kulturraisonnierenden Öffentlichkeit gegenüber der Literaturwissenschaft artikuliert, als ebenso übliche wie traditionsreiche Inszenierungspraxis der Akteure des literarischen Feldes[26] charakterisieren. Verspricht doch die öffentliche Kommunikation wissenschaftsskeptischer Ressentiments – übrigens bis heute – Distinktionsgewinne innerhalb des Feldes, insofern sie die Authentizität des kritisierenden Akteurs und seiner Textproduktion beglaubigen soll.

Dennoch verweist die wieder abgedruckte Kritik Ernsts zugleich auf mehr. Denn nicht nur im literarischen Feld, auch innerhalb des politischen Feldes ist man noch 1939 skep-

---

23 Ernst verwendet, wie zu dieser Zeit durchaus nicht unüblich, die Begriffe „Literaturwissenschaft" und „Literaturgeschichte" synonym. Zu den unterschiedlichen Fachbezeichnungen s. Weimar, Klaus: Literatur, Literaturgeschichte, Literaturwissenschaft. Zur Geschichte der Bezeichnungen für eine Wissenschaft und ihren Gegenstand, in: a. a. O., S. 9–23; Meves, Uwe: Zur Namensgebung „Germanistik", in: Fohrmann, Jürgen/Vosskamp, Wilhelm (Hrsg.): Wissenschaftsgeschichte der Germanistik im 19. Jahrhundert, Stuttgart/Weimar 1994, S. 25–47.

24 Ernst, Paul: a. a. O., S. 342.

25 Vorbemerkung der Redaktion zu Paul Ernsts *Gedanken über Literaturwissenschaft*, in: Die neue Literatur, 1934, S. 339. Die antisemitisch ausgerichtete, oftmals denunziatorisch-aggressive „Neue Literatur", deren erklärtes Ziel es ist, die von völkisch-nationalen und nationalsozialistischen Autoren vertretenen Standpunkte einem kulturell interessierten Publikum zu vermitteln, wird herausgegeben vom nationalsozialistischen Autor und Kulturpolitiker Will Vesper. Zum Profil und zur Geschichte der Zeitschrift s. auch Berglund, Gisela: Der Kampf um den Leser im Dritten Reich. Die Literaturpolitik der „Neuen Literatur" und der „Nationalsozialistischen Monatshefte", Worms 1980. Vesper ist seit 1931 Mitglied der NSDAP, wird 1933 in die „Sektion für Dichtung" der Preußischen Akademie der Künste berufen und gehört dem Vorstand des Reichsverbandes Deutscher Schriftsteller an. Er tritt bei der Bücherverbrennung in Dresden als Festredner auf und veröffentlicht mehrere Huldigungs-Hymnen auf Hitler (s. etwa Vesper, Will: Bild des Führers. Gedichte, München 1942). Zu Vespers Rolle im Rahmen der nationalsozialistischen Literaturpolitik s. Berglund, Gisela: a. a. O.; Barbian, Jan-Pieter: Literaturpolitik im „Dritten Reich". Institutionen, Kompetenzen, Betätigungsfelder, München 1995, S. 37, 53, 55, 75, 79; Sarkowicz, Hans/Mentzer, Alf: Literatur in Nazi-Deutschland. Ein biografisches Lexikon, Hamburg/Wien 2001, S. 340–342.

26 Zum Begriff des literarischen Feldes s. Bourdieu, Pierre: Die Regeln der Kunst. Genese und Struktur des literarischen Feldes, Frankfurt am Main 1999.

tisch angesichts der aktuellen germanistischen „Großwetterlage". So moniert ein geheimer Lagebericht des Sicherheitsdienstes der SS:

> Die Gesamtlage auf dem Gebiet der Germanistik und Literaturwissenschaft ist in den letzten Monaten dadurch gekennzeichnet, dass kaum bedeutende wissenschaftliche Ereignisse oder Veröffentlichungen zu verzeichnen sind. Die Zeit der Programme und der Konjunktur ist vorüber, aber die versprochenen Leistungen und grundsätzlichen Neuerungen sind bisher zum grossen Teil ausgeblieben. Es gibt vielerlei zersplitterte Einzelansätze, aber nirgendwo schon eine geschlossene Gruppe von nationalsozialistischen Wissenschaftlern, die lebenswichtige Forschungsaufgaben auf diesen Fachgebieten in Angriff nehmen. [...] Es ist auffallend, dass auch gerade im letzten Semester der Nachwuchs nach Zahl und geistigem Niveau weiter zurückgeht. Wenn auch auf anderen Gebieten der philosophischen Fakultät (Anglistik, Romanistik) der Nachwuchsmangel heute schon stärker ist, so wird er doch von Semester zu Semester auch auf dem Fachgebiet der Germanistik immer fühlbarer.[27]

Immerhin konzediert der Autor des Lageberichtes, anders als Paul Ernst, der Literaturwissenschaft ungeachtet ihres Mangels an einheitlicher Ausrichtung und an politisch einwandfreiem Nachwuchs „lebenswichtige Forschungsaufgaben". Dies muss indes nicht weiter verwundern; schließlich handelt es sich beim Verfasser des vorliegenden Dokumentauszuges höchstwahrscheinlich um den für den SD arbeitenden Bonner Literaturwissenschaftler Hans Rössner.[28]

Beide Quellen verweisen paradigmatisch darauf, dass die Neuere deutsche Literaturwissenschaft zwischen 1933 und 1945, ungeachtet ihrer kurrenten Selbstzuschreibungen als zuständig für das „Kerngebiet deutscher Bildung"[29], mit erheblichen Legitimationsproblemen zu kämpfen hat.

---

27 Hier zitiert nach Simon, Gerd: Germanistik in den Planspielen des Sicherheitsdienstes der SS. Erster Teil, Tübingen 1998, S. XII.
28 Auf überzeugende Weise legen die Ausführungen Gerd Simons (Simon, Gerd: a. a. O., S. XII) nahe, dass es sich beim Verfasser zumindest der oben zitierten Passage in der Tat um Rössner handelt. Zu Rössner, der 1937 an der Universität Bonn mit einer Arbeit über den „Georgekreis und Literaturwissenschaft" sein Doktorexamen ablegt, seit 1938 Referent in der Wissenschaftsabteilung im SD-Hauptamt ist, von 1940 bis 1944 einen Lehrauftrag in Bonn innehat, 1941 für eine Professur an der Reichsuniversität Straßburg im Gespräch ist, und der nach dem Krieg als Lektor im Insel- und Piper-Verlag (u. a. für Hannah Arendt) arbeitet, s. Simon, Gerd, a. a. O.; Wildt, Michael: Generation des Unbedingten. Das Führungskorps des Reichssicherheitshauptamtes, Hamburg 2002, v. a.: S. 385–390 u. S. 797–813 und Teil III, Kap. 3.2 dieser Arbeit.
29 So Korff, Hermann August: Die Forderung des Tages, in: Zeitschrift für Deutschkunde, 47, 1933, S. 341–345, hier: S. 345 (s. Teil III, Kap. 1). Es zeigt sich wiederholt, dass sich die in mehrfacher Hinsicht nur begrenzte Bedeutsamkeit der Disziplin während des NS keineswegs mit der Selbsteinschätzung ihrer Akteure decken muss. Paul Kluckhohn etwa ist noch 1941 davon überzeugt, dass „[d]ieser Umbruch [die Rede ist von der „nationalsozialistischen Machtergreifung"; G. K.] [...] die Bedeutung der gesamten Deutschwissenschaft als der Wissenschaft vom deutschen Menschen und deutscher

2. LEGITIMATIONSPROBLEME EINER „DURCHAUS NICHT NOTWENDIGEN WISSENSCHAFT"

Die Entwicklung der Resonanzkonstellation vor allem zwischen 1933 und 1939 ist für die Neuere deutsche Literaturwissenschaft nicht günstig.[30] Denn: Geht man davon aus, dass die Legitimation einzelner Fächer sowie die für sie mobilisierbaren Ressourcen (d. h. finanzielle Mittelzuwendungen wie auch außerfachliche, positive Resonanz) maßgeblich an ihre gesellschaftlichen Funktionszuweisungen gekoppelt ist, befindet sich die Literaturwissenschaft – allerdings nicht erst seit 1933 – in einer Situation der *doppelten Legitimationsschwächung*. Die Relevanz ihrer fachextern adressierten Leistungsangebote an das Erziehungssystem zum Einen, an die nationalkulturelle Öffentlichkeit zum Anderen, sinkt zusehends. Zum Einen verliert ihre Reproduktionsfunktion, die darin besteht, die Gesellschaft mit Gymnasiallehrern für das Fach „Deutsch" zu versorgen, aufgrund der akademischen „Überfüllungskrise", die sich bis zum Ende der 30er Jahre auswirkt, erheblich an Gewicht.[31] Die Konsequenz ist ein starker Rückgang der Dozenten- und Studentenzahlen. An den Universitäten ist die Germanistik 1933 in der Regel mit jeweils zwei planmäßigen Professuren (Alt- und Neugermanistik) vertreten. Von 1931 bis 1938 sinkt die Zahl der Germanistik-Dozenten um 20 % von 144 auf 114.[32] Das entspricht ungefähr dem Stand von 1920. Die Germanistik verliert damit prozentual doppelt so viele Dozenten wie die Geisteswissenschaften insgesamt und viermal so viele wie etwa die Historiker. Betroffen sind v. a. die Privatdozenten, während die Planstellen größtenteils erhalten bleiben. Auch die Zahl der Germanistik-Studenten sinkt von 1931 bis 1938 um ca. 80 % von 5361 auf 1049 Studierende[33]. Das entspricht in etwa der Quote in den Sprach- und Kulturwissenschaften, liegt aber deutlich über dem allgemeinen Rückgang von ca. 60 %. Auch wenn die

---

Kultur und damit auch die der Wissenschaft der deutschen Literatur als der Aussprache der deutschen Seele [erhöhte und verstärkte]." (Kluckhohn, Paul: Deutsche Literaturwissenschaft 1933–1940 [Ein Forschungsbericht], in: Forschungen und Fortschritte, XVII, 1941, S. 33–39, hier zit. nach dem Wiederabdruck in Gilman, Sander L. (Hrsg.): NS-Literaturtheorie. Eine Dokumentation, Frankfurt am Main 1971, S. 244–264, hier: S. 246).

30 Allerdings handelt es sich hier um einen „Trend", der durchaus Ausnahmen kennt. So verweist etwa Andreas Pilgers Studie zur Münsterschen Germanistik auf den bemerkenswerten Umstand, dass es dem Fach dort trotz der rückläufigen Studentennachfrage nicht nur gelang, „geplante Einsparungen abzuwenden, [sondern] sogar einen, wenn auch nicht planvollen, so in der Praxis doch relevanten Ausbau der Stellen und, damit verbunden, zugleich eine Aufstockung der Etatmittel durch[zu]setzen." (a. a. O., S. 290)

31 S. Nath, Axel: Die Studienratskarriere im Dritten Reich, Frankfurt am Main 1988; Tietze, Hartmut: Das Hochschulstudium in Preußen und Deutschland 1820–1944, Göttingen 1987 (= Datenhandbuch zur deutschen Bildungsgeschichte I,1), ders.: Hochschulen, in: Langewiesche, Dieter/Tenorth, Heinz-Elmar (Hrsg.): Handbuch der deutschen Bildungsgeschichte, Bd. V: Die Weimarer Republik und die nationalsozialistische Diktatur, München 1989, S. 209–240.

32 Ferber, Christian von: Die Entwicklung des Lehrkörpers der deutschen Universitäten und Hochschulen 1864–1954; Göttingen 1956, S. 195 ff.

33 Vgl. Tietze, Hartmut: Das Hochschulstudium in Preußen und Deutschland 1820–1944, Göttingen 1987 (= Datenhandbuch zur deutschen Bildungsgeschichte I,1), S. 124 ff.; Ferber, Christian von: Die Entwicklung des Lehrkörpers der deutschen Universitäten und Hochschulen 1864–1954, Göttingen 1956 (= Untersuchungen zur Lage der deutschen Hochschullehrer 3), S. 195 ff.

Studentenzahlen während des Krieges aufgrund des nunmehr befürchteten Nachwuchsmangels, der gesteigerten Rate studierender Frauen und der Heimatbeurlaubungen von Frontsoldaten wieder auf das Ausgangsniveau der 30er Jahre ansteigen, so verdeutlichen diese Zahlen doch, wie weit die Literaturwissenschaft in quantitativer Hinsicht in den 30er Jahren noch vom „Massenfach" späterer Jahrzehnte entfernt ist. Sie indizieren damit zugleich, wie skeptisch die disziplinäre Selbstinszenierung als „deutsche Leitwissenschaft" in diesen Jahren einzuschätzen ist.[34]

Zum Anderen gerät auch das zweite zentrale, fachüberschreitend adressierte Leistungsangebot der Literaturwissenschaft, gemeint ist ihr Beitrag zur nationalkulturellen Sinn- und Orientierungsstiftung, seit der ereignisgeschichtlichen Zäsur von 1933 zunehmend unter Konkurrenz- und Innovationsdruck. Der Anspruch des Faches, haupt- oder gar alleinzuständig „deutsche Wesensfragen" zu behandeln, mithin sein Anspruch, die Formen und Inhalte des nationalen, kulturellen Gedächtnisses diskurshegemonial zu verwalten, wird durch außer- wie innerwissenschaftliche Konkurrenz erschüttert. Das Fach sieht sich nunmehr in unmittelbarer Konkurrenz mit den konfligierenden Institutionen innerhalb des polykratisch strukturierten, kulturpolitischen Feldes. Institutionen wie Goebbels Reichsministerium für Volksaufklärung und Propaganda, Himmlers Forschungsgemeinschaft Ahnenerbe oder das Amt Rosenberg wollen ihre eigenen Vorstellungen eines nationalen „Identitätsmanagements" durchsetzen und sie erheben Anspruch auf Ressourcen.[35] Daneben erwächst der Literaturwissenschaft innerwissenschaftliche Konkurrenz auf dem Gebiet „deutscher Ursprungsfragen" durch die zwischen 1933 und 1945 expandierenden „Gewinnerwissenschaften" der Vor- und Frühgeschichte sowie vor allem der Volkskunde. Der Bedeutungszuwachs letzterer zeigt sich allein schon darin, dass für das Fach, das vor 1933

---

34 Um nur ein Beispiel für die Diskrepanz zwischen der Autohypostase als Leitfach und dem zumindest in quantitativer Hinsicht eher angemessenen Status fast eines Orchideenfaches zu nennen: An der Universität in Göttingen etwa sinkt die Zahl der Germanistikstudenten von 124 im Sommersemester 1932 auf 26 Studenten im Sommersemester 1939, was einen Rückgang um 79 % bedeutet (vgl. Hunger, Ulrich: Germanistik zwischen Geistesgeschichte und „völkischer Wissenschaft": Das Seminar für deutsche Philologie im Dritten Reich, in: Becker, Heinrich/Dahms, Hans-Joachim/Wegeler, Cornelia (Hrsg.): Die Universität Göttingen unter dem Nationalsozialismus, München/London/New York/Oxford/Paris 1987, S. 272–297, hier: S. 277). Hungers Ausführungen erlauben einen sehr guten Einblick in die alltäglichen, bescheidenen Verhältnisse eines germanistischen Seminars während des NS. So stehen etwa den Direktoren Neumann und Unger keine Assistenten zur Verfügung und der Etat des Göttinger Seminars für deutsche Philologie beträgt im Rechnungsjahr 1935 250,– RM für Geschäftsbedürfnisse und 2300,– RM für Bibliothek, Lehrmittel und Sammlungen (s. Hunger, a.a.O., S. 277f.).
35 Aus der Fülle an Literatur zu Fragen der nationalsozialistischen Kulturpolitik sei hier lediglich verwiesen auf Barbian, Jan-Pieter: Literaturpolitik im „Dritten Reich". Institutionen, Kompetenzen, Betätigungsfelder, Frankfurt am Main 1995; Dahm, Volker: Nationale Einheit und partikulare Vielfalt. Zur Frage der kulturpolitischen Gleichschaltung im Dritten Reich, in: Vierteljahreshefte für Zeitgeschichte, 43, 1995, S. 221–265.

2. LEGITIMATIONSPROBLEME EINER „DURCHAUS NICHT NOTWENDIGEN WISSENSCHAFT" 85

lediglich an drei Universitäten vertreten ist, bis 1945 an etwa der Hälfte aller Universitäten Lehrstühle geschaffen werden.[36]

Gewiss, genuin literaturwissenschaftliche, aber fachübergreifend resonanzträchtige, volkspädagogische Editionsprojekte wie die Schiller-Nationalausgabe (s. Teil III, Kap. 4.3), die Jean-Paul-Ausgabe, die Hölderlin-Ausgabe (s. Teil III, Kap. 4.4) sowie eine (allerdings niemals zustande gekommene) Klopstock-Ausgabe werden – etwa von der Deutschen Akademie[37] – weiterhin gefördert und zu ihrer Realisation bedarf es des philologischen Expertenwissens. Jedoch zeigt bereits ein exemplarischer Blick auf die Forschungsförderung der Geisteswissenschaften durch die DFG den Bedeutungsverlust der Literaturwissenschaft *innerhalb* der Geisteswissenschaften. So führt etwa der Haushaltsvoranschlag der DFG auf einer „Liste der grossen Unternehmungen auf dem Gebiete der Geisteswissenschaften, Volksforschung, Vor- und Frühgeschichte" vom 15.05.1939 lediglich zwei genuin literaturwissenschaftliche Posten an: Goedekes Grundriss der deutschen Literatur mit 3.000 Reichsmark und eine Grillparzer-Ausgabe mit 4.160 Reichsmark. Mit über einem Drittel der Gesamtbewilligungen von 820.000 Reichsmark rangieren volkskundliche und prähistorische Projekte, noch vor den ebenfalls großzügig geförderten sprachwissenschaftlichen Unternehmungen, an der Spitze der Bewilligungen. Allein dem Ahnenerbe werden für Volksforschung und Ausgrabungen 200.000 Reichsmark zur Verfügung gestellt.[38]

---

[36] Fischer, Klaus: a. a. O., S. 184f. Dort wird die Volkskunde auch als „Modefach" (185) der Zeit charakterisiert. Zur Einschätzung der Volkskunde und der Prähistorie als „Gewinnerfächer" nach 1933 s. auch Grüttner, Michael: Die nationalsozialistische Wissenschaftspolitik und die Geisteswissenschaften, in: a. a. O., S. 22. Zur Volkskunde s. Jacobeit, Wolfgang u. a. (Hrsg.): a. a. O.; zur Prähistorie: Leube, Achim: a. a. O. Ein Beispiel für die zunehmende Bedeutung der Volkskunde als einer sich in den 30er Jahren zunehmend ausdifferenzierenden Disziplin, deren Gegenstände eben nicht ohne weiteres von der Germanistik absorbiert werden können, liefert Hunger, Ulrich: a. a. O., S. 274ff.

[37] Zur „Deutschen Akademie", die ab 1934 zunehmend unter nationalsozialistische Kontrolle gerät, s. Jäger, Ludwig: Seitenwechsel – Der Fall Schneider/Schwerte und die Diskretion der Germanistik, München 1998; Kater, Michael H.: Das „Ahnenerbe" der SS 1933–1945. Ein Beitrag zur Kulturpolitik des Dritten Reiches, Stuttgart 1974.

[38] Abdruck der Liste bei Hammerstein, Notker: Die Deutsche Forschungsgemeinschaft in der Weimarer-Republik und im Dritten Reich. Wissenschaftspolitik in Republik und Diktatur 1920–1945, München 1999, S. 293. Zur Forschungsförderungspolitik der DFG im Allgemeinen s. Mertens, Lothar: a. a. O. (dort S. 163–228 eine „empirische Übersicht" der DFG-Förderungen für den Zeitraum 1933–1937) und Mertens, Lothar: Die Forschungsförderung der DFG im Dritten Reich 1933–1937, in: Jahrbuch für Universitätsgeschichte, 1999, S. 57–74. Mertens verweist in letzterem Beitrag auf „eine deutliche Akzentverschiebung und thematische Einengung der Forschungsförderung der DFG" (74) auf die medizinisch-biologische Rasseforschung und die deutsche Vorgeschichte. Zur Forschungsförderung der DFG im Blick auf die Literaturwissenschaft im Besonderen s. Mertens, Lothar: a. a. O., S. 117–126 und ders.: Der Primat der Ideologie im Nationalsozialismus. Die Forschungsförderung von Literaturwissenschaft/Germanistik im Dritten Reich durch die DFG, in: Schönert, Jörg (Hrsg.): Literaturwissenschaft und Wissenschaftsforschung. DFG-Symposion 1998, Stuttgart/Weimar 2000, S. 257–270. Mertens zufolge setzt nach 1933 ein „radikaler Paradigmawechsel" (262) innerhalb der DFG-Förderung für die Literaturwissenschaft ein: „In geringerem Maße wurden literarische Einzelthemen gefördert, da mit dem *Deutschen Sprachatlas* ab Mitte der 1930er Jahre ein zentrales For-

Auch innerhalb einer breiteren, außerfachlichen Öffentlichkeit – darauf verweist Holger Dainat[39] – stoßen Publikationen aus dem Bereich der Neueren deutschen Literaturwissenschaft zwischen 1933 und 1945 kaum noch auf Resonanz. Während es literaturwissenschaftlichen Autoren wie Friedrich Gundolf, Fritz Strich, Josef Nadler, Hermann August Korff oder Ernst Bertram in den Jahrzehnten vor 1933 durchaus gelingt, mit ihren Publikationen auch außerhalb der Fachgrenzen wahrgenommen zu werden, erreichen literaturwissenschaftliche Texte nach 1933, von einigen Ausnahmen abgesehen[40], nur noch ein begrenztes Fachpublikum. Größere Erfolge auf dem Buchmarkt können Germanisten erst wieder nach 1945 erzielen.

Ebensowenig, wie bereits angedeutet, können die seit 1933 innerhalb der Literaturwissenschaft produzierten, nationalen Sinnstiftungsdiskurse innerhalb des kulturpolitischen Feldes positive Resonanzeffekte erzeugen. „Wie herrlich muß es in den kommenden Jahren und Jahrzehnten an unseren Universitäten sein", prognostiziert 1938 zwar zunächst rhetorisch Hellmuth Langenbucher, einer der führenden außeruniversitären Beobachter des literarischen und literaturwissenschaftlichen Geschehens im NS-Staat, in einem Zwischenresümee der *Programme, Forderungen und Aufgaben der Literaturwissenschaft im Neuen Reich*.[41] Aber – eben erst in den kommenden Jahren, d.h. der augenblickliche Zustand der

---

schungsanliegen nahezu alle Mittel für das Fachgebiet Germanistik/Literaturwissenschaft verbrauchte." (ebd.) Allerdings sind Mertens Aussagen mit Vorsicht zu genießen, da seine Studie weder den für einen Vergleich ja unerlässlichen Zeitraum vor 1933 berücksichtigt, noch die Phase von 1937 bis 1945. So widerspricht etwa die bei Hammerstein (s. o.) angeführte Liste dem Befund Mertens insofern, als dass zwar sprachwissenschaftliche Projekte (v. a. diverse Wörterbücher) in der Tat einen Großteil der Mittel absorbieren, der von Mertens angeführte „Sprachatlas" schlägt indes für seine 39er-Lieferung mit „lediglich" 10.000 Reichsmark zu Buche und ist somit wesentlich günstiger als alle übrigen Wörterbücher in diesem Jahr (etwa: „Handwörterbuch des Grenz- und Auslandsdeutschtums" oder das „Deutsche Wörterbuch"). Zur Kritik an Mertens s. auch Brokoff, Jürgen: Diskussionsbericht, in: Schönert, Jörg (Hrsg.): a. a. O., S. 271–281, hier v. a. S. 278–281.

39 Dainat, Holger: Germanistische Literaturwissenschaft, in: Hausmann, Frank-Rutger (Hrsg.): Die Rolle der Geisteswissenschaften im Dritten Reich 1933–1945, München 2002, S. 63–86.

40 Etwa die Arbeiten parteinaher Literaturwissenschaftler wie Franz Koch oder Heinz Kindermann. S. dazu unter Teil III, Kap. 3.2 und 4.2.

41 Langenbucher, Hellmuth: a. a. O., S. 303. Langenbucher (1905–1980), Parteimitglied seit 1929, ist Gründungsmitglied der Rosenbergschen „Reichsschrifttumsstelle" (= Reichsstelle zur Förderung des deutschen Schrifttums/Hauptstelle (Amt/Hauptamt) Schrifttumspflege beim Beauftragten des Führers für die Überwachung der gesamten geistigen und weltanschaulichen Schulung und Erziehung der NSDAP), leitender Funktionär und Lektor des Amtes Schrifttumspflege und Chefredakteur des *Börsenblattes* 1933 bis 1935. Jan-Pieter Barbian bezeichnet ihn als „eine Art ‚Literaturpapst' im ‚Dritten Reich'" (Barbian, Jan-Pieter: Literaturpolitik im „Dritten Reich", Frankfurt am Main 1995, S. 272). Trotz einer Vielzahl von Publikationen bleibt Langenbucher jedoch der unmittelbare Zugang *in* die Disziplin hinein verwehrt. So lehnt es etwa die Schriftleitung der renommierten *Deutschen Vierteljahrsschrift* 1938 ab, einen Beitrag des NS-Literaturfunktionärs aufzunehmen. „[D]och nicht wissenschaftlich genug" sei sein Aufsatz, so Paul Kluckhohn in einem Brief an den Mitherausgeber Erich Rothacker vom 15.09.1938 (zit. nach: Dubbels, Elke: Zum Verhältnis von wissenschaftlicher Tradition und Politik im „Dritten Reich". Die *Deutsche Vierteljahrsschrift für Literaturwissenschaft und Geistesgeschichte*

2. LEGITIMATIONSPROBLEME EINER „DURCHAUS NICHT NOTWENDIGEN WISSENSCHAFT"

Literaturwissenschaft erscheint alles andere als zufrieden stellend. Dabei scheint es zunächst, als könnte vor allem der obligatorische, kontrastive Rückblick auf die intellektuelle „Krisenpolyphonie" der Weimarer Republik die gegenwärtige Lage der Literaturwissenschaft in einem umso verheißungsvolleren Lichte erscheinen lassen:

> [W]er von uns, die wir in den Jahren der schlimmsten Verwirrung innerhalb des geistigen Lebens Jünger der Alma mater gewesen sind, dächte nicht mit Neid daran! –; wie herrlich muß es sein, in dieser Zeit als junger Forscher im Dienste der deutschen Dichtung und damit auch im Dienste des deutschen Volkslebens stehen und arbeiten zu dürfen![42]

Langenbucher jedoch verbindet seinen Lobpreis der seit 1933 ermöglichten Bedingungen literaturwissenschaftlichen Arbeitens in einer für den Autor charakteristischen Weise mit der drohgebärdenhaften Kritik am Eigensinn der älteren, vermeintlich „liberalistischen" Germanistengeneration. Langenbuchers Zwischenresümee zum „Stand der Dinge" in der Neueren deutschen Literaturwissenschaft kritisiert zum Einen das unverändert „liberale, voraussetzungslose Forschertum" der etablierten, germanistischen Universitätslehrerschaft, insinuiert zum Anderen jedoch, dass deren Tage gezählt sind:

> Im Gefolge der durch den Nationalsozialismus zum Sieg geführten neuen Anschauungen über das Wesen und die Aufgaben der wissenschaftlichen Forschung ist in dieser Hinsicht seit 1933 schon vieles besser geworden. Eine durchgreifende Änderung wird sich mit dem Nachrücken des nationalsozialistischen Nachwuchses auf den Hochschulen ganz natürlich ergeben. Wir werden diese Entwicklung mit aller Ruhe und Geduld verfolgen können. Denn wir legen selbstverständlich gerade auf dem Gebiet der Dichtungsgeschichte keinen besonderen Wert auf die übermäßig starke Betätigung von Forschern, die sich nur **äußerlich** auf die neuen Forderungen um- und eingestellt haben, während sie sich **innerlich** noch völlig an eine überwundene Zeit und damit an überwundene Anschauungen gebunden fühlen.[43]

in den Jahren 1933–1944, in: DVjs, 78, 2004, S. 672–706, S. 680). Dennoch darf man wohl die Wirkung von Langenbuchers kultur- bzw. wissenschaftspolitisch-populärwissenschaftlichen Beiträgen auf das literaturwissenschaftliche Feld nicht unterschätzen. Fungieren sie doch gleichsam als ein Artikulationszentrum, in dem sich jene außerwissenschaftlichen, wissenschaftspolitischen Erwartungshaltungen verdichten, gegenüber denen man sich innerhalb des Faches in irgendeiner Weise zu verhalten genötigt sieht. Zu Langenbucher s. auch Bähre, Ralf: Hellmuth Langenbucher (1905–1980). Beschreibung einer literaturpolitischen Karriere, in: Archiv für Geschichte des Buchwesens, 47, 1997, S. 249–308.

42 Langenbucher, Hellmuth: a. a. O., S. 303.
43 Langenbucher, Hellmuth: a. a. O., S. 444. Dass es sich bei Langenbuchers vermeintlichem Vertrauen auf einen „natürlichen" Prozess generationeller Erledigung des Problems lediglich um inszenierten Langmut handelt, lässt der gleiche Text, mit der kulturpolitischen Institution der Rosenberg'schen Schrifttumsstelle im Hintergrund, gleich mehrfach auf perfide Art durchblicken. Einleitend versichert der Autor zunächst: „Wer von seiner Arbeit, auf welchem Gebiete er sie auch leisten möge, mit Recht sagen darf, daß er damit seinem Volke diene, daß er zur Erfüllung der vom Führer allen Deutschen gestellten Aufgaben beitrage, der ist bei der Ausübung dieser Arbeit frei. Es denkt kein Mensch daran,

Im selben Jahr stellt der bereits zitierte SD-Mitarbeiter Hans Rössner in einem umfangreichen Bericht zu *Lage und Aufgaben der Germanistik und deutschen Literaturwissenschaft* angesichts der Konstitution „seines" Faches Ähnliches wie Langenbucher fest:

> Es steht fest, dass die Germanistik nach 1933 weder die ihr mit der national*sozialistischen* Revolution gestellten Aufgaben voll erkannt, noch die ihr mit und nach dem Umbruch gebotene grosse wissenschaftliche und weltanschauliche Chance in zureichendem Maße ausgenutzt hat. Es erscheint daher heute umso dringlicher, endlich zu einheitlichen Planungen und zu den daraus sich ergebenden konkreten Forschungsaufgaben zu kommen.[44]

Dass dies bisher versäumt worden sei, liege, so auch Rössner, vor allem daran, dass die meisten Vertreter der Disziplin sich, in „liberalem" Starrsinn verharrend, weigerten, sich vom „neuen", nationalsozialistischen Geist durchdringen zu lassen:

> Ein sehr kleiner Teil von Germanisten [...] begann die neu aufbrechenden Grundfragen und Grundwerte aus der national*sozialistischen* Revolution und der germanischen Überlieferung in ihre wissenschaftliche Forschung einzubauen. [...] Die bei weitem größte Gruppe der liberalen Fachwissenschaftler verfiel zunächst entweder auf rein konjunkturmässige Umschaltungen oder hielt überhaupt mit grösseren Veröffentlichungen zurück und beschränkte sich auf den laufenden wissenschaftlichen Hochschul- und Zeitschriftenbetrieb. Dieser Zustand dauert zum grossen Teil heute noch an. Er ist nicht entscheidend zu erklären aus dem allgemeinen Rückgang der wissenschaftlichen Produktion, sondern zunächst aus der inneren weltanschaulichen und politischen Unsicherheit dieser liberalen Wissenschaftler und ihrem *zum Teil* bewussten reaktionären passiven Widerstand."[45]

Ähnliche Vorbehalte gegenüber der Verlässlichkeit in Weltanschauungsfragen betont auch eine Denkschrift an den „Beauftragten des Führers für die Überwachung der gesamten

---

ihn irgendwo und irgendwie zu behindern oder auf irgendwelche Formeln festzulegen. Diese Behinderung tritt nur dort ein, wo es um die unabdingbaren Grundsätze für die Neugestaltung des deutschen Lebens geht, wie sie im Parteiprogramm und in den Willensäußerungen des Führers und seiner verantwortlichen Mitarbeiter niedergelegt sind. Wer diese Grundsätze ablehnt, oder wer glaubt, sie als nicht vorhanden oder als für seine Arbeit unverbindlich ansehen zu dürfen, der muß es sich gefallen lassen, daß ihm von der Bewegung her ein Halt zugerufen wird" (293 f.) Dieses „Halt" taucht dann wenige Seiten später, bei der Besprechung des Deutungsansatzes der „existenziellen Literaturwissenschaft", wieder auf und gewinnt durch den wörtlichen Rekurs auf die Einleitung sein Drohpotential: „Man muß diese beiden Stellen, die klare Schöpfung Heinrich von Kleists und die unverständliche Auslegung des Vertreters der ‚existenziellen Literaturwissenschaft' [gemeint ist Hermann Pongs; G. K.; zu Pongs s. Teil III, Kap. 4.3] nebeneinander halten, um unsere große Befürchtung zu verstehen. Wenn die ‚existenzielle Literaturwissenschaft' keinen anderen Weg als den hier beschrittenen für möglich hält, dann wäre es wohl nötig, ihr beizeiten und ehe sie viel Kraft unnütz vertan hat, ein Halt zuzurufen!" (299)

44 Zit. nach: Simon, Gerd: a. a. O., S. 61.
45 Zit. nach: Simon, Gerd: a. a. O., S. 10.

geistigen und weltanschaulichen Schulung und Erziehung der NSDAP, Berlin" (Amt Rosenberg), indem sie moniert, dass auf „dem Gebiet der Germanistik an den deutschen Universitäten eine Reihe von Hochschullehrern tätig [ist], gegen die in weltanschaulicher Beziehung erhebliche Bedenken zu erheben sind."[46]

Es soll hier zunächst noch gar nicht um die Frage gehen, inwieweit die Lageeinschätzungen eines Langenbuchers oder Rössners ein zutreffendes Bild der Situation innerhalb der Literaturwissenschaft zeichnen. Beide Texte müssen sicherlich auch als strategische Dokumente der kulturpolitischen Aspirationen ihrer Autoren innerhalb des kulturpolitischen Feldes gelesen werden, so dass sie als Belege für den damaligen Zustand des Faches mit Vorsicht zu genießen sind.[47] Allerdings taugen sie durchaus als Hinweise auf jene eher skeptische bis negative Außenwahrnehmung einer Disziplin, deren Legitimationsnöte nach 1933 zunehmen, die aber in der neuen Resonanzkonstellation zugleich auch die Chance sieht, sich stärker zu profilieren.[48]

3. Nationalsozialistische Steuerungsversuche und Entwicklung der Personalkonstellation in der Neueren deutschen Literaturwissenschaft unter den hochschul- und wissenschaftspolitischen Rahmenbedingungen zwischen 1933 und 1945

Die Maßnahmen im Rahmen der nationalsozialistischen Hochschul- und Wissenschaftspolitik sowie die aus ihnen folgenden personellen Umstrukturierungen innerhalb der Literaturwissenschaft stellen innerhalb des Bündels jener Einflussgrößen, die die Resonanzkonstellation zwischen 1933 und 1945 prägen, zweifellos gewichtige Faktoren dar. Nichts-

---

46 Der Stellvertreter des Führers an den Beauftragten des Führers für die Überwachung der gesamten geistigen und weltanschaulichen Schulung und Erziehung der NSDAP, München, 26. März 1941, zit. nach Hempel-Küter, Christa: Germanistik zwischen 1925 und 1955. Studien zur Welt der Wissenschaft am Beispiel von Hans Pyritz, Berlin 2000, S. 25.

47 Sie können deshalb auch nicht als Exkulpationsbelege instrumentalisiert werden, mit deren Hilfe man, gleichsam ex negativo, – d. h. von der Unzufriedenheit partei- oder staatsnaher Instanzen aus –, auf die wissenschaftliche „Unversehrtheit" des Faches zwischen 1933 und 1945 schließen kann.

48 Weitere Quellen solcher negativen Außenwahrnehmungen ließen sich anführen. Als ein weiterer Beleg mag hier die folgende Einschätzung hinreichen: „Es bedarf heute keines Rechtens mehr darüber, inwieweit die deutsche Literaturwissenschaft im althergebrachten Sinne dazu befähigt ist, sich mit den neuen Wirklichkeiten des völkischen Daseins auseinanderzusetzen. Brüche und Risse im Gebäude dieser Wissenschaft sind nicht länger mehr zu verdecken und was an Neuem fordernd und mit bestimmender Gültigkeit hervortritt, baut auf anderem Grund. [...] Hier [im Blick auf das heranwachsende Neue; G. K.] entscheidet das Bekennen und das Wagen alles und die Gewißheit, daß die setzende Tat dem zögernden Bedenken gegenüber stets höher zu werten ist, vermag manchem den Mut zu schenken, sich an der Gestaltung des Zukünftigen zu versuchen. (Nollau, Alfred: Gesamtdeutsches Denken. Eine Aufgabe der deutschen Literaturwissenschaft unserer Zeit, in: Der Auslandsdeutsche. Zeitschrift für die Kunde vom Auslandsdeutschtum, 20, 1937, S. 478–481, hier S. 478)

destoweniger – darin zeigt sich die Forschung weitestgehend einig[49] – erweisen sich diese Maßnahmen als eine „Kette von Improvisationen"[50], die von einer Reihe, miteinander konkurrierender, hochschul- und wissenschaftspolitischer Instanzen ins Werk gesetzt werden.

Das „relative Scheitern der NS-Hochschulpolitik" (H. Seier) ist vorrangig auf zwei Gründe zurückzuführen: zum Einen auf das Fehlen eines einheitlichen, theoretisch fundierteren wissenschaftspolitischen Zielkonzeptes[51], zum Anderen auf die durch die permanente Konkurrenzsituation verursachte Schwächung des hochschulpolitischen Steuerungsapparates. Neben dem erst 1934 gegründeten Reichserziehungsministerium (REM) unter Bernhard Rust, der ebenfalls 1934 ins Leben gerufenen Hochschulkommission der NSDAP unter Leitung von Rudolf Heß, dem Nationalsozialistischen Deutschen Dozentenbund (NSDDB) und dem Amt Wissenschaft in der Dienststelle Rosenberg versuchen – zumindest temporär und punktuell – auch Himmlers „Ahnenerbe", der Nationalsozialistische Deutsche Studentenbund (NSDStB) sowie einige regionale und lokale Machthaber maßgeblichen Einfluss zu gewinnen auf die Ausgestaltung der nationalsozialistischen Hochschulpolitik. Keine dieser Instanzen kann auf Dauer die Oberhand gewinnen. Seier weist darauf hin,

---

49 Die Umrisse, Ausrichtungen und Konsequenzen der insgesamt dispersen nationalsozialistischen Hochschul- und Wissenschaftspolitik sind mittlerweile gut erforscht und in einschlägigen Publikationen hinreichend dargelegt, so dass sich die folgenden Ausführungen weitestgehend auf jene Aspekte beschränken können, die für die Neure deutsche Literaturwissenschaft relevant sind. Zur Wissenschafts- und Hochschulpolitik s. u. a. Kelly, Reece C.: Die gescheiterte nationalsozialistische Personalpolitik und die mißlungene Entwicklung der nationalsozialistischen Hochschulen, in: Heinemann, Manfred (Hrsg.): Erziehung und Schulung im Dritten Reich. Teil 2: Hochschule, Erwachsenenbildung, Stuttgart 1980, S. 61–76; Seier, Hellmut: Universität und Hochschulpolitik im nationalsozialistischen Staat, in: Malettke, Klaus (Hrsg.): Der Nationalsozialismus an der Macht. Aspekte nationalsozialistischer Politik und Herrschaft, Göttingen 1984, S. 143–165; Hausmann, Frank-Rutger: „Vom Strudel der Ereignisse verschlungen". Deutsche Romanistik im „Dritten Reich", Frankfurt am Main 2000, S. 30–58 und S. 223–227; Sieg, Ulrich: a. a. O.; Fischer, Klaus: a. a. O.; Tilitzki, Christian: Die deutsche Universitätsphilosophie in der Weimarer Republik und im Dritten Reich. Teil 1, Berlin 2002, S. 595–604.
50 Seier, Hellmut: a. a. O., S. 145.
51 Seier (a. a. O., S. 149 ff.) macht mindestens vier unterschiedliche Richtungen innerhalb der programmatischen Debatten um eine nationalsozialistische Wissenschaftspolitik aus: 1. eine (vergleichsweise) konservative, die – mit Vertretern wie Rein, Freyer, Heyse oder Weller – eine Art Selbsterneuerung der Wissenschaft mittels einer antipluralistischen, staatlich-national fixierten Politisierung der Hochschulen avisiert, dabei aber ein gewisses Maß an Hochschulautonomie weiterhin einzuräumen gewillt ist; 2. eine genuin nationalsozialistische Richtung, die – auf Grundlagenwandel bedacht – einen kompromisslosen Bruch mit der bürokratischen Ordinarienuniversität herkömmlichen Stils und mit der humanistisch-liberalen Tradition intendiert (etwa Ernst Krieck); 3. jene Machttaktiker vom Schlage eines Ministerialreferenten Wilhelm Groh oder eines Oberregierungsrates Hans Huber vom REM, die im Rahmen eines ministeriellen Reformansatzes auf die Präzisierung eines programmatischen Zieles zugunsten des faktischen Machtausbaus verzichten wollen; 4. schließlich jene utopischen Maximalisten, die v. a. um und mit Rosenberg den bloßen Umbau der alten Universitätsstruktur angesichts des prinzipiell nicht „umerziehbaren" Lehrkörpers für unmöglich halten, und die deshalb auf die Gegengründung von Alternativ-Universitäten setzen.

daß die Teilerfolge wie auch das relative Scheitern der NS-Hochschulpolitik sich ziemlich früh, spätestens 1935/36, abgezeichnet haben. Schon zu diesem Zeitpunkt deutete alles auf ein Gemisch aus Durchsetzung und Mißlingen hin: auf eine Universität, die lenkbar, aber nicht gewonnen, und auf ein Herrschaftssystem, das ihre Dienstbarkeit erzwungen hatte, ihre Einschmelzung und Neuformung jedoch aufschob oder nur hinhaltend betrieb.[52]

Dennoch wäre es unangemessen, aus dem Fehlen einer *einheitlichen*, zielgerichteten Hochschulpolitik auf die Abwesenheit einer nationalsozialistischen Hochschulpolitik *überhaupt* zu schließen, mögen die Motivlagen und Orientierungen im Einzelnen auch heterogen oder gar widersprüchlich sein. Grüttner betont in diesem Zusammenhang sicherlich zurecht, dass die deutsche Universitätslandschaft zwischen 1933 und 1945 durch die Summe der hochschulpolitischen Maßnahmen, „die sich an den Grundprinzipien der NS-Ideologie orientierten, so tiefgreifend verändert wurde wie nie zuvor seit mehr als einem Jahrhundert."[53] Vor allem zwei der von Grüttner herausgearbeiteten Leitlinien der nationalsozialistischen Hochschulpolitik, über die zumindest prinzipiell bei allen Staats- und Parteistellen Einvernehmen herrscht, sind im Blick auf die Entwicklung der Personalsituation innerhalb der Neueren deutschen Literaturwissenschaft nach 1933 von Bedeutung:

1. die Vertreibung „nichtarischer" und politisch unliebsamer Hochschullehrer;
2. eine Personalpolitik, die bei Berufungsverfahren und bei der Auswahl des Nachwuchses neben fachlichen Kriterien auch „rassische" und politisch-weltanschauliche Gesichtspunkte geltend machen soll.[54]

Diese Leitlinien werden umgesetzt (1) durch ein neues Beamtengesetz, (2) durch eine partielle Neuregelung der Berufungsverfahren und (3) durch eine Erneuerung der Reichshabilitationsordnung (RHO). Die Auswirkungen dieser hochschul- und wissenschaftspoli-

---

52 Seier, Hellmut: a.a.O., S. 148.
53 Grüttner, Michael: Die deutschen Universitäten unter dem Hakenkreuz, in: Connelly, John/Grüttner, Michael (Hrsg.): a.a.O., hier: S. 79. Ebd. stellt er fest: „Ich sehe keinen Grund, warum man die Summe dieser Maßnahmen nicht als nationalsozialistische Hochschulpolitik bezeichnen sollte."
54 Grüttner, Michael, a.a.O., S. 80. Grüttner nennt vier weitere Leitlinien der Hochschulpolitik im NS, die aber – da sie auf das personelle Gefüge der Neueren deutschen Literaturwissenschaft keine unmittelbaren Auswirkungen haben – *an dieser Stelle* vernachlässigt werden können: 1. die Beseitigung demokratischerer Entscheidungsstrukturen durch die Einführung des „Führerprinzips" an den Universitäten, wodurch die Entscheidungsgewalt des Rektors an die Stelle der traditionellen universitären Selbstverwaltung gesetzt werden soll. Im Wesentlichen handelt es sich dabei jedoch lediglich um ein Gesetz auf dem Papier, das durch die Realitäten des jeweiligen Universitätsalltages unterminiert wird; 2. die Aufwertung der bislang unterprivilegierten Teile des Lehrkörpers (Privatdozenten, außerordentliche Professoren, der wissenschaftliche Nachwuchs). Diese Aufwertung wirkt zwar nicht unmittelbar auf die personelle Konstitution des Faches, hat aber – vor allem in den ersten beiden Jahren des NS – durchaus Auswirkungen innerhalb der programmatischen Auseinandersetzungen des Faches. Ich thematisiere diesen Aspekt deshalb ausführlicher unter III.1; 3. die Einrichtung neuer Lehrstühle in als politisch besonders relevant erachteten Fächern (Rassenkunde, Wehrwissenschaft, Volkskunde, Vorgeschichte); 4. die schrittweise, letztlich aber durch den Krieg aufgeschobene Auflösung der theologischen Fakultäten.

tischen Steuerungsinstrumente auf die personelle Konstitution des Faches sollen im Folgenden skizziert werden.

3.1 Das „Gesetz zur Wiederherstellung des Berufsbeamtentums": Entlassungen und Vertreibungen

Die vorwiegend rassistisch, zum geringeren Teil politisch motivierten Entlassungen und Vertreibungen deutscher Hochschullehrer, die das nationalsozialistische Regime mit dem „Gesetz zur Wiederherstellung des Berufsbeamtentums" vom 7. April 1933 einleitet und die erst 1938 weitestgehend abgeschlossen sind, bedeuten nicht nur einen – von der Mehrheit der Hochschullehrerschaft zumindest stillschweigend geduldeten – massiven Eingriff in die Autonomie der Hochschulen; sie führen auch zu einem schwerwiegenden Einschnitt in das personelle wie intellektuelle Profil der deutschen Universitätslandschaft. Der legalistisch drapierte Zynismus des neuen Regimes deutet sich in der euphemistischen Titelgebung des Gesetzes bereits an. Unter anderem heißt es dort:

> [...] § 1
> (1) Zur Wiederherstellung eines nationalen Berufsbeamtentums und zur Vereinfachung der Verwaltung können Beamte nach Maßgabe der folgenden Bestimmungen aus dem Amt entlassen werden, auch wenn die nach dem geltenden Recht hierfür erforderlichen Voraussetzungen nicht vorliegen. [...]
>
> § 3
> (1) Beamte, die nicht arischer Abstammung sind, sind in den Ruhestand (§§ 8 ff.) zu versetzen; soweit es sich nicht um Ehrenbeamte handelt sind sie aus dem Amtsverhältnis zu entlassen.
> (2) Abs. 1 gilt nicht für Beamte, die bereits seit dem 1. August 1914 Beamte gewesen sind oder die im Weltkrieg an der Front für das Deutsche Reich oder für seine Verbündeten gekämpft haben oder deren Väter oder Söhne im Weltkrieg gefallen sind. [...]
>
> § 4
> Beamte, die nach ihrer bisherigen politischen Betätigung nicht die Gewähr dafür bieten, daß sie jederzeit rückhaltlos für den nationalen Staat eintreten, können aus dem Dienst entlassen werden. Auf die Dauer von drei Monaten nach der Entlassung werden ihnen ihre bisherigen Bezüge belassen. Von dieser Zeit an erhalten sie drei Viertel des Ruhegeldes (§ 8) und entsprechende Hinterbliebenenversorgung.
>
> § 5
> Jeder Beamte muß sich die Versetzung in ein anderes Amt derselben oder einer gleichwertigen Laufbahn, auch in ein solches von geringerem Rang und plan-

mäßigem Diensteinkommen – unter Vergütung der vorschriftsmäßigen Umzugskosten – gefallen lassen, wenn es das dienstliche Bedürfnis erfordert. [...]

§ 6
Zur Vereinfachung der Verwaltung können Beamte in den Ruhestand versetzt werden, auch wenn sie noch nicht dienstunfähig sind. Wenn Beamte aus diesem Grunde in den Ruhestand versetzt werden, so dürfen ihre Stellen nicht mehr besetzt werden.[55]

Nach dem 7. April verlieren, so die Schätzungen Hartsthornes, von den ca. 7.300 Hochschuldozenten (Professoren, Dozenten, Lektoren, Lehrbeauftragten) fast 800 sogleich ihr Amt. 85 % davon werden aus rassistischen Gründen entlassen.[56] Bis 1937 werden dann insgesamt 1.684 jüdische Gelehrte entlassen: 313 ordentliche und 109 außerordentliche, 284 nicht beamtete außerordentliche und 75 Honorarprofessoren, 322 Privatdozenten, 42 Lektoren, 232 Assistenten, 133 Mitarbeiter an wissenschaftlichen Instituten und schließlich 174 Akademiker aus Schulen, Bibliotheken und Museen.[57]

Die Schätzungen des bis 1938 insgesamt entlassenen und/oder emigrierten Lehrpersonals schwanken – je nach herangezogenen Quellen und je nach Skopus des jeweils zugrundegelegten Lehrkörper-Begriffes – zwischen einem Fünftel und einem Drittel des gesamten Lehrkörpers.[58]

---

55 RGBl. I/1933, S. 175 ff., hier zitiert nach Kaden, Helma/Nestler, Ludwig (Hrsg.): Dokumente des Verbrechens. Aus Akten des Dritten Reiches 1933–1945, 3 Bände, Band 1: Schlüsseldokumente, Berlin 1993, S. 38 ff. Die Sonderbestimmung in § 3 (2), die bestimmte Personen „nicht arischer Abstammung" von den Amtsentlassungen ausklammert, wird später wieder aufgehoben.

56 Hartsthorne, Edward Yarnall Jr.: The German Universities and National Socialism, London 1936, S. 87 ff. Köhler, Fritz: Zur Vertreibung humanistischer Gelehrter 1933/34, in: Blätter für deutsche und internationale Politik, 11, 1966, S. 696–707 (Auswertung einer Liste im damaligen DZA Merseburg, Rep. 76 Va, Sekt. 1, Titel IV, Nr. XIII „Zahlenmäßige Zusammenstellung der Entscheidungen auf Grund des Gesetzes zur Wiederherstellung des Berufsbeamtentums"). Bracher/Sauer/Schulz setzen die Zahl der Entlassungen etwas niedriger an: Von den 8.515 Hochschuldozenten des Wintersemesters 1932/33 werden ihnen zufolge bis zum Sommersemester 1933 634 entlassen (Bracher, K. D./Sauer, W./Schulz, G.: Die nationalsozialistische Machtergreifung, Köln/Opladen ²1962 (Schriften des Instituts für politische Wissenschaft, 14), S. 323 ff.

57 Zahlenangaben hier nach Lundgreen, Peter: Hochschulpolitik und Wissenschaft im Dritten Reich, in: Ders. (Hrsg.): Wissenschaft im Dritten Reich, Frankfurt am Main 1985, S. 9–30, hier: S. 12. Zu ähnlichen Schätzungen kommt Seier (a. a. O., S. 146).

58 Michael Grüttner, der sich auf die Zahlen Hartsthornes stützt, spricht von einem Fünftel des Lehrkörpers (Grüttner, a. a. O., S. 80. Dort, S. 83, eine von Hartsthorne übernommene Tabelle der Entlassungszahlen an den 23 deutschen Reichsuniversitäten). So weit ich sehen kann, beziehen sich höhere Schätzungen (etwa Seier, a. a. O., S. 146) auf die Untersuchungen von Ferbers (Ferber, Christian von: Die Entwicklung des Lehrkörpers der deutschen Universitäten und Hochschulen 1864–1954, Göttingen 1956, S. 143 ff.), der die Zahl der „Emigrationsverluste" erfasst. Zu Möglichkeiten und Grenzen solcher statistischen Bemühungen s. aber auch Fischer, Klaus: Die Emigration von Wissenschaftlern nach 1933: Möglichkeiten und Grenzen einer Bilanzierung, in: Vierteljahreshefte des Instituts für Zeitgeschichte, 39, 1991, S. 535–549.

Ohne damit die tragischen Einzelschicksale von entlassenen, vertriebenen, emigrierten oder deportierten Germanisten bagatellisieren zu wollen, wird man feststellen müssen, dass das personelle Gefüge der Germanistik im Allgemeinen wie auch das der Neueren deutschen Literaturwissenschaft im Besonderen von diesen Unrechtsmaßnahmen des neuen Regimes deutlich weniger betroffen ist als dasjenige anderer geisteswissenschaftlicher Fächer.[59] Während – um nur ein Beispiel zu nennen – allein im Rahmen der ersten Entlassungswellen zwischen 1933 und 1935 elf der ordentlichen und außerordentlichen Professoren der Romanischen Philologie im Deutschen Reich aus politischen oder rassistischen Gründen entlassen werden[60], sind es im Bereich der personalstärkeren Germanistik in der gleichen Phase „lediglich" sechs beamtete und noch nicht emeritierte Ordinarien und Extraordinarien, die aufgrund des Beamtengesetzes sowie seiner verschiedenen Durchführungsverordnungen und ergänzenden Folgegesetze zwangsversetzt oder in den (vorzeitigen) Ruhestand versetzt werden: Richard Alewyn (Heidelberg), Max Herrmann (Berlin), Agathe Lasch (Hamburg), Wolfgang Liepe (Kiel), Hans Werner Richter (Berlin) und Carl Wesle (Kiel). Richard Alewyn, Gundolf-Nachfolger und planmäßiger Extraordinarius für Neuere deutsche Literatur, wird zum 21.08.1933 aufgrund des § 3 des GWBB (jüdische Abstammung der Großmutter mütterlicherseits) entlassen und emigriert über Frankreich, Österreich und die Schweiz 1939 schließlich in die USA.[61] Max Herrmann, jüdischer Ordinarius für deutsche Philologie und einer der wenigen liberal gesinnten Germanisten, protestiert in einem Brief an den Reichserziehungsminister Rust gegen den Aushang der Thesen „Wider den undeutschen Geist" an der Berliner Universität und ersucht um seine Beurlaubung, solange die Thesen aushängen.[62] Obwohl Herrmanns ordentliche Emeritierung ohnehin im Sommer 1933 vollzogen werden soll, wird er im September schließlich aufgrund des § 6 des GWBB in den Ruhestand versetzt. Statt der Bezüge eines Emeritus' bezieht er ein wesentlich geringeres Ruhegehalt. Am 17.11.1942 stirbt Herrmann im Konzentrationslager Theresienstadt.[63] Agathe Lasch, die ein planmäßiges Extraordinariat für Deutsche Philologie mit besonderer Berücksichtigung des Niederdeutschen bekleidet und Mitdirektorin des Germanischen Seminars an der Universität Hamburg ist, wird zum 30.06.1934 aufgrund des § 6 des GWBB zwangspensioniert, nachdem ihre Entlassung aus rassistischen Gründen 1933 zunächst durch die Petition schwedischer Hochschullehrer

---

59 In quantitativer Hinsicht am schwersten trifft der personelle Aderlass die Wirtschafts- und Sozialwissenschaften sowie die Natur- und die Rechtswissenschaften. S. Seier: a. a. O., S. 146.
60 Hausmann, Frank-Rutger: „Vom Strudel der Ereignisse verschlungen". Deutsche Romanistik im „Dritten Reich", Frankfurt am Main 2000, S. 223 ff.
61 Falls nicht anderweitig angegeben beziehe ich mich bei den folgenden Angaben auf die jeweiligen Artikel im IGL. Die Genauigkeit der dortigen Angaben – etwa genaue Angabe des Entlassungsgrundes – ist uneinheitlich.
62 Zu den Ereignissen um den 10. Mai 1933 s. Lischeid, Thomas: Symbolische Politik. Das Ereignis der NS-Bücherverbrennung im Kontext seiner Diskursgeschichte, Heidelberg 2001.
63 Höppner, Wolfgang: Das Berliner Germanische Seminar in den Jahren 1933–1945, in: Dainat, Holger/Danneberg, Lutz (Hrsg.): a. a. O., S. 90.

und einer Eingabe Hamburger Kollegen und Schüler verhindert wird. Am 12. August 1942 wird sie in Berlin festgenommen und ins „Reichsjudenghetto" nach Riga deportiert, wo sich ihre Spur drei Tage später verliert.[64] Wolfgang Liepe, Ordinarius für Neue deutsche Literaturgeschichte, der wegen seiner Ehefrau als „jüdisch versippt" stigmatisiert wird, wird im April 1933 von seinen amtlichen Verpflichtungen in Kiel entbunden und aufgrund des § 5 des GWBB nach Frankfurt zwangsversetzt. Am 01.03.1936 wird er nach Kiel zurückversetzt und einen Monat später zwangsemeritiert. 1939 emigriert er in die USA. Hans Werner Richter, Professor für Neuere deutsche Literaturgeschichte an einem eigens für ihn geschaffenen Lehrstuhl in Berlin, wird zum 20.11.1933 aufgrund seiner jüdischen Herkunft in den Ruhestand versetzt und emigriert 1939 in die USA. Der vakante Lehrstuhl wird nicht wieder besetzt. Carl Wesle, ordentlicher Professor für Deutsche Philologie, wird am 01.10.1934 von Kiel an die Universität Bonn „strafversetzt". 1933 fordert der Rektor der Universität Kiel, Karl Lothar Wolf, Wesle auf, der NSDAP beizutreten.[65] Wesle unterschreibt zwar die Beitrittserklärung, jedoch lehnt die Kreisleitung der NSDAP Kiel seine Aufnahme ab. Die Kreisleitung moniert Wesles Dekanatsführung, da er die geforderten Repressionen gegen jüdische Kollegen, bzw. gegen solche mit jüdischen Ehefrauen, nicht mit hinlänglichem Nachdruck durchgeführt habe. Ab dem Sommersemester 1935 muss Wesle schließlich in Jena lehren.[66]

Auch wenn bis 1943 – neben den Entlassungen und Vertreibungen mehrerer nichtbeamteter, akademischer Lehr- und Forschungskräfte[67] – mit Johannes Alt (Würzburg), Walther Brecht (München), Paul Hankamer (Königsberg), Friedrich von der Leyen (Köln), Günther Müller (Münster), Friedrich Ranke (Breslau), Wolfgang Stammler (Greifswald) und Karl Viëtor (Gießen) noch acht weitere germanistische Ordinarien entlassen, vorzeitig in den Ruhestand geschickt oder zwangsversetzt werden[68], so wird man für

---

64 Hass-Zumkehr, Ulrike: Agathe Lasch (1879–1942?), in: Barner, Wilfried/König, Christoph (Hrsg.): Jüdische Intellektuelle und die Philologien in Deutschland 1871–1933, Göttingen 2001, S. 203–211.
65 Zum Konflikt mit dem Kieler Rektor s. Heiber, Helmut: Universität unterm Hakenkreuz. Teil II: Die Kapitulation der Hohen Schulen. Das Jahr 1933 und seine Themen, Bd. 1, München u. a. 1992, S. 444 f.
66 Pöthe, Angelika: Konservatives Kulturideal und Nationalsozialismus. Jenaer Germanisten im Dritten Reich, in: Hoßfeld, Uwe/John, Jürgen/Lemuth, Oliver/Stutz, Rüdiger (Hrsg.): „Kämpferische Wissenschaft". Studien zur Universität Jena im Nationalsozialismus, Köln/Weimar/Wien 2003, S. 850–867, hier: S. 859 ff.
67 S. dazu die Liste der Eingriffe im Anhang dieses Buches.
68 Johannes Alt, Ordinarius für Neuere deutsche Literaturgeschichte in Würzburg, wird am 17.01.1939 in Untersuchungshaft genommen. Das Landesgericht Würzburg leitet gegen ihn ein Ermittlungsverfahren wegen Verstoßes gegen § 175a Ziffer 3 StGB (erschwerte Unzucht mit Männern) ein. Er wird zu einem Jahr Haft im Strafgefängnis Nürnberg verurteilt und am 30.01.1940 wird ihm durch die Universität München der Doktorgrad entzogen. Nach 1940 verliert sich seine Spur (s. Dainat, Holger: Zur Berufungspolitik in der Neueren deutschen Literaturwissenschaft 1933–1945, in: Ders./Danneberg, Lutz (Hrsg.): a. a. O., S. 55–86, hier: S. 70–77). Walther Brecht, ordentlicher Professor für Neuere deutsche Literaturgeschichte in München, wird zum 01.07.1937 aufgrund seiner Ehe mit einer „nichtarischen" Frau zwangsemeritiert (s. Bonk, Magdalena: Deutsche Philologie in Mün-

die Neuere deutsche Literaturwissenschaft, die insgesamt auf der Ebene der Ordinariate und Extraordinariate von neun politisch oder rassistisch motivierten Eingriffen betroffen

chen. Zur Geschichte des Faches und seiner Vertreter an der Ludwig-Maximilians-Universität vom Anfang des 19. Jahrhunderts bis zum Ende des Zweiten Weltkrieges, Berlin 1995, S. 67–72, 81–83 und 240–260; König, Christoph: Hofmannsthal. Ein moderner Dichter unter den Philologen, Göttingen 2001, S. 212–241). Paul Hankamer, ordentlicher Professor für Neuere deutsche Sprache und Literatur in Königsberg, wird – gegen die öffentlichen Proteste eines Teiles seiner Studentenschaft – zum 01.04.1936 aus politischen Gründen seines Amtes enthoben (s. Harms, Wolfgang: Die studentische Gegenwehr gegen Angriffe auf Paul Hankamer an der Universität Königsberg 1935/36, in: Huber, Martin/Lauer, Gerhard (Hrsg.): Nach der Sozialgeschichte. Konzepte für eine Literaturwissenschaft zwischen Historischer Anthropologie, Kulturgeschichte und Medientheorie, Tübingen 2000, S. 281–301). Friedrich von der Leyen, ordentlicher Professor für Deutsche Philologie an der Universität Köln und zunächst den Nationalsozialisten durchaus wohlgesonnen, wird zum 01.04.1937 von seinen amtlichen Pflichten entbunden. Seine Frau gilt als „jüdisch" und zudem wird er von einem Studenten denunziert, er habe sich in einer Lehrveranstaltung kritisch gegenüber dem „Dritten Reich" geäußert. Das Ministerium legt ihm nahe, sich um eine vorzeitige Emeritierung zu bemühen, woraufhin er am 28.07.1936 sein Entlassungsgesuch einreicht (s. Conrady, Karl Otto: Völkisch-nationale Germanistik in Köln. Eine unfestliche Erinnerung, Schernfeld 1990, S. 56–76). Günther Müller, ordentlicher Professor für Neuere deutsche Sprache und Literatur an der Universität Münster, wird zum 20.04.1943, nachdem man ihm bereits 1936 die Prüfungserlaubnis für das Staatsexamen entzogen hat (Hauptvorwurf: seine vom Katholizismus geprägte Weltanschauung), zwangsemeritiert (s. Teil III, 5.1 und Pilger, Andreas: Nationalsozialistische Steuerung und die „Irritation" der Literaturwissenschaft. Günther Müller und Heinz Kindermann als Kontrahenten am Münsterschen Germanistischen Seminar, in: Dainat, Holger/Danneberg, Lutz (Hrsg.): a. a. O., S. 107–126). Friedrich Ranke, ordentlicher Professor für Deutsche Philologie an der Universität Breslau, wird 1937 aus rassenpolitischen Gründen (Denunziation gegenüber seiner Frau, die „nicht rein arischer Abstammung" ist) entlassen. Er emigriert nach Basel. Wolfgang Stammler, ordentlicher Professor für Germanische Philologie unter besonderer Berücksichtigung der Sprachgeschichte und der mittelalterlichen Literatur an der Universität Greifswald, wird 1936 aufgrund des § 6 des GWBB entlassen und lebt danach als Privatgelehrter in Berlin. Ebenfalls aufgrund des § 6 des GWBB lässt sich schließlich auch Karl Viëtor, ordentlicher Professor für Deutsche Philologie in Gießen und ebenfalls zu Beginn dem neuen Regime gegenüber eher positiv eingestellt (s. III.1), zum 10.07.1937 in den Ruhestand versetzen, um nicht als „jüdisch versippter" Professor aus dem Staatsdienst entlassen zu werden (Viëtors Frau ist zwar katholisch, galt aber nach nazistischer Rassenlehre als „nicht-arisch"). Schließlich könnte man noch den „Sonderfall" Rudolf Fahrners ergänzen (s. dazu auch Teil III, 4.4). Fahrner, zunächst planmäßiger außerordentlicher Professor für Literaturgeschichte an der Universität Heidelberg und dort Nachfolger Alewyns, lässt sich im November 1935 aus gesundheitlichen wie politischen Gründen beurlauben und beantragt 1936 seine Entlassung aus dem badischen Staatsdienst (in politischer Hinsicht steht Fahrner wegen seiner Nähe zum Georgekreis, nicht parteikonformen Aussagen, Querelen mit der Universitätsverwaltung und mangelndem nationalsozialistischem Engagement permanent unter Druck). Allerdings wird er 1937 zum nichtbeamteten außerordentlichen Professor in Heidelberg ernannt und beurlaubt. Von 1939 bis 1944 ist er Präsident und Leiter des Deutschen Wissenschaftlichen Instituts und ordentlicher Professor am germanistischen Lehrstuhl in Athen. Fahrner gehört zudem zu den Eingeweihten des Anti-Hitler-Kreises um Claus und Berthold Schenk von Stauffenberg (s. Buselmeier, Karin: Von deutscher Art. Heidelberger Germanistik bis 1945, in: dies./Harth, Dietrich/Jansen, Christian (Hrsg.): Auch eine Geschichte der Universität Heidelberg, Mannheim 1985, S. 51–78, hier: S. 64–66; Hausmann, Frank-Rutger: „Auch im Krieg schweigen die Musen nicht". Die deutschen Wissenschaftlichen Institute im Zweiten Weltkrieg. 2., durchgesehene Auflage, Göttingen 2002, S. 238–255).

ist[69], doch ein vergleichsweise hohes Maß an personeller Kontinuität über 1933 hinaus und während des NS konstatieren dürfen. „Im Gegensatz zu den anderen wissenschaftlichen Disziplinen", so Jost Hermand in seinem Überblicksartikel zur germanistischen Emigration, „war die Zahl der deutschen oder deutsch-jüdischen Germanisten und Germanistinnen, die sich dem Zugriff der Nationalsozialisten durch die Flucht ins Ausland zu entziehen versuchten, relativ klein."[70] Dies liegt wohl nicht zuletzt daran, dass – wie Christian Jansens Studie zur Stellung der germanistischen Hochschullehrer im politisch-wissenschaftlichen Spektrum der Weimarer Republik zeigt – bereits vor 1933 „anders als bei den Vertretern anderer Geisteswissenschaften, wie Geschichte und Nationalökonomie, oder unter Juristen, Theologen oder Naturwissenschaftlern […] in der Germanistik führende gemäßigt-liberale und erst recht sozialistische oder pazifistische Hochschullehrer [fehlen]."[71] Die meisten der insgesamt vergleichsweise eher konservativ eingestellten germanistischen Hochschullehrer begrüßen den Machtwechsel als Bestätigung ihrer antidemokratisch-autoritären Oppositionshaltung gegen die Weimarer Republik und begegnen den rassistischen Unrechtsmaßnahmen gegen Kollegen in einer Haltung, deren Spektrum von billigender Inkaufnahme über latenten bis hin zu offenem Antisemitismus reicht. Schlaglichtartig zeigt sich diese Mischung etwa in einem Brief des Berliner Großordinarius' Julius Petersen an den Universitätskurator, in dem er über den zwangsentlassenen Kollegen Max Herrmann und dessen pädagogisches Geschick raisoniert: „Max Herrmann unterschied sich darin von den beiden anderen jüdischen Kollegen Ludwig Geiger und Richard M. Meyer, die uns durch ihre Oberflächlichkeit abstießen, dass in seiner strengen Sachlichkeit und philologischen Gründlichkeit der jüdische Geist wenig in Erscheinung trat."[72]

Dass die Hoffnung auf den politischen „Durchbruch" zu einem erneuerten, konservativen Kulturstaat mithilfe der Nationalsozialisten jedoch nicht zwangsläufig auch eine Übereinstimmung mit deren antisemitisch-rassistischer Kernprogrammatik impliziert, verdeutlicht exemplarisch etwa die Haltung des Jenaer Ordinarius Albert Leitzmann. Einerseits notiert der Direktor des Deutschen Seminars bereits am 25.04.1932 – sichtlich enthusiasmiert angesichts des deutlichen Stimmengewinns der NSDAP bei den Landtagswahlen in Preußen am 24. April – in sein Tagebuch:

> Das herrliche resultat der gestrigen wahlen macht mich ganz glücklich: endlich ist der sozialistische vaterlandslose humbug von Hitler ins herz getroffen; ein unendliches

---

69 Das sind Alewyn, Alt, Brecht, Hankamer, Herrmann, Liepe, Müller, Richter und Viëtor.
70 Hermand, Jost: Germanistik, in: Handbuch der deutschsprachigen Emigration, hrsg. von Claus-Dieter Krohn u. a., Darmstadt 1998, S. 736–746, hier: S. 136.
71 Jansen, Christian: Im Kampf um die geistig-ideologische Führungsrolle in Universität und Gesellschaft. Die zwischen 1910 und 1925 in Deutschland lehrenden Hochschullehrer im politisch-wissenschaftlichen Spektrum, in: König, Christoph/Lämmert, Eberhard (Hrsg.): Literaturwissenschaft und Geistesgeschichte 1910 bis 1925, Frankfurt am Main 1993, S. 385–399, hier: S. 394.
72 Petersen in einem Brief an den Universitätskurator vom 31.08.1938, zit. nach: Höppner, Wolfgang: Das Berliner Germanische Seminar, in: a. a. O., S. 90.

glücksgefühl ist über uns gekommen. Endlich geht die sonne über Preussen und Deutschland auf.[73]

Andererseits scheut sich Leitzmann, der in seinen Hoffnungen auf eine Erneuerung eines konservativen Kulturideals angesichts des nach 1933 forcierten, nationalsozialistischen Antiintellektualismus zunehmend enttäuscht wird, nicht, in seiner 1936 erschienenen Studie zu Georg und Therese Forster eine eingehende wissenschaftliche Beschäftigung mit den Erinnerungen der positiv gewürdigten, jüdischen Salonière Henriette Herz als ein dringliches Forschungsdesiderat zu benennen.[74]

3.2 Partielle Neuregelung des Berufungsverfahrens

Neben solchen dezidiert ausgrenzungsstrategisch orientierten Eingriffen in die Personalpolitik steht der komplementäre Versuch der hochschulpolitisch aktiven Staats- und Parteiinstanzen, die Berufungspolitik der Hochschulen zu beeinflussen und so das Personalgefüge an den Universitäten im nationalsozialistischen Sinne umzugestalten. Ist es vor 1933 im Rahmen des für Berufungsverfahren spezifischen Wechselspiels zwischen Politik und Wissenschaft durchaus die Regel, dass die entscheidungsberechtigten Ministerien bei solchen Verfahren den Vorschlägen des wissenschaftlichen Feldes, d.h. den von den Fakultäten qua Berufungskommission erstellten Listenvorschlägen, folgen und somit ihr Recht auf Ergänzungsvorschläge eher moderat handhaben[75], so zeigen sich nach der Machtübergabe zwei für die politischen Steuerungsversuche des NS spezifische Änderungen: „Erstens nimmt der Staat jetzt sein Vorschlags- und Entscheidungsrecht geradezu exzessiv in Anspruch, das zudem seit 1934/35 in einem einzigen Ministerium [dem REM; G.K.] zentralisiert wird. Zweitens tritt mit der NSDAP und ihren Gliederungen ein dritter Akteur auf, der auf allen Ebenen bei der Vergabe von Ämtern beteiligt sein will."[76]

Vor allem der letztere Umstand führt dazu, dass die Zahl der (oft einander widersprechenden) zusätzlichen Berufungsgutachten, die sich nun vor allem mit der politischen

---

73 Zit. nach: Pöthe, Angelika: a.a.O., S. 854.
74 Leitzmann, Albert: Georg und Therese Forster und die Brüder Humboldt. Urkunden und Umrisse, Bonn 1936, S. 180. Zur wachsenden Distanz Leitzmanns zum NS s. Pöthe, Angelika: a.a.O., S. 855f.
75 Allerdings lassen sich auch für die Neuere deutsche Literaturwissenschaft während der Weimarer Republik Ausnahmen feststellen: Günther Müller wird 1930 gegen den Willen der Fakultät nach Münster berufen und Friedrich Gundolf, der den Ruf schließlich ablehnt, wird 1920 gegen das Votum der Fakultät nach Berlin berufen. S. dazu Höppner, Wolfgang: Eine Institution wehrt sich. Das Berliner Germanische Seminar und die deutsche Geistesgeschichte, in: König, Christoph/Lämmert, Eberhard (Hrsg.): Literaturwissenschaft und Geistesgeschichte, Frankfurt am Main 1993, S. 362–380.
76 Dainat, Holger: Zur Berufungspolitik in der Neueren deutschen Literaturwissenschaft 1933–1945, in: Ders./Danneberg, Lutz (Hrsg.): Literaturwissenschaft und Nationalsozialismus, Tübingen 2003, S. 55–86, hier: S. 63. Die folgenden Ausführungen zur Berufungspolitik in der Neueren deutschen Literaturwissenschaft beziehen sich im Wesentlichen – falls nicht anderweitig ausgewiesen – auf diese grundlegende Untersuchung.

Eignung der jeweiligen Kandidaten beschäftigen, erheblich anwächst und die Berufungsprozesse durch immer detailliertere Vorschriften in die Länge gezogen werden.[77]

Dennoch fragt der Titel eines am 18. November 1935 von Hans Rössner in der *Sächsischen Hoch- und Fachschulzeitung* veröffentlichten Beitrages durchaus skeptisch: „Ist das die neue Universität?" Ungeachtet der durch die erste „Säuberungswelle" erzwungenen Eingriffsmöglichkeiten des neuen Regimes in das Personalgefüge der Hochschulen, bleibt Rössners Einschätzung kritisch:

> Die Erneuerung der Universität steckt noch in den Anfängen. Es droht ein unfruchtbarer Stillstand. Die Hochschulfrage ist im gegenwärtigen Zeitpunkt entscheidend eine *Personalfrage* – eine Frage geistiger und politischer Führung. Da helfen keine bloßen Organisationen, keine theoretischen Programme und keine ‚politischen' Fest- und Gedenkreden, sondern äußerster Einsatz fähiger Nationalsozialisten – Dozenten und Studenten –, die zäh und verbissen und überlegen durch Können und Leistung an den Neubau gehen – und das heißt zugleich an den Kampf gegen jede Reaktion, woher sie auch kommt.[78]

Rössner koppelt den – seiner Meinung nach noch ausstehenden – personalpolitischen „Neubau" der Universitäten an zwei Bedingungen: an die weltanschauliche Eignung der zu berufenden Personen zum Einen („fähige Nationalsozialisten"), zum Anderen und zugleich an deren überdurchschnittliche fachliche Qualifikation („überlegen durch Können und Leistung"). Der Umstand indes, dass politisches und wissenschaftliches Kapital im Alltag des wissenschaftlichen Betriebes eher selten zumindest in dem von Rössner geforderten Maße zusammenfallen, bezeichnet *in nuce* eines der Grundprobleme, mit denen sich die hochschulpolitischen Steuerungsversuche der Nationalsozialisten konfrontiert sehen. Nicht selten jedenfalls sehen sich fachlich ausgewiesene Disziplinvertreter mit der von Staats- und Parteiinstanzen geäußerten Skepsis an der Authentizität ihres politischen Engagements konfrontiert, wie sich zumindest innerhalb der Neueren deutschen Literaturwissenschaft vor allem während der ersten Jahre nach der politischen Zäsur zeigt.[79] Umgekehrt wird ein allzu dezidiertes politisches Engagement für den Nationalsozialismus innerhalb des eso-

---

77 Zu den genauen Regelungen des Berufungsverfahrens s. Dainat, a. a. O., S. 64 f. Zum paradigmatischen Fall des zweijährigen Berufungsprozesses für die Nachfolge Roman Wörners in Würzburg s. Dainat, Holger: a. a. O., S. 70 ff.

78 „Ist das die neue Universität?", in: Offenes Visier. Sächsische Hoch- und Fachschulzeitung, 23. Halbjahr, Nr. 2 vom 18. 11. 1935. Der Artikel ist zwar nicht unterzeichnet, Rössners Autorschaft wird jedoch belegt bei Hübinger, Paul Egon: Thomas Mann, die Universität Bonn und die Zeitgeschichte. Drei Kapitel deutscher Vergangenheit aus dem Leben des Dichters 1905–1955, München/Wien 1974, S. 219.

79 Diese Skepsis richtet sich mitunter auch gegen Akteure, die dem Regime (zumindest anfänglich) keineswegs ablehnend gegenüber stehen, wie etwa Max Kommerell, Benno von Wiese oder Wolfgang Kayser, denen der Zugang zu den neu zu besetzenden Ordinariaten zumindest während der ersten Phase der Berufungen nach 1933 aufgrund weltanschaulicher Bedenken verwehrt wird (zu von Wiese und Kommerell s. Dainat, Holger: a. a. O., S. 76 f.; zu Kayser s. Höppner, Wolfgang: Das Berliner Germanische Seminar in den Jahren 1933 bis 1945, in: a. a. O., S. 95 f.)

terischen Zirkels der Disziplin oftmals als karrierestrategische Kompensation mangelnder fachlicher Kompetenz verdächtigt. Ein akademischer Akteur, der – in einem Maße wie etwa Gerhard Fricke – sowohl die staatlichen und parteilichen Instanzen durch sein weltanschauliches Engagement für den NS zu überzeugen weiß, als auch den Respekt der disziplinären Gemeinschaft und seiner Studenten durch seine fachlichen und didaktischen Leistungen für sich zu gewinnen versteht, bleibt zumindest im Rahmen der Literaturwissenschaft gewiss eine Ausnahme nach 1933. Noch am 1. Januar 1938 sieht sich z. B. der bekennende Nationalsozialist und Berliner Ordinarius Franz Koch, dem „der politische Umbruch von 1933 überhaupt erst die Möglichkeit zum professoralen Aufstieg gewährte"[80], gehalten, seinem unmittelbaren Konkurrenten am Berliner Seminar, Julius Petersen, in einem Brief mitzuteilen:

> Ich habe in meiner anfänglich bitteren Enttäuschung erfahren, daß man sich hier [d. h. am Berliner Germanischen Seminar; G.K.] in intellektuellen Kreisen als Nationalsozialist noch durchaus in Kampfposition befindet. Das bedeutet für mich, daß ich gegen jeden Versuch, nationalsozialistische Wissenschaftler als Wissenschaftler sozusagen auszugliedern, Front mache.[81]

Ohnehin jedoch sind die Möglichkeiten eines politisch induzierten „Neubaus" innerhalb der Disziplin zumindest auf Ordinarienebene begrenzt. Das liegt weniger am nicht immer aufrecht erhaltenen Anspruch der nationalsozialistischen Hochschulpolitik, den Anschein personalpolitischer Verfahrenslegalität insgesamt weitestgehend zu wahren. Begrenzt sind die Möglichkeiten vor allem aus zwei Gründen. Zunächst handelt es sich um eine Einschränkung rein quantitativer Natur. In den zwölf Jahren des NS-Regimes bleibt an mehr als einem Drittel der reichsdeutschen Universitäten die Personalstruktur auf Ordinarienebene konstant, weil weder Entlassungen noch „natürliche" Ursachen, wie Emeritierung, Universitätswechsel oder Ableben, Anlässe zu Berufungsverfahren und somit zu personellen Veränderungen geben.[82] An den übrigen 14 reichsdeutschen Universitäten finden in der Neueren deutschen Literaturwissenschaft zwischen 1933 und 1945 25 Berufungsverfahren statt (zählt man die beiden Technischen Hochschulen Danzig und Stuttgart hinzu, so sind es 27).

---

80 Höppner, Wolfgang: Das Berliner Germanische Seminar, in: a. a. O., S. 93.
81 Brief von Franz Koch an Julius Petersen vom 01.01.1938, zit. nach Höppner, Wolfgang: Das Berliner Germanische Seminar, in: a. a. O., S. 99. Im gleichen Brief heißt es zudem: „Es gehört in den Berliner wissenschaftlichen Kreisen nicht zum guten Ton, Nationalsozialist zu sein. Und es ist eine unbestreitbare Tatsache, daß, wer sich als Wissenschaftler zum NS bekennt, das Odium auf sich nimmt, wissenschaftlich sozusagen über die Achsel angesehen zu werden."
82 Nach Dainat handelt es sich dabei um folgende Lehrstuhlinhaber und Universitäten: Ernst Bertram in Köln, Paul Kluckhohn in Tübingen, Hermann August Korff in Leipzig, Leopold Magon in Greifswald, Paul Merker in Breslau, Robert Petsch in Hamburg, Ferdinand Josef Schneider in Halle, Franz Schultz in Frankfurt, Christian Janentzky in Dresden und schließlich Willi Flemming in Rostock, bei dem es sich indes insofern um einen Sonderfall handelt, als er 1934 durch eine unübliche Hausberufung sein Ordinariat erhält.

Geordnet nach Universitäten handelt es sich dabei um folgende Berufungen: In Berlin wird 1933 Gerhard Fricke Nachfolger des in den Ruhestand zwangsversetzten Max Herrmann; 1935 tritt Franz Koch die Nachfolge Gerhard Frickes an, der nach Kiel wechselt; 1942 wird Hans Pyritz Nachfolger des verstorbenen Julius Petersen. In Bonn wird 1933 – gegen den Widerstand der Fakultät – Karl Justus Obenauer Nachfolger des emeritierten Oskar Walzel. In Kiel wird 1934 Gerhard Fricke Nachfolger des zwangsversetzten Wolfgang Liepe; 1940 tritt Clemens Lugowski die Nachfolge Otto Höflers an; 1944 wird Werner Kohlschmidt Nachfolger des gefallenen Lugowski. In Heidelberg tritt 1934/35 Rudolf Fahrner die Nachfolge des entlassenen Richard Alewyn an, scheidet aber 1935 wegen politischer Querelen und Krankheit schon wieder aus dem Dienst aus; Nachfolger Fahrners wird 1937 Robert Stumpfl, der aber bereits ein Jahr später bei einem Autounfall tödlich verunglückt; sein Nachfolger wird 1938 Paul Böckmann. In Würzburg wird 1936 Johannes Alt zum Nachfolger Roman Wörners; 1941 ersetzt Wolfdietrich Rasch den wegen „sittlichen Fehlverhaltens" entlassenen Alt. In Jena wird 1935 Carl Wesle Nachfolger des emeritierten Albert Leitzmann. In München wird 1938 Herbert Cysarz Nachfolger des zwangsemeritierten Walther Brecht. In Gießen wird 1938 Walther Rehm Nachfolger des in den vorzeitigen Ruhestand versetzten Karl Viëtor; Friedrich Beißner übernimmt 1944 das Amt Rehms, der nach Freiburg gegangen ist. In Danzig wird 1939 Heinz Otto Burger Nachfolger Heinz Kindermanns, den er bereits zwei Jahre lang kommissarisch vertreten hatte. In Königsberg wird 1939 Hermann Gumbel Nachfolger des amtsenthobenen Paul Hankamer; Hans Pyritz ersetzt 1941 den verstorbenen Gumbel; Hans Heinrich Borcherdt übernimmt 1943 die Position des nach Berlin gewechselten Hans Pyritz. In Marburg wird 1941 Max Kommerell Nachfolger des emeritierten Harry Maync. In Göttingen wird 1943 Hermann Pongs Nachfolger des verstorbenen Rudolf Unger. In Münster wird Benno von Wiese Nachfolger des entlassenen Günther Müller (Münster stellt insofern einen Sonderfall dar, als hier Heinz Kindermann 1936 ohne Berufungsverfahren und auf Druck des Ministeriums ein Ordinariat erhält). In Freiburg wird Walther Rehm 1943 Nachfolger des verstorbenen Philipp Witkop. In Erlangen wird 1944 Heinz Otto Burger Nachfolger des nach Münster gewechselten von Wiese. In Stuttgart schließlich wird Fritz Martini Nachfolger des nach Göttingen gewechselten Hermann Pongs. Folgende Berufungen finden an den Universitäten annektierter oder okkupierter Gebiete statt: 1941 werden Gerhard Fricke und Friedrich Wilhelm Wentzlaff-Eggebert nach Strassburg und Erich Trunz nach Prag berufen. 1943 erhält der in Münster gescheiterte Heinz Kindermann einen eigens für ihn geschaffenen Lehrstuhl für Theaterwissenschaft in Wien.

In den ersten drei Jahren nach dem Systemwechsel sind lediglich acht Berufungsverfahren in der Neueren deutschen Literaturwissenschaft zu verzeichnen – sicherlich zu wenige also, um der NS-Wissenschaftsadministration eine grundsätzliche personalpolitische Umstrukturierung zu ermöglichen.

Abgesehen von dieser quantitativen Einschränkung gibt es ein weiteres Moment der allmählichen und teilweisen (Selbst-)Einschränkung politischer Steuerungsversuche der Berufungsverfahren, das zeitlich mit der Einsicht in das Scheitern der bisherigen Wissenschafts- und Berufungspolitik[83] zusammenfällt: die Einschränkung politischer Eingriffe aufgrund von deren Ineffektivität. Dies meint für die Neuere deutsche Literaturwissenschaft folgendes: In der ersten Phase der Berufungspolitik, die für die Literaturwissenschaft etwa die ersten vier Jahre des Regimes umfasst, spielen wissenschaftsexterne, d. h. politische Kriterien bei den Begutachtungen und Berufungen eine dominierende Rolle. Auch wenn gewisse fachliche Mindestanforderungen wie Habilitation, Publikationen und Lehrerfahrungen weiterhin erfüllt sein müssen, so liegt der Schwerpunkt doch bei der Einschätzung der politischen Zuverlässigkeit der Kandidaten im Sinne des NS-Regimes. Dies zeigt sich bei den Berufungen Gerhard Frickes nach Berlin und Kiel 1933 bzw. 1934, bei der gegen den Widerstand der Fakultät vom Ministerium durchgesetzten Berufung Karl Justus Obenauers, der als Langweiler in SS-Uniform gilt, 1935 nach Bonn, bei der Berufung Franz Kochs 1935 nach Berlin, bei Johannes Alts Weg auf das Würzburger Ordinariat im Jahr 1936, wie schließlich auch an der vom Ministerium gegen den Widerstand der Fakultät durchgesetzten Entsendung Heinz Kindermanns nach Münster.[84] Als ineffektiv im Sinne eines möglichst reibungslosen Funktionierens des Faches innerhalb des NS-Systems erweisen sich diese hochschulpolitischen Steuerungsmaßnahmen jedoch nicht nur, weil die zahlreichen eingeholten politischen Gutachten und Gegengutachten den Abschluss der Verfahren über Gebühr hinauszögern.[85] Als wenig effektiv erweisen sich auch – sieht man

83   Zur von zahlreichen Parteistellen formulierten Einsicht in dieses Scheitern um 1936/37 s. etwa Kelly, Reece C.: a. a. O.
84   Die Bonner Fakultät votiert 1933 zunächst für Karl Viëtor, Paul Kluckhohn und Günther Müller. Nachdem das Ministerium diese Vorschlagsliste ablehnt, entscheidet sich die Fakultät ein Jahr später ebenso ohne Erfolg für die Nichtordinarien Rudolf Fahrner, Benno von Wiese und Max Kommerell. Auch eine dritte Liste mit Ernst Bertram, Günther Müller/Gerhard Fricke und von Wiese wird aus hochschulpolitischen Gründen abgelehnt. Gegen den mehrmaligen Protest der Bonner Fakultät wird im August 1935 schließlich der SD-Mann Obenauer berufen (s.: Höpfner, Hans-Paul: Die Universität Bonn im Dritten Reich. Akademische Biographien unter nationalsozialistischer Herrschaft, Bonn 1999, S. 362 ff.). Dem Berliner Germanischen Seminar gelingt es zwar, den vom Ministerium vorgeschlagenen Nationalsozialisten Heinrich Kraeger als Nachfolger Max Herrmanns abzuwehren (Kraeger gilt als ein Forscher und Lehrer von eher beschränkter Statur), setzt dann aber – wohl nicht zuletzt aus taktischen Erwägungen Julius Petersens (s. dazu Höppner: Das Berliner Germanische Seminar, in: a. a. O., S. 93 f.) – den für sein nationalsozialistisches Engagement bekannten Franz Koch auf den ersten Platz der Liste. Zu den Wechselfällen des langwierigen Würzburger Berufungsverfahrens s. Dainat, Holger: a. a. O., S. 70–77. Zu den Umständen und Auswirkungen von Kindermanns Berufung nach Münster s. Teil III, Kap. 4.2 und 5.1 sowie Pilger, Andreas: Nationalsozialistische Steuerung und die ‚Irritationen' der Literaturwissenschaft. Günther Müller und Heinz Kindermann als Kontrahenten am Münsterschen Germanistischen Seminar, in: Dainat, Holger/Danneberg, Lutz (Hrsg.): a. a. O., S. 107–126.
85   Sowohl das Bonner als auch das Würzburger Verfahren dauern nahezu zwei Jahre. Resultat solcher, vor allem durch die Einholung politischer Stellungnahmen verursachten, Verzögerungen des Verfahrensablaufes ist eine Vielzahl von Vakanzen. Laut eines Briefes des REM an die Partei-Kanzlei vom 23. März 1945, in dem das Ministerium die Forderung zurückweist, bei allen Berufungen – d. h. nicht nur bei Erstberufungen – politische Stellungnahmen einzuholen, führt dies dazu, dass „etwa 10 % aller Lehrstühle unbesetzt bleiben" (zit. nach Dainat, Holger: a. a. O., S. 65).

einmal vom „Fall" Frickes ab – die konkreten Personalentscheidungen der ministeriellen Akteure: weder Obenauer und Kindermann, noch Koch und Alt gelingt es, innerhalb ihres jeweiligen unmittelbaren disziplinären Umfeldes in hinreichendem Maße Akzeptanz für ihr Wirken zu erzeugen. Obenauer, „am Katheder von einer geradezu aufreizenden Langweiligkeit", liest vor „gähnend leeren" Hörsaalbänken[86] und gilt – ebenso wie Kindermann, der in Münster erfolglos bleibt[87] – innerhalb der disziplinären Gemeinschaft eher als fachliches Leichtgewicht. Prestigeprobleme hat sicherlich auch – wie bereits erwähnt – Franz Koch in Berlin, der sich dort mit z. T. äußerst rüden Mitteln gegen den renommierten Großordinarius Julius Petersen zu behaupten versucht.[88] Johannes Alt schließlich landet 1939 im Strafgefängnis Nürnberg.

Da gegen Ende der 1930er Jahre das Scheitern der Versuche, eine neue nationalsozialistische Hochschullehrergeneration zu selektieren und zu schulen, zunehmend deutlich wird und in den meisten Disziplinen gar ein Mangel an akademischem Nachwuchs bemerkbar wird, verschieben sich die Leitlinien der nationalsozialistischen Hochschulpolitik hin zu einer Einschränkung der rein politisch motivierten, letztlich dysfunktionalen Steuerungsversuche. Dies läutet auch für die Neuere deutsche Literaturwissenschaft eine zweite Phase der Berufungspolitik ein. Die Gewichte von politischer und fachlicher Qualifikation verschieben sich zugunsten der letzteren. Die Vorschläge der Fakultäten gewinnen wieder an Bedeutung und die Interventionen der Ministerien nehmen – im Vergleich zur Phase bis 1936 – tendenziell ab. Anstelle von Erstberufungen werden spätestens seit den 1940er Jahren Universitätswechsel wieder üblich. Das personelle Gefüge innerhalb der Literaturwissenschaft gerät in Bewegung und mit Kommerell (Marburg 1941), Rehm (Gießen 1938, Freiburg 1943) und von Wiese (Münster 1943) können nunmehr auch solche Akteure berufen werden, die während der ersten Phase des NS aufgrund der gegen sie gehegten weltanschaulichen Bedenken keine Chancen hatten. Solche Bedenken finden zwar auch jetzt noch Eingang in die jeweiligen Gutachten, bleiben aber praktisch folgenlos.[89]

Allerdings sollte die Einschränkung ministerieller Interventionen nicht über den Charakter dieser zweiten Phase hinwegtäuschen. Sicherlich geht es auch in dieser Phase kaum darum, das „Selbstergänzungsrecht" der Universitäten und somit die Autonomie der Hochschulen als solche wieder zu gewähren oder gar zu stärken. Es handelt sich vielmehr um ein hochschulpolitisches Dulden und Zulassen der Repriorisierung wissenschaftsinter-

---

86 Lämmert, Eberhard: Ein Weg ins Freie. Versuch eines Rückblicks auf die Germanistik vor und nach 1945, in: Barner, Wilfried/König, Christoph (Hrsg.): a. a. O., S. 411–417, hier: S. 412.
87 Allerdings sollte man das Resonanzkapital Kindermanns, das eben nicht nur aus kognitiven Leistungen resultiert, innerhalb seiner Disziplin keinesfalls unterschätzen (s. dazu Teil III, Kap. 4.2).
88 So gelingt es Koch etwa, 1940 die Leitung der von Petersen und Eduard Berend betreuten Jean-Paul-Ausgabe in erpresserischer Weise dadurch an sich zu ziehen, dass er Petersen angesichts des Umstandes, dass dieser weiterhin jüdische Mitarbeiter beschäftigt, unter Druck setzt (s. Höppner: Das Berliner Germanische Seminar, in: a. a. O., S. 99). Zu Kochs Dauerkonflikt mit Petersen s. Boden, Petra: Julius Petersen. Ein Wissenschaftsmanager auf dem Philologenthron, in: Euphorion, 88, 1994, S. 82–102.
89 S. dazu im Detail Dainat, Holger: a. a. O., S. 82 ff.

ner Beurteilungskriterien, das darauf abzielt, letztlich systemdestabilisierende Dysfunktionalitäten – vor allem in den Zeiten des Krieges – zu vermeiden. Das möglichst reibungslose Funktionieren des Universitätsbetriebes ist im Interesse sowohl des wissenschaftlichen *als auch* des politischen Feldes.

Dass diese systemstabilisierende Reibungslosigkeit keineswegs ernsthaft gefährdet wird durch die in der zweiten Phase innerhalb der Literaturwissenschaft durchgeführten Berufungen, zeigt bereits ein lediglich rhapsodischer Blick auf das Profil der seit 1938 berufenen Akteure. Mag es auch insbesondere gegen Kommerell und von Wiese in der ersten Phase politische Bedenken gegeben haben[90], die vor allem aus ihrer Tätigkeit vor 1933 herrühren, so kann doch bei allen Berufenen von oppositionellen Haltungen – abgesehen vielleicht von Walther Rehm[91] – keinesfalls die Rede sein. Im Gegenteil: keiner aus dieser Gruppe der Berufenen (Cysarz, Böckmann, Gumbel, Lugowski, Kommerell, Pyritz, Rasch, Pongs, von Wiese, Borcherdt, Burger, Kohlschmidt, Beißner und Martini) versäumt es nach 1933, dem NS-Regime „entgegenzuarbeiten" oder zumindest dem sicherlich nicht zu unterschätzenden Anpassungsdruck in der einen oder anderen Weise nachzugeben. Wenn auch nicht alle in einem Maße wie Cysarz, Pongs oder Lugowski den Eindruck erwecken[92], mit den weltanschaulichen Prinzipien der neuen Machthaber übereinzustimmen, so steht man doch nicht an, in Texten oder anderweitig Einverständnis bzw. zumindest die Bereitschaft, „mitzutun", zu signalisieren. Vor 1933 ist keiner der Gelehrten Parteimitglied. Zwischen 1933 und 1942 werden es früher oder später, eher freiwillig oder durch Druck – mit Ausnahme von Burger, Borcherdt und Gumbel – alle.[93] Am germanistischen Beitrag zum

---

90 Gegen Kommerell bestehen Bedenken vor allem wegen seiner Nähe zum Georgekreis, gegen von Wiese, weil er 1931 ein Buch über die *Politische Dichtung Deutschlands* veröffentlicht hat, in dem er später vom NS verfemte Autoren wie Pinthus, Remarque, Toller u. a. behandelt hat (zu von Wiese s. Dainat, Holger: a. a. O., S. 76 f.; zu Kommerell s. Teil III, Kap. 4.4 sowie Busch, Walter/Pickerodt, Gerhart (Hrsg.): Max Kommerell. Leben – Werk – Aktualität, Göttingen 2003).

91 Rehm tritt erst 1942 auf Druck der Kreisleitung in Gießen der Partei bei, nachdem er im Laufe der 1930er Jahre wiederholt in Konflikt mit Behörden und NS-Dienststellen geraten ist. Hans Peter Herrmann (s. Herrmann, Hans Peter: Art. Rehm, Walther, in: IGL, Bd. 3, S. 1473–1475) weist auf die „persönlichen und beruflichen Schwierigkeiten" Rehms nach 1933 hin, die vor allem in seiner „auch auf dem Katheder geäußerte[n] Gegnerschaft gegen das NS-Regime und dessen Weltanschauung" begründet seien. 1940 verweigert Rehm die Mitarbeit am germanistischen Prestigeprojekt zum „Kriegseinsatz der Geisteswissenschaften" (s. dazu Zeller, Bernhard (Hrsg.): Klassiker in finsteren Zeiten 1933–1945. Eine Ausstellung des deutschen Literaturarchivs im Schiller-Nationalmuseum Marbach am Neckar, 2 Bde., Marbach 1983, Bd. 1, S. 282 f.; zu Rehms Position im NS s. Herrmann, Hans Peter: Germanistik – auch in Freiburg eine „Deutsche Wissenschaft"?, in: John, Eckard u. a. (Hrsg.): Die Freiburger Universität in der Zeit des Nationalsozialismus, Freiburg/Würzburg 1991, S. 115–150, hier: S. 124–129; Osterkamp, Ernst: Klassik-Konzepte. Kontinuität und Diskontinuität bei Walther Rehm und Hans Pyritz, in: Barner, Wilfried/König, Christoph (Hrsg.): a. a. O., S. 150–170; Schlott, Michael: Wertkontinuität im Werkkontinuum. Die Funktion der „Klassik" bei Walther Rehm, in: Barner, Wilfried/König, Christoph (Hrsg.): a. a. O., S. 171–181).

92 S. zu den Genannten Teil III, Kap. 2.3 und 4.3.

93 S. die entsprechenden Einträge im IGL.

„Kriegseinsatz der Geisteswissenschaften", dem 5-bändigen Sammelwerk *Von deutscher Art in Sprache und Dichtung* (s. Teil I), beteiligen sich Cysarz, Böckmann, Gumbel, Lugowski, Rasch, von Wiese, Borcherdt, Burger, Kohlschmidt und Martini.[94]

Gewiss, dies gilt es zu berücksichtigen, reichen weder die bloße Feststellung einer Parteimitgliedschaft, noch die der Beiträgerschaft zum Sammelwerk aus, um auch nur annähernd ein – soweit dies überhaupt möglich ist – historisch gerecht gezeichnetes Bild des Verhaltens einzelner literaturwissenschaftlicher Akteure während des NS zu rekonstruieren. Sicherlich macht es im personengeschichtlichen Vergleich auch einen Unterschied, ob man wie etwa Martini und von Wiese bereits 1933 Mitglied der NSDAP wird, erst wie Böckmann und Beißner 1937 oder wie Kommerell gar erst 1939. Ebenso gewiss schließlich ist das Mischungsverhältnis zwischen literaturwissenschaftlichen und bewusst politisch konnotierbaren Redeweisen im Beitrag Böckmanns zum erwähnten Sammelwerk wie auch im Blick auf dessen Gesamtoeuvre ein anderes, skrupulöseres, als im Beitrag und im Werk Cysarz'. In noch ausgeprägterem Maße gilt dies, wenn man die zwischen 1933 und 1945 entstandenen Arbeiten Beißners etwa mit denen Martinis vergleicht. Während die Textproduktion des Letzteren zweifelsohne zurecht „als geradezu paradigmatische Genese einer Anpassung"[95] an die jeweiligen Zeitumstände bezeichnet worden ist, finden sich in Beißners Arbeiten kaum Zugeständnisse an den Zeitgeschmack.[96] Das „In-einem-Atemzug-Nennen" dieser Gelehrten scheint deshalb, gemessen an personalbiographischen Maßstäben, an jener vor allem im Blick auf den NS oft allzu wohlfeilen moralischen Überheb-

---

94 Gumbel, Hermann: Volk und Reich im Schrifttum der Reformbewegung, in: VdA, Bd. III, S. 147–170; von Wiese, Benno: Die deutsche Leistung der Aufklärung, in: VdA, Bd. III, S. 241–269; Rasch, Wolfdietrich: Herders deutsche Weltanschauung, in: VdA, Bd. IV, S. 53–78; Martini, Fritz: Verfall und Neuordnung in der deutschen Dichtung seit dem 19. Jahrhundert, in: VdA, Bd. IV, S. 367–414; Borcherdt, Hans Heinrich: Der deutsche Bildungsroman, in: VdA, Bd. V, S. 3–56; Kohlschmidt, Werner: Das deutsche Soldatenlied, in: VdA, Bd. V, S. 177–202; Burger, Heinz Otto: Die deutsche Sendung im Bekenntnis der Dichter, in: VdA, Bd. V, S. 305–340; Böckmann, Paul: Hellas und Germanien, in: VdA, Bd. V, S. 341–404; Cysarz, Herbert: Die deutsche Einheit im deutschen Schrifttum, in: VdA, Bd. V, S. 405–443.

95 Beck, Wolfgang/Krogoll, Johannes: a.a.O., S. 716. Man verfolge etwa den stetigen Zuwachs mehrfachadressierbarer und eindeutig auf den politischen Resonanzraum hin adressierter Passagen bei Martini von seiner Dissertationsschrift *Die Stadt in der Dichtung Wilhelm Raabes* (Teildruck, Greifswald 1934) über seine Folgeproduktionen *Germanische Heldensage* (Berlin 1935) und *Heinrich von Kleist und die geschichtliche Welt* (Berlin 1940) bis hin zu seiner Habilitationsschrift *Das Bild des Bauerntums im deutschen Schrifttum des Mittelalters und der Reformation* (Halle/Saale 1944).

96 Beißners resonanzstrategisches Repertoire lässt sich nicht ohne weiteres auf *einen* Begriff bringen. Während er etwa im Streit um seine Einleitung zum ersten Band der Schiller-Nationalausgabe jegliche Konzessionen an den politischen Zeitgeist verweigert (s. Teil III. Kap. 4.3), erweist er sich im Rahmen seiner Herausgebertätigkeit bei der Hölderlin-Ausgabe als durchaus gewiefter Projektmanager, der die „Zusammenarbeit mit Baal" keineswegs scheut, wenn es darum geht, das politische Feld als Ressource zu instrumentalisieren (s. dazu Teil III, Kap. 4.4). Zur „Zusammenarbeit mit Baal" s. Oexle, Otto-Gerhard: „Zusammenarbeit mit Baal". Über die Mentalitäten deutscher Geisteswissenschaftler nach 1933 – und nach 1945, in: Historische Anthropologie, 8, 2000, S. 1–27.

lichkeit zu partizipieren, von der indes eine nicht bloß am Einzelfall orientierte Geschichtsschreibung niemals ganz frei sein kann.

Allerdings soll es hier weder um personalbiographische Angelegenheiten, noch um die moralische Beurteilung einzelner Gelehrter gehen. Es geht vielmehr darum, dass das weitestgehend reibungslose, personalpolitische Funktionieren der Literaturwissenschaft während des NS nicht nur durch die Einschränkung der politischen Steuerungsversuche während der zweiten Phase zu erklären ist, sondern auch durch die angesichts der politischen Kontroll- und Disziplinierungsmechanismen gezeigte Bereitschaft jener nachrückenden Akteure, den Erwartungen des politischen Feldes entgegenzukommen. Beispiele für diese Bereitschaft, die personalpolitisch zugleich die Reproduktion der Disziplin garantiert, finden sich – wenn auch in unterschiedlichen Intensitätsgraden – bei fast allen Amtsanwärtern. So arbeitet etwa Hans Heinrich Borcherdt, dem noch 1937 ein Gutachten des Reichsdozentenbundführers Nähe zur Bayerischen Volkspartei nachsagt und das deshalb der Deutschen Kongreß-Zentrale empfiehlt, eine Vortragsreise Borcherdts nach Österreich nicht zu genehmigen[97], im Sommersemester 1938 nebenamtlich als Dozent und Fachlehrer am Erzieher-Seminar der Adolf-Hitler-Schulen auf der Ordensburg Sonthofen.[98] Selbst Kommerell, gegen den sicherlich starke politische Bedenken vorliegen, steigt durch entsprechende Anpassungsleistungen in der Gunst der Gutachter. So heißt es in einer Beurteilung des Rektors der Universität Frankfurt: „Von dem Studentenführer dagegen ist mir erklärt worden, dass Dr. K. sich in der letzten Zeit aktiv an der Fachschaftsarbeit beteilige, auch Lager mit Studierenden besucht und sich dort sehr kameradschaftlich gezeigt habe. Daraus geht hervor, dass er sich umgestellt hat."[99] Der Gaudozentenbundsführer Theodor Bersin schreibt am 16.10.1940 hinsichtlich der Berufung Kommerells nach Marburg an den dortigen Rektor:

> Gegen eine Berufung von Prof. Kommerell – Frankfurt wird trotz vorhandener Bedenken kein Einspruch erhoben. Auf Grund seiner früheren Zugehörigkeit zum George-Kreis und zu dem bekannten liberal-reaktionären Kreis der Frankfurter Universität konnte eine Auslandstätigkeit, für die K. noch vor kurzem vorgeschlagen war, vom Reichsdozentenführer nicht befürwortet werden. Nun kann aber K. seit 1933 auf seine Tätigkeit beim Studentenbund und bei einer SA-Reiterstandarte hinweisen. Auf Grund dieser Betätigung und mit Hinblick auf die tatsächliche wissenschaftliche Befähigung K.'s erscheinen die Bedenken nicht mehr von solchem Gewicht, dass sie den alleinigen Hindernisgrund für ein Vorwärtskommen K.'s im Inland bilden könnten.[100]

Entgegenkommen und Anpassungsbereitschaft wird jedoch nicht nur durch außeruniversitäres Engagement signalisiert. Selbst ein Wissenschaftler wie Böckmann, dessen Publika-

---

97 Dainat, Holger: a.a.O., S. 84.
98 Kirsch, Mechthild: Art. Borcherdt, Hans Heinrich, in: IGL, Bd. 1, S. 237–239.
99 Zit. nach Dainat, Holger: a.a.O., S. 83.
100 Zit. nach Dainat, Holger: a.a.O., S. 83f.

tionen zumindest von tagesaktuellen Kollusionssignalen sonst weitestgehend frei sind[101], beschließt 1941 seine Ausführungen über *Deutsches Schicksal in der elsässischen Literaturentwicklung der Neuzeit* mit dem Satz:

> Dank der nationalsozialistischen Erneuerung des deutschen Lebens und des ruhmreichen Kampfes unseres Heeres ist ein neuer Anfang gewonnen: wir sind der festen Zuversicht, daß das großdeutsche Volksreich alle Voraussetzungen in sich trägt – machtmäßiger und weltanschaulicher Art – um die immer so regen Volkskräfte dieser Landschaft von neuem für Deutschland fruchtbar zu machen.[102]

Weniger skrupulös in der textuellen Inszenierung weltanschaulicher Übereinstimmung zeigen sich einige der zwischen 1933 und 1945 entstandenen Schriften von Wieses, Lugowskis, Raschs und Kohlschmidts, dessen 1938 eingereichte Habilitationsschrift sich – an gleichsam seismographischem Resonanzbewusstsein sicherlich kaum zu überbieten – mit *Selbstgefühl und Todesschicksal im Liede des deutschen Soldaten* beschäftigt.[103]

Es soll an dieser Stelle mit diesen lediglich skizzenhaften Andeutungen zunächst genug sein. Die sich hier aber bereits abzeichnende Bereitschaft der Nachwuchsakteure, ihr Handeln und Reden auch am politischen Resonanzraum zu orientieren, verweist bereits auf eine dritte Variante der wissenschaftspolitischen Steuerungsversuche, die es – neben den Entlassungen und den berufungspolitischen Beeinflussungsanstrengungen – zu berücksichtigen gilt.

3.3 Erneuerung der Reichshabilitationsordnung (RHO)

Damit ist das hochschulpolitische Bestreben der Nationalsozialisten gemeint, stärkeren Einfluss als bisher auf die weltanschauliche Selektion des wissenschaftlichen Nachwuchses auszuüben. Das zentrale qualifikationsrituelle Steuerungsinstrument zur Selektion des wissenschaftlichen Nachwuchses ist zweifelsohne die Habilitation. Anders als sicherlich noch bei der Promotion, die auch als Sprungbrett für außerwissenschaftliche Karrieren dienen mag, hegt – wer sich habilitiert – zumindest die Hoffnung, innerhalb des wissenschaftlichen Feldes Fuß fassen zu können.

---

101 S. aber auch in Teil III, Kap. 4.4 zu Böckmanns Beiträgen im Rahmen der „Hölderlin-Inszenierung".

102 Böckmann, Paul: Deutsches Schicksal in der elsässischen Literaturentwicklung der Neuzeit, in: Deutsches Schicksal im Elsaß. Vorträge Heidelberger Professoren, hrsg. von Friedrich Panzer, Heidelberg 1941, S. 85–115. Zu Böckmann s. Krummacher, Hans-Henrik: Paul Böckmann. Ein wissenschaftsgeschichtliches Portrait, Tübingen 1999, hier v. a. die S. 14–21.

103 Der vollständige Titel von Kohlschmidts Schrift lautet: Selbstgefühl und Todesschicksal im Liede des deutschen Soldaten. Untersuchungen zur Geschichte des deutschen Soldatenliedes und zur Bestimmung des sentimentalen Volksliedes, Frankfurt am Main 1940. S. hier vor allem die „Ort und Ziel" betitelte Einleitung (S. 1–12) sowie das Kapitel „Todestrost und Todesgefaßtheit" (S. 69–85). Zu von Wiese s. Teil III, Kap. 1 und 4.3. Zu Lugowski s. Teil III, Kap. 4.3. Zu Rasch s. etwa die Schriften Rasch, Wolfdietrich: Herder. Sein Leben und Werk im Umriß, Halle/Saale 1938; ders.: Herders deutsche Weltanschauung, in: VdA, Bd. IV, S. 53–77.

Kaum verwunderlich ist es demzufolge, dass die am 13.12.1934 neu erlassene Reichs-Habilitations-Ordnung (RHO) den Rahmen für eine stärker weltanschaulich grundierte Zugangsregelung zum wissenschaftlichen Feld zu etablieren versucht. Zwar bleibt die Prüfung der fachlichen Qualifikation des wissenschaftlichen Nachwuchses, deren Nachweis durch die Habilitationsschrift erbracht werden soll, weiterhin im Wesentlichen eine wissenschaftsinterne Angelegenheit[104], insofern als dass nach wie vor den Fakultäten die Beurteilung der eingereichten Schriften obliegt. Die neue RHO trennt jedoch die Verleihung des akademischen Grades eines habilitierten Doktors oder Lizentiaten von der Verleihung einer Dozentur, und somit von der Befugnis, an einer Universität auch lehren zu dürfen. Dass der „Verteilerradius" universitärer Lehre in der Regel größer ist als bei den auf ein spezifisch wissenschaftsinternes Publikum abgestimmten Habilitationsschriften – und damit auch die Möglichkeit bzw. die Gefahr im oder gegen den Sinn der nationalsozialistischen Weltanschauungen zu wirken – dürfte auf der Hand liegen. Demzufolge bindet die neue RHO die Verleihung der Lehrbefugnis zum Einen an eine öffentliche Lehrprobe an einer Fakultät, die über die Landesunterrichtsverwaltung vom Reichswissenschaftsminister bestimmt wird (§ 9). Zu dieser Lehrprobe werden nicht nur der Rektor, sondern auch die Standesvertretungen des NSDDB und des NSDStB geladen, die über das Ergebnis der Probevorträge wie auch über die „Persönlichkeit des Bewerbers"[105], also auch über dessen „weltanschauliche Zuverlässigkeit", mitbefinden.

Zum Anderen müssen sich die Bewerber, so die Paragraphen 11 bis 13, „zum Dienst im Gemeinschaftslager und zur Dozentenakademie" melden. Über die „Bewährung" der Kandidaten berichten dann die Lager- und Akademieleiter der zuständigen Landesunterrichtsverwaltung.[106] Dass es sich bei diesem Bündel an zugangsregulierenden Maßnahmen

---

[104] Allerdings muss nach § 6 der RHO vom 13.12.1934 die Landesunterrichtsverwaltung der Beurteilung durch Fakultät und Rektor und somit der Verleihung des akademischen Grades eines habilitierten Doktors oder Lizentiaten zustimmen. Jedoch dürfte es sich dabei eher um eine Formsache gehandelt haben; zumindest ist mir für die Zeit zwischen 1933 und 1945 im Blick auf die Neuere deutsche Literaturwissenschaft kein Fall einer solchen *nachträglichen* Zustimmungsverweigerung aus politischen Gründen bekannt. Die rassistisch oder politisch motivierten Zugangsschranken senken sich vielmehr bereits vor der Zulassung zur Habilitation oder spätestens während der Begutachtungsphase, wie etwa der Fall Arnold Hirschs (s. Anhang) zeigt.

[105] § 10 der RHO vom 13.12.1934, Berlin. Ebendort heißt es zum Charakter der Lehrprobe: „Der Bewerber hat an drei verschiedenen Tagen einer Woche eine insgesamt dreistündige Vorlesung aus seinem Fachgebiet zu halten. […] Das Thema der Vorlesung wählt die Fakultät aus drei Vorschlägen des Bewerbers, die sich weder untereinander noch mit der Habilitationsschrift wesentlich überschneiden dürfen." Dass mit der Überschneidungsbestimmung bisweilen kulant umgegangen wird, zeigt der „Fall" Pyritz, dessen Lehrprobe sich – ebenso wie seine Habilitationsschrift – mit Goethe beschäftigt, s. Hempel-Küter, Christa: a. a. O., S. 71 f.

[106] „Zweck des Lageraufenthaltes", so Hausmann, „waren körperliche Ertüchtigung (Dienst, Appell, Ordnungsübungen, Sport, Geländespiele, Fahrten) und weltanschauliche Schulung. Meist setzten sich die in ausgewählten Einrichtungen durchgeführten Schulungen aus zwei Phasen zusammen, einem zehnwöchigen eigentlichen ‚Dozentenlager', das dem körperlichen Training diente, und einer dreiwöchigen ‚Dozentenakademie' für die ideologische Indoktrination. Die angehenden Dozenten waren damit für

um den Versuch der hochschulpolitisch zuständigen Instanzen handelt, zumindest die Bedingungen der Möglichkeit eines weltanschaulich formierten und in seiner mentalen Disposition nationalsozialistisch zugerichteten universitären Nachwuchses zu schaffen, wird von den Verantwortlichen selbst in aller Deutlichkeit artikuliert. Zumindest in der Einleitung zur zweiten Neufassung der RHO vom Februar 1939, die die Bestimmungen der fünf Jahre zuvor erlassenen Ordnung noch einmal kommentiert, lässt man an Sinn und Zweck der Maßnahmen keinen Zweifel aufkommen:

> Im Zuge des Aufbaus der deutschen wissenschaftlichen Hochschulen im Sinne nationalsozialistischer Weltanschauung galt es, die Auswahl und Formung des Nachwuchses im akademischen Lehramt mit der denkbar größten Sorgfalt vorzunehmen. [...] Die für die Habilitation bis dahin gültigen Bestimmungen boten aber keine ausreichende Grundlage zur Erreichung dieses Zieles. Der Reichserziehungsminister erließ deshalb unter dem 13. Dezember 1934 für die wissenschaftlichen Hochschulen des Deutschen Reiches einheitliche Bestimmungen für die Habilitation und den Erwerb der Lehrbefugnis, die Reichs-Habilitations-Ordnung. Sie brachte die seit langem erstrebte Einheit der Heranbildung nationalsozialistischer Hochschullehrer im Reiche und stellte gegenüber dem früher üblichen Verfahren etwas grundsätzliche Neues dar. Das bisherige Habilitationsverfahren wurde durch die Neuregelung zweigeteilt: in den Nachweis der wissenschaftlichen Befähigung als Forscher und in die Beurteilung der Eignung zum Lehrer, vor allem auch der persönlichen und charakterlichen Eigenschaften, die von einem Lehrer an den wissenschaftlichen Hochschulen des nationalsozialistischen Staates gefordert werden müssen.[107]

ein Vierteljahr kaserniert." (Hausmann, Frank-Rutger: „Vom Strudel der Ereignisse verschlungen". Deutsche Romanistik im „Dritten Reich", Frankfurt am Main 2000, S. 103) Die Lagerverpflichtungen, die als Felder praktischer Bewährung für die „Arbeiter der Stirne" (Hitler) durch den Krieg ohnehin überflüssig werden, entfallen bereits 1938 wieder und werden durch einen verkürzten Lehrgang ersetzt (dreiwöchige Speziallager), als der Mangel an Hochschullehrernachwuchs wirksam wird und „Karriereverzögerungen ausgeschaltet werden sollten" (Hausmann, Frank-Rutger: a. a. O., S. 108; aufschlussreiche Einblicke in den Alltag der Dozentenlager finden sich ebenfalls bei Hausmann, S. 103–112). S. auch Losemann, Volker: Zur Konzeption der NS-Dozentenlager, in: Heinemann, Manfred (Hrsg.): Erziehung und Schulung im Dritten Reich, Teil II: Hochschule, Erwachsenenbildung, Stuttgart 1980, S. 87–109.

107 Reichs-Habilitations-Ordnung vom Februar 1939. Amtliche Bestimmungen, hrsg. von Franz Senger (Regierungsoberinspektor im Reichsministerium für Wissenschaft, Erziehung und Volksbildung), in: Weidmännsche Taschenausgaben von Verfügungen für die Unterrichtsverwaltung, Berlin 1939, S. 5. Die zweite Neufassung strebt neben einer Abkürzung des Verfahrens – die Zulassung zur öffentlichen Lehrprobe wird den Fakultäten übertragen, die Teilnahme am Reichslager für Beamte kann bereits unmittelbar nach Zulassung zum Habilitationsverfahren stattfinden – vor allem eine Neuregelung der wirtschaftlichen Sicherstellung des Hochschullehrernachwuchses an. Um angesichts des zunehmend problematischeren Nachwuchsmangels die Hochschulkarriere wieder attraktiver zu machen, werden die Dozenten künftig mit der Verleihung der Lehrbefugnis zugleich in das Beamtenverhältnis berufen, als außerplanmäßige Beamte auf Widerruf. Die Neuregelungen führen indes keineswegs zu einer völligen Beschneidung des Einflusses außerwissenschaftlicher Kriterien. So bestimmt etwa der §14, dass

Ob die hier von Reichsoberinspektor Franz Senger beschworene „Einheit der Heranbildung nationalsozialistischer Hochschullehrer" auch zu einer – im Sinne der Nationalsozialisten – erfolgreichen weltanschaulichen Uniformierung des akademischen Nachwuchses geführt hat, darf zwar füglich bezweifelt werden. Selbst regimenahe Gelehrte zeigen sich vor allem seit Kriegsbeginn angesichts der zeitintensiven Mehr- und Zusatzbelastungen durch ideologische Schulungen, durch Lager- und Akademieteilnahme, die auf Kosten des Freiraums für wissenschaftliche Betätigung gehen, zusehends genervt. Dennoch: Auch wenn ein Teil der Bestimmungen innerhalb der RHO im Blick auf die anvisierte vereinheitlichende Zurichtung des Nachwuchses sogar eher dysfunktional gewesen sein mag, so hat doch die Kopplung der Lizenz zum Lehren an die beschriebenen Bedingungen Konsequenzen für die Resonanzstrategien des akademischen Nachwuchses.[108] Führt sie doch dazu, dass die wissenschaftlichen Nachwuchsakteure den politischen Resonanzraum in ihr Kalkül einbeziehen müssen, weil nunmehr jenes Reden, das ihre hochschuldidaktische Qualifikation erweisen soll, immer auch auf eine nicht nur nach wissenschaftsinternen Standards urteilende Adressatenschaft mitzielt. Dies gilt jedoch keineswegs nur in dem abstrakteren Sinne, dass der zeitgenössische politische Kontext – gleichsam als „unsichtbarer Dritter" – als Bezugspunkt der Kommunikation immer mitzudenken ist; vielmehr verkörpert sich zumindest im Fall der Habilitationsanwärter der politische Resonanzraum ganz konkret in den Gestalten der anwesenden und begutachtungsrelevanten Dozenten- und Studentenbundführer. Insofern zumindest darf man den literaturwissenschaftlichen Diskursraum, der sich unter den Rahmenbedingungen der nationalsozialistischen Steuerungsversuche konstituiert, als eine Schule der Mehrfachadressierung charakterisieren. Insonderheit jedoch für die nachrückenden Akteure, die ihre Position innerhalb des Faches erst noch erlangen müssen, gilt es, dieses (Sprach-)Spiel zu spielen.

vor der Zulassung zur öffentlichen Lehrprobe „eine Äußerung des örtlichen Dozentenbundführers herbeizuführen" sei (RHO, a. a. O., S. 13).

108 Solche Konsequenzen können sich indes auch ganz konkret in der politisch motivierten Hinauszögerung, bzw. Verschleppung der Karriere eines Kandidaten manifestieren. Hempel-Küter (a. a. O., S. 29 f.) verweist auf den Fall Ulrich Pretzels, der zwar im März 1938 zum Dr. phil.habil. ernannt wird, zur Probevorlesung aber erst 3 $1/2$ Jahre später zugelassen und im September 1941 zum Dozenten ernannt wird. Allerdings wird auch angesichts der von Hempel-Küter zitierten, nachträglichen Erklärung Pretzels, der damalige Dekan der Berliner Universität – es dürfte sich dabei um Franz Koch handeln – habe die Habilitationsurkunde „im Pult verschlossen" und nicht weitergeleitet, nicht ganz klar, ob diese Verzögerung auf politische oder auf persönliche Differenzen hindeutet. Offensichtlicher ist die Karriereverzögerung aufgrund politischer Intervention im Falle Wolfgang Kaysers (s. Seruya, Teresa: Wolfgang Kayser in Portugal. Zu einem wichtigen Kapitel der portugiesischen Germanistik, in: Frank Fürbeth/Pierre Krügel/Ernst E. Metzner/Olaf Müller (Hrsg.): Zur Geschichte und Problematik der Nationalphilologien in Europa. 150 Jahre Erste Germanistenversammlung in Frankfurt am Main (1846–1996), Tübingen 1999, S. 715–725, hier v. a.: S. 717 ff.). Nach der Habilitation 1935 mit der „Geschichte der deutschen Ballade" bewirbt sich Kayser im Januar 1936 um eine Dozentur in Berlin. Die Bewerbung bleibt erfolglos, weil er dem NS-Dozentenbund als politisch nicht vertrauenswürdig erscheint.

3. STEUERUNGSVERSUCHE UND PERSONALKONSTELLATION   111

Dies zeigt sich etwa an dem öffentlichen Lehrvortrag von Hans Pyritz, vor allem aber an demjenigen Fritz Martinis, dem hier deshalb abschließend noch eine ausführlichere Betrachtung gewidmet werden soll.

Hans Pyritz, den Hempel-Küter in ihrer Personalstudie als einen „klug taktierenden, auf eine Universitätskarriere bedachten Wissenschaftler"[109] charakterisiert, spricht in seiner öffentlichen Probevorlesung im September 1940, die er zwecks Verleihung der *venia legendi* und zum Abschluss seines Habilitationsverfahrens halten muss, über *Goethes Volksbewusstsein*. Mit Goethes Verhältnis zum „Volk" hat die Literaturwissenschaft während des NS aufgrund von Goethes Napoleon-Verehrung und seiner Zurückhaltung gegenüber deutschpatriotischen Tendenzen durchaus gewisse Probleme.[110] Pyritz jedoch ist in seinem Vortrag u. a. darum bemüht, zu zeigen,

> daß G. in diesen Jahren [während des deutschen Freiheitskrieges; G. K.] einen Volksbegriff erarbeitet hat, der den rassebiologischen Einsichten unserer Gegenwart ganz nahe kommt, und daß er aus solch organisch-biologischem Volksdenken seine ganz besondere, ihm zutiefst gestellte Aufgabe und Verantwortung als Hüter und Mehrer des kulturellen Besitzes der Nation ergriffen und begründet hat.[111]

Fritz Martini hält im Januar desselben Jahres im Rahmen des Habilitationsverfahrens seine öffentliche Lehrprobe über *Heinrich von Kleist und die geschichtliche Welt* an der Philosophischen Fakultät der Universität Hamburg. Noch im gleichen Jahr erscheint eine er-

---

109 Hempel-Küter, Christa: Germanistik zwischen 1925 und 1955. Studien zur Welt der Wissenschaft am Beispiel von Hans Pyritz, Berlin 2000, S. 78.
110 S. dazu etwa Höppner, Wolfgang: „Der Kampf um das neue Goethebild". Zur Goethe-Rezeption in der Berliner Germanistik des „Dritten Reiches", in: Stellmacher, Wolfgang/Tarnói, László (Hrsg.): Goethe. Vorgaben, Zugänge, Wirkungen, Frankfurt am Main u. a. 2000, S. 373–390.
111 Es handelt sich hierbei um einen Auszug der in der Prüfungsordnung geforderten kurzen Zusammenfassung von Pyritz' Probevorlesung. Zit. nach Hempel-Küter, Christa: a. a. O., S. 73. Eine – wenn auch in abgemilderter Form – ähnliche Strategie zeigt sich auch in Günther Weydts Bonner Vorlesung vom 13. 02. 1935, die unter dem Titel *Georg Büchner als Revolutionär*, zwei Jahre später in der ZfDB abgedruckt erscheint (ZfDB, 13, 1937, S. 283–290). Weydt versucht hier, Büchners politische Vorstellungen von jenen des biedermeierlichen und jungdeutschen Denkens zu differenzieren, und was Pyritz am Beispiel Goethes gegen die bisherige Forschung zeigen will, versucht Weydt anhand von Büchner zu exemplifizieren: nämlich dessen Volksbewusstsein, in dem der Dichter die nationale und die soziale Frage miteinander verbinde. Während „die politische Ideologie im Kreise des Biedermeier" zwar die Hoffnung auf eine deutsche Einigung gehegt habe, diese „aber doch nur in jener unverbindlichen, gewalt- und führerlosen Form", habe sich Büchner „zu diesen traditionalistisch-liberalen Staatsmeinungen im genauen Gegensatz" (284) befunden. Büchner sei, konträr zum bürgerlichen Idealismus der Jungdeutschen, „doch im weiten Umkreis der einzige Politiker [gewesen], der mit dem nationalen Ziel die soziale Forderung verbindet und [der] von der tatsächlichen und volkhaften Wirklichkeit [ausgeht]." (289) Das „Bewußtsein von der Tiefe des eigenen Volkstums", so Weydt, habe Büchner „auch jenseits der Reichsgrenzen", im Straßburger Exil nicht verlassen. Zum Scharnierbegriff des Volkes s. Teil III, Kapitel 4.

weitere Fassung seines Vortrages im Druck.[112] Sowohl Martinis Themenwahl, als auch seine Ausführungen selbst erweisen sich als ein Musterbeispiel resonanzkalkulierender Mehrfachadressierung in den Zeiten des – zu diesem Zeitpunkt für Deutschland noch äußerst erfolgreichen – Krieges.[113] Dies gilt es hier zunächst im Blick auf die Themenwahl kurz zu erläutern.

Die Beschäftigung mit Kleist erweist sich in den 1930er Jahren inner- wie außerfachlich als äußerst resonanzträchtig. Zu einer vor allem aus dem Geiste der Niederlage von 1918 geborenen, mythopoietischen Inszenierung Kleists als einer nationalsymbolischen und -prophetischen Existenz trägt die literaturwissenschaftliche Kleist-Forschung bereits seit den 1920er Jahren in erheblichem Maße bei.[114] Einen ersten Höhepunkt erleben diese meist aspektreduzierenden Versuche, Kleist im Zeichen von Tatpathos, Unterwerfungs-, Opfer- und Todesmystik zu einer nationalen, quasi-religiösen Repräsentations- und Sinnstiftungsinstanz[115] zu ikonisieren, in der 1929 veröffentlichten, vielbeachteten Dissertationsschrift Gerhard Frickes über *Gefühl und Schicksal bei Heinrich von Kleist*.[116] Frickes dezidierter Verzicht auf einen begrifflich orientierten, analytischen Zugang wie auch sein bewusstes Ineinanderblenden von schriftstellerischem Leben und Werk konstituieren ein stilbildendes Deutungsmuster für einen Großteil der Kleist-Forschung während der 1930er-Jahre.

Die Beschäftigung mit Kleist ist in den 1930er Jahren jedoch nicht nur innerhalb der Literaturwissenschaft „in Mode".[117] Das Thema „Kleist" verspricht vor allem nach 1933 auch über die engeren Grenzen der Fachwissenschaft hinaus positive Aufmerksamkeit.

---

112 Martini, Fritz: Heinrich von Kleist und die geschichtliche Welt, Berlin 1940. Im Vorwort heißt es: „Die vorliegende Untersuchung ist aus meiner erweiterten öffentlichen Lehrprobe vor der Hohen Philosophischen Fakultät der Hansischen Universität im Januar 1940 erwachsen." (S. 7)
113 Bereits am 6. Oktober 1939 kapitulieren die letzten polnischen Einheiten (s. Bertram, Thomas: Weltkrieg 1939–1945, in: Benz, Wolfgang/Graml, Hermann/Weiß, Hermann (Hrsg.): a. a. O., S. 325). Nach Kershaw befindet sich Hitler 1940/41 „auf dem Scheitelpunkt seiner Macht" (Kershaw, Ian: Hitler. 1936–1945, München 2002, S. 389). Zum Komplex Literaturwissenschaft und Krieg s. ausführlich Teil III, Kap. 4.4.
114 So stellt etwa Paul Kluckhohn 1926 fest: „Dem Gesamtbild des Dichters und seiner Stellung zu den großen Problemen des Lebens ist heute das stärkste Interesse zugewandt." (Kluckhohn, Paul: Das Kleist-Bild der Gegenwart, in: DVjS, 4, 1926, S. 798–830, hier: S. 799) S. auch Werner, Marike: „Michael Kohlhaas" als Modellfall. Interpretationen der 20er Jahre, in: Albert, Claudia (hrsg.): Deutsche Klassiker im Nationalsozialismus. Schiller – Kleist – Hölderlin, Stuttgart/Weimar 1994, S. 136–145.
115 Zur Bedeutung und Funktion religiöser Topoi innerhalb der Literaturwissenschaft im Allgemeinen s. Vondung, Klaus: Literaturwissenschaft als Literaturtheologie. Der religiöse Diskurs der Germanistik im Dritten Reich, in: Rhetorik, Band 16: Rhetorik im Nationalsozialismus, S. 37–44.
116 Fricke, Gerhard: Gefühl und Schicksal bei Heinrich von Kleist. Studien über den inneren Vorgang im Leben und Schaffen des Dichters, Berlin 1929.
117 So setzt sich etwa – neben Fricke – mit Clemens Lugowski der zweite Autor der späteren Herausgebertrias des germanistischen Beitrags zum Kriegseinsatz (Fricke, Koch, Lugowski) in einer Qualifikationsschrift mit Kleist auseinander (s. Teil III, Kap. 4.3) Der dritte im Herausgeberbunde, Franz Koch,

3. STEUERUNGSVERSUCHE UND PERSONALKONSTELLATION

„Kleist – damit ist nicht zuviel gesagt – ist zum Klassiker des nationalsozialistischen Deutschlands geworden", so 1935 der Vorsitzende der Kleist-Gesellschaft und Herausgeber einer neuen Gesamtausgabe von Kleists Werken, Georg Minde-Pouet.[118] Und mit diesem Zwischenfazit spricht der prominente zeitgenössische Kleist-Verwalter keineswegs nur *pro domo*. Vor allem die Jubiläumsfeierlichkeiten zum 125. Todestag des Autors dokumentieren das Resonanzpotential des Kleist-Diskurses auch innerhalb des kulturellen und kulturpolitischen Raumes. Höhepunkt dieser Feierlichkeiten bildet die unter der Schirmherrschaft Rosenbergs stattfindende Kleist-Festwoche in Bochum vom 15. bis zum 21. November 1936. Unter der Leitung von Saladin Schmitt werden in dieser Woche sämtliche Dramen Kleists in der Reihenfolge ihrer Entstehung aufgeführt.[119] „Ein neuer Mythos wird und muß erstehen. Kein Reich kann leben ohne sakrale Zentralidee", stellt bereits 1934 Eugen Sauer, Feuilletonist des *Neuen Schwäbischen Kuriers*, mit Blick auf „Deutschland im Spiegel des Kleistbildes" fest.[120] Dass Kleist sich bei entsprechender Zurichtung zum typologisierten Ingrediens einer solchen „sakralen Zentralidee" eigne, darüber scheint innerhalb des kulturpolitischen Feldes kein Zweifel zu bestehen. Hellmuth Langenbucher etwa charakterisiert im *Völkischen* und im *Westdeutschen Beobachter* Kleists Leben als die „Tragödie eines Dichters ohne Volk." Kleist, der in seinem „unsteten, ruhelosen Suchen doch nie ein anderes Ziel vor Augen [hatte], als sein Volk und Vaterland", habe schließlich eine Literatur geschaffen, die „mehr als die des großen Weimarers deutsch im tiefsten Sinne dieses

belehrt über *Kleists deutsche Form* (in: Kleist-Jahrbuch, 18, 1938, S. 9–28). Weitere, namhafte Fachvertreter veröffentlichen zwischen 1933 und 1945 Arbeiten zu Kleist, so z. B. Korff, Hermann August: Das Dichtertum Heinrich von Kleists, in: ZfDk, 47, 1933, S. 423–442; Pongs, Hermann: Neue Aufgaben der Literaturwissenschaft I und II, in: Dichtung und Volkstum, 38, 1937, S. 1–17 und 273–324; Kommerell, Max: Die Sprache und das Unaussprechliche. Eine Betrachtung über Heinrich von Kleist, in: ders.: Geist und Buchstabe der Dichtung. Goethe, Schiller, Kleist, Hölderlin, Frankfurt am Main 1941, S. 200–274.

118 Minde-Pouet, Georg: Die Kleist-Gesellschaft, in: Deutscher Kulturwart, 2, 1935, S. 90–93, hier: S. 90. Ich beziehe mich hier und im Folgenden vor allem auf Gärtner, Marcus: Stationen der Kleist-Rezeption nach 1933 und Journalistische Beiträge, in: Albert, Claudia (Hrsg.): a. a. O., S. 77–84 und S. 99–104 und auf Kirsch, Mechthild: Das Kleist-Jubiläum 1936, in: Albert, Claudia (Hrsg.): a. a. O., S. 86–99.

119 Zu den signifikant ansteigenden Aufführungszahlen Kleistischer Dramen nach 1933 (Verdreifachung beim *Prinzen von Homburg* und Verzehnfachung bei der *Hermannsschlacht*) s. Kirsch, Mechthild: a. a. O., S. 88 f. Als ein weiterer Indikator für das fachtranszendierende, „nationalpädagogische" Interesse an Kleist darf gelten, dass sowohl der *Prinz von Homburg* als auch *Michael Kohlhaas* im ersten reichseinheitlichen Lehrplan für die Höhere Schule zur Pflichtlektüre erklärt werden (s. Erziehung und Unterricht in der Höheren Schule. Amtliche Ausgabe des Reichs- und Preußischen Ministeriums für Wissenschaft, Erziehung und Volksbildung, Berlin 1938). Zum Deutschunterricht während des NS u. a. Frank, Horst Joachim: Dichtung, Sprache, Menschenbildung. Geschichte des Deutschunterrichts von den Anfängen bis 1945, 2 Bde., München 1976, hier v. a.: Bd. 2, S. 753–899, dort zu Kleist: S. S. 888 und 893 f.

120 Sauer, Eugen: Deutschland im Spiegel des Kleistbildes, in: Neuer Schwäbischer Kurier (Stuttgart), 11. Juli 1934, hier zit. nach: Gärtner, Marcus: a. a. O., S. 83.

Wortes war, weil ihre Form einzig durch die innere Lebenswirklichkeit unseres Volkes bestimmt werden sollte."[121]

Die Wochenzeitschrift *HJ. Das Kampfblatt der Hitler-Jugend* proliferiert ebenfalls dieses völkische Kleist-Bild und ergänzt es noch, mit zeitüblichem, anti-intellektualistischem Zungenschlag, um die vermeintlichen kriegerischen „Tugenden" des Autors:

> Und wenn wir heute von Kleist sprechen, so meinen wir den Dichter des Preußentums, der Zucht, des Gehorsams, des selbstauferlegten, von der eigenen Persönlichkeit anerkannten und getragenen Gesetzes. [...] Den Intellektualismus, der weder liebt noch haßt, sondern sich im Anschauen der Idee beruhigt, hat er in seinem Katechismus der Deutschen in die siebente, tiefste und unterste Hölle verbannt.[122]

Selbst die für eine Heroisierung und Popularisierung des Schriftstellers möglicherweise nicht ganz unproblematischen Umstände seines Ablebens können die Symbol- und Legitimationsfunktion der Projektionsfläche „Kleist" nicht schwächen. Im Gegenteil: Gerade seit Kriegsbeginn 1939 rückt das „Tragische" an Kleists „heroischer" Existenz, sein Freitod, in ein neues Bedingungsgefüge. Denn was ein guter Grund zum Leben gewesen sein mag, eben die Kleistische Tatbejahung als solche, mag ebenso ein guter Grund zum Sterben sein. So zumindest scheint es ein Beitrag in der *NS-Landpost* vom 05.04.1940 deuten zu wollen, der die Synchronisation von „Dichterschicksal" und Gegenwartslage ganz selbstverständlich vollzieht: „Denn das Gute, das Kleist beispielhaft gerade auch für unsere Zeit hat, war sein heiterer zufriedener Tod selbst. Dieses lachende Ja zum Tod an sich, wenn der Ring des Lebens sich ausweglos und unerbittlich schließt – das mußte einmal vorgestorben werden [...]"[123]

Man wird durchaus feststellen müssen, dass die Mehrheit jener literaturwissenschaftlichen Akteure, die zwischen 1933 und 1945 über Kleist publiziert, sich keineswegs – auch wenn dies mitunter auf disziplininterne Kritik stößt[124] – scheut, ihre fachspezifischen

---

121 Langenbucher, Hellmuth: Heinrich von Kleist. Zum 125. Todestag am 21. November, in: Westdeutscher Beobachter (20.11.1936) Abendausgabe. Außerdem in: Völkischer Beobachter (20.11.1936) Norddeutsche Ausgabe, hier zit. nach Gärtner, Marcus: a. a. O., S. 99f.

122 Keudel, Rudolf: Heinrich von Kleist. Zu seinem 125. Todestag am 21. November, in: Die HJ. Das Kampfblatt der Hitlerjugend (21.11.1936) Ausgabe „Gebiet Hochland", hier zit. nach: Gärtner, Marcus: a. a. O., S. 100.

123 Hein, Alfred: Wort und Tat. Das Beispiel Heinrich von Kleists, in: NS-Landpost (05.04.1940), hier zit. nach Gärtner, Marcus: a. a. O., S. 104.

124 Die fachinterne Kritik bestätigt vielmehr, dass die Partizipation der Neueren deutschen Literaturwissenschaft an einer resonanzbewussten Ikonisierung Kleists Ausmaße annimmt, die die Grenzen des innerhalb des zeitspezifischen literaturwissenschaftlichen Denkstils noch vertretbaren Sprechens zu überschreiten droht. So kommt etwa Paul Kluckhohn zu dem Schluss: „Fragt man nach dem Gesamtertrag der hier [in seinem Forschungsbericht; G. K.] besprochenen Arbeiten, so kommt man in eine gewisse Verlegenheit. Der großen Mühe, die im einzelnen aufgewandt ist, scheint das Ergebnis wenig zu entsprechen. Allzu oft mußten einzelne Analysen und Meinungen und auch wohl Ausgangspunkte angefochten werden, während man auf der anderen Seite, wenn man mehrere Arbeiten hintereinander

Beiträge zu einer solchen Ikonisierung Kleists zu leisten. Ernst Beutler etwa charakterisiert Kleist in seiner Ansprache anlässlich des 125. Todestages des Autors als „Klassiker des nationalsozialistischen Deutschland" und zeichnet das in den ersten Jahren des NS gerne bemühte Bild von Kleist als einem nationalen *poeta vates*: „Er [Kleist] ist der Prophet des Glaubens, der Berge versetzt. Und weil er das war, ward er unser größter vaterländischer Dichter, als die Stunde kam, da Deutschland solche Gläubige brauchte."[125] Während Obenauer der Ansicht ist, „daß Kleist in die lebendig pulsierende Wirklichkeit des völkischen Seins jetzt erst ganz eintritt, sein Wesen ganz enthüllt und an seine ihm im geistigen Raum der Nation zukommende Stelle rückt"[126], betonen Korff, der zu dem Schluss kommt, dass „Kleist [...] von Natur kein Redner, sondern ein Täter"[127] ist, sowie Koch und Oppel immer wieder das vermeintliche Tatpathos und die antiintellektualistische Lebenszugewandtheit des Schriftstellers.[128]

Kurz, ein solch hohes Maß an esoterischer wie exoterischer Anschlussfähigkeit, dürfte – so kann man unterstellen – im Resonanzkalkül eines Nachwuchsakteurs mit jenem Platzierungssinn, den die Publikationen Martinis mehr als nur vermuten lassen[129], keine unbe-

---

liest, auch den ermüdenden Eindruck vieler Wiederholungen hat. Wie oft ist z. B. über Kleists Weg zur vaterländischen Gemeinschaft geschrieben worden." (Kluckhohn, Paul: Kleist-Forschung 1926–1943, in: DVjS, 21, 1943, Referatenheft, S. 45–87, hier: S. 74 f.)

125 Beutler, Ernst: Der Glaube Heinrich von Kleists. Ansprache, gehalten am 18. November 1936 zum Gedächtnis an Kleists 125. Todestag bei der Morgenfeier der städtischen Bühne im Schauspielhaus, Frankfurt am Main 1936, S. 5 und S. 16.

126 Obenauer, Karl Justus: Kleists Weg zu Volk, Staat und Vaterland. Vortrag auf der Kleist-Festwoche in Bochum am 17. November 1936, in: Kleist-Jahrbuch, 17, 1933–1937, S. 59–73, hier: S. 59.

127 Korff, Hermann August: Das Dichtertum Heinrich von Kleists, in: ZfDk, 47, 1933, S. 423–441, S. 428.

128 S. Koch, Franz: Kleists deutsche Form, in: Kleist-Jahrbuch, 18, 1938, S. 9–28, hier v. a. S. 24 und 27; Oppel, Horst: Die Literaturwissenschaft in der Gegenwart. Methodologie und Wissenschaftslehre, Stuttgart 1939, S. 6 f.

129 Eine wissenschaftsgeschichtliche Monographie zu Martini, dessen Weg vom völkischen Literaturwissenschaftler zum vorsichtigen Verteidiger modernerer literarischer Schreibweisen nach 1945 sicherlich paradigmatischen Status für die Entwicklungstendenzen innerhalb des literaturwissenschaftlichen Feldes in Deutschland bzw. in der Bundesrepublik hat, ist ein Forschungsdesiderat. Sie wäre sicherlich ein lohnendes Unterfangen. Dass es sich bei Martini um einen Akteur mit Platzierungssinn, bzw. mit einem Sinn für den jeweiligen Zeitgeist handelt, zeigt bereits ein kurzer Blick auf die Themenwahl seiner Publikationen. Nach 1933 sind es im Zeitkontext resonanzträchtige Themen wie u. a. die *Germanische Heldensage* (Berlin 1935), *Christian Dietrich Grabbes niederdeutsches Drama* (I und II, in: Germanisch-Romanische Monatsschrift, 30, 1942, S. 87–106; 153–171. Eine vorbildliche Analyse dieses in seiner Mehrfachadressiertheit für Martini typischen Textes findet sich in Almgren, Birgitta: Germanistik und Nationalsozialismus: Affirmation, Konflikt und Protest. Traditionsfelder und zeitgebundene Wertung in Sprach- und Literaturwissenschaft am Beispiel der Germanisch-Romanischen Monatsschrift 1929–1943, Uppsala 1997, S. 220–233) und *Das Bild des Bauerntums im deutschen Schrifttum des Mittelalters und der Reformation* (Halle/Saale 1944), auf die sich das Interesse des Nachwuchsakteurs richtet. Nach 1945 ist Martini einer der ersten Literaturwissenschaftler, der sich dem Expressionismus und dem Roman der Moderne zuwendet, ohne dabei allerdings traditionelle literaturwissen-

deutende Rolle gespielt haben. Kommen wir nun zu Martinis eigenen Ausführungen, die weitestgehend an die innerhalb des Kleist-Diskurses bereits etablierten Redeweisen anknüpfen.

„Das Wagnis, der an sich schon erschreckend umfangreichen Kleist-Literatur einen neuen Beitrag einzufügen", so leitet Martini denn auch den Abdruck seiner Qualifikationslehrprobe ein,

> läßt sich nur durch eine Erkenntnis verantworten: daß um unser Bild Heinrich von Kleists noch immer und gerade jetzt von neuem gerungen werden muß. [...] Daß jedoch niemals bisher Kleists Bild der geschichtlichen Welt, das jeweils eine entscheidend bedeutsame Äußerung des Lebensgefühls eines Dichters ist, von ihr voll aufgegriffen und durchdacht wurde, läßt hoffen, daß sich hier ein neuer Weg zum Verstehen seiner Dichtung öffnet, der vielleicht in Zukunft mehr als bisher beschritten werden wird.[130]

Bereits Martinis einführende Bemerkung weist jene Merkmale auf, die seinen Text zu einem Exempel einer gelungenen[131] Mehrfachadressierung machen. Einerseits gibt er, innerdisziplinär adressiert, zu erkennen, dass er sich anschickt, mit seinem Beitrag am bereits etablierten disziplinspezifischen Kleist-Diskurs zu partizipieren, sich also in die disziplinspezifischen Redeweisen über Kleist einzuordnen („der [...] Kleist-Literatur einen neuen Beitrag einzufügen"). Andererseits und zugleich eröffnet er durch den Verweis, dass „gerade jetzt" um ein neues Kleist-Bild „gerungen" werden müsse, vergleichsweise diskret wie indirekt die disziplinüberschreitend adressierte Möglichkeit, seine folgenden Ausführungen auch als Kommentar oder zumindest als im Bezug stehend zu den aktuellen innen- wie außenpolitischen Ereignissen des Jahres 1940 interpretierbar werden zu lassen. Der paratextuelle Hinweis Martinis, dass es sich bei seinem Unterfangen um ein „Wagnis" wie auch um das Ergebnis eines „Ringens" handle, darf zudem nicht nur als eine übliche, an die Dis-

---

schaftliche Deutungsmuster aufzugeben: vgl. u. a. Martini, Fritz: Was war Expressionismus? Deutung und Auswahl seiner Lyrik, Urach 1948 (zum Kontext der nach 1945 zu beobachtenden Intensivierung der Expressionismusforschung innerhalb des westdeutschen, literaturwissenschaftlichen Feldes s. Gärtner, Marcus: Kontinuität und Wandel in der neueren deutschen Literaturwissenschaft nach 1945, Bielefeld 1997, S. 64–187); Martini, Fritz: Wandlung und Form des gegenwärtigen Romans, in: Deutschunterricht, 3, 1951, H. 3, S. 5–28. Allerdings scheint Martinis Platzierungssinn nicht immer nur von Erfolg gekrönt gewesen zu sein. Die philosophische Fakultät in Kiel z. B. lehnt die Erstfassung seiner Habilitationsschrift zum *Bauerntum im deutschen Schrifttum* ab. Ob dafür fachliche oder persönliche Erwägungen entscheidend waren, lässt sich Beck und Krogoll zufolge nicht mehr rekonstruieren (Beck, Wolfgang/Krogoll, Johannes: Literaturwissenschaft im „Dritten Reich". Das Literaturwissenschaftliche Seminar zwischen 1933 und 1945, in: Krause, Eckart u. a. (Hrsg.): Hochschulalltag im „Dritten Reich": die Hamburger Universität 1933–1945, Berlin 1991, S. 705–735, hier: S. 726.) In Hamburg passiert die umgearbeitete Fassung dann allerdings ohne Probleme.

130 Martini, Fritz: Heinrich von Kleist und die geschichtliche Welt, Berlin 1940.
131 „Gelungen" verstanden hier in dem Sinne, dass Martini seine öffentliche Lehrprobe ohne Komplikationen absolviert und ihm am 30. 04. 1940 die Dozentur erteilt wird (s. Beck/Krogoll: a. a. O., S. 726).

ziplin gerichtete Prolepse verstanden werden; er indiziert zugleich auch die zeitgeistgemäße Absicht des Verfassers, die eigene, literaturwissenschaftliche Tätigkeit semantisch an das auf der Gegenstandsebene geradezu exzessiv verhandelte Tat- und Entscheidungspathos ankoppelbar zu machen. Ebenso wie Kleist um die Geschichte „ringt" – das erste Kapitel von Martinis Ausführungen lautet bezeichnenderweise *Kleists Ringen um die Geschichte* – so befindet sich der Literaturwissenschaftler, jedweder anämischen Stubengelehrtheit fern, im geistigen „Ringen" mit seinem Gegenstand. Dem exoterischen Vorwurf der vermeintlichen Lebensferne der Literaturwissenschaft wird somit proleptisch dadurch begegnet, dass die eigene Deutungstätigkeit – semantisch zum „Ringen" „verleiblicht" – als notwendige und konsequente Fortsetzung jener Lebensbezüglichkeit inszeniert wird, die man am Dichter rühmt.[132] Die Passagen, in denen Martini den Lebensbezug und die „Tathaftigkeit" von Kleists Geschichtsbild in einem seit Nietzsches *Zweiter unzeitgemäßen Betrachtung* vielfach bemühten Argumentationsduktus[133] zu beschwören nicht müde wird, sind von einer Redundanz, die die Grenzen des Erträglichen auslotet, so dass hier stellvertretend ein Beispiel hinreichen mag:

> Der Versuch, denkend und erkennend über der Geschichte zu stehen und sie so zu meistern, um in ihr ein absolutes Ideal der menschlichen Bestimmung erkennend und in freier, geistiger Entscheidung zu erfüllen, hatte sich als eine furchtbare Selbsttäuschung erwiesen. Der Einsatz in der unmittelbaren Wirklichkeit dagegen bannt ganz an die geschichtliche Tat, deren Sinn die Zukunft ist. Sie erschließt sich nicht der Erkenntnis, nur der vorlebenden Tat. Jene Lähmung des Handelns durch das geschichtliche Bewußtsein, die Herder traf und der die Romantik weitgehend verfiel, hat Kleist durch den enthusiastischen Willen zur Tat in ihrer Gegenwärtigkeit besiegt. Damit wird das geschichtliche Leben sinnvoll allein vom Menschen in seiner gegenwärtigen Entscheidung verantwortet, getragen und erfüllt. Es ist seine unmittelbare und unbedingte Aufgabe.[134]

---

132 Beredten Nachhall findet der für die Disziplin typische Versuch Martinis, den Verdacht des lebensfernen Intellektualismus von der (literatur)wissenschaftlichen Tätigkeit fernzuhalten, auch in einem Artikel, den er – seit Ende 1940 in der Etappe in Flandern – unter dem Titel „Liebe und Ehrwürdige Alma Mater Hamburgiensis!" im Dezember 1940 in der *Hansischen Hochschul-Zeitung* veröffentlicht. Darin betont Martini, dass künftig auch „der deutsche Hochschullehrer" nicht mehr „dem Vorwurf eines leeren Intellektualismus ausgesetzt sein" werde: „das deutsche Soldatentum und die deutsche Universität: sie sind in Freiheit und Bindung *eines* Blutes, *eines* Geistes und gemeinsamer Art. […] Wir jüngeren Dozenten haben es im Leben der Partei gelernt, mit jedem Volksgenossen zusammenzustehen." (Martini, Fritz: Liebe und ehrwürdige Alma Mater Hamburgiensis!, in: Hansische Hochschul-Zeitung, 21, 1940, Heft 12, S. 273–278, hier: S. 274 ff.; zitiert nach Beck/Krogoll: a. a. O., S. 727)

133 Zur argumentationsgeschichtlichen Bedeutung von Nietzsches zweiter, unzeitgemäßer Betrachtung *Vom Nutzen und Nachtheil der Historie für das Leben* für die antiintellektualistische „Lebens"-Emphase der Literaturwissenschaft s. ausführlicher Teil III, 2.1. Zur vermeintlichen Unmittelbarkeit von Kleists Geschichts„erleben" s. bei Martini allein im ersten Kapitel auch die S. 9, 10, 12, 13, 18, 27, 28, 30, 31 und 32.

134 Martini, Fritz: a. a. O., S. 32.

Nach einer grundsätzlicheren Erörterung der Entwicklung von Kleists Geschichtsdenken befragt Martini das Werk des Autors vom *Robert Guiskard* über die *Hermannsschlacht* bis zum *Kohlhaas* auf der Grundlage des zuvor unterstellten Geschichtsbildes. Martinis Ausführungen drängen den Schluss auf, dass sein Beitrag zum Bild Kleists in keiner einzigen Hinsicht über das innerhalb der Disziplin seit den Arbeiten Frickes und Lugowskis, auf die sich der Habilitand auch des öfteren bezieht[135], sattsam Geläufige hinausgeht.[136] Die spezifischen Komponenten des literaturwissenschaftlichen Deutungsmusters finden sich auch bei Martini allenthalben: Kleist als der Exponent eines völkischen Gemeinschafts-Verständnisses[137], als Kritiker einer aufklärerisch vereinseitigten Vernunft und Verteidiger des Gefühls[138], als Pathetiker der Tat[139] und schließlich als Pflichtethiker, der die Bedeutung von Staat und Führer, von Opfer und Tod in seinen Werken transparent macht.[140]

135 Vgl. etwa im Blick auf Kleists Verhältnis zur Aufklärung S. 16, zu Kleists Naturverständnis S. 30, zur Deutung der *Penthesilea* S. 48 oder zum *Prinzen von Homburg* S. 106.

136 Innerhalb des disziplinären Feldes stößt Martinis Publikation denn auch zwar nicht auf Ablehnung, aber doch zumindest auf diskrete Skepsis aufgrund ihres leitperspektivischen Geschichts-Begriffes und hinsichtlich ihres Potentials, die Kleist-Forschung voranzubringen. Kluckhohn zumindest hält in seinem Forschungsbericht über die *Kleist-Forschung 1926–1943* (in: DVjS, 21, 1943, S. 45–87) fest: „Solcher Gebrauch des Wortes ‚geschichtlich' verbindet Lugowski – ob in direkter Auswirkung, bleibe dahingestellt – mit dem Buche von Fritz **Martini** ‚Heinrich v. Kleist und die geschichtliche Welt'. […] Diesen Vortrag zu einem Buch zu erweitern, war vielleicht nicht ganz glücklich. In der strafferen Zusammenfassung des Vortrags trat wahrscheinlich schärfer heraus, was zum eigentlichen Thema gehört, während manches in der zweiten Fassung Dargelegte nur einer besonderen und weiten Auffassung des Begriffs Geschichte sein Dasein an dieser Stelle verdankt. […] Diese und andere ähnliche Äußerungen könnten einen veranlassen, dem Buch einen anderen Titel zu wünschen, etwa ‚Kleist und die Gemeinschaft des Staates und Volkes' oder ‚Kleist und die staatliche Wirklichkeit'. Und in der Tat, abgesehen von dem ersten Kapitel […], in dem nur zwei Äußerungen Kleists über die Geschichte angeführt werden, die ganz peripher sind, geht es in diesem Buche um das Problem der Gemeinschaft des Staates und des Volkes und um das Führertum." (S. 60 f.) Allerdings schließt Kluckhohn seine Besprechung Martinis dann mit einem Lob: „Aber richtig ist, und es ist dem Verfasser dafür zu danken, daß er das so energisch herausgestellt hat: ‚Kleist hat die Geschichte **gelebt**' und das ‚in einem Zeitalter gewaltiger schöpferischer Erschütterungen und Entscheidungen'." (S. 61; Hervorhebungen hier und im Folgenden im Original)

137 Kleist, so Martini, gibt „dem **Erlebnis der völkisch-nationalen Gemeinschaft** in der Geschichte den höchsten dichterischen Ausdruck." (87 f.)

138 „Das zu sich selbst in unendlichem Bewußtsein gelangte Gefühl als Unbedingtes und Göttliches ist die Voraussetzung des heroischen Lebens, d. h. des unbedingten Lebens für die Tat." (86)

139 Kleist suche in der Geschichte „nicht die Entwicklung des universalen Ablaufes in einer anschauenden Erkenntnis, sondern die Entscheidung in ihm und über ihm. Solcher Entscheidung entwuchs der dichterische Enthusiasmus der Tat – in der ‚Hermannsschlacht' wie im ‚Prinzen von Homburg'." (13 f.)

140 „Kleist hatte jetzt seine geschichtliche Aufgabe, seine Weltstunde gefunden – in dem germanischen Befreier Hermann sich selbst! Nicht nur eine Tat-, auch eine Leidensgemeinschaft erschien ihm in seinem Volke, die im Opfertode ihre höchste schicksalhafte Gemeinsamkeit findet." (88) „Der Staat umfaßt damit die Gemeinschaft in ungebrochener Reinheit und erhebt zugleich die Idee des **Führertums**, wie sie in der ‚Hermannsschlacht' erschien, zu einem dauernden, unbedingten Gesetz. Er empfängt, als geschichtlich geworden, von der Vergangenheit, ihren Schlachten, Taten und Opfern eine innere Heiligung." (100)

Argumentativ interessanter als die vornehmlich disziplinär adressierte Bedeutungsschicht des Textes, die sich nahtlos in den zeitgenössischen Denkstil der Disziplin einfügt und den Stand der zeitgenössischen Kleistforschung lediglich perpetuiert, gestalten sich jene resonanzstrategischen Passagen, in denen Martini – vorrangig über seine Ausführungen zum heroischen Führertum und zum Krieg – seinen Text beziehbar macht auf gegenwärtige politische und gesellschaftliche Verhältnisse. Allerdings gestaltet Martini diese mehrfachadressierten Passagen so, dass sie als legitimatorischer Kommentar zum Führerprinzip wie auch zum Kriegsbeginn des NS-Regimes zwar transparent werden, er vermeidet jedoch die innerhalb der esoterischen Fachöffentlichkeit nicht gerne gesehene, konkrete Analogisierung seiner an Kleist gewonnenen Erkenntnisse mit den aktuellen Gegebenheiten. Weder von Hitler, noch vom Beginn des Krieges ist in Martinis Text explizit die Rede.[141] Und doch kann an der Kollusionsfunktion seiner Überlegungen, an ihrer sicherlich nicht zufälligen Beziehbarkeit auf die geschichtlichen Entwicklungen Deutschlands nach 1918 bis zum Beginn des Krieges kaum ein Zweifel bestehen, wenn er etwa – um nur ein Beispiel zu nennen – in Bezug auf Kleists *Hermannsschlacht* ausführt:

> Auch hier hängt ein Volk ganz von einem Helden ab, bedeutet er sein Schicksal. Das germanische Volk ist in seiner innersten Würde geschändet, in seinem Menschentum überhaupt bedroht. Innere und äußere Ohnmacht und Anarchie drohen mit Auflösung. […] Die Entscheidungen der Völker erscheinen jetzt als der Inhalt und das bewegende Ziel der Geschichte; in ihnen offenbart sich eine menschheitliche Entscheidung in dieser Welt überhaupt, der Kampf zwischen allen verderbenden und gerechten Mächten. Die Geschichte birgt jene Entscheidungen vor der Ewigkeit, in denen das Schicksal über die metaphysische Existenz des Bösen oder des Guten schlechthin richtet. Es erfüllt sich in der Tat des heroischen Menschen. […] Der Held kann sich in seinem Volk, das er zu seinem wahren Wesen erweckt, als das reine Urbild des Menschen erfüllen. […] Auch hier steht ein noch der Kraft einer ungestörten Urzeit nahes Volk vor der Vernichtung, aber es ist nicht nur erleidend wie im ‚Guiskard', sondern tathaft zum Werkzeug jenes Weltgerichtes aufgerufen, das sein Führer verkörpert. Hermann steht und lebt im Innersten der Geschichte; er ist der durchaus geschichtliche Mensch, der um ihre inneren Mächte weiß und aus ihnen heraus und über sie entscheidet. Er allein reißt dieses Volk empor, verwandelt es unsichtbar, lenkt seine Kräfte. […] Hermann ist das Gewissen nicht nur des germanischen Volkes, sondern der Welt, nicht nur der Erwählte in dieser Gemeinschaft, sondern vor Gott, denn es geht im Kampf um die Freiheit seines Volkes um den Sieg des Metaphysisch-Guten überhaupt, um die Herrschaft der Berufenen über die Entarteten. So wird der geschichtliche Führer zum höchsten schöpferischen Menschen, der die von der ewigen Bestimmung gesetzte Weltordnung sichtbar und durch die in ihr aufgehende Tat vollendet. […] Die ger-

---

141 Nicht zuletzt dieser Umstand dürfte es ermöglicht haben, dass noch 1969 ein Reprint von Martinis Kleist-Schrift erscheint; s. dazu Werner, Marike: a. a. O., S. 165 f.

> manische Befreiung sieht Kleist als eine weltgeschichtliche Entscheidungsstunde; sie gehört der Menschheitsgeschichte an. In ihrem Helden erfüllt sich das Weltgericht.[142]

Wer – wie Martini – im Jahre 1940 angesichts der *Hermannsschlacht* „die Vision einer **Menschheitssendung der Deutschen**"[143] beschwört, dürfte zumindest nicht prinzipiell abgeneigt gewesen sein, wenn seine Ausführungen auch als indirekter Kommentar zum kriegerischen Zeitgeschehen verstanden werden.[144]

Eine ähnliche Strategie der Mehrfachadressierung und des unausgesprochenen Einverständnisses entwickelt Martini auch im Blick auf den Rasse-Begriff. Dessen Bedeutsamkeit wird von Martini zunächst für eine Interpretation der Erzählung *Die Verlobung in St. Domingo* betont.

> Noch weit tiefer, weil auch innerlich unentrinnbar, enthüllt in der „Verlobung in St. Domingo" die Geschichte die Tragik der menschlichen Existenz; sie wird zum Symbol des Welt-Seins. [...] In der ‚Verlobung' geht es um die ewigen, unentrinnbaren Mächte des Blutes, der Rasse, die wohl Geschichte schaffen, aber jenseits ihrer Bedingtheit stehen. In der Geschichte des Negers **Congo Hoango** wird offenbar, daß das Blut eine ursprüngliche Naturmacht ist, die nichts überdeckt und erschlaffen läßt – am wenigsten die Güte und Verpflichtung einer humanitären Gesinnung. Ihm ist die Rasse nicht ein Schicksal, sondern eine reine, naturhaft erfüllende, hier zu rücksichtsloser Rache aufrufende Bestimmung, der er sich trotz des versöhnenden Großmutes seines einstigen Herrn rückhaltlos hingibt.[145]

In einem zweiten Argumentationsschritt, der der humanistischen Sekundärsozialisation im literaturwissenschaftlichen Umfeld geschuldet sein mag, relativiert Martini dann zunächst die Tragweite des Rasse-Konzeptes: Der rassenkundliche Ansatz eignet sich zwar offensichtlich zur Interpretation literarischer Texte, aber die von Martini veranschlagte, „rassische" Differenz zwischen „Negern" und „Weißen" legitimiere noch keine Verstöße gegen die „menschliche Würde":

> Der Gegensatz der Neger und Weißen wird auf rassischem Grunde als geschichtlich geworden erfahren. Die Begegnung des Naturvolkes mit Europa wird zur schuldhaft blutigen Katastrophe, weil Europa aus seiner historisch bedingten Weltsicht heraus die menschliche Würde, auf die auch die Schwarzen Anspruch haben, vernichtet, so die dämonische Leidenschaft des geknechteten Volkes unheilvoll entbrennen läßt.[146]

---

142 Martini, Fritz: a. a. O., S. 92–94.
143 Martini, Fritz: a. a. O., S. 96.
144 Weiterhin heißt es etwa im Blick auf den *Prinz von Homburg*: „Wie die soldatische Gemeinschaft der tragende Lebensgrund dieses Staates ist, so ist der Staat der tragende und schöpferische Wille des Vaterlandes und Volkes als einer mythischen Gemeinschaft, die ein Göttliches in dieser Welt verkörpert. Das Vaterland ist hier als die große, geschichtliche und ganz reale Aufgabe erfahren." (108)
145 Martini, Fritz: a. a. O., S. 68f.
146 Martini, Fritz: a. a. O., S. 69.

3. STEUERUNGSVERSUCHE UND PERSONALKONSTELLATION 121

In einem dritten Schritt schließlich wird aber auch diese Einschränkung wieder relativiert, wenn Martini an der „rassischen" Inferiorität der „Neger", die auch Kleist nie ernsthaft in Abrede gestellt habe, keine Zweifel aufkommen lassen will. Martini koppelt diesen dritten Schritt mit jener grundsätzlichen Kritik an der Französischen Revolution und der Aufklärung, die spätestens seit dem Ersten Weltkrieg ein fester argumentativer Topos im mentalen Haushalt konservativ-nationalistischer Geistswissenschaftler ist:

> Dennoch steht Kleist jedem Relativismus gegenüber der offenbaren Unterschiedlichkeit der menschlichen Kulturen, der Weiße und Neger einander gleichstellen würde, ebenso fern wie einer geschichtsutopischen Flucht in eine primitive Natürlichkeit als Ideal, obwohl er auch die Frevel der kolonisierenden Weißen schonungslos enthüllt. Nicht nur durch sie tragen die Europäer am Aufstand Schuld, sondern durch ihren eigenen Geist. Kleist deutet die Gefahr jener Gleichheitstendenzen, die die Französische Revolution aussäte, darin an, wie die Neger sie mißbrauchen. Scheinbar höchste, sittlich-idealistische Schlagworte entfesseln eine blutige, grauenvolle Wirklichkeit – eine bittere Ironie auf die menschliche Freiheit der Erkenntnis vor der grausamen Wahrheit der Geschichte. Sie waren die Konsequenzen eines aufklärerischen Naturrechts, das gerade die Gleichstellung der Rassen und die Hochschätzung der primitiven Völker befürwortete. […] Im Rassenkampf enthüllt sich die Dämonie dieser Wirklichkeit, deren Gesicht die verschiedenen rückgreifenden Erzählungen durch ein in das Gegenwärtige unauslöschlich und unmittelbar einwirkendes Grauen offenbaren. […] Toni [die weibliche Protagonistin der Erzählung; G.K.] ist in ihrer Geburt wie in ihrem Tode ein Opfer des Rassenkampfes.[147]

Wenn auch nicht vorbehaltlos, so signalisiert Martini hier doch taktierend und argumentativ mäandernd zumindest die prinzipielle Bereitschaft eines Nachwuchswissenschaftlers, im Rahmen eines fachlichen Qualifiaktionsrituals weltanschauliche Übereinstimmungen mit den Positionen des NS zu inszenieren.[148]

Weitaus weniger tentativ argumentiert Martini, wenn es im nicht-öffentlichen Diskurs um die Zuteilung von Ressourcen (Druckkostenzuschüsse, Bewilligung von Papiermengen in Kriegszeiten) geht. Der „unsichtbare Dritte" wird als Legitimationsressource dann unumwunden und konkret benannt. So betont Martini etwa, wenn er beim Reichsfor-

---

147 Martini, Fritz: a. a. O., S. 70f.
148 Kluckhohn lobt in seiner sonst eher verhaltenen Besprechung von Martinis Publikation ausgerechnet dessen Deutung der *Verlobung*; allerdings blendet er Martinis rassenkundlich orientierte Interpretation wieder aus, indem er den Begriff der Rasse vermeidet und durch den der Vergangenheit ins Allgemeinere auflöst: „[…] ‚Die Verlobung in St. Domingo', ‚Der Zweikampf' und besonders natürlich ‚Michael Kohlhaas' werden unter diesem Gesichtspunkt [das Problem des Staates und des Volkes und des Führertums; G.K.] einläßlich behandelt und manches dabei neu gesehen und glücklich formuliert, so, um nur ein Beispiel herauszugreifen, was über das Schicksal der beiden Liebenden in der ‚Verlobung in St. Domingo' gesagt wird als in der Vergangenheit, der jeder zugehört, bedingt." (Kluckhohn, Paul: a. a. O., S. 61)

schungsrat und bei der DFG einen Druckkostenzuschuss für seine Habilitationsschrift *Das Bauerntum im deutschen Schrifttum* beantragt, nicht nur, dass „eines ihrer wesentlichen Ziele" darin liegt, „das Schrifttum aus seiner Isolierung zu lösen und in seiner bestimmenden Wirkung auf das Volksganze zu deuten"[149]; sondern er schreibt seine Arbeit auch bewusst und äußerst konkret in den zeitgenössischen politischen Kontext ein. In einem Schreiben vom 01.09.1941 weist er darauf hin, dass sich

> [d]as Buch des besonderen Interesses des Herrn Reichsminister R.W. Darré [erfreut] und er liess mir szt. durch SS Standartenführer Hauptabteilungsleiter Staudinger mitteilen, dass er es in jeder Hinsicht fördern wolle. [...] Bei einer persönlichen Unterredung in ihren Räumen anlässlich eines Aufenthaltes in Berlin im Frühjahr wurde mir ausdrücklich geraten, meinen Antrag bei Ihnen in dieser Form zu erneuern und dabei auf die Bedeutsamkeit des Buches für die Frage der politisch-ethischen Stellung des Bauerntums im Volksganzen und gerade auch im Hinblick auf die gegenwärtige Ostsiedlung hinzuweisen.[150]

---

149 Schreiben Fritz Martini an die DFG vom 28.10.1941 (BAK, R 73/12901).
150 Schreiben Fritz Martini an den Reichsforschungsrat, Fachgliederung Landbauwissenschaft und allgemeine Biologie, vom 01.09.1941 (BAK, R 73/12901). Natürlich stellt Martinis hier dokumentierte Resonanzstrategie keine Ausnahme dar. Eine ähnliche Strategie verfolgt etwa auch der Berliner Literaturwissenschaftler Erich Rupprecht. Als die DFG 1939 ein bereits seit 2 Jahren gewährtes Forschungsstipendium zu Rupprechts Habilitationsthema „Volk und Mythos: Die Weltanschauung der Romantik" einzustellen droht, schreibt der im Briefwechsel mit der DFG wiederholt seine „völlige Mittellosigkeit" betonende Dozent „ohne feste Stellung" am 1.11.1939: „Ich war so gänzlich auf diese Arbeit eingestellt, dass ein Herausgerissenwerden einfach eine Katastrophe bedeuten muss. In meinem Gesuch vom 12. Oktober habe ich bereits betont, welche Bedeutung Professor Alfred Baeumler meiner Arbeit zumass. Sie sollte ja auch Habilitationsschrift werden. Darüber hinaus aber sollte darin eine [sic] neuer Weg philosophisch-literaturwissenschaftlicher Forschung begangen werden, der die politischen Wirkungen geisteswissenschaftlichen Arbeitens einbegriffen hätte. Ich habe bereits betont, dass die Arbeit in ihrer Grundhaltung eine <u>historisch-politische</u> genannt werden muss, da sie die Weltanschauung der Romantik in ihrer historisch politischen Bedeutung fassen will, um darin letzten Endes das Wesen der deutschen Weltanschauungshaltung überhaupt aufzuzeigen. Daher war es mir nicht recht verständlich, warum diese Arbeit nicht als staatswichtig weiter unterstützt werden kann." (BAK, R 73/14114) Auf den Berliner Großordinarius für „politische Pädagogik" und Leiter des Amtes Wissenschaft in der Dienststelle Rosenberg, Alfred Baeumler, hatte sich Rupprecht mit Erfolg auch schon in der Angelegenheit der Förderung seiner Dissertationsschrift „Das Problem des Mythos bei Richard Wagner und Friedrich Nietzsche" drei Jahre zuvor berufen. Rupprechts Stipendium läuft weiter bis zum 30.09.1941, d.h. bis zu dem Zeitpunkt, an dem er eine „Assistentenstelle am Deutschen Seminar der Universität Freiburg/Br." (Brief Rupprecht an die DFG vom 13.06.1941; BAK R 73/14114) antritt. Der überaus umfangreiche, einen Förderzeitraum von 5 Jahren umfassende Briefwechsel zwischen Rupprecht und der DFG gibt einen beredten Einblick in die ökonomische Notlage eines mittellosen Nachwuchswissenschaftlers und der daraus resultierenden, mitunter verzweifelt anmutenden Strategien, Ressourcen zu mobilisieren. Diese Strategie, Ressourcen für die eigene Arbeit durch den Hinweis auf ihre politische Bedeutsamkeit zu mobilisieren, ist natürlich weder während des NS noch heute ein Einzelfall. Zum ganz ähnlichen Vorgehen Wilhelm Emrichs s. Kap. III.3.2

3. STEUERUNGSVERSUCHE UND PERSONALKONSTELLATION 123

Dass es sich bei Martinis Versicherungen nicht nur um leeres Gerede handelt, zeigt ein Empfehlungsschreiben des Darré'schen Ministeriums an Martini vom 14.01.1942, in dem die wirtschaftspolitische Relevanz seiner Forschungsarbeit ausdrücklich bestätigt wird:

> Sehr geehrter Herr Dr. Martini!
> Der Reichsminister für Ernährung und Landwirtschaft und Reichsbauernführer R. Walther Darre [sic] nimmt an ihrer Arbeit grosses Interesse. Ein Sammelwerk über das Thema ‚Das Bauerntum in deutscher Dichtung' wird zweifellos dazu beitragen, die gerade in der heutigen Zeit aus wirtschaftspolitischen Gründen so bedeutsamen Aufgaben im Rahmen der Bekämpfung der Landflucht zu fördern. Die Einsatzmöglichkeit Ihres Werkes gerade für diese Aufgabe lässt eine baldmöglichste Veröffentlichung wünschenswert erscheinen.
> Sollte die Veröffentlichung dieses Werkes aus Gründen des gegenwärtigen Papiermangels eine Verzögerung erfahren, so werden die hiesigen Stellen sofort bereit sein, die Wichtigkeit der Veröffentlichung ausdrücklich zu unterstreichen.
> Heil Hitler! gez. Unterschrift (Backhaus)[151]

Am 11.02.1942 bewilligt die DFG Martini einen Druckkostenzuschuss von 1.500 Reichsmark.[152]

Allerdings erlauben weder die skizzenhafte Rekonstruktion der für die Neuere deutsche Literaturwissenschaft während des NS virulenten Resonanzkonstellation, noch die Darstellung der unmittelbaren personalpolitischen und resonanzstrategischen Folgen, die die hochschul- und wissenschaftspolitischen Steuerungsversuche vor allem für den wissenschaftlichen Nachwuchs haben, hinreichende Rückschlüsse auf das Verhältnis von Eigensinn und Resonanz während dieser zwölf Jahre. Sie umreißen lediglich die längerfristigen Ermöglichungsbedingungen für die „Spiele" um Grenzen, für die Resonanzstrategien der Disziplin und ihrer Akteure wie auch für die diskursive Konstruktion jener wissenschaftsintern und -extern adressierten Leistungsangebote, die das Fach im Angesicht des politischen Wandels glaubt unterbreiten zu können.

Der *post festum* deutlich werdende Bedeutungsverlust der Disziplin etwa, ihre skeptische bis negative Wahrnehmung in den zeitgenössischen, außerwissenschaftlichen Diskursen korrespondieren – darauf wurde bereits hingewiesen – keineswegs zwangsläufig mit der Selbstwahrnehmung und der Selbstdarstellung der Disziplin. Dies wird nicht zuletzt an den unmittelbar ereignisgeschichtlich motivierten Reaktionen vieler Fachvertreter auf den politischen Systemwechsel von 1933 deutlich. Eine detaillierte Rekapitulation jener programmatischen Stellungnahmen, in und mit denen sich die Disziplin kurz nach dem Machtwechsel „in Stellung" bringt, um auf die (vermeintlichen) Forderungen des politi-

---

151 Schreiben des Reichsministers für Ernährung und Landwirtschaft und Reichsbauernführers, Persönlicher Stab, der Pressereferent an Herrn Dozent Dr. Martini vom 14.01.1942 (BAK, R 73/12901).
152 Bewilligungsschreiben der DFG an Herrn Univ. Doz. Dr. Martini vom 11.02.1942 (BAK, R 73/12901).

schen Systems zu reagieren, soll deshalb den dritten Teil der Studie, der der ausführlichen Rekonstruktion und Analyse der „Spiele" um Grenzen gewidmet ist, eröffnen. Die notwendige, argumentationsgeschichtliche Rekonstruktion der zentralen Versuche, die disziplinären Leistungsangebote während des NS im Zeichen diverser Scharnierbegriffe zu konturieren, soll im Anschluss daran dazu beitragen, ein wenig mehr Klarheit zu bringen in jene „begrifflich schwer faßbare[] Mischung von Anpassung und Beharrung, von Kontinuität und Diskontinuität"[153], die auch für die Neuere deutsche Literaturwissenschaft während des NS charakteristisch ist.

---

[153] Michael Grüttner spricht zurecht von einer solchen Lage angesichts der Befunde zum Verhältnis der Geisteswissenschaften insgesamt zur nationalsozialistischen Wissenschaftspolitik. Grüttner zufolge formen sich die einzelnen Befunde „nicht ohne weiteres zu einem kohärenten Gesamtbild." (Grüttner, Michael: Die nationalsozialistische Wissenschaftspolititk und die Geisteswissenschaften, in: a. a. O., S. 21)

III. Grenzverwirrungen –
Die Neuere deutsche Literaturwissenschaft
zwischen Eigensinn und Resonanz

1. Eröffnungsspiele: Akklamation, Abwehr und Distinktion – Programmatische Texte 1933/34

Die „Herren Professoren" und die „Jugend selbst": Die Reaktionen auf die Machtübergabe an den Hochschulen und ihr Zusammenhang mit der Generationszugehörigkeit und dem akademischen Status der Akteure

„Von jetzt an", so befindet lakonisch der bayerische Kultusminister Hans Schemm 1933 in einer Rede vor Münchner Professoren, „kommt es für Sie nicht darauf an festzustellen, ob etwas wahr ist, sondern ob es im Sinne der nationalsozialistischen Revolution ist."[1] Zweifellos handelt es sich bei Schemms Forderung nach einem Austausch der gängigen Leitdifferenz wissenschaftlichen Redens, „wahr/falsch", durch die politische Differenz „nationalsozialistisch/nicht-nationalsozialistisch" um ein ebenso zugespitztes wie überzogenes Ansinnen. In seiner Einsinnigkeit prospektiviert Schemm ein prägnant verzeichnetes Bild der wissenschaftlichen Landschaft der folgenden Jahre, die eher von uneinheitlichen und konkurrierenden wissenschaftspolitischen Steuerungsversuchen gekennzeichnet sein wird. Rhetorisch pointiert sollte hier gewiss der versammelten, unter kontinuierlichem „Liberalismus"-Verdacht stehenden Professorenschaft noch einmal der „neue Wind", der nun auch in kulturellen und wissenschaftlichen Angelegenheiten im Lande wehen sollte, drastisch verdeutlicht werden.

So inhomogen und mehrstimmig die wissenschaftspolitische wie -theoretische Landschaft zwischen 1933 und 1945 dann auch bleiben sollte: in den ersten beiden Jahren nach dem Machtwechsel ist dies für die wissenschaftlichen Akteure noch keineswegs absehbar. Die Fragen also, wie sich der jeweilige wissenschaftliche Eigensinn einer Disziplin mit den präsupponierten oder tatsächlichen Anforderungen des politischen Systems arrangiert oder gar, wie sich die eigene Disziplin resonanzstrategisch günstig angesichts der gewandelten Verhältnisse inszenieren kann, stehen 1933/34 als programmatische Topoi durchaus im Zentrum wissenschaftlicher Selbstthematisierungen. Vor allem die Generationszugehörigkeit wie auch der akademische Status der wissenschaftlichen Akteure spielen eine nicht zu unterschätzende Rolle bei den Beurteilungen der politischen Ereignisse, die wiederum die

---

1 Zit. nach Bracher, Karl Dietrich: Die deutsche Diktatur, Köln 1980[6], S. 293.

Diskussion des Verhältnisses von Wissenschaft und Politik konturieren. Michael Grüttner fasst diesen Zusammenhang prägnant zusammen:

> Je geringer der akademische Status und je jünger die Hochschulangehörigen waren, desto früher und intensiver erfolgte ihre Hinwendung zum Nationalsozialismus. Im Umkehrschluß folgt daraus: Je älter und etablierter sie waren, um so distanzierter verhielten sie sich gegenüber der NSDAP.[2]

Nicht wenige der etablierten Ordinarien empfinden vor allem jene beiden Anfangsjahre, in denen die Konturen einer nationalsozialistischen Hochschulpolitik jenseits der seit dem 7. April 1933 mit dem „Gesetz zur Wiederherstellung des Berufsbeamtentums" einsetzenden Massenentlassungen nur schwer einzuschätzen sind, auch als Bedrohung ihrer eigenen, akademischen Machtpositionen.

Gewiss, man begrüßt durchaus mehrheitlich das Ende der ungeliebten Weimarer Republik und man hat auch gegen die massenhafte Vertreibung von Kollegen „nicht-arischer Abstammung" oder von politisch missliebigen Beamten wenig oder gar nichts einzuwenden. Der ostentativ jugendlich-rebellische Impetus indes, mit dem vor allem ein Großteil der Studentenschaft, aber auch zahlreiche Nachwuchswissenschaftler nunmehr die tradierten universitären Herrschaftsstrukturen glauben kritisieren zu können, ist vielen Ordinarien nicht geheuer. Beflügelt und legitimiert durch jenen „Charme" einer als „jugendlich" inszenierten „Revolution", durch den das NS-Regime vor allem während der Anfangseuphorie nach der Machtübergabe viele Jungakademiker für sich einzunehmen versteht, fühlen sich Studenten, aber auch Assistenten, Privatdozenten und nichtbeamtete, außerplanmäßige Professoren berechtigt, die Ordinarienuniversität herkömmlichen Stils in Frage zu stellen. Sie drängen auf die Verbesserung der eigenen Machtpositionen innerhalb des akademischen Feldes.

Diese Selbstinszenierung des NS als einer jugendlichen Bewegung und als Bewegung der Jugend ist sicherlich ein nicht zu unterschätzender Faktor, den es zu berücksichtigen gilt, will man die Attraktivität des NS verstehen. Götz Aly verweist zurecht darauf, dass sich dieser Jugendlichkeits-*appeal* auch im Durchschnittsalter der nationalsozialistischen Führungsriege manifestiert:

> Wie alle Revolutionäre erzeugten die überaus jungen Gefolgsleute der NS-Bewegung die Aura des Jetzt-oder-nie. Zum Zeitpunkt der Machtübernahme 1933 war Joseph Goebbels 35 Jahre alt, Reinhard Heydrich 28, Albert Speer 27, Adolf Eichmann 26, Josef Mengele 21, Heinrich Himmler und Hans Frank waren 32. Hermann Göring – einer der Älteren – hatte gerade den 40. Geburtstag gefeiert. Noch mitten im Krieg konnte Goebbels aus Anlass einer statistischen Erhebung feststellen: ‚Danach beträgt

---

2   Grüttner, Michael: Machtergreifung als Generationskonflikt. Die Krise der Hochschulen und der Aufstieg des Nationalsozialismus, in: vom Bruch, Rüdiger/Kaderas, Brigitte (Hrsg.): Wissenschaften und Wissenschaftspolitik. Bestandsaufnahmen zu Formationen, Brüchen und Kontinuitäten im Deutschland des 20. Jahrhunderts, Stuttgart 2002, S. 339–353, hier: S. 340.

das Durchschnittsalter der führenden Persönlichkeiten auch in der mittleren Schicht der Partei 34 und innerhalb des Staates 44 Jahre. Man kann also in der Tat davon sprechen, dass Deutschland heute von seiner Jugend geführt wird.' […] Für die Mehrzahl der jungen Deutschen bedeutete der Nationalsozialismus nicht Diktatur, Redeverbot und Unterdrückung, sondern Freiheit und Abenteuer. Sie sahen darin eine Verlängerung der Jugendbewegung, ein körperliches und geistiges Anti-aging-Programm.³

Sicherlich übersteigert in seinem universitätspolitischen Allmachtsanspruch, doch durchaus bezeichnend für den Grundtenor des studentischen Aktivismus in den Jahren 1933/34 konstatiert etwa der NSDStB-Hochschulgruppenführer Eduard Klemt:

> Wir sehen uns mit genau derselben Frechheit, wie einst als SA-Leute auf der Straße, heute im Hörsaal um und entscheiden, ob ein Professor bleiben kann oder nicht. Kriterium wird sein: Jener Mann kann nicht mehr Professor sein, weil er uns nicht mehr versteht […] Wir Jungen haben die Hochschule in der Hand und können daraus machen, was wir wollen.⁴

Die Annahme, bzw. die Forderung, dass mit dem politischen Machtwechsel nun gleichfalls die Zeit für eine Erschütterung der althergebrachten universitären Machtverhältnisse gekommen sei, kennzeichnet auch die Stimmungslage der nicht-ordinierten Dozentenschaft, deren berufliche Perspektiven in den frühen 30er Jahren extrem schlecht sind.⁵ Immer ver-

---

3   Aly, Götz: Hitlers Volksstaat. Raub, Rassenkrieg und nationaler Sozialismus, Frankfurt am Main 2005, S. 12.
4   Klemt, Eduard: „Wir wollen die politische Hochschule", in: Die Leipziger Studentenschaft, Nr. 2, 21.6.1933, S. 26, zit. nach Grüttner, Michael: Studenten im Dritten Reich, Paderborn 1995, S. 74. S. dort S. 75 ff. auch zum regelrechten „Machtrausch", in dem sich die nationalsozialistischen Studentenfunktionäre im Frühjahr und Sommer 1933 befinden, der u. a. zur „Aktion wider den undeutschen Geist" am 10. Mai führt. Zu den weitestgehend auf studentische Initiativen zurückgehenden Bücherverbrennungen s. u. a. Walberer, Ulrich (Hrsg.): 10. Mai 1933. Bücherverbrennung in Deutschland und die Folgen, Frankfurt am Main 1983. S. darin (S. 140–159) auch zum Beitrag der Germanisten Sauder, Gerhard: „Akademischer Frühlingssturm". Germanisten als Redner bei der Bücherverbrennung. Aber auch im Hinblick auf die studentischen Aktivitäten während des NS gilt es, die – seltenen, aber deshalb umso rühmlicheren – Ausnahmen zu berücksichtigen. S. dazu v. a. im Blick auf die Literaturwissenschaft Harms, Wolfgang: Die studentische Gegenwehr gegen Angriffe auf Paul Hankamer an der Universität Königsberg 1935/1936, in: Huber, Martin/Lauer, Gerhard (Hrsg.): Nach der Sozialgeschichte. Konzepte für eine Literaturwissenschaft zwischen Historischer Anthropologie, Kulturgeschichte und Medientheorie, Tübingen 2000, S. 281–301; zum „Fall" Hankamer s. auch Kunigk, Helmut: Paul Hankamer in Königsberg (1932–1936), in: Zeitschrift für die Geschichte und Altertumskunde Ermslands, 48, 1996, S. 166–204. Hankamer (1891–1945) war seit 1932 ordentlicher Professor für Deutsche Sprache und Literatur an der Universität Königsberg. Seit dem Dezember 1935 wird er publizistisch und in seinen Lehrveranstaltungen vom NS-Studentenbund mit dem Ziel angegriffen, ihn aus seinem Amt zu vertreiben. Nach längerer Gegenwehr Hankamers und vieler seiner Studentinnen und Studenten wird er nach dem Wintersemester 1935/36 seiner Professur enthoben.
5   Grüttner (Machtergreifung …, S. 343 f.) nennt die karrierestrategische Perspektivlosigkeit als einen Grund für die „verzweifelte Stimmung", die Anfang der 30er Jahre bei den meisten Nachwuchswissenschaftlern herrscht: „Von den Privatdozenten und nichtbeamteten außerordentlichen Professoren der

nehmlicher und vehementer wird die Kritik an der Ordinarienuniversität traditionellen Zuschnitts. „Die jungen Universitätslehrer müssen mehr als bisher in den Unterricht hineinbezogen werden" fordern etwa Benno von Wiese und Fritz K. Scheid in ihren *49 Thesen zur Neugestaltung deutscher Hochschulen* und optieren für „die Dezentralisierung des bisher bei einem Ordinarius vereinigten Unterrichts."[6] Doch ist es dem wissenschaftlichen Nachwuchs nicht nur um eine stärkere Partizipation an der Lehre zu tun. „Heute ist es so, dass auf einen Ordinarius sieben Extraordinarii treffen", so ein nichtbeamteter Ordinarius an der medizinischen Fakultät der Universität München.

> Von diesen sieben rückt einer in das Ordinariat ein. […] Wer ist wissenschaftlich produktiver gewesen? Nicht die Autokraten waren es, sondern die Machtlosen. […] Dem Leistungsprinzip entsprechend müssen die Extraordinarii ihrer ideellen und materiellen Stellung nach angeglichen werden.[7]

Die Berufung des Nachwuchswissenschaftlers auf Leistungsprinzip und prinzipielle Chancengleichheit verweist noch einmal schlaglichtartig auf jenen utopischen *appeal* einer egalitären Leistungs-Volksgemeinschaft, den der NS zu inszenieren versteht und der ihn gerade auch für ein aufstiegswilliges Jungakademikertum attraktiv macht. Das Bekenntnis vieler Nachwuchswissenschaftler zur nationalsozialistischen Ideologie – sei es aus karrieristischem Opportunismus oder aus weltanschaulicher Überzeugung – gründet sicherlich nicht zuletzt in der attraktiven Verheißung des „neuen" Staates, eine rassisch zwar homogenisierte, aber ansonsten klassenlose, meritokratische „Volksgemeinschaft" schaffen zu wollen.[8]

Philosophischen Fakultäten konnte Anfang der 1930er Jahre nach Berechnungen des Hochschulverbandes nur etwa ein Drittel darauf hoffen, jemals einen Lehrstuhl zu erhalten, an den Medizinischen Fakultäten war es sogar nur ein Siebtel."
6   Wiese, Benno von/Scheid, Fritz K.: 49 Thesen zur Neugestaltung deutscher Hochschulen, in: Volk im Werden, Bd. 1, Heft 2, S. 13–21, hier: S. 15 und 18.
7   Wirz, Franz: „Kampfansage an Liberalismus und Reaktion an den Hochschulen", in: Völkischer Beobachter vom 15.01.1934.
8   S. dazu auch: Wehler, Hans-Ulrich.: a.a.O., S. 686ff. Die Verbindung dieses Glaubens an eine nationalsozialistische Sozialutopie mit einem anti-ordinariellen Impetus zeigt sich deutlich in einer Dozentenrede „an die Mitglieder der Dozentenschaft". Dort heißt es: „Kameraden! Es hat mich noch keiner von Ihnen gefragt, was man eigentlich so in großen Zügen zu tun hat, wenn man sich in der Dozentenschaft oder sonst einer politischen Organisation um eine neue deutsche Hochschule bemüht. Das ist ganz bezeichnend. Denn sie glauben ja, die Antwort im vorhinein zu wissen. Und sie stellen sich unsere Arbeit fast ebenso vor, wie es die ‚Ordinarien' sich denken: Kampfstellung gegen alles Arrivierte, ein schönes Vorrecht der Jugend! Und heute selbstverständlich unter nationalsozialistischem Zeichen! Also so eine bessere akademische Gewerkschaft. Personalpolitik, ganz ohne hintenrum natürlich, das braucht's gar nicht, der Staat und die Partei stützen ja heute solche Bestrebungen! Sie sagen: Gott sei dank, die ‚Ordinarien' sagen: Leider!" (Reischauer, Hans: „Kameradschaft!" Rede an die Mitglieder einer Dozentenschaft, in: Volk im Werden, 2, 1934, S. 319–321). Ulrich Hunger verweist darauf, dass der Anspruch der Nachwuchswissenschaftler auf eine Besserstellung innerhalb der universitären Hierarchien nicht nur in Prestigeerwägungen, sondern auch in ganz handfesten, wirtschaftlichen Motivationen gründet. Nichtbeamtete, außerordentliche Professoren wie auch Privatdozenten, auf deren Schultern einerseits zwar weitestgehend der Lehrbetrieb der Seminare ruht, die aber anderer-

Die nationalsozialistischen Wissenschaftsfunktionäre verstehen es in der Anfangsphase zudem, den akademischen Generationenkonflikt noch weiter zu schüren, indem sie den vermeintlichen politischen Avantgardismus der Jugend gegen die angebliche Borniertheit der etablierten Professoren ausspielen und diese Differenz zugleich mit einem gewissen Drohpotential an die Adresse der Ordinarien verbinden. In einer Rede des neuen preußischen Kultus- und späteren Reichserziehungsministers Bernhard Rust vom 06.05.1933 heißt es:

> Meine Herren Professoren, begreifen Sie das Geschehen dieser Jahre! Es ist die Jugend selbst gewesen, die hier politisch vorangegangen ist […] Meine Herren Professoren, in diesen Jahren, wo dieser undeutsche Staat und seine undeutsche Führung der deutschen Jugend den Weg verlegten, da haben sie in professoraler Einsamkeit und in Hingebung an Ihre große Forschungsarbeit übersehen, daß die Jugend in Ihnen den Führer der Zukunft der deutschen Nation suchte. Die Jugend marschierte, aber, meine Herren, Sie waren nicht vorn […] Ich fühle die ganze Verantwortung vor der Zukunft der deutschen Hochschule im besonderen, wenn ich Ihnen ein Wort sage, das Sie recht verstehen wollen, so wie es gemeint ist: Es verlieren nicht nur Könige ihre Krone, es verlieren ganze Generationen das Recht der Erstgeburt, wenn sie vor den großen Problemen der Nation nicht bestehen.[9]

Jedoch handelt es sich hierbei nicht nur um bloße Rhetorik. Denn in der Tat wächst in den ersten Jahren nach der Machtergreifung der Einfluss der Dozentenschaften, insbesondere bei Personalentscheidungen. Grüttner bezeichnet die Ordinarien – abgesehen von den entlassenen Hochschullehrern – denn auch als „die Verlierer der nationalsozialistischen Machtübernahme an den Hochschulen".[10] Bei Berufungen etwa ist es für die Fakultäten oft unmöglich, sich gegen die Stimmen der Dozentenschaft, die vor allem in den Kultusministerien großes Gewicht besitzen, durchzusetzen. In Gießen, um nur ein Beispiel zu nennen, werden die Fakultäten auch für die Privatdozenten geöffnet, die nunmehr, wie alle anderen Nichtordinarien, qua Amt zur Fakultät gehören. Aus ihren Reihen kann sogar der Kanzler berufen werden und die Assistenten erhalten erstmals einen (ernannten) Vertreter im Senat.[11] Die teilweise Entmachtung der Ordinarien hängt indes keineswegs nur mit dem Machtzuwachs der Dozentenschaften zusammen. Sicherlich schwerer wiegen hier die Einführung des Führerprinzips an den Universitäten, die Abschaffung von Rektoren- und

---

seits besonders dem politischen Zugriff außerwissenschaftlicher Instanzen ausgesetzt sind, sehen sich zugleich „existentiellen wirtschaftlichen Gefährdungen" ausgesetzt: „Beispielsweise erhielt 1934 ein a. o. Professor wie der damals 43jährige Kurt May ein monatliches Dozentenstipendium von 120,– RM, während ein ordentlicher Professor über Bruttojahresbezüge von rund 10000,– RM, zuzüglich der Zulagen und Kolleggelder, verfügen konnte." (Hunger, Ulrich, a. a. O., S. 279)

9 Rust, Bernhard: Rede vom 06.05.33, in: Dokumente der Deutschen Politik. Reihe: Das Reich Adolf Hitlers, Bd. 1, Berlin 1942, S. 305–312, hier: S. 308.
10 Grüttner, Michael: Machtergreifung, a. a. O., S. 352.
11 Chroust, Peter: Gießener Universität und Faschismus. Studenten und Hochschullehrer 1918–1945, Band 1, Münster/New York 1994, S. 198.

Dekanswahl wie schließlich auch die Konkurrenz durch eine Reihe neuer politischer und hochschulpolitischer Einrichtungen (Hochschulkommission der NSDAP, Amt Rosenberg, NS-Dozentenbund u. a.). Allerdings verliert der Generationenkonflikt in den folgenden Jahren, nach dem Abebben der studentischen Anfangseuphorie, nach den nicht zuletzt durch die Massenentlassungen bedingten Positionsverbesserungen vieler Nichtordinarien und schließlich durch die kriegsbedingten Veränderungen in der Hochschullandschaft, wieder an Bedeutung. In den beiden ersten Jahren des Regimes jedoch haben die status- wie generationsbedingten Konflikte auch im Rahmen der programmatischen Auseinandersetzungen in der Literaturwissenschaft eine kaum zu unterschätzende, diskursstrukturierende Wirkung.

Reaktionen in der Literaturwissenschaft: Akklamatorischer Grundtenor und das Spektrum der Akteure

Als sich in Deutschland während des ersten Jahres nach der Machtübergabe ein fundamentaler Wandel nicht nur des politischen Systems vollzieht, befindet sich einer der einflussreichsten Literaturwissenschaftler des Landes – der Berliner Ordinarius Julius Petersen – auf einer Gastvorlesungstour in den Vereinigten Staaten, von der aus er die Leserschaft der „Deutschen Allgemeinen Zeitung" in unregelmäßigen Abständen über seine „Reiseeindrücke" in einem „geschichtslosen Land" informiert.[12] Geschichte „gemacht" wird aber gerade mal wieder woanders, nämlich im eigenen Land. Zwar greift der „erste Mann" des Faches in jener bis gegen Ende 1934 andauernden Phase der nationalsozialistischen Herrschaftskonsolidierung, die zugleich die Anfangsphase der Neuordnung der Universitäten und des inner- wie außerwissenschaftlichen Streits um einen adäquaten, „neuen" Wissenschaftsbegriff ist, zunächst nicht in die wissenschaftspolitischen und -theoretischen Diskurse jenseits des Atlantiks ein. Nicht wenige seiner Zunftkollegen aber zeigen sich beflissen, „in dem Vakuum der Enthaltsamkeit offiziöser nationalsozialistischer Programmatik", das für jene erste Phase der hochschulpolitischen Entwicklungen bezeichnend ist, „die eigenen Vorstellungen zur Geltung zu bringen."[13]

---

12 Das Unterhaltungsblatt der DAZ vom 23. 02. 1933 teilt mit: „Geheimrat Julius Petersen, der Germanist der Berliner Universität, hält demnächst in Nordamerika Gastvorlesungen: als James-Speyer-Professor an der John [sic]-Hopkins-Universität in Baltimore und dann in Kalifornien an der Lleland-Stanford-Universität in Palo Alto". Zu Petersens amerikanischen Reiseimpressionen s. Petersen, Julius: Geschichte im geschichtslosen Land, in DAZ vom 02. 09. 1933 oder: ders.: „Ich fürchte, sie werden vom Paradies enttäuscht sein!" Kalifornien als Sommerfrische, in: DAZ vom 06. 01. 1934. Zur Biographie und zur Stellung Petersens innerhalb des disziplinären Feldes s. Boden, Petra/Fischer, Bernhard: Der Germanist Julius Petersen (1878–1941). Bibliographie, systematisches Nachlassverzeichnis und Dokumentation, Marbach 1994; dies.: Julius Petersen: Ein Wissenschaftsmanager auf dem Philologenthron, in: Euphorion, 88, 1994, S. 82–102.

13 Danneberg, Lutz/Schernus, Wilhelm: Der Streit um den Wissenschaftsbegriff während des Nationalsozialismus, in: Dainat, Holger/Danneberg, Lutz (Hrsg.): a. a. O., S. 41–54, hier: S. 44. In dieser aus-

Da die Frage nach dem Verhältnis von Eigensinn und Resonanz u. a. auch die Frage nach den ereignisgeschichtlich induzierten (Re)Aktionsweisen der Literaturwissenschaft impliziert, ist es angemessen, zunächst die mehr oder weniger programmatisch intendierten, disziplinären Stellungnahmen aus dieser Anfangsphase noch einmal genauer unter argumentationsgeschichtlichem Blickwinkel zu analysieren. Zwar wird eine solche, erneute Analyse keinerlei Anlass dazu geben, Zweifel zu wecken an dem grundsätzlich überzeugenden und vielfach erhobenen Befund, dass die meisten programmatischen Diskurse der Literaturwissenschaft unmittelbar nach 1933 von dem Einverständnis, wenn nicht gar von der Euphorie der disziplinären Akteure angesichts des Machtwechsels zeugen. Dennoch wird die Rekonstruktion der argumentativen Nuancierungen *innerhalb* dieser prinzipiell positiven Haltung für eine differenziertere, wissenschaftshistoriographische Analyse des disziplinären Feldes nicht ohne Belang sein; erlaubt sie doch zugleich einen Blick auf das binnendisziplinäre, programmatikbezogene Interaktionsgeflecht und somit eine präzisere Darstellung des Verhältnisses von Eigensinn und Resonanz innerhalb der Neueren deutschen Literaturwissenschaft unter ereignisgeschichtlich gewandelten politischen Bedingungen.[14]

gezeichneten Überblicksstudie zu den letztlich fehlschlagenden akademischen Versuchen, einen homogenen, „nationalsozialistischen" Wissenschaftsbegriff zu konturieren und durchzusetzen, vertreten die Autoren u. a. die folgende, auch für die hier verhandelten Fragen in ihrer Wichtigkeit nicht zu unterschätzende These: „Letztlich war dieser *Streit* um den Wissenschaftsbegriff das Ganze. [...] *In der Zeit* selbst wurde zu keinem Zeitpunkt ein Wissenschaftsbegriff inhaltlich bestimmt, der aufgrund seiner Herkunft oder seiner Anerkennung auch nur zeitweilig autoritativen Status genossen hätte." (41) Allerdings spielen die durchaus zahlreichen programmatischen Überlegungen der Literaturwissenschaftler, im Unterschied etwa zu den Konzepten eines Hans Freyer, eines Ernst Krieck oder gar eines Alfred Baeumler, so gut wie gar keine Rolle außerhalb des disziplinären Diskurses. Auch dieser Umstand wirft ein bezeichnendes Licht auf das schwache Resonanzprofil der Literaturwissenschaft.

14 Einige der im Folgenden verhandelten programmatischen Beiträge dürften zwar bekannt sein. Jedoch begnügen sich die meisten wissenschaftsgeschichtlichen Darstellungen mit einem pauschalen Verweis auf die 33er-Euphorie der Germanisten, die dann durch einige wenige, meist fragmentarische Zitate belegt wird. Im Vordergrund solcher Darstellungen steht die – durchaus berechtigte – Behauptung der literaturwissenschaftlichen Akklamation des neuen Regimes und kaum die – allerdings nicht minder berechtigte – Analyse der feldspezifischen Differenzen solcher, nicht zuletzt ereignisgeschichtlich motivierter Zustimmungsdiskurse. Lediglich paradigmatisch sei in diesem Zusammenhang etwa ein Passus aus Hermands Germanistikgeschichte angeführt: „Während in anderen Geisteswissenschaften die nationalsozialistische Gleichschaltung zum Teil auf Widerstand stieß, schlossen sich die Germanisten [...] nach der Machtübergabe sofort voller Begeisterung der NSDAP oder anderen nationalsozialistischen Organisationen an." (Hermand, Jost: Geschichte der Germanistik, Reinbek bei Hamburg 1994, S. 99) Despektierliche Verweise auf Hermands Fachgeschichte gehören mittlerweile zum festen Bestand wissenschaftshistoriographischer Distinktionsrituale; vor allem immer dann, wenn es darum geht, sich im Namen eines als fortschrittlicher begriffenen, methodischen Zugangs von ideologiekritischen Ansätzen zu distanzieren. Die Verdienste der Ideologiekritik um die Fachgeschichte sollen allerdings hier keineswegs in Frage gestellt werden. Hermands Fachgeschichte scheint m. E. als eine erste Heranführung an das komplexe Thema durchaus nicht völlig ungeeignet. Die mitunter vom teleologischen Impetus und vom politischen Standpunkt des Autors eingefärbten Passagen – die er übrigens einleitend freimütig einräumt – werden ohnehin und dies wohl auch durchaus im Sinne des Autors

Heterogen sind sowohl die Positionen als auch die Generationslagen jener literaturwissenschaftlichen Akteure, die sich in den Jahren 1933/34 mit programmatischem Anspruch zum Zusammenhang von (Literatur)Wissenschaft und politischer Ereignisgeschichte äußern. Das Spektrum der Beiträger, die in dieser Phase ein programmatisches Interaktionsgeflecht konstituieren, reicht von disziplinär eher randständigen Autoren wie Walther Linden und Günther Weydt, über junge Nachwuchswissenschaftler, die, wie Benno von Wiese oder Gerhard Fricke, bereits erste, entscheidende Positionierungserfolge erzielen konnten, bis zu jenen Akteuren, die, wie Hermann August Korff, Arthur Hübner, Karl Viëtor, Hans Heinrich Borcherdt, Heinz Kindermann oder Josef Nadler, als bereits etablierte, ältere Ordinarien über ein gewisses, wenn auch von Fall zu Fall differierendes Maß an institutionellem und symbolischem Kapital innerhalb der Disziplin verfügen. Vor allem die Position der jeweiligen Akteure innerhalb dieses Feldes zeitigt einige bezeichnende Nuancierungen im Blick auf den Argumentationsstil und -gehalt ihrer Beiträge.

Zunächst überwiegt jedoch der positive Bezug auf die politische Zäsur, die mit dem Datum des 30.01.1933, der Machtübergabe an die Nationalsozialisten, verbunden ist; ein Bezug, den – meist einleitend – keiner der Autoren herzustellen versäumt:

> Eine entscheidende Umwälzung hat sich in Deutschland vollzogen; sie hat das gesamte deutsche Leben ergriffen und strahlt heute bereits weit über die Grenzen des Reiches hinaus. [...] [S]ie ist ein neuer Durchbruch deutschen organischen Geistes, die endgültige Überwindung jener von westeuropäischem und jüdischem Geiste getragenen liberal-rationalistischen Aufklärung des 19. Jahrhunderts. Eine Epoche, die liberale Aufklärungszeit von 1830–1933, ist zu Ende; ein neues Zeitalter ist angebrochen. [...].[15]

So beginnt Walther Lindens, in der „Zeitschrift für Deutschkunde"[16] veröffentlichter, lebensphilosophisch eingetönter Abgesang auf jene „Epoche", die er mit dem Beginn der nationalsozialistischen Herrschaft enden sieht. Bereits in Lindens Einleitungssätzen ver-

> kaum einer Leserin verborgen bleiben. Allerdings erscheinen Aussagen wie die oben zitierte dann doch als zu grobmaschig und als unzulässige Verallgemeinerung. Sie verzeichnen das komplexe Bild der Literaturwissenschaft während des NS allzu einseitig im Dienste von Hermands *per aspera ad astra*-Narrativ, das die von ihm selbst mitgetragene Germanistik der 60er und der 70er als positiven Höhepunkt der Fachgeschichte (nach dem dann wieder ein Niedergang in die postmoderne Beliebigkeit einsetze) darstellt. Andererseits sei hier aber auch mit Nachdruck darauf verwiesen, dass extreme Detailgenauigkeit durchaus kein Garant für die Abwesenheit bedenklicher, politisch motivierter Geschichtsdeutungen ist, wie Christian Tilitzkis faktenmonumentale, ob ihrer zum Teil als kryptorevisionistisch erachteter Tendenzen jedoch umstrittene Abhandlung über „Die deutsche Universitätsphilosophie in der Weimarer Republik und im Dritten Reich" (Berlin 2002) nahelegt.

15 Linden, Walther: Deutschkunde als politische Lebenswissenschaft – das Kerngebiet der Bildung!, in: Zeitschrift für Deutschkunde, 47, 1933, S. 337–341, hier: S. 337.
16 Zur „Zeitschrift für Deutschkunde", die, neben der „Zeitschrift für Deutsche Bildung", als wichtigstes „Verteilermedium" zwischen literaturwissenschaftlichem und erzieherischem Feld vermittelt, s. Grund, Uwe: Indices zur sprachlichen und literarischen Bildung in Deutschland, Bd. 1: Zeitschrift für Deutschkunde 1920–1943. Beiträger – Themen – Textprofile, München u.a. 1991.

dichten sich *in nuce* zahlreiche jener Elemente, die für das zeitgenössische Deutungsmuster eines Großteils der bildungsbürgerlichen Weltanschauungselite konstitutiv sind: die Sehnsucht nach einem „Durchbruch" aus gesellschaftlichen, politischen und geistigen Verhältnissen, die – vor allem im stets negativen Bezug auf die Weimarer Republik – als krisenhaft, als stagnativ und als desorientierend empfunden werden; die Stigmatisierung der vermeintlichen geistigen Physiognomie dieses Zeitraums mit den gängigen Abwertungsbegriffen wie „Liberalismus" und „Rationalismus"; die asymmetrische Gegenüberstellung von deutschem, organischem und westeuropäischem oder jüdischem Geist; die Abwertung des vermeintlich rationalistischen, mechanistischen, jedenfalls „unorganischen" Denkens der Aufklärung; und schließlich die Hoffnung, dass mit dem anbrechenden „Dritten Reich" auf politischer Ebene der Weg bereitet werde für eine Verteidigung all dieser „deutschen" Wertvorstellungen, die in Sonderheit im „liberalistischen" Klima der Weimarer Republik bedroht waren.[17]

Sogleich fügt Linden auch jene bereits beschriebene Synchronisation von politischer Ereignisgeschichte und Wissenschaftsentwicklung (s. I.) an:

> Der neue Durchbruch deutschen organischen Geistes ergreift alle Lebensgebiete und schmelzt sie zu einer neuen sinnerfüllten Einheit um. Auch die Wissenschaft erhält einen ganz neuen Antrieb und wirft die Merkmale westeuropäisch-rationalistischer Überfremdung ab. Die neue Wissenschaft faßt die seit langem sich regenden und emporverlangenden Antriebe organisch-synthetischer Art einheitlich zusammen und wird zu einer Lebenswissenschaft deutsch-organischer Art. [...] So wird die Deutschkunde aus einer ideenhaften Geisteswissenschaft zu einer politisch durchbluteten Lebenswissenschaft, zu einer aus machtvollem Erleben, in kämpferischem Geiste und doch aus tiefer Sachverantwortung gestalteten Wissenschaft vom deutschen Leben, deutschen Schicksal, deutschen Gottringen, von Sieg und Niederlage im Völkerkampf und von den großen künstlerischen Widerspiegelungen dieser Gemeinschaftsschicksale in der großen und echten Dichtung, Kunst, Musik und Metaphysik.[18]

Ebenso wie Linden diskutiert auch die Mehrheit der anderen Autoren die jüngste Ereignisgeschichte als einen Durchbruch aus der als lähmend empfundenen, „liberalistischen" Kri-

---

17 Zum Deutungsmuster der bildungsbürgerlichen Weltanschauungseliten und zur Interpretation des Nationalsozialismus als eines Bollwerks gegen die Erosion der eigenen kulturellen Deutungshegemonie s. Ringer, Fritz K.: Die Gelehrten. Der Niedergang der deutschen Mandarine 1890–1933, München 1987, v. a. S. 186–228; Bollenbeck, Georg: Tradition – Avantgarde – Reaktion. Deutsche Kontroversen um die kulturelle Moderne 1880–1945, Frankfurt am Main 1999, S. 290–346; Wehler, Hans-Ulrich: a. a. O., S. 483–511 und S. 795–841.
18 Linden, Walther: a. a. O., hier: S. 337 und 339. Walther Linden (1895–1943), promovierter Literaturwissenschaftler (Promotion 1918), lebt seit 1920 als freier „wissenschaftlicher Schriftsteller" in Leipzig und ist von 1926 bis 1936 Mitherausgeber der „Zeitschrift für Deutschkunde". Am 01.04.1933 wird er Mitglied der NSDAP und der SA. Seine zahlreichen literaturgeschichtlichen Veröffentlichungen stoßen innerhalb des literaturwissenschaftlichen Feldes auf geringe oder zumeist eher negative Resonanz. Zu den Angaben s. Kretschmann, Carsten: Art. Linden, Peter Walther, in: IGL, Bd. 2, S. 1098 f.

senpolyphonie der Weimarer Phase in eine „erneuernde Zeit", die zugleich als Katalysator für eine gesteigerte und zugleich ordnungsstiftende „Lebensbezogenheit" der Literaturwissenschaft interpretiert wird (zum Begriff des „Lebens" und seiner Funktion s. ausführlich III.2). Denn *dass* sich die Disziplin angesichts einer als verwirrend empfundenen Methodenvielfalt vor allem seit der „geistesgeschichtlichen Wende" der 1910er Jahre in einer Orientierungskrise befinde, gehört bereits in den Jahren vor 1933 zum *cantus firmus* disziplinärer Selbstthematisierungen.[19] Die Zeiten einer solch tiefgreifenden Desorientierung, so legen die meisten programmatischen Texte zumindest nahe, könnten angesichts des politischen Wandels nunmehr der Vergangenheit angehören:

> Auch in der Literaturgeschichte ist national und sozialistisch nicht zu trennen. Wir können keine nationale Literatur haben, wenn wir nicht zugleich bereit sind, sie dem Volke zu übergeben. Denn wir wollen ja endlich auf das Ganze. Wir wollen nicht eine neue Methode, nicht einmal eine neue Wissenschaft. Wir sind ausgezogen, eine neue Einheit des Lebens zu finden.[20]

---

19 So bestimmt etwa Oskar Benda im Rückblick die Bedeutung der „geistesgeschichtlichen Wende" innerhalb der Literaturwissenschaft seit den 1910er Jahren: „Erst die ‚geisteswissenschaftliche' Bewegung hat eine lebhafte methodologische Erörterung ausgelöst. Irgendeine Übereinstimmung aber wurde bisher nicht einmal in den Grundfragen erzielt; Wesen, Voraussetzungen und Aufgaben, Arbeitsgebiet und Arbeitsweise der Literaturforschung sind durchaus strittig." (Benda, Oskar: Artikel „Literaturwissenschaft", in: Sachwörterbuch der Deutschkunde, Leipzig 1930, S. 746); Emil Ermatinger analogisiert die Lage der Literaturwissenschaft gleich *expressis verbis* mit der zeitgenössischen „Krisen"situation: „Die Lage der deutschen Literaturwissenschaft ist gegenwärtig so verworren wie noch nie, seitdem es einen solchen Begriff gibt; in ihrer Vielgespaltenheit spiegelt sich die Zerrissenheit des ganzen geistigen und politisch-wirtschaftlichen Lebens." (Ermatinger, Emil: Vorwort, in: ders. (Hrsg.): Philosophie der Literaturwissenschaft, Berlin 1930, S. VI) Auch Jakob Overmans spricht zwei Jahre später von der „Wirrnis unserer Literaturwissenschaft", die für das Resonanzprofil der Disziplin innerhalb des erzieherischen Feldes durchaus abträglich sei: „Denn von den Universitäten dringen die verschiedenen und verwirrenden Ansichten über die rechte Stellung zu unserem dichterischen Besitz und zu künstlerischen Werten überhaupt in höhere und niedere Schulen und von da in alle Kreise." (Overmans, Jakob: Die Wirrnis unserer Literaturwissenschaft, in: Stimmen der Zeit, 1932, S. 396–410, hier: S. 396f.) Defizite in der disziplinären Außendarstellung befürchtet auch Karl Justus Obenauer und kritisiert im gleichen Jahr die „Vielheit der synthetischen Methoden, die nebeneinander angewendet werden, wodurch, vor allem nach außen, der Eindruck mehr eines Chaos, als einer fruchtbaren Zusammenarbeit entsteht." (Obenauer, Karl Justus: Der Wandel in der deutschen Literaturwissenschaft, in: Ständisches Leben, 1932, S. 369–374, hier: S. 370)

20 Weydt, Günther: Die germanistische Wissenschaft in der neuen Ordnung, in: Zeitschrift für Deutsche Bildung (im Folgenden abgekürzt als ZfDB), 9, 1933, S. 638–641, hier: S. 641. Günther Weydt (1906–2000) promoviert 1929 bei Franz Schultz mit einer Arbeit über Droste-Hülshoff und Stifter. Zum Zeitpunkt der Veröffentlichung seiner programmatischen Stellungnahme ist er arbeitslos (1931–1934). Erst seit 1934 gelingt es ihm – zunächst an der Universität Bonn als Assistent, später dann vor allem als Lektor in Brüssel, Lüttich und Antwerpen – sich innerhalb des literaturwissenschaftlichen Feldes zu positionieren. Vgl. Gossens, Peter: Art. Weydt, Günther Philipp Wilhelm, in: IGL, Bd. 3, S. 2022–2024.

1. ERÖFFNUNGSSPIELE: AKKLAMATION, ABWEHR UND DISTINKTION

Ähnlich wie in der zitierten Passage von Günther Weydt amalgamieren auch bei Gerhard Fricke ereignisgeschichtlicher Bezug, „ursprungsmythologische" Argumentationsfigur und jener für einen Teil der Kriegsjugendgeneration bezeichnende Habitus einer „endlich" aufs Ganze wollenden, anti-intellektualistisch sich gerierenden „Unbedingtheit"[21]:

> Die deutsche Revolution ist in ihrem äußeren Prozeß, dem Vorgang der Machtergreifung, abgeschlossen. Ihre innere Bewegung aber, die auf eine totale Wiedergeburt des Volksganzen zielt, ist damit erst ermöglicht und steht erst in den Anfängen. [...] Eins freilich dürfen wir bei diesen Zielen, die nicht mit Monaten, sondern mit Jahrzehnten und Generationen rechnen, nicht vergessen: die uns heute aufgegebene germanisch-deutsche Kulturverwirklichung, in der das Ganze des Volkes wieder zu seinem eigenen Ursprung und Ziel finden soll, in der das Bild geschaffen werden soll, das wahrhaft und verbindend zu bilden vermag – dieser deutsche Mensch ist nicht etwas, was Dichter und Forscher erst schaffen müßten.[22]

Ein durchaus vergleichbarer, „ursprungsmythologisch" inszenierter Anti-Intellektualismus dokumentiert sich auch in einem programmatischen, allerdings allgemein hochschulpolitisch ausgerichteten Thesenkonvolut, das der Nachwuchsliteraturwissenschaftler Benno von Wiese zusammen mit F. K. Scheid zur „Neugestaltung deutscher Hochschulen" publiziert. Der Text erscheint immerhin in der 1933 gegründeten Zeitschrift *Volk im Werden*, deren Herausgeber Ernst Krieck in der ersten Phase des NS einer der wenigen einflussreicheren, akademischen „Vor"denker einer nationalsozialistisch ausgerichteten Wissenschaftspolitik ist. Dort heißt es u. a.:

> Es genügt nicht, Volk der ‚Dichter und Denker' zu sein. ‚Humanität' und ‚Idealismus' werden zum volksfremden Liberalismus, wenn sie sich nicht auf das autoritative Ganze der deutschen Volksgemeinschaft ausrichten. [...] Unter Wissenschaft verstehen wir nicht einen selbstgenügsamen Intellektualismus, sondern vielmehr eine auf das Wissen gerichtete berufsständische Haltung, in der Wissen zum Können wird. [...] Die Scheidung von Theorie und Praxis ist verfehlt. Sie trägt die Schuld an der Isolierung des Geistes von der politischen Wirklichkeit, an der wir Deutsche bis heute leiden.[23]

---

21 Zur Generation des Unbedingten, der Weydt und Fricke sowohl von ihrem Alter, als auch von ihrem im Text inszenierten, anti-intellektualistischen Tatpathos her angehören, s. Wildt, Michael: Generation des Unbedingten. Das Führungskorps des Reichssicherheitshauptamtes, Hamburg 2002, v. a. S. 41–142.

22 Fricke, Gerhard: Über die Aufgabe und die Aufgaben der Deutschwissenschaft, in: ZfDB, 9, 1933, S. 494–501, hier: S. 494f. Gerhard Fricke (1901–1980), 1925 mit einer Arbeit über Schiller promoviert und Parteimitglied seit dem 01.05.1933, ist sicherlich einer der erfolgreichsten Literaturwissenschaftler zwischen 1933 und 1945, da er es – wie noch gezeigt werden wird – unter resonanzstrategischen Gesichtspunkten geradezu vorbildlich versteht, inner- und außerwissenschaftliches Kapital miteinander zu verbinden. S. Schnabel, Gudrun: Art. Fricke, Gerhard Paul, in: IGL, Bd. 1, S. 525–527.

23 Von Wiese, Benno/Scheidt, Fritz K.: a. a. O., S. 19f. Welchen durch die Ereignisgeschichte geadelten, anti-individualistischen Praxisbezug die beiden Autoren durchaus auch im Visier haben, zeigt u. a. die letzte These: „Der berufsständische Arzt ist nicht nur dem einzelnen Kranken, sondern in gleicher

Allerdings findet sich ein solch übersteigertes Tatpathos – wie wir bereits sehen konnten – durchaus auch bei Walther Linden, der, Jahrgang 1895, zur „Frontgeneration" gehört und auch aktiv am 1. Weltkrieg teilgenommen hat. Dies mag bereits ein Hinweis darauf sein, dass der Grad der inszenierten Radikalität – zumindest insofern die literaturwissenschaftlichen Akteure betroffen sind – nicht nur mit den jeweiligen Generationserfahrungen der Akteure, sondern auch mit ihrer je individuellen Positionierung innerhalb des Faches zusammenhängt. Je marginaler die Position eines Akteurs innerhalb des literaturwissenschaftlichen Feldes selbst ist, d. h. je geringer sein institutionelles und wissenschaftliches Kapital ist, desto „radikaler" gestaltet sich die Inszenierung der ereignisgeschichtlich motivierten Programmatik. Was „Radikalität" in diesem Zusammenhang meint, gilt es jedoch noch genauer zu umreißen. Denn – wie schon erwähnt – die positive Bezugnahme auf die Ereignisgeschichte ist auch für die bereits etablierten Akteure bezeichnend.

So erörtert etwa auch der Leipziger Ordinarius Hermann August Korff – unter dem Stichwort der „Forderung des Tages" und unmittelbar im Anschluss an den bereits zitierten Text von Linden im gleichen Heft der ZfDk – die Konsequenzen der politisch eingeläuteten, neuen Epoche für die Literaturwissenschaft. Zwar sind seine Ausführungen, die eine dezidiertere Stellungnahme mit Hilfe von natur- und lichtmetaphorischen Topoi umgehen – anders als die Lindens – frei von antisemitischen Invektiven. Der Grundtenor indes scheint, wenn auch zunächst konjunktivisch-tentativ, ganz ähnlich:

> Wie immer man die großen Ereignisse empfinden möge, von denen wir in der Gegenwart wie auf gewaltigen Wogen dahingetrieben werden – nach einer Zeit so qualvoller Ratlosigkeit sind sie von einer wahrhaft befreienden Wirkung gewesen. Die Entscheidung ist gefallen, unser Schicksal hat sich enthüllt, die Nacht ist von uns gewichen, und wie wir uns in der Helle umsehen, wissen wir: eine neue Epoche der deutschen Geschichte ist angebrochen – und uns ist die Gnade zuteil geworden, dabei zu sein. Was diese neue Epoche bedeutet, das wäre vermessen hier mit wenigen Worten umreißen zu wollen. Auf jeden Fall: einen Aufbruch des deutschen Geistes aus langer Fremdherrschaft und eine Einkehr in das eigene Wesen, dessen wahre Art uns erst durch seine tötliche [sic] Gefährdung recht bewußt geworden ist. [...] Auch die Deutschkunde wird aus ihrem besinnlichen Zustand in den großen Schwung der sich erneuernden Zeit hineingerissen, und sie müßte nicht sein, was sie ist, wenn sie sich

---

Weise der Volksgemeinschaft verpflichtet. Die Ausbildung in der Rassenkunde, Eugenik, in berufsständischen Fragen und in sozialer Medizin muß einmal den gesamten klinischen Unterricht durchdringen, sie muß zweitens auch in besonderen theoretischen Vorlesungen (z. B. der psychiatrische Ordinarius über Eugenik) weit mehr als bisher betont werden." (S. 19) Benno von Wiese (1903–1987), der 1927 über Schlegel promoviert und sich 1929 bei Oskar Walzel mit einer Arbeit über Herder habilitiert, tritt am 01.05.1933 der NSDAP bei. Weitere Mitgliedschaften im NSV und im NSDDB, 1936 Lektor der Rosenbergschen Schrifttumskommission. Seit dem WS 1932/33 hat er eine außerordentliche Professur in Erlangen inne. 1943 erhält er einen Ruf nach Münster. Zu weiteren Details s. Rossade, Klaus-Dieter: Art. Wiese, Benno von (urspr. Wiese und Kaiserswaldau), in: IGL, Bd. 3, S. 2025–2028.

nicht von dem gewaltigen Geiste neu befruchtet fühlte, der aufbauend und niederreißend wie ein Frühlingswind über die deutschen Lande geht.[24]

Mit Karl Viëtor resümiert ein weiterer, etablierter Akteur unter Rückbezug auf den „Frontgeist" des 1. Weltkrieges:

> Durch den Sieg der nationalsozialistischen Bewegung ist allen völkischen Kräften in Deutschland ein ungeheures Feld eröffnet. Ohne Übertreibung darf man behaupten, daß jetzt und hier eine neue Epoche der deutschen Geschichte beginnt. […] Das längst brüchige Gebäude der liberalistischen Ideen und der zu ihnen gehörigen Wirklichkeit ist zusammengebrochen […] Alles was jetzt getan werden muß, sollte in dem entschlossenen Geist des Vorwärtsdrängens geschehen, der eines der wichtigsten Bestandteile des ‚Frontgeistes' war. Das gilt gewiß für die nationale Erziehung, gilt auch für die Wissenschaft, die der nationalen Erziehung allerwichtigste Inhalte und Mittel bereitstellt: für unsere, für **die Wissenschaft vom deutschen Menschen** in seinen gestalteten Äußerungen.[25]

Arthur Hübner, der sich ebenfalls in einer programmatischen *confessio* an seine Studenten auf die Erfahrungen der „Frontgeneration" von 1914/18 bezieht, um die jüngsten Ereignisse gleichsam mentalitätsgeschichtlich zu konturieren, führt aus:

> Nach dem gewaltigen Geschehen, das in den letzten beiden Monaten über uns hingegangen ist, kann ich nicht anders, als von diesem Geschehen auszugehen und Ihnen zu

---

24 Korff, Hermann August: a. a. O., S. 341. Einige Zeilen weiter wird der zeitgeschichtliche Bezug noch expliziter: „Mit Recht wirft Hitler in seinem Buche den Deutschen vor, daß sie so schlecht verstanden haben, aus ihrer Geschichte zu lernen. Denn ihm ist die Geschichte im wesentlichen die aufgespeicherte ‚Erfahrung' eines Volkes, von der es eben vor allen Dingen lernen muß. Und wer wollte leugnen, daß das im Grunde genommen die natürlichste und fruchtbarste Art ist, Geschichte zu betreiben und zu betrachten. […] Die Deutschkunde hat den Historismus immer bekämpft – mag sie ihm auch hier und da und gegen ihren Willen erlegen sein – aber jetzt erst ist ihr zu radikalem Durchbruch ganz der Mut gekommen." (343) Hermann August Korff (1882–1963) ist bereits seit 1925 ordentlicher Professor für Neuere deutsche Sprache und Literatur in Leipzig. Zudem ist er seit 1925 Direktor des Germanistischen Instituts und des staatlichen Forschungsinstituts für Neuere Philologie in Leipzig. Er wird weder Mitglied in der NSDAP noch in einer anderen nationalsozialistischen Organisation. Nach dem 47. Jahrgang (1933) scheidet er als Mitherausgeber der ZfDk aus. In Sonderheit seine fünfbändige, geistesgeschichtliche Monumentalstudie zum „Geist der Goethezeit" (1923–1957) verschafft ihm ein hohes, vor allem innerfachliches Resonanzkapital. S. Bauer, Markus: Art. Korff, Hermann August, in: IGL, Bd. 2, S. 987–989.

25 Viëtor, Karl: Die Wissenschaft vom deutschen Menschen in dieser Zeit, in: ZfDB, 9, 1933, S. 342–348, hier: S. 342. Karl Viëtor (1892–1951) ist seit dem WS 1925/26 ordentlicher Professor an der Universität Gießen und gilt zum Zeitpunkt der Veröffentlichung des programmatischen Textes als bedeutender Vertreter einer geistesgeschichtlich ausgerichteten Literaturwissenschaft. Er wird weder Mitglied der NSDAP noch einer anderen NS-Organisation. Am 10. 07. 1937 lässt sich Viëtor in den Ruhestand versetzen, um nicht als „jüdisch-versippter" Professor aus dem Staatsdienst entlassen zu werden. Seine Frau galt nach nationalsozialistischer Rassenlehre als nicht-arisch. Anschließend emigriert er in die USA. S. Teil II, 3 und Zelle, Carsten: Art. Viëtor, Karl, in: IGL, Bd. 3, S. 1943–1946.

sagen, wie ich es zu Studium und Wissenschaft in Beziehung bringe. Sie sollen wissen, wo ihre Professoren stehen. [...] Wir waren kein Volk oder, was dasselbe ist, ein zielunsicheres, mißleitetes, zerrissenes Volk. Aus Tausenden solcher Erlebnisse im Kriege und nach dem Kriege ist die Erhebung geboren, die wir jetzt sich vollziehen sehen. Was ist ihr Ziel? **Die deutsche Volkwerdung**, die Füllung all der Lücken und Klüfte, die wir in langen schweren Jahren erlebt haben, nicht in theoretischem Betrachten, sondern jeder am eigenen Leib.[26]

Hans Heinrich Borcherdt schließlich geht der Frage nach, ob die Literaturwissenschaft gemäß den „Forderungen der Zeit", die vor allem die „akademische Jugend" und der „neue Staat" erhebe, eine „militante Wissenschaft" sein könne:

Militante Wissenschaft. Das ist die Forderung, mit der heute die akademische Jugend in die Universität hineinstürmt, das ist die Forderung, die der Staat Adolf Hitlers an die Hochschulen erhebt, und auch eine Forderung, die in allen Schriften zur Hochschulreform heute eine bedeutsame Rolle spielt. Militante Wissenschaft! Der Gelehrte, der sich gern in die Einsamkeit seines Studierzimmers vergräbt, soll als Hochschullehrer hinaustreten in den Kreis der Volksgenossen, soll als Miles, als Soldat sich eingliedern in die Reihen der Marschierenden und soll dadurch mitwirken an der Umformung des deutschen Menschen zum politischen Menschen der Gegenwart und der Zukunft. [...] Auf die Literaturgeschichte übertragen, bedeutet die Forderung der militanten Wissenschaft, daß die ethischen Werte der deutschen Nationalliteratur der Charakterbildung der akademischen Jugend dienstbar gemacht werden sollen, daß auch die Literaturwissenschaft nicht mehr einer bürgerlich-humanitären Bildung dienen soll, sondern der Willensstählung und der nationalen Bewußtheit des politischen Menschen. Ihre Ergebnisse aber, die in der Erfassung des nationalen Geistes unserer Dichtung gipfeln, sollen sich in die deutsche Staatsidee eingliedern.
Das sind, schlagwortartig zusammengefaßt, die Grundbegriffe, die der Idee der militanten Wissenschaft zugrunde liegen, und die, folgerichtig durchgeführt, zu einer entscheidenden Umgestaltung unserer Wissenschaft führen müßten. Wir müssen uns daher zunächst fragen: Kann die Wissenschaft den Forderungen der Nation und der Zeit nachgeben und Träger ihrer Gedanken werden?[27]

---

26   Hübner, Arthur: Wissenschaft und neuer Staat. Ansprache an die Berliner Studentenschaft zu Beginn des Sommersemesters 1933, in: Akademische Turnbunds-Blätter, 1933, H. 6, S. 110–122, hier: S. 110f. Arthur Hübner (1885–1937) ist seit 1927 Professor für Deutsche Philologie und Mitdirektor des Germanischen Seminars (Nachfolge Gustav Roethe) an der Universität Berlin. Ca. 1934 bis 1937 ist er ehrenamtlicher Hauptlektor der Reichsstelle zur Förderung des deutschen Schrifttums für das Fachgebiet Mittelalterliche Literatur- und Geistesgeschichte. S. Höppner, Wolfgang: Art. Hübner, Arthur, Willibald, in: IGL, Bd. 2, S. 814f.
27   Borcherdt, Hans Heinrich: Literaturwissenschaft als militante Wissenschaft, in: Bayerische Hochschul-Zeitung Nr. 7 vom 15. 01. 34, S. 3; Nr. 8 vom 19. 01. 34, S. 4; Nr. 9 vom 25. 01. 34, S. 3; Nr. 10 vom 01. 02. 34, S. 3f., hier: Nr. 7 vom 15. 01. 34, S. 3. Hans Heinrich Borcherdt (1887–1964) ist zwischen

Explizit wirft Borcherdt hier jene Fragen nach der Möglichkeit und nach den Konturen eines literaturwissenschaftlichen Eigensinns und nach dem Verhältnis eines solchen Eigensinns zu den Anforderungen des politischen Systems auf; Fragen also, die sich wie ein roter Faden durch die unterschiedlichen literaturwissenschaftlichen Selbstthematisierungstexte der Jahre 1933/34 ziehen. Unter der Oberfläche des unmittelbaren, akklamatorischen Zeitbezuges wird somit auch eine disziplinäre Diskussion um die prinzipiellere Frage nach der Legitimität und nach dem Fortbestehen literaturwissenschaftlichen Eigensinns geführt. Die bisher aufgezeigte, im Grundtenor ebenso positive wie resonanzgewisse Bezugnahme auf die politischen Ereignisse sollte nicht darüber hinwegtäuschen, dass die einzelnen Akteure *in dieser Frage* durchaus unterschiedlich nuancierende Positionen einnehmen.

Die feinen Unterschiede 1: Radikal und randständig: Walther Linden und die disziplinären Exklusionsmechanismen

Das Spektrum dieser Positionen reicht – zunächst grob schematisiert – von jener „radikalen" Variante, die eine völlige Neujustierung des literaturwissenschaftlichen Eigensinnes im Zeichen politischer Leitdifferenzen fordert, bis zu jenen moderateren Varianten, die – aus unterschiedlichen Gründen und mit unterschiedlichen Argumentationen – einer solchen, ereignisgeschichtlich motivierten Politisierung der eigenen Disziplin eher skeptisch gegenüber stehen. Es mag nicht allzu überraschend sein, dass sich vor allem die jüngeren und/oder innerhalb der Literaturwissenschaft weniger etablierten Autoren von der radikaleren Variante in gesteigertem Maße Resonanzvorteile zu erhoffen scheinen.

Der in quantitativer Hinsicht sicherlich Beflissenste unter ihnen ist Walther Linden. Linden optiert für eine Entdifferenzierung der Disziplin im Zeichen vor allem des „Politisch-Nationalen":

> Die Deutschkunde im neuen deutsch-organischen Sinne ist damit eine durchaus realistische Wissenschaft, nicht im Sinne eines westeuropäischen Empirismus und Positivismus, sondern in dem arteigenen Sinne, daß sie auf die große Lebensganzheit gerichtet ist und, unter Überwindung des einseitig Ästhetischen, das Politisch-Nationale und das Religiöse zu entscheidender Bedeutung kommen läßt. Das Politisch-Nationale: denn alle Geistestätigkeit ist mit den Erlebnissen der Gemeinschaft tief verbunden.[28]

1920 und 1939 nichtbeamteter ao. Prof. für Neuere deutsche Literaturgeschichte an der Universität München, von 1926 bis 1942 Geschäftsführer, ab 1934 (ehrenamtl.) Leiter des neugegründeten Instituts für Theatergeschichte an der Universität München; 1933–1936 Leiter der Deutschkurse für Ausländer an der Deutschen Akademie München; 1934 Gastprofessur in Athen; zumindest im SS 1938 als nebenamtl. Dozent und Fachlehrer am Erzieher-Seminar der Adolf-Hitler-Schulen auf der Ordensburg Sonthofen tätig; 1939–1943 apl. Prof. an der Universität München; 1943–1945 ordentlicher Prof. und Direktor des Deutschen Seminars an der Universität Königsberg; Mitgliedschaft im KfdK (1931), im NSLB (1933) und in der NSV (1939). S. Kirsch, Mechthild: Art. Borcherdt, Hans Heinrich, in: IGL.

28 Linden, Walther: Deutschkunde als politische Lebenswissenschaft – das Kerngebiet der Bildung!, in: ZfDk, 47, 1933, S. 337–341, hier: S. 338.

Gleich in drei programmatisch sich gerierenden Texten, die den gleichen kognitiven Gehalt lediglich in unterschiedlichem Umfang variieren, versucht er allein 1933, sein Konzept einer „politischen Lebenswissenschaft" als semantisch zeitgemäße Inszenierung eines „radikalen", literaturwissenschaftlichen Neuansatzes zirkulieren zu lassen.[29] Lindens Synchronisation des politischen „Aufbruchs" mit dem von ihm prospektierten „neuen Antlitz der Deutschkunde" erhält ihr rhetorisches Gepräge einer geradezu ostentativ, ja donquixottesk anmutenden Vehemenz sicherlich nicht zuletzt durch seine Außenseiterposition innerhalb des Faches. In Lindens Texten zumindest, die ihren Autor mit wiederholungsindolenter Beharrlichkeit als Innovator der eigenen, innerhalb der Geisteswissenschaften zugleich priorisierten Disziplin präsentieren, dokumentiert sich der Impetus eines Akteurs, der sich von den Rändern des Faches in dessen „neues"[30], selbst maßgeblich mitpropagiertes Zentrum glaubt schreiben zu können.[31] Der Bezug zur politischen Ereignisgeschichte dient Linden dabei als immer wieder „angezapfte" semantische Ressource für die Bedeutsamkeit und die Zeitgemäßheit des eigenen programmatischen Entwurfs. So etwa, wenn der „neue Erzie-

---

29 Linden, Walther: Deutschkunde als politische Lebenswissenschaft – das Kerngebiet der Bildung!, in: ZfDk, 47, 1933, S. 337–341; ders.: Das neue Antlitz der Deutschkunde, in: Deutsches Bildungswesen. Zeitschrift des NS-Lehrerbundes, 1, 1933, S. 401–414; ders.: Aufgaben einer nationalen Literaturwissenschaft, München 1933. Berücksichtigt man – neben den beiden Aufsätzen und der Monographie – noch seinen Aufsatz „Umwertung der deutschen Romantik" (ZfDk, 47, 1933, S. 65–91), in dem er seinen programmatischen Ansatz am Forschungs„gegenstand" der Romantik exemplifiziert, so handelt es sich um vier Beiträge. Die von Linden in seinem Beitrag zur Romantik geforderte Aufwertung des „Volkstumserlebnisses" der späteren Romantik gegenüber den in der Frühphase der Geistesgeschichte präferierten poetologischen und philosophischen Leistungen der Frühromantik löst zwar innerhalb der Disziplin eine rege Diskussion aus und forciert einen bereits vor 1933 einsetzenden Trend innerhalb der Literaturwissenschaft; Linden selbst kann aber – da seine resonanzkalkulierende Produktivität die fachspezifischen Standards nicht selten unterläuft – seine Position innerhalb der Disziplin dadurch keineswegs nachhaltig verbessern. S. dazu Klausnitzer, Ralf: Blaue Blume unterm Hakenkreuz. Die Rezeption der deutschen literarischen Romantik im Dritten Reich, Paderborn u. a. 1999, v. a. S. 115–128.
30 Zur semantisch-argumentationsgeschichtlichen Tradition der „Deutschkunde"- bzw. „Volks"-Rhetorik s. detaillierter unter III.4.
31 Zur Priorisierung der eigenen Disziplin (und damit selbstredend auch der eigenen Rolle) vgl. etwa folgenden Passus: „Die solchermaßen gestaltete, aus deutsch-organischem Geiste geborene, mit dem Politisch-Nationalen und dem Religiösen innerlich tief verbundene Deutschkunde als Einheit von Wissenschaft und Erziehung hat ein großes Recht und einen unwiderleglichen Anspruch: den Anspruch, das Kerngebiet deutscher Bildung in Schule und Hochschule zu sein. Zu dem artfremden liberal-rationalistischen Wissenschaftsbegriffe gehörte auch die Anschauung von der demokratischen Gleichberechtigung aller Wissenschaften im Rahmen der Universität: das Eheleben der Fidschiinsulaner und die großen deutschen Volksschicksale standen grundsätzlich auf gleicher Stufe. An die Stelle dieser falschen Gleichberechtigung hat schärfste Wertung zu treten. Die Wissenschaft von deutscher Geschichte, deutschem Gottgefühl, deutschem Geistesleben und deutscher Wirtschaft, Gesellschaft und Technik gehört in den Mittelpunkt. [...] Damit wird die Deutschkunde zugleich zum Kerngebiet der Erziehung." (Linden, Walther: a. a. O., S. 341)

hertyp", dessen Heranbildung die Hauptaufgabe der Deutschkunde sei, als „Propagandaminister' im Kleinen"³² charakterisiert wird. Deutlich wird zudem, dass sich die von Linden entworfene Kernverschiebung innerhalb des Faches – das ja, indem es sich politisiert und entdifferenziert, erst seinen superioren Status gegenüber anderen Disziplinen konstituiert – weniger auf die kognitive Konturierung als vielmehr auf das (erzieherische) Ethos der Disziplin richtet:

> So wollen wir denn heroische Menschen sein. Auch aus der Wissenschaft und Erziehung muß der bürgerliche Geist der Sicherheit, Behaglichkeit und Kriegsfeindlichkeit weichen; der heroische Sinn der Kampfbereitschaft, des ewigen Ringens mit den großen Welt- und Gemeinschaftsfragen muß seinen Einzug halten. Wissenschaft ist weder ein Ruhebett für bürgerliches Sicherheitsbedürfnis, noch eine Tanzfläche für die Unruhe nihilistischer Geister, sondern ein Kriegslager für ringende Lebensmenschen, die zu jedem Einsatz für ihre Volksgemeinschaft bereit sind. Es ist eine grundlegende Erkenntnis, daß der neue Geist der Wissenschaft einen völlig neuen Menschen verlangt. [...] Der deutschkundliche Unterricht an den höheren Schulen, an sich schon seit längerer Zeit auf Lebenserziehung statt auf Wissensvermittlung gestellt, muß nun ganz das Lebensgestalterische des neuen Gemeinschaftsmenschen als Kernziel setzen. Damit wird etwas völlig Neues ins Leben gerufen: es gilt ja nicht mehr, Individualerlebnisse, „Persönlichkeits"fragen (im Sinne der alten humanistischen „Persönlichkeit") auf den jungen ringenden Menschen zu übertragen, sondern vielmehr das heroische Volksschicksal in seiner ungeheuren Kraft und Tiefe zum aufwühlenden Erlebnis werden zu lassen und aus diesem aufwühlenden Erlebnis den tatbereiten Gemeinschaftswillen emporwachsen zu lassen. Der heroisch-politische Erzieher [...] das ist der neue Erziehertyp, den die verwandelten Verhältnisse des deutschen Lebens und die neue Wissenschaftseinstellung fordern. [...] Nicht mehr Verstandesmenschen und Wissenstheoretiker, sondern schöpferische Lebensgestalter, immer kampfbereite Träger deutscher Geistesart, willensharte und tatentschlossene Verfechter deutscher Volksziele sollen Hochschule und Schule bilden.³³

Die anti-intellektualistisch konnotierte Heroisierung des wissenschaftlichen Ethos erscheint als vorrangiges Anliegen innerhalb von Lindens Programmatik. Das gewandelte Ethos der „neuen" Deutschkunde, so lautet zudem das anti-bürgerliche und anti-humanistische Ressentiments amalgamierende Leistungsangebot von Linden an das erzieherische und letztlich auch an das politische Feld, wirkt sich demnach vor allem durch zwei Verschiebungen aus: An die Stelle der Erziehung zur Reflexion, zum Denken, tritt die Erziehung zum Handeln, zur Tat und zur Kriegsbereitschaft; an die Stelle des humanistischen, einst bildungs-

---

32 Linden, Walther: Das neue Antlitz der Deutschkunde, in: Deutsches Bildungswesen. Zeitschrift des NS-Lehrerbundes, 1, 1933, S. 401–414, hier: S. 405. S. die gleiche Passage auch in der ZfDk-Publikation zur Deutschkunde auf S. 341.
33 Linden, Walther: a. a. O., S. 339 ff.

bürgerlichen Ideals der Entfaltung und Entwicklung der Persönlichkeit tritt die organische Integration des Einzelnen in die Volksgemeinschaft und in den Staat. Es ist offensichtlich, dass Linden in der Frage nach dem Verhältnis des wissenschaftlichen Eigensinns zu den Anforderungen des politischen Systems für eine weitgehende Aufhebung des ersteren optiert. Die unterstellte Übereinstimmung mit den Anforderungen des neuen Regimes rahmt gleichsam Lindens Inszenierung einer „politischen Lebenswissenschaft" ein. Vom Nationalsozialismus gehen für ihn die entscheidenden Impulse für den Wandel des wissenschaftlichen Ethos aus; das im Zuge dieses Wandels sich noch entwickelnde, neue Leistungsangebot der Disziplin, die Erziehung staatstreuer und kriegsbereiter „Gemeinschaftsmenschen", richtet sich resonanzkalkulierend wiederum auf das politische Feld zurück.

Nur wenige Anhaltspunkte finden sich in Lindens Programmatik dafür, dass der Autor sich darum bemüht hätte, sein Konzept mit dem zeitgenössischen literaturwissenschaftlichen Denkstil zu kompatibilisieren. Außer den obligatorischen Absagen an den „westeuropäischen Empirismus und Positivismus"[34] wie an eine „rein rationale ‚Objektivität'" einerseits und einen „relativistischen Nihilismus"[35] andererseits, zeigen seine Texte kaum Versuche, sein Konzept im Hinblick auf den disziplinären Eigensinn strategisch abzusichern.

Nicht zuletzt deshalb stößt Lindens Konzept innerhalb des Faches kaum auf positive Resonanz. Auch wenn Lindens Produktionen im exoterischen Raum, als populärwissenschaftliche Verteilerpublikationen, durchaus Resonanzeffekte erzielen[36], werden seine programmatischen Texte aus dem Bereich der innerdisziplinären Selbstthematisierungsdiskurse ob ihrer geballten Parolenhaftigkeit und der mangelnden wissenschaftlichen Kredibilität ihres Autors wieder ausgegrenzt.

Als paradigmatisch für diese innerdisziplinären Exklusionsmechanismen erscheint eine Rezension Paul Böckmanns zu Lindens Programmschrift *Aufgaben einer nationalen Literaturwissenschaft*. Es fügt sich in das bisher skizzierte Bild der Konfliktlinien zwischen den literaturwissenschaftlichen Generationen zum Einen und der Konkurrenz zwischen bereits etablierten und (noch) randständigen Akteuren zum Anderen, wenn man weiß, dass Karl Viëtor, als renommierter Vertreter der universitär etablierten Geistesgeschichte und als Mitherausgeber der *ZfDB*, die mit der von Linden mitherausgegebenen *ZfDk* um die Meinungsführerschaft im erzieherischen Feld konkurriert, Böckmann um die Übernahme dieser Rezension bittet. Diesem rät er – ganz im Sinne seines eigenen strategischen Taktierens

---

34 Linden, Walther: a. a. O., S. 338.
35 Linden, Walther: Das neue Antlitz der Deutschkunde, in: Deutsches Bildungswesen. Zeitschrift des NS-Lehrerbundes, 1, 1933, S. 410.
36 Auf Lindens exoterisches Resonanzkapital verweist etwa der Umstand, dass seine Broschüre *Aufgaben einer nationalen Literaturwissenschaft* bereits im Erscheinungsjahr eine zweite Auflage erfährt. Seine 1937 erstmals erschienene *Geschichte der deutschen Literatur von den Anfängen bis zur Gegenwart* erscheint 1944 immerhin in der 5. Auflage (s. Kretschmann, Carsten: Art Linden, Peter, Walther, in: IGL, S. 1098 f.).

(s. dazu unten) – nur zu einer referierenden Kritik, „aus der sich mehr zwischen den Zeilen als expressis verbis ergibt", was der Rezensent von dem besprochenen Buch hält.[37]

„Zwischen den Zeilen" muss man jedoch nicht lesen, um der Kritik Böckmanns ansichtig zu werden. Einleitend scheint er sich zwar zunächst noch auf den Duktus von Lindens Schrift einzulassen, aber schließlich – nachdem er ihr perfiderweise[38] und indirekt bereits politische Anmaßung unterstellt hat – spricht er ihr als „unechter" Forschung jedwede wissenschaftliche Kredibilität ab und grenzt sie somit aus dem Bereich des disziplinär Zulässigen aus:

> Das Geschehen unserer Tage, das dem politischen Leben neuen Sinn gegeben hat, greift in alle Bereiche auch des geistig-kulturellen Daseins hinein und fordert von ihnen, daß sie sich ihrer Funktion für Volk und Staat bewußt werden. Vor allem ist die Wissenschaft aufgerufen, sich auf ihre Grundlagen zu besinnen und ihre Ansprüche an das Volksleben sichtbar und verständlich zu machen. Allerdings wird es ruhiger und besonnener Arbeit und gemeinsamer Sorge bedürfen, bis die Entfremdung zwischen Wissenschaft und Öffentlichkeit in ein gesundes Lebensverhältnis sich verwandelt hat. Vorläufig ist mehr das erstrebte Ziel in allgemeinen Umrissen erkennbar als die konkrete Auswirkung in der täglichen Arbeit. So überwiegen noch die Manifeste und grundsätzlichen Erörterungen.
> Für die deutsche Literaturwissenschaft unternimmt es W. Linden, ein solches allgemeines Programm zu entwerfen. Seine Schrift vermag wohl den Bedürfnissen des Tages neue Parolen zur Verfügung zu stellen; sie läßt aber auch die Grenzen solcher von der augenblicklichen Lage abhängigen Äußerungen spürbar werden, indem sie sich vorwiegend im allgemeinen bewegt. Es wird noch wenig versucht, die zentrale Aufgabe, die der Literaturwissenschaft aus dem politischen Vorgang erwächst, in ihrer eigentlichen Schwere aufzudecken; nicht das Verhältnis von Volk, Staat und Dichtung wird grundsätzlich geklärt, um der bisherigen philologischen Arbeit neue Ausrichtung zu geben, sondern es wird über mancherlei Einzelfragen gesprochen […] es können Stichworte gegeben werden, die bisweilen wohl auf kommende Arbeitsmöglichkeiten hinweisen, die aber ebenso oft die wesentlichen Probleme verdecken. […]
> Es wird also nicht darauf ankommen, ‚von der Goethezeit zum Nationalsozialismus' die Brücke zu schlagen, sondern darauf, den neuen Staat mit allen lebendigen Verpflichtungen zu erfüllen, die uns unsere ganze deutsche Geschichte zuträgt. Dem Literaturhistoriker wird darüber hinaus die Aufgabe zufallen, die Welt der Sprache und der dichterischen Ausdrucksmittel lebendig zu bewahren und in der Vertrautheit mit der Überlieferung eine wirkliche Sprachfähigkeit im Volke zu erzeugen. Von dieser eigent-

---

37 Brief Viëtor an Böckmann vom 17.09.1933, hier zit. nach Krummacher, Hans Henrik: a. a. O., S. 42, dort Anm. 50.
38 „Perfiderweise" hier deshalb, weil Böckmann damit genau jenes Argument gegen Linden richtet, mit dem nationalsozialistische Beobachter der Wissenschafts- und Kulturpolitik gegen den sogenannten Professoren-Nationalsozialismus zu agitieren pflegen.

lich philologischen Aufgabe schweigt Linden. Auch wenn im Schlußteil die Forderung gestellt wird, daß ‚die Deutschkunde in den Mittelpunkt der deutschen Schule und Hochschule' treten muß, melden sich leise Zweifel. Das Bildungsziel, dem die heutige studentische Generation nachstrebt und das in dem Leben der bündischen Jugend vorbereitet war, ist der politische Deutsche und nicht der Deutschkundler. Diese studentische Jugend will den selbstsicheren, volksverbundenen, staatsbereiten und gläubigen deutschen Menschen, der bereit zu Einsatz und Opfer ist und sich im tätigen Leben erprobt. Dazu ist eine politische Erziehung not, zu der gewiß die Deutschkunde ihr gewichtiges Teil beitragen muß: sie vermag ein gesichertes Traditionsbewußtsein, echte Sprachfähigkeit und eine symbolkräftige Deutung deutschen Seelentums zu geben und insofern deutsche Bildung zu vermitteln; sie wird vielleicht das innere Gewissen der politischen Erziehung darstellen können, aber nicht selbst die Richtlinien geben: das müssen die Mächte des Staates, des Glaubens, des tätigen Wirkens. Wie diesen Mächten die Dichtung und die Literaturwissenschaft fruchtbar begegnen kann, bleibt trotz Lindens Schrift ungeklärt. Hoffen wir auf die beispielgebenden Werke echter Forschung, die hier eher weiterführen als Programme.[39]

Zwar liefert auch Böckmann die obligatorische positive Akklamation der Machtübergabe. Sich von Linden abgrenzend insistiert er jedoch auf der Persistenz eines spezifisch literaturwissenschaftlichen Eigensinns, indem er die „eigentlich philologische Aufgabe" des Literaturhistorikers und die Differenz zwischen Lindens politisierenden Parolen und einer „echten Forschung" betont. Eine Entdifferenzierung des Faches im Zeichen des Politischen scheint er jedenfalls entschieden abzulehnen.

Skepsis gegenüber der Parolenhaftigkeit Lindens, so zeigt eine genauere Lektüre, schwingt auch bei Hermann August Korff mit, dessen eigener programmatischer Beitrag ja unmittelbar vor demjenigen Lindens in der ZfDk abgedruckt ist und der mit den Sätzen schließt:

Es bedarf nach all dem [d. h. nach Korffs eigenen Ausführungen; G. K.] keines Wortes, daß die Deutschkunde das selbstverständliche Kerngebiet deutscher Bildung ist. Diese Forderung, von uns immer erhoben, wird heute von niemandem ernstlich mehr bestritten werden. Und sie gilt für Schule und Hochschule gleichermaßen. Sie ist der gegebene Boden, auf dem sich der Bau der ‚politischen' Schule und Hochschule erheben wird. Diesen Boden zu bereiten und am Aufbau dieses Werkes mitzuarbeiten wird auch fürderhin das vornehmste Ziel und das leidenschaftliche Streben dieser Zeitschrift sein.[40]

Korffs Versicherung, die Tatsache, dass die Deutschkunde Kerngebiet deutscher Bildung sei, bedürfe nach seinen eigenen Überlegungen keines weiteren Wortes, erscheint in einem

---

39 Böckmann, Paul: Rezension zu Walther Linden, Aufgaben einer nationalen Literaturwissenschaft, in: ZfDB, 10, 1934, S. 105–107.
40 Korff, Hermann August: a. a. O., S. 345.

ambivalenten Licht. Zumindest dann, wenn man berücksichtigt, dass auf der nächsten Seite der gleichen Zeitschrift der Aufsatz Lindens beginnt, der nicht nur diese „Selbstverständlichkeit" erneut (und mit Ausrufungszeichen) im Titel glaubt anführen zu müssen, sondern eben diesen Gemeinplatz auch noch als Signum einer „neuen" Wissenschaft zu inszenieren sich anschickt. Die sich anschließende Versicherung Korffs, „diesen Boden zu bereiten und am Aufbau dieses Werkes mitzuarbeiten" sei *„auch fürderhin* [Herv.: G.K.]" Ziel und Streben der von ihm mitherausgegebenen Zeitschrift, mag als ein weiteres Indiz dafür gelten, dass dem etablierten Leipziger Ordinarius das Neuigkeitspathos, mit dem sein akademisch randständiger Herausgeberkollege Linden ein bereits hinlänglich bekanntes Programm und somit auch sich selbst in Szene zu setzen bestrebt ist, zumindest suspekt erschienen sein mag.[41]

Die Berufung auf ein philologisches Arbeitsethos spielt auch in einer weiteren, indirekten Kritik an Linden eine Rolle. Zugespitzter noch als bei Böckmann, indes ohne Lindens Namen direkt ins Spiel zu bringen, findet sie sich bei Gerhard Fricke, der ebenfalls 1933 als Konkurrent um Resonanz mit seinem Entwurf *Über die Aufgabe und die Aufgaben der Deutschwissenschaft* die literaturwissenschaftliche Bühne des selbstthematisierenden Raisonnements betritt. Lindens Berufung auf das „Religiöse" und „Nationale" stellvertretend zitierend, attackiert Fricke mit dem für ihn bezeichnenden strategischen Geschick die programmeproduzierende Konkurrenz gleich in zweierlei Hinsicht; zum Einen sei sie nicht nationalsozialistisch, zum Anderen und insofern ihr Arbeitsethos betroffen ist, nicht wissenschaftlich genug:

Denn wenn der nationale Sozialismus das verbindende und erweckende Ethos ist, in dem das deutsche Volk sich findet und seine Zukunft ergreift, dann kann es sich nicht mehr darum handeln, das ‚Nationale', das ‚Religiöse' oder Volkhafte ‚mehr in die Mitte' zu stellen, sondern dann muß alles geschichtliche Erkennen und Deuten […] allein aus der Tiefe nationalsozialistischer Grundhaltung entspringen und zu ihr hinführen, wenn es wahr und fruchtbar sein soll. Das führt natürlich nicht zu der Torheit einer nachträglichen ‚Gleichschaltung' der Geschichte. Damit wäre die Revolution und wäre die Wissenschaft ersetzt durch die Anarchie, deren Hauptmerkmal es ist, daß

---

[41] Die resonanzstrategisch ruinöse Parolenakkumulation in Lindens Texten stößt aber nicht nur innerhalb des literaturwissenschaftlichen Feldes, sondern auch bei den kultur- und wissenschaftsobservierenden Stellen des Regimes bisweilen auf Kritik. Selbst ein Akteur wie Hellmuth Langenbucher, der, so Klausnitzer (a. a. O., S. 115) als leitender Funktionär und Lektor des Rosenberg'schen Amtes Schrifttumspflege, Linden protegiert und der selbst schneidigen Parolen keineswegs immer abhold ist, moniert angesichts der 1937 erschienenen *Geschichte der deutschen Literatur von den Anfängen bis zur Gegenwart* des Autors: „Linden neigt dabei aber zu einem Pathos, das, je tiefer man sich in sein Buch einliest, um so mehr ermüdet. Seine Darstellung leidet außerdem an einem übermäßigen Gebrauch von Worten wie arthaft, bluthaft, volkhaft. Wir sähen es lieber, wenn diese Worte weniger gebraucht würden, und wenn dafür das, was sie ausdrücken sollen, nur in der Darstellung selbst durchscheinen würde. Da das bei Linden ja durchaus weitgehend der Fall ist, könnte er auf den übertriebenen Gebrauch derartiger Begriffe ruhig verzichten." (Langenbucher, Hellmuth: a. a. O., S. 310)

sie zum Ziel zu gelangen glaubt unter Umgehung der entscheidenden Bedingung: der harten, zeitraubenden, mit den Gegenständen ringenden Arbeit, die den Weg im Ungebahnten sucht [...] Was an komischen und bedenklichen Ansätzen zu solchem Anarchismus da ist, entspringt ebenfalls zum großen Teil den überhasteten Versuchen einzelner Intellektueller, ihre persönliche Gleichschaltung nachzuweisen und wird rasch verschwinden.[42]

Die feinen Unterschiede 2: Gerhard Fricke und die doppelte Distinktionsstrategie eines erfolgreichen Nachwuchswissenschaftlers

Gerhard Fricke, sicherlich einer der begabtesten jüngeren Literaturwissenschaftler aus jenem Gros der „Kriegsjugendgeneration", das aus weltanschaulichen wie karrierestrategischen Gründen den Machtwechsel begrüßt, kann sich eine solche Doppelkritik durchaus „leisten". Verfügt er doch bereits 1933 vor allem im wissenschaftlichen Feld – und anders als Linden – über ein gewisses Maß an Kredibilität.[43] Seine programmatische Schrift von 1933, in der er eine quasi-pietistische Variante des Nationalsozialismus mit einem metaprogrammatischen Distinktionsgestus koppelt, präsentiert sich als ein Dokument weltanschaulicher Überzeugung und geschickter programmatischer Selbstinszenierung, das – im Gegensatz zu Lindens Texten – die erhoffte Synchronisation mit einer innerdisziplinär adressierten Kompatibilisierung des Programmes strategisch auszubalancieren weiß.

Zunächst fällt der dezidiert distinktive Gestus Frickes gegenüber dem konkurrierenden Programmschrifttum (vor allem aus dem Umfeld der *ZfDk*) auf, mit dem der Autor suggeriert, einen gleichsam metaprogrammatischen Standpunkt einnehmen zu können. Nicht

---

42 Fricke, Gerhard: a. a. O., S. 497.
43 Seine Qualifikationsschriften stoßen innerhalb des literaturwissenschaftlichen Feldes auf überdurchschnittliche Anerkennung: nach einer Promotion im Fach Theologie über den *Religiösen Sinn der Klassik Schillers*, die 1927 erscheint, promoviert er 1929 beim renommierten Göttinger Ordinarius Rudolf Unger mit einer Schrift über *Gefühl und Schicksal bei Heinrich von Kleist*, die „als wegweisend für die neuere Forschung betrachtet [wird]" (vgl. II.3 sowie Schnabel, Gudrun: Gerhard Fricke. Karriereverlauf eines Literaturwissenschaftlers nach 1945, in: Boden, Petra/Rosenberg, Rainer (Hrsg.): Deutsche Literaturwissenschaft 1945–1965. Fallstudien zu Institutionen, Diskursen, Personen, Berlin 1997, S. 61–85, hier: S. 66). Schnabel (ebd.) verweist darauf, dass Fricke bereits vor 1933 als „große Hoffnung" innerhalb der Disziplin gilt und auch bei den Parteistellen als „politisch zuverlässig" angesehen wird. Zum Zeitpunkt der Veröffentlichung seiner programmatischen Schrift noch als Privatdozent in Göttingen tätig (1933 erscheint seine Habilitationsschrift *Die Bildlichkeit in der Dichtung des Andreas Gryphius: Materialien und Studien zum Formproblem des deutschen Literaturbarock*; s. dazu III.2.3), vertritt er bereits im WS 1933/34 den auslandsreisenden Julius Petersen an der Universität Berlin. Zwischen 1933 und 1945 absolviert Fricke einen „steilen Karriereverlauf" (Schnabel, S. 62), der ihn von Berlin, wo er 1934 die Nachfolge des amtsenthobenen Max Herrmann antritt, über Kiel (1934–1941) bis an die Reichsuniversität Straßburg (1941–1944) führt. Zu Frickes Position im literaturwissenschaftlichen Feld s. auch Dainat, Holger: Voraussetzungsreiche Wissenschaft. Anatomie eines Konflikts zweier NS-Literaturwissenschaftler im Jahre 1934, in: Euphorion, 88, 1994, S. 103–122.

nur will Fricke seine eigenen Überlegungen als „ganz und gar nicht ,programmatische' Hinweise"[44] verstanden wissen, sondern er diskreditiert pauschal die Konkurrenzprodukte, indem er sie gleich auf zwei Ebenen stigmatisiert.

Zunächst auf politischer Ebene: Fricke wertet die Schriften seiner Zunftgenossen nicht nur als Produkte einer eilfertigen, intellektualistisch verbrämten „Gleichschaltung" ab, sondern er zeiht sie zugleich auch, indem er ihre Überlegungen – wie bereits zitiert – mit dem Stigmabegriff des „Anarchismus" belegt, eines wider„revolutionären", mithin geradezu anti-nationalsozialistischen Geistes. In diesem Zusammenhang bedient sich der Göttinger Privatdozent aus jenem Argumentationsrepertoire, das auch für die nationalsozialistische, anti-intellektualistisch gefärbte Rhetorik von einer Klassendifferenzen überwindenden „Volksgemeinschaft" konstitutiv ist:

> Die Haltung der Gefolgstreue, des Opfers, der die Stände überwindenden Volksgemeinschaft, der tathaften Hingabe an die glühend geglaubte Zukunft der Nation – das alles ist gelebt und verwirklicht, noch ehe es die Männer des Schreibtisches und der Theorie ihrer Aufmerksamkeit ernstlich für wert hielten. Auch hier stand am Anfang die Tat und die Leistung, ohne die heute auch die besten Gedanken nicht gedacht werden könnten. Und alle in verdächtiger Eile herbeiströmenden Begriffskünstler, jene geschmeidigen Taktiker und hurtigen Programmatiker, die sich nicht scheuen, die streng gehüteten Symbole und Worte der Bewegung zu Schlagworten auszumünzen und zu verfälschen und die keine Bedenken tragen, ihren ‚Kopf' denen zur Verfügung zu stellen, die sie bisher insgeheim verdächtigten, sie seien nur ‚Fäuste' – sie mögen überzeugt sein, daß der unbestechliche Ernst der weiterkämpfenden Bewegung sich nicht täuschen lassen wird.[45]

Dem theoretizistischen Impetus der Wissenschaften, ihrer begriffsfixierten Abstraktheit stellt Fricke die Begriffs- und Theorieferne des Nationalsozialismus, die er zu einer Tugend des Konkreten, der lebensnahen Unmittelbarkeit und der Leidenschaftlichkeit erhebt, entgegen:

---

44 Fricke, Gerhard: a. a. O., S. 500.
45 Fricke, Gerhard: a. a. O., S. 495. Zur mentalitätsgeschichtlichen Bedeutung und Funktion der Utopie einer egalitären „Volksgemeinschaft" heißt es etwa bei Wehler: „Denn zu der Anbahnung einer neuartigen rassistischen Hierarchie gehörte auch komplementär die Utopie einer egalitären ‚Volksgemeinschaft' aller arischen Deutschen, welche die Klassenantagonismen der Vergangenheit durch eine neue Sozialharmonie überwinden sollte. Das war keineswegs nur ein Propagandatrick, sondern nach den Erfahrungen namentlich der beiden letzten Jahrzehnte eine von vielen geteilte Zielvision voll verheißungsvoller Zukunftsperspektiven. Vor allem die jüngeren Generationen verbanden mit ihnen die Aussicht auf ein Niederreißen antiquierter Barrieren, auf erleichterte Aufstiegsmobilität, auf eine ‚Leistungsgemeinschaft', in der sich die individuelle Tüchtigkeit im sozialdarwinistischen Konkurrenzkampf bewähren, zu Berufserfolg und Anerkennung führen würde." (Wehler, Hans-Ulrich: a. a. O., S. 621)

> Nicht umsonst hat die Bewegung in den Jahren des Kampfes auf die immer wiederholten höhnischen Fragen nach ‚Programmen' beharrlich stillgeschwiegen. Sie wußte, daß kein theoretisches Programm der Welt vor dem Schicksal sicher gewesen wäre, augenblicklich bei Erscheinen von ‚sachverständiger' Seite zerredet und ‚widerlegt' zu werden. [...] Der Nationalsozialist hat zunächst gar nicht das Bedürfnis, die Gewißheit, die ihn bewegt und aus der er handelt, begrifflich zu bestimmen. [...] Seine Grundhaltung versteht sich dem, der sie erworben hat, immer von selber. Er bedarf keiner Formeln, denn er hat die lebendige Wirklichkeit des Führers.[46]

Während „gerade die Gebildeten, deren geschwächter Instinkt beständig dazu neigt, Literatur und Gedanken mit Existenz und Tat zu verwechseln", dazu tendierten, „nationalsozialistisch zu schreiben, ohne nationalsozialistisch zu sein"[47], stilisiert sich Fricke selbst mit authentizistischem Überbietungsgestus[48] gleichsam zu einem Nationalsozialisten des Herzens. Der quasi-pietistische Impetus seiner Ausführungen wird offensichtlich, wenn Fricke – noch einmal indirekt Lindens *Aufgaben*-Schrift kritisierend – die Synchronisation von Wissenschaft und Politik, die er als eine noch ausstehende in Szene setzt, zu einer Angelegenheit der inneren Erweckung und Bekehrung, zu einer „seinsmäßigen Erneuerung" erklärt:

---

46 Fricke, Gerhard: a. a. O., S. 496 f. Die Argumentationsfigur, derzufolge sich die Jugendlichkeit und Frische einer „Bewegung" gerade in ihrer intuitionistisch grundierten Begriffsaskese manifestiert, ist nicht zuletzt durch Nietzsche philosophisch vor-geadelt. In der *Unzeitgemäßen Betrachtung II* liest sich Nietzsches vitalistische, „semantoklastische" Jugendapotheose wie folgt: „Ihre [der Jugend] Mission aber ist es, die Begriffe, die jene Gegenwart von ‚Gesundheit' und ‚Bildung' hat, zu erschüttern und Hohn und Hass gegen so hybride Begriffs-Ungeheuer zu erzeugen; und das gewährleistende Anzeichen ihrer eignen kräftigeren Gesundheit soll gerade dies sein, dass sie, diese Jugend nämlich, selbst keinen Begriff, kein Parteiwort aus den umlaufenden Wort- und Begriffsmünzen der Gegenwart zur Bezeichnung ihres Wesens gebrauchen kann, sondern nur von einer in ihr thätigen kämpfenden, ausscheidenden, zertheilenden Macht und von einem immer erhöhten Lebensgefühle in jeder guten Stunde überzeugt wird." (Nietzsche, Friedrich: Unzeitgemäße Betrachtungen II: Vom Nutzen und Nachteil der Historie für das Leben, in: Friedrich Nietzsche: Sämtliche Werke. Kritische Studienausgabe in 15 Einzelbänden, hrsg. von Giorgio Colli und Mazzino Montinari. Band 1, München 1988, S. 331) Zur Bedeutung dieser Schrift Nietzsches für das asymmetrische Gegenbegriffspaar Wissenschaft – Leben s. ausführlicher III.2.1.

47 Ebd.

48 Authentizistisches Tatpathos gepaart mit strategischem Platzierungssinn zeigt der Göttinger Privatdozent dann auch als einer der literaturwissenschaftlichen Brandredner am 10.05.1933 bei den von der Deutschen Studentenschaft initiierten und organisierten Bücherverbrennungen. In Göttingen beschwört Fricke u. a. die „kopernikanische Wende und Umprägung des Fühlens, Wollens und Denkens, des sozialen, politischen und kulturellen Wertens. Diese Wendung setzt an die Stelle von Demokratie, Liberalismus, Individualismus und Humanismus, an die Stelle des Manchestertums mit seinen Entwicklungszielen zum Atomismus und Kollektivismus – den **völkischen Sozialismus** als das schlagende Herz im Organismus der Nation [...]" (Fricke, Gerhard: Rede des Privatdozenten Dr. Fricke anläßlich der Kundgebung der Studentenschaft „Wider den undeutschen Geist", in: Göttinger Hochschul-Zeitung, 2, 1933, 3, S. 2).

Ist aber erst jene innere Erweckung und Bekehrung – denn um nichts anderes handelt es sich im Grunde – zur Bewegung Adolf Hitlers vollzogen, dann wird auch das Bedürfnis nach Aufstellung und Diskussion von Programmen gegenstandslos [...] Und so erfordert denn die begierige Frage nach den Aufgaben, die die deutsche Erweckung dem Deutschlehrer und Deutschwissenschaftler stellt, zunächst die eine Antwort: die restlose eigene Bekehrung.[49]

Aber man sollte Frickes Überlegungen nicht unterschätzen. Denn er spricht nicht nur als ein offensichtlich überzeugter Nationalsozialist, sondern auch als ein im disziplinären Denkstil sozialisierter Literaturwissenschaftler.

Dies führt zum Aspekt der Kompatibilisierung, den Fricke im Unterschied zu Linden, in seiner anti-programmatischen Programmatik keineswegs unberücksichtigt lässt. Darüber hinaus führt es zur zweiten Ebene, nämlich der literaturwissenschaftlichen, auf der Fricke sich von potentiellen Feldkonkurrenten abgrenzt. Auch hier richtet sich sein Distinktionsgestus gegen jene Akteure, die – wie Linden – ihre eilfertige politische „Gleichschaltung" ohne Umstände auf die Literaturwissenschaft übertragen und deren vordringliches Anliegen es ist, „daß möglichst rasch eine zahlreiche literarische Flotte mit zeitgemäßen Wimpeln in See sticht." Fricke betont das Unseriöse solcher Unterfangen, denn: „Die Revolutionierung der Wissenschaft, das Umdenken in Methoden und Ziel ist zu einschneidend und steht noch zu sehr in den Anfängen, als daß es von heute auf morgen zur Entstehung gültiger und echter Werke zu führen vermöchte."[50]

Zwar fordert auch Fricke, darin Linden ähnlich, einen Wandel des literaturwissenschaftlichen Ethos. Indem er jedoch die „Tiefe nationalsozialistischer Grundhaltung" zum alleinigen Gradmesser dieses Wandels stilisiert, verlegt er ihn gleichsam von der Oberfläche der Texte in das Innere eines jeden literaturwissenschaftlichen Akteurs. Bloße taktische Umbauten, d. h. bei Fricke das „nebelhafte Zerfließen Goethescher, romantischer und neuidealistischer Gedanken, flüchtig überputzt mit einigen völkisch-nationalen Realismen"[51],

---

49 Fricke, Gerhard: a. a. O., S. 496. Dass Fricke die Literaturwissenschaft bekehrungstechnisch noch in der Nachhut sieht und sich damit etwa von der impliziten Avantgardeattitüde Viëtors (s. u.) abgrenzt, wird in folgender Passage deutlich, die sich – nicht ohne Ironie, allerdings ohne dass dessen Name genannt würde – gegen den Mitherausgeber der ZfDB richtet: „Wenn jüngst in dieser Zeitschrift [gemeint ist die ZfDB] so eindrucksvoll die grundsätzliche Übereinstimmung nachgewiesen wurde, in der sich früher formulierte Ziele mit den geistigen Ansprüchen der Gegenwart befinden, so drängt sich doch gleichzeitig der Schluß auf, daß es offenbar mit bestimmten Einsichten und Grundsätzen nicht getan war und ist." (496) Zu religiösen Motiven in den Arbeiten Frickes s. Stilla, Gabriele: Gerhard Fricke: Literaturwissenschaft als Anweisung zur Unterordnung, in: Albert, Claudia (Hrsg.): Deutsche Klassiker im Nationalsozialismus. Schiller – Kleist – Hölderlin, Stuttgart/Weimar 1994, S. 18–36.
50 Fricke, Gerhard: a. a. O., S. 501.
51 Fricke, Gerhard: a. a. O., S. 496. Ganz ähnliche Überlegungen formuliert Fricke in einem weiteren, im Duktus angesichts des Erscheinungsortes populärer gehaltenen, programmatischen Aufsatz: „Zunächst bedarf es freilich energischer **Abwehr einer dringenden Gefahr**. Wir erfahren heute die Versuche Unberufener und Unfähiger, die **Geschichte gleichzuschalten**, wobei die Hast, mit der hier mit Hilfe einiger rasch aufgerafter Schlagworte Programme und Geschichtsbilder hergestellt werden, nicht so sehr

taugten deshalb zur Verifikation eines echten Gesinnungswandels nicht. Auf der literaturwissenschaftlichen Ebene inszeniert Fricke also sein Programm mit dem gleichen distinktiven Gestus der Authentizität, der auch seine politischen Überlegungen kennzeichnet. In dieser mehrfach adressierten Authentizitätssuggestion manifestiert sich die Geschicklichkeit, jedoch zugleich auch die Widersprüchlichkeit von Frickes Argumentationen. Ihre Geschicklichkeit besteht darin, dass Fricke in seinem Text als überzeugter Nationalsozialist spricht und damit Resonanzeffekte innerhalb des politischen Feldes erzielen kann, dass er zugleich aber auch als Vertreter seiner Disziplin spricht, der angesichts der Eilfertigkeit einiger allzu anpassungswilliger Fachgenossen und als Konzession an den wissenschaftlichen Eigensinn der Disziplin die Einhaltung gewisser literaturwissenschaftlicher Mindeststandards einklagt. So warnt er etwa vor der zeitbedingten Preisgabe von „Wahrheitsernst und Forscherstrenge", betont die Wichtigkeit „nüchterner und konkreter Arbeit" und mahnt die Rückkehr zu einer quellennahen Interpretation an.[52] In diesem Zusammenhang heißt es dann: „Aber hier [d. h. in der Literaturwissenschaft] wie fast überall ertönt heute zunächst einmal mit ganz neuer jugendlicher Gewalt das ‚Zurück zu den Quellen!'"[53] Es bestätigt gleichsam auf semantischer Mikroebene Frickes Strategie der Mehrfachadressierung, dass er in der zuletzt zitierten Passage innerhalb eines Satzes das ehrwürdig-traditionelle Philologen-Ethos mit der als „jugendlich" konnotierten nationalsozialistischen „Revolution" zu verbinden versucht.[54] Die Beschwörung politischer und philologischer Kredibilität beglaubigen und potenzieren sich hier wechselseitig.

> den historischen als den konjunkturellen Sinn der Urheber verrät. Je stärker unser Wille zur Totalität auch der geistigen revolutionären Erneuerung ist, um so schärfer werden wir uns gegen die Saboteure des großen Zieles zu wenden haben, die im Begriff sind, die neuen, geistigen und sittlichen Fundamente zur Phrase zu zerreden und mit Hilfe einer wendigen Begriffskunst und einer illusionistischen Geschichtsphantastik einen Radikalismus vortäuschen, der anarchisch ist, nicht revolutionär." (Fricke, Gerhard: Zur inneren Reform des philologischen Hochschulstudiums, in: Volk im Werden, 1, 1933, Heft IV, S. 29–35, hier: S. 31) Wie Böckmann (s. o.), so operiert auch Fricke hier mit dem asymmetrischen Gegenbegriffspaar „revolutionär vs. anarchisch". Während ersterer natürlich positiv auf den NS anspielen soll, verweist letzterer – mit deutlich negativer Konnotation – auf die Phase der Weimarer Republik.
> 52 „Was beispielsweise über die Romantik, über Kleist, über Hebbel u. a. m. in den letzten Jahrzehnten veröffentlicht wurde, das ist nicht die lebendige Vielfalt eines letztlich der gleichen Melodie dienenden Chores, sondern das ist einfach ein Chaos, ein beziehungsloses Gewirr von Stimmen, bei dem die Melodie der Dichtung, der geschichtlichen Quelle, allmählich völlig übertönt wurde, weil es vor allem darauf ankam, sich selbst zu Gehör zu bringen." (Fricke, Gerhard: a. a. O., S. 498)
> 53 Fricke, Gerhard: a. a. O., S. 500.
> 54 Auch wenn man Frickes Beschwörung eines philologischen Ethos' nicht gleich an die Fachtraditionen des 19. Jahrhunderts zurückkoppelt, bleibt sie nichtsdestoweniger fachgeschichtlich gesehen epigonal. Denn bereits Mitte der 1920er Jahre setzt innerhalb der Neueren deutschen Literaturwissenschaft ein Trend zur Rephilologisierung ein. Dainat zufolge handelt es sich dabei jedoch nicht um eine bloße Rückkehr zum Althergebrachten, sondern „eher um eine geistesgeschichtliche Selbstkritik mittels der wissenschaftlichen Errungenschaften des 19. Jahrhunderts." (Dainat, Holger: „Erlösung von jenem ertötenden Historismus." Die Neuere deutsche Literaturwissenschaft zu Beginn der zwanziger Jahre, in: Bialas, Wolfgang/Raulet, Gérard (Hrsg.): Die Historismusdebatte in der Weimarer Republik, Frankfurt am Main, Berlin, Bern u. a., S. 248–271, hier: S. 270)

Die gleichzeitige Widersprüchlichkeit von Frickes Überlegungen besteht indes darin, dass jene programmatischen Vorschläge für eine Deutschwissenschaft, die er natürlich dann doch unterbreitet, sich – abgesehen vom immer wieder bekräftigten Gestus der Distinktion und ihrem sprachlich-stilistischen Niveau – kaum von der Programmatik etwa eines Walther Linden unterscheiden. Auch bei Fricke ist die Rede vom Hindurchstoßen von „der Buch- und Kathederwissenschaft zu einer volksverbundenen und volksdienenden Lebenswissenschaft". An die Stelle der „liberalistischen Ideologie", deren Insistieren auf einer „reinen Wissenschaft" lediglich einen orientierungslosen Perspektivismus gezeigt habe, tritt auch bei Fricke mit der „nationalsozialistischen Geschichtsdeutung" ein sinn- und orientierungsstiftendes Weltanschauungsangebot, das die „Idee des Ganzen" wieder im Blick hat. Diese weltanschauliche „Revolution" bleibt auch für die Literaturwissenschaft, deren theoretische und methodische Diversifikation seit der geistesgeschichtlichen Wende Fricke als Signum eines Verfallsstadiums deutet, nicht ohne Konsequenzen: „Damit aber wird die Überwindung der schlimmen Zersplitterung, ja, der akuten Auflösung möglich, in der sich die deutsche Literaturwissenschaft befand, zumal, soweit sie die neure Dichtung betraf."[55]

Als „gemeinsame Hauptaufgabe" der zukünftigen „Deutschwissenschaft" deklariert er: „Das Wesen deutscher Art und deutschen Menschentums aus den großen vorbildlichen Schöpfungen der frühgermanischen, der hochmittelalterlichen, der idealistischen Kultur nicht minder wie aus den zahllosen verborgeneren und leiseren Quellen zu schöpfen."[56]

Ebenso wie bei Linden wird auch bei Fricke ganz im Sinne seines Insistierens auf dem Konkreten schließlich das erzieherische Leistungsangebot, d. h. die Lehre, gegenüber der Forschung rhetorisch aufgewertet:

> Wichtig aber ist, daß die Wissenschaft von ihrer Überschätzung einer inflatorischen Universitätsliteratur rechtzeitig zurückfindet zu ihrer entscheidenden und dringendsten Aufgabe, die heute im Hörsaal und im Übungsraum der Hochschule liegt. Hier, in der täglichen erzieherisch lehrenden Arbeit kommt es darauf an, endlich und ehe es zu spät ist, das Neue zu **leisten**. Gelingt es der Wissenschaft, und gerade der heute wieder einmal den Anspruch auf die ‚Kernwissenschaft' erhebenden Deutschkunde nicht, in der konkreten Arbeit vor den Studenten und mit den Studenten […] die gefährliche Abschnürung des Wissens vom Leben, von der Tat und von der Verantwortung zu überwinden und die Brücke hinüberzuschlagen von der Geschichte in jene Zukunft, zu der unser Volk heute aufbricht […] dann wäre bei allem literarischen Betrieb der Verfall der deutschen Hochschulwissenschaft nicht aufzuhalten.[57]

Die Authentizität der eigenen Programmatik, die durch ihre inhaltliche Ununterscheidbarkeit von anderen Programmen widerlegt würde, beglaubigt Fricke durch den Gestus der Distinktion, mit dem er in seinen Programmentwurf sowohl die Skepsis der neuen Macht-

---

55 Fricke, Gerhard: a. a. O., S. 498.
56 Fricke, Gerhard: a. a. O., S. 499.
57 Fricke, Gerhard: a. a. O., S. 501.

haber gegenüber dem „Professorennationalsozialismus" als auch die innerdisziplinär motivierte und legitimierte Skepsis gegenüber einer vorauseilenden, aktualistischen Politisierung des disziplinären Denkstils integriert. Frickes Position innerhalb der Disziplin hat dies keineswegs geschadet. Im Gegenteil dokumentiert gerade seine Karriere zwischen 1933 und 1945, dass sich die mehrfach adressierte, programmatische Inszenierung von Unterscheidbarkeit in Positionsverbesserungen innerhalb des eigenen Feldes manifestieren kann, wenn sie durch entsprechendes wissenschaftliches Kapital legitimiert scheint.

Die feinen Unterschiede 3: Relativierte Vehemenz und Besitzstandswahrung: Günther Weydt und das Echo des disziplinären Establishments

Über ein solches Maß an wissenschaftlichem Kapital verfügt Günther Weydt nicht. Im Jahr des Machtwechsels noch nicht habilitiert und ohne feste Stellung, stellt er, als Vertreter einer nachwachsenden, jungen Generation „nationalsozialistischer Germanisten" auftretend, die Frage nach der „germanistischen Wissenschaft in der neuen Ordnung".[58] Eine ähnlich unverhüllte und scharfe Kritik an der aktuellen, programmatischen Konkurrenz wie bei Fricke findet sich in seinen Überlegungen wohl auch aufgrund seiner noch ungesicherten Position innerhalb des Faches nicht. Nichtsdestoweniger werden an Weydts Ausführungen paradigmatisch vor allem die potentiellen generationsspezifischen Konfliktlinien deutlich, die innerhalb des programmatischen Interaktionsgeflechtes wie auch im Rahmen der disziplininternen Diskussionen über das Verhältnis zwischen Eigensinn und Resonanz eine gewichtige Rolle spielen. Weydt eröffnet seine „Ansprache [...] in einem Kreise junger Wissenschafter"[59] mit der zunächst bescheiden anmutenden Frage nach der Legitimation der jungen Generation nationalsozialistischer Germanisten innerhalb der augenblicklichen Ordnung der literaturwissenschaftlichen Disziplin:

> Innerhalb dieser Wissenschaft also und ihrer Vertreter suchen wir als nationalsozialistische Germanisten unsere Stellung zu schaffen, unsere Existenzberechtigung, ja unsere Existenznotwendigkeit zu beweisen und eine Form zu gewinnen, die als die Vereinigung unserer staatlichen Gesinnung mit dem persönlichen Beruf unserer Arbeit überhaupt erst einen Sinn gibt und unser Dasein zu etwas Daseinswertem macht.[60]

Schnell jedoch zeigt sich, dass es Weydt weniger darum geht, die Legitimität einer „nationalsozialistischen Germanistik" innerhalb der disziplinären Matrix zu erörtern, als vielmehr darum, die Existenzberechtigung dessen, was er als die derzeitige Verfasstheit eben dieser Literaturwissenschaft skizziert, zunächst in Frage zu stellen. Die angemahnte berufliche wie existentielle Sinnstiftungsfunktion jedenfalls spricht Weydt jener geistesgeschichtlich kon-

---

58 Weydt, Günther: Die germanistische Wissenschaft in der neuen Ordnung, in: ZfDB, 9, 1933, S. 638–641. Die Selbstbezeichnung als „nationalsozialistischer Germanist" findet sich dort auf S. 638.
59 Weydt, Günther: a. a. O., S. 638 [Anmerkung 1 der Schriftleitung].
60 Ebd.

turierten Literaturwissenschaft ab, mit der ein Großteil der nunmehr etablierten Generation von literaturwissenschaftlichen Akteuren sich erfolgreich innerhalb des disziplinären Feldes positionieren konnte. Als rhetorische Ressource für diese gegen die Geistesgeschichte gerichtete, innerdisziplinäre Skepsis dient Weydt die „deutsche Revolution" der Nationalsozialisten. Deren sozialdarwinistisches, weltanschauliches Gepräge greift Weydt auf und zitiert folgerichtig als „Lebensfrage unserer Wissenschaft […], die die Spiegelung der großen Frage in unsere kleine Welt darstellt":

> ‚Ist ein Mensch, ein Stand, eine Staatsform, ein Forschungszweig von sich aus berechtigt, wenn ihre Vertreter nur guten Willens sind und niemand bedrohen?', eine Frage, die wir nicht mehr so ohne weiteres mit ‚Ja' beantworten würden, wie vielleicht noch vor kurzem. […] Wenn es also überall so ist […], daß das Schlechtere nicht bestehen darf, auch wenn es sich keines Verbrechens bewußt ist, eben weil es der Feind des Besseren sein muß, so wird das auch auf unsere Wissenschaft, die Germanistik, zutreffen. Eine Wissenschaft soll nicht bestehen, weil sie besteht, weil sie innerhalb ihres Ideenkreises folgerichtige, ja vielleicht tiefschürfende und bewundernswerte Gedanken entwickelt; sondern sie soll sich mit gutem Gewissen durch ihre eigene Kraft und Bedeutung vor dem Ganzen rechtfertigen können. Aber dieses Ganze ist uns nicht etwa der unendlich große Bau einer voraussetzungslosen Wissenschaft, zu der wir Steinchen um Steinchen beitragen, sondern dieses Ganze ist die Fülle des Menschlichen im völkischen Leben, die sich eben in dem Augenblick entfaltet, wo auch die Wissenschaft gemacht wird. […] Aber die Schwierigkeit, der wir gegenüberstehen, ist in ihrer Weise um nichts vermindert seit der deutschen Revolution: die Schwierigkeit, nichts flau werden, nichts in den alten Sumpf zurückgleiten zu lassen, nichts aber auch sinnlos und mit billigem Radikalismus zu behandeln; sondern alles, auch in dieser unserer Wissenschaft, aus dem innersten Grunde der nationalsozialistischen Weltanschauung herauswachsen zu lassen und zu gestalten.
> ‚Ist das möglich', müssen wir uns danach fragen, ‚ist das möglich für die Zweige der Wissenschaft […]? Ist es möglich, der Vergangenheit völliges Verständnis entgegenzubringen, den Geist jeder Epoche aus sich heraus zu begreifen, Literaturwissenschaft als Geistesgeschichte zu treiben und Nationalsozialist zu sein?'
> Ich glaube, es ist nicht möglich.[61]

Die Synchronisation von politischer Ereignisgeschichte und Disziplinentwicklung ist also nach Weydt bisher nicht nur ausgeblieben – sie sei vielmehr, solange die Literaturwissenschaft weiterhin als Geistesgeschichte betrieben werde, prinzipiell unmöglich. Argumentationsgeschichtlich interessant ist die Begründung, die Weydt für die vermeintliche Unverträglichkeit von Nationalsozialismus und Geistesgeschichte liefert. Er unterstellt der geistesgeschichtlich ausgerichteten Literaturwissenschaft eben jenen unzeitgemäßen „Historismus", den die Generation der geistesgeschichtlichen Literaturwissenschaftler selbst schon

---

61 Weydt, Günther: a. a. O., S. 638 f.

mehr als ein Jahrzehnt zuvor wiederum an ihrer Vorgängergeneration und deren vermeintlichem Positivismus bemängelte:

> Für uns als Literaturhistoriker kann es indes das Ziel nicht sein, eine Vergangenheit aus sich heraus zu verstehen, wie es seit zwei Jahrzehnten als höchstes Ideal der Wissenschaft angepriesen wird. Denn ich kenne gar keinen Grund, der mich veranlassen könnte, die Romane der Romantik zur Wesenserkenntnis dieser Epoche zu mißbrauchen, da ich kein Romantiker werden will; ich kenne auch keinen Grund, mich an barocken Gedichten über das barocke Lebensgefühl, an biedermeierlichen Novellen über das biedermeierische Lebensgefühl zu orientieren; jedesmal nur mit der einzigen Ausnahme, daß ich etwa dieses Verständnis nur als Hilfskonstruktion ansehe, als Brücke, um nachher umgekehrt von diesem Verständnis zur absoluten Beurteilung des Kunstwerks, seines Wertes für mich, für uns alle, für die deutsche Tradition, in nun allerdings vertiefter Weise zu gelangen. Ich muß aber dabei im Auge behalten, daß solche Hilfskonstruktionen, wie sie die geistesgeschichtliche Methode für die Literaturwissenschaft darstellt, niemals zum Selbstzweck werden dürfen, wie es in den letzten Jahren oft geschah. [...] Geisteswissenschaftliche Literaturgeschichte als Selbstzweck ist eine liberalistische Forderung. Man glaubt, daß wir verschiedene Standpunkte einnehmen könnten, ohne Schaden zu nehmen an unserer Seele. In Wahrheit können wir aber nur einen einnehmen, und das ist unserer.[62]

Es ist kaum zu entscheiden, ob es sich hierbei um die „schiefe Behauptung"[63] eines vergleichsweise noch unbelesenen Nachwuchswissenschaftlers handelt oder doch um das besonders perfide Stratagem eines Feldnovizen, der die Generation der einstigen „Erneuerer" des Faches mit ihren eigenen rhetorischen Mitteln und mit dem Rückenwind, der aus dem politischen Feld weht, zum „alten Eisen" erklären will.[64] Von der Zählebigkeit einmal etablierter argumentativer Muster, deren diskursive Proliferation keineswegs immer an ihre kognitive Durchdringung gebunden sein muss, zeugt Weydts Argumentation in jedem Fall. Indem Weydt den angeblichen Historismus der „geisteswissenschaftlichen Literaturgeschichte" unter Liberalismus-Verdacht stellt und so sein disziplingeschichtliches Verdikt

---

62 Weydt, Günther: a. a. O., S. 639. Zur „Historismus"-Kritik innerhalb der Literaturwissenschaft s. Dainat, Holger: „Erlösung von jenem ertötendem Historismus". Die neuere deutsche Literaturwissenschaft zu Beginn der zwanziger Jahre, in: Bialas, Wolfgang/Raulet, Gérard (Hrsg.): Die Historismusdebatte in der Weimarer Republik, Frankfurt am Main u. a. 1996, S. 248–271.
63 So die Schriftleitung im Nachwort zu Weydts Beitrag (S. 641). Zur Bedeutung des Nachwortes s. u.
64 Freilich zeigt ein Blick in die Argumentationsgeschichte, dass die Strategie, den jeweiligen geistigen Gegner gerade mit jenen Argumenten zu attackieren, die er selbst zuvor gegen seine Gegner ins Feld führt, durchaus zum festen Repertoire geistesgeschichtlicher Auseinandersetzungen gehört. So treten etwa, um nur ein Beispiel zu nennen, die Gegner eines aufklärerischen Denkens mit jenem Argument eines Mangels an „existentieller Intensität" gegen „die" aufklärerischen Diskurse an, die diese selbst eine Epoche zuvor gegen das christlich-scholastisch dominierte Denken der mittelalterlichen Philosophie richten. S. dazu Kondylis, Panajotis: Die Aufklärung im Rahmen des neuzeitlichen Rationalismus [1981], Darmstadt 2002, S. 45 ff.

an die kurrente politische Abwertungssemantik koppelt, spricht er der Generation der Geistesgeschichte ihre Existenzberechtigung innerhalb der „neuen Ordnung" ab.

Für die Reflektiertheit Weydts zumindest auf rhetorischer Ebene spricht jedoch die Tatsache, dass er bemüht ist, seine dezidierte Absage an die historistische Versenkung in vergangene Epochen zugleich – und trotz aller vitalistischen Beschwörung eines neuen, „kämpferischen" Germanistenethos – von den Positionen eines bloß „modischen", geist- bzw. wissenschaftsfeindlichen Anti-Intellektualismus abzugrenzen. Die nachrückende Generation nationalsozialistischer Germanisten, so versichert Weydt mit Blick auf den innerdisziplinären Resonanzraum, sei „keine Ansammlung politischer Fanatiker, die gern die Wissenschaft mit der ihnen bequemeren Politik verharmlosen wollen." Auch die Minimalforderung nach einer „wesentlich beurteilenden" Literaturgeschichtsschreibung, die im Sinne einer einheitsstiftenden, nationalkulturellen Leistungsschau deutsche Kunstwerke interpretiert als „große Leistungen innerhalb des nationalen Kulturraums, als Leistungen und nicht als Resultate von sich gegenseitig ablösenden und vielleicht widersprechenden Geistesbewegungen", dürfte durchaus kompatibel mit dem etablierten, literaturwissenschaftlichen Denkstil gewesen sein. Die Mehrfachadressierung von Weydts Text zeigt sich vor allem dann, wenn der eingangs und wohl mit Blick auf den politischen Resonanzraum insinuierte Generationenkonflikt, der sich ja vor allem als Kritik an der einseitigen, überkommenen Geistfixiertheit der etablierten Literaturwissenschaft geriert, schließlich doch im Zeichen einer auf die Ganzheit des Menschen gerichteten „Verteidigung des Geistes" weitestgehend wieder eingeebnet wird. Zwar heißt es zunächst noch apodiktisch: „Wir hoffen auf eine neue Generation, die uns nicht eine neue Epoche des deutschen Geistes heraufbringt, sondern die deutsche Kultur." Die durchaus geforderte „Militarisierung" des wissenschaftlichen Ethos soll jedoch gerade nicht in eine ebenfalls einseitige Absage an alles Geistige umschlagen:

> Wenn wir hören, daß Görres schreibt, jeder Deutsche solle mit dem Schwerte gegürtet einherschreiten, werden wir vielleicht nicht mehr lachen; aber wir belächeln das hoffnungslos Romantische, das Fragmentarische dieser Idee. Das Ideal von Görres ist nicht aus dem Ganzen, sondern rein aus dem Geiste heraus gestaltet. Wir erblicken in unserem heutigen Kleinkaliberschießen einen tieferen weltanschaulichen Sinn als bei dem Görresdeutschen, der mit dem Schwerte gegürtet einherschreitet. Trotzdem kennen wir auch die Gefahr des Fragmentarischen für die Gegenwart. Ließen die anderen das Reich liegen oder die völkische Einheit oder die soziale Wirklichkeit, so liegt jetzt die Gefahr in der Preisgabe des Geistes. Hier ist unsere Aufgabe. Wir sind die schmale Schützenkette an der entlegenen Flanke des Reichs, die zu verhindern hat, daß irgend etwas verlorengeht, während zunächst auf anderen Schauplätzen die großen Schlachten geschlagen werden. Wir sind also einzeln wichtig und tragen jeder eine besondere Verantwortung als Kämpfer auf der geistigen Linie. Aber wir müssen zuerst Kämpfer werden wie jeder andere, ehe wir diese besondere Aufgabe, die uns zufällt, übernehmen können; wir müssen erst die neue Überzeugung haben, ehe wir Taten verrichten können; wir müssen wissen, daß ein rechtes Maß und Ausmünzung und Auswertung

und Verlebendigung der echtesten Literatur unser Ziel ist, ehe wir zu den Methoden der geisteswissenschaftlichen Betrachtung greifen.[65]

Auch hier wird – ähnlich wie bei Fricke – die Entscheidung für die „neue Überzeugung" ins Innere der Akteure verlagert. Zwar wird sie gleichsam zum ethischen Transzendental geisteswissenschaftlicher Arbeit stilisiert, durch die Verlagerung nach innen jedoch letztlich auch jeglicher Nachprüfbarkeit jenseits rhetorischer Bekundungen entzogen. Der denkstilspezifischen, geisteswissenschaftlichen Betrachtungsweise des Literaturwissenschaftlers wird so – de facto mit oder ohne vorhergehender Entscheidung zum Nationalsozialismus – durch die vage Beschwörung des Ideals eines „ganzheitlichen" Menschen und die Verpflichtung auf einen wertenden Impetus schließlich doch eine weitere Bestandsgarantie eingeräumt. Der Generationenkonflikt wird so mit Blick auf den politischen Resonanzraum als potentielle Drohkulisse zunächst aufgebaut und mit Blick auf den disziplinären Resonanzraum wieder relativiert. So ungelenk und grobschlächtig Weydts Ausführungen in inhaltlicher Hinsicht sein mögen, in resonanzstrategischer Hinsicht dokumentieren sie das „erfolgreiche" Ansinnen eines noch nicht etablierten Nachwuchswissenschaftlers, den programmatischen Bezug zur politischen Ereignisgeschichte als rhetorische Ressource dafür einzusetzen, Aufmerksamkeit inner- wie außerhalb des Faches zu erzeugen, ohne sich jedoch damit den Zugang zu Positionen innerhalb der Disziplin zu versperren.

Dass die in Weydts Text sich abzeichnende Strategie einer relativierten Vehemenz „aufgeht", zeigt sich nicht zuletzt daran, dass ihm in der *Zeitschrift für Deutsche Bildung* ein Forum für inner- wie außerfachliche Aufmerksamkeit zugestanden wird[66] und sein Beitrag – trotz des in ihm angedeuteten, disziplinären Generationenkonflikts – überhaupt Eingang finden kann in den programmatischen Diskurs der Disziplin.[67] Anders als etwa die Bei-

---

65 Weydt, Günther: a. a. O., S. 641.
66 Zur ZfDB s. Grund, Uwe: Indices zur sprachlichen und literarischen Bildung in Deutschland, Bd. 2: Zeitschrift für Deutsche Bildung 1925–1943. Beiträger – Themen – Textprofile, München u. a. 1991.
67 Darüber hinaus zeigt es sich aber auch daran, dass es Weydt – im Unterschied etwa zu Linden – gelingt, Zugang zu den Positionen sowohl innerhalb des literaturwissenschaftlichen als auch des kulturpolitischen Feldes zu erlangen. Am 01. 02. 1934 wird er außerplanmäßiger Assistent für Deutsche Literatur an der Universität Bonn und 1935 habilitiert er sich bei Oskar Walzel und Hans Naumann – auch diese Kombination erscheint als Beleg für die relativierte Vehemenz Weydts – mit einer Arbeit über „Wilhelm Meisters Wanderjahre. Individuum und Gemeinschaft". S. den Art. „Weydt, Günther Philipp Wilhelm" im IGl. Vor allem während des Zweiten Weltkrieges kann sich Weydt dann als erfolgreicher Akteur innerhalb der kulturpolitischen Auslandsarbeit des „Dritten Reiches" etablieren: Zunächst als Vortragsredner der „Deutschen Akademie" in Belgien tätig, arbeitet er seit 1941 zunächst als Lektor der DA in Brüssel, seit 1942 als Lektoratsleiter in Antwerpen und Lüttich und wird schließlich im November 1942 an die Spitze der „Mittelstelle Belgien" der DA berufen, wodurch er zugleich auch Leiter der Sprachenabteilung des DWI Brüssel wird. Ende 1943 übernimmt er zusätzlich noch eine neu eingerichtete „Gastprofessur" an der Universität Gent (s. dazu: Jäger, Ludwig: Seitenwechsel. Der Fall Schneider/Schwerte und die Diskretion der Germanistik, München 1998, S. 244–256 und Hausmann, Frank-Rutger: „Auch im Kriege schweigen die Musen nicht". Die Deutschen Wissenschaftlichen Institute im Zweiten Weltkrieg. 2., durchgesehene Auflage, Göttingen 2002, S. 256f. und 260f.) S. dazu auch III.4.4.

träge Lindens provozieren Weydts Ausführungen keine heftigeren Gegenreaktionen. Jedoch bleibt die Inklusion seines Textes keineswegs unkommentiert. Auch Weydts Beitrag wird – darin der Konstellation Korff-Linden in der *Zeitschrift für Deutschkunde* ähnlich – paratextuell gerahmt durch den Kommentar eines Vertreters eben jener literaturwissenschaftlichen Generation, die der Text zu kritisieren vorgibt. Die Schriftleitung der *ZfDB* – und in diesem Falle dürfte es sich wahrscheinlich vor allem um den Mitherausgeber und renommierten, geistesgeschichtlich orientierten Literaturwissenschaftler Karl Viëtor handeln [68] – sieht sich gehalten, Weydts Überlegungen mit einer einleitenden und einer abschließenden Bemerkung zu versehen. Es lohnt sich, diese Kommentare genauer zu betrachten. Dokumentieren sie doch *in nuce* jene Strategie einer ebenso fürsorglichen wie vorsorglichen Vereinnahmung, die ein Teil der bereits etablierten Literaturwissenschaftlergeneration gegenüber dem durch den Machtwechsel ausgelösten „Druck von unten", d. h. gegenüber der forcierten Kritik seitens der Studenten und der Nachwuchswissenschaftler, einnimmt.

In einer Anmerkung zum Titel von Weydts Beitrag (der ersten und einzigen des gesamten Textes übrigens) teilt die Schriftleitung zunächst mit: „Die Ansprache, die wir hier bringen, hat zu Beginn des Sommersemesters in einem Kreise junger Wissenschaftler die neuen Aufgaben erörtert."[69] Damit wird der Leser zunächst scheinbar ganz neutral über Anlass (Beginn des ersten Semesters nach der Machtübergabe), Situation (Ansprache, d. h. mündlicher Vortrag), Zweck (Erörterung der neuen Aufgaben) und Adressaten (Kreis junger Wissenschaftler) informiert. Darüber hinaus dokumentiert natürlich die Schriftleitung ihre Bereitschaft, auf die möglichen Forderungen nach Authentizität (mündlicher Vortrag eines jungen Wissenschaftlers) und nach Zeitgemäßheit (aktueller Bezug des Beitrages) angemessen zu reagieren. Dass es hier aber nicht nur um eine neutrale Informationsübermittlung und um Gesten der Authentizitätsbeglaubigung geht, darauf deutet dann das „Nachwort der Schriftleitung" hin:

> Wir teilen diese Ansprache unseren Lesern mit, weil wir finden, daß sie um ihrer wissenschaftspolitischen Tendenz willen bedeutsam ist, und daß die hier vorgetragenen Grundgedanken einem guten Instinkt entspringen. Denn wie anders als mit aufrichtiger Zustimmung kann man sich stellen zu dem hier um Ausdruck ringenden Willen wissenschaftlicher Jugend, der auf lebendige, unmittelbare Begegnung mit den entscheidenden Werten der großen, gültigen Dichtwerke hindrängt …, auf zugreifendes Verstehen also und auf wertende Auseinandersetzung? Wir finden auch die in den Schlußsätzen ausgesprochene Anschauung und Gesinnung so vortrefflich, daß wir, um die Wirkung dieser Kernstücke der kleinen Rede nicht zu stören, jede kritische Bemerkung unterdrücken, zu der einige schiefe Behauptungen über unsere Wissenschaft und

---

68   Viëtor ist seit 1928 Mitherausgeber der ZfDB. Man darf vermuten, dass er der Autor der paratextuellen Rahmung ist, da am Ende des Nachsatzes korrigierend auf jenen programmatischen Beitrag verwiesen wird, den Viëtor 1933 selbst in der ZfDB veröffentlicht hat (s. u.).
69   Anm. 1 zu Weydt, Günther: a. a. O., S. 638.

ihre Methoden herausfordern. Im übrigen nimmt Zustimmung und Kritik schon der vor kurzem hier veröffentlichte Aufsatz ‚Die Wissenschaft vom deutschen Menschen in dieser Zeit' vorweg. Wir bitten, vor allem den fünften Abschnitt auf S. 346f. daraufhin noch einmal zu lesen.[70]

Als ein durchaus fürsorgliches wird das Verhältnis der etablierten Literaturwissenschaftlergeneration (d. i. hier: die Schriftleitung, bzw. höchstwahrscheinlich Viëtor) zur Generation der Nachwuchswissenschaftler (d. i. hier: Weydt) in dieser paratextuellen Rahmung mit einem geradezu gönnerhaft-paternalistischen Gestus inszeniert.

Gleichwohl ist diese Fürsorge zugleich auch eine Vorsorge, die implizit, aber nachdrücklich klären soll, wie innerhalb des literaturwissenschaftlichen Feldes die Zugänge zur disziplinär akzeptablen Rede geregelt werden. Vermessen und paratextuell transparent gemacht wird also der Kommunikationsraum der Disziplin: wer darf wann und wo was sagen? Der Feldnovize Weydt hat kaum den Mund aufgemacht und den nicht eben bescheidenen Titel seiner, wie die Schriftleitung betont, „kleinen Rede" verkündet – *Die germanistische Wissenschaft in der neuen Ordnung* – da schaltet sich auch schon anmerkend das schriftleitende Ordinariat ein. Zunächst könnte man meinen, die Anmerkung sei ein Hinweis Weydts selbst auf die Umstände seiner „Ansprache". Aber – es handelt sich um eine Ansprache, „die wir hier bringen." Wir – das meint die Schriftleitung und das verweist auf den Umstand, dass man im „Kreise junger Wissenschaftler" sicherlich viele die Zeitumstände erörternde Anpranchen halten kann. Den Zugang zu einer größeren (Fach)Öffentlichkeit indes regelt die Schriftleitung der Etablierten, die die Rede als Schrift „unseren Lesern mitteilt". Die Möglichkeit auf größere, innerfachliche Resonanz, die Transposition des nur begrenzt wirksamen gesprochenen Wortes in die das Wort vervielfältigende Schrift wird also – darauf verweisen die ersten beiden Verwendungen des „wir" in Anmerkung und Nachwort – *zugelassen*. Sie wird *gegönnt*. Nicht jeder also, der öffentlich redet, darf auch in der Fachöffentlichkeit schreiben. Neben dem zweimaligen Verweis auf die mündliche Überlieferungssituation finden sich weitere Hinweise darauf, dass das, was hier geredet wird, den Standards des in schriftlicher Form innerhalb der Disziplin Zulässigen eigentlich nicht gerecht wird.

Sicherlich, man bietet der „wissenschaftlichen Jugend" ein Forum, ist möglicherweise angesichts der aktuellen Situation an den deutschen Hochschulen gar genötigt, dies zu tun. Jedoch versäumt man es nicht, darauf hinzuweisen, dass das, was hier geredet wird, lediglich Resultat eines „um Ausdruck ringenden Willens" ist. Wer aber um Ausdruck erst noch ringen muss, dem fehlen eben die richtigen, d. h. die disziplinär adäquaten, Worte für die Situation der Wissenschaft in der „neuen Ordnung". Diese richtigen Worte wurden aber bereits gefunden, nämlich vom Verfasser des Aufsatzes *Die Wissenschaft vom deutschen Menschen in dieser Zeit*, d. h. von Viëtor selbst. Man muss diesen Aufsatz nur „noch einmal" – so der ein wenig oberlehrerhaft anmutende Hinweis der Schriftleitung – „darauf hin

---

70 Nachwort der Schriftleitung zu: Weydt, Günther: a. a. O., S. 641.

lesen", d. h. richtig lesen. Andererseits aber – und hier gehen die Prophylaxe gegen die programmatische Konkurrenz der im politischen Aufwind treibenden Nachwuchsgeneration und ein resonanzkalkulierender Fürsorglichkeitsgestus Hand in Hand – will man aber auch nicht als kleinlich, als „verkalkter" Vertreter einer „reinen", einer „voraussetzungslosen" Wissenschaft erscheinen, der im blinden Dienste einer solch falsch verstandenen Wissenschaftlichkeit den politisch befeuerten Mitteilungsdrang des Nachwuchses unterdrückt. Deshalb „unterdrückt" man lieber (außer eben dieser Bemerkung selbst) „jede kritische Bemerkung", zu der „einige schiefe Behauptungen über unsere Wissenschaft und ihre Methoden" „herausfordern", denn die „wissenschaftspolitische Tendenz" wie „auch die in den Schlußsätzen ausgesprochene Anschauung und Gesinnung" sind „vortrefflich" und der veröffentlichenden wie der veröffentlichten Fürsorge der etablierten Wissenschaftlergeneration würdig. Diese Gesinnung der wissenschaftlichen Jugend – und hier wird die Fürsorge schließlich wieder zur Vorsorge mit Blick auf das politische Feld – eine Gesinnung, die „auf lebendige, unmittelbare Begegnung mit den entscheidenden Werten der großen, gültigen Dichtwerke hindrängt ..., auf zugreifendes Verstehen also und auf wertende Auseinandersetzung", teilt man nicht nur mit der nachwachsenden Generation; man hat sie, so wird hier angedeutet, schließlich schon immer selbst gehabt. Man bietet demnach den „jungen Wissenschaftlern", die, worauf man hinzuweisen nicht gänzlich umhin kann, noch keine richtigen Wissenschaftler sind, zwar ein Forum für die Kundgabe ihrer Gesinnung. Dies aber doch nur, um das eigene Ethos noch einmal als bestätigtes erscheinen lassen zu können.

In der paratextuellen Rahmung, die die Schriftleitung Weydts Rede angedeihen lässt, manifestiert sich also die Haltung einer generations- wie statusbedingten geistigen Besitzstandswahrung, die sich selbst als Generosität inszeniert.

Die feinen Unterschiede 4: Karl Viëtor und die Variante einer etablierten „Wissenschaft vom deutschen Menschen"

Und in der Tat sollte man Viëtors Aufsatz zur *Wissenschaft vom deutschen Menschen in dieser Zeit* „noch einmal" genau lesen, um die Differenz zu ermessen, die zwischen der „kleinen Rede" des politisch enthusiasmierten Neulings und den abwägenden Ausführungen des etablierten Ordinarius besteht. Gewiss, die gängige Synchronisation von politischer Ereignisgeschichte und möglicher Wissenschaftsentwicklung findet sich auch im ersten Abschnitt von Viëtors Text. Dort wird gleich einleitend klar gemacht, dass „[d]urch den Sieg der nationalsozialistischen Bewegung [...] allen völkischen Kräften in Deutschland ein ungeheures Feld eröffnet [ist]."[71] Aber bereits exordial erfährt die übliche personalisierende

---

71 Viëtor, Karl: Die Wissenschaft vom deutschen Menschen in dieser Zeit, in: ZfDB, 9, 1933, S. 342–348, hier: S. 342. Ebendort finden sich auch die obligatorische Liberalismus-Schelte („Das längst brüchige Gebäude der liberalistischen Ideen und der zu ihnen gehörigen Wirklichkeit ist zusammengebrochen.") und der akklamatorisch-personalisierende Rekurs auf Adolf Hitler und die NSDAP: „Der

Konzentration dieser „völkischen Kräfte" im genialen Führerindividuum eine gewisse Einschränkung:

> Neues Volkstum als Inhalt des neuen Staates! Wer geschichtliches Leben versteht, der weiß, daß dies gewaltige Werk von keinem Gott geschenkt, von keinem einzelnen Menschen hervorgezaubert werden kann. Sondern daß es in einem langen, mühsamen Vorgang von uns allen, von der mobilisierten Gesamtheit aller […] Schritt für Schritt erobert werden muß. Alles was jetzt getan werden muß, sollte in dem entschlossenen Geist des Vorwärtsdranges geschehen, der eines der wichtigsten Bestandteile des ‚Frontgeistes' war. Das gilt gewiß für die nationale Erziehung, gilt auch für die Wissenschaft, die der nationalen Erziehung allerwichtigste Inhalte und Mittel bereitstellt: für unsere, für **die Wissenschaft vom deutschen Menschen** in seinen gestalteten Äußerungen.[72]

Hier wird nicht nur der eventuelle nationalpädagogische Alleinverwaltungsanspruch des NS relativiert, indem der vorrangige Status der eigenen Disziplin im Konzert der „völkischen Kräfte" betont wird (Bereitstellung „allerwichtigster Inhalte und Mittel" für die nationale Erziehung), sondern auch das „Neue" der aktuellen nationalen Bewegung wird historisiert[73]: Es wird, indem Viëtor die „mobilisierte Gesamtheit aller" und den „Frontgeist" ins Spiel bringt, semantisch zurückgekoppelt an den mentalen Fundus jener Generation, mit der das Schlagwort von der „geistigen Mobilmachung" im Rahmen des Ersten Weltkrieges assoziiert ist und der Viëtor selbst angehört. Der „neue" nationale Kampfgeist ist also, so wird man Viëtor verstehen dürfen, die Wiederkehr jenes alten „Frontgeistes", der schon vor 1933 existierte, der sich aber während der Zeit des verhaßten Weimarer Systems nicht mehr entfalten konnte. Diese Tendenz zu einer relativierenden Historisierung der politischen Ereignisse intensiviert Viëtor im zweiten Abschnitt noch, wenn er die eingangs angedeutete Synchronisation zugunsten der eigenen Wissenschaft gleichsam umkehrt. Aus der Literaturwissenschaft, der Linden, Fricke und Weydt attestieren, sie müsse den politischen Zeichen der Zeit erst folgen lernen, um als geistige Nachhut tatentschlossenen politischen Handelns den Anschluss an die neuen Verhältnisse nicht zu verpassen, wird bei Viëtor – deutlicher als bei Korff – eine „Deutschwissenschaft", die als nationalistische Avantgarde schon seit längerem das vorgedacht habe, was sich nun mit dem Systemwechsel auf politischer Ebene erst wieder Bahn hat brechen können. Das politische Handeln sei erst jetzt, so lautet Viëtors im Deutungsmuster der Geistesgeschichte unterbreitete Werbung für die eigene Disziplin, dort angelangt, wo der Geist des disziplininternen „Kerntrupps" schon seit zwanzig Jahren unverdrossen steht. Der genealogische Blick zurück ent-

---

Führer hat es ausgesprochen, daß, was die in der Partei zusammengefaßte Kraft des völkischen Kerns erkämpft hat, nun von der Gesamtheit der Nation erkannt, aufgenommen und angeeignet werden muß, damit aus der programmatischen Möglichkeit volle Volkswirklichkeit werde."

72 Ebd.
73 Viëtors geistesgeschichtliche Neigung, die aktuellen Ereignisse zu historisieren, deutet sich bereits an, wenn er seinen Ausführungen als Leitspruch ein Zitat Herders voranstellt: „‚Wahr ist's, wir Deutschen kamen spät; desto **jünger** aber sind wir. Wir haben noch viel zu tun …'" (342)

1. ERÖFFNUNGSSPIELE: AKKLAMATION, ABWEHR UND DISTINKTION 163

hüllt sowohl das in militärischer Semantik beschworene, avantgardistische Potential der *chosen few* seiner Wissenschaft als auch das Innovationspotential seiner Generation, deren Vorgedachtes nunmehr Wirklichkeit werden kann:

> Wenn man als gläubiger Mitarbeiter an den Bestrebungen der Gesellschaft, deren Name auch im Titel unsrer Zeitschrift erscheint, der **Gesellschaft für Deutsche Bildung**, auf die Bestrebungen dieses Kerntrupps zurückblickt – auf die zwanzig Jahre entschlossenen und unermüdlichen Kampfes um Dinge, die wohl in jeder andern Nation sich leicht würden durchsetzen lassen und vielleicht nur in Deutschland überhaupt eigens durchgesetzt werden müssen ... wenn man zurückblickt und sich vergegenwärtigt, was diese vielverkannte, tapfere Schar schon vor Jahren als Programm der Deutschwissenschaft und der deutschen Bildung verkündet hat, dann drängt sich einem deutlich auf: dies nationalpädagogische Programm der Gesellschaft für Deutsche Bildung ist, mit einigen Änderungen und Erweiterungen, ein gutes Programm auch für die zu leistende Arbeit des nationalen Aufbaus, soweit er die Wissenschaft vom deutschen Menschen und die Erziehung zum deutschen Menschen betrifft.[74]

Man sehe, so zitiert Viëtor Friedrich Panzers Forderung nach einer Zentralfunktion für die „Deutschkunde" von 1922[75],

> daß in dieser tief nationalen Bildungsbewegung alles das angelegt und gefordert wurde, was wir heute aus der Gesamtaufgabe des totalen Nationalstaates in Angriff nehmen müssen. Ein Irrtum nur hat dies großartige Programm damals an der Entfaltung gehindert: der Irrtum, daß der Weimarer Staat einem so bestimmt nationalpädagogischen Programm Luft und Licht zur Entfaltung gewähren werde. Jetzt aber ist für den Deutschwissenschaftler und Deutschlehrer die Zeit angebrochen, in der er endlich – und zwar nicht nur geduldet von der allgemeinen Kulturpolitik des Staates, sondern ausdrücklich an die Front gestellt durch den mächtigen Gang der politischen Dinge und den großen Zug, den deutsche Kulturarbeit nun entfalten muß – in der er endlich in den Stand gesetzt ist, aus seiner Wissenschaft in Forschung und Lehre zu machen, was sie nach ihrer reinsten Bestimmung und nach ihrer erlauchten Herkunft aus der „deutschen Bewegung" sein soll: **Wissenschaft vom deutschen Volk für das deutsche Volk.**[76]

Um das Leistungsangebot seiner Zunft auf eine griffige Formel zu bringen, überträgt Viëtor hier in Reinform jene ursprungsmythologische Argumentationsfigur, die sonst die bildungsbürgerlichen Redeweisen über die Kunst maßgeblich mitprägt, auf die Wissen-

---

74 Viëtor, Karl: a. a. O., S. 342.
75 Zur „Gesellschaft für Deutsche Bildung", die sich bis 1920 noch als „Deutscher Germanistenverband" bezeichnet s. nach wie vor Röther, Klaus: Die Germanistenverbände und ihre Tagungen. Ein Beitrag zur germanistischen Organisations- und Wissenschaftsgeschichte, Köln 1980.
76 Viëtor, Karl: a. a. O., S. 342 f.

schaft.[77] Es handelt sich bei dieser Transposition – dies wird noch zu zeigen sein – um ein vielbemühtes, geradezu stereotypes Argumentationsmuster im Rahmen jener literaturwissenschaftlichen Ansätze, die ihre „Lebensnähe" und Authentizität qua Volksbezogenheit in Szene setzen. Viëtors eben zitierte Ausführungen zeigen darüber hinaus deutlich, dass er tiefergreifende Modulationen des literaturwissenschaftlichen Denkstils angesichts der gewandelten Resonanzkonstellation nicht für nötig hält. Im Gegenteil – der politische Kontinuitätsbruch wird von ihm geradezu als Legitimationsressource für die Kontinuität „deutschwissenschaftlicher" Arbeit interpretiert, zeitige er für die Disziplin doch, ohne dass größere Umbauten nötig werden, einen Wandel von der gesellschaftlichen Opposition (gegen die politischen Verhältnisse in der Weimarer Republik) zur wechselseitigen Affirmation zwischen Wissenschaft und „neuer" Politik.

Gewiss, auch Viëtor konzediert schließlich, dass sich die „Deutschwissenschaft" insofern zu wandeln habe, als dass sie die einzelnen „Dichtwerke" stärker als zuvor vom Standpunkt „der heutigen deutschen Lage" aus zu bewerten habe.[78] Stimmt er auch darin mit den anderen programmatisch sich äußernden Autoren durchaus überein, so schränkt er doch die Konsequenzen dieser Forderung nach einem gewandelten Ethos gleich wieder ein, denn: „Aus dieser Bestimmung ergeben sich Folgerungen für ihre [gemeint ist die „Deutschwissenschaft"; G. K.] Haltung, die gegenüber dem naturwissenschaftlichen Positivismus des vorhergehenden Zeitalters revolutionär erscheinen, in Wirklichkeit aber doch in den letzten zehn Jahren schon zum größten Teil sich durchgesetzt haben."[79]

Bedarf aber das Ethos der Literaturwissenschaft nach Viëtor schon nur geringfügiger Umbauten, so sieht er für zeitbedingte Eingriffe in das methodische Profil, d.h. auf der kognitiven Ebene des Faches, erst recht keinerlei Veranlassung: „Wird es da", so fragt Viëtor rhetorisch, „mit den alten Methoden gehen, wird man neue entwickeln müssen?" Seine Antwort mag kaum überraschen:

> Man darf allgemein sagen, daß die in der letzten Periode herausgebildete Richtung, die man die geistesgeschichtlich-phänomenologische nennen mag, der beschriebenen Aufgabe gewachsen ist. Diese Richtung war ja in scharfem Gegensatz zum Positivismus des 19. Jahrhunderts entstanden. Die Fragen nach dem Wesen der geschichtlichen Erscheinungen, nach der ‚Idee' der Dichtungen, nach der gültigen ‚Lehre' der Kunstwerke ... diese Fragen zu beantworten hat die in der letzten Periode erneuerte Literaturwissenschaft gelernt. In dieser Hinsicht steht sie heute methodisch gerüstet da. [...]

---

77 „Kunst", so charakterisiert Bollenbeck diese Argumentationsfigur der „ursprungsmythologischen Genese" der Kunst, „ist Ausdruck des Volkes, und sie ist für das Volk da. Diese (hier zunächst formelhaft vereinfachte) Argumentationsfigur gehört – innerhalb verschiedener Argumentationsweisen unterschiedlich akzentuiert – zu den Orientierungs- und Wertungsschemata der bildungsbürgerlichen Semantik vom späten 18. Jahrhundert bis in die Zeit des Nationalsozialismus." (Bollenbeck, Georg: Tradition – Avantgarde – Reaktion. Deutsche Kontroversen um die kulturelle Moderne. 1880–1945, Frankfurt am Main 1999, S. 53)
78 Vgl. Viëtor, Karl: a.a.O., S. 346.
79 Ebd.

Für die von der Literaturwissenschaft heute geforderte Leistung dürfen die Methoden, in deren Gebrauch die junge wissenschaftliche Generation geübt ist, als brauchbar gelten.[80]

Eher überraschen mag da schon, dass Viëtor selbst in einem so offensichtlich durch die politische Zäsur der Machtübergabe motivierten Beitrag schließlich dezidiert gar eine Verstärkung des literaturwissenschaftlichen Eigensinns im Namen der „Interpretation" als eigentliche Konsequenz der „neuen" Lage lancieren möchte. Was sich bereits bei Fricke, dort jedoch eher *en passant*, als Forderung nach einer wiederzugewinnenden Quellennähe dokumentiert, nimmt bei Viëtor deutlicher Gestalt an, wenn er postuliert:

Das Erste und Letzte muß für unsere Wissenschaft sein, aus den Antrieben der neuen deutschen Lage heraus solche Dichtwerke zu **deuten**. Auf der Erfurter Tagung der „Gesellschaft für deutsche Bildung" im Februar dieses Jahres hat Friedrich Neumann schon mit allem Nachdruck festgestellt, daß die Zurückgewinnung solcher Interpretationskunst jetzt die dringendste Aufgabe unserer Wissenschaft sei. […] Man kann sich heute nicht mehr vor der Forderung, daß es die Ur- und Grundkunst des Literaturwissenschaftlers sein muß, das einzelne Dichtwerk zu deuten und zu bewerten, in das Museum einer nur rubrizierenden Geschichtsschreibung zurückziehen.[81]

Es ist durchaus paradigmatisch für die disziplinären Grenzverwirrungen, d. h. für das komplexe, z. T. widersprüchliche Bild, das die Neuere deutsche Literaturwissenschaft als Gesamtformation zwischen 1933 und 1945 abgibt, dass innerhalb eines Textes, der unmittelbar und programmatisch auf die Ereignisgeschichte zu reagieren scheint, scheinbar gegenläufige Forderungen an die eigene Disziplin auf gedrängtem Raume zusammenlaufen. Einerseits soll das Fach den Bezug zu seinem genuinen Gegenstandsbereich, eben den einzelnen „Dichtwerken" intensivieren und somit seinen disziplinspezifischen Eigensinn stärker profilieren, andererseits und zugleich soll es – als Konzession an die gewandelte Resonanzkonstellation – sein außerfachliches Leistungsprofil dadurch anschlussfähiger gestalten, dass es dem politischen Zeitgeschmack gemäßere Werturteile anbietet. Was jedoch von wissenschaftstheoretischer Warte aus als Aporie erscheinen muss, gehört für die Literaturwissenschaft gleichsam von ihrem Beginn an, und nicht erst nach 1933, zum wissenschaftlichen Alltag einer „unreinen" Disziplin. Der Widerspruch von Gegenstandsbeschreibung und -bewertung mag wissenschaftstheoretisch ein Dilemma sein; für die Beobachtung der literaturwissenschaftlichen Kommunikationspraxis verflüchtigt sich dieses Dilemma in die Beschreibung des disziplinkonstitutiven Wechselspiels zwischen Eigensinn und Resonanz. Gegenstandsnahe Interpretation (die Viëtor als „phänomenologische Richtung" rubriziert) und Wertungsangebote für die nationalkulturelle Öffentlichkeit schließen deshalb einander nicht aus.

---

80 Viëtor, Karl: a. a. O., S. 346 f.
81 Viëtor, Karl: a. a. O., S. 347.

Der resonanzstrategischen Analyse erscheint das, was wissenschaftstheoretisch eine Aporie ist, zunächst als Mehrfachadressierung, bzw. als Engführung der Kommunikation, wobei der Umstand, ob die Aporie als eine solche in den analysierten Texten selbst thematisiert wird, vorerst vernachlässigt werden kann. Allerdings verleiht die Häufung, mit der während des NS – unter dem zweifelsohne erheblich gesteigerten, politischen Resonanzdruck – einander widersprechende Formulierungen innerhalb der Selbstthematisierungsdiskurse gleichsam unmittelbar nebeneinander gestellt werden, dem literaturwissenschaftlichen Denkstil einen Zug ins Schizophrene.[82]

Ludolf Herbst gibt angesichts der Ausgrenzungs- und Vernichtungspolitik des nationalsozialistischen Deutschlands zu bedenken, „daß es ‚Normalität' im nationalsozialistischen Deutschland nicht gab und die in den Gesellschaftsnischen scheinbar vorfindliche Normalität durch psychologische Verdrängung ‚künstlich' konstituiert wurde und keine residuale, sondern eine imaginäre Größe darstellt."[83] Diesem Befund Herbsts ist vom Standpunkt einer Historiographie, die *post festum* urteilen muss, sicherlich *ohne jedwede Abstriche* zuzustimmen. Eine wiederholte Bekräftigung dieses Befundes scheint angesichts solcher Positionen, denen die Rekonstruktion solcher „Normalitätsnischen" zur Relativierung des prinzipiell antihumanen Charakters des NS-Regimes dient, alles andere als überflüssig zu sein. Allerdings gilt es m. E. zu bedenken, dass der imaginäre Status solcher Nischen nichts an ihrer Relevanz für das Funktionieren eines extrem „unnormalen" Systems ändert. Im Gegenteil: Gerade die diskursive Konstruktion von Kontinuität und Normalität (in unserem Fall: von wissenschaftlicher Normalität), die in Grenzen zulässig bleibt, sorgt – so imaginär ihre Referenz auch immer gewesen sein mag – für einen reibungsloseren Bestand des Terrorregimes, als es etwa einer permanenten Beschwörung des Ausnahmezustandes je möglich gewesen wäre. Von einer solchen permanenten Beschwörung der Revolution nimmt ja aus herrschaftsstrategischen Gründen auch die offizielle Verlautbarungspolitik – zumindest seit der Ermordung Röhms und bis zum Kriegsbeginn – zunehmend Abstand. Wie nahe beieinander indes homöostatischer und schizophrener Diskurs liegen können, zeigt im Kleinen der Blick auf die programmatischen Diskurse innerhalb des literaturwissenschaftlichen Feldes, in denen Akklamation und Abwehr des Diskontinuierlichen, des Außergewöhnlich-Unnormalen in ein Gleichgewicht „geredet" werden sollen.

Im Rahmen eines solchen Denkstils und dessen Absage an eine als liberalistisch perhorreszierte, „voraussetzungslose" Wissenschaft erscheinen jedoch vor wie nach 1933 Anspruch auf Wissenschaftlichkeit und Forderung nach Wertung vielmehr als die legitimen Seiten ein und derselben Medaille. Schon die Auswahl der zu interpretierenden Texte setzt implizit jene Wertungen voraus, die man – innerfachlich legitimiert durch hinreichende

---

82 Zum „gespaltenen" Rezeptionsmodus der Lebenswirklichkeit während des NS s. Schäfer, Hans Dieter: Das gespaltene Bewußtsein. Über deutsche Kultur und Lebenswirklichkeit 1933–1945, München/Wien 1981.

83 Herbst, Ludolf: Das nationalsozialistische Deutschland 1933 bis 1945. Die Entfesselung der Gewalt: Rassismus und Krieg, Frankfurt am Main 1996, S. 11.

Dokumentation des methodischen „Handwerkszeugs" – außerfachlich adressiert: sei es an die nationalkulturelle Öffentlichkeit oder sei es an den politischen Resonanzraum. Deshalb kann auch Viëtor in seinem programmatischen Beitrag mit Blick auf die etablierte disziplinäre Gemeinschaft über die Leistungsfähigkeit des literaturwissenschaftlichen Methodenarsenals raisonnieren und zugleich außerfachlich adressiert das Leistungsangebot einer für methodisch fundiert befundenen „Deutschwissenschaft" umreißen. Als Ausgangspunkt wählt er dafür den Hochwertbegriff der Bildung, den er mit dem noch aktuelleren Fahnenbegriff des „Deutschen" koppelt:

> Deutsche Bildung ... der Begriff der **Bildung** ist durch langen Gebrauch und den Mißbrauch im Mund der liberalistischen Epigonen so entwertet, daß es nötig ist, wieder auf seinen echten Sinn zurückzugreifen. [...] Deutsche Bildung ist die Form, in der deutsche Menschen die nationalen Kulturgüter besitzen. In solchem echten Bildungsvorgang treffen und durchdringen sich Individuum und Gemeinschaft, Person und Nation. Die nationalen Kulturgüter müssen durch einen solchen Vorgang des geistigen Handelns, des Ergreifens, ausdrücklich angeeignet werden.[84]

Die nationalistische Verengung des Bildungsbegriffes, die eine wechselseitige Bedingtheit von „gebildet sein" und „deutsch sein" unterstellt, ist entscheidend für Viëtors weitere Argumentation, die auf die Inszenierung des „deutschwissenschaftlichen" Leistungsangebotes zuläuft. Zwar hat Kultur im Allgemeinen und – im bildungsbürgerlichen Verständnis – die Kunst im Besonderen eine den Einzelnen wie die Gemeinschaft bildende Funktion, jedoch bedarf es nach Viëtor zuallererst des Bewusstseins der nationalen „Sonderart" dieses „Kulturstandes", damit aus der idealen Habe auch ein realer Besitz werden könne. Erst die Abgrenzung und Unterscheidung des Eigenen schafft also die Voraussetzung für authentische Bildung. Nationale Distinktion wird somit zum Transzendental von Bildung erklärt. In den Worten Viëtors: „Aber nie kann es Völkern des neuzeitlichen Kulturstandes erspart bleiben, sich ihrer Sonderart *bewußt* zu werden und so erst zu besitzen, was sie sind."[85]

Nur der also, der weiß, was das „Deutsche" an der deutschen Kultur ist, kann sie auch wirklich besitzen und hat demzufolge Bildung und damit ein Bewußtsein seiner selbst. Was aber „deutsch" an der deutschen Kultur ist, dies festzustellen obliegt eben der „Deutschwissenschaft", der Viëtor somit eine identitätsstiftende Funktion zuspricht:

> Wie immer in andern Zeitaltern sich die Aufgabe gestellt haben mag oder stellen wird, heute ist es die aus der neuen Lage der Deutschen, der staatlichen, sozialen, geistigen sich ergebende Hauptforderung, daß die Wissenschaft vom deutschen Menschen zusammengefaßt und beherrscht wird von der Frage nach Art und Charakter der Deutschen. **Deutschwissenschaft als Organ des deutschen Selbstverständnisses** – das ist es, was unsere Wissenschaft nun in vollstem Sinne werden muß.[86]

---

84 Viëtor, Karl: a. a. O., S. 343.
85 Viëtor, Karl: a. a. O., S. 344.
86 Viëtor, Karl: a. a. O., S. 344.

Auch bei Viëtor findet sich also – obwohl er am Ende seiner Ausführungen eine Verengung des disziplinären Gegenstandsbereiches auf die Texte selbst hin fordert – zugleich eine metaphysizierte Objektkonstitution. Ganz offen räumt er jedoch ein, dass sich eine solche ethnometaphysische Hauptaufgabe nicht nur aus dem Gegenstand selbst ergibt (ein „Sachverhalt", den er ja über den Bildungsbegriff darzulegen versucht), sondern dass sie auch zeitgemäßen, resonanzstrategischen Anforderungen an die Disziplin geschuldet ist: „Dies ist die Aufgabe, die von dieser Zeit, von der gegenwärtigen Lage der Nation uns Germanisten gestellt wird. Dies will man von uns hören, darauf müssen wir unsern Blick richten."[87]

Solche außerfachlichen Anforderungen an das identitätsstiftende Potential der „Deutschwissenschaft" machten, wie Viëtor freimütig einräumt, im Rahmen des nationalen Mythenmanagements ein gewisses Maß an disziplinärer Flexibilität mitunter durchaus erforderlich:

> Deutsche Sprach- und Literaturgeschichte sind, wenn man diese Schätze zu heben versteht, nicht nur Geschichte von Formen, von seelischen Erlebnisweisen, von Denkarten; sondern auch Wissenschaft der nationalen Ethik, Wissenschaft vom nationalen Wollen und seinen eigentümlichen Grundsätzen. Einem aktivistischen Zeitalter muß man solche Dinge zeigen, und das alte Wahre wird auf neue Weise gegenwärtig werden. Ist z. B. der **humanitäre** Goethe zu abstrakt, zu besinnlich für die revolutionäre Epoche, dann zeige man ihr den **alten** Goethe, den Propheten des wirklichkeitshaften, des rastlos aktiven Geistes, und der junge Mensch von 1933 wird sich nicht mehr bei der ahnungslosen Redensart beruhigen, daß Goethe 1932 nun endgültig gestorben sei.[88]

Die Handlungsanweisungen, mit denen Viëtor hier ein ebenso resonanzkalkulierendes wie flexibles, nationales Identitätsmanagement als Hauptaufgabe im Dienste der disziplinären Außendarstellung einfordert, sind in ihrer unverblümten Explizität sicherlich nicht bezeichnend für die programmatischen Kommentare der älteren, etablierten Germanistengeneration. Gleichwohl hat sein Versuch, die Verteidigung etablierter disziplinärer Standards mit Konzessionen an die außerfachlichen Anforderungen der „neuen Zeit" auszubalancieren, paradigmatischen Status.

Die feinen Unterschiede 5: Militärisch mit Maßen: Arthur Hübner und Hans Heinrich Borcherdt

Ähnliche Argumentationsgänge finden sich denn auch in den programmatischen Verlautbarungen Arthur Hübners und Hans Heinrich Borcherdts. Beide betonen zwar die Virulenz der politischen Ereignisse für ihr Fach, warnen jedoch zugleich – und mit unterschiedlicher Intensität – vor einer allzu voreiligen Entdifferenzierung des (literatur)wissenschaftlichen Feldes im Zeichen des Politischen.

---

87 Viëtor, Karl: a. a. O., S. 345.
88 Viëtor, Karl: a. a. O., S. 346.

Arthur Hübners zu Beginn des Sommersemesters 1933 vor Studenten gehaltene Ansprache *Wissenschaft und neuer Staat*[89] reagiert unmittelbar vor allem auf die studentische Kritik am vermeintlich politisch indifferenten Habitus der etablierten Wissenschaftsvertreter.[90] Es war hier bereits die Rede von den denunziatorisch-schrillen Tönen, in denen sich diese Kritik seitens des akademischen Nachwuchses, beflügelt durch den anti-intellektualistischen Impetus der neuen Machthaber und administrativ gedeckt zunächst durch die erste Entlassungswelle, in den Jahren 1933/34 äußert.

Mit lutherischem Pathos beschwört Hübner, Mitdirektor des Germanischen Seminars an der Universität Berlin, zunächst die situative Unausweichlichkeit seiner *confessio*, die sich der zeitbedingten Grundfrage nach dem Verhältnis von Wissenschaft und Politik widmen müsse: „Nach dem gewaltigen Geschehen, das in den letzten beiden Monaten über uns hingegangen ist, kann ich nicht anders, als von diesem Geschehen auszugehen und Ihnen zu sagen, wie ich es zu Studium und Wissenschaft in Beziehung bringe. Sie sollen wissen, wo Ihre Professoren stehen."[91]

Die Wissenschaft bzw. die „Starken" unter ihren Vertretern, dies soll Hübners strategische Positionsbestimmung an die Adresse der „jungen Wilden" unter ihren potentiellen Verächtern verdeutlichen, stehen, so könnte man seine Ausführungen ein wenig salopp zusammenfassen, genau am rechten Fleck. Dass ebendort die Wissenschaft – sowohl in ethischer als auch in kognitiver Hinsicht – ihr Herz hat, davon will Hübner seine Zuhörerschaft überzeugen. Proleptisch gegen den geläufigen Anwurf argumentierend, Wissenschaft sei eine dekadente Angelegenheit für lebensferne, unmännliche „Liberalisten", erklärt Hübner die Wissenschaft zur erweiterten Kampfzone. Das virile Ethos der Wissenschaft plausibilisiert Hübner folgendermaßen:

---

89   Hübner, Arthur: Wissenschaft und neuer Staat, in: Akademische Turnbunds-Blätter, 1933, Heft 6, S. 110–112. Der Statusunterschied zwischen einem etablierten Berliner Ordinarius und einem akademischen *nobody* wie Günther Weydt manifestiert sich auch im Detail. Die mündlichen Kontexte beider Texte (die ja übrigens von einer nahezu identischen Themenstellung ausgehen) werden qua Anmerkung zum Titel deutlich gemacht. Doch während es bei Weydt die Schriftleitung ist, die sich dazu bemüßigt fühlt, stammt in Hübners Fall die Anmerkung von ihm selbst: „Der Aufsatz gibt eine Ansprache wieder, die ich zu Beginn des Sommersemesters an meine Studenten gerichtet habe. Der Verfasser." (S. 110, Anm.)

90   Lokalstudien weisen übereinstimmend darauf hin, dass in der Weimarer Republik immerhin 20–30 % aller Hochschullehrer Mitglied einer politischen Partei waren (meist der DNVP, mitunter – wie in Heidelberg – auch der DDP) und dass die Rede vom „unpolitischen" Professor als Pauschalverdikt ins Reich der Rhetorik, bzw. der Geschichtsmythologie gehört. S. dazu: Hering, Rainer: Der „unpolitische" Professor?, in: Krause, Eckart u. a. (Hrsg.): Hochschulalltag im „Dritten Reich". Die Hamburger Universität 1933–1945, Berlin/Hamburg 1991, Teil I, S. 85–112, hier: S. 88f.; Höpfner, Hans-Paul: Die Universität Bonn im Dritten Reich, Bonn 1999, S. 7f.; Jansen, Christian: Professoren und Politik. Politisches Denken und Handeln der Heidelberger Hochschullehrer 1914–1935, Göttingen 1992, S. 298ff.; Marshall, Barbara: Der Einfluss der Universität auf die politische Entwicklung der Stadt Göttingen 1918–1933, in: Niedersächsisches Jahrbuch für Landesgeschichte, 49, 1977, S. 265–301, hier: S. 271.

91   Hübner, Arthur: a.a.O., S. 110.

> **Wissenschaft ist Kampf**, ein Kampf der oft genug seinen Träger aufzehrt, wie nur irgendein anderer Kampf. Glauben Sie nicht, daß Wissenschaft etwas für Zärtlinge und Schwachbrüstige sei. So wenig gewalttätig ihre Erscheinungsformen zu sein pflegen, sie verlangt ein festes, oft ein hartes Herz, – Sie werden es schon noch merken. […] Aber zum Kampf gehört auch der Gegner, dem man gegenübersteht. Sie kennen vielleicht die Definition: Was ist ein Professor? Ein Professor ist ein Mann, der anderer Meinung ist. Das ist in der Tat die treffendste Definition, die man vom Gelehrten geben kann: das unablässige, erbitterte, immer erneute Ringen um eine Erkenntnis, die der eines anderen überlegen ist, das ist das Wesen des Wissenschaftlers. Diesen äußeren Gegner muß man bestehen lassen, sonst hebt man die Wissenschaft auf. Es wird gut sein, ihn auch an den Universitäten bestehen zu lassen. Sonst lernen sie vielleicht exerzieren, aber nicht kämpfen.[92]

Bereits die zuletzt zitierten Ausführungen zeigen jedoch, dass es Hübner unter dem Fahnenbegriff des „Kampfes" um zweierlei geht. Zum Einen betont er die „seelische Gemeinschaft und Verbundenheit" der Wissenschaft mit der „soldatischen Zeit". Wissenschaft und gesellschaftliches Umfeld werden somit zu einem in ethischer Hinsicht homogenen Organismus stilisiert. Zum Anderen scheint er jedoch – gerichtet vermutlich gegen die politisch motivierten, studentischen Übergriffe gegen „liberalistische" Ordinarien im Zuge der staatlichen Vertreibungsaktionen – auf der erhaltenswerten Besonderheit des wissenschaftlichen Feldes zu insistieren. Gerade weil das Wesen der Wissenschaft der „Kampf" sei, bedürfe es weiterhin der Möglichkeit, sich mit dem wissenschaftlichen Gegner auch mit wissenschaftlichen, und eben nicht mit politischen Mitteln auseinanderzusetzen. Sicherlich ist Hübner, wie die meisten seiner Zunftgenossen, weit davon entfernt, die Entlassungs- und Vertreibungspolitik des NS-Regimes öffentlich zu kritisieren. Jedoch äußert er im Namen der Besonderheit der wissenschaftlichen Kommunikation Bedenken gegen eine radikale „Gleichschaltung" auch der Wissenschaften, von der er gewiss auch eine Einschränkung der traditionell starken Machtposition der Ordinarien befürchtet:

> **Gleichschaltung** ist das Wort unserer Tage, und wir erleben diese Gleichschaltung auf vielen Gebieten mit dem Gefühl tiefster Befreiung, wir empfinden sie auf dem Felde des Innerstaatlichen als eine geradezu geniale Lösung alter und schwerer deutscher Fragen. **Ueberzeugungen** freilich **lassen sich nicht gleichschalten**, auch wissenschaftliche nicht; und selbst wenn es ginge, ich habe vorhin angedeutet, warum es nicht einmal gut wäre. Wir rühren damit an das Problem der Freiheit von Forschung und Lehre, das natürlich in unserer heutigen Lage wieder viel erörtert wird.[93]

Hübners Position in dieser Frage erweist sich, und darin ähnelt sie Viëtors Ausführungen, als widerspruchsvolle Gratwanderung zwischen resonanzkalkulierender Konzession an das

---

92 Hübner, Arthur: a. a. O., S. 111.
93 Ebd.

politische Feld und dem Insistieren auf wissenschaftlichem Eigensinn. Der Berliner Ordinarius optiert zunächst für eine partielle Entdifferenzierung des wissenschaftlichen Feldes auch auf kognitiver Ebene. Er versucht dies mit einem Argumentationsgang zu legitimieren, der innerhalb des geisteswissenschaftlichen Denkstils der Zeit Konsens ist. Gemeint ist die epistemologische Kritik an einer relativistischen, „voraussetzungslosen" Wissenschaft, die dann in zeitgemäßen, „völkischen" Konsequenzen mündet:

> **Keine Wissenschaft ist frei im Sinne völliger Voraussetzungslosigkeit**; mit diesem, wie Sie sagen würden, liberalistischen Irrtum ist die Wissenschaft selber fertig. Wissenschaft ist gebunden an Persönlichkeit und Charakter des Forschers und Lehrers. Und dieser Forscher und Lehrer soll sich als gebunden empfinden durch die Gliedschaft innerhalb seines Volkskörpers. Durch diese Gliedschaft ist seine Forschung und Lehre fest verhaftet dem Wesen und den Aufgaben dieses Volkskörpers. [...] Wen seine Ueberzeugung auf einen anderen Standpunkt stellt, wer diese Bindung nicht anerkennt, wer damit die völkische Bedingtheit aller echten Kultur leugnet als Grundlage gerade auch hochschulmäßiger Wissenschaftspflege, der darf nicht darüber klagen, wenn man ihn heute beiseitestellt. Der autoritäre Staat (und nur der autoritäre ist ein Staat) wird unter Umständen auf das Recht der Zensur nicht verzichten können; ebensowenig kann er, zumal in Kampfzeiten, bei den Vertretern der Hochschulwissenschaft auf ein gewisses Auswahlrecht verzichten.[94]

Von den Zugeständnissen der Wissenschaft an den neuen Staat, die der Ordinarius im Namen des Volkes zu machen sich befugt sieht, erhofft sich der Philologe zugleich eine Aufwertung seiner eigenen Disziplin innerhalb der Hierarchie und der Verteilungskämpfe der Disziplinen. Die staatliche Ressourcenzuteilung habe dies zu berücksichtigen:

> Die staatliche Wissenschaftspflege kann hier ohne ein gewisses Wertesystem, ohne Abstufungen und Unterscheidungen nicht auskommen. Deutsche Sprache und orientalische Sprachen, deutsche Volkskunde und afrikanische Ethnologie, – in der ideellen Sphäre reiner Wissenschaft ist das dasselbe, aber für den Anspruch auf Pflege, Förderung und Vertretung an den Universitäten ist es nicht dasselbe. Hier sind zweifellos, aus einem mißverstandenen Begriff der Universitas heraus, Fehler begangen worden, die wieder gutzumachen sind. Hier ist, um im Bilde zu bleiben, eine Oekonomie nötig, die Angebot und Nachfrage an **deutschen** Universitäten in eine gesündere Beziehung setzt.[95]

Ungeachtet solcher resonanzkalkulierender Offerten, Konzessionen und Aufforderungen an die neue Administration, insistiert Hübner zugleich auf dem „Geist der reinen Wissenschaft". Vor allem wohl gegen die „Lebens"emphase eines als bedrohlich empfundenen studentischen Aktivismus gerichtet, verteidigt er den theoretizistischen Impetus der Wis-

---

94 Ebd.
95 Hübner, Arthur: a. a. O., S. 112.

senschaft, dem er als Signum wissenschaftlichen Eigensinns gegen die soeben noch konzedierte Entdifferenzierung eine Bestandsgarantie erteilt:

> Das aber muß auch Ihnen schon klar sein: **die Stunde verlangt nicht nur, daß man die Universität von den falschen Menschen befreit, sondern auch die Menschen von der falsch begriffenen Universität.** Es sollte niemand zur Universität kommen, der nicht geeignet, nicht gewillt, der vor allem innerlich nicht stark genug ist, um sich hinzugeben an das, was nun einmal das Eigentliche der Universität ist, an den Geist des Theoretischen, **den Geist der reinen Wissenschaft.** Jeder von Ihnen muß wissen, daß es hier nur um ein einziges, schweres, mühevolles Ziel geht, das ist die Wahrheit, die strenge, oft unbequeme, oft **unbarmherzige Wahrheit**, daß es hier keinen größeren Feind gibt als Illusionen, Schlagworte, Massenmeinungen.[96]

An Hübners Beitrag lässt sich besonders deutlich ablesen, wie flexibel die Rede von der „reinen Wissenschaft" und der semantische Hochwertbegriff der „Wahrheit" eingesetzt werden können, wenn die aktuelle Situation es erforderlich macht. Innerhalb eines immerhin relativ kurzen Textes kann Hübner sie je nach potentieller Adressatenschaft unterschiedlich funktionalisieren. Als „voraussetzungslose" Wissenschaft kann etwa eine „reine Wissenschaft" diskreditiert werden, wenn es darum geht, die Leitdifferenz „wahr/unwahr" als durch die politische Zensur ersetzbar erscheinen zu lassen. Oder sie kann relativiert werden, wenn es darum geht, die Ressourcenträchtigkeit der eigenen Disziplin zu unterstreichen. Zugleich aber kann die „reine Wissenschaft" gegen „Schlagworte" und „Massenmeinungen" in Stellung gebracht werden und das Streben nach „Wahrheit" zur *conditio sine qua non* universitären Handelns deklariert werden, wenn es darum geht, den etablierten Eigensinn der Wissenschaft etwa gegen studentische Zumutungen zu profilieren. Jedoch sollte die hier von Hübner dokumentierte, resonanzkalkulierende Versatilität nicht zu dem voreiligen Schluss verführen, der Berliner Philologe verzichte unter den „neuen" Bedingungen auf die distinktive Inszenierung eines spezifischen, disziplinären Ethos. Im Gegenteil dient ihm – wie ein Blick auf eine weitere Anprache Hübners vor Studenten aus demselben Jahr zeigt – die Berufung auf die „neue Zeit" gerade als semantische Ressource, um sein spezifisches „Wissenschaftlichkeits"-Konzept konturierter in Szene zu setzen. Das, was sich im Vortrag *Wissenschaft und neuer Staat* als ebenso allgemeines wie flexibles Insistieren auf einer „reinen Wissenschaft" dokumentiert, fungiert in Hübners Vortrag über *Die Dichter und die Gelehrten* als Mittel einer doppelten Abgrenzung: zum Einen als disziplinäre Abgrenzung gegenüber außerwissenschaftlichem Dilettantentum und zum Anderen – mit innerdisziplinärer Stoßrichtung – als die Rekonstitution und Verteidigung eines spezifisch philologischen Ethos gegen einen „über alle Grenzen geschlagenen Subjektivismus" der seit den 1910er Jahren so erfolgreichen geistesgeschichtlichen Literaturwissenschaft.[97]

---

96 Ebd.
97 Hübner, Arthur: Die Dichter und die Gelehrten. Ein Vortrag vor Studenten, in: Zeitschrift für Deutsche Bildung, 9, 1933, S. 593–601, hier: S. 599. In einer Anmerkung zum Titel teilt Hübner mit:

Hübners distinktive Doppelstrategie im Zeichen der Reetablierung eines philologischen Ethos setzt sich zunächst mit jenen außerdisziplinären Forderungen nach einer stärkeren Lebensbezogenheit der Literaturwissenschaft auseinander, die davon ausgehen, dass ein intensivierter Bezug zwischen Dichtern und Gelehrten eine „Neubelebung der Germanistik"[98] zeitigen könne. Ironisch distanziert lässt er zu diesem Zweck zunächst einige Dichtervorträge innerhalb des Berliner Germanischen Seminars Revue passieren:

> Man fand eine glückliche Form, indem man die Vorträge der Dichterakademie in den Rahmen der Veranstaltungen des Germanischen Seminars einbezog. Man ging noch weiter: im Anschluß an die Vorträge versuchte man eigens eine Art von Seminar zu schaffen. Die fähigsten Köpfe aus dem literarischen Oberkurs des Germanischen Seminars sollten sich jeweils mit dem Dichter zusammensetzen, um über seinen Vortrag zu diskutieren. Ist eine stärkere Beziehung zum Lebendigen vorstellbar? Man kann finden, sie ist so stark, daß sie schon beinahe ein bißchen komisch ist. […]
>
> Walter von Molo sprach über die dichterische Konzeption. Es war ein Vortrag, der hie und da fatal wurde, weil er Intimitäten bloßgab, um dem Hörer die Nöte und Wehen der dichterischen Geburt recht anschaulich zu machen. Es ist aber beim Dichter nicht anders als bei jedem in der Öffentlichkeit wirkenden Menschen. Er ist eine öffentliche, eine Werkpersönlichkeit, wenn man so will, und eine private. An der privaten ist so viel nicht gelegen wie an der anderen. Die Mühsale des Schaffens kennt jeder geistige Arbeiter. Auf die ‚Entstehung' der Dichtung, so wie dieser Vortrag es verstand, kommt so viel nicht an; fragt sich, wie weit dies Letzte sich überhaupt vermitteln läßt. Die Dichter dürfen sich in diesen Dingen nicht wichtiger nehmen, als es andere Menschen auch sind. […] So mag denn ein solcher Vortrag seine Reize haben als Verlebendigung eines Zeitgenossen. Aber ob er das fördert, worauf es in der Universität ankommt, wenn sie sich mit den Dichtern beschäftigt, das darf man füglich bezweifeln.
>
> Paul Ernst sprach über das Märchen. Die Märchenkunde ist heute so entwickelt, daß sie fast eine Wissenschaft für sich geworden ist. Paul Ernst sah das Märchen natürlich auf seine Weise, als Dichter. Eine Impression hatte es ihm vor allem angetan: das Mär-

---

„Der Vortrag wurde im Juli 1933 vor der Germanistischen Fachschaft der Berliner Universität gehalten; der folgende Abdruck bietet nur seine Kernteile." (S. 593, Anm. 1).

98 Als Zitatspender und paradigmatischer Vertreter außerdisziplinärer Anmutungen erscheint bei Hübner Paul Fechter, der in einem Aufsatz im Juniheft der Deutschen Rundschau der Frage nachgeht „Was fangen wir mit den Dichtern an?". U. a. erwartet sich Fechter von der Vortragstätigkeit der Schriftsteller an den Universitäten auch eine „Neubelebung der Germanistik". Fechter, den man heute wohl als Wissenschaftsjournalisten bezeichnen würde, mäandert seit den späten 1910er Jahren an den Rändern der literaturwissenschaftlichen Disziplin und verfasst vor 1933, während des NS und nach 1945 einige durchaus resonanzstarke, populärwissenschaftlich gehaltene Literaturgeschichten, die er je nach historischer Resonanzkonstellation semantisch umbaut. 1932 erscheint *Dichtung der Deutschen. Eine Geschichte der Literatur unseres Volkes von den Anfängen bis zur Gegenwart* (Berlin); 1941 eine *Geschichte der deutschen Literatur. Von den Anfängen bis zur Gegenwart* (Berlin) und 1952 die *Geschichte der Deutschen Literatur* (Gütersloh).

chen als Erfüllung eines Wunschtraumes. Es war ein Vortrag, tiefbezeichnend für die dichterische und menschliche Art Ernsts, aber schwerlich eine Bereicherung dessen, was ein Professor über das Märchen zu sagen hat. So wird es immer sein, wenn man den Dichter über Dinge sprechen läßt, die nicht er selber sind [sic].[99]

Zwar verleiht die eigene Involviertheit in den literarischen Schaffensprozess den „Dichtern" einen gewissen Authentizitätsbonus, der sie im Sinne einer intensivierten „Lebensbezogenheit" zunächst für Lehr- und Führungsansprüche in dichterischen Dingen als geeignet erscheinen lässt, dennoch insistiert Hübner auf der feldspezifischen Differenz zwischen Literatur*produktion* und Literatur*beobachtung*. Letztere sei und bleibe ungeachtet auch der zeitbedingten Neuerungsvorschläge aus dem wissenschaftspolitischen Lager angesichts der „Andersartigkeit dichterischer Denk-, Vorstellungs- und Schaffensformen gegenüber denen, die nach ihrem Recht die Universität [...] lehrt", legitime Aufgabe der ausdifferenzierten, institutionalisierten Disziplin der Literaturwissenschaft:

> Der Lehranspruch, der hier für den Dichter erhoben wird, ist nur ein Ausschnitt aus dem Führeranspruch, den nicht nur die Dichter selbst in unseren Jahren mehr und mehr erheben (man denke an Männer wie Paul Ernst oder auf der Gegenseite Thomas Mann), den man auch für sie erhebt, gerade auch im neuen Lager. Ernst Krieck macht es zu einem Leitsatz, daß der Dichter Lehrer und Prophet sein sollte, – was freilich nicht dasselbe ist. In diesem Anspruch steckt etwas Richtiges, wenn man ihn richtig nimmt; er kann aber sehr gefährlich werden, gerade auch für den Dichter, wenn man ihn zu derb und grob versteht; und vielleicht droht uns heute die Gefahr. Dieser Anspruch auf Lehre und Führung bei den Dichtern ist ja nicht neu, nur will eben immer jener Unterschied der Ebenen in Rechnung gesetzt werden [...] Kurz gesagt: was an den neuen Vorschlägen brauchbar ist, ist längst erprobt. Und was darüber hinaus geht, das ist vom Übel.[100]

Hübners Forderung, den „Unterschied der Ebenen" zu berücksichtigen, verweist deutlich darauf, dass dem Ordinarius an einer ereignisgeschichtlich induzierten Entdifferenzierung und Entprofessionalisierung der Literaturwissenschaft, die aus seiner Disziplin wieder jenen Tummelplatz für laienhafte Dilettanten und Liebhaber macht, aus dem sie sich Anfang des 19. Jahrhunderts herausentwickelt hat, keineswegs gelegen ist.[101]

---

99 Hübner, Arthur: a. a. O., S. 595f.
100 Hübner, Arthur: a. a. O., S. 597.
101 Zu diesem Prozess der Ausdifferenzierung s. Fohrmann, Jürgen: Von den deutschen Studien zur Literaturwissenschaft, in: ders./Voßkamp, Wilhelm (Hrsg.): Wissenschaftsgeschichte der Germanistik im 19. Jahrhundert, Stuttgart 1994, S. 1–15 und ders./Voßkamp, Wilhelm (Hrsg.): Von der gelehrten zur disziplinären Gemeinschaft (= DVjs-Sonderheft 1987), Stuttgart 1987. Die Verteidigung der Legitimität und des Vorrechts seiner Disziplin auf die literaturbeobachtende Funktion innerhalb einer ausdifferenzierten Gesellschaft, wie auch die Abwehr eines konkurrierenden Dilettantentums ist ein ernsthaftes Anliegen des Berliner Ordinarius, das ihn mitunter in ein politisch nicht ungefährliches

Indes erhält Hübners Forderung, die Grenzen zwischen Literatur und Literaturwissenschaft nicht zu verwischen, im Laufe seiner Ansprache auch einen innerdisziplinären Distinktionsgestus. Dies wird offensichtlich, wenn er im Zuge seiner Kritik an der „Neubelebung der Germanistik", die eine Annäherung von Dichter- und Gelehrtentum fordert, die Perspektive umkehrt. Nicht nur erscheint ihm der Dichter als Gelehrter fehl am Platze, sondern eher suspekt sind ihm auch jene Literaturwissenschaftler, die sich als Wissenschaftler zugleich eines allzu poetischen Tones befleißigen. Der im Rahmen der Berliner Philologie sozialisierte Roethe-Schüler[102] Hübner nutzt hier die Gelegenheit, die Tugenden eines philologischen Ethos – Objektivität aus dem Geiste der Werktreue, asketischer, d. h. subjektiver Kommentare sich enthaltender Dienst am Text, Sachlichkeit in Ton und Gedankenführung – gegen das disziplinhistorische Konkurrenzprogramm einer geistesgeschichtlichen Literaturwissenschaft auszuspielen. Letztere ist ja, als Projekt einer Generation von Nachwuchswissenschaftlern, seit den 1910er Jahren nicht zuletzt mit dem programmatisch-distinktiven Anspruch angetreten, den vermeintlichen Positivismus einer trockenen, weltanschaulich indifferenten Philologie mit ihren sinn- und orientierungsstiftenden Konzepten zu „überbieten" (s. dazu v. a. III.2.2).

Hübners Ausführungen zeigen den Vertreter eines in den 1920er Jahren vor allem außerfachlich eher resonanzschwachen disziplinären Programms, der die ereignisgeschicht-

---

Fahrwasser leitet. So widerlegt u. a. er am 04. 05. 1934 öffentlichkeitswirksam in einer Podiumsdiskussion die Echtheit der scheinbar in altfriesischer Sprache verfassten *Ura-Linda-Chronik*, auf deren Authentizität ihr Herausgeber Hermann Wirth mit pseudowissenschaftlichen Methoden beharrt. Wirth ist zwar als wissenschaftlicher Dilettant berüchtigt, untersteht aber als damaliger SS-Untersturmführer und Leiter der „Lehr- und Forschungsstätte für Schrift- und Sinnbildkunde" im „Ahnenerbe" der Protektion Himmlers, dem der Nachweis der Echtheit der Chronik im Rahmen seiner ursprungssehnsüchtigen Germanenideologie ein wichtiges politisches Anliegen war. Während Höppner (Höppner, Wolfgang: Das Berliner Germanische Seminar in den Jahren 1933 bis 1945, in: Dainat, Holger/Danneberg, Lutz (Hrsg.): a. a. O., S. 87–106) konzediert, Hübners erfolgreiche Polemik aus dem Geiste einer professionellen Philologie sei „aufgrund der politischen Dimension der Kontroverse nicht gerade ungefährlich" (S. 104) gewesen, betonen Lerchenmüller und Simon, ohne allerdings detailliertere Belege beizubringen, die Protektion Hübners durch Himmlers wissenschaftspolitischen Konkurrenten Rosenberg (Lerchenmüller, Joachim/Simon, Gerd: Im Vorfeld des Massenmords. Germanistik und Nachbarfächer im 2. Weltkrieg. Eine Übersicht, Tübingen 1997, S. 29 und 62.) Hübners Funktion als ehrenamtlicher Hauptlektor der Rosenberg'schen Reichsstelle zur Förderung des deutschen Schrifttums für das Fachgebiet Mittelalterliche Literatur- und Geistesgeschichte, die er von 1934 bis zu seinem Tode 1937 einnimmt, deutet zumindest darauf hin, dass es sich für Hübner angesichts der sich gegenseitig oftmals neutralisierenden Konkurrenz innerhalb der polykratischen NS-Wissenschaftspolitik, um ein kalkulierbares Risiko gehandelt haben mag. Sollte Hübner unter der Förderung Rosenbergs gehandelt haben, wäre seine Polemik gegen den Dilettanten Wirth ein geradezu paradigmatisches Szenario für jenes Ineinander von Insistenz auf wissenschaftlichem Eigensinn und politischem Resonanzkalkül, dass nicht nur Hübners Position nach 1933, sondern auch die Kontur der Literaturwissenschaft als Gesamtformation während des NS kennzeichnet.

102 S. zur Rolle Gustav Roethes innerhalb des literaturwissenschaftlichen Feldes Judersleben, Jörg: Philologie als Nationalpädagogik. Gustav Roethe zwischen Wissenschaft und Politik, Frankfurt am Main 2000, v. a. S. 259–287.

liche Gunst der Stunde nutzen will, um eben dieses Programm als adäquate disziplinäre Antwort auf den neuen Geist der Zeit zu inszenieren. Skepsis an der „Wissenschaftlichkeit" der geistesgeschichtlichen Richtung wird lanciert – mal diplomatisch, wenn es um die Richtung im Allgemeinen geht, mal durchaus entschieden und den politischen Umbruch als semantische Ressource nutzend, wenn es um die Abgrenzung gegenüber den jüdischen Vertretern dieser Richtung geht. So konzediert Hübner zwar den geistigen Rang von Gundolfs Studien, moniert nichtsdestoweniger auch bei ihm jene „Verlagerung der Ebenen", die zum Einen den immensen Erfolg vor allem seiner Goethemonographie erklärt, zugleich aber zum Anderen ihren Status als *wissenschaftliche* Kommunikation in Frage stellt. Deutlicher noch wird Hübner dann bei Fritz Strich:

> Vor einem Dutzend Jahren erschien Fritz Strichs berühmtes Buch ‚Deutsche Klassik und Romantik oder Vollendung und Unendlichkeit'. Im Untertitel liegt die Zielsetzung. Die Begriffe Klassik und Romantik werden als grundsätzlich verschiedene Ausdruckswelten und Stilformen entwickelt, die in einer ewigen Polarität stehen. Und nach dieser Polarität ist der ganze Bau aufgerüstet: unwandelbare Ruhe – unstete Bewegung; plastische Abgeschlossenheit – malerische Unbegrenztheit in unerschöpflicher Verwandlung, und so weiter. Heute nennt man das dialektische Antithetik von typisch jüdischer Art; vor zwölf Jahren erstarb man in Bewunderung. Wir wählen das Buch nur als ein Beispiel anderen, derberen Schlages.[103]

Diplomatisch und ironisch wird zudem die Legitimität der geistesgeschichtlichen Diskreditierung des Positivismus in Zweifel gezogen:

> Wohlgemerkt, wir wollen nicht einen überholten Methodenstreit neu aufrühren. Wir sind uns darüber klar, daß nach den Regeln geschichtlichen Wellenschlags auf den Positivismus des ausgehenden 19. Jahrhunderts ein Idealismus folgen mußte, und wir können die Vertiefung des Blickes und der Erkenntnis, die wir der idealistischen Richtung danken, aus unserer Wissenschaft nicht mehr wegdenken. Zwar hat sie den bösen Positivismus nicht töten können; denn wir erleben heute kein Manifest über Wissenschaftserneuerung und Universitätsreform, das diesem Feind nicht erneut zu Leibe rückte. Im Ernst, es ist ein wenig beschämend, wie heute ein Begriff in die fragwürdige Beleuchtung eines Schlagwortes gerückt worden ist und gerade auch vor jungen Menschen verdächtigt wird, ohne den es, wenn man es ehrlich meint, Wissenschaft überhaupt nicht gibt. Aber bleiben wir bei der Sache: unbestritten ist das geschichtliche Recht der sogenannten geisteswissenschaftlichen Forschung auch auf dem Felde der neueren und älteren deutschen Literatur, unbestritten ist die geistige Kraft, das Können, der Rang einiger führender Köpfe.[104]

---

103 Hübner, Arthur: a.a.O., S. 598f.
104 Hübner, Arthur: a.a.O., S. 599.

Dennoch, so wendet Hübner das Argument der Überlebtheit, das die Vertreter der Geistesgeschichte zwanzig Jahre zuvor den Philologen entgegenhielten, nunmehr gegen erstere, habe gerade die programmatische Vermischung von Poesie und Wissenschaft zu einer Erschlaffung des geistesgeschichtlichen Impetus' geführt:

> Woher dann aber die Müdigkeit, die heute unzweifelhaft schon zu beobachten ist? Eine ‚literarhistorische Anthropologie'[105] meldet sich zu Wort, die letztlich doch aus den schattenhaften Bezirken der reinen Geistesgeschichte heraus möchte. Der Ruf nach einem ‚neuen literargeschichtlichen Realismus'[106] ertönt, und zwar aus einer Richtung, auf die man am wenigsten gefaßt war. Das Wort ist recht glücklich, weil es klar ausspricht, daß wir wieder an einem Punkte stehen, wo eine Art Reaktionswirkung nötig wird: auf die Dauer duldet es der Dichter nicht, zur Funktion von Ideen gemacht zu werden, die manchmal nur die des idealistischen Literaturwissenschaftlers sind. In unseren Gedankenkreis übersetzt, besagt diese Forderung nichts anderes, als daß die Beziehung zwischen Idee und Objekt sich wieder wandeln, daß der Gelehrte des ‚Dichtens' sich wieder entwöhnen soll. Denn das ist der tiefste Grund, den man für jene Müdigkeit verantwortlich machen muß: in der idealistischen Forschung steckt die Gefahr, und sie ist in mancher gerühmten Leistung offenbar geworden, daß Ebenen ineinandergeschoben und Gültigkeiten vermengt werden, die in einer besonderen wissenschaftlichen Situation vielleicht einmal vermischt werden dürfen, die es auf die Länge aber nicht vertragen.[107]

Während es bei Viëtor nicht zuletzt die von ihm vertretene geistesgeschichtliche Methodik der „Deutschwissenschaft" sein soll, die dokumentiert, dass die eigene Disziplin auf dem Stand der Zeit sei, ist es bei Hübner das ältere, philologische Ethos, das der Disziplin das Profil einer den Forderungen des Tages Genüge leistenden Wissenschaft verleihen soll. Beide literaturwissenschaftlichen Akteure funktionalisieren die neuen Verhältnisse zur ereignisgeschichtlichen Bestätigung der jeweils präferierten disziplinären Programmatik. Als „große Objektivierung" wird bei Hübner der politische Umbruch charakterisiert und zur Beglaubigungsressource eines reinszenierten, philologischen Ethos' stilisiert. Konsequenz

---

105 Hübner spielt hier auf eine Schrift des damaligen Danziger Ordinarius Heinz Kindermann an (Goethes Menschengestaltung. Versuch einer literarhistorischen Anthropologie, Bd. 1, Berlin 1932). Zur Programmatik Kindermanns s. in diesem Kapitel unten und v. a. III.4.2.
106 Hübner rekurriert hier auf Walther Lindens programmatische Schrift *Aufgaben einer nationalen Literaturwissenschaft*, München 1933, S. 16. Allerdings zielen Lindens Forderungen nach einem „neuen literargeschichtlichen Realismus" keineswegs auf die Reetablierung eines philologischen Objektzuganges. Als Verwirklichung eines solchen „Realismus" sieht er (S. 16ff.) vielmehr eine Verbindung aus anthropologischem (Kindermann) und soziologischem Ansatz (unter letzterem subsumiert Linden sowohl die Mittelalterforschungen Hans Naumanns und Friedrich Neumanns, als auch die Barockforschungen Günther Müllers, Viëtors und Richard Alewyns und schließlich die Arbeiten Josef Nadlers). Diese Verbindung bedürfe dann allerdings einer „inneren Begründung" durch die Einsicht, dass Dichtung „Ausdrucksgestaltung eines religiös bestimmten Gemeinschaftserlebnisses" (19) ist.
107 Hübner, Arthur: a. a. O, S. 599 f.

der neuen, organischen Ordnung innerhalb des nationalsozialistischen Staates ist also nach Hübner gerade nicht eine Erosion des literaturwissenschaftlichen Eigensinnes, mithin eine zeitbedingte Permeabilisierung der Grenzen zwischen Wissenschaft und Nicht-Wissenschaft. Es gelte vielmehr, diese Grenzen, die im Gefolge des geistesgeschichtlichen Denkstils allzu durchlässig geworden seien, durch die Wiederanerkennung des philologischen Tugendkanons erneut zu bekräftigen. Die Eigenständigkeit einer nach spezifischen Verhaltens- und Verfahrensregeln organisierten Literaturwissenschaft sollte, so wird man Hübner verstehen dürfen, nicht durch eine allzu wohlfeile Anpassung an außerwissenschaftliche Ansprüche aufs Spiel gesetzt werden[108]:

> Nach alledem ist wenig Grund, den Dichter als Erneuerer der Germanistik zu rufen, heute vielleicht weniger als je. Was wir in diesen Monaten mit brennendem Herzen erleben, man kann ihm mancherlei Namen geben, man kann es auch die große Objektivierung nennen: das Bewußtwerden natürlicher Bindungen und Zusammenhänge, die Abgrenzung und Zuteilung sachgegebener Aufgaben und Pflichten, mit einem Wort die Herstellung gesund-natürlicher Ordnungen, so wie das große Objekt, auf das wir bezogen sind, das Volk und sein Organismus, es verlangt. Dieser Organismusgedanke, der sich als ein absolut objektiver Gedanke einem über alle Grenzen geschlagenen Subjektivismus entgegenwirft, ist mit das bezwingendste an der geistigen Haltung der neuen Zeit. Dieser Gedanke verlangt auch eine neue Objektivierung der Wissenschaft. […] Aber wir wollen nur fragen, was aufs Innere gesehen die neue Objektivierung der Wissenschaft bedeutet. Die Antwort ist schon oben angedeutet: ein Verhalten, das sich in Ehrfurcht, Dienst, Redlichkeit (lauter neu anerkannten Tugenden) dem Objekt hingibt und sich nicht individualistisch die Herrschaft über das Objekt anmaßt. Also klare und saubere Trennung der Gültigkeiten des Dichters und des Gelehrten. […] Der Dichter ordnet sich über, der Gelehrte ordnet sich unter, – dem Objekt nämlich, dem seine Arbeit gilt.
> Es ist heute öfter von einer neuen Romantik die Rede, und man begegnet ihren Spuren schon, auch in der Wissenschaft. Wir lassen gelten, was uns an Kräften des Glau-

---

108 Hübner steht mit seinem Votum für ein philologisches Ethos nicht allein innerhalb des disziplinären Feldes. Der Hamburger Ordinarius Robert Petsch, als Schüler des Scherer-Schülers Erich Schmidt ebenfalls in der Tradition der Berliner Philologie stehend, konstatiert 1933: „Der Philologe aber muß sein (persönlich und empirisch gebundenes) Ich ‚auslöschen' (Ranke), um in die übergreifenden Lebensgründe der Dichtung einzudringen. Je tiefer er eindringt, um so vollendeter wird seine Leistung, um so reifer seine ‚Kunst, die Rede eines andern einem dritten richtig mitzuteilen' (Schleiermacher)." (Petsch, Robert: Philologische „Interpretation". Einige Leitsätze, in: Forschungen und Fortschritte, 9, 1933, S. 77 f.) Petsch koppelt hier das philologische Ethos bereits mit jener Hervorhebung der „Interpretation", die er als erlernbare Technik und als Kunst zugleich deutet, die dann seit dem Ende der 30er Jahre innerhalb der disziplinären Diskurse eine wichtige Rolle spielen wird (s. III.5): „Ihre [gemeint ist die Interpretation; G. K.] sichere Grundlage ist immer eine durchgreifende, sorgfältige und möglichst vollständige Analyse. Die Beziehung zwischen beiden Fähigkeiten ist eine Sache des feinsten verstehenden Taktes und macht die echte Interpretation zu einem Kunstwerk, dessen Technik geübt werden will." (ebd.)

bens und des Enthusiasmus aus einer solchen Romantik zuwächst; denn alle Kraft ist uns nötig. Aber wir wollen nicht verkennen, daß Romantik uns heute auch sehr gefährlich werden kann, weil sie dem tiefen Sinn der Zeit durchaus entgegenläuft; denn dieser tiefere Sinn zielt auf neue Klarheit, neue Unterscheidungen, neue Ordnungen. Die Romantik hatte ihre Größe darin, alle Gültigkeiten zu vermengen. Die neue Zeit verlangt: Jedem das seine, auch dem Dichter und dem Gelehrten.[109]

Das Verhältnis von „Zeitwille und Wissenschaft"[110] steht auch – wie bereits erwähnt – im Mittelpunkt der Überlegungen Hans Heinrich Borcherdts. Seine Zunft verteidigend weist der Münchner Professor explizit auf die generationsspezifische Differenz hin, die angesichts der schwierigen Frage, ob „die Wissenschaft den Forderungen der Zeit nachgeben [könne]", ohne sich selbst aufzugeben, sichtbar geworden sei:

> Die Schwierigkeit der Beantwortung […] und das Verantwortungsbewußtsein der deutschen Wissenschaft sind die inneren Ursachen, warum die deutsche Hochschullehrerschaft nur zögernd dem Rufe der neuen Zeit gefolgt ist, während die Studentenschaft sich wesentlich leichter tat, indem sie die Universitäten als Deutschlands hohe Schulen betrachtete, also die Lehrtätigkeit der Hochschullehrer und nicht ihre Forschertätigkeit als das Entscheidende ansah.[111]

Borcherdt, als ein (wenn auch nicht unbedingt in jeder Hinsicht etablierter[112]) Angehöriger der älteren Hochschullehrergeneration, unternimmt den Versuch, den von ihm klar ge-

---

[109] Hübner, Arthur: a. a. O., S. 600 f. Hübners Forderung nach einem „Verhalten, das sich in Ehrfurcht, Dienst, Redlichkeit (lauter neu anerkannten Tugenden) dem Objekt hingibt und sich nicht individualistisch die Herrschaft über das Objekt anmaßt", reproduziert jene Haltung einer „Andacht zum Kleinen und Kleinsten", die den Philologen als asketischen Diener einer objektbezogenen Wahrhaftigkeit imaginiert. Schon Karl Lachmann beschwört 1843 die „bescheidene sorgfalt" im Umgang mit den historischen Dokumenten und insistiert darauf, dass dem wahren Forscher „egoismus widernatürlich" sei. „[W]ieviel jeder einzelne wirklich leisten kann, darüber haben wir nicht zu rechten", so der Philologe weiter, „aber nur wahrhaftigkeit und sich selbst vergessende strenge sorgfalt kann uns fördern." (Lachmann, Karl: Vorrede zur 2. Aufl. von Hartmanns *Iwein*, in: Iwein. Eine Erzählung von Hartmann von Aue. Mit Anmerkungen von G. F. Benecke und K. Lachmann, dritte Ausgabe, Berlin 1868, S. III und V)

[110] Borcherdt, Hans Heinrich: Literaturwissenschaft als militante Wissenschaft, in: Bayerische Hochschul-Zeitung Nr. 7 vom 15.01.1934, S. 3; Nr. 8 vom 19.01.1934, S. 4; Nr. 9 vom 25.01.1934, S. 3; Nr. 10 vom 01.02.1934, S. 3 f., hier: Nr. 7 vom 15.01.1934, S. 3. Borcherdt weist ausdrücklich darauf hin, dass es sich bei diesem „Zeitwillen" um Forderungen handelt, „die von außen her an unsere Wissenschaft gestellt werden" (Nr. 8 vom 19.01.1934, S. 4) und betont, dass dieser „Zeitwille" eigentlich der Idee der Wissenschaft entgegenstehe, denn: „Die Forschung dient doch einer überzeitlichen und übernationalen Idee, die als Prinzip einer ewigen Wahrheit von dem Forscher ebenso die absolute Objektivität verlangt wie von dem Richter die Idee des Rechts oder vom Theologen das Dogma der Kirche. Da gibt es keine anderen Grenzen als sie im Prinzip der Wahrheit selbst begründet sind." (ebd.)

[111] Borcherdt, Hans Heinrich: a. a. O., Nr. 7 vom 15.01.1934, S. 3.

[112] Der 46-jährige Borcherdt ist, als sein Beitrag erscheint, bereits seit 14 Jahren nichtbeamteter, außerordentlicher Professor an der Universität München. Erst 1943 erhält er eine ordentliche Professur an der Universität Königsberg.

sehenen Konflikt zwischen den Ansprüchen auf politische Zeitgemäßheit und auf eine „überzeitliche", „übernationale", kurz: objektive Wissenschaft durch eine doppelte Relativierung zu entschärfen. Zunächst relativiert er die Forderung nach „absoluter Objektivität" der Wissenschaft, indem er die mit ihr einhergehende Forderung nach „Voraussetzungslosigkeit" in Frage stellt. Da Wissenschaft immer mit dem Subjekt des Forschers eng verbunden sei, und dieser wiederum – als Mensch – in das historische und geistige Leben seiner Zeit eingebettet sei, könne der Anspruch auf „Voraussetzungslosigkeit" nicht aufrecht erhalten werden. Im Gegenteil trage gerade die Subjektivität einer Forscherpersönlichkeit zur Größe und Unverwechselbarkeit ihres wissenschaftlichen Werkes bei. Borcherdt exemplifiziert dies hinsichtlich der Literaturwissenschaft im historischen Durchgang von Jakob Grimm über Wilhelm Scherer und Erich Schmidt bis zu Friedrich Gundolf und kommt zu dem Schluss, dass die vermeintlich neue Situation lediglich das ohnehin Übliche fortsetze:

> In allen Zeiten also hat sich die Literaturwissenschaft in freier Empfänglichkeit für philosophisch-ästhetische und historische Bildungselemente und damit dem Zeitcharakter angepaßt. Was ihr bei aller Beweglichkeit ein festes Rückgrat verlieh, war der philosophisch-historische Unterbau. Diese festen Grundmauern werden auch jetzt nicht erschüttert werden, wenn der Oberbau eine zeitgemäße Umformung erlebt, wenn die Literaturwissenschaft stärker als bisher die nationalen und volksmäßigen Werte der Literatur betont und ihre Ergebnisse als militante Wissenschaft in den Dienst der deutschen Volkserziehung stellt.
> Zusammenfassend läßt sich darum sagen: Wenn auch die Idee der Wissenschaft etwas Ueberzeitliches und Uebernationales ist, wenn auch ihre Grundmauern die Zeiten überdauern, die Ausgestaltung kann sich den Zeittendenzen und dem nationalen Bewußtsein unterwerfen. In freier Empfänglichkeit für das Erleben der Zeit kann und muß sie sich dem Leben und dem Volke zur Verfügung stellen. Die Achtung vor dem Objekt, die Liebe zum Logos und die Ehrfurcht vor der Geschichte grenzen sie ab gegen jeden Dilettantismus und gefährdenden Subjektivismus.[113]

Ähnlich wie Hübner in seinem Beitrag für die *Turnbundsblätter* geht es auch Borcherdt darum, angesichts der außerwissenschaftlichen Anforderungen an die Disziplin Kontinuität zu inszenieren. Während Hübner mögliche Friktionen dadurch entschärfen will, dass er betont, die Wissenschaft sei von jeher eine kämpferische Angelegenheit gewesen, normalisiert Borcherdt den Anpassungsdruck auf die Literaturwissenschaft, indem er ihn – in euphemistischer Gestalt einer „freien Empfänglichkeit" – historisiert. Zwar konzediert Borcherdt die Legitimität, bzw. die „Möglichkeit" zeitbedingter Anpassungen auf einer – wie er sagt – „erkenntnistheoretischen" Ebene. Ebenso vage wie zurückhaltend bleiben aber seine Äußerungen darüber, wie die „zeitgemäße Umformung des Oberbaus" in der Praxis auszusehen habe. Wenig militant, eher lippenbekenntnishaft wirkt hier sein abschließender Versuch, seiner Disziplin im Zeichen der gängigen Metaphysizierung ihres

---

113 Borcherdt, Hans-Heinrich: a. a. O., Nr. 8 vom 19.01.1934, S. 4.

Gegenstandsbereiches so etwas wie ein zeitgemäßes, nationalpädagogisch-identitätsstiftendes Leistungsprofil zu verleihen:

> [W]enn wir dabei [bei der Deutung des Verhältnisses zwischen der deutschen Kultur und anderen europäischen Kulturen; G.K.] immer wieder betonen, daß auch in Zeiten literarischer Fremdherrschaft der deutsche Geist eine ihm eigentümliche Umformung fremder Anregungen gestaltet hat, dann werden wir auch unsererseits zur Stählung des nationalen Willens beitragen können, die schon Gervinus als Aufgabe der deutschen Dichtung bezeichnet hat.
>
> Die Hauptaufgabe aber wird immer bleiben, aus der Dichtung selbst das Wesen des deutschen Geistes in seiner gedanklichen und künstlerischen Formung zu erfassen und über alle zeitliche Bedingtheit hinaus die Wesensform des sich immer gleichbleibenden deutschen Menschen zu erschließen.[114]

Die prospektierte Militanz der Literaturwissenschaft, als Anpassung an den neuen „Zeitwillen", scheint sich bei Borchert auf den performativen Akt des „mehr" und „immer wieder Betonens" längst geläufiger Gehalte zu begrenzen. Denn sowohl das Insistieren auf den „volksmäßigen Werten" der Literatur und ihrer Wissenschaft[115], als auch die Vorstellung einer spezifisch deutschen Universalität („eine ihm eigentümliche Umformung fremder Anregungen") gehören seit dem späten 18. Jahrhundert zum argumentativen Kernrepertoire der bildungsbürgerlichen Kunstsemantik.[116] Zwar spricht Borcherdt auch von der „literarischen Fremdherrschaft" über den deutschen Geist, völkische oder gar rassistische Ausgrenzungsphantasien scheinen ihn jedoch im Rahmen seiner programmatischen Ausführungen nicht umzutreiben.[117]

---

114 Borcherdt, Hans-Heinrich: a. a. O., Nr. 10 vom 01.02.1934, S. 4. Diese Skizze der literaturwissenschaftlichen Hauptaufgabe wird denn in der Schlusspassage auch gleich mehrfach wieder eingeschränkt, wenn es heißt: „Gewiß sind das alles Aufgaben, die die Wissenschaft schon längst in Angriff genommen hat. Sie erscheinen aber in neuer Beleuchtung, indem sie bewußt in den Dienst der nationalen Idee treten und damit eine festumrissene Zielsetzung erhalten. Wenn wir in solcher nationaler Bewußtheit arbeiten, ohne fanatische Uebertreibung, in vollstem Verantwortungsbewußtsein und in tiefstem Streben zur Wahrheit, dann wird auch die Literaturwissenschaft eine militante Wissenschaft sein können im Dienst des Staates, unseres geliebten Vaterlandes." (ebd.)

115 „Sie [die Literaturwissenschaft] muß stärker als bisher betonen, wie sehr sie aus dem deutschen Volkstum herausgewachsen ist und wie sehr sie Ausdruck dieses deutschen Volkstums ist." (Nr. 10, 01.02., S. 3) In diesem Zusammenhang bezieht sich Borcherdt auch positiv auf Nadlers Stammeskunde: „Eine Literaturwissenschaft der deutschen Stämme und Landschaften bekommt damit heute tieferen Sinn." (ebd.)

116 Bollenbeck charakterisiert dieses Universalitätsargument wie folgt: „Die Vorstellung einer deutschen Universalität, so paradox das klingen mag, weckt zunächst das Interesse am Fremden – nicht um es einfach zu unterwerfen, sondern um es sich anzuverwandeln und zu steigern." (Bollenbeck, Georg: Tradition – Avantgarde – Reaktion. Deutsche Kontroversen um die kulturelle Moderne 1880–1945, Frankfurt am Main 1999, S. 68).

117 Gegenüber einer Applikation des Rasse-Begriffes auf geisteswissenschaftliche Erkenntnisse erklärt sich Borcherdt (Nr. 10, 01.02.1934, S. 3) dezidiert skeptisch. Ich werde auf seine Stellungnahme zum

Wesentlich deutlicher wird Borcherdt, wenn es ihm darum geht, die praktischen Grenzen einer theoretisch anpassungsbereiten Literaturwissenschaft im Blick auf „allzu aktuelle Fragen" zu formulieren. Er beharrt auf den Grenzen, deren Überschreitung einer Zerstörung des literaturwissenschaftlichen Eigensinnes gleichkäme und lehnt eine monoparadigmatische Ausrichtung am Politischen dezidiert ab:

> Es wäre durchaus einseitig, wenn wir die Literaturwissenschaft zu einer eigentlich politischen Wissenschaft ausbauen wollten, indem wir etwa alle politischen und im engeren Sinne nationalen Dichtungen in den Mittelpunkt der Betrachtungen stellen wollten oder gar im politischen oder nationalen Stoff einen Maßstab für die Bewertung der Kunstwerke sehen würden.[118]

Dass sich Borcherdt hier vor allem gegen die Programmatik Lindens wendet, wird offensichtlich, wenn er dessen Forderung, die Klassik zugunsten der Romantik abzuwerten, ausdrücklich als unangemessen in Frage stellt: „Es wäre daher einseitig, wenn wir die Romantik um ihres nationalen Enthusiasmus willen höher schätzen wollten als Goethe, weil er den Freiheitskriegen als weimarischer Minister mit Sorge und Zurückhaltung gegenüberstand. [...] Die politische Problemstellung führt also nicht ins Herz der deutschen Dichtung."[119]

Um den Verdacht, die Klassik sei aufgrund ihrer Antike-Verherrlichung eine „undeutsche" Erscheinung, zu stigmatisieren, bemüht Borcherdt neben disziplinspezifischen[120] gleich eine Kette von außerwissenschaftlichen Argumentationen. Er beschwört nicht nur Resonanzeinbußen im In- und Ausland, sondern auch „der Führer" und die ansonsten äußerst skeptisch beurteilte Rassenkunde werden hier als Argumente herangezogen, die die Ungegründetheit der Konkurrenzposition zementieren sollen: „[E]s würde im In- und Auslande nicht verstanden werden, wenn wir etwa die Klassik um ihrer antikisierenden Form willen als undeutsch oder weniger deutsch bezeichnen würden." Der Bau eines „Tempels der Kunst" an der Münchner Prinzregentenstraße dient ihm schließlich als Beleg dafür,

---

Rassebegriff im Kapitel zur „Rassesemantik" noch einmal detaillierter zu sprechen kommen. Dennoch – oder vielleicht gerade wegen seiner nicht im Geruch des Fanatismus stehenden Moderatheit – scheint Borcherdt der Weg für nationalpädagogische wie kulturpolitische Aktivitäten im „Dritten Reich" durchaus offen gewesen zu sein. Unmittelbar nach Erscheinen seines Beitrages tritt er im Februar 1934 eine einsemestrige Gastprofessur in Athen an. Allerdings mag ihn dafür auch seine zwischen 1933 und 1936 ausgeübte Funktion als Leiter der Deutschkurse für Ausländer an der Deutschen Akademie München qualifiziert haben.

118 Borcherdt, Hans-Heinrich: a. a. O., Nr. 8, 19. 01. 1934, S. 4.
119 Ebd.
120 Etwa die Berufung auf das „Faustsymbol", das das Bild vom „romantisch-deutschen Menschentum" erst maßgeblich geprägt habe und das somit klassischen Ursprungs sei. Ein weiteres Argument ist die ästhetische Überlegenheit der klassischen Literatur: „Der Literaturhistoriker aber wird sich die Frage vorlegen müssen, ob die romantische Dichtung um ihres nationalen Gehaltes willen etwa qualitätsmäßig höher zu werten ist als die deutsche Klassik. Nehmen wir einmal Kleist und Hölderlin in ihrer Sonderstellung zwischen Klassik und Romantik aus dem Kreise der eigentlichen Romantik heraus, so wird die Antwort nicht einen Augenblick lang zweifelhaft sein." (Nr. 8, 19. 01. 1934, S. 4).

wie sehr sich auch der neue Staat des tiefen Zusammenhanges des deutschen und des antiken Geistes bewußt ist. Diesem Gedanken hat ja auch der Führer in seiner bedeutsamen Nürnberger Rede Ausdruck verliehen. Auch vom Standpunkte der Rassenkunde aus betrachtet, würde eine Abwertung der Antike durchaus unberechtigt sein, da sie ja ebenso als Produkt der nordischen Rasse gilt wie unsere eigene Kultur."[121]

Ebenso verweist Borcherdt darauf, dass ein politisch induziertes, nationalistisches Paradigma die Tatsache der europäischen Einflüsse auf die deutsche Kultur nicht ernsthaft erschüttern könne: die Verwandtschaftsverhältnisse zur englischen und skandinavischen Dramatik, den französischen Einfluss auf die „deutsche Gotik", den provenzalischen Ursprung des Minnesangs wie auch die „europäische Verflochtenheit" der Barockliteratur „werden wir niemals bestreiten können."[122] Es wird nicht ganz klar, ob Borcherdt diesen Umstand eher bedauert. Zumindest aber ist er bereit, angesichts des Vetorechts der Quellen und um der eigenen Disziplin negative Resonanz zu ersparen, einen möglichst moderaten Umgang mit völkischen oder nationalistischen Deutungsmustern zu empfehlen.

Die feinen Unterschiede 6: Heinz Kindermann und die „volle Breite des völkischen Seins"

Dass eine solche, gemäßigte Position wiederum auch innerhalb der disziplinären Ordinarienschaft nicht selbstverständlich ist, zeigt ein Blick auf die programmatischen Äußerungen des Danziger Ordinarius Heinz Kindermann.[123] Differenzierung und moderates Abwägen sind seine Sache nicht, wenn er in seinen Überlegungen zum *Umbruch des Geistes* apodiktisch feststellt: „Für uns gibt es nur einen Wertmaßstab und ein Zentralproblem, denen alle andern Probleme, auch die ästhetischen, sich unterordnen müssen: **das deutsche Volk!**"[124]

---

121 Borcherdt, Hans-Heinrich: a.a.O., Nr. 10, 01.02.1934, S. 3.
122 „[...] und selbst Grimmelshausen ist ohne Zusammenhänge mit der spanischen Dichtung nicht zu deuten." (Nr. 8, 19.01.1934, S. 4)
123 Heinz Kindermann (1894–1985) ist seit 1927 ordentlicher Professor und Direktor des Germanischen Seminars an der TH Danzig. 1936 erhält er eine ordentliche Professur in Münster (zu den wissenschaftspolitischen Umständen dieser „Berufung" s. III.4.2 und Pilger, Andreas: Nationalsozialistische Steuerung und die „Irritationen" der Literaturwissenschaft. Günther Müller und Heinz Kindermann als Kontrahenten am Münsterschen Germanistischen Seminar, in: Dainat, Holger/Danneberg, Lutz (Hrsg.): a. a. O., S. 107–126).
124 Kindermann, Heinz: Umbruch des Geistes, in: Kölnische Zeitung. Morgen-Ausgabe, Nr. 518 vom 23.09.1933. Die Redaktion der Zeitung leitet Kindermanns Beitrag, der neben einem Bericht über die „Beschlüsse des Reichskabinetts" zur Errichtung und Gliederung der Reichskulturkammer immerhin auf der Titelseite des Blattes steht, mit folgenden Worten ein: „Das deutsche Weltbild ist im Begriff, sich von Grund auf zu wandeln. Auch für die Geisteswissenschaften ergeben sich bedeutsame Umwertungen. Da uns das deutsche Schrifttum heute wichtiger geworden ist denn je, liegt es nahe, zu untersuchen, in welcher Weise die Literaturwissenschaft von der Zeitwende beinflußt wird. Wir haben deshalb den bekannten Danziger Literaturhistoriker Professor Dr. Kindermann gebeten, uns Grundsätzliches über den Wandel der deutschen Literaturwissenschaft zu sagen." Man wird sich vorstellen

Es lohnt sich, im Blick auf die Analyse jener zentralen Leitbegriffe und Argumentationsschichten, die die literaturwissenschaftliche Selbstthematisierung zwischen 1933 und 1945 strukturieren, Kindermanns Argumentationsgang, der ihn zur Hypostasierung des „Volks"-Begriffes leitet, kurz zu rekonstruieren. Ausgangspunkt des Danziger Ordinarius ist eine Neubestimmung des „Wesens der Dichtung". Der Begriff des „Lebens" spielt hierbei zunächst eine zentrale Rolle. Indem sich Kindermann auf den „neuen Realismus"[125] der Philosophie beruft und dabei einleitend die Namen „Bäumer [sic!], Heidegger, Jaensch, Krieck, Rothacker u. a." fallen lässt, betont er als „Hauptunterschied gegenüber der Literaturwissenschaft von vorgestern und gestern die Tatsache […], daß wir heute die **Dichtung nicht mehr als ‚Ding an sich'** bewerten können." Dergestalt philosophisch legitimiert, deutet Kindermann an, dass er unter einem Bewertungsverfahren, welches sich der Dichtung als einem „Ding an sich" annähert, solche literaturwissenschaftlichen Herangehensweisen subsumiert wissen will, die die Dichtung „loslösen von allen übrigen Gebilden des menschlichen Daseins und höchstens die Verbindungslinien zu anderen Künsten oder zu Philosophie und Religion" ziehen. Eine solche ausdifferenzierte, genuin literaturwissenschaftliche Objektkonstitution – sei sie nun, wie Kindermann zumindest andeutet, phänomenologischer, ideen- oder stilgeschichtlicher Provenienz – verkenne jedoch das wahre „Wesen der Dichtung":

> Dichtung ist künstlerisch gestaltetes Leben! Nur wer von diesem Grenzen niederreißenden Standpunkt aus an unser nationales Schrifttum herantritt, nur wer die **Dichtung als nationale Lebensmacht** anerkennt, wird die Wege zu finden wissen, die in unsrer neuen Epoche deutscher Kulturentfaltung nötig sind, um den Wirkungsraum und den Sinn der Dichtung für unser Volk bloßzulegen.[126]

Es ist also die Einsicht in den „Lebens"bezug der Dichtung, die dann sogleich an die Begriffe der „Nation" und des „Volkes" gekoppelt wird, die die *differentia specifica* einer neuen, zeitgemäßen literaturwissenschaftlichen Objektkonstitution ausmachen. Dieser Revitalisierung ihres Gegenstandsbereiches entspricht, so Kindermanns Argumentation, zugleich eine Wiederbelebung der nunmehr entdifferenzierten Wissenschaft selbst, „die die Grenzen ihres bisherigen Gelehrtenstubendaseins einer Buchwissenschaft sprengt und sie entfalten läßt zu

---

dürfen, dass Kindermann, der sich während des NS zusehends als literaturwissenschaftlicher „Mann fürs Grundsätzliche" inszenieren sollte, sich nicht allzu lange hat bitten lassen. In zahlreichen Beiträgen hat er – immer am „Puls der Zeit" – zwischen 1933 und 1945 seine Grundgedanken aus dem Artikel für die *Kölnische Zeitung* in breiter Form wiederholt.

125 Kindermann charakterisiert diesen neuen Realismus „als ein zugleich Bluthaftes **und** Geistig-Seelisches, als ein Wirklichkeitsfanatisches *und* zugleich Idealbegeistertes" (Kindermann, Heinz: a. a. O.). Die aus dem Bereich der Emotionssemantik in den wissenschaftsraisonnierenden Diskurs („Begeisterung" und „Fanatismus"; letzterer war nach 1933 positiv konnotiert) transponierten Begrifflichkeiten zeigen, wie auch Kindermann zeitgemäß gegen die Standards einer „voraussetzungslosen", „objektivistischen" Wissenschaft polemisiert.

126 Kindermann, Heinz: a. a. O.

1. ERÖFFNUNGSSPIELE: AKKLAMATION, ABWEHR UND DISTINKTION 185

einer **gemeinschaftstreuen und volkhaften Lebenswissenschaft!**"[127] Allerdings gestaltet sich selbst bei Kindermann der Weg vom „Leben" zur „volkhaften Dichtung" nicht gänzlich unvermittelt. Argumentatives Bindeglied zwischen beiden ist die Sprache und – allerdings hier ohne jeden erkennbaren Zusammenhang mit der vorangegangenen Argumentation eingeführt – die Rasse, die Kindermann einzuflechten offensichtlich nicht versäumen will:

> **Die Sprache** mit ihrer gemeinschaftsbildenden und kulturschöpferischen Kraft grenzt den Lebensbereich des Spezifisch-Menschlichen ab gegenüber dem Bereich der übrigen Lebewesen. Sie gehört damit zu den wesentlichsten und bestimmendsten Lebensfaktoren des Menschen überhaupt. Gerade aber im Wirkungsraum der Sprache wird die Unterscheidung der einzelnen Völker und Völkerfamilien besonders deutlich. Rasse und Sprache schaffen ein Wechselverhältnis, aus dem heraus die Lebenseigenheit der einzelnen Nationen erwächst.[128]

Von der Sprache zur unterscheidungs- und identitätsstiftenden Macht der Dichtung ist es indes nur noch ein kleiner Schritt. Denn die Dichtung ist, so weiß der professionelle Dichtungsbeobachter, die „edelste Gestaltungsmöglichkeit der Sprache. [...] Alle Vereinzelung des Lebens schließt sich in ihr zusammen zur **volksbestimmten Lebensganzheit.**"[129]

Die Einsichten, dass die Dichtung „uns **die volle Breite des völkischen Seins**" eröffnet, und dass somit die Wissenschaft von der Dichtung als eine immens wichtige Disziplin zu begreifen ist, werden jedoch nicht nur durch den bisher beschriebenen Argumentationsgang legitimiert. Dieser zeigt sich in seinem deduzierenden Dreischritt vom Leben über die Sprache zur Dichtung ja durchaus den denkstilspezifischen, geisteswissenschaftlichen Usancen der Zeit verpflichtet. Jedoch weiß Kindermann auch außerwissenschaftliche Beglaubigungsressourcen ins Spiel zu bringen, wenn er die Übereinstimmung seiner wissenschaftlichen Erkenntnis mit der kulturpolitischen Praxis des neuen Regimes betont:

> Mit Recht haben die Lenker des neuen Deutschland von Anfang an die Kunst und besonders die volksverbundene Dichtung miteinbezogen in den Wachstumsproceß des neuen deutschen Lebens. Denn die Erziehung unsres Volkes zu einer neuen Lebensform, die nun als große Aufgabe der „Evolution" vor uns steht, findet nirgend einen treuern und selbstverständlichern Helfer als in der Nationaldichtung.[130]

Die sinn- und ordnungsstiftende Funktion dieser vitalistisch grundierten, sprach„philosophische", völkische und rassenkundliche Elemente montierenden Wiedereinsicht in die bildende Funktion der Nationalliteratur wird von Kindermann ausdrücklich betont: „Das aber ist nun ja das Beglückende am neuen Umbruch des deutschen Geistes, daß nun alles,

---

127 Ebd.
128 Ebd.
129 Ebd.
130 Ebd.

was wir tun und lassen, seine **Hinordnung auf das Gemeinsame**, auf die Größe, Ehre und Einheit unsers Volkes, unsrer Nationalkultur, erfährt."[131]

So viel neue Übersichtlichkeit kann auch für das Profil der eigenen Disziplin nicht ohne Konsequenzen bleiben. Bereits in Kindermanns kurzer Skizze deutet sich das Spektrum jener Ansprüche an die disziplinäre Gegenstands- und Methodenkonstitution an, das aus der Berufung auf die Letztbegründungsbegriffe „Leben" und „Volk" zwischen 1933 und 1945 resultiert. Kindermanns Aufgabenkatalog richtet sich zunächst auf eine Erweiterung des disziplinspezifischen Gegenstandsbereiches im Zeichen einer „volkhaften Lebenswissenschaft", die mit einer Verschiebung literaturwissenschaftlicher Bewertungs- und somit Kanonisierungskriterien einhergehen soll:

> Die bisherige Literaturbewertung ging viel zu sehr vom Standpunkt der Bildungsdichtung aus, der gegenüber die Volksdichtung und die volkstümliche Dichtung nur eine Nebenrolle spielten. Für unser heutiges Volksbewußtsein aber wird volksnahe Dichtung mindestens gleichwertig neben die Bildungsdichtung zu stellen sein. […] Daß darüber die nicht zu unterschätzende Rolle des Auslanddeutschtums nicht zu kurz kommen darf, versteht sich von selbst.[132]

Um diesem Anspruch auf eine am Maßstab der ethnischen Authentizität orientierten Literaturbewertung erfolgreicher nachkommen zu können, empfiehlt Kindermann eine „Lockerung" der disziplinären Grenzen: „Literaturwissenschaft und Volkskunde werden einander wechselseitig unterstützen müssen, um diesen für uns jetzt so wichtig gewordenen Vorgängen gerecht werden zu können."[133]

Neben Josef Nadlers Stammes- und Landschaftskunde, die aber zuwenig das National-Gemeinsame der einzelnen Untersuchungseinheiten herausarbeite, ist es vor allem der eigene Ansatz einer „literarhistorischen Anthropologie", den Kindermann als besonders aussichtsreich und anschlussfähig einschätzt:

> Von besonderer Wichtigkeit wird es sein, die noch verhältnismäßig junge Erkenntnis literaturwissenschaftlich auszuwerten, daß sich nirgend eine so intensive **Schilderung, Gestaltung, Durchleuchtung des deutschen Menschen** findet, wie in unsrer Dichtung. Die Erforschung des Menschen erfährt heute eine Wendung ins Volkhafte, die uns gerade dieses Gebiet der dichterischen Menschengestaltung in besonderem Maße erschließt.[134]

Schließlich ist es die Forderung nach einer rezeptionsästhetisch ausgerichteten Literatursoziologie, die bei Kindermann durch die Berufung auf eine „volkhafte Lebenwissenschaft" legitimiert erscheint und die nach 1933, wenn auch nicht immer mit dem Etikett des „So-

---

131 Ebd.
132 Ebd.
133 Ebd.
134 Ebd.

ziologischen" verbunden, häufig im Rahmen der disziplinären Selbstthematisierung erhoben wird[135]:

> In engem Zusammenhang mit der dichterischen Menschengestaltung muß weiterhin das Gebiet der **Literatursoziologie** betreut werden. [...] Zwei wichtigen und bisher sehr vernachlässigten Gebieten wird in diesem Zusammenhang zu ihrer verdienten Geltung zu verhelfen sein: der literarischen **Wirkungsgeschichte** (wir interessieren uns ungerechterweise fast ausschließlich für die Entstehungsgeschichte, wohingegen die Wirkungsgeschichte, und zwar nicht nur die geistesgeschichtliche, sondern die im weitesten Sinn lebensgeschichtliche, bisher leider außer acht blieb) und der **soziologischen** Seite der Theatergeschichte – Theater ohne Publikum ist ein Nonsens. Diese elementare Tatsache aber wurde von der Theatergeschichtsschreibung vielfach übersehen.[136]

Auch die Wendung zur „soziologischen Seite" der Literatur- und Theatergeschichte als eine notwendige Hinwendung zur „tatsächlichen" Wirkung von Kunstwerken kann im Zeichen einer „volkhaften Lebenswissenschaft" einerseits als gegenstandslogisch bedingter Erkenntnisfortschritt und andererseits als zeitgemäßer Authentizitätsgewinn für die eigene Disziplin kommuniziert werden. Kindermann, der seine eigenen Ausführungen bereits mit dem Verweis auf eine Schar von „Philosophen" einleitet, deren Namen zumindest um 1933 auch bei den wissenschaftspolitischen Instanzen des Regimes positiv konnotiert sind, beruft sich zur disziplinübergreifenden Absicherung seiner Forderung nach einer Literatursoziologie hier auf die ebenfalls 1933 noch resonanzträchtigen Leipziger Soziologen Hans Freyer und Günther Ipsen, deren „,Programm einer Soziologie des deutschen Volkstums' [...] hier die Grundlage [gibt]." Die argumentative Ankopplung an vermeintliche oder tatsächliche Leitdisziplinen und deren renommierte Vertreter gehört jedoch nicht nur bei Kindermann und auch nicht nur zwischen 1933 und 1945 zum Standardrepertoire literaturwissenschaftlicher Inszenierungspraktiken. Allerdings bleibt die Berufung auf die Soziologie, wie noch zu sehen sein wird, zwischen 1933 und 1945 nicht unproblematisch.

Die feinen Unterschiede 7: Josef Nadler oder
„Wo ich bin, da ist die deutsche Literaturwissenschaft"

Die „soziologische Seite" der Literaturwissenschaft spielt auch bei einem weiteren literaturwissenschaftlichen Akteur, der sich 1933 zur Lage der Disziplin äußert, eine Rolle. Jedoch läge es dem Wiener Ordinarius Josef Nadler, anders als Kindermann, durchaus fern, *andere* zeitgenössische wissenschaftliche Autoritäten anzurufen, um seinen eigenen Ausführungen Plausibilität zu verleihen. Die Literaturwissenschaft „steht vor keinen neuen Entscheidun-

---

135 S. dazu Kap. III.4.2.
136 Kindermann, Heinz: a. a. O.

gen", stellt er denn auch 1933 apodiktisch fest und fügt hinzu: „Aber die längst fälligen sind nun unaufschiebbar geworden."[137] „Wo steht die deutsche Literaturwissenschaft?", so fragt der streitbare Verfechter einer stammes- und landschaftskundlichen Literaturwissenschaft im Titel seines Beitrages rhetorisch.

Nadlers Antwort verweist auf eine sehr persönliche, bzw. personenbezogene Variante, auf dem Eigensinn der Literaturwissenschaft zu insistieren und die Konsequenzen der neuen Ordnung des Politischen zu relativieren. Denn die Literaturwissenschaft komme erst jetzt, nach der Machtübergabe, dort an, wo er, Nadler, schon seit zwanzig Jahren gestanden habe. Wo er schon immer gewesen sei, so wird man Nadler paraphrasieren dürfen, da sei die deutsche Literaturwissenschaft. Allerdings hat sich der Wiener Ordinarius in seinem Beitrag mit dem ärgerlichen Umstand auseinanderzusetzen, dass man ihm innerhalb der Disziplin die gebührende Anerkennung für sein Werk bisher vorenthalten habe. Im kritischen Rekurs auf Lindens Schrift über die *Aufgaben einer nationalen Literaturwissenschaft* fordert Nadler diesen Platz auf dem Pantheon der Fachheroen nun mit Nachdruck ein. Der politische Systemwechsel beim deutschen Nachbarn dient ihm dabei als implizite Legitimations- und Bekräftigungsressource dieses Anspruches. In Lindens Überblick über den „literaturgeschichtlichen Betrieb der letzten zwanzig Jahre"[138] habe sich ein folgenschwerer genealogischer Irrtum eingeschlichen, den es zu korrigieren gelte:

---

137 Nadler, Josef: Wo steht die deutsche Literaturwissenschaft?, in: Völkische Kultur, 1933, S. 307–313, hier: S. 312. Josef Nadler (1884–1963), aufgrund seiner zwischen 1912 und 1918 erschienenen vierbändigen *Literaturgeschichte der deutschen Stämme und Landschaften* und als Initiator und Hauptvertreter einer stammesgeschichtlichen Literaturwissenschaft inner- wie außerfachlich sicherlich einer der resonanzstärksten Akteure (auch wenn er innerhalb der Disziplin äußerst umstritten ist), ist von 1931 bis 1945 ordentlicher Professor an der Universität Wien. Seit 1938 Mitglied der NSDAP, ist Nadler aufgrund seiner anfänglichen Kritik an rassentheoretischen Ansätzen (S. III.3.2) und wegen des Katholizismus-Verdachts jedoch auch innerhalb der parteiinternen Kulturbürokratie nicht unumstritten. Zu Nadler s. Füllenbach, Elias H.: Art. Nadler, Josef, in: IGL, Bd. 2, S. 1298–1301; Klausnitzer, Ralf: Krönung des ostdeutschen Siedelwerks? Zur Debatte um Josef Nadlers Romantikkonzeption in den zwanziger und dreißiger Jahren, in: Euphorion, 93, 1999, S. 99–125; Meissl, Sebastian: Zur Wiener Neugermanistik der dreißiger Jahre: Stamm, Volk, Rasse, Reich. Über Josef Nadlers literaturwissenschaftliche Position, in: Amann, Klaus/Berger, Albert (Hrsg.): Österreichische Literatur der dreißiger Jahre. Ideologische Verhältnisse. Institutionelle Voraussetzungen. Fallstudien, Wien/Köln 1985, S. 130–146; ders.: Wiener Ostmark-Germanistik, in: Heiß, Gernot u. a. (Hrsg.): Willfährige Wissenschaft. Die Universität Wien 1938–1945, Wien 1989, S. 133–154; ders.: Der „Fall Nadler" 1945–50, in: ders. u. a. (Hrsg.): Verdrängte Schuld, verfehlte Sühne. Entnazifizierung in Österreich. Symposon des Instituts für Wissenschaft und Kunst, Wien, März 1985, München 1986, S. 281–301.

138 Nadler, Josef: a. a. O., S. 308. Dass Nadler Lindens Konkurrenzprojekt mit Skepsis sieht, macht er gleich einleitend deutlich: „Der Entschluß zu einer solchen Schrift [wie derjenigen Lindens; G. K.] setzt große Erfahrung, eindringliche Kenntnis der bisherigen wissenschaftlichen Ergebnisse und die Bewährung durch eigene Leistungen voraus." (307 f.) Dass der akademische Außenseiter Linden über all diese Eigenschaften nicht im angemessenen Maße verfügen könne, dies sagt Nadler zwar nicht explizit, unterstellt es aber, wenn er bereits einleitend das Fazit voranstellt: „Lindens Schrift hat im wesentlichen geschichtlichen Charakter." (308)

1. ERÖFFNUNGSSPIELE: AKKLAMATION, ABWEHR UND DISTINKTION

Überblicke über den literaturgeschichtlichen Betrieb der letzten zwanzig Jahre sind schon oft beschrieben worden. Hier ist einmal eine grundsätzliche Berichtigung vorzunehmen. Wesentlich ist bei wissenschaftlichen Leistungen die Zeitfolge. Auch Linden läßt die neue Literaturwissenschaft mit dem Jahr des Heiles 1911 beginnen, weil in diesem Jahr Ungers Hamannbuch und Gundolfs Shakespearebuch erschienen. Es ist aber in dem gleichen Jahr der erste Band meiner Literaturgeschichte der deutschen Stämme und Landschaften herausgekommen. Aus zeitlichen Gründen hätte Linden also mein Werk hier und nicht an einer unzutreffenden späteren Stelle einreihen müssen.[139] Und so stehen wir gleich inmitten der Sache. In dem einen Jahr 1911 wurde die Frage nach einer deutschen Literaturwissenschaft von drei verschiedenen Richtungen her aufgerollt, und zwar gar nicht wie damals schon beliebt, durch billiges Profitmachen, denen keine praktische Bewährung folgte, sondern einfach durch sichtbare und nachprüfbare Arbeit. [...] Der eine zielte auf eine Ideengeschichte, wobei immerhin an das Wirken überpersönlicher Kräfte gedacht war; [...] Der andere stellte sich auf den rein individualistischen Standpunkt und beschränkte sich auf die Gültigkeit der großen Persönlichkeit, indem er alle Fragen nach dem Wie und Warum in den mystischen Abgrund der unerkennbaren ‚Entelechie' verwies. [...] Der Dritte [damit meint Nadler sich selbst; G. K.] sah in dem, was der einzelne schafft, zugleich Gemeinschaftsgebilde, Gebilde der natürlichen Gemeinschaften. Denn er glaubte an das Mysterium aus Blut und Boden. Er ging daher nicht allein auf das Persönliche, sondern auch auf die überpersönlichen Kräfte aus und suchte die ganze bunte und reiche Fülle dessen, was Deutschheit heißt, aus der Vielfalt ihrer Erscheinungen zu begreifen. Die Werke des Schrifttums zeugten zugleich für den Geist dieser Vielheiten. Und sie wurden wieder aus ihr begriffen. Einer individualistischen Denkweise trat die soziologische gegenüber, dem reinen Geist, ja Intellekt das Gefühl der kreatürlichen Gebundenheit an mütterliche Erde, an väterliches Blut, an die fortwirkende Kraft vererbten Ahnengutes. So stand damals schon vor zweiundzwanzig Jahren die Frage. Und da steht heute die deutsche Literaturwissenschaft.[140]

Die Richtung eines „neuen literaturgeschichtlichen Realismus", die die geistesgeschichtlichen Abstraktionen wieder in der „volkhaften Lebenswirklichkeit" erdet – sie ist also

---

[139] Während Linden (Aufgaben einer nationalen Literaturwissenschaft, München 1933) Unger und Gundolf als Initiatoren und Repräsentanten dafür namhaft macht, dass „sich die deutsche Literaturwissenschaft mit Entschiedenheit ihrer neuen Entwicklung zu[wendet]" (11), taucht Nadler lediglich als – allerdings durchaus gewürdigter – Vertreter eines soziologischen Weges zu einem neuen „literaturgeschichtlichen Realismus" auf: „Es ist das große Verdienst Josef Nadlers, in seiner *Literaturgeschichte der deutschen Stämme und Landschaften* die ganze Breite des Literaturlebens aufgerollt und die fast vergessene volkstümliche Dichtung, die auf einzelne Landschaften in ihrer Wirkung eingeschränkt ist, wieder ins Bewußtsein zurückgebracht zu haben." (18 f.) Diese Rolle als soziologischer Archivar des Volkstümlichen erscheint Nadler selbst – der sich ja als methodischer Neuerer des Faches begreift – sicherlich unangemessen.

[140] Nadler, Josef: a. a. O., S. 308.

Nadler zufolge „längst da. Sie ist aus den landschaftlichen, rassischen und stammlichen Bedingungen auf Wesenserkenntnis des gesamtdeutschen Volkes gerichtet und will mit dieser Wesenserkenntnis den Aufgaben dienen, die das deutsche Volk in der Welt zu erfüllen hat."[141]

Drei Ziele verbindet Nadler im Rahmen seiner Ausführungen miteinander. Erstens geht es ihm um die innerfachliche Anerkennung seiner bisher umstrittenen Stammeskunde als einer wissenschaftlichen Pioniertat; neben dieser rückwärts gerichteten Selbstinskription in den Kanon der Fachheroen, die sein innerdisziplinäres, wissenschaftliches Kapital steigern soll, zielt er zweitens darauf, seine Programmatik gegenüber den zeitbedingten, konkurrierenden Neuentwürfen à la Linden abzugrenzen; drittens schließlich und mit Blick auf eine außerdisziplinäre Adressatenschaft wird der eigene Ansatz als zeitgemäßes Leistungsangebot in den Zeiten eines politisch-nationalen Umbruchs prospektiviert.

Um das bisherige Ausbleiben einer angemessenen innerfachlichen Reputation für seine Arbeiten zu plausibilisieren, stilisiert sich Nadler zum verkannten Genie und einsamen Kämpfer für den Fortschritt gegen den – verschwörungsgleich – organisierten Widerstand einer stagnierenden, „liberalistisch" durchsetzten Disziplin: „Gerade weil ich schon 1911 vertreten habe, vertreten gegen den organisierten Widerstand einer ganzen Fachzunft, was sich heute als Gemeingut durchzusetzen beginnt, habe ich nicht die Pflicht, meinen Namen von dem Erträgnis meiner Arbeit wegdrängen zu lassen."[142]

Die eigene retrospektive Aufwertung, die nunmehr durch die Zeitläufte bestätigt werden soll, geht einher mit einer ebenfalls durch die neuen, außerfachlichen Verhältnisse legitimierten Abwertung des wichtigsten Konkurrenten innerhalb einer personalisierenden Disziplinhistoriographie. Gegen das Bild Gundolfs als eines wichtigen Mitbegründers einer neuen, geistesgeschichtlich orientierten Literaturwissenschaft, betont Nadler die nachwuchs„vergiftende" Wirkung des jüdischen Literaturwissenschaftlers:

> Die Schuld des langsamen Fortschrittes in dieser Richtung liegt bei dem Nachwuchs, von dem Linden selber sagt, daß er den Geist Gundolfs erst in sich überwinden müsse. Sie liegt an der jahrzehntelangen Vergiftung der akademischen Jugend mit dem weltbürgerlichen Individualismus, der in der allgemeinen Verbreitung des Fracks alle Wesenheit der Rasse und der Nationen ausgelöscht sieht.[143]

Eben gegen diesen Individualismus aus dem Geiste Gundolfs stellt Nadler seine „soziologische Denkweise"[144], die, wie er hier zweimal betont, nicht nur auf Stämme und Landschaften gerichtet ist, sondern auch die „Rasse" zu berücksichtigen weiß. Nadlers Berufung auf den Rasse-Begriff, dem er – wie wir noch sehen werden – sonst durchaus skeptisch ge-

---

141 Nadler, Josef: a. a. O., S. 309.
142 Ebd.
143 Nadler, Josef: a. a. O., S. 308 f.
144 Diese Bemerkung zeigt noch einmal, dass zumindest in den Anfangsjahren des NS eine positive Berufung auf die Soziologie durchaus möglich ist. S. dazu und zur Rolle soziologischer Programme innerhalb des literaturwissenschaftlichen Feldes nach 1933 Kap. III.4.2.

genübersteht[145], verdeutlicht noch einmal, dass es ihm hier vorrangig um die eigene Position innerhalb des literaturwissenschaftlichen Feldes geht. Zu deren Verbesserung insinuiert er hier über den Begriff der Rasse eine zentrale Schnittmenge zwischen seinem eigenen Ansatz und dem aktuellen nationalsozialistischen Ideenkonglomerat.

Aber es ist nicht nur die Literaturwissenschaft der Vergangenheit, die Nadler ins Visier nimmt. Ebenso grenzt er sich – darin Fricke ähnlich – gegenüber jener gegenwärtigen Konkurrenz ab, die nun, nach dem Machtwechsel, eilig programmatische Texte für eine „neue" Literaturwissenschaft, derer es ja gar nicht bedarf, in Umlauf bringt. Stellvertretend kritisiert Nadler in diesem Zusammenhang die Schrift Lindens:

> Das Problem einer nationalen Literaturwissenschaft wird natürlich keineswegs dadurch gelöst, daß der einzelne Wissenschaftler seine private nationale Gesinnung hat, ‚der deutsche Mensch' ist, welches Prädikat Linden in einem bestimmten Falle verleiht, ebensowenig durch möglichst häufige Verwendung nationaler Superlative im Wortlaut wissenschaftlicher Arbeiten.[146]

Lindens Arbeiten jedenfalls können jenen methodischen Standards der Disziplin, die Nadler maßgeblich verbessert zu haben für sich beansprucht, wie auch den Ansprüchen auf eine differenzierte Gegenstandsbetrachtung keinesfalls gerecht werden:

> So glaube ich nicht, daß man mit wenigen Strichen Anweisungen zur Neuwertung der einzelnen Epochen der deutschen Literatur geben kann.[147] Die Dinge sind viel zuwenig eindeutig, als daß sie auf einer Seite abgemacht werden könnten. Hier fällt das letzte Wort der Einzelforschung zu. Noch weniger kann man Rezepte vorschreiben, wie die einzelnen Dichter zu bewerten seien. […] Und schließlich das Entscheidende. Man setzt sich heute allzu leichtfertig über das Wie hinweg, wenn man über das Was einig zu sein glaubt. Man kann a priori und im allgemeinen von der Bedingung des geistigen Lebens durch Rasse, Stamm und Boden überzeugt sein. Die Wissenschaft steht vor der drängenden Frage: mit welchen Erkenntnismitteln weist man diesen Einfluß von Fall zu Fall und im einzelnen nach. Gegenüber der allgemeinen Forderung ist die jeweils bestimmte Erfüllung das weit schwerere. Gerade diese methodischen Fragen spielen aber in Lindens Schrift gar keine Rolle.[148]

Dass es Nadler jedoch nicht nur um die disziplininterne Anerkennung seiner Arbeit geht, sondern auch um deren außerdisziplinäre Anschlussfähigkeit, wird deutlich, wenn er sich in der Bestimmung der Ziele einer „nicht allzu neuen", von ihm mitbegründeten Literaturwissenschaft in den Chor der zeitgemäßen, resonanzkalkulierenden Forderungen einreiht:

---

145 Zu Nadlers wechselhafter Einstellung zum Rasse-Begriff s. Kap. III.3.2.
146 Nadler, Josef: a. a. O., S. 310.
147 Nadler zielt hier auf Lindens Forderung nach einer „Umwertung der Romantik".
148 Nadler, Josef: a. a. O., S. 309.

Im ganzen aber muß man sich abwenden von dem ausschließlich Geistigen und Gestaltischen. Sie [gemeint ist die Literaturwissenschaft; G.K.] muß den Mut haben, an Stelle des rein ästhetischen den nationalen Wertbegriff zu setzen. Sie muß sich um Wesensfindung auf organisch-lebendiger Grundlage bemühen. Sie muß das fruchtbare und Lebenserweckende in den Vordergrund stellen. Sie gehört als Deutschkunde in den Mittelpunkt der deutschen Schule und Hochschule. Sie werde zu zwischenvölkischen Auswirkungen gesteigert. Sie soll zu einem System der nationalen Ethik führen und all das herausholen, was als Wesensart und Lebensziel des deutschen Menschen in seiner germanischen Artverwurzelung gelten darf.[149]

Dem „Oberbau eine zeitgemäße Umformung" verleihen –
Zur Umbenennung der Zeitschrift „Euphorion"

Zumindest den von Nadler eingeforderten „Mut", „rein" ästhetische durch nationale Wertungskategorien zu ersetzen, scheint die Disziplin bereits in der ersten Phase nach dem politischen Systemwechsel auch ohne Druck von außen aufbringen zu können. Durchaus an repräsentativer Stelle dokumentiert u. a. der mittlerweile aus den USA zurückgekehrte Julius Petersen paradigmatisch jene Bereitschaft, dem „Oberbau eine zeitgemäße Umformung" angedeihen zu lassen, von der Hans Heinrich Borcherdt in seinen Überlegungen spricht.

Eines der renommiertesten Fachorgane, die Zeitschrift *Euphorion*, wechselt 1934 kurzerhand und zwanglos ihren Titel. Dass dieser semantische Umbau weniger einer wissenschaftsinternen Motivation geschuldet ist, mutmaßt man auch in den Reihen der mit dem *Euphorion* konkurrierenden *Deutschen Vierteljahrsschrift für Literaturwissenschaft und Geistesgeschichte*. Deren Herausgeber Paul Kluckhohn jedenfalls erwägt in einem Brief vom 27. 03. 1934 an Erich Rothacker, den Mitherausgeber der *DVjS*:

> Wie beurteilst du die Aussichten von ‚Dichtung und Volkstum'. Die Herausgeberliste ist ja sehr wenig einheitlich. Walzel passt dazu wie die Faust aufs Auge. Es macht fast den Eindruck als habe der aus Amerika zurückgekommene Petersen sich unbehaglich gefühlt und um Gottes willen den Anschluß nicht verpassen wollen.[150]

Allerdings scheint Erich Rothacker, neben Kluckhohn der zweite Hauptherausgeber der *DVjs*, eine Titeländerung bei der eigenen Zeitschrift immerhin kurz in Erwägung gezogen zu haben. Jedoch nimmt er aus ökonomischen Erwägungen wieder davon Abstand. Am 20. 06. 1933 schreibt er an Kluckhohn: „Oder sollen wir gar, da heute schon alles revolutioniert wird, unseren ganzen Titel ändern? Dagegen hätte ich aber Bedenken, dass das

---

149 Nadler, Josef: a. a. O., S. 309.
150 Zit. nach Adam, Wolfgang: Einhundert Jahre *Euphorion*. Wissenschaftsgeschichte im Spiegel einer germanistischen Fachzeitschrift, in: Euphorion, 88, 1994, S. 1–72, hier: S. 43.

einen schweren Abonnentenverlust mit sich bringen könnte. Trotz des interessanten neuen Inhaltes."[151]

Doch nicht nur der Titel wird beim *Euphorion* ausgewechselt. Dem bisherigen Schriftleiter der Zeitschrift, dem Sauer-Schüler Georg Stefansky, der das geisteswissenschaftliche Profil der Zeitschrift wesentlich geprägt hat, wird – nachdem man ihm aufgrund des § 3 des BBG bereits seine Lehrbefugnis an der Universität Münster entzogen hatte – nicht zuletzt auf Druck des nationalkonservativen Verlegers Alfred Druckenmüller auch die Leitung des *Euphorion* entzogen.[152] Die beiden neuen Herausgeber Petersen und Hermann Pongs, die in ihrer „an unsere Leser" gerichteten, paratextuellen Eröffnung der „Neuen Folge" über diesen personellen „Umbau" kein Wort zu verlieren für nötig erachten, begründen den semantischen Umbau ganz im Sinne der vielfach programmatisch geforderten, innerdisziplinären Schwerpunktverschiebung:

> Mit dem neuen Jahrgang tritt die Zeitschrift ‚Euphorion' in ein neues Verhältnis zu den wissenschaftlichen Bildungsfragen und zum Geist der Forschung ein. Sie gibt den Namen ‚Euphorion' auf und damit die überbetonte Abhängigkeit deutscher Bildung von humanistischer Gelehrsamkeit. Der neue Name ‚Dichtung und Volkstum' will zum Ausdruck bringen, daß auch die Wissenschaft von der Dichtung immer das Volkstum im Auge halten wird als den Grundwert, der alle ästhetischen, literarhistorischen, geistesgeschichtlichen Werte trägt und nährt.[153]

---

151 Zit. nach Dubbels, Elke: a. a. O., S. 691). Weiterhin zur *DVjs*, die sich während des NS mit Zugeständnissen an den politischen Zeitgeschmack weitaus zurückhaltender zeigt als das von Petersen und Pongs herausgegebene Konkurrenzorgan, s. Dainat, Holger/Kolk, Rainer: Das Forum der Geistesgeschichte. Die „Deutsche Vierteljahrsschrift für Literaturwissenschaft und Geistesgeschichte" (1923–1944), in: Harsch-Niemeyer, Robert (Hrsg.): Beiträge zur Methodengeschichte der neueren Philologien. Zum 125jährigen Bestehen des Max Niemeyer-Verlages, Tübingen 1995, S. 111–134; Dainat, Holger: „wir müssen ja trotzdem weiter arbeiten". Die *Deutsche Vierteljahrsschrift für Literaturwissenschaft und Geistesgeschichte* vor und nach 1945, in: Barner, Wilfried/König, Christoph (Hrsg.): a. a. O., S. 76–100.

152 Vor allem Stefansky, der 1926 der Schriftleitung beitritt, ist es zu verdanken, dass die Zeitschrift ihr Profil differenziert und sich neueren Tendenzen innerhalb der Literaturwissenschaft, wie etwa der Literatursoziologie, der Geistesgeschichte und der Psychoanalyse gegenüber offener zeigt. S. Adam, Wolfgang: Einhundert Jahre „Euphorion". Wissenschaftsgeschichte im Spiegel einer germanistischen Fachzeitschrift, in: Euphorion, 88, 1994, S. 1–72; ders.: „Dichtung und Volkstum" und erneuerter „Euphorion". Überlegungen zur Namensänderung und Programmatik einer germanistischen Fachzeitschrift, in: Barner, Wilfried/König, Christoph (Hrsg.): a. a. O., S. 60–75.

153 Petersen, Julius/Pongs, Hermann: „An unsere Leser!", in: Dichtung und Volkstum. Neue Folge des Euphorion. Zeitschrift für Literaturgeschichte, 35, 1934, S. III. Petersen veröffentlicht in diesem Heft zudem eine umfangreiche stoff- und motivgeschichtliche Untersuchung zur deutschen Literatur- und Geistesgeschichte. Der Aufsatz unter dem Titel *Die Sehnsucht nach dem Dritten Reich in deutscher Sage und Dichtung* erweist sich bei vollständiger Lektüre als eine Studie in geistesgeschichtlichen Traditionsbahnen, die in einem weitaus geringeren Maße auf die neuen politischen Verhältnisse „schielt", als es der bemüht zeitgemäße Titel nahelegt. Auch hier wird das Kollusionspotential vor allem auf paratextueller Ebene virulent. So schreibt Petersen etwa am Schluss seiner Ausführungen: „Der Führer ist gekommen, und seine Worte sagen, dass das Dritte Reich erst ein werdendes ist, kein Traum der Sehn-

Es ist argumentationsgeschichtlich durchaus lohnenswert noch einen Augenblick bei dieser paratextuellen Eröffnung zu verweilen, erweist sie sich doch als ein Musterbeispiel der Mehrfachadressierung, bzw. der doppelten Artikulation, in dem sich bereits – wenn auch verhaltener – jene vier argumentativen Operationen ausprägen, die wir bereits aus der Koch'schen Einleitung zum *Kriegseinsatz* (s. Kap. I) kennen. So wird etwa die indirekte Synchronisation von aktuellen politischen und geistigen Prozessen, mithin die Ausrichtung der Kommunikation auch auf den politischen Resonanzraum, angedeutet, wenn die Herausgeber darauf verweisen, dass die Zeitschrift nunmehr ein besonderes Forum dafür biete, „den ewigen Volksbegriff in seiner Geschichtlichkeit, wie Herder ihn meinte und wie er **heute in Deutschland neu gelebt und erfahren wird** [*Hervorhebung: G. K.*], als Lebensgrund aller starken Dichtung herauszuarbeiten."[154] Auch die Versicherung, dass die Zeitschrift in Zukunft Stamm und Landschaft in der Dichtung „mit Einschluß des Auslandsdeutschtums" „tiefer fördern" wolle, dürfte des Aspektes einer politisch adressierten Nützlichkeitsversicherung nicht entbehren.[155] Diese aktualistisch sich gebende Zielsetzung, die, wie

---

sucht mehr, aber auch noch keine vollendete Tat, sondern eine Aufgabe, die dem sich erneuernden Menschen gestellt ist." (Petersen, Julius: Die Sehnsucht nach dem Dritten Reich in deutscher Sage und Dichtung, in: Dichtung und Volkstum, 35, 1934, S. 18–40; 145–182, hier: S. 182) Innerhalb des kulturpolitischen Feldes nimmt man Petersens Bemühungen um eine zeitgemäße Einkleidung seiner Ausführungen eher skeptisch zur Kenntnis und kritisiert die aktualistische Verbrämung geistesgeschichtlicher Abstraktheiten. In der *Bücherkunde* der „Reichsstelle zur Förderung des deutschen Schrifttums" etwa heißt es: „Wer annimmt, daß uns der Nationalsozialismus aus bloßen allgemeinen und unoriginellen Kombinatiönchen geschenkt wurde, steht abseits und macht in Konjunktur." (Bücherkunde, 1, 1934, Folge 8–10, S. 166)

154 Petersen, Julius/Pongs, Hermann: a. a. O., S. III.
155 Dieser Eindruck, dass die Herausgeber bemüht sind, die mehr oder weniger direkte Bezugnahme auf die politischen Ereignisse zur Ressource für die eigene, „neue" Nützlichkeit zu machen und dadurch in gesteigertem Maße Mittel zu akkumulieren, bestätigt sich auch in einem Schreiben an die die Zeitschrift mit Druckkostenzuschüssen unterstützende DFG, in dem die Herausgeber versichern, „die Zeitschrift noch geschlossener und entschiedener zur Mittlerin der Lebenswerte der Dichtung zu machen, die Methoden auf die Gesamtexistenz zu richten, dem Volkstum auf möglichst großzügige Weise genüge zu tun. Auf unser Biedermeierheft dürfen wir besonders verweisen." (BAK R 73/10701) Ebd. auch die Feststellung, dass diese Bemühungen wenig Resonanz erzielen: die Zahl der Abonnenten kann – insonderheit seit Kriegsbeginn – nicht erhöht werden („Abnehmerzahl […] 1939: 369; Zahl der ausländischen Abnehmer bis zum Kriegsausbruch: 161. Davon, soweit feststellbar, a) neutrales, 133 b) feindliches Ausland: 28 […] Bemerkungen über die bisherige Gestaltung des Absatzes seit Kriegsausbruch: […] ein Abonennenrückgang von rund 20 %." (Schreiben der J. B. Metzlerschen Verlagsbuchhandlung an die DFG vom 16. 01. 1940; BAK R 73/10701)) Auch bei den literaturbeobachtenden Instanzen innerhalb des kulturpolitischen Feldes kann die Zeitschrift ihr Prestige nicht verbessern. So heißt es etwa im 1938 verfassten SD-Bericht über „Lage und Aufgaben der Germanistik und deutschen Literaturwissenschaft" über Pongs' Zeitschrift: „Die Beiträge erschöpfen sich *zum Teil* in einer rein theoretischen Wissenschaftsproblematik. Die Zeitschrift soll noch immer vom Reichserziehungsministerium unterstützt werden, was nach ihrer kulturpolitischen bisherigen Gesamtleistung und ihrem jetzigen Mitarbeiterkreis nicht gerechtfertigt erscheint. Ein völliger Umbau dieser Zeitschrift könnte die Grundlage für eine kommende völlig positiv arbeitende literaturwissenschaftliche Zeitschrift bieten." (zit. nach Simon, Gerd: a. a. O., S. 57)

die Autoren versichern, „vom Zeitgeist gefordert"[156] sei – enthält in der gleichen Formulierung bereits auch die Metaphysizierung und Kompatibilisierung des vermeintlich „neuen" Programms: Der Gegenstandsbereich, die „starke Dichtung", ist wie bei Koch lediglich das Mittel, das Belegmaterial zum Zwecke des Erweises eines substantialisierten, „ewigen Volksbegriffes". Lediglich am Rande sei hier verwiesen auf das – für derlei Argumentationen nicht untypische – offensichtlich in Kauf genommene Paradoxon, das darin besteht, das ein einerseits als „ewig" deklarierter „Volksbegriff" zugleich und andererseits in seiner „Geschichtlichkeit" untersucht werden solle. Diese Metaphysizierung des Gegenstandsbereiches wird indes nicht nur volksbezogen codiert, sondern gibt sich – im Rekurs auf eine weitere Referenzgröße (Goethe) – auch als Konkurrenzprogramm zur als „jüdisch" stigmatisierten psychoanalytischen Untersuchung des Unbewussten. Denn, neben Stammes- und Landschaftskunde, soll auch noch folgendes Gebiet gefördert werden: „die Untergründe des bildenden Vermögens als den Bereich dessen, was Goethe das Unbewußte nannte und was man allzu gleichgültig der Psychologie und der Psychoanalyse überlassen hat." (ebd.)[157]

Der Verweis auf Herder indes nobilitiert nicht nur die inszenierte Schwerpunktverschiebung, sondern koppelt das „neue" Programm semantisch zugleich mit einer innerfachlich sakrosankten, personalisierten Referenzgröße.[158] Die Kompatibilisierung des semantischen Umbaus, bzw. der „neuen" Programmatik, die mit ihm artikuliert werden soll und die es ja für den fachspezifischen Denkstil als das Altvertraute zu inszenieren gilt, „läuft" aber nicht nur über Herder. Die ebenso erhebliche wie offensichtliche Diskontinuität, die ein Namenswechsel indiziert (und die anzuzeigen ja durchaus beabsichtigt ist), wird zugleich durch eine Reihe von innerfachlich adressierten Kontinuitätsbeglaubigungsstrategien flankiert: durch die Erwähnung des *Euphorion*-Begründers August Sauer, auf dessen „bekannte Rektoratsrede ‚Literaturgeschichte und Volkskunde'" sich die Herausgeber in Sachen Namenswechsel „berufen"; durch die Beschwörung kontinuierter Wissenschaftlichkeitsstandards, indem man versichert, „die Haltung strenger verantwortlicher Wissenschaft" zu wahren und „jeder Sache nach dem Gesetz ihrer Wahrheit Raum zu geben" (ebd.); durch die Versicherung, dass man – wie ja auch der erste Teil des neuen Namens durchaus nahelegen soll – „stärker als bisher […] die **Dichtungsdeutung** pflegen [will]".

Allerdings wird die hier angedeutete Werkbezogenheit sogleich wieder relativiert, bzw. umadressiert, wenn es heißt, dass man „Dichtungsdeutung" nicht als „Dichtungsdeutung" um ihrer selbst willen, sondern „als Lebenskunde[159] und als Ausdruck des Volkscharakters"

---

156 Ebd.
157 Dass im Blick auf letzteres hier vor allem Pongs die Zeitschrift als resonanzverstärkendes Medium zur Proliferation seiner eigenen Symbolforschung, die eklektizistisch werkfixierte, völkisch psychologisierende und vulgärexistentialistische Elemente amalgamiert, zu nutzen gedenkt, darauf sei hier bereits verwiesen (s. III.4.3).
158 Wie man sich erinnert, bedient sich Koch in seinem Vorwort zu ganz ähnlichen Kompatibilisierungszwecken eines anderen Gründungsheroen, nämlich Jacob Grimm.
159 Dass hier von Lebens- und nicht etwa – wie man hätte erwarten können – von Deutschkunde die Rede ist, liegt sicherlich zum Einen an der eher didaktischen Imprägnierung des Deutschkunde-

betreiben wolle; schließlich auch durch die proleptische, kulturmissionarisch sich gebende Versicherung, eine Absenkung der wissenschaftlichen Standards innerhalb der Disziplin im Zeichen des Provinzialismus sei keineswegs zu befürchten:

> Die starke Betonung des Volkstums soll keine Verengung bedeuten, die die deutsche Literaturwissenschaft herauslösen würde aus dem Wissenschaftszusammenhang der Welt. Mehr als je gilt es, die Treue und Gewissenhaftigkeit der **literarhistorischen** Arbeit festzuhalten und ihre Methoden fortzubilden. Diese Überlieferung unserer Zeitschrift wird auch unter dem neuen Namen mit der gleichen Verantwortung weitergeführt werden. Sie legt den Herausgebern die besondere Pflicht auf, die Zeitschrift zu einem wissenschaftlichen Spiegel des heutigen Volksdeutschland zu machen und damit eine Brücke zum Ausland zu schlagen in der gemeinsamen Arbeit an den großen Wissenschaftsaufgaben, indem sie zugleich den Volksgedanken als fruchtbare Spannung in die Weltaussprache der Probleme trägt. In diesem Sinne behält sie als Untertitel bei: Neue Folge des Euphorion, Zeitschrift für Literaturgeschichte, und sie denkt damit dem Geist ihres Gründers am ehrlichsten zu dienen.[160]

Die Behauptung der Vorrangigkeit der eigenen Disziplin schließlich – Koch sprach zu diesem Zwecke von der „Schlüsselstellung" der Germanistik – fehlt auch bei Petersen und Pongs nicht, wenn sie auch indirekter zur Sprache kommt: Priorisiert wird jedoch auch hier das eigene Tun, wenn die Herausgeber darauf verweisen, dass die „elementare[n] neue[n] Aufgaben", denen sich das Fachorgan stellvertretend für die Disziplin zu widmen gedenkt, „dringlicher vom Zeitgeist gefordert [sind] als andere."[161]

Zwischenfazit

„Dichtung und Volkstum" – fast wäre man geneigt zu sagen, dass sich in diesem Titel wie auch in der analysierten, paratextuellen Eröffnung das gesamte, mitunter paradoxale Spannungsverhältnis zwischen Eigensinn und Resonanz, das die Neuere deutsche Literaturwissenschaft während des NS kennzeichnet, widerspiegelt. Allerdings manifestiert sich das komplizierte Verhältnis von Eigenständigkeit und Abhängigkeit der Disziplin während der folgenden Jahre keineswegs immer dergestalt deutlich wie im Falle der Umbenennung des *Euphorions*, die gleichsam idealtypisch den sicherlich eher seltenen Fall eines außerwissenschaftlich, d. h. hier unmittelbar ereignisgeschichtlich induzierten semantischen Umbaus darstellt.

Begriffs, die man in einer vornehmlich als „reiner" Fachzeitschrift sich verstehenden Publikation möglicherweise nicht evozieren möchte; nicht zuletzt aber auch daran, dass innerhalb der germanistischen Zeitschriftenlandschaft der Begriff der Deutschkunde bereits programmatisch besetzt ist durch das Konkurrenzorgan *Zeitschrift für Deutschkunde*.

160 Petersen, Julius/Pongs, Hermann: a. a. O., S. IV.
161 Petersen, Julius/Pongs, Hermann: a. a. O., S. III.

1. ERÖFFNUNGSSPIELE: AKKLAMATION, ABWEHR UND DISTINKTION

Bevor wir jedoch im Hauptkapitel der Frage nachgehen, wie sich das literaturwissenschaftliche Feld jenseits jener programmatischen Entwürfe der ersten beiden Jahre, die unmittelbar auf die politischen Ereignisse reagieren, fachintern wie -extern adressiert, präsentiert und konturiert, soll das bisher Erörterte noch einmal kurz zusammengefasst werden.

Welche Rückschlüsse allgemeinerer Natur auf die disziplinäre Verfasstheit wie auch auf die mentale Disposition der literaturwissenschaftlichen Akteure erlaubt der detaillierte, synchrone Blick auf das programmatische Interaktionsgeflecht der Jahre 1933/34?

1. Räumt man den programmatischen Stellungnahmen der sich (freiwillig) äußernden Akteure ein gewisses Maß an Repräsentativität für die mentale Disposition der Mehrheit der Literaturwissenschaftler ein, so wird man sagen können, dass der politische Konstellationswandel prinzipiell positiv aufgenommen wird. Die neuen politischen Verhältnisse werden im Rahmen eines bildungsbürgerlichen, nationalkulturellen wie -konservativen Deutungsmusters als Erlösung von der als Krise empfundenen Phase des Weimarer „Systems", als Befreiung vom Unbehagen in der Moderne interpretiert.

2. Allen Beteiligten scheinen die neuen politischen Verhältnisse Anlass zu geben, die Möglichkeiten und Gefahren der Profilierung des eigenen Faches zu thematisieren.

3. Ungeachtet des bereits vor 1933 einsetzenden Resonanzverlustes der Literaturwissenschaft interpretieren die meisten Akteure die neuen Verhältnisse als Möglichkeit, das gesellschaftliche Relevanzpotential der eigenen Disziplin zu steigern und die eigene Position innerhalb des literaturwissenschaftlichen Feldes zu verbessern.

4. Differenzen zeigen sich, wenn es um die Frage geht, in welchem Maße sich das Fach an politischen Leitvorstellungen zu orientieren habe. Entscheidend ist in diesem Zusammenhang meist die Position, die der jeweilige Akteur innerhalb der Disziplin einnimmt. Je marginaler diese Position ist, desto radikaler scheint er für eine Politisierung der disziplinären Matrix zu optieren, von der er sich möglicherweise eine Verbesserung der eigenen Position erhofft. Umgekehrt gilt: je gefestigter die Position eines Akteurs bereits ist, desto wahrscheinlicher insistiert er auch auf dem Eigensinn der Disziplin, den es vor allzu wohlfeilen, tagespolitisch motivierten Anmutungen zu schützen gelte. Neben der Wahrung von tradierten Machtansprüchen spielt in diesem Zusammenhang sicherlich auch die Sorge um eine Entprofessionalisierung des Faches durch die außerwissenschaftlich motivierten Anmutungen eines lediglich politisch sich legitimierenden, laienhaften Dilettantismus eine wichtige Rolle.[162]

---

[162] Das Beharren auf wissenschaftlichen Standards wie deren Verteidigung gegen politisch motivierte Anmutungen seitens dilettierender „Außenseiter" zeigt sich etwa besonders eindrücklich im Falle des Gießener Philologen Otto Behaghel (1954–1936). Der 80-jährige Behaghel, dezidierter Vertreter einer junggrammatischen, am Ethos einer quasi-naturwissenschaftlichen Objektivität ausgerichteten Sprachwissenschaft, polemisiert in seiner am 09.08.1934 in der Berliner DAZ abgedruckten „Philippika" dergestalt vehement und nicht ohne standesbewusst-elitäre Untertöne gegen die „abgrundtiefe Unwissenheit" und die „gewissenlose Leichtfertigkeit" eines tagespolitisch motivierten, pseudowissenschaftlichen „Pfuschertums", dass man ihm seitens der wissenschaftlich angegriffenen, politisch einfluss-

5. Ungeachtet dieser Differenzen dient allen programmatisch sich äußernden Akteuren (d.h. auch jenen, die den Eigensinn ihrer Wissenschaft betonen) der Bezug auf die neuen Verhältnisse als Beglaubigungsressource für das jeweils selbst präferierte bzw. vertretene, fachliche (etwa: geistesgeschichtliche oder philologische) Profil.

6. Das vielfach sichtbare Bemühen, die resonanzstrategischen Offerten an die neuen Machthaber gleichzeitig mit den Anforderungen eines disziplinären Eigensinns auszubalancieren, zeitigt häufig einen zwischen Akklamation und Abwehr des Diskontinuierlichen oszillierenden Argumentationsduktus, in dem sich – bis in die Mikroebene der Texte hinein – die Grenzen zwischen homöostatischem und schizophrenem Diskurs verwirren.

7. Während den Begriffen „Leben" und „Volk" und bisweilen bereits auch der „Dichtung" im Rahmen der Argumentationen gleichsam der Status von Letztbegründungsbegriffen zukommt, scheint der Rasse-Begriff von nur untergeordneter Bedeutung für die literaturwissenschaftlichen Akteure zu sein.[163]

reichen Laienwissenschaftler um den Reichslandwirtschaftsminister R. W. Darré im *Völkischen Beobachter* indirekt mit der Einweisung in ein Konzentrationslager glaubt drohen zu müssen. Da es sich bei der „Philippika" Behaghels, der übrigens dem Nationalsozialismus als einem politischen Phänomen durchaus wohlgesonnen ist, um eines der wenigen Beispiele einer direkten, in ihrer öffentlichen Unverblümtheit geradezu mutigen Kritik an der „Grenzverwirrung zwischen Wissenschaft und Politik" (Franz Koch) handelt, wird sie im Anhang dieses Buches wenigstens auszugsweise zitiert. Zu den näheren Umständen und Konsequenzen von Behaghels Beitrag s. Olt, Reinhard/Ramge, Hans: „Außenseiter": Otto Behaghel, ein eitel Hirngespinst und der Nationalsozialismus, in: LiLi. Zeitschrift für Literaturwissenschaft und Linguistik, 14, 1984, Heft 53/54, S. 194–223.

163 Auch hier gibt es freilich Ausnahmen, wie ein Blick auf Henning Brinkmanns Schrift über *Die deutsche Berufung des Nationalsozialismus* (Deutsche Spannungen – Deutsche Not – Deutsche Umkehr, Jena 1934) zeigt. Deren Grenzen überschreitendes *emplotment* liest sich u. a. wie folgt: „Die Überwindung der Aufklärung", die der Jenenser Gelehrte mit der im Zeichen des Nationalsozialismus vollzogenen „deutschen Umkehr" verwirklicht sieht, „wird auch dem Judentum die Erfolgsmöglichkeiten nehmen." Deshalb sei es auch „fast selbstverständlich, wenn das früher auch nicht so schien, daß hemmungslose **Fortpflanzung Minderwertiger verhindert** werden muß. Der Eingriff in das Einzelleben ist darum gerechtfertigt, weil das Ganze wertvoller ist als der Teil. […] Wie der Nationalsozialismus durch seine Bevölkerungspolitik die äußere Fortdauer des Volkskörpers sichern möchte, so sorgt er durch rassenhygienische Maßnahmen dafür, daß nur die wertvollen Bestandteile sich vererben, von denen aufbauende Arbeit zu erwarten ist […] Der Nationalsozialismus hat eingesehen, daß keine Bildung geben kann, was die Natur versagt hat, daß kein menschliches Bemühen die Grenze der Natur überspringt. Eben darum ist er verpflichtet, allein den von Natur wertvollen Kräften Fortdauer zu gewähren." (S. 84f.)

2. „Die ewige Wiederkehr des Neuen"[1]: Revitalisierungsdiskurse im Zeichen des „Lebens"

„Zwischen Leben und Wissenschaft / Eine gähnende Tiefe klafft. / Will sie zu füllen dir nicht glücken, / Wohlan, du mußt sie überbrücken."[2] Dieser Vierzeiler des seinerzeit hochgeschätzten Altgermanisten und -nordisten Andreas Heusler findet sich 1937 in einer Sammlung professoraler Sentenzen und Aphorismen, die den Beiträgen einer Festschrift voransteht, die aus Anlass des 50jährigen Bestehens des renommierten Germanischen Seminars der Universität Berlin erscheint. So ungelenk die professorale Exkursion ins Dichterische auch anmuten mag, in argumentations- wie wissenschaftsgeschichtlicher Hinsicht ist sie durchaus von Interesse. Verweist doch die paratextuelle Rede vom offensichtlich als nicht unproblematisch empfundenen Verhältnis „zwischen Leben und Wissenschaft" auf einen Problemkomplex, dessen Bedeutung auch für die Neuere deutsche Literaturwissenschaft während des NS kaum zu überschätzen ist. Bezeichnenderweise taucht der Topos in jenen beiden Beiträgen der Festschrift wieder auf, die sich nicht ausschließlich in beschaulich-anekdotenseliger Retrospektive der Vergangenheit des Berliner Seminars und seinen einstigen Fachgrößen wie Gustav Roethe, Erich Schmidt oder eben Andreas Heusler widmen. Während jedoch Julius Petersen die im Jubiläumsjahr erreichte Höchstzahl von 20 germanistischen Dissertationen am Berliner Seminar als Indiz einer disziplinären Revitalisierung verbucht und als einen „schöne[n] Beweis dafür" angesehen wissen möchte, „in welchem Maße das Dritte Reich der Nationalwissenschaft, in deren Pflege das Germanische Seminar immerdar den Sinn und Zweck seines Daseins gesehen hat, neue Belebung schenkte"[3], gibt sich sein Konkurrent am Seminar, Franz Koch, im Rahmen seines *Blicks in die Zukunft* mit solchen sich statistisch legitimierenden Belebungsversicherungen nicht zufrieden. Zwar, so räumt Koch ein, sei auch „für den Germanisten der Zukunft, des neuen Deutschlands, die gründliche philologische Bildung, das sichere Wissen, [...] treufleißige Arbeit, die auch Kleinem und Kleinstem liebevolle Beachtung widmet" als grundlegendes Ethos für die Literaturwissenschaft unerlässlich und habe auch „dem Leben unseres Volkes keinen Schaden getan"[4]; jedoch könne die Literaturwissenschaft angesichts der „neuen Aufgaben, vor die die Wiedergeburt unseres Volkes auch die Wissenschaft gestellt hat", bei einem solchen philologischen Ethos, dem Wissenschaftlichkeit eben aus der „Andacht zum Kleinen" erwächst, keineswegs verharren:

---

1   Nach Walter Benjamin macht die Konstruktion von Trends, die er als „ewige Wiederkehr des Neuen" charakterisiert, ein diskursstrukturierendes Grundprinzip moderner Gesellschaften aus (Benjamin, Walter: Zentralpark, in: Gesammelte Schriften, Band 1, Frankfurt am Main 1991, S. 677).
2   Das Germanische Seminar der Universität Berlin. Festschrift zu seinem 50jährigen Bestehen, Berlin und Leipzig 1937, S. 1.
3   Petersen, Julius: Der Ausbau des Seminars, in: Das Germanische Seminar, S. 29–35, hier: S. 34.
4   Koch, Franz: Blick in die Zukunft, in: Das Germanische Seminar, S. 55–59, hier: S. 55.

> Denn Wissenschaft von deutscher Dichtung kann unmöglich Selbstzweck sein, kann nur den einen, in der Überzeugung überindividueller Gebundenheit gründenden Sinn haben, die unabschätzbaren Werte deutschen Dichtungsgutes einem möglichst weiten Kreise von Volksgenossen sichtbar und lebenswirksam zu machen. Alles Wissen von und um deutsche Dichtung kann nur den einen Zweck haben, diese Dichtung immer besser verstehen zu wollen, noch inniger und tiefer zu erfassen, in ihr die Gestaltwerdung, Bejahung und Steigerung deutscher Art, deutschen Wesens, deutschen Lebens zu erfühlen.[5]

Die Erkenntnis, dass Literaturwissenschaft – etwa in Gestalt einer formanalytischen Dichtungsdeutung – nicht um ihrer selbst willen betrieben werden dürfe, weil „Form nicht ablösbar ist von geartetem Leben", möchte Koch den Zunftgenossen ins Stammbuch geschrieben wissen, damit es der Disziplin gelänge, „so von unserer Seite vorzustoßen zur Mitte deutschen Wesens, zum Herz- und Quellpunkt seines Lebens."[6]

„Neue Belebung" der „Nationalwissenschaft" durch das Dritte Reich, die „Lebenswirksamkeit" literaturwissenschaftlicher Erkenntnis, der wissenschaftliche Vorstoß zum „Herz- und Quellpunkt deutschen Lebens" – schon der exemplarische Blick auf die Berliner Festschrift deutet also an, dass es neben der, bzw. gekoppelt mit der Beschwörung des Nationalen, des Deutschen einen weiteren diskursiven Bezugspunkt gibt, der das Argumentationsrepertoire literaturwissenschaftlicher Selbstthematisierungen während des NS strukturiert: der von Heusler bedichtete Problemkomplex des Verhältnisses „Leben – Wissenschaft", bzw. die immer wieder auftauchende Rede vom „Leben". Welche diskursiven Traditionen sich in dieser Rede bündeln und welche Bedeutung und Funktion diese Rede für die Literaturwissenschaft vor, vor allem aber auch noch nach 1933 hat, diese Fragen sollen in den folgenden Ausführungen beantwortet werden.

---

5 Koch, Franz: a.a.O., S. 55f.
6 Koch, Franz: a.a.O., S. 58f.

2.1 Anmerkungen zum Lebens-Diskurs[7]

> Das Leben – hier standen wir am Grundbegriff, vor dem alles haltmachte, der Abgrund, in den sich alles in seiner Wertverwahrlosung blindlings hinabwarf, sich beieinanderfand und ergriffen schwieg. (Gottfried Benn)[8]

So treffend im Rückblick die Sentenz des monologisierenden Leiters eines Schönheitsinstitutes, den Gottfried Benn in seiner *Berliner Novelle, 1947* die intellektuelle Lage am Beginn des 20. Jahrhunderts resümmieren lässt, auch sein mag, in einem entscheidenden Punkt verfehlt die Literatur hier dennoch die „Prosa der Verhältnisse". Zwar fungiert der Lebens-Begriff spätestens seit der Zeit um die Jahrhundertwende als ein konsensueller Letztbegründungsterminus innerhalb wissenschaftlicher wie außerwissenschaftlicher Diskurse.[9] Zwar wird auch nicht selten dann, wenn es der Berufung auf „das Leben" als einer „irrationalen Absolutschicht" (Kurt Lenk), als einer unhintergehbaren, allen geistigen, kulturellen wie individuellen Anstrengungen immer schon vorausliegenden Tatsache, an argumentativer Präzision gebricht, dieser Mangel durch einen häufig pathetischen Habitus des Ergriffenseins zu kompensieren versucht. Geschwiegen indes hat man angesichts solchen bereitwilligen Behagens am Ergriffenwerden vom „strömenden Leben" nicht. Im Gegenteil: Gerade die enorme Zirkulationsfrequenz des zeitspezifischen Redens über „das Leben" deutet darauf hin, dass nicht wenige derjenigen, die den Begriff aufgegriffen haben, ganz im Gegensatz zum sprichwörtlichen *si tacuisses* zu hoffen schienen, eben durch dieses Reden zu Philosophen erst zu werden.

---

7   Es kann hier natürlich keine umfassende Rekonstruktion der Verwendungsgeschichte des Lebens-Begriffs entfaltet werden, setzt diese in Deutschland doch spätestens schon mit den rationalitätskritischen Strömungen innerhalb der literarischen und philosophischen Landschaft der zweiten Hälfte des 18. Jahrhunderts ein. So verortet etwa Karl Albert die „Vorbereitung" der Lebensphilosophie nicht erst bei Schopenhauer, sondern bereits bei Friedrich Schlegel; s. Albert, Karl: Lebensphilosophie: von den Anfängen bei Nietzsche bis zu ihrer Kritik bei Lukács, Freiburg/München 1995, S. 17–29. Im Folgenden geht es lediglich darum, exemplarisch jene mit dem Lebens-Begriff einhergehenden, immer wieder auftauchenden Rede- und Argumentationsweisen zu rekonstruieren, die später innerhalb des literaturwissenschaftlichen Feldes – sei es im expliziten oder sei es im impliziten Rekurs auf bestimmte Stichwortgeber – aufgegriffen werden und die literaturwissenschaftlichen Konzepte konturieren.

8   Benn, Gottfried: Der Ptolemäer [1947], in: ders.: Gesammelte Werke in drei Bänden, hrsg. von Dieter Wellershoff. Band II: Essays & Aufsätze, Reden und Vorträge, Prosa, Stücke aus dem Nachlaß, Szenen, Frankfurt am Main 2003, S. 1377–1429, hier: S. 1387.

9   S. etwa Schnädelbach, Herbert: Philosophie in Deutschland 1831–1933, Frankfurt am Main 1983, S. 172–196, der darauf verweist, dass der Lebens-Begriff in den „Jahrzehnte[n] zwischen 1880 und 1930 [...] einmal das alles beherrschende Thema der Philosophie war" (172). Ernst Robert Curtius spricht von jener „Vorkriegsepoche, wo das Zauberwort der Jugend und ihrer Fackelträger ,Leben' hieß. Alle originalen Schöpfungen der Philosophie und der Dichtung, die im ersten Jahrzehnt des 20. Jahrhunderts ans Licht traten, trugen den Akzent des ,Lebens'. Es war wie ein Rausch, ein Jugendrausch, den wir alle geteilt haben." (zit. nach: Oesterreich, Traugott Konstantin: Die Philosophie des Auslandes vom Beginn des 19. Jahrhunderts bis auf die Gegenwart. Überwegs Grundriß der Geschichte der Philosophie, Bd. V, 12. Aufl., 1928, S. XXIX f.).

Die noch bis über die 1930er Jahre hinaus reichende Wirkung des Lebens-Diskurses wird verständlicher, wenn man berücksichtigt, dass es sich beim Lebens-Begriff um einen resonanzstarken Scharnierbegriff handelt; um einen Begriff also, der zum Einen seit der Jahrhundertwende innerhalb der bildungsbürgerlichen Publizistik zirkuliert (etwa in Zeitungen und Zeitschriften, in publikumswirksamen, kulturkritischen Schriften, aber auch in den zahlreichen Reform-, Aufbruchs- und Jugendbewegungsdiskursen des Kaiserreiches und der Weimarer Republik), der zum Anderen jedoch auch innerhalb der universitären Geisteswissenschaften eine zentrale Rolle spielt.[10]

Dabei bündeln bzw. artikulieren sich im resonanzstarken Scharnierbegriff des Lebens vor allem drei, bisweilen ineinander übergehende, umfassendere Diskurse: *erstens* eine kritische bis pessimistische Deutung der Moderne, *zum Zweiten* eine Erkenntniskritik allgemeineren Zuschnitts und schließlich – *drittens* – eine spezifischere Wissenschafts-, bzw. Universitätskritik. Während die beiden letztgenannten Aspekte vorrangig innerhalb des wissenschaftlichen Feldes kommuniziert werden, handelt es sich bei der Modernekritik um einen auch außerhalb der Wissenschaften resonanzträchtigen Diskurs. Die mentalitätsgeschichtlichen Entwicklungstendenzen wie die wissenschaftsinternen Problemlagen und Abgrenzungsdiskurse, die in der Regel mit dem Lebens-Begriff verbunden sind, sollen hier kurz umrissen werden.

Aus mentalitätsgeschichtlicher Perspektive erscheint die Rede vom „Leben" in engem Zusammenhang zu stehen mit jenen Krisenerfahrungen (in) der Moderne, die in den letzten beiden Jahrzehnten des 19. Jahrhunderts prägend für die Geisteshaltung eines Teils des deutschen Bildungsbürgertums werden. Dies meint nicht nur das „Ende der liberalen Ära", mithin jenen um 1880 wirksam werdenden Attraktivitätsschwund und Bedeutungsverlust des deutschen Liberalismus. Dessen geschichtsphilosophisch verbürgte Vision eines permanenten, politisch mitgestaltbaren Fortschrittes erodiert zunehmend angesichts der Reichseinigung „von oben", der ökonomischen Depression der 1870er Jahre, des Bruches zwischen Regierung und Nationalliberalen, der Angst vor der sozialen Revolution und des aufkommenden Bismarckkultes.[11] Es meint vor allem auch das Gefühl der Angst, der Bedrohung und des Orientierungsverlustes, das zumindest aus einem Teil der modernereflektierenden bildungsbürgerlichen Diskurse angesichts der als Zumutungen empfundenen Rationalisierung, Technisierung und Industrialisierung der eigenen Lebenswelt spricht.[12]

---

10 S. dazu und zum Folgenden Bollenbeck, Georg: Weltanschauungsbedarf und Weltanschauungsangebote um 1900. Zum Verhältnis von Reformoptimismus und Kulturpessimismus, in: Buchholz, Kai/Latocha, Rita/Peckmann, Hilke/Wolbert, Klaus (Hrsg.): Die Lebensreform. Entwürfe zur Neugestaltung von Leben und Kunst um 1900. Band I, Darmstadt 2000, S. 203–207.
11 S. etwa Nipperdey, Thomas: Deutsche Geschichte. 1866–1918. Bd. 1, München 1990.
12 Vgl. Berg, Christa/Hermann, Ulrich: Industriegesellschaft und Kulturkrise. Ambivalenzen der Epoche des zweiten deutschen Kaiserreiches 1870–1918, in: Berg, Christa (Hrsg.): Handbuch der deutschen Bildungsgeschichte. Bd. 4, München 1991, S. 1–56. Thomas Rohkrämer weist allerdings mit Recht darauf hin, dass die geläufige Rede von einer prinzipiellen Moderne- und Technikfeindlichkeit des Bildungsbürgertums den durchaus heterogenen und differenzierenden Positionen innerhalb dieser

Diese Verunsicherungserfahrungen in einer nach kapitalistischen Prinzipien sich modernisierenden Gesellschaft werden zudem flankiert von den Irritationen durch eine kulturelle Moderne, die gegen etablierte, bildungsbürgerliche Kunstnormen verstößt. Sowohl eine auf Unterhaltung und Profit zielende „Massenkultur" (Groschenromane, Filme, Schlager), als auch die auf dezidierte Provokation setzenden Avantgarden empfindet man zunehmend als Bedrohung der eigenen Deutungshoheit in kulturellen Angelegenheiten.[13] Das schwindende Vertrauen in den technischen, wissenschaftlichen und kulturellen Fortschritt artikuliert sich jedoch nicht nur in zivilisations- und kulturkritischen Schwund- und Dekadenzdiagnosen, sondern zeitigt auch und damit einhergehend ein gesteigertes Weltanschauungsbedürfnis.[14] Gerade im Angesicht der Krisenerfahrungen der Moderne wächst das dringliche Bedürfnis nach sinn- und orientierungsstiftenden Leitvorstellungen.

Einer jener zentralen Hochwertbegriffe, in dessen Verwendungsweisen sich um die Jahrhundertwende und darüber hinaus dieses Bedürfnis schlagwortartig verdichtet und ausdrückt, ist der Begriff des „Lebens". Dabei meint „Leben", wie Herbert Schnädelbach betont, „gar nicht primär etwas Biologisches". „Leben" funktioniert vielmehr als ein parolenähnliches Fahnenwort, das

> den Aufbruch zu neuen Ufern signalisieren soll. Im Zeichen des Lebens geht es gegen das Tote und Erstarrte, gegen eine intellektualistische, lebensfeindlich gewordene Zivilisation, gegen in Konventionen gefesselte, lebensfremde Bildung, für ein neues Lebensgefühl, um ‚echte Erlebnisse', überhaupt um das ‚Echte': um Dynamik, Kreativität, Unmittelbarkeit, Jugend. ‚Leben' ist die Losung von Jugendbewegung, Jugendstil, Neuromantik, Reformpädagogik und biologisch-dynamischer Lebensreform.[15]

Schicht nicht gerecht werden kann: „Die Frage nach der Einstellung des doch sehr heterogenen Bildungsbürgertums zur Moderne läßt sich nicht pauschal beantworten. Vor allem muß betont werden, daß zivilisationskritische Bewegungen wie Lebensreform, Naturschutz oder ‚Wandervogel', deren (auch nicht undifferenziert-technikfeindliche) Einstellung zu Natur und Technik [...], ebensowenig repräsentativ für das Bildungsbürgertum waren wie einige gesellschafts- und wirtschaftskritische Literaten. Soweit eine Verallgemeinerung gewagt werden kann, scheint eine kritische Akzeptanz der Moderne vorgeherrscht zu haben." (Rohkrämer, Thomas: Eine andere Moderne? Zivilisationskritik, Natur und Technik in Deutschland 1880–1933, Paderborn 1999, S. 47) Zur Skepsis gegenüber einer allzu pauschalen „Krisenhypothese", die die pessimistischen Befunde der (allerdings hochfrequenten) Modernekritik der historischen Akteure um die Jahrhundertwende auf der historiographischen Ebene als Analysemuster unzulässigerweise reproduziere, s. Pauen, Michael: Pessimismus. Geschichtsphilosophie, Metaphysik und Moderne von Nietzsche bis Spengler, Berlin 1997, v. a. S. 18–26.

13 Zu den Schwund- und Verfallsdiagnosen im Blick auf die kulturelle Moderne wie auch zum Begriff der kulturellen Moderne s. Bollenbeck, Georg: Tradition – Avantgarde – Reaktion. Deutsche Kontroversen um die kulturelle Moderne 1880–1945, Frankfurt am Main 1999.

14 Zum Begriff der Weltanschauung s. Mies, Thomas/Wittich, Dieter: Weltanschauung/Weltbild, in: Europäische Enzyklopädie zu Philosophie und Wissenschaften, Bd. 4, hrsg. von Hans Joachim Sandkühler, Hamburg 1990, S. 783–797.

15 Schnädelbach, Herbert: a. a. O., S. 172.

Gerade die extensionale Unschärfe, wie auch die intensionale Diffusität des Begriffes ermöglichen zugleich jene pragmatische Variabilität und Flexibilität, die für Scharnierbegriffe typisch sind. Sie ermöglichen mithin die Verwendbarkeit von „Leben" als einem positiv konnotierten, asymmetrischen Gegen- und Hochwertbegriff in einer Reihe von diversen Gegenbegriffspaaren. Was „Leben" jeweils meint, bestimmt sich also vorrangig und zunächst *ex negativo* über dasjenige, was im je spezifischen Verwendungsfall seinen Gegensatz bezeichnen soll, also etwa: Geist, Wissenschaft, Bildung, Intellekt, Technik, Urbanität, Künstlichkeit oder bestimmte Weisen des künstlerischen Ausdrucks. Das jeweils dem „Leben" Entgegengesetzte wird dadurch, dass es als Gegensatz des „Lebens" eben von diesem als etwas ausgegrenzt wird, das nicht „lebendig" ist, *per se* zum Toten, Starren, Unnatürlichen und Unechten erklärt und somit abgewertet.

So vage der Begriff aber auch sein mag, als völlig beliebig erscheinen seine Verwendungsweisen gleichwohl nicht. Bei aller semantischen Flexibilität kristallisiert sich in den ersten Jahrzehnten des 20. Jahrhunderts doch so etwas wie eine mit den Verwendungsweisen des Lebens-Begriffs einhergehende, kontrastive Programmatik heraus, deren kleinster gemeinsamer Nenner – ungeachtet der erheblichen Niveauunterschiede zwischen den Beiträgern – in der *modernekritischen Diagnose einer verlorenen Authentizität* besteht. Im Einzelfall changierend zwischen bloßer Feststellung, Kritik und Polemik, stellt die Rede vom Leben ein dichotomisierendes Diagnose- und Kategorisierungsschema bereit, mit dem sich die Verlustängste und -erfahrungen in der Moderne bündeln und (zumindest anscheinend und auch bei geringerem analytischen Aufwand) auf den Begriff bringen lassen. Vor allem in diesem ordnungsstiftenden Potential, durch das die Unübersichtlichkeit und die Polyvalenzen der Modernisierungsprozesse mit zumeist negativen Sinnzuschreibungen als kategorisierbar erscheinen, liegt zunächst die Orientierungsleistung und somit die Attraktivität der Rede vom „Leben" begründet.[16] In den Bereich des „Lebens" fällt dann nämlich jeweils dasjenige, das durch diese Modernisierungsprozesse gefährdet erscheint oder das man bereits verlorengegangen wähnt: „echte Erlebnisse", das „Lebendige", „Natürlichkeit", „Unmittelbarkeit", „Jugend", „Innerlichkeit", „Ganzheitlichkeit", „Dynamik" und „Schöpferisches". Gefährdet erscheinen die Möglichkeiten eines „wahren Lebens" dann durch die der Moderne zugeordneten Phänomene der (wissenschaftlichen) Rationalisierung, der „Versachlichung" der Beziehungen und der universellen Vermitteltheit dieser Beziehungen durch abstrakte Medien wie Recht und Geld, Parlament und Bürokratie, die wiederum als Ausdruck eines „erstarrten", „seelenlosen", „mechanischen" und „zivilisatorischen" Weltverhältnisses und -verständnisses interpretierbar werden.

Als akademisch zwar randständige, jedoch umso resonanzstärkere Popularisierungsmedien eines solchen Lebens-Diskurses mit tragischem Weltdeutungsschema erweisen sich bei allen Unterschieden – um hier nur zwei Beispiele zu nennen – die Schriften Ludwig Kla-

---

16 Es liegt auf der Hand, dass der Grundtenor eines gegenwartsdiagnostischen Pessimismus durchaus auch mit (therapeutischen) Reformansätzen einhergehen und das Bemühen um Perspektiven der „Daseinsbewältigung" zeitigen kann; s. dazu Bollenbeck, Georg: a. a. O., S. 205 f.

2. REVITALISIERUNGSDISKURSE IM ZEICHEN DES „LEBENS" 205

ges' und Oswald Spenglers.[17] In Klages' Schrift *Der Geist als Widersacher der Seele* findet sich etwa die pessimistische Antithese von „Leben" und „Geist" gleichsam in Reinform:

> Die Urteilstat bedarf des erlebenden Lebens, worauf sie sich stütze; das Leben bedarf *nicht* des Geistes, damit es erlebe – Der Geist als dem Leben innewohnend bedeutet eine *gegen* dieses gerichtete Kraft; das Leben, *sofern* es Träger des Geistes wurde, widersetzt sich ihm mit einem Instinkt der Abwehr – Das Wesen des ‚geschichtlichen' Prozesses der Menschheit (auch ‚Fortschritt' genannt) ist der siegreich fortschreitende Kampf des Geistes gegen das Leben mit dem logisch absehbaren Ende der Vernichtung des letzteren.[18]

Klages' Grundthese ist es, „daß Leib und Seele untrennbar zusammengehörige Pole der Lebenszelle sind, in die von außenher der Geist, einem Keil vergleichbar, sich einschiebt, mit dem Bestreben, sie untereinander zu entzweien, also den Leib zu entseelen, die Seele zu entleiben und dergestalt endlich alles ihm irgend erreichbare Leben zu ertöten."[19] Die Weltgeschichte wird bei Klages somit zu einem unaufhaltsam fortschreitenden Prozess der Entheiligung des ursprünglichen Lebens durch die zerstörerische Selbstermächtigung einer „instrumentellen Vernunft": „Die Erde raucht vom Blute Erschlagener wie nie noch zuvor, und das Affenmäßige prunkt mit den Spolien aus dem zerbrochenen Tempel des Lebens."[20]

---

17 Michael Pauen verweist in seiner scharfsinnigen Analyse von Spenglers selbstinszenatorischem Pessimismus darauf, dass dessen *Untergang des Abendlandes* – sein in der ersten Niederschrift bereits vor dem 1. Weltkrieg abgeschlossenes Hauptwerk – „wohl zum populärsten philosophischen Werk der Zwischenkriegszeit [wird]." (Pauen, Michael: Pessimismus. Geschichtsphilosophie, Metaphysik und Moderne von Nietzsche bis Spengler, Berlin 1997, S. 181) Aber auch die Werke Klages' erleben hohe Auflagenzahlen. So erscheint etwa sein Buch *Mensch und Erde* 1937 in der fünften Auflage, *Handschrift und Charakter* bringt es zwischen 1916 und 1949 immerhin auf 24 Auflagen, *Vom kosmogonischen Eros* [1922] erscheint 1951 ebenfalls in der fünften Auflage. Während Klages die technischen, ökonomischen und militärischen Fortschrittskräfte als Ausfluss des Geistes eindeutig als zerstörerische Gewalten dem „Reich des Bösen" zuordnet, werden sie innerhalb von Spenglers heroischem Dezisionismus, der nach Ansicht des Autors die allein gültige Haltung angesichts des bevorstehenden Unterganges sei, zu Insignien einer moralisch indifferenten Ästhetik der Macht. Im Unterschied zu Spengler, der von Rassismus und Antisemitismus wenig zu halten scheint, koppelt Klages seinen manichäistischen Gnostizismus mit einem bisweilen äußerst dezidierten Antisemitismus (s. dazu Pauen, Michael: a.a.O., S. 180 und 209).
18 Klages, Ludwig: Der Geist als Widersacher der Seele I, Leipzig 1929, S. VII.
19 Klages, Ludwig: a.a.O., S. 7. Eine ganz ähnliche, antithetische Grundstruktur, die Leben und Geist als feindliche Mächte einander gegenüberstellt, findet sich auch bei Theodor Lessing, der in seiner Schrift *Die verfluchte Kultur. Gedanken über den Gegensatz von Leben und Geist* (München 1921, Neudruck 1981) gleich im Titel klar macht, wo die Quelle allen Übels sprudelt.
20 Klages, Ludwig, a.a.O., S. 923. An anderer Stelle heißt es: „Was *leistet* der Verstand an allem, das er sich wirklich zu eigen macht? Man hat es ja oft gesagt: er zähle, wäge und messe. Was aber geschieht dadurch dem Leben? Eben die – Entzauberung! […] Statt entzaubern können wir auch positiv sagen ‚verdinglichen'. Was aber verdinglicht ist, das läßt sich in die Nähe deutlichster Sehweite bringen, das kann betastet, umfaßt, ergriffen werden […] Und so wird denn anschaulich klar, daß die Entzaube-

Ein ins Heroische gewendeter Kulturpessimismus findet sich beim persönlich doch eher kaum zum Heldenhaften neigenden Oswald Spengler[21], dessen Bestseller *Der Untergang des Abendlandes* die Zeitgenossen zu ganz unterschiedlichen Bewertungen herausfordert: Während Simmel ihn als Verfasser der „wichtigsten Geschichtsphilosophie seit Hegel" bezeichnet, verspottet ihn Tucholsky als den „Karl May der Philosophie". Für Walter Benjamin ist er lediglich ein „trivialer Sauhund".[22] Der Autor selbst versteht es jedoch, sein Weltdeutungsangebot im Zeichen des „Lebens" dezidiert anti-akademisch und intuitionistisch zu inszenieren: „Allein die Notwendigkeit für das Leben entscheidet über den Rang einer Lehre"[23], so versichert er. Schließlich schreibe er für „ernste Leser, welche einen *Blick* auf das Leben suchen statt einer Definition."[24] Zwar läutet auch Spengler in seiner, nicht eben bescheiden *Umrisse einer Morphologie der Weltgeschichte* betitelten, Kulturzyklentheorie der abendländischen Zivilisation das Totenglöckchen.[25] Jedoch ist es ihm zufolge letztlich zwecklos, die wirtschaftlichen, technischen und ästhetischen Erscheinungsformen der modernen Zivilisation, die diesen Verfall indizierten, zu kritisieren. Vielmehr gelte es, diesem Untergang, der dank der von Spengler aufgezeigten, weltgeschichtlichen „Gesetzmäßigkeiten" als notwendig und unabwendbar zu begreifen sei, mit heroischer Ernüchterung ins Auge zu blicken. Spenglers ästhetizistische Inszenierung der Größe am Abgrund, sein „Pessimismus der Stärke", zeigt sich paradigmatisch in seinem *Beitrag zu einer Philosophie des Lebens*: „Auf dem verlorenen Posten ausharren", so heißt es dort, „ohne Hoffnung, ohne Rettung, ist Pflicht. Ausharren wie jener römische Soldat, dessen Gebeine man vor einem Tor in Pompeji gefunden hat, der starb, weil man beim Ausbruch des Vesuv vergessen hatte, ihn abzulösen. Das ist Größe, das heißt Rasse haben."[26]

rung der Welt bestehe in der Tilgung ihres *Gehalts an Ferne* […] Darum, indem er die Fernheit verneint, tötet der Besitztrieb den Eros, mit ihm den Nimbus der Welt; mit ihm die *Wirklichkeit selbst*." (Klages, Ludwig: Vom kosmogonischen Eros, Jena ²1926, S. 217).

21 Zur Angst des Ex-Schulmeisters vor der Einberufung s. Pauen, Michael: a. a. O., S. 206f.

22 Alle Zitate nach Felken, Detlef: Oswald Spengler. Konservativer Denker zwischen Kaiserreich und Diktatur, München 1988, S. 114.

23 Spengler, Oswald: Der Untergang des Abendlandes. Umrisse einer Morphologie der Weltgeschichte [1923], München 1997, S. 58.

24 Spengler, Oswald: a. a. O., S. IX. Sein Werk, so Spengler einleitend, sei „anschaulich durch und durch, geschrieben in einer Sprache, welche die Gegenstände sinnlich nachzubilden sucht, statt sie durch Begriffsreihen zu ersetzen, und es wendet sich allein an Leser, welche die Wortklänge und Bilder ebenso nachzuerleben verstehen. Dergleichen ist schwer, besonders wenn die Ehrfurcht vor dem Geheimnis – die Ehrfurcht Goethes – uns hindert, begriffliche Zergliederungen für Tiefblicke zu halten." (VIII)

25 Spengler zufolge durchlaufen die verschiedenen Kulturen wie ein lebendiger Organismus verschiedene Phasen von der Frühzeit über die Entwicklungs- und Reifezeit bis zur Verfallszeit. Spengler versucht diese Phasen an der indischen, der antiken, der arabischen und der abendländischen Kultur aufzuzeigen. Die abendländische Kultur, deren Beginn er um 900 n. Chr. verortet, befinde sich gegenwärtig in der Phase des Verfalls.

26 Spengler, Oswald: Der Mensch und die Technik. Beitrag zu einer Philosophie des Lebens, München 1931, S. 89.

Aber auch bei Spengler ist es ein als anthropologisches Spezifikum gedachter Zwiespalt zwischen Leben und Geist, der letztlich einen naturhaft ablaufenden Verfallsmechanismus in Gang setzt und der nunmehr auch die abendländische Kultur ergriffen habe, die in Gestalt einer lebensentfremdeten Zivilisation ihrem Untergang entgegen gehe:

> Der tierische Mikrokosmos, in dem Dasein und Wachsein zu einer selbstverständlichen Einheit des Lebens verbunden sind, kennt nur ein Wachsein *im Dienste* des Daseins. Das Tier ‚*lebt*' einfach, es denkt nicht nach über das Leben. Die unbedingte Herrschaft des Auges aber läßt das Leben als Leben eines sichtbaren Wesens im Licht erscheinen und das sprachgebundene Verstehen bildet alsbald einen *Begriff* des Denkens und als *Gegenbegriff* den des Lebens aus und unterscheidet endlich das Leben, wie es ist, von dem, wie es sein sollte. An Stelle des unbekümmerten Lebens erscheint der Gegensatz ‚Denken und Handeln'. […] das hat die gesamte Geschichte des Menschentums und alle ihre Erscheinungen gestaltet, und je höhere Formen eine Kultur annimmt, desto mehr beherrscht dieser Gegensatz gerade die bedeutenden Augenblicke ihres Wachseins.[27]

Den Höhepunkt dieser „bedeutenden Augenblicke des Wachseins", jenen „Zug ins Riesenhafte", den Spengler zugleich als Symptom des unweigerlich kommenden Kulturverfalls deutet, sieht er für den abendländischen Kulturkreis in der künftigen Größe des deutschen Reiches, an die zu glauben er nicht ablässt, voraus.

Es wäre indes unzulässig, würde man angesichts der kommunikativen Reichweite des Lebens-Diskurses, die sich weit über die Wissenschaften hinaus erstreckt, die spezifischen wissenschaftsinternen Probleme, die mit ihm verbunden sind, unberücksichtigt lassen. Seine innerwissenschaftliche, d. h. hier vor allem seine philosophiegeschichtliche Nobilitierung erhält der Lebens-Begriff bekanntlich zunächst vor allem durch die impulsgebenden Überlegungen Diltheys und Nietzsches.[28] Von hier aus wird er zur semantischen Distinktionsmarke einer grundlegenden, kritischen bzw. skeptischen Reflexion der Erkenntnisfähigkeit der (Geistes-)Wissenschaften. Im Rahmen der – chronologisch späteren und resonanzgeschichtlich vorrangig auf die Wissenschaften beschränkten – erkenntnistheoretischen Reflexionen Diltheys, der in entschiedener Umkehrung Hegels den Geist als „Objektivation des Lebens" bestimmt[29], wird das „Leben" zur allen (wissenschaftlichen) Erkenntnis-

---

27 Spengler, Oswald: Der Untergang des Abendlandes. Umrisse einer Morphologie der Weltgeschichte [1923], München 1997, S. 568.
28 Zum folgenden s. u. a. Schnädelbach, Herbert: a. a. O.; Oexle, Otto Gerhard: „Wissenschaft" und „Leben". Historische Reflexionen über Tragweite und Grenzen der modernen Wissenschaft, in: Geschichte in Wissenschaft und Unterricht, 41, 1990, Heft 12, S. 145–161; Albert, Karl: a. a. O., S. 47–84.
29 „Die Voraussetzungen, auf die Hegel diesen Begriff [den des „objektiven Geistes"; G. K.] gestellt hat, können heute nicht mehr festgehalten werden. Er konstruierte die Gemeinschaften aus dem allgemeinen vernünftigen Willen. Wir müssen heute von der Realität des Lebens ausgehen; im Leben ist die Totalität des seelischen Zusammenhanges wirksam. Hegel konstruiert metaphysisch; wir analysieren das Gegebene. Und die heutige Analyse der menschlichen Existenz erfüllt uns alle mit dem Gefühl der Gebrechlichkeit, der Macht des dunklen Triebes, des Leidens an den Dunkelheiten und den Illusio-

bemühungen immer schon vorausliegenden Ausgangs- und Rahmenbedingung der Möglichkeit von Erkenntnis überhaupt erklärt.

„Man muß vom Leben ausgehen", so Dilthey in einem Brief an den Grafen Paul York von Wartenburg: „Das heißt nicht, daß man dieses analysieren muß. Die Philosophie ist eine Aktion, welche das Leben, das heißt das Subjekt in seinen Relationen als Lebendigkeit, zum Bewußtsein erhebt und zu Ende denkt."[30] In seiner „Kritik der historischen Vernunft" untertitelten *Einleitung in die Geisteswissenschaften* entfaltet Dilthey seine Kritik am rationalitätsbezogenen Reduktionismus idealistischer Erkenntnistheorien. Sein Insistieren auf dem grundlegenden Gedanken, dass auch kognitive Akte (also auch die Wissenschaften) immer schon eingebettet sind in den historischen Lebensprozess der Menschen, will Dilthey aber nicht als Ausdruck einer prinzipiellen Theoriefeindlichkeit im Namen etwa eines normativ überhöhten Lebensbegriffes verstanden wissen, sondern vielmehr als eine Erweiterung und Vertiefung der „bisherige[n] Selbstkritik menschlicher Rationalität durch Autoren wie Hume und Kant."[31]

Gleichwohl inszeniert auch Dilthey bisweilen seine „Philosophie des Lebens" als eine zeitgemäßere, zugleich tiefgründigere und lebensnähere Alternative zu einer in akademischen Spezialproblemen erstarrten, universitären „Kathederphilosophie", die dem „Weltanschauungsbedürfnis" der Gegenwart antwortlos gegenübersteht. „Das philosophische Denken der Gegenwart dürstet und hungert nach Leben"[32], so seine Diagnose, und er versteht seine eigene Philosophie durchaus als „Therapieangebot" im Rahmen dieser Bedürfnislage: „Was ich ihnen bieten möchte", so Dilthey in seine Vorlesung über sein System der Philosophie einleitend, „ist nicht eine bloße Kathederphilosophie. Nur aus dem Verständnis der Gegenwart kann das rechte philosophische Wort an Sie hervorgehen."[33]

Das rationale Verhältnis zur Welt begreift Dilthey demzufolge als nur einen Bestandteil eines komplexeren Verhältnisses zur Wirklichkeit, in dem sich kognitive, affektive und volative Aspekte immer schon wechselseitig beeinflussen und gegenseitig durchdringen. Den übergreifenden Kontext, in dem menschliches Erkennen immer schon steht, bezeichnet Dilthey als Leben. „Leben", so Dilthey später in seinem zweiten Hauptwerk, *Der Aufbau der geschichtlichen Welt in den Geisteswissenschaften,* „ist die Grundtatsache, die den Ausgang der Philosophie bilden muß. Es ist das von innen Bekannte, es ist dasjenige, hin-

---

nen, der Endlichkeit in allem, was Leben ist, auch wo die höchsten Gebilde des Gemeinschaftslebens aus ihm entstehen. So können wir den objektiven Geist nicht aus der Vernunft verstehen, sondern müssen auf den Strukturzusammenhang der Lebenseinheiten, der sich in den Gemeinschaften fortsetzt, zurückgehen." (Dilthey, Wilhelm: Der Aufbau der geschichtlichen Welt in den Geisteswissenschaften (Gesammelte Schriften, Band VII), Stuttgart/Göttingen ^{5}1968, S. 183.)

30 Briefwechsel zwischen Wilhelm Dilthey und dem Grafen Paul York von Wartenburg, Halle 1923, S. 247.
31 Jung, Matthias: Dilthey zur Einführung, Hamburg 1996, S. 9.
32 Dilthey, Wilhelm: Der Aufbau der geschichtlichen Welt in den Geisteswissenschaften (Gesammelte Schriften, Band VII), Stuttgart/Göttingen ^{5}1968, S. 268.
33 Dilthey, Wilhelm: Weltanschauungslehre. Abhandlungen zur Philosophie der Philosophie (Gesammelte Schriften, Band VIII), Stuttgart/Göttingen ^{4}1968, S. 190.

ter welches nicht zurückgegangen werden kann. Leben kann nicht vor den Richterstuhl der Vernunft gebracht werden."[34]

Aufgabe der Philosophie sei es nichtsdestoweniger, das Leben „in seiner unergründlichen Tiefe, in seinem unergründlichen Zusammenhang sichtbar [zu] machen"[35] und daher sei „das Rätsel des Lebens: der einzige, dunkle, erschreckende Gegenstand aller Philosophie."[36]

Der kognitive Aspekte überschreitende Charakter von Diltheys Lebens-Begriff dokumentiert sich deutlich auch in jener Schrift über *Das Erlebnis und die Dichtung*, auf die sich vor allem die Resonanz des Philosophen innerhalb der Neueren deutschen Literaturwissenschaft seit den 1910er Jahren gründet. Hier wird deutlich, dass „Leben" für Dilthey nicht nur in einem universalen, bzw. transzendentalen Sinne das Leben schlechthin meint, sondern in einem individuellen Sinne auch das Leben des einzelnen Menschen:

> Im Leben ist mir mein Selbst in seinem Milieu gegeben, Gefühl meines Daseins, ein Verhalten und eine Stellungnahme zu Menschen und Dingen um mich her; sie üben einen Druck auf mich oder sie führen mir Kraft und Daseinsfreude zu, sie stellen Anforderungen an mich und sie nehmen einen Raum in meiner Existenz ein. So empfangen jedes Ding und jede Person aus meinen Lebensbezügen eine eigene Kraft und Färbung.[37]

Jedoch dient die bei Dilthey ausgeprägte Transzendentalisierung des „Lebens", die, so Schnädelbach, die „metaphysische Grundfigur"[38] der Lebensphilosophie ausmacht, nicht nur zur Legitimation der erkenntniskritischen Infragestellung eines hegelianischen objektiven

---

34 Dilthey, Wilhelm: Gesammelte Schriften, Band VII, S. 359. Joachim Thielen verweist auf die bewusst in Kauf genommene Unschärfe von Diltheys Lebens-Begriff: „Das ‚Leben' fungiert mehr als ein summarischer Begriff, ein Symbol für den ganzen Hintergrund von Geschichte, als daß es einen konkreten Wesenszug darstellen oder eine verpflichtende Feststellung für die Historie aussprechen soll." (Thielen, Joachim: Wilhelm Dilthey und die Entwicklung des geschichtlichen Denkens in Deutschland im ausgehenden 19. Jahrhundert, Würzburg 1999, S. 147 f.)

35 Dilthey, Wilhelm: Die geistige Welt. Einleitung in die Philosophie des Lebens. Erste Hälfte: Abhandlungen zur Grundlegung der Geisteswissenschaften (Gesammelte Schriften, Band V), Stuttgart/Göttingen ⁵1968, S. LIV.

36 Dilthey, Wilhelm: Weltanschauungslehre. Abhandlungen zur Philosophie der Philosophie (Gesammelte Schriften, Band VIII), Stuttgart/Göttingen ⁴1968, S. 140.

37 Dilthey, Wilhelm: Das Erlebnis und die Dichtung. Lessing, Goethe, Novalis, Hölderlin, [1905], Göttingen 1965, S. 126. Zum Erfolg der Schrift innerhalb der Literaturwissenschaft dürfte vor allem Diltheys Nobilitierung der Poesie zu einem privilegierten Ausdrucksmedium der qua Erlebnis gewonnenen Innenansicht des Lebens beigetragen haben: „Poesie", so heißt es, „ist Darstellung und Ausdruck des Lebens. Sie drückt das Erlebnis aus, und sie stellt die äußere Wirklichkeit des Lebens dar." (ebd.) „Jeder der unzähligen Lebenszustände, durch die der Dichter hindurchgeht, kann in psychologischem Sinne als Erlebnis bezeichnet werden: eine tiefer greifende Beziehung zu seiner Dichtung kommt nur denjenigen unter den Momenten seines Daseins zu, welche ihm **einen Zug des Lebens** aufschließen." (S. 139) Zum zweifachen Sinn von Diltheys Lebens-Begriff s. Albert, Karl: a. a. O., S. 78.

38 Schnädelbach, Herbert: a. a. O., S. 176.

Idealismus' und einer aspektmonistischen Vernunftkritik. Sie dient vielmehr auch dazu, den spezifischen Gegenstandsbereich und, damit zusammenhängend, die spezifische Erkenntnisweise der (verstehenden) Geisteswissenschaften gegenüber derjenigen der (erklärenden) Naturwissenschaften abzugrenzen, zu legitimieren und (zumindest indirekt) aufzuwerten:

> Die Geisteswissenschaften haben als ihre umfassende Gegebenheit die Objektivationen des Lebens [...] Ihr Umfang reicht so weit wie das Verstehen, und das Verstehen hat nun seinen einheitlichen Gegenstand in der Objektivation des Lebens. So ist der Begriff der Geisteswissenschaft nach dem Umfang der Erscheinungen, der unter sie fällt, bestimmt durch die Objektivationen des Lebens in der äußeren Welt. Nur was der Geist geschaffen hat, versteht er. Die Natur, der Gegenstand der Naturwissenschaft, umfaßt die unabhängig vom Wirken des Geistes hervorgebrachte Wirklichkeit. [...] Jetzt können wir sagen, daß alles, worin der Geist sich objektiviert hat, in den Umkreis der Geisteswissenschaften fällt.[39]

In dieser Passage wird deutlich, dass „Geist" und „Leben" für Dilthey gerade nicht auseinanderfallen, wenn auch die Hierarchie der beiden im Vergleich zum objektiven Idealismus' Hegels gleichsam umgekehrt wird: Denn „was der Geist geschaffen hat", das scheint bei Dilthey hier identisch zu sein mit den „Objektivationen des Lebens". Während Hegel das Leben als eine Objektivation des Geistes versteht, ist der „Geist" bei Dilthey, so könnte man sagen, eine „Objektivation des Lebens", und er vergegenständlicht sich somit eben in den „Objektivationen des Lebens", in denen er sich dann – eben durch die Geisteswissenschaften – wiederum selbst verstehen kann. Dilthey relativiert zwar die Erkenntnisfähigkeit der Wissenschaften insofern, als dass er den Totalitätsanspruch einer alles durchdringenden Vernunft in Frage stellt, eine prinzipielle Abwertung wissenschaftlicher Erkenntnis angesichts der ontologischen Primordialität des Lebens erfolgt bei ihm indes nicht. Im Gegenteil: Zumindest die Geisteswissenschaften erfahren dadurch, dass Dilthey sie in Abgrenzung von den Naturwissenschaften zum Raum einer zumindest lebensunmittelbareren Wissenschaft stilisiert, eine implizite Aufwertung. Immerhin lässt seine Konturierung eines ebenso exklusiven wie eigenständigen Innen-, d. h. Erlebnisbezuges der Geisteswissenschaften den Schluss zu, dass geisteswissenschaftliche Bemühungen einen differenzierteren und reicheren Zugang zur ursprünglich-alltäglichen Lebensrealität erschließen können als die Naturwissenschaften, deren methodologisches Profil ja gerade dadurch gekennzeichnet ist, dass sie von den Weisen eines nichtkognitiven Weltzuganges abstrahieren.[40] So schwan-

---

39 Dilthey, Wilhelm: Gesammelte Schriften, Band VII, S. 148. Neben dem Begriff des „Erlebnisses" ist es wohl vor allem dieses Konturierungsangebot zur Konstruktion eines genuin geisteswissenschaftlichen Selbstverständnisses, das seit den 1910er Jahren auf die geistesgeschichtlichen Tendenzen innerhalb der Neueren deutschen Literaturwissenschaft wirkt.

40 Einen Unterschied zwischen natur- und geisteswissenschaftlichen Herangehensweisen wird dann auch Spengler – ungleich normativer als Dilthey und sicherlich nicht zuletzt um seine eigene intuitionistische Argumentationsweise als gegenstandsadäquaten Tief- und Weitblick zu immunisieren – im Rekurs auf Goethe und auf den Erlebnis-Begriff betonen. Im *Untergang* heißt es: „Es besteht ein selten

kend und mitunter widersprüchlich die Trennung sowie die Gewichtung von Natur- und Geisteswissenschaften in Diltheys Werk selbst auch bleibt[41], als Abgrenzungsangebot für eine distinktive Selbstprofilierung der Geisteswissenschaften, die in der Konkurrenz mit den aufstrebenden Naturwissenschaften nach Legitimation streben, wird Diltheys Unterscheidung zu einer festen, zirkulierenden Referenzgröße.[42]

Vor den „Richterstuhl des Lebens" hatte Nietzsche die Wissenschaft bereits vor Diltheys Erkenntniskritik im Rahmen seiner wissenschaftsskeptizistischen, zweiten *Unzeitgemäße[n] Betrachtung, Vom Nutzen und Nachteil der Historie für das Leben* zitiert. Einer polemischen Kritik unterzieht er hier dasjenige, was er als bestimmende Erscheinungsformen der zeitgenössischen Geschichtsschreibung erachtet.[43] Der Lebens-Begriff erfährt in

recht gewürdigter Unterschied zwischen *Erleben* und *Erkennen*, zwischen der unmittelbaren Gewißheit, wie sie die Arten der Intuition (Erleuchtung, Eingebung, künstlerisches Schauen, Lebenserfahrung, der Blick des Menschenkenners, Goethes ‚exakte sinnliche Phantasie') gewähren, und den Ergebnissen verstandesmäßiger Erfahrung und experimenteller Technik. Der Mitteilung dient dort der Vergleich, das Bild, das Symbol, hier die Formel, das Gesetz, das Schema. Gewordenes wird erkannt […] Ein Werden kann nur erlebt, mit tiefem wortlosen Verstehen gefühlt werden." (Spengler, Oswald: a. a. O., S. 75) „Je entschiedener ein Weltbild die Züge der Natur trägt, desto unumschränkter gilt in ihm das Gesetz und die Zahl. Je reiner eine Welt als ein ewig Werdendes angeschaut wird, desto zahlenfremder ist die ungreifbare Fülle ihrer Gestaltung. […] So unterscheidet sich schon hinsichtlich der Methode Goethes vielberufene ‚exakte sinnliche Phantasie', die das Lebendige unberührt auf sich wirken läßt, von dem exakten, tötenden Verfahren der modernen Physik." (130 f.) „Es ist das Verhältnis von *Leben und Tod*, von Zeugen und Zerstören, das in diesem Gegensatz erscheint. Der Verstand, das System, der Begriff töten, indem sie ‚erkennen'." (137)

41 Zu Ambivalenzen und Relativierungen von Diltheys Unterscheidung s. Thielen, Joachim: a. a. O., S. 88–91.
42 So bringt etwa Bergson, gegen die naturwissenschaftlichen Evolutionstheorien Darwins und Herbert Spencers gerichtet, seine eigene „Philosophie des Lebens" u. a dadurch in Stellung, dass er versichert, naturwissenschaftliche Erklärungsmodelle würden angesichts der Komplexität des Lebens zu kurz greifen. Nur die philosophische Deutung könne dem „wahren" Charakter des Lebens gerecht werden: „Sie [die Philosophie des Lebens, G. K.] erhebt den Anspruch, Finalismus und Mechanismus gleichermaßen hinter sich zu lassen." (Bergson, Henri: Schöpferische Entwicklung, Jena 1912, S. 56).
43 Ausdrücklich sei darauf verwiesen, dass hier keineswegs davon ausgegangen wird, bei Nietzsches Bestandsaufnahme handele es sich um eine tatsächlich angemessene Beschreibung des zeitgenössischen Wissenschaftsbetriebes (s. dazu auch Iggers, Georg G.: Historismus – Geschichte und Bedeutung eines Begriffs. Eine kritische Übersicht der neuesten Literatur, in: Scholtz, Gunter (Hrsg.): Historismus am Ende des 20. Jahrhunderts. Eine internationale Diskussion, Berlin 1997, S. 102–126, hier: S. 111 f.) Für die Resonanzträchtigkeit der in Nietzsches Schrift entfalteten Argumentationsfiguren spielt dieser Umstand jedoch gerade keine Rolle. Ebenso soll das sicherlich geläufigere Schlagwort von der „Historismuskritik" Nietzsches hier vermieden werden. Dies weniger deshalb, weil Nietzsche den Begriff des Historismus' selbst in dieser Schrift nicht gebraucht – obwohl dann später einige jener Aspekte des Wissenschaftsbetriebes, gegen die er polemisiert, mit diesem Begriff etikettiert werden –, sondern vielmehr deshalb, weil eine schlagwortartige Gleichsetzung der von Nietzsche kritisierten Aspekte mit dem Historismus-Begriff der facettenreichen Verwendungsgeschichte dieses Begriffes nicht gerecht wird (s. dazu Schlott, Michael: Mythen, Mutationen und Lexeme – „Historismus" als Kategorie der Geschichts- und Literaturwissenschaft, in: Scientia Poetica, Band 3, 1999, S. 158–204, hier vor allem S. 162–172.

diesem Zusammenhang bei Nietzsche, ohne dass er sein Verständnis des Begriffes genauer expliziert[44], eine folgenreiche normative Radikalisierung. Anknüpfend an einen Grundgedanken aus Schopenhauers antiidealistischer Willensmetaphysik, derzufolge die menschliche Vernunft entgegen ihrer Selbstzuschreibungen lediglich ein Werkzeug im Dienste des Lebens sei[45], entfaltet sich Nietzsches Wissenschaftsskeptizismus aus einer kritischen, mitunter satirischen Sichtung jener Tendenzen, die er als typisch für die Geschichtswissenschaft seiner Zeit betrachtet. Deren Anspruch auf wissenschaftliche Objektivität und auf voraussetzungslose Erkenntnis, mithin ihr Insistieren auf der Möglichkeit, interesselos und wertungsindifferent zeigen zu können, „wie es gewesen ist", diskreditiert Nietzsche als „eine Mythologie und [als] eine schlechte obendrein."[46] Eine solche Haltung ist nach Nietzsche lediglich aus dem Bereich des Ästhetischen „geborgt", und der Anspruch auf die Möglichkeit einer interesselosen, historischen Wiedergabe der „Dinge" selbst dokumentiere bloß die erkenntnistheoretische Naivität der Historikerzunft:

> [E]in Aberglaube jedoch ist es, dass das Bild, welches die Dinge in einem solchermaassen [d. h. interesselosen; G. K.] gestimmten Menschen zeigen, das empirische Wesen der Dinge wiedergebe. Oder sollten sich in jenen Momenten die Dinge gleichsam durch ihre eigene Thätigkeit auf einem reinen Passivum abzeichnen, abkonterfeien, abphotographiren? [...] [Z]udem vergässe man, dass jener Moment gerade der kräftigste und selbstthätigste Zeugungsmoment im Innern des Künstlers ist, dessen Resultat wohl ein künstlerisch wahres, nicht ein historisch wahres Gemälde sein wird." (UB II, S. 290)

Diese, so Nietzsche, für die positivistische Praxis der Geschichtswissenschaft typische, erkenntnistheoretische Unterreflektiertheit gehe einher mit einer „blinden Sammelwuth, eine[m] rastlosen Zusammenscharren alles einmal Dagewesenen" (UB II, 268). Das bloße Anhäufen der historischen Fakten, das Stoffsammeln ohne „beseelende" Auswahlkriterien, führe, so Nietzsche seine Kritik auf das philologische Ethos der historisch Gelehrten ausdehnend, letztlich zu einer „Mumisierung", zu einem „Untergraben" des „höheren Le-

---

44 Vielmehr funktioniert auch hier die Bedeutungszuweisung in der bereits beschriebenen Weise, nämlich *ex negativo*: demzufolge könnte man davon ausgehen, dass Nietzsche unter ‚Leben' hier dasjenige menschliche Handeln verstanden wissen will, das eben noch nicht historisch geworden ist, dasjenige mithin, das Geschehen und noch nicht Geschichte ist: „Das Unhistorische ist einer umhüllenden Atmosphäre ähnlich, in der sich Leben allein erzeugt, um mit der Vernichtung dieser Atmosphäre wieder zu verschwinden." (Nietzsche, Friedrich: Unzeitgemäße Betrachtungen II: Vom Nutzen und Nachteil der Historie für das Leben, in: Friedrich Nietzsche: Sämtliche Werke. Kritische Studienausgabe in 15 Einzelbänden, hrsg. von Giorgio Colli und Mazzino Montinari. Band 1, München 1988 (im Folgenden zitiert als: UB II), S. 252). Die präreflexiven, vorrationalen Bedeutungselemente von Nietzsches Lebens-Begriff verdanken sich natürlich nicht zuletzt Schopenhauers Willensmetaphysik.
45 Allerdings wird aus Schopenhauers resignativ-pessimistischer Feststellung der Zweck-Mittel-Relation von Leben und Geist bei Nietzsche die normative, vitalistische Forderung, „immer besser [zu] lernen, Historie zum Zwecke des *Lebens* zu treiben [...]" (UB II, S. 257).
46 UB II, S. 290.

bens". Dagegen imaginiert Nietzsche den „ächten" Historiker als einen quasigenialischen Bruder des Künstlers, unter dessen historischer Anschauungskraft die bloße Reproduktion vermeintlicher Fakten zur eigenständigen, werkanalogen Schöpfung mutiert:

> **Nur aus der höchsten Kraft der Gegenwart dürft ihr das Vergangene deuten:** nur in der stärksten Anspannung eurer edelsten Eigenschaften werdet ihr errathen, was in dem Vergangnen wissens- und bewahrenswürdig und gross ist. Gleiches durch Gleiches! […] Glaubt einer Geschichtsschreibung nicht, wenn sie nicht aus dem Haupte der seltensten Geister herausspringt; […] der ächte Historiker muss die Kraft haben, das Allbekannte zum Niegehörten umzuprägen und das Allgemeine so einfach und tief zu verkünden, dass man die Einfachheit über der Tiefe und die Tiefe über der Einfachheit übersieht. Es kann keiner zugleich ein grosser Historiker, ein künstlerischer Mensch und ein Flachkopf sein […] (UB II, 293 f.)[47]

Anders als Dilthey geht es Nietzsche nicht bloß um eine kritische Relativierung menschlicher Erkenntnisfähigkeit im Allgemeinen und wissenschaftlicher im Besonderen. Es geht ihm auch nicht um eine Differenzierung wissenschaftlicher Gegenstands- und Zuständigkeitsbereiche. Vielmehr – und dies macht seine Schlagworte und Argumentationsfiguren auch außerwissenschaftlich so anschluss- und resonanzfähig – lässt Nietzsche seine Wissenschaftskritik, seine mitunter ätzende Verspottung der Gelehrtenzunft immer wieder hortatorisch einmünden in eine modernekritische Dekadenzdiagnose, innerhalb derer die von Nietzsche kritisierten Tendenzen in der Geschichtswissenschaft gleichsam paradigmatisch für eine Verfallsgeschichte viel allgemeineren Zuschnitts stehen. Sie stehen für die Geschichte einer fortschreitenden und in der Gegenwart (d. h. derjenigen Nietzsches) kulminierenden Selbstentfremdung des Lebens im Geist, einer Selbstentfremdung, die im sich distanzierenden Objektivitätsanspruch des wissenschaftlichen Geistes ihren Höhepunkt (bzw. nach Nietzsche: ihren Tiefpunkt) erreicht. Dichotomisch strukturiert wird diese Geschichte durch den vermeintlich grundsätzlichen „Widerspruch von Leben und Wissen" (UB II, 326). Nietzsches negative Teleologie einer fortschreitenden Devitalisierung lässt von Beginn an wenig Zweifel sowohl an der Bedeutsamkeit der von ihm selbst gestellten Frage als auch an der Richtung, in der er sie zu beantworten gedenkt: „Die Frage aber, bis zu welchem Grade das Leben den Dienst der Historie überhaupt brauche, ist eine der höchsten Fragen und Sorgen in Betreff der Gesundheit eines Menschen, eines Volkes, einer Cultur. Denn bei einem gewissen Uebermaass derselben zerbröckelt und entartet das Leben und zuletzt auch wieder, durch diese Entartung, selbst die Historie." (UB II, S. 257)

Eine grundlegende Absage erteilt Nietzsche also jenem Wissenschaftsoptimismus, der eines der hervorstechenden Kennzeichen des positivistischen Wissenschaftsverständnisses des 19. Jahrhunderts ist und der davon ausgeht, dass eine fortschreitende Vermehrung des

---

47 So sieht es denn auch Spengler, „Nietzsches Affe" (Thomas Mann), der apodiktisch in eigener Sache formuliert: „Dichten und Geschichtsforschung sind verwandt, Rechnen und Erkennen sind es auch." (Spengler, Oswald: a. a. O., S. 137).

Wissens zugleich eine erzieherische Wirkung auf Mensch und Gesellschaft ausübt.[48] Der orientierungsstiftende und handlungsanleitende Charakter des Wissens, dessen Lebensbezogenheit, schwindet Nietzsche zufolge in der Gestalt des historischen Faktenmaterials vielmehr gerade umso schneller, je mehr davon angesammelt wird. Dies habe irritierende, die Lebenstauglichkeit schwächende und letztlich gar dehumanisierende Auswirkungen auf den Einzelnen:

> So wird das Individuum zaghaft und unsicher und darf sich nicht mehr glauben: es versinkt in sich selbst, ins Innerliche, dass heißt hier nur: in den zusammengehäuften Wust des Erlernten, das nicht nach aussen wirkt, der Belehrung die nicht Leben wird. Sieht man einmal auf's Aeusserliche, so bemerkt man, wie die Austreibung der Instincte durch Historie die Menschen fast zu lauter abstractis und Schatten umgeschaffen hat. [...] Sind das noch Menschen, fragt man sich dann, oder vielleicht nur Denk-, Schreib- und Redemaschinen? (UB II, 280 und 282)[49]

Historie erscheint hier also als eine anämische Angelegenheit von entseelten, funktionalisierten Maschinenmenschen. Die angesammelte Fülle von Fakten könne nur tatenferne Dekadenzler und „Bildungsphilister"[50] noch über den historistischen Minimalismus im Angesicht der „wahren" Fülle des Lebens hinwegtäuschen: „es ist", so Nietzsche das Verhältnis von Leben und Wissenschaft zusammenfassend, „als ob man die heroische Symphonie für zwei Flöten eingerichtet und zum Gebrauch von träumenden Opiumrauchern bestimmt habe." (UB II, 288)

Die Annahme einer Kluft, eines Antagonismus gar zwischen Wissenschaft und Leben, mithin jene Annahme, die zu einer sich gleichsam verselbständigenden, resonanzträchtigen „Grundfigur des modernen Denkens"[51] wird, erfährt bei Nietzsche schließlich noch eine semantische und normative Zuspitzung dadurch, dass das Zuviel des Wissens zur „historischen Krankheit" (UB II, 329) stigmatisiert wird. Als therapeutische Revitalisierungsstrate-

---

48 Oexle (a. a. O., S. 147 f.) nennt neben der unterstellten Erziehungsfunktion des Wissens, das schließlich zu einer Verbesserung der menschlichen Lage und schließlich der menschlichen Natur selbst führe, drei weitere Kennzeichen des positivistischen Wissenschaftsoptimismus': 1. das Ziel wissenschaftlicher Erkenntnis, aus den voraussetzungslos rekonstruierten Einzelfakten ein gesetzmäßig strukturiertes Ganzes aufbauen zu können; 2. die Annahme, Wissenschaft sei die höchste Form des Wissens und der Erkenntnis; 3. die Orientierung an den exakten Naturwissenschaften als Leitwissenschaften.

49 Bezeichnenderweise werden in Nietzsches vitalistischem Deutungsmuster dann auch Gelehrsamkeit und Impotenz im Bild des Eunuchen semantisch gekoppelt: „Aber wie gesagt, es ist ein Geschlecht von Eunuchen [gemeint ist hier die Zunft der Historiker; G. K.]; dem Eunuchen ist ein Weib wie das andere, eben nur Weib, das Weib an sich, das ewig Unnahbare – und so ist es gleichgültig was ihr treibt, wenn nur die Geschichte selbst schön ‚objectiv' bewahrt bleibt, nämlich von solchen, die selber nie Geschichte machen können." (UB II, 284)

50 In der Verspottung des „Bildungsphilisters" knüpft Nietzsche an eine spätestens seit der Frühromantik sich etablierende Tradition an. Als Prototyp eines solchen Philisters erscheint in der ersten *Unzeitgemäßen Betrachtung* der Begründer der historisch-philologischen Bibelkritik, David Strauß.

51 Oexle, Gerhard-Otto: a. a. O., S. 151.

gie empfiehlt Nietzsche eine bewusste Unterordnung der Wissenschaft unter das Leben[52], ihre Kontrolle im Rahmen einer „Gesundheitslehre des Lebens" (UB II, 331), zu deren ausführendem Organ er „die Jugend" hypostasiert:

> Soll nun das Leben über das Erkennen, über die Wissenschaft, soll das Erkennen über das Leben herrschen? Welche von beiden Gewalten ist die höhere und entscheidende? Niemand wird zweifeln: das Leben ist die höhere, die herrschende Gewalt, denn ein Erkennen, welches das Leben vernichtete, würde sich selbst mit vernichtet haben. [...] So bedarf die Wissenschaft einer höheren Aufsicht und Überwachung; eine **Gesundheitslehre des Lebens** stellt sich dicht neben die Wissenschaft; und ein Satz dieser Gesundheitslehre würde eben lauten: das Unhistorische und das Ueberhistorische sind die natürlichen Gegenmittel gegen die Ueberwucherung des Lebens durch das Historische, gegen die historische Krankheit. [...] Und hier erkenne ich die Mission jener **Jugend**, jenes ersten Geschlechtes von Kämpfern und Schlangentödtern, das einer glücklicheren und schöneren Bildung und Menschlichkeit voranzieht, ohne von diesem zukünftigen Glücke und der einstmaligen Schönheit mehr zu haben als eine verheissende Ahnung. (UB II, 330f.)[53]

Die semantische Karriere des Scharnierbegriffs „Leben", bzw. diejenige der mit ihm einhergehenden Redeweisen und Argumentationsfiguren, die hier skizziert wurden, dauert mindestens bis weit in die 1930er Jahre hinein an. Die zentralen Elemente dieses Lebens-Diskurses sind Modernekritik und Verfallsdiagnose, Erkenntnis-, bzw. Rationalismuskritik und die Problematik der Relativität menschlichen Wissens wie schließlich Wissenschafts-, bzw. Universitätskritik und die Problematik des Verhältnisses zwischen Wissenschaft und Leben. Sie erweisen sich als zählebige interdiskursive Elemente nicht nur in der Vorkriegsatmosphäre des Kaiserreiches, sondern auch innerhalb der „Krisenpolyphonie" der Weima-

---

52 Dass es sich bei dieser Forderung der Unterordnung der Wissenschaft unter das Leben um einen Kommunikationsakt handelt, der selbst wiederum im Kommunikationszusammenhang „Wissenschaft" erhoben wird und somit die soeben erhobene Forderung performativ relativiert, gehört in den Rahmen jener Paradoxien, die für einen philosophisch sich begründen wollenden Irrationalismus typisch sind. Dazu Schnädelbach: „Daß hinter das Leben nicht zurückgegangen werden könne, ist eine These, in der die Rationalität ihrer immanenten Grenzen innezuwerden vorgibt und zugleich hält sie in ihr einen metaphysischen Totalitätsgedanken fest, der ihr als philosophischer Rationalität Ehre macht." (Schnädelbach, Herbert: a. a. O., S. 180)

53 Das „Unhistorische" meint bei Nietzsche „die Kunst und Kraft **vergessen** zu können und sich in einen begrenzten **Horizont** einzuschliessen" (330). Dezidiert im Gegensatz etwa zu Hegels These vom Ende der Kunst, die bekanntlich nicht ihr Aufhören, sondern ihr Überholtsein und Überbotenwerden als primäre Kommunikationsform der Weltdeutung durch die Wissenschaft meint, charakterisiert Nietzsche als das „Ueberhistorische" „die Mächte, die den Blick von dem Werden ablenken, hin zu dem, was dem Dasein den Charakter des Ewigen und Gleichbedeutenden giebt, zu **Kunst** und **Religion**." (ebd.) Zu Nietzsches Inthronisierung der Jugend als einer Avantgarde der Revitalisierung s. auch UB II, S. 324ff. Zu Nietzsches Wirkung auf die zahlreichen jugendbewegten und lebensreformerischen Gruppierungen seit der Jahrhundertwende s. Aschheim, Steven E.: Nietzsche und die Deutschen. Karriere eines Kults, Stuttgart/Weimar 2000, S. 114ff.

rer Republik. Innerwissenschaftlich und disziplinenübergreifend perpetuiert wird der Diskurs unter anderem durch die resonanzträchtige Lebensphilosophie Bergsons[54], die lebensphilosophischen Elemente innerhalb der Kultursoziologie Georg Simmels[55], die Debatten über die „Krise des Historismus"[56] und den sogenannten Werturteilsstreit um das – vielfach

54   Auch Bergson geht, wie Dilthey, von der Annahme aus, dass die Naturwissenschaften das „Leben" in seiner fließenden, unzerlegbaren „Tatsächlichkeit" nicht adäquat erfassen können. In einem Vortrag auf dem Philosophenkongress zu Bologna am 10. April 1911 führt er aus: „Es gäbe keinen Raum für zwei Arten des Erkennens, einer philosophischen und einer wissenschaftlichen, wenn die Erfahrung sich uns nicht in zwei verschiedenen Aspekten darböte, einerseits in Form von Tatsachen, die sich äußerlich aneinanderreihen, die sich ungefähr messen lassen, kurz, die sich im Sinne einer distinkten Mannigfaltigkeit und Räumlichkeit entfalten, und auf der anderen Seite in der Form der gegenseitigen Durchdringung, die eine reine Dauer ist und sowohl dem Gesetz und dem Messen unzugänglich." (Bergson, Henri: Die philosophische Intuition [1911], in: ders.: Denken und schöpferisches Werden, Meisenheim 1948, S. 126–148, hier: S. 143) Der antiakademische Impetus, der die Lebensphilosophie Diltheys, vor allem aber diejenige Nietzsches prägt, findet sich ebenfalls bei Bergson, wenn er es als Ziel eines neuen, einfachen Philosophierens bezeichnet, „die Philosophie aus der Enge der Schulwissenschaft zu befreien, um sie dem Leben wieder anzunähern." (Bergson, Henri: Einführung in die Metaphysik [1903], in: ders.: a. a. O., S. 145) Auch der bei Dilthey bereits vorgeprägte Aspekt einer erst durch die Lebensphilosophie ermöglichten, vertieften Erkenntnis findet sich bei Bergson, wenn er im menschlichen Bewusstsein zwei Schichten, bzw. zwei Arten der Erkenntnismöglichkeit unterscheidet: ein räumlich denkendes, „oberflächliches Ich" (moi superficiel) und ein qua Intuition zu weitergehender Erkenntnis befähigtes, „tiefes Ich" (moi profond) (s. Bergson, Henri: Zeit und Freiheit, Jena 1911, S. 107 f.) S. dazu u. a. Deleuze, Gilles: Bergson zur Einführung, Hamburg 1989; Romanos, Konstatinos P.: Heimkehr. Henri Bergsons Ansätze zur Heilung von erstarrtem Leben, Frankfurt am Main 1988.
55   So heißt es etwa bei Simmel in dem Vortrag *Der Konflikt der modernen Kultur* von 1918 zum Verhältnis von Kulturformen und Lebensdynamik: „Wir *sind* zwar das Leben unmittelbar und damit ist unmittelbar ein nicht weiter beschreibliches Gefühl von Dasein, Kraft, Richtung verbunden; aber wir *haben* es nur an einer jeweiligen Form, die [...] im Augenblick ihres Auftretens sich einer ganz anderen Ordnung angehörig zeigt, mit Recht und Bedeutung eigener Provenienz ausgestattet, einen übervitalen Bestand behauptend und beanspruchend. Damit aber entsteht ein Widerspruch gegen das Wesen des Lebens selbst, seine wogende Dynamik, seine zeitlichen Schicksale, die unaufhaltsame Differenzierung jedes seiner Momente." (Simmel, Georg: Der Konflikt der modernen Kultur, in: ders.: Das individuelle Gesetz. Philosophische Exkurse. Hrsg. von Michael Landmann, Frankfurt am Main 1968, S. 171 f.) Die begriffliche Unschärfe, ja Leere des Lebensbegriffes räumt Simmel an gleicher Stelle in einer Fußnote ein: „Weil das Leben das Gegenspiel der Form ist, ersichtlich aber nur das irgendwie Geformte mit Begriffen beschreiblich ist, so ist der Ausdruck Leben in dem hier gemeinten, ganz fundamentalen Sinne von einer gewissen Unschärfe, logischen Undeutlichkeit nicht zu befreien. Denn das Wesen des vor oder jenseits aller Form gelegenen Lebens wäre verleugnet, wollte und könnte man eine begriffliche Definition davon bilden. Es ist ihm als bewußtem Leben nur gegeben, sich in seiner Bewegtheit selbst bewußt zu werden, ohne den vermittelnden Umweg über die Schicht der Begrifflichkeit, die mit dem Reich der Formen zusammenfällt." Zum Lebens-Begriff in Simmels, von Nietzsche stark beeinflussten und zugleich über ihn „hinausdenkenden" (Lichtblau) Kultursoziologie s. u. a. Lichtblau, Klaus: Kulturkrise und Soziologie um die Jahrhundertwende. Zur Genealogie der Kultursoziologie in Deutschland, Frankfurt am Main 1996, hier v. a. S. 102–126.
56   Ernst Troeltsch etwa greift die bei Nietzsche vorformulierte Wissens-Lebens-Problematik auf, wenn er die „grundsätzliche Historisierung unseres Wissens und Denkens", die er als Signum des 19. Jahrhunderts begreift, problematisiert: „So gesehen, bedeutet das Problem allerdings eine Grundfrage unseres

missverstandene – Postulat der Werturteilsfreiheit der Wissenschaften bei Max Weber[57]. Außerhalb des wissenschaftlichen Feldes zirkuliert er nicht nur – wie eingangs skizziert – in den kulturkritischen und pessimistischen „Weltanschauungs"-Schriften der Langbehns[58], Klages, Lessings[59] und Spenglers[60], die das „tragische Bewußtsein"[61] der bildungsbürgerlichen Intellektuellen nähren, sondern – bei allen Differenzen – auch im moderne-, erkenntnis- und wissenschaftsskeptischen Ästhetizismus um die Jahrhundertwende[62], in der antimodernen Verweigerungsliteratur der Grieses, Frenssens, Kolbenheyers, Stehrs oder Vespers, die im Namen von Boden, Heimat und „einfachem" Leben gegen die Großstadt, als

heutigen geistigen Lebens, nichts Geringeres als *das Problem des sogenannten Historismus* überhaupt, d. h. der aus der grundsätzlichen Historisierung unseres Wissens und Denkens sich ergebenden ‚Vorteile und Nachteile' für die Bildung eines persönlichen geistigen Lebens und für die Schaffung der neuen politisch-sozialen Lebensverhältnisse." (Troeltsch, Ernst: Der Historismus und seine Probleme. Erstes Buch: Das logische Problem der Geschichtsphilosophie, Tübingen 1922 (Gesammelte Schriften 3), S. 9). An anderer Stelle warnt er vor dem „Wegfall aller festen Normen und Ideale des menschlichen Wesens […] Wo diese Zukunftsrichtung wegfällt, da wird die Historie zum reinen Historismus, zur völlig relativistischen Wiedererweckung beliebiger vergangener Bildungen mit dem lastenden und ermüdenden Eindruck historischer Aller-Welts-Kenntnis und skeptischer Unproduktivität für die Gegenwart." (Troeltsch, Ernst: Das Neunzehnte Jahrhundert [1913], in: ders.: Aufsätze zur Geistesgeschichte und zur Religionssoziologie, Tübingen 1925 (Gesammelte Schriften 4), S. 614–649, hier: S. 628). Zur „Krise des Historismus" s. u. a. Schlott, Michael: a. a. O.; Wittkau, Annette: Historismus. Zur Geschichte des Begriffs und des Problems, Göttingen 1992; Bialas, Wolfgang/Raulet, Gérard (Hrsg.): Die Historismusdebatte in der Weimarer Republik, Frankfurt am Main u. a. 1996.

57 Zum „Werturteilsstreit", als einem nur schwer abgrenzbaren Phänomen der Wissenschaftsgeschichte, das mit den Beiträgen Max Webers weder beginnt noch endet, in dessen Schriften jedoch sicherlich die bedeutendsten Dokumente des Streites zu sehen sind, s. u. a. Käsler, Dirk: Max Weber. Eine Einführung in Leben, Werk und Wirkung, Frankfurt/New York 1995, S. 234–251; Oexle, Otto Gerhard: a. a. O., S. 152–158.

58 Zum Erfolg von Julius Langbehns „Verkaufsschlager" *Rembrandt als Erzieher*, in dem der Autor publikumswirksam die Topoi einer antiintellektualistischen Wissenschaftsschelte aufgreift s. u. a. Stern, Fritz: Kulturpessimismus als politische Gefahr. Eine Analyse nationaler Ideologie in Deutschland, München 1986, S. 190 ff.

59 Lessing, Theodor: Europa und Asien. Untergang der Erde am Geist, Hannover 1918.

60 Sloterdijk, Peter: Weltanschauungsessayistik und Zeitdiagnostik, in: Weyergraf, Bernhard (Hrsg.): Literatur der Weimarer Republik 1918–1933 (Hansers Sozialgeschichte der deutschen Literatur vom 16. Jahrhundert bis zur Gegenwart, Band 8), München/Wien 1995, S. 309–339; Pauen, Michael: a. a. O.; Breuer, Stefan: a. a. O.

61 Lenk, Kurt: Das tragische Bewußtsein in der deutschen Soziologie, in: Kölner Zeitschrift für Soziologie und Sozialpsychologie, 16, 1964, S. 257–287. Lenk betont ausdrücklich, dass dieses „tragische Bewußtsein" nicht nur auf die Soziologen und auch nicht auf eine bestimmte Generation beschränkt ist, sondern dass es sich um eine „bis in das gegenwärtige philosophische und gesellschaftstheoretische Denken hineinragende ‚Mentalität'" (282) handle.

62 S. dazu Fähnders, Walter: Avantgarde und Moderne 1890–1933, Stuttgart/Weimar 1998, zum Lebens-Begriff dort besonders S. 104 ff; zum Wissenschaftsverständnis innerhalb des George-Kreis s.: Kolk, Rainer: Literarische Gruppenbildung. Am Beispiel des George-Kreises 1890–1945, Tübingen 1998, dort v. a. S. 355–416.

„Ort der Moderne" (Simmel) anschreiben.[63] Und er findet sich schließlich noch in den um Deemphatisierung bemühten Lagern der Neuen Sachlichkeit, die den „Fluß des Lebens", sein „wertindifferentes Strömen und Fließen" (Kracauer) zur unhintergehbaren Tatsache stilisieren, an deren nüchterner Akzeptanz ein Habitus des „kalten Blicks" sich zu bewähren habe.[64]

2.2 Die Literaturwissenschaft und der resonanzstarke aber vage Lebens-Begriff vor 1933

> „Zwischen den Büchern und der Wirklichkeit ist eine alte Feindschaft gesetzt. […] Dann wird mit einem mal der Staub auf den Büchern sichtbar. Sie sind alt, stockfleckig, riechen moderig, sind eines vom anderen abgeschrieben, weil sie die Lust genommen haben, in anderem als in Büchern nachzusehen. Die Luft in Bibliotheken ist stickig, der Überdruß, in ihr zu atmen, ein Leben zu verbringen, ist unausbleiblich. Bücher machen kurzsichtig und lahmärschig, ersetzen, was nicht ersetzbar ist. So entsteht aus Stickluft, Halbdunkel, Staub und Kurzsichtigkeit, aus der Unterwerfung unter die Surrogatfunktion, die Bücherwelt als Unnatur. Und gegen Unnatur sind allemal Jugendbewegungen gerichtet. Bis dann die Natur wieder in deren Büchern steht." (Hans Blumenberg)[65]

Vier Aspekte des literaturwissenschaftlichen Lebens-Diskurses vor 1933

Für Rudolf Unger, einen der prominentesten Vertreter jener geistesgeschichtlichen Ausrichtung, die seit den 1910er Jahren die programmatischen Debatten und den Denkstil innerhalb der Literaturwissenschaft prägt, besteht um die Jahreswende 1923/24 keinerlei Zweifel daran, wo die moderne, von ihm mitrepräsentierte Literaturwissenschaft augenblicklich steht: „Zur Zeit jedenfalls", so der damalige Königsberger Ordinarius, stehe sie „unter dem Zeichen des *Lebens*, eines fruchtbaren und schöpferischen Lebens."[66]

Es mag kaum Wunder nehmen, dass dem so resonanzträchtigen Scharnierbegriff auch innerhalb der Literaturwissenschaft der ersten drei Dekaden des 20. Jahrhunderts eine wichtige, diskursprägende Rolle zukommt.[67] Sind es doch nicht zuletzt solche mit dem Lebens-Begriff verbundene Redeweisen, die einen partiellen Wandel des literaturwissenschaftlichen Denkstils in diesem Zeitraum indizieren. Über den Lebens-Begriff soll zudem

---

63 Haß, Ulrike: Vom „Aufstand der Landschaft gegen Berlin", in: Weyergraf, Bernhard (Hrsg.): a. a. O., S. 340–370.
64 Lethen, Helmut: Der Habitus der Sachlichkeit in der Weimarer Republik, in: Weyergraf, Bernhard (Hrsg.): a. a. O., S. 371–445, hier S. 394.
65 Blumenberg, Hans: Die Lesbarkeit der Welt, Frankfurt am Main 1983, S. 17.
66 Unger, Rudolf: Moderne Strömungen in der deutschen Literaturwissenschaft, in: Die Literatur, 26, 1923/24, S. 65–73, hier: S. 73.
67 Dies betonen u. a. auch Dainat, Holger: Ein Fach in der „Krise". Die „Methodendiskussion" in der Neueren deutschen Literaturwissenschaft, ungedr. Manuskript; Kolk, Rainer: Literarische Gruppenbildung. Am Beispiel des George-Kreises 1890–1945, Tübingen 1998, S. 332 ff.

dieser Wandel mit fachinterner wie -externer Stoßrichtung legitimiert werden. Eine analytisch trennende Vergegenwärtigung jener Distinktionsprozesse, die sich etwa bei Unger zur Rede von einer Literaturwissenschaft „unter dem Zeichen des *Lebens*" verdichten, kann zugleich Auskunft geben über die kognitiven und sozialen Dimensionen dieses Denkstilwandels, der einen „entscheidenden Neuansatz"[68] innerhalb der Literaturwissenschaft des 20. Jahrhunderts markiert.

Ungers Resümee liegt ein dichotomisierendes *before-and-after*-Design zugrunde, das den Schluss nahe legen soll, die Literaturwissenschaft des vergangenen Jahrhunderts sei *grosso modo* eine lebensferne Angelegenheit gewesen, von der sich die „moderne" Literaturwissenschaft des 20. Jahrhunderts grundlegend unterscheide. Unger kontrastiert denn auch im gleichen Beitrag den „Kulturgeist des 19. Jahrhunderts" mit dem „Kulturgeist des 20. Jahrhunderts." Während er ersteren durch „dämonische Zersetzungsmächte der kulturellen Verfallszeit", durch die „greisenhafte Blutleere einer ausgedörrten und ausdörrenden Intellektualität" und durch einen „positivistischen Rationalismus" gekennzeichnet sieht, zeichne sich der Geist des neuen Säkulums durch einen „neuschöpferischen Drang auf religiösem und philosophisch-weltanschaulichem Gebiete [...] nach einer tiefen Begründung und Zielsetzung des Lebens im Übermateriellen, Überzeitlichen, Übermenschlichen, Ewigen"[69] aus.

Zwar weisen bereits zeitgenössische Beobachter des Faches auf die Schwierigkeit hin, auf der kognitiven Ebene gemeinsame Grundzüge zwischen jenen vielfältigen Strömungen auszumachen, die sich in den ersten beiden Jahrzehnten nach der Jahrhundertwende unter dem Sammelbegriff der „Geistesgeschichte" entwickeln.[70] Nichtsdestoweniger gibt es ein einheitsstiftendes Moment, das diese Richtungen zumindest auf der Ebene der programmatischen Selbstthematisierung miteinander verbindet und so deren Denkstil – gleichsam *ex negativo* – erkennbar werden lässt. Gemeint ist die mit Nachdruck – und „unter dem Zeichen des Lebens" – inszenierte Abgrenzung gegenüber dem als positivistisch perhorreszierten Denkstil „der Philologie" des 19. Jahrhunderts.[71] Diese Kritik an einem als „philo-

---

68 Kolk, Rainer: a. a. O., S. 332.
69 Unger, Rudolf: a. a. O., S. 65 f.
70 Vgl. dazu etwa Mahrholz, Werner: Literargeschichte und Literaturwissenschaft, Berlin 1923; Merker, Paul: Höltys Elegie auf ein Landmädchen (Die vier Wege des Literarhistorikers), in: Zeitschrift für Deutschkunde, 40, 1926, S. 260–274; Maync, Harry: Die Entwicklung der Literaturwissenschaft, Bern 1927; Benda, Oskar: Der gegenwärtige Stand der deutschen Literaturwissenschaft. Eine erste Einführung in ihre Problemlage, Wien und Leipzig 1928. Rainer Kolk (a. a. O., S. 325) weist völlig zu Recht darauf hin, dass „[z]wischen den methodologischen Prinzipien eines Cysarz und eines Unger, zwischen der Darstellung literatur- und philosophiegeschichtlicher Ergebnisse bei Walzel, Bertram oder Kluckhohn [...] Welten [liegen]; gravierende Unterschiede gibt es sowohl in der Anlage der Texte und ihrer Wirkungsabsicht wie im Selbstverständnis ihrer Verfasser."
71 Dies bemerkt bereits Franz Schultz, der das einheitsstiftende Moment in dem Bestreben begründet sieht, „loszukommen von etwas Vorhandenem. Und dieses Vorhandene nennt man summarisch ‚Philologie'. Die Einheitlichkeit in der Frontstellung der neuen Richtung gegen die alte beruht meines Erachtens in diesem Negativen." (Schultz, Franz: Das Schicksal der deutschen Literaturgeschichte, Frankfurt am Main 1929, S. 27).

logistisch" (Unger) stigmatisierten Denkstil zielt zum Einen auf kognitive Aspekte der Fachentwicklung, richtet sich zum Anderen aber, auf einer affektiv-sozialen Ebene, auch gegen das tradierte philologische Ethos.[72]

Auf der kognitiven Ebene zielen die Einheit suggerierenden, distinktionsstrategischen Redeweisen zunächst vor allem auf den Vorwurf der Theorie- und Reflexionslosigkeit „der Philologie". Bei allem Respekt, den man gleichsam ritualhaft den für die Disziplin grundlegenden, philologischen Leistungen der Textsicherung und -edition erstattet[73], ist man sich doch einig in dem Vorwurf, dass eine quasi-positivistische, „falsche Unmittelbarkeit zum Gegenstand"[74] den bisherigen, philologischen Umgang mit literarischen Texten präge. Die objektivistische Voraussetzungslosigkeit, mit der „die Philologie" an ihre „Gegenstände" herantreten zu können glaubte, habe zu einer letztlich sinnentbehrenden Anhäufung von bloßen Fakten, von bloßem Material geführt. In ihrem ebenso festen wie „naiven" Vertrauen darauf, ihre Methodik der philologischen Rekonstruktion von Textdokumenten allein garantiere (schon) Wahrhaftigkeit und Wissenschaftlichkeit, sei der philologisch geprägte Umgang mit Dichtung jedweder Selektionskriterien und Wertungskategorien bar. Ihre theoretisch also nicht geleitete und deshalb unfundierte „Sammelwut" mache die philologisch konzipierte Literaturwissenschaft (gerade angesichts des beschriebenen, gesteigerten „Weltanschauungs"bedürfnisses der Zeitgenossen) zu einer orientierungslosen „Wissenschaft des nicht Wissenswerten".[75] „Der" Philologe, der unentwegt Fachwissen produziere, das wiederum nur für andere Fachleute relevant sei, erscheine mithin als das Opfer einer übertriebenen Spezialisierung.[76] Es dürfte kaum zu übersehen sein, dass und wie in dieser Grundfigur der geistesgeschichtlichen Philologiekritik zentrale Elemente von Nietz-

---

72 Es scheint nicht überflüssig zu sein, darauf hinzuweisen, dass es sich bei dieser gegen die Philologie gerichteten Positivismuskritik nicht um ein auf den deutschsprachigen Raum beschränktes Phänomen handelt, s. dazu Wellek, René: Die Auflehnung gegen den Positivismus in der neueren europäischen Literaturwissenschaft, in: ders.: Grundbegriffe der Literaturkritik, 2. Auflage, Stuttgart u. a. 1971, S. 183–199.

73 Die prophylaktische Verbeugung vor den Leistungen der Philologie, die dann jedoch auf den Status eines hilfswissenschaftlichen Materialbeschaffungsdienstes degradiert wird, gehört zu den standardisierten Exordialtopoi der geistesgeschichtlichen Philologie-Kritik. Paradigmatisch zeigt sich dies auch bei Unger, bei dem es, bevor er zu einer scharfen Scherer-Schelte ausholt, heißt: „Ein reicher Quell von fruchtbaren Anregungen und belebender Kraft ging aus von dieser ‚philologistischen' Bewegung, wie ich Scherers Richtung in Analogie zur psychologistischen in der Philosophie, mit der sie ja die empiristische Grundtendenz teilt, nennen möchte [...] Unser aller Arbeit beruht in dieser Hinsicht wesentlich mit auf den damals gelegten Grundlagen." (Unger, Rudolf: Philosophische Probleme in der neueren Literaturwissenschaft [1906], in: ders.: Gesammelte Studien. Bd. 1: Aufsätze zur Prinzipienlehre der Literaturgeschichte, Berlin 1929, S. 1–31, hier: S. 2).

74 Kolk, Rainer: a. a. O., S. 329.

75 Vgl. Hatvany, Ludwig: Die Wissenschaft des nicht Wissenswerten. Ein Kollegienheft, Leipzig 1908.

76 Bereits 1894, im ersten Band des neugegründeten *Euphorion*, kommt Anton E. Schönbach in einem programmatischen, „offenen Brief an den Herausgeber" zu dem Schluss: „[L]ebhafter Anteil weiter Kreise fördert uns mehr als die stillbehagliche Mitfreude weniger auserwählter Leser." (Schönbach, Anton E.: Offner Brief an den Herausgeber, in: Euphorion, 1, 1894, S. 4–12, hier: S. 11 f.)

sches Kritik an der Geschichtswissenschaft aufgegriffen und auf die eigene Disziplin angewendet werden.

Gerade an der philologischen Mikrologie entzündet sich in den ersten Jahrzehnten des 20. Jahrhunderts die innerdisziplinäre Kritik. Einer im 19. Jahrhundert sich universitär erst etablierenden Disziplin gilt gerade jene Spezialisierung und Beschränkung auf eine möglichst exakte Detailforschung noch als wesentliches, weil Wissenschaftlichkeit verbürgendes, Distinktionsmerkmal gegenüber einem laienhaften Dilettantismus.[77] Einer Disziplin jedoch, deren Nachwuchsgeneration unter dem Eindruck eines gesteigerten Legitimationsdrucks von außen das Resonanzprofil des Faches kritisch zu reflektieren beginnt, erscheint gerade die einschränkende Hypostasierung einer „peinlich genauen Betrachtung des Einzelnen"[78] die Quelle eines in zunehmendem Maße als defizitär empfundenen Öffentlichkeits- und „Lebens"bezuges zu sein. Vor allem aus zwei Richtungen erwächst der Disziplin, die ganz im neuhumanistischen Sinne ihre wissenschaftliche Autonomie bisher „gegen jegliche Ausrichtung an Nützlichkeitsgesichtspunkten verteidigt"[79] hatte, Legitimationsdruck in Gestalt gesteigerter Anwendbarkeitserwartungen: Zum Einen steigt im Gefolge der Reform des höheren Bildungswesens seit 1890 nicht nur die Zahl der auszubildenden Studenten, sondern auch die Leistungserwartung, das Fach möge seine Bildungsaufgaben für das erzieherische Teilsystem nicht vernachlässigen und den angehenden Lehrern mehr als eine bloß formale, rein fachwissenschaftliche Ausbildung zum Philologen angedeihen lassen. Zum Anderen steigt angesichts des enormen Bedeutungszuwachses, den die Naturwissenschaften seit der zweiten Hälfte des 19. Jahrhunderts erfahren, der öffentliche Druck auf die Geisteswissenschaften, ihre „Lebens"bezogenheit, und d. h. immer auch ihre Nützlichkeit, wenn schon nicht durch die Produktion von unmittelbar anwendbarem Wissen, so doch zumindest durch das Bereitstellen von Orientierungswissen zu dokumentieren. Die Klagen über den Mangel an solch sinnstiftendem literaturwissenschaftlichem Wissen verdichten sich seit der Jahrhundertwende zu einer vielstimmigen Rede von der „Krisis in der Literaturwissenschaft"[80].

---

77 Ganz in diesem Sinne heißt es etwa bei Theodor Birt: „Wer in einem noch so engen Gebiete einmal gründlich gewesen ist, hat sich diese Eigenschaft als Besitz erworben, und er kann sie anwenden, so oft er ihrer bedarf. Wer sich nie so versucht, wird unrettbar ein Nachschwätzer: ein Löschpapier auf fremdem Konzepte." (Birt, Theodor: Die klassische Philologie an den Universitäten. Eine Entgegnung, in: Deutsches Wochenblatt, 5, 1892, S. 18 f., hier: S. 19).

78 Muncker, Franz: Rezension: Michael Bernays, Schriften zur Kritik und Litteraturgeschichte, in: Zeitschrift für Vergleichende Litteraturgeschichte, 10, 1896, S. 101–110, hier: S. 103.

79 Dainat, Holger: Von der neueren deutschen Literaturgeschichte zur Literaturwissenschaft. Die Fachentwicklung von 1890 bis 1913/14, in: Fohrmann, Jürgen/Voßkamp, Wilhelm (Hrsg.): Wissenschaftsgeschichte der Germanistik im 19. Jahrhundert, Stuttgart/Weimar 1994, S. 494–537, hier: S. 511.

80 Nidden, Ezard: Krisis in der Literaturwissenschaft, in: Der Kunstwart 26.4, 1912/13, S. 169–172 und ders.: Krisis, Krach, Bankrott der Literaturgeschichte, in: Der Kunstwart 26.4, 1912/13, S. 184–191. „[E]inem Bauunternehmer" gleicht Meyer-Benfey zufolge die Literaturwissenschaft, „der eine Villenkolonie bauen will und nun lange Jahre hindurch unendliche Massen von Steinen und Bauholz herbeischaffen und aufs sorgfältigste behauen und zubereiten läßt, aber nichts von Baukunst versteht und

Krisenstimmung wird nunmehr vor allem mit kritischem Blick auf eine Philologie beschworen, die sich spekulativer Synthesen ganz bewusst unter der Voraussetzung enthält, die von ihr in mühevoller Kleinarbeit zusammengetragenen Einzelergebnisse würden sich, gleichsam unter der Hand, schließlich schon zu einem sinnvollen Ganzen fügen. Diesen für den philologischen Denkstil charakteristischen Konsens über einen Aufschub übergreifender Sinnkonstruktionen zugunsten einer als Wissenschaftlichkeit codierten Beschränkung aufs Detail kündigt die geistesgeschichtliche Positivismuskritik „im Zeichen des Lebens" auf. Anders gesagt: Man will Sinn- und Orientierungsangebote konstruieren, und zwar sofort. Zwar konzediert etwa Unger durchaus, dass die Philologie auf einer *basalen* Ebene Wissenschaftlichkeit gewährleiste[81]: „Aber freilich: so wenig das Fundament schon das Gebäude selbst ist, so wenig darf die Literaturwissenschaft in bloßer Philologie aufgehen."[82]

Die Frage jedoch, wie nun das „Gebäude" einer Literaturwissenschaft beschaffen sein soll, die geistesgeschichtliche Ordnungskategorien entwirft und in ihrer Theoriearchitektur die Philologie übertrifft, wird bekanntermaßen von Ungers problemgeschichtlichem Ansatz über Korffs Ideengeschichte bis hin zu Strichs Stiltypologie – um hier nur einige der prominenteren zu nennen – keineswegs einheitlich beantwortet. Im Gegenteil: Die Methodendiskussionen der 1920er Jahre und die für die geistesgeschichtlichen Ansätze konstitutive „weitreichende Verschiebung der Sinndimension von der Objekt- zur Metaebene"[83] führen auf der kognitiven Ebene zu einer weiteren Binnendifferenzierung des literaturwissenschaftlichen Feldes. Übereinstimmung herrscht zwar darüber, *dass* es das erklärte Ziel der meisten geistesgeschichtlich orientierten Gelehrten ist, „eine Integration von Auswahlkriterien in den Forschungsprozeß" anzustreben und somit „die bisher als Regelfall geübte empirische Forschung überhaupt erst abschätzen und plazieren zu können: in ihrer Reichweite, ihrer Leistungsfähigkeit und der Verwendbarkeit ihrer Ergebnisse"[84]; *welche* Auswahlkriterien und literaturgeschichtlichen Ordnungskategorien jeweils dem literarischen Material vor- bzw. übergeordnet werden, bleibt nichtsdestoweniger abhängig von den methodischen Entscheidungen des jeweiligen Forschers.

Jenseits der daraus resultierenden fachwissenschaftlichen Differenzen zeichnet sich aber dennoch ein Ensemble von Gemeinsamkeiten – nicht zuletzt auch auf einer eher affektiv-sozialen Ebene – ab, das es angemessen erscheinen lässt, von einem für die Litera-

---

auch nicht daran denkt, einen kundigen Architekten zuzuziehen." (Meyer-Benfey, Heinrich: Die gegenwärtige Lage der deutschen Literaturwissenschaft, in: Frankfurter Zeitung, Nr. 28 vom 28.01.1914)

81 Dainat, Holger: Von der neueren deutschen Literaturgeschichte zur Literaturwissenschaft. Die Fachentwicklung von 1890 bis 1913/14, in: Fohrmann, Jürgen/Voßkamp, Wilhelm (Hrsg.): Wissenschaftsgeschichte der Germanistik im 19. Jahrhundert, Stuttgart/Weimar 1994, S. 494–537, hier: S. 535.

82 Unger, Rudolf: Hamann und die Aufklärung. Studien zur Vorgeschichte des romantischen Geistes im 18. Jahrhundert, 2 Bde., Halle a. d. S. ²1925, S. 18.

83 Fohrmann, Jürgen: Das Projekt der Literaturgeschichtsschreibung, Stuttgart/Weimar 1989, S. 227.

84 Kolk, Rainer: Literarische Gruppenbildung. Am Beispiel des George-Kreises 1890–1945, Tübingen 1998, S. 328 und 332.

turwissenschaft seit den 1910er Jahren spezifischen Denkstil zu sprechen.[85] Damit sind vor allem die folgenden vier Aspekte gemeint:

a) ein makrologischer Impetus

Der dezidiert philologiekritische Anspruch, mithilfe literaturtranszendentaler Kategorien orientierungs- und ordnungsstiftende Synthesemodelle liefern zu können, prägt das Gros der seit den 1910er Jahren entstandenen, resonanzstärkeren Arbeiten. Eingedenk der unübersehbaren Differenzen zwischen den konkreten literaturgeschichtlichen Ordnungsangeboten etwa Ungers, Strichs, Nadlers, Korffs oder Gundolfs, partizipieren sie doch gemeinsam an jener „Bewegung zur Synthese" (und transponieren diese in die Disziplin), die Fritz K. Ringer als markantes Charakteristikum der mentalen Disposition der bildungsbürgerlichen Mandarine der ersten Dekaden des 20. Jahrhunderts herausgearbeitet hat.[86] Gemeinsam ist diesen literaturgeschichtlichen Ordnungsentwürfen die Konstruktion solcher Makrokategorien, die als Bedingungen der Möglichkeit literarischer Texte gedacht werden und mit deren Hilfe Texte und Zeiten übergriffen und synthetisiert werden sollen. Solche Kategorien sollen es also erlauben, das philologisch gesammelte Literaturmaterial diachron und synchron zu ordnen und es auch zu werten.[87] Die übersichts-, ordnungs- und orientierungsstiftenden Funktionen solcher Makrokategorien, die nicht zuletzt ihren fachübergreifenden Reiz ausmachen, liegen auf der Hand: Ob es sich nun um Ungers „durchgehende Grundprobleme alles Geisteslebens"[88], die in der Literatur ihren Ausdruck finden, handelt; um Strichs zwei „Ewigkeitstriebe", die sich in stilistischen Grundmöglichkeiten der Kunst manifestieren[89]; um Nadlers Stämme als Träger der literarischen Ent-

---

85 Bereits hier sei aber auch darauf hingewiesen, dass der philologische Denkstil keineswegs völlig verschwindet. Man denke in diesem Zusammenhang nur an die bereits erläuterten Ausführungen Arthur Hübners angesichts des politischen Systemwechsels (vgl. III.1). Der philologische Denkstil verliert allerdings seine hegemoniale, diskursdominierende Stellung innerhalb der Neueren deutschen Literaturwissenschaft.

86 Ringer, Fritz K.: Die Gelehrten. Der Niedergang der deutschen Mandarine 1890–1933, München 1987, S. 344–358.

87 Rainer Kolk verweist in diesem Zusammenhang darauf, dass die sogenannte geistesgeschichtliche Wende innerhalb der Literaturwissenschaft nicht nur – auf kognitiver Ebene – eine gesteigerte Selbstreflexivität des Faches impliziere, sondern zugleich auch als ein fachübergreifendes „Ethikangebot" zu verstehen sei, das resonanzstrategisch „auf jenen oft beklagten Verlust an weltanschaulicher Sicherheit und begründeten Normen […] der Kultur um 1900" reagiert (Kolk, Rainer: Reflexionsformel und Ethikangebot. Zum Beitrag von Max Wehrli, in: König, Christoph/Lämmert, Eberhard (Hrsg.): a. a. O., S. 38–45, hier: S. 41).

88 Unger, Rudolf: Literaturgeschichte und Geistesgeschichte. Vortrag, gehalten in der Abteilung für Germanistik der 55. Versammlung deutscher Philologen und Schulmänner, in: DVjs, 4, 1926, S. 177–192, hier: S. 178.

89 Strich, Fritz: Deutsche Klassik und Romantik oder Vollendung und Unendlichkeit. Ein Vergleich, Bd. 2, verm. Aufl., München 1924, S. 6. „Vollendung" und „Unendlichkeit" machen Strich zufolge anthropologisch konstante „Ewigkeitstriebe" des Menschen aus. In stilistischer Hinsicht, so Strichs Annahme, manifestieren sie sich als Klassik und Romantik: „Sie bilden kraft ihrer Gegensätzlichkeit

wicklung⁹⁰; um Korffs „Versuch einer ideellen Entwicklung der klassisch-romantischen Literaturgeschichte" im „Geist der Goethezeit", der mit dialektischer Logik bis zur Romantik voranschreitet⁹¹; oder auch um Gundolfs „schöpferische Kraft der großen Menschen"⁹² – alle diese Kategorien ermöglichen in ihrer letztlich transhistorischen Makrooptik eine Reduktion des Literaturgeschichtlichen auf ein, je nach Forscher unterschiedlich gefasstes, „Wesentliches". Gerade in diesem Kondensat des literaturgeschichtlich als „wesentlich" Konstruierten liegt aber das Überbietungsangebot solcher Konzepte gegenüber der Philologie begründet: Die – im wahrsten Sinne des Wortes – „großen" Zusammenhänge, die Literaturgeschichte ermöglichen und bewegen und die dem lediglich philologisch geschulten Auge aufgrund seines historischen Haftens am Detail gar nicht erst in den Blick geraten, werden durch die „neue" Makrooptik erst sichtbar. Erst die aus der Orientierung an der neuen Leitdisziplin, der Philosophie, gewonnenen metaphysischen Kategorien ermöglichen es der Literaturwissenschaft, eine auch über die Fachgrenzen hinaus kommunizierbare Übersichtlichkeit und Ordnung der Literaturhistorie zu konstruieren.⁹³ Denn die Zahl der literaturgeschichtlich als relevant erachteten Autoren und Texte, die als Exemplifikationen der nunmehr sichtbar gemachten, untergründigen Geschichtsströmungen darstellungs-

---

die innere Polarität des Geistes, die der letzte Antrieb aller geistigen Entwicklung und Geschichte ist und sich im rhythmischen Wechsel und Wandel der Stile immer wieder zur Erscheinung bringen muß." (ebd.)

90 Nadler scheint den „Stamm" als eine Kategorie mittlerer Reichweite inszenieren zu wollen, wenn er darauf hinweist, dass sie „vor dem Einzelnen die Kontinuität der Entwicklung voraus hat und vor dem letzten Ganzen, der Nation, die Mannigfaltigkeit, die Vielheit solcher Entwicklung." (Nadler, Josef: Literaturgeschichte der deutschen Stämme und Landschaften, 4 Bde., Regensburg 1912–1928, Bd. 1, S. VII.)

91 Korff, Hermann August: Geist der Goethezeit. Versuch einer ideellen Entwicklung der klassisch-romantischen Literaturgeschichte, 4 Bde., Leipzig 1923–1953.

92 Gundolf, Friedrich: Goethe [1916], 12., unveränderte Aufl., Berlin 1925, S. 3. Ebendort wird das Überpersönliche, Kategoriale von Gundolfs Person-Begriff deutlich: „Das Schicksal ist die Atmosphäre ihrer [der großen Menschen, Anm. G.K.] Natur, und die schöpferische Kraft der großen Menschen gehört deshalb nicht ihnen allein, ist nicht in ihnen beschlossen, sondern reicht über sie hinaus. Das Gefühl, daß dem so sei, daß er selbst nur das Zentrum einer überpersönlichen Gewalt sei, Gottes, des Schicksals oder der Natur, daß sein Wesen selbst nicht ein Schicksal *habe*, sondern ein Schicksal *sei*, all das drückt Goethe mit dem ahnungsvollen Wort vom Dämonischen aus (wie Cäsar von seinem Glück und Napoleon von seinem Stern spricht)."

93 Von dieser Orientierung an der Philosophie ist Nadler – der sich auf die Kulturgeschichte Karl Lamprechts und die Arbeiten seines Prager Lehrers August Sauer bezieht – sicherlich auszunehmen. Nicht ohne Süffisanz gegenüber den metaphysisch grundierten Spekulationen der geistesgeschichtlichen Konkurrenzmodelle heißt es im Vorwort zu seiner Literaturgeschichte: „Ich suche stets die literarischen Ergebnisse von den großen geistigen Bewegungen abzuschöpfen. Soviel ich von Theologen und Philosophen über die Mystik hätte abschreiben und mit Etiketten versehen können, ich gab nur den literarischen Inhalt." (Nadler, Josef: a. a. O., S. IX) Zu Nadlers Synthesemodell s. III.3.2 und Boden, Petra: Stamm – Geist – Gesellschaft. Deutsche Literaturwissenschaft auf der Suche nach einer integrativen Theorie, in: Dainat, Holger/Danneberg, Lutz (Hrsg.): a. a. O., S. 215–261, hier v. a. S. 220–226.

und tradierungswürdig erscheinen, reduziert sich durch jene kategoriengeleitete Selektionsfähigkeit, derer die Philologie noch entbehrte.[94]

b)   eine dezidierte Abgrenzung von den Naturwissenschaften

Literaturwissenschaftliche Konzepte, denen zugeschrieben wird, sich methodisch an den Naturwissenschaften zu orientieren, unterliegen im Rahmen des gewandelten Denkstils einem pauschalen Positivismusverdacht. Diese Grenzziehung resultiert aus der resonanzstrategischen Defensivposition gegenüber den Naturwissenschaften, aus der Kritik am Objektivitätsideal der Philologie sowie schließlich aus dem in den 1910er Jahren wachsenden Einfluss der, innerhalb der Literaturwissenschaft meist Dilthey zugeschriebenen, grundlegenden Unterscheidung zwischen Natur- und Geisteswissenschaften. „Kausaldeterminismus", „Rationalismus", „Objektivismus" und theoretisch unreflektierte „Voraussetzungslosigkeit" – so lauten die geläufigen Abwertungsvokabeln, mit denen man bevorzugt (und sicherlich zu Unrecht) Wilhelm Scherer zur negativen Projektionsfigur einer naturwissenschaftliches Denken nachahmenden Literaturwissenschaft stilisiert.[95] Nadler wird man hier wiederum ausnehmen müssen, befleißigt er sich doch in der Einleitung zu seiner Literaturgeschichte einer mitunter dezidiert naturwissenschaftlich anmutenden Metaphorik. So verspricht er etwa als Ertrag seiner Untersuchungen: „Zur Wirkung läßt sich die Ursache finden, es lassen sich Gesetze und Typen gewinnen, die Prämissen werden vervielfältigt, die Erfahrungsmöglichkeit wird erweitert."[96] Ein solches kausaldeterministisches Vokabular stößt denn auch innerhalb der Disziplin kaum auf positive Resonanz. Ebenso skeptisch wird Nadlers Versuch aufgenommen, den materialistischen Einschlag seines Ansatzes, d. h. die Rückbindung geistiger Erzeugnisse an den materiellen Faktor der Landschaft, mit einem semantischen Brückenschlag zur physikalischen Chemie zu legitimieren:

Nicht eine Landschaft als Tummelplatz zufällig zusammengewürfelter Einzelner, sondern als Nährboden, als Materielles, als Trägerin eines ganz bestimmten Menschen-

---

94 Auch diesbezüglich bildet Nadler in gewisser Weise eine Ausnahme: Zwar beruht auch seine Literaturgeschichte – trotz ihres immensen Umfanges – zwangsläufig auf einer vorgängigen Selektion, jedoch begründet Nadler dies rein darstellungspragmatisch. Eine Selektion nach ethischen oder ästhetischen Kriterien lehnt er in der theoretisch-methodologischen Grundlagenschrift zu seinem Stammeskonzept ausdrücklich ab: „Eine Auswahl der literarischen Denkmäler unter dem Gesichtspunkte des Sittlichen wie des Schönen ist unwissenschaftlich." (Nadler, Josef: Die Wissenschaftslehre der Literaturgeschichte. Versuche und Anfänge, in: Euphorion, 21, 1914, S. 1–63, hier S. 29) In der Einleitung zur Literaturgeschichte heißt es: „Mag dem oder jenem Großen eine Zeile weniger zugeteilt worden sein! Sie haben alle ihren Wert, die Größten und Kleinsten, und der Botaniker baut kein Rosengehege des Duftes und der Farbe willen." (Nadler, Josef: Literaturgeschichte, a. a. O., S. VIII) U. a. auch dieser Vorsatz, der ihn Gebrauchsschrifttum ebenso berücksichtigen lässt wie „Höhenkammliteratur", trägt ihm innerhalb der Disziplin den Ruf eines kriterienlosen Positivisten ein (vgl. III.3.2).
95 Zur Scherer-Rezeption s. u. a. Sternsdorff, Jürgen: Wissenschaftskonstitution und Reichsgründung. Die Entwicklung der Germanistik bei Wilhelm Scherer. Eine Biographie nach unveröffentlichten Quellen, Frankfurt am Main 1979, S. 12ff.
96 Nadler, Josef: Literaturgeschichte ..., Bd. 1, S. VII.

schlages, von der aus beidem, aus Blut und Erde, das Feinste, das Geistigste wie in goldenen Dämpfen aufsteigt. Es gibt auch in den Geisteswissenschaften eine Spektralanalyse.[97]

Die von Nadler selbst immer wieder beklagte Ausgrenzung seines Stammeskonzeptes aus dem Bereich disziplinär nobilitierter Methodenangebote bestätigt *ex negativo* noch einmal die denkstilspezifische Abgrenzung gegenüber den Naturwissenschaften.

c) Ressentiments gegenüber der Moderne

Die Ablehnung gegenüber den Erscheinungsformen der kulturellen Moderne „schließt", wie Holger Dainat betont, „auf beängstigende Weise fast alle akademisch etablierten Fachvertreter ein."[98] Diese Ressentiments sind zum Einen zwar durchaus denkstilspezifisch, lassen sich zum Anderen jedoch in einem umfassenderen, mentalitätsgeschichtlichen Zusammenhang auch als Ausdruck jenes bereits erläuterten Moderneverdiktes verstehen, das den Habitus eines Teils des deutschen Bildungsbürgertums nachhaltig prägt (s. o. in Kap. 2.1). In diesem Zusammenhang profilieren sich die literaturwissenschaftlichen Synthese- und Ordnungsmodelle

> gegen das „Jahrhundert des entfesselten Individualismus" [Strich]. Moderne wird als bedrohliche Auflösung von Ordnung erfahren. Dagegen mobilisieren die verschiedenen Konzepte die vermeintlich bessere Vergangenheit, um ihr den Rhythmus *der* Geschichte abzulauschen. In diesem Sinne plädiert Korff entschieden „für das ‚Unmoderne', d. h. für das Historische und Ewige." Bei Nadler übernimmt die Vorstellung vorindustrieller Heimat die Aufgabe, Bindung zu präsentieren.[99]

Auch der literaturwissenschaftliche Nachwuchs schließt sich einem solchen historismus-, naturwissenschafts- und modernekritischen Plädoyer für das „Ewige" an. So etwa, wenn Gerhard Fricke in seiner Dissertation über den *religiösen Sinn der Klassik Schillers* dezidiert an „Nietzsches ganz gegenwärtigen Aufsatz ‚Vom Nutzen und Nachteil der Historie für das Leben'"[100] anknüpft und einleitend das distinktive Potential seines wissenschaftlichen Ethos' klärt:

> Die gegenwärtige geistige Lage zeigt, wohin wir auch blicken, das gleiche Bild: die Nacht der naturalistischen Begriffsverwirrung, jenes Erbe der zweiten Hälfte des vorigen Jahrhunderts, ist auf allen Gebieten, ob wissenschaftlichen, ob künstlerischen ei-

---

97 Nadler, Josef: Literaturgeschichte …, S. VIII. Korff etwa disqualifiziert Nadlers soziobiologische Ethnographie als zu „ungeistig" und insistiert auf der Differenz von „Natur und Geist" (Korff, Hermann August: Literaturgeschichte der deutschen Stämme und Landschaften, in: ZfDk, 1920, S. 401–408, hier: S. 404).
98 Dainat, Holger: a. a. O., S. 265.
99 Dainat, Holger: a. a. O., S. 266.
100 Fricke, Gerhard: Der religiöse Sinn der Klassik Schillers. Zum Verhältnis von Idealismus und Christentum [1927], repografischer Nachdruck der 1. Auflage, Darmstadt 1968, S. 1, Anm. 1.

ner Dämmerung gewichen, in deren ungewissem Lichte die gewisse Ahnung eines wiederkehrenden Tages des Geistes danach ringt, ihn in seiner hellen, sicheren Klarheit heraufzuführen. In der durstigen Hingabe, mit der sich ein Geschlecht, für das doch der Historismus die Krankheit zum Tode war, der **Geschichte** zuwendet, als entdecke es zum ersten Mal die Fülle ewig lebendiger Quellen, die die Vergangenheit birgt, kommt der tiefe Umschwung zum Ausdruck. Denn unser Zeitalter tritt ja nicht mehr mit den leidenschaftslos feststellenden, gleichsam subjektlosen Augen des Historikers an die ‚Geschichte an sich' – nein, es nähert sich ihr in unendlicher Subjektivität, mit einer leidenschaftliche Antwort erheischenden **Frage**, – nichts anderes sucht es in der Geschichte, als die Gewißheit über sich selbst, als das Erwachen zu der eigenen schöpferischen Bestimmung an einem verwandten anderen – es sucht gerade nicht das Geschichtliche, sondern das Ewige, von dem aus der entladende Funke unmittelbar überspringt in die Werdenot der Gegenwart.

Man verachtet das bislang geläufige analytische Verfahren, das die Geschichte dann enträtselt und verstanden hat, wenn es ihr schöpferisches Geheimnis in eine Art geistigen, errechenbaren Kausalzusammenhang aufgelöst hat, und sucht nach einer synthetischen, gerade das Schöpferisch-Einmalige erfassenden Methode. Man spottet über den öden Mechanismus der Milieu-Lehre und trachtet danach, die Individualität in ihrer unerklärliche Tatsächlichkeit selber zu verstehen. Und wiederum vermag man nicht mehr atomistisch den Einzelnen zu isolieren, sondern sucht ihn zu verstehen innerhalb geistiger Zusammenhänge, in deren überall lebendigen, überall schöpferischen Strom er eine Welle ist.[101]

d) der „Mut" zur (Selbst-)Darstellung

Die Absage an das Objektivitätsideal der Philologie beinhaltet neben den bereits beschriebenen kognitiven und affektiven Veränderungen auch einen wissenschafts*ästhetischen* Aspekt, der für das disziplinäre Selbstverständnis in der „postphilologischen Ära" allerdings von zentraler Bedeutung ist. Gemeint ist damit ein fundamentaler Wandel auf der Ebene der stilistischen Selbstinszenierung. Gilt es innerhalb eines philologisch geprägten Denkstils noch als Stilideal und als Kriterium von Wissenschaftlichkeit zugleich, wenn der Forscher hinter den akribisch rekonstruierten Textdenkmälern gleichsam verschwindet und seine Darstellungsfunktion sich im objektiv-nüchternen Spezialistenduktus der Anmerkungen und Anhänge stilistisch verflüchtigt[102], so ist die geistesgeschichtliche Wissenschaftsproduktion in zunehmendem Maße von einem Stilwillen gekennzeichnet, dem eine solche philologische Ästhetik der Selbstzurücknahme als Ausweis von institutionalisierter

---

101 Fricke, Gerhard: a. a. O., S. 1 f.
102 S. Kolk, Rainer: Liebhaber, Gelehrte, Experten. Das Sozialsystem der Germanistik bis zum Beginn des 20. Jahrhunderts, in: Fohrmann, Jürgen/Voßkamp, Wilhelm (Hrsg.): a. a. O., S. 48–114; Wegmann, Nikolaus: Was heißt einen ‚klassischen Text' lesen? Philologische Selbstreflexion zwischen Wissenschaft und Bildung, in: Fohrmann, Jürgen/Voßkamp, Wilhelm (Hrsg.): a. a. O., S. 334–450.

Langeweile erscheint. Dieser Vorwurf der disziplinspezifischen Langeweile moniert zumeist auch die Resonanzvergessenheit eines philologischen Spezialistentums, dem an der außerfachlichen Wirksamkeit seiner Wissensprodukte und somit überhaupt am Aspekt der fachlichen Außendarstellung (zu) wenig gelegen zu sein scheint. Nicht nur einen Mangel an exoterisch ausgerichtetem Resonanzkalkül, sondern sogar eine kontraproduktive Wirkung im Konkurrenzkampf um Aufmerksamkeit attestiert denn auch bereits 1906 Friedrich von der Leyen den etablierten disziplinären Darstellungsformen, die die Leser „schon von manchem geliebten Dichter vertrieben." „Es gibt auch", so von der Leyen,

> kaum noch wie früher große und tiefe und dem Gebildeten doch zugängliche Bücher. In dem Labyrinth der Einzelforschungen kann sich kaum der Gelehrte zurechtfinden und so wächst denn das Ansehen der Dilettanten, die noch den Mut zu allgemeinen und zusammenfassenden Darstellungen haben und ihren oft anmaßenden, verwirrten und oberflächlichen Schreibereien wird die Anerkennung, die eigentlich die Wissenschaft sich erringen sollte.[103]

Feigheit vor dem „Allgemeinen und Zusammenfassenden" im Konkurrenzkampf um inner- wie außerwissenschaftliche Aufmerksamkeit und um Prestige kann man gerade den großräumigen, geistesgeschichtlichen Synthesen, die seit den 1910er Jahren entstehen, keineswegs mehr unterstellen. Mit bewusstem stilistischen Distinktionsgestus verzichten Autoren wie Fritz Strich, Friedrich Gundolf, Herbert Cysarz, Hermann August Korff oder Josef Nadler in ihren Schriften auf gelehrte Apparate, Anmerkungen und Bibliographisches. Vor allem Akteure wie Gundolf, Cysarz, Nadler oder Ernst Bertram setzen gegen die philologische Demut vor dem einzelnen Gegenstand das Konzept eines literaturwissenschaftlichen Schreibens, das gerade durch den „Mut" auch zur stilistisch nonkonformistischen, individuellen Darstellung den Forscher selbst als mitschöpferischen Architekten der transzendentalen Kategorienkathedralen sichtbar werden lassen soll. Inszeniert wird dergestalt eine Form der Wissensvermittlung, die sich selbst zum Akt einer stilistischen Heterodoxie erklärt und die zugleich sich selbst als eine Art der *poiesis*, d. i. der quasi-künstlerischen Schöpfung, und eben nicht als eine bloß sachdienliche Rekonstruktion begreift. Dieses wissenschaftsästhetische Selbstverständnis, das auf fachübergreifende Resonanz ebenso wie auf eine Visibilisierung des jeweiligen Literaturwissenschaftlers zielt, wird etwa bei Nadler – um nur ein Beispiel zu nennen – explizit paratextuell kommentiert. So lanciert er seine Verstöße gegen akademisch ritualisierte Formgebungen in der, „Worte der Rechtfertigung und des Dankes" überschriebenen, Einleitung zum ersten Band seiner *Literaturgeschichte der deutschen Stämme und Landschaften* wie folgt:

> Die Form war mir nicht alles aber viel; es wäre mir zwar nicht schwer gefallen unter dem Text den Inhalt meiner Zettel aus Tausenden von Büchern und Zeitschriftenbänden auszubreiten, aber was sind sie dem unbefangenen Leser! [...] Weil die Anschau-

---

103 Von der Leyen, Friedrich: Deutsche Universität und deutsche Zukunft. Betrachtungen, Jena 1906, S. 46.

ung alles ist, verschmähte ich kein Bild, wenn es die Sache besser nannte als das nackte Gerüst von Worten. Ich hätte ebenso leicht die Wege ausbreiten können, auf denen ich zu dieser oder jener Erkenntnis kam, doch drängte ich das Ergebnis eines Buches oft in ein Beiwort, wenn es der Sache diente. Hoffentlich gilt Langeweile nicht als Lehrbrief des Wissens.[104]

Nadler schreibt sich hier selbst also den „Mut" zu einer lebendigeren Form der Literaturgeschichtsschreibung zu, die – ohne den Anspruch auf Wissenschaftlichkeit aufgeben zu wollen – eben dadurch, dass sie gegen die tradierten Formen der disziplinären Wissensvermittlung verstößt, nicht langweilig wird.

Die Argumentationsfigur der Revitalisierung und die Öffnung der Disziplin für metaphysische Fragestellungen

Diese vier skizzierten Aspekte laufen zusammen und verdichten sich in einer spezifischen Argumentationsfigur, die hier als *Argumentationsfigur der Revitalisierung* bezeichnet werden soll. Was darunter zu verstehen ist, soll im Folgenden erläutert werden.

So bedeutsam der eben dargelegte Aspekt der Darstellung als verbindendes Element innerhalb des nachphilologischen Denkstils sowie für die außerfachliche Resonanz der disziplinären Wissensangebote auch sein mag, der mit ihm bereits angeschnittene Komplex der Langeweile berührt über die Darstellungsform hinaus noch ein weiteres Problem. Geht es doch hier nicht nur um die Frage, ob man bei der Darstellung wissenschaftlicher Ergebnisse *andere* langweilt, sondern auch um die Frage, ob und in welchem Maße man möglicherweise *sich selbst*, als Wissenschaftler bei dem, was man tut, langweilt. Mithin geht es um die Frage, inwiefern das eigene Tun als sinnvoll und orientierungsstiftend erscheint und auch so kommuniziert werden kann. Ein wenig salopp könnte man in diesem Zusammenhang geradezu von der Geburt der Literaturwissenschaft *als Lebenswissenschaft* aus dem Geiste auch des Überdrusses, der innerdisziplinären Langeweile an der *eigenen* Tätigkeit, d. h. an der Philologie sprechen. „Der Überdruß der angestrengt Arbeitenden ist der schlimmste von allen", so lautet eine wie auf das philologische Arbeitsethos zugeschnittene Charakterisierung in Lars Svendsens phänomenologischer Analyse der Langeweile. „Der Überdruß ist nicht die Langeweile des Nichts-zu-tun-Habens, sondern die ärgste Krankheit, zu fühlen, daß es sich nicht lohnt, irgend etwas zu tun."[105] Svendsen versteht Langeweile vor allem als eine Stimmung der Desorientierung, mithin als eine Stimmung, in der „die sinngebende Polarität verschwunden ist. Die Langeweile ist eine Stimmung, die an das

---

104 Nadler, Josef: Literaturgeschichte, a. a. O., S. IX. In der Tat ist weder Nadler, noch etwa auch Gundolf – so kritisch der disziplininterne Umgang mit ihren Schriften bisweilen auch gewesen sein mag – die Anerkennung ihres *stilistischen* Vermögens versagt geblieben. Nicht zuletzt auf ihr Darstellungsvermögen dürfte deshalb auch das vergleichsweise hohe Maß an außerfachlicher Aufmerksamkeit, das ihren Arbeiten entgegengebracht wurde, zurückgehen.
105 Svendsen, Lars: Kleine Philosophie der Langeweile, Frankfurt am Main/Leipzig 2002, S. 37.

Fehlen einer Gestimmtheit erinnert, und weil die Stimmung unser Verhältnis zu den Dingen bestimmt und die Langeweile eine Art Nicht-Stimmung ist, wird auch das Verhältnis zu den Dingen zu einer Art Nicht-Verhältnis."[106] Was Svendsen hier, terminologisch auf Heidegger rekurrierend, existenzialphilosophisch zu fassen versucht, lässt sich – sozusagen ent-ontologisiert – auf die disziplinäre Befindlichkeit übertragen, die in weiten Teilen des Faches um die Jahrhundertwende dominiert. Dokumentiert sich doch in vielen der zeitgenössischen Selbstthematisierungstexte der Eindruck des Mangels gerade an „sinngebenden" Kategorien, mit denen sich die Fülle der philologisch zusammengetragenen Einzel„dinge" in ein übergreifenderes Ganzes einordnen ließe. Das Bestreben, wieder ein „Verhältnis", d. h. eine orientierungsstiftende Perspektive auf die zusammengetragenen Stoffmassen zu finden, ist schließlich auch einer der immer wieder kommunizierten Impulse der geistesgeschichtlichen Entwürfe. Dass es sich dabei um eine die Fachgrenzen übergreifende „Gestimmtheit" handelt, liegt auf der Hand, kreist doch der gesamte „Historismus"-Diskurs nicht zuletzt um die Frage nach der Möglichkeit einer wertenden „Sinngebung" des rekonstruierten, historischen „Materials".

Das Unbehagen und Ungenügen an einem philologisch geprägten Handlungsbewusstsein, das viele der disziplinären Selbstreflexionen seit der Jahrhundertwende in zunehmendem Maße artikulieren, hängt also sicherlich nicht zuletzt mit einer disziplinintern sich ausbreitenden Verschiebung innerhalb der Wahrnehmung der eigenen Tätigkeit zusammen. An die Stelle der bereits umrissenen philologischen Selbstgenügsamkeit scheint der Zweifel daran zu treten, ob die eigene Tätigkeit überhaupt der Mühe wert sei.[107] Dieser Zweifel bricht somit mit eben jener stillschweigend immer schon geteilten Überzeugung, dass die eigene, wissenschaftliche Tätigkeit die Mühe wert ist, die Bourdieu zufolge als *illusio* die Bedingung der Möglichkeit des wissenschaftlichen Spieles überhaupt ist. Wird aber, so Bourdieus Diagnose, die *cum grano salis* auf das philologische Wissenschaftsspiel anwendbar ist, „erst einmal gefragt, ob das Spiel die Mühe lohnt, ist es auch schon aus damit."[108]

Der Zweifel am Sinn der tradierten Art und Weise des eigenen, professionellen Tuns mag wiederum dem Empfinden entspringen, dass gerade die literaturwissenschaftliche Tätigkeit von einer *verdoppelten Distanz zum „Leben"* gekennzeichnet ist. Als *Wissenschaft*

---

106 Svendsen, Lars: a. a. O., S. 138.
107 Sebastian Haffners treffende Beobachtung, derzufolge es nicht zuletzt eine kollektive Stimmung der „Langeweile" ist, die dann – vor allem im Blick auf jene Generation der zwischen 1900 und 1910 Geborenen – den affektiven Humus für die Akklamation des Machtwechsels von 1933 bildet, scheint mir durchaus nicht nur – wie der Autor annimmt – für die bildungsferneren Schichten zutreffend: „Jenseits der Bildungsschicht heißt und hieß die große Gefahr des Lebens in Deutschland immer: Leere und Langeweile. […] Und zugleich der horror vacui und der Wunsch nach ‚Erlösung': Erlösung durch Alkohol, durch Aberglauben oder, am besten, durch einen großen, alles überschwemmenden, billigen Massenrausch." (Haffner, Sebastian: Geschichte eines Deutschen. Die Erinnerungen 1914–1933, Stuttgart/München 2000, S. 71 f.)
108 Bourdieu, Pierre: Was heisst Sprechen? Die Ökonomie des sprachlichen Tausches, Wien 1990, S. 36.

sieht sich die Literaturwissenschaft, wie jede andere Wissenschaft in den zeitgenössischen Lebens-Diskursen natürlich auch, zunächst dem vitalistischen Verdacht ausgesetzt, als eine primär geistig konnotierte Beobachtertätigkeit die allein durch präreflexive Teilnahme gewährleistete, „wahre Fülle des Lebens" zu verfehlen, ja im Extremfall geradezu so etwas wie eine Gegeninstanz zum „Leben" zu sein. Diese interdiskursiv zirkulierende Annahme einer „einfachen" Distanz zwischen „Wissenschaft" und „Leben" erscheint im Falle der literaturwissenschaftlichen Tätigkeit jedoch noch verdoppelt: durch den Umstand, dass sie nicht nur – als Literatur*wissenschaft* – in dem also ohnehin unterstellten Gegensatz zum „Leben" steht, sondern dass sie auch – als *Literatur*wissenschaft, d. h. als Wissenschaft von „lediglich" schriftlich fixierten Dokumenten *über* das „Leben" – nicht einmal eine Wissenschaft *vom* „Leben" sein könne. Wenn bereits Literatur als eine im Medium der Schrift aufbewahrte, mit den Mitteln der Kunst beobachtete, bzw. gestaltete und deshalb sekundäre Weise des „Lebens" erscheint[109], dann liegt der in noch gesteigertem Maße derivative Charakter der Literaturwissenschaft, zumindest aus einer vitalistisch geprägten Deutungsoptik, auf der Hand. Literaturwissenschaft, als institutionalisierte Form der Beobachtung literarischer Lebensbeobachtung, lieferte demzufolge anders als etwa jene Wissenschaften, deren Lebensbezug (wie etwa der der Biologie) scheinbar unmittelbarer ist oder deren Praxisrelevanz die Frage nach der Lebensbezogenheit in den Hintergrund treten lässt, nichts anderes als „Leben" aus dritter Hand.

Vor dem Hintergrund eines disziplinenübergreifend sich etablierenden Diskurses jedoch, als dessen Leitwert zusehends eine möglichst unmittelbare Lebensbezogenheit figuriert, erscheint diese doppelte Vermitteltheit der literaturwissenschaftlichen Tätigkeit als kompensationsbedürftig. Die verdoppelte Lebensferne, als deren Indikator und Faktor das philologische Wissenschaftsethos nunmehr gedeutet wird, beeinträchtigt sowohl die inner- wie außerwissenschaftliche Legitimität als auch die innerdisziplinäre wie individuelle Sinnhaftigkeit der literaturwissenschaftlichen Tätigkeit.[110]

---

109 Zum im Medium der Schrift „gebrochenen" und deshalb als derivativ empfundenen „Lebensgrad" der Literatur erläutert etwa Detlef Kremer in seiner Studie über „Romantische Metamorphosen" (Kremer, Detlef: Romantische Metamorphosen. E. T. A. Hoffmanns Erzählungen, Stuttgart/Weimar 1993): „Für denjenigen, der aus Passion oder Profession sein Leben am Schreibtisch verbringt, erzeugt die Schrift einen Sog, der in letzter Instanz das Alltagsleben des Schriftstellers kostet." (215) „Den damit verbundenen Lebens- und Weltverlust", so Kremer weiter, „kompensieren die Autoren gern mit einer Stilisierung zum enthusiastischen Künstler und Genie." (219) Diese Option steht dem Literaturwissenschaftler, der sein „Leben" ja ebenfalls „am Schreibtisch verbringt" natürlich – und im Rahmen eines philologisch dominierten Denkstils allzumal – nur in begrenztem Maße offen. Forciertere Möglichkeiten zu einer öffentlichkeitsbezogeneren Selbstgenialisierung wird erst der beschriebene Denkstilwandel schaffen.

110 Dieses Gefühl der Legitimationsbedürftigkeit der eigenen Tätigkeit scheint durch die Erfahrungen des 1. Weltkrieges eher noch forciert zu werden. Herbert Cysarz etwa stellt im biographischen Rückblick fest: „Krieg und Nachkriegselend riefen nach primordialer, universeller Rechtfertigung des ‚Luxus' Literaturwissenschaft." (Cysarz, Herbert: Vielfelderwirtschaft. Ein Werk- und Lebensbericht, Bodman-Bodensee 1976, S. 36).

Es geht also für jene, denen das überkommene literaturwissenschaftliche Tätigkeitsprofil zunehmend fragwürdig erscheint um zweierlei: zum Einen darum, die Lebensferne der philologischen Literaturwissenschaft zu „überwinden", ohne dabei jedoch, zum Anderen, die Legitimität literaturwissenschaftlicher Tätigkeit prinzipiell zur Disposition zu stellen. Es geht also um eine partielle Neucodierung des Wissenschaftlichkeits-Begriffes, die im Zeichen des Lebens gewährleistet werden soll.[111] Dass es sich wieder lohnen müsse bzw. bereits wieder lohnt, Literaturwissenschaft als eine sinnerfüllte und orientierungsstiftende Tätigkeit zu betreiben, wird man denn auch seit den 1910er Jahren zu betonen nicht müde. Es schlägt die große Stunde der Lebenswissenschaft und der Lebenswissenschaftler innerhalb der Literaturwissenschaft. Es wird zum einhelligen *ceterum censeo* dieser Akteure, dass die Distanz zwischen Literaturwissenschaft und Leben eine zu überwindende, bzw. schon eine überwundene sei.

Diese *Argumentationsfigur der Revitalisierung* aus dem Geiste der Langeweile bildet gleichsam den kleinsten, gemeinsamen argumentativen Nenner, auf den sich die programmatischen Diskurse innerhalb der Literaturwissenschaft in den nächsten Dekaden bringen lassen. Vor der Hintergrundfolie dieser Revitalisierungsfigur entfalten sich jene esoterisch wie exoterisch adressierten Inszenierungsstrategien, mit denen die geistesgeschichtlich orientierten Literaturwissenschaftler ihren makrologischen Impetus, ihre Abgrenzung gegenüber den Naturwissenschaften, ihre Ressentiments gegenüber der Moderne wie schließlich auch ihren „Mut" zur (Selbst)darstellung legitimieren. Bei genauerer Betrachtung zeigt sich, dass es vor allem ein bestimmter Transformationsprozess ist, der eine partielle Neucodierung des Wissenschaftlichkeits-Begriffes und somit eine Revitalisierung der Literaturwissenschaft gewährleisten soll. Gemeint ist damit die vielfach geforderte Öffnung der Disziplin für metaphysische Fragestellungen.

Diese partielle Neucodierung durch eine Öffnung für metaphysische Fragestellungen deutet sich paradigmatisch an, wenn Rudolf Unger sich bereits 1906/07 in einer Sammelbesprechung der „neuesten Heine-Literatur" in bezeichnender Weise prinzipielleren Fragen der Wissenschaftlichkeit zuwendet:

> Ein anspruchsvolles Dogma der modernen Wissenschaftslehre nennt die Einzelwissenschaften Systeme von Erkenntnissen. Bescheidener und zugleich wesenhafter wäre die Bezeichnung: Komplexe von Problemen. Wo wirklich klare, fraglose Erkenntnis herrscht, da ist der Geist der Wissenschaft schon vorübergegangen und hat die abgestorbene Langeweile des Systems und den erötdtenden Schulstaub trockener Gelehr-

---

111 Die entgegengesetzte Variante, mithin eine partielle Neucodierung des „Lebens"-Begriffes im Zeichen der Literaturwissenschaft wäre prinzipiell ebenfalls denkbar. Sie wird indes, soweit ich dies überblicken kann, innerhalb der Literaturwissenschaft in dieser Phase noch nicht ernsthaft in Erwägung gezogen. Die gleichsam umgekehrte Bewegung, d. h. dass man – statt die Literaturwissenschaft mit Metaphern der Lebenssemantik von der Buch- zur Lebenswissenschaft umzustilisieren – nunmehr das „Leben" jenseits der Texte zu einem „Buch" aus zeichenanalogen Bedeutungssystemen stilisiert, das mit den Mitteln der Textwissenschaft decodierbar wird, hält erst im letzten Drittel des 20. Jahrhunderts mit einer intensivierten Rezeption des Strukturalismus Einzug in die Literaturwissenschaften.

samkeit zurückgelassen. Dagegen: je problematischer ein Gebiet, je kühner die Hypothese, je zweifelhafter der Erklärungsgrund – um so interessanter, um so lebendiger, um so *wissenschaftlicher*. Denn was wäre die Wissenschaft sonst, wenn nicht eine Form des Lebens, eine Betätigungsart von Lebensenergien: die vergeistigste, vielleicht die fragwürdigste, gleichviel.[112]

Bezeichnend erscheint Ungers Argumentation in mehrfacher Hinsicht. Argumentationsstrategisch organisiert durch die beiden Gegenbegriffspaare „langweilig vs. interessant" und „tot vs. lebendig" inszenieren Ungers Ausführungen seine eigene Variante der Geistesgeschichte – die Problemgeschichte – als Ausdruck einer „wesenhaften" Wissenschaft und eines moderneren Wissenschaftsverständnisses. Im Gegensatz zum philologischen Denkstil (den er hier zwar nicht explizit benennt, aber eindeutig im Visier hat), dessen Anspruch auf Klarheit und Fraglosigkeit letztlich nur Langeweile hinterlässt und der dadurch charakterisiert ist, dass er sich „kühner Hypothesen" ja gerade enthält, erscheint die Problemgeschichte nicht nur als die „interessantere", sondern letztlich auch als die „wissenschaftlichere" Weise der Wissenschaft. Die „Begründung" für diese mehr assoziativ anmutende Kopplung von „interessant" und „wissenschaftlich" liefert Unger, indem er den Scharnierbegriff des „Lebens" ins Spiel bringt. Wissenschaft sei, so Ungers im Zeitkontext durchaus gewagte Setzung[113], selbst „eine Form des Lebens", woraus für ihn folgt, dass nur jene Art der Wissenschaft, die nicht in den Gefilden zur Gelehrsamkeit abgesunkener exakter, stillgestellter Erkenntnisse verharrt, die vielmehr „lebendig" und „kühn" sich den Problemgebieten zuwende, „wesenhafte" Wissenschaft sein könne. *In nuce* also enthält diese Gegenüberstellung von einem als langweilig und lebensfern codierten (hier eben: der Philologie zugeschriebenen) Wissenschaftsverständnis und einem im Zeichen des Lebens aufgewerteten, „neuen" wissenschaftlichen Ethos', das Unger sich selbst zuschreibt, jene Gegenüberstellung, die für die literaturwissenschaftlichen Selbstthematisierungsdiskurse in den nächsten Jahrzehnten denkstilprägend bleiben wird. Dass Unger unter einer „lebendigeren", „interessanteren" und „kühneren" Literaturwissenschaft, wie sich im zitierten Passus bereits andeutet, eine solche versteht, die sich für Fragen metaphysisch-weltanschaulichen Zuschnittes öffnet und zuständig fühlt, wird u. a. in seinem thesenhaften Vortrag *Literaturgeschichte und Geistesgeschichte* deutlich. Als Aufgabe einer geistesgeschichtlichen Betrachtung der „Geschichte der Dichtung" bezeichnet Unger dort „die Herausarbeitung des Sinngehaltes der Dichtungen, ihres Gehaltes an Lebensdeutung [...] im besonderen Hinblick auf die jeweilige Bewußtseinsstufe des Gesamtgeistes (Volks-, Zeit-, Kulturgeis-

---

112 Unger, Rudolf: Die neueste Heine-Literatur, in: Das literarische Echo, 9, 1906/07, Sp. 22–29 und 263–272, hier: Sp. 22.
113 Als gewagt erscheint diese Setzung, da in den zeitgenössischen Diskursen – wie bereits erörtert – auch die „Wissenschaft", als eine primär geistige Tätigkeit, zum negativ konnotierten Gegenbegriff des „Lebens" stilisiert wird. Dieses Problem wiegt argumentationsstrategisch allerdings insofern weniger schwer, als dass – wie man bei Unger sehr schön sehen kann – die lebensferne Wissenschaft immer als die der anderen oder als die „von gestern" stilisiert werden kann.

tes) und auf deren Spiegelung in den benachbarten ideellen Gebieten der Religion und Philosophie."[114]

Indem Unger hier Literaturgeschichte mit der Geschichte des „Gesamtgeistes" verbindet und die Literaturwissenschaft auf die Rekonstruktion von literarischen Lebensdeutungsangeboten verpflichtet, zielt er also auf eine Revitalisierung der Disziplin durch eine philosophisch-anthropologisch codierte Erweiterung und Vertiefung ihres Leistungsangebotes. Bei den „durchgehenden Grundproblemen alles Geisteslebens, den welt- und lebensanschaulichen", die Unger zufolge nunmehr eben auch in den Zuständigkeitsbereich der Literaturwissenschaft fallen, handle es sich um „metaphysische Urprobleme" und „überrationale Lebensprobleme", die sich nicht nur auf die Ebene „theoretischer Reflexion" beschränken, sondern sich „an den ganzen Menschen" wenden: „neben dem Intellekt auch an Willen, Gefühl und Phantasie, an das innere Leben in seiner Totalität, [und] [s]ie können in diesem Sinne auch als Lebensprobleme des Geistes bezeichnet werden."[115]

Dergestalt wird die Literaturgeschichte für Unger zu einem Prozess der „unlösbaren Aufeinanderbezogenheit von subjektivem Erleben und Gestalten des Dichters und objektiver Wesensentfaltung der Lebensfragen der Menschheit oder des Menschlichen."[116]

Das bei Unger sichtbar werdende Konzept einer Disziplin, die durch einen metaphysisch-philosophischen Zuschnitt ein gesteigertes Maß an Lebensbezogenheit für sich in Anspruch nimmt, indem sie ihre Zuständigkeit für Lebensdeutungsfragen allgemeinster Art reklamiert (und so auch auf bessere Resonanzchancen hofft), wird ebenso deutlich artikuliert in den fast zeitgleich publizierten programmatischen Ausführungen des Zürcher Ordinarius Emil Ermatinger.

Der Schweizer Literaturwissenschaftler spricht angesichts der methodischen Vielfalt innerhalb einer geistesgeschichtlich orientierten Literaturwissenschaft und u. a. im Rekurs auf Überlegungen des preußischen Unterrichtsministers C.H. Becker vom krisenhaften

---

114 Unger, Rudolf: Literaturgeschichte und Geistesgeschichte. Vortrag, gehalten in der Abteilung für Germanistik der 55. Versammlung deutscher Philologen und Schulmänner, in: DVjS, 4, 1926, S. 177–192, hier: S. 181f.
115 Unger, Rudolf: a. a. O., S. 183.
116 Unger, Rudolf: a. a. O., S. 186. Es ist bezeichnend für den Zustand der Heterogenität *auf methodischer Ebene* innerhalb des literaturwissenschaftlichen Feldes gerade nach dem Denkstilwandel, dass bei Unger aus dem metaphysischem Revitalisierungsangebot keine Festlegung auf ein bestimmtes methodisches Profil resultiert. Vielmehr heißt es mit einem, den Bogen sehr weit spannenden, integrativen Gestus: „Demgemäß tritt also der spezifisch historisch-philologischen Richtung in unserer Wissenschaft als der für alles Weitere den festen Grund legenden, sodann der kulturgeschichtlich-soziologischen und literatur-ethnologischen und ferner der kunstwissenschaftlich-ästhetischen und stiltypologischen, die sämtlich in ihren Wahrheitsmomenten und ihrer Fruchtbarkeit, ja Notwendigkeit unbestritten bleiben, zur Seite die zugleich phänomenologisch und psychologisch orientierte problemgeschichtliche Richtung als die im engeren Sinne geisteshistorische: sie alle sich entwickelnd nicht in beziehungslosem Nebeneinander, noch weniger – trotz allen, oft heilsamen gegenseitigen Auseinandersetzungen – in feindlichem Gegeneinander, vielmehr als die gerade gegenwärtig in regster organischer Wechselwirkung vorwärtsdrängenden methodischen Auswirkungen der einen unteilbaren Literaturwissenschaft." (S. 186f.)

Zustand der Literaturwissenschaft und von der „Notwendigkeit eines neuen Bundes zwischen Wissenschaft und Leben."[117] Übereinstimmung signalisierend mit den Forderungen aus dem Unterrichtsministerium, mithin aus dem wissenschaftspolitischen Resonanzraum, nach einer „Verbindung mit dem Leben" und nach „Mut und Kraft zur Synthese, zum System, zur Weltanschauung"[118] raisonniert der Schweizer Literaturwissenschaftler über die Gegenwartslage seiner Disziplin:

> Wer mit unbefangenem Urteil die geistige Bewegung unserer Zeit betrachtet, weiß, daß es sich bei der heutigen Krise der Wissenschaft, im besonderen der Literaturgeschichte, nicht um einen bloßen Streit der Methoden, sondern um eine viel wichtigere Frage nach dem Sinn und Wert der Wissenschaft an sich handelt. Hinter dieser Frage aber steht die Behauptung oder das Eingeständnis, daß Wert und Sinn der Wissenschaft überhaupt fraglich seien, weil zwischen ihr und dem Leben, das größer ist und wichtiger als die Wissenschaft, ein luftleerer Raum entstanden sei. Laut ertönt der Ruf nach neuer Beziehung zwischen den beiden Mächten.[119]

„Mut zur Metaphysik"[120] empfiehlt Ermatinger seiner Disziplin als Rezept zur Revitalisierung und zur Überwindung der Lebensferne: „Also ist die Forderung, die die Zukunft auch an die Literaturgeschichte stellt, der Mut und das Bekenntnis zur Idee, aus der einzig Leben wächst."[121] Allerdings warnt Ermatinger seine Disziplin davor, gesteigerte Lebens- wie Öffentlichkeitsbezogenheit *allein* von einer Ästhetisierung der literaturgeschichtlichen Darstellungsformen zu erhoffen. Er insistiert vielmehr mit Blick auf die quasi-mythologischen Darstellungsformen, die die „literaturgeschichtlichen Werke des Georgeschen Kreises"[122] kennzeichneten, darauf, die Identität der Disziplin als einer Wissenschaft gegenüber ihrem Gegenstandsbereich abzugrenzen: „Wissenschaft als Mythologie – das bedeutet einen gewaltsamen Einbruch des formenden Künstlergeistes in die Bezirke der Wissen-

---

117 Ermatinger, Emil: Die deutsche Literaturwissenschaft in der geistigen Bewegung der Gegenwart, in: Zeitschrift für Deutschkunde, 1925, S. 241–261, hier zitiert nach dem teilweisen Wiederabdruck in Reiß, Gunter (Hrsg.): a.a.O., S. 37. Ermatinger zitiert ausführlich aus Beckers Schrift „Vom Wesen der deutschen Universität" (1925).
118 Ermatinger, Emil: a.a.O., S. 38.
119 Ermatinger, Emil: a.a.O., S. 37.
120 Ebd.
121 Ermatinger, Emil: a.a.O., S. 36.
122 Ermatinger (a.a.O., S. 34) nennt in diesem Zusammenhang die Goethe-Biographie Friedrich Gundolfs, die Nietzsche-Biographie Ernst Bertrams und die Böhme-Biographie Paul Hankamers, deren fachübergreifende Resonanz er allerdings anerkennt: „Das ist der Grund, warum heute die literaturgeschichtlichen Werke des Georgeschen Kreises […] vor allem so stark wirken. Geist sprüht hier zum Geist, Ideen glühen auf und senden ihre Strahlen über die Welt, Bekenntnisse werden abgelegt und entzünden die Seelen, Metaphysik hat die Psychologie verdrängt, Kunst hat den Ausdruck der Kunst gefunden. Literaturgeschichte ist, aus der bloßen Technik einer Handwerkergilde, wieder eine geistige Angelegenheit der Öffentlichkeit geworden." (ebd.)

schaft."¹²³ Der Wissenschaftlichkeits-Code der Disziplin, d. h. die für die wissenschaftliche Kommunikation spezifische Tätigkeit, „Wahrheit zu bejahen oder zu verneinen"¹²⁴, dürfe nicht aufgegeben werden zugunsten „jenes individualistischen Ästhetizismus in Kunst und Leben", in dem das „Leben allzu einseitig als abstrakte Begriffsbewegung im Innern des einzelnen Ich [erscheint]."¹²⁵ Die im George-Umkreis feststellbare Literarisierung der Literaturwissenschaft verhelfe der Disziplin zwar zu einem gesteigerten Maß an außerfachlicher Aufmerksamkeit, führe aber gleichzeitig, so Ermatingers Warnung, zu einer bedenklichen Subjektivierung und somit letztlich zu einer „Entwissenschaftlichung" des disziplinären Denkstils. Nichtsdestoweniger strukturiert die Forderung nach einer gelingenden Revitalisierung, mithin nach einer *zulässigen* Intensivierung des Lebensbezuges auch Ermatingers Überlegungen. Auch ihm ist es ganz offensichtlich ein Anliegen, die Grenze zwischen Beobachtung und Teilnahme am literarischen Leben durchlässiger zu machen. Er setzt jedoch zu diesem Zweck nicht auf Ästhetisierung. Die Literaturwissenschaft wird nach Ermatinger nicht dadurch lebendiger, dass sie kunstnäher wird, sondern dadurch, dass sie „volksnäher"¹²⁶ wird:

> Alle Wissenschaft in ihrer großen und wahrhaft geschichtlichen Form ist aber niemals Sonderangelegenheit einer Berufsgilde oder eines Ästhetenzirkels, sondern notwendiger und allgemeiner Ausdruck einer umfassenden geistigen Bewegung einer Zeit zu einem bestimmten Ziele hin gewesen, und der einzelne Forscher so Führer und Bildner dieses allgemeinen Geschehens. [...] Nur in der Weckung des lebendigen Gefühls für das Gemeinschaftsleben von Zeit und Volkstum kann sie sich einerseits vor der Erstarrung in äußerliches Tatsachenwissen und andererseits vor der Verflüchtigung in mythologische Geistigkeiten bewahren. Auch wissenschaftliche Wahrheit ist nichts Absolutes und Ewiges. Sie ist stets bedingt durch das Lebensgefühl und die Denkformen eines Volkstums und eines Zeitalters; wie weit und wie tief sie diese ausdrückt, davon hängt ihre Daseinsberechtigung, ihr geschichtlicher Wert und die zeitliche Dauer ihrer Wirkung ab. Nur wo der Geschichtsschreiber – auch der der Dichtung – seine Aufgabe in dem Bewußtsein lebendiger Beziehung seiner Gesamtpersönlichkeit zu den kulturellen Kräften und Bewegungen der Zeit unternimmt, wird sein Werk von dem Geiste wahrer Wissenschaft beseelt sein. [...] Zu dieser Auffassung der Aufgabe der Wissenschaft aber ist, dünkt mich, die Literaturgeschichte (mit Einschluß der ästhetischen Literaturbetrachtung) in höherem Maße verpflichtet als jede andere Form menschlicher Forschung. Ihr Lern- und Lehrgebiet ist, neben der Religion, das heiligste, das es für ein Volk gibt. Wem der Beruf der Ergründung und Deutung dichterischer Werke geworden ist, soll sich dessen bewußt sein, daß er zum Hüter der herrlichsten Schätze seines Volkes bestellt und sein Amt nicht ein Handwerk, sondern ein

---

123 Ermatinger, Emil: a. a. O., S. 35.
124 Ebd.
125 Ermatinger, Emil: a. a. O., S. 36.
126 Zur Bedeutung des Volks-Diskurses s. III.4.

Tempeldienst ist, den er mit Hingabe seiner ganzen Person an das Heilige auszuüben hat.[127]

Die bildungsbürgerliche Imprägnierung von Ermatingers Revitalisierungsprogrammatik, die „wahre Wissenschaftlichkeit" als Lebensnähe und diese wiederum als Volksnähe codiert, liegt auf der Hand: Leitet doch auch er – wie schon Viëtor (Vgl. III.1) – seine Ausführungen ab aus jener Argumentationsfigur der „ursprungsmythologischen Genese", derzufolge die Kunst dem Volk entspringt und für das Volk gemacht ist. Diese Argumentationsfigur überträgt er von der Ebene der Kunst auf die der Wissenschaft. Denn vom „Geiste wahrer Wissenschaft" zeugt es Ermatinger zufolge, dass sie „bedingt" ist „durch das Lebensgefühl und die Denkformen eines Volkstums" und wenn sie zugleich das „lebendige Gefühl" für das „Gemeinschaftsleben von Zeit und Volkstum" weckt. Der Wissenschaftler sei – so Ermatinger den Gedanken der „ursprungsmythologischen Genese" vom Künstler auf den Wissenschaftler übertragend – „Glied eines Gemeinschaftswesens" und deshalb in seiner Tätigkeit eben diesem Gemeinschaftswesen verantwortlich. Der quasireligiöse Status, den die Literatur „für ein Volk" habe, privilegiert schließlich auch das priesterähnliche „Amt" des Literaturwissenschaftlers gegenüber anderen wissenschaftlichen Tätigkeiten. Dieser „Tempeldienst" erfordere allerdings den Einsatz der „ganzen Person", der „Gesamtpersönlichkeit" des Literaturwissenschaftlers. Nicht nur in dieser impliziten Absage an ein rollenhaftes Professionalitätsverständnis deutet sich Ermatingers bildungsbürgerlich geprägtes Unbehagen in der kulturellen Moderne an. Elemente einer von Schiller geprägten, neuhumanistischen Kulturkritik aufgreifend, erscheint die unmittelbare Vergangenheit bei ihm als ein Zeitalter „der inneren Roheit und geistlosen Unbildung" trotz „aller Masse intellektuellen Wissens und technischer Verfeinerung des äußeren Daseins."[128]

Dass es sich bei dem Problem einer wiederzugewinnenden Lebens-, bzw. Volksnähe zudem um eine Frage des gesellschaftlichen Prestiges der eigenen Disziplin handelt, daraus macht er keinen Hehl:

> Diese Aufgabe hat die deutsche Literaturwissenschaft zu begreifen, wenn sie aus der Stellung einer Wissenschaft unter vielen, in die sie nicht ohne eigene Schuld geraten ist, wieder an den Ort rücken will, den sie in der ersten Hälfte des neunzehnten Jahrhunderts einnahm, in den nach allen Seiten Licht und Wärme ausstrahlenden Mittelkreis der geistigen Bewegung lebendigen Volkstums.[129]

Ermatingers Postulat nach einer lebensnäheren Literaturwissenschaft mit dem „Mut zur Metaphysik" stößt denn auch innerhalb der Disziplin auf positive Resonanz.[130] So konzediert etwa der Frankfurter Ordinarius Franz Schultz:

---

127 Ermatinger, Emil: a. a. O., S. 36 und 38f.
128 Ermatinger, Emil: a. a. O., S. 39.
129 Ebd.
130 Eine Ausnahme zumindest auf der rhetorischen Ebene scheint auch hier wiederum Josef Nadler zu sein, der an einem eher philologisch geprägten Wissenschaftsethos festzuhalten scheint, wenn er apo-

Gerade auf diesem Wege sehe ich die Möglichkeit, die Forderung zu verwirklichen, daß die Wissenschaft mehr als bisher mit dem Leben in Fühlung treten solle, die Möglichkeit zur Überbrückung der Gegensätze von Wissenschaft und Bildung. Denn diese Metaphysizierung bedingt eine weltanschauliche Stellungnahme, bedingt auch eine Haltung, die aus dem Ganzen einer Persönlichkeit und einem Lebensgefühle kommt und auf eine solche Haltung zurückwirkt.[131]

Eine solche Mittelstellung zwischen Wissenschaft und Leben reklamiert bereits fünf Jahre früher auch Hermann August Korff in der Einleitung zum ersten Band seines monumentalen Werks zum *Geist der Goethezeit*: „Das vorliegende Werk", so versichert er, „hält zwischen Wissenschaft und Leben eine mittlere Linie ein. Es wendet sich nicht *nur*, aber *auch* an die Wissenschaft und macht den Anspruch, in vielen Punkten Anregungen auch der Wissenschaft zu geben. In der Hauptsache wendet es sich allerdings an die gesamte bildungswillige Schicht der Nation."[132]

Ein solches „Dazwischen", das sich in den Bemerkungen Korffs, Schultz' aber auch Ermatingers andeutet, wird denn auch der Raum, in dem sich die Disziplin im Laufe der 1920er Jahre – nach den ersten, nicht zuletzt distinktionsstrategisch motivierten, programmatischen Überschwängen im Zuge der Philologiekritik und nach der fachübergreifenden Resonanz einiger geistesgeschichtlich orientierter Großdarstellungen – einzurichten scheint. Statt der bisweilen erhofften Vereinheitlichung der Programmatik und der Herangehensweisen hatte der Denkstilwandel im Zeichen einer philologiekritischen Lebensemphase gerade eine Pluralisierung und Binnendifferenzierung der disziplinären Landschaft auf theoretischer und methodologischer Ebene gezeitigt.[133] Ab Mitte der 1920er Jahre zeigen sich denn auch in zunehmendem Maße Tendenzen zu einer „Rephilologisierung" des Denkstils, ohne dass allerdings das einmal etablierte, die unterschiedlichen Ansätze überwölbende

---

diktisch feststellt: „Es ist Sache des Lebens, ob es die Ergebnisse der Wissenschaft nutzen will oder nicht. Und es ist nicht Sache der Wissenschaft, nur solche Erkenntnisse anzustreben, die das Leben sich bestellt oder braucht. Eben als Dienerin diente sie dem Leben am wenigsten." (Nadler, Josef: Konrad Burdach, in: Sudetendeutsches Jahrbuch, 1931, S. 23–28, hier: S. 23). Sicherlich geht es Nadler aber auch bei dieser rhetorischen Absage an das Leben mehr um die distinktionsstrategische Inszenierung der Wissenschaftlichkeit seines eigenen Ansatzes.

131 Schultz, Franz: Das Schicksal der deutschen Literaturgeschichte. Ein Gespräch, Frankfurt am Main 1929, S. 21. Auch Fritz Strich bedient sich der Mehrfachadressierbarkeit des Scharnierbegriffes, wenn er im Rahmen einer programmatischen Darlegung, die in einem außerfachlichen Publikationsorgan erscheint, betont, dass es der Literaturwissenschaft ein Anliegen sein müsse, „der Idee des Lebens adäquat zu bleiben." (Strich, Fritz: Aufgaben der heutigen Literaturwissenschaft, in: Deutsche Allgemeine Zeitung vom 14. 08. 1927)

132 Korff, Hermann August: Geist der Goethezeit. Versuch einer ideellen Entwicklung der klassisch-romantischen Literaturgeschichte, 4 Bde, Leipzig 1923–53, Bd. 1, S. V.

133 Dieses Ausbleiben einer Vereinheitlichung der disziplinären Landschaft führt zu immer erneuten „Krisen"-Diskursen, s. etwa Havenstein, Martin: Zur Krisis der Literaturwissenschaft, in: Neue Jahrbücher für Wissenschaft und Jugendbildung, 7, 1931, S. 632–642; Overmanns, Jakob: a. a. O.

2. REVITALISIERUNGSDISKURSE IM ZEICHEN DES „LEBENS"

Legitimationsmuster der Lebensemphase auf der programmatischen Ebene obsolet wird.[134] Die konkurrierenden theoretischen Entwürfe werden einer Prüfung an den Materialien der Detailforschung[135] unterzogen und philologisch geprägte Standards der Wissenschaftlichkeit werden durchaus wieder einklagbar, ohne dass man sich innerdisziplinär dem Verdacht eines naiven Philologismus ausgesetzt sieht. „Wir suchen auch hier wieder", so etwa Franz Schultz, der die Forderung nach mehr „Mut zur Metaphysik" ja durchaus begrüßt,

> in der Form der Mitteilung die Begründung, Allgemeingültigkeit und Evidenz, die nicht zu denken sind, ohne daß man überall die Rechtfertigung für Behauptungen in Anmerkungen und Zitaten bietet, wir fangen wieder an zu schätzen jene ausgebreitete Belesenheit, die auch das Versteckte hervorzuholen weiß, die Selbstverständlichkeit edler humanistischer Erudition.[136]

Auch Oskar Walzel, wichtigster Repräsentant der stiltypologischen Variante einer literaturwissenschaftlichen „Ideengeschichte", warnt nunmehr davor, im geistesgeschichtlichen Überschwange den „eigentlichen" Gegenstandsbereich der Literaturwissenschaft aus dem Blick zu verlieren:

> Ideengeschichte schiebt gern die Ergründung des kunstvollen Ausdrucks der Ideen wenn nicht beiseite, doch auf. Nachdem jahrzehntelang die Ideen, die in einer Dichtung enthalten sind, die Rolle Aschenbrödels gespielt hatten, muß jetzt vor Arbeiten gewarnt werden, die in der Dichtung nur das Ideelle suchen. Hatte man einst Dichtung gern als Mittel benutzt, das Leben ihres Schöpfers zu erläutern, so kann sie heute abermals zum Rang eines bloßen Mittels herabsteigen, des Mittels, die Gedankenwelt dieses Schöpfers zu bestimmen. Das Eigentliche, Wesentliche und Entscheidende ginge dann abermals verloren: das Kunstwerk. Um so unbedingter muß immer wieder be-

---

134 Es handelt sich somit nicht etwa um eine Absage an die geistesgeschichtliche Neuorientierung als solche und eine Rückkehr zum *status quo ante*, sondern eher um eine innerdisziplinär adressierte Tendenz zur Refundierung und Rückbindung der geistesgeschichtlichen Herangehensweisen. Dainat, Holger: „Erlösung von jenem ertötenden Historismus". Die Neure deutsche Literaturwissenschaft zu Beginn der zwanziger Jahre, in: Bialas, Wolfgang/Raulet, Gérard (Hrsg.): Die Historismusdebatte in der Weimarer Republik, Frankfurt am Main u. a. 1996, S. 248–271, hier: S. 270.

135 Vor allem die Barock- und die Romantikforschung erleben in den 1920er Jahren einen erheblichen, durch den geistesgeschichtlichen Denkstilwandel mitmotivierten Aufschwung. S. dazu Kiesant, Knut: Die Wiederentdeckung der Barockliteratur. Leistungen und Grenzen der Barockbegeisterung der zwanziger Jahre, in: König, Christoph/Lämmert, Eberhard (Hrsg.): a. a. O., S. 77–91; Müller, Hans-Harald: Die Übertragung des Barockbegriffs von der Kunstwissenschaft und ihre Konsequenzen bei Fritz Strich und Oskar Walzel, in: Garber, Klaus (Hrsg.): Europäische Barock-Rezeption, Teil 1, Wiesbaden 1991, S. 95–112; Rosenberg, Rainer: Über den Erfolg des Barockbegriffs in der Literaturgeschichte: Oskar Walzel und Fritz Strich, in: ebd., S. 113–127; Schoolfield, George C.: Nadler, Hofmannsthal und ‚Barock', in: Vierteljahresschrift des Adalbert-Stifter-Institutes des Landes Oberösterreich, 35, 1986, S. 157–170; Klausnitzer, Ralf: Blaue Blume unterm Hakenkreuz. Die Rezeption der deutschen literarischen Romantik im Dritten Reich, Paderborn 1999, S. 31–79.

136 Schultz, Franz: a. a. O., S. 18.

tont werden, daß, wer sich als Forscher mit Dichtung beschäftigt, in erster Linie einem Kunstwerk gerecht werden muß.[137]

2.3 Wiederholungsspiele – Literaturwissenschaft und Leben nach 1933

Die Rede vom Leben wird also im Laufe der zweiten Hälfte der 1920er Jahre durch die angedeuteten Rephilologisierungstendenzen ausbalanciert und moderater. Sie verschwindet gleichwohl keineswegs völlig und die politische Zäsur von 1933 scheint ihr wieder neue Energien zuzuführen. Die Argumentationsfigur der Revitalisierung, bzw. die mit ihr abrufbaren disziplinären Selbstdeutungsschemata gewinnen erneut an programmatischer Relevanz. Relativ unabhängig von Position und Generationszugehörigkeit zieht sich der Lebensdiskurs erneut wie ein roter Faden, wie ein einigendes Band durch die literaturwissenschaftlichen Selbstthematisierungstexte in den Jahren von 1933 bis 1945. Ob es sich um bereits etablierte, ältere Ordinarien wie Korff, Cysarz oder Flemming, um einen innerdisziplinär eher umstrittenen Akteur wie Linden, um einen wendigen Vielschreiber wie Kindermann, um jüngere, z.T. bereits etablierte Nachwuchswissenschaftler wie Fricke, Weydt oder Böckmann, oder schließlich um einen politischen Aktivisten wie Rössner handelt: Sie alle partizipieren am Lebensdiskurs. Korff erklärt in einer an Nietzsche gemahnenden Diktion – wie bereits gezeigt – die Zeit einer „reinen Wissenschaft" für beendet und die einer neuen Wissenschaftsauffassung für gekommen, bzw. den „Forderungen des Tages" angemessen: „Wie die Wissenschaft ursprünglich eine Funktion des Lebens ist, so erfüllt die Wissenschaft nur ihren Lebenssinn, wenn sie letzten Endes wiederum dem Leben dient. Und eine nicht mehr dem Leben dienende Wissenschaft wird vom Leben selber ausgestoßen wie alles Tote."[138]

Wenn Cysarz 1940 über die *Gegenwartslage der deutschen Geisteswissenschaften* raisonniert, heißt es im Blick auf deren Menschenbild: „Der Mensch ist nirgendwie ein stehendes Gefüge. Die stehenden Typologien, die die Historie und namentlich die Psychologie bis

---

137 Walzel, Oskar: Das Wortkunstwerk. Mittel seiner Erforschung, Leipzig 1926, hier zit. nach Reiß, Gunter (Hrsg.): a. a. O., S. 62. Zum „Kunstwerk"-, bzw. „Dichtungs"-Diskurs s. III.5.
138 Korff, Hermann August: Die Forderung des Tages. In: Zeitschrift für Deutschkunde, 47, 1933, S. 341–345, hier S. 342. Weiter (S. 343 f.) heißt es dort: „Auch darin also haben wir einen veränderten Begriff von Wissenschaft: nicht wertfreie Wissenschaft, sondern Wissenschaft, die all ihr objektives Wissen in den Dienst einer subjektiven Wertung stellt, aber einer Wertung, deren Wertmaßstäbe aus dem völkisch organisierten Leben stammen, weil sie eben im Dienste dieses Lebens stehen. Aber das ist nur das Eine. Das Zweite, was das Gefühl betrifft und wodurch wir uns abermals von dem Ethos vergangener Wissenschaft unterscheiden müssen, ist Ehrfurcht vor dem Leben, die nicht nur der frevlen Neugier, sondern auch dem ernsten Forschen bestimmte biologische Grenzen setzt. Nicht alles können wir aufklären – und mit diesem Unvermögen setzt das Leben selbst dem auflösenden und ‚erklärenden' Intellekte immanente Grenzen –, aber nicht alles sollen wir auch aufklären wollen, d. h. wir sollen trotz allem Forscherwillen ein Gefühl dafür behalten, daß das, was hier zum Gegenstande berechtigter Wißbegier gemacht wird, kein gleichgültiger Gegenstand, sondern letzten Grundes ein Heiligtum ist, das den Charakter des Heiligen auch für den Forscher nie verlieren darf."

gestern beherrschten, werden heute verflüssigt und vergeschehentlicht. Die Typen sind nicht mehr Käfige, sondern Lebensströme."[139]

Dies wiederum hat nach Cysarz auch Konsequenzen für die geisteswissenschaftliche Kunstbetrachtung, die sich in ihrer Dynamik und Lebendigkeit ihrem Gegenstandsbereich anzupassen habe:

> Die Geisteswissenschaften verstatten keine Operationsübungen an der Leiche. Was da zergliedert werden soll, das muß zuerst zusammengeschaut und lebendig durchfühlt, es muß auch während der Zergliederung lebendig erhalten, muß vom Zergliedernden selbst mit Blut und Atem gespeist werden. [...] Die Wissenschaft der schöpferischen Dinge bleibt zum stärksten Teil die Darstellung der schöpferischen Dinge, die Gliederung des schöpferischen Lebens aus sich selbst heraus und die Verfolgung seiner schöpferischen Ströme in die umfassendste Wirklichkeit, letztlich das Weltgefüge hinein: also die Darstellung und Gliederung, Zergliederung und Aufgliederung endlichen Werdens nach dem unendlichen Werden, dem werdenden Sein hin.[140]

Auch Willi Flemming, Ordinarius in Rostock, charakterisiert 1944 als eine der wichtigsten Aufgaben einer „volkhaften Literaturgeschichtsschreibung" eine lebenswissenschaftliche, „ganzheitliche Betrachtung" des „literarischen Lebens", denn nur dann „wird Buch wie Mensch im Zusammenhang des Lebens gesehen und die Literatur eben als Äußerung dieses Lebens betrachtet und nicht als abseitiges Kuriosum isoliert."[141] Ähnlich wie Cysarz skizziert auch Flemming das Bild einer lebenswissenschaftlich ausgerichteten Literaturwissenschaft, deren Selbstverständnis sich – inspiriert vom politischen Wandel[142] – grundlegend gewandelt habe, denn

> um das Lebendige zu erfassen, erweist sich auch die mechanistische Auffassung als zu eng, überall beginnt eine biomorphe Betrachtungsweise sich durchzusetzen. Statt des Zerschneidens in Teile wird die gliedhafte Entfaltung, der organische Wuchs verfolgt. Ein ganzheitliches Sehen tritt an die Stelle des Atomisierens, eine organische Betrach-

---

139 Cysarz, Herbert: Zur Gegenwartslage der deutschen Geisteswissenschaften, in: Historische Zeitschrift, 162, 1940, S. 457–478, hier: S. 467.
140 Cysarz, Herbert: a. a. O., S. 472 f.
141 Flemming, Willi: Wesen und Aufgabe volkhafter Literaturgeschichtsschreibung, Breslau 1944, S. 16. Weiter heißt es: „Die Literatur schwebt eben nicht im luftleeren Raum, das Buch ist nicht selbstverständlich allein für das stille Lesen des einzelnen bestimmt: viele Inhalte, aber auch viele Formen setzen Gemeinschaftsempfang voraus. Es bedarf also ganz realer und exakter Vorstellungen davon, in welcher Weise das Literaturwerk lebendig wird im Publikum, gleichsam in welchem Raum es erklingt, um die Art seines Klanges und damit seine Wirkung und Lebensmächtigkeit zu erfassen." (S. 42) Zu Flemmings Programmschrift, die rassen- und volkskundliche mit soziologischen Motiven verknüpft s. auch III.3.2 und 4.2.
142 „Die Volksgemeinschaft erhielt durch den Führer des Volkes ihre politische Verkörperung im Volksreich aller Deutschen, und sie beginnt im Geistig-Seelischen sich ihren eigenen Ausdruck zu formen in einer Volkskultur." (Flemming, Willi: a. a. O., S. 126 f.)

tung fragt nach Lebenssinn und -leistung, die innere Dynamik verdrängt die äußerliche Kausalität, das statische Beschreiben wird ersetzt durch funktionelles Deuten.[143]

Walther Linden kontrastiert das Ethos einer neuen „Lebenswissenschaft deutsch-organischer Art"[144] mit dem vermeintlichen „Objektivismus" eines überkommenen, westeuropäisch-liberalistischen Wissenschaftsverständnisses:

> Der neue Wissenschaftsstandpunkt deutscher Art stellt sich dem westeuropäischen Rationalismus und seinem Anspruch, im logischen Denken eine absolute ‚Objektivität' zu erreichen, entgegen. Die organische Lebenswissenschaft deutscher Art ist ganz im Gegensatz zu diesem Rationalismus der Ansicht, daß die wahre und tiefe Erkenntnis nicht an dem oberflächenhaften Denken, sondern aus dem untergründigen Fühlen und Wollen des Menschen zu gewinnen sei. Jeder Erkennende muß zunächst **erlebt**, untergründig-empfindungsmäßig **geschaut** und **erahnt** haben, und erst aus der denkerisch-bewußten Verarbeitung dieses Erlebten und Erlernten kann eine wahrhaft lebendige und lebensverbundene Erkenntnis erobert werden. Das ist die organisch-irrationale Grundlage der Lebenswissenschaft.[145]

Linden versäumt es nicht, unter Berufung auf Nietzsche darauf hinzuweisen, dass diese Form der „Lebenswissenschaft" einhergeht mit einem antibürgerlichen, heroischen Ethos. Das Ideal eines unentfremdeten, nicht langweiligen Forscherlebens, das die doppelte Distanz der Literaturwissenschaft zum Leben überwindet, wird hier in aller Deutlichkeit und wortreich beschworen:

> In Wissenschaft und Erziehung wird die Deutschkunde diesen Gegensatz **des Bürgerlichen und Heroischen** zu einer Grunderkenntnis gestalten müssen. Das Heroische: das ist die Uranlage des germanischen Menschen, dessen Natur zum wesentlichen Teile in die Natur des deutschen Menschen übergegangen ist. Es ist der Geist der Natur- und Lebensverbundenheit, der bäuerlich-kriegerhafte Geist des immerwährenden Verknüpftseins mit den Schicksalsgewalten der Welt, das Unterworfensein unter die Verhältnisse und Gefahren des wogenden Lebens. ‚Gefährlich leben!' ist der Wahlspruch dieses heroischen Menschentums, wie es sein später Vorkämpfer und Lobpreiser inmitten einer heillos verbürgerten Zeit, Friedrich Nietzsche, aufstellte. Der kriegerische Geist der Gefahrenbereitschaft und Einsatzwilligkeit, des heldenhaften Ertragens und der Verachtung aller bloß egoistischen Belange, der Geist der Schicksalshärte und gestählten Männlichkeit dringt aus dem Altgermanentum durch alle großen Zeiten deutscher Geschichte bis in unsere Gegenwart hinein. Und immer wieder hat dieser altgermanische Heroismus des bäuerlich-kriegerischen Naturmenschen die Werte ewigen

---

143 Flemming, Willi: a. a. O., S. 127.
144 Linden, Walther: Deutschkunde als politische Lebenswissenschaft – das Kerngebiet der Bildung!, in: Zeitschrift für Deutschkunde, 47, 1933, S. 337–341, hier: S. 337.
145 Linden, Walther: Das neue Antlitz der Deutschkunde. In: Deutsches Bildungswesen. Zeitschrift des NS-Lehrerbundes, 1, 1933, S. 401–414, hier S. 408 f.

Deutschtums erneuert und gekräftigt, wenn fremder Geist und naturlose Zivilisation die Wurzelkraft des deutschen Lebens angriffen und bedrohten. Das Heroische ist die Grundform deutschgermanischen Lebens, der Urquell deutscher volkhafter Geschichtsleistung. In heroischem Geiste erfrischt sich und erstarkt immer wieder das wesenhafte ewige Deutschtum, die blutsechte germanisch-nordische Volkheit, die allen Ueberfremdungen, Aushöhlungen und Entartungen in ihrem Kern einen unbesiegbaren Widerstand darbietet.[146]

Heinz Kindermann leitet aus der „Lebensmächtigkeit" der Dichtung, die er als „symbolische Gestaltüberhöhung des Lebens"[147] verstanden wissen will, die Notwendigkeit einer Literaturwissenschaft als einer „volkhaften Lebenswissenschaft" ab:

Erkennen wir derart, daß die Existenz der Dichtung für die Nation erst sinnvoll wird, wenn wir sie nicht nur als ein werdendes und Seiendes, sondern zugleich als ein in höchstem Grade Wirkendes begreifen, und anerkennen wir damit die Lebensmacht der Dichtung, dann werden wir auch verstehen, daß die Wissenschaft von einer solch volkhaft bedingten Dichtung weder eine bloß philologisch-historische Disziplin, noch eine bloß ästhetische ‚Kunst'-Wissenschaft, noch eine abstrakt philosophische ‚Geistes'-Wissenschaft sein darf. Sie wird vielmehr eine volkhafte Lebenswissenschaft sein müssen, die gewiß keinen der erwähnten Faktoren ausschließt, wohl aber sie zu binden weiß an den gemeinsamen Wurzelgrund des völkischen Lebens und an das gemeinsame nationale Menschenbild.[148]

---

[146] Linden, Walther: a. a. O., S. 407. Nicht alle Akteure befleißigen sich natürlich eines solch pathetischen Vokabulars. Indes scheint das lebensemphatische Deutungsmuster selbst noch in den Ausführungen jener Vertreter einer „reinen ‚Dichtungswissenschaft'" seine Spuren zu hinterlassen, die – wie etwa Robert Petsch – als „eigentlich sach-gemäße Betrachtung" der Dichtung empfehlen, „das Gebäude der Dichtung in seiner wissenschaftlichen Spiegelung auf eigenem Boden, mit eigenen Werkzeugen und nach eigenem Grundriß auf[zu]führen." (Petsch, Robert: Bemerkungen. Was heißt: „Allgemeine Literaturwissenschaft"? Einführende Bemerkungen, in: Zeitschrift für Ästhetik und allgemeine Kunstwissenschaft, 1934, S. 254–260, hier: S. 258). Ganz ohne ein auch körperlich sich manifestierendes Involviertsein scheint auch der Dichtungswissenschaftler seine Sache nicht betreiben zu können, denn: „Das höchste, mit der Sache selbst gegebene Ziel können wir nur erreichen, wenn wir auch als Forscher nicht mit trockener Pedanterie, sondern mit schlagendem Herzen einem Gedicht gegenübertreten." (255) Auch hier noch zeigt sich die Wirkmächtigkeit des Lebensdiskurses, demgegenüber jedwede literaturwissenschaftliche Tätigkeit, die sich als geistige Tätigkeit allein zu codieren wagte, suspekt und defizitär erscheint.

[147] Kindermann, Heinz: Umwertung des deutschen Schrifttums, in: Deutscher Almanach, 1935, S. 142–150, hier: S. 143.

[148] Kindermann, Heinz: a. a. O., S. 144f. Die politischen Implikationen einer solchen „volkhaften Lebenswissenschaft" zeigt Kindermann u. a. in seiner Schrift *Dichtung und Volkheit*, in der er die *Grundzüge einer neuen Literaturwissenschaft* skizziert, auf: „Literaturwissenschaft als volkhafte Lebenswissenschaft wird von nun an nie mehr kleindeutsch, sondern nurmehr gesamtdeutsch getrieben werden dürfen." (Kindermann, Heinz: Dichtung und Volkheit. Grundzüge einer neuen Literaturwissenschaft, Berlin 1937, S. 94.) S. dazu III.4.2.

Ähnlich wie bei Linden so ist auch Kindermanns Entwurf einer nicht zuletzt auf den politischen Resonanzraum abgezielten „volkhaften Lebenswissenschaft"[149] gekoppelt an die Verheißung eines unentfremdeten Forscherdaseins, das in der Beschäftigung mit der „höchsten menschlichen Phantasieschöpfung"[150] die Kluft zwischen Wissenschaft und Leben zu überbrücken imstande ist, „damit sich auch uns Literarhistorikern der sehnliche Wunsch Paul Ernsts erfülle: ‚… denn ich möchte auf das Leben wirken und nicht auf Bücher.'"[151] Ein neues Maß an Wirkungs-, Verhaltens- und Orientierungssicherheit kennzeichnet demzufolge den „neuen" Wissenschaftlertypus:

> Steht der Literaturforscher als Deutscher und ganzer Kerl in dem Volkszusammenhang, den wir uns wünschen, in dem Zusammenhang des organischen Lebens, in dem Erlebensbereich der leidenschaftlichen Anteilnahme, von denen wir sprachen, dann wird ihm von der gemeinsamen Grundhaltung her das Wie des Weges keine Zweifel offen lassen.[152]

Wie letzteres gemeint sein kann, dies exemplifiziert Kindermann gleich selbst. Er zeigt, dass die „ganzen Kerle" der Wissenschaft es auch gerne mit den „ganzen Kerlen" der Literatur zu tun haben. Das Bild des Autors, das Kindermann hier von Klopstock zeichnet, ähnelt jedenfalls auffällig dem Bild, das er vom „neuen" Literaturwissenschaftler zeichnet. Wie sehr also das sich in der Argumentationsfigur der Revitalisierung artikulierende Deutungsmuster nicht nur den programmatischen Selbstverständigungsdiskurs konturiert, sondern auch auf die konkretere Ebene der Gegenstandskonstitution ausstrahlt, wird schlaglichtartig deutlich, wenn Kindermann in der gleichen Schrift über Klopstock festhält:

> Daß selbst hinter dieser Naturdarstellung [im „Zürchersee"; G. K.] kein Stubenhocker steckte, der Berg und See und Wald nur vom Schreibtisch aus bewunderte, sondern daß hier ein ganzer Kerl sprach, der ritt und schwamm und Eis lief und sich so zum Schrecken des zimperlichen Bodmer als einer der ersten Deutschen mit Sinn für Freiluft- und Körperkultur erwies, davon hatten die Aufklärer und die Empfindsamen unter Klopstocks Zeitgenossen kaum eine Ahnung.[153]

Als „zimperliche", lebensfremde und auf geistige Tätigkeit allein sich beschränkende „Stubenhocker" wollen aber auch die jüngeren Nachwuchswissenschaftler nicht mehr gelten. Paul Böckmann betont, dass es nunmehr „besonnener Arbeit und gemeinsamer Sorge be-

---

149 S. dazu im Detail III.4.
150 Kindermann, Heinz: Umwertung des deutschen Schrifttums, in: Deutscher Almanach, 1935, S. 142–150, hier: S. 145.
151 Kindermann, Heinz: Die deutsche Literaturwissenschaft an der Wende zweier Zeitalter, in: Geist der Zeit. Wesen und Gestalt der Völker (Organ des Deutschen Akademischen Austauschdienstes, hg. Von Wilhelm Burmeister und Dr. Herbert Scurla), Heft 1, 1943, S. 1–17, hier: S. 16.
152 Kindermann, Heinz: Dichtung und Volkheit. Grundzüge einer neuen Literaturwissenschaft, Berlin 1937, S. 72f.
153 Kindermann, Heinz: a. a. O., S. 25.

dürfe[], bis die Entfremdung zwischen Wissenschaft und Öffentlichkeit in ein gesundes Lebensverhältnis sich verwandelt hat"[154]; Günther Weydt bekundet als vordringliches Anliegen der jungen Literaturwissenschaftler in der „neuen Ordnung": „Wir wollen nicht eine neue Methode, nicht einmal eine neue Wissenschaft. Wir sind ausgezogen, eine neue Einheit des Lebens zu finden"[155]; und Gerhard Fricke betrachtet es als die „gewaltige Aufgabe" seiner Disziplin, „hindurchzustoßen [...] von der Buch- und Kathederwissenschaft zu einer volksverbundenen und volksdienenden Lebenswissenschaft."[156]

Einen „lebensgesetzlichen Durchstoß in der Literaturwissenschaft"[157] fordert schließlich mit polemischem Nachdruck auch ein zwischen den Grenzen von Wissenschaft und dezidiert nationalsozialistischer Wissenschaftspolitik oszillierender Akteur wie Hans Rössner.[158] „Die Literaturwissenschaft", so Rössner in seinem radikal sich inszenierenden Aufruf an die Disziplin zu einer „Verpflichtung zum lebensgesetzlichen Forschen" weiter, „glich allzuoft peinlich einer literarischen Museumsverwaltung, die sich an geistesgeschichtlichen Bestandsaufnahmen genugtat und über den bloßen Seinsweisen der Dichtung ihre Wir-

---

154 Böckmann, Paul: Rezension Walter Linden: Aufgaben einer nationalen Literaturwissenschaft, in: Zeitschrift für Deutsche Bildung, 10, 1934, S. 105.
155 Weydt, Günther: Die germanistische Wissenschaft in der neuen Ordnung, in: ZfDB 9, 1933, S. 638–641, hier: S. 641.
156 Fricke, Gerhard: Über die Aufgabe und die Aufgaben der Deutschwissenschaft, in: ZfDB, 9, 1933, S. 494–501, hier: S. 496. In der Zeitschrift *Volk im Werden* verkündet Fricke programmatisch: „Der Nichts-als-Gelehrte, der theoretische Mensch, der sich beschränkt auf die regelmäßige, ihm beruflich vorgeschriebene Wissensspendung, ist als Führer, Bildner und Erzieher des politisch-soldatisch-kameradschaftlichen Studenten zur Form des deutschen Menschen nicht geeignet. [...] Die ‚wissenschaftliche Laufbahn' ist gerade nicht für diejenigen bestimmt, die an allen anderen sie praktisch dem Leben und der Wirklichkeit gegenüberstellenden Berufen zu scheitern drohen oder sich ihnen überlegen dünken (beides hängt zusammen)." Dass sich Fricke in seiner anti-akademischen Kritik an einer „verkopften" Hochschullehrerschaft, an einem zu „eingähnender Passivität" reizenden Vorlesungs- und Seminarbetrieb wie an den universitären Bildungszielen überhaupt nicht zuletzt auf Nietzsche beruft, wird deutlich, wenn er zu dem Urteil kommt: „Alles Reden und Schreiben über den Historismus hat praktisch an der hoffnungslosen Historisierung unseres Bildungswesens nichts geändert. Wenn Nietzsche vor der Förderung einer Wissenschaft auf Unkosten des Menschen warnte, wenn er Entartung der Gesinnung, Rückschritt und Verkümmerung der Menschheit daraus erwachsen sah, so ist das weithin eingetroffen. [...] Aufs höchste in ihrer Lebenstauglichkeit gefährdete Segmente aus Universalenzyklopädien, nicht aber deutsch gebildete Menschen sind das Ergebnis. [...] Heute aber ist dem Gegenwart im völkischen, nationalsozialistischen Staatsgefühl wieder ein eigener Halt, eine gültige Kraftmitte gegeben. Damit wird echtes, sinnvolles und **fruchtbares Anschauen der Geschichte** wieder möglich. Wir können es wieder wagen, uns mit der Geschichte einzulassen, denn nur der sieht und versteht Geschichte, der selber Geschichte lebt und erlebt." (Fricke, Gerhard: Zur inneren Reform des philologischen Hochschulstudiums, in: Volk im Werden, 1, 1933, Heft IV, S. 29–35, hier: S. 29 und 30 f.)
157 Rössner, Hans: Zur Neuordnung der Literaturwissenschaft, in: Volk im Werden. Zeitschrift für Kulturpolitik, 6, 1938, S. 166–174, hier: S. 169.
158 Zu den wissenschaftlichen und kulturpolitischen Aktivitäten des SS-Mannes Rössner s. Simon, Gerd: a. a. O.

kungsweisen vergaß und übersah. Was Dichtkunst sei und sein soll im Lebenszusammenhang des Volkes – das ist eine der letzten Fragen der Literaturwissenschaft."[159]

Die „Verpflichtung zum lebensgesetzlichen Forschen" resultiert nach Rössner aus der „Verpflichtung vor der völkischen Lebenswirklichkeit". Wie sich der Bonner Assistent und Referent in der Wissenschaftsabteilung im SD-Hauptamt eine revitalisierte Literaturwissenschaft vorstellt, die durch „lebensgesetzliche Forschung" und das Ethos eines „harte[n], nüchterne[n] Realismus" geprägt ist, daran lässt er keinerlei Zweifel:

> Wenn die Literaturwissenschaft sich als Wissenschaft vom deutschen Wesen versteht, wie es sich in sprachkünstlerischer Gestaltung geschichtlich erfüllt und abgewandelt hat, dann ist sie zuerst eben dieser völkischen Lebenswirklichkeit und ihrer geistigen Formung verpflichtet. Das ist die ‚Lebensidee' einer völkischen Literaturwissenschaft. Was sie als ‚Hilfswissenschaft' heute braucht, das sind nicht vorerst [...] Philosophie, Ästhetik und Stilkunde. Es sind vor allem neben der weltanschaulichen Grundlage die gesicherten Ergebnisse lebensgesetzlichen Denkens, der Rassenbiologie und der Rassensoziologie. Die endgültige Vereinigung zwischen Literaturwissenschaft [...] und der Rassenkunde ist noch nicht vollzogen. Sie ist ein Grundproblem aller zukünftigen Wissenschaft.[160]

Dass es sich bei der Rede vom „Leben" bzw. der Klage über die Lebensferne der Literaturwissenschaft um denkstilspezifische, im wahrsten Sinne des Wortes eingeprägte Repertoireelemente handelt, deren Verwendung auch die Grenzen individueller politischer Optionen und Zwänge transzendiert, wird deutlich, wenn sich auch ein zur Emigration gezwungener Germanist wie Albert Malte Wagner 1938 in der von Thomas Mann mitherausgegebenen Exilzeitschrift *Mass und Wert* anlässlich seiner Betrachtung über den Niedergang der *deutschen Universität und der deutschen Germanistik* ihrer bedient:

> Es ist oft behauptet worden, daß der Hauptgrund für den Niedergang des Humanismus seit 1870 in dem Übergewicht der Naturwissenschaften zu suchen sei. Es ist richtig, daß die wirklichen Köpfe in der Jugend immer mehr zur Chemie und Physik, später zur Technik und Industrie abwanderten. Es ist weiter richtig, daß im Umkreis der Fakultät, die in erster Linie als Stütze und Ausdruck des Humanismus angesehen wird, in der philosophischen, keine Leistungen vorhanden waren, die mit den Erfolgen etwa der organischen Chemie und der Elektrizität verglichen werden konnten. Aber das ist gar nicht das Entscheidende. Das Vorhandensein hervorragender Fachleistungen, auch auf manchen Gebieten der humanistischen Wissenschaften, wird durchaus nicht be-

---

159 Rössner, Hans: a. a. O., S. 172. Weiterhin heißt es apodiktisch: „Wo aber dies ‚innere Gesamtleben' und seine realen Erscheinungen nicht zutiefst erlebt werden, da helfen keine methodischen Besinnungen, keine begrifflichen Logizismen und keine Philosophie der Dichtkunst zu einem wahrhaft volkhaften Ansatz neuer Wissenschaft." (S. 169 f.)
160 Rössner, Hans: a. a. O., S. 169. Zu Rössners Konzept einer radikalisierten, rassenkundlich fundierten Literaturwissenschaft s. detaillierter III.3.2.

stritten. Bestritten wird, daß diese Fachleistungen ein Ziel hatten, das sie mit der Gesamtkultur verband, und diese nicht nur nicht förderte, sondern sogar nicht einmal mehr den Versuch machte, sie erkennend zu begreifen. Wichtig war nicht mehr Leistung und Resultat, sondern die Selbstzweck gewordene Methode. Mit der Methode beherrschte ein Professor eine Schar von ihm abhängiger Existenzen, die selber einmal Professor werden wollten, und das nur konnten, wenn sie auf die Methode ihres Meisters, der keiner war, schwören und jeden für einen Dilettanten erklärten, der über mehr als einen Bischof arbeiten wollte. Die Methode schuf die ‚Schule', das ist die Partei der Mittelmäßigkeiten. Die Partei war wichtiger als Wissenschaft, Kultur und Leben. Sie war geschäftig aber niemals fruchtbar, wenn anders Fruchtbarkeit die zeugende Wirkung auf das Gesamtleben bedeutet.[161]

Das breite Spektrum sowohl der Generationszugehörigkeit als auch der methodischen Ausrichtung jener, die am Lebensdiskurs nach 1933 partizipieren verweist auf die Nobilitierung wie auch auf die Anschlussfähigkeit der Rede vom „Leben" im Allgemeinen, der Argumentationsfigur der Revitalisierung im Besonderen innerhalb der Disziplin. Man kann geradezu von einer Neu- bzw. Reinszenierung des Lebens-Diskurses innerhalb der Literaturwissenschaft nach 1933 sprechen. Dies gilt nicht nur, aber in verstärktem Maße für die ersten Jahre nach dem politischen Systemwechsel. Für diese Wiederholung eines bereits etablierten „Sprachspiels" lassen sich mehrere Gründe anführen:

Zunächst spielt die Irritation durch die politische Zäsur sicherlich eine nicht unwesentliche Rolle in diesem Zusammenhang. Die zahlreichen, programmatischen Selbstthematisierungstexte, die im unmittelbaren, historischen Umfeld der Machtübergabe, aber auch bis 1945 noch erscheinen, belegen, dass es sich bei den Veränderungen innerhalb des politischen Feldes um eine „Erschütterung" handelt, auf die in irgendeiner Weise zu reagieren die Disziplin sich berufen oder genötigt sieht. Der Begriff der Erschütterung kann hier in dem spezifischen Sinne verstanden werden, den Ludwik Fleck ihm zuspricht, wenn er über die Bedingungen für die Umgestaltung einmal etablierter Gedanken innerhalb einer „Denkgruppe" spricht:

Nur wenn der Stil sich zeitweilig stabilisiert, d. h. wenn sich die Denkgruppe für eine Weile im Ruhezustand befindet, entwickeln sich Kreise gleichrangiger Fachleute. In

---

161 Wagner, Albert Malte: Die deutsche Universität und die deutsche Germanistik, in: Mass und Wert, Zweimonatsschrift für freie deutsche Kultur, Heft 2, II. Jahrgang, November/Dezember 1938, S. 242–250, hier: S. 243 f. Wagner zufolge beginnt der Niedergang der deutschen Universität wie der der Germanistik, der mit der nationalsozialistischen Wissenschaftspolitik lediglich einen weithin sichtbaren Höhepunkt erreicht habe, bereits im letzten Drittel des 19. Jahrhunderts. Zum Leben und Wirken Wagners zwischen Emigration, Remigration in die DDR nach 1945 und erneuter Emigration nach England s. Boden, Petra: Universitätsgermanistik in der SBZ/DDR. Personalpolitik und struktureller Wandel, in: dies./Rosenberg, Rainer (Hrsg.): Deutsche Literaturwissenschaft 1945–1965. Fallstudien zu Institutionen, Diskursen, Personen, Berlin 1997, S. 119–159; Pleßke, Gabriele: Weltbild wider das „Dunkelmännertum". Der jüdische Gelehrte Albert Malte Wagner, in: Diagonal. Zeitschrift der Universität Siegen, 2, 2001, S. 73–89.

einem solchen sozialen Organismus kann er [ein Gedanke; G. K.] *zeitweilig* mit einer nur minimalen Umgestaltung kreisen, in idealen Fällen sogar ohne Umgestaltung als ein Austausch konventioneller Parolen. Aber jede Erschütterung, jeder neue schöpferische Herd zerstört die Bahnen des unveränderlichen Kreisens und leitet erneut ein umgestaltendes Kreisen ein.[162]

Überträgt man diese Überlegungen allgemeinerer Natur auf die Situation innerhalb des literaturwissenschaftlichen Feldes am Vorabend des Systemwechsels, so könnte man als „Ruhezustand" jene Phase etwa seit der zweiten Hälfte der 1920er Jahre charakterisieren, in der sich die programmatischen Überlegungen innerhalb der Disziplin – weitestgehend konsensuell – auf das Selbstbild einer zwischen Lebensbezogenheit und Rephilologisierung die Mitte haltenden Disziplin einpendelt.[163] Die Kommunikation dieses Gedankens einer in ihrem Ethos ausbalancierten Disziplin nimmt in der Tat den Charakter eines „Austauschs konventioneller Parolen" an, die indes durch die politische „Erschütterung" von 1933 irritiert wird. Allerdings reagiert man innerhalb der Disziplin auf diesen politischen Wandel zunächst mit einem „umgestaltenden Kreisen", das so neu, wie es sich auf der programmatischen Ebene selbst inszeniert, keineswegs ist.

Vielmehr – und dies dürfte ein weiterer Grund für die erneute Resonanz des Lebens-Diskurses sein – bedient man sich einer bereits eingeübten Redeweise; eines „Sprachspiels", das, um den Lebens-Begriff zentriert und strukturiert durch die Argumentationsfigur der

---

162 Fleck, Ludwik: Das Problem einer Theorie des Erkennens [1936], in: ders.: Erfahrung und Tatsache. Gesammelte Aufsätze. Mit einer Einleitung herausgegeben von Lothar Schäfer und Thomas Schnelle, Frankfurt am Main 1983, S. 84–127, hier: S. 94.

163 Ohne hier das gängige, etwas grobschnittige und bisweilen ein wenig überstrapazierte Drei-Phasen-Schema zur diachronen Charakterisierung der Gesamtentwicklung der Weimarer Republik auf die Tendenzen innerhalb der Literaturwissenschaft übertragen zu wollen; von Ferne zumindest erinnert der „Ruhezustand", der innerhalb der Literaturwissenschaft zumindest auf der Ebene der programmatischen Reflexion des disziplinären Handlungsbewusstseins herrscht (eine Ebene, die nicht mit der zunehmend sich pluralisierenden methodologischen Ebene verwechselt werden sollte) wie auch sein Ende, erneut an jene Charakterisierung der Stimmungslage der 1920er Jahre, die Sebastian Haffner im Blick vor allem auf die Generation der in der ersten Dekade Geborenen entwirft: „Ungefähr zwanzig Jahrgänge junger und jüngster Deutscher waren daran gewöhnt worden, ihren ganzen Lebensinhalt, allen Stoff für tiefere Emotionen, für Liebe und Haß, Jubel und Trauer, aber auch alle Sensationen und jeden Nervenkitzel sozusagen gratis aus der öffentlichen Sphäre geliefert zu bekommen – sei es auch zugleich mit Armut, Hunger, Tod, Wirrsal und Gefahr. Nun, da diese Belieferung plötzlich ausblieb [Haffner meint hier die sog. „Stabilisierungsphase" der Weimarer Republik seit ungefähr 1923; G. K.], standen sie ziemlich hilflos da, verarmt, beraubt, enttäuscht und gelangweilt. Wie man aus eigenem lebt, wie man ein kleines privates Leben groß, schön und lohnend machen kann, wie man es genießt und wo es interessant wird, das hatten sie nie gelernt. So empfanden sie das Aufhören der öffentlichen Spannung und die Wiederkehr der privaten Freiheit nicht als Geschenk sondern als Beraubung. Sie begannen sich zu langweilen, sie kamen auf dumme Gedanken, sie wurden mürrisch – und sie warteten schließlich geradezu gierig auf die erste Störung, den ersten Rückschlag oder Zwischenfall, um die ganze Friedenszeit zu liquidieren und neue kollektive Abenteuer zu starten." (Haffner, Sebastian: a. a. O., S. 70)

Revitalisierung, schon einmal, mehr als zwanzig Jahre zuvor, einen Wandel des disziplinären Denkstils indiziert und seinen resonanzstrategischen Gebrauchswert dokumentiert hatte. Es ist der Griff in ein schon erprobtes semantisches Repertoire, die Wiederaufführung des im Zuge der philologiekritischen Wende bereits mit Erfolg gegebenen „Schauspiels" über eine Disziplin, die sich im Zeichen des Lebens aus Krise und Stillstand herauswandelt, mit der man gleichsam wie in einem diskursiven Reflex auf die veränderten politischen Verhältnisse reagiert.

Unabhängig davon, ob man sich angesichts der gewandelten Resonanzkonstellation nun in der Tat auch neue Impulse entweder für eine Vereinheitlichung der seit der geistesgeschichtlichen Wende methodologisch pluralisierten Disziplin oder Positionsverbesserungen verspricht, oder ob man sich einfach nur genötigt fühlt, auf die pompöse Inszenierung einer „neuen Zeit" in der Politik legitimationsstrategisch mit einer semantischen Parallelaktion reagieren zu müssen – die programmatische Forderung nach einer „neuen" Lebens- und Wirklichkeitsbezogenheit der Literaturwissenschaft kann disziplinintern auf Zustimmung rechnen. Markiert sie doch genau jenen denkstilkonturierenden, aber inhaltlich vagen, Minimalkonsens, auf den sich auch solche Forscher einigen können, zwischen denen in methodischer Hinsicht erhebliche Differenzen bestehen. Gerade die semantische Flexibilität, bzw. die Vagheit des Lebens-Begriffes machen es möglich, dass in seinem Namen sowohl ein geistesgeschichtlich ausgerichteter Wissenschaftler wie Korff, als auch ein wissenschaftspolitischer Akteur wie Rössner für eine „neue" Wirklichkeitsorientierung der Literaturwissenschaft optieren können. Eine Literaturwissenschaft, die sich explizit weigerte, eine Lebenswissenschaft sein oder werden zu wollen – dies ist innerhalb des Denkstils der Disziplin vor wie nach 1933 ein kaum denkbarer, zumindest aber ein kaum kommunizierbarer Gedanke.

Reinhart Koselleck weist darauf hin, dass es ein gängiger Topos im Rahmen der semantischen Inszenierung einer „neuen Zeit" ist, dass jene, die sich als Generationsgenossen einer solchen empfinden, „einen qualitativen Anspruch anmelden, nämlich neu zu sein in dem Sinne des ganz Anderen, gar Besseren gegenüber der Vorzeit. Dann indiziert die neue Zeit neue Erfahrungen, die so zuvor noch nie gemacht worden seien, er gewinnt eine Emphase, die dem neuen einen epochalen Zeitcharakter zumißt."[164] Diese Charakterisierung trifft sicherlich auf die Inszenierung des „Dritten Reiches" als Beginn einer neuen Epoche für Deutschland zu. *Mutatis mutandis* scheint sie aber auch die programmatischen Verlautbarungen innerhalb der Literaturwissenschaft recht angemessen zu beschreiben.

Ein weiterer Grund für die andauernde Präsenz des Lebens-Diskurses nach 1933 ist darin zu sehen, dass das Bekenntnis zu einer intensivierten Lebensbezogenheit der eigenen Disziplin auch über das wissenschaftliche Feld hinaus unmittelbare Anschlussfähigkeit verspricht. Ermöglicht der semantisch diffuse Scharnierbegriff des Lebens doch die innerdiszi-

---

164 Koselleck, Reinhart: „Neuzeit". Zur Semantik moderner Bewegungsbegriffe, in: ders.: Vergangene Zukunft. Zur Semantik geschichtlicher Zeiten, Frankfurt am Main 1989, S. 300–348, hier: S. 310)

plinär kompatible „Insinuierung der Übereinstimmung"[165] mit einer nicht minder diffusen Größe: nämlich den wissenschaftspolitischen Erwartungen der „neuen Bewegung". So eklektizistisch, heterogen und widersprüchlich diese Erwartungen auch gewesen sein mögen (vgl. II.), die programmatische Forderung, „die Trennung zwischen Wissenschaft und Leben müsse aufgehoben werden"[166], gehört sicherlich zum festen Bestandteil der Verlautbarungen nahezu aller wissenschaftspolitisch Aktiven. Dieser wissenschaftsextern lancierte Druck, sich durch den Ausweis gesteigerter Lebensbezogenheit zu legitimieren, ein Druck, der zugleich auch die strategische Chance eröffnet, sich eben durch diesen Ausweis Resonanzvorteile zu verschaffen, wird der Literaturwissenschaft im Rahmen unmittelbarerer wissenschaftspolitischer Beobachtungsdiskurse immer wieder vermittelt. So heißt es etwa bei Hellmuth Langenbucher in einer Bestandsaufnahme zur *Literaturwissenschaft und Gegenwartsdichtung*, die im Rahmen der Schriftenreihe der „Bücherkunde" des Amtes Rosenberg erscheint:

> [...] aber unsere Auffassung von den Aufgaben der Wissenschaft bringt es mit sich, daß auch dieses strömende, dieses immer sich bewegende Leben [gemeint sind hier die Erzeugnisse der Gegenwartsdichtung; G. K.] Gegenstand unserer Arbeit sei. Es ist das Wesen einer kämpferischen Wissenschaft, daß sie mit dem Leben geht, im Leben ihren Ausgangspunkt nimmt und auf das Leben zurückwirkt.[167]

---

165 Danneberg, Lutz/Schernus, Wilhelm: Der Streit um den Wissenschaftsbegriff während des Nationalsozialismus – Thesen, in: Dainat, Holger/Danneberg, Lutz (Hrsg.): a. a. O., S. 41–53, hier: S. 41.

166 Grüttner, Michael: Die nationalsozialistische Wissenschaftspolitik und die Geisteswissenschaften, in: Dainat, Holger/Danneberg, Lutz (Hrsg.): a. a. O., S. 13–39, hier: S. 16. So heißt es etwa – um nur ein Beispiel zu nennen – bei Ernst Krieck: „Wissenschaft steht nicht außerhalb des Geschehens auf einer ewigen und unerschütterlichen Insel reiner und absoluter Vernunft, sondern sie ist mit ihren Ansatzpunkten, ihren Weisen und Wegen, ihren Werten, Zielen und Aufgaben in das lebendige Geschehen, in das völkisch-geschichtliche Werden einbezogen und nimmt erleidend und tätig an diesem Geschehen und Werden Anteil." (Krieck, Ernst: Wissenschaft, Weltanschauung, Hochschulreform, Leipzig 1934, S. 7)

167 Langenbucher, Hellmuth: Literaturwissenschaft und Gegenwartsdichtung, in: Hans Hagemeyer (Hrsg.): Einsamkeit und Gemeinschaft. Schriftenreihe der „Bücherkunde", Band 6, Stuttgart 1939, S. 64–84, S. 74. In dem 1938 erschienenen kritischen Überblick über die Wandlungen innerhalb der Literaturwissenschaft im Rahmen der ersten fünf Jahre der NS-Herrschaft, heißt es: „Was hier ganz allgemein über das wissenschaftliche Arbeiten gesagt worden ist, das gilt in einem besonderen Maße für die **Literaturwissenschaft**. Die Literaturwissenschaft hat es mit der Dichtung unseres Volkes zu tun. Dichtung ist gestaltetes Leben, und wir sind heute so weit, zu wissen, daß dieses gestaltete Leben, wie es sich seit Jahrhunderten in der Dichtung unseres Volkes niedergeschlagen hat, nur dann vollen Symbolgehalt und damit volle Lebensmächtigkeit für uns hat, wenn sie sich in ihrer wurzelhaften Verbindung mit dem Leben und dem Wesen unseres Volkes ausweist. Wenn wir heute von der Wissenschaft verlangen, daß sie sich in eine enge Verbindung zum Leben unserer Zeit bringe, daß sie auf ihr Sonderdasein verzichte und sich statt dessen mühe, nicht nur ein geistreiches Spiel zu treiben, sondern mit tiefem Ernst dem **Leben** zu dienen, dann muß sich dieses Verlangen innerhalb einer Wissenschaft, deren Gegenstand künstlerisch verdichtetes Leben ist, in besonders tiefgreifender Weise und in einem revolutionären Ausmaße auswirken." (Langenbucher, Hellmuth: Die Geschichte der deutschen Dich-

„Immer", so Langenbucher seine mit Drohungen gegen die zeitgenössische Literaturwissenschaft durchsetzten Ausführungen zusammenfassend, „hat das Leben das letzte Wort, und weil dem so ist, bleibt uns allen, wenn wir mit unserer Arbeit bestehen wollen, nichts anderes übrig, als dem Leben zu dienen, wenn die Gegenstände, mit denen wir es dabei zu tun bekommen, auch von noch so viel Fragezeichen umgeben sein mögen."[168]

In der *Nationalsozialistischen Bibliographie*, herausgegeben von der parteiamtlichen Prüfungskommission, zeichnet Wolfgang Lutz ein dunkles Bild der vor-nationalsozialistischen, lebensfernen Literaturgeschichtsschreibung:

> Die zünftige Literaturgeschichtsschreibung hatte sich verschiedene Steckenpferde gesucht, die sie immer mehr von der breiten Öffentlichkeit des gesamten Volkes, das sich letztlich eine Literaturgeschichte als wahren Wegweiser und Ratgeber wünscht, in die Regionen der Vereinsamung trugen. Schließlich war die gesamte deutsche Literaturforschergeneration zu einer dem wahren deutschen Leben fernen, literarischen Kaste geworden. Jeder völkische Instinkt war verlorengegangen, in Urteil und Schau fehlte jede Bindung an das Leben. [...] So trat der Nationalsozialismus auf dem Gebiete der deutschen Literaturgeschichtsschreibung ein in jeder Hinsicht trauriges Erbe an.[169]

Im gleichen parteilichen Publikationsorgan leitet Hans W. Hagen seine Überlegungen *Zur Entwicklung der deutschen Literaturgeschichtsschreibung* mit der apodiktischen Feststellung ein, dass es „eine bewußte Irreführung" sei, „wenn behauptet wird, Wissenschaft vollziehe sich auf einer objektiven Ebene des Geistes, die sich über den von ihr verachteten Tageskampf der Anschauungen emporhebe in eine Region, die von den Erschütterungen des augenblicklichen Lebens nicht mehr ergriffen werde."[170]

Und auch Alfred Nollau zeichnet im Rahmen einer mit Lob nicht geizenden Besprechung von Kindermanns Schrift *Dichtung und Volkheit* und mit Blick auf die Literaturwissenschaft der Weimarer Republik das Bild des „abseitige[n] und zeitenferne[n] Ästheten",

---

tung. Programme, Forderungen und Aufgaben der Literaturwissenschaft im Neuen Reich, in: Nationalsozialistische Monatshefte, 9, 1938, S. 293–310 und S. 435–445, hier: S. 294)

168 Langenbucher, Hellmuth: Literaturwissenschaft und Gegenwartsdichtung, in: Hans Hagemeyer (Hrsg.): Einsamkeit und Gemeinschaft. Schriftenreihe der „Bücherkunde", Band 6, Stuttgart 1939, S. 64–84, hier: S. 84.

169 Lutz, Wolfgang: Gedanken zur nationalsozialistischen Literaturgeschichte, in: Nationalsozialistische Bibliographie, 1938, S. XII–XX, hier: S. XIIf.

170 Hagen, Hans W.: Zur Entwicklung der deutschen Literaturgeschichtsschreibung, in: NS-Bibliographie, 3, 1938, S. I–XI, hier: S. I. „Die Literaturgeschichtsschreibung der Nachkriegsjahre", so lautet auch Hagens Beurteilung der Literaturwissenschaft zwischen 1918 und 1933 im Rahmen seines *before-and-after-designs*, „stand unter dem Zeichen einer babylonischen Begriffsverwirrung." Ein neuer Weg der Literaturgeschichtsschreibung war nach Hagen „erst dann möglich, als eine geschlossene Weltanschauung die auseinanderstrebenden Meinungen beseitigte und überwand. Im Augenblick, als der Nationalsozialismus das Volk zu sich selbst zurückführte, wurde auch der geistige Boden bereitet für eine neue Weltanschauung. Nur von ihr genährt, wird sich auch die neue Literaturgeschichtsschreibung wieder zu zusammenschauenden, großen Werken erheben können." (S. XI)

dessen lebensfremdes Stubengelehrtentum es nunmehr zu überwinden gälte. Nicht ohne drohenden Unterton versichert er solchen, am Ideal eines verfehlten „Objektivismus" festhaltenden, Gelehrten:

> [A]ber wenn einmal die Zeit kommt, in der die **Naturgeschichte des deutschen Gelehrten geschrieben wird**, dann wird man ihrer ganz besonders zu gedenken haben. Und man wird die Frage stellen, wie es wohl möglich war, daß der Zusammenbruch eines Volkes sie nicht zur Besinnung brachte und sie **in der Stubenenge ihres Gelehrtendaseins** die Erschütterungen einer Welt, den Wahnsinn eines Friedens und den Haß und die Lüge und die Not und den Kampf nicht verspürten.[171]

Der Auszug aus „der Stubenenge des Gelehrtendaseins" wird also nicht nur disziplinintern auf programmatischer Ebene im Zeichen des Lebens reinszeniert, er wird – dies zeigen die hier angeführten Quellen – auch als vehemente Forderung aus dem wissenschaftspolitischen Raum an die Disziplin herangetragen.

Der Lebens-Diskurs bildet angesichts dieses wechselseitig sich verstärkenden Zusammenhangs zwischen esoterischen Verlautbarungen und exoterisch forciertem Legitimationsdruck sozusagen den diskursiven Rahmen, innerhalb dessen das Bild des Faches zwischen 1933 und 1945 eingespannt bleiben wird.[172] Der inner- wie außerfachlich positiv konnotierte Lebens-Diskurs markiert somit gleichsam die äußerste konsensträchtige Diskursschicht, die die „Spiele" um die Grenzen, d. h. die Auseinandersetzungen um die programmatische Gestaltung der Literaturwissenschaft unter gewandelten Resonanzverhältnissen überwölbt, konturiert und durchzieht. Die Unschärfe und Unbestimmtheit des Scharnierbegriffes gestattet es, dass die Inszenierung einer „neuen" Lebensbezogenheit sowohl als bloßer resonanzsemantischer Schutzgürtel für jene fungieren kann, die – wie etwa Korff –

---

171 Nollau, Alfred: Gesamtdeutsches Denken. Eine Aufgabe der deutschen Literaturwissenschaft unserer Zeit, in: Der Auslandsdeutsche. Zeitschrift für die Kunde vom Auslandsdeutschtum, 20, 1937, S. 478–481, hier: S. 478f.

172 Eingang findet dieser Diskurs deshalb natürlich auch in jene Textdokumente, in denen es ganz unmittelbar um die Mobilisierung finanzieller Ressourcen geht. So leitet etwa Ernst Rupprecht seinen für die DFG verfassten Arbeitsplan zu seinem Habilitationsthema „Volk und Mythos: Die Weltanschauung der Romantik" mit den Bemerkungen ein: „Einleitend möchte ich die Notwendigkeit einer neuorientierten Literaturwissenschaft darlegen. Die noch heute herrschenden Methoden philologische Untersuchung des Stoffs, aesthetische Betrachtung der Form, philosophische Ausdeutung des Ideengehalts – führen vom Lebendigen eines Werks hinweg. […] Die Gefahr abstrakter Konstruktionen liegt nahe. Immer mehr wurde auf diese Weise die Literaturwissenschaft volksfremd, eine Angelegenheit weniger, sich vom Leben der Zeit abschliessender Menschen: Eine neue Literaturwissenschaft wird im Gegensatz dazu ihre Aufgabe darin erblicken, die Brücke zu schlagen zwischen dem Geheimnis des Kunstwerks und dem Leben des Tages. Sie muss deshalb ebenso geist- wie lebensnahe sein, unbelastet von Begriffsschemen und aesthetischen Wertmassstäben muss sie an die Werke herantreten, bedrängt von den Lebensfragen der Zeit. Denn jedes schöpferische Bemühen, in welchem Stoff es auch geschieht, ist, wenn auch völlig unbewusst, eine Auseinandersetzung mit diesem Lebensproblem." (Ernst Rupprecht an die DFG, 12.11.1936; BAK, R 73/14114)

weiterhin geistesgeschichtlich orientierte Literaturgeschichtsschreibung betreiben, als auch als legitimer Bezugsdiskurs für jene, die – wie Rössner – die Vorstellung einer kulturpolitisch aktivistischen, rassenkundlichen Literaturwissenschaft propagieren.

In den bisher skizzierten Stellungnahmen zeigt sich jedoch bereits auch, dass die bloße Beschwörung einer Literaturwissenschaft als Lebenswissenschaft lediglich den – allerdings immer wieder abgerufenen – disziplinären Minimalkonsens markiert. Einen Minimalkonsens mithin, der über die konkreteren, im Einzelfall je propagierten und zur Anwendung gelangten Konzepte der Methodik wie der Gegenstandkonstitution wenig aussagt. Im resonanzsemantischen, pragmatischen „Nutzwert" des Lebens-Diskurses, den er für die legitimatorische Selbstdarstellung der Disziplin wie deren Vertreter zweifellos hat, liegt zugleich auch seine Problematik. Für die erhoffte Homogenisierung der methodisch pluralisierten Literaturwissenschaft taugt er (erneut) nicht. Im Zeichen des Lebens, d. h. im Rahmen eines prinzipiell lebenswissenschaftlich grundierten Denkstils können denn auch unterschiedliche, zum Teil konfligierende Konzepte und Varianten der Literaturwissenschaft – rassenkundliche, volkskundliche, soziologisch orientierte, existenzialistische oder dichtungswissenschaftliche – propagiert werden. Bevor aber diese Varianten genauer analysiert werden, soll exemplarisch gezeigt werden, dass und wie die Rede über die Lebensbezogenheit literaturwissenschaftlicher Tätigkeit, so vage umrissen sie auch je sein mag, durchaus konsequenzenreich und wirkungsmächtig für die disziplinäre Praxis nach 1933 sein kann. Es ist ja ein zentraler Befund der historischen Semantik, dass es gerade die onomasiologische Variabilität wie die semasiologische Diffusität von Begriffen ist, die sie zu wirkungsmächtigen Schlagwörtern werden lassen kann. Hier gilt der einfache, sozusagen anticartesianische Grundsatz: je geringer die Klarheit und Distinktheit, desto größer die Anschlussfähigkeit eines Begriffes. Dass dies selbst im Rahmen der Wissenschaften gilt, scheint Ludwik Fleck zu meinen, wenn er angesichts des „Denkzaubers" „technischer Termini" (d. h. wissenschaftlicher Begriffe) zu dem Schluss kommt:

> Der grundlegende Punkt ist, daß ein technischer Terminus innerhalb seines Denkkollektivs etwas mehr ausdrückt, als seine logische Definition enthält: Er besitzt eine bestimmte spezifische Kraft, er ist nicht bloß Name, sondern auch Schlagwort oder Symbol, er besitzt etwas, was ich einen eigentümlichen Denkzauber nennen möchte. Davon kann man sich leicht überzeugen, wenn man an die Stelle des technischen Terminus eine bedeutungsgleiche Beschreibung einsetzt, die aber nicht über die eigentümlich sakramentale Kraft, jenen Zauber verfügt [...][173]

Wenn dies aber für die vermeintlich so klar umrissenen Termini der Naturwissenschaften, die Fleck hier im Blick hat, gilt, so darf man wohl davon ausgehen, dass dies umso mehr noch für die notorisch intensional wie extensional schillernden Begriffe der Geisteswissenschaften zutreffend ist.

---

173 Fleck, Ludwik: Das Problem einer Theorie des Erkennens, in: ders.: a. a. O., S. 110.

Dass das Wissenschafts„spiel" sich – wie bereits erläutert – von herkömmlichen Spielen grundlegend dadurch unterscheidet, dass es „ein Spiel ist, in dem die Spielregeln selbst ins Spiel gebracht werden" (Bourdieu), dass auch das lebenswissenschaftliche „Sprachspiel" mithin keines ist, das im luftleeren, semantischen Raum und jedweder praktischer Konsequenzen bar gespielt werden kann, soll im Folgenden gezeigt werden. Dies wird paradigmatisch vor allem dann deutlich, wenn im Rahmen von feldinternen Positionierungskämpfen die Lebensbezogenheit, d.h. die Legitimität und die Denkstilkonformität eines Akteurs, bzw. seiner Tätigkeit dezidiert in Zweifel gezogen wird. Um eben solche Fälle handelt es sich sowohl bei der Kontroverse zwischen den Ordinarien Hermann Pongs und Gerhard Fricke, als auch bei den Auseinandersetzungen um den Status von Schillers theoretischen Schriften. Letztere gehen vor allem von Cysarz' Schiller-Monographie aus. Beide „Fälle" sollen hier deshalb eingehender dargestellt werden. Da es sich bei Cysarz zweifellos um einen der wichtigsten Repräsentanten des Typus' „Lebenswissenschaftler" handelt, wird zudem der Darstellung der Schiller-Kontroverse noch ein skizzenhaftes Portrait dieses Akteurs vorangestellt.

Semantische „Ausweitung der Kampfzone": Anmerkungen zu einer Kontroverse im Zeichen des „Lebens" zwischen Hermann Pongs und Gerhard Fricke [174]

„Aber stellt uns die Literaturwissenschaft als Lebenswissenschaft nicht heute vor wichtigere, tiefere, entscheidendere Aufgaben, entscheidend bis in die Grundhaltung zurück, aus der wir Dichtung auf ihren Lebenswert zu befragen haben?" Mit dieser, Grundsätzlichkeit signalisierenden, Frage schließt und resümiert Hermann Pongs, Ordinarius an der TH Stuttgart, 1934 im ersten Heft des umbenannten *Euphorion*, dessen Mitherausgeber er ist [175], seine ungewöhnlich ausführliche, kritische Rezension von Gerhard Frickes ein Jahr

---

[174] Eine ebenso konzise wie luzide Analyse dieses Konfliktes zweier NS-Literaturwissenschaftler leistet bereits Dainat, Holger: Voraussetzungsreiche Wissenschaft. Anatomie eines Konflikts zweier NS-Literaturwissenschaftler im Jahre 1934, in: Euphorion, 88, 1994, S. 103–122, auf dessen Ausführungen ich im Folgenden wiederholt zurückgreife. Es scheint mir dennoch gerechtfertigt, den „Fall" hier erneut aufzugreifen und darzustellen, da er schlaglichtartig die denkstilrahmende Bedeutung des Lebens-Diskurses für die Positionierungskämpfe innerhalb des literaturwissenschaftlichen Feldes während des NS verdeutlicht.

[175] Hermann Pongs (1889–1979) promoviert 1912 in Marburg mit einer Arbeit über das Hildebrandslied. 1922 habilitiert er sich ebendort mit einer Schrift zum *Wesen der Metapher*, die 1927 als erster Band seiner erst 1973 abgeschlossenen, vierbändigen Studie *Das Bild in der Dichtung* erscheint und die ihm innerhalb der Disziplin Ansehen und Resonanz als Symbolforscher verschafft. Von 1929 bis 1942 lehrt er als ordentlicher Professor für Deutsche Literatur an der TH Stuttgart. Mit der Position eines Ordinarius' an einer TH, deren Niveau in germanistischen Angelegenheiten Pongs beklagt, ist er indes kaum zufrieden (s. dazu Gaul-Ferenschild, Hartmut: a.a.O., S. 109). 1942 erhält er schließlich einen Ruf an die Universität Göttingen, an der er bis zum Kriegsende lehrt. Seit 1934 ist er Mitherausgeber des umbenannten *Euphorion*. Während der NS-Zeit ist er ein „prominenter Vertreter einer völkisch-nationalsozialistischen Germanistik" (Ferenschild, Hartmut: Art. Hermann Pongs, in: IGL, Bd. 2,

zuvor erschienener Habilitationsschrift über *Die Bildlichkeit in der Dichtung des Andreas Gryphius*.[176] Dass das Objekt seiner Kritik eben jenes zeitgemäßen, lebenswissenschaftlichen Bewusstseins für „wichtigere, tiefere, entscheidendere Aufgaben" entbehre, dies ist der Vorwurf des Stuttgarter Symbolforschers und Vertreters einer „existentiellen Literaturwissenschaft" an die Adresse des erfolgreichen, im gleichen Jahr nach Berlin berufenen Nachwuchswissenschaftlers, der auf die Kritik Pongs' – wie wir noch sehen werden – mit äußerster Empfindlichkeit reagiert und zu Gegenmaßnahmen greift.

Es dürfte nicht nur der *livor academicus* eines älteren Kollegen, dessen Karriere trotz Ambitionen zu stagnieren scheint, gegenüber einem positionierungsstrategisch weitaus erfolgreicheren „Jungstar" der Disziplin sein[177], der Pongs dazu bewegt, Frickes Habilitationsschrift einleitend als „Enttäuschung" (113) zu bezeichnen und in einer zehnseitigen Besprechung einer detaillierten Kritik zu unterziehen. Auch vermag die Tatsache allein, dass beide als Zeitschriftenherausgeber – Fricke ist seit 1934 Leiter der im politischen Resonanzraum durchaus geschätzten *Zeitschrift für Deutschkunde* – in einem zusätzlichen Verhältnis der Konkurrenz um Aufmerksamkeit und finanzielle Zuwendungen stehen, den Konflikt, der im Anschluss an Pongs' Rezension entsteht, nicht hinreichend zu erklären.[178]

S. 1421f.), der seine prinzipielle Übereinstimmung mit den weltanschaulichen Versatzstücken und Zielen des NS in zahlreichen Publikationen deutlich werden lässt (s. etwa: Rilkes Umschlag und das Erlebnis der Frontgeneration, in: DuV, 37, 1936, S. 75–97; Weltkrieg und Dichtung, in: DuV, 39, 1938, S. 193–213; Soldatische Ehre in der Dichtung der Gegenwart, in: DuV, 42, 1942, S. 89–129; Soldatenehre – Frauenehre. Für Soldaten geschrieben, Berlin 1943). S. zu Pongs v.a. III.4.3.

176 Pongs, Hermann: Zum Problem der voraussetzungslosen Wissenschaft. Auseinandersetzung mit dem Buch von Gerhard Fricke, Die Bildlichkeit in der Dichtung des Andreas Gryphius. (Neue Forschungen, Heft 17. Berlin 1933), in: Dichtung und Volkstum, 1934, S. 113–123, hier: S. 123. Seitenangaben im Folgenden im Text.

177 Im Vergleich zu Pongs' Karriere, dem es „erst" jenseits der fünfzig gelingt, zum ordentlichen Professor an einer deutschen Universität berufen zu werden (sowohl seine Tätigkeit in Groningen bis 1929, als auch das dreizehnjährige Wirken an einer Technischen Hochschule erscheinen ihm wenig prestigeträchtig), vollzieht sich Frickes Laufbahn geradezu im Eiltempo: Bereits 1934, d.h. mit 33, wird er zum planmäßigen außerordentlichen Professor an der ersten Universität des Landes, um noch im gleichen Jahr als ordentlicher Professor nach Kiel berufen zu werden. Selbst die Göttinger Berufungskommission, die 1942 schließlich Pongs beruft, hätte Fricke vorgezogen, wenn dieser nicht schon wieder wegen seines nächsten Schrittes auf der Karriereleiter, einer Berufung an die kulturpolitisch bedeutsame Reichsuniversität Straßburg, unabkömmlich gewesen wäre (s. Hunger, Ulrich: a. a. O., S. 285). Allerdings stößt eine solche Karriere – wie kaum überraschen dürfte – innerhalb des Feldes nicht nur auf Wohlwollen. Als 1939 in Marburg ein Nachfolger für den emeritierenden Harry Maync gefunden werden soll, steht Fricke ebenfalls zur Disposition. In einem aus Gießen eingeholten Gutachten kennzeichnet der Gießener Germanist Alfred Goetze Fricke als „Konjunkturritter", der vor 1933 „extrem liberalistisch" gewesen sei und der „vier Wochen nach der Machtergreifung die Bücher verbrannt [habe], die er eben noch gepriesen" habe (zit. nach Köhler, Kai: Max Kommerell, in: ders./Dedner, Burghard/Strickhausen, Waltraud (Hrsg.): Germanistik und Kunstwissenschaften im „Dritten Reich". Marburger Entwicklungen 1920–1950, München 2005, S. 399–433, hier: S. 408).

178 Zum Aspekt der rivalisierenden Fachzeitschriften, der dann vor allem angesichts eines weiteren Konfliktfeldes, des zwischen Pongs, Cysarz und Fricke geführten „Methodenstreits um Schiller" (s. u.),

Es sind vor allem die über Fragen fachwissenschaftlicher Art hinausgehenden Implikationen von Pongs' Kritik, die aus der semantischen Inszenierung der Rezension resultieren und die vor dem Hintergrund der politisch veränderten Resonanzkonstellation aus der kognitiven Kritik vor einem innerdisziplinären Forum einen wissenschaftsethisch und politisch grundierten Streitfall werden lassen. Doch der Reihe nach.

Betrachtet man den fachwissenschaftlichen Aspekt von Pongs' Kritik, der durchaus einen breiten Raum innerhalb der Rezension einnimmt, so erscheinen seine Ausführungen als eine wissenschaftliche, gegenstandsbezogene Auseinandersetzung mit der Arbeit eines Kollegen. Sie lassen sich lesen als fachwissenschaftliche Einwände eines disziplinintern renommierten Experten für Symbol- und Metaphernforschung, der den Beitrag eines Nachwuchswissenschaftlers, der thematisch in sein Spezialgebiet fällt (die Analyse sprachlicher Bilder), einer differenzierten, Sachbezogenheit dokumentierenden Kritik unterzieht. Zwar räumt Pongs anerkennend ein, dass Frickes Arbeit eine „methodische Glanzleistung" (114) sei. Nichtsdestoweniger versucht er anhand von Detailanalysen aufzuzeigen, dass Frickes Analyse und Deutung der sprachlichen Bilder innerhalb der Barockliteratur letztlich deshalb zu undifferenziert blieben, da sie das Resultat einer „literarhistorischen Verengung des Symbolbegriffes" (116) seien, die der „Kategorie der Vielschichtigkeit, die zum Wesen jedes tiefen Symbols gehört" (119), nicht gerecht würden.[179] Gegen das Symbolverständnis des Berliner Konkurrenten, der davon ausgehe, dass ein „Akt der Verschmelzung" (118) als Ausdruck einer „bewußten Subjektivität" (117) konstitutiv für eine „echte" Symbolbildung sei, deren das Barock nicht fähig gewesen sei, setzt Pongs sein eigenes, ihm zufolge „tiefer gesehenes" Symbolkonzept, das von „der Kategorie der unbewußten Subjektivität" (120) ausgeht:

„Gerade die Zeiten unbewußter Subjektivität", so Pongs,

> sind die Zeiten der großen Symbolschöpfungen, der schöpferischen Ursymbole, in denen sich Sinnzusammenhänge von wahrer überpersönlicher Gültigkeit offenbaren. Im Bestreben, der Künstlichkeit der objektivistischen Barockästhetik mit ihrem allegorischen Nebeneinander gerecht zu werden, vereinfacht Fricke sich den Gegenbegriff des Symbols allzusehr zur Vorstellung ‚symbolhafter Verschmelzung', entweder ‚beider

---

sichtbar wird, s. Gaul-Ferenschild, Hartmut: a. a. O., S. 244. Dieses Konfliktfeld deutet sich indes im gleichen Jahrgang von *Dichtung und Volkstum* bereits an, wenn Pongs sich in einem Beitrag zum *Schillerbild der Gegenwart* (DuV, 35, 1934, S. 515–526) von Frickes religiös grundierter Schillerdeutung von 1927 distanziert.

179 Fricke unterscheidet zwischen der objektiv-allegorisierenden, „pseudobeseelenden" Metaphernverwendung des Barock und der subjektiv-symbolisierenden, die als „Verschmelzungs"prozess „in der Tiefe des fühlenden Ich, der Subjektivität" wurzle und die als solche eine erst im 18. Jahrhundert möglich werdende Ausdrucksform sei. Pongs hält den Schematismus dieses Vorher-nachher-Szenarios für defizitär. Er behauptet dies jedoch nicht einfach, sondern er versucht Frickes Symbolverständnis, dem er eine „subjektivistische Verfälschung" (117) attestiert, anhand einer vertieften Symbolinterpretation der von Fricke ausgewählten Beispiele (aus Kleists *Penthesilea*, aus Goethes *Mondlied* und schließlich aus Gryphius' *Mitternacht*) zu widerlegen (s. Pongs, Hermann: a. a. O., 117–122).

> Gleichnishälften' [...] oder ,des empfindenden Dichters mit dem die Empfindung auslösenden Gegenstand'. [...] **Symbol ist dagegen ein objektives Gebilde**, in dem sich Sinnliches und Unsinnliches, Ding und Bedeutung, tiefer gesehene Eigenbewegung des Seins und Selbstbewegung der Idee treffen in einer eigenmächtigen Gestalt. Auch zum symbolischen Zusammenfall bedarf es der ,irrationalen Wirklichkeit des Gefühls', wie Fricke sagt [...], aber diese Wirklichkeit fällt nicht zusammen mit bewußter Subjektivität, sondern sie ist vom Unbewußten getragen; in dieser Getragenheit allein aus unbewußten Zusammenhängen heraus ist ihre Richtigkeit verbürgt als der Offenbarungscharakter des Symbols. (116f.)

Der Vorwurf mangelnder „Tiefe", den Pongs hier indirekt gegenüber Frickes Symbolverständnis erhebt, gehört – wie wir bereits mehrfach gesehen haben – zum argumentativen Standardrepertoire lebenswissenschaftlicher Selbstinszenierungen mit innerdisziplinär ausgerichtetem Überbietungsgestus.[180] In methodologischer Hinsicht knüpft Pongs hier an sein eigenes, „tiefergelegtes" Symbolkonzept an, das er vor allem in seinem 1927 erschienenen Hauptwerk *Das Bild in der Dichtung. Versuch einer Morphologie der metaphorischen Formen* entwickelt[181], und das er hier als das im Sinne einer lebenswissenschaftlichen Forschungshaltung angemessenere der stilanalytischen Methode Frickes gegenüberstellt. Die mentalitätsgeschichtliche Eingebundenheit der Pongs'schen Symboltheorie in ein konservativ-bildungsbürgerliches Kunstverständnis, in dem sich die Sehnsucht nach einem ontologisch reharmonisierten, unentfremdeten und vor-modernen Leben artikuliert, hat bereits Gaul-Ferenschild in seiner subtilen Studie zum Werk und Leben Pongs' äußerst treffend charakterisiert. Er interpretiert die Bildforschung Pongs' als „typische Ausprägung" einer „,konservativ-revolutionären' Wirkungsästhetik":

---

[180] Dass Pongs Fricke letztlich eine, aus lebenswissenschaftlicher Perspektive gesehen, defizitäre Forschungshaltung unterstellt, die sich mit einer oberflächlich bleibenden, gleichsam mechanischen Zergliederung der Phänomene zufrieden gibt und dieses schon für das „Ganze" des wissenschaftlich Leistbaren erachtet, wird noch deutlicher, wenn er zu dem Schluss gelangt, dass „für die Durchforschung der Bildlichkeit überhaupt sich daraus [d. h. aus seiner eigenen „Tieferlegung" des Symbolbegriffes; G. K.] zusätzliche Folgerungen ergeben. Die Zerlegung in Elemente, wie sie Fricke vornimmt, wird sich nicht auf die rationale Schicht beschränken, in der überlegte Technik der Beziehungen vorherrscht; insofern ist Frickes Anschluß an die Theorie der objektivistischen Barockästhetik dem tieferen Eindringen nicht günstig; seine Methode geht bewußt auf die Breite des Zeitstils, nicht auf die Tiefe des personalen Stils. Zu ergänzen wäre das, auch für das Barock, **durch den Einblick in die unbewußten Schichten, denen die dichterische Bildlichkeit entsteigt.**" (122)

[181] In dieser Schrift erscheint das Symbol als letzter, semantischer Garant einer ursprünglichen, durch die Verwerfungen der Moderne gefährdeten kosmischen Ordnung, als „Schöpfungswort, wodurch das menschliche Chaos immer wieder in den ewigen Kosmos hinübergeleitet wird." (Pongs, Hermann: Das Bild in der Dichtung. Versuch einer Morphologie der metaphorischen Formen, Bd. 1, Marburg 1927, S. 214) Dieser Gedanke einer qua Symbol restituierbaren kosmischen Ordnung taucht auch in Pongs' Rezension wieder auf, wenn der Stuttgarter Ordinarius angesichts von Goethes *Mondlied* zu dem Schluss kommt: „Nicht subjektive Gefühlsfülle reift das Gedicht aus, sondern Weltgefühl, Welterfahrung. Das erst ist es, was das Gedicht symbolisch macht: die Aufhebung des Subjektiven im Einverständnis von Seele und Kosmos." (118)

> Im ‚Symbol' findet der Germanist das mediale Zentrum der ersehnten ‚ontologischen' Re-Totalisierung. Das dichterische Bild entspringt jener in Verlust geratenen ‚eigentlichen' Welt des ‚wahren Seins', der ‚Natur', des ‚Lebens'; auweichlich [sic] solcher Provenienz ist es imstande, die ‚ontologische' Entfremdung des Menschen aufzuheben. Pongs' ‚Symbol' ist ontologisches ‚Therapeutikum' zur Bewältigung des gestörten Verhältnisses zwischen den Menschen und metaphysischen Wesenheiten und -bezirken […][182]

Jedoch geht es Pongs in seiner Rezension nicht nur darum, einen Dissens in fachwissenschaftlichen Spezialfragen wie der Symbolinterpretation oder der Bewertung des Barock argumentativ auszutragen. Auch weicht seine letztlich negative Einschätzung der Barockliteratur, der er vor allem im Vergleich mit der Klassik „dichterische" Unvollkommenheit bescheinigt, ja nur graduell von Frickes Kritik an der bloß „pseudobeseelten", „sprachkostümierten" Natur des Barock ab:

> [H]ier [*in der Dichtung Gryphius'; G. K.*] **ist an die Stelle des unbewußten In-den-Dingen-Seins die Freude am geistigen Beziehungsreichtum der Sprache getreten.** Solches In-Beziehung-Setzen aber strebt aus dem Mittelpunkt der Gestalt an die Peripherie der geistreichen Entsprechungen. Das Zurückdrängen des Unbewußten zugunsten des beziehungsreichen Organs, des Intellekts, ist es, was die ‚Ganzheit' verhindert. (122)

Pongs geht es um mehr und er gibt dies unumwunden zu verstehen, wenn er Frickes Arbeit als eine wissenschaftliche Leistung qualifiziert, die noch „in ihren Fehlschlüssen aufschlußreich wird, weit über den Gegenstand hinaus." (114) Letztlich verfolgt Pongs mit seiner Rezension, die sich als ein paradigmatisches Dokument jener „Kämpfe um die Bewahrung oder Veränderung [des] Kräftefeldes"[183] innerhalb der disziplinären Landschaft lesen lässt, die nach Bourdieu strukturkonstitutiv für das wissenschaftliche Feld sind, zwei miteinander zusammenhängende Ziele: Zum Einen stellt seine Rezension den Versuch dar, die Arbeit eines gewichtigen Konkurrenten dadurch zu diskreditieren, dass er das wissenschaftliche wie auch zumindest indirekt das politische Ethos' Frickes in Zweifel zu ziehen versucht; zum Anderen will er natürlich sein eigenes Konzept einer „existentiellen Literaturwissenschaft"[184] – ohne dass er dieses im Rahmen der Rezension als solches benennen würde – als die unter den gewandelten Resonanzverhältnissen angemessenste Variante einer lebenswissenschaftlichen Literaturwissenschaft ins Spiel bringen bzw. im Spiel halten. Es ist der eigensinnigen Funktionslogik des wissenschaftlichen Feldes geschuldet, dass Pongs dabei den größten Teil seiner Rezension auf eine detaillierte, literaturwissenschaftliche Widerlegung von Frickes Symbolverständnis verwenden muss. Denn, wie Bourdieu völlig zurecht bemerkt, Gelehrte haben zwar Interessen,

---

182 Gaul-Ferenschild, Hartmut: a. a. O., S. 129.
183 Bourdieu, Pierre: a. a. O., S. 20.
184 Zur Angemessenheit dieser Selbstbezeichnung vgl. III.4.3.

sie wollen unbedingt die Ersten sein, die Besten, die Außergewöhnlichsten. Paradoxerweise bringen aber wissenschaftliche Felder gleichzeitig jene mörderischen Antriebe und eine Kontrolle dieser Antriebe hervor. Wenn Sie einen Mathematiker ausstechen wollen, muß es mathematisch gemacht werden, durch einen Beweis oder eine Widerlegung. Natürlich gibt es auch immer die Möglichkeit, daß ein römischer Soldat einen Mathematiker köpft, aber das ist ein ‚Kategorienfehler‘, wie die Philosophen sagen.[185]

Nun zeigt zwar gerade die Wissenschaftsgeschichte während des NS – denkt man nur an die mit politischen und eben nicht mit wissenschaftlichen Argumenten legitimierte Vertreibung zahlreicher Gelehrter – dass man innerhalb des wissenschaftliche Feldes durchaus geneigt ist, solche „Kategorienfehler" billigend in Kauf zu nehmen, nachträglich mit wissenschaftlichen Begründungen einzukleiden oder sie gar eigennützig zu befördern. Bei Fricke jedoch – und dies dürfte Pongs keineswegs verborgen geblieben sein – handelt es sich um einen Wissenschaftler, bei dem ein offen auf der politischen Ebene argumentierender Vorstoß ein leidliches Unterfangen gewesen wäre. An der Bekräftigung seiner nationalsozialistischen Gesinnung jedenfalls hat es der Berliner Ordinarius nicht nur angesichts seiner Rede zur Bücherverbrennung in Göttingen keineswegs mangeln lassen.[186] Deshalb muss Pongs subtiler argumentieren, um seinen Konkurrenten ausstechen zu können. Deshalb muss er auch dem kognitiven Widerlegungsversuch breiten Raum einräumen, um – gestützt auf diese fachwissenschaftliche Auseinandersetzung – zugleich eine wissenschaftsethische Opposition inszenieren und schließlich eine politische Differenz zumindest insinuieren zu können. Fachwissenschaftliche und außerwissenschaftliche Distinktion verstärken hier einander wechselseitig. Wissenschaftsethische Distinktion signalisiert Pongs nicht nur im bereits eingangs zitierten Schlusswort, in dem er die lebenswissenschaftliche Tauglichkeit von Frickes Arbeit in Frage stellt, sondern schon mit der Überschrift und den einleitenden Bemerkungen seiner Rezension. Indem er paratextuell signalisiert, dass er die Besprechung von Frickes Qualifikationsschrift zugleich als einen Kommentar *[z]um Problem der voraussetzungslosen Wissenschaft* verstanden wissen will, eröffnet Pongs mit dem Begriff der Voraussetzungslosigkeit einen semantischen Horizont, der wesentlich über fachwissenschaftliche Spezialdiskussionen hinausgeht. Dies gilt es hier zunächst kurz zu erläutern.

Der Begriff der Voraussetzungslosigkeit wird – ähnlich wie die Begriffe „Positivismus" und „Historismus" – in den Debatten um ein „erneuertes" Wissenschaftsverständnis und um die Problematik wissenschaftlicher Werturteilsfreiheit, die im ersten Drittel des 20. Jahrhunderts die Wissenschaftslandschaft in Deutschland dominieren, zu einem wis-

---

185 Bourdieu, Pierre: a. a. O., S. 28.
186 S. dazu auch III.1. Andernorts spricht Fricke vom „dialektisch schaukelnden, zutiefst ahistorischen, proteushaften Sicheinfühlen, wie es vor allem eine bestimmte Art dichterisch unproduktiver, literarisch zügelloser jüdischer Literaturhyänen betrieb, die halbjährlich eine neue geschichtlich deutsche Gestalt psychoanalytisch belletristisierten." (Fricke, Gerhard: Zur inneren Reform des philologischen Hochschulstudiums, in: Volk im Werden, 1, 1933, Heft IV, S. 29–35, hier: S. 31).

senschaftsethischen Stigma- und Distinktionsbegriff, mit dem man die für erkenntnistheoretisch unterreflektiert erklärte Wissenschaftsauffassung des 19. Jahrhunderts etikettiert.[187] Als „voraussetzungslos" wird jenes „naive" wissenschaftliche Handlungsbewusstsein stigmatisiert, das davon ausgehe, Wissenschaft sei durch eine vorurteilsfreie und wertindifferente Haltung gegenüber ihren Gegenständen gekennzeichnet. Obgleich schon Hegel und später Nietzsche die „Voraussetzungen" der Wissenschaft thematisieren[188], wird die Redewendung von der „voraussetzungslosen Forschung" erst durch eine Erklärung Theodor Mommsens über *Universitätsunterricht und Konfession* aus dem Jahre 1901 zum geflügelten Wort. Mommsen insistiert in seiner Erklärung, deren unmittelbarer Anlass die konfessionell motivierte Berufung des katholischen Historikers Martin Spahn auf einen Lehrstuhl in Straßburg gegen den Willen der Fakultät ist, auf der Notwendigkeit einer weltanschaulich, d.h. von politischen wie konfessionellen Einflüssen, unabhängigen Wissenschaft: „Unser Lebensnerv", so Mommsen,

> ist die voraussetzungslose Forschung, diejenige Forschung, die nicht das findet, was sie nach Zweckerwägungen und Rücksichtnahmen finden soll und finden möchte, was anderen außerhalb der Wissenschaft liegenden praktischen Zielen dient, sondern was logisch und historisch dem gewissenhaften Forscher als das Richtige erscheint, in ein Wort zusammengefaßt: die Wahrhaftigkeit [...][189]

Bei Mommsen also noch als Schlagwort geprägt für eine positiv besetzte *differentia specifica* wissenschaftlicher Tätigkeit im Dienste der Wahrhaftigkeit, erfährt der Begriff, der im vor allem mit dem Namen Max Webers verbundenen Streit um die Wertfreiheit der Kulturwis-

---

187 Auf den rhetorischen Impetus des Begriffes verweist schon Spranger: „Die sprachliche Prägung: ‚Voraussetzungslosigkeit' ist noch nicht sehr alt. In der klassischen Literatur über die Wissenschaftsidee habe ich sie nirgends gefunden. Sie scheint aus kulturkämpferischem Geist und seinen Nachwehen [...] erwachsen zu sein." (Spranger, Eduard: Der Sinn der Voraussetzungslosigkeit in den Geisteswissenschaften, Berlin 1929, S. 3)

188 Hegel verwendet den Begriff der „Voraussetzung" allerdings noch nicht in dem später eher gebräuchlichen Sinne von „Vor"- bzw. „Werturteil", sondern meint die erkenntnistheoretische wie methodologische Unmittelbarkeit der Philosophie (s. dazu Kempski, Jürgen von: „Voraussetzungslosigkeit". Eine Studie zur Geschichte eines Wortes, in: Archiv für Philosophie, 4, 1952, S. 157–174, hier: S. 158–160). Bereits Nietzsche verneint in der *Genealogie der Moral* kategorisch die Möglichkeit einer voraussetzungslosen Wissenschaft: „Es gibt streng geurteilt, gar keine ‚voraussetzungslose' Wissenschaft, der Gedanke einer solchen ist unausdenkbar, paralogisch: eine Philosophie, ein ‚Glaube' muß immer erst da sein, damit aus ihm die Wissenschaft eine Richtung, einen Sinn, eine Grenze, eine Methode, ein Recht auf Dasein gewinnt." (Nietzsche, Friedrich: Zur Genealogie der Moral, in: a. a. O., Bd. 5, S. 400) Auch in diesem Fall nimmt Nietzsches epistemologischer Skeptizismus bereits eine der Grundpositionen der Debatten im 20. Jahrhundert vorweg.

189 Mommsen, Theodor: Universitätsunterricht und Konfession, in: ders.: Reden und Aufsätze, Berlin 1905, S. 432–436, hier: S. 432. Zum weiteren Verlauf des Streites um den „Fall Spahn" s. Roßmann, Kurt: Wissenschaft, Ethik und Politik. Erörterung des Grundsatzes der Voraussetzungslosigkeit in der Forschung, Heidelberg 1949; Weber, Christoph: Der „Fall Spahn" (1901). Ein Beitrag zur Wissenschafts- und Kulturdiskussion im ausgehenden 19. Jahrhundert, Rom 1980.

senschaften zunehmend konfliktträchtig wird, in den folgenden beiden Dekaden eine konnotative Inversion[190], die seine „Karriere" beschleunigt. Im Zuge der bereits hinreichend erörterten antipositivistischen Wende innerhalb der Geistes- und Kulturwissenschaften während der ersten beiden Dekaden des 20. Jahrhunderts, in deren Kontext auch die philologiekritische Wende der Literaturwissenschaft zum „Leben", bzw. zur Geistesgeschichte zu verorten ist, wird die Zuschreibung von „Voraussetzungslosigkeit" in zunehmendem Maße zur Insignie eines erkenntnistheoretischen wie wissenschaftsethischen Defizits. Wem attestiert wird, er fröne weiterhin dem Ideal einer „voraussetzungslosen Forschung", der gerät leicht in den Verdacht, einem unzeitgemäßen, vor-modernen Wissenschaftsillusionismus anzuhängen. Doch zurück zu Pongs' Rezension.

Man wird davon ausgehen können, dass der Stuttgarter Symbolforscher sich bewusst ist, in welchen diskursiven Horizont er seine wissenschaftsethische Kritik an Fricke einschreibt, wenn er dessen Arbeit dem „Vorwurf voraussetzungsloser Wissenschaft" (116) aussetzt, sie gar als „musterhaft-exakte Arbeit im Dienst einer voraussetzungslosen Stilforschung" (120) charakterisiert und abschließend noch einmal ausdrücklich betont: „Der heute neu umstrittene Begriff der ‚voraussetzungslosen Wissenschaft' ist in unserer Kritik mit besonderem Nachdruck in die Diskussion geworfen." (123) Jedoch verweist bereits Pongs' Versicherung, dass es sich um einen „*heute neu* umstrittenen Begriff [Hervorh. G. K.]" handele, darauf, dass seine Kritik nicht nur als eine wissenschaftsethische verstanden werden will, sondern dass sie indirekt und im Blick auf die politisch veränderte Resonanzkonstellation auch darauf zielt, die *politische* Kredibilität des Konkurrenten in Zweifel zu ziehen. Dieser Eindruck bestätigt sich, wenn man berücksichtigt, dass Pongs schon einleitend diese politische Konnotationsmöglichkeit insinuiert: „Es ist, als wollte sie [Frickes Habilitationsschrift; G. K.] den Zeitgeist herausfordern, der die schwersten Vorwürfe gegen die Wissenschaft als voraussetzungslose Wissenschaft erhoben hat, und als wollte sie gerade ein untadeliges Beispiel solcher voraussetzungslosen Wissenschaft geben." (113)

In der Tat ist es ja ein fester Topos innerhalb der heterogenen, den „Zeitgeist" nichtsdestoweniger nachhaltig prägenden wissenschaftspolitischen Verlautbarungslandschaft der neuen Machthaber, die „Lebensferne" einer „voraussetzungslosen", d.h. einer zumeist immer auch als „liberalistisch" perhorreszierten, Wissenschaft mit Nachdruck zu geißeln.[191]

---

190 S. dazu Kempski, Jürgen von: a.a.O., S. 172. Allerdings schwächt schon Mommsen selbst, dessen eigene „Voraussetzungslosigkeit" als Protestant nicht unumstritten blieb, in einem zweiten Artikel zum „Fall Spahn" den Begriff ein wenig ab, wenn er konzediert, dass „Voraussetzungslosigkeit" freilich nur ein „ideales Ziel" bezeichne, „dem jeder gewissenhafte Mann zustrebt, das aber keiner erreicht noch erreichen kann." (Mommsen, Theodor: a. a. O., S. 434)

191 Noch 1936, um hier nur eines von zahlreichen Beispielen zu nennen, dekeretiert Reichserziehungsminister Rust in seiner programmatischen Rede anlässlich der 550-Jahr-Feier der Universität Heidelberg: „Der Nationalsozialismus hat erkannt, daß Wissenschaft ohne Voraussetzungen und ohne wertmäßige Grundlagen überhaupt nicht möglich ist." (zit. nach Möller, Horst: Nationalsozialistische Wissenschaftsideologie, in: Tröger, Jörg (Hrsg.): Hochschule und Wissenschaft im Dritten Reich, Frankfurt am Main/New York 1984, S. 65–76, hier: S. 67)

Pongs nutzt hier die wissenschaftspolitische Brisanz des Vorwurfes der „Voraussetzungslosigkeit" als eine indirekt die Kritik intensivierende Ressource für einen disziplininternen Positionierungskampf. Aber auch in wissenschaftsethischer Hinsicht ist der Anklagepunkt durchaus von nicht zu unterschätzendem Gewicht, so dass sich die Frage stellt, was genau Pongs zufolge diesen Anwurf rechtfertigt. Es zeigt sich, dass es auch hier die durch den Lebens-Diskurs geprägten und tradierten Deutungsschemata sind, die Pongs gleichsam als semantische Delegitimationsressource ins Spiel bringen kann. Schon Frickes Gegenstandswahl – das „Literaturbarock" – kann er lebenswissenschaftlich perspektiviert als Ausdruck eines ebenso überholten wie bedenklichen Ethos' interpretieren:

> Wohl keine Periode ist dem Volksleben ferner, überbildeter und überfremdeter, darum im Volkssinn unlebendiger, als die auf humanistischen Regeln aufgebaute Kunstdichtung des deutschen Literaturbarocks, keine ist den Arbeitsmethoden der philologischen Wissenschaft leichter zugänglich. Formfragen treten in dieser Dichtung ganz in den Vordergrund und verdecken den Tiefgang des Lebens. (113)

Erkennbar ist es die Opposition Philologie-Lebenswissenschaft, die den Vorwurf der verfehlten Gegenstandswahl strukturiert.[192] Selbst die Konzession noch, dass es sich bei Frickes Arbeit um eine „musterhaft-exakte Arbeit" (120) handele, ruft indirekt den Gegensatz zwischen musterschülerhafter Philologenpedanterie und dem eigenen lebenswissenschaftlich-metaphysischen, zeitgeistgemäßeren Wagemut auf, wenn Pongs gleich im Anschluss an das Lob daran erinnert, dass es sich eben um eine „musterhaft-exakte Arbeit im Dienst einer voraussetzungslosen Stilforschung" (120) handele. Es zeigt sich hier bereits, dass nicht nur die Beurteilung von Frickes Gegenstandswahl, sondern auch die seiner Methode wie seiner Ergebnisse von der gleichen Opposition geprägt sind. Die Stilanalyse Frickes, die unzulässigerweise gerade die „Einzelschöpfung ausschaltet" (120) und – darin übrigens eher geistesgeschichtlich als philologisch orientiert – den „Zeitstil" betrachte, zeitige, so Pongs, „eine gewaltsame Vereinfachung, die vor der Lebensvielfalt dichterischer Gestalt nicht besteht und zu grundsätzlichen Fehlschlüssen führt." (115) Da Frickes Forschung, als einer voraussetzungslos sich verstehenden, „die Richtung auf eine sichere Rangordnung der Werte" (116) fehle, könne er auch den eigentlichen qualitativen Unterschied zwischen – darin sind sich der Interpret und sein Kritiker ja durchaus einig – minderwertiger Barockdichtung und vorbildlicher Klassik nicht erfassen: „Der Unterschied ist darum nicht, wie Fricke will, objektiv-allegorisierend und subjektiv-symbolisierend, sondern **der Unterschied ist: objektivistisch und objektiv oder auch: künstlich und echt.**" (119)

Die Opposition künstlich-echt[193] reproduziert auf der Ebene der Gegenstandsbewertung lediglich jene wissenschaftsethische Dichotomie von unzeitgemäßer Philologie und

---

192 Zusätzlich impliziert die von Pongs betonte „leichte Zugänglichkeit" des Gegenstandsbereiches natürlich auch, dass hier jemand „dünne Bretter bohre".

193 Die Berufung auf „Echtheit" dient indes schon der vermeintlich so voraussetzungslosen Philologie des 19. Jahrhunderts als Voraussetzung für ihr normatives Klassikbild. Holger Dainat verweist zurecht darauf, dass der Literaturwissenschaft des 19. Jahrhunderts „die Unterscheidung von echt und unecht

„tiefer" Lebenswissenschaft, die den gesamten Argumentationsgang von Pongs' Rezension strukturiert. Ebenso wie das intellektuelle Literaturbarock eines authentischen „In-den-Dingen-Seins" entbehre und sich „an die Peripherie der geistreichen Entsprechungen" (122) verflüchtige, so muss auch eine philologische, vermeintlich wertindifferente Anstrengung, die, wie diejenige Frickes, darauf zielt, eine solche Epoche zu erfassen, außerhalb des „echten" Wesens der Dinge bleiben. Sie kann sich ihnen lediglich oberflächlich annähern. So künstlich, lebensfern und unzeitgemäß wie ihr wertneutral gewählter Gegenstand erscheint dann auch der lediglich „pseudobeseelte" Intellektualismus von Frickes Stilanalyse.

Pongs' Rede von der „Voraussetzungslosigkeit" verweist somit schlaglichtartig auf einen in historisch-semantischer, bzw. sprachpragmatischer Hinsicht durchaus geläufigen, dennoch bemerkenswerten Befund: darauf nämlich, dass und in welchem Maße die einem Begriff – und wie sich hier zeigt: auch einem Begriff aus der Wissenschaftssprache – zugemessene Bedeutung immer auch von den jeweiligen, historischen Resonanzverhältnissen, innerhalb derer er verwendet wird, mitbedingt wird. Sicherlich, auch in den Jahren vor der politischen Zäsur von 1933 wäre die Feststellung, oder besser: die Unterstellung, eine literaturwissenschaftliche Arbeit atme den Geist eines „voraussetzungslosen" Wissenschaftsideals, eine durchaus kritische und konfliktträchtige Bemerkung gewesen. Jedoch hätte es sich dabei um einen Vorwurf gehandelt, der als ein methodischer oder wissenschaftsethischer allein innerhalb der Grenzen eines wissenschaftsraisonnierenden Diskurses zu verorten und dem allein innerhalb dieser Grenzen zu begegnen gewesen wäre. Das politische Ethos eines Wissenschaftlers hätte angesichts des Vorwurfs der „Voraussetzungslosigkeit" wohl kaum ernsthaft zur Disposition gestanden. Erst die veränderten Resonanzverhältnisse nach 1933 ermöglichen hier eine semantische „Erweiterung der Kampfzone". Sie ermöglichen dies, ohne dass es übrigens eines semantischen Umbaus auf der Signifikantenebene bedürfte, indem sie das Bedeutungsspektrum eines wissenschaftsethischen Begriffes wie „Voraussetzungslosigkeit" ins politisch Konnotierbare entgrenzbar werden lassen, wenn und sobald diese Verhältnisse selbst – und sei es nur durch die Berufung auf den „Zeitgeist" – als distinktionsstrategische Ressource ins Spiel gebracht werden. In diesem Zusammenhang spielt es natürlich eine wesentliche Rolle, dass das heterogene und deshalb unkalkulierbare Interaktionsgeflecht der wissenschaftspolitischen Administrationsinstanzen, in deren programmatischen Verlautbarungen „Voraussetzungslosigkeit" als Stigmabegriff etabliert ist, als ein potentieller Beobachter des Wissenschaftsdiskurses, mithin als ein „unsichtbarer Dritter" mit Eingriffsbereitschaft, zumindest unterstellt werden muss.

Die Reaktion des dergestalt rezensierten Fricke bestätigt diese Annahmen, nimmt er doch die semantische „Erweiterung der Kampfzone" ins Politische durchaus als solche wahr und reagiert dementsprechend empfindlich.

[...] als Zweitfassung für den Code des Wissenschaftssystems wahr versus falsch" dient und dass Pongs, wenn er die Klassik erneut ins Zentrum rückt, in dieser Hinsicht paradoxerweise gerade jene „voraussetzungslose" Wissenschaft perpetuiert, die er Fricke unterschiebt (Dainat, Holger: a. a. O., S. 112).

In einer brieflichen Stellungnahme an Pongs vom 14.03.1934, der Fricke zudem dadurch das Forum einer innerdisziplinären Öffentlichkeit verschafft, dass er Durchschläge an eine Reihe von Kollegen schickt, konzediert der Kritisierte zwar zunächst prinzipiell die Wichtigkeit und Zulässigkeit produktiver, sachbezogener Kritik[194], verwehrt sich jedoch mit Vehemenz gegen die Pongs'sche Strategie, „das Ganze in die Perspektive des wissenschaftlich so hoch aktuellen und anlockenden Problems der ‚Voraussetzungslosigkeit'"[195] zu rücken. Fricke sieht darin einen unzulässigen Verstoß gegen den Eigensinn der Wissenschaft, den er – wie bereits erläutert (s. III.1) – auch in seinen veröffentlichten programmatischen Äußerungen strategisch gegen den „konjunkturellen Sinn" jener konkurrierenden Programmatiker verteidigt, deren Ziel es sei, mit resonanzkalkulierenden Begriffen und Formeln „die Geschichte gleichzuschalten".[196] Pongs, so Fricke weiter, überschreite die Grenzen wissenschaftlich zulässiger Kritik, da seine Rezension mit dem Vorwurf der „Voraussetzungslosigkeit" angesichts der aktuellen, politischen Situation eine bewusst inszenierte Wendung „vom Sachlich-Methodischen in das Politisch-Gesinnungsmäßige" nehme:

> [I]n der verantwortungsvollen und entscheidenden Situation, in der sich die deutsche Hochschule zur Zeit befindet, kommt eine solche **politische** Wendung [...] in ihrer **Wirkung** einem öffentlichen politischen Angriff, einem öffentlich ausgesprochenen politischen Verdacht gleich. [...] Denn bei dem heutigen Kampf um die Ueberwindung der voraussetzungslosen Wissenschaft handelt es sich nicht mehr nur um die Frage einer Methode, sondern um eine Frage der Gesinnung.[197]

Überdies sei nicht davon auszugehen, dass sich Pongs der „Tragweite einer solchen öffentlichen und persönlichen Anklage wegen akuter Widersetzlichkeit gegen das, was Sie einleitend als Zeitgeist bezeichnen"[198] nicht bewusst sei. Frickes Reaktion ist strategisch durchaus geschickt. Während Pongs das fachöffentliche Medium der wissenschaftlichen Zeitschrift nutzen will, um Frickes persönliche Integrität in Zweifel zu ziehen, bedient sich Fricke des persönlicheren Mediums des Briefes, um Pongs wissenschaftliche Integrität in Frage zu stellen. Dass er nicht wiederum im Rahmen eines wissenschaftlichen Publikationsorganes auf Pongs' Rezension reagiert, sondern im „schnelleren" und privateren Medium, unterstreicht die Tatsache der Dringlichkeit und zeigt, dass es Fricke darum geht, auf einen als persönlich und nicht als wissenschaftlich empfundenen Angriff zu reagieren. Dass er zudem den „Fall" auf dem Wege der Durchschläge zumindest vor einem Teil der

---

194 Allerdings hält Fricke auch auf sachlicher Ebene die Kritik Pongs' für ungerechtfertigt, „denn in dem Umstand, dass man, um das Stilgesetz eines deutschen Jahrhunderts zu werten und zu beurteilen, es zunächst in sachlich-geschichtlicher Treue und Sorgfalt aus **seinem** Wesen und Wollen begreifen muss, vermag ich die Sünde der Voraussetzungslosigkeit nicht zu erkennen." (zit. nach Dainat, Holger: a.a.O., S. 113f.)
195 Zit. nach Dainat, Holger: a.a.O., S. 113.
196 Fricke, Gerhard: Zur inneren Reform, a.a.O., S. 31.
197 Zit. nach Dainat, Holger: a.a.O., S. 115.
198 Zit. nach ebd.

Fachöffentlichkeit publik macht, verweist auf den Umstand, dass Fricke sich hier als jemand präsentieren will, der sich eben nicht nur in eigener Sache, sondern auch in der Sache einer in ihrem Eigensinn gefährdeten Wissenschaft verteidigt. Ganz in diesem Sinne bekräftigt der Berliner Ordinarius in einem Brief vom 20.03.1934 an Konrad Burdach, der gleichsam als Vermittler im Gelehrtenstreit fungieren soll, noch einmal sowohl die persönliche als auch die transsubjektive, wissenschaftsethische Dimension des „Falles", indem er darauf verweist,

> dass in der gegenwärtigen Situation der Hochschule der öffentlich erhobene Vorwurf man triebe im schroffen Gegensatz zur Forderung der Stunde ‚voraussetzungslose' Wissenschaft eine politische Anklage darstellt (Politik in dem umfassenden und tiefen Sinne genommen, den dieser Begriff heute erhalten hat) [,] der zu einer Stellungnahme zwingt. Sie zwingt dazu wieder nicht so sehr aus persönlichen Gründen, sondern gerade um der sachlichen, wissenschaftlichen und akademischen Arbeit willen, die durch einen solchen Vorwurf notwendig aufs schwerste bedroht wird.[199]

Frickes Schachzug, Pongs' Politisierungsstrategie dadurch zu kontern, dass er die „Erweiterung der Kampfzone" ins Gesinnungsmäßige einerseits akzeptiert, indem er auf sie reagiert[200], sie andererseits und zugleich jedoch zu einer unsachgemäßen Grenzüberschreitung abstrahiert, die die Kontinuität, Homogenität und Eigengesetzlichkeit[201] disziplinärer Arbeit gefährde, zeigt Wirkung. Bereits einen Tag nach Frickes erstem Brief, am 15.03., versichert der von Frickes Reaktion überraschte und verunsicherte Pongs – dem Vorwurf wissenschaftsferner Unsachlichkeit begegnend – in einem ebenfalls mit Durchschlägen an die entsprechenden Kollegen verschickten Brief, dass es nicht in seiner Absicht gelegen habe, „Zwiespalt in meine Wissenschaft zu treiben."[202] Im Begleitschreiben an Konrad Burdach stellt er überdies die Vertrauensfrage als Herausgeber von *Dichtung und Volkstum*: „Wenn Sie der Auffassung sind, dass die Art meiner Besprechung der neuen Volksgesinnung und dem Wissenschaftsgeist der Zeitschrift ungemäß ist, so bitte ich mir das mitzuteilen. Ich werde dann daraus die Folgerung ziehen."[203]

---

199 Zit. nach Dainat, Holger: a. a. O., S. 117.
200 Dass Fricke auf Pongs' Politisierung wie auch auf dessen Normativierung eingeht, zeigt sich u. a., wenn er versichert, dass er „eine relativierende Gleich**wertigkeit** barocker und etwa Goethescher Dichtung an keiner Stelle auch nur andeutungsweise vertreten" haben will und zudem darauf hinweist, dass seine Schrift bereits 1929/30 entstanden sei.
201 Mit dem Argument der Eigengesetzlichkeit reagiert Fricke übrigens auch auf den Vorwurf der „voraussetzungslosen" Gegenstandswahl, wenn er in seinem Brief vom 14.03.1934 betont, dass seine Arbeit zum Literaturbarock, „diesem uns innerlich weit entlegenen deutschen Zentrum", weniger Resultat seiner Neigungen gewesen sei, sondern vielmehr institutionell-disziplinäre Anforderungen an eine Qualifikationsarbeit zur Voraussetzung gehabt habe; er betont nämlich ausdrücklich, „dass die Fakultät nach meinen bisherigen Arbeiten […] für die Habilitation eine exakte philologische oder stilkundliche Leistung forderte." (zit. nach Dainat, Holger: a. a. O., S. 114)
202 Zit. nach Dainat, Holger: a. a. O., S. 115.
203 Zit. nach ebd.

Die Vermittlungsversuche Burdachs, der Pongs Rücktrittsofferten zurückweist und den Konflikt zu versachlichen versucht, bleiben nicht ohne Erfolg. Er versichert den Kontrahenten, dass sie beide „zu der neuen Volksgesinnung und dem Wissenschaftsgeist unserer Zeit das gleiche nahe Verhältnis haben".[204] Ausschlaggebend dafür, dass die Auseinandersetzung zwischen den beiden Gelehrten tatsächlich keine weiteren, öffentlichkeitswirksamen Kreise zieht, dürfte aber vor allem die Sorge aller Beteiligten um eine negative disziplinäre Außendarstellung gewesen sein. Das Bild einer innerlich zerstrittenen Zunft, die trotz gegenteiliger programmatischer Bekundungen einer wissenschaftsethischen Homogenisierung als synchroner Parallelaktion zum politischen Wandel nicht fähig ist, will man vermeiden. Resonanzstrategisch wäre dies angesichts der anti-intellektualistisch grundierten Skepsis der neuen Machthaber gegenüber dem Akademikertum einer Bankrotterklärung gleichgekommen. „Es ist gewiss mein Wunsch", so versichert denn auch Pongs gegenüber Burdach, „dass wir nicht in dieser Zeit der Welt das Schauspiel sich zankender Gelehrter geben. Jede Lösung, die das verhindert, ist mir recht."[205]

Jedoch kann die resonanzstrategische Sorge um eine Außendarstellung, die auf die Inszenierung disziplinärer Eintracht setzt, das Konfliktpotential nur vorübergehend bannen. Langfristig zur Ruhe gebracht werden kann der distinktive Impetus der konkurrierenden Wissenschaftler ebensowenig, wie es der spätestens seit den 1920er Jahren methodisch pluralisierten Disziplin letztlich gelingt, das Bild einer im Zeichen des Politischen vereinheitlichten Wissenschaft zu vermitteln. Gerhard Fricke ist es diesmal, der mit einer Rezension die Auseinandersetzung um das richtige Verhältnis von Eigensinn und Resonanz sowie um das richtige Verständnis einer Literaturwissenschaft als zeitgemäßer Lebenswissenschaft wieder in Gang bringt. Das gleiche Spiel findet diesmal allerdings in bescheidenerer Form und auf einem anderen Terrain statt.

Nicht mehr das Literaturbarock ist diesmal der Gegenstand des Anstoßes, sondern der wissenschaftliche Umgang mit Schiller.[206] Fricke nutzt seine Rezension *Vom Nutzen und Nachteil des ‚Lebens' für die Historie. Zwei neue Schillerabhandlungen*[207], in der er u. a. Hermann Pongs' Broschüre *Schillers Urbilder*[208] bespricht, um den Streit über die Grenzen einer lebenswissenschaftlichen Neuausrichtung der Literaturwissenschaft wieder aufzugreifen. Dass eine allein am jeweils aktuellen (politischen) Zeitgeist ausgerichtete „Lebens"-

---

204 Zit. nach Dainat, Holger: a. a. O., S. 115 f.
205 Zit. nach Dainat, Holger: a. a. O., S. 116.
206 Zum „Methodenstreit um Schiller" s. ausführlich unten. Da es hier nur darum geht, die Fortsetzung des Konfliktes um eine lebenswissenschaftliche Literaturwissenschaft zu skizzieren, gehe ich an dieser Stelle nicht weiter auf die Debatten um Schiller ein.
207 Fricke, Gerhard: Vom Nutzen und Nachteil des ‚Lebens' für die Historie, in: ZfDk, 50, 1936, S. 433–437. Bereits die Inversion des Titels von Nietzsches Abhandlung wie auch der Umstand, dass Fricke den Lebensbegriff in Anführungszeichen setzt, verweisen darauf, dass Fricke an den Konflikt um seine *Gryphius*-Schrift anzuknüpfen gedenkt.
208 Pongs, Hermann: Schillers Urbilder, Stuttgart 1935. Bei der zweiten, ebenfalls verrissenen Schillerabhandlung handelt es sich um Deubel, Werner: Schillers Kampf um die Tragödie. Umrisse eines neuen Schillerbildes, Berlin/Lichterfelde 1935. S. dazu unten.

orientiertheit, wie sie Pongs' „geschichtslose Konstruktivität seines nur auf die Gegenwart hin gedeuteten Schillerbildes"[209] charakterisiere, letztlich mit einem Verlust an wissenschaftlicher Seriosität und Kredibilität zu bezahlen sei – dies ist der Hauptvorwurf Frickes. Lediglich rhetorisch ist denn auch jene Frage noch gemeint, mit der Fricke Pongs' Arbeit unzulässiger Banalisierungen und eines verantwortungslosen Wissenschaftsethos', das an populistischen Resonanzeffekten sein Genügen habe, zeiht:

> Aber sollte es sich nicht gerade ein Historiker der deutschen Dichtung, der ein neues Schillerbild entwirft, angelegen sein lassen, schärfer und sorgfältiger als es vielleicht in einer Broschüre möglich ist, die wesentlich von vereinfachenden, gegenwartsentwachsenen Begriffen lebt, dem aufschlußreichen und verwickelten, höchst spannungsreichen Verhältnis nachzugehen, in dem etwa in der „Jungfrau von Orleans" und im „Tell" Idealismus und Erlebnis des „eigenständigen Volkes" als höchster Wertwirklichkeit zueinander stehen?[210]

Nicht nur, dass Fricke seinen Kontrahenten in dieser Weise außerhalb des Bereiches eines wissenschaftlich noch zulässigen Sprechens über komplexe, literaturwissenschaftliche Gegenstände lokalisiert und ihm einen Mangel gerade an jenem interpretatorischen Handwerk attestiert, dessen Ausschließlichkeit Pongs ja zuvor bei Fricke kritisierte; abschließend unterstellt er ihm gar eine folgenreiche Fehlinterpretation jenes philosophischen Gewährsmannes, auf den sich die Befürworter einer Literaturwissenschaft als Lebenswissenschaft stets berufen zu können glaubten:

> Notwendig wäre [...] freilich eine intensive Interpretation des Schillerschen Werkes und das kritische Bewußtsein, daß es nicht lediglich ein Vorteil für die geschichtliche Wahrheitserkenntnis ist, wenn man die spannungsvolle Polarität von Einst und Heute auflöst und das Einst gewaltsam auf die Anschauungsform des Heute spannt. Denn auch Nietzsche zielt in seiner genialen Eröffnung des Kampfes gegen den Historismus und die objektivistische Wissenschaft nicht darauf, die Geschichte zu einem Projektionsbild der Gegenwart zu machen, sondern zu einer echten Erkenntnis ihrer lebendigen und bewegenden Kräfte vorzustoßen und in erzieherischer Auseinandersetzung mit ihr sich stärken zu lassen für die eigene Lebensaufgabe.[211]

Pongs wiederum verteidigt sich in einer Replik, die in „seiner" Zeitschrift erscheint, gegen die „hochfahrende Kritik" Frickes, „die nicht unwidersprochen bleiben kann."[212] Allerdings verweist schon der Umstand, dass Pongs diesmal kaum eine ganze Seite für seine Erwiderung benötigt, die – gemessen an seiner Eröffnung der Fehde ein Jahr zuvor – verhältnismäßig moderat ausfällt und die in der Rubrik „Kleine Anzeigen" erscheint, darauf, dass

---

209 Fricke, Gerhard: a. a. O., S. 436.
210 Ebd.
211 Fricke, Gerhard: a. a. O., S. 437.
212 Pongs, Hermann: Methodenstreit um Schiller, in: Dichtung und Volkstum, 37, 1936, S. 390 f., hier: S. 390.

dem Stuttgarter Ordinarius an einer erneuten, öffentlichkeitswirksamen Ausweitung des Konfliktes wenig gelegen zu sein scheint. Dies mag erneut der Rücksicht auf die disziplinäre Außendarstellung, oder auch der unterdes noch gestiegenen Reputation des mittlerweile zum ordentlichen Professor nach Kiel berufenen Kontrahenten geschuldet sein. Jedenfalls stellt Pongs erneut seine eigene Methode, die auf die „unbewußten, im Gesamt der Existenz gegründeten, das Werk [Schillers; G. K.] durchformenden Kräfte" ziele, der diesmal als „geistesgeschichtlich" apostrophierten Haltung Frickes entgegen, die „einen grundsätzlichen Irrtum" begehe, indem sie „dem verhaftet [bleibe], was ihr als ‚Geist', als bewußte Ideenbewegung erkennbar wird."[213] „Es ist im Grunde", so Pongs die Schillerkontroverse zu einer ermüdenden Reprise der ersten Auseinandersetzung erklärend, „der gleiche methodische Gegensatz, der seinerzeit bei meiner Besprechung von Frickes Gryphius-Buch in dieser Zeitschrift […] zutage trat."[214]

Das nochmalige, fachöffentliche „Nachtreten" des Konkurrenten quittiert er abschließend mit einem Verweis auf den borniertem Methodenmonismus seines Gegners und auf die Fricke überbietende Arbeit eines weiteren literaturwissenschaftlichen „Jungstars", Clemens Lugowski, die er kurzerhand zu einer Arbeit erklärt, die dem eigenen methodischen Programm, der „Existenzforschung", verpflichtet sei[215]:

Nachdem eben erst Frickes Kleist-Auslegungen durch die Existenzforschung Lugowskis als ergänzungsbedürftig erwiesen sind, wäre es im Hinblick auf die wirkende Kraft der Dichtung, zu deren Dienst die Literaturwissenschaft berufen ist, wohl fruchtbarer,

213 Ebd.
214 Ebd.
215 Pongs spielt hier an auf Lugowskis Habilitationsschrift *Wirklichkeit und Dichtung. Untersuchungen zur Wirklichkeitsauffassung Heinrich von Kleists*, Frankfurt am Main 1936. S. dazu III.4.3. Lugowski, dessen 1932 erschienene Dissertation über *Die Form der Individualität im Roman. Studien zur inneren Struktur der frühen deutschen Prosaerzählung* (Berlin 1932) sich, ganz ähnlich wie Frickes Dissertation, stilanalytisch u. a. mit dem Literaturbarock beschäftigt, führt in seiner Habilitationsschrift eine – bei aller Anerkennung – kritische und detaillierte Auseinandersetzung mit Frickes Kleistdeutung aus dem Jahre 1929. Vor allem der theologische Impetus von Frickes Interpretation fordert Lugowskis Kritik heraus (vgl. Lugowski, Clemens: Wirklichkeit und Dichtung, Frankfurt am Main 1936, S. 137–222, v. a. S. 188–209). Allerdings spricht Lugowski, der in Fachkreisen als „eine der stärksten jüngeren Kräfte auf dem Felde der germanistischen Forschung" gilt (so Friedrich Neumann etwa in einem Empfehlungsschreiben vom 25. 02. 1935 an den Teubner-Verlag; BAK R 73/16262), keineswegs, wie Pongs suggeriert, von Existenzforschung. Da aber auch in Lugowskis Schrift die Kategorien des „Unbewußten" und „Unmittelbaren" eine zentrale Rolle spielen, ist eine gewisse sachliche Nähe zu Pongs durchaus gegeben. Letzterer hat etwa Lugowskis Resümee zu Kleists Schaffen sicherlich mit Zustimmung zur Kenntnis genommen: „Kleist kommt nicht aus einem wunderlichen Eigensinn zu seiner Entscheidung [gemeint ist hier die Ablehnung eines französischen Lebensgefühles; G. K.]; sondern er setzt damit eine Haltung von urwesentlichem volkhaften Sinngehalt durch: ihre innere Mitte findet sich an den geschichtlichen Wurzeln unseres Lebensgefühls, in der Lebensauffassung unserer altgermanischen Wurzeln wieder. Kleists Entscheidung zwischen zwei großen abendländischen Möglichkeiten wirkt wie getrieben von einem tiefen und unbewußten Heimweh nach der ursprünglichen, eigenen Art des Fühlens und Lebens." (S. 223)

von ergänzenden Methoden Anregungen anzunehmen, als sie von oben herab abzutun und ihren Forschungswert zu verdächtigen.[216]

In der zweiten Hälfte der 1930er Jahre ebbt der Konflikt zwischen Gerhard Fricke und Hermann Pongs ab. Weitere, fachöffentlich geführte Auseinandersetzungen bleiben – sicherlich nicht zuletzt aus resonanzstrategischen Erwägungen, die gerade seit Ausbruch des Krieges eine noch einheitlichere Außendarstellung nahelegen – aus, auch wenn beide sich durchaus weiterhin in programmatischen Beiträgen zur Neugestaltung der Literaturwissenschaft äußern. Ohne dass die ehemaligen Kontrahenten prinzipiell ihre jeweiligen Konzepte einer erneuerten Literaturwissenschaft änderten, zeichnen sich sogar eher partielle Annäherungstendenzen in der Hochschätzung des Symbols, bzw. des „dichterischen Einzelwerkes" ab. Während Fricke nunmehr konzediert, dass sich der „Gehalt" „wahrer Dichtung" nur „durch das geheimnisvolle Offenbarwerden in einem Symbol"[217] darstellen lasse, räumt Pongs jetzt ein, „daß das Dichtwerk in seiner Wirkungsganzheit allen psychologischen, geistesgeschichtlichen, ästhetisch-kategorialen oder politisch-tendenzhaften Betrachtungen vorangeht."[218]

Kurzzeitig flammt die Rivalität zwischen den beiden wieder auf, als die Kontrahenten 1940 in ihrer Funktion als Zeitschriftenherausgeber in eine Konkurrenz um finanzielle und prestigebezogene Ressourcen geraten. Im November 1940 teilt die DFG Pongs mit, dass sie „den Antrag auf Neubewilligung eines Zuschusses für die Zeitschrift ‚Dichtung und Volkstum' noch zurückstellen" muss, da „die Bestrebungen zur Schaffung einer neuen gesamtgermanistischen Zeitschrift weit vorgeschritten sind und in absehbarer Zeit Erfolg versprechen." Es sei daher „zweckmässig, mit der Wiederbelebung der Zeitschrift ‚Dichtung und Volkstum' [deren Weiterführung von ihrem bisherigen Verlag, dem Metzler-Verlag aufgrund des „erheblichen Verlust[es] auch während der Kriegszeit" abgelehnt wird; G. K.] bisherig noch zu warten, bis diese Pläne feste Gestalt angenommen haben, da die Möglichkeit besteht, daß die Zeitschrift mit ihrem bisherigen Arbeitsgebiet in das neue Organ aufgenommen werden kann."[219]

Fusioniert werden soll Pongs' Prestigeobjekt mit der um Neugestaltung bemühten *Zeitschrift für Deutsche Philologie*. Organisator dieser „freundlichen Übernahme" aber soll „Professor Fricke, Kiel" sein, „der mit Vorbereitungen zu dem neuen Plan betraut wurde."[220] Die Aussicht, dass die Abwicklung „seiner" Zeitschrift, die dem Entzug einer maßgeblichen Resonanzplattform für die eigene literaturwissenschaftliche Programmatik gleichkäme, gerade von seinem Altkontrahenten Fricke übernommen werden soll, bereitet dem Stuttgarter Ordinarius denn auch erhebliches Kopfzerbrechen. Am 13. November 1940 schreibt er deshalb sichtlich indigniert an die DFG:

---

216 Ebd.
217 Fricke, Gerhard: a. a. O., S. 125.
218 Pongs, Hermann: a. a. O., S. 273.
219 Brief vom 06.11.1940 der DFG an Pongs (gez. Dr. Griewank), BAK R 73/10701.
220 Ebd.

Die Zeitschrift, die nun im 41. Jahrgang steht, war gerade in den letzten Jahren immer wieder bestrebt, die Zusammenfassung aller germanistischen Forscherkräfte zu erreichen oder wenigstens als das künftige Ziel der Zeitschrift hinzustellen. Infolgedessen möchte ich den Vorschlag machen, dass die Zeitschrift Dichtung und Volkstum zum Organ jener beabsichtigten gesamtgermanistischen Zeitschrift gemacht wird. Ich erkläre mich jederzeit bereit, Prof. **Fricke**, der mit den Vorbereitungen zu dem neuen Plan betraut wurde, als Mitherausgeber in die Leitung der Zeitschrift aufzunehmen.

Es erscheint mir nur ungerechtfertigt, dass eine neue Zeitschrift sich der Unterstützung der Forschungsgemeinschaft versichern will, ohne mit der altbewährten und zum nahen Wieder-Erscheinen gerüsteten Zeitschrift Dichtung und Volkstum Fühlung aufzunehmen, und dass dann gegebenenfalls die Zeitschrift Dichtung und Volkstum, die auf den Zuschuss der Forschungsgemeinschaft angewiesen ist, einzugehen gezwungen ist.

Ich mache den Vorschlag, dass der Zeitschrift Dichtung und Volkstum der bisherige Zuschuss […] zunächst wieder bewilligt wird. Ich mache den weiteren Vorschlag, dass Prof. Fricke zu einer Aussprache mit mir telegraphisch nach Berlin gebeten wird, um mit mir über die Frage seines Eintritts in die Leitung zu verhandeln und möglichst zu einer positiven Verständigung zu kommen, damit die Zeitschrift bereits unter beiden Herausgebern zum 1. Januar 1941 erscheinen kann.[221]

Zu diesem von Pongs vorgeschlagenen Treffen kommt es dann allerdings ebensowenig wie zur Gründung einer neuen, gesamtgermanistischen Zeitschrift. Ob dies nun daran liegt, dass Fricke zu diesem Zeitpunkt noch eine erneute, offene Auseinandersetzung mit Pongs scheut[222], oder daran, dass „nach der Stellungnahme der zuständigen Ministerien das Eingehen bewährter Organe während des Krieges nach Möglichkeit vermieden werden soll"[223], kann hier dahingestellt bleiben. Bereits zwei Tage später, am 15. November, bewil-

---

221 Brief vom 13.11.1940 Pongs an die DFG, BAK R 73/10701.
222 Aus einer von Griewank gezeichneten Aktennotiz zum Schreiben vom 15.11.1940, in dem die DFG den Zuschuss schließlich doch bewilligt, geht jedenfalls hervor, dass der Kieler Ordinarius keineswegs seine Pläne aufgegeben hatte: Fricke „teilte mit, dass die zunächst für Mitte Januar in Aussicht genommene Besprechung für seine Zeitschrift für einige Monate verschoben werden musste, da er nur mit gründlichsten Vorbereitungen an die Sache herantreten wolle. Er bedauert, dass für seine Pläne unter Umständen eine Erschwerung durch das Weiterbestehen von Dichtung und Volkstum entstehen könnte, worauf ich erklärte, dass mit diesem in keiner Weise den künftigen Plänen vorgegriffen werden soll, die nach Mitteilung von Prof. Fricke durch Prof. Ritterbusch auch bereits an Ministerialdirektor Mentzel herangebracht worden sind." (BAK, R 73/10701) Möglicherweise lassen aber auch die ebenso zentralisierenden Pläne zum konzertierten „Kriegseinsatz" der Disziplin, an denen Fricke ja nicht unwesentlich beteiligt ist, die Absichten, eine „gesamtgermanistische" Zeitschrift zu gründen, zunächst in den Hintergrund treten.
223 Brief der DFG vom 13.11.1940 an Fricke (gez. Dr. Griewank), BAK R 73/10701.

ligt jedenfalls die DFG schließlich doch die weitere Bezuschussung der von Pongs herausgegeben Zeitschrift.[224]

Noch ein letztes Wort zur Auseinandersetzung der beiden Gelehrten um die angemessene Form einer lebenswissenschaftlichen Literaturwissenschaft: Ungeachtet der Querelen, die mit dem sich andeutenden Konflikt um die Zeitschriftenzusammenlegung ein Ende finden, darf man nicht übersehen, dass es sich bei dem von Fricke ursprünglich gegen Pongs erhobenen Vorwurf des unzulässigen Aktualismus' um einen je nach Bedarf einsetzbaren Topos, gleichsam um eine distinktionsstrategische Manövriermasse handelt[225], die keineswegs zu dem Schluss berechtigt, Frickes Arbeiten selbst seien von solchen Aktualisierungen frei. Dazu reicht ein flüchtiger Blick auf seine Deutungen Kleists, den er des öfteren zu einem gegenwartsnützlichen Traditionssegment stilisiert. So heißt es etwa in seinem 1935 gehaltenen Vortrag *Wirklichkeit und Schicksal bei Heinrich von Kleist*:

> Keine glühendere Sehnsucht beseelte ihn [Kleist; G.K.], als die, teilzuhaben an der lebendigen Gemeinschaft eines Volkes, das in heiliger Gewißheit seine Bestimmung ergreift und sie reinen Gefühls verwirklicht. Wir neigen uns in dieser Stunde vor dem tragischen und großen Erwecker germanischer Schicksalstreue. Und wir empfinden stärker denn je das verpflichtende Glück der Stunde, in der wir leben: Daß uns geschenkt ist, wonach Kleist der einzelne und einsame Kämpfer gegen ein stummes und fremdes Geschick sich verzehrte: die Gemeinschaft des Volkes […] und die Gewißheit unserer deutschen Bestimmung. Lassen Sie uns diese unsere Wirklichkeit mit unserem ganzen Willen und mit schweigendem und wahrhaftigem Ernst ergreifen und sie mit unserem innersten Gefühle einen – und unsere Kraft, dem deutschen Schicksal und damit unserer Bestimmung die Treue zu halten, wird unüberwindlich sein.[226]

Man darf also nicht vergessen, dass es sich bei den Auseinandersetzungen zwischen Pongs und Fricke über die Konturen einer lebenswissenschaftlichen Literaturwissenschaft vor allem um die Inszenierung distinktionsstrategischer Positionierungskämpfe handelt. Es geht also nicht zuletzt um eine auf Resonanzeffekte zielende Inszenierung von Differenzen vor dem Hintergrund einer von beiden geteilten weltanschaulich-politischen Option, die den Publikationen Frickes ebenso eingeschrieben ist wie denjenigen seines Konkurrenten. Die wissenschaftssoziologische Relevanz dieser Differenzen überwiegt ihre fach- bzw. forschungsgeschichtliche bei weitem. Zumindest aus der heutigen Perspektive erscheinen die inhaltlichen Differenzen zwischen den Publikationen Frickes und Pongs' doch eher gradueller als kategorialer Natur zu sein.

---

224 S. Bewilligungsschreiben vom 15.11.1940 DFG an den Verlag Böhlaus Nachf., Weimar [der die Nachfolge des Metzler-Verlages bei der Herausgabe der Zeitschrift angetreten hatte; G.K.], BAK R 73/10701.
225 Es handelt sich um einen Topos, den auch Pongs selbst bisweilen zu gebrauchen weiß. S. dazu III.4.3.
226 Hier zit. nach Fricke, Gerhard: Vollendung und Aufbruch. Reden und Aufsätze zur deutschen Dichtung, Berlin 1943, S. 490–509, hier: S. 509; s. auch: ders.: Schiller und Kleist als politische Dichter, in: ZfDk, 48, 1934, S. 222–238, hier v. a. S. 231–238.

Literaturwissenschaft als „wildes Dazwischen" oder: Der Lebenswissenschaftler Herbert Cysarz

Zwar wird seit der zweiten Hälfte der 1920er Jahre bisweilen auch das Bild einer harmonisierten Disziplin entworfen, die zwischen Lebens- und Textwissenschaft ihr Gleichgewicht gefunden hat, bzw. finden soll. Dass aber die Elemente der Lebensemphase und der Unmittelbarkeit ungeachtet solcher „Rephilologisierungs"tendenzen und zumal nach 1933 wieder eine gewichtige Rolle im Repertoire der Platzierungsstrategien der literaturwissenschaftlichen Akteure spielen, zeigen exemplarisch die Schriften des Prager (und seit 1938 Münchner) Ordinarius Herbert Cysarz.

Während ein Großteil der Zunft sich vor 1933 im Zuge der „Rephilologisierung" auf ein gemäßigteres „Dazwischen" als angemessenes, disziplinäres Handlungsbewusstsein einigen kann, inszeniert Cysarz die Literaturwissenschaft – und somit seine eigene Tätigkeit – vor wie nach 1933 als ein *wildes Dazwischen*. Diese Inszenierung der Literaturwissenschaft als eines wilden Dazwischen weist ihn als Prototyp eines Lebenswissenschaftlers mit Platzierungssinn aus.[227] Cysarz hat die Rolle des transdisziplinären Grenz- und quasigenialischen Draufgängers mit philosophischem Weltdeutungsanspruch im Laufe seiner Karriere immer wieder zu inszenieren verstanden. Davon zeugen nicht nur der bewusst zum Expressiv-Literarischen tendierende Stil seiner dezidiert makrologisch ausgerichteten Studien[228], sondern auch die lebenswissenschaftliche Inszenierung seiner Lehr- und Vortrags-

---

[227] Herbert Cysarz (1896–1985), geboren im damals österreichischen Schlesien, bricht aufgrund einer Kriegsverletzung (er verliert durch eine Wurfmine die linke Hand vollständig und von der rechten Hand drei Finger) seine naturwissenschaftlich orientierten Studien (u. a. Biologie und Physik) in Wien ab und wechselt zum Studium der Germanistik. Er promoviert 1919 in Wien mit einer durch die geistesgeschichtlichen Ansätze Rudolf Ungers und Walther Brechts geprägten Arbeit über *Erfahrung und Idee. Probleme und Lebensformen in der deutschen Literatur von Hamann bis Hegel* (Wien/Leipzig 1921), für die er 1923 den Wilhelm-Scherer-Preis der Preußischen Akademie der Wissenschaften erhält. Ebenfalls bei Walther Brecht habilitiert er sich 1922 mit der Schrift *Deutsche Barockdichtung. Renaissance, Barock, Rokoko* (Leipzig 1924). Sowohl die Themenwahl und methodologische Ausrichtung seiner Qualifikationsschriften, als auch seine übrigen – äußerst zahlreichen – Publikationen und Aktivitäten vor und nach 1933 (verwiesen sei hier vor allem auf seine Arbeiten zu Schiller und zum sudetendeutschen Schrifttum) weisen Cysarz als einen literaturwissenschaftlichen Akteur mit einem Gespür für denkstilkompatible und resonanzbewusste, fachübergreifende Inszenierungsstrategien aus. 1929 tritt Cysarz die Sauer-Nachfolge in Prag an, 1938 wird er zum Nachfolger seines zwangsemeritierten Lehrers Walther Brecht in München. S. dazu v. a. Bonk, Magdalene: Deutsche Philologie in München: zur Geschichte des Faches und seiner Vertreter an der Ludwig-Maximilians-Universität vom Anfang des 19. Jahrhunderts bis zum Ende des Zweiten Weltkriegs, Berlin 1995, S. 88–90 und 290–321.

[228] S. etwa Titel wie Literaturgeschichte als Geisteswissenschaft. Kritik und System (Halle 1926), Über Unsterblichkeit. Eine literaturwissenschaftliche Studie (Kassel/Wilhelmshöhe 1930), Zur Geistesgeschichte des Weltkriegs. Die dichterischen Wandlungen des deutschen Kriegsbildes 1910–1930 (Halle 1931), Das Unsterbliche. Die Gesetzlichkeiten und das Gesetz der Geschichte (Halle 1940), Schicksal, Ehre, Heil. Drei Begegnungen des Menschen mit dem Weltgesetz (Weimar 1942), Das Schöpferische. Die natürlich-geschichtliche Schaffensordnung der Dinge (Halle 1943) oder Das Welträtsel des Be-

tätigkeit. Nicht zuletzt sein bildhafter, rhetorisch aufgeladener Stil ist es, der Cysarz' Hervorbringungen von denen anderer geistesgeschichtlich orientierter Akteure unterscheidet und der ihnen ein überdurchschnittliches Maß an inner- wie außerfachlicher Aufmerksamkeit beschert (dass es sich dabei – vor allem innerdisziplinär – nicht nur um positive Resonanz handelt, dazu s. u. die Ausführungen zum Schiller-Streit). In einer Rezension zu seiner Schrift „Das Unsterbliche" von 1940 heißt es etwa:

> Ebenso quellend ist die Gestaltgebung; nicht selten erhebt sich die Darstellung zu dichterischer Höhe. Mit einzigartiger Vielfältigkeit und Leichtigkeit steht C. das Wort zur Verfügung, aphoristisch geht ein Sprühfeuer von Gedanken nieder, Wortverknüpfungen schlagen schwindelnde Gedankenbrücken, sogar der rhythmische Bau der Sätze treibt den denkerischen Bau voran. So ist Cysarzs Werk nicht allein vernunftgezeugt, sondern reiches Geheimnis strömt aus unverkennbarem Sehertum.[229]

Bereits in seiner Prager Antrittsvorlesung *Geschichtswissenschaft, Kunstwissenschaft, Lebenswissenschaft* entwirft er das Bild einer Literaturwissenschaft als geistesgeschichtlicher Lebenswissenschaft, deren Ethos, zwischen Dichtung und Philosophie oszillierend, auf Lebensdeutung und großräumige Orientierungsstiftung mit Handlungsanbindung setzt:

> Wo ein wo aus schließen sich Poesie, ein Leben das Geist befaßt, und Philosophie, ein Denken das Leben befaßt? Wie viele Stufen der Wirklichkeit, der Erfahrung, der Anschauung, item wie viele Ströme und Strukturen gibt es? Wie weit ist alles Denken

---

wußtseins (München 1944). Zu einer fast vollständigen Bibliographie von Cysarz' wissenschaftlichen und literarischen Publikationen s. Jahn, Rudolph: Bibliographie, in: Cysarz, Herbert: Vielfelderwirtschaft. Ein Werk- und Lebensbericht, Bodman-Bodensee 1976, S. 197–216. Bezeichnenderweise fehlt in dieser Bibliographie Cysarz' Beitrag zur Festschrift der deutschen Wissenschaften zu Hitlers 50. Geburtstag (Cysarz, Herbert: Neuere deutsche Sprach- und Schriftumsgeschichte, in: Deutsche Wissenschaft. Arbeit und Aufgabe, Leipzig 1939, S. 36–38). Zu letzterem s. III.3.

[229] Thurnher, Eugen: Rezension: C., H., Das Unsterbliche, Halle 1940, in: Literaturblatt für germanische und romanische Philologie, 63, 1942, Sp. 299f. Ebenso bezeichnend wie nicht ganz frei von einem gewissen Maß an historischer Tragikomik ist der Umstand, dass es eben jener aufmerksamkeitsheischende, stilistische Distinktionsgestus Cysarz' ist, der ihm nach 1945 – anders als einigen durchaus in ähnlicher Weise mit dem Nationalsozialismus kooperierenden Literaturwissenschaftlern – die Wiedereinsetzung in den Hochschulbetrieb verwehrt. Zumindest liegt darin ein „Haupteinwand" der Philosophischen Fakultät der LMU München, als sie seinen Antrag auf Wiedereinsetzung sowie Emeritierung ablehnt. In einem Brief der Fakultät vom 22. 06. 1960 an das Kultusministerium heißt es: „Für den Stil sind in den angeführten Beispielen Zeugnisse bereits gegeben worden. Zusammenfassend könnte man sagen, daß hier jedes sondernde Denken, jede ordnende Gliederung und die Gabe der Unterscheidung fehlen. Eine hemmungslose Bilderwut dient nicht mehr der Erkenntnis, sondern der Beschwörung, dem Aufruf, der Religionsstiftung. In dieser Feststellung liegt der Haupteinwand gegen Cysarz. So betrüblich und untragbar seine volklichen und politischen Überzeugungen auch sein mögen: das Entscheidende ist, daß die denkerische und sprachliche Darstellung die Besonnenheit, kritische Nüchternheit und bei aller inneren Beteiligung doch notwendig – die Sachlichkeit, ohne die es keine Wissenschaft geben kann, völlig außer acht läßt. Junge Menschen solchen unkontrollierten Ergüssen auszusetzen, ist nicht zu verantworten." (zit. nach: Bonk, Magdalene: a. a. O., S. 320)

auch ein Handeln, alles Betrachten auch ein Gestalten, alle Historie also wie Reproduktion so auch Produktion, und umgekehrt, und kreuz und quer?[230]

So passt es auch zweifellos ins Bild, wenn Cysarz sich seit 1939 intensiv darum bemüht, die Bezeichnung seines Münchner Lehrstuhls semantisch umzubauen. Statt der bisherigen Bezeichnung des neugermanistischen Lehrstuhls – „neuere deutsche Literaturgeschichte" – beantragt der Münchner Ordinarius im Februar 1939 die neue Formulierung „fuer neuere deutsche Schrifttumsgeschichte und die zugehörige Lebens- und Grundforschung."[231] Der makrologische Impetus von Cysarz' Fachverständnis dokumentiert sich auch an der Themenwahl seiner Vorlesungen. Neben traditionellen disziplinären Angeboten (etwa: Von Klopstock zu Schiller, München WS 1941/42, Die deutsche Klassik, München SoSe 1942), kündigt er auch Vorlesungen wie „Geschichte und Unsterblichkeit" (SoSe 1939, WS 1939/40), „Der schöpferische Mensch" (TR. 1941) oder „Gesetzlichkeit und Freiheit der Geschichte" (SoSe 1941) an, die er durchaus resonanzbewusst und erfolgreich für „Hörer aller Fakultäten" öffnet.[232] In einem Brief an das Kultusministerium vom 28.02.1939

---

230 Cysarz, Herbert: Geschichtswissenschaft, Kunstwissenschaft, Lebenswissenschaft. Prager Antrittsrede, Wien/Leipzig 1928, S. 9.

231 Bonk, Magdalene: a.a.O., S. 304. Mit eindeutig auf den politischen Resonanzraum zielendem Kalkül heißt es in Cysarz' Begründung gegenüber dem Kultusministerium weiter: „Das geht und ging von Anbeginn auf das umfassendste deutsche Werden zum deutschen Wesen, auf eine Schrifttums- als Volks- und Gesamtgeschichte, eine Geistes- und Seelengeschichte als Kampf um die deutsche Bestimmung und Selbstverwirklichung unseres Volkscharakters. [...] Es treibt jene umfassende Kulturkunde – je nach der geschichtlichen Sachlage auch religiöse, regionale, anthropologische, politische Kulturkunde – die als Forderung über allen Geisteswissenschaften hängt, doch je und je nur von der eindringendsten Einzelforschung betrieben werden kann. Es dünkt mich nun rechts und not, daß solche Schrifttums- und Lebenskunde beim wahren Namen genannt werde." (zit. nach: Bonk, Magdalene: a.a.O., S. 304f.) Auch wenn das Bayerische Kultusministerium Cysarz' Anliegen ablehnt, so zeigen seine Bemühungen um semantischen Umbau doch – neben dem lebenswissenschaftlichen Ethos – auch das politisch ausgerichtete Resonanzkalkül eines wissenschaftlichen Akteurs, der seine eigene Tätigkeit durch die Inszenierung einer politisch codierbaren Lebensbezüglichkeit aufgewertet wissen will. (Es zeugt übrigens von Cysarz' Gespür für gewandelte Resonanzverhältnisse, wenn er 1945, als er nach seiner Dienstenthebung wieder seine Bereitschaft zum Dienstantritt in Bayern bekundet, in einem weiteren Umbenennungsversuch folgende Formulierung vorschlägt: „Lehrstuhl für Philosophie und allgemeine -bzw. internationale Literaturwissenschaft".) Sowohl Cysarz' Mitgliedschaft in der Sudetendeutschen Partei, als auch sein vehement betriebenes Ansinnen, in die NSDAP aufgenommen zu werden (Cysarz wird am 20.11.1941 schließlich rückwirkend zum 1.11.1938 in die Partei aufgenommen, s. dazu Bonk, Magdalene: a.a.O., S. 294ff. und Pichl, Robert: Art. Cysarz, Herbert, in: IGL, Bd. 1, S. 356–358), wie auch schließlich seine regen, kulturpolitischen Vortragsaktivitäten im okkupierten europäischen Ausland während des 2. Weltkrieges (s. dazu Bonk, Magdalene: a.a.O., S. 296f. und III.4.4) weisen den Münchner Ordinarius als einen Wissenschaftsakteur aus, der mit dem Prestigegewinn innerhalb des politischen Feldes zu rechnen weiß.

232 Titel hier zit. nach Bonk, Magdalene: a.a.O., S. 89. Wie in Prag so stoßen auch in München Cysarz' Veranstaltungen gemäß seiner eigenen Bekundungen auf große Resonanz: „Der Zustrom in- und ausländischer Zuhörer läßt nicht nach", so schreibt der Münchner Ordinarius am 18.05.1941 in einem Brief an das REM, „mein Hauptlehrgang wird von noch immer weit über 300, die Seminarübung von

2. REVITALISIERUNGSDISKURSE IM ZEICHEN DES „LEBENS" 275

legitimiert Cysarz die Ausrichtung dieses transdisziplinären, weltanschaulichen Leistungsangebotes wie folgt:

> Zum Zweiten suche ich, in je einer bis zwei, zumeist je zwei Wochenstunden jene geisteswissenschaftlichen Grundfragen zu lösen, ohne deren Stellung und Verfolgung alles Stapeln geschichtlicher Sichten und Kenntnisse zu einem Kramladen der Bildung werden müßte. Es gilt noch immer, gilt vielleicht in letzter Stunde, die ungeheuren Reichtümer der Geschichtswissenschaft vor der Entwertung zu bewahren, der sie die Standpunktlosigkeit der nichts-als-geschichtlichen Forschung entgegengetrieben hat. Eine Standpunktschwäche, die – wo ihr nicht unsere völkische Zielsetzung und Maßstabsatzungen heilsam wehren – noch immer viele Historie, selbst viele Philosophie und Theorie zu entmannen droht.[233]

Über den intendierten, geradezu dramaturgischen Inszenierungsaspekt seiner Vorlesungen gibt der Münchner Ordinarius in einem Zeitungsartikel über „Die Vorlesung" Auskunft. Dass auch in diesem Zusammenhang sein Selbstverständnis als Lebenswissenschaftler virulent wird, manifestiert sich in der Selbstzuschreibung eines bewusst antiakademischen, geradezu spontaneistischen Vortragsstiles:

> Der Vortragende hat weder nur seine eigenen Bücher zu verlesen (und anzuführen) noch bloß die eigenen Meinungen oder gar Formeln zu trichtern. Auch nicht maschinengeschriebene Abhandlungen zu Gehör zu bringen, die jeder zu Hause in gleicher Zeit ungestörter verarbeiten könnte. […] die Vorlesung hingegen macht immer auch die Probe auf Gemeinschaft und Generation, auf ein glutflüssiges Hier und Jetzt. Eine echte Vorlesung ließe sich, wie sie gehalten wird, nie durch den Druck festnageln. Sie kann so wenig wiederholt werden wie ein gelingender Vormarsch in der kleinen und großen Geschichte.[234]

über 150 Studierenden besucht (vor den Ostern zählte die germanistische Fachschaft an die 450 Mitglieder)." (zit. nach Bonk, Magdalene: a. a. O., S. 300)

233 Zit. nach Bonk, Magdalene: a. a. O., S. 298. Im gleichen Brief betont Cysarz auch den lebensbezogenen, erzieherischen Grundzug seiner Lehrveranstaltungen: „Hinzu kommt, als dritter Hauptteil meines Wirkens, die Gemeinschaft des Seminars: die Fühlung mit dem Unterricht, desgleichen mit der Schrifttumspflege außerhalb der Schule, die Förderung wissenschaftlicher Untersuchungen und Unternehmungen usw. – alles erfüllt von dem Streben, die Schrifttumskunde zu einem volkstums- und schaffensverbundenen Urberuf auszugestalten, einem Geistesgeschichte machenden Urberuf, hingegen jederlei altjüngferlichem Kustoden- oder Prokuristentum zu entreißen. Ich sehe immer mehr junge Kameraden, die aus letztem Erkenntnis- und ursprünglichstem, wagemutigsten Zukunftswillen in die Wissenschaft vom deutschen Schrifttum eintreten." (zit. nach Bonk, Magdalene: a. a. O., S. 301) Wie sehr diese und ähnliche Ausführungen Cysarz' sich aus dem argumentativen Repertoire einer durch Nietzsche philosophisch geadelten Historismuskritik bedienen, dürfte auf der Hand liegen.

234 Cysarz, Herbert: Die Vorlesung, in: Die Bewegung, 18. 03. 1941, hier zit. nach Bonk, Magdalene: a. a. O., S. 299.

Paradigmatisch zeigt sich Cysarz' Konzept eines „wilden Dazwischen" auch in einem seiner programmatischen, vornehmlich innerfachlich adressierten Texte – *Zwischen Dichtung und Philologie oder Literaturhistorie als Schicksal*[235] – in dem er nicht nur die „Literaturhistorie" als ein höheres, Dichtung und Philosophie überbietendes und „umgreifendes", Drittes inszeniert, sondern zugleich sich selbst auch als einen – wie es an anderer Stelle heißt – „tiefstbedrohten Grenzmenschen"[236] darzustellen bemüht ist. „[W]o gibt es ein Erfahrungsfeld", so fragt Cysarz rhetorisch im Blick auf die Literaturhistorie, die er als eine revitalisierte „Grenzwissenschaft" verstanden wissen will,

> das gleich der Wissenschaft des schöpferischen Menschenwerks und -lebens, vulgo Literarhistorie, befugt und berufen wäre, das Ganze von Dichtung und Philosophie zunächst überhaupt zu umgreifen? Die Literarhistorie ist geradezu ein Schicksal eines jeden, der diesseits oder jenseits von Kunst und Philosophie steht; [...] So bleibt die Literarhistorie – vorerst ein überaus fragwürdiger Komplex von Erfahrung und Lehre, Methode und Praktik und Stil – schlechterdings jenes Fachgebiet, wo Sachwissenschaft wieder und wieder in Grundwissenschaft umschlägt ...[237]

Cysarz' Setzung, dass die Literaturwissenschaft zwischen Dichtung und Philosophie oszilliere und der Literaturwissenschaftler somit als ein „Wirklichkeitsdenker"[238] zwischen diesen beiden Bereichen zu vermitteln habe, hat wiederum Konsequenzen für den Charakter literaturhistorischer Tätigkeit. Sie habe nämlich aus beiden Bereichen das jeweils Charakteristische zu bewahren, den ästhetischen Impetus der Dichtung, den makrologischen Impetus der Philosophie, und zu einem höheren, „lebendigen" Dritten zu synthetisieren und zu erheben:

> Aus all dem aber folgt noch keine grundsätzliche „Verlebendigung" der Wissenschaft, wie sie im Zeitalter des Expressionismus ausgerufen worden ist (mit dem Erfolg, daß alsbald ein Rückschlag von „Sachlichkeit" gerade umgekehrt die Kunst verwissenschaftlichen wollte). Der nämliche Wahrheitswille, der anderswo nicht-lebendige Gegenstände und nicht-lebendige Auswertungen bedingt, heißt unsere Historie lebendige

---

235 Cysarz, Herbert: Zwischen Dichtung und Philosophie oder Literaturhistorie als Schicksal, in: Dichtung und Forschung. Festschrift für Emil Ermatinger. Zum 21. Mai 1933, Frauenfeld und Leipzig 1933, S. 1–19. Dieser Text ist hier auch nicht zuletzt deshalb von Interesse, da seine Entstehung und Veröffentlichung in die „Übergangsphase" zwischen den politischen Systemen fällt: laut Selbstauskunft noch 1932 verfasst (S. 19 findet sich die Schlussbemerkung „Geschrieben Weihnachten 1932."), erscheint er jedoch erst 1933 nach dem Machtwechsel.
236 Cysarz, Herbert: Das Schöpferische. Die natürlich-geschichtliche Schaffensordnung der Dinge, Halle 1943, S. 211 f.
237 Cysarz, Herbert: Zwischen Dichtung und Philosophie oder Literaturhistorie als Schicksal, in: Dichtung und Forschung. Festschrift für Emil Ermatinger. Zum 21. Mai 1933, Frauenfeld und Leipzig 1933, S. 2.
238 Cysarz, Herbert: a. a. O., S. 11. Nach 1945 tritt Cysarz übrigens selbst auch als Schriftsteller in Erscheinung: 1956 erscheint sein Roman *Neumond*, 1967 *Arkadien*.

Dinge lebendig gestalten. Unterstellten wir sie einem starren Begriff „reiner" Wissenschaft, dann wiese schon der Name „Kunst-Wissenschaft" einen Widerspruch in sich auf. […] Die Literarhistorie muß darum entweder den ästhetischen Charakter ihrer Gegenstände leugnen (in welchem Fall sie keine Wissenschaft der **Dichtung** bleibt) oder ein Teil dieses Charakters in sich aufnehmen. […] Item: Die Literarhistorie bleibt entweder bloß Hilfswissenschaft, Museum und Archiv der Kunst und der Geschichte, oder sie muß zugleich zur Grundwissenschaft werden, die forscherisch an alle Grundfesten der Wissenschaft pocht, die aber auch den Bogen wölbt zwischen Dichtung und Philosophie. Die Literarhistorie wird, wie die Literatur, entweder von Handwerkern, Könnern, oder von Müssern, Versuchern und Suchern gemacht.[239]

Von der Dichtung hat die „wirkliche" Literaturwissenschaft Cysarz zufolge sowohl das Interesse am Individuellen, als auch die bildhaften Darstellungsmittel zu übernehmen:

Keinesfalls darf die Wissenschaft (deren Eigenrecht und -verantwortung wir vollkommen bejahen) aus der Literaturgeschichte die Dichtung hinausprotokollieren, -analysieren, -philosophieren oder -theologisieren – durch solche Wissenschaft wird nur verdunkelt und zerstückt, was die Kunst erhellt und vereint, wird wahre Objektivität des Bilds an falsche Objektivität (oft heuchlerische Subjektivität) des Begriffs verraten, kurzum die ökumenische Gewalt der Kunst methodisch zersetzt. Wirkliche Wissenschaft der dichterischen Wirklichkeit wird Ganzheiten durch Bilder vermitteln, wird überall die individuellste Individualität der Kunst herausstellen, zugleich aber jenes Enthaltensein des Objektivsten im Subjektivsten enthüllen, das den Stempel des Schöpferischen in Dichtung und Leben ausmacht; wird also, statt aus der Kunstgeschichte die Kunst auszumerzen, umgekehrt alle Erkenntniswerte der Kunst in das gesamte Sein zu tragen versuchen.[240]

---

[239] Cysarz, Herbert: a. a. O., S. 3. Dass Cysarz „echte" Kunst und Literatur freilich nicht innerhalb der kulturellen Moderne verortet und er somit das denkstilspezifische, antimoderne Ressentiment seiner Zunft teilt, wird deutlich, wenn er mit kulturkritischem Impetus und argumentativ kaum nachvollziehbar neuere Tendenzen in der Kunst mit Politik und Wirtschaft der Weimarer Republik in Verbindung setzt: „Der Echtheitssinn freilich des breiteren Publikums ist schon durch Kino, Reportage und Feuilleton-Historie ausweglos zerrüttet. Und das bis dato unbezweifelbarste Recht auch der Demi-Literatur, das Recht, den Jugendlichen und vom Weltstrom Abgeschnittenen Lebens- und Wirklichkeitsstoff, Lebens- und Wirklichkeitsersatz zuzuführen, wird jetzt fast zur systematischen Züchtung von Schmöckern und Psychopathen, vornehmlich jener Dada-Realisten [!] mißbraucht, denen die heutige Wirtschaft und Politik ihre Triumphe dankt – daß unter den Opfern und Nutznießern gerade dieser Politik und Wirtschaft und Kunst die fixe Idee sich erheben konnte, man habe nun die wahre Wirklichkeit entdeckt, ist wohl das tollste Paradox in der gesamten Geschichte des Realismus." (S. 14)

[240] Cysarz, Herbert: a. a. O., S. 18. Bereits 1923 charakterisiert Cysarz das Interesse am Individuellen als *differentia specifica* der lebensbezogenen Geisteswissenschaften: „Die Geisteswissenschaft ist jene Wissenschaft, die in das **individuelle** Leben einzudringen strebt." (Cysarz, Herbert: Der Lebensbegriff der deutschen Geisteswissenschaft, in: Österreichische Rundschau, 19, 1923, S. 1085–1106, hier: S. 1090).

Allerdings will Cysarz das Verhältnis zwischen Kunst und Wissenschaft, zwischen Dichtung und Wissenschaft von der Dichtung, nicht als ein einseitiges verstanden wissen. Im Gegenteil: zwar soll die Wissenschaft sich an den bildhaften Darstellungsmodalitäten und an der Konzentration auf das Einzelne als kunstspezifischen Charakteristika orientieren, um zu einer lebendigen, die „wahre Wahrheit, nicht das akademische Prestige der Wahrheit Suchenden"[241], zu werden; aber auch die Literatur scheint umgekehrt sich immer mehr an der Wissenschaft orientieren zu müssen, um der Darstellung der Totalität „der menschlichen Dinge" überhaupt noch gerecht werden zu können. Denn Cysarz zufolge

> gibt es ein Universalpanorama der menschlichen Dinge, wie es bereits in Schillers Botschaft der ästhetischen Kultur verheißen wird, jetzt mehr denn je in der Gesamtheit unserer Geschichts- und Geisteswissenschaften, der Wissenschaften vom Menschen als Menschen. Zeichen der Zeit, daß just an diesen Wissenschaften aber auch die Lieferanten schmarotzen – wie nie zuvor sind heute vollkommene Un-Dichter [...] via Historie und Literaturhistorie zu paradoxem Dichterruhm gelangt. Aber selbst Größere und Größte werden um der Dichtung willen, oft durch die Dichtung hindurch, Historiker, Psycho- und Morphologen, Kulturphilosophen, kurz Rufer zum Menschen.[242]

Nicht von ungefähr erinnern Cysarz' Ausführungen hier an Hegels These vom „Ende der Kunst", scheint er doch die Geisteswissenschaften – und insonderheit natürlich die Literaturhistorie – als eine die Kunst (bzw. die Literatur) selbst in ihren Erkenntnismöglichkeiten überbietende Fortsetzung mit anderen Mitteln zu begreifen:

> Ein so profunder Menschenzeichner und -erzieher wie Thomas Mann ist ein halber Historiker, ein halber Geisteswissenschaftler seiner selbst (und seiner Verwandten und Freunde). Keine Erfindungskraft zaubert Bilder hervor, die es mit geisteswissenschaftlichen Charakteristiken höchsten Rangs aufnehmen könnten: Wer wollte einen Hölderlin, einen Richard Wagner erfinden?[243]

Bei allem lebensphilosophisch grundierten Begriffs- und Wissenschaftsskeptizismus[244] macht bereits die oben zitierte Rede vom „Enthaltensein des Objektivsten im Subjektivsten" deutlich, dass es in Cysarz' Konzept die Philosophie ist, von der sich eine Literaturwissenschaft als „Grenzwissenschaft" ihren makrologischen Impetus, ihre „Andacht zum

---

241 Cysarz, Herbert: a.a.O., S. 11.
242 Cysarz, Herbert: a.a.O., S. 13.
243 Cysarz, Herbert: a.a.O., S. 15.
244 „Wie nach der berühmten Beweisführung Bergsons der Lebensstrom immer und überall begrifflich abgeschöpft, das Abgeschöpfte hingegen nie wieder zu Leben gekehrt werden kann, so schließt zwar alle gestaltige oder gestaltete Wirklichkeit andere Wirklichkeit in sich [...], ohne doch umgekehrt aus diesen Inhalten abgeleitet oder zurückgeholt werden zu können." (Cysarz, Herbert: Zwischen Dichtung und Philosophie oder Literaturhistorie als Schicksal, in: Dichtung und Forschung. Festschrift für Emil Ermatinger. Zum 21. Mai 1933, Frauenfeld und Leipzig 1933, S. 9).

Größten"²⁴⁵ und mithin ihren Anspruch auf umfassende Lebensdeutungskompetenz borgt:

> Doch unvergleichlich dringlicher sieht sich auch jede philosophia prima vor die Jedermann-Gegebenheit gestellt, daß das Ästhetische an jedem Punkt auch systematische Funktionen in sich trägt; daß jeglicher ästhetischen Gestalt, sie sei Gedicht oder leibliches Antlitz, ein wert- und welthaftes Sein anhaftet, ja, daß jedes ästhetische Eins schließlich in ein ästhetisches Unendlich weist. Wie, beispielshalber, eine Zeile des ‚Wallenstein' auch nur zu sprechen ist, das bleibt durch den Gesamtgehalt des Dramas, dieser Gesamtgehalt wieder durch Schillers Persönlichkeit, diese Persönlichkeit durch ihr Jahrhundert und dieses Jahrhundert durch den Totalprozeß der Menschheitsgeschichte unhemmbar mitbedingt. Noch die positivistische Philologie, die am Einzeldasein und Einzelwerk hängt, schöpft allen mittelbaren Sinn und Wert ihres Tuns – ohne den sie ein szientisches und nationalökonomisches Monstrum bliebe – aus diesem letzten Zusammenhang alles Größten und Kleinsten: jeder Brief, jeder Eindruck eines schöpferischen Menschen ist ein notwendiges Glied des schlechtweg größten Organismus.²⁴⁶

Diese am Beispiel des „Wallenstein" durchgeführte Universalisierung des hermeneutischen Zirkels verweist in ihrer bombastischen Banalität noch einmal darauf, welche Stellung Cysarz der Literaturhistorie beimessen zu können glaubt: In ihren Kompetenzbereich fallen die ersten wie die letzten Dinge, kurz: alles und jedes. Dergestalt emporstilisiert zum Universalwissenschaftler, der mit Allzuständigkeitsanspruch den letzten Dingen auf den Grund geht, kann sich Cysarz in Methodenfragen wiederum bohemienhaft als quasigenialischer Lebenswissenschaftler inszenieren, dem noch das Missverständnis, das ihm von der spießigen Mehrheit entgegengebracht wird, zum Ausweis der Authentizität und wissenschaftlichen Dignität seines „wilden Dazwischen" gereicht:

> Ein geistesgeschichtliches Reglement gliche bestenfalls einem Zirkel, der an fließendes Wasser gesetzt werden sollte. Die Methodologie bleibt gleichsam ein chirurgisches Instrumentarium, unsere einzige Methode aber das Vermögen, für jeden besonderen Fall in jedem besonderen Augenblick die richtigen Werkzeuge auszuwählen. Die geisteswissenschaftlichen Methoden sind also an ihren Früchten zu erkennen. [...] Pro domo:

---

245 Cysarz, Herbert: Zur Gegenwartslage der deutschen Geisteswissenschaften, in: Historische Zeitschrift, 162, 1940, S. 457–478, hier: S. 478. Dass Cysarz diesen makrologischen Impetus resonanzstrategisch problemlos mit der nationalsozialistischen Kriegsrhetorik parallelisieren kann, stellt er hier nachdrücklich unter Beweis: „Solche Haltung wird alle Andacht zum Kleinen in Andacht zum Größten kehren. Sie wird Menschen von harter Prägung, unbändigem Erkenntnisdrang und fröhlicher Wagelust anziehen. Sie wird sich dem Frontgeist des großdeutschen Volkskriegs verbinden. Nicht anders als die schaffende Geschichte selbst werden unsere Geisteswissenschaften über jederlei Reichtum rüstig und jung bleiben. Ihres Forschens und Findens wird kein Ende sein." (ebd.)
246 Cysarz, Herbert: a. a. O., S. 5 f.

> Diesem notwendigen Verfahren hat man wiederholt teils überschwengliche Rhapsodik, teils erstarrte Systematik nachgesagt. Es ist das bezeichnende Mißverständnis von Schildbürgern, die selbst zuerst die fensterlosen methodologischen Rathäuser mauern, sodann das Licht in Säcken und Mappen hineinschleppen möchten. Indessen jede wahre Wissenschaft der Dichtung muß unerläßlich beschwingt **und** bedacht, rhapsodisch und systematisch sein; und jeder Bruchteil dieses Und wiegt schwerer als die Höchstleistungen hüben oder drüben. Das Zugleich jener doppelten, sich wechselseitig ausschließenden Vorwürfe beglaubigt darum nur die echte gegenüber der Schein-Wissenschaft.[247]

Noch in seinem 1976 veröffentlichten, bezeichnenderweise „Vielfelderwirtschaft" betitelten, „Werk- und Lebensbericht", stilisiert sich Cysarz in anekdotenhafter Erinnerung zum antiprofessoralen, unbürgerlichen akademischen Außenseiter mit bohemienhaft-genialischen Zügen:

> Ich taugte wenig zum geschäftstüchtigen Apparatschik, zum Familienvater oder Schwiegersohn, zum Besitzer ansehnlicher Güter, zum Träger von Ehrenzeichen oder Autoritätstalaren – ich kam mir da immer ein wenig vor wie eine Theatermaske. […] Zu alledem mag mein Äußeres stimmen. Als Extraordinarius wurde ich öfters aus einem Lokal gewiesen: ‚Hallo, das hier ist nur für Professoren!' (Meine Antwort ‚Darum bin ich hier' provozierte ein barsches ‚Was heißt das?') Als frischgebackener Ordinarius betrat ich ein Professorenzimmer, wo ein Kollege, der seinen Rigorosum-Kandidaten erwartete, mich für diesen hielt und wegen der Verspätung schalt; da meine Verspätung anderweitig zutraf, kam das Übrige erst allmählich heraus. Ich empfing schließlich den Trost: ‚Auch dem Einstein ist es manchmal so ergangen!' (Albert Einstein hat vor 1914 drei Semester lang an der Prager deutschen Universität gelehrt.) […] Vor einigen Jahren hat jemand einer Freundin, die ich selbst später kennen lernte, seinen Eindruck brieflich mit den Worten umschrieben: Wie der C. aussieht? Stell Dir, so du kannst, eine Art Kreuzung von Beethoven und Kavallerieoberst a.D. vor![248]

---

247 Cysarz, Herbert: a. a. O., S. 19. In seinem „Werk- und Lebensbericht" stellt Cysarz sein Schaffen mehr oder weniger explizit in die Nachfolge des „Dichter-Philosophen" Nietzsche: „Dazu nur ein ragendes Beispiel! Ob selbst Friedrich Nietzsche die Eingebungsblitze des ‚Zarathustra' und der benachbarten Bücher in seinem ‚Willen zur Macht' einem systematischen Gebäude einzuverleiben vermocht hätte? Ob da nicht bloß eine neue rhapsodische Symphonie von Inspirationen oder allenfalls eine flauere Heerschau herausgekommen wäre? Ob sich Nietzsches bildlich-begriffliche Offenbarungen, die psychologische Genialität seiner Moralkritik oder die visionäre Gewalt seiner ‚Gesundheitslehre des Lebens' in eine schlüsselfertige Ontologie hätten einschließen lassen? Wir meinen, daß da nimmer ein System entstanden wäre – […] Die schöpferische Viel-Einheit hängt selbst bei dem Dichter-Philosophen Nietzsche an unversetzbaren Punkten, die aus besonderen Zündungen unabsehbare Zusammenhänge aufsteigen lassen." (Cysarz, Herbert: a. a. O., S. 21 f.)

248 Cysarz, Herbert: Vielfelderwirtschaft. Ein Werk- und Lebensbericht, Bodman-Bodensee 1976, S. 15 f. Und einleitend scheint Cysarz gleichsam als proleptisches Epitaph vorschlagen zu wollen: „Er hat stets mit allen Kräften um etwas gerungen, nie Zeit und Lust erübrigt, in einen Spiegel zu blicken." (Cysarz, Herbert: a. a. O., S. 9)

Das Finstere in klassischen Zeiten. Auseinandersetzungen um die lebenswissenschaftlichen Deutungen von Schillers theoretischen Schriften [249]

„Bei Schiller gibt es keinen Urlaub." So formuliert es 1934 Herbert Cysarz. In seiner Schiller-Monographie, die den ebenso bewusst schlichten wie Bedeutsamkeit anzeigenden Titel *Schiller* trägt, thematisiert er u. a. die Aspekte der „Willensanspannung" und der daraus resultierenden Selbstüberwindung des Individuums, die für ihn den Kern von Schillers Abhandlung *Über das Erhabene* ausmachen. „Der legendäre Wolken- und Sternschnuppen-Schiller", so Cysarz mit antibürgerlichem Zungenschlag weiter, „ist kein viel glimpflicheres Zerrbild als der sonntäglich-brave Familien-Schiller." „Auch er", so wird bereits in der Einleitung versichert, „philosophiert und dichtet, lang vor Nietzsche, ‚mit dem Hammer'." [250]

Das Finstere in klassischen Zeiten also – diese sich bei Cysarz abzeichnende Deutungsoption, die den Theoretiker Schiller vom idealistischen Ästhetiker zum proto-nietzscheanischen Willens- und Lebensphilosophen umstilisiert, ist durchaus charakteristisch für den literaturwissenschaftlichen Umgang mit Schillers theoretischen Schriften in den 1930er und 40er Jahren. Das Bemühen um ein lebenswissenschaftlich eingedunkeltes Schillerbild ist 1934 also weder neu noch besonders originell. Es findet sich – wenn auch jeweils anders nuanciert – vor 1933 bereits in den Arbeiten Gerhard Frickes, Harald Jensens und Max Kommerells [251] und nach 1933 bei zahlreichen Fachgenossen. [252] Dennoch stößt Cysarz' Monographie innerhalb der literaturwissenschaftlichen Zunft auf eine bestenfalls geteilte Resonanz. Dies hat Gründe – nicht nur inhaltlicher Natur –, die es noch zu erläutern gilt.

Überhaupt steht Schiller *als Theoretiker* auch zwischen 1933 und 1945 nicht gerade im Mittelpunkt des literaturwissenschaftlichen Interesses. Schon Rudolf Unger betont 1937 in seinem Forschungsbericht über *Richtungen und Probleme neuerer Schiller-Deutung*, dass diese sich „neuerdings gerade der Kunst Schillers, insbesondere der dramatischen" widme. [253] Innerhalb des Faches erscheinen zwischen 1933 und 1945 keine Monographien, die sich vorrangig mit Schillers theoretischem Œuvre auseinandersetzen. Bestenfalls eingebettet in Gesamtdarstellungen des Lebens und Werkes oder im Rahmen der Dramenauslegung finden

---

249 Der überwiegende Teil dieses Kapitels wurde bereits veröffentlicht als Kaiser, Gerhard: Das Finstere in klassischen Zeiten. Vom literaturwissenschaftlichen Umgang mit Schillers theoretischen Schriften zwischen 1933 und 1945, in: Bollenbeck, Georg/Ehrlich, Lothar (Hrsg.): Friedrich Schiller. Der unterschätzte Theoretiker, Köln/Weimar/Wien 2007, S. 215–236.
250 Cysarz, Herbert: Schiller. Halle an der Saale 1934, S. 206, 199, 8.
251 Fricke, Gerhard: Der religiöse Sinn der Klassik Schillers. Zum Verhältnis von Idealismus und Christentum. Forschungen zur Geschichte und Lehre des Protestantismus Bd. II. München 1927; Jensen, Harald: Schiller zwischen Goethe und Kant. Oslo 1927; Kommerell, Max: Der Dichter als Führer in der deutschen Klassik. Berlin 1928, S. 175–303.
252 S. dazu etwa unten die Darstellung der Deutung Werner Deubels. Vgl. auch Bertram, Ernst: Schiller. Festvortrag, gehalten am 26. Mai 1934, in: Jahrbuch der Goethe-Gesellschaft, 20, 1934, S. 215–249.
253 Unger, Rudolf: Richtungen und Probleme neuerer Schiller-Deutung. In: Nachrichten aus der Neueren Philologie und Literaturgeschichte, 1, 1937, S. 202–242, hier: S. 242.

die Schriften der theoretischen Phase Berücksichtigung.[254] Auch entspringt es sicherlich keinem ideologiekritischen Pauschalressentiment gegenüber jenen Arbeiten, die während des NS entstehen, wenn man feststellt, dass die Literaturwissenschaft in dieser Phase zur Erforschung von Schillers theoretischen Schriften wenig bis gar nichts Bedeutsames hervorbringt.

Dennoch verdichten sich im Umgang mit den theoretischen Schriften Schillers nicht nur zentrale Motive und Argumentationsmuster der literaturwissenschaftlichen Schillerrezeption während des NS, sondern es spiegeln sich *en miniature* auch die Entwicklungen und die Tendenzen innerhalb der Disziplin während dieser Zeit wider.

Die Aktivitäten rund um und im Gefolge von Schillers 175. Geburtstag 1934 fungieren von politischer Seite aus gesehen als erste, landesweit Aufmerksamkeit erzeugende Möglichkeit, sich als „neue" Vertreter eines traditionsbewussten und -wahrenden Kulturstaates zu inszenieren, der damit seine Anschlussfähigkeit auch für die Gebildeten unter seinen vormaligen Verächtern demonstriert. Von literaturwissenschaftlicher Seite aus ergibt sich die erste resonanzträchtige Möglichkeit, sich praktisch – d. h. hier: über die Programme und Verlautbarungen von 1933 hinaus (III.1) – unter den gewandelten politischen Bedingungen zu legitimieren. Das zeigt sich schnell in den nun einsetzenden Schillerdebatten, die von zwei Aspekten dominiert werden: zum Ersten von dem allenthalben beschworenen Anspruch, der „neuen" Zeit ein „neues Schillerbild" zu liefern. Dieser Wunsch ist – wie bereits angedeutet – keineswegs neu. Aber der politische Systemwechsel verleiht diesem schon vor 1933 artikulierten Vorsatz, ein „neues Schillerbild" zu entwerfen, das gegen die vermeintlichen oder tatsächlichen bürgerlichen Musealisierungstendenzen anschreibt, eine Kulisse gesteigerter Dringlichkeit. Zweitens wird vor dem Hintergrund dieser politisch legitimierten Dringlichkeitskulisse der Diskurs durch eine Frage strukturiert: durch die Frage nach der „Lebensbezogenheit" Schillers, d. h. hier die Frage nach der Relevanz Schillers für die Gegenwart.

Auf formaler Ebene sind es demzufolge drei, immer wieder auftauchende Argumentationsmuster, die auch den Diskurs über Schillers theoretische Schriften prägen:

1) Exoterische/esoterische Kontinuitätsinszenierungen, d. h. die Relevanzfrage wird unter Bezugnahme auf die theoretischen Schriften positiv beantwortet.
2) Exoterische/esoterische Diskontinuitätsinszenierungen, d. h. die Relevanzfrage wird unter Bezugnahme auf die theoretischen Schriften negativ beantwortet.

---

254 So überrascht es kaum, dass der literaturwissenschaftliche Umgang mit Schillers theoretischen Schriften im Rahmen des fachhistoriographisch ansonsten bestens ausgeleuchteten Komplexes „Schiller im Nationalsozialismus" bisher lediglich eine untergeordnete Rolle spielt. Zum Thema „Schiller im NS" s. u. a. Ruppelt, Georg: Schiller im nationalsozialistischen Deutschland. Der Versuch einer Gleichschaltung. Stuttgart 1979; Zeller, Bernhard (Hrsg.): a. a. O., Band 1: S. 164–318, Band 2: S. 56–75; Albert, Claudia (Hrsg.): a. a. O., S. 18–76; Albert, Claudia: Schiller im 20. Jahrhundert, in: Koopmann, Helmut (Hrsg.): Schiller-Handbuch, Stuttgart 1998, S. 773–794; Hofmann, Michael: Wirkungsgeschichte, in: Luserke-Jaqui, Matthias (Hrsg.): Schiller Handbuch. Leben – Werk – Wirkung, Stuttgart/Weimar 2005, S. 561–581.

3) Exoterisches/esoterisches Ausblenden, d. h. die theoretischen Schriften spielen bei der Beantwortung der Relevanzfrage keine Rolle.

Es liegt auf der Hand, dass es sich bei den ersten beiden Argumentationsmustern (Kontinuitäts- und Diskontinuitätsinszenierungen) um aus dem Textmaterial gewonnene Abstraktionen handelt, die durchaus gemeinsam innerhalb ein und desselben Textes auftreten können. Angesichts der Fülle der zwischen 1933 und 1945 erschienenen Schiller-Literatur erscheint es sinnvoll sich darauf zu beschränken, die Argumentationsmuster jeweils an einigen wenigen, besonders einschlägigen Beispielen aufzuzeigen und zu analysieren.

Der ereignisgeschichtliche Rahmen dieser Inszenierungen ist hinreichend bekannt, so dass Stichworte genügen mögen. Gemeint sind die landesweiten Feierlichkeiten, die 1934 anlässlich von Schillers 175. Geburtstag, gleichsam als vorgezogene Olympiade für das Bildungsbürgertum, mit großem medialen Aufwand inszeniert werden: am 21. Juni die Stafette von 15.000 Jungen zum Marbacher Schiller-Denkmal mit der „ewigen Schlageter-Flamme" in der Hand; Hitler im Frack beim Staatsakt am 10. November im Weimarer Nationaltheater; Goebbels, der im Festvortrag Schiller als „Blut von unserm Blut und Fleisch von unserem Fleische" bezeichnet; Fahnen, S.A.-Motorzüge, kurz: das gesamte Inventar nationalsozialistischer Erlebnis-Inszenierungen.[255] Dass in diesem Zusammenhang – allein schon bedingt durch die medialen Rahmenbedingungen – Schillers voraussetzungsreiche theoretische Schriften nur eine marginale Rolle spielen, mag kaum überraschen. Gleichwohl versäumt es etwa der Danziger Ordinarius Heinz Kindermann in seiner Betrachtung *Der Dichter der heldischen Lebensform*, die am 10.11.1934 im *Völkischen Beobachter* erscheint, nicht, auch auf Schillers philosophische „Zwischenzeit" zu verweisen. Nicht ganz überraschender Weise sind es denn auch nicht die Briefe *Über die ästhetische Erziehung des Menschen*, als vielmehr Schillers Abhandlung *Über das Erhabene*, auf die Kindermann – wenn auch nur rhapsodisch – zu sprechen kommt:

> Es ist die große Zäsur seines Lebens, die Zäsur höchster Läuterung [sic] die schöpferische Pause der Auseinandersetzung mit der Welt Kants, die Entfaltung zur höchsten Reife des Todgeweihten.
> Viel bisher nur Geahntes rückt ihm nun in all den philosophischen Arbeiten der Zwischenzeit in die Zone der Bewußtheit. Die Willensmäßigkeit wird ihm immer stärker zum Grenzbegriff des Menschlichen überhaupt. ‚Alle anderen Dinge müssen; der Mensch ist das Wesen, welches will.'[256] Dem heldischen Charakter aber, der ihm nun

---

255 S. dazu Zeller, Bernhard (Hrsg.): a. a. O., Bd. 1, S. 164–227.
256 Interessant ist es zu sehen, wie der Fortgang der von Kindermann angeführten Passage im Rahmen seines fragmentarischen Zitierens ausgeblendet wird. Heißt es doch bei Schiller weiter: „Eben deshalb ist des Menschen nichts so unwürdig, als Gewalt zu erleiden, denn Gewalt hebt ihn auf. Wer sie uns antut, macht uns nichts Geringeres als die Menschheit streitig; wer sie feigerweise erleidet, wirft seine Menschheit hinweg." (Hier zit. nach Schiller, Friedrich: Über das Erhabene, in: ders.: Werke und Briefe in zwölf Bänden [Frankfurter Ausgabe]. Hg. von Otto Dann u. a. Bd. 8: Theoretische Schriften. Hg. von Rolf-Peter Janz unter Mitarbeit von Hans Richard Brittnacher, Gerd Kleiner und Fabian Strömer, Frankfurt am Main 1992, S. 822.

> erst recht zur männlichen Idealgestalt emporwächst, ist diese Willensgemäßheit notwendig verbunden mit dem Erhabenen, das alle Schicksalhaftigkeit hinlenkt zur höchsten Widerstandskraft des Menschen und Freiheit und Schönheit in Einklang bringt. [...] Aber sein Idealismus ist nicht Flucht ins Reich der absoluten Phantasie, sondern [...] der Wille, ‚das Materielle durch Ideen zu beherrschen'. Dies aber ist der tiefe Sinn [...] dieser Zwischenzeit, daß sie die heroisch läuternde, die leid- und opfervolle Brücke aufzeig[t] zwischen Ideal und Leben; daß sie den kampferfüllten Ausweg zeig[t] aus der drohenden Treiblast der Materie hinaus ins Licht einer erhabenen, weil zuchtvollen und dienstbereiten Freiheit, die die Welt der Ehre, der Treue, der Bewährung vor der Gemeinschaft eröffnet.[257]

Die forcierte Möglichkeit einer politisierten Lesart des Erhabenen, die sich hier vor allem in der zitierten Schlusspassage mit ihrem aktualisierbaren *per aspera ad astra*-Motiv bekundet, wird jedoch keineswegs nur in solchen exoterischen Texten nahegelegt. Dass sich mit Versatzstücken aus Schillers theoretischen Schriften der antizipierten „Forderung des Tages" entgegenarbeiten lässt, zeigt auch Julius Petersens 1941 im Jahrbuch der Goethe-Gesellschaft erschienene Abhandlung *Schiller und der Krieg*. Zwar rekurriert der Berliner Großordinarius[258] – der sich nicht entschlägt, Schiller als „den ‚Marschall Vorwärts der deutschen Dichtung'" zu apostrophieren[259] – auf Schillers *Briefe*. Gleichwohl ist „Kallistik" in Zeiten des Krieges auch die Sache Petersens nicht. Vor allem die Wirkungen der „energischen Schönheit" interessieren den Berliner Ordinarius, die – wie man weiß – gar nicht mehr in den *Briefen* selbst, sondern eben in der Abhandlung *Über das Erhabene* zur Sprache kommen:

> Schiller war sich bewußt, daß seine Zeit, um in der Harmonie des ästhetischen Zustandes das Bild des vollkommenen Menschen herzustellen, der energischen Schönheit bedurfte. Darum der Ruf nach dem großen, gigantischen Schicksal, welches den Menschen erhebt, wenn es den Menschen zermalmt! Worte Napoleons, nach denen die Politik das Schicksal sei und die Tragödie die Schule der großen Männer, klingen schon voraus [...][260]

Wem hier noch nicht klar wird, bis wohin die Kontinuitätslinie der „großen Männer", die im Dienste des weltgeschichtlichen Bedürfnisses nach „energischer Schönheit" unterwegs sind, verlängert werden soll, den lässt Petersen nicht länger im Unklaren:

---

257 Kindermann, Heinz: Heute vor 175 Jahren wurde Schiller geboren. Der Dichter der heldischen Lebensform, in: Völkischer Beobachter vom 10.11.1934.
258 Zur Berliner Germanistik im NS s. Höppner, Wolfgang: Kontinuität und Diskontinuität in der Berliner Germanistik, in: vom Bruch, Rüdiger (Hrsg.): Die Berliner Universität in der NS-Zeit. Band II: Fachbereiche und Fakultäten, Wiesbaden 2005, S. 257–276.
259 Petersen, Julius: Schiller und der Krieg, in: Goethe. Viermonatsschrift der Goethe-Gesellschaft. Neue Folge des Jahrbuchs, 6, 1941, S. 118–138, hier: S. 127.
260 Petersen, Julius: a. a. O., S. 126.

> Dem überragenden Menschen, der den lebendigen Geist verkörpert gehört seine [Schillers; G.K.] Wertschätzung. Sein Begriff historischer Größe behält etwas Abenteuerliches. Wenn Kants ‚Kritik der Urteilskraft' bei Vergleichung des Staatsmannes mit dem Feldherrn das ästhetische Urteil für den letzteren entscheiden läßt, so ist das gewiß auch Schillers Meinung gewesen, nur daß er den Gipfel in der Vereinigung von Staatsmann und Feldherr erblickt hätte, wie wir sie heute zu erleben das Glück haben.[261]

Als Beispiel für Kontinuitätsinszenierungen, deren politische Konnotierbarkeit doch von recht greifbarer Art ist, mag dies hier hinreichend sein. Eine Kontinuitätsinszenierung ganz eigener Art findet sich in Cysarz' bereits erwähnter, heftig umstrittener Monographie: führt hier doch der Weg weniger von Schiller zum aktuellen politischen Geschehen, als vielmehr von Schiller (genauer von seinen theoretischen Schriften) zu Cysarz selbst. Schiller erscheint hier also nicht als „Kampfgenosse Hitlers"[262], sondern vielmehr als derjenige des Lebenswissenschaftlers Cysarz'.

Schon der Eingang seiner Schrift, die mit ihrem schlichten Titel sicherlich nicht von Ungefähr an Gundolfs *Goethe* erinnert, macht dies deutlich:

> Wer Schiller fassen will, muß ein Jahrtausend umfassen. In mancher deutschen Dichtung liegt ein reicheres, in keiner ein größeres Deutschland enthalten. […] An der Drei-Länder-Ecke von Kunst, Philosophie und Religion ragt einer der kühnsten Leuchttürme, die die christliche Menschheit erblickt hat. Nie haben flammendere Garben ins Tiefste des Menschen hinein, ins Fernste des Weltalls hinaus geleuchtet. […] Hier geht es nicht nur um Dichtung als Dichtwerk; hier gilt es die Grenzen der Dichtung, ihr Sakrament, ihr Schicksal.[263]

Zunächst einmal fällt es auf – und es wird noch davon zu sprechen sein, dass dies keinesfalls selbstverständlich ist –, dass sich Schillers theoretische Schriften bei Cysarz einer außerordentlichen Hochschätzung erfreuen. Er widmet ihrer Darstellung immerhin nahezu einhundert Seiten in dem Kapitel *Der ästhetische Mensch*. „Und gerade in der Ästhetik", so Cysarz, „kommt die vollste Einheit seines Wesens, das vollste Zusammenspiel seiner Vermögen zutag. Alle vermeinten Umschwünge sind begrifflicher Unfug." Cysarz' Vorsatz ist es, zu „Schillers Schillerscher Philosophie" vorzudringen, was „freilich bis heute nirgends geschehen" sei. Cysarz' Ziel ist es, den Deutungen der Schiller'schen Philosophie von Kant und Goethe her ein Ende zu setzen.[264]

---

261 Petersen, Julius: a.a.O., S. 128. Zu Petersens ambivalenter Rolle während des NS s. Boden, Petra: Julius Petersen: Ein Wissenschaftsmanager auf dem Philologenthron. In: Euphorion, 88, 1994, S. 82–102.
262 S. dazu unten.
263 Cysarz, Herbert: a.a.O., S. 7.
264 Cysarz, Herbert: a.a.O., S. 167.

Cysarz' selbst deutet „Schillers Lehre" – wie bereits erwähnt – eher von Nietzsche her, wird ihm Schillers Philosophie doch zu einer aristokratischen „Lebenslehre" des Willens zur Schicksalsbejahung: Bei Schiller gehe es letztlich darum,

> lieber das Nichts [zu] wollen als nicht [zu] wollen. In die stete Bereitschaft hierzu versetzt uns nun das Erhabene. […] Stets nach dem ganzen Menschen zielt alle Härte des Willens. Auch hier geht es letztlich um den ästhetischen Typus. Wieder und wieder kreist Schiller um seine heroische Humanität, eine Humanität von Demant, nicht von Schmalz.[265]

Und weiter heißt es:

> Dadurch gelangt auch er zu einer Art von Aristokratisierung der Kantschen Moral, zu einem Adelsmenschentum auf Grund der voraussetzungslosesten Auslese. Denn Adel, so heißt ihm die Gegenwart des Vernunftmenschen noch im täglichen Triebmenschen, die Selbstbehauptung der menschlichen Hoheit in allen Dingen des Lebens. Der geadelte sittliche, der damit zugleich geadelte sinnliche ist der ästhetische Mensch, ist die schöne Seele. […] Die Lehre Schillers heischt die Praxis eines nicht nur Reicheren, sondern auch Stärkeren. Was also Schiller über Kant hinausführt, ist kein bloßer Zusatz von Gefühl, sondern vor allem auch ein mehr an Willen.[266]

Die Fähigkeit, der Wille zu „menschlichem Heldentum" also macht nach Cysarz den wahlweise als „absolut", „total", „rein" oder „ästhetisch" bezeichneten Menschen aus. Von hier aus führt nun der Weg in die Gegenwart, wenn Cysarz die Frage nach der Kontinuität dieses von ihm in Schiller hineingelesenen Programmes stellt: „Wie setzt man das System", so fragt er, „in deutsches Leben um?" Und, so könnte man ergänzen, wer scheint augenblicklich – nach den von Cysarz diagnostizierten Verfallstendenzen des 19. Jahrhunderts – überhaupt noch dazu in der Lage?

Nur zwei gesellschaftlichen Gruppen traut Cysarz diese Aufgabe noch zu, der Jugend und dem von ihm selbst verkörperten Typus des Lebenswissenschaftlers: der Jugend, weil sie „sich immer wieder erschlagen läßt für ihre Götter" und somit das „nimmer zu brechende Rückgrat unseres Volkes" bilde[267], dem Lebenswissenschaftler aus folgenden Erwägungen heraus:

> Die allseitige Bereitschaft aber, jeden Weg aus dem Heute oder Jemals zum reinen Menschen zu gehen, bewährt sich vorderhand am greiflichsten in der Gesamtheit unserer Lebens-, Geschichts- und Menschenwissenschaften, der morphologischen Betrachtungen unserer Wirklichkeit. Sie haben das Feuer des ganzen Menschen durch

---

265 Cysarz, Herbert: a. a. O., S. 202 f.
266 Cysarz, Herbert: a. a. O., S. 205.
267 Es ist offensichtlich, dass Cysarz mit dieser Hoffnung auf die „Unzeitgemäßen Betrachtungen" seines Vorbildes Nietzsche rekurriert, der ja ebenfalls eine Wende zum Leben allein durch die Jugend noch für möglich hält (s. III.2.1).

Läufte getragen, in denen die Kunst als Kunst bald dem Unbewußten und Spielerischen, bald der Vernunft und der Technik gehuldigt hat, der Ideologie oder der Primitivität, dem Mysterium oder der Tendenz, der Ausnahme oder der Regel, nicht aber der menschlichen Ganzheit und Weltmitte. Und jetzt, da alle Dichtung in die letzte Rechenschaft vom Menschen, die letzten Entscheide des Handelns, die fugenlose Einheit einer vollkommenen Lebens- und Schicksalsgemeinschaft gerufen wird, helfen sie Schillers absolutem Menschen auch die Mannigfaltigkeit unseres Zeitalters durchdringen und in ewige Normen fassen.[268]

Mit dem „Ende der Kunst", die ob ihrer tendenziösen Flatterhaftigkeit ihre Rolle als primäre Instanz der Menschendarstellung und -deutung ausgespielt habe, schlage also nun die Stunde der Lebenswissenschaft. Hier zuallererst sei das „sinnliche Scheinen der Idee" noch möglich. Dass es somit auch der „Grenzwissenschaftler" Cysarz selbst ist, der nunmehr die von Schiller entzündete Fackel des „absoluten Menschen" in der Hand hält, überrascht bei genauerer Lektüre indes kaum. Denn bereits seine Charakterisierung von Schillers philosophischem Stilideal liest sich wie eine implizite Legitimation jenes Darstellungsstils, der für das lebenswissenschaftliche Ethos' – insonderheit aber für Cysarz' eigene Arbeiten – charakteristisch ist. Schillers Betrachtungen nämlich, so versichert der Prager Ordinarius,

> besonders die späteren ‚über' das Erhabene, sind nicht viel weniger Gedankendichtung als Abhandlung. Wieder und wieder gehen die Begriffe in Sinnbilder über.[269] Hier ist das urpersönlichste Geständnis, das offenste Selbstbildnis Schillers, das wahrste Bildnis des Templeisen der Schönheit und Menschlichkeit, der einen Bogen zwischen Kant und Nietzsches ‚Zarathustra' spannt, des Dichters, der den absoluten Menschen im totalen findet, der eine höchste Erlösungsbotschaft in quellende Bilder der Menschennatur zu raffen vermag.[270]

Die besondere Ironie dieser Selbstinszenierung als Widergänger des „Gedankendichters" liegt nicht zuletzt darin, dass Cysarz' Arbeit vor allem aufgrund des sich in ihr bekundenden Stilideals und Wissenschaftsethos' – ähnlich wie die theoretischen Schriften Schillers zu ihrer Zeit[271] – auf erhebliche Skepsis stößt. Zwar finden sich auch zahlreiche lobende

---

268 Cysarz, Herbert: a. a. O., S. 229.
269 Cysarz übernimmt hier fast wörtlich Schillers stilistische Selbstcharakterisierung aus einem Brief vom 21.11.1793 (Schillers Werke. Nationalausgabe, Bd. 26: Briefwechsel: Schillers Briefe. 1. März 1790 – 17. Mai 1794, hrsg. von Edith Nahler und Horst Nahler, Weimar 1992, S. 319). S. dazu Berghahn, Klaus L.: Schillers philosophischer Stil, in: Koopmann, Helmut (Hrsg.): a. a. O., S. 289–302.
270 Herbert Cysarz: a. a. O., S. 196f.
271 Man denke etwa an die Auseinandersetzung zwischen Schiller und Fichte um das angemessene philosophische Stilideal. S. dazu Alt, Peter André: Schiller. Leben – Werk – Zeit. Eine Biographie. Bd. II.2., durchges. Aufl. München 2004, S. 180–191. In gewisser Weise, wenn auch nicht ganz frei von farceähnlichen Momenten, wiederholt der Stilkonflikt zwischen Cysarz und Fricke (s. u.) die antagonistische Konstellation zwischen Schiller und Fichte.

Stimmen innerhalb wie außerhalb des Faches[272], dennoch löst Cysarz' Monographie einen „Methodenstreit um Schiller"[273] aus, in den dann – wie bereits dargelegt – vor allem die konkurrierenden Literaturforscher Gerhard Fricke und Hermann Pongs verwickelt werden. Interessant ist dies vor allem deshalb, weil es in diesem Streit nicht nur um Methodenfragen geht, sondern vielmehr erneut auch darum, welches Wissenschaftsethos unter den Bedingungen der gewandelten politischen Verhältnisse das angemessene ist. Es ist also nicht nur der Code „wahr/falsch", der hier die wissenschaftliche Kommunikation organisiert. Überlagert wird dieser gleichsam noch durch einen Zweit- und Drittcode: Neben der Frage „wissenschaftsethisch korrekt/unkorrekt" geht es auch um den Gegensatz zwischen „alt/neu". Dass man sich die „Neuheit" des jeweiligen Schillerbildes abspricht, bestätigt zudem Bourdieus These vom wissenschaftlichen Feld als einer Arena resonanzstrategischer Positionierungskämpfe. Dies nicht zuletzt deshalb, weil die inhaltlichen Differenzen der Schiller-Bilder von Fricke, Pongs und Cysarz zumindest dem heutigen Betrachter als durchaus geringfügig erscheinen. Je geringer die inhaltliche Differenz, umso größer scheint im Kampf um Aufmerksamkeit und Distinktion ihre Inszenierung auszufallen. Dass der Methodenstreit vor allem auch ein Streit um das Wissenschaftsethos ist, sei hier zumindest kurz angedeutet.

Fricke, der in diesem Spiel selbst den Angreifer gibt, moniert die „superlativistische Intonation" Cysarz' und dessen makrologische Optik auf seinen Forschungsgegenstand, aus der sich „eine Schritt für Schritt vorwärtsschreitende und begründende Interpretation" nicht entwickeln könne. Cysarz' Begriffe seien dergestalt aufgebläht,

> daß sie eigentlich gar nicht mehr greifen und nur noch eine Art Stimmung hervorrufen, diese atembeklemmende Berg- und Talfahrt durch alle Regionen einer mehrtau-

---

272 So lobt etwa der ausführliche Forschungsbericht Georg Kefersteins Cysarz' Monographie als „bezauberndes und bestrickendes, aber überall tief gegründetes Schillerbuch" (Keferstein, Georg: Zur Wiedergeburt Schillers in unserer Zeit, in: Germanisch-Romanische Monatsschrift, 27, 1939, S. 165–191, hier: S. 176). Auch Rudolf Unger charakterisiert – wenn auch nicht ohne Vorbehalte – Cysarz' Monographie als „weiträumige und geistgeladene Leistung" (Unger, Rudolf: a. a. O., S. 234). Hermann Pongs, der in seiner Schrift *Schillers Urbilder* (Stuttgart 1935) an die Deutung Cysarz' anknüpft und diesen im Sinne seiner eigenen – „existentiell" ausgerichteten – Deutung zu überbieten versucht, charakterisiert die Schrift des Prager Kollegen, ungeachtet methodologischer Einwände, als „große Leistung", die „die zeitliche Bedingtheit Schillers in den ewigen Raum des deutschen Wesens ein[tieft]." (Pongs, Hermann: Zum Schillerbild der Gegenwart, in: Dichtung und Volkstum, 35, 1934, S. 515–526, hier: S. 517) In der Zeitschrift *Geistige Arbeit. Zeitung aus der wissenschaftlichen Welt* lobt eine Rezension: „Cysarz' eigene Sprache ist von einer ungeheuren Lebendigkeit. Sie bewegt sich nie in ausgefahrenen Bahnen. Seine Art zu formulieren ist stets originell. […] im ganzen fühlt man in dem Werk die Wärme des Verfassers für seinen Gegenstand." (Puchstein, I.: Schiller als politischer Dichter, in: Geistige Arbeit. 1934, Nr. 24, S. 4) Exoterische Resonanz erlangt Cysarz' Schillerbild nicht zuletzt auch durch seine Zeitungsartikel, die die Monographie flankieren und die Grundgedanken derselben aufnehmen, s. Cysarz, Herbert: Schillers Wiederkehr, in: DAZ vom 22. 11. 1933 und ders.: Erbe und Aufbruch. Zum Schillertag, in: DAZ vom 09. 11. 1934.

273 So der Titel eines Beitrages des am Streit beteiligten Hermann Pongs (Pongs, Hermann: Methodenstreit um Schiller. In: Dichtung und Volkstum, 37, 1936, S. 390 f.).

sendjährigen abendländischen Geschichte, dies Schaukeln zwischen Christentum, Germanentum, Antike und Renaissance, das bei dem Leser unwiderstehlich eine Seekrankheit des geschichtlichen Sinnes hervorruft – was bedeutet es anderes, als daß die Begriffe sich der geschichtlichen Wirklichkeit gegenüber selbständig machen, daß sie zu donnernden und bunten Hülsen werden, die einen gespenstischen Tanz aufführen.[274]

Als letztlich unwissenschaftlich, weil kunstanalog, wird hier im Namen philologisch-historischer Genauigkeit und wissenschaftlicher Nachprüfbarkeit der Ergebnisse genau jene lebenswissenschaftliche Position Cysarz' zwischen „Dichtung und Philosophie" stigmatisiert, die der Prager Ordinarius im Rekurs auf Schillers theoretische Schriften legitimieren will.

Aber auch von der gleichsam entgegengesetzten Seite gerät Cysarz' Wissenschaftsethos ins Kreuzfeuer der Kritik. Stellt Fricke die wissenschaftliche Dignität der Ausführungen Cysarz' in Frage, so bemängelt der umtriebige Walther Linden gerade das Maß ihrer politischen Angemessenheit. Cysarz' Buch, so Linden, wolle gerade für jene Teile von Schillers Weltanschauung erwärmen, „die uns heute am fernsten getreten sind: für die allgemeine Menschlichkeit, auf die wir heute so wenig geben, weil wir erkannt haben, daß das Menschliche nur vom Konkret-Bestimmten und vom Blutmäßig-Bodenverhafteten aus fruchtbar zu erfassen ist."[275] Das Buch sei „kein Bekenntnis des neuen deutschen Menschen, sondern vielmehr ein Bekenntnis des Expressionismus, [...] d. h. der krampfhaft gesteigerten Ausgangsepoche des liberalen Zeitalters."[276] Gleichsam paradigmatisch wird an Lindens Kritik deutlich, wie die Unterscheidung „wahr/falsch" von einem Zweit- und Drittcode überlagert werden. Spricht der wissenschaftlich randständige Autor hier Cysarz doch mit dem Stigmawort „liberal", das in den zeitgenössischen Diskursen unmittelbar mit der „Weimarer Systemzeit" assoziiert wird, nicht nur die Aktualität seines Schillerbildes ab, sondern auch dessen wissenschaftsethische, und d. h. hier auch dessen politische, Dignität.

Frickes wie Lindens Kritik verweisen darüber hinaus darauf, dass im Rahmen der fachinternen Positionierungskämpfe während des NS sowohl der Vorwurf mangelnder Wissenschaftlichkeit als auch derjenige mangelnder Lebensbezogenheit, d. h. hier Politisiertheit, als diskursive Manövriermasse zur Inszenierung von Differenz genutzt werden. Gerade Lindens Kritik zeigt zudem, wie sehr der Charakter der Distinktion auch von der Position

---

274 Fricke, Gerhard: Rez. zu Herbert Cysarz „Schiller", in: Deutsche Literaturzeitung für Kritik der internationalen Wissenschaft, 55, 1934, S. 883–891, hier: S. 886. Weiter heißt es dort: „[S]o zeigt sich in alledem, wie die wortgläubige und zuweilen fast begriffsdichtende Sprachkunst des Vf.s das Geschichtlich-Konkrete alsbald verdampfen und aufgelöst werden läßt von einem übergeschichtlich Allgemeinen, das dadurch gewiß nicht schärfer bestimmt wird, daß man es in den Superlativ erhebt. Immer wieder erscheint unvermittelt ein weittragendes und verblüffendes Fazit, aber die Summe wird eigentlich niemals vorgerechnet, so daß man prüfend und sich überzeugend mitzuzählen vermag." (ebd.)
275 Linden, Walther: Rez. zu Herbert Cysarz „Schiller", in: Zeitschrift für Deutschkunde, 48, 1934, S. 347f.
276 Ebd.

des Akteurs innerhalb der Disziplin abhängt: Während Fricke sich als zwar noch junger, aber bereits wissenschaftlich etablierter und karrierestrategisch immens erfolgreicher Akteur auf den wissenschaftlichen Eigensinn beruft, spielt der Außenseiter Linden – dem angesichts der eigenen Schriften der Vorwurf mangelnder Wissenschaftlichkeit kaum angestanden hätte – die politische Karte. Lindens Kritik leitet zudem über zum zweiten hier zu behandelnden Argumentationsmuster: dem der Diskontinuitätsinszenierungen.

Im bisher Gesagten deutete es sich bereits an: Die ostentativ zur Schau gestellte Bereitschaft, ein „neues", gegenwartsadäquates und konsensuelles Schillerbild zu entwerfen, scheitert auch unter den gewandelten Resonanzverhältnissen. Eine monoparadigmatische Zurichtung der Schillerdeutung gelingt zwischen 1933 und 1945 nicht. Zu stark sind die Fliehkräfte der Heterodoxie: d. h. der feldspezifische Drang der Wissenschaftler, sich unterscheidbar und damit wahrnehmbar zu machen und sich gegenseitig zu überbieten. Wie sich dabei auch auf esoterischer Ebene wissenschaftsethische und politische Motive durchdringen, zeigen besonders deutlich noch einmal die Kommentare Gerhard Frickes. Einerseits beruft er sich auf den wissenschaftlichen Eigensinn des Faches, wenn er die an Cysarz anknüpfende Schillerdeutung seines Konkurrenten Hermann Pongs als unzulässige Aktualisierung und daher als unwissenschaftlich diskreditiert: Er kritisiert „die geschichtslose Konstruktivität seines nur auf die Gegenwart hin gedeuteten Schillerbildes", das „die spannungsvolle Polarität von Einst und Heute auflöst und das Einst gewaltsam auf die Anschauungsform des Heute spannt."[277] Andererseits bezieht seine kritische Sichtung von Schillers Werk, dem er das Schaffen Kleists vorzieht, ihre Wertmaßstäbe ebenfalls aus der politischen Gegenwart: moniert er doch, dass Schiller – anders als Kleist – „von der Idee der Freiheit als **reiner** Gesinnung [...] niemals zu der **bestimmten** Wirklichkeit des Schicksals und des Volkes und der Nation"[278] gefunden habe.

Doch auch auf der exoterischen Ebene hat man Schwierigkeiten mit der Anschlussfähigkeit Schillers an die Gegenwart. Sicherlich die mentalitätsgeschichtlich interessantesten Dokumente einer exoterischen Diskontinuitätsinszenierung sind die Texte des orthodoxen Klages-Schülers Werner Deubel. Deubel versucht, Schillers Œuvre mit anti-bürgerlichem Impetus am begrifflichen Leitseil der Klages'schen Lebensphilosophie (s. III.2.1) zu dekonstruieren. Er legt dessen bipolares, antagonistisches Weltdeutungsschema zugrunde, demzufolge sich alle Religionen, Gesinnungen, Geschmacksrichtungen und Wissenschaften einteilen lassen in biozentrische, „deren Rangordnung der Werte vom **Leben** bestimmt wird, und **logozentrische**, die gewollt oder ungewollt der Diktatur des Geistes gehorchen."[279]

---

277 Fricke, Gerhard: Vom Nutzen und Nachteil des „Lebens" für die Historie, in: ZfDk, 50, 1936, S. 433–437, hier: S. 436f.

278 Fricke, Gerhard: Schiller und Kleist als politische Dichter, in: ZfDk, 48, 1934, S. 222–238, hier: S. 231.

279 Deubel, Werner: Schillers Kampf um die Tragödie. Umrisse eines neuen Schillerbildes. Berlin-Lichterfelde 1935 (Das deutsche Leben/Band 1), S. 4. Deubel zitiert hier wiederum aus: Prinzhorn, Hans: Die Wissenschaft am Scheidewege von Leben und Geist. Festschrift zu Ludwig Klages' 60. Geburtstag, Leipzig 1932. Sowohl Klages als auch Deubel fassen den vermeintlichen Antagonismus zwischen „bio-

„Der Kern jeder logozentrischen Denkweise", so Deubel, „ist immer ‚Monotheismus', und von ihm nur das materialistische Spiegelbild heißt ‚Monismus'."[280] Deubels These ist es nun, dass das gesamte Schaffen Schillers Dokument einer fortschreitenden „Zerklüftung", einer „Selbstzerstörung" des Dichters und des Denkers ist. Es ist die Tragödie eines verhinderten Biozentrikers, der sich – „unterm Vampyrbiss des Logos"[281] in Gestalt der Kantischen Transzendentalphilosophie – mit sich selbst entzweit. „Daß Schiller an die Transzendentalphilosophie geriet, ist ein persönliches und somit für die deutsche Kultur ein nationales Verhängnis, dessen ganze Schwere nur der ermißt, der um die dionysische Artung seines Genius und um seine Sendung zur Tragödie weiß."[282]

Diese „Sendung zur Tragödie", zur „Schicksalsseite des Lebens", zum „Orgiasmus", blitzt nach Deubel gleichsam epiphanisch – „wie ein aus Bluttiefen heraufleuchtender Erinnerungsblitz" – lediglich in den *Räubern* und unter dem Einfluss des Biozentrikers Goethe noch einmal im *Wallenstein* auf. Werkbiographisch gesehen an den Rändern des Gesamtwerkes also, etwa in der zweiten Szene des dritten Aktes der *Räuber* – wenn Karl Moor die untergehende Sonne betrachtet – scheint Deubel zufolge die „heroisch-tragische Feuerseele" Schillers auf: „‚So stirbt ein Held! – Anbetungswürdig! – […] Da ich noch ein Bube war, war's mein Lieblingsgedanke, wie sie zu leben, zu sterben wie sie.'"[283]

Scheint es sich hier nach Deubel um eine der wenigen Szenen im Werk Schillers zu handeln, in der Signifikant und Signifikat, mithin das, was Schiller schreibt, und das, was er meint, zur Deckung kommen, so deutet Deubel Schillers Werk von hier aus als ein Schreiben, das sich selbst immer wieder verfehlt. Vor allem seine theoretischen Schriften sind (bis auf eine Ausnahme) Produkte des „Dogmatismus des logozentrischen Weltbildes"[284], der den dionysischen Tragiker in Schiller in Widerstreit mit der logozentrischen Erkenntnis- und Morallehre des Idealismus bringt. Dies, so versichert Deubel, sei

> **auch** ein Verhängnis seiner Sprache. Die Sprache des philosophierenden Schiller ist diejenige der moralistisch-empfindsamen Aufklärung, die ihm für **seine** Wesensmächte kaum Wortzeichen, geschweige Wertzeichen bietet. So ist nicht zu bezweifeln, daß Schiller oft nur behelfsweise in logozentrischen Wertbegriffen spricht, wenn er tatsäch-

---

zentrisch" und „logozentrisch" des öfteren auch unter der antisemitischen Zweitcodierung „gräkogermanisch" vs. „gräkojudaisch".
280 Deubel, Werner: a. a. O., S. 48.
281 Deubel, Werner: a. a. O., S. 12.
282 Deubel, Werner: a. a. O., S. 25.
283 Deubel, Werner: a. a. O., S. 10. Auch Deubel bedient sich der Technik des strategisch-fragmentarischen Zitats, wenn er hier den Fortgang der von ihm zitierten Stelle unterschlägt. Er lautet: „Moor: […] (Mit verbißnem Schmerz) ‚Es war ein Bubengedanke!'." (Schillers Werke. Nationalausgabe. Dritter Band: Die Räuber. Hrsg. von Herbert Stubenrauch, Weimar 1953, S. 78) Die Passage ist also weniger ein Beleg für Deubels auf den Autor ausgedehnte Heldenthese, als vielmehr für Moors temporär immer wieder aufblitzende Einsicht in die Vergeblichkeit und moralische Ambiguität seiner „Götterpläne".
284 Deubel, Werner: a. a. O., S. 25.

lich Lebenswirklichkeiten seines tragisch-dionysischen Weltgefühls meint. Daß er diesen Widerspruch nicht aufzulösen vermag, gibt seinen Briefen und Abhandlungen trotz prachtvoll federndem Gedankenschwung und rassiger Lebensfülle des Stils immer etwas Zwiespältiges, und vielleicht ist der Ahnung dieser unlösbaren Verstrickung der hellseherische Vers entsprungen: „Spricht die Seele, so spricht ach! Schon die Seele nicht mehr!"[285]

Nur einmal im Rahmen seiner theoretischen Schriften sei es Schiller zumindest ansatzweise gelungen, das Netz des logozentrischen Diskurses zu durchbrechen. Dies sei – und es mag kaum überraschen – einzig in seiner Schrift *Über das Erhabene* der Fall. Zwar, so Deubel, „klirren in ihr [noch] die alten kantischen Ketten." Nichtsdestoweniger habe er in seiner philosophischen Spätschrift, mit dem „Zusammenhang zwischen dem Tragischen und Dionysischen, [...] der Schiller vorschwebt und den er [...] auszusprechen versucht" eine biozentrische Spur gelegt, die erst Nietzsche „nach drei Vierteljahrhunderten" wieder aufzunehmen verstanden habe.[286]

Wissenschaftshistoriographisch signifikant ist es nun, wie man innerhalb der Literaturwissenschaft, im esoterischen Zirkel, auf diese von außen kommende Infragestellung der gegenwärtigen Relevanz des Schiller'schen Denkens und Dichtens im Namen des Lebens reagiert. Deubels Deutungsangebot wird durchaus wahrgenommen, aber: man begegnet ihm mit erheblicher Skepsis. Es ist die „alte", schon bei der Linden-Rezension Böckmanns (s. III.1) sichtbar gewordene Frontlinie zwischen zünftigem Expertentum und außerfachlichem Dilettantismus, die sich nunmehr öffnet. Geht es doch diesmal weniger darum, das Konkurrenzangebot eines Mitglieds der disziplinären Gemeinschaft zu überbieten, als vielmehr darum, die Grenzen der Zuständigkeit für literarische Fragen unter den neuen Herrschaftsbedingungen zu markieren. Paradigmatisch mag dafür erneut eine Rezension Frickes stehen, der im ironischen Ton des überlegenen Dichtungsexperten Deubels Bioexzentrik des dogmatisch verblendeten Dilettantismus, der Unwissenschaftlichkeit und – schlimmer noch – der nationalen Ikonenschändung bezichtigt.

Obwohl (oder gerade weil) in der Sache mit Deubel durchaus in einem wesentlichen Punkt konform – im Rekurs gar auf Fricke konstatiert auch der Klagesjünger, dass „zuletzt die *Idee* der ‚geheime Held der Dichtung'" Schillers werde[287] –, macht Fricke zweierlei Grenzen deutlich: zum Einen, wer über Schiller mitsprechen darf, zum Anderen – und mit drohendem Unterton – was überhaupt im Bereich des Sagbaren liegt:

---

285 Deubel, Werner: a.a.O., S. 47f.
286 Deubel, Werner: a.a.O., S. 37. Auch Rudolf Unger betont in seinem umfangreichen Forschungsbericht jene „Wesensseite Schillers, die ihn letzten Endes, trotz aller sonstigen Gegensätze, zu einem Vorgänger des amor fati Nietzsches machte [...]." (Unger, Rudolf: a.a.O., S. 219) Nichtsdestoweniger begegnet auch er Deubels Interpretationsansatz eher kritisch, wenn er ihn einleitend als „[e]ine letzte Zuspitzung, eine tendenziöse Schärfung, Dogmatisierung ins gewollt Paradoxe" (216) charakterisiert.
287 Deubel, Werner: a.a.O., S. 15. Auch Unger spricht davon, dass sich Frickes Deutung mit der Deubels „eng zu berühren" (Unger, Rudolf: a.a.O., 218) scheint.

Eine ‚Auseinandersetzung' mit dieser Auffassung erscheint mir umso entbehrlicher, als sie nicht aus der Anschauung des geschichtlichen Schiller gewonnen ist und mithin nicht von dort aus widerlegt werden kann. Die Erzieher aber, die vor der deutschen Jugend und vor Schillers Dichtung selber stehen, bedürfen schwerlich noch der Argumente, sich gegen diesen Anschlag auf eine große und wirkende Führergestalt der deutschen Geschichte zu wehren. [...] Aber es darf nicht geduldet werden, daß sie [die großen Führer der deutschen Geistesgeschichte; G.K.] gleichsam zum (negativen) Demonstrationsobjekt für eine metaphysische Dogmatik herabgewürdigt werden, mit deren bequemen Formeln man den großen Teil der deutschen Geschichte in müheloser Schwarzweißtechnik verleumdet oder verketzert.[288]

Viel deutlicher hätte Fricke sein *licet Iovi* – ein Paradebeispiel für strategische Diskursverknappung – kaum formulieren können. Deutlich wird dabei, dass die Grenzen zwischen den Deutungsangeboten während des NS nicht nur innerhalb der Disziplin zwischen Kontinuitäts- und Diskontinuitätsinszenierungen verlaufen, sondern auch zwischen disziplininternen und -externen Beiträgen. Indem Fricke seine Rezension mit dem Hinweis auf die „großen und wirkenden Führergestalten der deutschen Geistesgeschichte" beschließt, wird die politische Lesbarkeit zur Ressource, den Beitrag Deubels als heterodoxe Häresie aus dem Diskurs des noch zulässigen Über-Schiller-Sprechens auszugrenzen.

Natürlich gibt es auch solche Annäherungsversuche an Schillers Werk, die – und auf diese dritte Variante sei hier abschließend nur kurz verwiesen – eine Gesamtdeutung des Autors vorlegen, ohne dabei auf seine theoretischen Schriften einzugehen. Die 1932 erschienene Schrift des Ministerialrats Hans Fabricius – *Schiller als Kampfgenosse Hitlers* – etwa spürt nach dem „Nationalsozialismus in Schillers Dramen" und kommt, ohne dabei den Theoretiker Schiller zu berücksichtigen, zu dem Schluss: „Der Nationalsozialismus schöpft aus den gleichen, ewigen Kraftquellen deutscher Art, aus denen auch Schiller schöpfte."[289]

Disziplinintern reagiert man auf solche Zurichtungen meist mit dem Vorwurf einseitiger Enthistorisierung.[290] Aber immerhin deutet Hermann Pongs die Arbeit Fabricius' als positives Gegenbeispiel einer „naiven", „selbstverständliche[n] Bejahung Schillers als des

---

288 Fricke, Gerhard: Blick in die Zeit. Vom Nutzen und Nachteil des „Lebens" für die Historie. Zwei neue Schillerabhandlungen, S. 433–437, hier: S. 435. Bezeichnend ist auch, dass Fricke an seine Schelte des wissenschaftlichen Dilettanten Deubel sogleich seine Kritik am Konzept einer lebenswissenschaftlich übersteigerten Literaturwissenschaft, das er in der Schillerabhandlung seines Konkurrenten Pongs verwirklicht sieht, anschließt. Dass er den biozentrischen Fachaußenseiter und den innerfachlichen Konkurrenten gleichsam in einem „Aufwasch", d.h. in einem Artikel, der wissenschaftlicher Bedenklichkeit bezichtigt, darf man sicherlich als ein Signal der Geringschätzung des Stuttgarter Ordinarius' deuten, dessen Kritik an seiner eigenen Habilitationsschrift er ihm hier sozusagen „heimzahlt".
289 Fabricius, Hans: Schiller als Kampfgenosse Hitlers. Nationalsozialismus in Schillers Dramen. Bayreuth 1932, S. 120.
290 So etwa Keferstein in seinem Forschungsbericht, der Fabricius' Arbeit aus der „wissenschaftlichen Schillerdeutung" ausgrenzt (Keferstein, Georg: a.a.O., S. 185).

großen politischen Dichters der Deutschen" – als Gegenbeispiel natürlich gegen das „an philosophischen Doktrinen ausgerichtete Urteil"[291] seines Konkurrenten Gerhard Fricke.

Deutlich wird anhand dieser Auseinandersetzungen um Schillers theoretische Schriften – wie zuvor bereits an der Auseinandersetzung zwischen Pongs und Fricke – noch einmal die diskursstrukturierende Virulenz, aber auch die Vagheit des Lebens-Begriffes. Angesichts dieser Vagheit kann es denn auch nicht verwundern, dass jene literaturwissenschaftlichen Akteure, denen es um den Entwurf eines distinktionsträchtigen und zirkulationsfähigen Fachprofils geht, sich anschicken, die denkstilkonturierende Vorstellung einer Lebenswissenschaft, sei es unter Berufung auf die „Rasse", sei es im Rekurs auf das „Volk", weiter zu konkretisieren. Der eingehenden Analyse dieser Versuche werden sich deshalb die folgenden beiden Kapitel widmen.

3. Schwierigkeiten mit der „kopernikanischen Wende": Von der begrenzten Anziehungskraft des Rasse-Begriffes für die Literaturwissenschaft vor und nach 1933

„Aber die Notwendigkeit, trotz allem einmal anzufangen, ist mir – und wohl jedem – nicht weniger deutlich."[1] Mit diesen Worten leitet Heinz Otto Burger, wissenschaftlicher Assistent am Deutschen Seminar der Universität Tübingen, 1934 einen der ersten Versuche nach der politischen Zäsur ein, sich – ungeachtet der von ihm selbst attestierten, ebenso deutlichen „Gefährlichkeit"[2] dieses Unterfangens – einem literaturwissenschaftlichen Gegenstandsbereich mit einem rassenkundlichen Methodenbesteck anzunähern. Kaum ein Zauber, Zögerlichkeit und „Sach"zwang schon eher scheinen diesem Anfang innezuwohnen, der „trotz allem" nach den „rassischen Kräften im deutschen Schrifttum" fragt.

Diese Mischung aus resonanzbewusstem Dezisionismus und denkstilimprägnierter Skepsis, die sich bereits in den Worten Burgers abzeichnet, sollte auch in den folgenden elf Jahren den literaturwissenschaftlichen Umgang mit dem Rasse-Begriff, d. h. die Argumentationsmuster, die sich um ihn anlagern, prägen. Wie bei keinem anderen der zwischen 1933 und 1945 virulenten Scharnierbegriffe handelt es sich beim Rasse-Begriff für die Neuere deutsche Literaturwissenschaft um eine Art Grenzbegriff, dessen Resonanzpotential von nicht unerheblicher semantischer Ambivalenz ist; fallen in ihm doch das Versprechen auf fachübergreifendes, symbolisches Kapital und die innerfachliche Gefährdung dieses Kapitals durch die Denkstil-Grenzwertigkeit des Begriffes zusammen. Gerade im Blick auf die Rasse-Semantik innerhalb der Literaturwissenschaft stellt sich deshalb die Frage, inwie-

---

291 Pongs, Hermann: Zum Schillerbild der Gegenwart. In: DuV, 35, 1934, S. 515–526, hier: S. 516.

1 Burger, Heinz Otto: Die rassischen Kräfte im deutschen Schrifttum, in: ZfDk, 48, S. 462–476, hier: S. 462. Zur Analyse dieses Beitrages s. III.3.2.
2 Ebd.

weit das Fach dazu in der Lage oder bereit ist, die Grenzen seines Eigensinnes durchlässig zu machen. Sicherlich kann man zunächst der Diagnose Ralf Klausnitzers zustimmen, der zufolge der Rasse-Begriff „ein der Universitätsgermanistik weitgehend äußerliches Attribut [bleibt]."[3] Aber auch wenn der Rasse-Begriff nach 1933 – so viel sei bereits vorweggenommen – nicht zu einem Leitbegriff innerhalb der Literaturwissenschaft avanciert, so darf man doch die wissenschafts*geschichtliche* Indikationsfunktion der zahlreichen Textspuren, die der Begriff in den Selbstthematisierungen der Literaturwissenschaft hinterlassen hat, nicht unterschätzen. Markieren doch die Positionierungen zum Rasse-Begriff besonders deutlich jenen diskursiven Grenzbereich, in dem der Eigensinn des Faches angesichts der gewandelten Resonanzverhältnisse im Bourdieuschen Sinne des Wortes auf dem Spiel steht. Die heterogenen Überlegungen der literaturwissenschaftlichen Akteure zum Rasse-Begriff vermessen somit in besonders deutlicher Weise immer wieder den Raum der Wissenschaftlichkeit innerhalb der Literaturwissenschaft, d. h. sie vermessen den Raum dessen, was im Rahmen dieses Faches noch als zulässige wissenschaftliche Kommunikation gelten darf.

Um verständlich und deutlich werden zu lassen, dass und aus welchen Gründen es für die Literaturwissenschaft nach 1933 einerseits attraktiv, andererseits jedoch ebenso problematisch ist, den Rasse-Begriff in ihre methodische Matrix zu integrieren, bedarf es zunächst eines Rückblickes auf die semantische „Karriere" des Begriffes seit der zweiten Hälfte des 19. Jahrhunderts.

3.1 Zur „Karriere" eines Scharnierbegriffes – Der Rasse-Begriff seit der zweiten Hälfte des 19. Jahrhunderts

„[D]aß es ein einheitliches wissenschaftliches Rassenkonzept weder vor noch nach 1933 gegeben hat"[4], ändert nichts an dem Umstand, dass wohl kaum ein anderes Konglomerat von Vorstellungen – so diffus, dispers und widersprüchlich diese bei genauerer Betrachtung auch gewesen sein mögen – nachhaltiger und wirkungsmächtiger die Lebenswirklichkeiten der Menschen im 20. Jahrhundert beeinflusst hat als jenes gesellschaftsbiologistische, das sich im Rasse-Begriff verdichtet. Für Millionen von Menschen werden zwischen 1933 und 1945 im Zuge der nationalsozialistischen Vernichtungsaktionen gegen „lebensunwertes Leben" „Rassenfragen" zu Fragen nach Leben und Tod.[5] Die „Erfolgs"geschichte des Rasse-

---

3 Klausnitzer, Ralf: Blaue Blume, S. 251.
4 Schmuhl, Hans-Walter: Rasse, Rassenforschung, Rassenpolitik. Annäherungen an das Thema, in: ders. (Hrsg.): Rassenforschung an Kaiser-Wilhelm-Instituten vor und nach 1933, Göttingen 2003, S. 7–37, hier: S. 22.
5 Zur „Rassenhygiene und Erbpflege im nationalsozialistischen Staat" s. u. a. Weingart, Peter/Kroll, Jürgen/Bayertz, Kurt: Rasse, Blut und Gene. Geschichte der Eugenik und Rassenhygiene in Deutschland, Frankfurt am Main 1988, S. 367–561; Heinemann, Isabel: „Rasse, Siedlung, deutsches Blut". Das Rasse- und Siedlungskonzept der SS und die rassenpolitische Neuordnung Europas, Göttingen 2003; Aly, Götz: a. a. O.

Begriffes endet – zumindest im deutschsprachigen Raum – im und mit dem rassistischen Paradigma[6], das der nationalsozialistischen Ausgrenzungs- und Vernichtungspolitik als Handlungsanleitung und Legitimationsgrundlage zugleich dient. Sie beginnt jedoch, wie Ulrich Herbert betont, weit vor 1933: „Das rassistische Paradigma selbst, das gesellschaftsbiologisches Denken zur Grundlage sozialen Handelns erhob, war also nichts spezifisch Nationalsozialistisches. Es bestand vielmehr als weitgehend ausgebildetes Theorem bereits vor 1933 und fand auch innerhalb der beteiligten Professionen breite Unterstützung."[7]

Es kann im Rahmen dieser Arbeit nicht das Interesse und somit auch nicht der Ort sein, die verwickelte Verwendungsgeschichte des Rasse-Begriffes seit seinem häufigeren Auftauchen im späten 16. Jahrhundert, als er „als taxonomische Kategorie zur Gliederung der Vielfalt der Lebewesen in die Naturgeschichte ein[geht]"[8], zu rekonstruieren. Von besonderem Interesse sind hier aber jene Elemente seines semantischen Profils, deren Zusammenspiel seine „Karriere" als Scharnierbegriff ermöglichen. Das wechselseitige Ineinander dieser Elemente bildet sich seit der zweiten Hälfte des 19. Jahrhunderts heraus und wird auch noch für den Rasse-Diskurs innerhalb der Literaturwissenschaft maßgeblich sein.

Zum ersten ist natürlich gerade die Unschärfe des Rasse-Begriffes, die sich einer historisch-semantischen Betrachtung seiner zum Teil einander widersprechenden Verwendungsweisen erschließt, die Bedingung der Möglichkeit seines diskursiven Erfolges. Relativ offen und flexibel, entwickelt der Begriff ein breites Anschlusspotential, das ihn nicht nur zwischen verschiedenen Wissenschaftsdisziplinen, sondern auch zwischen Wissenschaft, Öffentlichkeit und Politik erfolgreich zirkulieren lässt. Betrachtet man z. B. die Verwendungsgeschichte des Rasse-Begriffes allein innerhalb des wissenschaftlichen Feldes, so wird deutlich, dass es nicht zuletzt die Unschärfe des Begriffes ist, die seinen über die Grenzen einzelner Disziplinen und Länder hinaus wirkenden, integrativen *appeal* zeitigt. Im Blick

---

6   Zu den Kontinuitäten des eugenischen Denkens, die auch, ungeachtet des weitgehenden Verschwindens des Wortkörpers „Rasse" aus dem öffentlichen, vor allem deutschsprachigen Diskurs, nach 1945 festzustellen sind, s. Weingart, Peter/Kroll, Jürgen/Bayertz, Kurt: a. a. O., S. 562 ff.

7   Herbert, Ulrich: Traditionen des Rassismus, in: Bürgerliche Gesellschaft in Deutschland. Historische Einblicke, Fragen, Perspektiven, Frakfurt am Main 1990, S. 472–488, hier: S. 483 f.

8   Schmuhl, Hans-Walther: a. a. O., S. 22 f. Dort heißt es weiter: „Im 17. Jahrhundert wurde der Begriff der ‚Rasse' dann – zunächst in Entdeckungs- und Reiseberichten – zur Systematisierung menschlicher Großgruppen aufgegriffen und seit dem späten 18. Jahrhundert für die Völkerkunde aufgegriffen. In der Wissenschaftssprache wurden ‚Rassen' als taxonomische Einheiten verstanden – weniger scharf abgegrenzt als ‚Arten', aber doch mehr als flüchtige ‚Varietäten', ‚Spielarten' oder ‚Lokalformen'. Wie der Begriff ‚Rasse' aber genau zu definieren sei, darüber gingen die Meinungen in der Botanik, der Zoologie und der Anthropologie weit auseinander. Bis in die 1920er Jahre hinein hatte man sich etwa in der Zoologie noch nicht einmal darüber verständigt, ob man ‚Rassen' als willkürlich festgelegte gedankliche Konstrukte auffassen wollte, um die Fülle der in der Natur vorkommenden Lebensformen in eine künstliche Ordnung zu bringen, oder als in der Natur real existierende Lebensformen höherer Ordnung." Zur Begriffsgeschichte weiterhin grundlegend Conze, Werner/Sommer, Antje: Rasse, in: Brunner, Otto u. a. (Hrsg.): Geschichtliche Grundbegriffe. Historisches Lexikon zur politisch-sozialen Sprache in Deutschland, Bd. 5, Stuttgart 1984, S. 135–178. S. auch Schmitz-Berning, Cornelia: Rasse, in: dies.: Vokabular des Nationalsozialismus, Berlin/New York 1998, S. 481–491.

auf die „Rassenforschung" während der ersten vier Dekaden des 20. Jahrhunderts kommt etwa Hans-Walther Schmuhl zu dem bezeichnenden Schluss:

> Einerseits ermöglichte er [der Rasse-Begriff; G. K.] eine wissenschaftliche Kooperation auf internationaler Ebene – bis 1933 selbst zwischen so ungleichen politischen Systemen wie dem Deutschen Reich und der Sowjetunion. Andererseits erlaubte er, wichtiger noch, eine interdisziplinäre und multiperspektivische Herangehensweise und eine Kombination unterschiedlichster Methoden. Unter dem Dach der Rassenforschung arbeiteten [...] Disziplinen wie Medizin, Psychiatrie, Psychologie, Kriminalbiologie, Hirnforschung, Genetik, Evolutionsbiologie, Anthropologie, Paläoanthropologie oder Zoologie wie selbstverständlich zusammen. Das Spektrum der kombinierten Methoden reichte von genealogischen Studien, Erbstatistik, flächendeckenden rassenmorphologisch-erbbiologischen Totaluntersuchungen (die auch kultur- und sozialwissenschaftliche Ansätze integrierten) über anthropologische Messungen, klinische Beobachtung, psychologische Eignungstests, experimentelle Physiologie, Zwillingsforschung, hirnanatomische und histopathologische Untersuchungen, Daktyloskopie und Dermatoglyphik, Blutgruppenbestimmung und Embryologie bis hin zur zoologischen Taxonomie, Tierexperimenten und -modellen für die Humangenetik.[9]

Dieses Element der Unschärfe teilt der Rasse-Begriff mit den anderen, hier zur Disposition stehenden Scharnierbegriffen.[10] Besonders resonanzträchtig wird der Rasse-Begriff, indem sich in den Diskursen, in denen er auftaucht, drei weitere Elemente etablieren, *deren Zusammenspiel* ihn von anderen Scharnierbegriffen wie „Leben" oder „Volk" unterscheidet: 1. seine kultur-, bzw. welthistorische Schlüsselattitüde, die zugleich spezifische Wertungsschemata liefert, 2. die Aura (natur-) wissenschaftlicher Dignität und Objektivität[11] und schließlich 3. die Aura eines gesteigerten Anwendungsbezuges, die sich vor allem nach 1933 auf sein Resonanzpotential innerhalb des NS ausdehnt.

Es ist zu betonen, dass diese Elemente hier – zwecks einer übersichtlicheren Skizze – lediglich analytisch voneinander getrennt werden. Im Rahmen jener Diskurse, die den Rasse-Begriff seit der zweiten Hälfte des 19. Jahrhunderts etablieren, treten sie, einander stützend und legitimierend, häufig gemeinsam auf.

---

9   Schmuhl, Hans-Walther: a. a. O., S. 26.
10 Zudem sei darauf verwiesen, dass der Begriff auch schon gegen Ende des 18. Jahrhunderts in durchaus heterogenen Zusammenhängen auftaucht. So kommen etwa Conze/Sommer mit Blick auf die Quellenlage für diesen Zeitraum zu dem Schluss: „Doch ist es auch und gerade bei scharfer Auswahl aus dem unermeßlichen Stoff nicht möglich, zwischen naturwissenschaftlich-anthropologischer und politisch-historischer Literatur streng zu trennen." (Conze, Werner/Sommer, Antje: a. a. O., S. 149)
11 Insofern stellt der Rasse-Diskurs, auch wenn er als eine Variante der Konkretisierung des umfassenderen Lebens-Diskurses verstanden werden kann, zugleich auch einen Bruch mit dessen dezidierter Abgrenzung gegenüber den Naturwissenschaften dar. Diese – wenn man so will – zeitgemäße Modernisierung des Lebens-Diskurses wird denn auch zur Sollbruchstelle, an der sich Befürworter und Gegner rassenkundlicher Konzepte voneinander scheiden.

Welt- und kulturgeschichtliche Schlüsselattitüde des Rasse-Begriffes

Dass die Verwendung des Rasse-Begriffes mit spezifischen Wertungsschemata gekoppelt wird, lässt sich bereits im 18. Jahrhundert beobachten. Schon der französische Naturforscher Buffon, der in seiner seit 1749 erscheinenden *Histoire naturelle générale et particulière* den taxonomischen Terminus aus der Botanik und Zoologie in das *genre humain* transponiert, spricht von der weißen, europäischen Rasse als der schönsten und besten.[12] Und nicht nur Kant betont in seinen seit 1757 gehaltenen Vorlesungen zur *Physischen Geographie*, dass die „Menschheit [...] in ihrer größten Vollkommenheit in der Race der Weißen [ist]"[13], sondern auch der Göttinger Medizinprofessor J. F. Blumenbach, der die Schädelmessung in die Rassen-Anthropologie einführt, geht in seiner 1798 erschienen Schrift *Über die Verschiedenheiten im Menschengeschlechte* davon aus, dass man die „weiße Farbe [...] für die ursprüngliche, ächte Farbe des Menschengeschlechts halten könne."[14]

Die eigentliche „Karriere" des Rasse-Begriffes als eines wirkungsmächtigen Wert- und Orientierungsbegriffes mit kultur-, bzw. welt*geschichtlicher* Schlüsselattitüde, beginnt jedoch erst mit dem zwischen 1853 und 1855 erscheinenden, vierbändigen *Essai sur l'inégalité des races humaines* des aristokratischen Diplomaten und exoterischen Geschichtsschreibers Josef Arthur de Gobineau.[15] Gobineaus ebenso populär wie suggestiv gehaltene Darstellung, die nichtsdestoweniger mit „dem Anspruch überlegener Wissenschaftlichkeit"[16] auftritt, geht aus von der Leitfrage nach der Ursache des zeitgenössischen Kulturzerfalls, der sich nach Ansicht des adligen Diplomaten nicht zuletzt in der aus historischer Perspektive zunehmend schwindenden gesellschaftlichen Macht der französischen Aristokratie spiegelt. Zur Beantwortung dieser Frage konstruiert Gobineau ein ebenso simples wie raum- und zeitenübergreifendes Narrativ, innerhalb dessen die „Rassen" als die eigentlichen, naturalistisch-transindividuellen Protagonisten erscheinen. Gobineaus geschichtspessimistische Makroerzählung, die zugleich ein providentielles Potential für sich rekla-

---

12 Comte de Buffon, George Louis Leclerc: Histoire naturelle générale et particulière, 44 vols., Paris 1749–1804.
13 Kant, Immanuel: Physische Geographie, Bd. 2, in: Kant's gesammelte Schriften, hrsg. von der Königl. Preuß. Akademie der Wissenschaften, Bd. 9, Berlin 1905, S. 317.
14 Zit. nach Conze, Werner/Sommer, Antje: a. a. O., S. 150.
15 Gobineaus Rolle als ideengeschichtlich maßgeblicher Impulsgeber und Bezugsgröße für einen Rasse-Begriff mit weltgeschichtlichem Diagnosepotential betont u. a. Günter Hartung, wenn er diesbezüglich zu dem Schluss kommt: „Was nun die universell angelegten Weltanschauungs- und Weltgeschichtsentwürfe betrifft, so gingen sie alle, direkt oder indirekt, auf den ersten von ihnen, den *Essai* [...] des Grafen J. A. Gobineau zurück." (Hartung, Günter: Völkische Ideologie, in: Puschner, Uwe/Schmitz, Walter/Ulbricht, Justus H. (Hrsg.): Handbuch zur „Völkischen Bewegung" 1871–1918, München u. a. 1996, S. 1–41, hier: S. 37. Zur Bedeutung Gobineaus s. auch Conze, Werner/Sommer, Antje: a. a. O., S. 161–163; Marten, Heinz-Georg: Rassismus, Sozialdarwinismus und Antisemitismus, in: Fetscher, Iring/Münkler, Herfried (Hrsg.): Pipers Handbuch der politischen Ideen, Bd. 5: Neuzeit: Vom Zeitalter des Imperialismus bis zu den neuen sozialen Bewegungen, München 1987, S. 55–81, hier: S. 59–61.
16 Conze, Werner/Sommer, Antje: a. a. O., S. 161.

miert, geht davon aus, dass die menschliche Gattung aus drei verschiedenen Sekundärrassen, der weißen, „arischen", der gelben und der schwarzen besteht. Der maßgebliche, weltgeschichtliche Akteur ist jedoch für Gobineau, der von einer ursprünglichen und wesenhaften, körperlichen wie geistigen Verschiedenheit und Ungleichheit der Rassen glaubt ausgehen zu können, der „Arier".[17] Allein dem überlegen, kulturschaffenden wie nach Herrschaft strebenden Potential der weißen, „arischen" Rasse sei die Entstehung aller großen Kulturen der Weltgeschichte zu verdanken. Die *race blanche* ist mithin jenes Makrosubjekt, das Geschichte erst ermöglicht: „L'histoire n'existe que chez les nations blanches."[18] Der Arier unterwarf die anderen Rassen und zwang ihnen sein aristokratisches Herrschaftssystem auf, so dass sich dementsprechend im sozialen Schichtenaufbau einer Gesellschaft – so Gobineau *pro domo* argumentierend – die Rassenherkunft widerspiegelt. Der diagnostizierte kulturelle Niedergang sei, so beantwortet Gobineau seine Leitfrage, das unabwendbare Resultat der Rassenmischung. Unabwendbar und unaufhaltsam sei dieser Niedergang deshalb, weil die „arische" Rasse sich in ihrem rassisch fundierten Drang nach Weltherrschaft habe ausdehnen und mit nicht ebenbürtigen Rassen vermischen müssen. Dieser sukzessive rassische Substanzverlust führe zwangsläufig zum Zerfall und Niedergang der weißen Rasse und schließlich zur Herrschaft der Mittelmäßigkeit. Soweit in groben Zügen das rassentheoretisch „fundierte" Niedergangsszenario des Grafen.

Gobineaus pessimistische, gedanklich wenig originelle, aber leicht fassliche, weil in einem literarischen Stil gehaltene Großerzählung von Rassenmischung und Degeneration stößt in der zweiten Hälfte des 19. Jahrhunderts nicht zuletzt in Deutschland auf günstige Resonanz- und Zirkulationsbedingungen. In Sonderheit das Degenerationsmotiv erweist sich vor dem Hintergrund der tiefgreifenden gesellschaftlichen Veränderungen in dieser Phase als äußerst anschlussfähig und etabliert sich als interdiskursives Element.[19] Die Bereitschaft, die Lebensverhältnisse im Lichte „eines durchgängigen psychischen und physischen Niederganges"[20] wahrzunehmen und dieser „Konstruktion einer Bedrohung" kultur- und weltgeschichtliche Dimensionen zu verleihen, ist vor dem Hintergrund ökonomischer, sozialer wie politischer Strukturveränderungen weit verbreitet.[21] Dieser Ermöglichungszusammenhang kann hier lediglich angedeutet werden. Auch jenseits der aus tief verwurzelten Ressentiments sich speisenden Großstadtfeindschaft zahlreicher reaktionärer und anti-

---

17 Zur Vorstellung einer „arischen" Rasse, die den sprachwissenschaftlichen Befund einer indogermanischen Sprachenfamilie ins Ethnische glaubt transponieren zu können s. u. a. Römer, Ruth: Sprachwissenschaft und Rassenideologie in Deutschland, München 1985; Sieferle, Rolf Peter: Indien und die Arier in der Rassentheorie, in: Zeitschrift für Kulturaustausch, 37, 1987, S. 444–467.
18 Gobineau, Josef Arthur de: Essai sur l'inégalité des races humaines, T. 2, Paris 1853, S. 349.
19 Zur Präsenz der Rede von der Degeneration im öffentlichen Diskurs, in der Philosophie (etwa bei Nietzsche) wie auch in verschiedenen Humanwissenschaften (man denke etwa an das 1857 erschienene, einflussreiche Werk des französischen Psychiaters Benedict August Morel *Traité des dégénérescence physiques, intellectuelles et morales de l'epèce humaine et de ses causes qui produisent ces variétés maladives*) s. v. a. Weingart, Peter/Kroll, Jürgen/Bayertz, Kurt: a. a. O., S. 27–103.
20 Weingart, Peter/Kroll, Jürgen/Bayertz, Kurt: a. a. O., S. 51.
21 Kuczynski, Jürgen: Geschichte des Alltags des deutschen Volkes, Bd. 4 (1871–1918), Köln 1982.

modernistischer Strömungen und politischer Gruppierungen[22] führt die zunehmende Urbanisierung der Lebensverhältnisse im Zuge der industriellen Revolution[23] zu einer verstärkten Wahrnehmung der schädlichen Einflüsse der großstädtischen Lebensbedingungen: schlechte Wohnverhältnisse, höhere Kindersterblichkeit, Armut und unzureichende Ernährung der unteren Klassen wie auch die physischen und psychischen Belastungen durch die industriellen Arbeitsbedingungen. All dies erzeugt und verstärkt innerhalb der bürgerlich-akademischen Schicht, die ihren Lebensraum, die Großstädte, durch diese Tendenzen, von denen sie de facto am wenigsten betroffen ist, bedroht sieht, die Wahrnehmung einer allgemeinen Degeneration und bildet den Nährboden für ein von Untergangs- und Verfallsstimmungen geprägtes Klima.[24] Gobineaus „große Erzählung" vom letztlich biologisch determinierten und somit unabänderlichen Niedergang des arischen Menschen sorgt vor diesem Hintergrund – ungeachtet ihres aristokratisch-resignativen Habitus' – für kognitive wie affektive Entlastungseffekte, indem sie Entindividualisierungs- und Enthistorisierungspotentiale anbietet. Stiftet sie doch Sinn und Orientierung, indem sie die Komplexität der zeitgenössischen sozialen, ökonomischen und politischen Wandlungsprozesse in ein weltgeschichtliches Panorama einordnet, in dem sowohl die gegenwärtige Situation wie auch das Handeln des Einzelnen als biologische Konsequenz eines überindividuellen, rassendeterminierten Geschichtsmechanismus interpretierbar werden. Dass er zudem mit dem Rasse-Begriff einen Schlüsselbegriff konstituiert und etabliert, dessen Dignität – wie noch zu zeigen sein wird – durch die zeitgenössischen, wissenschaftlichen Rassen-Diskurse bestätigt scheint, dürfte für den Erfolg seines populärwissenschaftlichen, biometaphysischen Ansatzes nicht unerheblich gewesen sein. Eine kaum zu überschätzende Rolle für die außerordentliche Resonanz von Gobineaus Weltanschauungsangebot im deutschsprachigen Raum spielt sein Übersetzer, der selbsternannte „Rasseforscher" – der allerdings selbst

---

22 Uwe Puschner konstatiert zum Antiurbanismus der „Völkischen Bewegung": „Der Betonung der Natur und natürlicher Lebensweise in der völkischen Weltanschauung korrespondiert ein dezidierter Antiurbanismus. Die Stadt galt als ‚Rassengrab'. Einem geläufigen Topos folgend, ging die antiurbane völkische Argumentation davon aus, dass die städtische Bevölkerung aufgrund der ungesunden Umwelt- und Lebensbedingungen nicht in der Lage sei, sich in ihrem Bestand selbst zu erhalten, sondern dass sie den ständigen Zustrom vom flachen Land benötigte." (Puschner, Uwe: Grundzüge völkischer Rassenideologie, in: Leube, Achim (Hrsg.): Prähistorie und Nationalsozialismus. Die mittel- und osteuropäische Frühgeschichtsforschung in den Jahren 1933–1945, Heidelberg 2002, S. 49–72, hier: S. 58f.)
23 Besonders rapide vermehrt sich die Bevölkerung der Städte mit mehr als 100.000 Einwohnern: während 1871 im Deutschen Reich 1,9 Millionen Menschen (das sind 4,8%) in Großstädten leben, sind es 1910 bereits 13,8 Millionen (das sind 21,3%), s. Hohorst, Gerd/Kocka, Jürgen/Ritter, Gerhard A.: Sozialgeschichtliches Arbeitsbuch. Materialien zur Statistik des Kaiserreichs 1870–1914. München 1975, S. 52f.
24 Dass es sich dabei – etwa im Blick auf die tatsächliche Verbesserung des Gesundheitszustandes der Bevölkerung im Vergleich zu den vorindustriellen Verhältnissen – um eine „kontrafaktische Wahrnehmung der gesellschaftlichen Strukturveränderungen" (Weingart, Kroll, Bayertz: a. a. O., S. 57) handelt, ändert natürlich nichts an der diskursgeschichtlichen Bedeutsamkeit dieses konstruierten Bedrohungsszenarios.

keine eigene Rassentheorie entwickelt – und Gründer der 1894 ins Leben gerufenen Gobineau-Vereinigung, Ludwig Schemann.[25] Schemann, dessen erklärtes Ziel es ist, „den wissenschaftlichen und künstlerischen Werken des Grafen Gobineau die denkbar weiteste Verbreitung zu erwirken"[26], ist hier nicht nur deshalb erwähnenswert, weil er um die Jahrhundertwende als Popularisierungs- und Vermittlungsinstanz Gobineaus Rassevorstellungen in den teilweise bereits antisemitischen Rasse-Diskurs der „völkischen Bewegung" einspeist, sondern auch weil er eine Verbindung herstellt zwischen dem exoterischen Rasse-Diskurs und den esoterischen Rasse-Überlegungen innerhalb der Wissenschaften. Kontakte zu Instanzen der „völkischen Bewegung" entstehen vor allem dadurch, dass die Gobineau-Gesellschaft Schemanns, der selbst zum antisemitischen Kreis Wagners und des Hauses Wahnfried in Bayreuth gehört, über korporative Mitgliedschaften die meisten größeren Verbände der völkisch-rassistischen Bewegung vereinigt: „neben dem deutschnationalen Handlungsgehilfenverband, dem Deutschen Schulverein und Alldeutschen Verband vor allem den Deutschbund [...]."[27] Anschlussfähig in diesen Zirkeln macht Schemann Gobineaus Vorstellungen vor allem dadurch, dass er dessen Rassentheorie, in der die Juden als Rasse noch keine Rolle spielen, in seinen Interpretationen eine antisemitische Richtung verleiht. Der Brückenschlag ins wissenschaftliche Feld entsteht durch Schemanns „freundschaftlich-kollegiale Beziehungen" zu den „führenden Rassehygienikern der ersten Stunde", wie Alfred Ploetz, Eugen Fischer oder Fritz Lenz. So teilt etwa der Hygieniker Lenz dem in Rassenangelegenheiten dilettierenden Leiter der Gobineau-Gesellschaft nicht nur mit, dass er sich in seinem Kolleg über Rassenhygiene ausführlich mit Gobineaus Rassenlehre beschäftige, sondern auch, dass „die wirklich unbefangenen Forscher fast mit Notwendigkeit zum Ideale Gobineaus kommen müssen."[28]

Nach der Jahrhundertwende scheint sich der Rasse-Begriff als ein potentielles, wenn auch nicht unumstrittenes Weltdeutungsmuster im öffentlichen Diskurs, und d. h. auch jenseits des völkischen Antisemitismus', in wachsendem Maße zu etablieren. Am 14.01.1905 etwa heißt es in der von Maximilian Harden herausgegebenen Zeitschrift *Die Zukunft*:

---

25 Zwischen 1898 und 1901 erscheint in Stuttgart Schemanns Übersetzung unter dem Titel *Versuch über die Ungleichheit der Menschenracen*. Zum Folgenden s. Weingart/Kroll/Bayertz: a. a. O., S. 94–97.

26 Schemann, Ludwig: „Bestimmungen Herbst 1906". Die Gobineau-Sammlung der Kaiserlichen Universitäts- und Landesbibliothek zu Strassburg, Straßburg 1907, S. 1.

27 Weingart, Kroll, Bayertz: a. a. O., S. 97.

28 Zit. nach Weingart, Kroll, Bayertz: a. a. O., S. 96. Fritz Lenz ist Mitverfasser des zweibändigen Standardwerkes über „Menschliche Erblehre und Rassenhygiene", das, in mehrfachen Wiederauflagen, eine zentrale Rolle bei der Etablierung rassenhygienischer Vorstellungen in Wissenschaft, Öffentlichkeit und Politik spielt (Baur, Erwin/Fischer, Eugen/Lenz, Fritz: Menschliche Erblichkeitslehre [in späteren Auflagen: Erblehre] und Rassenhygiene. Bd. I: dies.: Menschliche Erblichkeitslehre [in späteren Auflagen: Erblehre], München 1920; Bd. II: Lenz, Fritz: Menschliche Auslese und Rassenhygiene (Eugenik), München 1921; s. dazu Fangerau, Heiner: Etablierung eines rassenhygienischen Standardwerkes, 1921–1941. Der Baur-Fischer-Lenz im Spiegel der zeitgenössischen Rezensionsliteratur, Frankfurt am Main 2001). 1934 wird Lenz Leiter der Abteilung für Rassenhygiene am Kaiser-Wilhelm-Institut für Anthropologie, menschliche Erblehre und Eugenik (s. Schmuhl, Hans-Walther: a. a. O.).

Die Karriere des Wortes „Rasse" führt heute bis zu Kanzel und Katheder hinauf. Wir müssen uns mit diesem Wechselbalg von Ausdruck ernstlich beschäftigen, denn wir haben zu unseren leidigen politischen, nationalen, religiösen und sozialen Fragen in jüngster Zeit noch eine künstlich herausgeputzte und mit dem Flittergold einer Talmigelehrsamkeit herausstaffierte „Rassenfrage".[29]

Die Charakterisierung der „Talmigelehrsamkeit", die dennoch erfolgreich Anspruch auf kulturphilosophische Deutungskompetenz erhebt, dürfte auf Gobineaus Schrift sicherlich ebenso zutreffen, wie auf das Werk eines weiteren, populärwissenschaftlichen Autors, dessen Beitrag zur Resonanz und Zirkulation des Rasse-Begriffes nach der Jahrhundertwende unbestreitbar ist. Gemeint sind hier die 1899 veröffentlichten *Grundlagen des 19. Jahrhunderts* von Houston Stewart Chamberlain.[30]

Das Werk des ebenfalls zum Wagner-Kreis gehörenden Schwiegersohnes des Komponisten, ein eklektizistisches, „konjekturalgeschichtliches Kolossalgemälde auf rassistischer Basis"[31], erlebt 1942 seine 28. Auflage und dürfte bis dahin den Weg in zahlreiche bildungsbürgerliche Bücherregale gefunden haben. Die Attraktivität der *Grundlagen*, ein Amalgam aus Elementen Gobineaus (Betonung der Ungleichheit der Rassen[32]), Vacher de Lapouges (Gefährdung der arischen Rasse durch die Juden[33]) und Darwins (die geschlechtliche Zuchtwahl und das Modell der Tierrassenzüchtung)[34], für ein bildungsbürgerliches Publikum ist vor allem in zwei Umständen begründet. Erstens lehnt Chamberlain eine naturwissenschaftlich-materialistische Herangehensweise an den Rasse-Begriff ab und bekennt sich stattdessen zu einer apriorisch-intuitiven, irrationalen „Schau" des Wesens der Rassen. „Was sollen uns", so fragt Chamberlain,

die weitläufigen wissenschaftlichen Untersuchungen, ob es unterschiedliche Rassen gebe? Ob Rasse einen Wert habe? Wie das möglich sei und so weiter? Wir kehren den Spiess um und sagen: dass es welche gibt ist evident; dass die Qualität der Rasse entscheidende Wichtigkeit besitzt, ist eine Tatsache der unmittelbaren Erfahrung; Euch kommt nur zu, das Wie und Warum zu erforschen, nicht eurer Unwissenheit zuliebe die Tatsachen selbst abzuleugnen.[35]

---

29 In: Die Zukunft, Bd. 50, 14.01.1905, S. 87. Hier zit. nach Schmitz-Berning, Cornelia: a.a.O., S. 487.
30 Chamberlain, Houston Stewart: Die Grundlagen des 19. Jahrhunderts, München 1899.
31 Sieferle, Rolf Peter: a.a.O., S. 442.
32 Allerdings versteht Chamberlain diese Ungleichheit – anders als Gobineau – nicht als apriorische, sondern als das Resultat historisch sich entwickelnder Selektions- und Zuchtprozesse.
33 Zur Bedeutung des französischen Zoologen, Anthropologen und selbsternannten Historikers s. Marten, Heinz-Georg: a.a.O., S. 61 ff.
34 Zur Bedeutung Darwins für den Rasse-Diskurs s. unten.
35 Chamberlain, Houston Stewart: Die Grundlagen des 19. Jahrhunderts, 25. Aufl., München 1940, S. 320f. Im Vorwort zur 4. Auflage heißt es: „[...] ich folge dem grossen englischen Naturforscher [Darwin; G. K.] in den Pferdestall und auf den Hühnerhof und zum Kunstgärtner und sage: dass es hier etwas giebt, was dem Wort ‚Rasse' Inhalt verleiht, ist unstreitig und jedem Menschen offenbar." (Vorwort zur 4. Aufl., München 1903, XXXVIII)

Konsequent diesen epistemologischen Dezisionismus fortsetzend, lehnt er denn auch eine um Wissenschaftlichkeit bemühte Definition des Rasse-Begriffes ab. Im Rahmen seiner „parawissenschaftlichen Systembildung"[36] verwendet er den Begriff weitestgehend synonym mit denen der „(edlen) Abstammung" und der „Nation". Hauptmerkmal der Rassen – und auch hier setzt Chamberlain seinen antimaterialistischen Kurs fort – seien keine körperlichen Charakteristika, sondern vielmehr ein geistiger Lebenszustand, ein individuell erlebtes und kollektiv geteiltes Rassebewußtsein. Diese Mythologisierung des Rasse-Begriffes, die kollektiv vorhandene seelische und intellektuelle Anlagen zum Zeichen einer Rassengemeinschaft stilisiert und an die Stelle einer um Wissenschaftlichkeit bemühten Argumentation die irrationale Wesensschau setzt, wird auch ein zentrales Element innerhalb der nationalsozialistischen Rassenideologie sein.

Zweitens verwehrt sich Chamberlain, obgleich bei ihm die Juden als eine gefährliche „Zuchtrasse" erscheinen, die ihre „Wirtsvölker"[37] existenziell bedrohen, gegen die „leidenschaftlichen Behauptungen der Antisemiten".[38] Dieser Gestus, der vornehme Distinktion gegenüber den mitunter kruden Verlautbarungen des völkisch-rassistischen Antisemitismus inszeniert und doch zugleich eine prinzipielle Übereinstimmung in der Sache zu erkennen gibt, dürfte den bildungsbürgerlichen Ressentiments gegenüber einem extremen „Radauantisemitismus" entgegengekommen sein.[39]

Auch Chamberlains wirkungsmächtige Schrift verzichtet natürlich keineswegs auf die Inszenierung einer am Rasse-Begriff orientierten kultur- und welthistorischen Schlüsselattitüde: Auch er bedient sich des Erzählschemas der Degeneration und zeichnet die Weltgeschichte als die eines allmählichen, zyklisch sich wiederholenden Verfalls aufgrund von Rassenmischung. Die Rassen erscheinen als die eigentlichen Akteure dieser Geschichte, da sie die jeweiligen geistigen und moralischen Anlagen des Menschen samt ihrer Handlungen determinieren. Als wertvollste Rasse postuliert Chamberlain die „Germanen"; der Wert einer existierenden Nation ergebe sich aus dem Anteil des germanischen Blutes in einer Nation, weshalb die deutsche Nation, wenn auch mittlerweile aufs Äußerste gefährdet durch die Blutmischung vor allem mit dem Eindringen der jüdischen Rasse, die wertvollste sei. Anders als Gobineau, dessen resignativen Pessimismus Chamberlain in der Nachfolge Wagners strikt ablehnt, hält er diesen Verfallsprozess jedoch nicht für unabwendbar, denn: „Eine edle Rasse fällt nicht vom Himmel herab, sondern sie wird nach und nach edel, genau so wie die Obstbäume, und dieser Werdeprozeß kann jeden Augenblick von neuem

---

36 Hartung, Günter: a. a. O., S. 38.
37 Marten, Heinz-Georg: a. a. O., S. 63.
38 Chamberlain, Houston Stewart: Die Grundlagen des 19. Jahrhunderts, 11. Aufl., S. 459. Hier zit. nach Conze, Werner/Sommer, Antje: a. a. O., S. 173
39 Zur Rezeption Chamberlains im bildungsbürgerlich-akademischen Milieu s. Kiefer, Annegret: Das Problem einer „jüdischen Rasse", Frankfurt am Main/Bern/New York/Paris 1991, S. 102 f. und 113.

beginnen, sobald ein geographisch-historischer Zufall oder ein fester Plan (wie bei den Juden) die Bedingungen schafft."[40]

Aus dieser Analogie zur Pflanzenzüchtung folgt für Chamberlain das rassenhygienische Projekt zur Wiederveredelung der „deutschen" Rasse: Vermeidung, bzw. kontrollierte Beschränkung der Blutmischung und Förderung des vortrefflichen Erbmaterials der „edlen Rasse" sowie eine bewusst gesteuerte Inzucht; diese von Chamberlain im Rückgriff auf Darwin als Befolgung von „Naturgesetzen" deklarierten Maßnahmen könnten schließlich zur Erhaltung und Erhöhung des germanischen Blutanteils in der „deutschen" Rasse führen.

Der Konnex zwischen Rassen-Begriff und Antisemitismus, den Chamberlain im Unterschied zu Gobineau herstellt und zu dessen Popularisierung er gerade durch seinen vornehmen Distinktionsgestus sicherlich nicht unerheblich beigetragen haben dürfte, ist zu diesem Zeitpunkt keineswegs mehr neu. Zwar ist der Antisemitismus in Deutschland im letzten Jahrhundertdrittel noch schwächer ausgeprägt als in Frankreich oder in England[41], gleichwohl kann der Wagner-Schwiegersohn hier bereits auf ein Repertoire an standardisierten, wenn auch noch nicht breitenwirksam etablierten Diskurselementen zurückgreifen. Schon rassistische und/oder sozialdarwinistische Autoren wie Wilhelm Marr, Eugen Dühring, Paul de Lagarde oder Adolf Wahrmund nutzten die kultur-, bzw. weltgeschichtliche Schlüsselattitüde wie auch die Aura (natur-)wissenschaftlicher Objektivität des Rasse-Begriffs um ihre antisemitischen Schriften biologistisch zu grundieren und ihren Judenhass mit der Aura naturgesetzlicher Bedingtheit zu inszenieren.[42]

---

40   Chamberlain, Houston Stewart: Die Grundlagen des 19. Jahrhunderts, 11. Aufl., S. 459. Hier zit. nach Conze, Werner/Sommer, Antje: a. a. O., S. 267.
41   S. dazu etwa Mosse, George L.: Rassismus. Ein Krankheitssymptom in der europäischen Geschichte des 19. und 20. Jahrhunderts, Königstein im Taunus 1978, S. 65 und 110; Poliakov, Léon/Delacampagne, Christian/Girard, Patrick: Über den Rassismus. Sechzehn Kapitel zur Anatomie, Geschichte und Deutung des Rassenwahns, Frankfurt am Main 1984, S. 113.
42   Bei Wilhelm Marr etwa, der 1879 die *Antisemiten-Liga* gründet und seit 1880 als Schriftleiter der antisemitischen Zeitung *Deutsche Wacht* fungiert, zeigt sich paradigmatisch die Transposition eines religiös fundierten Antijudaismus in einen „modernen", biologistisch sich inszenierenden Antisemitismus, wenn er betont: „[...] Aber es liegt einmal in der Menschennatur, daß sie die Vorsehung, die Religion, immer behelligt, wenn sie Dummheiten oder Niederträchtigkeiten begehen will [...] So mußten denn auch Gott und die Religion herhalten bei allen Judenverfolgungen, während in Wahrheit die letzteren doch nichts waren als das Ringen der Völker und ihres Instinktes gegen die realistische *Verjudung der Gesellschaft*, als *ein Kampf ums Dasein* [...]" (Marr, Wilhelm: Der Sieg des Judenthums über das Germanenthum. Vom nicht confessionellen Standpunkt aus betrachtet, Berlin 1873, S. 8) In Eugen Dührings 1881 in Leipzig erschienener Schrift über *Die Judenfrage als Rassen-, Sitten- und Culturfrage* heißt es: „In Rücksicht auf die Religion ist sie [die „Judenfrage"; G. K.] allerdings vorzugsweise eine Angelegenheit der Vergangenheit gewesen; in Rücksicht auf die Rasse ist sie ein hochwichtiger Gegenstand der Gegenwart und Zukunft." (zit. nach der 6. Aufl., Leipzig 1930, S. 4) S. weiterhin Lagarde, Paul de: Deutsche Schriften, Göttingen 1891; Wahrmund, Adolf: Das Gesetz des Nomadenthums und die heutige Judenherrschaft, Leipzig 1887.

Den Bedrohungsängsten angesichts der skizzierten ökonomischen, sozialen und politischen Umwälzungen kommt der Antisemitismus innerhalb der völkischen Rassenideologie[43] mit einem nach dem Freund-Feind-Schema operierenden Interpretationsangebot entgegen, das die Möglichkeit zur Reduktion von Komplexität enthält. Zwar ist die völkische Weltanschauung und somit auch die antisemitische Rassenideologie bereits spätestens seit Mitte der 1890er Jahre vollständig ausformuliert, sein Durchschlagspotential als legitimes welthistorisches und damit auch gegenwartsdiagnostisches Interpretament in der öffentlichen und politischen Sphäre kann der Rasse-Begriff und mit ihm antisemitisches Gedankengut indes erst in den Jahren der Weimarer Republik entfalten. Zu einem mehrheitlich zumindest geduldeten, integrationsideologischen und schließlich auch politikfähigen Schlüsselbegriff wird der Rasse-Begriff erst vor dem Hintergrund der einschneidenden Erfahrung des Ersten Weltkrieges, der deutschen Niederlage und der Revolution, der krisenhaften politischen und ökonomischen Erschütterungen am Anfang und Ende der Republik wie auch vor dem „parallel zu diesen Krisen erfolgende[n] Auf- und Ausbau einer Infrastruktur des Antisemitismus, in deren Zentrum die völkisch-konservativen Verbände und Parteien sowie vor allem die NSDAP standen."[44] Sicherlich, man sollte die Rolle der Popularisatoren des Rasse-Begriffes (und der mit ihm einhergehenden Argumentationsmuster) wie Gobineau, Schemann oder Chamberlain und deren Schriften im Blick auf diesen Prozess nicht überschätzen. Ohne den spezifischen mentalen, sozialen, ökonomischen und politischen Ermöglichungszusammenhang, der die Resonanzbedingungen für ihre Erzählungen seit 1918 in Deutschland erheblich „verbessert", wären sie sicherlich auch wirkungsgeschichtlich lediglich Fußnoten aus den „Randzonen wissenschaftlicher Phantastik"[45] geblieben. Nichtsdestoweniger sind es ihre Schriften, die – mit ihren griffigen Synthesen und popularisierbaren Formulierungen – schließlich unter den entsprechenden Resonanzbedingungen einen Fundus zirkulationsfähiger „Rassen"erzählungen bereit stellen.

Eine weitere Variante dieser Erzählungen, in denen der Rasse-Begriff als weltgeschichtlicher Schlüsselbegriff eine zentrale Rolle spielt, gilt es aufgrund ihrer Bedeutung als Popularisierungsinstanz hier noch zu berücksichtigen. Gemeint ist damit die „nordische" Variante innerhalb des Rasse-Diskurses, die vor allem mit dem Namen Hans F. K. Günthers, des sogenannten „Rassengünther", verbunden ist.[46] Günther, als ausgebildeter Philologe ein naturwissenschaftlicher Dilettant, ist hier vor allem deshalb von Interesse, weil er, wie

---

43 Es sei mit Uwe Puschner (a. a. O., S. 51) darauf verwiesen, dass der Antisemitismus zwar ein wesentliches, keineswegs aber das einzige Element innerhalb der Weltanschauung des Sammelbeckens der völkischen Bewegung ausmacht.
44 Herbst, Ludolf: Das nationalsozialistische Deutschland 1933–1945. Die Entfesselung der Gewalt: Rassismus und Krieg, Frankfurt am Main 1996, S. 46.
45 Sieferle, Rolf Peter: a. a. O., S. 442.
46 Zum Verhältnis von Rassentheorie und „nordischem Gedanken" s. von See, Klaus: Das „Nordische" in der deutschen Wissenschaft des 20. Jahrhunderts, in: Jahrbuch für Internationale Germanistik, Bern/Frankfurt am Main/New York 1983, S. 8–38; ders.: Barbar, Germane, Arier. Die Suche nach der Identität der Deutschen, Heidelberg 1994, hier v. a. S. 207–232.

wohl kein zweiter, am Rasse-Diskurs beteiligter Akteur, an den Schnittstellen zwischen wissenschaftlichem, populärem und politischem Diskurs operiert. Mit einigem Recht kann man ihn, der 1930 vom ersten NS-Landesminister, dem thüringischen Innenminister Frick, gegen den Widerstand von Rektorat und Senat zum Ordinarius für Sozialanthropologie an die Universität Jena berufen wird[47], als den erfolgreichsten Popularisierer der Rassenforschung im Deutschland der 1920er und 1930er Jahre bezeichnen. Seine 1922 erstmals erschienene *Rassenkunde des deutschen Volkes* erreicht allein bis 1933 16 Auflagen und bis 1942 das 124. Tausend der Gesamtauflage. Die 1929 erstmals veröffentlichte Kurzfassung, die *Kleine Rassenkunde des deutschen Volkes*, vom völkischen Lehmann-Verlag als „Volksgünther" bezeichnet und zugleich als das Ergebnis „reiner Wissenschaft" präsentiert, bringt es bis 1942 bis zum 245. Tausend der Gesamtauflage.[48] Günthers Bücher werden nicht nur gekauft, sondern ganz offensichtlich auch rezipiert: „Günthers Einteilung und Benennung der europäischen Rassen", so versichert Lutzhöft, „haben sich in der Zeit von 1922 bis 1945 in Deutschland in einem heute kaum vorstellbaren Maße durchgesetzt. Man nehme jedes beliebige populärwissenschaftliche Werk aus jenen Jahren in die Hand – stets wird man auf seine Bezeichnungen stoßen."[49]

Innerhalb des esoterischen Zirkels, d. h. hier innerhalb der *scientific community* der Fachanthropologen, begegnet man den Arbeiten des Amateuranthropologen zwar mit erheblicher Skepsis und bleibt meistens auf Distanz – aus den fachwissenschaftlichen „Rasse"-Diskursen werden Günthers Überlegungen ausgegrenzt[50] – seine Verdienste um eine öffentlichkeitswirksame Außendarstellung der Rassenkunde hat man jedoch durchaus zu schätzen gewusst. Dies umso mehr, als Günther in die Neuauflagen seiner *Rassenkunde* neuere fachwissenschaftliche Ergebnisse integriert und sich von einer rein intuitiv-psychologischen Rassenschau immer mehr in Richtung einer wissenschaftlich akzeptierten Arbeitsweise zu bewegen versucht. So bekundet etwa Eugen Fischer, in den 1920er und 30er Jahren einer der angesehensten Anthropologen in Deutschland, in seiner Rezension der dritten Auflage von 1923 bei aller Skepsis gegenüber Günthers rassenpsychologischen Befunden, die dem Experten als „stellenweise doch recht tendenziös" erscheinen, seine Freude darüber, „daß wir endlich ein Werk [...] haben, daß das deutsche Volk überhaupt einmal darauf hinweist, daß es ‚Rasse' hat!"[51]

---

47 Bei Günthers Antrittsvorlesung sollen Hitler und Göring zugegen gewesen sein, der NSDAP tritt Günther erst 1932 bei (Weingart/Kroll/Bayertz: a. a. O., S. 453).
48 Lutzhöft, Hans Jürgen: Der Nordische Gedanke in Deutschland 1920–1940, Stuttgart 1971, S. 31f. Zur grundsätzlichen Kritik an Lutzhöfts Arbeit s. schon Field, G.: Nordic racism, in: Journal of the History of Ideas, Bd. 38, 1977, S. 523–540.
49 Lutzhöft, Hans-Jürgen: a. a. O., S. 92.
50 Schmuhl, Hans-Walter: a. a. O., S. 34; Massin, Benoit: Rasse und Vererbung als Beruf. Die Hauptforschungsrichtungen am Kaiser-Wilhelm-Institut für Anthropologie, menschliche Erblehre und Eugenik im Nationalsozialismus, in: Schmuhl, Hans-Walter (Hrsg.): a. a. O., S. 190–244, hier: S. 233f.; Hoßfeld, Uwe: Die Jenaer Jahre des „Rasse-Günther" von 1930 bis 1935, in: Medizinhistorisches Journal, 34, 1999, S. 47–103.
51 Zit. nach Lutzhöft, Hans-Jürgen: a. a. O., S. 34. Weiterhin bekräftigt Fischer: „Wer irgendwie über

Weniger Berührungsängste mit dem resonanzstarken „Sozioanthropologen" hat man innerhalb des politischen Feldes, selbst wenn auch hier Günthers „nordisches" Rassekonzept keineswegs immer auf unumschränkte Zustimmung stößt.[52] Günthers ideologisches Gewicht im NS ist zumindest bis zum Kriegsbeginn durchaus nicht unerheblich: Seine Rasseneinteilung findet ihren Widerhall in den Bestimmungen der „Artverwandtschaft" im Rahmen der am 15. September 1935 erlassenen, antisemitischen „Nürnberger Gesetze"; in den rassenpolitischen Schulungskursen während der NS-Zeit werden in erster Linie die „Rassenkunden" Günthers verwendet[53]; sowohl Reichslandwirtschaftsminister Richard Walt(h)er Darré als auch Alfred Rosenberg, der in seinem *Mythus des 20. Jahrhunderts* teilweise an Günther anknüpft[54], stehen dem „Nordischen Gedanken" nahe und protegieren den Wissenschaftsdilettanten. 1935 empfängt Günther auf dem „Reichsparteitag der Freiheit" aus den Händen Rosenbergs als erster Preisträger den „Preis der NSDAP für Wissenschaft"[55]; noch 1941, anlässlich seines 50. Geburtstags, als Günthers ideologische Bedeutung angesichts der vor dem Kriegshintergrund einsetzenden „Pragmatisierung" und „Entideologisierung" der Rasseforschung[56] längst verblasst ist, erhält er die Goethe-Medaille für Kunst und Wissenschaft.

In gewisser Weise enthält diese Auszeichnung – für Kunst *und* Wissenschaft – bereits *in nuce* einen Hinweis auf die Eigenart wie auch auf die Gründe für die enorme Resonanz von Günthers „Rassenkunde". Versteht er es doch in seiner Variante der Rassenerzählung wie kaum ein zweiter jener zahlreichen Akteure, die sich in den 1920er und 30er Jahren im Grenzbereich zwischen wissenschaftlichem und populärem Rasse-Diskurs bewegen, den Anspruch auf wissenschaftliche Seriosität mit einer weltgeschichtlichen Schlüsselattitüde, mit einem politisch ausgerichteten Resonanzkalkül und mit einer anschaulichen, bisweilen literarischen Darstellungsweise zu verbinden.[57] Seinen Anspruch auf Wissenschaftlichkeit hat Günther – wie bereits erwähnt – nicht zuletzt durch die fortlaufende Selbstkorrektur seiner Rassensystematik und die Integration neuerer, erbbiologischer Forschungsergebnisse

---

Rassenfragen in Europa arbeitet, muß dieses Buch gründlich studieren, es enthält eine Menge auch für den anthropologischen Forscher neuer origineller Betrachtungen und Ergebnisse." (ebd.) Wesentlich nüchterner und kritischer beurteilen Fischers Zunftgenossen Fritz Lenz und Walter Scheidt das Wirken Günthers (s. ebd.). 1927 bringt Fischer zusammen mit Günther einen Band über *Deutsche Köpfe nordischer Rasse* (München 1927) heraus.

52 S. dazu Essner, Cornelia: Im „Irrgarten der Rassenlogik" oder Nordische Rassenlehre und nationale Frage (1919–1935), in: Historische Mitteilungen, 7, 1994, S. 81–101.
53 Lutzhöft, Hans-Jürgen: a. a. O., S. 21.
54 S. Lutzhöft, Hans-Jürgen: a. a. O., S. 53.
55 In seiner Laudatio betont Rosenberg, Günther habe „geistige Grundlagen gelegt für das Ringen unserer Bewegung und für die Gesetzgebung des Dritten Reiches." (Zit. nach Lutzhöft, a. a. O., S. 42. S. dort auch zu den weiteren Preisen und Ehrungen Günthers während des NS).
56 S. Weingart/Kroll/Bayertz: a. a. O., S. 437.
57 Zu Günthers auf Klarheit und Vereinfachung setzenden Stil s. Lutzhöft: a. a. O., S. 32f. Der Hinweis auf Günthers „Anschaulichkeit" darf durchaus auch wörtlich verstanden werden, zeichnet sich seine „Rassenkunde" doch durch eine reichhaltige Bebilderung aus.

zu untermauern versucht. Die im Anschluss an Chamberlain immer noch zirkulierende, intuitive Gleichsetzung von „Volk", bzw. „Nation" und „Rasse" etwa teilt Günther nicht. Im Rückgriff vor allem auf die Forschungsergebnisse Eugen Fischers, der 1913 das bereits im 19. Jahrhundert kursierende, anthropologische Paradigma von der biologischen Heterogenität der Völker erbbiologisch fundiert hatte[58], geht auch Günther davon aus, „den überaus größten Teil der europäischen Menschen für Mischlinge, für Bastarde, erklären zu müssen."[59] Seine eigene Rassensystematik, d. h. die Einteilung jener Rassen, die innerhalb eines Volkes auftreten können, hat Günther wiederholt differenziert und dem neuesten Diskussionsstand angepasst. Im Wesentlichen unterscheidet er fünf europäische Rassen: die *nordische Rasse* (Körpermerkmale laut Günther: hochgewachsen, langschädlig, schmalgesichtig mit ausgesprochenem Kinn; schmale Nase mit hoher Nasenwurzel; weiches, helles Haar; zurückliegende, helle Augen; rosig-weiße Hautfarbe), die *westische Rasse*, die sonst auch häufig als „mediterrane Rasse" bezeichnet wird (Körpermerkmale laut Günther: kleingewachsen, langschädlig, schmalgesichtig, mit weniger ausgesprochenem Kinn; schmale Nase mit hoher Nasenwurzel; weiches braunes oder schwarzes Haar, zurückliegende, dunkle Augen, bräunliche Haut), die *dinarische Rasse* (Körpermerkmale laut Günther: hochgewachsen, kurzschädlig, schmalgesichtig, mit steilem Hinterhaupt und starker, herausspringender Nase; mit braunem oder schwarzem Haar, braunen Augen und bräunlicher Hautfarbe), die *ostische Rasse*, sonst auch als „alpine" Rasse bezeichnet (Körpermerkmale laut Günther: kurzgewachsen, kurzschädlig, breitgesichtig mit unausgesprochenem Kinn; kurze, stumpfe Nase mit flacher Nasenwurzel; hartes braunes oder schwarzes Haar; nach vorn liegende, braune Augen; gelblichbraune Haut) und schließlich die *ostbaltische Rasse* (Körpermerkmale laut Günther: kurzgewachsen, kurzschädlig, breitgesichtig mit unausgesprochenem Kinn und breitem massigem Unterkiefer, ziemlich breite, eingebogene Nase mit flacher Nasenwurzel; hartes helles Haar, leicht schief gestellt erscheinende, nach vorn liegende helle Augen, helle Haut).[60]

58 Fischer, Eugen: Die Rehobother Bastards und das Bastardisierungsproblem beim Menschen, Jena 1913. S. dazu Essner, Cornelia: a. a. O., S. 83.
59 Günther, Hans F. K.: Rassenkunde des deutschen Volkes, München ⁹1926, S. 16. Günthers Wissenschaftlichkeit signalisierende Rassendefinition orientiert sich am zeitgenössischen, zoologischen Rassenbegriff: „Eine Rasse stellt sich dar in einer Menschengruppe, die sich durch die ihr eigneigne Vereinigung körperlicher Merkmale und seelischer Eigenschaften von jeder anderen (in solcher Weise zusammengefaßten) Menschengruppe unterscheidet und immer wieder nur ihresgleichen zeugt." (Günther, Hans F. K.: a. a. O., S. 14) Diese Definition entspricht, so zumindest Lutzhöft, „etwa dem Wissensstand der Anthropologie um 1920." (Lutzhöft: a. a. O., S. 85). Nichtsdestoweniger enthält sie bereits – darauf verweist ebenfalls Lutzhöft (ebd.) – einige Bedenklichkeiten, die zumindest den Diskussionsstand der zeitgenössischen, wissenschaftlichen Rasse-Diskurse ausblenden: so ist etwa die Annahme, dass Rassen „seelische Eigenschaften" besitzen, äußerst umstritten. Zudem hat man sich vom Gedanken der „Reinrassigkeit", der sich in Günthers Behauptung „[...] und immer wieder nur ihresgleichen zeugt" manifestiert (und der zudem seiner eigenen Rassenmischungshypothese widerspricht), in der Rassenforschung längst verabschiedet.
60 Beschreibungen aus Günther, Hans F. K.: a. a. O., S. 23 ff. In der 12. Auflage von 1928 fügt Günther noch die „sudetische" und die „fälische" Rasse hinzu. Bei letzterer handelt es sich Günther zufolge um

3. SCHWIERIGKEITEN MIT DER „KOPERNIKANISCHEN WENDE"

Dieser sachlich-deskriptive Duktus, der den Autor auch bei der Beurteilung der dem Körperlichen korrespondierenden, seelischen Merkmale der einzelnen Rassen zumindest im Vergleich zu anderen Rassentheoretikern bewusst maßvoll bleiben lässt, darf jedoch – auch wenn dies gerade sein Ziel ist – nicht darüber hinwegtäuschen, dass Günthers Rassenerzählung durchaus mit einer welt- und kulturhistorischen Schlüsselattitüde auftritt.[61] Es sind die Bestandteile des „Nordischen Gedankens", die Günthers Erzählung strukturieren und auch er inszeniert Weltgeschichte als eine Geschichte des Rassenkampfes und der Degeneration. An der Unvergleichlichkeit und der Höchstwertigkeit der dolichokephalen[62] Nordrasse besteht für Günther kein Zweifel. „Die führenden Völker der Erde sind die Völker mit stärkerem nordischen Einschlag."[63] „Urteilsfähigkeit, Wahrhaftigkeit und Tatkraft" hält Günther, der für seine rassenpsychologischen Spekulationen zum großen Teil an die Befunde des „Rassenseelenkundlers" Ludwig Ferdinand Clauß[64] anknüpft, für die „Kerneigenschaften des nordischen Wesens."[65] Die Nordrasse sei äußerst begabt „zu Taten der Unternehmung, der Eroberung, des Krieges, der Staatskunst und Staatenbildung, dann zum wissenschaftlichen [...] Denken, dann zu künstlerischem und dann zu philosophischem Wirken."[66] Schließlich zeichne sie eine „Besonderheit" vor allen anderen Rassen aus:

> [D]as ist im Menschlichen die Möglichkeitsweite nordischen Wesens, im Geistigen die Spannweite nordischen Geistes, der „das Höchste und Tiefste greifen" (Goethe) möchte [...] Schon eine Beimischung nordischen Blutes kann die besondere, äußerste Entfaltung einer menschlichen Anlage bedingen. Die Entfaltungsweite der nordischen Rasse

---

eine vor allem in Westfalen vertretene, ebenfalls helle, hochgewachsene und langschädelige, jedoch massiger als die nordische gebaute Rasse. Zu den Gründen und Problemen dieser Ergänzung s.: Lutzhöft: a. a. O., S. 90 ff.

61 Dass eine solche Schlüsselattitüde nicht selten gerade mit ihrem Anspruch, Gegebenheiten auch von weltgeschichtlich geringerer Bedeutung erklären zu können, am Rande der Lächerlichkeit operiert, dazu s. Günther, Hans F. K.: Der rasseneigene Geruch der Hautausdünstung, in: Zeitschrift für Rassenphysiologie, Bd. II, 1929, S. 94–99.

62 Der Schädelindex, der durch Günthers Publikationen wieder resonanzträchtig wird, obwohl er bereits seit der Jahrhundertwende von vielen Anthropologen als wissenschaftlich irrelevantes Kriterium erachtet wird, bestimmt sich nach dem Länge-Breitenverhältnis. Schädel, deren Breite von oben gesehen weniger als 75 % der Länge ausmachen, gelten als dolichokephal (langköpfig). Brachykephal (d. h. kurz, bzw. rundköpfig) sind jene Schädel, bei denen die Breite mehr als 75 % der Länge beträgt. Ungeachtet der binnenwissenschaftlichen Skepsis gegenüber dem Schädelindex, sollte man das Wissenschaftlichkeit signalisierende Potential solcher mathematisch-empirischer Erzählelemente, bzw. -ornamente im exoterischen Diskurs nicht unterschätzen.

63 Günther, Hans F. K.: a. a. O., S. 169.

64 Clauß, Ludwig Ferdinand: Die nordische Seele. Artung, Prägung, Ausdruck (ab 1932: Eine Einführung in die Rassenseelenkunde), Halle a. d. S. 1923. Zu Clauß' Methodik einer phänomenologisch-divinatorischen Rassenseelenschau s. Lutzhöft: a. a. O., S. 94–99. Zu Clauß' wechselvoller Biographie vor, während des und nach dem NS s. Weingart, Peter: Doppelleben. Ludwig Ferdinand Clauß. Zwischen Rassenforschung und Widerstand, Frankfurt am Main/New York 1995.

65 Günther, Hans F. K.: a. a. O., S. 158.

66 Günther, Hans F. K.: a. a. O., S. 175.

ist größer sowohl im Schöpferischen und Heldischen, wie auch im Verbrecherischen und Verruchten.[67]

Ungeachtet dieser allseitigen Befähigungen drohe der nordischen Rasse, so Günther das gängige Erzählmotiv der Degeneration einflechtend, im Laufe der Weltgeschichte der Untergang durch Rassenmischung – ein Untergang der gleichbedeutend sei mit dem Ende der abendländischen, ja jedweder Kultur und den es deshalb durch Vermehrung und Züchtung des nordischen Blutanteils aufzuhalten gelte. Ungemach droht der nordischen Rasse vor allem durch die Vermischung mit der ostischen Rasse, die Günther zufolge noch den höchsten asiatischen Blutanteil enthält (dies werde durch ihre braunen Augen und Haare und ihre Kurzschädligkeit belegt) und die er für die minderwertigste von allen hält: sie ist unheldisch, erwerbsam, geizig, dumpf triebhaft, in jeder Hinsicht mittelmäßig, gleichermaßen unfähig zur „Führerschaft" wie zu geistigem Höhenflug, dafür jedoch in der Lage, „Tag für Tag selbst in der seelenlosesten Betriebsamkeit fortzuleben" und somit bestens angepasst an das moderne „Maschinenzeitalter".[68]

Sicherlich, Günthers tendenziell separatistische, weil die Einheit der deutschen Nation aufspaltende Lehre von der Superiorität des „nordischen Menschen" evoziert auch heftigen Widerspruch. Vor allem im süddeutschen Raum weiß man den anti-alpinen, letztlich antikatholischen Impetus von Günthers Rassenlehre wenig zu schätzen. Sowohl der aus Süddeutschland stammende, in Kiel und später in Berlin lehrende Pflanzenbiologe und SA-Mann Friedrich Merkenschlager, als auch der ebenfalls süddeutsche, in Göttingen lehrende Anthropologe und SA-Mann Karl Saller polemisieren gegen Günthers Verdikt von der „Entnordung" des deutschen Volkes. Sie zeihen ihn „eines Verbrechens am Seelenleben der deutschen Nation"[69] und setzen gegen seine „nordische" Rassenlehre das Konzept einer „deutschen Rasse". Dieses anthropologische Paradigma, das vor allem den Beitrag der „alpinen Rasse" zur nationalen Identität aufgewertet wissen will und demzufolge die „Rassenmischung" nicht länger als eindeutiges Degenerationssymptom akzeptiert, erweist sich – auch innerhalb der Partei und der völkischen Bewegung – nicht zuletzt deshalb als attraktiv, weil es verspricht, die politisch durchaus heikle Inkommensurabilität von „Volk" und „Rasse" auszubalancieren. Allerdings verscherzen sich die beiden Protagonisten einer „deutschen Rasse" die parteiinterne Anschlussfähigkeit ihres Konzeptes spätestens dann, als sie

---

67 Günther, Hans F. K.: a. a. O., S. 172.
68 Günther, Hans F. K.: a. a. O., S. 194. Zu Günthers Charakterisierung der ostischen Rasse und zur Auseinandersetzung um diese Abwertung, die im deutschsprachigen Raum vor allem die Bewohner des „alpinen" Raums in Süddeutschland und Österreich trifft und vor allem dort heftige Gegenreaktionen provoziert s. Lutzhöft: a. a. O., S. 109 ff. und Essner, Cornelia: a. a. O., S. 88 f. Dort auch zum antichristlichen, vor allem antikatholischen Impetus des „Nordischen Gedankens".
69 Merkenschlager, Friedrich: Götter, Helden und Günther. Eine Abwehr der Güntherschen Rassenkunde, Nürnberg 1927, S. 26. Merkenschlager macht sich hier gerade für die „Rassenmischung" stark: „Wenn die nordische Rasse im Maschinenzeitalter immer mehr in den Hintergrund treten muß, weil andere Rassen die veränderte Lebenslage besser überstehen, dann muß sie in einer Mischung bewahrt werden vor dem Untergang." (a. a. O., S. 39)

in ihrer 1935 erscheinenden Publikation *Vineta. Eine deutsche Biologie vom Osten her geschrieben* den soeben aufgelösten preußischen Staat als „anthropologische Brücke zwischen Europa und Asien" preisen und das Preußentum zum „Resultat einer segensreichen ‚Rassenmischung' zwischen Germanen und Slawen"[70] deklarieren. Sowohl Merkenschlager, als auch Saller wird die Lehrbefugnis entzogen.[71]

Anschlussfähiger an die zeitgenössischen politischen Resonanzräume der Weimarer Republik und des NS gestaltet Günther seine sinn- und orientierungsstiftende Erzählung vom welthistorischen Rassenkampf dadurch, dass er sie sowohl mit einer weltpolitischen als auch mit einer nationalpolitischen Deutungsmöglichkeit ausstattet. Im Lichte des „Nordischen Gedankens" wird die traumatische Niederlage im Ersten Weltkrieg zum Ergebnis eines letztlich tragischen Bruderkampfes zwischen den rassegleichen Gegnern Deutschland und England/Amerika, die den tieferliegenden, aber wahren welthistorischen Konflikt lediglich kurzzeitig habe überdecken können: nämlich den Konflikt zwischen der nordischen und der außereuropäischen, „vorderasiatischen" Rasse, die mithilfe der asiatisch geprägten ostischen Rasse „ihren asiatischen Keil durch ganz Europa treibe."[72] Dergestalt sieht sich der „nordisch gesinnte Deutsche" gleich einer doppelten Bedrohung ausgesetzt: weltpolitisch und von außen durch den Bolschewismus, der lediglich die jüngste, politisch bemäntelte Form des vorderasiatischen Rasseansturms auf Europa sei; innenpolitisch durch den Gleichheits- und Freiheitsgedanken, der sich vor allem im ostisch geprägten, städtischen Proletariat ausbreite.[73] Dass es sich dabei um einen ausgesprochen „unnordischen" Gedanken handelt, liegt für Günther auf der Hand: „[I]n Zeiten, wo der politische ‚Fortschritt' das Bekenntnis breiter Schichten ist, wird der nordische Mensch schon wieder das Andersgerichtete bekennen […] Die Freiheit, die zugleich die Gleichstellung aller bedeutet, kann nicht zum Bekenntnis des nordischen Menschen werden."[74] Man sieht, wie sich in diesem Erzählpanorama jene gängigen antiurbanen, antikommunistischen und antiliberalen Argumentationsmuster vermischen und biologistisch grundiert werden, die in den konservativen und in den völkischen Kreisen der Weimarer Republik extrem anschlussfähig sind.

Wie aber, so wird man abschließend noch fragen müssen, integriert Günther „die" Juden in sein weltgeschichtliches Rassenszenario? Ist doch die Rolle des welthistorischen Antagonisten schon mit der „vorderasiatischen" Rasse besetzt. Günther verweist darauf, dass es sich beim jüdischen Volk, das er streng vom deutschen Volk unterscheidet, nicht

---

70 Essner, Cornelia: a. a. O., S. 97. S. Merkenschlager, Friedrich/Saller, Karl: Vineta. Eine deutsche Biologie von Osten her geschrieben, Breslau 1935.
71 Merkenschlager wird auf Betreiben Darrés, eines dezidierten Anhängers des „nordischen Gedankens", bereits im September 1933 der Beamtenstatus abgesprochen, Saller wird am 17.01.1935 die Lehrbefugnis entzogen (Essner, Cornelia: a. a. O., S. 91 und 97).
72 Essner, Cornelia: a. a. O., S. 86.
73 Diese Identifizierung von Proletariat mit „alpiner [d. i. in der Terminologie Günthers mit ‚ostischer'; G. K.] Rasse" übernimmt Günther von einem der ersten Anthroposoziologen, von Otto Ammon.
74 Günther, Hans F. K.: a. a. O., S. 167.

um eine „Rasse" handeln könne.⁷⁵ Dennoch will er keineswegs darauf verzichten, sich auch in den zeitgenössischen antisemitischen Diskurs mit seiner Rassenkunde einzuschreiben. In seiner 1930 erschienenen *Rassenkunde des jüdischen Volkes* spricht er deshalb dem jüdischen Volk bei seiner „Rassenherkunft" den „nordischen" Anteil ab und erklärt den extrem negativ konnotierten „vorderasiatischen" Anteil für dominant. Über diesen Umweg kann er schließlich doch die gängigen antisemitischen Stereotype in seine Rassenerzählung integrieren. Der Jude profitiere vom drohenden Untergang der „Nordischen Rasse". Er beherrsche die öffentliche Meinung und das Geldwesen. In seiner 1925 veröffentlichten Schrift *Der Nordische Gedanke unter den Deutschen* betont er, dass aus dem Ersten Weltkrieg in erster Linie das „Internationale Leihkapital, welches hauptsächlich der vorderasiatischen Rasse zugehört oder gehorcht", als Sieger hervorgegangen sei.⁷⁶ Die Bedrohung, die das jüdische Volk im welthistorischen Zweikampf zwischen vorderasiatischer und nordischer Rasse darstellt, steht für ihn außer Frage und die Schnittmenge mit dem Antisemitismus nationalsozialistischer Provenienz ist beträchtlich, wenn er dem Judentum die Verantwortung sowohl für den Kommunismus als auch für den Kapitalismus zuschreibt:

> Es ist der Kampf zwischen dem Internationalen Bankkapital einerseits und allen Kräften der Völker (Geistesschöpfung, Bauerntum, Unternehmertum, Arbeitertum) andererseits. Rassischer Betrachtung ergibt sich dieser Kampf als die Entscheidung, ob die Völker von einer Oberschicht vorwiegend *vorderasiatischer* Rasse (weil jüdischen Volkstums) kapitalistisch oder (wie im heutigen Rußland) kommunistisch und kapitalistisch, oder ob sie von einer Oberschicht vorwiegend *nordischer* Rasse geführt werden sollen.⁷⁷

Die Aura (natur-)wissenschaftlicher Objektivität des Rasse-Begriffes

Die antiindividualistische Makrooptik, der distanzierte, moralische Entlastung versprechende Blick auf „den" Menschen, die durch die welt- und kulturhistorische Schlüsselattitüde des Rasse-Begriffes ermöglicht werden, stößt auch innerhalb des wissenschaftlichen Feldes auf Resonanz. Paradigmatisch wird dies deutlich, wenn etwa der Königsberger Ordinarius für Erb- und Rassenbiologie, Lothar Loeffler, in einer akademischen Festrede zum dritten Jahrestag der Machtübergabe eben jenen antiindividualistischen, makrogeschichtlichen Impetus des Rasse-Gedankens benutzt, um den „Auslesegedanken als Forderung in der Medizin" zu legitimieren. „Wir wissen", so Loeffler,

---

75 Allerdings versichert er auch, ganz im Sinne eines pragmatischen Antisemitismus, dass im „nicht-wissenschaftlichen Zusammenhang [...] der Fehlausdruck ‚jüdische Rasse' keinen Schaden" anrichte (Günther, Hans F. K.: a. a. O., S. 422).
76 Günther, Hans F. K.: Der Nordische Gedanke unter den Deutschen, München 1925, S. 37.
77 Günther, Hans F. K.: Der Nordische Gedanke unter den Deutschen, München 1925, S. 129.

unser Leben hier auf Erden [...] wurzelt in einer anderen Dimension, ist nur ein kleiner Ausschnitt des größeren Lebens, das durch uns hindurch geht. Wir sind nicht gestern und heute, wir sind tausend Jahre vorher und tausend Jahre nachher! Wir sind nur ein Teil des durch die Generationen fließenden Lebens unserer Ahnen, deren Wollen, Wirken und Fehlen in uns ist [...] Der Auslesegedanke ist aus seiner phylogenetischen Begrenzung, in der ihn die akademische Diskussion nur zu lange gehalten hat, herausgetreten und hat [...] das ärztliche Denken herausgehoben über die zweite Dimension der heute lebenden Allgemeinheit in die dritte Dimension, in das Denken auch für die nächsten Generationen.[78]

Allerdings wird die „Erfolgsgeschichte" des Rasse-Begriffes – umgekehrt – ebenso erst ermöglicht durch die Aura einer gleichsam (natur-)wissenschaftlichen Objektivität, die dem Begriff immer wieder zugeschrieben wird. Neben seinem Weltdeutungspotential ist es vor allem dieses Wissenschaftlichkeitsversprechen des Rasse-Begriffes, das als Legitimationsressource für seine Verwendung über Zeiten wie über geographische, wissenschaftliche und politische Grenzen hinweg immer wieder bemüht wird. Erst der strukturelle Mechanismus einer wechselseitigen Validitätsbestätigung und -steigerung zwischen esoterischen und exoterischen Rasse-Diskursen, der sich zwar lange vor 1933 ausprägt, der sich jedoch aufgrund der politischen Interessenlage im NS natürlich intensiviert, ermöglicht es, dass sich „Rasse" als eine „Tatsache" (im Sinne Ludwik Flecks) etablieren kann. Wissenschaft und weltanschauliches Vorurteil fungieren im Rahmen des Rasse-Diskurses als Ressourcen füreinander; die Grenzen zwischen beiden sind durchlässig.[79]

Die verschlungene Archäologie und Genealogie dieser Aura der Wissenschaftlichkeit kann im Rahmen dieser Studie nicht entfaltet werden[80], so dass hier einige Hinweise genügen müssen. Grundbedingung dafür, dass einem Begriff Wissenschaftlichkeit zugeschrie-

---

78 Loeffler, Lothar: Der Auslesegedanke als Forderung in der Medizin, Königsberg 1936, S. 11f. und S. 14, hier zit. nach Weingart/Kroll/Bayertz: a. a. O., S. 440.
79 Dieser Mechanismus eines dignitätssteigernden Grenzverkehrs zeigt sich etwa, wenn der Würzburger Hygieniker Ludwig Schmidt-Kehl im Mai 1939 anlässlich der Gründung eines „Instituts für Vererbungswissenschaften und Rasseforschung" bei der Beschreibung des institutsspezifischen Aufgaben- und Tätigkeitsprofils auf den „nordischen Gedanken" zu sprechen kommt: „Die erbbiologische Bestandsaufnahme [der Bevölkerung in der Rhön; G. K.] wurde mit anthropologischen Untersuchungen verbunden. Daraus entwickelten sich Volkskörperforschungen über den Umbau von Dorfbevölkerungen in rassischer und erbbiologischer Hinsicht [...]; es ließ sich nachweisen, daß der nordische Anteil der untersuchten Dörfer der begabtere ist als der nicht-nordische. Darin ist ein exakter Beweis der bisherigen Annahme der Rassenpsychologie vom Intellekt der nordischen Rasse zu erblicken." (Schmidt-Kehl, Ludwig: Das Institut für Vererbungswissenschaft und Rasseforschung an der Universität Würzburg, in: Zeitschrift für Rassenkunde, 9, 1939, S. 281; hier zit. nach Weingart/Kroll/Bayertz: a. a. O., S. 443)
80 Sie stellt ein Forschungsdesiderat dar trotz der wegweisenden Arbeit von Weingart/Kroll/Bayertz zur Geschichte der Eugenik und Rassenhygiene in Deutschland (a.a.O.), die den Gedanken des diskursiven Grenzverkehrs als Bedingung der Möglichkeit der Resonanz des Rasse-Begriffes mehrfach aufgreift und partiell verfolgt (s. etwa a. a. O., S. 20 ff. und S. 93).

ben wird, ist banalerweise der Umstand, dass er innerhalb der Wissenschaften zirkuliert und sich dort – aus Gründen, die wiederum nicht allein wissenschaftsimmanenter Natur sein müssen – als anschlussfähig erweist. Dies ist für den Rasse-Begriff – so kontrovers er zwischen einzelnen wissenschaftlichen Fraktionen auch immer wieder diskutiert wird – zweifelsohne seit dem letzten Drittel des 19. Jahrhunderts in gesteigertem Maße der Fall.

So wenig auch die Vorstellung stabiler, klassifizierbarer „Systemrassen"[81], die zum Teil noch die anthropologischen und rassenkundlichen Diskurse des späteren 19. Jahrhunderts prägt, gemein haben mag mit der Vorstellung dynamischer „Vitalrassen", die sich vor dem Hintergrund der Rezeption von Darwins selektionstheoretischer Evolutionstheorie innerhalb der europaweit boomenden Eugenik ausbildet, als forschungsleitende Kategorie kann sich der Rasse-Begriff seit der Jahrhundertwende in diversen humanwissenschaftlichen Disziplinen gleichwohl etablieren. Vor allem auch der Rekurs, oder besser: die vermeintliche Rückbeziehbarkeit auf Darwins Evolutionstheorie lädt das naturwissenschaftliche Objektivitätspotential des Begriffes weiterhin auf.[82]

Dass der statisch fixierte Rassen-Begriff einer anthroplogischen Rassenkunde, die an eindeutigen, physisch messbaren Merkmalen unterschiedlicher Menschengruppen glaubte ansetzen zu können, kaum vermittelbar ist mit dem Rasse-Begriff eines genetisch informierten Erbbiologen, ist von wissenschaftsgeschichtlichem Interesse, für die Resonanzgeschichte des Begriffes ist es jedoch zweitrangig.[83] Denn für die Erklärung der wissenschaftsübergreifenden Resonanz des Begriffes, für seine Aura naturwissenschaftlicher Seriosität, die er im – in der Regel weder anthroplogisch noch erbbiologisch im Detail eingeweihten – exoterischen Diskurs erlangt, ist der Umstand hinreichend, *dass* er im wissenschaftlichen Feld eine gewichtige inter- wie transdisziplinäre Rolle spielt. Daran dürfte auch die innerhalb der Geistes- und Sozialwissenschaften nach der Jahrhundertwende wiederholt geäußerte Skepsis an der wissenschaftlichen Validität des „modischen" Rasse-Be-

---

81 Zu den beiden Begriffen „Systemrasse" und „Vitalrasse", die einer der maßgeblichen Initiatoren der deutschen Rassenhygiene, Alfred Ploetz, in den 1890er Jahren prägt und mit denen sich die zwei grundlegenden Sichtweisen von „Rasse" seit der Jahrhundertwende charakterisieren lassen, heißt es bei Hans-Walther Schmuhl (a. a. O.): „Der Begriff der ,Systemrasse' nahm die verschiedenen unter dem Dach einer ,Art' versammelten ,Rassen' in den Blick, beschrieb, verglich und wertete die unterschiedlichen, erblich verankerten ,Rasseneigenschaften', fragte nach der ,Rasseneinheit' von Populationen und nach den genetischen Wirkungen von ,Rassenmischung'. Der Begriff der ,Vitalrasse' faßte ,Rassen' als ,Fortpflanzungsgemeinschaften' auf, analysierte ihr ,Erbgut', fragte nach ,Erbgesundheit', degenerativen Prozessen und erblichen Krankheiten, Behinderungen und Verhaltensanomalien." (S. 28 f.)

82 Zur Überlegung, dass bereits Darwins Theorie weniger allein auf nüchterner, am Tier- und Pflanzenreich gewonnener Empirie beruht, sondern ihrerseits bereits Vorstellungen aus der zeitgenössischen Sozialtheorie Malthus'scher Provenienz auf die Natur überträgt s. Marten, Heinz-Georg: a. a. O., S. 64–66.

83 Der statisch fixierte Rasse-Begriff ist längst vor 1933 auch innerhalb der deutschen Rassenhygiene und Eugenik überholt. Dass und wie man aus resonanzstrategischen Gründen im Blick auf die neuen politischen Machthaber dennoch in der Außendarstellung an ihm festhält, dazu s. Weingart/Kroll/Bayertz: a. a. O., S. 541 und 549.

griffes wenig geändert haben, hatten ihnen die Naturwissenschaften im Konkurrenzkampf um außerwissenschaftliche Resonanz und Legitimation doch längst den Rang abgelaufen.[84] Angesichts der unterstellten, naturwissenschaftlichen Dignität des Rasse-Begriffes können denn auch – zumindest zunächst – sowohl politisch linke Akteure, als auch völkische Antisemiten vom Schlage eines Eugen Dühring an ihn anknüpfen. Während erstere in der Eugenik eine naturwissenschaftlich fundierte Sozialtechnologie zur rationalen Degenerationsbekämpfung sehen[85], hält etwa Letzterer angesichts der „zersetzenden" Rolle der Juden in der deutschen Gesellschaft eine „naturwissenschaftliche Betrachtungsart" für durchaus „angebracht".[86]

Innerhalb der nationalsozialistischen Bewegung, die sich nach 1933 als „angewandte Rassenkunde"[87] inszeniert, versteht man es bereits vor dem Machtwechsel – bei Bedarf – auch auf die wissenschaftliche Dignität des Rasse-Begriffes zu verweisen. So etwa, wenn es darum geht, die prospektierten – und später dann in die Tat umgesetzten – rassistischen Zwangsmaßnahmen gegen „rassisch Minderwertige" zu legitimieren. Hans Richard Mertel konstatiert schon 1930 im *Völkischen Beobachter* zum Thema „Hebung der Rasse":

Die Rassenbiologie und Rassenhygiene ist keine Wissenschaft nur für Gelehrte, sondern sie muß Gemeingut des Volkes werden, wenn es mit Deutschland wieder aufwärts gehen soll. In einem nationalsozialistischen Staate wird nur derjenige ein Recht auf Nachkommenschaft haben, der körperlich und geistig vollständig gesund ist. Un-

---

[84] So formuliert etwa Max Weber auf dem zweiten deutschen Soziologentag in Berlin 1912, als Replik auf den Beitrag Franz Oppenheimers über *Die rassentheoretische Geschichtsphilosophie*, den folgenden, klassischen Einwand: „Die eigentliche Frage im Rassenproblem wäre doch wohl: Sind bestimmte historisch, politisch, kulturell, entwicklungsgeschichtlich relevante Differenzen nachweislich ererbt und vererbbar, und welches sind die Unterschiede? Diese Frage ist heute auf den meisten Gebieten noch nicht einmal exakt zu stellen, geschweige daß schon an ihre Lösung zu denken wäre." (Verhandlungen des zweiten deutschen Soziologentags, Tübingen 1913, S. 188) Zur geisteswissenschaftlichen Kritik an einem naturwissenschaftlichen Modebegriff s. auch Conze, Werner/Sommer, Antje: a. a. O., S. 169 und 177.

[85] In einem Beitrag von Oda Olberg über *Rassenhygiene und Sozialismus* heißt es: „Glaubte ich, daß das Ideal der Sozialeugenik, das Streben nach einer in Tüchtigkeit, Gleichmaß und Lebensfreude entfalteten und sich fortzeugenden Menschheit nicht im Sozialismus eingeschlossen läge, so wäre ich nicht Sozialist [...] Nicht weil ich ‚orthodoxer Parteisozialist' bin, glaube ich, daß die Forderungen der Rassenhygiene in der sozialistischen Bewegung ihren wirksamsten Bahnbrecher haben, sondern ich bin Sozialist, weil ich das glaube." (Olberg, Oda: Rassenhygiene und Sozialismus, in: Die neue Zeit, 25, 1907, Heft 1, S. 882–887, hier: S. 883) Zur Rezeption der Eugenik im linken Spektrum wie auch zu den Differenzen zwischen sozialistischen und eugenischen Gesellschaftsoptimierungsvisionen s. Weingart/Kroll/Bayertz: a. a. O., S. 108–114 und Bayertz, Kurt: Naturwissenschaft und Sozialismus: Tendenzen der Naturwissenschaftsrezeption in der deutschen Arbeiterbewegung des 19. Jahrhunderts, in: Social Studies of Science, 1983, S. 355–394.

[86] Dühring, Eugen: a. a. O., S. 5. Zur positiven Eugenikrezeption in den USA, die im ersten Jahrhundertdrittel als „rassenhygienisches Vorbild" gelten und in England s. Weingart/Kroll/Bayertz: a. a. O., S. 286ff. und S. 337–351.

[87] So der Reichslandwirtschaftsminister R. W. Darré: Um Blut und Boden, 1941, S. 114.

ser „Rassenfanatismus", wie unsere Bestrebungen, unsere Rasse rein zu halten, von der Judenpresse immer bezeichnet werden, hat sehr wohl seine *wissenschaftliche Grundlage*. Es ist durchaus erwiesen, daß eine Blutsvermischung zwischen deutschen und Hebräern oder zwischen Deutschen und Negern für unsere Rasse die größte Gefahr ist. Umgekehrt leitet den Juden sein angeborener Bastardisierungstrieb, wenn er sein begehrliches Auge auf blonde deutsche Mädchen wirft. Vielleicht zugleich auch der Trieb, seine eigene Rasse durch nordisches Blut zu verbessern.[88]

Die heute bloß noch altbacken wirkende Rede von den „blonden deutschen Mädchen" sollte nicht darüber hinwegtäuschen, dass der Rasse-Begriff in den ersten drei Jahrzehnten des 20. Jahrhunderts durchaus das Image von „Modernität" assoziiert, ein Image, das sicherlich Teil seiner naturwissenschaftlichen Imprägnierung ist. Zu dieser Aura einer „Modernität" anzeigenden, moralindifferenten Sachlichkeit im Zeichen der Wissenschaft dürfte auch der Umstand beigetragen haben, dass sich der eugenische, bzw. rassenhygienische Diskurs in dieser Zeitspanne auch in Deutschland in wachsendem Maße institutionalisieren und sich schließlich zu einer neuen, akademischen Disziplin ausdifferenzieren kann.[89] Es sind nicht zuletzt die sozialtechnologischen Machbarkeitsvisionen einer sich wissenschaftlich etablierenden Eugenik, die vor dem Hintergrund der zum Sachzwang erstarrten Degenerationsvermutung einen Habitus der Nüchternheit legitimieren und perpetuieren, der sich durch die Objektivität des Blickes auf das menschliche Gesellschaftsgefüge, bei dem der Einzelne als Individuum keine Rolle spielt, auszeichnet. Von der „Modernität" dieses wissenschaftlich legitimierten, durch den Rasse-Begriff konturierten Blickes, der eine dezidierte Absage an die „Ideen von 1789" bedeutet[90], haben auch die politischen Akteure wiederholt zu künden gewusst. Sowohl Rosenberg, als auch Hitler verweisen auf den wissenschaftlich „revolutionären" Charakter des rassenkundigen Blickes und stilisieren ihn zu einem epistemologischen Bruch, der der „kopernikanischen Wende" innerhalb des Weltbildes vergleichbar sei.[91] Während Rosenberg in einem Vortrag vor dem Nationalsozialistischen Studentenbund 1934 erklärt, dass „die Entdeckung der Rassenseele eine Revolution

---

88 Mertel, Hans Richard: Hebung der Rasse ist Pflicht jedes Volksgenossen, in: Völkischer Beobachter, Beiblatt zu Nr. 102 vom 01.05.1930, Bayernausgabe.
89 Zu den einzelnen Schritten von der Gründung des *Archivs für Rassen- und Gesellschafts-Biologie* 1904 durch Alfred Ploetz über den wachsenden Umfang des rassenhygienischen Lehrangebotes an deutschen Universitäten (1923 erhält Fritz Lenz ein Extraordinariat für Rassenhygiene in München) bis zur Gründung des KWIs für Anthropologie, menschliche Erblehre und Eugenik in Berlin 1927 und der kurzen, nach 1935 bereits wieder rückläufigen Boomphase der Rassenhygiene im NS s. Weingart/Kroll/Bayertz: a.a.O.
90 Auch Weingart/Kroll/Bayertz sehen in diesem antiindividualistischen Impetus das „wichtigste Verbindungsglied" (a.a.O., S. 528f.) zwischen eugenischem und nationalsozialistischem Diskurs.
91 Die Rede von der kopernikanischen Wende findet sich – wie bereits gezeigt – auch im wissenschaftlichen Feld. So etwa bei der Göttinger „Brandrede" Frickes, der allerdings im Rahmen dieser Rede auf den rassenkundlichen Impetus dieser Wende nicht zu sprechen kommt. Kulturpolitisch wird sie ebenfalls proliferiert, s. Jessen, Heinrich: Literaturbetrachtung, Literaturwissenschaft und nordischer Gedanke. Von den kopernikanischen Revolutionen, in: Bücherkunde, Heft 5, 1938, S. 395–399.

dar[stellt], wie die Entdeckung des Kopernikus vor vier Jahrhunderten"[92], verkündet Hitler am 30.01.1937, dem vierten Jahrestag der „nationalsozialistischen Revolution", nicht ohne quasireligiöses Pathos vor dem Reichstag:

> Wir Menschen haben nicht darüber zu rechten, warum die Vorsehung Rassen schuf, sondern nur zu erkennen, daß sie den bestraft, der ihre Schöpfung mißachtet [...] So wie die Erkenntnis des Umlaufs der Erde um die Sonne zu einer umwälzenden Neugestaltung des allgemeinen Weltbildes führte, so wird sich aus der Blut- und Rassenlehre der nationalsozialistischen Bewegung eine Umwälzung der Erkenntnisse und damit des Bildes der Geschichte der menschlichen Vergangenheit und ihrer Zukunft ergeben [...][93]

Die Aura eines gesteigerten Anwendungsbezuges und die Resonanz des Rasse-Begriffes im politischen Feld

Von allen hier thematisierten Scharnierbegriffen ist beim Rasse-Begriff die Aura des Anwendungsbezuges wissenschaftlich legitimierten Wissens sicherlich am konkretesten ausgeprägt. Dies liegt indes nicht allein daran, dass sich in seinem Namen eine historisch beispiellose Allianz aus Pragmatismus und Perversion, die mörderische „Rassepolitik" während des Nationalsozialismus, als wissenschaftlich legitimiert darstellt.

Zwar hat auch – wie gesehen – der Lebens-Begriff eine prinzipiell Anwendungsbezogenheit einklagende Dimension insofern, als dass ja in seinem Namen gerade auch die Forderung nach Praxisrelevanz, nach einer Rückbindung der Wissenschaften und ihrer Ergebnisse an den außerwissenschaftlichen „Alltag" erhoben wird. Allerdings bleibt diese Forderung nach Praxisrelevanz, wird sie im Zeichen des Lebens erhoben, doch vergleichsweise abstrakter und vager Natur. Sie bleibt, als eine zumeist innerhalb des wissenschaftlichen Feldes erhobene Forderung, vorwiegend theoretisch. Selbst bei den mit dem Schlagwort „Volk" verbundenen Pragmatisierungsstrategien bleibt der Anwendungsbezug oft diffus und formelhaft (s. dazu III.4).

Die Aura eines gesteigerten Anwendungsbezuges, die den Rasse-Begriff umgibt und die ihn so wirkungsmächtig macht[94], speist sich aus zwei, einander wiederum wechselseitig verstärkenden Quellen. Zum Einen – darauf verweist Hans-Walther Schmuhl[95] – versteht sich die Rassenforschung von Beginn an, d.h. hier seit ihren Anfängen als Eugenik, bzw. als Rassenhygiene in der zweiten Hälfte des 19. Jahrhunderts, als eine *angewandte* Wissen-

---

92 Rosenberg, Alfred, in: Deutsches Philologen-Blatt, 42, Nr. 46 vom 14.11.1934, S. 502.
93 Hier zit. nach Schmitz-Berning, Cornelia: a.a.O., S. 489.
94 Es liegt eine an Bitterkeit und Perversion kaum zu überbietende Ironie in dem Umstand, dass die Praxisrelevanz, die ja stets eine der zentralen Forderungen innerhalb des Konzeptes einer Wissenschaft als Lebenswissenschaft darstellt, beim Rasse-Begriff schließlich gerade darin kulminiert, dass in seinem Zeichen Leben millionenfach vernichtet wird.
95 Schmuhl, Hans-Walther: a.a.O., S. 30f.

schaft. Dies erscheint als eine gleichsam logische Konsequenz vor dem Hintergrund der seit dieser Zeit zirkulierenden „Rasse"-Erzählungen mit weltgeschichtlicher Schlüsselattitüde: inszenieren doch alle diese Erzählungen eine Drohkulisse der Degeneration, die von der Rasseforschung – wenn auch in verwissenschaftlichten Versionen – aufgegriffen und perpetuiert wird und die einen dringenden eugenischen Handlungsbedarf anzeigt.[96] Unterwegs im Dienste der Wahrheit *und* der Volks-, Rasse- oder Erbgesundheit folgt die Rassenforschung also stets und von Beginn an einer doppelten Logik: der Logik einer der Wahrheit verpflichteten Wissenschaft *und* der Logik einer auf Anwendung und Umsetzung setzenden Politikberatung.

Zum Anderen intensiviert sich diese Handlungsorientierung der Rassenforschung – und somit auch die Aura des Anwendungsbezuges des Rasse-Begriffes – noch erheblich, als 1933 mit der nationalsozialistischen Diktatur ein Herrschaftssystem die Szene betritt, das sich selbst wiederum als „angewandte Rassenkunde" darstellt und dem der Rassismus – wie widersprüchlich und pragmatisch der Umgang mit dem Rasse-Begriff in den nationalsozialistischen Führungskreisen bisweilen auch gewesen sein mag – als zentrales, handlungsleitendes Element innerhalb seines Weltanschauungskonglomerats dient.[97] Der Rassenforschung eröffnet sich damit der politische Resonanzraum in einer Weise, die in der Phase der Weimarer Republik unmöglich gewesen wäre. Erst mit dem Nationalsozialismus wird der Rasse-Begriff zum privilegierten Zeichen im Rang einer Staatsdoktrin. Rassengesichtspunkte konnten nunmehr nicht nur in der Sozial-, Gesundheits- und Bevölkerungspolitik, sondern auch in der Innen- und Rechtspolitik, der Wirtschafts- und Finanzpolitik, der Bildungspolitik sowie (während des Zweiten Weltkrieges) in der Außen- und Besatzungspolitik Geltung beanspruchen. Der Weg vom wissenschaftlich legitimierten, rassenhygienischen Postulat und Programm zur politischen Umsetzung wird nach 1933 durch die Eliminierung parlamentarischer Entscheidungsprozesse ungleich kürzer, wodurch die Rassenforschung, die sich nach 1933 in „einer Art Goldrauschstimmung"[98] befindet, noch einen zusätzlichen Einflussgewinn verbuchen kann.

---

96 Mit Ausnahme vielleicht der pessimistischen Gobineau'schen Variante, die in einer aristokratischen Resignation verharrt. Nicht erst seit 1933 legitimiert sich etwa die deutsche Rassenhygiene über ihre vermeintliche gesellschaftlich-ökonomische Praxisrelevanz. Schon innerhalb der früheren rassenhygienischen Diskussion prägt sich ein Argumentationsmuster aus, demzufolge die Rassenhygiene durch die Identifikation und Aussonderung „Minderwertiger" zur öffentlichen Kostenersparnis beiträgt. In den Jahren vor 1914 erscheinen im Umfeld der Rassenhygiene eine Vielzahl von Preisausschreiben, so etwa 1911 eines in der *Umschau*, Wochenschrift für die Fortschritte in Wissenschaft und Technik, in der die mit 1.200 Mark dotierte Frage erhoben wird: „Was kosten die schlechten Rassenelemente den Staat und die Gesellschaft?" Dazu und zu den unterschiedlichen, z. T. miteinander konkurrierenden Varianten einer Eugenik als Sozialtechnologie seit dem 19. Jahrhundert s. v. a. Weingart/Kroll/Bayertz: a. a. O., S. 27–187 und 254 ff.

97 S. etwa Herbst, Ludolf: a. a. O., S. 37–58.

98 Weingart/Kroll/Bayertz: a. a. O., S. 429. Eine solche Stimmung, in der bestimmte Begriffe gleichsam modisch werden, dokumentiert sich immer auch in unscheinbaren aber bezeichnenden semantischen Umbauten: so benennt sich etwa die „Deutsche Gesellschaft für Physische Anthropologie" im Herbst 1937 in „Deutsche Gesellschaft für Rassenforschung" um (Weingart/Kroll/Bayertz: a. a. O., S. 401).

Der Befund, dass Wissenschaft und Politik als Ressourcen füreinander fungieren, d. h. dass sie in einem Verhältnis der „wechselseitigen Instrumentalisierung"[99] zueinander stehen, gilt natürlich keineswegs nur für die Phase zwischen 1933 und 1945, er wird jedoch am Beispiel der Rassenforschung im NS besonders deutlich. Für die Rassenforschung bedeutet die gewandelte politische Konstellation, dass ihr öffentliches Prestige, das Maß an Aufmerksamkeit, das ihr als angewandter Wissenschaft entgegengebracht wird wie auch das Maß an finanzieller Zuwendung, erheblich steigt. Dass unter dem politischen Druck, der durch die Selbstprofilierung als angewandte Wissenschaft entsteht, mitunter Hypothesen – wie etwa die von der Erblichkeit der Geisteskrankheiten, die innerhalb der *scientific community* durchaus noch umstritten ist und als ungesichert gilt – der Öffentlichkeit und dem politischen Feld gegenüber als gesichert inszeniert werden, nimmt man dabei in Kauf.[100] Für die nationalsozialistische Politikstrategie wiederum besteht das Interesse an der Rassenforschung nicht nur darin, dass sie auf das Wissen und z. T. auch den persönlichen Einsatz der Rassenforscher bei der Umsetzung des rassistischen Programmes zurückgreifen können, sondern natürlich auch darin, dass dieses Programm als ein wissenschaftlich legitimiertes in der Außendarstellung erscheint. Wie man innerhalb des politischen Feldes diese Ressourcenallianz zwischen Wissenschaft und Politik versteht und bewertet, formuliert in aller Klarheit der Leiter des Rassenpolitischen Amtes der NSDAP (ab 1939 Hauptamt), Walter Groß. In einem Rundschreiben an seine Dienststellen vom 24.10.1934 macht Groß bereits früh deutlich, wie er das Verhältnis zwischen Wissenschaft und Politik, deren Deutungsmonopol in Rassenfragen er letztlich – ungeachtet der Legitimationsfunktion der Wissenschaften – bekräftigt, versteht:

> Der Nationalsozialismus hat sich in seiner rassenpolitischen Begriffsbildung bewußt auf die Ergebnisse der Naturwissenschaft gestützt [und] wenn auch die Richtigkeit unseres rassischen Denkens an sich für uns ohne weiters feststeht und keines Gelehrtenbeweises bedarf, so sind doch diese Beweise für das geistige Ringen mit den Gegnern der rassischen Denkungsart unentbehrlich.[101]

Im Rahmen eines Münchener Vortrages vor einer Versammlung von „Rassenforschern" spricht sich Groß fünf Jahre später ohne Bemäntelungen darüber aus, „was die Wissenschaft der Politik zu geben hat und wie umgekehrt die Politik die Wissenschaft in einzelnen Dingen brauchen kann"[102]:

---

99 Schmuhl, Hans-Walther: a. a. O., S. 32.
100 Die These von der Erblichkeit der Geisteskrankheiten fungiert als wissenschaftliche Legitimationsbasis für die im „Dritten Reich" im großen Maßstab durchgeführten eugenischen Sterilisierungen. S. Schmuhl, Hans-Walther: a. a. O., S. 30. Weingart/Kroll/Bayertz verweisen in diesem Zusammenhang darauf, dass „die Vererbungstheorien gerade deshalb ideologisch funktionalisierbar [waren], weil den Ansprüchen der Anwendbarkeit keine entsprechende theoretische Sicherheit entsprach." (a. a. O., S. 513)
101 Zit. nach Poliakov, Léon/Wulf, Joseph: Das Dritte Reich und seine Denker, Berlin-Grunewald 1959, S. 411.
102 Verhandlungen der Deutschen Gesellschaft für Rassenforschung, 1940, S. XVI–XX, hier: S. XVII.

> Der größte Teil von Ihnen wird ja mit Dankbarkeit erlebt haben, wie ihre Wissenschaft aus einer gewissen Verborgenheit plötzlich in das helle Licht des Tages gerückt wurde, wie nun eine Sache, die vor Jahrzehnten vielleicht noch als Liebhaberei am Rande der großen Disziplinen erschien, plötzlich ganz im Mittelpunkt der wissenschaftlichen und öffentlichen Aufmerksamkeit steht. Das ist sicherlich eine große Freude für den Mann, der auf diesem Gebiete gearbeitet hat. [...] Wo jedes Wort einer wissenschaftlichen Disziplin vom ganzen Volk oder gar von der ganzen Welt mitgehört wird, ist die Formulierung dieses Wortes ernst und nicht bloß mehr vom Standpunkt der Wissenschaft verantwortungsvolle, sondern auch eine vom Standpunkt der Politik heikle und verantwortungsbewußte Aufgabe. So tritt also plötzlich in den Kreis der Aufgaben des Rassenforschers ein neues Element, das ihm zunächst von Haus aus im einzelnen völlig fernliegen mag. Vielleicht ist er ursprünglich nicht ein politischer Mensch im eigentlichen Sinne des Wortes, aber er wird es werden müssen, denn er kann sich nicht der Tatsache entziehen, daß auch seine sachlichsten und scheinbar abstraktesten und theoretischsten Ausführungen heute auf einmal bei der Lage der Dinge politisch verstanden oder mißverstanden werden können. Darauf muß der Rücksicht nehmen, der als Repräsentant der deutschen Rassenforschung spricht.[103]

Diese mahnende Erinnerung daran, dass das wissenschaftliche Reden über „Rassen" – vor allem dann, wenn es um die heikelsten Punkte wie die Frage nach der Vererbung erworbener Eigenschaften und die Bewertung von „Rassenmischung" geht – vor dem Hintergrund der zeitgenössischen Ressourcenallianz immer auch im politischen Resonanzraum mithallt, gewinnt noch an Dringlichkeit, wenn man bedenkt, dass es auch innerhalb der nationalsozialistischen Führungsriege keinen einheitlichen Rasse-Begriff gibt. Diese Gleichzeitigkeit von Unsicherheit und Hochwertigkeit erhöht natürlich neben der Attraktivität auch das Risiko für die wissenschaftlichen Akteure, sich jenseits paratextueller Floskeln in den Rasse-Diskurs einzuschreiben. Von dem auch innerhalb der Parteigrenzen verlaufenden Streit zwischen den Vertretern eines „nordischen" und eines „deutschen" Rassenkonzeptes und seinen Konsequenzen für die wissenschaftlichen Akteure war bereits die Rede.[104] Die Lage wird noch unübersichtlicher und unkalkulierbarer dadurch, dass auch Hitler selbst – in weltanschaulichen Fragen immerhin die Letztinstanz, auch wenn er davon z. T. bewusst, z. T. aus Desinteresse nicht immer Gebrauch macht – mit einem Rasse-Begriff operiert, der äußerst uneinheitlich ist, und der sich schon gar nicht mit den Ergebnissen der neueren,

---

103 Verhandlungen der Deutschen Gesellschaft für Rassenforschung, 1940, S. XVI, XVII.
104 Diese terminologische Unsicherheit zeigt sich etwa auch daran, dass im Vorfeld der Beratungen über die „Rassengesetze" von 1935 kein Konsens darüber erzielt werden kann, welche Rassen als fremd zu gelten hätten und wie die Mischlingsfrage zu beurteilen sei. Der Rassereferent des Reichsinnenministeriums, Bernhard Lösener, muss auf die Frage nach eindeutigen Bestimmungskriterien schließlich einräumen, dass „darüber auch im Reichsinnenministerium die Meinungen auseinandergingen und der Begriff der Rasse völlig unbestimmt sei." (zit. nach Gruchmann, Lothar: „Blutschutzgesetz" und Justiz, in: Vierteljahreshefte für Zeitgeschichte, 31, 1983, S. 418–442, hier: S. 423)

zeitgenössischen Rassenforschung deckt. Zwar lässt er keinen Zweifel daran, dass „der Nationalsozialismus […] die Rassenfrage in den Mittelpunkt seiner Weltanschauung stellt"[105], was er aber unter „Rasse" verstanden wissen will, bleibt letztlich unklar und scheint, wenn überhaupt, eher dem anthropologischen Diskurs des 19. Jahrhunderts und der Rassen-Erzählung Chamberlains verpflichtet. Schon in *Mein Kampf* benutzt er „Volk" und „Rasse" als austauschbare Begriffe[106], und auch in den Tischgesprächen wechselt er nach Belieben zwischen „nordisch", „germanisch" oder „arisch" um dieselbe Menschengruppe, die er sich als blond und blauäugig vorstellt, zu bezeichnen.[107]

Gleichwohl sollten solche semantischen Schwankungen nicht darüber hinwegtäuschen, dass sowohl im Denken Hitlers als auch im Rahmen des eklektizistischen, nationalsozialistischen Ideenhaushalts der „Rasse", wie uneinheitlich und unszientifisch ihr Verständnis auch immer gewesen sein mag, die Rolle eines handlungsanleitenden wie -legitimierenden Hochwertbegriffes mit Priorität zukommt.[108] Zumindest im Blick auf den Rassismus in seiner antisemitischen Variante erweist sich Hitlers sonst für pragmatisch-opportunistische Wendungen bekannte Haltung durchaus als konstant. Noch in seinem „Politischen Testament" vom 2. April 1945 taucht der Scharnierbegriff an entscheidender Stelle auf, wenn er dem „deutschen Volk" empfiehlt:

> Das mit Füßen getretene deutsche Volk sollte sich in seiner nationalen Ohnmacht stets bemühen, die Gesetze der Rassenlehre hochzuhalten, die wir ihm gaben. In einer moralisch mehr und mehr durch das jüdische Gift verseuchten Welt muß ein gegen dieses Gift immunes Volk schließlich und endlich die Oberhand gewinnen. So gesehn wird man dem Nationalsozialismus ewig dafür dankbar sein, daß ich die Juden aus Deutschland und Mitteleuropa ausgerottet habe.[109]

---

105 Zit. nach: Schmitz-Berning: a. a. O., S. 490.
106 Essner, Cornelia: a. a. O., S. 93.
107 Genaue Belege der Verwendungsfrequenzen bei Lutzhöft: a. a. O., S. 87 f., Anm. 135. Dort auch der Hinweis, dass Hitler, obwohl er sich darüber im Klaren ist, dass die Deutschen, die Engländer und die Slawen aus verschiedenen Rassenkomponenten zusammengesetzt seien, die Engländer zweimal als „Rasse" bezeichnet.
108 Dass das politische Argumentieren mit handlungsanleitenden und -legitimierenden Scharnierbegriffen nicht zwangsläufig implizieren muss, dass man sie einheitlich gebraucht oder gar über aktuellere, wissenschaftliche Definitionen verfügt, dürfte indes keineswegs spezifisch für Hitler oder den NS sein. Schließlich dürfte – um nur ein Beispiel zu nennen – auch der gegenwärtige politische Akteur, der mit Begriffen wie „Demokratie" oder „Freiheit" operiert, nicht immer und in jedem Fall zugleich auch auf dem neuesten Stand des politikwissenschaftlichen oder philosophischen demokratietheoretischen Diskurses sein. An der Funktion solcher Begriffe als Scharnierbegriffe ändert dies nichts, es verstärkt sie höchstens.
109 Hitlers politisches Testament. Die Bormann-Diktate vom Februar und April 1945, Hamburg 1981, S. 121 f. 20 Jahre vorher heißt es in *Mein Kampf*: „Unsere heutige landläufige politische Weltauffassung beruht im allgemeinen auf der Vorstellung, daß dem Staate zwar an sich schöpferische, kulturbildende Kraft zuzusprechen sei, daß er aber mit rassischen Voraussetzungen nichts zu tun habe. […] Demgegenüber erkennt die völkische Weltanschauung die Bedeutung der Menschheit in deren rassischen Urelementen. Sie sieht im Staat prinzipiell nur ein Mittel zum Zweck und faßt als seinen Zweck die

3.2 Laienspiele – Literaturwissenschaft und „Rasse" vor und nach 1933

Skepsis und Ausgrenzung: Literaturwissenschaft und „Rasse" vor 1933

Angesichts einer für die Neuere deutsche Literaturwissenschaft zwischen 1933 und 1945 nicht eben günstigen Resonanzkonstellation, sowie angesichts einer eingeschränkten Nachfrage nach den literaturwissenschaftlichen Leistungsangeboten (s. II.), wäre eine stärkere konzeptionelle Ausrichtung der Disziplin auf den hochfrequenten Rassen-Diskurs durchaus denkbar gewesen. Gewiss, auch nach 1933 bleiben die Vorstellungen darüber, was denn „Rasse" eigentlich bezeichnen soll, sowohl im wissenschaftlichen Feld als auch innerhalb des politischen Feldes selbst äußerst diffus und heterogen. Dennoch wird den meisten Zeitgenossen nicht entgangen sein, dass der Rasse-Gedanke – neben dem Führerprinzip – „als materieller ‚Kerngehalt' der nationalsozialistischen Ideologie"[110] fungiert. Zwar verfügen die neuen Machthaber nicht über ein einheitliches Wissenschaftskonzept, dass jedoch dem Rassen-Gedanken auch als forschungsleitender Kategorie Priorität zukomme, daran lassen sie zumindest in ihren öffentlichen Verlautbarungen keinen Zweifel aufkommen. So gibt etwa – um hier nur ein Beispiel zu nennen – Reichserziehungsminister Rust zu verstehen: „Das Ordnungsprinzip für alle Bereiche des geistigen Lebens entsteht für uns aus der

> Erhaltung des rassischen Daseins der Menschen auf. Sie glaubt somit keineswegs an die Gleichheit der Rassen, sondern erkennt mit ihrer Verschiedenheit auch ihren höheren oder minderen Wert und fühlt sich durch diese Erkenntnis verpflichtet, gemäß dem ewigen Wollen, das dieses Universum beherrscht, den Sieg des Besseren, Stärkeren zu fördern, die Unterordnung des Schwächeren, Schlechteren zu verlangen. Sie huldigt damit prinzipiell dem aristokratischen Grundgedanken der Natur und glaubt an die Geltung dieses Gesetzes herab bis zum letzten Einzelmenschen. Sie sieht nicht nur den verschiedenen Wert der Rassen, sondern auch den verschiedenen Wert der Einzelmenschen. […] Allein sie kann auch einer ethischen Idee das Existenzrecht nicht zubilligen, sofern diese Idee eine Gefahr für das rassische Leben der Träger einer höheren Ethik darstellt; denn in einer verbastardisierten und vernegerten Welt wären auch alle Begriffe des menschlich Schönen und Erhabenen sowie Vorstellungen einer idealisierten Zukunft unseres Menschentums für immer verloren. Menschliche Kultur und Zivilisation sind auf diesem Erdball unzertrennlich gebunden an das Vorhandensein des Ariers." (Hitler, Adolf: Mein Kampf [1924/25], 97.–101. Aufl., München 1934, S. 419 ff.)

110 Lepsius, Oliver: Die gegensatzaufhebende Begriffsbildung. Methodenentwicklungen in der Weimarer Republik und ihr Verhältnis zur Ideologisierung der Rechtswissenschaft im Nationalsozialismus, München 1994, S. 112. „Das Streben nach ‚Rassenreinheit', das sich in einer beispiellosen Rassenpolitik niederschlug", so auch Jörg Echternkamp, „bildete den Knotenpunkt des Nationalsozialismus. Das ‚Tausendjährige Reich' war der Entwurf einer vermeintlich perfekten Gesellschaft, in der Juden aufgrund ihrer angeblichen rassischen Minderwertigkeit keinen Platz hatten – wenngleich bis 1945 ungeklärt blieb, was genau man sich unter einer wertvollen Rasse vorzustellen und wer als Jude zu gelten hatte." (Echternkamp, Jörg: Im Kampf an der inneren und äußeren Front. Grundzüge der deutschen Gesellschaft im Zweiten Weltkrieg, in: ders. (Hrsg.): Die deutsche Kriegsgesellschaft 1939 bis 1945. Erster Halbband: Politisierung, Vernichtung, Überleben (= Das deutsche Reich und der Zweite Weltkrieg. Band 9. Erster Halbband. Herausgegeben vom Militärgeschichtlichen Forschungsamt), München 2004, S. 1–92, hier: S. 6. Zu den auch juristisch unklaren Rasse-Definitionen s. Essner, Cornelia: Die „Nürnberger Gesetze" oder Die Verwaltung des Rassenwahns 1933–1945, Paderborn u. a. 2002.

Biologie, aus der Erkenntnis der Rasse. Von der Entdeckung der Rasse [...] erhält auch die Wissenschaft ihren entscheidenden revolutionären Anstoß."[111]

Bleibt die Frage, ob ein solcher „revolutionärer Anstoß" aus der Richtung der Naturwissenschaft vom Leben auch für die Literaturwissenschaft attraktiv ist. Zumindest hätte eine Inszenierung semantischer Konvergenzen mithilfe des Scharnierbegriffs „Rasse" das politische Feld, oder zumindest Teilbereiche davon, für die Literaturwissenschaft als potentiellen Resonanzraum erschließen können.

Dazu hätte es jedoch in der Tat eines semantischen Umbaus bedurft. Denn anders als bei jenen literaturwissenschaftlichen Konzepten, die nach 1933 mit bereits zirkulationserprobten Letztbegründungsbegriffen wie „Leben" oder „Volk" operieren, spielt der Rasse-Begriff vor 1933 innerhalb der etablierten, fachwissenschaftlichen Diskurse kaum eine Rolle. „Rassenkundliche" Literaturbetrachtungen florieren lediglich innerhalb der Randzonen des Faches und werden hauptsächlich mit dem Namen des völkisch-antisemitischen Literaturgeschichtsschreibers, Schriftstellers und Wissenschaftsautodidakten Adolf Bartels assoziiert.

Bartels, der 1905 vom Großherzog Wilhelm Ernst von Sachsen-Weimar zwar zum Professor ernannt wird, dem aber zeit seines Lebens trotz eigener Ambitionen der Zugang zu den akademischen Zirkeln verwehrt bleiben wird[112], entwickelt sein methodologisch unbedarftes Programm einer rassistischen Literaturbeobachtung in Grundzügen bereits vor der Jahrhundertwende.[113] Es zirkuliert dann, im Rahmen seines äußerst umfangreichen Œuvres, hauptsächlich und am wirksamsten in Gestalt seiner 1901 erstmals veröffentlichten, mehrfach wieder- und neuaufgelegten *Geschichte der deutschen Literatur*.[114] Das vordringliche, wenn nicht gar das einzige Anliegen von Bartels monomanischem Programm ist die „reinliche Scheidung" zwischen der von deutschen und der von jüdischen Autoren geschriebenen Literatur. Zugleich versteht er dieses antithetische, antisemitische Modell als Vorbild für eine allumfassende Lösung der „Judenfrage": „Reinliche Scheidung! Ich will nicht mit dir, du Jude, zu tun haben, nicht in Handel und Wandel, nicht im persönlichen

---

111 Rust, Bernhard: Reichsuniversität und Wissenschaft, Berlin 1940.
112 Mit einer Ausnahme: Unter dem nationalsozialistischen Innenminister Thüringens, Wilhelm Frick, erhält er einen Lehrauftrag an der Universität Jena. Im Jahr 1913, nach dem Tode des Berliner Großordinarius Erich Schmidt, macht er sich gar Hoffnungen auf dessen Lehrstuhl. Protegiert von der völkischen Presse mangelt es ihm offensichtlich nicht an Selbstbewusstsein, wenn er schreibt, „daß, wenn wissenschaftliche Leistungen bei der Besetzung der Professuren Erich Schmidts und Jakob Minors in Frage kämen, ich in erster Reihe Ansprüche hätte." (S. Rösner, Thomas: Adolf Bartels, in: Puschner, Uwe/Schmitz, Walter/Ulbricht, Justus H. (Hrsg.): a. a. O., S. 874–894, hier S. 879 und 886. Zu Bartels s. auch Fuller, Steven Nyole: The Nazi's Literary Grandfather. Adolf Bartels and Cultural Extremism, 1871–1945, New York u. a. 1996).
113 Rösner (a. a. O., S. 875) identifiziert als „Urtext" von Bartels Literaturgeschichte dessen 1896 in mehreren Fortsetzungen im *Grenzboten* erschienenen Aufsatz *Die Alten und die Jungen*.
114 Bartels, Adolf: Geschichte der deutschen Literatur. 2 Bde., Leipzig 1901/02. Weitere Auflagen erscheinen bereits 1905 und 1909, eine gekürzte Ausgabe in einem Band dann 1919 und öfter.

Verkehr, ich will deine Zeitungen und Romane nicht lesen, deine Theaterstücke nicht sehen, deine Vorträge nicht hören."[115]

In der „jüdischen Literatur" verdichten sich für Bartels all jene Degenerationserscheinungen der Moderne – wie Großstadtkultur, Internationalismus, artistisches Raffinement –, die nicht nur die am Heimat-Begriff orientierte Vorstellung einer regional eingehegten, kulturellen Identität, sondern auch die Utopie einer Wiedergeburt des bodenständigen „Volkstums" bedrohen. Bei der Verteilung seiner literaturgeschichtlichen Judensterne verfährt der selbsternannte Literaturgeschichtsdetektiv relativ willkürlich. Auch solche Autoren, deren Literatur gegen die Wertungsmuster seiner völkischen Weltanschauung verstößt, werden kurzerhand als Juden verdächtigt: „Juden sind wohl auch die Gebrüder Mann aus Lübeck [...]", heißt es etwa apodiktisch in der Einleitung zur neuen Auflage seiner Literaturgeschichte.[116]

Bartels mag vom wissenschaftlichen Standpunkt aus gesehen ein indiskutabler Dilettant sein, resonanzstrategisch ist er insofern äußerst geschickt, als dass er es versteht, sich und seine Literaturgeschichtsschreibung durch gezielte Polemiken und antisemitische Aktionen im öffentlichen Diskurs – und sei es auch als Negativfigur[117] – präsent zu halten und so schließlich zu „einem der bekanntesten Antisemiten im ganzen Reich"[118] zu werden. Vor allem über den 1920 in Leipzig gegründeten „Bartels-Bund", einen Zusammenschluss von „Schülern", die für die Proliferation des Werkes ihres Ehrenvorsitzenden sorgen

---

115 Bartels, Adolf: Weshalb ich die Juden bekämpfe. Eine deutliche Auskunft, Hamburg 1919, S. 12. S. u. a. auch ders.: Jüdische Herkunft und Literaturwissenschaft. Eine gründliche Erörterung, Leipzig 1925.

116 Bartels, Adolf: Geschichte der deutschen Literatur, Leipzig 1905, Bd. 1, S. VI. Wie dezisionistisch Bartels Verfahren der „Judenriecherei" (Tucholsky) sich ausnimmt, zeigt sich gerade in seiner Auseinandersetzung mit Thomas Mann. Im „Lublinski-Streit" zwischen Thomas Mann und Theodor Lessing wieder auf den Lübecker Autor aufmerksam geworden, sieht sich Bartels bestätigt: „Ich brauche kaum hinzuzufügen, daß mein Urteil über den Schriftsteller Thomas Mann, der in seinen *Buddenbrooks* die halbjüdischen Hagenströms über die deutschen Kaufmannsfamilien siegen läßt [...] durch sein Juden- oder Nichtjudentum nicht beeinflußt wird: Literarisch gehört er auf alle Fälle zu den Juden." (Bartels, Adolf: Deutsches Schrifttum, 2, 1910, S. 111) Thomas Mann erklärt daraufhin öffentlich: „Was einem Forscher wie Professor Bartels an meiner und meines Bruder Produktion fremdartig anmutet, wird wohl, teilweise wenigstens, auf jene lateinische (portugiesische) Blutmischung zurückzuführen sein, die wir tatsächlich darstellen. Wenn er Richard Dehmel einen ‚slawischen Virtuosen' nennt, so möge er uns ‚romanische Artisten' nennen. Juden sind wir nun einmal nicht." Bartels notiert dazu: „Im übrigen ist auch portugiesische Blutzumischung ziemlich bedenklich, da das portugiesische Volk von allen europäischen das rassenhaft schlechteste ist." (hier zit. nach Rösner, Thomas: a. a. O., S. 878.)

117 So schreibt z. B. Johannes R. Becher in einem Brief an Bartels, den dieser dann veröffentlicht, nach der Lektüre einer weiteren Auflage von dessen Literaturgeschichte: „Seit drei Tagen bin ich gezwungen, mir ununterbrochen die Hände zu waschen, da mir [...] nicht erspart blieb, daß ich eines der schmutzigsten Sudelwerke dieses Jahrhunderts noch kennenlernen mußte [...] Nun habe ich Sie verdaut ... Oh, ich fühle es jetzt deutlich: Ich habe Sie schon im A..., nun kann ich endlich Sie sch... in den Dreck." (zit. nach Rösner, Thomas: a. a. O., S. 879)

118 Rösner, Thomas: a. a. O., S. 879; s. ebd. auch zum von Bartels initiierten und als Plattform genutzten Streit um das Hamburger Heine-Denkmal 1906.

und zu denen u. a. auch Hans Severus Ziegler, Rainer Schlösser und Baldur von Schirach gehören, erreicht Bartels' rassistische, parawissenschaftliche Literaturgeschichtsschreibung eine außerwissenschaftliche Resonanz, die bis zum Ende des NS ungebrochen anhält. Kurt Tucholsky bringt dieses Zugleich von wissenschaftlicher Bedeutungslosigkeit und diskursiver Relevanz auf den Punkt, wenn er Bartels einerseits als „de[n] im Irrgarten der deutschen Literatur herumtaumelnde[n] Pogromdepp" bezeichnet, andererseits aber konzedieren muss: „Das wird gekauft; daraus schöpfen Hunderttausende ihre Kenntnis von der Literatur ihres eigenen Landes."[119]

Im esoterischen Diskurs der Literaturwissenschaft begegnet man sowohl dem Dilettanten Bartels im Speziellen, als auch dem Rasse-Gedanken im Allgemeinen vor 1933 entweder mit Nichtbeachtung oder mit erheblicher Skepsis. In dem 1930 erschienenen, von Emil Ermatinger herausgegebenen Sammelband *Philosophie der Literaturwissenschaft,* der immerhin eine Art Leistungsschau und Methoden- wie Problemrevue der zeitgenössischen Literaturwissenschaft darstellt, beschäftigt sich kein Beitrag ausschließlich mit rassentheoretischen Varianten innerhalb der Literaturwissenschaft.[120] Oskar Benda stellt in seinem zwei Jahre zuvor erschienenen Überblick *Der gegenwärtige Stand der deutschen Literaturwissenschaft* den Vertretern einer rassenkundlichen Variante, denen er knapp eine Seite seiner mehr als sechzig Seiten umfassenden Darstellung einräumt, kein gutes Zeugnis aus. Bartels sei ein „Seitensprößling oder Nachzügler" des „naturalistischen Positivismus" gerade jener Scherer-Schule, gegen die er, Bartels, ob ihrer „Judenhaftigkeit" polemisiere: „Nichtsdestoweniger", so Benda, „bleibt Bartels methodisch durchaus der Scherer-Schule verpflichtet; eine eigene Methode hat er weder theoretisch noch praktisch entwickelt."[121] Als metho-

---

119 Tucholsky, Kurt: Gesammelte Werke, Bd. 3, Reinbek bei Hamburg 1975, S. 147 und 148.
120 Ermatinger, Emil: Philosophie der Literaturwissenschaft, Berlin 1930. Lediglich Hermann Gumbel handelt den Aspekt „Dichtung und Rasse" auf ca. drei Seiten seines umfangreichen Beitrages „Dichtung und Volkstum" (in: Ermatinger, Emil: a. a. O., S. 43–91, hier: S. 59–62) ab. Zwar räumt Gumbel einleitend ein, dass „[d]er Rassencharakter […] zweifellos aufs stärkste die Eigenart einer Dichtung wie eines Volkstums bestimmt." (S. 59) Sogleich aber schließt sich die übliche Mischung aus Skepsis und potentieller Integration an: „Wer unvoreingenommen ist, muß zugeben, daß hier größte Vorsicht geboten ist und daß die Rassenkunde erst am Anfang ihrer wissenschaftlichen Konsolidierung steht. Es gibt ja keine reinen Rassen, keine reinrassigen Völker heute in Europa, wir müssen durchweg mit Mischungen rechnen. Schon die Zuweisung seelischer Eigenschaften an einzelne Rassen hat ihre Schwierigkeiten." (ebd.) Weiter heißt es: „Also ist bei der Zurückführung der Dichtung und der Dichtungen auf die rassische Eigenart höchste Vorsicht, größte Vorurteilslosigkeit und weitherzigste Begrifflichkeit vonnöten. Man sieht hier aber zugleich, wie die Dichtung eingreifen kann in die Bildung von Rassenidealen, von Wertbewußtsein seelisch-kollektiver Art, und wir brauchen nur etwa an die neue Belebung der nordischen Adelswelt in Ernst Bertrams Gedichten zu erinnern. Einer deutschen Dichtung, die um jeden Preis nordisch-germanisch sein will, wäre freilich mit Hans Naumann entgegenzuhalten, daß wir keine Germanen mehr sind und werden können, und daß der historische Längsschnitt wie erst recht der gegenwärtige Querschnitt durch unser Volkstum solche Bestrebungen als abseitig und etwas weltfremd erscheinen lassen." (S. 61 f.)
121 Benda, Oskar: Der gegenwärtige Stand der deutschen Literaturwissenschaft. Eine erste Einführung in ihre Problemlage, Wien/Leipzig 1928, S. 13.

disch nicht nur wenig originell, sondern auch defizitär erscheinen Benda ebenso die übrigen Versuche einer rassentheoretischen Literaturwissenschaft (etwa von Günther und seinen Schülern),

> eine historische Gleichung zwischen scharf herausgearbeiteten Rassetypen und adäquaten Kunststilen zu begründen. [...] Die ganze Richtung leidet an einem inneren methodischen Widerspruch. Ihrem Wesen nach ist alle Rassentheorie kollektivistisch; trotzdem huldigt die Gruppe einer ausgeprägt heroischen Geschichtsauffassung mit Persönlichkeitskult, Heldenverehrung u. Führerideal Carlyle-Emerson-Nietzsche-, ja selbst Stirnerscher Tönung.[122]

Bereits 1926 bemängelt Julius Petersen, in den 1920er und 1930er Jahren sicherlich so etwas wie ein Repräsentant der deutschen Literaturwissenschaft, die heuristische Unergiebigkeit, die empirische Diffusität und die zweifelhafte Statik des Rasse-Begriffs:

> Indessen decken sich die Einheiten der Rasse so wenig mit denen der geschlossenen Sprach- und Kulturgemeinschaft, daß der anthropologische Befund eine verwirrende Mischung von nordischen, ostischen und mittelländischen Symptomen bei allen Völkern, ja auch bei den germanischen Stämmen aufweist. In Jahrtausenden sind diese Rassen so durcheinandergewürfelt worden, daß ihr Verhältnis heute kaum mehr mit den geographischen Bezeichnungen in Zusammenhang zu bringen ist und daß man überhaupt im Zweifel sein muß, ob noch etwas von den vorgeschichtlichen Ureinheiten, die auch erst Ergebnisse entwicklungsgeschichtlichen Werdens waren, erhalten ist.[123]

Die Skepsis gegenüber rassentheoretischen Herangehensweisen, die sich allenthalben dokumentiert, mag auch darin begründet liegen, dass sie mit jenen seit der geistesgeschichtlichen Wende diskreditierten, naturwissenschaftlich-positivistischen Herangehensweisen assoziiert wird, die man der Scherer-Schule und deren Theorem von der partiellen „Vererbbarkeit" des Genies zuschreibt.[124] Zumindest bezweifelt selbst Karl Justus Obenauer, nach 1933 bekanntlich ein äußerst regimenaher Akteur, 1932 noch die wissenschaftliche Relevanz einer biologistischen Literaturbetrachtung:

---

[122] Ebd. Auch in seinem Artikel „Literaturwissenschaft" im Sachwörterbuch der Deutschkunde (1930, S. 746–750) bezeichnet Benda den Begriff der Rasse innerhalb der Literaturwissenschaft „trotz der einschlägigen Bemühungen Heidenstamms, Hausers, Günthers u. a." (748) als gescheitert.

[123] Petersen, Julius: Die Wesensbestimmung der deutschen Romantik. Eine Einführung, Leipzig 1926, S. 60.

[124] Allerdings umfasst der Scherer'sche Begriff des „Ererbten" nicht nur erblich Bedingtes im engsten, naturwissenschaftlichen Sinne, „sondern auch und namentlich in den späten Arbeiten Scherers das soziale und kulturelle Milieu." (Pilger, Andreas: Germanistik an der Universität Münster, S. 235) S. auch Kindt, Tom/Müller, Hans-Harald: Dilthey gegen Scherer. Geistesgeschichte contra Positivismus. Zur Revision eines wissenschaftshistorischen Stereotyps, in: DVjs, 74, 2000, S. 684–709; Sternsdorff, Jürgen: Wissenschaftskonstitution und Reichsgründung. Die Entwicklung der Germanistik bei Wilhelm Scherer, Frankfurt am Main u. a. 1979, besonders S. 198–213.

Längst nicht mehr wird die Wissenschaftlichkeit einer Dichterbiographie sich dadurch dokumentieren wollen, daß man eingangs mit einer möglichst langen Ahnenreihe aufwartet, um aus den Erbmassen den Genius zu errechnen [...] oder daß man gar in den Bildungseinflüssen ‚Wirkungen' kausaler Art nach dem Muster der Naturwissenschaften des 19. Jahrhunderts festzustellen versuchte. Man ist sich bewußt geworden, daß man es sowohl bei den individuellen Begabungen wie bei den Generationen, den geistesgeschichtlichen Epochen und den großen Volkheiten mit mehr oder weniger inkommensurablen Ganzheiten zu tun hat.[125]

Skepsis, Applikation und Distinktion – Von den Schwierigkeiten mit einem politischen Hochwertbegriff: Literaturwissenschaft und „Rasse" zwischen 1933 und 1945

1939, am Vorabend des Zweiten Weltkrieges und anlässlich des im ganzen Reich mit großem Aufwand inszenierten 50. Geburtstages Hitlers[126], erscheint eine Broschüre mit dem Titel *Deutsche Wissenschaft. Arbeit und Aufgabe*, deren Funktion die beiden einander wenig geneigten Herausgeber, Reichserziehungsminister Bernhard Rust und der Chef des Amtes Wissenschaft, Alfred Rosenberg, klar umreißen: „Dem Führer und Reichskanzler legt die deutsche Wissenschaft zu seinem 50. Geburtstag Rechenschaft ab, über ihre Arbeit im Rahmen der ihr gestellten Aufgabe."[127] Die Broschüre erscheint als ein paradigmatisches, wissenschaftsgeschichtlich bedeutsames Dokument konzertierter Selbstlegitimation und Außendarstellung mit Blick auf den politischen Resonanzraum, vereinigt sie doch die Beiträge renommierter Fachvertreter, die Stand und Nutzen ihrer jeweiligen Fächer in einer

---

125 Obenauer, Karl-Justus: Der Wandel in der deutschen Literaturwissenschaft, in: Ständisches Leben, 1932, S. 369–374, hier: S. 369. Positive Stimmen zum Thema finden sich kaum. Lediglich Franz Koch betont bereits in seiner Auseinandersetzung mit Nadlers Stammeskonzept, dass „überhaupt die biologische Erbanlage das Frühere, das Gegebene, die lebendige Kraft gegen den von außen kommenden und wirkenden Zwang der Landschaft darstellt." (Koch, Franz: Stammeskundliche Literaturgeschichte, in: DVjs, 8, 1930, S. 143–197, hier: S. 148.) Aber auch für ihn scheint zu diesem Zeitpunkt „Rasse" noch kein forschungsleitender Hochwertbegriff zu sein. Auch Ernst Alker lehnt zwar eine Integration rassentheoretischer Elemente in die Literaturbetrachtung nicht prinzipiell ab, ja, er hält eine wissenschaftlich verantwortliche Transposition des Begriffes in die literaturwissenschaftliche Analyse gar für möglich, er führt sie in seinem Beitrag auch z. T. schon selbst aus, kann offensichtlich jedoch nicht umhin, der Befürchtung Ausdruck zu verleihen, „daß ein konsequentes Zusammenarbeiten der Rassenforschung mit der Literaturwissenschaft wenig glückliche Folgen haben kann, daß dadurch eine Art Begriffsverwirrung entsteht, daß an Stelle unzureichender Ordnung und Übersicht – aber doch: Ordnung und Übersicht! – jede Erkenntnis und Systematik vernichtende Chaotik tritt, an welche sich eine bequeme und sehr unwissenschaftliche Flucht in den Mythos oder eine philosophisch unfruchtbare Mechanisierung des Weltbildes schließen dürfte." (Alker, Ernst: Rassenfragen und Literaturwissenschaft, in: Schweizerische Rundschau, 27, 1927, S. 446–450, hier: S. 450)

126 S. dazu: Pätzold, Kurt: Hitlers fünfzigster Geburtstag am 20. April 1939, in: Eichholtz, Dietrich/Pätzold, Kurt (Hrsg.): Der Weg in den Krieg. Studien zur Geschichte der Vorkriegsjahre (1935/36 bis 1939), Berlin 1989, S. 309–343.

127 Deutsche Wissenschaft. Arbeit und Aufgabe, Leipzig 1939, Widmung.

anlassbezogenen Mischung aus Devotion und Überzeugung von der eigenen Wichtigkeit zusammenzufassen versuchen. Von der Architektur über die Philosophie und die Ozeanographie bis zum Walzwerkswesen sind nahezu sämtliche akademischen Disziplinen der damaligen Wissenschaftslandschaft vertreten. Auch wenn man berechtigterweise bezweifeln mag, dass der an wissenschaftlichen Angelegenheiten in der Regel wenig interessierte Reichskanzler auch nur einen einzigen Blick in dieses Dokument geworfen hat, über das Selbstverständnis der Fächer lässt sich hier doch einiges entnehmen.[128] Auffällig ist es z. B., dass in den Ausführungen zur Lage in der „Neueren deutschen Sprach- und Schrifttumsgeschichte", für die Herbert Cysarz verantwortlich zeichnet, der Rasse-Begriff, obwohl der Beitrag immerhin an den obersten, politischen Repräsentanten des Rasse-Gedankens adressiert ist, zwar durchaus aufgegriffen wird, gleichwohl aber nicht das Zentrum von Cysarz' Beitrag darstellt. Gewiss, Cysarz verweist darauf, dass die „gestrige Allerweltsvergleichung dichterischer Motive" abgelöst werde „von der Durchforschung rassegleicher, überlieferungsversippter und bodenverbundener kultureller Kreise" und verkündet, dass „in entschlossenen Aufrissen […] der Bereich des Judentums abgesteckt" werde.[129] Nichtsdestoweniger spielt die „Rasse" in Cysarz' Außendarstellung der „Sprach- und Schrifttumsgeschichte" eine lediglich untergeordnete, fast ornamentale Rolle. Kern

---

[128] Auffällig ist u. a., dass die Philosophie gleich mit zwei, einander widersprechenden Beiträgen vertreten ist. Während Baeumler betont, dass die Philosophie, motiviert durch die nationalsozialistische Revolution, am Anfang „eines neuen Erlebnisses und einer neuen Auffassung der **Wirklichkeit**, einer neuen Welt-Anschauung" stehe (Deutsche Wissenschaft, S. 32), liest sich der Beitrag Kriecks, der von seinem schwindenden wissenschaftspolitischen Einfluss sichtlich enttäuscht ist, geradezu wie eine wissenschaftsskeptische Polemik gegen die Nutzlosigkeit des eigenen Faches: „Während die Revolution sonst überall, auch in der Technik, gerade die schöpferischen Kräfte heraufgerufen hat, herrscht in der Wissenschaft das brave organisierbare Mittelmaß als Prinzip. Damit wird aber besonders die Philosophie völlig unnütz und unfruchtbar." (S. 30) „Der Gesamtdurchschnitt von fünf Jahren ergibt zumeist eine schwache und dürftige Mittellage für die nationalsozialistische Philosophie neben dem toten Epigonentum, das noch in der Mehrheit ist und dem neuen Werden die Bahn sperrt." (S. 31) Im direkten Vergleich dazu wesentlich geringer sind die Legitimationsprobleme etwa der Mathematik, die in der Broschüre den Naturwissenschaften zugeordnet wird. Wesentlich größer erscheint das Selbstbewusstsein ihres disziplinären Repräsentanten H. Hasse zu sein, wenn er auf die offensichtliche Anwendungsbezogenheit seines Faches verweisen kann: „Je weiter die mathematische Erkenntnis vordringt, um so machtvoller wird die Mathematik in der Hand des Menschen als Rüstzeug für die großen Aufgaben, die von Naturwissenschaften und Technik gestellt werden, um so gründlicher und umfangreicher kann sie dem menschlichen Leben dienen. In dem Streben nach solchem kraftvollen Können und stolzen Beherrschen liegt ein treibender Ansporn zu mathematischer Forschung. Dazu kommt die Bewunderung vor der Schönheit und Erhabenheit der mathematischen Welt, vor ihrer kristallenen Klarheit und unantastbaren Strenge. Darüber hinaus belohnt den Mathematiker, wie einen Künstler, die stolze Gewißheit, etwas wirklich Ewig-Gültiges ans Licht gehoben und gestaltet zu haben." (S. 150)

[129] Cysarz, Herbert: Neuere deutsche Sprach- und Schrifttumsgeschichte, in: Deutsche Wissenschaft. Arbeit und Aufgabe, Leipzig 1939, S. 36–38, hier: S. 36 und 37. Bezeichnenderweise taucht dieser Beitrag in den Cysarz-Werkbibliographien von Rudolf Jahn (in: Cysarz, Herbert: Vielfelderwirtschaft, Bodman 1976, S. 197–216) und von Dieter Sciba (in: Màcha, Karel (Hrsg.): Die menschliche Individualität. Festschrift zum 85. Geburtstag von Herbert Cysarz, München 1981, S. 217–235) nicht auf.

seines – wie stets metapherngesättigten – Legitimationsentwurfes ist das Bild einer Disziplin, die die Grenzen zwischen Natur- und Geisteswissenschaften transzendiert, um das „eine Schicksalgesetz des deutschen Werdens zum deutschen Wesen"[130] erforschen zu können, und der er ein interdisziplinäres, dezidiert deutschkundlich-lebenswissenschaftliches Image zuschreibt:

> Mundart und Sagenkunde, anschauliche Kenntnis von Land und Leuten, Wissen um Volkswirtschaft und Binnenwanderung, um Erbtümer und Gesundheitsdinge und alle Gebreiten des täglichen Lesens und Schreibens sind nicht mehr bloß hilfswissenschaftliches Beiwerk, sondern mitbestimmende Sehwinkel auch und gerade unserer Gipfelblicke.[131]

Cysarz vermeidet letztlich Konkretisierungen und sein Versuch, den Rasse-Begriff in seine Legitimationsadresse an den „Führer" zu integrieren, ist in seiner Zögerlichkeit bezeichnend für den literaturwissenschaftlichen Umgang mit rassenkundlichen Konzepten nach 1933.[132]

Die Schriften etwa eines Adolf Bartels' werden auch nach 1933 nicht zu einer Referenzgröße innerhalb der disziplinären Gemeinschaft. Zwar steigt das politische Prestige des antisemitischen Literaturgeschichtsschreibers durch zahlreiche Ehrungen, die ihm von politischer Seite aus zuteil werden[133], „in den Kreisen der Fachwissenschaft" gilt er jedoch

---

130 Cysarz, Herbert: a.a.O., S. 37.
131 Ebd.
132 Das bedeutet indes keineswegs, dass Cysarz jenseits seiner Adresse an den „Führer" nicht durchaus bisweilen rassenkundliche Versatzstücke in seine Darstellungen integriert. So etwa, wenn er in seiner Monographie über *Deutsches Barock in der Lyrik* (Leipzig 1936) den Dreißigjährigen Krieg als Ereignis sieht, das „allerdings nicht nur die Lebensumstände, sondern auch die rassischen Stoffe des deutschen Volks beträchtlich verändert hat." (S. 11) Antisemitischer und antiurbaner Stereotype bedient er sich in seinem Überblick über *Deutsches Südostschicksal im jüngsten Sudeten- und Ostmarkschrifttum* (in: Dichtung und Volkstum, 40, 1939), wenn er die Literatur der Moderne am Beispiel des Expressionismus diskreditiert: „Die lauteste Schar hat dem Expressionismus das Prager Judentum gestellt. Doch eben wo das Judentum sich mächtig fühlt wie hier, geht es in keinen Stil und in kein Gefühl seines Wirtsvolks auf. Es schließt allem Großstadtschrifttum an, verkostet alle Gifte der Dekadenz (um sie anderen einzuflößen), nimmt leidenschaftlich am Hexensabbat des Umsturzes teil. Im Grunde aber sucht es sich selbst. Ihm ist der Asphalt Heimat: wie es ja auch im zwischenvolklichen Zwielicht zuhause ist und im ‚Kosmischen' seine eigene zeitlose Allzeitgemäßheit entdeckt." (S. 66)
133 So werben etwa *Westermanns Monatshefte* 1933 für die ergänzte Version von Bartels Literaturgeschichte in einer halbseitigen Anzeige und unter einer Abbildung des Autors: „Adolf Bartels einst der bestgehaßte Deutschdenker hat seine Geschichte der deutschen Literatur [...] bis in die Gegenwart ergänzt. – Dadurch wird das Werk die umfassendste und gründlichste aller einbändigen deutschen Literaturgeschichten und das maßgebende Handbuch für Literatur im neuen Deutschland." (Westermanns Monatshefte, 77, Juni 1933, S. 2) 1937, zu seinem 75. Geburtstag, erhält Bartels den „Adlerschild des deutschen Reiches", 1942 verleiht man ihm das „Goldene Parteiabzeichen", obwohl er nie Mitglied der NSDAP geworden ist. Allerdings stößt Bartels auch innerhalb des kulturpolitischen Feldes bisweilen wegen seiner „Judenriecherei" auf Ablehnung. So beklagt etwa der Präsident der Reichsschrifttumskammer, Hans Friedrich Blunck, in einem Schreiben vom 17.12.1934 an Bartels

nach wie vor – so vermerkt etwa das SD-Gutachten von 1938 – als einer jener „nicht ernst zu nehmende[n] Sonderlinge und Halbwissenschaftler", gegenüber deren Dilettantismus sich die Disziplin abgrenzt.[134] Allerdings handelt es sich dabei lediglich um eine – wenn man so will – *berufs*ethische Abgrenzung, die im Blick auf die tolerierte oder gar befürwortete, antisemitische Ausgrenzungspolitik innerhalb des literaturwissenschaftlichen Feldes weitestgehend ohne Konsequenzen für das eigene Handeln bleibt. Und nicht nur das: bisweilen partizipieren einzelne Akteure auch jenseits stillschweigender Akzeptanz und ganz explizit an jener „Bindung der *Geltungsfrage* von Wissensansprüchen" an rassenbiologisch aufgefaßte Voraussetzungen, die L. Danneberg und W. Schernus sicherlich zurecht als „radikalen Bruch" mit der bisherigen Wissenschaftstradition bezeichnen.[135] Man denke hier etwa nur an die antisemitischen Invektiven eines Arthur Hübner gegenüber Fritz Strich (s. III.1).

Allerdings soll es im Folgenden weniger um solche Fälle gehen, bei denen die Grenzen zwischen wissenschaftsbetrieblicher „Alltagspraxis" (Kollegenkritik) und antisemitisch perspektivierter, wissenschaftshistoriographischer Selbstbeobachtung verschwimmen. Im Zentrum steht hier vielmehr die Frage nach der Problematik und der Attraktivität einer Integration rassenkundlicher Konzepte für die Disziplin.

Ein weiterer Rückgriff auf eine Passage aus dem reichhaltigen Œuvre Cysarz' erweist sich auch hier als hilfreicher Ausgangspunkt zur Beantwortung dieser Frage. Ende Mai 1940 erläutert der Münchner Ordinarius im Rahmen eines Referats über die *Gegenwartslage der deutschen Geisteswissenschaften* vor einem studentischen Publikum in Bukarest:

> Verlag, „daß Adolf Bartels in der Tat eine ganze Reihe angesehener Deutscher, die ihren rein deutschen Stammbaum z. T. bis in Jahrhunderte zurückverfolgen und nachweisen können, jüdischer Herkunft bezichtigt hat, so daß den Betroffenen ein erheblicher Schaden in ideeller und materieller Hinsicht entstand." (zit. nach Poliakov, Léon/Wulf, Josef: Das Dritte Reich und seine Denker. Dokumente, Berlin 1959, S. 437.

134 Zit. nach Simon, Gerd: Germanistik in den Planspielen des Sicherheitsdienstes der SS, Erster Teil, Tübingen 1998, S. 9. Allerdings gibt es auch unter den Disziplinvertretern durchaus anders lautende Stimmen. So steuert etwa Heinz Kindermann 1937 in der *Zeitschrift des Nationalsozialistischen Lehrerbundes* eine Eloge zum 75. Geburtstag von Adolf Bartels bei, in der er dem Jubilar, den er immerhin als „Altmeister der deutschen Literaturwissenschaft" tituliert, u. a. attestiert: „Wir alle, die früher oder später von Adolf Bartels lernen durften, und denen er die Wege wies, auch wenn wir sie nicht gleich in voller Tragweite begriffen, wir alle grüßen ihn heute voll Ehrfurcht und Dankbarkeit. Als wir blutjungen Studenten einige Jahre vor Ausbruch des Weltkrieges Bartels nach Wien holten, um ihn dort über Heine und über Hebbel sprechen zu lassen, da haben wir Bartels gefeiert. Aber die ganze Meute der jüdischen Presse fiel dann über Bartels her und die linksgerichteten Studenten versuchten tags darauf, uns völkischen die Köpfe blutig zu schlagen. Heute dankt mit uns dem Altmeister der deutschen Literaturwissenschaft, aber auch dem aufrechten Kämpfer um deutsche Artbewahrung und nicht zuletzt dem Dichter der ‚Dithmarschen', die ganze Nation." (Kindermann, Heinz: Adolf Bartels im Kampf um die völkische Entscheidung. Ein Wort des Dankes zum 75. Geburtstag am 15. November, in: Die Deutsche Höhere Schule. Zeitschrift des Nationalsozialistischen Lehrerbundes. Reichsfachschaft 2: Höhere Schulen, 4, 1937, S. 724f., hier: S. 725)

135 Danneberg, Lutz/Schernus, Wilhelm: Der Streit um den Wissenschaftsbegriff während des Nationalsozialismus – Thesen, in: Dainat, Holger/Danneberg, Lutz (Hrsg.): a. a. O., S. 42.

> Immer genauer versuchen wir [die deutschen Geisteswissenschaftler; G. K.] denn nach den Punkten zu greifen, wo die leiblichen und die sittlichen Züge ineinstreffen. Nach diesen Schlüsselstellen zielte einst der klassische Begriff der Persönlichkeit, zielt jetzt, gemeinschafts- und geschichts- und naturverbundener, auch der gesichertste Begriff der Rasse. Kein zoologischer, nicht einmal ein bloß biologischer Begriff, sondern ein anthropologisch-totaler, der die besondere Stellung des Menschen unter den Lebewesen, ja im Weltgeschehen herausarbeitet! Rasse, im fortschreitend-wissenschaftlichen Sinn des Namens, bedeutet uns nicht einfache Abhängigkeit hinzukommender seelischer von vorweggegebenen leiblichen Dingen. Sie besagt eine unzerreißbare Einheit der leiblichen, seelischen, geistigen, verhaltens- und ausdrucksmäßigen Eigenschaften. [...] Hier muß es eben ein Einheitsgefüge geben, das leibliche und sittliche Dinge aus natürlich-geschichtlichen Angelpunkten her steuert – und dieses suchen unsere antidualistischen Geschichts- und Menschenwissenschaften allerwege. Die Rasse ist nur ein besonders zeitgemäßes und öffentlich sich auswirkendes Arbeitsfeld sowohl der Natur- als auch der Geisteswissenschaften.[136]

Cysarz' Ausführungen enthalten *in nuce* jene zentralen Charakteristika, die die resonanzstrategische Attraktivität und den potentiellen „Charme" des Rasse-Begriffs für die Literaturwissenschaft plausibilisieren. Das sind:

1. die Aktualität und das fachübergreifende Resonanzpotential, die der Begriff verspricht („zeitgemäßes und öffentlich sich auswirkendes Arbeitsfeld"),
2. das „ganzheitliche", synthetische Weltdeutungspotential des Begriffes („anthropologisch-total"), das den Dualismus zwischen „Leib" und „Geist" im Sinne der vor und nach 1933 vehement geforderten Literaturwissenschaft als „Lebenswissenschaft" zu überwinden verspricht. Der Rasse-Begriff impliziert somit die Möglichkeit eines interdisziplinären Brückenschlages zwischen Geistes- und Naturwissenschaften und weist somit ein erhebliches Modernisierungspotential auf.[137] Der Rasse-Begriff weist jedoch

---

136 Cysarz, Herbert: a. a. O., S. 466.
137 S. dazu auch Cysarz, Herbert: Natur- und Geschichtsforschung. Eine gesamtwissenschaftliche Überschau, in: DuV, 41, 1941, S. 131–151. Hier wird die Annäherung zwischen Natur- und Geisteswissenschaften zur Legitimationsbasis einer kriegsrelevanten, interdisziplinären Gesamtwissenschaft im Allgemeinen und der Geisteswissenschaften im Besonderen stilisiert: „Enger denn je verbündet stehen Natur- und Geisteswissenschaften in der Gesamtfront des großdeutschen Krieges. So gewiß Deutschlands Wiedererwachen und Wiederaufstieg zur Weltmacht unmöglich gewesen wäre ohne den Rundfunk und das Flugzeug, ohne die Organisation der Wehrkräfte, der Wirtschaft und Ernährung, kurz ohne die Errungenschaften unserer Naturforschung, ebenso augenfällig war und ist die Erziehung aller Volksgebreiten zum Handeln und Fühlen in den weitesten Zusammenhängen, zum großen Wollen und Sich-entscheiden not – und in alledem wirkt sich das Weltbild unserer Geschichtsforschung [die Cysarz hier synonym mit den Geisteswissenschaften verwendet; G. K.] aus. Die Gegenwart unserer Geisteswissenschaften kennzeichnet sich durch ein vielseitiges Erforschen der Natur, der Natürlichkeit in der Geschichte. Mit welchem Entdeckungsdrang hat sich unser Geschichtsbild den Mächten des Bluts und der Rasse, des Raums und des Bodens, all der großen Gezeiten des Lebens geöffnet." (S. 131f.)

nicht nur dieses antidualistische Potential auf, sondern er kann auch als anti-idealistischer Ernüchterungsbegriff funktionieren, insofern er, wie Cysarz betont, den „klassischen Begriff der Persönlichkeit" ab- und auflöst,
3. das Validitätsversprechen, das Cysarz hier über den Bezug zu den Naturwissenschaften und über die „Gesichertheit" des Begriffes zu kommunizieren versucht.

Wenig überraschend ist, dass sich diese positiven Zuschreibungen Cysarz' mit dem allgemeineren Attraktivitätspotential des Begriffes (s. III.3.1) überschneiden. Zugleich indiziert der Passus aber auch über die in ihm enthaltenen Prolepsen indirekt die Problematik der Adaptation des Begriffes innerhalb der Literaturwissenschaft:

1. Cysarz' Superlativierung der vermeintlichen Validität des Begriffes („gesichertste") deutet in ihrem gleichsam sprachmagisch-rituellen Charakter auf den bereits thematisierten Umstand hin, dass der Rasse-Begriff auch nach 1933 alles andere als „gesichert" ist. Das Gegenteil ist vielmehr der Fall: nicht wenigen Geistes- und Naturwissenschaftlern gilt der Begriff und die mit ihm verbundenen Methodologien als wissenschaftlich „unseriös"[138],
2. der Bezug zu den Naturwissenschaften, den der Rasse-Begriff assoziiert, ist innerhalb der Literaturwissenschaft keineswegs eindeutig positiv konnotiert, weshalb Cysarz auch von einer „antidualistischen Menschenwissenschaft" und nicht von einer naturwissenschaftlich ausgerichteten Literaturwissenschaft spricht. Jene Art von „Wissenschaftlichkeit", die Cysarz über den Bezug zu den Naturwissenschaften suggerieren zu können glaubt, kann innerhalb des spezifisch geisteswissenschaftlichen Denkstils – codiert als „Voraussetzungslosigkeit" – zugleich stigmatisiert werden,
3. Cysarz' Versicherungen, der Rasse-Begriff sei kein „zoologischer" oder rein „biologischer", und bedeute gerade „nicht einfache Abhängigkeit hinzukommender seelischer von vorweggegebenen leiblichen Dingen" weist auf ein Bündel von spezifisch geisteswissenschaftlichen Aversionen gegenüber dem Begriff hin: konnotiert er doch für viele Literaturwissenschaftler genau jene überkommenen Eigenschaften, die man seit der geistesgeschichtlichen Wende um 1910 als „Positivismus" perhorresziert: kausal-mechanistisches, deterministisches, materialistisches Denken.

Nur in eingeschränktem Maße, d. h. in einem Maße, das zumindest weit hinter der Diskursfrequenz des ungleich denkstilkompatibleren Volks-Begriffes zurückbleibt (s. III.4), zirkuliert der Rasse-Begriff zwischen 1933 und 1945 innerhalb des literaturwissenschaftlichen Feldes. Offensichtlich scheint die Anschlussfähigkeit, bzw. -bereitschaft der Disziplin an den Rasse-Diskurs beschränkt zu sein. Gleichwohl hat man es mit einem Diskurs

---

138 So verweist etwa Lepsius darauf, dass „trotz der Definitionsbemühungen eine klare Klassifikation nicht möglich war, und sich hinter methodisch meist monokausalen Bestimmungen oft Glaubensbekenntnisse verbargen." Deshalb, so Lepsius, „haftete dem Wort der Rasse neben der inhaltlichen Vielfalt methodische Unseriösität an." (Lepsius, Oliver: a. a. O., S. 71; s. dort auch S. 77 f.).

zu tun, den man angesichts seiner exoterischen Resonanz kaum ignorieren kann. Zumindest dann, wenn es um programmatische Fragen der Disziplin geht, scheint man sich in irgendeiner Weise zum Rasse-Begriff, bzw. zu den mit ihm verbundenen Konzepten verhalten zu müssen. Die Strategien im Umgang mit den rassenkundlichen Ansätzen erweisen sich bei genauerer Betrachtung als heterogen. Es sind – sieht man einmal von jenen Beiträgen ab, die den Begriff völlig ausblenden[139] – im Wesentlichen vier Positionen, die sich hier unterscheiden lassen:

a) die der *skeptischen bzw. der prospektiven Integration*, b) die der *pragmatischen Applikation*, c) die der *programmatischen Applikation* und schließlich d) die der – zumindest vorübergehenden – *Abgrenzung* gegenüber rassenkundlichen Konzepten. Die Uneinheitlichkeit dieses Bildes verstärkt sich noch, wenn man sich vergegenwärtigt, dass zwischen 1933 und 1945 bisweilen von den gleichen Akteuren unterschiedliche Positionen bezogen werden.[140]

Skeptische bzw. prospektive Integration

Skeptische, bzw. prospektive Integration meint hier eine Strategie, die einerseits den tradierten Eigensinn des Faches gegen eine allzu unbedachte Applikation rassenkundlicher Konzepte verteidigt, die jedoch andererseits die wissenschaftliche Legitimität solcher Ansätze nicht – oder zumindest nicht öffentlich – prinzipiell bezweifelt. Die Möglichkeit einer Integration wird also zumindest (mithilfe diverser Aufschub-Formeln) in Aussicht gestellt oder zum Teil bereits – etwa unter dem Rubrum „notwendige Vorarbeiten" – konzediert. Es handelt sich dabei in der Regel um eine Kommunikation *über* den Rasse-Begriff in Gestalt einer Diskussion rassenkundlicher Arbeiten anderer Akteure und nicht um Versuche, selbst *mit* solchen Konzepten zu arbeiten.

Als paradigmatisch in diesem Zusammenhang erweisen sich die bereits in anderem Zusammenhang thematisierten Überlegungen Hans Heinrich Borcherdts zu einer „militanten" Literaturwissenschaft aus dem Jahre 1934. Borcherdt gibt zwar zunächst der Forderung der akademischen Jugend nach einer „militanten" Literaturwissenschaft, die mitwirken soll „an der Umformung des deutschen Menschen zum politischen Menschen der Gegenwart und der Zukunft"[141] Raum, warnt aber zugleich auch vor „Ueberstürzung" bei der Applikation einer rassenkundlichen Terminologie ohne ausreichende literaturwissenschaftliche Vorkenntnisse. Damit zielt der in Breslau geborene, zeit seines Lebens vor allem

---

[139] Angesichts der Präsenz des Diskurses ist es sicherlich keine Übertreibung, wenn man auch das Ausblenden als eine Art der Positionierung begreift. S. dazu v. a. das Kapitel „Literaturwissenschaft und ‚Dichtung'".

[140] So etwa – wie noch zu zeigen sein wird – von Josef Nadler, der von einer dezidierten Absage zur pragmatischen Applikation wechselt oder von Heinz Otto Burger, der von einer programmatischen und pragmatischen Applikation dazu übergeht, den Begriff auszublenden.

[141] Borcherdt, Hans Heinrich: Literaturwissenschaft als militante Wissenschaft, in: Bayerische Hochschul-Zeitung, 7.–10. Folge (15. 01.–1. 02.), 1934, hier: 15. 01., S. 3.

im süddeutschen Raum aktive Gelehrte wohl vor allem auf Hans F. K. Günthers dilettantische Versuche einer rassenkundlichen Literaturgeschichtsschreibung *en passant* im „nordischen" Sinne.[142] Borcherdt setzt auf skeptische, bzw. prospektive Integration, wenn er seine Überlegungen resümiert:

> [...] so kann bei oberflächlicher Anwendung des Rassebegriffes auf die geisteswissenschaftlichen Erkenntnisse eine große Fehlerquelle liegen. Die Rasseforschung ist noch in den Anfängen, und wir müssen erst noch die weitere Entwicklung der Rassewissenschaft abwarten, ehe wir deren Anregungen mit Erfolg auch auf die Literaturwissenschaft in großem Stile anwenden können.[143]

Diese Strategie des „Abwartens" setzt sich in Sonderheit innerhalb des esoterischen Zirkels durch. Dies zeigt ein kurzer Blick auf die „Rassen"kommentare zweier renommierter disziplinärer Akteure.

Der Strategie einer skeptischen, bzw. prospektiven Integration befleißigt sich etwa Julius Petersen in seiner als „Lebenswerk" konzipierten, monumental-systematischen Methodensynopse *Die Wissenschaft von der Dichtung*[144], in der die neuen Richtungen innerhalb der Literaturwissenschaft als „neu einreitende Kämpfer mit den stolzen Feldzeichen Volkheit, Rasse und Existenz"[145] bezeichnet werden. Petersens Einschätzung rassenkundlicher Literaturbetrachtungen, die er fachgeschichtlich zurückbindet an Wilhelm Scherers Kategorie des „Ererbten", bleibt zunächst skeptisch angesichts der möglichen naturwissenschaftlichen Imprägnierung, des eingeschränkten Fokus' rassenkundlicher Literaturbetrachtungen und der wissenschaftlichen Ungesichertheit des Rasse-Begriffes:

> Dichtungsgeschichte wird als nationale Biologie betrachtet. Im Erlebnis der Heimat soll die rationale Trennung zwischen Naturwissenschaft und Geisteswissenschaft [...] wieder aufgehoben werden. Das bedeutet keine Rückkehr zur Vormachtstellung der Naturwissenschaft, wie sie im mechanisierenden Positivismus bestand, sondern die organisierenden Richtlinien des Geistes sollen die Führung behalten. Wenn es auch manchmal den Anschein hat, als sollte die Vormacht des Geistes durch einen anderen hypostatischen Begriff, durch den des Blutes, verdrängt werden, so ist doch eine Aufhebung des Gegensatzes möglich in einem organischen Weltbild, für das Geist und Blut eines sind (Franz Koch[146]). Dichtung wird als psychische Anthropologie angesehen, und die Rassenprobleme zwingen zur Verbindung naturwissenschaftlicher und geisteswissenschaftlicher Gesichtspunkte. Durch Hans F. K. Günther und Ludw. Ferd.

---

142 S. Günther, Hans F. K.: Rasse und Stil. Gedanken über ihre Beziehungen im Leben und in der Geistesgeschichte der europäischen Völker, insbesondere des deutschen Volkes, München 1926.
143 Borcherdt, Hans Heinrich: a. a. O., hier: 01. 02., S. 3.
144 Petersen Julius: Die Wissenschaft von der Dichtung. System und Methodenlehre der Literaturwissenschaft. Erster Band: Werk und Dichter, Berlin 1939.
145 Petersen Julius: a. a. O., S. 48.
146 Zu Kochs Konzept einer rassenkundlichen Literaturwissenschaft s. u.

Clauß, die von der Literaturgeschichte und phänomenologischer Philosophie herkommen, hat die Rassenforschung geisteswissenschaftliche Antriebe erhalten, die wieder der naturwissenschaftlichen Stützung bedürfen. Es kann kein Zweifel sein, daß die deutsche Literaturgeschichte des 19. und beginnenden 20. Jahrhunderts mit dem wachsenden Hervortreten artfremder Elemente, die schließlich in unerträglicher Weise Literatur, Kritik und Theater zum Geschäftsbetrieb machten, rassenkundliches Beobachtungsmaterial aufdrängt. Wenn indessen die Rassenkunde ernstlich zu einer Grundlage literaturwissenschaftlicher Forschung gemacht werden soll, so kann es nicht getan sein mit Feststellung und Bekämpfung des jüdischen Anteils am europäischen Geistesleben der letzten Jahrhunderte, sondern die positiven Fragestellungen beginnen mit der rassischen Zusammensetzung der verschiedenen Völker, mit den Zusammenhängen von Rasse und Seele, Rasse und Weltanschauung, Rasse und Stil und den aus Erhellung dieser Bindungen hervorgehenden Folgerungen für den Charakter des Denkens und Dichtens einer Nation, für die rassischen Merkmale bestimmter Stämme und einzelner Persönlichkeiten in bezug auf ihr literarisches Schaffen.[147]

Die Beantwortung solcher Fragen sei allerdings, obwohl der Berliner Ordinarius sie prinzipiell durchaus als in den disziplinären Diskurs integrierbar darstellt, angesichts der augenblicklich eher ungesicherten wissenschaftlichen Lage in „Rassenfragen" noch nicht möglich:

> Die Zusammenarbeit der aufblühenden Rasseforschung und der jugendlichen Literaturwissenschaft befindet sich vorläufig in tastenden Anfängen. Auf der einen Seite wird sie erschwert nicht nur durch eine schwankende Terminologie [...] Auf der anderen Seite liegt das Hindernis darin, daß die psychologische Ausdeutung der Rassenmerkmale noch keineswegs einheitlich geklärt ist.[148]

Letztlich – und dieses Argument wird im Rahmen selbst der programmatischen Applikationsversuche (s. u.) noch eine Rolle spielen – ist es die Inkompatibilität zwischen rassenkundlichen und literaturwissenschaftlichen Zielen, der Widerstreit zwischen Genealogie und Genialogie, die bzw. der die Skepsis Petersens motiviert:

> In der Auswertung des Materials trennen sich die anthropologischen Gesichtspunkte, die auf das Gruppenmäßige und Typische zielen, von den literaturwissenschaftlichen, die das Individuelle erfassen sollen. [...] Nicht das Verstehen des Einzelnen und seiner

---

147 Petersen, Julius: a. a. O., S. 48 f.
148 Petersen, Julius: a. a. O., S. 285. Das Muster der prospektiven Integration wird ebenfalls deutlich, wenn Petersen die „Arbeit" der Rassenpsychologie à la Clauß, dem er immerhin zugesteht, dass er „die Rassenstile [...] physiognomisch glänzend charakterisiert" (371), als „zukunftsvoll[] aber noch in den Anfängen liegend[]" (ebd.) charakterisiert. Weder Clauß noch Günther werden von Petersen direkt kritisiert, allerdings referiert Petersen die Kritik v. Eickstedts an Günther, der dessen „Grundlagen der Rassenpsychologie" als „‚intuitive Schilderung von als typisch angenommenen Verhaltensweisen rassenkörperlich gekennzeichneter Einzelner oder Gruppen'" (372) charakterisiere.

Schöpfungen, das vorausgesetzt wird, sondern der Beweis einer Übereinstimmung von Morphologie und Psychologie und die Feststellung allgemeiner Zusammenhänge zwischen körperlicher und geistiger Ausdrucksform bilden das Ziel [der Rassenkunde; G. K.]. Die Literaturwissenschaft dagegen müßte gerade das, was anthropologisch erst ermessen werden soll, als gegeben voraussetzen; sie müßte mit den unerschütterlich feststehenden Ergebnissen der Rassen- und Stammesforschung als Tatsachen rechnen dürfen, sowohl um sie für das verstehende Eindringen in die Wesensart eines Dichters zu verwerten als auch umgekehrt, um aus Gesinnung und Gestaltungsweise unanfechtbare Schlüsse auf die Blutzugehörigkeit ziehen zu können.[149]

Auch wenn Petersen in einem, postum veröffentlichten, Beitrag über *Dichtertypen im Aufbau der Literaturgeschichte* auf „Rasse und Schicksal" zu sprechen kommt, manifestiert sich die gleiche Mischung aus grundsätzlicher Akzeptanz rassenkundlicher Perspektiven und aus Mahnung vor einer allzu eilfertigen Applikation innerhalb des eigenen Faches:

Phänotypische Wandlungen [der Dichtercharaktere; G. K.] verwischen das Bild der rassischen Einheit, soweit von einer solchen überhaupt die Rede sein kann […] Aber bei aller Anziehungskraft, die begreiflicherweise die junge Rassenforschung auf jugendliche Literaturhistoriker ausübt, ist vor blindem Übereifer in rassischer Analyse von Dichtungen zu warnen. Die Rassenforschung ist zu ernst und zu gewichtig, als daß sie zum Kinderspielzeug werden darf. In ihren eigenen kritischen Auseinandersetzungen ist oft genug betont worden, daß man, mit den bekannten volkstümlichen Darstellungen bewaffnet, noch kein Rassenforscher ist.[150]

---

149 Petersen, Julius: a. a. O., S. 284. Diesen Widerstreit zwischen Genealogie und Genialogie betont Petersen in fast gleich lautender Diktion auch im Rahmen seines Vortrages über *Literaturgeschichte und Genealogie*, den er am 18. Mai 1938 während der 969. Sitzung der Berliner Mittwochsgesellschaft vor einem bildungsbürgerlichen Privatauditorium hält (anwesend sind u. a.: Ernst Fischer, Oncken, Popitz, Spranger und Stroux). Hier heißt es: „[N]ur bestehen Schwierigkeiten für die Zusammenarbeit der beiden jungen Wissenschaften. Sie liegen auf Seiten der Rassenkunde in einer noch nicht einheitlich geklärten Begriffsbildung, auf Seiten der Literaturwissenschaft in einem durchaus lückenhaften Material." (Die Mittwochsgesellschaft. Protokolle aus dem geistigen Deutschland 1932 bis 1944. Herausgegeben und eingeleitet von Klaus Scholder, Berlin 1982, S. 194.) Petersens Haltung gegenüber der Rassenkunde bleibt nichtsdestoweniger ambivalent. In dem für seine Arbeiten bezeichnenden Bemühen, unterschiedliche Ansätze zu einem synkretistischen Modell von Literaturwissenschaft zu integrieren, weist er an anderer Stelle dem „rassischen" Gesichtspunkt doch gleichsam selbstverständlich eine legitime Position zu. So betont er in seinem Beitrag *Literaturwissenschaft als Methodenlehre* (in: Helicon, 1938, S. 15–31): „[A]n der Deutung der Dichtung als höchsten Ausdruckes nationalen Lebens und an der Erkenntnis ihres Zusammenschlusses zu einer rassisch gegründeten und im Lauf der Geschichte schicksalsmäßig vollendeten Einheit muß nicht nur Kenntnis, sondern Selbsterkenntnis beteiligt sein." (19)

150 Petersen, Julius: Dichtertypen im Aufbau der Literaturgeschichte, in: DuV, 41, 1941, S. 151–177, hier: S. 173.

Eine ähnlich ambivalente Haltung zwischen Skepsis im Zeichen etablierter disziplinärer Standards einerseits und einer Bereitschaft zur Integration andererseits, die dem Wissen um die Resonanzträchtigkeit des Begriffes geschuldet ist, zeigt sich auch in Paul Kluckhohns Forschungsbericht über die *Deutsche Literaturwissenschaft 1933–1940*. Zwar räumt der Tübinger Ordinarius und Mitherausgeber der *DVjs* ein, dass durch den „völkischen Umbruch" im Besonderen „das Problem Rasse und Dichtung brennend geworden" sei. Aber, so Kluckhohn weiter,

> [d]en Fragen Rasse und Stil und Konstitutionstypen, Rasse und Dichtung galten auch schon vor 1933 erschienene Arbeiten. Aber trotz der wiederholt erhobenen programmatischen Forderung nach Literaturgeschichte unter rassischem Blickpunkt und mancher grundsätzlichen Erörterungen ist bisher das Problem Rasse und Dichtung in der Einzelforschung doch nur ansatzweise oder vorschnell mit zweifelhaftem Erfolg in Angriff genommen worden. […]

Allerdings bleibt diese zunächst durchaus skeptische Einschätzung auch bei Kluckhohn nur ein Zwischenfazit, denn auch er erteilt einer rassenkundlich orientierten Literaturwissenschaft schließlich keine generelle Absage, sondern eine zumindest partielle Konzession. Denn

> [l]eichter als die verschiedenen Rassenanteile des deutschen Volkes an literarischen Werken voneinander abzuheben, dürfte es sein, die Wirkung einer fremden Rasse im deutschen Schrifttum zu erkennen, insbesondere der jüdischen. Hierzu sind Vorarbeiten geleistet und einzelne Untersuchungen angestellt worden in der Forschungsabteilung Judenfrage des Reichsinstituts für Geschichte des neuen Deutschlands, daneben auch in einzelnen Dissertationen und kleineren Aufsätzen. Größere Arbeiten auf diesem Gebiete liegen verständlicherweise noch nicht vor.[151]

Sicherlich die Mehrheit der etablierten Ordinarien wird diese Position der skeptischen Integration, für die Borcherdt, Petersen und Kluckhohn hier exemplarisch stehen, geteilt haben. Gleichwohl finden pragmatische und programmatische Applikationen einer rassenkundlichen Literaturwissenschaft durchaus auch Fürsprecher innerhalb des esoterischen Zirkels. Die hier dargestellte Skepsis sollte nicht zu dem Schluss verleiten, „Rassenfragen" seien in der Literaturwissenschaft ausschließlich eine Angelegenheit von disziplinär mar-

---

[151] Kluckhohn, Paul: Deutsche Literaturwissenschaft 1933–1940. Ein Forschungsbericht, in: Forschungen und Fortschritte, XVII. Jg. (1941), S. 33–39, hier zitiert nach dem Wiederabdruck in: Gilman, Sander L. (Hrsg.): NS-Literaturtheorie, Frankfurt am Main 1971, S. 245–264, hier: S. 249f. Darüber hinaus schätzt Kluckhohn Ludwig Büttners *Gedanken zu einer biologischen Literaturbetrachtung* (s. dazu u.) als „beachtenswert" ein. Kluckhohns partielle Konzession gegenüber den Forschungen zur „jüdischen Rasse" konvergieren insofern mit dem Rasse-Konzept der offiziellen nationalsozialistischen „Rassegesetzgebung", als dass auch die „Nürnberger Gesetze" von 1935 als Kernbestand des Rasse-Begriffs lediglich *ex negativo* seinen antisemitischen, ausgrenzenden Gehalt formulieren und proliferieren; s. dazu Essner, Cornelia: a. a. O., S. 97ff.

ginalisierten Akteuren gewesen, auch wenn letztere in diesem Zusammenhang eine gewichtigere Rolle spielen.

Pragmatische Applikationen:

1) Ornamentale Kollusionssemantik (z. B. Müller, Petsch, Emrich)

Pragmatische Applikationen, d. h. hier solche Integrationsbemühungen, die nicht mit einer programmatischen Reflexion des Verhältnisses zwischen Rassenkunde und Literaturwissenschaft einhergehen, treten vorrangig in zwei Varianten auf. Die erste Variante, zwischen 1933 und 1945 sicherlich die am häufigsten anzutreffende, könnte man als resonanzstrategisches Textoberflächenmanagement charakterisieren.

Nicht selten hat die Integration von rassenkundlich imprägnierten Begriffen wie „Rasse", „rassisch", „arteigen" oder „nordisch" innerhalb der Literaturwissenschaft „lediglich" den Charakter einer ornamentalen Kollusionssemantik. Vor allem dann, wenn sie gleichsam synonymisch mit oder ergänzend zu Begriffen wie „Volk", „völkisch" oder „deutsch" verwendet werden. Die Begriffe fungieren dann gleichsam als Aktualisierungspetersilie, die relativ sinnfrei über solche Texte gestreut wird, die ansonsten mit dem Rasse-Diskurs wenig zu tun haben. Sie bleiben für den methodischen Zuschnitt des jeweiligen Ansatzes oder der jeweiligen Arbeiten weitestgehend funktionslos, dienen aber an der Textoberfläche zur symbolischen Inszenierung einer prinzipiellen Übereinstimmung mit den neuen Verhältnissen, indem sie die eigene Arbeit als prinzipiell an den Rasse-Diskurs anschlussfähig ausflaggen. Als solche ornamentale Kollusionen erscheinen etwa die dem Zeitgeist Reverenz zollenden Ausflüge in die Rassensemantik des Münsteraner Ordinarius Günther Müller, der angesichts seines Katholizismus, aus dem er zumindest bis Ende der 1930er Jahre seine literaturgeschichtlichen Wertungsmaßstäbe bezieht, in Konflikt mit der nationalsozialistischen Wissenschaftsbürokratie gerät.[152] Zwar postuliert Müller in seiner 1939 erschienenen, groß angelegten Studie zur *Geschichte der deutschen Seele*, die die deutsche Literaturgeschichte der Neuzeit umfasst, prinzipiell die Möglichkeit, ein „Zuordnungsverhältnis" zwischen „der geistesgeschichtliche[n] Bestimmtheit aller Zeitalter" und den „besonderen Möglichkeiten und Schranken bestimmter rassenseelischer Typen" herzustellen.[153] Aber auch wenn er über die „nordisch geartet[e] Haltung" des Barockzeitalters raisonniert[154], oder wenn er zu dem Schluss kommt, dass die Aufklärung von „[a]lpine[n] oder ostische[n] und ostbaltische[n] Kräfte[n]" bestimmt sei[155], so verweisen bereits zeitgenössische Rezensenten auf das „Aufgesetzte" dieser Integrationssignale, die über Müllers

---

152 S. dazu Pilger, Andreas: a. a. O. und III.5.1.
153 Müller, Günther: Geschichte der deutschen Seele. Vom Faustbuch zu Goehtes Faust, Freiburg i. Br. 1939, S. 152.
154 Müller, Günther: a. a. O., S. 49.
155 Müller, Günther: a. a. O., S. 152.

„religiös-weltanschauliche" Einstellung, sein katholisch-gradualistisches Weltbild, letztlich nicht hinwegtäuschen könnten.[156]

Ob eine solche Inszenierung – wie im Falle Müllers – als Schutzgürtel fungiert, unter dem sich eine bisher favorisierte Zugangsweise weiter betreiben lässt, oder ob sie Ausdruck innerer Überzeugung ist, lässt sich nicht immer mit Sicherheit rekonstruieren. Sie kann hier aber auch – insofern es vorrangig um die diskursiven Mechanismen solcher kollusionssemantischen Strategien geht – zunächst vernachlässigt werden.

So betont etwa der Hamburger Ordinarius Robert Petsch, der sich in den 1930er Jahren ein gewisses Maß an disziplinärem Prestige durch seine gattungstypologischen Bemühungen um Lyrik, Drama und Erzählung erarbeitet[157], in seiner Abhandlung *Deutsche Literaturwissenschaft. Aufsätze zur Begründung der Methode*, dass „unsere Gesichtspunkte durchaus durch unser Volkstum, ja in hohem Maße durch unsere Rassen bestimmt [sind]". Er erinnert auch an „die Deutschheit oder Rasseechtheit"[158] dichterischer Werke, warnt davor, zu vergessen, dass „der Dichter zunächst und vor allem seiner engeren oder weiteren Lebensgemeinschaft, zuletzt seinem Volk und seinem Stamme (oder seiner Rasse) angehört"[159] und ermahnt seine Zunft schließlich, dass ein „Kritiker, dem diese innewohnenden völkischen oder rassischen Wertungen […] gar nichts sagen, […] selbst nichts zu ‚sagen'"[160] habe; seinem Konzept aber, in dessen Zentrum eine an „mitgehender Versenkung" orientierte Dichtungsinterpretation und gattungstypologische Formanalyse steht, bleiben diese Konzessionen an eine rassisch oder völkisch bedingte Geschichtlichkeit der „Werke" doch eher äußerlich.[161] Denn, so Petsch, das Wesentliche der Dichtung bliebe im Dunkeln

---

156 So Karl Justus Obenauer in seiner Rezension des Buches (ZfDB, 16, 1940, S. 84–86, hier: S. 85).
157 Petsch, Robert: Wesen und Formen der Erzählkunst, Halle 1934; Die lyrische Dichtkunst – Ihr Wesen und ihre Formen, Halle 1939; Wesen und Formen des Dramas, Halle 1945.
158 Petsch, Robert: Deutsche Literaturwissenschaft. Aufsätze zur Begründung der Methode, Berlin 1940, S. 7 f.
159 Petsch, Robert: a. a. O., S. 19.
160 Petsch, Robert: a. a. O., S. 118.
161 Was nicht heißt, dass Petsch – im wahrsten Sinne des Wortes – bei Gelegenheit durchaus auch „Fingerübungen" im Metier einer rassenkundlichen Literaturwissenschaft abliefert. So heißt es etwa in einem 1936 erschienen Beitrag über *Nordisches und Südliches in Goethes Faust* (in: Goethe, 1, 1936, S. 243–263): „Der Gesichtspunkt, den wir heute bei der Betrachtung vorwalten lassen wollen, ist der *rassische*." (244) Unter Berufung auf L. F. Clauß ist denn auch in diesem Beitrag von der „Bande des Blutes und der Rasse", der „trotzigen Beharrung der fälischen Rasse" und vom „ewigen Plus ultra in der Seele des nordischen Menschen" (244, 245, 249) die Rede. Ein gewisses Maß an rassischer Prädisposition scheint Petsch auch für die Fähigkeit, bestimmte Kunstformen adäquat rezipieren zu können, zu insinuieren. Die „Saga-Novelle" jedenfalls, eine „neue Erzählform germanischer Art", die sich dadurch auszeichne, dass sie am „Zeitverlauf des Geschehens", an der „Aufeinanderfolge der einzelnen Elemente" und ihrem kausalen Zusammenhang wenig Interesse zeige, könne einen „besinnlichen Leser (und nicht zuletzt einen von nordischer und deutscher Art) ebenso" fesseln, „wie Geschichten von handfester Abenteuerlichkeit oder von seelischer Versponnenheit und ‚Apartheit' Leser von andrer Art befriedigen." (Petsch, Robert: Eine neue Erzählform germanischer Art. Die Saga-Novelle, in: Geistige Arbeit, 1941, Nr. 13, S. 5)

ohne eine grundsätzlich ‚vorangehende', in Wirklichkeit immer mitgehende Versenkung in die führenden Einzelwerke mit ihrem Sonderdasein und mit ihrer eigenen Wirkung, die auf einen Augenblick den geschichtlichen Strom zu unterbrechen scheint. Wohl muß auch der philologische Kritiker sich immer der geschichtlichen Bedingtheit und Gebundenheit des Dichtwerkes und seiner Mittel bewußt bleiben; aber das künstlerische Gebilde als solches will auch betrachtet werden, als ob es rein um seiner selbst willen da wäre [...].[162]

Um Textoberflächenarrangements handelt es sich auch bei den aktualistischen Einsprengseln in Wilhelm Emrichs Schrift *Die Symbolik von Faust II*, mit der der ehemalige Adorno-Schüler und spätere Referent in der Abteilung Schrifttum des Reichsministeriums für Volksaufklärung und Propaganda sich im zweiten Anlauf 1943 in Berlin habilitiert und die nach 1945 zu einem Standardwerk der Goethe-Forschung wird.[163] Die seit 1957 erscheinenden, „durchgesehenen" Auflagen von Emrichs Schrift kann man in der Tat als gründlich „durchgesehen" bezeichnen, sind sie doch durchsetzt mit vielen Beispielen kleiner, resonanzstrategischer Retuschen. Heißt es etwa – um hier nur zwei Beispiele zu nennen – in der 43er-Ausgabe noch, dass einzelne Gestalten und Probleme des Dramas „aus dem arteigenen Goetheschen Lebens- und Schaffensgesetz selber genetisch entfaltet werden"[164], so

---

162 Petsch, Robert: a.a.O., S. 58. Die resonanzstrategisch motivierte Versatzstückhaftigkeit solcher Integrationen, die Petschs Œuvre bereits vor 1933 prägt (s. dazu: Beck, Wolfgang/Krogoll, Johannes: a.a.O., S. 712–715), wird auch im gleichen Beitrag des öfteren deutlich. So etwa, wenn er eine leicht umgearbeitete Fassung seines schon 1934 erschienen Aufsatzes „Bemerkungen. Was heißt: ‚Allgemeine Literaturwissenschaft'? Einführende Bemerkungen, in: Zeitschrift für Ästhetik und allgemeine Kunstwissenschaft, 1934, S. 254–260) integriert: spricht er 1934 noch von der „Allgemeinen Literaturwissenschaft im eigentlichsten Sinne" (1934, S. 259), so ist an der entsprechenden Stelle 1940 von der „Allgemeinen Literaturwissenschaft im deutschen Sinne" (1940, S. 25) die Rede. Der Verdacht, dass es sich dabei eher um eine *contradictio in adiecto* als um ein Oxymoron handelt, wird durch Petschs weitere Überlegungen, die angestrengt den Aspekt des Allgemeinen mit dem der „Deutschheit" zu vermitteln trachten, eher erhärtet.
163 Emrich, Wilhelm: Die Symbolik von Faust II. Sinn und Vorformen, Berlin 1943. Ursprünglich hatte Emrich seine Habilitationsschrift unter dem Titel *Entstehung und Wesen der Bild- und Problemschichten in Goethes Faust II* 1940 an der Universität Frankfurt am Main eingereicht, wo sie aufgrund methodischer Mängel und ungenügender Interpretationsfähigkeit abgelehnt wurde (Höppner, Wolfgang: „Der Kampf um das neue Goethebild". Zur Goethe-Rezeption in der Berliner Germanistik des „Dritten Reiches", in: Stellmacher, Wolfgang/Tarnói, László (Hrsg.): Goethe. Vorgaben. Zugänge. Wirkungen, Frankfurt am Main u. a. 2000, S. 373–390, hier: S. 387 f.) Emrich erhält am 7.12.1944 am Berliner Germanischen Seminar seine Habilitationsurkunde. Seit dem 01.02.1943 ist er hauptberuflich als Referent in Goebbels Ministerium tätig (Höppner, Wolfgang: Das Berliner Germanische Seminar in den Jahren 1933 bis 1945, in: Dainat, Holger/Danneberg, Lutz (Hrsg.): a.a.O., S. 87–106, hier: S. 93, Anm. 27) Zur Vita Emrichs s. weiterhin Jäger, Lorenz: Wilhelm Emrich (1909–1998), in: König, Christoph/Müller, Hans-Harald/Röcke, Werner (Hrsg.): Wissenschaftsgeschichte der Germanistik in Porträts, Berlin/New York 2000, S. 250–258. S. auch den Schlüsselroman von Mautz, Kurt: Der Urfreund, Paderborn 1996.
164 Emrich, Wilhelm: a.a.O., S. 37.

liest man 1957 an der gleichen Stelle: „aus dem individuellen Goetheschen Lebens- und Schaffensgesetz."¹⁶⁵ Ist 1943 noch die Rede von „geistiger und rassischer Verwandtschaft" zwischen „Deutschtum und Antike"¹⁶⁶, so heißt es 1957 lediglich noch, dass „Deutsche und Griechen [...] untrennbar einander verwandt und zugewandt sind."¹⁶⁷ Emrichs Arbeit aber, insofern ihre Ergebnisse wie die ihr zugrundeliegende Methodik der „Schichteninterperation" betroffen sind, bleibt sowohl 1957 als auch 1943 von diesem Oberflächenmanagement weitestgehend unaffiziert. Allerdings scheint Emrichs Zurückhaltung auch in gewissem Grade publikationsort-, textsorten- und adressatenspezifisch motiviert zu sein. Die „bloß" ornamentale Kollusion in der wissenschaftlichen Qualifikationsarbeit, die auf sporadische Einsprengsel beschränkt bleibt, schließt jedenfalls – wie Emrichs im gleichen Jahr publizierter Beitrag *Der Einbruch des Judentums in das wissenschaftliche und fachliche Denken* zeigt – eine antisemitische Wissenschaftsgeschichtsdeutung an einer disziplinär weniger exponierten Stelle nicht aus. In diesem „apokryphen Zusatztext"¹⁶⁸ polemisiert Emrich wenig zurückhaltend und kein Stereotyp auslassend gegen die „Juden" in der Wissenschaft von Spinoza über Marx und Freud bis Husserl:

> Man wird niemals die tödliche Gefahr, die der Einbruch des jüdischen Geistes auch in das wissenschaftliche und fachliche Schrifttum hervorgerufen hat, in seinen letzten Wurzeln verstehen können, wenn man es nicht unternimmt, die tieferen Hintergründe und Erscheinungsformen dieses Einbruchs genauer zu bestimmen. [...] Betrachtet man nämlich rückblickend noch einmal die Einbruchsstelle des jüdisch-marxistischen Geistes in die deutsche Gedankenwelt, so überrascht das Aufeinanderprallen zwischen einem organisch geschlossenen Totalitätsdenken und einem auflösenden, alle geistigen Werte überhaupt leugnenden jüdischen Intellektualismus. [...] Eine wissenschaftlich einwandfreie Überwindung dieser Strömungen ist nur möglich durch eine neue Bestimmung des Freiheitsbegriffes sowohl auf naturwissenschaftlicher wie philosophisch-geisteswissenschaftlicher Grundlage. Die Einheit zwischen den Natur- und Geisteswissenschaften, die Anfang des 20. Jahrhunderts durch die philosophischen Grenzziehungen z. B. des Juden Husserls zerrissen worden war, kann nur dadurch wiederhergestellt werden, daß beispielsweise die eigenartigen Ergebnisse der modernen Atomphysik sich

---

165 Emrich, Wilhelm: Die Symbolik von Faust II. Sinn und Vorformen, Bonn 1957, S. 31.
166 Emrich, Wilhelm: Die Symbolik von Faust II. Sinn und Vorformen, Berlin 1943, S. 390.
167 Emrich, Wilhelm: Die Symbolik von Faust II. Sinn und Vorformen, Bonn 1957, S. 328.
168 Heydebrand, Renate von: Zur Analyse von Wertsprachen in der Zeitschrift *Euphorion/Dichtung und Volkstum* vor und nach 1945. Am Beispiel von Hans Pyritz und Wilhelm Emrich, in: Barner, Wilfried/ König, Christoph (Hrsg.): a. a. O., S. 205–230, hier: S. 220. Auch Heydebrandt betont, dass Emrichs *Faust II*-Studie eine „Wissenschaftskonzeption" zugrunde liege, die „mit ihrem – wenn auch überzogenen – Rationalitätsanspruch verpflichtet [sei] auf größtmögliche Wertneutralität des Wissenschaftlers und induktives, vom Phänomen geleitetes Vorgehen." (ebd.) Zu einer biographisch-psychologisch motivierten, dekonstruktiven Lektüre der Habilitationsschrift, die Emrichs „Verrat" an seinen ehemaligen Lehrern Adorno, Horkheimer, Mannheim und Martin Sommerfeld ins Zentrum stellt, neigt Lorenz Jäger (a. a. O., S. 252 ff.)

mit den sehr fortgeschrittenen Problemen der modernen philosophischen Ontologie und Geschichtsphilosophie in Berührung setzen. [...] Nur auf diesem Wege kann der verhängnisvolle jüdische Einbruch in die verschiedensten Disziplinen von innen her beseitigt und ausgeschaltet werden und das germanische Freiheitsideal gegen den mechanistischen Determinismus sich endgültig durchsetzen.[169]

Dass es sich bei dieser Polemik, die wissenschaftsgeschichtliche Befunde (Trennung der Natur- und Geisteswissenschaften) und politisch (hier: antisemitisch) konnotierbaren Aktualismus amalgamiert, nicht um eine singuläre, dem Zeitgeist geschuldete Entgleisung Emrichs handelt, sondern um die Strategie eines gewieften Wissenschaftsspielers, wird deutlicher, wenn man berücksichtigt, wie der Nachwuchswissenschaftler sein vorrangig disziplinär adressiertes Hauptwerk resonanzstrategisch einzubetten versteht.[170] Ein Blick auf Emrichs 1941 an die DFG gerichtetes Ersuchen um einen Druckkostenzuschuss für seine Schrift zeigt, dass Hauptwerk und „Zusatztext" nicht zusammenhanglos nebeneinander stehen, sondern dass letzterer als weltanschaulich kommentierender Paratext zu ersterem fungiert. Der die Polemik strukturierende Gedanke, dass es die Trennung zwischen Natur- und Geisteswissenschaften zu überwinden gelte, wie auch der aktualistische Zungenschlag mit dem Ziel, Ressourcen für die eigene Arbeit zu mobilisieren, spielen eine gewichtige Rolle in Emrichs Bittschreiben vom 18. August 1941. Zwar vermeidet Emrich auch hier ein allzu offensichtliches Anknüpfen an den Rasse-Diskurs, gleichwohl inszeniert er seinen Ansatz als gleichsam interdisziplinären Brückenschlag zwischen Biologie und Geisteswissenschaft, zwischen philologisch grundierter Wissenschaftlichkeit und Aktualitätsbezug, wenn es heißt:

Auf wiederholtes Anraten von Herrn Professor Dr. Franz Koch bitte ich Sie, mir für die Drucklegung eines größeren Buches über den späten Goethe (die biologischen und geschichtsphilosophischen Hintergründe von „Faust II") durch einen Druckkostenzuschuss behilflich zu sein. [...] Die Arbeit hat sowohl aktuelle wie speziell wissenschaftliche (goethephilologische) Bedeutung und entwickelt aus der Entstehungsgeschichte der Goetheschen Symbolwelt eine solche Vielfalt auch andere Wissenszweige interessierender Probleme, daß sich Herr Dr. Junker entschloß, das Werk nicht, wie ursprünglich geplant, in der Sammelreihe „Neue deutsche Forschungen" (in der es unter den monographischen Einzelforschungen verschwinden müsste) aufzunehmen, sondern als

---

169 Emrich, Wilhelm: Der Einbruch des Judentums in das wissenschaftliche und fachliche Denken, in: Das Deutsche Fachschrifttum, Heft 4, 5, 6, 1943, S. 1–3, hier S. 1 und 3. Emrichs Beitrag zeigt, dass die Abwesenheit rassenkundlicher Methodik in der wissenschaftlichen Arbeit durchaus mit antisemitischen Positionen einhergehen kann. Umgekehrt gilt natürlich ebenso, dass nicht jeder Akteur, der sich rassenkundlicher Herangehensweisen bedient, automatisch auch Antisemit sein muss, wie das Beispiel des Rassenseelenforschers L. F. Clauß eindrücklich zeigt (s. dazu: Weingart, Peter: a. a. O.).
170 Zu Emrichs kriegslegitimatorischem Beitrag *Goethes dichterische Darstellung des Krieges* (in: Europäische Literatur, 3, 1944, S. 14 ff.) und seiner Rezensionstätigkeit in der von Hans Ernst Schneider (Schwerte) herausgegebenen SS-Monatsschrift *Die Weltliteratur* s. Höppner, Wolfgang: „Der Kampf ...", S. 388 f.

3. SCHWIERIGKEITEN MIT DER „KOPERNIKANISCHEN WENDE" 343

einzelnes Werk herauszubringen [...] Das Ziel der Arbeit besteht 1. in einer einwandfreien Entstehungsgeschichte der viel umrätselten Faust II-Symbolik aus der Goetheschen Gesamtdichtung (nicht wie seither aus außergoetheschen Quellen und Vorlagen), 2. in einer Auswertung der Goetheschen Spätdichtungen für unser heutiges biologisches Kunst- und Geschichtsdenken. Der Nachweis, daß die Dichtung von der Eroberung der Schönheit (Helena) zwangsläufig Goethe dazu führte, sämtliche <u>Elemente</u> [Unterstreichung hier und im Folgenden im Original; G. K.], die die Kunst überhaupt aufbauen, <u>genetisch</u> zu entwickeln auf Grund seiner breiten naturwissenschaftlichen, kunsttheoretischen und geschichtlichen Erfahrungen, ermöglichte die Entdeckung einer Reihe sehr merkwürdiger und folgenreicher Leistungen Goethes für die neuere Natur-, Geschichts- und Kunstlehre. [...] [I]ch konnte mich auch nicht entschließen, mich an Sie um Hilfe zu wenden, da ich weiß, daß jetzt im Kriege natürlich geisteswissenschaftliche Arbeiten nicht so im Vordergrund stehen können. Erst der Hinweis von Herrn Prof. Dr. Koch und eine Ermunterung seitens des Propagandaministeriums, dem gerade an einer neuen <u>biologischen</u> Deutung Goethes liegt, haben mich bewogen, Ihnen zu schreiben [...]¹⁷¹

Dass Emrichs durch Unterstreichungen hervorgehobene, naturwissenschaftlich konnotierbare Begriffe mit dem zeitgenössischen Rasse-Diskurs, anders als es das erwähnte ministerielle Interesse an „einer neuen biologischen Deutung Goethes" insinuiert, so gut wie nichts zu tun haben, blendet der Antrag natürlich aus. In seiner Habilitationsschrift, in der es um die ritualisierte Akkumulation wissenschaftlichen Prestiges geht, verwendet Emrich den Begriff jedenfalls nur unter Berufung auf Goethes Begriffsgebrauch und er will damit, sich abgrenzend von einer kulturwissenschaftlichen Methodik, die sich von der Naturwissenschaft distanziert, „nur die historisch-biographische (und damit *auch* biologische) Einheit hervorheben, die eine rationale ‚genetische' Erforschung kultureller Phänomene postuliert."¹⁷² Im Antrag jedoch, in dem es um die Mobilisierung finanzieller Ressourcen geht,

---

171 Schreiben Wilhelm Emrichs an die DFG vom 18. August 1941, BAK, R 73/10893.
172 Heydebrand, Renate von: a. a. O., S. 216 und 227. Bei Emrich (1943, S. 511 f.) heißt es denn auch: „Entsinnt man sich des Ursprungs, aus dem die wesentlichen Richtungen unserer heutigen Geisteswissenschaft und Philosophie entstammen, so stößt man auf eine erstaunlich gemeinsame Abspaltung vom Naturwissenschaftlichen, d. h. auf eine Aufhebung und Zerbrechung gerade jener Einheit zwischen fundamentaler geistiger Seinslehre und Naturwissenschaft, die Goethes Weltbild charakterisiert: Sowohl Diltheys Grundlegung der Geisteswissenschaften und der Lebensphilosophie wie Rickerts Wertphilosophie [...] wie endlich die breite existenzphilosophische und phänomenologische Strömung der letzten Jahrzehnte nahmen ihren Ausgang in einer Abgrenzung vom naturwissenschaftlichen Denken. Ihre Blickrichtung schaltet gleichsam die ganze Sphäre des Natur*genetischen* aus [...]" Goethes *Faust II* indes zeichne sich aus durch „eine unendlich weitergezogene Tiefenperspektive ins **konkret** geschichtlich-**biologische** Urverhältnis Helenas zu Zeit und Geschichte, aus dem die **Gesamtheit** des Zeit- und Geschichtsproblems gleichsam entstehungsgeschichtlich vor uns abrollt unter Einschluß sämtlicher Sphären: Natur, Kunst, Geschichte, biologischer, geschichtlicher, visionärer Unsterblichkeitsformen usw." Auffällig ist auch, dass es hier, im wissenschaftlich seriöseren Kontext – anders als in der *Einbruch*-Polemik – nicht mehr der „Jude Husserl" allein sein kann, der für

spielt Emrich – dies zeigen die Unterstreichungen wie auch die Aktualitätssignale – das politische Konnotationspotential der Begriffe aus. Ob es an der von Emrich genutzten Schnittmenge zwischen Politik und Goetheforschung, die zumindest in diesem Fall vorrangig auf der Ebene der Signifikanten besteht, liegt, oder nur am Verweis auf das Propagandaministerium und den in politischen Kreisen geschätzten Franz Koch – jedenfalls gewährt ihm die DFG in einem Schreiben vom 19.12.1941 einen Druckkostenzuschuss von 1.750 Reichsmark.[173]

2) *„wir wollen Sinn und wenn wir deshalb das Sinnlose an uns geschehen lassen müssen"*[174]: *Heinz Otto Burgers „Anfang"*

Auch bei der zweiten Variante, die jedoch über bloße Textoberflächenarrangements hinausgeht, handelt es sich um eine pragmatische Applikation. Eine Anwendung rassenkundlicher Axiome *innerhalb* der literaturwissenschaftlichen Arbeit findet hier zwar tatsächlich statt, sie wird allerdings nicht von einer programmatischen Reflexion über das Verhältnis zwischen Rassenkunde und Literaturwissenschaft gestützt. Nicht selten belässt man es – wenn überhaupt – bei einem sporadischen Verweis auf die rassenkundlichen Arbeiten Günthers oder die des „Rassenseelenforschers" Ludwig Ferdinand Clauß, deren Kategorien man übernimmt.[175]

Ein Blick auf einen der ersten zögerlichen Versuche, pragmatisch – und unter ausdrücklichem Verzicht auf eine programmatische Reflexion (s.u.) – mit rassenkundlichem Methodenbesteck an literaturwissenschaftliche Gegenstandsbereiche heranzutreten, zeigt noch einmal deutlich sowohl die Attraktivität wie auch die Problematik eines solchen Vor-

---

die Distanzierung zu den Naturwissenschaften verantwortlich ist. Die Passage kann Emrich 1957 denn auch unverändert übernehmen (1957, S. 428f.). Allerdings betont Emrich an anderer Stelle durchaus die Nähe zwischen Goethes Werk und dem aktuellen Weltbild: „Es muß einmal gelingen, die dichterisch tragenden spätgoetheschen Interessen herauszuarbeiten, die vor allem auf natursymbolischem, biogenetischem, kunstgeschichtlichem und zum Teil geschichtsevolutionistischem Gebiet liegen [...] Ihre Erschließung ist entscheidend, weil sie in ihrer zum Teil überraschend antihumanistisch-**biozentrischen** Prägung gerade unserem heutigen Weltbild tief verpflichtend sich nähern [...]." (Emrich, Wilhelm: Rezension zu Ada M. Klett: Der Streit um Faust II seit 1900, Jena 1939, in: Zeitschrift für deutsche Philologie, 68, 1943, H. 1 und 2, S. 100–102, hier: S. 101).

173 Schreiben der DFG an Wilhelm Emrich vom 19.12.1941 (BAK, R 73/10893).
174 Burger, Heinz Otto: Die rassischen Kräfte im deutschen Schrifttum, in: Zeitschrift für Deutschkunde, 48, 1934, S. 476.
175 Zwar behauptet Heinrich Jessen in der Rosenberg'schen *Bücherkunde*: „Es gibt ein Standardwerk, das den Ausgangspunkt für die Untersuchungen bilden muß, und sein Schöpfer hat auch an den mannigfaltigsten Punkten auf die notwendige [sic] Untersuchungen hingewiesen, das ist **Ludwig Schemanns** dreibändiges Werk ‚**Die Rasse in den Geisteswissenschaften**'." (Jessen, Heinrich: Literaturbetrachtung, Literaturwissenschaft und nordischer Gedanke. Von den kopernikanischen Revolutionen, in: Bücherkunde, Heft 5, 1938, S. 395–399) So weit ich es überblicken kann, spielt die Synopse Schemanns (Schemann, Ludwig: Die Rasse in den Geisteswissenschaften. Studien zur Geschichte des Rassengedankens. 3 Bde, München 1928–1931) als Referenzgröße zumindest innerhalb des literaturwissenschaftlichen Feldes keine Rolle.

gehens. Es handelt sich dabei um einen Beitrag des germanistischen Nachwuchswissenschaftlers Heinz Otto Burger über *Die rassischen Kräfte im deutschen Schrifttum*, der 1934 in der „Zeitschrift für Deutschkunde" erscheint.[176] Burger ist zum damaligen Zeitpunkt wissenschaftlicher Assistent in Tübingen. Dies ist insofern bezeichnend, als dass nicht wenige Versuche, ein rassenkundliches Profil für die Literaturwissenschaft zu inszenieren, von noch nicht etablierten Wissenschaftlern oder von Fachaußenseitern stammen.[177] Diese Tatsache wiederum deutet auf das distinktive Potential hin, das die Anwendung rassenkundlicher Modelle für solche wissenschaftlichen Akteure attraktiv macht.

„[W]ir wollen Sinn und wenn wir deshalb das Sinnlose an uns geschehen lassen müssen", so charakterisiert Burger zwar den seines Erachtens paradoxalen Impetus, der den Freiheitsbegriffen Schillers, Kleists und Hebbels zugrunde liege. Und doch gewinnt man bisweilen den Eindruck, Burgers Text kommentiere sich hier selbst. Burger leitet seinen Text, der auf der Grundlage der Güntherschen Rassentypen die Autoren der deutschen Literaturgeschichte nach ihrer Rassenzugehörigkeit durchmustert, folgenderweise ein:

> Literatur ist der sprachgewordene Geist einer völkischen Gemeinschaft; Literaturwissenschaft soll das Selbstbewußtsein der Gemeinschaft von diesem ihrem sprachgewordenen Geiste sein. Wenn heute die Gemeinschaft danach strebt, sich nicht mehr so sehr stammesmäßig als vielmehr rassisch zu verstehen, so hat die Literaturwissenschaft dem zu dienen.
>
> Der Raum ist gedrängt, ich muß darum auf jede methodische Rechtfertigung an dieser Stelle verzichten und meinen Versuch für sich selber sprechen lassen. Nur eine kurze Vorbemerkung. Der erste Schritt auf dem tatsächlich noch fast völlig unbegangenem [sic] Gelände kann nur dieser sein: unter Zugrundelegung der Güntherschen Typen physiologisch verhältnismäßig reine Vertreter der verschiedenen Rassen herauszugreifen und auf ihre geistige Eigenart hin zu betrachten. Es ergibt sich daraus ein einigermaßen einheitliches Bild. Aber eben nur einigermaßen. Der zweite Schritt muß darum sein, in Einzelfällen, wo die geistige Eigenart eines Dichters mit ihrem Wesentlichen nicht in das allgemeine Bild seiner ‚physiologischen Rasse' paßt, ihn der Rasse zuzuordnen, deren geistigem Gesamtbild er sich einfügt; wo keine physiologische Eindeutigkeit vorliegt, muß entsprechend vorgegangen werden. Die Gefährlichkeit schon des ersten, vollends des zweiten Schrittes, ist jedem – auch mir – deutlich; manchen, namentlich den Größten, habe ich deshalb gar nicht gewagt in die Betrachtung einzubeziehen. Aber die Notwendigkeit, trotz allem einmal anzufangen, ist mir – und wohl jedem – nicht weniger deutlich.[178]

---

[176] Burger, Heinz Otto: Die rassischen Kräfte im deutschen Schrifttum, in: Zeitschrift für Deutschkunde, 48, 1934, S. 462–476.

[177] Zu den Beiträgen des Oberstudienrats Ludwig Büttner und des SD-Mannes und Literaturwissenschaftlers Hans Rössner s. u. Einer gewissen Beliebtheit erfreuten sich rassenkundliche Betrachtungsweisen auch auf der Dissertationsebene, wie Ralf Klausnitzer (Blaue Blume unterm Hakenkreuz. Paderborn 1999, S. 263 ff.) am Beispiel der Romantikforschung zeigen kann.

[178] Burger, Heinz Otto: a. a. O., S. 462.

Zunächst einmal fällt die außerfachliche Legitimation des Ansatzes auf: nicht innerfachliche Überlegungen oder methodologische Erwägungen, sondern der „Dienst an der Gemeinschaft" ist es nach Burger, der die Literaturwissenschaft zu einem rassenkundlichen Vorgehen veranlasst. Zum Einen distanziert sich der Tübinger Literaturforscher hier vom innerhalb der Disziplin heftig umstrittenen, unmittelbaren Konkurrenzprogramm der Nadler'schen Stammeskunde, indem er diesem indirekt die Legitimation durch den Gemeinschaftswillen abspricht.[179] Zum Anderen wird durch die ursprungsmythologische Begründung des Vorgehens – Literaturwissenschaft ist Wissenschaft aus dem und für das Volk – auch noch einmal die zeitgemäße Distanzierung von jener „voraussetzungslosen" Wissenschaft inszeniert, die die Wahl ihrer Gegenstände und ihres methodischen Zugangs objektiven, d. h. in diesem Zusammenhang wissenschaftsimmanenten Kriterien zuschreiben zu können glaubt. Gegen eine solche „voraussetzungslose" Wissenschafts-Konzeption richtet sich auch Burgers methodischer Dezisionismus – „Aber die Notwendigkeit, trotz allem einmal anzufangen" – in dem, wenn auch verhalten, das generationsspezifische Tat- und Entschiedenheits-Pathos der „Unbedingtheit" mitschwingt.[180]

Die nun folgenden Passagen enthalten zwei wichtige proleptische Hinweise auf die Denkstil-Inkompatibilität des rassenkundlichen Ansatzes:

Burger vermeidet eine „methodische Rechtfertigung" seines Ansatzes wahrscheinlich weniger aufgrund des „gedrängten Raumes", als vielmehr aus dem Wissen heraus, dass innerhalb der Literaturwissenschaft die Methodik der Rassenkunde aufgrund ihrer Zirkularität als zweifelhaft gilt. Auch bei Burger finden wir, ähnlich wie bei Cysarz, den Rekurs auf die „geistige Eigenart", die seinen rassenkundlichen Ansatz vor dem Vorwurf eines biologistischen Determinismus bewahren soll. Deutlicher als bei Cysarz ist jedoch bei Burger zu sehen, worin das eigentlich unterminierende Potential eines rassenkundlichen Ansatzes für den literaturwissenschaftlichen Eigensinn besteht. Indem Burger konzediert, dass er „namentlich den Größten" – d. i. Goethe – nicht in seine Betrachtungen einzubeziehen gewagt habe, räumt er das entpersonalisierende, demythologisierende Potential des rassenkundlichen Ansatzes ein. Denn methodisch streng genommen ist für die heroischen Subjekte, die genialen Dichterindividuen, deren hagiographische Mythologisierung ja gerade eine wichtige Funktion der Literaturgeschichtsschreibung ausmacht, im deterministischen Koordinatensystem von Rasse, Blut und Genen kein Platz. Eine konsequente Applikation rassentheoretischer Axiome liefe somit letztlich auf eine funktionale Teildelegitimation der Literaturwissenschaft als *Dichter- und Dichtungs*geschichte hinaus.[181]

---

179 Gleichwohl wird man Burger keine prinzipiellen Aversionen gegen eine stammesgeschichtliche Methodologie unterstellen können, hat er doch selbst 1933 eine Arbeit über das *Schwabentum in der Geistesgeschichte. Versuch über die weltanschauliche Einheit einer Stammesliteratur* (Stuttgart/Berlin 1933) vorgelegt, mit der er sich 1935 in Tübingen dann habilitiert.

180 Burger ist 1903 geboren und gehört mithin jener „Genaration des Unbedingten" an, deren mentale Spezifika Michael Wildt (s. III.1) herausarbeitet.

181 Dieser Vorwurf einer nivellierenden Dichtungskonzeption, der mit dem disziplinären Denkstil nicht kompatibel ist, wird übrigens auch seitens des esoterischen Zirkels der Zunft gegen die Literaturgeschichtsschreibung Josef Nadlers erhoben (s. dazu unten).

Dies will Burger – bei allem Anspruch auf zeitgemäße Innovation – natürlich vermeiden, weshalb er sich gezwungen sieht, in seinen Überlegungen permanent und bisweilen bis an die Grenzen der Lächerlichkeit einen Spagat zwischen physiologisch „deduzierter" Rassenzuschreibung und geisteswissenschaftlicher Korrektur dieser Zuschreibungen zu vollziehen. Dieser Hiatus zwischen einem naturwissenschaftlich und einem eher geisteswissenschaftlich imprägnierten Rasse-Begriff, den Burger in seinem Beitrag ein wenig ungelenk zu überbrücken versucht, ist indes nicht spezifisch für die Literaturwissenschaft allein. Er öffnet sich innerhalb der wissenschaftlichen Redeweisen über Rasse selbst, ja man könnte sagen, dass die Grenzen und diskursiven Abgrenzungsmanöver zwischen Natur- und Geisteswissenschaften am Beispiel des Rasse-Diskurses noch einmal besonders deutlich werden.[182] So kommt es dazu, dass bei Burger etwa Annette von Droste-Hülshoff „äußerlich durchaus nordisch [erscheint], aber mehr noch als Sachs in Nürnberg, wurzelt sie im Westfalenland; sie ist seelisch eine Fälin."[183] Doch nicht nur stammeskundliche Erwägungen sind es, die die rassenkundlich nahe liegende Einordnung Burger als revidierenswert erscheinen lassen. Denn wenig „nordisch" scheint auch der realistische Grundzug des Droste'schen Œuvres:

> Annette erzählt, sie habe einmal als Kind ihren Vater gefragt, ob er im Himmel auch seine Leberflecken auf der Hand haben werde, und als er verneinte, sich halb totgeweint. So wichtig und wertvoll ist einem fälischen Menschen selbst das geringste Wirkliche. Durch Worte uns mit ungeheurer Deutlichkeit und Bildhaftigkeit etwas wie ein Wirkliches sichtbar, hörbar, fühlbar zu machen, das ist Annettes eigentliche Begabung.[184]

Als Paradebeispiele „ostischer Intraversion" erscheinen dann Oetingers „Zentralschau", Schellings „intellektuelle Anschauung", Hölderlins „Ekstase", Hegels „Dialektik" „und

---

[182] Dies zeigt sich besonders deutlich an den Auseinandersetzungen um die philosophisch-intuitive „Rassenseelenkunde" L. F. Clauß'. Während Clauß naturwissenschaftliche Verfahrensweisen für die Rassenerkenntnis grundsätzlich als unzulänglich erachtet, gerät seine an die Phänomenologie Husserls angelehnte Methode des geisteswissenschaftlich-spekulativen „Mitlebens" seit den 1940er Jahren zunehmend ins Kreuzfeuer auch parteiinterner Kritik. Diese Kritik kulminiert in einem Parteigerichtsverfahren gegen Clauß, dem man einen schwerwiegenden Verstoß gegen die „Rassengesetze" vorwirft, weil er eine jüdische Assistentin beschäftigt. Clauß wiederum betont – unter steter Berufung auf seine Methode des „Mitlebens" – dass nur eine Jüdin dazu in der Lage sein könne, ihre eigene Rasse hinreichend zu „erkennen". Während der Hauptverhandlung geht es auch um die Wissenschaftlichkeit von Clauß' Rassenpsychologie und er befragt in diesem Zusammenhang den Schöffen und Rassenbiologen Prof. Bruno Kurt Schultz: „‚Lassen sie meine Ergebnisse als wissenschaftliche Ergebnisse gelten oder nicht, rangiert meine Methodik in ihren Augen als Wissenschaft oder nicht?' Schultz antwortete kurz und eindeutig: ‚Von unserem Standpunkt der Naturwissenschaften nicht, vom Standpunkt der Geisteswissenschaft, ja.'" (zit. nach Weingart, Peter: Doppel-Leben. Ludwig Ferdinand Clauß: Zwischen Rassenforschung und Widerstand, Frankfurt/New York 1995, S. 119; s. dort auch v. a. die S. 11–42 und 81–91 zur Auseinandersetzung um Clauß' Methodik).
[183] Burger, Heinz Otto: a. a. O., S. 464.
[184] Ebd.

selbst Schillers ‚Spiel'". In deren „Schwabentum" manifestiere sich „eine durch nordischen Geist aktivierte ostische Haltung."[185] Gerade Schiller jedoch scheint eine rassenkundliche Literaturbetrachtung vor erhebliche Probleme zu stellen: Deklariert Burger sein „Spiel" noch als „ostisch" so ist einige Seiten weiter die Rede vom „Dinarierhaupt Schillers". Zwar versichert Burger zunächst: „Über sein [Schillers; G. K.] geistiges Dinariertum braucht es keine Worte." Dennoch heißt es wenige Zeilen später: „Mag er [Schiller; G. K.] körperlich dinarischer sein als Hölderlin und Nietzsche, geistig ist er nicht weniger nordisch als sie. Denn verpflichtender Geist statt erlösender Sinnlichkeit, fordernder Wille statt Resignation und Bescheidung, heilig nüchterne Begeisterung für Werte und für Ziele statt Rausch und Traum, Straffung, Haltung, Adel, das ist nordisch im Gegensatz zum Dinarischen."[186] Überhaupt scheint es ein zentrales Anliegen von Burgers Studie zu sein, das in der Nachfolge Günthers aber auch Clauß' hochgeschätzte „nordische" Element bei allen „Großen" der Literaturgeschichte irgendwie schließlich doch noch aufzufinden. Dass dies nicht immer leicht ist, sieht man auch bei Kleist: „Und Heinrich von Kleist? Ohne Zweifel tritt an seiner physischen Erscheinung wie an seinem Charakter und an seiner Dichtung das Ostbaltische sehr hervor. Trotzdem muß auch er als geistesgeschichtliche Persönlichkeit, d. h. auf die für seine geistige Bedeutung entscheidende Grundhaltung hin betrachtet, vorwiegend nordisch genannt werden."[187]

Die Beispiele ließen sich fortsetzen, aber es dürfte bereits klar geworden sein, dass wir es bei Burgers „Pionier"arbeit mit einem Text zu tun haben, der laufend jene Kategorien dekonstruiert, deren heuristischen wie praktischen Wert er eigentlich demonstrieren will. Die Vision jedenfalls, mithilfe des Rasse-Begriffes die Kluft zwischen Natur- und Geisteswissenschaften überbrücken zu können, mündet hier in eine Praxis voller Selbstwidersprüche. Dennoch darf dieser Befund kognitiver Ungelenkheit nicht den Blick verstellen für die wissenschaftsgeschichtlich mindestens ebenso bedeutsamen Fragen, welche Leistungsangebote diese frühe Probe einer rassenkundlichen Literaturwissenschaft nach 1933 eigentlich impliziert und an welche Adressaten sie sich richtet.

Burgers Text enthält – ungeachtet seiner kognitiven Kläglichkeit – ein dreifaches Leistungsangebot. Erstens zielt er natürlich auf den politischen Resonanzraum: als Text eines Nachwuchswissenschaftlers mag er nicht zuletzt karrierestrategischen Erwägungen geschuldet sein[188], als eine innerhalb der Disziplin veröffentlichte Publikation[189] kommuniziert er darüber hinaus jedoch die prinzipielle Bereitschaft der Disziplin, jene Methoden in die disziplinäre Matrix – zumindest versuchsweise – einzuspeisen, von denen man annimmt, dass

---

185 Burger, Heinz Otto: a. a. O., S. 465.
186 Burger, Heinz Otto: a. a. O., S. 473.
187 Burger, Heinz Otto: a. a. O., S. 474.
188 Burgers Karriere ist dieser Beitrag zumindest nicht abträglich. Nach seiner Assistenten- und Privatdozentenzeit in Tübingen wird er 1939 planmäßiger außerordentlicher Professor für Deutsche Sprache und Literatur an der TH Danzig.
189 Zum Zeitpunkt des Erscheinens gehören u. a. Gerhard Fricke und Walther Linden zum Herausgebergremium der ZfDk.

sie im politischen Resonanzraum als Zeichen eines an Selbsterneuerung interessierten Faches, das die Zeichen der Zeit erkennt, gedeutet werden.

Zweitens richtet der Beitrag ein deutliches Leistungsangebot an das erzieherische Feld. Dafür spricht nicht zuletzt seine Publikation in der *Zeitschrift für Deutschkunde*, deren doppelter Anspruch eben darin besteht, Erkenntnisse und Verfahren der Forschung mit einem unmittelbar für die Schule nutzbaren Wissen zu koppeln.[190] Die Disziplin reagiert mit einem solchen Beitrag auf den wachsenden exoterischen Druck seitens des erzieherischen Feldes auf das Fach, ein den neuen, politischen Verhältnissen angepasstes Wissen zu produzieren.[191] Sie signalisiert damit zugleich exemplarisch ihre Bereitschaft, als vermittelnde Instanz jenes (Qualifikations-)Wissen für den Erziehungsbereich, d. h. hier in Sonderheit für den Deutschunterricht an den höheren Schulen, zu erarbeiten und bereitzustellen, das die nationalsozialistische Schulpolitik zu erwarten scheint. Gewiss, verbindliche, neue Richtlinien und Lehrpläne, die die rassenkundliche Betrachtung von Dichtungen zum unverzichtbaren Bestandteil des Deutschunterrichtes erklärten, werden für die höheren Schulen erst 1938 erscheinen. Jedoch lassen die neuen Machthaber bereits seit 1933 in zahlreichen Erlassen keinen Zweifel daran, dass „biologisches Denken in allen Fächern Unterrichtsgrundsatz werden"[192] müsse und dass „Vererbungslehre und Rassenkunde" zum verpflichtenden Bestandteil aller schulischen Abschlussprüfungen gehöre.[193] Es wird demzufolge nicht schwierig gewesen sein, diese Tendenzen, die erst 1938 als Richtlinien kodifiziert werden, bereits 1934 zu antizipieren und den neuen Machthabern entgegenzuarbeiten. Zudem wird der Umstand, dass sich die *Zeitschrift für Deutschkunde* im unmittelbaren Konkurrenzkampf mit der *Zeitschrift für Deutsche Bildung* um Marktanteile und um die Deutungshegemonie im erzieherisch-deutschkundlichen Feld befindet, die Bereitschaft, möglichst früh die schulpolitische Relevanz des eigenen Organs durch entsprechende Beiträge unter Beweis zu stellen, erhöht haben.[194]

---

190 Zum Profil der ZfDk s. Grund, Uwe: a.a.O.

191 Als Gradmesser dieses exoterischen Drucks können gerade die zahlreichen Beiträge von außerdisziplinären, meist im schulischen Umfeld verankerten Akteuren in der ZfDk und der ZfDB gelesen werden, in denen neue Zugangs- und Aufbereitungsweisen zu tradierten Gegenstandsbereichen eingefordert werden. S. zu diesem Phänomen etwa innerhalb der Goethe-Forschung Höppner, Wolfgang: „Der Kampf um das neue Goethebild". Zur Goethe-Rezeption in der Berliner Germanistik des „Dritten Reiches", in: Stellmacher, Wolfgang/Tarnoi Laszlo (Hrsg.): Vorgaben, Zugänge, Wirkungen, Frankfurt am Main/Berlin/Bern u. a. 2000, S. 373–390, hier: S. 378ff.

192 Das Zitat stammt aus einem Erlass des Preußischen Erziehungsministeriums vom 13.09.1933 (zit. nach Fricke-Finkelnburg, Renate (Hrsg.): Nationalsozialismus und Schule: Amtliche Erlasse und Richtlinien 1933–1945, Opladen 1989, S. 214).

193 Zum Verhältnis von schulpolitischen Zielsetzungen und schulischer Alltagsrealität s. Goldberg, Bettina: a.a.O.

194 Auch die *Zeitschrift für Deutsche Bildung* reagiert frühzeitig auf die neuen Verhältnisse mit entsprechenden Beiträgen, s. etwa: Neumann, Friedrich: Die Deutsche Oberschule als Trägerin des völkischen Erziehungsgedankens, in: ZfDB, 9, 1933, S. 601–609; Mulot, Arno: Nationalsozialistische Literaturgeschichte im Deutschunterricht, in: ZfDB, 10, 1934, S. 474–485.

Drittens schließlich richtet sich Burgers Beitrag auch an die eigene Disziplin. Ungeachtet der Tatsache, dass er die zeitgenössischen, methodischen Standards erkennbar unterläuft, enthält der Text doch ein beschwichtigendes, Kontinuität inszenierendes Angebot. Nicht allein durch die Tatsache, dass Burger permanent auf die „geistige Eigenart" der von ihm rassenkundlich „analysierten" Dichter rekurriert, lässt sich als Signal an die Disziplin lesen, dass man geisteswissenschaftlicher Zugangsweisen auch weiterhin bedarf und dass eine rassenkundliche Tieferlegung des Faches keinen materialistischen Bruch mit dem literaturwissenschaftlichen Denkstil und eben keinen Rückfall in positivistische Zeiten bedeutet. Auch der Umstand, dass Burgers rassenkundliche „Analyse" letztlich die mit anderen, philologischen und geistesgeschichtlichen, Mitteln gewonnenen Wertungen der deutschen Dichter nur noch einmal rassensemantisch bestätigt und reproduziert, signalisiert, dass zumindest auf der Ebene konkreter Einzelresultate das etablierte literaturhistoriographische Traditionskontinuum nicht zerstört wird. Mit Burgers „nordischer" Gipfelgruppe aus Schiller, Kleist und Hebbel[195] (Goethe spart er aus Respekt ohnehin aus) wird auch der gestandene Geistesgeschichtler wenig Probleme gehabt haben. Und was dem rassenkundlichen Literaturbetrachter, als den Burger sich hier vorübergehend präsentiert, an der „nordischen Rasse" imponiert, deckt sich sicherlich mit jenen Präferenzen, die nicht wenige Literaturwissenschaftler, auch ohne den Rasse-Begriff bemühen zu müssen, für den „deutschen Menschen" hegen:

> Für den nordischen Menschen ist also weder der dinarische Gegensatz von Wirklichkeit und sinnlicher Illusion noch der ostisch-ostbaltische von Diesseits und gefühltem Jenseits entscheidend, vielmehr jener von Ich und Überich, von Ich und Selbst, welch letzteres die Idee des Menschen, seinen freien, nur sich selbst verpflichteten Geist bedeutet. Es ist aber nicht bloß ein Opfer, es ist der höchste Triumph dieses Selbst, das Ich aufzugeben. Wir müssen in philosophischen Terminis davon reden, dennoch handelt es sich um alles andere eher als um eine Sache der Spekulation: um den tiefsten Instinkt der nordischen Rasse. So stürzte sich schon der germanische Jüngling jauchzend in die Schwerter der Feinde, weil er, da er im freien Überschwang sich dem Tode gab, das höchste Gefühl des Lebens hatte, des Herrseins selbst noch über den Tod. [...] Die altgermanische Heldendichtung kündet uns davon, aber auch die große nordisch-deutsche Tragödie. Sie ist das völkische Fest- und Weihespiel, die Selbstbesinnung eines Volkes auf seine mit ihm geborene, es tragende, es einigende Gesinnung und Gesittung.[196]

Der Beitrag des Tübinger Assistenten bleibt übrigens frei von antisemitischen Invektiven. Die Hochschätzung des „Nordischen" indes, wie auch die über den Rasse-Begriff kommunizierte Mehrfachadressiertheit, die seinen Versuch kennzeichnen, lassen ihn als eine Art Blaupause erscheinen für die Mehrzahl jener pragmatischen Applikationen rassenkund-

---

195 S. Burger, Heinz Otto: a. a. O., S. 476.
196 Ebd.

licher Axiome, die in unterschiedlichen Spezialforschungsbereichen zwischen 1933 und 1945 auftauchen. Vor allem die Hypostasierung des „Nordischen" zu einer Art identitätsstiftenden Projektions- und Leerformel erweist sich auch für jene Akteure als anschlussfähig, die der rassenkundlichen Axiomatik eher skeptisch gegenüber stehen. Erlaubt das „Nordische" doch als Konsenskategorie je nach Bedarf auch eine mentalistische, bzw. „seelische" Auslegung und erfordert nicht zwangsläufig eine rassenbiologische Sichtweise.[197] Sei es in der Epochenforschung zum Barock, zur Klassik, zur Romantik oder zum Biedermeier[198], sei es in der Forschung zu einzelnen Autoren wie zu Herder, zu Goethe, zu Schiller, zu Kleist oder zu Grabbe[199] – die bei Burger sichtbar gewordene pragmatische Applikation rassenkundlicher Motive erweist sich in all diesen Bereichen zwar prinzipiell als anschlussfähig. Allerdings – und deshalb kann hier auf eine ausführlichere Analyse solcher Beiträge durchaus verzichtet werden – führt auch die für Spezialforschungen notwendige Konzentration auf bestimmte Zeitabschnitte oder bestimmte Autoren nicht dazu, dass die bei Burger exemplarisch sich abzeichnenden Argumentationsmuster solcher Applikationen grundsätzlich weiterentwickelt oder methodisch differenziert worden wären. Ob nun etwa der Rostocker Ordinarius und renommierte Barockforscher Willi Flemming das „nordische" Element im Barockzeitalter aufzeigen will und deshalb die *Fruchtbringende Gesellschaft* als „eine Sammlung ernster Männer" charakterisiert, die „entsprechend dem seelischen Rassetypus des Deutschen, voll energischen Lebenswillens äußere Form gemäß innerem Gehalt in Leben und Benehmen verwirklichen wollten", und als wesentliches Element des „vollen Barockheroismus" „keine westische Ichverabsolutierung, sondern nordischgermanische[n] Dienst" ausmacht.[200] Oder ob der Hallenser Grabbe-Experte Ferdinand Josef Schneider in seinem Beitrag *Grabbe und das Judentum*, der anlässlich des hundertsten Todestages des Autors 1936 erscheint, zu dem Schluss kommt, dass Grabbes „instinktive Abneigung" gegen Juden in seinem „ungewöhnlich starken Zugehörigkeitsgefühl zur nor-

---

197 S. von See, Klaus: a. a. O.; Almgren, Birgitta: Germanistik und Nationalsozialismus: Affirmation, Konflikt und Protest. Traditionsfelder und zeitgebundene Wertung in Sprach- und Literaturwissenschaft am Beispiel der Germanisch-Romanischen Monatsschrift 1929–1943, Uppsala 1997, S. 83–90.
198 S. Voßkamp, Wilhelm: Deutsche Barockforschung in den zwanziger und dreißiger Jahren, in: Garber, Klaus: Europäische Barock-Rezeption. Teil I, Wiesbaden 1991, S. 683–703; Müller, Hans-Harald: Barockforschung: Ideologie und Methode. Ein Kapitel deutscher Wissenschaftsgeschichte 1870–1930, Darmstadt 1973; Voßkamp, Wilhelm: „Deutscher Geist und Griechentum". Zur literaturwissenschaftlichen Interpretation der Weimarer Klassik in der Zeit des Nationalsozialismus, in: Bollenbeck, Georg/Köster, Werner (Hrsg.): Kulturelle Enteignung – Die Moderne als Bedrohung (Kulturelle Moderne und bildungsbürgerliche Semantik I), Opladen 2003, S. 97–110.
199 Becker, Bernhard: Herder in der nationalsozialistischen Germanistik, in: Schneider, Jost (Hrsg.): Herder im „Dritten Reich", Bielefeld 1994, S. 145–159; Höppner, Wolfgang: „Der Kampf um das neue Goethebild". Zur Goethe-Rezeption in der Berliner Germanistik des „Dritten Reiches", in: a. a. O.; Albert, Claudia: a. a. O.; Broer, Werner/Kopp, Detlev (Hrsg.): Grabbe im Dritten Reich, Bielefeld 1986.
200 Flemming, Willi: Die deutsche Seele des Barocks, in: Von deutscher Art in Sprache und Dichtung, Bd. 3, Stuttgart und Berlin 1941, S. 177 u. 183.

dischen Rasse"[201] wurzele. Der Variationenreichtum der pragmatischen Applikationen zeigt sich – unabhängig vom jeweilig mit rassenkundlichen Mitteln traktierten „Gegenstand" – als äußerst beschränkt.[202] Und selbst ein ansonsten um Versatilität nicht verlegener Nachwuchsakteur wie Fritz Martini greift zur methodologischen Rechtfertigung seiner rassenkundlichen Analyse der Grabbe'schen Dramatik auf jenen intuitiven Dezisionismus zurück, den schon Burgers Schrift bemüht. Den Irrationalismus seiner Konzeption gesteht Martini zwar durchaus ein, jedoch wertet er ihn im Sinne eines intuitiv verfahrenden, rassisch bedingten „Verstehens" zur „Methode" auf:

> Außerhalb alles Rationalen, Aktuellen, Konventionellen und Empirischen ist sie [die Dichtung; G. K.] die Kundgebung der innersten schöpferischen Mächte und deshalb der unbefangene Ausdruck jenes seelischen Erbgutes, das dem einzelnen aus den Lebenskräften seiner rassisch-völkischen Gemeinschaft mitgegeben ist. Der Dichter vermag über die Seele seines Volkes, seines Stammes, seiner Landschaft am meisten zu sagen. Es ist notwendig, sie aufzuspüren, wenn man in die Mitte seines Werkes einzudringen begehrt. Allerdings können wir nicht von einer lückenlosen begrifflichen Definition der Stammesart ausgehen. Das rassische und stammestümliche Erbe ist ein unmittelbar wirksames, im dauernden schöpferischen Vollzug bewegtes und individuell entfaltetes Leben und wie alles ursprünglich Lebendige nicht systematisch-begrifflichem Denken faßbar. Wer solche Definitionen wagt, wird stets nach eigener Anlage, Neigung gewisse Züge herausheben, andere zurückdrängen.[203]

---

201 Schneider, Ferdinand Josef: Grabbe und das Judentum, in: Der Westfälische Erzieher, 4, 1936, S. 476. Zur Grabbe-Aufwertung innerhalb der Literaturwissenschaft nach 1933 und zu den Festlichkeiten anlässlich der Grabbe-Woche 1936, bei denen – ähnlich wie bei den anderen literaturzentrierten Festivitäten zwischen Schiller- und Hölderlingedenkjahr – Kulturpolitik und Literaturwissenschaft als Ressourcen füreinander fungieren s.: Vogt, Michael: „Durchbruchsschlacht für Grabbe". Die Grabbe-Woche 1936 als Beispiel nationalsozialistischer Kulturpolitik in der Region, in: Broer, Werner/Kopp, Detlev (Hrsg.): a. a. O., S. 91–110.

202 Dieser Umstand führt bereits bei zeitgenössischen Akteuren bisweilen zu gewissen Überdruserscheinungen. Clemens Lugowski z. B. kritisiert Schneiders allzu schlichte, zeitgeistige Aktualisierungen, die dessen Grabbe-Monographie (Schneider, Ferdinand Josef: Christian Dietrich Grabbe. Persönlichkeit und Werk, München 1934) paratextuell einrahmen: „Wir gewinnen nicht viel, wenn wir mit Ferdinand Josef Schneider feststellen, Grabbe habe ein ‚geradezu flammendes Nationalgefühl' besessen, außerdem habe er den Führergedanken betont und sei im übrigen ein Gegner der Frauen- und Judenemanzipation gewesen. Diese Erkenntnisse sind billig zu haben" (ZfDB, 12, 1936, 431).

203 Martini, Fritz: Chr. D. Grabbes niederdeutsches Drama, in: GRM, 30, 1942, S. 87–106 und 153–171, hier: S. 95. Allerdings scheint in Sonderheit der Gegenstandsbereich des „Niederdeutschen" ein bevorzugtes Erprobungsfeld für die pragmatische Applikation rassenkundlicher Herangehensweisen zu sein (s. Ketelsen, Uwe-K.: Das „Niederdeutsche" als literarisches Konzept emotionaler Krisenbewältigung. Eine historische Analyse der Erzählkonzeption von Gustav Frenssens Roman *Jörn Uhl*, in: ders.: a. a. O., S. 148–171) Dies zeigt sich etwa, wenn mit Wolfgang Kayser (1906–1960) ein weiterer Nachwuchsakteur zu rassenkundlichen Deutungsmustern greift. In seiner Abhandlung *Bürgerlichkeit und Stammestum in Theodor Storms Novellendichtung* (Berlin 1938) unternimmt der Leipziger Privatdozent, dessen Bewerbung um eine Dozentur in Berlin 1936 am Einspruch des NS-Dozentenbundes

Ungeachtet ihrer seit 1933 zweifelsohne gestiegenen Präsenz innerhalb der disziplinspezifischen Diskurse mag möglicherweise auch dieser Aspekt der kognitiven Stagnation, der Wiederholung des Immergleichen, der bei diesen pragmatischen Applikationen besonders deutlich zu werden scheint, mit dazu beigetragen haben, dass sich in keinem dieser Bereiche rassenkundliche Vorgehensweisen als methodisches Leitparadigma etablieren können. Texte mit durchgängigen pragmatischen Applikationen bleiben – zumindest jenseits der Dissertationsebene, auf welcher sicherlich eine höhere Frequenz dergestalt ausgerichteter Arbeiten auszumachen ist – quantitativ in der Minderheit.[204]

scheitert, den Versuch, den „Wandel" in Storms Spätwerk „durch Rasse und Blut" (9) zu erklären. „Wie aber", so fragt Kayser im letzten Kapitel seiner Abhandlung, die zuvor bereits jenen Duktus einer textbezogenen Interpretation aufweist, als deren maßgeblicher Vertreter Kayser nach 1945 gelten sollte, „konnte es in dem späteren Schaffen zu dem Wandel kommen? Wiederum kann nur die Herkunft Storms zum Verständnis helfen, jetzt aber nicht das geistig-soziale Herkommen [das Storms Frühwerk als bürgerliches prägt; G. K.], sondern die blutsmäßige Abstammung. [...] [K]örperlich wie seelisch sind die Friesen und Niedersachsen Schleswig-Holsteins zu dem gleichen ganz überwiegenden Teile nordisch. [...] So bedeutete der Zusammenfluß sächsischen und friesischen Blutes in Storm keine Spaltung seines inneren Wesens. Die Kräfte des Stammestums aber, die in das Frühwerk des Dichters nicht als bestimmend eingegangen waren, drängten in seinem späteren Schaffen zum Ausdruck." (66f.) Diese „Erklärung" führt Kayser nun zu weitergehenden Schlussfolgerungen hinsichtlich prinzipiellerer Fragen der Wertung und der Methodologie: „Wir haben jene Frage des Eingangs beantwortet, wer denn entscheiden könne, was das eigentliche Werk sei [das Früh- oder das Spätwerk Storms, G. K.]: das dem Blut Gemäße ist immer das Eigentliche." (68) Nichtsdestoweniger mahnt Kayser eine differenzierte Handhabung rassenkundlicher Axiome an, denn die „Frühnovellen Storms haben gezeigt, daß sie in ihrem wesentlichen Sein nicht von daher [vom Blut; G. K.] getragen werden, sondern von einer bestimmten geistigen Sphäre, der Bürgerlichkeit. Diese Möglichkeit, daß das Werk eines Künstlers weithin unabhängig von seiner blutsmäßigen Anlage sein kann, muß die Forschung berücksichtigen. Die rassische Literaturbetrachtung würde sich alles fruchtbare Arbeiten verbauen, wenn sie als einzigen methodischen Ansatzpunkt die zudem nur selten eindeutig feststellbare blutmäßige Anlage des Individuums nähme und von daher aus das ganze Werk deuten wollte. Ein solcher Versuch [...] muß offensichtlich überall da scheitern, wo wir wie bei Storm einen tiefgreifenden Wandel im Werk feststellen." (69)

[204] Dies zeigt etwa für die GRM Almgren, Birgitta: a. a. O. Elke Dubbels zeigt, dass „eine rassebiologische Literaturbetrachtung keinen Einzug in die *DVjs* gehalten [hat]." (Dubbels, Elke: Zum Verhältnis von wissenschaftlicher Tradition und Politik im „Dritten Reich". Die *Deutsche Vierteljahrsschrift für Literaturwissenschaft und Geistesgeschichte* in den Jahren 1933–1944, in: DVjs, 78, 2004, S. 672–706, hier: S. 704) Mehr noch als die *Germanisch-Romanischen Monatshefte* erweist sich die *DVjs* als relativ resistent gegen allzu eilfertige, dezidiert dem Zeitgeist verpflichtete Beiträge. Ein vertraulicher *Lektorenbrief* der „Reichsstelle zur Förderung des deutschen Schrifttums" (Amt Rosenberg) moniert gar, dass die *DVjs* „sich *bewusst* und hermetisch gegen jeden Hauch der Gegenwart abschließt und *niemals*, auch nicht mit einem Wort, daran erinnert, dass sich in Deutschland seit 1933 manches geändert hat." (zit. nach: Dainat, Holger: „wir müssen ja trotzdem weiter arbeiten". Die *Deutsche Vierteljahrsschrift für Literaturwissenschaft und Geistesgeschichte* vor und nach 1945, in: Barner, Wilfried/König, Christoph (Hrsg.): a. a. O., S. 76–100, hier: S. 82) Anders sehen die Verhältnisse bei *Dichtung und Volkstum* aus. Dort erscheint z. B. 1939, als Eröffnungsbeitrag des ersten Jahrgangs nach dem „Anschluss" Österreichs, ein Beitrag von L. F. Clauß (Rassische Wurzeln des Südostdeutschtums, in: DuV, 40, 1939, S. 1–8), den Wolfgang Adam als „Schande für die Zeitschrift" (Adam, Wolfgang: Einhundert Jahre

Dennoch – oder vielleicht gerade: deswegen – hat es in dieser Phase durchaus Versuche programmatischer Natur gegeben, einer rassenkundlich orientierten Literaturwissenschaft ein methodologisch reflektierteres Fundament zu verleihen. Es fällt allerdings auf, dass Reflexionen, die eine solche Integration programmatisch diskutieren und befürworten, nur in wenigen Fällen (Flemming und Koch, s. dazu u.) aus dem esoterischen Zirkel der Disziplin stammen. Der Druck, den Rasse-Begriff verstärkt ins Zentrum der Disziplin zu rücken, wird vorrangig von dessen Rändern aus lanciert. Es sind Akteure wie Hellmuth Langenbucher oder Heinrich Jessen aus dem kulturpolitischen, wissenschaftsbeobachtenden Umfeld der Rosenberg'schen *Bücherkunde*, die – wenig zufrieden mit der fachspezifischen skeptischen Integration und den pragmatischen Applikationen – mit Nachdruck eine rassebezogene Neuausrichtung der Disziplin einfordern. „Wenn die Rasse hier [bei der Literaturbetrachtung; G. K.] völlig in den Mittelpunkt gerückt werden kann", so prophezeit nicht ohne Dringlichkeit etwa Jessen, „wird aus dieser neuen Einstellung sich sogar mit Sicherheit eine neue Literaturgeschichtsschreibung entwickeln."[205] Und es sind überwiegend ebenfalls an den Rändern des Faches operierende Akteure wie der fränkische Oberstudienrat Ludwig Büttner oder ein „teilnehmender Beobachter" wie der Bonner Nachwuchswissenschaftler und SD-Mann Hans Rössner, die diesen Druck auf einer programmatischeren Ebene weiter ins literaturwissenschaftliche Feld vermitteln.

Euphorion, in: Euphorion, 88, 1994, S. 1–72, hier: S. 57) bezeichnet. Der mit Fotografien österreichischer Männer und Frauen operierende Beitrag ist in der Tat ein Zeugnis verblüffender kognitiver Dürftigkeit. Interessant ist es allerdings, dass es Clauß hier gerade nicht um eine Bestätigung zirkulationskräftiger Rassenaxiome geht, sondern dass er am Beispiel des sog. „österreichischen Menschen" zum Einen gerade die Validität und Angemessenheit der rassentypologischen Kategorie des „Dinarischen" in Frage stellt (S. 7) und zum Anderen die meist als selbstverständlich gesetzte Superiorität des „nordischen Menschen" gegenüber anderen Rassentypen implizit anzweifelt (S. 8). Anders als in der *DVjs* erscheinen in *Dichtung und Volkstum* relativ kontinuierlich Beiträge, die sich einer rassischen Literaturbetrachtung befleißigen. S. etwa: Beyer, Paul: Das nordische Frauenbild in der deutschen Volksballade, in: DuV, 37, 1936, S. 141–173; Martini, Fritz: Wesenszüge niederdeutscher Dichtung im 19. Jahrhundert, in: DuV, 38; 1937, S. 418–438. Hermann Pongs (Rheinische Stammesseele in der Dichtung der Gegenwart, in: DuV, 39, 1938, S. 85–127) meint: „Was als das Dauernde, das Substanzhafte, Beständige in den Wechselfällen der Geschichte an der Stammeseigenart hervortritt, verweist auf das rassische Erbe als eine letzte Blutbindung." (S. 85) S. auch Behrend, Erich: Mensch und Rasse in Grieses Dichtung, in: DuV, 41, 1941, S. 321–343, der sich explizit auf Günther und Clauß beruft (S. 331 ff.); Steffen, Wilhelm: Mächte der Vererbung und Umwelt in Storms Leben und Dichtung, in: DuV, 41, 1941, S. 460–485; Cysarz, Herbert: Natur- und Geschichtsforschung. Eine gesamtwissenschaftliche Überschau, in: DuV, 41, 1941, S. 131–151.

205 Jessen, Heinrich: a. a. O., S. 397. Drohend und Verständnis simulierend liefert Jessen auch den Grund für das bisherige Ausbleiben einer solchen Wandlung: „Es ist durchaus verständlich, daß eine solche Arbeit nicht von heute auf morgen fertig sein kann und vor 1933 auch nicht entstehen konnte, denn ein großer Teil der Literaturprofessoren war in jüdischen oder jüdisch versippten Händen, die Literaturbetrachtung der Zeitschriften hatte für diese Fragen kein Interesse." (Ebd.)

3. SCHWIERIGKEITEN MIT DER „KOPERNIKANISCHEN WENDE"

Programmatische Applikationen:

1) Versöhnung oder Ernüchterung und Unbedingtheit? Neuordnungsvarianten im Zeichen der Rasse von den Rändern der Disziplin: Ludwig Büttner und Hans Rössner

1938 veröffentlicht Ludwig Büttner in der *Zeitschrift für Deutschkunde* eine Grundsatzreflexion über *Literaturgeschichte, Rassenkunde, Biologie. Weg und Aufgabe einer rassenkundlichen Literaturbetrachtung*, die im Wesentlichen die Grundannahmen seiner ein Jahr später erscheinenden *Gedanken zu einer biologischen Literaturbetrachtung* bereits enthält.[206]

Büttners Konzeption einer „rassenkundlichen Literaturbetrachtung" ist hier aus mehreren Gründen von Interesse: zum Einen liefert sie – fünf Jahre nach dem politischen Systemwechsel – ein Zwischenfazit hinsichtlich der Entwicklungstendenzen rassenkundlicher Ansätze innerhalb der Literaturwissenschaft; zum Anderen stellt sie – in ihrem betont sachlichen und Reflektiertheit signalisierenden Duktus – den offensichtlich vorrangig an ein disziplinäres Publikum adressierten Versuch dar, eine rassenkundliche Literaturbetrachtung mit dem noch vorherrschenden literaturwissenschaftlichen Denkstil kompatibel zu machen; schließlich enthält Büttners Darstellung in gedrängter Form die zentralen methodischen Vorgaben, die für eine biologische Literaturbetrachtung kennzeichnend sind.

Büttners einleitende Bewertung der bisherigen literaturwissenschaftlichen „Versuche mit rassenbiologischer Zielsetzung" fällt – angesichts der mangelnden „Grundsätzlichkeit" solcher Einzeluntersuchungen – zunächst negativ aus:

> Bevor die Literaturgeschichte an Einzeluntersuchungen und Gesamtdarstellungen vom rassenkundlichen und biologischen Standpunkt aus herantritt, muß sie sich um eine **grundsätzliche** Auseinandersetzung mit den Ergebnissen und Problemen der Rassenkunde und Biologie bemühen und deren Tragweite und Möglichkeit für die Geistesgeschichte untersuchen. Die Grundfrage lautet: Wieweit sind die biologischen und rassenkundlichen Erkenntnisse für eine Vertiefung, Erweiterung und Korrektur der bisherigen Grundlage der Literaturgeschichte notwendig, brauchbar, möglich oder nicht möglich? Verschiedene Versuche mit rassenbiologischer Zielsetzung sind gescheitert und vermochten nicht zu befriedigen, weil sie gerade an dieser Grundfrage vorübergingen. Sie haben die rassenkundlichen und biologischen Ergebnisse zum Teil schematisch übernommen, überfolgert und zu stark mit naturwissenschaftlichen Denkvorstellungen gearbeitet. Die Geistesgeschichte sah in solchen Versuchen nicht mit Unrecht einen starren und schematischen Rassismus und Biologismus. Das ganze geistige Geschehen kann nicht auf eine Formel gebracht und nicht mit einem methodischen Dogma eingefangen werden. Vielmehr besteht die Aufgabe der neuen biologischen Geistesgeschichte darin, die künstlerischen Leistungen aus dem Zusammenwir-

---

[206] Büttner, Ludwig: Literaturgeschichte, Rassenkunde, Biologie. Weg und Aufgabe der rassenkundlichen Literaturbetrachtung, in: ZfDk, 52, 1938, S. 337–347; ders.: Gedanken zu einer biologischen Literaturbetrachtung, München 1939. Die folgenden Ausführungen beziehen sich aus oben genanntem Grund auf den Zeitschriftenbeitrag.

ken von Erbe und Entwicklung, Rasse **und** Geschichte, Anlage **und** Umwelt, Seele **und** Landschaft zu deuten.²⁰⁷

Büttners Beitrag greift hier bereits wieder jene drei grundlegenden Punkte auf, die eine Integration rassenkundlicher Zugangsweisen innerhalb der Grenzen des literaturwissenschaftlichen Denkstils als problematisch erscheinen lassen: ihre zweifelhafte Wissenschaftlichkeit, ihre potentiell einseitig naturwissenschaftliche Imprägnierung und – damit einhergehend – ihren materialistischen Schematismus.²⁰⁸ Das Ziel des Beitrages scheint es zu sein, diese möglichen Einwände zu entkräften, um eine „biologische" Grundlegung der Literaturwissenschaft auch für eine geisteswissenschaftlich imprägnierte Betrachtungsweise attraktiv zu machen. Dem Vorwurf mangelnder Wissenschaftlichkeit begegnet Büttner nicht nur dadurch, dass er ihn selbst aufgreift und ihm – zumindest im Blick auf bisher Geleistetes – eine gewisse Triftigkeit konzediert, sondern auch dadurch, dass er ihn eben durch seine „grundsätzliche" Reflexion zu entkräften versucht. Diese Reflexion zielt auf eine Differenzierung zwischen den – fälschlicherweise, so Büttner, oftmals synonym verwendeten – Begriffen „Rasse", „Volk" und „Stamm", „nordisch" und „deutsch". Er erläutert im Folgenden, dass und warum die Größen „Rasse", „Volk" und „Stamm" nicht deckungsgleich sind, dass und warum „nordisch nicht gleich deutsch" ist und er versichert mit Blick auf seinen Hauptadressaten, dass der „rein anthropologische und physische Rassenbegriff [...] heute als überwunden angesehen werden" kann.²⁰⁹ Der Verweis auf die neueren Ergebnisse der „modernen Biologie", die sich längst von einem unterkomplexen Verständnis des Zusammenhangs zwischen Gen und körperlichen und seelischen Merkma-

---

207 Büttner, Ludwig: a. a. O., S. 337. Bereits ein Jahr zuvor liefert Büttner eine auf den didaktischen Resonanzraum zielende, praxisorientierte Kostprobe einer rassenkundlichen Literaturbetrachtung ab. In seinem Beitrag *Heinrich von Kleists „Der zerbrochene Krug". Eine Neuwertung für die heutige Schule* (in: Die Deutsche Höhere Schule, 4, 1937, S. 633–641), in dem der Studienrat Franz Kochs Deutung der „nordisch-germanischen Seelenhaltung Kleists" (633) aufgreift, wird zunächst darauf verwiesen, dass „[e]ine nur ästhetische und zumal artfremde Literaturbetrachtung [...] Kleist nie begreifen [konnte]." (Ebd.) Diesem Übelstand sei indes nunmehr abgeholfen, so dass Büttner zu folgender Schlussbetrachtung anheben kann: „In Kleists Verurteilung des Menschen ohne Leistungsdrang, Adam, erkennen wir den nordischen Grundzug seines Wesens. Leistung und Leistenmüssen offenbaren ihm den inneren Wert eines Menschen. Tragik, wie sie in Eve verborgen, Suchen nach unbedingter Wahrheit und absolutem Vertrauen, Schicksalskampf und Einsamkeit sind ebenso Ausdruck seiner nordischen Rassenseele wie die unmittelbare Wucht und Dramatik seiner Sprache." (641)
208 Die Diskussion dieser Probleme ist kennzeichnend für die meisten Beiträge dieser Zeit, die – vom Standpunkt der Geisteswissenschaften aus – rassenkundliche Fragen erörtern. S. etwa auch den Beitrag des Theologen Hengstenberg, Hans Eduard: Über den Wesenszusammenhang von rassischer Grundlage und völkischer Kultur, in: Zeitschrift für Deutsche Bildung, 11, 1935, S. 9–17. Einleitend versichert hier die Schriftleitung der *ZfDB*: „Wir bringen den vorliegenden Aufsatz, ohne uns mit seinen Einzelthesen einverstanden zu erklären, um seiner Stellungnahme gegen einen materialistischen Rassenbegriff willen." (9)
209 Büttner, Ludwig: a. a. O., S. 339 f.

len verabschiedet habe²¹⁰, untermauert über die begriffliche Differenzierungsarbeit hinaus den wissenschaftlichen Impetus von Büttners Entwurf.

Es ist jedoch vor allem die Art und Weise, wie Büttner versucht, die beiden anderen Einwände zu entkräften, die deutlich werden lässt, dass es ihm vorrangig darum geht, sein Konzept einer „neuen", rassenbiologisch fundierten Geistesgeschichte und Literaturwissenschaft für die Disziplin akzeptabel zu machen. Um zu zeigen, dass das „Neue" keinen radikalen Bruch mit der tradierten Vorstellungswelt der Geisteswissenschaften bedeutet, entwirft der fränkische Oberstudienrat das Bild einer auf einem gleichsam metabiologisierten Rassebegriff gegründeten Geistesgeschichte. Diese Metabiologisierung setzt zunächst auf die im Bildungsbürgertum wie in den Geisteswissenschaften als hochwertig konnotierten Begriffe der „Synthese" und des „Organischen".²¹¹ Es sei nämlich „sehr unorganisch" gedacht, „die Welt des Geistes von der der Natur zu trennen", und somit unabdingbar, dass sich Rassenkunde und Geistesgeschichte „auf einem Boden der Synthese" begegneten und so zu einer „rassenkundliche[n] Literaturgeschichte (Geistesgeschichte) oder geistesgeschichtliche[n] Rassenkunde" verschmölzen.²¹² Doch das eigentliche Moment potentieller Attraktivität von Büttners Konzept besteht für die Literaturwissenschaft sicherlich darin, dass sie – selbst wenn sie bereit wäre, sich ein biologisches Fundament zu geben – im Grunde weiterhin an ihren tradierten Vorstellungs- und Arbeitsweisen festhalten kann. Es ist gleichsam ein Brückenschlag zwischen Bildungsbürgertum und Biologie, zwischen Geschichte und Genetik, den Büttner in seinem Konzept inszeniert. „Das biologische Denksystem der Gegenwart darf nicht hypostatisch überfolgert und dogmatisiert werden"²¹³, versichert er. Deshalb sei es auch unter biologischen Vorzeichen weiterhin legitim, an der für das disziplinäre Selbstverständnis so essentiellen Vorstellung des individuellen Schöpfertums, der „großen künstlerische[n] Leistung" festzuhalten. Denn sie ist „notwendige und zwingende Schöpfung. Sie ist Ausdruck der großen individuellen Persönlichkeit und zugleich Ausdruck einer bestimmten rassetypischen Geisteshaltung."²¹⁴ Ebenso verhalte es sich mit der Geschichte, die sich angesichts der rassenkundlichen Grundlegung keineswegs in einem biologistischen Determinismus aufzulösen drohe:

---

210 „Nach der Auffassung der modernen Biologie bestimmt ein Gen nicht nur ein einziges körperliches und seelisches Merkmal, sondern greift in ganze Gruppen von Merkmalen und sogar in zahlreiche Entwicklungsvorgänge ein, wie umgekehrt ein einzelnes Merkmal immer auch durch das Zusammenwirken und die Wechselbeziehung mehrerer Gene geformt wird." (S. 340)
211 Zur Bedeutung der „Synthese" s. Ringer, Fritz: a.a.O. Zur Metapher des „Organischen" in weltanschaulich-ideologischen und wissenschaftstheoretischen Diskursen der Zeit s. Klausnitzer, Ralf: a.a.O., S. 381–459.
212 Büttner, Ludwig: a.a.O., S. 338. Zudem befände sich die Naturwissenschaft ohnehin bereits „[i]n der philosophischen Auslegung der experimentellen Ergebnisse […] auf erkenntnistheoretischen Wegen und mündet in die Welt der Geistesgeschichte ein." (ebd.)
213 Ebd.
214 Ebd.

> Alle geistigen Erscheinungen sind nur zu erfassen in der lebendigen Wirklichkeit, d. h. in der biologisch-geschichtlichen Entfaltung. Die überindividuellen biologischen Erscheinungen sind innerhalb gewisser Grenzen wandelbar und entwicklungsfähig. Die biologisch-rassenkundliche Geistesgeschichte kann die geschichtliche Betrachtung nicht ausschließen oder gar verneinen, sondern muß sie notwendigerweise in ihre Auffassung einbeziehen.[215]

Die „gewissen Grenzen" dieser Wandelbarkeit verlaufen allerdings auch bei Büttner dort, wo es gilt, sich mit Blick auf den NS von den „Ideen von 1789" zu distanzieren:

> Was die biologische Auffassung von der vergangenen völkerkundlichen trennt, ist nicht der Entwicklungsgedanke an sich, sondern die Vorstellung von der „allgemeinen, gleichen" Entwicklung der „Menschheit". Wir sehen heute die Ungleichheit der Menschen als naturgesetzliche Gegebenheit, die ihre wesentliche Ursache in der Erbanlage hat. Die Erbanlage kann weder durch materielle Einwirkung, noch durch geistige einfach umgestaltet und verändert werden.[216]

Über den geisteswissenschaftlich nobilitierten Gedanken der Entelechie versucht Büttner schließlich, den logischen Hiatus zwischen biologischer Determination und historischer Kontextualität, zwischen politisch kompatiblem Rassedenken und geisteswissenschaftlichen Kulturvorstellungen, zu überbrücken:

> In der Geistesgeschichte ist Rasse vor allem als höhere Gesetzmäßigkeit, Grundkraft, immanentes Werde- und Sollbild zu kennzeichnen. Das deutsche Volk ist ein Rassengemisch und Rassengemenge, aber die Rassen stehen in einem sehr ungleichen Verhältnis zueinander und sind teilweise nur von örtlicher und individueller Bedeutung. Die nordische Rasse hat stets den größten Anteil und die führende Stellung im deutschen Volke gewahrt, wenn auch das deutschen Volk zeitweise Rassen- und Kulturgut fremder Herkunft angenommen hat. [...] Deutsch ist die geschichtlich gewordene Form aus nordisch-germanischen Bindungen. [...] Die deutsche Kultur ist die organische und geschichtliche Weiterentwicklung der germanischen Kultur, als deren Schöpfer und Träger Menschen nordischer Rasse anzusehen sind. Sie hat Fremdes eingeschmolzen, was oft zu einem starken Spannungsverhältnis führte, das sich schöpferisch wie hemmend auswirkte. Das Deutschtum ist nichts Fertiges und Festes, weil der geschichtliche Prozess nie abgeschlossen ist. Aber es hat eine einmalige Linie durch die ursprüngliche rassische Kraft. Die Kultur ist kein Nur-Geistiges und nicht ein Objekt des geistigen Handelsverkehrs. Die Übernahme einer fremdvölkischen Kultur ist nur sehr bedingt möglich. Denn Kultur ist immer von spezifisch biologischem Wert und entspricht der plasmatischen Mächtigkeit des Volkes und der Rasse. Eine fremde Kultur wird nie unverändert übernommen, sondern dem eigenen Wesen und den eigenen

---

215 Ebd.
216 Büttner, Ludwig: a. a. O., S. 339.

Bedürfnissen angepaßt, andernfalls bleibt sie ein Fremdkörper. Irgendwo wird der Geist der fremden Kultur nicht mehr verstanden. Dieses Nichtverstehen ist aber kein Nichtverstehen-Wollen, sondern ein Nichtverstehen-Können.[217]

Man sieht hier also den resonanzstrategisch wohldurchdachten Versuch, einerseits den Rasse-Begriff – adressiert an die disziplinäre Gemeinschaft – zu kulturalisieren („geschichtlich gewordene Form", „nichts Fertiges und Festes") und andererseits deutsche Kultur – adressiert an den politischen Resonanzraum – zu naturalisieren („nordische Rasse", „plasmatische Mächtigkeit", kein „geistiger Handelsverkehr"). Zugleich sieht man, wie dieses Bemühen um Balance Büttners Entwurf in logischer Hinsicht dekonstruiert.[218]

Das resonanzstrategische Sprachspiel aus „alt" und „neu" kennzeichnet schließlich auch Büttners Sichtung der für eine rassenkundliche Literaturwissenschaft relevanten Methoden, die einerseits bisher erprobte, rassenkundliche Herangehensweisen als unzulänglich diskreditiert, andererseits aber auch keine wirklich neuen methodischen Ansätze aufzeigen kann:

> Es ergibt sich, daß eine rassenkundliche Literaturgeschichte nicht so betrieben werden kann, daß man eine Summe von mehr oder weniger richtigen Eigenschaften eines Dichters aufstellt und diese dann an Hand der rassenkundlichen Ergebnisse einzeln rassisch etikettiert. Damit würde man die Erkenntnis der Rassenmischung schlechthin verallgemeinern und schematisch auslegen. Über die wesenhafte und vorherrschende rassische Art des Dichters wäre wenig gesagt. Eine solche Deutung würde das Ich und die Persönlichkeit nicht mehr als Einheit sehen und zu einer atomistischen Auffassung führen, die die ganzheitliche Gestalt durch eine mechanische Aufreihung von Rassenseelen zu erklären suchte und geschichtliche und umweltmäßige Kräfte nicht mehr als mitwirkend in Betracht zöge. Es ist nicht möglich, nach diesem oder jenem Einzelzug der Dichterpersönlichkeit eine neue und fremde Rassenseele im Dichter zu konstituieren, wie es ebenso unmöglich ist, die Genialität und Universalität eines Dichters mit der Zahl der vorhandenen Rassenseelen zu erklären. Bei der rassischen Charakterisierung einer Dichterpersönlichkeit müssen wir uns um eine Erfassung des rassenspezifischen Totaltyps der Persönlichkeit bemühen, nach dem Erscheinungsbild, dem Erb-

---

[217] Büttner, Ludwig: a. a. O., S. 341. Der Gedanke der „blutbedingten" Kontinuität des geistigen „Deutschtums" ist auch für jene Akteure anschlussfähig, die einer rassenkundlichen Neuausrichtung des Faches prinzipiell skeptischer gegenüberstehen. So lässt etwa Julius Petersen anlässlich der Fünfzigjahrfeier des Berliner Germanischen Seminars in der Zeitschrift *Geistige Arbeit* verlauten: „[D]enn vom Altertum bis zur Gegenwart war es doch der in allen zeitlichen Veränderungen sich gleich bleibende Geist des deutschen Volkes, in dessen Blut und in dessen stammhaften Wurzeln die inneren Gesetze seines Werdens lagen." (Petersen, Julius: Berliner Germanistik. Erinnerungen zur Fünfzigjahrfeier des Germanischen Seminars am 18. 12. 1937, in: Geistige Arbeit, 1938, Nr. 4, S. 11)

[218] Dieses Moment logischer Selbstdestruktion, das auch durch gewiefteste Dialektik nicht aufzufangen ist, kennzeichnet notwendigerweise sämtliche geisteswissenschaftlichen Rechtfertigungsversuche einer rassenbiologisch fundierten Geistesgeschichte.

bild und der genealogischen Herkunft, dem Lebensstil und vor allem nach dem Gehalt und der Form der Dichtung.[219]

Auch Büttners Methodenreflexion setzt also auf eine Integration von spezifisch rassenkundlichen Herangehensweisen (Interpretation von Bildnissen, Herkunft und Abstammung der Dichter), denen ein relatives Recht eingeräumt wird, und von literaturwissenschaftlich tradierten Methoden. So kann es schließlich kaum überraschen, dass er ins Zentrum einer rassenbiologischen Literaturgeschichtsschreibung einen methodischen Zugang und eine Größe stellt, von deren disziplinärer Akzeptanz er mit Sicherheit ausgehen kann: „Wie sehr auch die rassenbiologische Literaturgeschichte den Dichter immer in seiner Wirklichkeit zu erfassen sucht, im Erscheinungsbild und Erbbild, nach Herkunft und Abstammung, so bleibt ihr Hauptausgangspunkt doch immer wieder das dichterische Werk selbst."[220]

Die Fragen aber, mit denen der „neue", biologische Dichtungsdeuter dann an das „dichterische Werk" herantritt, dürften auch im politischen Resonanzraum auf Interesse stoßen. Denn Büttners Version der Werkinterpretation hat eine mehrfache, das Werk nicht nur um seiner selbst willen fokussierende Zielsetzung: Zum Einen fragt sie nach der im Werk sich manifestierenden „rassischen Eigenart in den dichterischen Gestalten"[221], zum Anderen nach der „rassischen Eigenart" der Form, d. h. in „der Syntaktik, im Aufbau und der Entwicklung von Höhepunkten, in der Wortwahl, Klanggestaltung Komposition und Symbolik."[222] Darüber hinaus verspricht sie, sowohl eine politisch genehme, literaturgeschichtliche wie wissenschaftshistoriographische „Feindanalyse", als auch sämtliche innerhalb der Disziplin wirksamen, zum Teil miteinander konkurrierenden Strömungen zu einer neuen Einheit zu integrieren.

Denn in den Schlusspassagen seines programmatischen Beitrages entwirft Büttner noch einmal das Bild einer biologischen und rassenkundlichen Literaturgeschichtsschreibung, die von einer geradezu erstaunlichen Homogenisierungskraft zu sein scheint. Sie sorgt für Aufklärung über den „Feind" sowohl auf literarischer als auch auf wissenschaftsgeschichtlicher Ebene, nicht nur indem sie die „seelenfremde Behandlung der deutschen Sprache" durch die „jüdischen Schriftsteller [...] nach Satzbau und Gedankenführung, Wortwahl und Gebrauch von Bildern und Symbolen" aufdeckt, sondern auch indem sie

---

219 Büttner, Ludwig: a. a. O., S. 342.
220 Büttner, Ludwig: a. a. O., S. 344.
221 Ebd. Auch in diesem Zusammenhang versteht es Büttner, aktuelles, rassenkundliches Interesse und die traditionelle literaturwissenschaftliche Unterstellung einer quasi-gnostischen Superiorität der Dichtung geschickt miteinander zu verbinden, denn „rassische Wesenszüge [werden] vom genialen dichterischen Auge zum Teil schärfer erfaßt [...], als es die Wissenschaft je vermag." (Ebd.) Dass der Literaturwissenschaft dann, wenn sie die implizite, gnostische Potenz der Dichtung wiederum explizit zu machen in der Lage ist, eine ebenfalls superiore Funktion zukommt, ist ein naheliegender Folgeschluss.
222 Büttner, Ludwig: a. a. O., S. 345. Das Repertoire rassenkundlicher Fragestellungen ist relativ fest umrissen und diskursiv etabliert; vgl. etwa: Jessen, Heinrich: a. a. O., S. 397 ff., der zu fast gleich lautenden, methodischen Schritten auffordert.

erforscht, „wie die Dichterbilder, die uns jüdische Forscher entworfen haben, in der Wertung und Geisteshaltung die unbewußte andere Seelenart oder die bewußte taktische Einstellung erkennen lassen."²²³ Darüber hinaus synthetisiert sie unter ihrem Dach Fragen und Zugangsweisen einer vergleichend, einer geistesgeschichtlich und einer stammeskundlich ausgerichteten Literaturwissenschaft: sie analysiert die „charakteristische[n] Unterschiede" in den „großen Dichtungen der Völker", fragt nach der biologischen Bedingtheit der „Epochen und Stilperioden" und sie erkundet den „Zusammenhang der stammhaften Dichtung mit etwaigen rassischen Bedingungen"²²⁴; schließlich nimmt sie sich auch – als eine Art literaturgeschichtlicher „Zwillingsforschung" – der „auslandsdeutschen Dichtung" an, da hier das „Wirken der Erbkräfte und fremder Bildungsfaktoren […] am deutlichsten unterschieden werden" kann.²²⁵

Dass „Rassenfragen" zumindest in der Literaturwissenschaft, und auch dann, wenn sie eher von den Rändern der Disziplin aus gestellt werden, nicht zuletzt (Denk)Stilfragen sind²²⁶, wird deutlich, wenn man Büttners Entwurf vergleicht mit Hans Rössners im gleichen Jahr in der Zeitschrift *Volk im Werden* veröffentlichten Überlegungen *Zur Neuordnung der Literaturwissenschaft*.²²⁷ Während die Variante des fränkischen Oberstudienrats getragen wird

---

223 Büttner, Ludwig: a. a. O., S. 346 f. Ein besonders extremes Exempel einer solchen rassisch grundierten, wissenschaftsgeschichtlichen Selbstbeobachtung liefert 1940 der Münchner Ordinarius für Germanische Philologie und Volkskunde Otto Höfler in seinem Beitrag *Friedrich Gundolf und das Judentum in der Literatur* (in: Forschungen zur Judenfrage, 1940, S. 115–133). Dort heißt es u. a.: „Für sich und seine Genossen legt dieser Jude [Gundolf; G. K.] die Hand auf Volkstum und Deutschheit, auf Schlichtheit, Hoheit, Echtheit und ‚ursprüngliches' Blut, den anderen aber schiebt er Abgefeimtheit, Übersteigerung, Krampf, ‚Verdünnung' und schwärende Zersetzung zu. Man fordere nicht sentimentale Gefühle des Mitleids von uns, wenn hinter so maßlos geblähter Selbstzufriedenheit die Zerfetztheit einer sich selber belügenden Dekadenz sichtbar wird, die ihre eigenen Bedrängnisse und Laster anderen aufbürden möchte, um das zu werden, was sie niemals werden kann – adlig, groß und rein. […] Unverhüllt bricht hier einer der jüdischen Grundzüge durch, die uns am Judentum immer wieder erschrecken: das martervolle Nebeneinander eines erlösungsgierigen Leidens an sich selber und einer Überhebung, die ins Maßlose geht." (S. 126) „Gundolfs Anschauung von Genie, Geist, Volk ist nicht eins mit der Anschauung Goethes, sie ist ihr Gegenteil, und sie ist aufs engste verbunden mit Gundolfs Judentum, mit seinem unlösbaren Schicksal." (S. 132) Zu Höfler s. Bonk, Magdalena: a. a. O., S. 91–93 und S. 321–345; Zimmermann, Harm-Peer: Vom Schlaf der Vernunft. Deutsche Volkskunde an der Kieler Universität 1933 bis 1945, in: Prahl, Hans-Werner (Hrsg.): Uni-Formierung des Geistes. Universität Kiel im Nationalsozialismus, Kiel 1995, S. 171–274.
224 Büttner, Ludwig: a. a. O., S. 345 f.
225 Büttner, Ludwig: a. a. O., S. 347.
226 Höppner, Wolfgang: „Rasse ist Stil". Anmerkungen zum Wissenschaftsstil in der germanistischen Literaturwissenschaft des „Dritten Reiches", in: Kirsch, Frank-Michael/Almgren, Birgitta (Hrsg.): Sprache und Politik im skandinavischen und deutschen Kontext 1933–1945, Aalborg 2003, S. 73–88; s. auch Gardt, Andreas: Wann ist ein Germanist ein „Nazi"? Überlegungen zu einem schwierigen Thema, in: Kirsch, Frank-Michael/Almgren, Birgitta (Hrsg.): a. a. O., S. 21–39.
227 Rössner, Hans: Zur Neuordnung der Literaturwissenschaft, in: Volk im Werden. Zeitschrift für Kulturpolitik, 6, 1938, S. 166–174.

vom „organologischen" Synthese*sound* des um Mäßigung und Versöhnung bemühten Bildungsbürgers, weht im Beitrag des Nachwuchswissenschaftlers und Sicherheitsdienstlers der kulturpolitisch kämpferische Wind des „Unbedingten" und der Ernüchterung. Versöhnung ist die Sache Rössners nicht. Dies macht er gleich einleitend klar, wenn er den Geisteswissenschaften im Allgemeinen und der krisengeschüttelten Literaturwissenschaft im Besonderen das rhetorische Totenglöckchen läutet:

> Vom Boden der nationalsozialistischen Weltanschauung und ihren neuen Wissenschaftsforderungen aus ist die deutsche Literaturwissenschaft heute erneut und dringlich vor ihre Sinn- und Lebensfrage gestellt. Daß sie dabei als Hochschulwissenschaft mit in die Krise der philosophischen oder besser: geisteswissenschaftlichen Fakultät verstrickt ist, sei hier nur erwähnt. Die Philosophie als Grundwissenschaft, als Base dieser Fakultät, ist gefallen – lange vor der Heraufkunft der nationalsozialistischen Weltanschauung. Der selbstsichere Anspruch und gewaltige Auftrieb der Naturwissenschaften und naturwissenschaftlich unterbauten Disziplinen haben die Geisteswissenschaften immer erneut zu mehr oder minder überzeugenden Selbstrechtfertigungen getrieben, ohne den innerlich hilflosen und strukturlosen Zustand dieser Fakultät beseitigen zu können. Durch welche Reformen die unhaltbare Lage der ‚geisteswissenschaftlichen' Fakultät beseitigt, welche Wissenschaft dabei das Führeramt übernimmt von der Grundlage der nationalsozialistischen Weltanschauung aus, – das alles ist hier nicht zu erörtern. Fest steht indessen, daß bei einem Neubau der Fakultät die Germanistik im weiteren Sinne – und mit ihr die Literaturwissenschaft –, wenn sie zu ihrer Lebensaufgabe zurückfindet, durchaus berufen ist, ein wissenschaftliches Kernstück zu bilden, an das sich vor allem die geschichtlichen Disziplinen aus gemeinsamer Grundhaltung und Zielsetzung und aus gemeinsamem verantwortlichem kulturpolitischem Einsatz anschließen können. Mit einer bloßen Wandlung der Methoden oder einer Revision der Grundbegriffe ist das allerdings nicht zu leisten. Hier helfen nur neue weltanschauliche Fundamente und Klarheit und Einmütigkeit in den großen verpflichtenden völkischen Aufgaben.[228]

Mit dem für einen Teil seiner Generation spezifischen Gestus des sachlichen und kühlen Grundlagenreformers klagt Rössner den bislang ausgebliebenen „lebensgesetzliche[n] Durchstoß in der Literaturwissenschaft"[229] ein. Auch in „sublimen künstlerischen und geistigen Dingen" sei ein „harter, nüchterner Realismus vonnöten" und die vom Tand einer „ästhetischen Esoterik" befreite Literaturwissenschaft, die „allein aus tathafter Leistung" entstehen könne, habe sich „[o]hne Vorurteil und Sentiment" einer „anthropologischen" Grundfrage anzunehmen: **„welches sind die wissenschaftlich greifbaren, bestimmbaren Ausdrucksformen, Gestaltungen, Ausgliederungen des rassisch-germanischen Erbguts**

---

228 Rössner, Hans: a. a. O., S. 166 f.
229 Rössner, Hans: a. a. O., S. 169.

im geschichtlich-völkischen Wandel?"²³⁰ Die – etwa bei Büttner sichtbar werdenden – Bestrebungen, den Rasse-Begriff geisteswissenschaftlich zu kulturalisieren und so innerhalb des Faches anschlussfähiger zu machen, durchschaut Rössner als resonanzstrategische Manöver und er erteilt ihnen eine dezidierte Absage:

> Was sie [die Literaturwissenschaft; G. K.] als „Hilfswissenschaft" heute braucht, das sind nicht vorerst [...] Philosophie, Ästhetik und Stilkunde. Es sind vor allem neben der weltanschaulichen Grundlage die gesicherten Ergebnisse lebensgesetzlichen Denkens, der Rassenbiologie und der Rassensoziologie. Die endgültige Vereinigung zwischen Literaturwissenschaft [...] und der Rassenkunde ist noch nicht vollzogen. [...] Hüten wir uns indessen vor bloßen Begriffswirklichkeiten wie **die Rasse, das Volk u. ä.!** Das sind und bleiben am Ende Abstraktionen [...] Mit bloßen Begriffen, Volk, Rasse oder Ganzheit, Existenz u. a. ist uns wenig gedient. [...] Hüten wir uns weiter, den Volksbegriff zu romantisieren. Das ist ebenso gefährlich, wie die Rasse als gleichsam rein metaphysisches, metabiologisches Postulat zu verflüchtigen.²³¹

Allerdings werden bei Rössner, dem es offensichtlich sowohl um die kulturpolitische Relegitimation seiner Disziplin wie auch um die Selbstinszenierung als disziplinärer Ernüchterer gegenüber einem vergeistigten Spätmandarinentum geht, lediglich die Umrisse seiner Version einer rassenbiologisch, bzw. -soziologisch ernüchterten Literaturwissenschaft deutlich.²³² Methodologisch gesehen scheint es eine Mischung aus rassenkundlich grundierter Wirkungsforschung²³³ und vor allem aus nicht genauer erläuterten sprachwissenschaft-

---

230 Rössner, Hans: a. a. O., S. 169, 170, 171, 169.
231 Rössner, Hans: a. a. O., S. 169.
232 Nichtsdestoweniger hat er seine Vision einer sich im Geisteskampf „tathaft" zu bewährenden Literaturwissenschaft selbst in die Praxis umgesetzt. Dies zeigt vor allem seine kontinuierliche Demontage des Werkes und der Person Stefan Georges. Nach einem ersten Angriff gegen George (Rössner, Hans: Dritter Humanismus im Dritten Reich, in: Zeitschrift für Deutsche Bildung, 12, 1936, S. 186–192) wendet er sich in seiner mit „ausgezeichnet" beurteilten Dissertation (Georgekreis und Literaturwissenschaft. Zur Würdigung und Kritik der geistigen Bewegung Stefan Georges, Frankfurt am Main 1938) vehement gegen die „geistige Verjudung" des George-Kreises. Verantwortlich für den „starke[n] Einstrom des vornehm urbanen Bildungsjudentums" in den Kreis sei „zweifellos auch die rassisch-biologische und rassenseelische Instinktlosigkeit des Kreises". Getragen sei der Kreis von „jener ästhetisch-humanistischen Bildungsüberlieferung, die, zum europäischen Gemeingut geworden, sich immer mehr von den völkischen Lebensgründen gelöst" habe. Dies sei mit einer völkisch-rassischen Literaturwissenschaft nicht kompatibel und müsse daher mit Entschiedenheit bekämpft werden (S. 10 f., 215). Weitere Kampfschriften, die aber zugleich immer auch ein gewisses wissenschaftliches Niveau zu wahren verstehen, folgen: Ende des George-Kreises, in: Volk im Werden, 6, 1938, S. 459–477; George und Ahasver oder vom geistigen Reich, in: Die Weltliteratur, 1941, S. 244–248 sowie sein Vortrag über „George-Kreis und der 3. Humanismus" auf der Jahrestagung des NS-Dozentenbundes in Rittmarshausen im März 1939 (s. Simon, Gerd: a. a. O., S. XII).
233 „Was uns nottut, ist eine **Wirkungs- und Gestaltungsgeschichte der Dichtung im Rahmen und inneren Zusammenhang mit der Volksgeschichte.**" (S. 172) Zur hochfrequenten Zirkulation der Forderung nach einer rezeptionsgeschichtlichen Literaturwissenschaft s. III.4.2.

lichen Zugangsweisen zu sein, die ihm vorschwebt. Beide Elemente erweisen sich als kompatibel mit Rössners Inszenierung der Literaturwissenschaft als einer nüchternen Tatsachenwissenschaft. Während die prospektierte Wirkungsforschung an dem um Wirklichkeitsbezogenheit bemühten, kryptosoziologischen Volks-Diskurs innerhalb der Literaturwissenschaft partizipiert, kann Rössners Forderung nach einer „Literaturwissenschaft als Sprachwissenschaft"[234] anknüpfen an das – zumindest im literaturwissenschaftlichen Feld überwiegende – Image der Letzteren als einer vergleichsweise deemphatischen, quasi-naturwissenschaftlichen Tatsachendisziplin:

> Mit einer Tatsache aber muß die Literaturwissenschaft wie die Literaturgeschichte heute mehr als je ernst machen: daß Dichtkunst Sprachkunst sei. […] Sprache ist das Element der Dichtung. Darum ist das Kernstück, ja, man darf sagen, das innere Wesen der Literaturwissenschaft, Sprachwissenschaft in einem umfassenden Sinne. Insofern muß die Wissenschaft wohl zuweilen wieder werkgerechter, materialechter werden, womit nicht geleugnet sei, daß Dichtung als Kunst und Wirkungsmacht auch immer zugleich mehr ist als Sprache. Aber zur geistigen, seelischen, kulturellen Erneuerung unsres Volkes gehört die Besinnung auf Wesen, Wert, Lebensfunktion und überindividuelle Wirkungskraft der arteigenen Sprache.[235]

Es ist jedoch auch der über- und antiindividuelle Impetus eines Literaturzuganges über „die" Sprache, die Absage an den spezifisch literaturwissenschaftlichen „subjektiven Genieaberglauben"[236], die die Sprachwissenschaft für Rössner als Orientierungsdisziplin einer „modernen Literaturwissenschaft" attraktiv machen. Denn

> die Sprache, so persönlich und eigenwillig sie ein Dichter auch ‚handhaben' mag, [umschließt] Vergangenheit und Zukunft, Same und Keim des **Volkes**. […] [D]er wahrhaft volkhafte Dichter […] erlebt vielmehr in der Sprache und durch sie hindurch die unmittelbare Wirklichkeit im Dasein seiner selbst und seines Volkes. […] Hierin,

so versichert Rössner, „liegt wohl ein entscheidendes Gegenprinzip zu allen ästhetischen Tendenzen des l'art pour l'art – in der Kunst wie in der Wissenschaft."[237]

Doch Rössner spricht natürlich nicht nur als Kulturpolitiker im literaturwissenschaftlichen Feld, sondern zugleich auch als Vertreter der Literaturwissenschaft im kulturpolitischen Feld, dem es um die Demonstration der Relevanz der eigenen Disziplin geht. In diesem Sinne geht es ihm selbstverständlich nicht nur um methodologische Reformen, sondern auch darum, die „ethischen und erzieherischen" Konsequenzen einer rassenbiologischen Neuordnung des Faches zu kommunizieren. Gleichsam im Rausch an der eigenen, mit Pathos inszenierten Nüchternheit entwirft auch der kühle SD-Technokrat die Vision

---

234 So die Zwischenüberschrift auf S. 172.
235 Rössner, Hans: a. a. O., S. 172 f.
236 Rössner, Hans: a. a. O., S. 171.
237 Rössner, Hans: a. a. O., S. 174.

einer weltgeschichtlichen Mission seines Faches. Hat es doch seiner Ansicht nach den geistesgeschichtlichen Großauftrag, die staats- und kommenden weltpolitischen Umwälzungen flankierend, „Entwicklung, Sinn, Wert und Untergang des humanistischen Menschenbildes"[238] zu erforschen. Dergestalt erscheint die an sich selbst ernüchterte, ent-ästhetisierte Literaturwissenschaft bei Rössner als eine Art Elitetruppe im Geisteskampf, sozusagen als geisteswissenschaftliche Waffen-SS:

> Als deutsche Literaturwissenschaft trägt sie Verantwortung auch vor der sittlichen Erbmasse des deutschen Volkes: Verantwortung zuletzt um die Formung und Heraufkunft eines neuen Menschentums. Das ist ihr Lebenssinn, ihr erzieherischer Einsatz. [...] Wagen wir es darum auszusprechen: die Germanistik kann und soll sein eine vornehme und scharfe Waffe im weltanschaulichen Lebenskampf unsres Volkes und im geistigen Ringen unsrer gegenwärtigen Weltstunde.[239]

Diese sich hier abzeichnende Amalgamierung aus Informationsdienst und wissenschaftlicher Literaturbeobachtung wird er dann u. a. im „geistigen Kampf" um die Demontage des George-Kreises (s. Anm. 232) selbst vorexerzieren.

2) Professionalisierungsversuche und „biologischer Funktionalismus" im Schatten der „Bauhütte": „Rassische Betrachtungsweisen" im Zentrum der Disziplin (Willi Flemming und Franz Koch)

Es gehört zu den sicherlich zutreffenden Einsichten der neueren Fachgeschichtsforschung, dass sich rassenkundliche Herangehensweisen im Zentrum der Disziplin zwischen 1933 und 1945 nicht wirklich etablieren konnten.[240] Die Tatsache, dass es sich bei Büttner wie bei Rössner um Akteure handelt, die – als Studienrat, bzw. als Nachwuchswissenschaftler mit vorrangig kulturpolitischen Ambitionen[241] – an den Rändern der Disziplin operieren, stärkt diesen Befund. Gleichwohl ist der Rasse-Diskurs auch auf Ordinarienebene und auch jenseits ornamentaler Kollusionsstrategien angekommen. Diesen Eindruck vermitteln

---

238 Rössner, Hans: a.a.O., S. 171.
239 Rössner, Hans: a.a.O., S. 174.
240 So etwa Klausnitzer (Klausnitzer, Ralf: Blaue Blume, S. 251). Ähnlich auch Dainat, Holger: Germanistische Literaturwissenschaft, in: Hausmann, Frank-Rutger (Hrsg.): Die Rolle der Geisteswissenschaften im Dritten Reich 1933–1945, München 2002, S. 63–86.
241 Allerdings scheint Rössner nicht gänzlich frei auch von akademischen Ambitionen zu sein. 1941 jedenfalls steht er auf der Vorschlagsliste für den Strassburger Lehrstuhl für Germanistik. Dazu Simon: „Als sein Chef im SD, Spengler, ihn darauf anspricht, verrät er, dass die Liste an sich auf ihn zurückgehe, dass sein Name aber ohne sein Zutun auf eben diese geraten sei. Er sei zwar grundsätzlich zur Übernahme des Strassburger Ordinariats bereit, stelle aber die Bedingung, dass er sich erst einmal ordnungsgemäss habilitiere und eine Anstellung erhalte, die ihm Zeit dafür lasse. Er denkt an einen Lehrauftrag an der Universität mit Bezügen, wie er sie als Abteilungsleiter im SD erhalte […] Sicher ist, dass Rössner zwar von 1940 bis 1944 einen Lehrauftrag an der Universität Bonn innehatte, aber weder in Strassburg noch sonstwo jemals Professor wurde." (Simon, Gerd: a.a.O., S. XXI)

zumindest einige Beiträge des Rostocker Ordinarius Willi Flemming[242] und des Berliner Germanisten Franz Koch. Sicherlich, Rostock ist zweifellos auch zwischen 1933 und 1945 nicht das Zentrum deutscher Literaturwissenschaft, und Flemmings Abhandlung über *Literaturwissenschaft und rassische Betrachtungsweise* erscheint 1942 nicht in der *Deutschen Vierteljahrsschrift* – nicht einmal in *Dichtung und Volkstum* – sondern in der Rosenberg'-schen *Bücherkunde*.[243] Auch ist der Status Kochs als Wissenschaftler gerade angesichts seines vehementen politischen Engagements innerhalb der Literaturwissenschaft alles andere als unumstritten (s. u.). Dennoch handelt es sich bei beiden Literaturwissenschaftlern um Akteure, die auch innerhalb des esoterischen Zirkels der Disziplin durchaus über ein gewisses Maß an fachlichem Renommee verfügen und als prinzipiell ernstzunehmende Fachgelehrte gelten – Flemming als Barock-Experte und Koch als Goethe-Forscher.

Dass die Ausführungen des Rostocker Ordinarius' nicht nur in einem disziplininternen, sondern auch in einem kulturpolitischen Kontext verstanden werden wollen, davon zeugt nicht nur ihr Publikationsort, sondern auch die vorangestellte Bemerkung der Schriftleitung der *Bücherkunde*: „Die „Bücherkunde" will mit diesen Veröffentlichungen gerade im Kriege zeigen, daß eine neue Betrachtung der Literatur nicht nur eine fachliche Angelegenheit ist, sondern gesehen werden muß im Zusammenhang mit den kulturpolitischen Aufgaben der deutschen Zukunft."[244]

Sachlich wie resonanzstrategisch gesehen bietet Flemmings Entwurf einer rassenkundlichen Literaturbetrachtung indes wenig Neues. Frei von den schrilleren Tönen eines Rössner knüpft sie programmatisch an den maßvollen, Professionalisierungsdefizite beklagenden und Wissenschaftlichkeit signalisierenden Gestus Büttners – den er ausdrücklich positiv erwähnt[245] – an, auf pragmatischer Ebene folgt sie dem Beispiel Burgers insofern,

---

242 Flemming (1888–1980) promoviert 1914 in Marburg bei Ernst Elster mit einer Arbeit über *Andreas Gryphius und die deutsche Bühne*. 1919 habilitiert er sich in Rostock mit einer Schrift über die *Geschichte des Jesuitentheaters in Landen deutscher Zunge* (Berlin 1923). Von 1934 bis 1943 ist er erster ordentlicher Professor für Neudeutsche Philologie und Theaterwissenschaft an der Universität Rostock. Bei der Übernahme dieses Ordinariats, das aus einem Extraordinariat umgewandelt wird (die gleiche Aufwertung wird auch bei den Lehrstühlen zweier anderer aktiver Nationalsozialisten vollzogen: bei Fricke in Kiel und bei Koch in Berlin), handelt es sich insofern um eine Ausnahme, als dass Flemming im Zuge einer sonst unüblichen Hausberufung die Nachfolge Golthers antritt (Dainat, Holger: Zur Berufungspolitik in der Neueren deutschen Literaturwissenschaft 1933–1945, in: ders./Dannemann, Lutz (Hrsg.): a. a. O., S. 59). Von 1943 bis 1945 vertritt Flemming als Ordinarius Lugowski und Mohr an der Universität Kiel. Flemming ist ab 1933 förderndes Mitglied der SS, Mitglied des NS-Lehrerbundes, Reichslektor, Landesreferent der Reichsstelle zur Förderung des deutschen Schrifttums und Gauschrifttumsbeauftragter für Mecklenburg. Seit dem 01.05.1937 ist er Mitglied der NSDAP. Er wird zwar 1945 aus politischen Gründen entlassen, erhält aber bereits 1946 wieder ein Ordinariat für Deutsche Philologie und Theaterwissenschaften in Mainz (Angaben übernommen aus Gröf, Siegfried: Art. Flemming, Willi, in: IGL, Bd. 1, S. 498–500).

243 Flemming, Willi: Literaturwissenschaft und rassische Betrachtungsweise, in: Bücherkunde, 9, 1942, S. 133–139.

244 Vorbemerkung der Schriftleitung zu: Flemming, Willi: a. a. O., S. 133.

245 S. Flemming, Willi: a. a. O., S. 139.

als dass die methodischen Überlegungen sogleich am Beispiel eines rassenkundlich offensichtlich ergiebigen Autors (Grabbe) veranschaulicht werden. Insgesamt geht es Flemming – ähnlich wie Büttner – um die Legitimation rassischer Betrachtungsweise durch ihre Professionalisierung, d. h. durch ihre Rückkopplung an innerdisziplinär tradierte Mindeststandards, die es bei der Applikation rassenkundlicher Herangehensweisen an den fachspezifischen Gegenstandsbereich nicht zu unterschreiten gelte. Denn auch drei Jahre nach Büttners Beitrag hat sich, folgt man Flemming, die „rassische Betrachtungsweise" auf dem Markt literaturwissenschaftlicher Methodenmöglichkeiten noch nicht etablieren können. „Nur ganz vereinzelt", so seine Bestandsaufnahme, „haben sich bislang literaturwissenschaftliche Untersuchungen rassenkundlichen Themen zugewandt, um dadurch das Schaffen eines Dichters oder die Eigenart eines Werkes zu erklären."[246] Dass sich die Literaturwissenschaft bisher so „selten [...] rassische Themen gestellt" habe, liegt nach Flemming zum Einen am abschreckenden Dilettantismus der bisherigen Versuche[247] und zum Anderen daran, dass es „hergebrachtermaßen noch üblich [sei], die einzelne Dichtung vorwiegend formalästhetisch zu analysieren und dabei die Denkgrundlage von idealistischer Schönheit und abstrakter Geistigkeit unbesehen beizubehalten."[248]

Auch Flemming plädiert nun für eine „sanfte" Integration rassischer Betrachtungsweisen in die Matrix disziplinär akzeptierter Methoden. Im Zeichen einer „lebenswissenschaftlichen" Erweiterung des Fachhorizontes erteilt er zwar jenen Zugangsweisen, die nur nach der „Verflochtenheit" einer Dichtung in „Zeit und Umwelt" fragten, eine Absage. In Umkehrung eines Argumentes, das innerhalb der Disziplin sonst gerade gegen eine rassische Literaturbetrachtung erhoben wird, bezeichnet Flemming nunmehr solche „historistischen" Deutungen als der „kausal-mechanistischen Auffassung des alten Positivismus"[249] verpflichtet. Die tradierte zünftige Identität jedoch stellt er nicht prinzipiell in Frage: „Da die Literaturwissenschaft sich zum Teil einer umfassenden Lebenswissenschaft weitet, muß die rassische Betrachtungsweise zu den bisher berührten hinzutreten – nicht sie verdrängen – um Lebenskern und Wachstumsgesetzlichkeit in Dichtung und Dichter zu verarbeiten."[250]

---

246 Flemming, Willi: a. a. O., S. 133.
247 Flemming exemplifiziert seine Vorwurf des Dilettantismus anhand von Arno Drehers Dissertation *Das Fragmentarische bei Kleist und Hölderlin als rassenseelischer Ausdruck* (Münster 1938): „So fördert diese Arbeit ein weder haltbares, noch auch nur als These einleuchtendes Ergebnis zutage; sie ist nur ein Beleg und zugleich eine Warnung davor, statt von den Werken auszugehen und der dichterischen Persönlichkeit zuzustreben, von außen her mit einigen Lesefrüchten aus rassekundlichen Schriftstellen etwas hineinzulesen, statt mit kritischer Vorsicht und Methode die Gesamtkonstellation der rassischen Elemente, ihre Zuordnung und Spannung in lebendiger Auswirkung zu verfolgen und so nicht schematisch zu typisieren, sondern gerade die schöpferische Einmaligkeit des Dichters verständlich zu machen." (S. 139)
248 Ebd.
249 Ebd.
250 Flemming, Willi: a. a. O., S. 133.

Auch bei Flemming zeigt sich nun der mittlerweile wohlbekannte Versuch, den denkstilspezifischen Gedanken der schöpferischen Individualität mit dem der rassischen Bedingtheit argumentativ zu versöhnen, will er doch zeigen, dass gerade die rassische Betrachtungsweise „ernste Forschung", „die sich nicht mit einigen rasch erhaschten Eindrücken begnügen darf, wie sie vielleicht für ein Feuilleton ausreichen"[251], ermögliche. Dazu jedoch bedürfe es einer „zusammenhängenden, kritisch durchdachten Methode"[252]. Flemming skizziert und exemplifiziert nun die bereits bei Büttner und Burger ablesbare Mischung aus erscheinungsbildlicher, charakterologischer und erbbildlicher Analyse, warnt jedoch vor einer Überschätzung dergestalt gewonnener Einsichten, denn es sei nicht statthaft, aus diesen „das Einmalige des Dichters mit kausal-mechanischer Notwendigkeit"[253] herzuleiten. Diesem lediglich zeitgeistigen, laienhaften Dilettantismus setzt Flemming eine professionalisierte Variante rassischer Betrachtungsweise entgegen, die ohne die Tugenden des geschulten, philologischen Experten – „hingebungsvolle Kleinarbeit und kritische Sorgfalt verbunden mit allerhand Fingerspitzengefühl"[254] – nicht auskommt. Systematisch müsse deshalb

> Zug um Zug der dichterischen Persönlichkeit erforscht werden. Man erkennt die treibenden Kräfte an ihren Auswirkungen im Werk. [...] Nirgends darf also einfach verzettelt und danach das Gesammelte nach einzelnen Charakterzügen, wie sie die Rassenbücher für die einzelnen Typen aufstellen, äußerlich aufgezählt werden. Damit würde man literaturwissenschaftliches Material der Rassenforschung zuleiten, jedoch nicht die literaturwissenschaftliche Erkenntnis durch die neue Methode rassischer Betrachtung erweitern und also eine neue und wesentliche Seite an dem komplexen Lebensphänomen des schöpferischen Menschen beleuchten. Es gilt demnach, die markanten Linien der dichterischen Persönlichkeit zu zeichnen auf Grund seiner Art des Gestaltens und sie rassisch zu deuten.[255]

Wie sich Flemming eine dergestalt professionalisierte rassische Literaturbetrachtung, die „nie eine summierende Mischung, stets eine charakteristische Struktur" erhellen soll, vorstellt, dies zeigt er gleich selbst am Beispiel Grabbes. An dessen Erscheinungsbild, Charakter und Werk enthülle sich dem rassisch fokussierenden Auge, dass es sich bei Grabbe um „ein tragisches Opfer unglücklicher Rassenmischung [handle]. Das Nordische wurde in ihm nicht zur haltgebenden Achse der die anderen als Komponenten sich ein- und unterordneten; zu stark war das Ostbaltische, dessen Schattenseiten und Gefahren ungehemmt sich entfalteten und als losgebundene Dämonen das Geschaffene zerstörten oder entwerteten."[256] Dieser Befund erfährt nun auf allen Ebenen der rassischen Literaturbetrachtung

---

251 Flemming, Willi: a. a. O., S. 136.
252 Flemming, Willi: a. a. O., S. 133.
253 Flemming, Willi: a. a. O., S. 136.
254 Flemming, Willi: a. a. O., S. 139.
255 Flemming, Willi: a. a. O., S. 136.
256 Flemming, Willi: a. a. O., S. 134.

3. SCHWIERIGKEITEN MIT DER „KOPERNIKANISCHEN WENDE" 369

eine Art wechselseitig sich verstärkender Bestätigung. „Bereits Immermann", so Flemmings physiognomische „Vermessung" des Quartalsdichters aus Detmold,

> fiel an Grabbes Kopf die Widersprüchlichkeit der oberen zur unteren Hälfte auf. Die hochgewölbte, freie Stirn, das blonde Haar und die großen, blauen Augen verraten unzweifelhaft nordische Art, wogegen der breite, schlaffe Mund, das kleine, zurückliegende Kinn und die kurze, dicke Nase deutlich ostbaltischer Rasse entstammen. In auffälliger, ganz einmaliger Zweiteilung stehen sich hier beide Rassen gegenüber, und Immermann hat recht, hier in der leiblichen Erscheinung bereits den inneren Zwiespalt des Dichters verkörpert zu finden.[257]

Dass es sich bei Grabbe im spezifischen Sinne des Wortes um einen „Charakterkopf" handelt, zeigt nun Flemmings charakterologische Skizze von Grabbes Rassenseele, die bestätigt, dass der Kopf des Mannes wie sein Charakter ist:

> Es ist deutscher Idealismus, der aus nordischer Art stammt. Kämpferisch tritt er ein für Freiheit und Ehre, für Gerechtigkeit und Wahrheit. Tatfroh verlangt er von sich Höchstleitungen. Tief gründet sich sein Gefühlsleben, das nach Reinhaltung strebt. Damit ist das Nordische als der führende Rassenanteil deutlich gemacht, ganz entsprechend der Oberhälfte des Kopfes. Aber wie hier in dem schütteren und aschblonden Haar sich schon Ostbaltisches ankündigt, um in der unteren Hälfte allein zu herrschen, sinkt im Charakterbild der ausgreifende Leistungswille jäh zusammen vor Einflüssen, die alles zerstören, jede Kraft durch eine Gegenwirkung zersetzen. Das weitausgreifende organisierende Denken wird durch ein Zergliedern und Zerdröseln ab- und aufgelöst. Der zielgerichtete Sprung des Gefühls wird durch Wühlen vernebelt und in stagnierendes Brauen gebannt. Nach ausbrechendem Überschwang folgt mißtrauische Verschlossenheit. Unbestimmte Neigungen finden keine Ballung und Richtung; schwermütig und unbefriedigt brütet das Gemüt, verliert sich die Einbildungskraft ins Phantastische. Die Aktionsebene der Grabbeschen Seele zeigt also ostbaltische Art. Auf ihr verkommen die Antriebe aus nordischem Blut gleichsam in endlosen Ebenen und Sümpfen. Es ist demnach die Unausgeglichenheit der beiden Rassenelemente Nordisch und Ostbaltisch, welche die seelische Problematik des Menschen Grabbe ausmachen; die Trunksucht ist nicht deren Ursache, sondern erst die Folge. Der Alkohol sollte die Hemmungen, das Gegeneinander der Kräfte beseitigen. Nicht pathologische Willensschwäche ist die Ursache seines Unterganges, vielmehr das Absacken des nordischen Leistungstriebes in ostbaltisches Verdämmern der eigentliche Vorgang und Quell des Unproduktivwerdens.[258]

Zwar erteilt Flemming der Hauptbeschäftigung der Literaturwissenschaft auch im Rahmen seines Programms einer professionalisierten rassischen Literaturbetrachtung eine weitere

---

257 Flemming, Willi: a. a. O., S. 134.
258 Flemming, Willi: a. a. O., S. 135.

Bestandsgarantie, wenn er betont, dass die rassische „Erforschung der dichterischen Persönlichkeit auf der Durcharbeit der einzelnen Werke"[259] beruhen müsse. Allerdings löst er im Rahmen seines *Bücherkunde*-Beitrages diese Forderung nach Werkbezogenheit zumindest am Beispiel Grabbes nicht mehr selbst ein. Gleichwohl gestattet er sich neben der grundsätzlicheren Erörterung rassischer Schreibstile einen kurzen Seitenblick auf das Œuvre Gerhart Hauptmann; einen Seitenblick, der andeutet, wie die bisher gewonnenen rassischen Befunde mit einer Werkdeutung verknüpft werden könnten:

> Analog wird man auch eine verschiedene Art der [Werk-; G. K.] Architektonik finden. [...] So bevorzugt etwa der westisch gerichtete Künstler die vorgegebene Einheit einer These, die er dann in der Durchführung analytisch durchführt, wogegen der nordische in organischer Entfaltung mit einem Problem ringt. An Gerhart Hauptmann ist das Absinken beobachtet worden, das vom Daktylischen sich verlangsamt zu müde gedehnten Trochäen. Es handelt sich hier um das Zusammensacken der ostbaltischen Seele zum ratlosen Vergeblich nach dem unbeherrschten Ausbruch, wie überhaupt der Fuhrmann Hentschel und Rose Bernd vorwiegend Züge dieser Rasse zeigen. Gegenüber dem Schwingen der Melodik wird bei westischer Sprachhaltung die immanente Gestikulation, die Wortgebärde besonders zur Wirkung kommen und dem überwiegend nordisch orientierten Gefühl als ‚deklamatorisch' erscheinen oder bei dinarischem Einschlag noch gesteigert als ‚Pathetik' in die Ohren, ja auf die Nerven fallen.[260]

Anders als noch bei Büttner, dessen Entwurf auch auf einen rassischen Epochen- und Nationalliteraturenvergleich abzielte, bleibt Flemmings Perspektive hier jedoch[261] auf den

---

259 Flemming, Willi: a. a. O., S. 138.
260 Ebd.
261 Allerdings nimmt auch Flemming in seinen zwischen 1933 und 1945 entstandenen Arbeiten eine rassenkundliche Erweiterung seiner Epochendeutung des Barock vor. So bringt er u. a. im Anschluss an Hans F. K. Günthers Abhandlung *Rasse und Stil* „bezeichnende Merkmale des Barock mit einer stärkeren Auswirkung dinarischen Rasseneinschlags in unserem Volk in Zusammenhang", vergisst aber natürlich nicht – denn es ist ihm ja um die Aufwertung und Abgrenzung der Epoche als einer spezifisch deutschen Kulturleistung zu tun – darauf hinzuweisen, dass zu der „Gesamtstruktur des Barockmenschen [...] die nordischen Züge ebenfalls wesenhaft gehören." (Flemming, Willi: Deutsche Kultur im Zeitalter des Barock, Potsdam 1937 (= Handbuch der Kulturgeschichte. Hrsg. von Heinz Kindermann. Erste Abteilung: Geschichte des deutschen Lebens), S. 19) Die „eigentümliche Artung" (1) des Barockmenschen wird rassenbiologisch und in Differenz zum Französischen begründet. Während beim deutschen Barockmenschen – wie Flemming anhand von Schlüters Reiterbild des Großen Kurfürsten nachzuzeichnen versucht – ungeachtet des dinarischen Einschlages „voll imponierende Würde und kraftvolle[r] Wille[]" (20) überwiegen, zeichnet sich der „westische Darbietungstyp" (exemplifiziert hier an Louis XIV) durch „elegante[] Pracht und eitle[n] Selbstgenuß" (19) aus. Interessanterweise erscheint 1960 eine zweite Auflage des *Handbuches*, in der wiederum Flemming den Barockband beisteuert. Zu den semantischen Umbauten, die Flemming an der Oberfläche seines Beitrages vornimmt, s. Boden, Petra: Kulturgeschichte im Wechsel der Zeiten? Ein Projekt an der Schnittstelle zwischen Wissenschaft und bildungsbürgerlicher Öffentlichkeit, in: Bollenbeck, Georg/Knobloch, Clemens (Hrsg.): a. a. O., S. 97–121, hier v. a. S. 99–108. Zum semantischen Umbau seiner Barockinterpretation nach 1933 s. auch: Müller, Hans-Harald: a. a. O., S. 174 f.

Einzeldichter beschränkt, dessen Wesen mit ihrer Hilfe gleichsam organologisch erschlossen werden könne. An der Bedeutsamkeit seiner Grundlegung für solche Einzelanalysen lässt er jedoch keinen Zweifel, bestehe doch „die Leistung der rassischen Betrachtungsweise als einer literaturwissenschaftlichen Methode gerade darin, daß sie für eine Dichtermonographie das wissenschaftlich zuverlässige Fundament legt."[262]

In seinem Grundlagenbeitrag von 1944, *Wesen und Aufgaben volkhafter Literaturgeschichtsschreibung* (s. III.4.2), taucht die rassische Betrachtungsweise lediglich noch als *eine* notwendige, hilfswissenschaftliche Komponente oder, wie Flemming sich ausdrückt, „Ordinate" unter anderen im Ensemble der einer „volkhaften Literaturgeschichtsschreibung" zuträglichen Methoden auf. Gleichsam nebenbei und relativ kurz wird sie hier abgehandelt vor allem mit dem distinktionsstrategischen Ziel, die Unzulänglichkeit von Nadlers stammeskundlichem Ansatz zu plausibilisieren:

> Will man schon die Totalität Volk auf ihre Komponenten ansehen, so kann es nur *rassisch* geschehen. Dann aber wären auch die einzelnen Stammestümer zu charakterisieren durch verschiedene rassische Zusammenfügung, natürlich zu einem historisch gefesteten Gebilde, zu eigener Struktur. Ist der einzelne Mensch aber als Ganzes stets stammestümlich so eindeutig geprägt wie durch rassische Komponenten?[263]

Flemming zufolge ist er dies natürlich nicht, aber es ist vor allem die „territorialistische Vereinzelung", die er als logische Konsequenz des Nadler'schen Ansatzes kritisiert. Dessen Ansatz sei also eine Zentrifugalkraft immanent, die letztlich ein Konzept, das über die Leitbegriffe „Volk" und „Nation" auf Identitätsstiftung und Autarkie setzt, zersetzen müsse:

> Geistiger Regionalismus wäre dagegen stets auf fremde Einflüsse angewiesen, könnte nur passiv genießend, vorwiegend nachahmend und rezeptiv sich verhalten und vermöchte damit nur noch Zivilisationsbetrieb, kein Kulturleben mehr hervorzubringen. Damit verlöre eine Nation auch ihre eigene Geschichte; sie würde kulturell zum Anhängsel eines größeren Staates oder des von ihm beherrschten ‚Kulturkreises', und dem entspräche wohl auch bald eine politisch-staatliche Vasallität.[264]

Es fällt auf, dass in dieser Grundsatzreflexion Flemmings – und in gewisser Weise überschneidet sich sein Entwurf so schließlich doch auch mit dem ungleich rigoristischeren Rössners – eine andere Größe den Rasse-Begriff zwar nicht gänzlich verdrängt, aber doch überlagert: die „Sprache". Es unterstreicht den „empiristischen" Grundzug von Flemmings spätem Entwurf, dass er hier an einen vor allem in der Sprachwissenschaft als hochwertig geltenden Scharnierbegriff „andockt", indem er die mit dem Namen Leo Weisgerbers verbundene Rede von der „Muttersprache" aufgreift:

---

262 Ebd.
263 Flemming, Willi: Wesen und Aufgaben volkhafter Literaturgeschichtsschreibung, Breslau 1944, S. 18.
264 Flemming, Willi: a. a. O., S. 19.

> Auch der Literaturhistoriker besitzt eine besondere Ordinate für seine Spezialarbeit: das ist die **Muttersprache** seines Volkes; diese ist für die Volksgeschichte zwar nur eine untere weiteren Koordinaten. Aber sie ist auch keine bloße Hilfslinie, denn sie vertritt ein vollgewichtiges Gebiet schöpferischen Lebens und Gestaltens unseres Volksdaseins. Zustände und Werke innerhalb dieses Sektors repräsentieren das Schicksal unseres Volkes in sehr eindringlicher Form und üben zugleich auf Ausprägung und Vollzug der Selbstverwirklichung eines Zeitalters entscheidende Wirkung aus.[265]

Flemmings anschließende Überlegungen kreisen um den Zusammenhang von „Sprache, Volk und Literatur"[266] und skizzieren in groben Zügen Weisgerbers muttersprachliches Sprachinhalts-Konzept, das zum Einen von Humboldts Verständnis der Sprache als *energeia* ausgeht und damit einhergehend zum Anderen die Muttersprache zu einer zentralen anthropologischen Kategorie wie auch zum Fahnenwort einer idealisierten, homogenisierten Volksgemeinschaft stilisiert[267]:

> Die Sprache umschreibt einen eigenartigen Bereich menschlichen Lebens und Gestaltens. Wahrscheinlich den zentralsten, denn dem Tier fehlt die Sprache […] Sprache schafft Bewußtsein und ist damit wesenhafte Äußerung des Menschseins überhaupt. […] Nicht passiv registriert die Sprache durch Wörter die Eindrücke der Außenwelt, nein, sie ergreift diese in ihren Lebenszusammenhängen, „begreift" sie damit, nimmt sie in menschlichen Besitz, ordnet sie zu einem Bedeutungsgefüge. […] Überall statt passiver Abbildung also produktive Anverwandlung, prägende Einverleibung in unser Bewußtsein.[268]

Die Frage danach, ob nun die „Sprache" oder die „Rasse" primordial sei, an der sich in der Sprachwissenschaft vehemente Fraktionierungen und resonanzstrategische Scharmützel entzünden[269], kann Flemming – als Literaturwissenschaftler – vergleichsweise elegant auflösen. Er konzediert eine Art Ko-Transzendentalität der Rasse und kann sich dann wieder der für seinen Gegenstandsbereich, die Dichtung, offensichtlich relevanteren Größe, nämlich der Sprache zuwenden[270]:

---

265 Flemming, Willi: a. a. O., S. 22.
266 So die Zwischenüberschrift des immerhin zehn Seiten umfassenden Kapitels II. Zum Vergleich: die Überlegungen zur Rasse umfassen lediglich zwei Seiten.
267 S. dazu Knobloch, Clemens: Begriffspolitik und Wissenschaftsrhetorik bei Leo Weisgerber, in: Dutz, Klaus N. (Hrsg.): Interpretation und Re-Interpretation. Aus Anlaß des 100. Geburtstages von Leo Weisgerber (1899–1985), Münster 2000, S. 145–174.
268 Flemming, Willi: a. a. O., S. 22 f.
269 S. dazu Knobloch, Clemens: Sprachwissenschaft, in: Hausmann, Frank-Rutger (Hrsg.): Die Rolle der Geisteswissenschaften im Dritten Reich 1933–1945, München 2002, S. 182–202; Hutton, Christopher M.: Linguistics and the Third Reich. Mother-tongue fascism, race and the science of language, London/New York 1999.
270 Knobloch zufolge ist diese Argumentationsstrategie auch innerhalb der Sprachwissenschaft durchaus üblich: „Die vorherrschende Argumentationsfigur bestand darin, dem Rasseprinzip eine weitgehend

> Wie die Muttermilch saugt das „unmündige" Kind die Muttersprache ein; es wächst hinein in die Sphäre der Muttersprache. Es lernt Worte nicht als fertige Vokabeln, es lernt erleben. Aus seinem Innern antwortet ein bereitliegendes, eine artmäßige Vorbestimmtheit. Die Sprache wird nicht durch Überlieferung und Erziehung allein bestimmt, auch durch erbliche Anlagen. Das sind sowohl der abweichende Bau der Sprechwerkzeuge wie ganz besonders die geistig-seelische Haltung. Mit der Vererbung des Rassentypus wird also zugleich das Hingewiesensein auf einen zugehörigen inneren Sprachbau weitergegeben. Es spricht eben das Blut und kein davon getrennter abstrakter Geist. Blut wird Geist in der Sprache. […] Die Sprachinhalte sind formgewordener Geist unseres Volkes; in den lebendigen Funktionen der Sprachbezüge waltet der Schöpferodem der Volkheit. Wie der einzelne durch sein Blut einbezogen ist in den Körper seines Volkes als übergeordnete Gesamtheit, so schwingt er durch seine Muttersprache gleichzeitig mit in dem Erlebnisrhythmus seines Volkes und hat dadurch lebendigen Anteil an dem erarbeiteten geistigen Besitz und wurzelt in der darin niedergelegten Weltdeutung.[271]

Die Sprache stiftet bei Flemming jedoch nicht nur den Konnex zwischen „Blut" und „Geist" – eine Funktion, die in rassenkundlichen Entwürfen sonst gerne der „Rassenseele" zugewiesen wird –, sie stiftet auch die Verbindung zwischen dem Dichter und jener Größe, auf die hin der gesamte Entwurf Flemmings konzipiert ist, dem Volk: Dem Dichter nämlich

> ist Sprache weder bloßes Material, noch frei zur Verfügung stehendes Mittel [wie nach Flemming dem Schriftsteller; G. K.]; sie ist ihm **Medium** der geistigen Welt, in welcher der Geist seines Volkes wirkt und webt. Es streckt des Dichters Kraft ihre Wurzeln hinab zu dem Grundwasser seines Volkes, wird von dessen unversieglicher Fülle gespeist. Ewiges Deutschland steigt durch den Dichter empor, nimmt Gestalt an in seinem Werk, und zwar kraft der Sprache. Das Wesen der **Dichtung** können wir also kurz bestimmen als **Kunst kraft der Sprache**.[272]

Die „Sprache" also fungiert in Flemmings Konzept nunmehr als das zentrale Bindeglied zwischen Einzelnem und Volksgemeinschaft, zwischen Dichter und Volk. Anders noch als in seinem Entwurf zur rassischen Literaturbetrachtung von 1942 – der möglicherweise und zumindest partiell auch Flemmings „Verpflichtungen" gegenüber seinem unmittelbaren kulturpolitischen Umfeld der Reichsstelle zur Förderung des deutschen Schrifttums ge-

---

folgenlose Stelle zuzuweisen, etwa die einer ‚ursprünglichen' Übereinstimmung von Sprach- und Rassegrenzen. Das ermöglicht ‚business as usual' im Rahmen der ‚wesenskundlichen' und der kulturmorphologischen Sprachauffassung." (Knobloch, Clemens: Rassesemantik in der deutschen Sprachwissenschaft um 1933, in: Dutz, Klaus D. (Hrsg.): Später Mittag. Vermischte Anmerkungen zur Metahistoriographie, Münster 2003, S. 143–160, hier: S. 146).
271 Flemming, Willi: a. a. O., S. 23.
272 Flemming, Willi: a. a. O., S. 26.

schuldet sein mag – tritt der Rasse-Begriff merklich in den Hintergrund.[273] Dies mag nicht zuletzt mit der größeren programmatischen Flexibilität des Sprach-Begriffes zusammenhängen. Einerseits ermöglicht er das nötige Maß an binnendifferenzierender Exklusionslogik: lässt sich doch mit seiner Hilfe durchaus weiterhin zwischen Dichtern und (dann meist jüdischen oder aus politischen Gründen abzulehnenden) bloßen Schriftstellern unterscheiden, so dass man letzteren ihr Verwurzeltsein im Volkstum absprechen kann. Andererseits lässt sich mit ihm die Konstruktion einer egalitären Volksgemeinschaft müheloser aufrecht erhalten als mit dem Rasse-Begriff, der ja vor allem in seiner „nordischen" Variante einen aristokratisch-elitären Zug aufweist, der die Vision eines homogenisierten Volkskörpers tendenziell in Frage stellt.

Angesichts des Umstandes, dass Flemmings Entwurf die letzte literaturwissenschaftliche Grundlagenreflexion darstellt, die in Deutschland noch während des NS publiziert wird, stellt sich die Frage, ob die unaufgeregte Sublimation und Diffusion des Rasse-Begriffes in einem „volkhaften" Sprach-Diskurs, die seinen Beitrag kennzeichnet, stilbildend hätte werden können für den literaturwissenschaftlichen Umgang mit rassenkundlichen Ansätzen.[274]

Franz Koch, so lobt sein Assistent Paul Stapf 1937 in der *Bücherkunde* anlässlich des 50. Geburtstages des Berliner Ordinarius, sei einer der ersten Literarhistoriker gewesen, der „vom Dichter als rassisch- und artgebundenen Wesen ausging."[275]

---

273 Auch im Rahmen seines Entwurfes der konkreten Aufgaben zur Erforschung des „literarischen Lebens" (s. III.4.2) spielen „Rassenfragen" – abgesehen von der antisemitischen Standardfrage nach den „jüdischen Elementen im Betrieb" (S. 44) – so gut wie keine Rolle mehr.

274 Anzeichen für eine zumindest punktuelle Integration sprachwissenschaftlicher Herangehensweisen im Zeichen einer Rückbesinnung auf das „Handwerkliche" der Literaturwissenschaft gibt es bereits vorher, wie Andreas Pilger (a. a. O., S. 408 f.) am Einfluss von Jost Triers Wortfeld-Konzept auf die Dissertation des Müller-Schülers Clemens Heselhaus (*Anton Ulrichs Aramena. Studien zur dichterischen Struktur des deutschbarocken „Geschichtgedicht"*, Würzburg 1939) zeigen kann.

275 Stapf, Paul: Erkenntnis und Bekenntnis. Zum 50. Geburtstag von Prof. Dr. Franz Koch am 21. März, in: Bücherkunde, 5, 1938, S. 140. Der in Österreich geborene Franz Koch (1888–1969) promoviert 1912 in Wien bei Jakob Minor mit einer Arbeit über *Albert Lindner als Dramatiker* (Weimar 1914) und habilitiert bei Walther Brecht 1925 mit einer Studie zu *Goethe und Plotin* (Leipzig 1925). Seit 1914 ist er als Bibliothekar an der Wiener Nationalbibliothek angestellt und zwischen 1927 und 1935 übt er nebenamtlich eine Lehrtätigkeit am Seminar für Deutsche Philologie der Universität Wien aus. Sowohl mit seiner Habilitationsschrift, als auch mit seiner 1932 erschienen Studie *Goethes Stellung zu Tod und Unsterblichkeit* (Weimar 1932, Schriften der Goethe-Gesellschaft, 45), „die stark vom Einfluss der Geistesgeschichte geprägt sind" (Höppner, Wolfgang: Kontinuität und Diskontinuität in der Berliner Germanistik, in: vom Bruch, Rüdiger/Jahr, Christoph (Hrsg.): Die Berliner Universität in der NS-Zeit, Bd. II: Fachbereiche und Fakultäten, Stuttgart 2005, S. 257–276, hier: S. 262), verschafft er sich ein gewisses Maß an fachlicher Reputation innerhalb des literaturwissenschaftlichen Feldes. Für seine Beiträge zum innerfachlich resonanzträchtigen Gebiet der Goethe-Forschung erhält er 1932 die Goethe-Medaille für Kunst und Wissenschaft. Nach 1933 gilt er – vor allem angesichts seiner schon vor dem Machtwechsel bekundeten Neigung zu einer biologistisch grundierten, geistesgeschichtlichen Literaturbetrachtung – als hoffnungsvoller Nazi-Germanist der mittleren Generation (vgl. Meissl, Sebastian:

Ob dem gebürtigen Österreicher[276] die Rolle als literarhistoriographischer „Rassenpionier", die ihm sein frischgebackener Assistent hier zuschreibt, tatsächlich zukommt, mag man – angesichts des Treibens von Adolf Bartels – in Frage stellen. Dass der Berliner Ordinarius sich selbst als disziplinärer Innovator auf „neuen Wegen" stets gesehen und auch dargestellt hat, und dass er als „'Literaturmittler', Hochschullehrer und Erzieher" (Höppner) einer der um Profilierung bestrebtesten und einflussreichsten Akteure ist, der vom Zentrum der Disziplin aus und durchaus auf der Grundlage einer gewissen innerdisziplinären Reputation einer biologistischen Literaturbetrachtung das Wort redet, daran kann kein Zweifel bestehen.[277]

Wiener Ostmark-Germanistik, in: Heiß, Gernot u. a. (Hrsg.): Willfährige Wissenschaft. Die Universität Wien 1938–1945, Wien 1989, S. 133–154, hier: S. 145). Höppner zufolge ist es „evident, daß ihm [Koch; G. K.] der politische Umbruch von 1933 überhaupt erst die Möglichkeit zum professoralen Aufstieg gewährte." (Höppner, Wolfgang: Das Berliner Germanische Seminar in den Jahren 1933 bis 1945, in: Dainat, Holger/Danneberg, Lutz (Hrsg.): a. a. O., S. 93) Immerhin erhält Koch – zurückgehend auf einen Vorschlag Julius Petersens – 1935 den Ruf an die erste Universität des Reiches und wird zum ordentlichen Professor für Deutsche Literaturgeschichte in Berlin (zu den Umständen dieser Berufung s. Höppner, Wolfgang: a. a. O., S. 93 f.). Von 1937 bis 1940 ist er Dekan der Philosophischen Fakultät. Neben Cysarz und Kindermann gehört Koch – geht man von seiner Publikationsfrequenz aus – sicherlich zu den umtriebigsten Akteuren zwischen 1933 und 1945. Sein kulturpolitischer Aktivismus im Sinne und Dienste der neuen Machthaber übertrifft selbst den Kindermanns bei weitem. Seit dem 1. Mai 1937 ist er Mitglied der NSDAP, von 1936 bis 1943 ist er als Hauptlektor im „Amt [später Hauptamt] Schrifttumspflege" unter der Leitung Rosenbergs tätig. Koch ist ein gern rekrutierter Vortragsreisender im Dienste der nationalsozialistischen Kultur(außen)politik und er engagiert sich zudem mit antisemitischen Vorträgen in der „Forschungsabteilung Judenfrage" des „Reichsinstituts für Geschichte des neuen Deutschland". 1940/41 leitet er (mit Gerhard Fricke und Clemens Lugowski) den „Wissenschaftlichen Einsatz Deutscher Germanistik im Kriege".

276 „Wieder ein Österreicher in der grösseren Welt" telegraphiert ihm Josef Weinheber am 6. 10. 1935 anlässlich seiner Berufung nach Berlin (Brief von Josef Weinheber an Franz Koch vom 6. 10. 1935; zit. nach: Höppner, Wolfgang: Der Berliner Germanist Franz Koch als ‚Literaturmittler', Hochschullehrer und Erzieher, in: a. a. O., S. 106). Tatsächlich scheint es gerade im engsten Kreise nationalsozialistisch engagierter Literaturwissenschaftler gleichsam eine „Wiener Schule" zu geben. Auch Sebastian Meissl weist auf diese *austrian connection* hin: „Unter den bekannteren Namen der Germanistik in den dreißiger und vierziger Jahren fällt der relativ hohe Anteil geborener (Alt-)Österreicher auf, bei den Wortführern einer neuen nationalen, *volkhaften* Literaturwissenschaft im engeren Sinn stellen sie sogar die Mehrzahl der Vertreter: Neben […] Otto Höfler und Josef Nadler sind Herbert Cysarz, Franz Koch und im besonderen Heinz Kindermann zu nennen, die – von Nadler abgesehen – alle in den zehner und zwanziger Jahren in Wien studierten, von hier aus ihre wissenschaftliche Laufbahn begannen […]." (Meissl, Sebastian: Wiener Ostmark-Germanistik, in: a. a. O., S. 144) Interessanterweise gehören denn auch Nadler, Cysarz und Koch – jedoch nicht Kindermann, was angesichts seiner herausgehobenen Rolle bei der Proliferation nationalsozialistischer Ideologeme durchaus überrascht – zu jenen wenigen Ordinarien, die nach 1945 ihres Amtes enthoben werden.

277 Zur Rolle des Innovators gehört natürlich auch der Topos eines der Erneuerung sich (noch) widersetzenden, weil rückständigen Umfeldes, das Koch in Gestalt des noch stark philologisch geprägten Berliner Seminars, vor allem aber in der Person Julius Petersens sieht. Zum vielfach beschriebenen Konflikt zwischen Koch und Petersen, der erstmals während der 50-Jahr-Feier des Germanischen Seminars ausbricht, weil Koch seine „neuen wissenschaftlichen Wege" (Höppner, Wolfgang: Das Ber-

Sein Konzept einer biologischen Literaturbetrachtung hat Koch in Ansätzen, vor allem in seinen Goethe-Studien seit der zweiten Hälfte der 1920er Jahre, schon vor 1933 entwickelt. Semantischer Umbauten bedarf es für ihn nach 1933 nicht, sieht man einmal davon ab, dass er die antisemitische Komponente seiner biologischen Literaturdeutung – vor allem dann, wenn er sich an ein außerfachliches Publikum wendet – nachhaltig forciert.

Auch Kochs wissenschaftliche Produktion wird von dem Anspruch gerahmt und durchzogen, die Kluft zwischen Wissenschaft und „Leben" zu überwinden. Ein Anspruch, der sich – transponiert auf sein Forschungsgebiet – als das stets bekundete Bestreben manifestiert, „die verlorene Brücke zwischen Geist und Natur auf dem Gebiete der Dichtung wiederzufinden."[278] Telos dieser literaturgeschichtlichen Bemühungen ist auch hier die Freilegung und Rekonstitution eines dem deutschen Wesen seit der Mystik inhärenten „organischen Weltbildes", das Koch als „tragfähige Grundlage [einer] kulturelle[n] Erneuerung"[279] Deutschlands begreift. Mit dem Machtwechsel sieht Koch nun auch endlich die Zeit seiner Variante einer nicht länger mehr „selbstzweckhaften" Dichtungswissenschaft gekommen:

> Die grundsätzliche Denkrichtung des neuen Deutschland vom Ganzen zum Teil, zum einzelnen, die biologisch-organische Denkweise, die diesen einzelnen als Glied, als Funktion eines lebendigen Wirkungszusammenhanges betrachtet, hat auch einen Wandel literaturgeschichtlicher Forschung und Wertung bewirkt. [...] Es wird eine der schönsten Aufgaben unserer Wissenschaft sein, das allmähliche Werden eines organischen Weltbildes, jener Einheit von Blut und Geist, dem heute Deutschlands beste Kräfte zustreben, im Spiegel deutscher Dichtung herauszuarbeiten und so von unserer Seite vorzustoßen zur Mitte deutschen Wesens, zum Herz- und Quellpunkt seines Lebens.[280]

Als einsatzfreudiger Mittler und Propagandist eines „bodenständigen Dichtertums"[281] – worunter er nicht nur die völkische Gegenwartsdichtung, sondern auch „deutsche Dichtung auf österreichischem Boden"[282] sowie die des „Grenzlanddeutschtums" versteht – ver-

---

liner Germanische Seminar, in: a. a. O., S. 98) einer rassenbiologischen Literaturwissenschaft nicht hinreichend gewürdigt sieht.
278 Koch, Franz: Gundolf und Nadler, in: Euphorion 1921, 14. Erg.-Heft, S. 122. Bezeichnenderweise trägt denn auch eine Sammlung von Aufsätzen und Vorträgen, die Koch 1939 veröffentlicht, den Titel „Geist und Leben" (Hamburg 1939).
279 Höppner, Wolfgang: Franz Koch, Erwin Guido Kolbenheyer, a. a. O., S. 326.
280 Koch, Franz: Blick in die Zukunft, in: Das Germanische Seminar der Universität Berlin, Berlin 1937, S. 58 f.
281 Koch, Franz: Gegenwartsdichtung in Österreich, Berlin 1935, S. 16.
282 Koch, Franz: a. a. O., S. 13. S. auch: Koch, Franz: Zur Literatur- und Geistesgeschichte Österreichs. Ein Forschungsbericht, in: DVjs, 9, 1931, S. 745–770; ders.: Umbruch. Ein Forschungsbericht zur Dichtung der Gegenwart, in: ZfDB, 11, 1935, S. 47–54 und 100–104; ders: Zur Dichtung der Gegenwart: ein Forschungsbericht, in: ZfDB, 12, 1936, S. 205–210.

schafft sich Koch zudem Rückendeckung aus dem kulturpolitischen Feld. Vor allem mit dem einflussreichen Hellmuth Langenbucher steht der Berliner Ordinarius in regem brieflichen Austausch. In einer Art literatur- und wissenschaftspolitischem *invisible network* zwischen literaturwissenschaftlichem und kulturpolitischem Feld tauscht man regelmäßig Informationen aus, lobt und fördert die Publikationen des jeweils anderen und verständigt sich über literaturhistoriographische Bewertungen. So informiert etwa der Ordinarius am 14.01.1937 den Rosenberg-Mann über den aktuellen Stand seiner Positionierungskämpfe am Berliner Seminar:

> Übrigens bekomme ich langsam die Dinge hier, d. h. an der Univ[ersität] auch soweit in die Hand, daß die ausländischen Kollegen u. Wissenschaftler nun auch zu mir kommen. In meinem Seminar über Roman u. Novelle der Gegenwart sitzen Amerikaner u. Engländer in Menge u. immer wieder sagt man mir (was uns ja nichts Neues ist), daß man von all diesen Namen [gemeint sind hier Autoren der völkischen Gegenwartsliteratur; G. K.] drüben nichts wisse u. höre. Immer wieder kommen Fremde, Ausländer zu mir, um sich gerade über die dt. Dichtung der Gegenwart zu erkundigen (das Interesse ist sichtlich außerordentlich und allmählich sickert es durch, daß es auch ohne Juden geht) und immer wieder empfehle ich ganz besonders ihr Buch[283], so daß es sich wohl langsam auch im Ausland durchsetzen wird. Daß es meine Studenten kennen müssen, ist selbstverständlich.[284]

Diese kulturpolitischen Beziehungen nutzt Koch bisweilen auch als Ressource zur Erzeugung von Drohkulissen, um Wissenschaftspolitik im Sinne des Regimes mit solcher im eigenen Interesse zu verzahnen. An den zu dieser Zeit noch in Erlangen tätigen Benno von Wiese etwa schreibt er am 30. Mai 1939 einen Brief mit drohendem Unterton, da dieser sich u. a. erkühnt hatte, im *Literaturblatt für germanische und romanische Philologie* eine vom jüdischen Literaturwissenschaftler Josef Körner edierte Sammlung von Schlegel-Briefen zu rezensieren[285]:

---

283 Gemeint ist Langenbucher, Hellmuth: Volkhafte Dichtung der Zeit, Berlin 1933. 1941 erscheint die 6. Auflage. Im Zuge der Überarbeitung dieses Buches wendet sich Langenbucher Anfang 1937 direkt an Koch, um dessen Einschätzung einzelner Schriftsteller zu erfragen (s. Höppner, Wolfgang: Der Berliner Germanist, in: a. a. O., S. 108 ff.)

284 Brief von Franz Koch an Hellmuth Langenbucher vom 14.01.1937, zit. nach: Höppner, Wolfgang: a. a. O., S. 118. In einem Brief vom 1.12.1935 bittet Koch um resonanzstrategische Schützenhilfe: „Ich wäre Ihnen dankbar, wenn Sie im V. B. [*Völkischen Beobachter*; G. K.] in irgend einer Form auf meine ‚Gegenwartsdichtung in Österreich' hinweisen wollten. Nicht meinetwegen, sondern meiner Dichter-Landsleute wegen, die ihr Deutschtum nie verraten haben und für die ich werben will." (zit. nach: Höppner, Wolfgang: a. a. O., S. 107)

285 Literaturblatt für germanische und romanische Philologie, 60, 1939, Sp. 100–102. Bis zu Beginn der 1940er Jahre, dies belegen die bereits mehrfach angeführten Einzelstudien zu diversen literaturwissenschaftlichen Publikationsorganen, finden sich in wissenschaftlichen Texten durchaus neutrale Verweise auf die Arbeiten jüdischer Literaturwissenschaftler.

Sehr geehrter Herr Kollege

immer wieder und von den verschiedensten Seiten, Partei und Wissenschaft laufen bei mir Anfragen und Ersuchen um Gutachten ein, die mich nicht nur materiell, sondern auch ideell und seelisch sehr belasten, da ich mich bemühe diesen Wünschen so sachlich wie irgend möglich gerecht zu werden. Zugleich ist mir in solchen Fällen völlige Offenheit ein selbstverständliches Bedürfnis. Ich bitte Sie daher, mir eine ganz offene Aussprache zu gestatten, für die ich vielleicht ein gewisses Recht aus dem Umstande ableiten darf, daß ich bereits bei mehreren Gelegenheiten für sie eingetreten bin.

Daß wir eine neue Front von Wissenschaftlern aufzubauen im Begriffe sind, ist kein Geheimnis. Zwei Bedingungen sind dafür Voraussetzungen: wirkliche Wissenschaftlichkeit und unbedingte Verläßlichkeit, soweit sie sich als Zusammengehörigkeitsgefühl offenbart, das auch das gelegentliche offene Bekenntnis zum Nationalsozialismus nicht scheut. Man muß schließlich auch an der wissenschaftlichen Haltung des Forschers erkennen können, wo er steht. Es ist mir nun aufgefallen, daß Sie in ihren Forschungsberichten zur Romantik, die selbst für eine Erscheinung wie Otto Mann, über die wir uns wohl heute ganz im klaren sind, soviel Objektivität aufbringen, die Arbeiten Gundolfs und Körners vor allem ausführlich würdigen, kein Wort für meine „Deutsche Kultur des Idealismus"[286] übrig haben, obwohl Sie bis aufs Jahr 1932 zurückgreifen, auch nicht versäumen, auf Walzel einzugehen und mir, wie ich mich erinnere, Ihre Zustimmung mündlich sehr lebhaft ausgedrückt haben. Ich wäre nicht darauf zurückgekommen, wenn Sie sich nicht neuerdings im „Literaturblatt" für den Juden Körner einsetzten, obwohl, ganz abgesehen von seinem Judentum gerade seine „Krisenjahre"[287] ganz gewiß an sich eine sehr kritische Sonde vertrügen. Das nimmt man Ihnen denn auch sehr übel, denn nicht gewußt zu haben, daß Körner Jude ist, wird heute, und wie mir scheint mit Recht, niemand als Entschuldigung gelten lassen. [...] Ich weiß andererseits, daß Sie es abgelehnt haben, die beiden Bände meines „Stadion" [einer von Koch herausgegebenen Reihe von Nachwuchs-Arbeiten; G. K.] zu besprechen (Sie glauben nicht, wie sehr wir beobachtet werden!)

Sie begreifen, daß ich mich angesichts dieser Tatsachen zu einer Prüfung meines Standpunktes gedrängt fühle, da ich verantworten muß, was ich vertrete. Ebensowenig möchte ich natürlich mich persönlich immer wieder für jemanden einsetzen, wenn ich nicht einer Übereinstimmung in wichtigen Punkten sicher bin. Auch von uns verlangt die Zeit eindeutige Entscheidungen. Wer das nicht will oder kann, den läßt sie fallen. Seien Sie mir nicht böse, ich spreche aus Erfahrung und aus einem ziemlichen Ein-

---

286 Koch, Franz: Deutsche Kultur des Idealismus, Potsdam 1935 (= Handbuch der Kulturgeschichte. Hrsg. von Heinz Kindermann. Erste Abteilung: Geschichte des deutschen Lebens).

287 Es handelt sich hierbei um die von von Wiese im Literaturblatt rezensierte Edition Körner, Josef: Krisenjahre der Frühromantik, Brünn/Wien/Leipzig 1937. Zu Körner s. Klausnitzer, Ralf: a. a. O.

blick und möchte Sie bitten, meinen Brief als das aufzufassen, was er ist: als persönliche Bekundung eines, der Ihnen sachlich wie menschlich verbunden ist.
Heil Hitler! Koch[288]

Wenn es Koch vorrangig um seine Karriere im wissenschaftspolitischen Raum geht, scheut er nicht davor zurück, sich auch in öffentlichen Vorträgen dezidiert in den zeitgenössischen antisemitischen Diskurs einzuschreiben.[289] Dies zeigt sein Vortrag *Goethe und die Juden*, den er am 13. Mai 1937 auf der zweiten Jahrestagung der „Forschungsabteilung Judenfrage" am „Reichsinstitut für Geschichte des neuen Deutschland" in München hält.[290] Dort versucht Koch, indem er Goethes überlieferte Äußerungen zum „Judentum" einer ausführlichen Interpretation „von unserem heutigen Standpunkte aus"[291] unterzieht, zweierlei nachzuweisen:

Zum Einen, dass Goethe als ein gleichsam proto-biologischer Denker, „dem Begriff der Rasse näher als irgendeiner seiner Zeit"[292] gekommen sei. Zwar schöpfe der Weimarer Großdichter „noch aus dem Formenschatz idealistischen Denkens", allerdings gewinne „der Gehalt dieser Formen […] eine organisch-biologische Färbung." Für Koch besteht kein Zweifel daran, „[d]aß Goethe hier etwas ertastet, jene unentrinnbare Abhängigkeit, die wir als Rasse bezeichnen."[293] Der „Boden organisch-biologischer Anschauungen"[294],

---

288 Brief Franz Kochs an Benno von Wiese vom 30. Mai 1939, zit. nach: von Wiese, Benno: Ich erzähle mein Leben. Erinnerungen, Frankfurt am Main 1982, S. 152 f. Natürlich hat auch von Wiese – wie bereits gezeigt – das von Koch geforderte „gelegentlich offene Bekenntnis zum Nationalsozialismus" durchaus nicht gescheut. Insofern instrumentalisiert er hier zweifellos das Schreiben Kochs, dessen Sündenbock-Funktion nach 1945 innerdisziplinär zum selbstapologetischen *cantus firmus* gehört, um von der eigenen resonanzstrategischen Geschmeidigkeit vor allem in den ersten Jahren nach der Machtübernahme ablenken zu können.

289 Der Antisemitismus bleibt eine Konstante in Kochs Wirken bis zum Ende des Regimes. Noch im Juli 1944 ist er eingeplant als Teilnehmer an einem vom Amt Rosenberg initiierten, internationalen antijüdischen Kongress, der in Krakau stattfinden soll, der aber angesichts des Kriegsverlaufes nicht mehr zustande kommt. Neben Koch waren – als literaturwissenschaftliche „Experten" – auch Bartels und Kindermann eingeladen (s. Meissl, Sebastian: Wiener Ostmark-Germanistik, in: Heiß, Gernot/Mattl, Siegfried/Meissl, Sebastian u. a. (Hrag.): Willfährige Wissenschaft. Die Universität Wien 1938–1945, S. 133–154, hier: S. 146).

290 Koch, Franz: Goethe und die Juden, Hamburg 1937 (= Separatdruck der Schriften des Reichsinstituts für Geschichte des neuen Deutschlands). Obenauer charakterisiert Kochs Vortrag in der *ZfDB* als „eine vorzügliche, sachlich und ruhig abwägende Übersicht, die für den Germanisten von besonderem Wert sein muß." (Obenauer, Karl Justus: Drei Reden, in: ZfDB, 13, 1937, S. 565 f., hier: S. 565). An der ersten Jahrestagung 1936 beteiligt sich Koch mit einem Vortrag über *Jakob Wassermanns Weg als Deutscher und Jude* (Forschungen zur Judenfrage. Bd. 1: Sitzungsberichte der Ersten Arbeitstagung der Forschungsabteilung Judenfrage des Reichsinstituts für Geschichte des neuen Deutschlands vom 19. bis 21. November 1936, Hamburg 1937, S. 150–164).

291 Koch, Franz: a. a. O., S. 10.
292 Koch, Franz: a. a. O., S. 21.
293 Ebd.
294 Koch, Franz: a. a. O., S. 23.

auf dem sowohl die nationalsozialistischen Rassenvorstellungen als auch Kochs eigene literaturwissenschaftliche Konzeption stehen, wird somit mit einem traditionsstiftenden und nobilitierenden Fundament verstärkt, das bis zu Goethe zurückreichen soll.[295] Geschichte, bzw. Geschichtsschreibung sei „Ahnendienst" – so wird es Koch in seiner erfolgreichen Literaturgeschichte einmal formulieren.[296] Dass er dieses Dienstverhältnis als ein wechselseitig sich bestätigendes begreift, wird hier deutlich: nicht nur der Geschichtsschreiber dient den „Ahnen", indem er sie vor dem Vergessen der Nachwelt bewahrt, sondern auch die zu „Ahnen" rekonstruierten historischen Akteure dienen dem biologischen Geschichtsschreiber als Zeugen seiner blutbricolagierten Teleologie.[297]

Zum Anderen geht es Koch natürlich darum, aufzuzeigen, dass es bereits Goethe – auch wenn er es unmittelbar so nicht zum Ausdruck gebracht habe – ein Anliegen gewesen sei, „die Juden aus der kulturellen Gemeinschaft der Deutschen ausgegliedert" zu sehen.[298] Goethes „Ablehnung der Judenemanzipation", so schließt Koch seine „Beweisführung"

> wurzelt in der Überzeugung, daß die Juden innerhalb des deutschen Volkes einen Fremdkörper bilden, der das Wirtsvolk in seiner Lebensform zu bedrohen beginnt. Diese Überzeugung aber, und das ist das Entscheidende, steht nicht vereinzelt in Goethes Weltbild, sondern im unmittelbaren, wachstümlichen Zusammenhang mit seinen Grundanschauungen vom Wesen des Lebens überhaupt, die er durch jahrelange naturwissenschaftliche Studien gefestigt hat.[299]

Wenn schon Goethe das „Judentum" ein Greuel ist, und wenn schon seine Ablehnung auf „jahrelangen naturwissenschaftlichen Studien" gründet, um wieviel berechtigter – so die implizite *conclusio* – muss dann erst der ebenfalls „wissenschaftlich gesicherte" Rassismus der Gegenwart sein.

---

[295] Allerdings ist diese „Ahnenforschung" nicht ohne Fallstricke. Einen Großteil seiner Ausführungen muss Koch, um Goethes Vorläuferschaft nicht wieder durch rassisch unerwünschte Einflüsse auf Goethe selbst unterminiert zu sehen, dann auch darauf verwenden, den Einfluss Spinozas auf Goethe wie auch seine Wertschätzung des Alten Testaments herunterzuspielen. Goethes Weltanschauung wird demzufolge von Koch auf den Neoplatonismus und die deutsche Mystik zurückgeführt: „Und wie wäre jene typisch biologische Wendung, die Goethes Denken nimmt, von Spinoza her zu erklären, während sie bei jenen Naturmystikern, Abkömmlingen des Neoplatonismus, auf Schritt und Tritt als Ahnung zu spüren ist, wie denn überhaupt die interessante Wandlung idealistischer Denkansätze ins Organische, ja Biologische, wie sie deutlich bei Herder und Goethe einsetzt, vom Spinozismus her nicht zu verstehen ist." (S. 12)

[296] Koch, Franz: Geschichte deutscher Dichtung, 4. erw. Auflage, Hamburg 1941, S. 173.

[297] Seit Joseph Görres und der romantischen Geschichtsschreibung setze sich die Einsicht durch, daß „Geschichte nicht mehr Tatsachenforschung ist, sondern Ahnendienst bedeutet, daß sie sich als Glied eines Ganzen eingeordnet fühlt in Überlieferungen des Blutes und der Sippe, in den Kreis der Geburten, daß ihr Volksbewußtsein aus ihrem Ahnenbewußtsein entspringt. Der humanistische Nationalismus wird abgelöst durch das Erlebnis der wirklichen Nation." (Ebd.)

[298] Koch, Franz: Koch, Franz: Goethe und die Juden, Hamburg 1937, S. 13.

[299] Koch, Franz: a. a. O., S. 34.

Koch spricht selbst in diesem Beitrag noch auch als Literaturwissenschaftler, der in einer bewusst auf Textnähe setzenden, umständlich-spitzfindigen Beweisführung einer allerdings vorrangig kulturpolitisch interessierten und motivierten Zuhörerschaft gegenübertritt. Sein mit den Insignien des literaturwissenschaftlichen Expertenwissens versehener Vortrag inszeniert sich somit als eine wissenschaftliche Legitimationsressource für den terroristischen Exklusionsanspruch des rassistischen Regimes.

Während Langenbucher wie auch die Zuhörer der „Forschungsabteilung Judenfrage" Kochs antisemitische Invektiven geschätzt haben dürften, erscheinen solche Unverblümtheiten eher unangebracht, wenn es darum geht, die eigene Variante einer „biologischen Fassung des Geistigen"[300] für ein sicherlich skeptischeres Fachpublikum nicht nur als innovative, sondern auch als wissenschaftlich legitime Literaturbetrachtungsweise, die die Grenzen des literaturwissenschaftlichen Eigensinnes nicht unzulässig strapaziert, anschlussfähig zu machen.

Die programmatische und ausführliche Grundlegung seines „biologischen Funktionalismus" hat Koch vor einer fachöffentlichen Adressatenschaft in seinem in *Dichtung und Volkstum* erschienenen Beitrag *E. G. Kolbenheyers Bauhütte und die Geisteswissenschaften*[301] bezeichnenderweise erst 1941 (nach)geliefert – als ein solcher Ansatz schon mit den (wieder)verstärkten Tendenzen zu einer textorientierten Literaturwissenschaft (s. dazu III.5) rechnen muss.

Die biologische Betrachtungsweise kultureller Hervorbringungen wird hier – ganz ähnlich wie bei Rössner – als eine Selbstmodernisierungsvariante der Geisteswissenschaften

---

300 Dies formuliert Koch als Leitziel einer von ihm seit 1938 herausgegebenen, *Stadion* betitelten Publikationsreihe, in der ausgewählte, unter seiner Betreuung entstandene Dissertationen und Seminararbeiten veröffentlicht werden. Im Vorwort des ersten Bandes zu diesem wissenschaftspolitischen Versuch, eine eigene Berliner „Schule zu machen", heißt es: „Die vorliegende Arbeit soll eine Reihe von Untersuchungen eröffnen, die in jenen Übungen und Kursen des Germanischen Seminars entstanden sind, die der Herausgeber leitet. Sie soll einen Kampfplatz eröffnen, auf dem deutsche Jugend, so wie sie es von der körperlichen Schulung her gewohnt ist, ihre geistigen Kräfte mißt. Es wird das Ziel der im Stadion auftretenden Kämpfer sein, die sicheren Gewinne germanistischer Wissenschaft mit jenen methodischen und sachlichen Forderungen in Einklang zu bringen, die das neue Deutschland an diese Wissenschaft stellt, um so eine Richtung mit begründen zu helfen, die aus der Überzeugung von der organischen Einheit und Ganzheit der deutschen Lebenswirklichkeit hervorgeht und Geistiges biologisch zu fassen sucht." (Vorwort des Herausgebers zu: Stadion. Arbeiten aus dem Germanischen Seminar der Universität Berlin, hrsg. von Franz Koch. Bd. 1. Würzburg 1938.) Zu den publizierten Bänden dieser Reihe s. Höppner, Wolfgang: Der Berliner Germanist Franz Koch, a.a.O., S. 123, Anm. 70.

301 Koch, Franz: E. G. Kolbenheyers Bauhütte und die Geisteswissenschaften, in: Dichtung und Volkstum, 41, 1941, S. 269–296. Dort, S. 289, findet sich auch das Schlagwort vom „biologischen Funktionalismus". Die zahlreichen, bereits vorher entstandenen Beiträge über Kolbenheyer erscheinen an Publikationsorten, die als potentielle Adressatenschaft eher ein außerfachliches Publikum vermuten lassen (vgl. Höppner, Wolfgang: Franz Koch, Erwin Guido Kolbenheyer und das Organische Weltbild in der Dichtung, in: Zeitschrift für Germanistik. Neue Folge, IX, 1999, Heft 2, S. 318–328, hier: S. 320f., Anm. 13).

inszeniert, die für die betroffenen Disziplinen, „deren Fundamente […] unter der Wucht naturwissenschaftlicher Forschungsergebnisse zu wanken"[302] beginnen, notwendig und unabdingbar sei, wenn sie nicht den Anschluss an ein naturwissenschaftlich dominiertes Weltbild verpassen wollen. Anders als Rössner jedoch, der seiner Position entsprechend die Disziplin gleichsam von ihrem Rand aus attackieren kann, setzt Koch, der sie von innen und mit ihren eigenen diskursiven Mitteln von ihrer Innovationsbedürftigkeit überzeugen will, weniger auf rhetorische Kraftmeiereien als auf philosophisch sich gebende Reflexion. Im ersten Kapitel raisonniert Koch über die gegenwärtige „Krise […] auf dem Felde der Geisteswissenschaften"[303] und annonciert Kolbenheyers *Bauhütten*-Philosophie als „dritten Weg" und „Brücke"[304] zwischen Geistes- und Naturwissenschaften. Das zweite Kapitel zeichnet die Grundzüge der „biologischen Metaphysik" des selbsternannten „Dichter-Philosophen"[305] nach und das dritte erörtert die Bedeutung der *Bauhütte* für die Geisteswissenschaften. Einen geradezu lehrstückhaften Charakter weisen Kochs programmatische Überlegungen in ihrem geschickten Bemühen auf, den forcierten Bruch mit überkommenen Denkstileigentümlichkeiten einerseits als eine aus dem Sachzwang des Erkenntnisfortschritts resultierende Notwendigkeit darzustellen und ihn – andererseits – als ein mit eben

302 Koch, Franz: a. a. O., S. 269.
303 Ebd.
304 Koch, Franz: a. a. O., S. 270. Auch eine unmittelbare, sozusagen lokaldisziplinäre und privatfehdenhafte Motivation mag Kochs umfangreiche Rechtfertigung veranlasst haben, verteidigt er doch die Brückenfunktion der Bauhütten-Philosophie hier *expressis verbis* gegen seinen Konkurrenten am Berliner Seminar, Julius Petersen, der in einem der vorangehenden Hefte von *DuV* die Tragfähigkeit des Kolbenheyer'schen Systems als Mittlerin bezweifelt hatte: „Die Brücke zwischen Natur- und Geisteswissenschaften ist hier noch nicht geschlagen", konstatiert Petersen (Petersen, Julius: Dichtertypen im Aufbau der Literaturgeschichte, in: DuV, 41, 1941, S. 151–177, hier: S. 170). Bezeichnenderweise unterschlägt Koch, wenn er diese Passage Petersens als Mitanlass seiner Ausführungen zitiert, die temporalisierende Einschränkung, die in Petersens „noch" liegt (bei Koch lautet die entsprechende Stelle: „Die Brücke zwischen Natur- und Geisteswissenschaften ist hier nicht geschlagen.") und vergrößert somit den distinktiven Impetus seiner Überlegungen.
305 Haß, Ulrike: Vom „Aufstand der Landschaft gegen Berlin", in: Weyergraf, Bernhard (Hrsg.): Literatur der Weimarer Republik 1918–1933, München/Wien 1995 (= Hansers Sozialgeschichte der deutschen Literatur vom 16. Jahrhundert bis zur Gegenwart. Begründet von Rolf Grimminger. Band 8), S. 340–370, hier: S. 358; s. dort und ff. zu Kolbenheyer. Erwin Guido Kolbenheyer (1878–1962), in Budapest geboren, in Karlsbad und Wien aufgewachsen, gehört zu jener Gruppe zwischen Literatur und (Pseudo-)Philosophie oszillierender „Priester des Völkischen" (Haß), die in der Weimarer Republik die literarische Szene bevölkern. 1925 erscheint seine Schrift *Die Bauhütte. Elemente einer Metaphysik der Gegenwart* (München), in der er die Grundzüge seiner Bio-Metaphysik entwickelt und auf die Koch sich in seinem Beitrag beruft. Koch schließt mit Kolbenheyer während eines Lazarettaufenthaltes im Ersten Weltkrieg Bekanntschaft und propagiert seit dieser Zeit vehement das dichterische und philosophische Werk des Autors (1928 verfasst er das Antragsschreiben, mit dem die Philosophische Fakultät der Universität Wien Kolbenheyer auf Anregung Josef Nadlers gar für den Literaturnobelpreis vorschlägt; s. Höppner, Wolfgang: a. a. O., S. 111; s. dort, Anm. 27, auch eine Auflistung der zahlreichen Arbeiten, die Koch zwischen 1917 und 1962 zur Person und zum Werk Kolbenheyers verfasst hat.) Kolbenheyer revanchiert sich bei seinem akademischen Fürsprecher u. a., indem er 1942 eine „Dr.-Franz-Koch-Büste" im Gaumuseum Linz mitfinanziert (s. Höppner, Wolfgang: a. a. O., S. 112).

diesem Denkstil gleichwohl kompatibles „Ereignis" zu entwerfen. Dass es Koch um einen radikalen Bruch mit eingefahrenen geisteswissenschaftlichen Denkmustern, die er gleichsam vom Kopf auf die „biologischen Füße" gestellt sehen möchte, zu tun ist, daran lässt er zunächst keinen Zweifel. Das „eigentlich Revolutionierende" der biologischen Metaphysik Kolbenheyers, die er an anderer Stelle – auf einen mittlerweile diskursiv etablierten Topos zurückgreifend – mit „jener kopernikanischen Drehung, wie sie Kant in seiner ‚Kritik der reinen Vernunft' vollzogen hat"[306], vergleicht, liege

> in der allem bisherigen Philosophieren gegenüber radikalen Umkehr des Blickes. Denn nicht mehr mit dem seiner selbst bewußten Ich beginnt Kolbenheyers Denken, sondern damit endet es. Und nicht ist dem geistigen Prinzip hier beschieden, sich in Pracht und Herrlichkeit zu entfalten, sondern gerade darum geht es, die **nicht** elementare, sondern dienende, funktionelle Wesenheit des Geistig-Seelischen im Kampfe des Lebens um seinen Bestand zu erweisen. Kolbenheyer ist seiner Bildungsrichtung nach Zoologe [...] und hat als solcher die Erkenntnisse der modernen Naturwissenschaft als selbstverständlichen Besitz in sich aufgenommen. In der Überzeugung, daß jede Metaphysik wirkungslos und auf die Dauer unbefriedigend sein muß, „die dem Entwicklungsstande der Naturwissenschaft nicht entspricht" [Koch zitiert hier Kolbenheyer; G. K.], ist das zweite revolutionierende Moment dieser Metaphysik zu erblicken. Sie geht vom Boden naturwissenschaftlich gesicherter Tatsachen aus, um zum Geiste zu gelangen. [...] [D]as Bewußtsein, unser Denken, ist abhängig vom Gehirn, von nervösen Erregungssystemen. Sie sind als Teil des lebendigen Organismus, eines Wesens nicht wie die materiell-dynamischen Systeme elementarer, sondern arteigener Natur, notwendig gleichfalls erbmäßig festgelegt und gerichtet. Damit aber hängen auch alle Erscheinungen des Bewußtseins von ihrem Wachstumsboden ab, sie sind „kein eigenständiges Wesen", keine Existenz, die man zum Seinsgrunde der Welt erheben könnte, „sondern jeweils rassisch, völkisch und individuell geartet, eine wachstumsbedingte und wachstumsveranlagte Lebenserscheinung."[307]

---

306 Koch, Franz: Die Entwicklung des organischen Weltbildes in der deutschen Dichtung, in: ders.: Geist und Leben. Vorträge und Aufsätze, Hamburg 1939, S. 238 (zuerst veröffentlicht in: Helicon, 1, 1938, S. 189–201). Die Selbstparallelisierung mit Kant spielt auch in einem Brief vom 30.06.1945 an den kommissarisch eingesetzten Präsidenten der Preußischen Akademie, Johannes Stroux, eine wichtige Rolle, wenn Koch – angesichts seiner Amtsenthebung – die theoretischen Grundlagen seiner Konzeption reflektiert und auf Kants „Hume-Erlebnis" anspielt: „Denn in Wirklichkeit ist die besondere Art meines Forschens nicht nationalsozialistisch, sondern biologisch gerichtet. Die Ansätze dazu liegen zwei Jahrzehnte zurück, liegen in der biologischen Metaphysik Kolbenheyers, in seiner 1925 erschienen ‚Bauhütte', die mich si parva licet componere magnis ‚aus dem dogmatischen Schlummer geweckt' hat." (Brief von Franz Koch an Johannes Stroux vom 30.06.1945, zit. nach Höppner, Wolfgang: Franz Koch, Erwin Guido Kolbenheyer und das Organische Weltbild der Dichtung, in: Zeitschrift für Germanistik. Neue Folge, IX, 1999, S. 318)
307 Koch, Franz: a. a. O., S. 274 und 275 f.

Auch bei Koch ist es die Semantik und das Pathos eines naturwissenschaftlich ernüchterten Blicks, mit dem eine zeitgemäße, weil biologisch modernisierte Geisteswissenschaft inszeniert wird. Als Schnee von gestern erscheint nunmehr die seit Descartes geläufige und vom Idealismus systematisierte Hypostasierung des (Selbst-)Bewusstseins. „‚Sum ergo cogito'", heißt nunmehr die Modernität verheißende Devise einer „naturalistisch-biologischen Denkform", der das Bewusstsein zu einer „Begleiterscheinung anpassender Neubildung ‚**funktioneller Zusammenhänge der erbbedingten Erregungssysteme im Leben des Einzelorganismus**'" wird.[308] Wem dieser anti-individualistische *appeal* einer „um hundertachtzig Grad"[309] gewendeten Bio-Epistemologie zu stark ist, der ist Koch zufolge zu schwach. Zu schwach für eine zeitgemäße Anschauung, die „gegen den Vorwurf der Ungeistigkeit zu verteidigen, [...] sich heute angesichts des Durchbruchs überindividuellen Fühlens" erübrige[310]. Die biologische Unbedingtheit der „‚Metaphysik der ‚Bauhütte'", so referiert Koch seine dichterische Inspirationsquelle, „‚ist nicht für schwachnervige und beruhigungsbedürftige Seelen. Im Anpassungssturm unseres Zeitalters brauchen wir eine Denkeinstellung und Gedankenführung, die der artumfassenden Bewegung des menschlichen Lebens gewachsen ist.'"[311]

Und mag auch der ressentimentbange Chor der denkstilgetrübten, geisteswissenschaftlichen Modernisierungsverweigerer fragen: „Sind Geist, Seele, Bewußtsein ‚nur' Funktionen erbgebundener nervöser Systeme, ist die Welt **des** Guten, Wahren und Schönen nur eine Hypostase ichsüchtiger Denkfaulheit, soll die Anatomie der Großhirnrinde über Wert und Unwert geistigen Lebens entscheiden – wofür lohnt es sich dann noch zu leben?"[312] Die „nüchterne Klarheit und selbstbeherrschte Kraft" einer *Bauhütten*-gestählten Optik lässt sich von solchen Fragen nach den Kosten und Verlusten einer biologischen Modernisierung nicht beirren, denn sie erkennt vielmehr die „entscheidende Bedeutung der Bauhütte für die Geisteswissenschaften", die „in der nun deutlich gewordenen Tatsache [liegt], daß hier die Brücke zwischen Geistes- und Naturwissenschaften, daß der Punkt gefunden ist, wo geistiges Leben aus organischem entspringt."[313]

Auch wenn Koch sich hier als unnachsichtiger Radikalinnovator im Gewande und in Nachfolge des *Bauhütten*-Biologismus inszeniert, dem die zunftspezifischen Bedenkenträgereien als Larmoyanz der Ewiggestrigen erscheinen, so versäumt er es gleichwohl keineswegs, im Laufe seiner Ausführungen auch dafür Sorge zu tragen, dass sich die „Brücke" zwischen Geistes- und Naturwissenschaften als eine solche entpuppt, auf der auch Literaturwissenschaftler traditionelleren Zuschnitts schreiten könnten. Schon die Wahl seines ausführlich zitierten Gewährsmannes, Kolbenheyer, hinter dem er sich gleichsam als ein

---

308 Koch, Franz: a. a. O., S. 279 und 277. Mit der Absage an den Idealismus geht zugleich die Verwerfung einer seiner unangenehmsten Begleiterscheinungen, des Gleichheitspostulats, einher (s. S. 280).
309 Koch, Franz: a. a. O., S. 283.
310 Ebd.
311 Koch, Franz: a. a. O., S. 282.
312 Ebd.
313 Ebd.

Visionär aus zweiter Hand positioniert, deutet in diese Richtung. Sicherlich, Kochs Vorliebe für den völkischen „Dichter-Philosophen", dessen Prestige innerhalb des literarischen Feldes nach 1933 zusehends steigt[314], ist nicht zuletzt einer biographischen Idiosynkrasie (s. Anm. 305) geschuldet. Dass er sich aber zwecks Legitimation seiner Variante einer biologistischen Kultur- und Literaturbetrachtung weder unmittelbar auf Naturwissenschaftler noch auf die üblichen Rassentheoretiker[315], sondern gerade auf einen Vertreter jenes Feldes beruft, das den genuinen Gegenstandsbereich der Literaturwissenschaft ausmacht, zeigt bereits den vermittelten Charakter seines Konzeptes. Zwar verstärkt der von Koch eigens erwähnte Umstand, dass „die Lehrstuhlphilosophie bisher von der Bauhüttenphilosophie nicht viel hat wissen wollen"[316], auf der einen Seite noch einmal das distinktive Potential seiner eigenen Konzeption, insofern als das gewollt Abseitig-Originelle dieser Referenz ihr einen gewissen anti-akademischen *appeal* verleiht.[317] Auf der anderen Seite entpuppt sich die auf der rhetorischen Ebene beschworene Unbedingtheit des neuen, naturwissenschaftlichen Blicks somit *de facto* als eine schon literarisch und „philosophisch" gefilterte.

---

314 1931 aus Protest aus der Preußischen Akademie der Künste ausgetreten, kehrt Kolbenheyer 1933 zurück. Oskar Loerke, Lektor des S. Fischer Verlages und Sekretär der Akademie-Sektion für Dichtkunst notiert angesichts der konstituierenden Sitzung vom 7. Juni 1933 in sein Tagebuch: „Das tückische aufgeblasene breiige Nichts Kolbenheyer, stundenlang redend [...] Durch die hohlen, üblen Radaubrüder Schäfer und Kolbenheyer geriet die Sitzung auf ein unwahrscheinlich schäbiges Niveau." (Loerke, Oskar: Tagebücher 1909–1939. Hrsg. von Hermann Kasack, Frankfurt am Main 1986, S. 294).

315 Die Anwendung rassenkundlicher Typologien à la Günther und Clauß auf literaturwissenschaftliche Gegenstandsbereiche scheint Koch eher abzulehnen. Dies legt zumindest sein skeptisches Gutachten zu einer bei ihm entstandenen Promotionsschrift (Doris Köhler: Karl Philipp Moritz und seine organische Kunstauffassung, 1941) nahe, in dem er darauf hinweist, „wie sehr diese Methode noch des Ausbaues und einer sicheren Fundierung bedürftig ist, wie oft sie im Bloß-Subjektiven stecken bleibt." (zit. nach Klausnitzer, Ralf: a. a. O., S. 258, Anm. 227)

316 Koch, Franz: a. a. O., S. 271.

317 Allerdings scheint Koch nicht der einzige Hochschul-Akteur mit einer Vorliebe für Kolbenheyer zu sein. Auch der altertumskundlich orientierte Tübinger Ordinarius für Deutsche Sprache und Literatur Hermann Schneider hegt eine starke Vorliebe für das Werk des *Bauhütten*-Philosophen, auch wenn Kolbenheyers Metaphysik für seine wissenschaftliche Arbeit keinerlei Rolle spielt und er „ein strikter Gegner sowohl der NS-Ideologie als auch jeder ideologischen Bevormundung der Wissenschaft war." (von See, Klaus/Zernack, Julia: Germanistik und Politik in der Zeit des Nationalsozialismus. Zwei Fallstudien: Hermann Schneider und Gustav Neckel, Heidelberg 2004, S. 57; dort S. 52–56 zu Kolbenheyer). Dass alte Liebe nicht rostet, zeigt sich, wenn Schneider wohl noch 1952 ernsthaft erwägt, Kolbenheyer für den Nobelpreis vorzuschlagen (von See, Klaus/Zernack, Julia: a. a. O., S. 56) und er im gleichen Jahr in der *Sudetendeutschen Zeitung* eine Würdigung Kolbenheyers mit den Sätzen beginnt: „Vor einiger Zeit ist eine Äußerung von Thomas Mann durch die Presse gegangen: er habe nie vermocht, ein Werk von Kolbenheyer zu Ende zu lesen; [...] Wenn der Schreiber dieser Zeilen als Professor für Literaturgeschichte ein solches Urteil von Studenten zu hören bekäme, so würde er ihm raten, wegen mangelnder Eignung von diesem Studium abzusehen." (Schneider, Hermann: Der Dichter Erwin Guido Kolbenheyer. Eine Würdigung, in: Sudetendeutsche Zeitung vom 31. Mai 1952, hier zit. nach von See/Zernack: a. a. O., S. 54)

Mag der Biologismus Kolbenheyers auch epistemologisch eine Provokation für den geisteswissenschaftlich imprägnierten Denkstil der Disziplin sein, ein zweiter Aspekt lässt die *Bauhütten*-Philosophie nichtsdestoweniger zumindest potentiell als anschlussfähig innerhalb der Disziplin erscheinen: der Umstand, dass sie, trotz aller Verpflichtung gegenüber dem naturwissenschaftlichen Erkenntnisfortschritt, auch weiterhin beansprucht und vorgibt, eine *Metaphysik* zu sein. So ist es denn auch der Kolbenheyer'sche Zentralbegriff der „plasmatischen Kapazität", der in Kochs Entwurf einer biologisierten Literaturwissenschaft dafür sorgt, dass sich vor dem Hintergrund einer als radikal naturwissenschaftlich apostrophierten Szientifizierung der Weltbetrachtung ein durchaus traditionell geisteswissenschaftliches Methodeninventar der Literaturbetrachtung abzeichnen kann:

> Entscheidend für den Bestand, für die Anpassungsfähigkeit und Lebensmächtigkeit jedes Lebewesens ist daher das Verhältnis zwischen [...] bereits verausgabtem und noch liegendem [rassisch bedingten, erblichen; G. K.] Kapital, zwischen bereits erschöpftem und noch „gewärtigem" plasmatischen Erbe, ein Verhältnis, das Kolbenheyer mit dem Worte „plasmatische Kapazität" bezeichnet und von dem aus, nebenbei bemerkt, eine Kritik des Darwinschen Selektionsbegriffes erfolgt. Plasmatische Kapazität ist ein irrealer Faktor des Lebens, der sich nicht errechnen läßt, sondern nur mittelbar aus den jeweiligen Reaktionsformen der betreffenden Individuation erschlossen werden kann[...][318]

Wo es allerdings um die „Erschließung" von „irrealen Faktoren des Lebens" geht, da lichtet sich sich der Schleier selbstszientifizierender Semantik und noch der dezidierteste Funktionalismus nähert sich einer geistesgeschichtlich-hermeneutischen Kulturbetrachtung an. Das Kolbenheyer'sche und Koch'sche „Plasma" erscheint mithin als eine Naturwissenschaftlichkeit simulierende, umcodierte Variante des Lebens-Begriffes.[319] Gewiss, dem geläufigen Geniebegriff – „[d]as alte Prometheussymbol, der Künstler ein zweiter Gott" – wird von Koch eine Absage erteilt:

> Nicht mehr der Vertreter Gottes ist der Künstler, der Dichter, das Genie überhaupt, sondern auch er nur Funktionsexponent eines Volkes, einer Rasse. Auch sein Schöpfer-

---

[318] Koch, Franz: a. a. O., S. 275 f. Die „plasmatische Kapazität", die die biologisch bedingte Lebensmächtigkeit und Entwicklungsfähigkeit überindividueller Lebenseinheiten (Familie, Stamm, Volk, Rasse) meint, von denen wiederum das Individuum abhängt, habe bei den Deutschen insofern eine besondere Qualität, als das deutsche Volk vermöge seiner plasmatischen Kapazität als Jungvolk eine stärkere Lebensmächtigkeit besitze als andere Völker (vgl. Koch, Franz: Erwin Guido Kolbenheyer. Zum 30. Dezember 1928, in: a. a. O., S. 312 f.)

[319] Der lebensphilosophische Impetus des Begriffes der plasmatischen Kapazität wird noch deutlicher, wenn Koch an anderer Stelle ausführt, der Begriff meine „die nicht weiter erklärbare Tatsache des Lebens, des ungeheuren, gewaltigen Ganzen, das über und vor dem Einzelnen ist, naturwissenschaftlich ausgedrückt: das Plasma, das keinen anderen Willen hat, als eben nur zu leben, sich jeweils entgegentretenden Hemmungen anzupassen." (Koch, Franz: Erwin Guido Kolbenheyer. Zum 30. Dezember 1928, in: Preußische Jahrbücher 1928, Bd. 214, S. 304–330, hier: S. 310) Eine gewisse Nähe zur Willensmetaphysik Schopenhauers ist evident.

tum beruht auf wachstumsbedingter Erbartung – Intuition ist ja geartet – und so wird er zum Dolmetsch eines Lebens, das generationenweit vorbedingt ist und weit über Zeit und Raum hinaus nach Lösung und Erlösung strebt, um diese Erlösung nun in der Gestaltung zu finden.[320]

Ist es aber erst einmal grundsätzlich akzeptiert, dass das Genie – wie es im Kolbenheyer'schen Sprachgestus nicht frei von weniger erfreulichen Assoziationen heißt – „also ‚Bahnung der Entwicklungsnotdurft'"[321] ist, so klingen die daraus abgeleiteten „Forderungen an die geisteswissenschaftliche Darstellung der schöpferischen Persönlichkeit"[322] doch wieder seltsam vertraut. Dass der „biologisch-metaphysische Blick für die Deutung [!] des Kunstwerkes" sich in Sonderheit dann als fruchtbar erweise, „sobald man man es ernstlich als Gestaltung überindividueller Schaffensantriebe betrachtet"; dass so auch „der Diltheysche Erlebnisbegriff, von Dilthey noch impressionistisch gefasst, metaphysische Tiefe und Weite gewinne[]"[323]; dass entscheidend nicht sei, „was von der Antike auf das deutsche Geistesleben gewirkt hat, sondern was auf der Erbanlage des deutschen Volkes aus diesen Wirkungen geworden ist, wie diese Anlage ihrerseits dagegen gewirkt, diese Anregungen umgeformt und gewandelt hat"[324] – wohl kaum einer der geistesgeschichtlich orientierten Literaturwissenschaftler hätte diesen Annahmen, auch wenn ihn die zugrundeliegende *Bauhütten*-Philosophie eher befremdet hätte, widersprochen. Und auch Kochs Erklärung der Behauptung, Kolbenheyers biologische Metaphysik habe den „alten Streit, ob die großen geschichtlichen Persönlichkeiten oder die Massen den Gang der Geschichte bestimmen", geschlichtet, liest sich letztlich wie eine ins *Bauhütten*-Jargon transponierte Version der immens konsensträchtigen „ursprungsmythologischen Argumentationsfigur": „Führer und Masse, d. h. Volk, sind durch einen biologischen Funktionalismus organisch und untrennbar aneinander gebunden. Die große geschichtliche Persönlichkeit ist Funktionsexponent ihres Volkes, handelt gleichsam in dessen Auftrag und als dessen Treuhänder."[325]

Methodisch gesehen erweisen sich die Arbeiten Kochs vor wie nach 1933 denn auch eher als ein eklektisches Amalgam aus Diltheys Lebenphilosophie, Walzels Gehalt-Gestalt-

---

320 Koch, Franz: a. a. O., S. 284.
321 Koch, Franz: a. a. O., S. 285.
322 Ebd.
323 Koch, Franz: a. a. O., S. 286.
324 Koch, Franz: a. a. O., S. 288.
325 Koch, Franz: a. a. O., S. 289. Wie disziplinär längst tradierte Vorstellungen semantisch umgebaut als neu inszeniert werden, zeigt sich auch, wenn Koch als Bauchredner Kolbenheyers die Figur des „tragischen Helden" und dessen Opfertod deutet: „‚Da löst sich ein scheinbarer Widersinn: die Anpassung des Plasma zu einer neuen Bestandform des Lebens kann unter Vernichtung einzelner Lebensexponenten erfolgen.' [...] Die hier geschilderte Lage ist die des tragischen Helden, des heldischen Menschen schlechthin. ‚Das Leben des Heros ist die Funktion eines Exponenten, durch die das Artplasma gesteigerten Anpassungsnötigungen gegenüber seinen Bestand durchsetzt.'" (S. 294) Auch so eben kann man zum Ausdruck bringen, dass „Deutschland leben muss, auch wenn wir sterben müssen".

Lehre und Nadlers Stammeskunde[326], dem durch die *Bauhütten*-Grundierung lediglich der distinktive Nimbus von Originalität und Modernität verliehen werden soll. Entsprechend eingeschliffen und spätestens seit der Hochphase der Geistesgeschichte innerdisziplinär bereits erprobt sind denn auch die literaturgeschichtlichen Wertungen, die Koch exemplarisch vor dem Hintergrund seiner „organischen, biologischen Ästhetik"[327] trifft. Weder die These, dass die „geistesgeschichtliche Bedeutung" der deutschen Mystik darin bestehe, „daß der religiösen Denkart der Mittelmeervölker [...] die germanisch-nordischen Völker in der deutschen Mystik entgegengetreten sind", noch diejenige, dass „Selbstauflösung" der „eigentliche Kern" der Literaturbewegungen der Moderne sei, taugen zum Beleg für Kochs vollmundige Versprechung, „[w]ie neu und dabei überzeugend ganze Epochen sich vom Blickpunkt einer biologischen Orientierung einem überindividuellen, volkhaften Entwicklungsvorgange einordnen."[328] Von eher epigonalem Charakter zeugen denn auch seine übrigen zwischen 1933 und 1945 publizierten literaturgeschichtlichen Arbeiten, deren Epochenkonstruktionen und Autorenwertungen sich weitestgehend an geistesgeschichtlichen Standards orientieren. Zwar wird etwa das Ziel seiner vielverkauften *Geschichte deutscher Dichtung*, die „erbtümliche Linie"[329], d.h. die rassisch bedingte Einheit deutschen Dichtens in der Entwicklung von der germanischen Frühzeit bis zur volkhaften Gegenwartsdichtung, transparent werden zu lassen, paratextuell als wissenschaftliches Wagestück für Leser, „die auch einmal Kopf und Kragen zum Sprung nach vorwärts dransetzen"[330], apostrophiert. Der Blick des Epochen(re)konstrukteurs Koch scheint jedoch fachgeschichtlich doch eher rückwärts gewendet zu sein, wenn er – anknüpfend an geistesgeschichtliche Synthetisierungen à la Korff – z.B. „die Goethezeit"[331] als Einheit von Sturm und Drang,

---

326 Höppner, Wolfgang: Der Berliner Germanist, a.a.O., S. 116. „Nur Josef Nadlers ‚Literaturgeschichte der deutschen Stämme und Landschaften'", so räumt Koch auch in seinem *Bauhütten*-Beitrag ein, „verstand die Zeichen der Zeit, einem Antriebe gehorchend, der dem Grenzlanddeutschen näherlag als dem Binnendeutschen." (S. 283) Koch begreift Nadlers Stammeskunde als einschneidende und bedeutende Syntheseleistung, moniert jedoch dessen geographischen Determinismus, der die Landschaft als literaturkonstitutiven Faktor zuungunsten der biologischen Erbanlagen überbewerte (s. Koch, Franz: Gundolf und Nadler, in: a.a.O.; ders.: Stammeskundliche Literaturgeschichte, in: a.a.O.) Referenzen an Walzel, den Koch als „jüdisch Versippten" selbstverständlich nicht nennt, finden sich, wenn er dessen Überlegungen zur Form-Inhalt-Problematik an Kolbenheyer zurückkoppelt: „Es wird daher nicht erstaunen, wenn Kolbenheyer ‚für die unbedingte Unterordnung der Form eines Kunstwerkes unter dessen Inhalt' eintritt. Das ist nicht so zu verstehen, als ob die Form des Kunstwerkes etwas Sekundäres oder Beiläufiges wäre, vielmehr so, daß auch die Form nichts Absolutes ist, sondern abhängig von dem jeweiligen Inhalt. Denn ‚jeder Inhalt hat seine ihm beste Form dem überindividuellen Wirkungszusammenhang gegenüber, dem er angehört, aus dem er und in den er hineinwirken muß.'" (S. 292)
327 Koch, Franz: a.a.O., S. 292.
328 Koch, Franz: a.a.O., S. 291f.
329 Koch, Franz: Geschichte deutscher Dichtung [1937], 4., erw. Aufl., Hamburg 1941, S. 7.
330 Koch, Franz: a.a.O., S. 8.
331 So der Titel des entsprechenden Kapitels, s. Koch, Franz: a.a.O., S. 129–193. Zur eklektisch-epigonalen Romantik-Deutung, in der Koch „ohne Reflexion der eigenen methodischen Grundlagen Ergeb-

Klassik und Romantik und als genuin deutschbewegten Einspruch gegen Aufklärung und Rationalismus konzipiert. Sieht man einmal von der Koch'schen Idiosynkrasie ab, dass er Kolbenheyer genauso viele Seiten wie Goethe einräumt[332], so ist es hier und in anderen seiner literaturgeschichtlichen Arbeiten doch der alte Wein der Geistesgeschichte – mit ein wenig, um im Bild zu bleiben, stammesgeschichtlicher Säure – der durch die neuen Schläuche der *Bauhütten*-induzierten Literaturgeschichtsschreibung läuft.[333]

Das vermeintlich radikale Innovationspotential einer Literaturwissenschaft unter dem Dach der *Bauhütte* wird denn folgerichtig von Koch auch im Rahmen seines programmatischen Entwurfes wieder relativiert, indem er den Denker Kolbenheyer in ein Traditionskontinuum stellt, das seinen Anfang bei den mythologisierten Gründerfiguren innerhalb der germanistischen Ahnengalerie nimmt. Koch jedenfalls sieht bei Kolbenheyer

> deutliche Ansatzpunkte einer organischen Ästhetik, und es zuckt einem in den Händen, die Fäden aufzunehmen, die von hier, dem Denker [Kolbenheyer; G. K.] unbewußt, zu Jacob Grimm, zu Herder und Hamann führen […] Denn daß hier die Welt aus- und aufgebaut wird, die Herder und Goethe bereits umrißhaft vor Augen stand, dürfte nach allem kaum mehr zu übersehen sein, und insofern ist die Bauhütte selbst ein Meilenstein auf dem Wege des deutschen Geistes zu sich selber.[334]

nisse der Forschung seit Dilthey [vermengt]" (306) s. Klausnitzer, Ralf: a. a. O., S. 302–309. Zu einer „Verlaufs"beschreibung der gesamten Literaturgeschichte Kochs s. Sturm, Peter: Literaturwissenschaft im Dritten Reich. Germanistische Wissenschaftsformation und politisches System, Wien 1995, S. 91–136.

332 Vgl. Koch, Franz: a. a. O., S. 138–150 und S. 323–335.

333 S. auch die eher an ein außerdisziplinäres Publikum adressierten Arbeiten Koch, Franz: Deutsche Kultur des Idealismus, Potsdam 1935; ders.: Das deutsche Schrifttum von der Romantik bis zur Gegenwart, Potsdam o. J. (= Handbuch des deutschen Schrifttums. Hrsg. von Franz Koch, Band 3). Im Idealismus-Beitrag zum Handbuch der Kulturgeschichte, von der Ausstattung her ein reich bebildertes *coffeetable-book* für das bildungsbürgerliche Wohnzimmer, ist von Kolbenheyers *Bauhütte* nur ein einziges Mal (S. 78) und hier auch nur eher beiläufig die Rede. Zwar heißt es im von Koch verfassten Vorwort zum „Handbuch des deutschen Schrifttums": „Dringender als irgendein anderer empfindet der Student, der Lehrer das Bedürfnis nach einem Handbuche, das die weltanschaulichen und methodischen Gewinne der Gegenwart mit der gewohnten wissenschaftlichen Zuverlässigkeit verbindet und ihn die geschichtlichen Tatsachen im Zusammenhange überblicken lässt. So hofft dieses Handbuch eine Lücke auszufüllen und einem überall fühlbaren Mangel abzuhelfen, wenn es […] den Leser in das überall neu gesehene geschichtliche Werden einführt, […] immer jedoch einzelnes, Dichtung wie Dichter, in den Wirkungsbereich rassisch-volkhaften Lebens einbaut und von der Bedeutung für dieses volkhafte Leben her bewertet […]." (Vorwort des Herausgebers zu: Handbuch des deutschen Schrifttums, Band 1: Bis zum Ausgang des Mittelalters, Potsdam o. J., S. 1) Kochs Überblick über das „deutsche Schrifttum von der Romantik bis zur Gegenwart" indes folgt traditionellen, geistesgeschichtlichen Darstellungsmodi, verzichtet auf jedweden Hinweis auf die *Bauhütte* und greift auf biologistisch-antisemitisches Vokabular „lediglich" dann zurück, wenn es um die Stigmatisierung bestimmter literaturgeschichtlicher Phänomene wie die Berliner Salonkultur der Romantik (S. 12 f.) oder Börne und Heine (S. 13–23) geht. Auch hier scheint eher die Geistesgeschichte als die *Bauhütte* die Darstellung zu prägen.

334 Koch, Franz: E. G. Kolbenheyers Bauhütte und die Geisteswissenschaften: a. a. O., S. 296. Die These, dass Goethe als Vordenker eines organbiologischen Weltbildes anzusehen sei, in dem die Eingefügtheit

Innerhalb der Disziplin jedoch will zumindest den durch die *Bauhütte* markierten Abschnitt dieses Weges niemand mit ihm gehen. Kochs spezifische *Bauhütten*-Variante einer biologischen Literaturwissenschaft erweist sich – sieht man einmal von einigen seiner Doktoranden ab – als wenig resonanzträchtig. Sicherlich, man lobt seine Literaturgeschichte, wo man ganz ähnlich konzipierte Darstellungen von fachlichen Außenseitern als wissenschaftlich ungenügend kritisiert[335] – vielleicht mehr aus Furcht vor seinen kulturpolitischen Beziehungen, die er seinem ausgeprägten Hang zur Intrige nutzbar macht, denn aus fachlichem Respekt.

Eine fachöffentliche Auseinandersetzung um Kochs Konzept einer „biologischen Metaphysik" jedenfalls findet bis 1945 nicht (mehr) statt. Als zu idiosynkratisch und von zweifelhafter, wissenschaftlicher Seriosität mag wohl dann doch die inszenatorische Referenzgröße Kolbenheyer disziplinintern erschienen sein; als zu epigonal und althergebracht dann auch die tatsächlichen Arbeitserträge, die auch im Gewande einer pseudo-naturwissenschaftlichen Revolutionierung der „Denkungsart", das der Ordinarius von der „ersten Universität des Reiches" ihnen semantisch überwerfen möchte, Innovation nur simulieren. Möglicherweise ist dieses beredte Schweigen der Disziplin eine Reaktion darauf.

Zwischen Distinktion und paratextueller Integration: Josef Nadlers Stammeskunde als „reactionary modernism" und der Rasse-Begriff

„Wer die schöneren Augen hatte und die besseren Verse konnte, das ist für die Geschichte eine interessante Gleichgültigkeit."[336] Die Lakonie unterstreicht hier den Distinktionsgestus eines Akteurs, dessen Wissenschaftsverständnis eine Fortsetzung der Beschäftigung

    des Einzelnen in ein überindividuelles Ganzes und die Erziehung zu völkischem Gemeinschaftssinn auf der Grundlage biologischer Werte im Zentrum stehen, entwickelt Koch ansatzweise schon in seinen vor 1933 erschienenen Goethe-Studien, mit Nachdrücklichkeit dann aber in Koch, Franz: Goethe als Erzieher, in: Internationale Zeitschrift für Erziehung, 5, 1936, S. 241–254 und in seiner Festrede anlässlich von Goethes Geburtstag 1938 (Koch, Franz: Vergangenheit und Gegenwart in eins. Festwort zur Feier von Goethes Geburtstag am 27. August 1938 im Römer zu Frankfurt am Main, Halle 1939). Auch hier kann er nahtlos an Kolbenheyer anknüpfen (s. Kolbenheyer, E. G.: Goethes Denkprinzipien und der biologische Naturalismus. Festansprache, gehalten bei der Feier des Frankfurter Deutschen Hochstiftes am Vorabend von Goethes Geburtstag im Jahre 1937, in: ders.: Gesammelte Werke in 8 Bänden, Bd. 8, München 1941, S. 17–36).

335 So vergleicht z. B. Joachim Müller Kochs Literaturgeschichte mit der im gleichen Jahr erschienenen Walther Lindens (Geschichte der deutschen Literatur von den Anfängen bis zur Gegenwart, Leipzig 1937) und resümiert: „Während Koch aus sachlicher Ergriffenheit heraus den Stoff von innen her neu gestaltet, läßt ihn Linden gleichsam an seinem alten Platz und überdeckt ihn mit einem nicht recht sitzenden Gewand neuer Wertbegriffe. [...] Linden spricht fortwährend von den nordisch-germanischen Kräften, während Koch sie aus der Schilderung des Schicksalsweges deutscher Dichtung unmittelbar erstehen läßt. [...] So legt man Lindens Buch auch dort unwillig aus der Hand, wo er die Absicht einer grundsätzlich neuen Darstellung hat [...], weil auch das berichtende Wort im allzu volltönenden Pathos versinkt." (Müller, Joachim: Schrifttumsbericht Allgemeines und Grundsätzliches, in: ZfDk, 52, 1938, S. 372).

336 Nadler, Josef: Literaturgeschichte der deutschen Stämme und Landschaften. Band III, Regensburg 1918, S. 12.

mit derartigen „Gleichgültigkeiten" nicht mehr zuzulassen scheint. Die kühle Pointiertheit, mit der Josef Nadler hier sowohl einer individualbiographisch-positivistischen als auch einer an ästhetischen Wertungskriterien orientierten, geistesgeschichtlichen Literaturgeschichtsschreibung eine Absage erteilt, fungiert als Zeichen der „Modernität" und „Wissenschaftlichkeit" des eigenen stammeskundlichen Ansatzes. In ihrer Ambivalenz erscheint die bereits in den 1910er Jahren entwickelte, vielfach diskutierte stammes- und landschaftskundliche Literaturgeschichtsschreibung des seit 1931 in Wien lehrenden Ordinarius gleichsam als ein Beispiel von *reactionary modernism* innerhalb des literaturwissenschaftlichen Feldes.[337]

Als „modern" erscheint Nadlers Konzept in Sonderheit dann, wenn er – im Unterschied etwa zu Koch durchaus mit einem erheblichen Aufwand an Selbstreflexion – die epistemologische Dignität, mithin also die Wissenschaftlichkeit seines Ansatzes transparent

---

[337] Josef Nadler (1884–1963) promoviert 1908 mit einer Ministerialbewilligung bereits nach sieben Semestern bei August Sauer in Prag über *Eichendorffs Lyrik. Ihre Technik und ihre Geschichte* (Prag 1908; Nachdruck: Hildesheim 1973). Ohne Habilitationsschrift wird er 1912 aufgrund des ersten Bandes seiner *Literaturgeschichte der deutschen Stämme und Landschaften* (3 Bde., Regensburg 1912–1918, Band 4: Regensburg 1928), die ihn weit über die Grenzen der Disziplin hinaus bekannt macht, zum außerordentlichen Professor für Neuere deutsche Literaturgeschichte an der Universität Freiburg (Schweiz). Nach einem Zwischenspiel als Ordinarius in Königsberg (1925–1931) lehrt er von 1931 bis 1945 an der Universität Wien. Wegen nationalsozialistischer Thesen in der 4. Auflage seiner Literaturgeschichte (die unter geändertem Titel erscheint als: *Literaturgeschichte des deutschen Volkes. Dichtung und Schrifttum der deutschen Stämme und Landschaften*, 4., neubearb. Aufl., 4 Bde., Berlin 1938–1941) wird er nach Kriegsende seines Amtes enthoben. Von 1914 bis 1931 ist er Mitherausgeber des *Euphorion*, von 1934 bis 1936 gehört er dem Herausgebergremium von *Dichtung und Volkstum* an. 1938 wird Nadler Mitglied u. a. der Reichsschrifttumskammer und der NSDAP. 1942 leitet er nach einer Auseinandersetzung über die 4. Auflage seiner Literaturgeschichte mit dem bei der Parteiamtlichen Prüfungskommission tätigen Hans W. Hagen gegen sich selbst ein Parteiverfahren ein. 1944 ergeht der (bis Kriegsende nicht mehr ausgeführte) Befehl von Martin Bormann, Nadler ehrenvoll aus der Partei auszuschließen. Da der „Fall Nadler" wie auch sein stammeskundliches Konzept in der Forschungsliteratur ausführlich behandelt worden sind, konzentrieren sich meine Ausführungen auf einige, im Rahmen dieser Studie wesentliche Aspekte; s. zu Nadler u. a. die zahlreichen Arbeiten Sebastian Meissls (s. Literaurverzeichnis); König, Christoph: „Geistige, private Verbündung". Brecht, Nadler, Benjamin und Hugo von Hofmannsthal, in: König, Christoph/Lämmert, Eberhard (Hrsg.): a. a. O., S. 156–171; Schmidt-Dengler, Wendelin: Nadler und die Folgen. Germanistik in Wien 1945 bis 1957, in: Barner, Wilfried/König, Christoph (Hrsg.): a. a. O., S. 35–46; Klausnitzer, Ralf: „Krönung des ostdeutschen Siedelwerks"? Zur Debatte um Josef Nadlers Romantikkonzeption in den zwanziger und dreißiger Jahren, in: Euphorion, 93, 1999, S. 99–125; Neuber, Wolfgang: Nationalsozialismus als Raumkonzept. Zu den ideologischen und formalästhetischen Grundlagen von Josef Nadlers Literaturgeschichte, in: Garber, Klaus (Hrsg.): Kulturwissenschaftler des 20. Jahrhunderts. Ihr Werk im Blick auf das Europa der Frühen Neuzeit, München 2002, S. 175–191; Rohrwasser, Michael: Josef Nadler als Pionier moderner Regionalismuskonzepte?, in: Regionalität als Kategorie der Sprach- und Literaturwissenschaft. Hrsg. vom Instytut Filologii Germanskiej der Uniwersytet Opolski, Frankfurt am Main 2002, S. 257–280; Boden, Petra: Stamm – Geist – Gesellschaft. Deutsche Literaturwissenschaft auf der Suche nach einer integrativen Theorie, in: Dainat, Holger/Danneberg, Lutz (Hrsg.): a. a. O., S. 215–261, hier v. a.: S. 220–226.

zu machen versucht. In der Tat ist Nadler der disziplinären Zeit um fast ein Vierteljahrhundert voraus: lanciert er seine Stammeskunde doch zu einer Zeit, als es im Zuge der „geistesgeschichtlichen Wende" gerade *en vogue* ist, sich mit Nachdruck von den Naturwissenschaften abzugrenzen, als ein Programm, das sich unter Berufung auf die methodologischen Leitkategorien der Induktion und der Kausalität dezidiert (wieder) an naturwissenschaftlichen Erkenntnisidealen zu orientieren scheint.[338]

> Man suchte Typen und Gesetze in allem, was Geschichte heißt. Für solche Wahrheiten bietet der Einzelne keine Erfahrung, weil er nur einmal ist, ein Punkt, aus dem sich keine Kurve errechnen läßt. Und ein ganzes Volk, in dem der Einzelne ohne Zwischenglied begriffen ist, gibt wieder keine Möglichkeit, das gewonnene Resultat zu vergleichen, zu prüfen, zu berichtigen. Denn das Nachbarvolk ist ja ein anderes, aus dessen verschiedenen Grundlagen die Fehlerquelle der eigenen Rechnung niemals zu finden ist. Wir brauchen Zwischenglieder zwischen dem Einzelnen und der letzten Einheit […] Das ist wieder der Stamm, die Sippe, die Landschaft. Das Problem ist dieses: wir kennen eine Summe von Ursachen und von Wirkungen, im Schrifttum kristallisiert. Wo ist die Ursache, die zu dieser Wirkung gehört? Es müßte uns experimentell möglich sein, eine beliebige Ursache auszuscheiden, um zu sehen, welche Wirkung ausbleibt. Das Experiment können wir nicht machen, aber die Natur hat es gemacht, indem sie Menschen gleicher Herkunft – einen Stamm – in Landschaften verschiedener Herkunft mischte, Teile verschiedener Stämme in gleichgebaute Landschaften hineinwachsen ließ. Zur Wirkung läßt sich die Ursache finden, es lassen sich Gesetze und Typen gewinnen, die Prämissen werden vervielfältigt, die Erfahrungsmöglichkeit wird erweitert.[339]

„Eine Auswahl der literarischen Denkmäler unter dem Gesichtspunkte des Sittlichen wie des Schönen", so formuliert es Nadler 1914 mit entschiedenem Distinktionsgestus gegenüber geistesgeschichtlichen Ansätzen in *Die Wissenschaftslehre der Literaturgeschichte*, „ist unwissenschaftlich."[340] Dem dergestalt ernüchterten Blick des von vorgelagerten Werturteilen befreiten, wissenschaftlichen Literaturhistorikers muss sich zwangsläufig der Gegenstandsbereich, den er zu untersuchen hat, erweitern: anders als es die am „Höhenkamm" der exemplarischen „Dichtungen" orientierte Geistesgeschichte vorexerziert, sind im Rahmen der Nadler'schen Programmatik, die hier an Sauers Forderung nach einer

---

[338] Dass dies im Blick auf die dann folgenden Versuche der 1930er und 1940er Jahre, die Literaturwissenschaft wieder einem naturwissenschaftlichem Denkstil anzunähern (s. o.) eher als antizipatorisch erscheint und weniger als ein Rückfall in den bereits überwunden geglaubten Positivismus vergangener Zeiten, liegt zum Einen an Nadlers durchaus vorhandenem synthetischem Impetus (s. dazu unten) und zum Anderen am theoretisch-methodologischen Reflexionsaufwand, den Nadler investiert.

[339] Nadler, Josef: Worte der Rechtfertigung und des Danks, in: ders.: Literaturgeschichte der deutschen Stämme und Landschaften, Band I: Die Altstämme (800–1600), Regenburg 1912, S. VIII)

[340] Nadler, Josef: Die Wissenschaftslehre der Literaturgeschichte. Versuche und Anfänge, in: Euphorion, 21, 1914, S. 1–63, hier: S. 29. S. dazu auch: Boden, Petra: a. a. O., S. 221 f.

„Literaturgeschichte von unten" anknüpft, ebenso trivial-, alltags- und gebrauchsliterarische Textdokumente von literarhistorischer Relevanz.[341] In der umfangreichen epistemologisch-methodologischen Kommentarschrift zu seiner Literaturgeschichte heißt es weiter:

> Den zureichenden Grund für das ganz bestimmte Vorhandensein der Denkmäler habe ich in den betreffenden Urhebern gefunden. Aber diese fordern doch auch Gründe für ihr Vorhandensein und es ist doch Pflicht jeder wissenschaftlichen Tätigkeit, dem Bewirkenden, der Ursache solange nachzuforschen, als ich irgend etwas als bewirkt, verursacht erkenne.[342]

„[D]ie letzten Gründe des geheimnisvollen Zusammenwirkens zwischen Körperlichem und Seelischem" erschließen zu können, dies bekundet Nadler als Fernziel einer interdisziplinären Zusammenarbeit zwischen Familien- und Literaturgeschichte, deren methodologische Zurichtung er folgendermaßen skizziert: „Ihre Erkenntnismittel sind, ausgehend von den Denkmälern, fortschreitende Begriffsbildung, Quellendenkmäler, der Induktionsschluß und der Begriff der ursächlichen Abfolge. Ihre wesentlichen Hilfswissenschaften sind Sprachwissenschaft, Familiengeschichte, Ethnographie, Geographie, Volkskunde."[343]

So vorausweisend auf kommende Tendenzen innerhalb des Faches die Konsequenzen von Nadlers hier lediglich angedeuteter Grundlagenreflexion auch sein mögen, in zweierlei Hinsicht erweist er sich schließlich doch durchaus als Zeitgenosse jener konkurrierenden,

---

341 „[W]enn es eine Wissenschaft von den literarischen Denkmälern geben soll, so muß sich diese Wissenschaft sämtliche Denkmäler ohne Auswahl, ohne Beschränkung, ohne Ausnahme zum Gegenstande nehmen", so der Totalitätsanspruch Nadlers (Nadler, Josef: Die Wissenschaftslehre, in: a. a. O., S. 26). „Mag ich den Zusammenhang innerhalb einzelner Dichtungsgattungen", so Nadler im paratextuellen Legitimationsdiskurs des ersten Bandes seiner Literaturgeschichte, „da und dort zerrissen haben! Es sind künstliche Gruppen, und ich suchte Natur. Mag dem oder jenem Großen eine Zeile weniger zugeteilt worden sein! Sie haben alle ihren Wert, die Größten und Kleinsten, und der Botaniker baut kein Rosengehege des Duftes und der Farbe willen." (Nadler, Josef: Worte der Rechtfertigung und des Danks, in: ders.: Literaturgeschichte der deutschen Stämme und Landschaften, Band I: Die Altstämme (800–1600), Regensburg 1912, S. VIII) Das Argumentationsmuster, demzufolge eine werturteilsfreie Gegenstandserweiterung zugleich Ausweis von Wissenschaftlichkeit ist, spielt dann seit den 1960er Jahren – als es um die Abgrenzung von der „werkimmanenten Interpretation" geht – wieder eine wichtige Rolle innerhalb der disziplinären Diskurslandschaft. Nadlers Rede von den „Denkmälern" verweist indes auch zurück auf den umfassenden Gegenstandsbegriff der frühesten Germanistik vor allem bei Jacob Grimm.

342 Nadler, Josef: Die Wissenschaftslehre, S. 41.

343 Nadler, Josef: a. a. O., S. 47 f. und 51. Wie sich Nadler einen solchen „Begriffsnominalismus" (Meissl) vorstellt, exemplifiziert er am Beispiel Schillers: „Eine bestimmte Textmenge ergebe geordnet die (nur konventionell so bezeichnete) Einheit ‚Maria Stuart', in weiterer Folge ‚Friedrich Schiller' als Sammelname für die nächstgrößere Menge zusammengehörender Texte und schließlich eine Größe von Merkmalen, die man – wieder nur vorläufig – mit ‚schwäbisch-schrifttümlich' umschreiben könne." (Meissl, Sebastian: Zur Wiener Neugermanistik, in: a. a. O., S. 131) Neben August Sauers Prager Rektoratsrede benennt Nadler Rickerts *Die Grenzen der naturwissenschaftlichen Begriffsbildung* als wesentlichen Einfluss auf seinen Kausalitätsdiskurs (Nadler, Josef: Die Wissenschaftslehre, a. a. O., S. 4).

geistesgeschichtlichen Akteure, von denen er sich abzugrenzen bemüht ist.[344] Erstens teilt er mit ihnen, ungeachtet der Inszenierung von Sachlichkeit und Nüchternheit, die seinen theoretisch-methodologischen Diskurs kennzeichnet, auf der Ebene der *Praxis* der Literaturhistoriographie den Willen zur „Darstellung" (s. III.2.2) Gerade darin übertrifft er die meisten von ihnen sogar bei weitem. Nicht zuletzt sein Talent zur erzählerisch-literarischen Darstellung dürfte denn auch für den großen Erfolg seiner Literaturgeschichte vor allem außerhalb der Disziplin verantwortlich sein.[345] So sehr seine methodologischen Überlegungen auch auf die Operationalisierbarkeit und damit auf die durch Imitation mögliche Anschlussfähigkeit seines Programmes zu setzen scheinen, so hat Nadler 1930 doch postuliert, dass unabdingbare Voraussetzung für die Darstellungstechnik des Literarhistorikers dessen Vermögen sei, „durch Einzelheiten ein Ganzes zu sehen und anschaulich zu machen." Dies jedoch sei „noch weniger lehrbar und noch weit mehr ingenium"[346] als die methodisch geleitete, induktiv-kausale Vorarbeit. Wiederum fünf Jahre später bekundet er gar, sein Werk sei „weder eine Theorie noch eine Methode, sondern eine geschichtliche Darstellung."[347]

Zweitens teilt er den geistesgeschichtlichen Impetus zur Synthese, der sich bei Nadler in den beiden Scharnierbegriffen des „Stammes" und der „Landschaft", bzw. in den mit ihnen verbundenen Argumentationsweisen verdichtet. Zugleich markieren die biologischen, bzw. geographisch-kulturgeschichtlichen Kategorien[348] „Stamm" und „Landschaft", die das induktiv-kausal gesammelte Material synthetisierend und ordnungsstiftend überwölben, jene Übergangszone, an denen die distinktionsstrategische „Modernität" und das Wissenschaftlichkeitsversprechen des methodologischen Begleitdiskurses überlagert und

---

[344] Ungeachtet der methodologischen Distanzierungsgesten knüpft Nadler im Rahmen seiner literarhistoriographischen Praxis durchaus an geistesgeschichtliche Epochenkonstitutionen und -charakterisierungen an. Meissl (Zur Wiener Neugermanistik, in: a. a. O., S. 140 f.) verweist darauf, dass Nadler die gängigen Epochenbezeichnungen wie „Klassik", „Romantik" oder „Barock", auch wenn er sie auf geschichtliche Stammesräume projiziert, beibehält. Klausnitzer („Krönung", in: a. a. O., S. 102) weist auf die Kontinuität der Denkfiguren geistesgeschichtlicher Romantikdeutungen hin: Die von Nadler dem Klassizismus und der Romantik zugeordneten Wesensmerkmale werden zwar aus unterschiedlichen Raum-Erlebnissen deduziert, bleiben jedoch der Antithetik Fritz Strichs, die zwischen klassischer „Vollendung" und romantischer „Unendlichkeit" unterscheidet, durchaus verhaftet.

[345] Zum Lob in der Publizistik und dem (zumindest) anerkennenden Zuspruch etwa Hugo von Hofmannsthals, Walter Benjamins, Ernst Robert Curtius' und sogar (zunächst) Thomas Manns s. Meissl, Sebastian: Zur Wiener Neugermanistik, in: a. a. O., S. 134.

[346] Nadler, Josef: Das Problem der Stilgeschichte, in: Ermatinger, Emil (Hrsg.): Philosophie der Literaturwissenschaft, Berlin 1930, S. 376–397, hier: S. 394. Nicht von ungefähr knüpft Nadlers Talentbeschreibung hier an das Symbolverständnis Goethes an. Zu diesem hier nicht mehr bloß latent sich artikulierenden Anspruch auf singuläre Originalität mag auch der Umstand passen, dass Nadler – trotz großen studentischen Zulaufs – keinen einzigen seiner Schüler habilitiert hat (Meissl, Sebastian: Wiener Ostmark-Germanistik, in: a. a. O., S. 139).

[347] Nadler, Josef: Das Stammesproblem in der Literaturgeschichte, in: Österreichische Pädagogische Warte, 30, 1935, F. 7, S. 163–165, hier: S. 164. Zum Kontext dieser Stellungnahme (gemeint ist der Prozess gegen Oskar Benda): s. u.

[348] Zu den Einflüssen August Sauers und Karl Lamprechts Konzept einer Kulturgeschichte s. Meissl, Sebastian: Zur Wiener Neugermanistik, in: a. a. O., S. 132.

zugleich dementiert werden von Nadlers Bio- und Geomythologie und deren reaktionär-antimodernistischem Impetus.

Die Grundstrukturen von Nadlers panoramatischer Makroerzählung können hier lediglich angedeutet werden. Innerhalb seines Narrativs wird die Totalität literaturgeschichtlicher Erscheinungen von den Anfängen bis zur Gegenwart im Wesentlichen zurückgeführt auf drei tiefenstrukturelle, räumlich-zeitliche Vorgänge, auf die historisch nacheinander vollzogenen Siedelbewegungen von bestimmten Stammesformationen: Nadler unterscheidet zwischen den Altstämmen (Franken, Thüringer und Alemannen als Stämme des „Mutterlandes" zwischen Rhein und Elbe, deren Siedelbewegungen in prähistorischer Zeit beginnen und ca. um 700 abgeschlossen sind), den Neustämmen (gemeint sind hier die Stämme östlich der Elbe bis zur Memel, also Sachsen, Schlesier und Preußen, die sich zwischen 900 und 1300 herausbilden und deren Ostexpansion eine Eindeutschung der slawischen Stämme bedeutet) und den Stämmen der Bayern/Österreicher (die die anderen beiden Lebens- und Kulturräume vom Süden aus miteinander verbinden). Dieses Zusammenspiel aus biologischen (Stämme) und geographischen (Landschaften) Faktoren sei, gleichsam als Bedingung der Möglichkeit, maßgeblich für die gesamte Literatur- und Kulturgeschichte des deutschen Raumes. Während im Siedelraum der Altstämme seit der karolingischen Renaissance – mitbedingt durch die auf altem römischen Boden vollzogene Rezeption des antik-klassischen Bildungserbes – bis zum Abschluss mit der deutschen Klassik um 1800 sämtliche Formen klassischer Literatur entstehen, sei im Siedelraum der Neustämme seit dem Hochmittelalter als Ergebnis „der Verdeutschung der Erde und des Blutes"[349] das bis ins 19. Jahrhundert reichende Romantische der deutschen Dichtung entstanden. Im Siedelraum der Bayern und Österreicher schließlich sei die Geburts- und Verbreitungsstätte des Barocken in Dichtung und Kultur zu verorten, das in die Ausbildung einer ebenfalls bis ins 19. Jahrhundert reichenden Theaterkultur münde.[350]

Bereits zeitgenössische Kritiker haben auf die Zirkularität von Nadlers Argumentationsgang hingewiesen. Diese besteht ganz offensichtlich darin, dass das, was vorgeblich induktiv anhand der Textdokumente erst erschlossen werden soll – die kulturbedingende wie -formierende Existenz biologisch wie geographisch relativ homogener und beständiger Formationen – von Nadler immer schon vorausgesetzt werde, und dass er seinem eigenen nominalistisch-empirischen Credo entgegen aus diesen vorausgesetzten Realtypen erst die Charakteristika der Textdenkmäler deduziere.[351] Was wissenschaftslogisch als *circulum*

---

349 Nadler, Josef: Literaturgeschichte der deutschen Stämme und Landschaften. Band III, Regensburg 1918, S. 9.
350 S. Meissl, Sebastian: Zur Wiener Neugermanistik, in: a.a.O., S. 140. S. dort (S. 141 f.) auch zu Nadlers Aufwertung des Barock und der Literatur Österreichs.
351 So bezweifelt etwa Werner Sombart im Rahmen des Siebenten Deutschen Soziologentages, auf dem Nadler sein Stammes-Konzept vorstellt (Nadler, Josef: Die literaturhistorischen Erkenntnismittel des Stammesproblems, in: Verhandlungen des Siebenten deutschen Soziologentages vom 28. September bis 1. Oktober 1930 in Berlin. Vorträge und Diskussionen in der Hauptversammlung und in den Sitzungen der Untergruppen, Tübingen 1931, S. 242–257), die empirische wie soziologische Validität

vitiosus und als Selbstwiderspruch erscheint, lässt sich unter einem Blickwinkel, der nach den programmimmanenten Resonanzlogiken von Nadlers Konzept fragt, als Konsequenz aus dessen Mehrfachadressiertheit begreifen. So gesehen löst sich zwar die Diskrepanz, die Unvermittelbarkeit zwischen Nadlers methodologisch reflektiertem Begleitdiskurs und seiner narrativen Praxis keinesfalls auf, sie lässt sich aber verstehen als Effekt eines doppelten Resonanzkalküls. Während Nadlers epistemologischer Diskurs vorrangig auf den wissenschaftlichen Resonanzraum, in dem er sein Konzept legitimieren und etablieren will, zielt, richtet sich seine literaturhistoriographische Erzählung – innerhalb derer methodologische Überlegungen lediglich noch einen paratextuellen Status einnehmen – an eine größere, die Grenzen der Disziplin wie des wissenschaftlichen Feldes überschreitende, kulturraisonnierende Öffentlichkeit. Letzterer legt Nadler mit seiner opulenten, nahezu Universalgelehrtheit[352] anzeigenden Literaturgeschichte eine Erzählung vor, die auf die ebenso archaische wie ordnungsverheißende Anziehungskraft der Scharnierbegriffe „Stamm" und „Landschaft" setzt. Archaisch nimmt sich das in seinem Programm einer „Biologisierung der Zeit"[353] enthaltene, gleichsam mythopoietische Angebot aus, am stammeskundlichen Lot entlang noch einmal die vom Blut zumindest maßgeblich mitbedingten[354] „Ur"verhältnisse und „Ur"antriebe menschlicher (bzw. deutscher) Kulturerzeugung transparent werden lassen zu können. Die radikale Reduktion (kultur)historischer Komplexität, die Deästhetisierung und -intellektualisierung der Literaturgeschichte, die in ihrer Rückführung auf kollektivunbewusste, naturhafte, früh- und vorgeschichtliche Entstehungsbedingungen begriffen liegt, fällt unter den Bedingungen der Weimarer „Krisenpolyphonie" nicht nur in dezidiert

    des Nadler'schen Stammes-Begriffes und fragt nach dem „geistige[n] Band, das diese Gruppe zusammenhält und darum erst überhaupt einen Verband bildet und dadurch erst Gegenstand der Soziologie wird. [...] Wir müssen", so Sombart weiter, „zwischen dem naturwissenschaftlich-biologischen Begriff Stamm und einem soziologischen Begriff unterscheiden [...] Blutsverwandtschaft, Ortszusammengehörigkeit usw. ergeben keine soziologischen Gruppen." (Diskussion über *Die deutschen Stämme*, in: Verhandlungen des Siebenten deutschen Soziologentages, S. 268–278, hier: S. 269 und 272.) Zur kritischen Rezeption Nadlers auf diesem Soziologentag s. Boden, Petra: Stamm – Geist – Landschaft, in: a. a. O., S. 223 f.

352 Der beeindruckende, schier überbordende Reichtum des gesammelten Materials, das Nadler in seiner vierbändigen Literaturgeschichte ausbreitet, verweist auf seine philologische Prägung. Der Anspruch, die Philologie bis zu einem gewissen Grade mit ihren eigenen Mitteln zu überbieten, ist zweifellos post-philologischer Natur. So wird auch Nadlers Credo in den „Worten der Rechtfertigung und des Danks" plausibler, in denen er in Bezug auf seinen Lehrmeister Sauer erklärt: „Nicht *weniger* Philologie, sondern *mehr*, aber angewandte, [...] eine Literaturgeographie, die die Erde nach unsern Bedürfnissen suchend abgeht." (Nadler, Josef: Worte der Rechtfertigung und des Danks, in: ders.: Literaturgeschichte der deutschen Stämme und Landschaften, Band I: Die Altstämme (800–1600), Regensburg 1912, S. VII)

353 Meissl, Sebastian: Wiener Ostmark-Germanistik, in: a. a. O., S. 138.

354 Meissl (Zur Wiener Neugermanistik, in: a. a. O., S. 132) verweist mit Recht darauf, dass Nadlers Stammes-Begriff diffus, bzw. mehrdeutig bleibt und nicht „zur Gänze in einem fatalen Biologismus auf[geht]", da er bei Nadler zwar vorrangig biologisch gefasst sei, immer aber auch kulturelle, bzw. soziologische Implikate zu enthalten scheine. Der außerwissenschaftlichen Resonanz ist gerade diese Polysemantizität des Begriffes natürlich eher förderlich.

völkischen Kreisen auf fruchtbaren Resonanzboden. Auch für jenen Großteil des Bildungsbürgertums, der den politischen, gesellschaftlichen wie kulturellen Erscheinungen der Moderne mit Skepsis und Ressentiment begegnet, ist Nadlers re-archaisierende Interpretation der nationalen Kulturgeschichte, in der noch das romantische Bild einer stammesinternen Mund-zu-Mund-Überlieferung von Dichtung nachhallt, attraktiv und anschlussfähig.[355]

Aus einer ähnlichen Motivationslage heraus dürfte auch die ordnungsverheißende „Naturalisierung der Kultur"[356], die in Nadlers landschaftskundlichem Aspekt seiner Programmatik begründet liegt, auf offene Ohren gestoßen sein. Erscheint doch die Beschwörung der „Landschaft" als eines kulturhervorbringenden und -prägenden, sozusagen transzendentalen Raumes von Beständigkeit und Homogenität gerade in Zeiten längst vollzogener verkehrstechnischer Revolutionen (Eisenbahn- und Flugverkehr) wie ein wehmütiges, nach alten Ordnungen rufendes Veto gegen die Mobilisierungseffekte und Beschleunigungstendenzen in der Moderne. Die vielfach als Signum der Moderne diagnostizierte „Vernichtung des Raumes durch die Zeit", die „Verzeitlichung des Raumes"[357] wird bei Nadler zumindest partiell umgekehrt zu einer erneuten Verräumlichung der Zeit. Nicht nur der archaisierenden und zivilisationskritischen Landschaftsemphase einer völkischen Heimatkunst-Bewegung, sondern auch der grassierenden, kulturpessimistischen Urbanophobie eines von Marginalisierungsängsten geplagten Bildungsbürgertums dürfte Nadlers Erzählung von einem literarischen Raum, der noch nach vormodernen Kategorien zu ordnen sei, entgegengearbeitet haben. Nadlers Landschafts-Begriff will den Raum befreien von der durch Erfahrungen moderner Urbanität geprägten Konnotation einer bloß hypothetischen Größe, die das kontingente, aggregathafte Zusammentreffen Einzelner ermöglicht: „Raum und Zeit!" so der Autor in der Einleitung zur ersten Auflage seiner Literaturgeschichte,

Zum zweiten auch das erste! Nicht eine Landschaft als Tummelplatz zufällig zusammengewürfelter Einzelner, sondern als Nährboden, als Materielles, als Trägerin eines

---

355 Dass Nadlers Literaturgeschichtsschreibung trotz des „Zwischengliedes" der „Stämme" letztlich nicht auf eine Regionalliteraturhistoriographie, sondern auf die Rekonstitution einer Nationalliteratur zielt, betonen sowohl Höppner (a. a. O., S. 17), als auch Rohrwasser (a. a. O., S. 280), weshalb letzterer auch zu dem Schluss kommt, dass Nadler nicht zum „Pionier der Regionalismusforschung" (ebd.) tauge. Wolfgang Adam zufolge schätzt z. B. Hofmannsthal an Nadlers Literaturgeschichte nicht nur deren stupende Materialfülle, sondern auch deren Grundzug, komplexe literaturgeschichtliche Vorgänge auf einfache Strukturen zurückzuführen (Adam, Wolfgang: Spagat zwischen Literaturgeschichte auf stammeskundlicher Grundlage und Geistesgeschichte. Georg Stefanskys Romantik-Konzeption, in: Bluhm, Lothar/Hölter, Achim (Hrsg.): Romantik und Volksliteratur. Beiträge des Wuppertaler Kolloquiums zu Ehren von Heinz Rölleke, Heidelberg 1999, S. 175).
356 Meissl, Sebastian: Wiener Ostmark-Germanistik, in: a. a. O., S. 140.
357 S. Schivelbusch, Wolfgang: Geschichte der Eisenbahnreise. Zur Industrialisierung von Raum und Zeit im 19. Jahrhundert, Neuauflage, Frankfurt am Main 2000; Rosa, Hartmut: Beschleunigung. Die Veränderung der Zeitstruktur in der Moderne, Frankfurt am Main 2005, S. 60 ff.

> ganz bestimmten Menschenschlages, von der aus beidem, aus Blut und Erde, das Feinste, das Geistigste wie in goldenen Dämpfen aufsteigt. Es gibt auch in den Geisteswissenschaften eine Spektralanalyse.[358]

Dergestalt erscheint der literarhistorische Geo- und Kartograph als post-romantischer Residualtypus eines Raumvermessers, der noch einmal vom Schreibtisch aus geistig die Räume und Zeiten durchwandernd, die ungebrochene Gültigkeit tieferer, vormoderner Ordnungsprinzipien auch für die moderne Welt freilegt. Das komplexe und unübersichtliche Geflecht literar*historischer* Erscheinungen kann so für den Leser noch einmal zum flächigen Anschauungsmaterial auf der Horizontale des literarkartographischen Tableaus werden.[359] Wie sehr Nadlers Werk mit einem solchen Bedürfnis nach Ordnung verknüpft ist, wird schlaglichtartig noch einmal in seinen autobiographischen Reflexionen über seine Literaturgeschichte deutlich, in denen es heißt:

> Was das Buch beherrscht, ist ein Ordnungsgedanke, Ordnung des Lebens, die als Geist, Ordnung des Geistes, die als Leben erscheint. Das Geheimnis, was Leben ist, wie es wirkt und bildet, ist dem menschlichen Verstande ebenso verschlossen wie das Geheimnis, was Geist ist, wie er schafft und woher er kommt. Erkennbar sind die Dinge nur auf der diesseitigen, uns zugewandten Oberfläche der Welt, wo Geist und Leben einander berühren und Feuer geben.[360]

„Das Erkennbare in seiner natürlichen Ordnung", so Nadler weiter, „das ist der Gedanke, um den es hier geht."[361] Dass Nadler mit dem antiindividualistischen Impetus seines Konzeptes auch auf den erzieherischen Resonanzraum zielt, wird schlaglichtartig deutlich, wenn er in einem Artikel über *Das Stammesproblem in der Literaturgeschichte* in der *Österreichischen Pädagogischen Warte* betont:

> Und die Schule? Wenn sie über die nichts als psychologisch oder ästhetisch verdeutlichende Interpretation des Kunstwerkes hinaus den Sinn des jungen Menschen wieder auf die kostbaren Werte der Heimat und auf die sittlichen Kräfte der Gemeinschaft lenken will, so wird sie im Deutschunterricht den jungen Menschen zu dem großen Erlebnis fähig machen müssen, das aus aller persönlichen und künstlerischen Mannigfaltigkeit die beständige Kraft überpersönlicher Gemeinschaften zu spüren vermag. Ich

---

358 Nadler, Josef: Worte der Rechtfertigung und des Danks, in: ders.: Literaturgeschichte der deutschen Stämme und Landschaften, Band I: Die Altstämme (800–1600), Regenburg 1912, S. VII. Auch hier fällt die semantische Annäherung an die Naturwissenschaften, diesmal über den Begriff der „Spektralanalyse", auf.
359 „Karten", so insistiert der Autor, „waren diesem Buche unentbehrlich." (Nadler, Josef: Literaturgeschichte der deutschen Stämme und Landschaften, Band I, Regenburg 1912, S. IX; vgl. die Kartenbeigaben zu Band I) Zur Anschaulichkeit wie zur Resonanz von Nadlers Literaturgeschichte dürfte die mediale Flankierung durch kartographisches Material durchaus beigetragen haben.
360 Nadler, Josef: Kleines Nachspiel, Wien 1954, S. 74.
361 Nadler, Josef: a. a. O., S. 79.

halte es für unerläßlich, daß der Mittelschullehrer um das Verständnis der wissenschaftlichen Grundlagen bemüht ist, auf die sich alles stützt, was Heimatkunde im weitesten und besten Sinne heißt.[362]

Jedoch stoßen Nadlers Ordnungsangebote – ungeachtet seines außerdisziplinären Erfolges im kulturellen Klima der Weimarer Republik – innerhalb der Disziplin selbst meist auf harsche Kritik und auf Ablehnung. Der Bruch mit dem zeitgenössischen, diskurshegemonialen Denkstil, den Nadlers wieder erneuertes Insistieren auf einer Orientierung an naturwissenschaftlichen Methodenidealen darstellt, ist zu offensichtlich. In Ablehnung vereint reagieren und rezensieren in den 1920er Jahren Akteure wie Julius Petersen, Rudolf Unger, Hermann August Korff, der Nadler spitzzüngig attestiert, Blut sei bei ihm dicker als Geist, Harry Maync und Josef Körner. „Was Rickert erlaubt hat", so lautet exemplarisch für das disziplininterne Unbehagen an Nadlers Konzept etwa ein Einwand Körners, „hat Nadler ausgeführt: er hat die Objekte der Geschichte mit naturwissenschaftlichen Methoden behandelt. Aber empfiehlt sich das? Zu wirklichen Gesetzesbegriffen vorzudringen, ist, je höherer Ordnung das Historische ist, desto unmöglicher […]"[363]

Auch Nadlers Deutungen einzelner Epochen, vor allem aber seine Romantikdeutung, stoßen kaum auf Zustimmung.[364] Lediglich Franz Koch lobt 1930 in einer umfangreichen Besprechung Nadlers Werk und dessen Mut zur „großen Synthese"[365], tadelt jedoch den Umstand, dass Nadlers Biologisierung der Literaturwissenschaft gerade nicht weit genug gehe, was vor allem mit der Unklarheit seines Stammes-Begriffes zusammenhänge:

> Manches bleibt hier unklar. Nadler versteht unter Stammescharakter offenbar ein Produkt der Landschaft, eines geographischen Elements, während man dabei zunächst wohl an ein primäres, biologisches denkt, was praktisch dann auch Nadler tut, wodurch aber von vornherein die Methode etwas Unsicheres, Schwankendes bekommt.

---

362 Nadler, Josef: Das Stammesproblem in der Literaturgeschichte, in: Österreichische Pädagogische Warte, 1935, Nr. 7, S. 163–165, hier: S. 164.

363 Körner, Josef: Bibliographie zu Geschichte und Problematik der Literaturwissenschaft, unveröffentlicht (hier zit. nach: Klausnitzer, Ralf: „Krönung", in: a.a.O., S. 103. S. ebd. auch zur Kritik der übrigen genannten Akteure.)

364 Julius Petersen etwa moniert nicht ohne ironischen Unterton: „Würde aber das Gesetz aufgestellt: der östliche Mensch ist der romantische Mensch und der westliche Mensch kann kein voller Romantiker sein, so käme man zu dem Schluß, daß die schärfsten Gegner der Romantik, wie Kotzebue und Merkel, eigentlich Romantiker waren, ebenso wie die Führer des jungen Deutschland, Gutzkow und Laube, die ebenfalls aus dem Osten stammen. Anderseits muß man sich davon überzeugen, dass alle Schwaben, nicht nur Schubart, Schiller und Uhland, sondern auch Hölderlin, Hegel und Schelling als mehr oder weniger verkappte Klassizisten anzusehen sind und daß dort, wo diese Rechnung schlechterdings nicht aufgeht, bei Justinus Kerner, das Blut seiner Kärntner Ahnen die Ursache ist, während Mörikes romantische Züge auf den aus Havelberg eingewanderten Urgroßvater zurückzuführen wären." (Petersen, Julius: Die Wesensbestimmung der deutschen Romantik. Eine Einführung in die moderne Literaturwissenschaft, Leipzig 1926, S. 18f.)

365 Koch, Franz: Stammesgeschichtliche Literaturgeschichte. Versuche und Anfänge, in: DVjs, 8, 1930, S. 143–197, hier: S. 196.

Denn man kann seinem Axiom entgegenhalten, daß sich erbtümliche Artung zwar in allen äußeren Belangen den Bedingungen der Landschaft fügen, sich aber gerade im geistigen Leben des Stammes, in seiner Denkform, zum Durchbruch verhelfen wird, wie denn überhaupt die biologische Erbanlage das Frühere, das Gegebene, die lebendige Kraft gegen den von außen kommenden und wirkenden Zwang der Landschaft darstellt [...]. Klar geschieden sind diese Mächte bei Nadler nicht, obwohl auch er offensichtlich mit der Vorstellung biologischer Erbanlagen arbeitet, was übrigens schon aus der Verwendung des Begriffspaares Stamm und Landschaft hervorgeht.[366]

Ein solcher Pluralismus von Lösungsmöglichkeiten zwischen biologischen, sozialen und geographischen Faktoren ist Koch zufolge „ein Unding, [...] das aus der Welt geschaffen werden muß, was sicherlich Nadler selbst als notwendig anerkennen wird."[367]

Nur in Ausnahmefällen gibt es disziplininterne Versuche, an Nadlers Konzept anzuknüpfen. Wie sehr dies als Verstoß gegen den geistesgeschichtlich geprägten Denkstil der Disziplin verstanden und missbilligt wird, zeigt sich aber dann noch einmal umso deutlicher; etwa wenn Hermann August Korff auf die Bemühungen des Sauer-Schülers Georg Stefansky, zwischen geistesgeschichtlicher und stammeskundlicher Literaturwissenschaft zu vermitteln, mit einem dergestalt heftigen Verriss reagiert, dass August Sauer selbst einschreitet, um seinen Schüler zu verteidigen. „Im Interesse einer gedeihlichen Entwicklung", so schließt Korff seine Rezension von Stefanskys Schrift *Das Wesen der deutschen Romantik*, „liegt es deshalb, daß vor den großen Bauplätzen der Literaturwissenschaft Schilder mit der Aufschrift angebracht werden: Unbefugten ist das Betreten verboten."[368]

Nadler fühlt sich denn auch innerdisziplinär ausgegrenzt und isoliert.[369] Das Ausbleiben der als verdient erachteten, disziplinären Anerkennung nährt das Gefühl des Außenseitertums, das sich schlaglichtartig in einem Brief Nadlers vom 25.04.1926 an Julius Petersen dokumentiert:

Merkwürdig bleibt, dass mir aus ganz anderen Fachgebieten in steigendem Maße Zuschriften und Arbeiten zugehen, die sich auf Anregungen durch mich beziehen. [...] Heute erhalte ich aus einem bakteriologischen Institut eine Abhandlung, in der auf

---

366 Koch, Franz: a.a.O., S. 148.
367 Koch, Franz: a.a.O., S. 158.
368 Korff, Hermann August: Georg Stefansky. Das Wesen der deutschen Romantik, in: Literaturblatt für germanische und romanische Philologie, 1–3, 1924, Sp. 22–26, hier: Sp. 26. Zum weiteren Verlauf dieses persönlich eingefärbten „Grabenkampfes" zwischen geistesgeschichtlichen und stammeskundlich-landschaftlichen Ansätzen s. Klausnitzer, Ralf: „Krönung", in: a.a.O., S. 108f.
369 So mahnt etwa Hugo von Hofmannsthal in einem Brief vom 20.03.1928 seinen Freund, den Orientalisten Hans Heinrich Schaeder, der im Begriff ist, in Königsberg ein Kollege Nadlers zu werden, zur Solidarität: „Der Mann [Nadler; G.K.] ist einsam, und nährt hypochondrisch das Gefühl seiner Einsamkeit; er ist mißtrauisch geworden, er fühlt ein akademisches Mißtrauen – ein Verkennen bis zur Schnödigkeit." (Brief von Hugo von Hofmannsthal an Hans Heinrich Schaeder vom 20.03.1928, in: „Hugo von Hofmannsthal/Hans Heinrich Schaeder. Die Briefe", mitgeteilt von Rudolf Hirsch, in: Hofmannsthal-Blätter 1985, H. 31/32, S. 3–31: hier: S. 29)

biochemischem Wege an Blutuntersuchungen der verschiedene Typ rheinischer und ostdeutscher Stadtbevölkerung nachgewiesen wird. Danach scheint in anderen Disziplinen das Vermögen, fortschrittliche Leistungen zu erkennen und zu würdigen, grösser zu sein als in der deutschen Literaturwissenschaft. […] Von den starken kulturpolitischen Auswirkungen meiner Arbeiten, die heute zu Tage treten, will ich gar nicht reden. Ich habe Zeit und kann warten.[370]

1933 schließlich scheint Nadler zunächst für einen kurzen Moment davon auszugehen, dass sich das Warten für ihn nunmehr tatsächlich gelohnt habe. So zumindest lässt sich sein Beitrag aus diesem Jahr zum unmittelbar zäsurbedingten disziplininternen Programmüberschuss, *Wo steht die deutsche Literaturwissenschaft?* (s. III.1), deuten. Doch schon aus seinem grundlegenden Beitrag aus dem folgenden Jahr, *Rassenkunde, Volkskunde, Stammeskunde*, mit dem er den berüchtigten 35. Band des „erneuerten" *Euphorion* eröffnet[371], spricht wieder vehementer der distinktionsstrategische Geist der Verteidigung seiner erneut von Verkennung gefährdeten, stammeskundlichen Konzeption. Allerdings verortet Nadler den „Gegner" diesmal nicht so sehr in den Reihen der traditionellen Geistesgeschichtler. Die latente Gefahr der Verdrängung und Marginalisierung wittert der Wiener Ordinarius diesmal von Seiten jener rassenkundlich-biologischen Literaturdeutungen, die vom Wind des Zeitgeistes mit einiger Resonanzstärke über die Grenzen in die Disziplin hinein geweht zu werden scheinen. Nadlers zweiter größerer „Anlauf"[372], im (erneuerten) *Euphorion* sein stammeskundliches Konzept zu legitimieren, rechnet mit den gewandelten politischen Resonanzverhältnissen. Das Bild einer gemeinschaftsverantwortlichen Re-Rationalisierung der Wissenschaft wird einleitend bemüht:

> Aus einem Gegenstand wissenschaftlicher Aussprache ist eine Tatsache des Lebens geworden. Das Für und Wider der Gründe entscheidet nicht mehr eine Magisterfrage, sondern Grundsätze des öffentlichen Handelns. Tragweite und Verantwortlichkeit der Erkenntnis sind in solchem Maße gewachsen, das Finden der Wahrheit bedeutet so völlig Lebensbedingungen schaffen und sichern, das Gewissen des Forschers ist so stark durch das Mitwissen der Gemeinschaft belastet, daß wir uns strenger als in den letzten zwanzig Jahren innerhalb der Grenzen des Erkennbaren halten müssen. Wir reden keinem neuen Positivismus das Wort. Aber die Lage, in der sich die Wissenschaft heute befindet, verlangt ein neu geschärftes Gewissen für das, was sie verantworten kann. Wissenschaftlich arbeiten muß wieder beweisen heißen. […] Der Forscher ist nicht mehr nur sich selber, er ist auch der Gemeinschaft verantwortlich. Das Gebot der Stunde heißt Rückkehr zu jener rationalen Methodik, deren Ergebnisse bewiesen

---

370 Brief Josef Nadler an Julius Petersen vom 25.04.1926 (zit. nach Boden, Petra: Stamm – Geist – Landschaft, in: a.a.O., S. 222).
371 Nadler, Josef: Rassenkunde, Volkskunde, Stammeskunde, in: Dichtung und Volkstum. Neue Folge des Euphorion, 35, 1934, S. 1–18.
372 Nadler verweist zu Beginn seiner Ausführungen dezidiert auf seinen 1914 publizierten Grundlagen-Aufsatz zur Wissenschaftslehre (s. Nadler, Josef: a.a.O., S. 1).

und nachprüfbar sind, die den Verstand überzeugen, die durch die Vernunft Gemeingut werden.[373]

Ein quasi-cartesianisches Pathos der Rationalität durchzieht Nadlers Inszenierung des Stammes-Konzeptes als eines *fundamentum inconcussum* jedweder weiterführender, auch rassenkundlicher Fragestellungen:

> Die Stammeskunde umgrenzt ihren Gegenstand und ihre Denkaufgabe von vornherein [und im Unterschied zur Volks-und Rassenkunde; G. K.] in solcher Weise, daß rational faßbare Ergebnisse gewährleistet sind. Sie bezieht sich auf soziologische Gebilde und nicht auf irrationale Einzelwesen. Sie geht nicht von der Statik, sondern der Dynamik solcher Gebilde aus.[374]

Nadlers „Positionspapier" erweist sich als eine argumentativ mäandernde Gratwanderung insofern, als dass sie zwar nun zwecks distinktionsstrategischer Profilierung des eigenen Konzeptes Kritik am Dilettantismus rassenkundlicher Literaturdeutungen im Detail übt, zugleich jedoch die Legitimation des Rassedenkens prinzipiell anerkennt und der Rassenkunde eine prospektive Bestandsgarantie erteilt. Der eigene Ansatz wird demzufolge als *notwendige* und im Sinne eines rationalen Wissenschaftlichkeits-Verständnisses unabdingbare Vor- und Durchgangsstufe zu weiterführenden, rassenkundlichen Fragen entworfen: „Erst wenn die Wissenschaft einmal so weit ist, das geistige Gesamtbild der deutschen Stämme in seiner geschichtlichen Tiefe und jeweils gegenwärtigen Breite voll zu übersehen, kann man sich mit Aussicht auf Erfolg an die feinere Herausarbeitung der einzelnen Konkurrenzen und des rassischen Anteiles machen."[375]

Allerdings werden die Erfolgschancen solcher „Rassenfragen" gleich im sich anschließenden Passus auch schon wieder – angesichts der dürftigen „Quellen"lage rassenkundlich relevanter Dokumente[376] – kritisch eingeschränkt:

---

373 Nadler, Josef: a. a. O., S. 1.
374 Nadler, Josef: a. a. O., S. 7. Nadlers Insistieren, bei „Stämmen" handele es sich um „soziologische Gebilde", stößt indes – wie bereits erwähnt – gerade innerhalb der soziologischen Zunft selbst auf dezidierte Kritik. Der kritische Impetus, mit dem Nadler sein Konzept als ein induktives gegenüber den leichtfertigen Deduktionen der Rassenkunde abgrenzt und verteidigt, prägt auch seinen Beitrag „Stamm und Landschaft in der deutschen Dichtung" (in: Neophilologus, XXI, 1936, S. 81–92, s. dort v. a. S. 87 f.).
375 Nadler, Josef: a. a. O., S. 8.
376 Auch die mediale Limitiertheit solcher Quellen wird von Nadler kritisiert und er bezweifelt ihre Validität: „Es ist nicht unmöglich aus ihnen [den Bildnissen; G. K.] Schlüsse auf die Rassenmerkmale des Dargestellten zu ziehen. Aber wissen wir, ob das Bildnis sprechend ist? Die weitaus meisten sind ja nur durch Holzschnitt oder Kupferstich überliefert. [...] So bleibt als fast einwandfreie Bildurkunde nur die Photographie. Sie erschließt aber von den deutschen zwölf Jahrhunderten nur die entmutigend kurze Zeitspanne von nicht einmal einem Jahrhundert und das ist nur das jüngste." (Nadler, Josef: a. a. O., S. 4)

> Man könnte aber auch da nur familiengeschichtlich verfahren und dürfte sich nicht mit der rassenkundlichen Lesung der Bildnisse begnügen, die den jeweils Gefragten darstellen. Schon indem man diese begründete Forderung ausspricht, hat man ihre Erfüllbarkeit bezweifelt. Denn die familiengeschichtlichen Urkunden erlauben zwar ihrer ganzen Natur nach den stammhaften Aufbau einer Familie zu verfolgen, aber nicht den rassischen. Es gibt nur sehr wenige Fälle, in denen sich eine geistig schöpferische Familie durch mehrere Generationen bildnishaft und also rassenkundlich verfolgen läßt. Wie dem aber immer sein mag, die rassischen Bestände eines Stammes bestehen nicht in mechanischer Sonderung nebeneinander fort. Sie gehen familiengeschichtlich die verschiedenartigsten Verbindungen miteinander ein. Stamm ist nicht die Summe seiner rassischen Bestände. Er ist durch organische bluthafte Verbindung über seine rassischen Bestände hinaus ein neues Drittes wie das Kind der beiden Eltern. Es wird schwer halten, das, was Blut und Geist zu Leben gemacht haben, auf seine Einzelposten mechanisch zurückzurechnen.[377]

Dieses Zugleich von Bestandsgarantie (bei gebührender Berücksichtigung des eigenen Ansatzes) und Kritik kennzeichnet auch Nadlers Fazit, in dem er der Rassenkunde zwar einen Anspruch auf gnoseologische Letztbegründung einzuräumen scheint, zugleich aber die Validität und Originalität ihrer bisherigen Bemühungen skeptisch beurteilt:

> Erst von der Rasse her sind die letzten Aufschlüsse zu erwarten, die weder die Volkskunde noch die Stammeskunde geben können. Vorläufig haben Volkskunde und Stammeskunde eines voraus. Sie fragen nicht mehr, als sie beantworten können. Die geistesgeschichtliche Rassenkunde steckt sich heute ihre Ziele zu hoch. Die Urfrage, mit der alle anderen stehen und fallen und die zuerst wenigstens eine vorläufige Antwort finden müßte, lautet: Wie bezeugen bei rassisch gemischten Menschen die verschiedenen körperlichen die jeweils zugehörigen seelischen und geistigen Merkmale? Die bisherigen rassenkundlichen Ergebnisse auf geistesgeschichtlichem Gebiete haben nichts anderes ergeben, als was man schon von der allgemeinen Geistesgeschichte und von der Stammeskunde her wußte.[378]

Entschieden als wissenschaftlich unhaltbar zurückgewiesen werden denn von Nadler auch jene disziplinexternen Versuche, sich etwa mit den rassenkundlichen Kategorien Hans F. K. Günthers der Literaturgeschichte anzunehmen. Als „Denkfehler", als ein „Denken in [...] Fehlkreisen" wird hier von Nadler eben jene Art von *petitio principii* gebrandmarkt, die innerhalb der Literaturwissenschaft sonst an Nadler selbst gerügt wird.[379] Ein recherchestrategischer Dilettantismus besonderer Art kennzeichne die „Rassenkundler bei ihren Lieblingsausflügen auf geistesgeschichtliches Gebiet":

---

377 Ebd.
378 Nadler, Josef: a. a. O., S. 18.
379 „Die geistesgeschichtliche Rassenkunde bewegt sich allzu leicht in einem Fehlkreis. Sie beschreibt etwa als dinarische Geistigkeit, was sie nur von den Baiern her kennt. Sie setzt also bairisch und dinarisch

Ludwig Schemann, Die Rasse in den Geisteswissenschaften, München 1929 hat einen umfangreichen Abschnitt: Familien, Geschlechter, Stämme. Da wird wohl gelegentlich Bartels angeführt, der mit der Sache an sich gar nichts zu tun hat. Aber mein umfangreiches Werk […] scheint Schemann unbekannt zu sein. Hans Günther, Rasse und Stil, München 1926 hätte gleichfalls bereits die zweite Auflage meiner ersten drei Bände einsehen können.[380]

Vor allem Günthers „nordischer" Rassenlehre, als resonanzstärkstem Konkurrenzangebot auf dem Markt biologistischer Kulturdeutungen, erteilt Nadler eine dezidierte Absage, erscheint sie ihm doch gleichsam als unzulässiger Übertritt des Rassenkundlers in ein ihm nicht gemäßes Gebiet.[381] Zwar erhebt der Wiener Ordinarius keine prinzipiellen Einwände gegenüber Günthers Rassenkategorien, dass er jedoch dessen Thesen zur Rasseneinheit und zum nordisch bedingten Aufstieg Deutschlands zu kulturellen Spitzenleistungen als eine Überdehnung des rassenkundlichen Kompetenzanspruches ablehnt, daran lässt der Katholik und gebürtige Österreicher Nadler keinen Zweifel. Die deutsche Kunst, so Nadler, habe sich gerade „außerhalb des Wohnbereiches der reinen nordischen Rasse" herausgebildet und sei vielmehr eine „Schöpfung des deutschen Südwestens und Südostens."[382] Gerade

> gleich. Weil nun ein Dichter solche ‚dinarischen' Geisteszüge zeigt, wird er der dinarischen Rasse eingeordnet. Und weil er zur ‚dinarischen' Rasse gehört, hilft er ihre Geistigkeit erläutern. Der Barock ist dinarisch und weil er das ist, hat sein Vater, Michelangelo, vielleicht dinarischen Einschlag gehabt. Immer wieder werden im Zuge desselben Verfahrens dieselben Tatsachen bald aus Prämissen erschlossen, bald in die Prämissen gesetzt. Abwandlung fremder Form ist dinarisch; A wandelt fremde Form ab: also ist A dinarisch. A ist dinarisch; A wandelt fremde Form ab: also ist Abwandlung fremder Form dinarisch. Das auffallende Denken in solchen Fehlkreisen geht auf zwei Quellen zurück. Einmal wird statt mit dem Gewicht der vielen Fälle zumeist nur mit dem beispielhaften Eindruck des Einzelfalles gearbeitet. Statt zu sagen, weil so und soviel Menschen von einwandfrei nordischem Körperbau sich in diesem Falle geistig so verhalten, können wir dieses Verhalten für geistig-nordisch ansehen, wird zumeist gefolgert: dieser bestimmte Mensch hat alle Merkmale nordischer Rasse, daher gibt er sich geistig-nordisch so und so. Das führt auf die zweite Quelle dieses Fehlkreisdenkens. Die Rasse wird ausschließlich und **a priori** gesetzt. Wir sagen nicht einmal erfahrungsgemäß, aber immerhin theoretisch kommen doch außer der Rasse noch eine Fülle anderer Bildungskräfte für den einzelnen und für eine rassengleiche Gemeinschaft in Betracht. Die […] Rassenkunde hat bisher noch nicht den ernstlichen Versuch gemacht, diese Deutungskonkurrenzen wie Landschaft, Staat, Gesellschaft, Kirche von dem abzusondern, was mit hoher Wahrscheinlichkeit auf Rasse zurückgeht. Für alles, was geistig ist, wird unbewiesen als Ursache die Rasse oder der rassische Einschlag gesetzt, den das Bildnis aufweist. […] Wenn die geistesgeschichtliche Rassenkunde zu rational gesicherten Ergebnissen und zu einer geistigen Physiognomik der rassenverwandten deutschen Volksgruppen kommen will, so wird sie sich ein wesentlich anderes Denkverfahren ausbilden müssen." (Nadler, Josef: a. a. O., S. 5)

380 Nadler, Josef: a. a. O., S. 9.
381 „Es gibt zwei Möglichkeiten, falls Naturwissenschaftler und Rassenkundler der Sache [der Literaturgeschichtsschreibung; G. K.] dienen wollen. Entweder sie begnügen sich damit, den Geisteswissenschaften einen einwandfreien Tatbestand zu schaffen, mit dem dann wir uns weiter helfen wollen. Oder wenn sie zur eigenen Denkarbeit uns auch noch die unsere abnehmen wollen, dann werden sie wohl oder übel für diese Strecke ihrer Arbeit Geisteswissenschaftler werden müssen." (Nadler, Josef: a. a. O., S. 10)
382 Nadler, Josef: a. a. O., S. 10.

die „nordisch rassereinste Landschaft, Schleswig-Holstein", sei kunstgeschichtlich gesehen „am allerspätesten aufgewacht."[383] Nordische Bestände, so Nadler gegen Günthers Dogma der Rasseneinheit, hätten sich „nur in der Mischung mit anderen" als schöpferisch fruchtbar erwiesen.[384] Unhaltbar sei auch Günthers Abwertung der „ostischen Rasse", da doch gerade das nordisch-ostische Mischungsgebiet in Schlesien, Böhmen, der Lausitz, Meißen bis nach Ostfranken durch seinen „philosophischen und mystischen Tiefsinn, in seiner spielerischen Freude am Wort auffalle."[385] Schließlich verteidigt Nadler seine eigene These vom Siedlungsgebiet der bayerischen und österreichischen Stämme als Initialraum der kulturellen Spitzenleistung des Barock gegenüber unzulässigen, rassenkundlichen Zudringlichkeiten. „Der Barock", so Nadler seine These erläuternd, die sich – anders als seine Romantik-These – auch innerhalb der Disziplin einigen Zuspruchs erfreut[386],

> ist gar keine Rassenfrage, sondern eine kirchlich-staatliche Angelegenheit. Sein Geltungsbereich wird bestimmt durch den politisch-katholischen Machtraum der Habsburger. Wie weit an der Stilfindung und Stilgestaltung der barocken Kunst dinarische Rasse bestimmend oder teilnehmend gearbeitet hat, kann nicht aus der zufälligen und nur teilweisen Übereinstimmung zwischen dinarischem und barockem Raum gefolgert werden, sondern nur aus dem rassischen Befund der Menschen, die an der grundlegenden Schöpfung dieser Kunst beteiligt waren. Dieser Beweis wird schon aus Gründen des Quellenmaterials schwer zu führen sein.[387]

Nadler konzediert zwar die große Bedeutung der nordischen Rasse für die politische Entwicklung Deutschlands, Günthers kunst- und literaturgeschichtliche Ausweitung der nordischen Einflusszone lehnt er indes ab:

> Diese Macht über das tätige und handelnde Leben, aber nicht der Vorrang im Theaterspielen und Geigenzupfen, ist zu allen Zeiten die Sendung der nordischen Rasse unter den Deutschen gewesen. Man lasse uns endlich mit den Skalden und Sagas in Ruhe, wenn man uns klarmachen will, was wir ohnedies wissen. Die nordische Rasse hat aus den Deutschen ein Weltvolk gemacht, aber durch ganz andere Tugenden, als sich durch Hebbel und Hölderlin herleiten lassen. […] Die Rassenkunde begeht immer wieder den Denkfehler, daß sie mit einer einzigen Gleichung mehrere Unbekannte auflösen will. Dazu bedarf es so vieler Gleichungen, als Unbekannte benannt sein wollen.[388]

Dass sich Nadlers Absage an die literaturhistoriographische Kompetenz der „nordischen" Rassenlehre nicht zuletzt aus seiner Sorge darüber speist, seine bisher schon nicht hinreichend gewürdigte Lebensleistung könne im diskursiven Nebel aus zeitgeistigen, biologistischen Literaturdeutungen vollends an Unterscheidbarkeit und mithin an Originalität ver-

---

383 Ebd.
384 Nadler, Josef: a.a.O., S. 11.
385 Nadler, Josef: a.a.O., S. 12.
386 S. Klausnitzer, Ralf: a.a.O., S. 100.
387 Nadler, Josef: a.a.O., S. 15.
388 Nadler, Josef: a.a.O., S. 12f.

lieren, wird ein Jahr später deutlich. In einem „Beleidigungsprozess" tritt er gegen Oskar Benda, der in der *Pädagogischen Warte* am 5. April 1935 behauptet, aus Nadlers Literaturgeschichte ließen sich rassentheoretische Schlüsse im Sinne des Nationalsozialismus ziehen, vor Gericht an. „Wenn man heute von Blut und Boden spricht", so der Wiener Ordinarius in seiner Erklärung, „so denkt jeder Mensch an den Rosenbergschen Mythos [sic]. Nun habe ich schon im Jahre 1911 über den Einfluß von Blut und Boden auf das Schaffen eines Menschen geschrieben, es ist daher nicht meine Schuld, wenn die Nationalsozialisten sich manches von meinem Gedankengut – sehr verändert – angeeignet haben."

Vor allem die unzulässige Umkehrung der Filiationsverhältnisse, das erneut drohende Verkennen seiner Pionierleistung unter den gewandelten Konkurrenzbedingungen und wohl dann erst die sachlich motivierten Einwände gegen eine geisteswissenschaftliche Rassenkunde sind es, die Nadler darauf insistieren lassen, gerade sein Beitrag in *Dichtung und Volkstum* habe gezeigt, dass er „mit Rassentheorie nichts zu tun haben will."[389]

Bekanntermaßen bleibt jedoch diese dezidierte, distinktionsstrategische Distanzierung von der „Rassentheorie" nicht Nadlers letztes Wort in dieser Angelegenheit.[390] Zwar setzt der Wiener Ordinarius im April 1938, als der kurzzeitig unterbrochene Vorlesungsbetrieb nach dem „Anschluss" Österreichs wieder aufgenommen wird, auf die Inszenierung von Kontinuität, wenn er seine Lehrveranstaltung mit den Worten beginnt, „er setze heute dort fort, wo er das letztemal aufgehört habe."[391]

Ganz so nahtlos ist der Übergang jedoch nicht. Vor allem mit der berüchtigten, „vierten, völlig neu bearbeiteten" Auflage seiner Literaturgeschichte, an der Nadler allerdings schon vor dem „Anschluß" arbeitet, leitet er jene Phase semantischer Umbauten innerhalb der eigenen Konzeption ein, die sich als eine Distanzierung von der Distanzierung gegenüber rassentheoretischen Axiomen lesen lassen.[392] Vor allem auf der paratextuellen Ebene der vorangestellten „Leitgedanken" setzt Nadler nunmehr auf Kollusion. So knüpft er etwa zur Erklärung der kulturellen Leistungen im Rahmen der deutschen „Blütezeit" des 18. Jahrhunderts an eben jenen, vornehmlich von Günther proliferierten „nordischen Gedanken" an, den er in seinem Beitrag von 1934 noch mit aller Schärfe inhaltlich wie auch methodisch dekonstruiert:

---

389 Eine gerichtliche Feststellung Professor Nadlers, in: Reichspost, 15. 06. 1935; Eine eindeutige Erklärung Professor Nadlers, in: Wiener Zeitung, 15. 06. 1935, S. 5; Beleidigungsprozeß Professor Nadlers. Er ist nicht Rassentheoretiker in nationalsozialistischem Sinne, in: Danziger Volkszeitung, 16. 06. 1935, hier zit. nach Meissl, Sebastian: Zur Wiener Neugermanstik, in: a. a. O., S. 136.

390 Vgl. zum Folgenden Meissl, Sebastian: Wiener Ostmark-Germanistik, in: a. a. O., S. 138 ff.; Klausnitzer, Ralf: „Krönung", in: a. a. O., S. 119 ff.; Boden, Petra: Stamm – Geist – Gemeinschaft …, in: a. a. O., S. 224 ff.

391 Meissl, Sebastian: Wiener Ostmark-Germanistik …, in: a. a. O., S. 135.

392 Die „Neufassung" trägt nunmehr den bezeichnenden, die vormals pluralen Entwicklungsstränge unifizierenden Obertitel *Literaturgeschichte des Deutschen Volkes*. Nadler, Josef: Literaturgeschichte des deutschen Volkes. Dichtung und Schrifttum der deutschen Stämme und Landschaften, 4., völlig neubearb. Aufl., Berlin 1938–1941; Bd. 1: Volk (800–1740), 1939; Bd. 2: Geist (1740–1813), 1938; Bd. 3: Staat (1814–1914), 1938; Bd. 4: Reich (1914–1940), 1941.

3. SCHWIERIGKEITEN MIT DER „KOPERNIKANISCHEN WENDE"

Je höher das achtzehnte Jahrhundert heraufzieht, desto stärker ballen sich alle schöpferischen Kräfte im nordwestlichen Deutschland dort zusammen, wo es am wenigsten aufgehört hat, germanisch zu sein. Die großen geistigen Ereignisse verschieben sich mehr und mehr aus den romanisch-deutschen Grenzräumen in die germanische Mitte eines Kraftfeldes zwischen England, skandinavischem Norden und Deutschland […] Man überblickt diese Bildnisse, man prüft sie und sieht, wie deutlich in ihnen mehr und mehr Schnitt der Züge und Gestalt des nordischen Menschen durchbricht. In gedrängter Fülle blicken uns solche Gesichter in den niedersächsischen Kreisen um Klopstock an, Gerstenberg, Claudius, Eschenburg, Hölty. Nordische Gestalten sind Bach, Gluck, Händel. Sie begegnen, rein geprägt, mit Matthison und Gellert im Mitteldeutschen, mit Johann Heinrich Merck und Wilhelm Grimm in Hessen, mit Friedrich Heinrich Jacobi im Rheinlande, mit Hölderlin in Schwaben, mit Ewald von Kleist in Pommern, mit Wackenroder in der Mark Brandenburg. […] Mit mannigfachen Abwandlungen haben sich nordische Gesichtszüge aufbewahrt in den Ostpreußen Hamann, Herder und Hippel, in dem Niederdeutschen Hardenberg, in dem Ostfranken Johann Paul Richter, in dem Schwaben Ludwig Uhland. Auch wenn es uns also der gemeinsame Hang dieses Zeitalters zu altdeutscher Volkheit und germanischer Vorzeit nicht verriete, diese Bildnisse bezeugen es. Der Durchbruch der germanisch-nordischen Volksbestände durch all die Verschwägerungen mit romanischem und slawischem Blut überwindet die ursprüngliche bevölkerungsgeschichtliche Doppelheit von Mutterland und Siedelgebiet, bewegt die Erneuerung aus den ursprünglichen Tiefen des Volkes, trägt den Schwung zur geistigen Einheit aller Deutschen.[393]

Die einstige Vielfalt der Stämme und Landschaften wird hier also – zumindest auf paratextueller Ebene – aufgelöst in der überformenden, ordnungsstiftenden Kategorie des „Nordischen". Von einer „völligen Neubearbeitung" der Literaturgeschichte kann jedoch – wie Ralf Klausnitzer gezeigt hat[394] – durchaus nicht die Rede sein. Zwar signalisieren die im Titel angezeigte Entscheidung für einen singulären Volks-Begriff, die neue, völkische Teleologien assoziierende Benennung der einzelnen Bände („Volk", „Geist", „Staat", „Reich") wie auch das Andocken an Günther'schen Kategorien eine radikale konzeptuelle Revision. Der Binnentext indes löst diese Versprechen nicht ein, behält er doch – von einigen geringfügigen Umstellungen und Kürzungen abgesehen – weitestgehend den Text der vorherigen

---

[393] Nadler, Josef: Literaturgeschichte des deutschen Volkes. Schrifttum der deutschen Stämme und Landschaften, 4., völlig neu bearbeitete Aufl., Band 2: Geist, Berlin 1938, S. 4. Rassenkundliche Erklärungsmuster à la Günther strukturieren auch die vierte, 1941 erschienen „Kriegsauflage" von Nadlers Buch *Das stammhafte Gefüge des deutschen Volkes* (4., veränderte Aufl., München 1941). Dieter Kellings apologetische Vermutung, dass der Bruch in Nadlers Konzeption darauf zurückzuführen sei, „daß der vierte Band [der Literaturgeschichte; G. K.] mindestens streckenweise nicht durch Nadler allein geschrieben sei" (Kelling, Dieter: Josef Nadler und der deutsche Faschismus, in: Brücken. Germanistisches Jahrbuch DDR – CSSR 1986/87, Prag 1987, S. 132–147, hier: S. 144) wird von Klausnitzer mit überzeugenden Einwänden bezweifelt (Klausnitzer, Ralf: „Krönung", in: a. a. O., S. 123).

[394] Klausnitzer, Ralf: „Krönung …", in: a. a. O., S. 119 ff.

Auflagen bei.³⁹⁵ Diese Diskrepanz zwischen Para- und Binnentext, mithin also die Halbherzigkeit von Nadlers resonanzstrategischem Palimpsest, die dazu führt, das der Binnentext jene Ordnung, die auf paratextueller Ebene inszeniert wird, wieder unterläuft und in Frage stellt, bleibt auch den zeitgenössischen Rezensenten der Neuauflage, vor allem jenen, die sich für den Nationalsozialismus engagieren, nicht verborgen. So will etwa der Bonner Germanist Karl Justus Obenauer die Frage, ob es nun gerade Nadler gelungen sei, „eine Literaturgeschichte des deutschen Volkes" zu schreiben, lieber noch offen lassen, da „auch in dieser Neubearbeitung das Eigenleben der deutschen Stämme stärker hervortritt als die im Blut der Rasse gegründete Gemeinschaft." Obenauers in der *ZfDB* erschiene Rezension moniert diese nationalzentrifugalen Unterströme von Nadlers Literaturgeschichte vor allem im Hinblick auf ihre Verwertbarkeit für den Deutschunterricht. Für letzteren sei Nadlers Erzählung nur bedingt einsatzfähig, da sie die „Grundwerte des neuen großdeutschen Staates, die in der germanisch-nordischen Rasse liegen, noch immer nicht eindeutig in die Mitte rückt."³⁹⁶ Auch im unmittelbaren kulturpolitischen, wissenschaftsbeobachtenden Resonanzraum ist man mit Nadlers Literaturgeschichtsschreibung ungeachtet der vorgenommenen semantischen Umbauten nicht einverstanden. Hans W. Hagen betont in der *NS-Bibliographie* die „Gefahr […], die in der weltanschaulichen Grundlegung von Nadlers Werk beruht."³⁹⁷ Nadlers Katholizismus, der immer noch das weltanschauliche Fundament seiner Literaturgeschichte bilde, seine inkonsequente Handhabung der Begriffe „Rasse" und „Reich" wie auch sicherlich Nadlers 1934 noch vehementer öffentlicher Einspruch gegen seine angebliche Nähe zu nationalsozialistischen Rassentheoremen machen es Hagen zufolge inakzeptabel, dass „seine Literaturgeschichte und ihre Grundlagen als die Erfüllung von Forderungen hingestellt wird, die vom Nationalsozialismus an eine Literaturgeschichte gestellt werden."³⁹⁸ Diesmal zieht Nadler – ohne Erfolg – gegen den Vorwurf der Inkompatibilität seines Konzeptes mit der mittlerweile fester etablierten „nordischen" Rassenlehre³⁹⁹ vor das Wiener Parteigericht, um die Wiederherstellung seiner „Parteiehre" zu erwirken.⁴⁰⁰

---

395 Klausnitzer verweist z. B. darauf, dass Nadler zwar in den „Leitgedanken" des zweiten Bandes die Anfänge des romantischen Antijudaismus betont, im Frühromantik-Buch aber „die sachlich-ausgewogenen Absätze über jüdische Salons in unveränderter Form" beibehält (Klausnitzer, Ralf: „Krönung…", in: a. a. O., S. 121). Auch im vierten Band (Reich) bleibt die Thematisierung jüdischer Autoren unverändert sachlich.
396 Obenauer, Karl Justus: Rezension: Josef Nadler, Literaturgeschichte des deutschen Volkes, in: ZfDB, 15, 1939, S. 278–281, hier: S. 281.
397 Hagen, Hans W.: Zur Entwicklung der deutschen Literaturgeschichtsschreibung, in: NS-Bibliographie, 3, 1938, S. I–XI, hier: S. IX.
398 Hagen, Hans W.: a. a. O., S. VII. S. auch ders.: Das Reich und die universalistische Kulturgeschichtsschau, in: Weltliteratur, 16, 1941, S. 37 ff.
399 S. Essner, Cornelia: Der zögerliche Sieg der nordischen Rassenlehre, in: dies.: Die „Nürnberger Gesetze" oder Die Verwaltung des Rassenwahns 1933–1945, Paderborn/München/Wien/Zürich 2002, S. 61–75.
400 S. Anm. 339.

Nicht weniger problematisch bleibt Nadlers Position innerhalb der Disziplin. Auch zwischen 1933 und 1945 bleibt die Anschlussfähigkeit seines Programmes eher begrenzt, Nadler selbst als Akteur eher ein Außenseiter innerhalb der Disziplin. Zwar häufen sich vor allem nach dem Erscheinen der vierten Auflage seiner Literaturgeschichte die Besprechungen und Würdigungen seines wissenschaftlichen Gesamtwerkes.[401] Zwar widmet ihm gar die disziplininterne Sachwalterin der konkurrierenden Geistesgeschichte, die *DVjs*, eine äußerst umfangreiche, auf den ersten Blick wohlgesonnene Besprechung.[402] Jedoch gerade an der Argumentionsstrategie der letzteren zeigt sich, dass Nadlers Programm sich auch weiterhin nicht als Leitparadigma innerhalb der Disziplin wird etablieren können. Gisela von Busses mit dem *DVjs*-Herausgeber Paul Kluckhohn hinsichtlich ihrer Ziele explizit abgesprochene Rezension würdigt zwar das Schaffen Nadlers in höchsten Tönen als stammestheoretisches Geschichtswerk, als ein noch namenloses Beispiel einer „in statu nascendi befindlichen Wissenschaft"[403] grenzt sie es jedoch aus dem Bereich des *literatur*wissenschaftlich Diskursfähigen sogleich wieder aus. In einem Brief vom 29.04.1937 an den Mitherausgeber der *DVjs*, Erich Rothacker, umreißt von Busse den Grundgedanken und Tenor ihrer späteren Rezension:

> Nadler ist im Grunde nicht als Literarhistoriker zu werten, als solcher sogar mit Recht zu kritisieren, da er die Dichtung und die Dichter vergewaltigt; er ist viel mehr Historiker und gibt in ganz neuer Sicht eine Kunde vom Wesen des deutschen Volkes und der Entwicklung der deutschen Geschichte, ordnet sich aber gleichzeitig mit dieser Art der Betrachtung in einen neuen Wissenschaftstyp ein, der heute von den verschiedensten Gebieten her sich zu bilden beginnt (Geopolitik, Volkskunde usw.).[404]

Dergestalt als Pionier akzeptiert, als ernstzunehmender Literaturwissenschaftler gleichwohl ins interdisziplinäre Niemandsland hinauskomplimentiert, bleibt der Einfluss von Nadlers Methodik disziplinintern weiterhin gering: Franz Koch orientiert sich in seiner vielfach wiederaufgelegten Literaturgeschichte von 1937 als einer der wenigen innerhalb der Disziplin an Nadlers Romantikdeutung[405], und die Versuche zu stammes- bzw. landschaftskundlichen Spezialforschungen verbleiben zumeist in den wenig resonanzträchtigen „Gleisen regionaler und provinzieller Gelehrsamkeit."[406]

---

401 Zu den einzelnen Rezensionen s. Klausnitzer, Ralf: „Krönung", in: a.a.O., S. 113, Anm. 55.
402 Busse, Gisela von: Auch eine Geschichte des deutschen Volkes. Betrachtungen zu Josef Nadlers Literaturgeschichte, in: DVjs, 16, 1938, S. 258–292.
403 Busse, Gisela von: a.a.O., S. 281.
404 Brief Gisela von Busse an Erich Rothacker vom 29.04.1937, zit. nach: Klausnitzer, Ralf: „Krönung…", in: a.a.O., S. 114. In der Rezension heißt es dann: „Das Ergebnis unserer Untersuchung ist damit erreicht. Es lautet in dürren Worten: Nadlers Literaturgeschichte ist ‚eigentlich' gar keine *Literatur*geschichte – als solche also mit Recht von der Kritik angegriffen, da sie deren Gegenstand, die Dichtung, nicht in ihrem Eigenwesen darstellt –, sie ist dagegen ein wichtiger Grundstein für eine in statu nascendi befindliche Wissenschaft, die mit den volkskundlichen und deutschkundlichen Forschungen ein Ganzes bildet." (Busse, Gisela von: a.a.O., S. 280f.)
405 Koch, Franz: Geschichte deutscher Dichtung, Hamburg 1937, S. 167–196.
406 Klausnitzer, Ralf: „Krönung", in: a.a.O., S. 117. Ebd. auch eine Auflistung solcher, zwischen 1933 und 1945 publizierter Arbeiten.

Einer gewissen Tragik entbehrt die Resonanzgeschichte Nadlers nicht, hat doch sein Kampf um inner- wie außerdisziplinäre Anerkennung, der die Zeichen der Zeit nur zum Teil zu deuten weiß, etwas von einer querköpfigen *Donquixotterie*. Als „Wissenschaftsspieler" im Sinne Bourdieus zeigt Nadler trotz aller Bemühungen wenig resonanzstrategischen „Instinkt", wirkt er doch bisweilen – um in diesem Bilde zu bleiben – wie ein Akteur, der seine Bälle immer erst dann spielt, wenn das eigentliche Spiel schon längst woanders stattfindet. Liegt sein Insistieren auf einem quasi-naturwissenschaftlichen Wissenschaftlichkeitsideal vor wie nach 1933 quer zum zeitgenössischen literaturwissenschaftlichen Denkstil[407], so bringt ihn nach 1933 seine distinktionsstrategische Abgrenzung vom Rasse-Denken auch im wissenschaftspolitischen Resonanzraum in Verruf. Während er im Fach Außenseiter bleibt, weil es ihm zu wenig um Dichtung gehe, bemängelt man im politischen Feld gerade die fehlende politische Konsequenz. Aber auch seine letztlich inkonsequenten semantischen Umbauten zeitigen schließlich nicht jene Früchte des Erfolges, die er selbst wohl für angemessen gehalten hätte. Ungeachtet seiner Konzessionen an den vermeintlich einheitsstiftenden, „nordischen" Gedanken verbleibt seiner Kulturgeschichtserzählung ein Rest von (sicherlich so nicht intendierter) sich widersetzender Modernität, die im politischen Resonanzraum auf Unbehagen stößt: die Hinordnung der Pluralität der Stämme und Landschaften auf den politisch erwünschten, ordnungs- und einheitsstiftenden Zentralsignifikanten „Rasse" bleibt zu oberflächlich, zu volatil. Andererseits ist sie als Insignie der Anpassungsbereitschaft beständig und deutlich genug, um Nadler nach 1945 wissenschaftlich endgültig zu diskreditieren. Als einer jener exemplarischen „Sündenböcke", auf die man sich als Ausnahmefälle innerhalb einer ansonsten angeblich wissenschaftlich intakt gebliebenen Disziplin auch feldintern schnell einigen kann[408], wird ihm nun gewissermaßen jener, inzwischen allerdings negativ konnotierte Pionierstatus zugeschrieben, den man ihm zuvor jahrzehntelang versagte.

---

407 So notiert etwa der Berliner Ordinarius Hans Pyritz im Manuskript zu seiner im SS 1941 und SS 1942 gehaltenen Vorlesung „Deutsche Romantik" zu Nadlers „Rückführung geistes- und literaturgeschichtlicher Kräfteprozesse auf Stamm und Landschaft als Urgegebenheiten" einen ganzen Katalog von Nadlerspezifischen Denkstilverstößen: „Fragwürdige Übertragung naturwissenschaftlicher Gesetzlichkeiten auf geistige Sachverhalte; Blut, Landschaft, Kulturraum als Wechselgesichtspunkte der Deutung; kein Verhältnis zur künstlerischen Einzelerscheinung, kein ästhetisches Werterlebnis, nur Strategie der Massenbewegungen; der schöpferische Mensch nur zufälliger Exponent dieser Bewegungen, Kreuzungspunkt und Ausdruck von Raumkräften; Verzeichnung der Neuzeit durch Goethe-Antipathie und katholisierende Tendenzen." (zit. nach Klausnitzer, Ralf: Umwertung der deutschen Romantik?, in: Dainat, Holger/Danneberg, Lutz (Hrsg.): a. a. O., S. 210).

408 Zum Umgang mit der eigenen Fachvergangenheit im NS und zur Funktion exemplarischer „Sündenböcke" s. Kaiser, Gerhard/Krell, Matthias: Ausblenden, Versachlichen, Überschreiben: Diskursives Vergangenheitsmanagement in der Sprach- und Literaturwissenschaft in Deutschland nach 1945, in: Weisbrod, Bernd (Hrsg.): Akademische Vergangenheitspolitik. Beiträge zur Wissenschaftskultur der Nachkriegszeit, Göttingen 2002, S. 190–216.

4. Literaturwissenschaft als Wirklichkeitswissenschaft und als Wesens- und Wertewissenschaft im Zeichen des „Volkes": Modernisierungsvarianten und orthodoxer *mainstream*

„Für uns", so entwirft 1935 der Danziger Ordinarius Heinz Kindermann das Profil seiner Diziplin, „gibt es nur einen Wertmaßstab und ein Zentralproblem, dem alle anderen Probleme, auch die biographischen und ästhetischen, sich ein- und unterordnen müssen: das deutsche Volk!"[1] Auch wenn Kindermanns eigener Entwurf einer „volkhaften Lebenswissenschaft" (s. u.) als „ernsthafte Theorievariante [...] damals in der Literaturwissenschaft kaum diskutiert"[2] wird, so wird man doch die in seiner Bemerkung sich manifestierende Bedeutung, die dem Volks-Begriff als konsensueller Letztbegründungsinstanz in den Selbstverständigungs- und Außendarstellungsdiskursen der Literaturwissenschaft seit 1933 in verstärktem Maße zukommt, kaum überschätzen können.

Auch hier gilt ähnlich wie im Falle des literaturwissenschaftlichen Lebens-Diskurses: Neu ist die Berufung auf das „Volk" keineswegs. Der Begriff hat auch innerhalb der Literaturwissenschaft 1933 bereits eine lange Tradition als semantische Legitimationsressource (s. u.). Tiefgreifender semantischer Umbauten bedarf es hier also nicht. Allerdings erhält auch die Rede vom „Volk" vor dem Hintergrund der politisch veränderten Resonanzkonstellation neue Energien und ihre Diskursfrequenz innerhalb der Disziplin steigt beträchtlich. Während das Zirkulations- und Integrationspotential des Rassen-Diskurses innerdisziplinär auch während des NS beschränkt bleibt, erweist sich die legitimatorische Rede vom „Volk" auch über die Kreise der traditionell „volks"bewegten Deutschkundler hinaus als äußerst anschlussfähig. Mit dem etwa von Karl Viëtor 1933 vage prospektierten Profil, demzufolge die Literaturwissenschaft nunmehr zu dem werden könne, was sie ihrer Bestimmung nach schon immer hätte sein sollen, nämlich eine „Wissenschaft vom deutschen Volk für das deutsche Volk"[3], dürften die meisten Akteure – ungeachtet ihrer sonstigen Profilbildungen auf der kognitiven, methodischen Ebene – einverstanden gewesen sein. Angesichts des Legitimationsdrucks, sich als „Lebenswissenschaft" reinszenieren zu müssen, erweist sich der Ausweis der „Volksbezogenheit"[4] der eigenen Tätigkeit, der die geforderte „Lebensnähe" spezifizieren soll, als größte, konkretere Schnittmenge literaturwissenschaftlicher Selbstthematisierungen unter- wie innerhalb des Lebens-Diskurses. Zu einer Vereinheitlichung des disziplinären Profils auf kognitiver, methodischer Ebene führt allerdings auch die zwischen 1933 und 1945 hochfrequente Berufung auf den Volks-Begriff

---

1   Kindermann, Heinz: Umwertung des deutschen Schrifttums, in: Deutscher Almanach, 1935, S. 142–150, hier: S. 147.
2   Pilger, Andreas: a. a. O., S. 398.
3   Viëtor, Karl: Die Wissenschaft vom deutschen Menschen in dieser Zeit, in: ZfDB, 9, 1933, S. 343.
4   Hans W. Hagen etwa, als wissenschaftspolitischer Beobachter, spricht in der *NS-Bibliographie* vom „Maßstab [...], den wir heute an eine politische Wissenschaft hinsichtlich ihrer Volksbezogenheit erheben." (Hagen, Hans W.: a. a. O., S. II.)

nicht. Auf der Ebene der Leistungsangebote, die unter dem Etikett der „Volksbezogenheit" zirkulieren, lassen sich aus der Vielzahl der diesbezüglich relevanten Quellen jedoch vor allem zwei typische Profilbildungvarianten rekonstruieren: „Volksbezogene" Literaturwissenschaft wird zum Einen als Wirklichkeitswissenschaft und zum Anderen als Wesens- und Wertewissenschaft (s. dazu im Einzelnen 4.2 und 4.3) inszeniert.[5] Gemeinsam ist diesen Inszenierungen zwar die resonanzstrategische Berufung auf den Volks-Begriff, jedoch können damit – sozusagen auf der kognitiven Ebene – durchaus unterschiedliche methodologische Profilierungen einhergehen.

4.1 Zur „Karriere" des Scharnierbegriffes Volk

Die semantische Karriere des Volks-Begriffes, seine funktionsgeschichtliche Entwicklung zum „politischen Aktionsbegriff" und „spezifisch deutschen Kompensationsbegriff"[6] beginnt natürlich, wie bereits angedeutet, lange vor 1933. Dies kann hier lediglich skizziert werden.

Die Aufwertung des Begriffes und der mit ihm verbundenen Redeweisen setzt bereits in der zweiten Hälfte des 18. Jahrhunderts ein und ist, als Zeichen eines „Einstellungswandel[s] der europäischen Intelligenz"[7], kein spezifisch deutsches Phänomen.

Ein neues Interesse der Intellektuellen am Authentischen, das sie in den Liedern, Schwänken und Märchen, in der Sprache und den Bräuchen des „einfachen" Volkes noch aufbewahrt glauben, entwickelt sich – als Komplementär- und Kompensationsphänomen gesellschaftlicher Modernisierungsprozesse – sowohl im französisch- und englisch-, als auch im deutschsprachigen Raum.[8] In Sonderheit in Deutschland jedoch – wo die „jahrhundertelange Erfahrung des deutschen Partikularismus, der politischen und religiösen Zersplitterungen, der staatlichen Traditionslosigkeit"[9] das Bedürfnis nach einer Einheitlichkeit und Ursprünglichkeit verheißenden Bezugsinstanz gesteigert haben dürfte – wird der Volks-Begriff zu einer quasi-mythologischen Chiffre für den Einheitsgrund der Künste

---

5   Selbstverständlich handelt es sich hier um eine aus analytischen Gründen vorgenommene Trennung von Aspekten, die in den programmatischen Texten selbst nicht selten auch gemeinsam auftreten können. Allerdings werden diese Aspekte unter Berufung auf den Volks-Begriff, je nach methodischer Präferenz und je nach vorrangigem Adressatenbezug der Akteure, unterschiedlich stark gewichtet.

6   Art. „Volk, Nation, Nationalismus, Masse", in: Brunner, Otto/Conze, Werner/Koselleck, Reinhart (Hrsg.): Geschichtliche Grundbegriffe. Historisches Lexikon zur politisch-sozialen Sprache in Deutschland, Band 7, Stuttgart 1992, S. 141–431, hier: S. 151 und 149.

7   Bollenbeck, Georg: Tradition – Avantgarde – Reaktion, S. 57. Zur Begriffsgeschichte in Antike, Mittelalter und in der frühen Neuzeit, in der die eher abwertende Vorstellung vom Volk als „rudis plebs" in der gelehrten Welt noch überwiegt s. Art. „Volk, Nation, Nationalismus, Masse", in: a. a. O., S. 151–315.

8   Man denke etwa an die *Ossian*-Sammlung des schottischen Autors James Macpherson, die zur (berühmt-berüchtigten) Blaupause jener stilisierten Retro-Authentizität wird, die sich vorrangig an eine gebildete Adressatenschaft wendet. S. dazu und zum Folgenden: Bollenbeck, Georg: a. a. O., S. 57 ff.

9   Bollenbeck, Georg: a. a. O., S. 58.

und für die Einheit der Nation. Extensional konturlos und intensional diffus verweist „Volk" hier nicht auf eine soziale Schicht, sondern, kulturell wie politisch normativ aufgeladen, auf „einen glücklichen vergangenen Zustand, eine gegenwärtige kulturelle Norm und eine zukünftige politische Hoffnung."[10]

Vor allem Herder als ideengeschichtlicher Stichwortgeber, dessen Überlegungen „eine Art kopernikanischer Wende in der semantischen Entwicklung des Volksbegriffes"[11] markieren, verleiht dem Volks-Begriff eine neue kulturelle und historische Tiefendimension. Erscheint bei ihm doch das „Volk" gleichsam als ein mit Sprache, Seele und Charakter begabtes Kollektivindividuum. Aber Sprache und Poesie sind für Herder nicht nur Akzidenzien eines Volkes, sie machen vielmehr seine gleichsam metaphysische Subtanz aus, gelten sie ihm doch als jene konstitutiven Faktoren, die ein Volk erst zu dem machen, was es seiner Auffassung nach ist: zu einer „spirituellen menschlichen Gemeinschaft[], die vornehmlich auf einem Gleichklang innerer Werte beruht[]."[12] Dies ist vor allem mit Blick auf die Bedeutung, die der Volks-Begriff für die Literaturwissenschaft als Legitimationsinstanz später einnehmen wird, kaum zu überschätzen. Das „Volk" wird jedoch bei Herder nicht nur zur kulturkonstitutiven Substanz, sondern auch zum geschichtsmächtigen Subjekt aufgewertet. Die Völker sind ihm zufolge die eigentlichen Träger einer geschichtlichen Gesamtentwicklung, die von der Vorsehung gelenkt wird. Bei aller substantialisierenden Metaphysizierung, die das „Volk" bei Herder zweifellos erfährt, sollte man sich vor allzu wohlfeilen Kontinuitätskonstruktionen allerdings hüten: von Herder führt kein unmittelbarer Weg zu Hitler.[13] Zwischen ihnen liegen Darwin bzw. die sich auf ihn berufenden Biologismen und der Nationalismus des 19. Jahrhunderts. Gewiss, auch Herder warnt vor einer Vermischung der Völker und empfiehlt angesichts einer drohenden Ent-Individualisierung der Völker einen „Damm gegen fremde Überschwemmungen"[14] zu errichten. Die Hypostase des eigenen Volkes, die chauvinistische Abwertung anderer Völker findet sich jedoch bei Herder nicht. Optiert er doch, darin ganz einem aufklärerischen Humanitätsideal verpflichtet, für das Ideal eines gleichberechtigten, autoharmonischen Zusammenlebens der Nationen: „[H]at die Erde nicht für uns alle Raum? Liegt ein Land nicht ruhig neben dem andern? Kabinette mögen einander betrügen; politische Maschinen mögen gegeneinander gerückt werden, bis eine die andre zersprengt. Nicht so rücken Vaterländer gegeneinander; sie liegen ruhig nebeneinander und stehen sich als Familien bei."[15]

---

10 Ebd.
11 Art. „Volk, Nation, Nationalismus, Masse", in: a. a. O., S. 283.
12 Art. „Volk, Nation, Nationalismus, Masse", in: a. a. O., S. 317.
13 S. Bollenbeck, Georg: a. a. O., S. 53 und Art. „Volk, Nation, Nationalismus, Masse", in: a. a. O., S. 317 ff.
14 Herder, Johann Gottfried: Briefe zur Beförderung der Humanität 10, 115, in: ders.: Sämtliche Werke, Bd. 18 (1883, Ndr. 1967), S. 235, hier zit. nach: Art. „Volk, Nation, Nationalismus, Masse", in: a. a. O., S. 318.
15 Herder, Johann Gottfried: Briefe zur Beförderung der Humanität 5, 57, in: ders.: Sämtliche Werke, Bd. 17 (1883, Ndr. 1967), S. 319, hier zit. nach: Art. „Volk, Nation, Nationalismus, Masse", in: a. a. O., S. 319.

Im Laufe des 19. Jahrhunderts findet der Volksbegriff, gemeinsam mit dem der „Nation"[16], in zunehmendem Maße als Leitperspektive Eingang in die Wissenschaften[17], in die kulturraisonnierenden Diskurse, in denen vor allem jene Kunst hochgeschätzt wird, die als Ausdruck des Volkes und als an das Volk adressiert gilt[18], und er besetzt schließlich – mitbedingt durch die politischen Zäsuren von 1848, 1866 und 1870/71 – die oberste Position in der Hierarchie der politisch-moralischen Werte. Kurz: er wird somit zu einem zentralen Scharnierbegriff.

Allerdings erfährt der nunmehr interdiskursiv hochfrequente Begriff vor allem seit der napoleonischen Okkupation eine wirkungsmächtige Funktionsverlagerung. Zwar fungiert er auch weiterhin als semantische Ressource einer nationalen Identitäts- und Ursprungskonstruktion, diese wird jedoch zunehmend und immer wieder überlagert von seiner Funktion als konfliktbedingtem Medium zur „Selbstdefinition durch Feindmarkierung"[19]; einem Medium, das schroffe Dichotomisierungen zwischen dem vermeintlichen Wesen des Deutschen und dem des Gegners nicht scheut.[20] Zwar ist die Begriffsverwendungsgeschichte, wie Koselleck betont, *ab initio* von dem konstitutiven Strukturmerkmal geprägt, das mit dem Volks-Begriff immer auch eine „Innen-außen-Relation"[21] mitkommuniziert wird. Jedoch radikalisiert sich die Identitätsstiftung qua Berufung auf das „Volk" zunehmend und wird von einer bloßen Unterscheidung zur dezidierten, nun auch nationsintern gerichteten Ausgrenzung und Abwertung derjenigen, die nicht zur Gemeinschaft des eigenen Volkes gehören (sollen).

Bleibt diese Verwendungsweise, die nicht selten mit einer vulgär-darwinistischen, annexionistischen Radikalisierung des Begriffes einhergeht, in der wilhelminischen Ära noch die Angelegenheit konservativ-kulturkritischer oder völkischer Außenseiter vom Schlage eines Lagarde oder Langbehn, der vom „eingeborenen Erdcharakter des deutschen Volkes"

---

16 Beide Begriffe werden im 19. Jahrhundert zunehmend, wenn auch nicht ausschließlich, synonym verwendet. S. dazu und zu den Nuancen der Begriffsverwendungsgeschichten Art. „Volk, Nation, Nationalismus, Masse", in: a. a. O., S. 316.
17 Zur Bedeutung des Volks-Begriffes etwa für das Selbstverständnis und die Außendarstellung einer sich konstituierenden Germanistik s. Müller, Jörg Jochen (Hrsg.): a. a. O.
18 Zu dieser „ursprungsmythologischen Argumentationsfigur" s. Bollenbeck, Georg: a. a. O., S. 53 ff.
19 Schulze, Hagen: Gibt es überhaupt eine deutsche Geschichte?, Berlin 1989, S. 28.
20 So heißt es etwa in Ernst Moritz Arndts weitverbreitetem *Katechismus für den teutschen Kriegs- und Wehrmann*: „Ja, teutsches Volk, Gott wird dir Liebe und Vertrauen geben, und du wirst erkennen, wer du bist und wer du sein sollst [...] Auf denn, teutscher Mann! Auf mit der Freiheit und der Treue gegen die Knechtschaft und Lüge! [...] Und fürchte diese Franzosen nicht [...] Wahrlich, die Franzosen haben nur Schimmer, du aber hast Flammen; sie haben nur Geschmeidigkeit, du hast Kraft; sie haben nur Lüge, du hast Treue." (Arndt, Ernst Moritz: Katechismus für den teutschen Kriegs- und Wehrmann [1813], in: ders.: Werke, hrsg. von August Leffson und Wilhelm Steffens, Bd. 10, Berlin/Leipzig/Wien/Stuttgart 1913, S. 161 f.)
21 Art. „Volk, Nation, Nationalismus, Masse", in: a. a. O., S. 144 ff.

spricht²², so ändert sich die Situation nicht zuletzt unter dem neuartigen Erfahrungsdruck des 1. Weltkrieges und nach der als traumatisch empfundenen Niederlage²³. Die Vision einer die Klassengegensätze übergreifenden und nivellierenden, kampf- und expansionsbereiten „Volksgemeinschaft", die der Kampf gegen das Fremde zu einer überstaatlichen Einheit zusammenschweißt, wird während des Krieges vor allem auch von bildungsbürgerlicher Seite mit Pathos immer wieder beschworen.²⁴ Wie wirkmächtig diese Wahrnehmung des Weltkrieges als vermeintlicher Geburtsstätte der „Volksgemeinschaft" ist, zeigt sich schlaglichtartig, wenn es etwa bei Hermann Pongs noch 1937 heißt:

> Der Ausbruch des Weltkriegs 1914 hat mit der Wucht eines Urstoßes die Grundkräfte freigelegt, die im Volke liegen. Volk, das ist der Mensch im gewachsenen Gefüge. Gehört es zum Wesen der Masse, daß ihr das Bewußtsein des Gefüges geschwunden ist, so wird die heilige Dauer des allverpflichtenden Gefüges dem Menschen nirgends schärfer ins Bewußtsein eingerückt als wenn Volk in Krieg gerät und auf eben und Tod um die Existenz kämpfen muß.²⁵

Auf diesem Wege etabliert sich der Volks-Begriff nach 1918 zu einem parteienübergreifend unvermeidlichen, quasi-religiösen Ziel- und Letztbegründungsbegriff mit vor- und überstaatlichen Bedeutungsdimensionen, die zwar vor allem in den völkischen Deutungen proliferiert werden, die sich aber auch außerhalb dieser Diskurse als anschlussfähig erweisen.

Vorstaatlich meint hier, dass das „Volk" zu verstehen sei als eine gleichsam aus dem Unbewussten heraus sich zusammenschließende *vorpolitische* Wesenheit, die als metaphysisch, kulturell oder biologisch gedeutete Ganzheit den Individuen immer schon schicksals-

---

22 Langbehn, Julius: Rembrandt als Erzieher. Von einem Deutschen [1890], Weimar 1922, S. 183. Allerdings sollte man die Breitenwirkung dieser Schriften nicht unterschätzen: Julius Langbehns *Rembrandt als Erzieher* etwa erlebt 1943 die 90. Auflage. S. dazu u. a. Ketelsen, Uwe-K.: Niederdeutschland: ein Joseph unter seinen deutschen Brüdern. August Julius Langbehns Rembrandt als Nothelfer in der Krise der europäischen Kultur, in: ders.: Literatur und Drittes Reich, Schernfeld 1992, S. 128–147.

23 „Aus dem Zusammenbruch [des 1. Weltkrieges; G. K.]", so Wolfgang Schivelbusch, „ging der Kriegssozialismus ebenso wie seine Weggefährtin, die Volksgemeinschaft, nicht nur unbeschadet, sondern gestärkt hervor. Geschöpfe des Krieges alle beide, absorbierten sie als Propagandaparolen so viel von der 1914–18 entstandenen massenemotionalen Realität, daß sie, ihren Ursprung transzendierend, ein Eigenleben als Mythen begannen." (Schivelbusch, Wolfgang: Die Kultur der Niederlage. Der amerikanische Süden 1865, Frankreich 1871, Deutschland 1918, Berlin 2001, S. 280 f.)

24 Bei Friedrich Naumann etwa heißt es: „So wie wir hat noch nie jemand vorher unser Volk geschaut. Auch unsere Dichter, Denker und Propheten haben das Volk dieser zwei Jahre [gemeint ist der Zeitraum von 1914 bis 1916; G. K.] nicht im Geiste gesehen: es ist Erfüllungszeit der Erziehung von über hundert Jahren. Mehr als dieses Volk konnten sie nicht wollen […]." (Naumann, Friedrich: Kriegsgedanken zur Welt- und Seelengeschichte, Wien 1917, S. 75)

25 Pongs, Hermann: Neue Aufgaben der Literaturwissenschaft II, in: DuV, 38, 1937, S. 273–324, hier: S. 277. Bezeichnend für das bildungsbürgerliche Distinktionsgebaren nach „unten" übrigens hier auch die geradezu rituelle Unterscheidung zwischen „Volk" und „Masse". Ebenso bezeichnend ist hier die Rede von „der alle Stände verschmelzenden Frontkameradschaft" (315). Zu Pongs Konzeption einer „Existenzforschung" s. u.

haft vorausliegt.[26] Der antimodernistische, sich gegen vertragstheoretische Modelle wendende Impetus dieses Verständnisses liegt auf der Hand. Überstaatlich meint, dass die Grenzen des „Volkes" nicht identisch sind mit den Grenzen des Nationalstaates. Schlagwortartig verdichtet sich der kulturraumideologische Expansionsanspruch, der in diesem scheinbar überstaatlichen, an den alten Reichs-Begriff gemahnenden Volks-Begriff enthalten ist, in dem Titel von Hans Grimms Bestseller *Volk ohne Raum* (1926, 1930 60. Tsd.)[27].

In der Weimarer Republik wird die Rede vom „Volk" mithin zu einem kaum hintergehbaren Legitimationsdiskurs allen politischen Handelns. So unterschiedlich die jeweiligen Interpretationen des Volks-Begriffes auch sein mögen[28], an dem Diskurs selbst müssen alle Parteien partizipieren, wollen sie ihre Programme öffentlich rechtfertigen. Die „Volksgemeinschaft" als Modell einer aus dem Kriege geborenen harmonischen Gesellschaftsordnung bildet in der Weimarer Republik, vor allem vor dem Hintergrund der geschwächten staatlichen Ordnung und der kriegsbedingten Aufwertung der breiten Bevölkerung, die zentrale semantische Bezugsinstanz.[29]

Als Legitimationsressource fungiert die Berufung auf das „Volk" indes nicht nur innerhalb der unmittelbar politischen Sphäre. Auch in der kulturraisonnierenden Öffentlichkeit spielt sie – wie bereits angedeutet – eine gewichtige Rolle. Auch hier vollzieht sich während der Weimarer Republik ein folgenreicher argumentationsgeschichtlicher Konstellationswandel.[30] Die seit dem Ende des 18. Jahrhunderts virulente, ursprungsmythologische Argumentationsfigur, derzufolge Kunst nur dann wahre Kunst ist, wenn sie aus dem Volke stammt und für es gemacht ist, wird dabei zu einem entscheidenden, in zunehmenden Maße enthemmten Exklusionsbegründungskriterium im Rahmen einer radikalnationalistischen Kunstbetrachtung. Die im Namen des „Volkes" vorgenommene Ablehnung der kulturellen Moderne als „undeutsch", „artfremd", „entartet" und „intellektualistisch" sowie die antirepublikanischen Verdikte über das „Weimarer System" bestätigen und steigern sich

---

26 „Das Bewußtsein, daß wir Deutsche nicht nur ein Staatswesen, sondern ein Volk bilden", so betont etwa Wilhelm Stapel, „war bis 1918 nur schwach ausgebildet." (Stapel, Wilhelm: Volk. Untersuchungen über Volkheit und Volkstum [1932], 4. Aufl., Hamburg 1942, S. 228). „Kein Volk ist denkbar ohne Volkstum. Es gehört zu seinem Wesen, daß es nicht eine zufällige Zusammenballung von Menschen ist, sondern ein eigenartiges und jedesmal einzigartiges Gebilde, das von einer einheitlich gerichteten ‚Seele' durchströmt, getrieben und gegen andere Volkskörper abgegrenzt wird." (Stapel, Wilhelm: a. a. O., S. 21)
27 S. Ketelsen Uwe-K.: Klaustrophobie in Kloster Lippoldsberg. Hans Grimms *Volk ohne Raum*: Ein Bilderbuch rechter Ideologie in Deutschland, in: ders.: Literatur und Drittes Reich, Schernfeld 1992, S. 199–215.
28 Zu den unterschiedlichen Deutungen innerhalb des politisch-gesellschaftlichen Spektrums s. Art. „Volk, Nation, Nationalismus, Masse", in: a. a. O., S. 369–380.
29 Müller, Sven Oliver: Nationalismus in der deutschen Kriegsgesellschaft, in: Echternkamp, Jörg (Hrsg.): Die deutsche Kriegsgesellschaft 1939 bis 1945. Zweiter Halbband: Ausbeutung, Deutungen, Ausgrenzung (= Das deutsche Reich und der Zweite Weltkrieg. Band 9, Zweiter Halbband, hrsg. vom Militärgeschichtlichen Forschungsamt), München 2005, S. 9–92, hier: S. 24.
30 S. dazu im Detail Bollenbeck, Georg: a. a. O., S. 194–289.

dabei gegenseitig. Diese pauschale Stigmatisierung der modernen Künste als „volksfremd" erweist sich jedoch nicht nur bei den ausgrenzungs- oder gar vernichtungswilligen Akteuren der aggressiven Rechten, wie etwa bei Adolf Bartels oder Alfred Rosenberg, als anschlussfähig. Die Rede von der „Überfremdung" und der „Entartung" der „deutschen Kunst" breitet sich auch innerhalb des in der Mehrheit noch national-liberalen und national-konservativen Bildungsbürgertums aus, das angesichts der boomenden Massenkünste und der Traditionsbrüche der Avantgarden um seine kulturelle Deutungshegemonie fürchtet. Vor allem das Stigmawort vom „Kulturbolschewismus", mit dem die Gegner der kulturellen Moderne vom Neuen Bauen bis zur Neuen Musik all jene Phänomene belegen, die sie als Angriff auf ein echtes „Deutschtum" und die eigenen kunstreligiös stilisierten Geschmacksnormen empfinden, wird schließlich zur selbstgebauten „semantischen Brücke, auf der das Bildungsbürgertum ins ‚Dritte Reich' gelangt."[31] Der Nationalsozialismus und in Sonderheit Hitler, der sich in seinen Ausführungen zur Kunst als „Kostgänger und Exekutor der bildungsbürgerlichen Kunstsemantik" (G. Bollenbeck) entpuppt, können einem desorientierten Bildungsbürgertum nunmehr als Retter der deutschen Kunst vor ihrer Zerstörung durch eine internationale Moderne erscheinen.

Das Attraktivitätspotential der Volksgemeinschaftsidee macht sie zu einer der zentralen semantischen Legitimationsressourcen innerhalb der nationalsozialistischen Selbstdarstellungen vor und nach 1933. Der Volks-Begriff wird zwischen 1933 und 1945 zum zentralen diskursorganisierenden Element. Dies zeigt allein schon die hohe Frequenz der zahlreichen Kompositabildungen vom „Volksboden" über die „Volksgemeinschaft" und den „Volksschädling" bis zur „Volkswohlfahrt".[32] Die in der Sozialutopie von der formierten Volksgemeinschaft enthaltenen Versprechen auf eine Wiederherstellung der gesellschaftlichen und kulturellen Ordnung und auf eine „meritokratische, sozialegalitäre Leistungsgesellschaft"[33] jenseits hemmender Klassenbarrieren und Milieuschranken, kann der Nationalsozialismus erfolgreich als seine eigene Zielvision inszenieren.[34]

---

31 Bollenbeck, Georg: a. a. O., S. 275.
32 S. dazu Schmitz-Berning, Cornelia: a. a. O., S. 642–679.
33 Wehler, Hans-Ulrich: a. a. O., S. 686.
34 Die nicht unumstrittene Frage, inwiefern der NS diese Zielvision einer egalitären „Volksgemeinschaft" lediglich propagierte oder auch, zumindest partiell, tatsächlich umzusetzen bestrebt war, kann hier ausgeklammert werden. Entscheidend in unserem Zusammenhang, in dem es um die Resonanzträchtigkeit des Volks-Begriffes geht, ist es, dass nicht wenige Zeitgenossen tatsächlich an eine „Volksgemeinschaft" glaubten. Dies, so betont etwa Müller, zeige, dass die „deutsche Nation" „nicht nur ein Konstrukt der NS-Elite, ihrer Parteidoktrin oder ihrer raffinierten Propaganda" (Müller, Sven Oliver: a. a. O., S. 90f.) gewesen sei. Auch Aly konstatiert in diesem Zusammenhang: „Im Nachhinein wird die Rassenlehre des Nationalsozialismus als pure Anleitung zu Hass, Mord und Totschlag verstanden. Doch für Millionen Deutsche lag das Attraktive in dem an sie adressierten völkischen Gleichheitsversprechen." (Aly, Götz: Hitlers Volksstaat. Raub, Rassenkrieg und nationaler Sozialismus, Frankfurt am Main 2005, S. 28) Wehler (a. a. O., S. 689) betont, dass sich „die Spitzen des Regimes [fraglos] auf die symbolische Praktizierung egalitär wirkender Politik" verstanden. Allerdings, so Wehler die „soziale Mobilität in der ‚Volksgemeinschaft'" resümierend, entpuppe sich die Rede von der Gleichheit aller Volksgenossen „bei näherem Hinsehen sogleich als Chimäre." (771)

Gewiss, die gesellschaftliche Reichweite der Volksgemeinschafts-Utopie findet durchaus auch nach 1933 ihre klassen-, regional- oder konfessionsbedingten Grenzen. Jedoch lassen die unter ihrem Etikett kommunizierten und zum Teil auch umgesetzten Leistungsangebote eines wieder geeinten und mächtigen Nationalstaates und einer Gesellschaft, die prinzipiell jedem, der sich im Sinne der neuen Machthaber als Mitglied der „Volksgemeinschaft" begreifen darf, soziale Positionsverbesserungen in Aussicht zu stellen scheint, den NS schichtenübergreifend als ein „attraktives Ordnungsmodell"[35] erscheinen.

Die den Gebrauch des Volks-Begriff immer schon kennzeichnende, nach 1933 indes lebensbedrohliche Dialektik von Inklusionsversprechen und verschärfter Exklusion, die jene trifft, die aus politischen und/oder rassistischen Motiven aus der Volksgemeinschaft ausgegrenzt (und ermordet) werden, scheint die Attraktivität des Volks-Diskurses nicht gemindert zu haben. An der rassischen Grundierung der nationalsozialistischen Volksgemeinschafts-Utopie hat Hitler jedenfalls keinen Zweifel gelassen. Schon in *Mein Kampf* betont er, dass der höchste Zweck des „völkischen Staates" die „Sorge um die Erhaltung derjenigen rassischen Urelemente [sei], die, als kulturspendend, die Schönheit und Würde eines höheren Menschentums schaffen."[36] In seiner Nürnberger Reichtagsrede vom 23.11.1937 heißt es:

> Heute vollzieht sich eine neue Staatsgründung, deren Eigenart es ist, daß sie nicht im Christentum, nicht im Staatsgedanken ihre Grundlage sieht, sondern in der geschlossenen Volksgemeinschaft das Primäre sieht. Es ist daher entscheidend, daß das ‚Germanische Reich Deutscher Nation' diesen tragfähigen Gedanken der Zukunft nun verwirklicht, unbarmherzig gegen alle Widersacher.[37]

„Innerhalb des deutschen Volkes höchste Volksgemeinschaft und Möglichkeit der Bildung für jedermann, nach außen aber absoluter Herrenstandpunkt!"[38], so Hitler am 18.09.1941.

An die Rede von der „Volksgemeinschaft" indes – dies zeigen die Verwendungsgeschichten des Begriffes innerhalb des literaturwissenschaftlichen Feldes – lässt sich auch anknüpfen, selbst wenn man einer rassistischen Interpretation des Volks-Begriffes eher mit Vorsicht begegnet.

---

35   Müller, Sven Oliver: a.a.O., S. 90. S. dort (S. 59–69) auch zur Reichweite und den Grenzen der Volksgemeinschafts-Utopie. Müller zufolge sind es vor allem zwei Leitvorstellungen, die die Attraktivität des NS für das Bildungsbürgertum ausmachen: die Idee eines nach außen wieder erstarkten Nationalstaates und die Hoffnung auf eine Restitution der eigenen politischen und kulturellen Führungsposition innerhalb der deutschen Nation.
36   Hitler, Adolf: Mein Kampf [1924/25], 97.–101. Aufl., München 1934, S. 434.
37   Hitler, Adolf: Rede vom 23.11.1937, zit. nach Domarus, Max: a.a.O., Bd. 1/2, S. 761.
38   Zit. nach Aly, Götz: a.a.O., S. 28.

4.2 Gesellschaftsspiele: Wirklichkeitswissenschaft von der und für die „Volksgemeinschaft"

> Die Literatur schwebt eben nicht im luftleeren Raum, das Buch ist nicht selbstverständlich allein für das stille Lesen des einzelnen bestimmt: viele Inhalte, aber auch viele Formen setzen Gemeinschaftsempfang voraus. Es bedarf also ganz realer und exakter Vorstellungen davon, in welcher Weise das Literaturwerk lebendig wird im Publikum, gleichsam in welchem Raum es erklingt [...][39]

So lautet das geradezu proto-rezeptionstheoretisch anmutende Credo Willi Flemmings in seinen Überlegungen zu *Wesen und Aufgaben volkhafter Literaturgeschichtsschreibung* kurz vor dem Ende des „Tausendjährigen Reiches". Bereits kurz nach dessen Beginn, zehn Jahre zuvor, fordert Karl Viëtor in seinem *Programm einer Literatursoziologie*, das in Ernst Kriecks Zeitschrift *Volk im Werden* abgedruckt ist: „Es muß noch mehr durchdringen, daß es unerläßlich ist, geistes- und ideengeschichtliche Betrachtungsart mit ständigem entschiedenen Hinblicken auf die gesellschaftlichen Zusammenhänge zu verbinden, wenn man dem Ideal wirklichkeitshaften Verstehens und Urteilens näher kommen will."[40]

Programmatische Forderungen nach einer verstärkten Empirisierung, ja Soziologisierung der Literaturwissenschaft sind zwischen 1933 und 1945 keine bloßen Randerscheinungen.[41] Das Bestreben, das disziplinäre Profil zu dem einer der Wirklichkeit zugewandten Lebenswissenschaft zu verändern oder zumindest zu erweitern, lässt sich bei etablierten Akteuren wie auch bei Nachwuchswissenschsaftlern ausmachen, es wird an den Rändern

---

[39] Flemming, Willi: Wesen und Aufgaben volkhafter Literaturgeschichtsschreibung, Breslau 1944, S. 42.
[40] Viëtor, Karl: Programm einer Literatursoziologie, in: Volk im Werden, 2, 1934, S. 35–44, hier: S. 39.
[41] Es scheint sich bei solchen Forderungen nach einer Soziologisierung um einen disziplinübergreifenden „Trend" zu handeln. Darauf weist bereits Carsten Klingemann hin, wenn er die These aufstellt, dass zwischen 1933 und 1945 „in verschiedenen Nachbardisziplinen gleichgerichtete Soziologisierungsprozesse zu beobachten sind." (Klingemann, Carsten: Thesen zur Soziologisierung sozialwissenschaftlicher Fächer und des philosophischen Denkens während des Dritten Reichs, in: ders.: Soziologie im Dritten Reich, Baden-Baden 1996, S. 217–231, hier: S. 217) Klingemann zufolge verweist der Terminus der Soziologisierung „darauf, daß hinter dem häufig ideologiekritisch als Politisierung oder im speziellen Fall als Faschisierung von Sozial- und Geisteswissenschaften beschriebenen Vorgang die Ausdifferenzierung des Wissenschaftskanons im Sinne einer Empirisierung und engeren Bindung an gesellschaftliche Wirklichkeit steht. [...] [D]ie Phase von 1933 bis 1945 wird damit in dem Sinne ,historisiert' und wissenschaftssoziologisch betrachtet, wie sie sich als Beschleunigungs- oder Retardierungsperiode der Ausdifferenzierung des Wissenschaftssystems darstellt, in der sich ein sicherlich als ambivalent zu bezeichnender Modernisierungsschub ereignet." (S. 219) Zumindest im Blick auf die Literaturwissenschaft ist allerdings Behutsamkeit am Platze. Es erscheint mir wenig sinnvoll, im Hinblick auf diese Disziplin – wie Klingemann, sicherlich auch ein wenig von seinem anti-ideologiekritischen Impetus getragen, dies etwa für das philosophische Denken glaubt feststellen zu können – von einer Soziologisierung des literaturwissenschaftlichen Denkens überhaupt zu sprechen. Die Variante einer soziologisierten Literaturwissenschaft erweist sich hier als eine unter mehreren, zeitgleich miteinander konkurrierenden. Dass und warum sie gerade in der Literaturwissenschaft nicht zu einer paradigmatischen Variante werden kann, dazu s. u.

der Zunft, aber auch in dessen Mitte artikuliert. Diese programmatischen Varianten einer zeitgemäßen, kognitiven Selbstmodernisierung im Sinne einer Soziologisierung entspringen mithin einem durchaus „politisch motivierte[n] erkenntnisleitende[n] Interesse am Volk als Nation"[42], zumindest aber werden sie meist durch den Volks-Diskurs insofern strukturiert, als dass sie die jeweiligen Leistungsangebote als Ausweis einer gesteigerten „Volksbezogenheit" codieren.

Mit Blick auf den Begriff der Modernisierung mag hier eine kleine Zwischenbemerkung angebracht sein, denn stets und immer noch heikel scheint es zu sein, im Zusammenhang mit dem NS von Modernisierung zu sprechen. Um Missverständnissen vorzubeugen: Wenn hier von Modernisierung die Rede ist, so geschieht dies weder im normativ-emphatischen, umfassenderen Sinne eines gesellschaftlichen Fortschrittes, noch soll damit jenen Modernisierungsthesen Vorschub geleistet werden, die den NS aspektmonistisch zum bisher lediglich missverstandenen Ermöglichungs- und Beförderungszusammenhang eines sozioökonomisch modernisierten Deutschlands erklären.[43] Der Begriff bezieht sich hier lediglich auf die Lage innerhalb der Disziplin. Hier allerdings kann er als deskriptiver Terminus zweierlei durchaus adäquat leisten: zum Einen beschreibt er jene Bestrebungen, die das disziplinäre Profil stärker an den Naturwissenschaften (wie etwa im Falle einiger rassenkundlicher Ansätze) ausrichten wollen, zum Anderen meint er jene programmatischen Varianten, in denen sich – zweifellos mitbefördert durch die zeitgenössische Resonanzkonstellation – solche, z. T. jedoch bereits vor 1933 virulenten Aspekte bündeln und verdichten, die dann zu einem späteren Zeitpunkt der fachgeschichtlichen Entwicklung das disziplinäre Profil prägen werden. Dies ist sowohl bei der Variante einer soziologisierten Literaturwissenschaft der Fall, die sich allerdings erst im Laufe der 1960er Jahre wird etablieren können, als auch bei den dichtungswissenschaftlichen Varianten, die unmittelbar nach 1945 als „werkimmanente Interpretation" ihre hohe Zeit erleben (s. dazu III.5).[44]

---

42 Reinhart Koselleck verweist in seinem Nachruf auf Werner Conze hinsichtlich dessen zwischen 1933 und 1945 entstandenen Arbeiten m. E. völlig zurecht auf die mögliche Koinzidenz von eindeutig politisch motiviertem, reaktionärem Erkenntnisinteresse und der Entwicklung moderner Verfahrensweisen: „Das anfangs politisch motivierte erkenntnisleitende Interesse am Volk als Nation hatte zu methodischen Verfahren geführt, die unabhängig von der weltanschaulichen Ausgangsposition überprüfbar und korrigierbar sind. Der Paradigmenwechsel [...] hier vom ‚Volk' zur ‚Struktur' [nach 1945; G. K.] enthüllt sich als reiner Wortwechsel, der den einmal ausgelösten Erkenntnisfortschritt formalisierte und vorantrieb." (Koselleck, Reinhart: Werner Conze. Tradition und Innovation, in: Historische Zeitschrift, Bd. 245, 1987, S. 536)
43 S. Prinz, Michael/Zitelmann, Rainer (Hrsg.): Nationalsozialismus und Modernisierung, Darmstadt 1991.
44 Eine ebenso luzide wie besonnen gewichtende Darstellung und Analyse der Debatten um die „reaktionäre Modernität" während des NS liefert Schildt, Axel: NS-Regime, Modernisierung und Moderne. Anmerkungen zur Hochkonjunktur einer andauernden Diskussion, in: Tel Aviver Jahrbuch für deutsche Geschichte, XXIII, 1994, S. 3–22. Schildt zufolge brachte der NS „keinen sozialhistorischen revolutionären Modernisierungsschub, existierte aber im Rahmen moderner Gesellschaften und wies spezifische Formen einer Modernität mit dem ‚Modus instrumentell-technisch verkürzten Denkens' auf, die wiederum die Kumulation z. T. weit zurückreichender Traditionen darstellt." (S. 22)

Resonanzstrategisch müssen solche Modernisierungskonzepte allerdings – dies gilt vor allem dann, wenn sie sich dezidiert als soziologisch codieren – mit einem zweifachen Widerstand rechnen: zum Einen mit einem disziplin-, bzw. denkstilspezifischen Vorbehalt gegenüber einem literaturgeschichtlichen Zugriff, der das Werk und die Statur einzelner Geistesgrößen in den „kollektivistischen" Niederungen gesellschaftlicher Zusammenhänge aufzulösen droht[45]; zum Anderen mit einem disziplinübergreifenden Vorbehalt gegenüber einer materialistischen Sichtweise, die kulturelle, bzw. geistige Phänomene zum „mechanistisch" ableitbaren „Anhängsel" gesellschaftlich-ökonomischer Prozesse zu erklären droht und somit im Verdacht steht, letztlich marxistischer Provenienz zu sein.

Es sind sicherlich auch diese denkstilspezifischen und politischen Vorbehalte[46], die dazu führen, dass innerhalb der literaturwissenschaftlichen Landschaft der Weimarer Republik jene Konzepte, die für eine Soziologisierung des Profils optieren, relativ resonanzschwach bleiben. Zwar beginnt in dieser Zeit der Prestigezuwachs der Soziologie, die sich während der 1920er Jahre mit wachsendem Erfolg als eigenständige Disziplin an den Universitäten etablieren kann[47], die literaturwissenschaftsinterne Anschlussfähigkeit soziologisierender Varianten, die sich, unter Berufung auf Lamprechts Kulturgeschichtsschreibung oder auf einen marxistischen Materialismus, von geistesgeschichtlichen Methoden abgren-

---

[45] Diesen Vorbehalt gegenüber einer „Soziologie der Literaturwissenschaft" macht Oskar Benda bereits 1928 für die relative Resonanzlosigkeit solcher Versuche verantwortlich: „Die stringente Durchführung des kollektivistischen Prinzips in geistesgeschichtlichen Darstellungen ist bisher noch nicht gelungen; besonders die Literaturwissenschaft, die zum Unterschied von der Geschichtswissenschaft um methodische Prinzipienfragen wenig bekümmert ist, widerstrebt in der Praxis der antiindividualistischen Auffassung [solcher soziologischen Ansätze; G. K.]." (Benda, Oskar: a. a. O., S. 25)

[46] Zum politisch überwiegend konservativen Profil der Germanisten in der Weimarer Republik s. Jansen, Christian: a. a. O. Voßkamp nennt als weitere Gründe für die relative Erfolgslosigkeit den Umstand, dass die literatursoziologischen Ansätze den Bedarf an lebensweltlicher Orientierung, mithin die zeittypisch virulenten Synthesewünsche, nicht befriedigen können. Darüber hinaus sei ein methodischer Mangel als Ursache zu verorten: es fehle „einerseits an einer Theorie des Zusammenhangs der geistigen und materiellen Kräfte der Geschichte und andererseits an einer Konzeption der (soziologischen) *Werk*interpretation." (Voßkamp, Wilhelm: Literatursoziologie: Eine Alternative zur Geistesgeschichte? „Sozialliterarische Methoden" in den ersten Jahrzehnten des 20. Jahrhunderts, in: König, Christoph/ Lämmert, Eberhard (Hrsg.): Literaturwissenschaft, S. 291–303, hier S. 300) Zumindest mit den Problemen des Zusammenhangs zwischen Werk und übergreifendem Geist wie auch mit dem einer konzisen geistesgeschichtlichen Werkinterpretation hat allerdings auch die wesentlich erfolgreichere Geistesgeschichte zu kämpfen.

[47] Die Zahl der Lehrstühle mit der Zusatzbezeichnung „Soziologie" steigt zwischen 1919 und 1932/33 von 3 auf 55 (Käsler, Dirk: Die frühe deutsche Soziologie 1909 bis 1934 und ihre Entstehungs-Milieus, Opladen 1984, S. 80). Zur Resonanzgeschichte v. a. der Kultursoziologie seit der Jahrhundertwende s. Lichtblau, Klaus: Kulturkrise und Soziologie um die Jahrhundertwende. Zur Genealogie der Kultursoziologie in Deutschland, Frankfurt am Main 1996; vom Bruch, Rüdiger u. a. (Hrsg.): Kultur und Kulturwissenschaften um 1900. Krise der Moderne und Glaube an die Wissenschaft, Stuttgart 1989; Nörr, Knut Wolfgang (Hrsg.): Geisteswissenschaften zwischen Kaiserreich und Republik, Stuttgart 1994; König, Christoph/Lämmert, Eberhard (Hrsg.): Konkurrenten in der Fakultät. Kultur, Wissen und Universität um 1900, Frankfurt am Main 1999.

zen, bleibt jedoch begrenzt. Weder Paul Merkers und Fritz Brüggemanns Überlegungen zu einer „sozialliterarischen Methode" als Kulturgeschichte im Sinne Karl Lamprechts[48], noch eine Soziologie des literarischen Lebens im Sinne des Anglisten Levin L. Schücking, der eine „Literaturgeschichte als Geschmacksgeschichte" konzipiert, können sich etablieren.[49] Auch Arnold Hirschs Überlegungen zu einer Verbindung aus *Soziologie und Literaturgeschichte*[50], die er in seiner 1934 erschienenen Habilitationsschrift zum Barockroman in die

48 Merker, Paul: Neue Aufgaben der deutschen Literaturgeschichte, in: ZfDk, 35, 1921, 15. Ergänzungsheft, S. 1–82; ders.: Individualistische und soziologische Literaturgeschichtsforschung, in: ZfdB, 1, 1925, S. 15–27; Brüggemann, Fritz: Literaturgeschichte als Wissenschaft auf dem Grunde kulturgeschichtlicher Erkenntnis im Sinne Karl Lamprechts, in: ZfdB, 2, 1926, S. 469–479. Merkers „sozialliterarische Methode" verbleibt allerdings, obwohl sie sich dezidiert von geistesgeschichtlichen Zugangsweisen distanziert, vor allem in der Ablehnung sozio-ökonomischer Erklärungen von Kulturphänomenen im Fahrwasser der Geistesgeschichte (s. Voßkamp, Wilhelm: a. a. O., S. 295). Für ihn ist es vor allem „die Schicht der allgemeinen Weltanschauung und Kulturstimmung einer Epoche", die künstlerische Hervorbringungen entscheidend beeinflusst (Merker, Paul: Neue Aufgaben, S. 63) Schon Oskar Benda (a. a. O., S. 23) stellt diesbezüglich fest: „Allerdings segelt manches Buch unter soziologischer Flagge, das von seiner Grundwissenschaft nicht viel mehr als den Namen entlehnt hat." Zu Merkers späterer Umorientierung von geistesgeschichtlich beeinflusster Geschichtsphilosophie auf Kultursoziologie s. Boden, Petra: Stamm – Geist – Gesellschaft, S. 228 f. Zu Merkers Karriereweg u. a. an der Universität Breslau s. Kunicki, Wojciech: Germanistik in Breslau 1918–1945, Dresden 2002. Auch Brüggemann leitet aus Lamprechts kulturgeschichtlichem Konzept die Annahme einer zentralen Entwicklungsursache ab. Diese liegt seiner Ansicht nach „in der Psyche des Menschen […] nicht Kunst, Religion, Philosophie, Recht, Sitte oder Wirtschaft hatten sich entwickelt, sondern der Mensch als seelisches Subjekt war und konnte allein Träger dieser Entwicklung sein in der ganzen Breite der Nation auf dem Grunde einer allen gemeinsamen Erbmasse." (Brüggemann, Fritz: a. a. O., S. 476) Auch hier gilt sicherlich Bendas oben angeführtes Diktum.

49 Schücking, Levin L.: Literaturgeschichte als Geschmacksgeschichte. Ein Versuch zu einer neuen Problemstellung, in: GRM, 5, 1913, S. 561–577; ders.: Soziologie der literarischen Geschmacksbildung [1923], 3. neubearb. Aufl., Bern/München 1961. Schückings Entwurf einer rezeptionsgeschichtlichen Literaturgeschichtsschreibung, die nach bestimmten „Geschmacksträgertypen" forscht und die von den Fragen ausgeht, „[w]as […] zu einer bestimmten Zeit in den verschiedenen Teilen des Volkes gelesen, und warum […] es gelesen [wird]" (Schücking, Levin L.: Literaturgeschichte, S. 564), findet in den zwanziger Jahren wenig Beachtung. Einer gewissen Resonanz erfreut sich der geschmackssoziologische Zugriff jedoch innerhalb der Barockforschung, so etwa bei Müller, Günther/Naumann, Hans (Hrsg.): Höfische Kultur, Halle an der Saale 1929; Trunz, Erich: Der deutsche Späthumanismus um 1600 als Standeskultur, in: Zeitschrift für Geschichte der Erziehung und des Unterrichts, 21, 1931, S. 17–53; Vogt, Erika: Die gegenhöfische Strömung in der deutschen Barockliteratur, Leipzig 1932; s. dazu auch Voßkamp, Wilhelm: a. a. O.; ders.: deutsche Barockforschung in den zwanziger und dreißiger Jahren, in: Garber, Klaus (Hrsg.): Europäische Barock-Rezeption, Wiesbaden 1991, S. 683–703; Boden, Petra: Stamm – Geist – Gesellschaft …, in: a. a. O., S. 241–244. Zu Schückings Werdegang im NS, den er dezidiert ablehnt und vor dessen Repressalien ihm seine Berühmtheit als einer der bedeutendsten Anglisten Deutschlands einen gewissen Schutz verleiht s. Hausmann, Frank-Rutger: Anglistik und Amerikanistik im „Dritten Reich", Frankfurt am Main 2003, S. 46–49 u. ö.

50 Hirsch, Arnold: Soziologie und Literaturgeschichte, in: Euphorion, 29, 1928, S. 74–82. Hirsch geht davon aus, „daß Soziologie als Wissenschaft die Kulturwirklichkeit untersucht soweit sie gesellschaftliche Wirklichkeit ist." (S. 80) Sein Ansatz, demzufolge sich die Literatursoziologie sowohl mit Publikumsanalysen, der Analyse literarischer Gruppen als auch mit der Wirkung eines Schriftstellers zu be-

Praxis umsetzt[51], bleiben zunächst ohne positive Resonanz. Ganz zu schweigen von den Ansätzen einer marxistischen Literatursoziologie bei Franz Mehring, Samuel Lublinski, Alfred Kleinberg oder Georg Lukács, „von denen", wie bereits Werner Mahrholz 1923 lakonisch feststellt, „nicht einer auf akademischen Lehrstühlen zu finden ist, so daß diese ganze Betrachtungsweise bisher wenig Wirkung auf die akademische Welt gehabt hat."[52]

Nun ist es keinesfalls so, dass in den dreißiger Jahren plötzlich die große Stunde der Literatursoziologie schlägt. Ebensowenig ist es jedoch richtig, dass „alle soziologischen Ansätze zwischen 1930 und 1933 von der Woge des immer breiter anschwellenden ‚völkischen' Gedankenguts beiseite gespült"[53] werden. Vielmehr fällt es auf, dass zwischen 1933 und 1945 mehrere Akteure Konzepte in den disziplinären Selbsterneuerungs-Diskurs einspeisen, die gerade in Verbindung mit und auf der Grundlage von „völkischem Gedankengut" einer Soziologisierung literaturwissenschaftlichen Wissens das Wort reden. Ähnlich wie die Versuche einer Neuinszenierung im Namen der „Rasse" partizipieren auch diese Soziologisierungskonzepte im Zeichen des „Volkes" an einem resonanzstrategischen Deemphatisierungsdiskurs. Soweit dies innerhalb der für die Literaturwissenschaft spezifischen Denkstilgrenzen möglich ist, wird dabei das Bild der Disziplin als einer ernüchterten und deshalb umso leistungsfähigeren Wirklichkeitswissenschaft skizziert. Ähnlich wie rassenkundliche Entwürfe sieht sich aber auch die Version einer soziologisierten Literaturwissenschaft mit einigen gewichtigen Problemen konfrontiert.

Soziologisierung und Empirisierung des Blicks: Literatursoziologie als Wirklichkeitswissenschaft bei Viëtor, Keferstein und Flemming

Solche Probleme zeigen sich schon beim ersten dieser Versuche, dem bereits erwähnten *Programm einer Literatursoziologie* des Gießener Ordinarius Karl Viëtor, das – wie zu zeigen sein wird – insgesamt den Charakter einer *defensiven Soziologisierung* aufweist. Defensiv ist bereits die motivationale Ausgangskonstellation, die Viëtor zufolge eine „neue Literatursoziologie" notwendig erscheinen lässt. Zwar rede man von Soziologie angesichts ihrer politischen Tendenzhaftigkeit, ihrer Funktion als „Kampf- und Propagandamittel der großen

---

fassen habe, stößt wohl auch deshalb auf wenig Resonanz, weil nach Hirsch für den Begriff des Genies „in der soziologischen Methode als einer empirischen, kausal ableitenden, kein[ ] Platz" (82) sei.

51 Hirsch, Arnold: Bürgertum und Barock im deutschen Roman. Ein Beitrag zur Entstehungsgeschichte des bürgerlichen Weltbildes, Frankfurt am Main 1934. 1934 muss Hirsch nach Frankreich emigrieren. Die Wirkung seiner Schrift setzt erst in den sechziger und siebziger Jahren, in denen sie als maßstäbesetzend rezipiert wird, ein.

52 Mahrholz, Werner: Literaturgeschichte und Literaturwissenschaft, Berlin 1923, S. 85. S. Mehring, Franz: Die Lessinglegende. Zur Geschichte und Kritik des preußischen Despotismus und der klassischen Literatur [1893], 4. Auflage, Stuttgart 1913; Lublinski, Samuel: Der Ausgang der Moderne. Ein Buch der Opposition, Dresden 1909; Kleinberg, Alfred: Die deutsche Dichtung in ihren sozialen, zeit- und geistesgeschichtlichen Bedingungen, Berlin 1927; Lukács, Georg: Theorie des Romans, Berlin 1920 (zuerst erschienen 1915 im Archiv für Sozialpolitik und Sozialgeschichte).

53 Hermand, Jost: a. a. O., S. 93.

weltanschaulich-politischen Auseinandersetzung" „im Augenblick nicht mit Wohlgefallen", dennoch sei eine Auseinandersetzung mit kunstsoziologischen Fragen „für die deutsche Wissenschaft heute wichtig genug." Gelte es doch, das, „[w]as wir Deutschen seit 200 Jahren an Kunst, vor allem an Dichtung und Musik hervorgebracht haben" und was „an Größe die Kunst aller anderen Völker während dieses Zeitraumes" übertreffe, zu bewahren vor dem mechanistischen und nivellierenden Zugriff einer „materialistischen Kunstsoziologie", die „marxistischen Wissenschaftlern" als „Waffe gegen das idealistische Dogma von der grundhaften Unbedingtheit, dem ursprünglichen Schöpfertum des menschlichen Geistes", dient.[54] Allerdings – auch für Viëtor scheint Angriff denn doch die beste Verteidigung zu sein – sei es mit einem bloßen Beharren auf den tradierten geistesgeschichtlichen Sichtweisen keineswegs getan:

> Bei der neuen Literatursoziologie kann es sich aber nicht etwa um eine Wiederherstellung verbrauchter Glaubenssätze und Kultformen der erledigten Epoche handeln. Sondern man muß jetzt mit stärkerer Energie, mit mehr Interesse und Zusammenhalt an diese neuen Forschungsaufgaben herangehen. Schlagen wir die materialistischen Dogmatiker auf dem Felde, auf dem eine junge Wissenschaft allein überzeugende Siege erringen kann: auf dem Felde der harten, sachhaltigen Einzelforschung! Das Reich der Kunstsoziologie ist freilich in seinem ganzen Umfang erst einmal abzustecken. Es gibt nur schüchterne Ansätze dazu in den Lehrgebäuden der Soziologen. Hier soll für das Gebiet der Literatur ein neuer Vorstoß gewagt werden.[55]

Von einer Soziologisierung des Blickes verspricht sich Viëtor die Transformation seiner Disziplin von einer reinen Geistes- in eine Lebenswissenschaft und mithin eine Reintegration der Literaturwissenschaft in den Kreis der prestigeträchtigeren Wirklichkeitswissenschaften:

> Es genügt nicht, die Geschichte der denkerischen Lebensbewältigungen, die Geschichte der Philosophie zur Geschichte der Künste hinzuzunehmen, das dann Geistesgeschichte zu nennen und zu glauben, man habe nun das Ganze des geschichtlichen Lebens gefaßt. Wir brauchen eine realistischere und ganzheitlichere Geschichtsschreibung des künstlerischen, des literarischen Lebens. Die deutsche Literaturwissenschaft muß über die Sphäre der anderen Künste und der Philosophie hinausschreiten und das gesellschaftliche Sein (wozu auch der Staat gehört) als das Umfassende, als den großen Raum entdecken, zu dem alles, auch die Literatur, gehört wie ein Glied zum Organismus. Erst dann könnte sie Anspruch darauf machen, daß sie die Rolle des Geistes im Ganzen des Lebens auf eine Weise sieht und einschätzt, die der Wirklichkeit des Verhältnisses von Kultur und Gesellschaft tatsächlich gerecht wird [...] [D]ie soziologischen Fragestellungen werden den Geisteswissenschaftler aus der für den Deutschen so

---

54 Viëtor, Karl: a. a. O., S. 35. Ebd. heißt es: „Und gibt es noch ein Volk, in dem die Kunstfrömmigkeit und das Kunstleben eine solche Lebendigkeit und Breite hatten, wie bei uns?"
55 Viëtor, Karl: a. a. O., S. 36.

gefährlich lockenden Illusion eines eigenwüchsigen Geistesbezirks mit selbständigen Lebensgesetzen herausführen in das Ganze der Lebenswirklichkeit.[56]

Methodisch zielt Viëtors Programm deshalb auf eine „Verbindung von geistesgeschichtlichem und soziologischem Denken und Arbeiten."[57] Hauptgebiete in der „sachlichen Ordnung einer gesellschaftswissenschaftlichen Literaturforschung" sind zum Einen eine „Soziologie des literarischen Werks": diese fragt nach dem auf „Gemeinschaftserfahrung" beruhenden „Gesellschaftscharakter" des Stoffes, der Probleme und der Form literarischer Werke[58]; zum Anderen eine „Soziologie des literarischen Lebens": diese wiederum differenziert sich aus in eine „Künstlersoziologie", d. h. eine „soziologische Deutung des literarischen Produzenten", eine Soziologie „literarischer Gruppenbildung" und – Viëtor rekurriert hier ausdrücklich und lobend auf Schücking – in eine „Publikumssoziologie".[59] Kurz: Viëtors Programm skizziert hier auf wenigen Seiten schnörkellos und erschöpfend jenes Set an Fragen, mit dem wohl auch heute noch eine soziologisch ausgerichtete Literaturwissenschaft arbeitet.

Dennoch bleibt Viëtors Modernisierungsprogramm – wie sich in seinen Schlussbemerkungen zeigt – noch in einer weiteren Hinsicht defensiv: die Reichweite des soeben aufgestellten Programms wird am Ende und erneut in dezidierter Abgrenzung von einer materialistischen Soziologie wieder relativiert, wenn Viëtor die Literatursoziologie lediglich als „Hilfswissenschaft" apostrophiert. Deren Grenzen seien nämlich dann erreicht, wenn es um den Begriff der „reinen Dichtung" und die Vorstellung des schöpferischen Individuums gehe. Ab hier beginne wieder der genuine Zuständigkeitsbereich des (geistesgeschichtlichen) Literaturwissenschaftlers, dem Viëtor somit – disziplinintern adressiert – eine Bestandsgarantie einräumt:

Das der materialistischen Soziologie zugrunde liegende Dogma, der Mensch sei in seiner Wirklichkeit ‚das Ensemble der gesellschaftlichen Verhältnisse', ist ebenso falsch wie die Anschauung von einer unmittelbaren ursächlich-mechanischen Beziehung zwi-

---

56 Viëtor, Karl: a.a.O., S. 39.
57 Viëtor, Karl: a.a.O., S. 37.
58 Viëtor, Karl: a.a.O., S. 37–41. Aufgaben der Künstlersoziologie sind die „einer beschreibenden Deutung der Typen des Bohemien, des Literaten, des Schriftstellers, und als Hauptproblem eine soziologische Untersuchung des Geniebegriffs und der Zeitalter, in denen Geniekultus auftritt." (41) Die „Soziologie literarischer Gruppenbildungen" erforscht literaturgeschichtliche Phänomene wie die „Anakreontiker, de[n] Klopstock-Kreis, de[n] Hainbund, die Jenaer, die Berliner Romantik, die Berliner Naturalisten, de[n] George-Kreis" (42). Die Publikumssoziologie untersucht den publikumsmitbedingten „Wechsel der Kunstideale und Kunstrichtungen", die Rolle der „öffentlichen Kritik" und die der „Zensur als eine durch den Staat ausgeübte moralische und politische Aufsicht der Gesellschaft." (42)
59 Viëtor, Karl: a.a.O., S. 41–44. Während die „Soziologie des literarischen Werkes" eine Angelegenheit der Literaturwissenschaft bleibe, transzendiere die „Soziologie des literarischen Lebens" die disziplinären Grenzen und ermögliche eine interdisziplinäre Zusammenarbeit zwischen Soziologen und Literaturwissenschaftlern (41).

schen Gesellschaft und Literatur. Als müßte nicht, wie Goethe sagt, schon jede ‚Erfahrung' vom Menschen selbst hervorgebracht werden! [...] Das Kunstwerk entsteht durch eine Tat, die vollbracht wird durch das nur dem Menschen eigentümliche Vermögen, sich in Gestaltungen auszudrücken. Immer enthält das Kunstwerk eine Stellungnahme, eine Entscheidung zu der in ihm gestalteten Wirklichkeit. Wenn irgendwo, erscheint der Mensch hier als ein ursprünglich, ein ‚frei' schaffendes Wesen. Aber er selber ist als Person allerdings immer in den zugehörigen Lebenszusammenhang verflochten. Zu diesem Lebenszusammenhang gehört auch die Gesellschaft. Sie hat nicht absoluten Vorrang, sie ist nur *ein* Faden im Gewebe, der, nach den geschichtlichen Umständen, stärker oder schwächer hervortritt, immer aber da ist und beachtet werden muß. [...] Die Literaturwissenschaft will systematische Deutung der Dichtwerke und Darstellung des eigentümlichen geschichtlichen Zusammenhangs geben, den die Dichtwerke untereinander haben, wie alle menschlichen Werke. Bei beiden Unternehmungen muß die Literatursoziologie als Hilfswissenschaft dienen. [...] Der Begriff der ‚reinen Dichtung' deutet an, wo die Grenzen sind für soziologische Fragestellungen an die Dichtung. Es gibt auch ästhetische Probleme, die vom Gesellschaftsleben abgesondert bestehen und sich entwickeln [...]. Paul Ernst sagt mit Recht, daß die letzten technischen Gesetze in den Künsten ewig sind. Eine richtig gebaute Tragödie kann ihrer Form nach nicht in Zusammenhang gebracht werden mit geschichtlichen Gesellschaftszuständen.[60]

Viëtors Ausführungen, so nüchtern und sachbezogen sie auch größtenteils bleiben, sind natürlich nicht frei von außerfachlich adressierten Leistungsangeboten. Allein schon der Publikationsort, nicht die von ihm zu diesem Zeitpunkt noch mitherausgegebene *Zeitschrift für deutsche Bildung*[61], sondern die vom nationalsozialistischen Pädagogen und Wissenschaftspolitiker Ernst Krieck in Verbindung mit dem NSD-Dozenten- und dem NSD-Studentenbund herausgegebene Zeitschrift *Volk im Werden*, deutet darauf hin, dass Viëtors Programm einer soziologisch unterfütterten Literaturwissenschaft auch an den Resonanzraum der nationalsozialistischen Wissenschaftspolitik adressiert ist.[62]

60 Viëtor, Karl: a.a.O., S. 43f.
61 Zelle, Carsten: Emigrantengespräch. Ein Brief Richard Alewyns an Karl Viëtor, in: Euphorion, 84, 1990, S. 213–227, hier: S. 222.
62 Krieck wird zudem mehrfach im Text als Bezugsinstanz genannt (s. S. 40, 44). Zudem beruft sich Viëtor – neben der „Gesellschaftslehre" Othmar Spanns (S. 37) – auch auf den mit ihm befreundeten Rothacker und dessen Ausführungen zur Kunstsoziologie (S. 38). Auch Rothacker favorisiert das Konzept einer volksbezogenen, nationalen Soziologie mit politikberatendem Auftrag: „Der Favorit Marxismus ist von dem faschistischen Renner längst überholt. Unter den wirren Zusammenballungen der Masse ist das lebenvolle Gefüge des *Volkes* neu sichtbar geworden. Diese Grundkategorie und neben ihr manches andere, des Bundes, des Führertums, der Gefolgschaft u.a. muß nun [...] folgerichtig *zu den eigentlichen Problemen der heutigen Soziologie* werden." Die Erkenntnisse einer solchen Soziologie sollen der „junge[n] stürmisch zum Siege eilenden Bewegung" bei der Überwindung von „Uebergangskrankheiten" helfen, indem sie staatstragende Redner und Verwaltungsbeamte ausbildet (Rothacker, Erich: Nationale Soziologie, in: Westdeutsche akademische Rundschau. Amtliches Organ des Kreises V der

Sicherlich, Viëtor verweist nicht erst seit 1933 auf die Bedeutsamkeit soziologischer Aspekte für die Literaturwissenschaft. Bereits 1926 optiert er im Blick auf *Stil und Geist der Barockdichtug*, die „zeitlich zunächst Gesellschaftsdichtung" sei, für eine aus dem Gegenstand selbst erwachsende Notwendigkeit, sich intensiver als bisher geschehen auch „soziologischer Probleme" anzunehmen, um die „Funktion" der Literatur „in der sozialdifferenzierten Gemeinschaft" zu bestimmen.[63] Im Unterschied zur Anglistik (Viëtor rekurriert hier u. a. auf die Pionierarbeiten Schückings) beginne die Germanistik jetzt „erst zu begreifen, daß die Literatur nicht nur von der Seite der Produktion, sondern auch von der des Konsums her systematisch gefaßt werden muß." Sie müsse „die Dichtung schon im Stadium der Gestaltung als mitbestimmt" verstehen lernen „durch die soziale Schicht, an die sie (durchaus auch ohne Bewußtsein des Produzierenden) sich richtet; wie sie aber auch selbst wieder auf das Leben zurückwirkt, die Ausbildung gesellschaftlicher Lebensformen und gesellschaftlicher Lebenswerte mitbestimmt."[64]

Man sieht, wie ein differenzierteres Problem- und Methodenbewusstsein hier gleichsam aus einem noch vergleichsweise unerschlossenen Gegenstandsbereich, hier: der Barockdichtung, selbst erwächst. Kurzschlüssig und dem Reflexionsniveau des Gießener Ordinarius' unangemessen wäre es also, Viëtors Programm lediglich als resonanzkalkulierende, an den politischen Raum adressierte Signalschrift verstehen zu wollen. Allerdings zeigt gerade sein *Programm einer Literatursoziologie*, dass und wie disziplinärer Eigensinn und außerfachlich adressiertes Leistungsangebot durchaus miteinander einhergehen können. Denn was Viëtor als „Gegenstand" schildert, „bei dessen Behandlung die Literatursoziologie sich wahrhaft bewähren könnte", das liest sich wie das Angebot einer gesellschaftshistoriographischen Feindaufklärung und Fehleranalyse:

> Da ist vor allem das 19. Jahrhundert! Heute, da das Zeitalter des Liberalismus, das ja nur *eine* Phase der bürgerlichen Epoche war, beschlossen, die geschichtliche Entscheidung gefallen, ein neues, ein gegensätzliches Lebens- und Menschenideal aufgerichtet

---

Deutschen Studentenschaft, 3, 1933, Nr. 1 (1. Januarfolge 1933), S. 2–3, hier: S. 2. Zur Soziologie im NS s. Rammstedt, Otthein: Deutsche Soziologie 1933–1945. Die Normalität einer Anpassung, Frankfurt am Main 1986; Klingemann, Carsten: Soziologie im Dritten Reich, Baden-Baden 1996.

63 Viëtor, Karl: Vom Stil und Geist der deutschen Barockdichtung, in: GRM, 14, 1926, S. 145–178, hier: S. 152.

64 Ebd. Den Gedanken, demzufolge das gesellschaftliche Sein – umgekehrt – auch mitbestimmt sei durch die Literatur, den Viëtor hier zwecks Distinktion gegenüber einer rein „materialistischen Soziologie" ins Felde führt, greift er auch in seinem „Programm" wieder auf, wenn es heißt: „Ein anderer Fragekomplex der Soziologie des literarischen Lebens würde sich schließlich darauf beziehen, wie die Literatur, deren große allgemeine Leistung für die Gesellschaft von allen Gesellschaftslehren hervorgehoben wird, im einzelnen tatsächlich die Haltung, den Lebensstil, das Ethos, den Geschmack der gesellschaftlichen Schichten verwandelt oder wieweit sie neue Gemeinschaftswirklichkeit schafft. Da würde es sich also nicht um das gesellschaftliche Bestimmtsein der Literatur handeln, sondern darum, wieweit sie selbst eine die Gesellschaft bestimmende Kraft hat; um die Frage, was die Literatur dem gesellschaftlichen Leben im einzelnen leistet." (Viëtor, Karl: Programm, in: a. a. O., S. 43)

> ist, hat der Historiker eine bisher so nie gegebene Möglichkeit, die Art, Entfaltung und Leistung dieses geistig und gesellschaftlich so fragwürdigen [...] Jahrhunderts zu fassen und zu verstehen. Das ist für alle Geschichtswissenschaften nun die große Aufgabe. Die Endzeitartung der letzten Periode [...] wird sich dem Literarhistoriker erst vollständig enthüllen, wenn er die seit dem Naturalismus in immer rascherer Geschwindigkeit sich ablösenden Richtungen der Literatur ihrer seelisch-sittlichen Haltung, ihrem Weltbild nach im Zusammenhang mit den Vorgängen im Wirtschafts- und Gesellschaftsgefüge der Nation betrachtet und deutet. Wie die abseitige Artung der reinen Dichtung immer stärker wird unter dem Einfluß ihrer grundsätzlichen Gegenwirkung gegen den ästhetischen Demokratismus der naturalistischen Massenerzeugung; wie die [...] literarische Dekadenz schließlich beim Ideal einer „l'art pour l'art" endet (eine für Endzeiten von Hochkulturen übrigens allgemein bezeichnende Erscheinung), einer Kunst, die bestimmt ist für die durch Begabung von der Masse abgesonderte, eingeweihte Minderheit [...] solche Erscheinungen kann man richtig nur deuten, wenn man die literaturwissenschaftliche mit der wirtschafts- und gesellschaftswissenschaftlichen Forschung verbindet. Dann die Tendenzdichtung, die politisch-soziale Kampfliteratur, die bei uns im bürgerlichen Zeitalter auflebt (Sturm und Drang, Junges Deutschland) und die dann in den Zeiten der sozialistischen Bewegung, des Expressionismus und durch den Intellektuellen-Kommunismus bürgerlicher Renegaten in der Nachkriegszeit eine unerhörte politische Schärfe und zerstörerische Giftigkeit bekommen hat – das ist ein Gegenstand, bei dessen Behandlung die Literatursoziologie sich wahrhaft bewähren könnte.[65]

Skizziert wird hier also das Profil einer soziologisierten Literaturwissenschaft, bei der sich gesteigertes Problem- und Methodenbewusstsein, spezifisch bildungsbürgerliche Ressentiments gegenüber der kulturellen Moderne und eine zumindest potentielle Anwendungsorientierung als historische Wirkungsforschung miteinander verbinden. Allerdings bleibt der Anwendungsbezug bei Viëtor, insofern er rückwärtsgewandter, historischer Natur ist, eben ein indirekter und potentieller. Die Forderung nach einer Soziologisierung des Blickes mündet bei ihm nicht unmittelbar in die Forderung nach einer Disziplin mit Planungs- und Steuerungsfunktion für das gegenwärtige literarische Leben. Realisiert wird hier gleichsam nur die diagnostische Variante einer solchen Neuprofilierung. Das Angebot einer präventiven Literatursoziologie, die zur künftigen Vermeidung unliebsamer Kulturentwicklungen beiträgt, bleibt zumindest unausgesprochen. Viëtors abschließend lediglich angedeutete, konjunktivische Versicherung, dass eine „neue Literatursoziologie [...] auf idealtypische Verallgemeinerungen hinstreben [wird], die auch praktisch-erzieherisch auswertbar sein mögen (im Sinne etwa von Kriecks ‚Dichtung und Erziehung')" bleibt denn auch eher vager Natur und hat den Charakter eines an den Herausgeber gerichteten Lippenbekenntnisses. Literaturwissenschaft erscheint beim geistesgeschichtlich geprägten Viëtor noch nicht

---

65 Viëtor, Karl: a. a. O., S. 39 f.

als eine jener „neuartigen Dienststellen politikberatender Sozialwissenschaft"[66], die zwischen 1933 und 1945 in gesteigertem Maße das wissenschaftliche Terrain bevölkern. Jedoch verspricht auch sein Programm zumindest diagnostische Aufschlüsse über die gesellschaftsgeschichtlichen Ermöglichungszusammenhänge der „Verfallsgeschichte" deutscher Kultur im 19. Jahrhundert, gespeist von dem Glauben an deren Überwindung.

Auch für um Profilbildung bemühte Nachwuchsakteure scheint die Forderung nach einer Soziologisierung des disziplinären Denkstils zumindest 1934 noch eine anschlussfähige Option zu sein. In der Eröffnungsnummer des *Volksspiegel*, dem neugegründeten offiziellen Organ der „Deutschen Soziologie"[67], erscheinen ebenfalls in diesem Jahr die *Aufgaben einer volksbezogenen Literatursoziologie* Georg Kefersteins.[68] Keferstein, der 1933 mit einer Arbeit über „Bürgertum und Bürgerlichkeit bei Goethe" promoviert, bekleidet zu diesem Zeitpunkt die (befristete) Stelle eines außerordentlichen Assistenten für Volkskunde an der Universität Jena.[69] Bereits der Titel der Abhandlung zeigt, dass Keferstein dezidierter als Viëtor, auf den er sich lobend bezieht[70], den resonanzträchtigen Scharnierbegriff des „Volkes" nutzt, um eine Soziologisierung der Disziplin einzufordern. Dies mag nicht zuletzt auch dem institutionellen Kontext, in dem Keferstein agiert, geschuldet sein: dies meint zum Einen seine Assistenz bei Arthur Witte[71], der seit 1933 als Extraordinarius für deutsche Philologie und Volkskunde in Jena amtiert, zum Anderen auch die stark volkskundliche und anwendungsbezogene Ausrichtung der Jenaer Soziologie. Immerhin erhält

---

66 Raphael, Lutz: a.a.O., S. 14. Raphael verweist darauf, dass solche Dienststellen zuvor selten eine solche Größe erreichen konnten wie zwischen 1933 und 1945: „Das Bild der anwendungsorientierten human- und sozialwissenschaftlichen Institute im Nationalsozialismus ist ausgesprochen unübersichtlich. […] Die Jahre 1933–1945 waren in gewisser Hinsicht goldene Zeiten für staatlich finanzierte anwendungsorientierte Forschung, die sich in zahlreichen Neugründungen von Forschungsstellen niedergeschlagen hat." (Ebd.)

67 Zur Gründung des *Volksspiegel. Zeitschrift für deutsche Soziologie und Volkswissenschaft* s. Käsler, Dirk: a.a.O., S. 95 und Rammstedt, Otthein: a.a.O., S. 113.

68 Keferstein, Georg: Aufgaben einer volksbezogenen Literatursoziologie, in: Volksspiegel, 1, 1934, S. 114–123.

69 Keferstein (1909–1942), von 1934 bis 1941 an der Universität Jena tätig, habilitiert sich 1941 bei Carl Wesle mit einer Arbeit über *Das Volk in Goethes Dichten und Denken* (ungedr.). Von 1936 bis 1941 ist er Stipendiat der Nachwuchsförderung des Reichserziehungsministeriums. 1941 steht seine Berufung an die Universität Jena unmittelbar bevor, wird jedoch – gegen das positive Votum der Fachvertreter – von der philosophischen Fakultät abgelehnt. Weitere Bemühungen um eine anderweitige Dozentur bleiben erfolglos (Maier, Heidi-Melanie: Art. Keferstein, Georg, in: IGL, Bd. 2, S. 906). Weder über die genaueren Umstände der oben erwähnten Ablehnung, noch über sein „tragisches Schicksal – er begeht 1942 Selbstmord" (Pöthe, Angelika: a.a.O., S. 866) scheint bisher Näheres bekannt zu sein. Der Artikel im IGL erwähnt seinen Freitod – anders als Pöthe – nicht, weist aber darauf hin, dass die Universität Jena „es ausdrücklich nicht für notwendig [hielt], einen Nachruf auf G. K. zu veröffentlichen."

70 S. Keferstein, Georg: a.a.O., S. 122 und 123 (dort wird die Arbeit Viëtors als „vorzüglich" bezeichnet).

71 Zu Witte und den Konflikten zwischen ihm und Carl Wesle s. Pöthe, Angelika: a.a.O., S. 857–861. Warum sich Keferstein, obwohl er als Assitent Witte zugeordnet ist, bei Wesle habilitiert, ist dem Beitrag leider nicht zu entnehmen.

hier der zunächst noch äußerst einflussreiche Soziologe Max Hildebert Boehm, auf dessen Theorie vom *Eigenständigen Volk* sich Keferstein explizit beruft, 1933 den neugeschaffenen Lehrstuhl für „Volkstheorie und Volkstumskunde".[72]

Auch Kefersteins „volksbezogene Literatursoziologie" entwirft das Angebot einer anwendungsbezogeneren, empirisierten Literaturwissenschaft, die „nach den gesellschaftlichen Voraussetzungen und Bedingungen, unter denen Dichtungen entstehen, leben und wirken [...], fragt."[73] Auch er rückt, wie schon Viëtor, produktions- wie rezeptionssoziologische Aspekte in den Mittelpunkt seiner Ausführungen, wenn er betont, dass eine solche Frage vorrangig „auf die **soziologische Stellung der Verfasser** und auf die soziale Lage des die Dichtung aufnehmenden Publikums"[74] ziele. Vor allem die stärkere Berücksichtigung des Letzteren erscheint ihm als unaufschiebbares Desiderat einer wirklichkeitsbezogeneren Literaturwissenschaft, misst er doch dem Publikum und mithin der Wirkungsdimension von Literatur eine zentrale Bedeutung im Konstitutionsprozess von Kunstwerken bei:

> Im Publikum erst, so kann man überspitzt sagen, gelangt das zeitlose Kunstwerk in die Zeit. Damit das Kunstwerk leben kann, ist also der Künstler auf Publikumswirkung angewiesen. Dadurch erhält die Bezogenheit des Dichters auf Zeitloses oder Zeitewiges ihre natürliche Grenze. [...] Das reale Publikum [...] ist das Element, in dem die Dichtung wirklich lebt. Der Dichter paßt sich so oder so diesem Elemente an, [...] mag er ihm entgegenkommen oder es bekämpfen. Seine Dichtung muß von einem realen Publikum getragen werden. [...] Der Dichter dichtet nicht in einem luftleeren idealen Raume. Er will von bestimmten, konkreten Menschen, zunächst von seinen Zeitgenossen verstanden werden.[75]

Wenn Keferstein in diesem Zusammenhang auf die „bedeutende Rolle" der literaturvermittelnden „Zwischeninstanzen" wie Schule, Universität, Literaturvereine, Verleger und vor allem Literaturkritik abhebt, wird die steuerungs- und literaturpolitische Dimension seines „volksbezogenen" Erneuerungsprogrammes deutlich. Am Beispiel der Literaturkritik demonstriert Keferstein den zeitgemäßen Wandel:

> In einer ins Private abgesunkenen Zeit mußte dieser Ausgangspunkt [gemeint ist, dass Literaturkritik Sachwalterin des öffentlichen Interesses sei; G. K.] notwendig vergessen

---

72 Boehm, Max Hildebert: Das eigenständige Volk, Göttingen 1932. Boehm ist zudem Leiter des 1926 von ihm gegründeten „Instituts für Grenz-und Auslandsstudien" in Berlin. Nach großen Erfolgen angesichts seines „triumphalen Auftritts in Jena im Jahr 1933" (Klingemann, Carsten: Wissenschaftsanspruch und Weltanschauung. Soziologie an der Universität Jena 1933 bis 1945, in: Hoßfeld, Uwe/ John, Jürgen/Lemuth, Oliver/Stutz, Rüdiger (Hrsg.): a. a. O., S. 679–722, hier: S. 687) gerät Boehm jedoch wegen seiner „eben nicht rassenbiologisch begründeten Volkstheorie" (680) während des NS zunehmend in Konflikt mit parteiamtlichen Stellen und wird marginalisiert. S. auch Klingemann, Carsten: Das Institut für Grenz- und Auslandsstudien in Berlin Steglitz: Angewandte Sozialwissenschaft im Nationalsozialismus, in: ders.: Soziologie im Dritten Reich, a. a. O., S. 71–86.
73 Keferstein, Georg: a. a. O., S. 116.
74 Keferstein, Georg: a. a. O., S. 118.
75 Keferstein, Georg: a. a. O., S. 119 f.

> werden. Es gab keine konkrete Öffentlichkeit, der der Kritiker verantwortlich war. [...] Seine besondere öffenliche Funktion könnte heute wieder sein, die in der gemeinsamen Bezogenheit auf die Volksexistenz gegebene Gemeinschaft zwischen Dichter und Publikum zu kräftigen und zu festigen. Damit verbunden ist die heute von jeder Art der Kritik geforderte verantwortliche Sachlichkeit, die sich am Volke als dem konkreten Wertträger ausrichtet.[76]

Das für eine solche „verantwortliche Sachlichkeit" notwendige Wissen, so wird man ergänzen dürfen, stellt natürlich die eigene, im Sinne der „Volksbezogenheit" erneuerte Disziplin zur Verfügung. Einen in dieser Hinsicht äußerst mangelhaften Realitätssinn attestiert Keferstein sowohl der bisherigen marxistischen, als auch der noch geistesgeschichtlich geprägten, „bürgerlich-idealistischen Literatursoziologie, deren Fehler es sei, daß sie die reale Existenz des Volkes, die etwas anderes ist als ein Bezugspunkt materieller Interessen, etwas anderes aber auch als ein bloßes Ideal, nicht als eine der wichtigsten Voraussetzungen in ihre Untersuchungen einbaute."[77]

Mit Nachdruck betont Keferstein das Unzeitgemäße älterer literatursoziologischer Bemühungen, die, wie jene Merkers oder Brüggemanns, noch im Fahrwasser der Geistesgeschichte verbleiben, und er betont die generationelle wie politische Kluft, die seinen Entwurf von solchen Versuchen trennt:

> Es genügt auch nicht, die Weltanschauung einer Gesellschaft zur soziologischen Voraussetzung der Dichtung zu erheben und zu glauben, in rein geistigen Bezirken verharren zu können. So sehr es die junge Generation heute als ihre ritterliche Anstandspflicht empfinden sollte, die echten Werte des deutschen bürgerlichen Idealismus anzuerkennen und zu verteidigen, so wenig geht es, unter dem Schein jenes notwendigen Kampfes gegen die materialistische Geschichtsauffassung die bürgerliche Bierbank des national-liberalen Vorkriegsidealismus als Ehrensitz des Dritten Reiches herzurichten.[78]

Der idealistische Begriff des „Volksgeistes", der selbst noch die Arbeiten Sauers geprägt habe, sei „eine recht vage und unbestimmte Angelegenheit, [...] wenn man sich von der dahinterstehenden realen Existenz des Volkes nur ungenaue Vorstellungen machen kann oder wenn dieser Volksgeist überhaupt nur ein metaphysisches Phantom ohne Verankerung in einer Realität ist."[79] Allerdings findet auch Kefersteins distinktionsstrategischer Realismus seine denkstilspezifischen wie resonanzstrategischen Grenzen, lehnt doch auch er eine völlige Soziologisierung und somit eine Auflösung des Werk-Begriffes in seine gesellschaftlichen Entstehungsbedingungen ab. Der disziplinkonstitutiven Beschäftigung mit dem literarischen Werk erteilt auch Keferstein eine Bestandsgarantie, wäre doch eine völlige Soziologisierung der Literaturwissenschaft „ebenso verfehlt, wie das Bestreben, die

---

76 Keferstein, Georg: a. a. O., S. 121.
77 Keferstein, Georg: a. a. O., S. 117.
78 Ebd.
79 Keferstein, Georg: a. a. O., S. 115.

Literaturwissenschaft zur Magd der Stammesgeschichte zu erniedrigen."[80] Interessanterweise ist es auch hier der Volksbegriff, den Keferstein als argumentative Ressource ins Spiel bringt, um die fortgesetzte Beschäftigung mit dem Werk zu legitimieren. „Volksbezogenheit" wird somit bei Keferstein zu einer Chiffre mit doppeltem Distinktionspotential: einerseits fungiert sie als Schlagwort eines neuen, generationsbedingten Realismus gegen die ältere Geistesgeschichte, andererseits als Zeichen der Abgrenzung gegenüber einem Soziologismus marxistischer Provenienz. Letzteres ist allerdings nur noch um den Preis einer erneuten Remetaphysizierung des „Volkes" im Sinne eines Rückgriffes auf die Utopie einer substanzhaften, klassenindifferenten Volksgemeinschaft zu haben:

> Eine wirklich volksbezogene Literaturgeschichte mußte bei allem guten Willen scheitern, solange man nicht des Volkes als eines Ganzen theoretisch habhaft geworden war oder zu werden im Begriff ist, wie das jetzt durch Max Hildebert Boehms Volkstheorie in seinem ‚Eigenständigen Volk' geschieht. […] Das Volk ist kein biologischer Organismus – das ist es **auch** –, sondern es ist menschliche, transzendenzbezogene Existenz. […] Grundlage für eine wahrhaft volksbezogene Literaturgeschichte und Literatursoziologie kann nur ein Volksbegriff sein, der die soziologische Oberschicht, den gebildeten Mittelstand und das ‚gemeine Volk', der das Genie und die primitive Gemeinschaft zugleich umfaßt, und der alle diese Schichten und Kräfte als Auswirkung der einen Existenz des einen Volkes begreift. Das gebildete Publikum, von dem etwa Schücking spricht und das der in diesem Falle verhängnisvolle Volksbegriff der Volkskunde […] zum ‚Volke' in Gegensatz stellt, ist z. B. ein unübersehbarer und wesentlicher Bestandteil des Volkes. In ihm spricht sich zuzeiten die eigentliche Essenz der Volksexistenz viel stärker aus als in den in unterschichtlicher oder oberschichtlicher internationaler Bindung stehenden Teilen des Volkes. Aber auch diese Teile gehören beide zum Volk.[81]

Da aber nun sowohl das dichterische Genie wie auch die Dichtung selbst – so das altbekannte bildungsbürgerliche Argumantationsmuster – gleichsam Emanationen des hier als „zeitewig" gedachten Volkes sind, kann Keferstein die Soziologisierung sogleich wieder einschränken:

> So ergibt sich, daß die Verfassersoziologie als wesentlichste überindividuelle Form menschlichen Zusammenlebens weniger die internationalen soziologischen Querschichtungen, als das tief in Geschichte hineinragende, wenn auch nur zeitewige Volk zu betrachten hat. […] Soziologie der Verfasser muß daher als volksbezogene Soziologie betrieben werden. […] Und je größer der Dichter ist, um so weniger bedeutet für ihn die soziale Herkunft, um so stärker aber scheint er in der übersozialen (weil transzendenzbezogenen) Existenz des Volkes zu wurzeln.[82]

---

80 Keferstein, Georg: a. a. O., S. 114.
81 Keferstein, Georg: a. a. O., S. 115 f.
82 Keferstein, Georg: a. a. O., S. 118 f.

4. LITERATURWISSENSCHAFT IM ZEICHEN DES „VOLKES" 433

Dieser gebremste Realismus gilt denn auch für den „Gehalt" der Dichtung:

> Auch hier ist vor dem literatursoziologischen Kurzschluß zu warnen, der die Menschen der Dichtung als direkte Verkörperungen der Menschen des realen sozialen Lebens nimmt. [...] Die Tatsache, daß Dichtung ihrem Wesen nach volksbezogen ist, führt dazu, daß die Menschen der Dichtung dem zeitewigen Volke näher stehen als die Menschen der realen Welt. Auch literatursoziologische Innenbetrachtung, deren Aufgabe hier nur angedeutet werden kann, wird daher volksbezogen sein müssen.[83]

Kefersteins Karriere haben – wie bereits angedeutet – solche Equilibrierungsversuche zwischen den unterstellten Erwartungen eines außerfachlichen Resonanzraums und dem disziplinspezifischen Eigensinn nicht befördert. Seine Bemühungen um eine Dozentur in Jena scheitern. Auch ein Umschalten von Soziologie auf Biologie bleibt für Keferstein erfolglos. Sein Entwurf einer Arbeit, „in der die Volkskunde auf biologische Begriffe gebracht werden sollte" und die er der *DVjs* anbietet, scheitert am Veto Kluckhohns, der ihn nicht für „gut fundiert und überzeugend" hält.[84]

Durchaus als zirkulationsfähig erweist sich hingegen die sowohl bei Viëtor als auch bei Keferstein erhobene Forderung nach einer partiellen Empirisierung der Literaturwissenschaft in Gestalt einer forcierten Wirkungsforschung. Sowohl an den wissenschafts- und kulturpolitischen Rändern der Literaturwissenschaft, als auch innerhalb Disziplin wird der Gedanke aufgegriffen. Hans Rössner etwa verweist mit Nachdruck darauf, was er für eine der dringlichsten Aufgaben einer der „völkischen Lebenswirklichkeit" verpflichteten „völkisch-politischen" Literaturwissenschaft hält: „Was uns nottut, ist eine **Wirkungs- und Gestaltungsgeschichte der Dichtung im Rahmen und inneren Zusammenhang mit der Volksgeschichte**."[85] Auch im bereits mehrfach erwähnten SD-Dossier heißt es:

> Eine Hauptaufgabe kommender Literaturgeschichtsschreibung ist vielmehr eine **Wirkungsgeschichte** der Dichtung und der Sprache zu schreiben, das heisst wir müssen fragen, wie die Dichtung im lebendigen Zusammenhang des Volkslebens, seiner politischen Ereignisse, seiner stammlichen Gliederung und seiner sozialen Schichtung tatsächlich lebendig gewirkt und beeinflusst bzw. zersetzt hat. Dabei ist von der Tatsache

---

83 Keferstein, Georg: a. a. O., S. 122 f.
84 Dubbels, Elke: a. a. O., S. 700. Sein soziologisches Programm enthält sich noch weitestgehend biologischer oder gar rassistischer Spekulationen. Zwar bemüht auch Keferstein rassische Stereotypen, wenn er im Blick auf die literaturbedingende Macht gesellschaftlicher Gruppen feststellt: „Eine solche nicht zu leugnende Realität ist auch die wirtschaftliche oder ‚gesellschaftliche' oder politische Macht der betreffenden Gruppe. Die Bedeutung des zwischen Bürgertum und Proletariat sich schicksalsmäßig gestellt wissenden, wirtschaftlich mächtigen Judentums für die Entwicklung des Schrifttums wird heute nicht mehr verkannt. Jüdischer Geist und jüdisches Geld gehören zusammen." (120) Für seine Methodologie spielen „Rassenfragen" jedoch keine Rolle. In der ersten Anmerkung, in der er auf die „benutzte allgemeine Literatur" für seinen Beitrag zu sprechen kommt, verweist er zudem auf einen Beitrag des ins Exil vertriebenen Arnold Hirsch (123).
85 Rössner, Hans: Zur Neuordnung der Literaturwissenschaft, in: Volk im Werden, 6, 1938, S. 166–174, hier: S. 172.

auszugehen, dass Dichtung wie alle Kunst zuerst lebendig wirken will und sich nicht in irgendwelchen gedruckten Buchstaben erschöpft. […] Von hier aus ist insbesondere der Begriff der schöpferischen Freiheit und geistigen Freiheit überhaupt (und damit der ganze Genieaberglaube) gründlich zu revidieren.[86]

Und während Hellmuth Langenbucher an Heinz Kindermanns Konzept einer „volkhaften Lebenswissenschaft" (s. u.) vor allem lobt, dass er „schließlich zur Forderung der **Wirkungsgeschichte** gelangt, deren Notwendigkeit auch Franz Schultz schon gesehen"[87] habe, skizziert Heinz Riecke im *Börsenblatt für den deutschen Buchhandel* bereits 1935 das Programm einer empirischen Rezeptions- und Sozialforschung im Kameradschaftslager als Bestandteil einer „Ästhetik des Volksraums":

> Daraus folgt ferner, daß die literaturwissenschaftliche Ästhetik, will sie Aufgaben für das Volk erfüllen, nicht nur allein Gesetzmäßigkeiten des ästhetischen Genusses im Einzelmenschen allein psychologisch zergliedern und erklären darf, sondern vielmehr untersuchen muß: wie muß Dichtung beschaffen sein, die fruchtbar ins Volk im weitesten Sinne hineinwirkt, damit jeder einzelne an der Gestaltwerdung des ganzen Volkes als Werdender teilnimmt. Nicht alle Menschen werden sich von der Dichtung für die Aufgaben zum Ganzen anregen lassen. Es ist festzustellen, wie und wo die Grenzen liegen. […] Um die Erkenntnisse für eine solche Ästhetik des Volksraums […] zu gewinnen, ist viel Kleinarbeit notwendig.[88]

Riecke versäumt es nicht, abschließend „einige praktische Hinweise" für solch eine Wirkungsforschung „am Manne", die er als „literaturwissenschaftliche Urarbeit" bezeichnet, zu geben:

> In jedem Schulungslager jeder Organisation kann an einem Abend an Stelle anderer Freizeitgestaltung eine Erzählung alter oder neuerer Dichtung gelesen werden. Dann kann der Lagerführer darauf hinweisen, daß jeder einzelne seine Meinung über diese Erzählung auf einem Zettel niederschreiben soll. Und zwar so, wie er die Erzählung als Ganzes oder in den Einzelheiten empfunden hat. Der gute oder schlechte Erfolg eines solchen Unternehmens wird davon abhängen, wie der betreffende Lagerleiter diese Dinge anregt. Es werden größtenteils ungefüge Urteile sein, die dabei zusammenkommen, aber es werden Urteile sein, die ursprünglich, echt und frisch sind. So würde die Wissenschaft wirklich ausgeführte Urteile erhalten – im Gegensatz zu den Statistiken

---

86 Lage und Aufgaben der Germanistik und deutschen Literaturwissenschaft, zit. nach Simon, Gerd: a. a. O., S. 63.
87 Langenbucher, Hellmuth: Die Geschichte der deutschen Dichtung. Programme, Forderungen und Aufgaben der Literaturwissenschaft im Neuen Reich, in: Nationalsozialistische Monatshefte, 9, 1938, S. 293–310 und S. 435–445, hier: S. 303.
88 Riecke, Heinz: Aufgaben für die Literaturwissenschaft. Vom Buchhändler und Verleger her gesehen, in: Börsenblatt für den deutschen Buchhandel, Nr. 278, 30. November 1935, S. 1023–1024, hier: S. 1023.

der Büchereien –, die gründlich bearbeitet und auch nach den verschiedensten unterschiedlichen Gesichtspunkten, wie Alter, Geschlecht, Beruf, Landschaft usw. untersucht werden können. Eine sehr wesentliche Ergänzung würde es bedeuten, wenn der Lagerleiter über jeden einzelnen Teilnehmer im Lager noch eine Beurteilung über sein Verhalten und seine Eignung im Lager abgeben würde. Dieser letzte Punkt sei nur angeführt; ob er durchzuführen ist, wird in vielen Fällen wohl fraglich erscheinen.[89]

Dass ein rezeptionssoziologischer Zugriff sich auch jenseits des Lagerlebens als heuristisch fruchtbar erweisen kann, davon sind auch einige literaturwissenschaftliche Akteure überzeugt. Fritz Martini vermerkt in der Zeitschrift *Geistige Arbeit* im Blick auf *Das Problem der literarischen Schichten im Mittelalter*:

> Bedeutete doch gerade die ausschließliche Betonung des „Erlebens", der seelischen Urerschütterung als innerster Wesenheit jeder dichterischen Schöpfung die Verlagerung ihres Gewichtes in die Einsamkeit eines nur durch sich selbst gebundenen Schaffens und damit die Gefahr der Mißachtung der uns heute so bewußten Tatsache, daß gerade auch der Dichter an eine ihn umfassende Gemeinschaft gebunden ist, ohne die sein Dasein schlechthin undenkbar wird. Eine solche Deutung, Erklärung und Wertung des dichterischen Werkes aus seinem „Publikum" im weitesten Sinne heraus ist gerade für die mittelalterliche Dichtung von größter Bedeutung und, wenn auch in den großen Zügen einer geistlichen, ritterlichen, bürgerlichen Dichtung bereits oft genug durchgeführt, in allen tieferen Fragen nach Entstehung und Bedingung des literarischen Lebens noch recht wenig gesichert worden.[90]

In der gleichen Zeitschrift kommt Wolfgang Baumgart, der sich mit dem Thema *Dichterehrung und Dichtergedenkstätte* befasst, angesichts der „vielfachen Wechselbeziehungen von Dichter und Volk, denen man heute mit Recht zunehmende Beachtung schenkt", zu dem Schluss, dass sich der Forschung neue Aufgaben stellen,

> die sich nicht nur mit der Untersuchung der Bedeutung des Begriffs und Ideengehalts „Volk" für Dichter und Dichtung erschöpfen. Auch in umgekehrter Blickrichtung sind hier Fragen zu lösen, die keineswegs nur auf volkswirtschaftliches Gebiet hinüberführen, sondern gerade auch die Literaturwissenschaft mehr angehen, als ein flüchtiger Blick zu rechtfertigen scheint. Es sind die Fragen, die sich aus der leicht vergessenen Tatsache ergeben, daß zu Buch und Dichter auch der Leser gehört, daß der Gesamtvorgang einer literarischen Schöpfung nicht mit dem Druck des Buches, sondern erst mit dem Lesen, der Aufnahme durch den Leser, für den es bestimmt ist, endet, daß zum Kunstwerk auch seine Wirkung gehört.[91]

---

89 Riecke, Heinz: a. a. O., S. 1024.
90 Martini, Fritz: Das Problem der literarischen Schichten im Mittelalter, in: Geistige Arbeit, Nr. 3, 1937, S. 7.
91 Baumgart, Wolfgang: Dichterehrung und Dichtergedenkstätte, in: Geistige Arbeit, Nr. 16, 1938, S. 7. Die Anschlussfähigkeit der Forderung nach einer Empirisierung zeigt sich auch darin, dass man die

Auch in Willi Flemmings bereits thematisierter Abhandlung über *Wesen und Aufgaben volkhafter Literaturgeschichtsschreibung*, die sich u. a. auch als eine Art Poetik jedweder künftigen Literaturhistoriographie versteht, spielen literatursoziologische Aspekte, und in Sonderheit auch solche einer quasi empirischen Rezeptionssoziologie, eine nicht unbedeutende Rolle. „Denn", so Flemming, „es gibt ja gar keine Poesie im Wolkenkuckucksheim; stets setzt der Dichter in seiner Gegenwart an, wenn ihm auch in der Stunde der Gnade das Ewige in seinem Gebilde aufleuchtet."[92] Zwar hat bei Flemming der soziologische „Blick" des Literarhistoriographen „auf die Menschen, auf Publikum und Autor" im Rahmen der Forschungstätigkeit lediglich die Funktion einer hilfswissenschaftlichen „Ergänzung" einer auf den „Zentralpunkt [...] *Volk*"[93] zielenden, ganzheitlichen Betrachtung; gerade auf der Darstellungsebene kommt den Ergebnissen dieses Blicks jedoch eine entscheidende Rolle zu:

> Ja in seiner Darstellung wird der Geschichtsschreiber eher von außen her den Leser allmählich hinführen zum Wesen und der treibenden Kraft, und vor die Deutung des Erlebens die Schilderung des **literarischen Lebens** setzen. Zunächst gilt es, die kulturelle Basis der Epoche klarzulegen, wobei es vor allem darauf ankommt, die kulturtragende Schicht und damit das entscheidende Publikum zu kennzeichnen. Denn nicht irgendeine Masse stupider Leser entscheidet über den Erfolg der zeitrepräsentativen Bücher, vielmehr ist stets eine ganz bestimmte Schicht maßgebend. Ob männliches oder weibliches Empfinden vorherrschen, in welchen Lebensbezirken das Publikum zu Hause ist, welche Bildung seinen geistigen Horizont bestimmt, dies alles macht zugleich deutlich, an welcher Stelle des Kulturschaffens die Literatur steht und wirkt.[94]

Forderung nach einer Wirkungsforschung auch ohne Berufung auf die Legitimationsressource „Volk" erheben kann und dass diese Forderung nicht notwendig an bestimmte politische Haltungen gebunden ist. Dies zeigt ein Beitrag des 1933 in den Zwangsruhestand versetzten und 1939 in die USA emigrierten Werner Richter. In dessen kritischer Sichtung der gegenwärtigen literaturwissenschaftlichen Landschaft jenseits des Atlantiks heißt es: „In solcher geschichtlichen Erhellung des Geistes der Zeit durch die Dichtungen [...] steht aber immer das mythische Element der geschichtlichen Wirklichkeit, wie es durch das Symbol der Dichtung mit repräsentiert wird, im Vordergrund. Dieses ‚mythische Element' wird nun aber in der Literaturgeschichte in seinem eigensten, gleichsam immanenten Bereiche aufgedeckt, wenn die literarische Wirkung und Geltung der Dichtwerke und ganzer Literaturpochen in ihrem Wandel und Wesen ins Auge gefaßt wird. Die Geschichte des literarischen Publikums und des literarischen Geschmacks, welche in diesen Zusammenhang gehören, ist noch nicht geschrieben worden. Nach monographischen Vorarbeiten von z. B. Roethe und Schücking regt es sich erst in letzter Zeit etwas mehr auf diesem Gebiet. Auch Merkers soziologischer Programmvorschlag streifte dieses Problem. Es ist merkwürdig, wie zaghaft die Literaturgeschichte dieser Aufgabe gegenübergestanden hat. Das Wachsen und Sinken der Geltung einer Dichtung ist aber ein literaturgeschichtliches Problem erster Ordnung." (Richter, Werner: Von der Literaturwissenschaft zur Literaturgeschichte, in: Monatshefte für deutschen Unterricht, XXXIII, Januar 1941, 1, S. 1–22, hier: S. 18f.)

92 Flemming, Willi: a. a. O., S. 31 f.
93 Flemming, Willi: a. a. O., S. 41 und 19.
94 Flemming, Willi: a. a. O., S. 41. Seine idealtypische Anleitung zum Verfassen von Literaturgeschichten, in der literatursoziologische, ideen- und formgeschichtliche Betrachtungsweisen einander ergänzen

Auch wenn Flemming der Schilderung des „literarischen Lebens" also „lediglich" einen exordialen Status beimisst, so greift der umfängliche Katalog relevanter, literatursoziologischer Fragestellungen, den er zu diesem Zwecke skizziert, doch alle wesentlichen Aspekte einer modernen Literatursoziologie im Sinne Schückings, der bezeichnenderweise jedoch als Referenz nicht mehr genannt wird, auf. Neben den „**wirtschaftlichen** Bedingungen des literarischen Schaffens" will der Rostocker Ordinarius vor allem folgende Aspekte berücksichtigt wissen: „die Verbreitungsweise des Literaturwerkes", d. h. ob es mündlich, als Spiel oder als Buch, gar als Luxusdruck für exklusive Zirkel „ins Volk eingeh[t]" (fokussiert wird hier also bereits der Aspekt der Medialität); die „Rolle des Verlages", die „Tätigkeit der Lektoren", die „Rolle des Buchhandels" und „der Bücherei"; überhaupt gelte es, die „Lenkung des Publikums durch ein Mittlertum" zu berücksichtigen, d. h. das „Mitwirken der Presse" (die „Mittlerfunktion der Presse [ist] entscheidend"), die „Theaterkritik" und die „Rolle des Staates [:] Greift er etwa durch Zensur hemmend ein; welche fördernden Mittel wendet er an: Preise und Stiftungen, Altersversorgung und Nachwuchsförderung"; ebenso bedeutsam sind Flemming zufolge die „Vergesellschaftungsformen der Autoren, seien es Freundschaftsbünde, Dichterkreise oder -schulen, Trinkrunden oder Kaffeehausstammtische, Vertriebsgenossenschaften für Bühnenwerke oder Zeitungserzählungen", wie auch Fragestellungen komparatistischer Natur: „Obschon das eigentlich und letztlich Schöpferische aus der tiefen Quelle der Volkheit quillt, ist nach Seiten des Stofflichen, der Färbung des Formalen, auch der Formulierung gewisser Ideen übergreifende Gemeinsamkeit mit den Nachbarn vorhanden, eine europäische Zeitgenossenschaft faßbar."[95]

Wie reibungslos modernes Problem- und Methodenbewusstsein und reaktionäre Zielsetzung miteinander fusionieren können, zeigt sich schlaglichartig, wenn Flemming in seiner umfassenden und differenzierten Skizze einer Soziologie des „literarischen Lebens" die Beobachtung eines nach den Gesetzen der ökonomischen Konkurrenz funktionierenden

---

sollen, fasst Flemming dann folgendermaßen zusammen: „Seine Gesamtdarstellung wird der Literarhistoriker zweckmäßig beginnen mit der Schilderung des literarischen Lebens und so den Leser von der Ganzheit des kulturellen Lebens hinführen zur Eigenart des literarischen Wirkens und Schaffens. Dabei wird der äußere Seinsbereich der Literatur als Lebensäußerung der Epoche nach allen Seiten hin umschritten. Als nächster konzentrischer Kreis schließt sich daran der Bereich des geistigen Ringens als seelisches Erleben und zeigt den Gehalt der Werke als Abdruck des inneren Schicksals der Zeit. Wie dieses Erleben aber nun zum Literaturwerk ausgeformt wurde, das zu verfolgen bleibt weiteren Darlegungen vorbehalten. Die Betrachtung der Form schließt also als letzter konzentrischer Kreis unsere Einsicht in Art und Leistung der Literatur einer Epoche." (46) Flemming hat diese Poetik der Literaturhistoriographie selbst umgesetzt, bzw. bereits vor ihrer theoretisch-methodologischen Abstraktion praktiziert. So etwa in Flemming, Willi: Das deutsche Schrifttum von 1500 bis 1700 (= Handbuch des deutschen Schrifttums. Hrsg. von Franz Koch. Band 2. Erster Teil, Potsdam o. J.). Hier folgen nach einer Einführung in die „Signatur der Zeit" (S. 1–13), die u. a. die „Schriftsprache als Hochsprache" (5), die „Städtische Kultur" (7), das „Literarische Leben" (10) sowie „Publikum und Autor" (11) beleuchtet, Kapitel zum „geistige[n] Ringen und der Humanismus" (13–29), zur „protestantische[n] Bewegung" (30–40), zur „Reformation und Gegenreformation" (40–45), die dann schließlich in eine Betrachtung des „Zeitstil[s]" (45–50) münden.

95 Flemming, Willi: a. a. O., S. 43–45.

literarischen Marktes mit einem rassisch codierten Leistungsangebot an den politischen Resonanzraum koppelt:

> Neben dem Aussehen des literarischen Getriebes ist sein Inhalt zu beachten, und zwar hinsichtlich der Kräfte, die nicht volkhaften Ursprungs, also genuin-schöpferisch sind. Da ist klarzustellen, inwieweit jüdische Elemente im Betrieb vorhanden sind und kraft ihrer Position etwa in der Kritik und Theaterleitung, im Verlag und Vertrieb die Produktion lenken oder kontrollieren. Weiter wäre zu erforschen, inwieweit Geschäftsgebaren und Produktionsmethode, Reklamewesen und Konkurrenzbekämpfung besonders ausgebaut und benutzt werden, um Erfolge beim Publikum zu erzielen.[96]

Qua Soziologisierung des Blickes liefert die Literaturwissenschaft also – so ließe sich das Leistungsangebot Flemmings beschreiben – jenes „herrschaftstechnisch notwendige Expertenwissen"[97], das für die Organisation des kulturellen Raumes, hier des literarischen Feldes, von Bedeutung ist.[98] Gleichzeitig ist dem Programm das Angebot einer weltanschaulichen „Gegnerforschung" („jüdische Elemente") mit eingeschrieben, welches der wirklichkeitswissenschaftlichen Literaturwissenschaft ein gleichsam sicherheitsdienstliches Profil auf kulturellem Sektor verleihen soll.[99]

Bei aller antizipatorischen Modernität, die Flemmings Drängen auf eine empirische Fundierung der Literaturhistoriographie durchaus ausstrahlt, ist es denn auch nicht zu übersehen, dass er keinerlei Zweifel daran lässt, worauf seine Professionalisierungsvorschläge abzielen. Als wirklichkeitswissenschaftliche Ergänzung zu einer ideen- und formgeschichtlichen, „ganzheitliche[n] Betrachtung des geistigen Gehaltes"[100] literaturgeschichtlich bedeutsamer Zeiträume sind sie Mittel zum Zwecke einer „volkhaften Literaturgeschichtsschreibung" mit wesens- und wertewissenschaftlichem Impetus: Den „Scheitel-

---

96 Flemming, Willi: a. a. O., S. 44.
97 Klingemann, Carsten: a. a. O., S. 230.
98 Diese Facette literaturwissenschaftlicher Funktionsbestimmung deckt sich in ihrem geschmacksbeobachtenden Pragmatismus mit Goebbels kulturpolitischer Direktive hinsichtlich des Films: „Man muß dem Volk aufs Maul schauen und selbst im deutschen Erdreich seine Wurzeln eingesetzt haben." (Zit. nach: Neumann, Karl/Belling, Kurt/Betz, Hans-Walther: Film-„Kunst". Film-Kohn. Film-Korruption. Ein Streifzug durch vier Film-Jahrzehnte, Berlin 1937, S. 29)
99 Zur Funktionsbestimmung des SD formuliert etwa der führende SD-Fuktionär Werner Best: „Der SD hat die Aufgabe, mit nachrichtendienstlichen Mitteln alle Lebensgebiete des Deutschen Volkes auf ihren Zustand und auf das Auftreten und die Wirkung volksschädlicher Erscheinungen zu überwachen, die für Abhilfe zuständigen Einrichtungen der Sicherheitspolizei sowie andere zuständige Stellen zu unterrichten [...]." (Werner Best: Der Aufbau der Sipo und des SD, 29.01.1940; zit. nach Lerchenmueller, Joachim: Die Reichsuniversität Straßburg: SD-Wissenschaftspolitik und wissenschaftliche Karrieren vor und nach 1945, in: Bayer, Karen/Sparing, Frank/Woelk, Wolfgang (Hrsg.): Universitäten und Hochschulen im Nationalsozialismus und in der frühen Nachkriegszeit, Stuttgart 2004, S. 53–79, hier: S. 54. Zu Werner Best s. Herbert, Ulrich: Best. Biographische Studien über Radikalismus, Weltanschauung und Verunft. 1903–1989, Bonn 1996.
100 Flemming, Willi: a. a. O., S. 41.

punkt" aller Bemühungen, so versichert Flemming, bildet „das Volk."[101] Das Bild der Literaturwissenschaft, das Flemming hier gegen Ende des „Dritten Reiches" zeichnet, ist immer noch dasjenige einer vereinheitlichten literaturhistoriographischen Selektionsinstanz, die ihre Erzählungen von der Entelechie des deutschen Volkes, mit den Mitteln der Soziologie professionalisiert und modernisiert, als ordnungs- und identitätsstiftendes Leistungsangebot an die entsprechenden (politischen, erzieherischen und kulturraissonierenden) Resonanzräume adressiert:

> Die Werke der Literatur bedeuten für die Nation unentbehrliche Leistungen der Lebensformung und der Schicksalsgestaltung.
> Dieser Wesensart der Literatur muß die ihr gewidmete Geschichtsschreibung entsprechen. **Der volkhafte Ansatzpunkt** heißt also **Nationalliteratur**, nicht etwa Heimatschrifttum. Die nationale Bedeutsamkeit wird der zugehörige Wert- und Auslesemaßstab. An die Fülle der in den Büchereien gestapelten Bände richten wir die Fragen: Was vom nationalen Schicksalserleben und -prägen enthält das Einzelwerk, inwieweit repräsentiert es damit die Nation in jener Epoche, oder symbolisiert gar deutsche Volkheit schlechthin? Diese Gesichtspunkte erlauben Rangordnung und Gruppierung des Denkmälerbestandes. Sie bilden zugleich die historische Schwelle, welche viele Bücher nicht zu überschreiten vermögen, die dann als Spreu und Kehricht ihrer Zeit beiseite gefegt werden.[102]

Mit spezifischem Gestus wird dieses Leistungsangebot einer nach seinen Maßgaben konfigurierten Erzählinstanz mit dem Auftrag nationaler Selbstvergewisserung von Flemming in zweifacher Richtung von möglichen Konkurrenzprojekten abgegrenzt. Innerwissenschaftlich gegenüber der Stammes- und Landschaftskunde im Gefolge Nadlers, deren Identifikationsstiftungspotential der „volkhaften Literaturgeschichtsschreibung" unterlegen sei, da sie

> das Eigenartige und Fruchtbare des Wirklichkeitsbestandes einer eben seit Jahrhunderten vorhandenen Nationalliteratur [töte]. […] Nur in den Zeiten der Schwäche und der Hemmung wird eine landschaftliche Sonderung greifbar und ist dann gelegentlich als Gruppierungsprinzip fruchtbringend zu benutzen. Ein Regionalismus als Grundprinzip dagegen vermag keine Schau über Wandel und Werden in unserer Dichtung als geschlossenem historischen Ablauf zu leisten. Nein, hier wird als Schlußergebnis nur eine territorialistische Vereinzelung erreicht, eine zentrifugale Bewegung macht sich geltend, die zur Erstarrung führt, nie aber das Zusammenklingen zum gesamtdeutschen Leben und Schaffen zu erfassen und zu verdeutlichen vermag.[103]

---

101 Flemming, Willi: a. a. O., S. 56.
102 Flemming, Willi: a. a. O., S. 32 f.
103 Flemming, Willi: a. a. O., S. 17. In diesem Zusammenhang ist auch Flemmings entschiedene Abgrenzung gegenüber einer mit Lamprecht assoziierten Kulturgeschichtsschreibung zu verstehen, der er einen Mangel an wertegeleiteter Selektionsfähigkeit attestiert: „Alle Gebiete des Lebens sind zu durchmustern, jedoch nicht gleichmäßig der Reihe nach abzuhandeln. Hier liegt **der Unterschied zur Kulturgeschichte**. Diese durchforscht sämtliche Lebensbereiche auf ihren Bestand und deutet diesen

Mit außerwissenschaftlicher Stoßrichtung gilt es, den Bestand der Literaturwissenschaft als einer akademischen Disziplin zu legitimieren gegenüber den Versuchen einer laienhaften Literaturgeschichtsschreibung. Flemming kommuniziert dies über die Grenzziehung zwischen „volkhaft" und „völkisch", die bei ihm eine zeitbedingt abgeschwächte Variante des antithetischen „Experten-Dilettanten"-Diskurses darstellt. Zwar sei auch, wie er in indirektem Rekurs auf Nietzsches Kritik am Historismus versichert, „der Historiker kein müßiger Zuschauer von Vergangenem, unbeteiligt registrierend ohne eigene Meinung [...]." Ebensowenig jedoch sei er

> nur ein gemütvoll Begeisterter; nein, kritisch unterscheidet er nur eigenem Erleben [sic] und wertet aus Verwurzelung in seinem Volk, er erkennt die Zusammenhänge und stellt sie dar als Beauftragter seines Volkes. Da muß selbstverständlich alles auf Wesen und Werden des Volkes bezogen sein, muß ‚volkhafte' Gewichtigkeit haben. ‚Völkisch' hingegen besagt nur etwas über die persönliche Gesinnung des Literarhistorikers. Er mag diese noch so löblich kundtun oder von ihr aus unerschrocken Dichter und Schriftsteller beurteilen; wenn er etwa bei solcher Klassifizierung stehen bleibt, leistet er zwar dankenswerte sammlerhafte Vorarbeit, jedoch noch keine Geschichtsschreibung, denn es fehlte ihm gerade die volkhafte Geschichtsschau. Auf diese eben kommt es an; sie liefert gleichsam die Abszisse des historischen Koordinatensystems. Eine volkhafte Literaturgeschichte steht zu der Volksgeschichte als dem Inhalt und Ablauf des Gesamtschicksals unseres Volkes in stetem Bezug.
> Von der volkhaften Grundeinstellung aus ist erst wahrhaft Zusammenschau möglich und damit eine ganzheitliche Darstellung unserer Literaturgeschichte.[104]

---

auf das ihn organisierende Prinzip hin, durch welches er seine einmalige Sondergestalt erhält. Die Volksgeschichte dagegen zieht diejenigen Gebiete hervor, die in stärkstem Maße den Zeitgeist verwirklichen und eigenartige besonders wertvolle Leistungen brachten." (63 f.)

104 Flemming, Willi: a. a. O., S. 20. Dass Flemmings „volkhafte Geschichtsschau" in ihren Einzelwertungen dann durchaus ein beträchtliches Überschneidungspotential mit „völkischen" Literaturbewertungen aufweist – es sich hier also in der Tat um eine strategische Grenzziehung handelt – zeigt sich, wenn er seine programmatische Schrift mit einer Schilderung von „Des deutschen Volkes Schicksalsweg" (S. 67–128) schließt. Dieser „Schicksalsweg" führt von den „indogermanischen Wurzeln" und der „nordische[n] Herkunft" (67) über die Bedrängnis Deutschlands in seiner europäischen Besonderung schließlich im 19. Jahrhundert zum „Abwehrkampf gegen die von der hochkapitalistischen Wirtschaftsweise gezüchtete materialistische Sachzivilisation, die ihn in seinem geistig und seelisch schöpferischen Kern bedroht. Hand in Hand geht damit biologische Gefährdung durch die schlechten Arbeits- und Wohnungsbedingungen (Umwelt) und rassische Zersetzung." (124) Zum „Wir-Volk" kann Deutschland dann schließlich erst nach der Machtübergabe werden unter den gewandelten politischen Bedingungen seit dem Ersten Weltkrieg, der die Utopie einer klassenlosen „Volksgemeinschaft" verwirklicht: „Der Krieg erweiterte ihr Erleben. Es fielen die Schranken der Klassengegensätze mit den kapitalistischen Werten; aus der engen Tuchfühlung in Not und Tod erwuchs das Erlebnis: Wir Kameraden, **wir**! [...] Der Umbruch geschah, als unter dem Druck der Reparation, Inflation und Arbeitslosigkeit der Mensch aufgerüttelt wurde und vom neuen Gefühl ergriffen wurde: Wir-Volk! Das Blut rauschte auf unter dem Anruf des Führers und begann immer größere Massen zusammenzuschweißen zur Volkskameradschaft im Kampf gegen innere und äußere Feinde." (125 f.)

Flemmings Schrift – dies sei noch einmal betont – dokumentiert eindrücklich, wie Modernisierungsforderungen und völkische Ideologisierung miteinander amalgamieren.[105] Sie zeigt aber auch ebenso deutlich, wie die programmatische Forderung nach einer gesteigerten realsoziologischen Analysekompetenz einer als Wirklichkeitswissenschaft verstandenen Literaturwissenschaft sowohl noch in der Programmatik selbst wie auch in der aus ihr resultierenden Praxis wieder überlagert oder gar verdrängt wird von einem wesens- und wertewissenschaftlichen Anspruch, der auch den soziologisch modernisierten Blick völkisch präfokussiert und verengt. Von Viëtor über Keferstein bis zu Flemming intensiviert sich diese Zurichtung des eingeforderten soziologischen Sehens. An der Schnittstelle, in dem wirklichkeitswissenschaftliche Selbstinszenierung und wesens- und wertewissenschaftliche Leistungsangebote unter dem Scharnbierbegriff des „Volkes" ineinander übergehen, operiert – wenn auch auf einem anderen kognitiven Niveau als die drei zuvor thematisierten Autoren – mit Nachdruck auch der „volkhafte Lebenswissenschaftler" Heinz Kindermann.

Von der „Vollwirklichkeit" zur Volkswirklichkeit: Heinz Kindermanns Umbau von der „literarhistorischen Anthropologie" zur „volkhaften Lebenswissenschaft"

Im Rahmen seines Konzeptes einer „volkhaften Lebenswissenschaft" bricht auch der von Langenbucher so gelobte und von Keferstein als Experte für „literatursoziologische Innenbetrachtung"[106] bezeichnete Heinz Kindermann wiederholt eine Lanze für die Wirkungsforschung. Der seit Januar 1937 in Münster lehrende Ordinarius gilt schon 1943 als der „meist publizierende deutsche Literarhistoriker" und sieht sich selbst als einen der „führenden Literarhistoriker Deutschlands" mit Werken „ausschließlich wissenschaftlicher Natur".[107] Von der „große[n] Aufgabe einer Erschließung der nationalliterarischen Wirkungsgeschichte"[108] kündet er und hält fest:

> Das ‚Programm der Soziologie eines deutschen Volkstums', wie es Freyer und Ipsen seit einiger Zeit [...] entwickeln, gibt hier – neben manchen Anregungen Viëtors – die Grundlagen. Der Organismusgedanke und der Fragenkreis der ständischen Gliederung werden im Rahmen dieser literarischen Volkssoziologie – neben einer Vertiefung

---

105 Ein zweites Modernisierungsmoment bei Flemming ist sicherlich die von ihm geforderte, stärkere Berücksichtigung des für die Literatur zentralen Mediums der Sprache (s. dazu bereits III.3.2).
106 Keferstein, Georg: a.a.O., S. 123.
107 Die Fremdeinschätzung stammt von Elisabeth Frenzel (hier zit. nach Meier, Monika u.a.: Theaterwissenschaft und Faschismus, Berlin 1982, S. 66). Zur umfangreichen Bibliographie Kindermanns s. den entsprechenden Artikel Pilgers in IGL (Bd. 2, S. 930–932). Die Selbsteinschätzung stammt aus einem Brief Kindermanns vom 04.07.1939 an die Reichsschrifttumskammer, hier zit. nach Kirsch, Mechthild: Heinz Kindermann – ein Wiener Germanist und Theaterwissenschaftler, in: Barner, Wilfried/König, Christoph (Hrsg.): a.a.O., S. 47–59, hier: S. 50.
108 Kindermann, Heinz: Umwertung des deutschen Schrifttums, in: Deutscher Almanch, 1935, S. 142–150, hier: S. 143.

der religionssoziologischen Probleme – besonders zur Geltung gebracht werden müssen. Die künftige Dichterbiographie, die Erörterung geistiger Strömungen und künstlerischer Gemeinschaftsbildung, die dichterische Ideen- und Menschengestaltung, sie werden ebenso von dieser Literatursoziologie neu abgeleuchtet werden müssen, wie die zuvor geforderte Wirkungsgeschichte gerade von hier aus wesentliche Anregungen erfahren wird. Man denke bloß, welche Perspektiven sich allein der deutschen Dramen- und Theatergeschichte wirkungsmäßig von einer Geschichte des deutschen Publikums her eröffnen! Aber auch die Geschichte des deutschen Buches und des deutschen Lesers bedürfen heute dringend ihrer Bearbeitung.[109]

In seiner 1937 erschienenen programmatischen Grundlagenschrift *Dichtung und Volkheit* fordert Kindermann neben einer den „Zusammenhang zwischen Buch und Volk" erhellenden „Wirkungsgeschichte des Schrifttums" u. a. auch eine „Soziologie der dichterischen Gattungen"[110]. Diese Forderung scheint in den folgenden sechs Jahren nicht gebührend erfüllt worden zu sein, denn noch 1943 kommt Kindermann zu dem Schluss, dass die „gesamte bisherige Literaturforschung" im Blick auf eine Wirkunsgeschichte „eigentlich halben Weges stehen geblieben" sei: „[A]ber wir wissen noch blutwenig über den Weg der vom Dichter schließlich losgelösten Dichtung durch das Volk."[111]

---

109 Kindermann, Heinz: a. a. O., S. 150.
110 Kindermann, Heinz: Dichtung und Volkheit. Grundzüge einer neuen Literaturwissenschaft, Berlin 1937, S. 84 und 81. Zur soziologischen Gattungsgeschichtsschreibung heißt es dort: „die wechselnde Führung der einzelnen Gattungen in den verschiedenen Epochen und ihre ganz verschiedenartige Prägung, ihre verschiedenartige Tonlage und Ausdrucksart im Gesamtkonzert des säkularen Schrifttums wird im Zusammenhang mit der politischen Haltung der Epoche, mit ihrer sozialen Struktur, mit dem Antlitz des Herkunftsstammes, mit der geistes- und kulturgeschichtlichen, vor allem aber auch mit der politisch-historischen Grundlage viele bisher noch unbekannte und überraschend klärende Einblicke erlauben." (81)
111 Kindermann, Heinz: Die deutsche Literaturwissenschaft an der Wende zweier Zeitalter, in: Geist der Zeit. Wesen und Gestalt der Völker (Organ des Deutschen Akademischen Austauschdienstes), Heft 1, 1943, S. 1–17, hier: S. 13. Dass, wie Kindermann beklagt, die Wirkungsforschung innerhalb der Literaturwissenschaft noch nicht weiter fortgeschritten ist, mag indes auch daran liegen, dass seine eigenen Versuche, die theoretische Forderung in die Praxis umzusetzen, fernab jedweder empirischen Fundierung stehen und kognitiv bestenfalls als dürftig bezeichnet werden können. So erklärt er etwa, um nur ein Beispiel zu nennen, in seiner Schrift zum *Lebensraum des Burgtheaters* (Wien/Leipzig 1939) dessen immens erfolgreiche Wirkungsgeschichte folgendermaßen: „Im Zusammenwirken mit Darstellern und Regisseuren von nordisch-dinarischer Herkunft; im Gegenüber mit dem leicht entflammbaren nordisch-dinarischen Publikum lockerten und lösten und entfalteten sich in Wien auch die zurückhaltend nordischen oder nordisch-ostischen Begabungen, die kraft ihres ursprünglich strengeren oder drastischeren Rassengepräges alles zu ergänzen vermochten, was die Ostmark-Deutschen noch nicht besaßen." (S. 7) In den zwanziger Jahren hingegen sei das Theater „von den Juden, die sich anmaßten, die Sachwalter deutscher Kuktur zu sein, in Presse, Ankündigung, Reklame, zum Gegenstand unwürdigsten Reißertums und einer beim Publikum künstlich erweckten Sensationsgier" (S. 57) gemacht worden. Es wird hier offensichtlich, wie die theoretisch durchaus eingeforderte „real"soziologische Analysekompetenz in der Praxis durch das rassische Deutungsmuster unterlaufen und verhindert wird.

Allerdings spielen solche Forderungen nach einer Soziologisierung des Blickes, denen man „einige methodisch zukunftsweisende Aspekte"[112] sicherlich nicht absprechen kann, im Rahmen der Kindermann'schen Variante einer Literaturwissenschsaft als Wirklichkeitswissenschaft eine eher untergeordnete Rolle. Sie wird zum integrativen Bestandteil seiner konsequent und einzig von einem (rassisch gedachten) Volks-Begriff aus konzipierten Literaturwissenschaft. Sein in zahlreichen Schriften unermüdlich propagiertes Konzept einer „volkhaften Lebenswissenschaft" markiert mithin jenen Punkt, an dem die Forderung nach einer methodischen Modernisierung (im Sinne einer Empirisierung des Zugriffs) ununterscheidbar amalgamiert mit dem Entwurf einer dezidiert politischen Wesens- und Wertewissenschaft. Bei Kindermann ist letzteres nachweislich erst nach 1933 der Fall. Eine Wende von anfänglich noch geistesgeschichtlich orientierten Vorstellungen[113] zu einer als Wirklichkeitswissenschaft verstandenen Literaturforschung zeigt sich schon deutlich in seiner 1932 erschienenen Schrift *Goethes Menschengestaltung*.[114] Orientierungswissenschaft ist in dieser Schrift die Anthropologie, nicht die Soziologie. Aber auch Kindermann geht es um die Neuprofilierung der Literaturwissenschaft als einer Wirklichkeitswissenschaft. In den dort einleitend umrissenen *Aufgaben der literarhistorischen Anthropologie* fungiert allerdings noch nicht das „Volk", sondern die „Lebens- und Horizonteinheit: Mensch" als zentraler Ordnungs- und Scharnierbegriff, von dem aus Kindermann „der ideen-, problem- und seelengeschichtlichen ebenso wie […] der kulturkundlichen, soziologischen, vielleicht sogar […] der stammesmäßigen Literaturforschung ein gemeinsames, dynamisches Zentrum zu geben"[115] beansprucht. Kindermann will die „literarhistorische Anthropologie" verstanden wissen als „Mittelstück einer realidealistischen Literaturforschung."[116] Er inszeniert sein Konzept einer anthropologisierten Literaturwissenschaft, dem man gerade im Blick auf aktuellere, heutige Tendenzen innerhalb der Disziplin ein antizipatorisches Potential kaum wird absprechen können, als Gegenentwurf zu einer geistesgeschichtlichen

---

112 Pilger, Andreas: Germanistik an der Universität Münster, Heidelberg 2004, S. 388.
113 In seinen frühen Publikationen bekennt sich Kindermann noch ausdrücklich zur Geistesgeschichte (s. Kirsch, Mechthild: a. a. O., S. 48 f.) In seiner Wiener Antrittsvorlesung von 1924 etwa unternimmt er den Versuch, die Sturm-und-Drang-Bewegung durch das „Durchleuchten ihrer Entfaltung und ihrer geistesgeschichtlichen, ihrer kulturpsychologischen Funktion" zu bestimmen (Kindermann, Heinz: Entwicklung der Sturm-und Drangbewegung, Wien 1925, S. 8).
114 Kindermann, Heinz: Goethes Menschengestaltung. Versuch einer literarhistorischen Anthropologie, Berlin 1932.
115 Kindermann, Heinz: a. a. O., S. 39.
116 Kindermann, Heinz: a. a. O., S. XI. Als „Mittelstück" versteht Kindermann sie deshalb, weil die literarhistorische Anthropologie „ein neues Drittes setzt und dieses Dritte gerade mit jenem bisher vernachlässigten, schöpferischen Umschaltungsprozess zusammenhängt, der Philosophie und Dichtung wesenhaft voneinander trennt, der zwar aus der Weltanschauung notwendig hervorwächst, zugleich aber an die volle Lebenstotalität appelliert und durch die spezifisch künstlerischen Qualitäten phantasiemäßiger Gestaltungen die Welt-Neuschöpfung als Kunstwerk erwachsen läßt." Dergestalt „rückt sie räumlich gewissermaßen in die Mitte zwischen Weltanschauungs- und Formproblematik der Dichtung." (S. 54)

Literaturbetrachtung. Letztere, so Kindermann, fokussiere in mitunter „monomanische[r] Einseitigkeit" rein formale oder ideengeschichtliche Aspekte der Dichtungen und könne sie somit lediglich noch „als ästhetisch vermummte Idee-Verkörperungen" begreifen.[117] Ohne das „Wertvolle der ideengeschichtlichen Literaturergründung" à la Unger oder Korff in Abrede stellen zu wollen, optiert Kindermann vehement gegen eine letztlich den Bestand der eigenen Disziplin gefährdende Auflösung der Grenzen zwischen Philosophie und Literatur und insistiert deshalb auf den „strukturelle[n] und lebenstotale[n] Eigenrechte[n] des Dichterischen".[118]

Gegen die intellektualistische Reduktion, die das Literaturverständnis der letzten beiden Dekaden im Sinne einer „ätherischen Vereinsamung" geprägt habe, plädiert Kindermann für eine „Humanisierung des dichterischen Schöpfungsaktes": „Alle Kunst", so sein Credo, „ist anthropomorph" und in Sonderheit die Dichtung, „die das höchste Geistige ebenso liebevoll umfaßt wie die blutvolle Wirklichkeit unserer sinnlichen Existenz", erwachse aus der „Vollwirklichkeit", aus dem „volle[n] Gesamtbereich pulsierenden Lebens"[119], sei also das Widerspiegelungsmedium des Lebens schlechthin.[120] Eine der „wesentlichsten Zukunftsaufgaben" einer als Wirklichkeitswissenschaft sich begreifenden Literaturwissenschaft müsse es deshalb jedoch sein, diese „‚Vollwirklichkeit‘, diese leiblich-geistige Lebenstotalität im Spiegel der Dichtung aufzusuchen."[121] Der dichterisch gestaltete Mensch, d.h. die historisch, kulturell und sozial wandelbaren Menschenbilder in den Dichtungen müssten deshalb zum vordringlichen Untersuchungsobjekt der Literaturforschung aufrücken. Das Bild des Menschen vor allem auch in seiner bisher vernachlässigten Körperlichkeit, d.h. in seiner „Körperform und Physiognomie, Rhythmik des Sprechens und Schreitens, Mienenspiel, Bewegungsgestus und Haltung"[122] rückt damit bei Kindermann in den Fokus einer Textanalyse, deren Vorgehensweise er mit einer vierfachen Fragestellung umreißt: erstens durch die Frage nach dem Verhältnis des gedichteten Menschen zum „Außermenschlichen", d.h. zu Gott, Kosmos und Natur, zweitens sein Verhältnis zu anderen Menschen („Problematik des Zwischenmenschlichen"), drittens sein Verhältnis zu

---

117 Kindermann, Heinz: a.a.O., S. 6 und S. 24.
118 Kindermann, Heinz: a.a.O., S. 24.
119 Kindermann, Heinz: a.a.O., S. 6, 8 und 6.
120 Kindermann geht übrigens keineswegs undifferenziert von einem unmittelbaren Widerspiegelungsverhältnis aus. Die prinzipielle mediale Gebrochenheit des jeweiligen Menschenbildes „durch das Medium der psycho-physischen Lebenseinheit des Dichters" (S. 52) ist ihm bewusst: „Denn zwischen der Lebens- und Weltstellung des Dichters und ihrem geistigen Profil einerseits und dem charakterologischen Profil der Gestalten andererseits liegt ja noch [...] jener spezifisch-dichterische Phantasieakt der Menschengestaltung, den die literarhistorische Anthropologie besonders untersuchen will: dieser spezifisch-künstlerische Phantasieakt [...]." (Ebd.)
121 Kindermann, Heinz: a.a.O., S. 34. Den Begriff der „Vollwirklichkeit" übernimmt Kindermann von Emil Utitz (Die Überwindung des Expressionismus, Stuttgart 1927).
122 Kindermann, Heinz: a.a.O., S. 49.

sich selbst („Charakterologie oder die Problematik des Innermenschlichen") und viertens schließlich durch die Frage nach „den Zusammenhängen mit der Kunstform"[123].

Inszenierungs- wie resonanzstrategisch gesehen ist Kindermanns Schrift von 1932 ein durchaus interessantes Dokument[124]: stellt sie doch den Versuch dar, eine Respezifikation des disziplinären Gegenstandsbereiches, mithin die Rückbesinnung auf das „Wesenhaft-Dichterische"[125] mit einer äußerst zeitgemäßen semantischen Modernisierung des literaturwissenschaftlichen Profils zu koppeln. In mehrfacher Hinsicht hat Kindermann dabei die „Nase im Wind". Disziplinintern schreibt er sich mit seiner hier doch moderaten Kritik an vereinseitigenden geistesgeschichtlichen Zugangsweisen ein in den Diskurs der kritischen Selbstbefragung und Selbskorrektur der Geistesgeschichte, der spätestens in der zweiten Hälfte der 20er Jahre einsetzt.[126] Kindermanns Konzept erteilt der noch dominierenden Geistesgeschichte durchaus eine Bestandsgarantie[127], was bereits in seiner Rede von

---

123 Kindermann, Heinz: a. a. O., S. 40. Die Ebene der „Charakterologie" wird hier noch nicht, wie in den Schriften nach 1933, biologistisch oder rassentheoretisch enggeführt, auch wenn sich das Einfallstor für die spätere Integration rassentheoretischer Axiome hier schon andeutet: „Daß die biologische Voraussetzung der Erbmasse gewiß charakterologische Eigenheiten nationaler, stammesmäßiger, rassenmäßiger Art zuläßt, soll dabei nicht bestritten werden. Mehr noch: sogar soziale, konfessionelle oder kulturpsychologische Eigenarten und Schicksale vorangegangener Generationsreihen vermögen sich letzten Endes charakterologisch auszuwirken […]." (49) Interessant ist auch der Umstand, dass Kindermann an den bisherigen literarhistorischen Versuchen, so etwas wie charakterologische Typenreihen zu konstruieren, deren einseitige männliche Fixierung kritisiert: „Erwähnt muß übrigens werden, daß die meisten der bisher aufgestellten Typenreihen allzusehr männlich orientiert sind und dem dichterischen Menschenbild der Frau zu wenig Anhaltspunkte bieten." (46)

124 Und man wird ergänzen müssen, dass seine „literarhistorische Anthropologie" auch in kognitiver Hinsicht, d. h. in ihrer durchaus nachvollziehbaren Entwicklung einer systematischen Argumentation, alle Texte, die der Autor nach 1933 vorlegt, bei weitem übertrifft.

125 Kindermann, Heinz: a. a. O., S. 21.

126 Vgl. zur „Rephilologisierung" III.2.2. S. etwa auch den nahezu zeitgleich entstandenen Text Benno von Wieses (Zur Kritik des geistesgeschichtlichen Epochenbegriffs, in: DVjs, 11, 1933, S. 130–144). Wieses Text trägt das Signum „Verfaßt im August 1931" und stellt die „kritische[] Frage nach der Verwendung von synthetischen Epochenkategorien", „die Frage nach der Geisteswissenschaft als Wissenschaft überhaupt." (S. 133) Wiese erteilt hier den Epochenbegriffen zwar keine dezidierte Absage, aber er relativiert sie insofern, als dass er ihnen eine lediglich „konstruktive Bedeutung" zuschreibt. Sie gelten ihm als Auslegung einer Auslegung, insofern sie die „Selbstinterpretationen" früherer Zeiten interpretieren. Zu „metaphysischer Sinngebung" indes seien sie nicht geeignet (S. 144)

127 Er betont einleitend ausdrücklich den Umstand, „daß […] der Funktion des Geistes in seiner weitesten, schöpferischesten [sic] Bedeutung die Führung gebührt" und dass dies „freilich – trotz Klages – nicht bestritten werde[] dürfe[]." (IX) In einem Brief an Kluckhohn vom Mai 1929 konzediert Kindermann, daß in der lebenswissenschaftliche[n] Betrachtung" der „Geist die Dominante" bleiben müsse (zit. nach Pilger, Andreas: a. a. O., S. 386). Dass sein Konzept zu diesem Zeitpunkt bereits in Umrissen feststeht, zeigt sich, wenn er in nämlichem Brief eine Methodenreform fordert, die wieder die „Realitäten des Lebens […] und ihre Spiegelungen in der Dichtung neben oder unter denen des Geistes gelten" lasse und auf diese Weise die Literaturwissenschaft zu einer Wissenschaft umgestalte, in der „die Dichtung […] als Funktion des Lebens gesehen werde […] u[nd] zw[ar] des Gesamtlebens, d. h. der leibseelischen Einheit und nicht nur als Funktion des Geistes allein!" (zit. nach Pilger, Andreas: a. a. O., S. 385)

einer „realidealistischen" Literaturforschung deutlich anklingt, sucht aber der vermeintlich drohenden Auflösung des disziplinären Gegenstandsbereiches in einen Appendix der Philosophie mit einer Rückkehr zu den Texten selbst zu begegnen. Diese Rückkehr zur Buch- und Textwissenschaft, zur „kritisch nötigen Textgläubigkeit"[128] wird aber nun gerade nicht als notwendige Selbstbescheidung und Beschränkung, sondern als Ausweis einer möglichen Wende der Disziplin zur seit langem geforderten Lebens- und Wirklichkeitswissenschaft hin inszeniert. Als Literatur*anthropologie* ist sie nicht bloß Wissenschaft von literarischen Texten, sondern zugleich Wissenschaft vom Menschen. Und eine privilegierte noch dazu, ist doch Kindermann zufolge die „volle Breite der Lebenstotalität" des Menschen nirgendwo so greifbar wie im „Existenzialraum der Dichtung."[129] Diese Wende wiederum legitimiert Kindermann dadurch, dass er sie als zeitgemäßen Ausdruck einer gesamtkulturellen Entwicklung skizziert. Er inszeniert sein Konzept als Ausdruck einer den Expressionismus ablösenden neuen „Epoche der Sachlichkeit" und somit als literaturwissenschaftliches Analogon jener „Veränderungen, die sich auf dem Gebiet der Dichtung selbst, aber auch auf dem mancher Nachbardisziplinen eben jetzt vollziehen."[130]

Das Kindermann'sche Konzept einer „realidealistischen" Wirklichkeitswissenschaft erscheint somit als folgerichtiger Bestandteil eines gesellschaftsübergreifenden Versachlichungsdiskurses, als Reaktion auf parallele Modernisierungsschübe in der Literatur und in der Wissenschaft. „Mit Negierungen oder Unterschätzungen der Wirklichkeit unseres Seins", so die Versachlichungs- und Ernüchterungsrhetorik, „ist uns heute nicht mehr geholfen."[131] Seine sicherlich nicht ganz neue „Methode", die letztlich auf eine (wenn auch systematisierte) textbezogene Figurenanalyse hinausläuft, versucht er wissenschaftsintern dadurch aufzuwerten, dass er sie als Literatur*anthropologie* codiert. Partizipiert er somit doch an jener resonanzträchtigen „anthropologischen Wende", die innerhalb der Philosophie der 20er Jahre u. a. mit den Namen Schelers und Rothackers verbunden ist, auf die sich Kindermann, neben Dilthey, mehrfach beruft.[132] Als anthropologisierte kann die Literaturwissenschaft, so das Versprechen, schließlich jenen „dritten Weg" zwischen „Bios und Logos", zwischen Natur- und Geisteswissenschaft finden, auf dem sie einen Beitrag zur „neue[n] Erforschung des Menschen" leistet, der sie dann als Lebenswissenschaft legitimiert. Denn „[n]ur als Wissenschaft des Lebens", so versichert Kindermann, „vermag die Literaturforschung ihren Geltungswert für die weitere Entfaltung unserer nationalen Gesamtkultur zu erweisen."[133] Die lebenswiderspiegelnde Dichtung aber, so lässt sich die axiomatische Setzung Kindermanns verstehen, ist jener privilegierte gesellschaftliche Wissensspeicher, in dem die durch die Modernisierungserfahrungen so bedrohte „leibseelische

---

128 Kindermann, Heinz: a. a. O., S. XII.
129 Kindermann, Heinz: a. a. O., S. IX.
130 Kindermann, Heinz: a. a. O., S. 4 und 5.
131 Kindermann, Heinz: a. a. O., S. 5.
132 S. Kindermann, Heinz: a. a. O., S. X, 42, 43 und 45.
133 Kindermann, Heinz: a. a. O., S. 5.

Einheit" des Menschen noch aufgehoben ist. Hier noch erscheint der Mensch als „Ganzes", ist er Mensch und darf es sein. Dem literarhistorischen Anthropologen aber fällt in diesem Zusammenhang die Funktion des Archäologen, Restaurators und Präparators eines in die Dichtung noch eingeschriebenen Wissens über den „ganzen Menschen" und das „ganze Leben" zu. Das Leistungsangebot als Modernisierungskompensationsinstanz, das in dieser Profilierung enthalten ist, liegt auf der Hand: Was aber bleibt, das stiften die Dichtungsdeuter.

Unmittelbar nach 1933 erfährt Kindermanns Konzept einen gravierenden semantischen Umbau.[134] Die „literarhistorische Anthropologie" wird zu einem nur noch untergeordneten Bestandteil innerhalb einer nunmehr als „volkhaften Lebenswissenschaft" etikettierten Konzeption. Die zuvor noch anthroplogisch codierte Forderung an die Literaturwissenschaft, sich zu einer Wirklichkeitswissenschaft zu entwickeln, wird nunmehr eingebettet in das dezidiert völkisch und rassisch zugeschnittene Programm einer soziologisch und empirisch unterfütterten Wesens- und Wertewissenschaft. Der „Mensch", der 1932 noch den Argumentationsgang Kindermanns strukturiert, wird – wie sich paradigmatisch in seiner 1937 publizierten Grundlagenschrift *Dichtung und Volkheit* zeigt – als Zentralsignifikant abgelöst vom „deutschen Menschen".[135] Ausführlich zitierte, außerdisziplinäre Berufungsinstanzen sind jetzt nicht mehr Scheler oder Utitz, sondern Krieck, Rosenberg, Goebbels oder Hitler.[136] Zum Ausgangs- wie Zielpunkt jedweder Argumentation wird nunmehr das „Volk" erklärt. Das „deutsche Volk" hypostasiert Kindermann zu jener „ebenso idealen wie ‚wirklichen' Zentralvorstellung [...], der alle anderen Fragestellungen, auch die biographischen und ästhetischen und erst recht die anthropologischen, die soziologischen und die national- und ideengeschichtlichen, sich unterzuordnen hätten."[137] Im

---

[134] Vgl. dazu auch die Analyse seines programmatischen Textes „Umbruch des Geistes" vom 23.09.1933 unter III.1.

[135] Kindermann, Heinz: Dichtung und Volkheit. Grundzüge einer neuen Literaturwissenschaft, Berlin 1937, S. 73.

[136] S. etwa Kindermann, Heinz: a. a. O., S. 13, wo der Münsteraner Ordinarius ausführlich auf die „Kulturrede" Hitlers von 1935 rekurriert, in der „[d]er Führer [...] den Sinn der Kunst und die Aufgabe des Künstlers vor der Nation und für sie umschreibt." Um wenigstens einmal den Charkter von Kindermanns ungebrochener Bezugnahme auf das politische Feld zu verdeutlichen, sei hier eine Passage zitiert, in der Kindermann zur Legitimation seiner „Scheidung zwischen der philosophisch-theoretischen Gestaltungsweise und der dichterischen" folgendermaßen argumentiert: „Vgl. die indessen von Alfred Rosenberg auf der 3. Reichstagung der Reichsstelle zur Förderung des deutschen Schrifttums gehaltene Rede ‚Weltanschauung und Wissenschaft', in der er erklärte, die neue nationalsozialistische Philosophie (damit aber wohl alle Geisteswissenschaften) werde ihren Ausgang nehmen ‚nicht von metaphysischen Spekulationen, sondern von einer germanischen Wertlehre. Die Feststellung der Werte von Ehre, Treue, Tapferkeit sind exakte Feststellungen der inneren Erfahrung, ebenso exakt wie ein physikalisches Experiment.' Und eine Wertlehre, wie wir hinzufügen wollen, natürlich im Sinn jener deutschen Geschichtseinheit, die Goebbels beim 3. Jahrestag der Reichskulturkammer forderte." (S. 66)

[137] Kindermann, Heinz: a. a. O., S. 58. Die Fügung vom „Realidealismus" wird nunmehr bei Kindermann zu einem Deutungsmuster, das nicht mehr nur auf die eigene Wissenschaft, sondern auch auf deren

Einleitungskapitel, „Geburt der Dichtung aus der Volkheit", unternimmt der Münsteraner Ordinarius den Versuch einer Wesensbestimmung der Dichtung, aus der er dann die anstehenden Forschungsaufgaben einer „neuen Literaturwissenschaft" glaubt ableiten zu können. Kindermanns Wesensbestimmung der Dichtung, die spezifische Wertungshaltungen bereits mitvermittelt, erweist sich als eine rassische Transformation der ursprungsmythologischen Argumentationsfigur. Geht er doch davon aus,

> daß die Dichtung mit der Volkheit in einem ursächlichen Zusammenhang steht, d. h. daß jede Dichtung national bedingt ist. [...] Wahrhafte Dichtung ist völkischen Ursprungs und wird deshalb vom Volk oder zumindest von wichtigen Vertretern des Volkes wieder ‚adoptiert' oder besser: rückübernommen in seinen Blutkreislauf. Schrifttum, daß sich national indifferent oder bewußt international erweist, ist für den Blutkreislauf der Nation bedeutungslos oder schädlich. [...] Deshalb kann die Dichtung in ihrer Herkunft, in ihrem Wesen und ihrer Wirksamkeit nur vom Ganzen dieses blutvollen, atmenden Lebens aus verstanden werden. Weil dieses Lebensganze sich aber in Rassen und Völkern abspielt, wird auch die symbolische Gestaltüberhöhung des Schrifttums sich auf das Lebensganze einer bestimmten Rasse und eines bestimmten Volkes beziehen, wird die Herkunft, das Wesen und die Wirksamkeit der Dichtung mit diesem rassischen und völkischen Lebensganzen in engstem Zusammenhang stehen müssen.[138]

Von dieser Bestimmung ausgehend entwirft Kindermann das Profil einer „volkhaften Lebenswissenschaft" mit der Funktion einer privilegierten nationalistischen Wesens- und Wertekunde. Privilegiert ist die Literaturwissenschaft aufgrund des materialbedingten, nationalontologischen Adels, der Widerspiegelungskapazität und der Authentizität des ihr genuinen Gegenstandes, denn:

> Die Dichtung nun muß als edelste Gestaltungsmöglichkeit der aus rassisch und volkhaft echtbürtiger Lebensgesetzlichkeit erwachsenen Sprache erkannt werden. Keine andere Kunst aber vermag so wie die Dichtung die volksbestimmte Lebensganzheit zu spiegeln und neu zu gestalten, weil keine der anderen Künste so sehr mit einem für

---

„Gegenstände", so sie zu den positiv konnotierten gehören, appliziert wird. So heißt es etwa zu Eichendorff in den *Ostdeutschen Monatsheften*: „Von dieser viel zu wenig beachteten geistigen Berührung mit Fichte her müssen wir auch all jene Stellen in Eichendorffs Werken verstehen, an denen er über den Sinn und die Mission einer idealistischen, aber jederzeit real-kampfbereiten Jugend spricht. [...] [D]ieser Kampfruf Eichendorffs aber, der in so glücklicher, weil national und religiös fundierter Einheit Romantisches und Realistisches der Lebenshaltung zu meistern weiß, dieser Kampfruf ist so mutig und so zuversichtlich, daß er aufrichtend auch noch zu uns Deutschen des 20. Jahrhunderts herüberklingt." (Hier zit. nach dem Auszug Kindermann, Heinz: Eichendorffs deutsche Sendung, in: DAZ vom 12.03.1933) Eichendorff, so heißt es an anderer Stelle, ist „der erste Realidealist des deutschen Geisteslebens." (Kindermann, Heinz: Eichendorffs deutsche Sendung [Festvortrag zum 75. Todestag des Dichters, TH Danzig, 12.02.1933], in: ders.: Kampf um die deutsche Lebensform. Reden und Aufsätze über die Dichtung im Aufbau der Nation, Wien 1941, S. 128–142, hier: S. 136.)

138 Kindermann, Heinz: a. a. O., S. 1.

den Menschen lebensnotwendigen und zugleich derart volksbedingten Material arbeitet, wie die Sprache es bietet.[139]

Die von Kindermann unterbreiteten literaturwissenschaftlichen Leistungsangebote zielen, von disziplinären Brechungen weitestgehend frei, unmittelbar auf den politischen Resonanzraum. Als Wesenswissenschaft liefert sie Aufschlüsse über das „Ewig-deutsche", d. h. über jenen „gleichbleibenden Kern [...] unsere[r] deutsche[n] Art", der seit jeher das „Veränderliche im Wandel der Zeiten, der Epochen, der Strömungen" überdauert.[140] Allerdings handelt es sich dabei nach Kindermann nicht mehr, wie noch bei der im „logisch-philosophischen Denkraum[]" verharrenden Problem- und Ideengeschichte geistesgeschichtlicher Provenienz, um eine Wesensforschung „im luftleeren Raum der Theorie."[141] Kindermanns „volkhafte Lebenswissenschaft" versteht sich gleichsam als angewandte (bzw. als anwendbare) Wesenswissenschaft, denn – wie er im Rückgriff auf Paul Ernst versichert –: „‚ich möchte auf das Leben wirken und nicht auf Bücher.'"[142]

Diesem Credo gemäß entwirft Kindermann sein Tableau literaturwissenschaftlicher Praxisrelevanz. In Parallelaktion zur politisch nunmehr ermöglichten Selbstfindung und -verwirklichung im „Dritten Reich" schreibt er der Literaturwissenschaft eine zentrale Funktion als volkspädagogischer Steuerungs-, Kontroll- und Beschleunigungsinstanz im Rahmen der nationalen Entelechie zu: „Nicht um ‚Besserung' handelt es sich dabei, wie das Zeitalter der Aufklärung irrtümlich angenommen hatte, sondern um ein Hinführen zum eigentlichen Selbst, um ein Bewußtmachen und Steigern gerade des besten seelisch-geistigen, des besten charakterlich-willenhaften Erbgutes."[143] Am politischen Impetus solcher Bemühungen lässt Kindermann keinen Zweifel, dient seine Variante der Lebenswissenschaft doch „dem großen Ziel der nationalen Selbstbehauptung [...], das dem deutschen Volk der umkämpften europäischen Mitte als wehrhaftes Ziel wohl für immer auferlegt und geschenkt sein wird."[144]

---

139 Kindermann, Heinz: a. a. O., S. 40. Allerdings geht Kindermann nicht so weit, der Sprache (etwa gegenüber der Rasse) einen primordialen Status zuzuschreiben. Auch der Ursprung der Dichtung selbst wird, ungeachtet ihres materiellen Angewiesenseins auf die Sprache, als gleichsam „vorsprachlich" gedacht: „Wir sagten zuvor, die Dichtung habe es mit dem lebensnotwendigen Material der Sprache zu tun; aber wir waren uns auch klar, daß es nicht die Sprache allein ist, aus der Dichtung möglich wird; denn aus dem in hohem Grade rassisch und volkhaft bedingten Phantasiebild spricht ja die Stimme des Herzens, die Stimme des Blutes noch viel stärker und unmittelbarer. Die dichterischen Bilder und Symbole, die aus dieser Stimme des Herzens wachsen, sind vor ihrer sprachlichen Formulierung da." (S. 42)
140 Kindermann, Heinz: a. a. O., S. 47.
141 Kindermann, Heinz: a. a. O., S. 34.
142 Kindermann, Heinz: a. a. O., S. 95.
143 Kindermann, Heinz: a. a. O., S. 59.
144 Kindermann, Heinz: a. a. O., S. 39. Ebd. ist auch von der „Not des Selbstbehauptungskampfes" als Movens und Stimulans der „schöpferischen Meister-Leistungen der Deutschen", aber wohl auch seiner eigenen Wissenschaftskonzeption, die Rede.

Der Forderungskatalog, den Kindermann an seine Disziplin richtet, impliziert zugleich das Leistungsprofil einer künftigen, nach seinen Maßgaben ausgerichteten „volkhaften Lebenswissenschaft". Deren Aufgabe sei es, „neue nationale Werte zu schaffen". Das Leistungspaket, das Kindermann dergestalt schnürt, umfasst Tradierungs-, Selektions- und Vermittlungsangebote. Die nach seinem Konzept gewandelte Disziplin verfolge das Ziel, „das Schrifttumserbe immer neuen Generationen als ein verpflichtendes Erbe zu überliefern." Diese Überlieferungsfunktion sei indes nicht mehr länger nur auf die Literatur allein begrenzbar, sondern ziele zugleich auf den Bereich „des ganzen völkischen Lebens, der ganzen Willens- und Charakterhaltung."[145] Deshalb sei aber im Hinblick auf die notwendige literarhistoriographische Selektion ein „Wertbewußtsein" am Platze, „vor dem das Aufbaufähige und das für die Nation Wertlose sich scheiden."[146] Er entwirft das Bild einer wertenden Wissenschaft, „die Krank und Gesund genau so im Literarischen zu scheiden weiß, wie wir es nun infolge unserer rassenhygienischen Einsichten auch im Bereich des mit dem Seelenleben so eng verflochtenen Leiblichen, aber natürlich auch im Bereich des Religiösen, des Sittlichen, des Sozialen, des Politischen tun!"[147] Für die völkspädagogisch wirksame Vermittlung jener Dichtung, die diesen Prozess der „Auslese" übersteht, fordert Kindermann ein „neues" Ethos, eine „kämpferisch-enthusiastische[] Grundhaltung" ein. Nobilitiert und legitimiert wird dieses zeitgeistkonforme Handlungsbewusstsein auch durch den wiederholten Verweis auf Nietzsche, dessen Optieren für eine „monumentalische Geschichtsschreibung" in der „zweiten Unzeitgemäßen Betrachtung" Kindermann als Vorbild angibt.[148] Das von Kindermann skizzierte Ethos des „volkhaften Lebenswissenschaftlers" dürfte sich zudem weitestgehend mit seinem Selbstbild überschneiden:

> Der blasierte Literarhistoriker, der hoch droben saß und über wertvolle Dichtungen im Ton des kühlen Alleswissers überlegen belehrte, wie der Dichter es besser hätte machen sollen, muß einer vergangenen Zeit angehören. Wir brauchen als Literarhistoriker weder die Kategorie theoretischer Büchermenschen, noch die des hochnäsigen Schulmeisters, sondern lebenszugewandte, vollblütige Leidenschaftsmenschen, denen die Gnade des kampf- und entscheidungsfrohen Enthusiasmus geschenkt ist: Enthusiasmus der begründeten Bejahung, aber, wo es not tut, auch Leidenschaft der begründeten Verneinung.[149]

---

145 Kindermann, Heinz: a. a. O., S. 42.
146 Kindermann, Heinz: a. a. O., S. 43.
147 Kindermann, Heinz: a. a. O., S. 70. Die in diesem Zusammenhang üblichen, antithetisch-modernekritischen Stereotypen werden bei Kindermann rassisch codiert: „Echtheit und Spielerisches, gemimtes oder gelebtes Leben, Gelassenheit oder Leidenschaft, Tapferkeit oder feiges Ausweichen, Würde oder Sichgehenlassen, tragisch erschütterte Weltsicht oder Selbstzufriedenheit, strenge Heiterkeit oder faunische Triebhaftigkeit – all diese Kriterien des Schrifttums aller Jahrhunderte hängen ja so eng mit dem Vorwiegen oder mit der Zurückdrängung der nordischen Züge im Antlitz der Dichtung und des Dichters zusammen […]." (S. 51)
148 S. Kindermann, Heinz: a. a. O., S. 49f. und 69.
149 Kindermann, Heinz: a. a. O., S. 43.

Allerdings lässt Kindermann keinerlei Zweifel daran, dass zum Amt des Dichtungsdeuters als eines „schöpferischen Mittlers und Schatzwalters" ungeachtet der eingeforderten „Volkhaftigkeit" nicht jeder tauglich sei: „auch er muß in seiner Art ein Berufener und Auserlesener sein, der einem inneren Muß gehorcht."[150] Den feinen Unterschied zwischen „wahrer Volkstümlichkeit und bloßer Popularität", über den in letzter Instanz eben doch der Literaturforscher befindet, gelte es, sowohl im Hinblick auf die Dichtung als auch auf ihre Vermittler, zu „beachten". Auch die „volkhafte Lebenswissenschaft" bricht also mit tradierten Elitevorstellungen nur dann, wenn es darum geht, sich von konkurrierenden Konzepten, wie etwa denjenigen geistesgeschichtlicher Provenienz, abzugrenzen. Die „Volkhaftigkeit" findet auch bei Kindermann schließlich ihre Grenzen in der „Auserwähltheit" der „Empfänglichen":

> Das gerade größte Meisterwerke [...] ihre tiefe Wirkung oft nur auf einen begrenzten Kreis Empfänglicher und Auserwählter ausüben können, darf uns in einer Epoche des Führerprinzips nicht abschrecken; denn daß diese wenigen Führerpersönlichkeiten zuinnerst gepackt wurden von der beschwörenden, von der aufrichtenden oder zielweisenden Gewalt der Dichtung, ist für die Nation oft viel bedeutsamer gewesen als eine rasche Wirkung in die Hunderttausende.[151]

Auf der methodischen und kognitiven Ebene mündet Kindermanns Konzept schließlich in die Forderung nach einer „Erweiterung des Forschungsraumes". Damit zielt er vor allem auf eine disziplinäre Berücksichtigung seiner fünf Jahre zuvor vorgelegten „literarhistorischen Anthropologie", die er, diesmal mit dem Rückenwind des politischen Zeitgeistes, noch einmal „zu den wesentlichen Zukunftsaufgaben" einer Literaturwissenschaft, die in das „leibhaftige Wirklichkeitsleben" des Volkes vorzudringen habe, stilisiert.[152] Darüberhinaus werden als Desiderata benannt eine Soziologie der dichterischen Gattungen, eine „Erschließung der nationalliterarischen Wirkungsgeschichte", die u. a. den „Akt des Lesens" in seiner Bedeutsamkeit erkennt[153] und schließlich eine „‚vergleichende' Literatur-

---

150 Kindermann, Heinz: a. a. O., S. 43. Auch dieser Status des „Auserlesenseins" zum Literaturforscher wird rassisch abgeleitet, da er nur dann anzutreffen sei, „wenn [...] von der Persönlichkeit des Forschers, von seiner seelischen und charakterlichen Haltung, seinem rassischen, seinem völkischen Standort und Einfühlungsvermögen her überindividuelles Artbewußtsein vorausgesetzt werden darf." (Ebd.)
151 Kindermann, Heinz: a. a. O., S. 85.
152 Kindermann, Heinz: a. a. O., S. 74, 76.
153 Kindermann, Heinz: a. a. O., S. 85. Auch hier zeigt sich eine gewisse „reaktionäre Modernität", wenn Kindermann die Forderung nach einer Rezeptionsästhetik ursprungsmythologisch untermauert: „[N]icht nur die Aufführung des Dramas wird ohne Publikum sinnlos, auch Lyrik und Epik verlieren ohne Weitergabe, ohne jede Zwiesprache zwischen Dichter und Volk, wie sie im Akt des Lesens, des Erzählens, des Vortragens vor sich geht, ihren eigentlichen Sinn. Ja, erst mit diesem Akt der Wirkung vollendet überhaupt jede Dichtung ihre volkhafte Sendung. Da aber alle wirkliche Dichtung durch die gestaltende Kraft der schöpferischen Dichter-Persönlichkeit aus den Urgründen der Volkheit emporwächst, vollendet sich erst mit dieser Wirkung in die Volkheit der natürliche Blutkreislauf, in dem die Dichtung ihren Sinn für das Leben des Volkes erhält und erfüllt." (S. 85)

wissenschaft", die – ausgehend von „rassisch-volkhaften Gesichtspunkten" – „durch Vergleiche mit anderen Nationalliteraturen das Wesen [...] des deutschen Gepräges um so deutlicher erkennen" läßt.[154] Was die Gegenstandsebene betrifft, so wird Kindermann nicht müde, in seinen Publikationen immer wieder eine Erweiterung des disziplinären Skopus in zweifacher Hinsicht zu fordern und vorzuexerzieren. Zum Einen meint dies eine intensivierte Beschäftigung mit „unsere[r] volkhafte[n] Gegenwartsliteratur".[155] Das dichotomische, narrative Grundschema aller seiner Beiträge zu diesem Thema liest sich folgendermaßen:

> Der Weltkrieg hatte nun bei einem dem literarischen Vordergrund-Treiben immer schon fern gebliebenen Teil des deutschen Schrifttums eine Gegenbewegung ausgelöst. Seit dieser großen Prüfung der Nation lebte das deutschsprachige Schrifttum in zwei sich überlagernden Schichtungen: in der gestern noch scheinbar allmächtigen, kritisch-zerlösenden, rassisch vielfach überfremdeten, die mit ihrem Krankheitsfatalismus schon den Keim des Untergangs in sich trug; und in der – parallel zum politischen und seelischen Umschwung – nun langsam anschwellenden, immer stärker ausreifenden, die von einer neuen Weltordnung und von einer neuen Seelenhaltung her den Willen und die Kraft zur überwindenden Genesung, zur volkhaften Erneuerung mit sich brachte. Wie einst die Sturm- und Drangbewegung des 18. Jahrhunderts aus einem neuen Lebensgefühl und gestützt auf die volkhafte Überlieferung, der überalterten Aufklärung sieghaft entgegentrat, so gewinnt nun die volkhafte Gegenwartsdichtung Schritt und Schritt am Boden. Und dennoch sind diese beiden Erneuerungsbewegungen durch ein schwerwiegendes Moment getrennt: dem Lebens- und Schaffensprogramm der Sturm- und Drangbewegung entsprach damals keine politische Wirklichkeit; seit Hitlers Aufrichtung des Dritten Reiches aber erhielt unsere volkhafte Gegenwartsdichtung durch den Willen zur Gleichsetzung von Ideal und Wirklichkeit auch ein volks- und staatspolitisches Echo, wie es selten noch dem deutschen Schrifttum zuteil geworden ist.[156]

Aus dem dichotomischen Grundschema, in dem sich das bildungsbürgerliche Ressentiment gegenüber den Manifestationen der kulturellen Moderne artikuliert, folgen die entsprechenden „Schrifttumsbewertungen" mit einem hohen Maße an Vorhersehbarkeit: auf der Seite des „kranken" Schrifttums Autoren „mit einer ideellen und sprachlichen Physiognomie vom babylonischen Schlage Thomas Manns", die „in dieser Ruhmeshalle der national ausgeprägten dichterischen Höchstleistungen keinerlei Anrecht"[157] haben; auf der

---

154 Kindermann, Heinz: a. a. O., S. 90.
155 Kindermann, Heinz: Die deutsche Gegenwartsdichtung im Aufbau der Nation, Berlin 1936, S. 6.
156 Kindermann, Heinz: a. a. O., S. 5 f. S. auch ders.: Das literarische Antlitz der Gegenwart, Halle 1930; Geist und Gestalt der deutschen Gegenwartsdichtung, in: ZfDB, 11, 1935, S. 192–202; Die deutsche Gegenwartsdichtung im Kampf um die deutsche Lebensform, Wien 1942.
157 Kindermann, Heinz: Dichtung und Volkheit, Berlin 1937, S. 92.

Seite des „gesunden" und „echtbbürtigen" Schrifttums Autoren aus dem engeren und weiteren völkischen Umfeld wie Paul Alverdes, Paul Ernst, Wilhelm Schäfer, Emil Strauß, Hans Grimm, Agnes Miegel oder Hans Carossa, die „alle [...] durch bittere Jahre des Irrens, der Selbstüberwindung und der Enttäuschung, des Mißverstanden- und Totgeschwiegenwerdens hindurch [mußten], ehe ihnen nun die Wirkung ins Ganze der Nation ermöglicht wurde."[158]

Zum Anderen zielt Kindermanns Konzept auf eine verstärkte Integration der „grenz- und auslandsdeutschen" Literatur. Im Blick hat Kindermann hier vor allem das „Schrifttum" der „Ostmark", der „Sudetendeutschen", des „Weichsellandes" um Danzig und der „Deutschbalten."[159] In diesem Zusammenhang zeigt sich, dass die in der Programmschrift erhobene Forderung nach einer „Erweiterung des Forschungsraums" nicht nur metaphorischer Natur ist. Für eine solche Ausdehnung des Gegenstandsbereiches habe „die neue Lage und Entfaltung Deutschlands [...] hellhörig gemacht."[160] Kindermann selbst ist nicht zuletzt aus biographischen Gründen für diesen Problemkomplex schon länger „hellhörig". Seiner Lehrtätigkeit als germanistischer Literaturwissenschaftler in der seit dem Versailler Vertrag vom Deutschen Reich getrennten Stadt Danzig misst er, wie er an Paul Kluckhohn schreibt, eine besondere „kulturpolitische Bedeutung" bei.[161] Die Forderung, die „heroische Rolle des Grenz- und Auslandsdeutschtums" aufzuarbeiten und zu würdigen, kann zudem, indem sie „vom deutschen Einheits- und Einigungswillen im Spiegel des Schrifttums sprechen will"[162], mit erheblichen Resonanzeffekten innerhalb eines politischen Feldes rechnen, in dem die Revision der Gebietsregelungen des Versailler Vertrages und die territoriale Expansion zu zentralen außenpolitischen Handlungsmaximen zählen. Zugleich kann sie sich – innerdisziplinär gewendet – als sachlogische Konsequenz einer als Wesenswissenschaft konzipierten Forschung ausgeben, die in ihrer Frage nach dem räume- wie zeitenübergreifenden Wesen des deutschen Volks an den in dieser Hinsicht kontingenten, staatlichen Grenzen nicht haltmachen kann. Oder, um es mit den Worten Kinder-

---

158 Kindermann, Heinz: Weltbild und Lebensfunktion der deutschen Gegenwartsdichtung [Vortrag in verschiedenen Fassungen, gehalten im deutschen Leseverein Litzmannstadt (Lodsch), 2. Oktober 1937, in der Gesellschaft der „Freunde deutscher Literatur" in Kopenhagen, 8. November 1939, und im Deutschen wissenschaftlichen Institut Belgrad, 11. Mai 1940], in: ders.: Kampf um die deutsche Lebensform, Wien 1941, S. 247–294, hier: S. 252.
159 S. dazu u. a. auch Kindermann, Heinz: Die Dichtung im Kampf um das Großdeutsche Reich, in: ders.: Kampf um die deutsche Lebensform, Wien 1941, S. 297–447; ders.: Rufe über Grenzen. Dichtung und Lebenskampf der Deutschen im Ausland, Berlin 1938; Heimkehr ins Reich – Großdeutsche Dichtung aus Ostmark und Sudetenland, Leipzig 1939; Die Weltkriegsdichtung der Deutschen im Ausland, Berlin 1940.
160 Kindermann, Heinz: Dichtung und Volkheit, a. a. O., S. 92.
161 Brief von Heinz Kindermann an Paul Kluckhohn vom 14.06.1935, hier zit. nach Pilger, Andreas: Germanistik, a. a. O., S. 383. Pilger zufolge besaß „[ü]berspitzt ausgedrückt [...] für Kindermann, den großdeutsch denkenden Literaturwissenschaftler, die eigene wissenschaftliche Arbeit in Danzig den Charakter eines akademischen Grenzlandkampfs." (Ebd.)
162 Kindermann, Heinz: a. a. O., S. 92.

manns zu sagen: die bisherige Vernachlässigung dieses Themas „ist, geschichtlich gesehen, eine völlig unnötige und schädliche, selbstauferlegte Verarmung, politisch gesehen aber eine schwere Unterlassungssünde." So verspricht denn auch Kindermanns Programm für die Zukunft eine konzertierte Aktion von kulturraumideologischer Wissenschaft und revisionistisch-expansionistischer Politik: „Literaturwissenschaft als volkhafte Lebenswissenschaft wird von nun an nie mehr kleindeutsch, sondern nur mehr gesamtdeutsch getrieben werden müssen!"[163]

An der resonanzstrategischen Praxisrelevanz seines Konzeptes, in dem die Grenzen zwischen Wesens-, Werte- und Wirklichkeitswissenschaft unauflöslich verschwimmen, lassen Kindermanns Arbeiten keinerlei Zweifel aufkommen. Bisweilen trägt die „volkhafte Lebenswissenschaft" des Münsteraner Ordinarius gar die Züge einer *embedded cultural historiography*. So etwa, wenn er unmittelbar nach dem Überfall deutscher Truppen auf Polen in der Zeitschrift *Geistige Arbeit* einen legitimatorischen Aufsatz über *Die Danziger Barockdichtung* veröffentlicht. Dort heißt es u. a., dass „[g]erade in dieser Zeit [gemeint ist die Zeit des Barock; G. K.], in der Danzig nach Meinung der polnischen Geschichtsfälscher ein angeblich polnisches Kulturgepräge gehabt haben soll, [...] die Hansestadt der **deutschen** Kultur einen unschätzbar großen Dienst erweisen [konnte]." Deutsch aber, so lautet schließlich das Resummee Kindermanns in diesem Artikel, sei „überhaupt der Grundton der Danziger Barockdichtung, die einstimmig von Danzigs Deutschtum auch in diesem Zeitalter Zeugnis ablegt. Das Vaterland all dieser Danziger Barockdichter und aller Danziger Bürger dieses Zeitalters hieß nie anders als Deutschland!"[164]

Eine solche offensichtliche Engführung von „geistiger" und politischer „Arbeit", wie sie für das Œuvre Kindermanns, nicht jedoch für die gesamte Disziplin, repräsentativ ist, wirft die Frage nach dem Status von Kindermanns Arbeiten im Hinblick auf ihre Wissenschaftlichkeit auf. Pilger zufolge hat Kindermann „seit der Machtübernahme keine wissenschaftlich brauchbare Zeile mehr publiziert."[165] Die Frage, ob das, was der Münsteraner

163 Kindermann, Heinz: a. a. O., S. 93 und 94. In einem anderen Beitrag beschwört Kindermann das „Kampfdeutschtum" der „Grenz- und Auslandsdeutschen", die „besser als die immer noch unbelehrbaren Binnendeutschen wissen [...] was es heißt, für das Recht des völkischen Erbes zu leiden, zu opfern, zu sterben." (Kindermann, Heinz: Die deutsche Gegenwartsdichtung im Aufbau der Nation, Berlin 1936, S. 40)

164 Kindermann, Heinz: Die Danziger Barockdichtung, in: Geistige Arbeit, Nr. 18, 1939, S. 1–3, hier: S. 1 und 3. Es handelt sich bei diesem Beitrag um eine kondensierte Fassung eines drei Jahre zuvor bereits in *Dichtung und Volkstum* erschienenen, gleichnamigen Aufsatzes (in: DuV, 37, 1936, S. 296–324). Auch dort kommt Kindermann zu dem Schluss, dass „diese Danziger Barockdichtung sich nicht nur des gesamtdeutschen Zusammenhanges trotz aller staatspolitischen Trennung stets bewußt [ist], sondern [dass] sie [...] sich überall, auch dort, wo nicht ausdrücklich davon die Rede ist, als Hüterin und Künderin deutscher Art und deutscher Lebensgestaltung, als künstlerische oder besser: kunsthandwerkliche Abwehr im Kampf gegen jegliche Überfremdung [empfindet]. **Alle** Äußerungs- und Denkformen, alle Idealgestaltungen und Charakterdarstellungen der Danziger Barockdichtung sind bewußt deutsch in ihrer Gesinnung; denn das geistige Vaterland dieser Danziger Barockdichter heißt niemals anders als: Deutschland!" (324)

165 Pilger, Andreas: a. a. O., S. 368.

Ordinarius publiziert, überhaupt noch als Wissenschaft bezeichnet werden kann, scheint mithin zwar von heute aus gesehen leicht in einem abschlägigen Sinne beantwortbar, betrachtet man Kindermanns Arbeiten jedoch im Kontext und Resonanzraum *ihrer* Zeit, so wird die Lage schon erheblich komplizierter. Sicherlich, Kindermanns Entwurf einer „volkhaften Lebenswissenschaft" bleibt im esoterischen Zirkel der Disziplin als „ernsthafte Theorievariante"[166] ohne unmittelbare Resonanz. Weder in der *DVjs*, noch in den *Germanisch-Romanischen Monatsheften*, noch nicht einmal in *Dichtung und Volkstum* wird seine Programmschrift von 1937 diskutiert. Auch im Wissenschaftsbetrieb der Universität Münster bleibt er ein „Außenseiter"[167]. Dorthin wird Kindermann 1936 vom REM gegen den Willen der dortigen Fakultät versetzt, um – wie Pilger ausführt – als „eine Art Trojanisches Pferd im Wissenschaftssystem" zu fungieren, wird doch in Münster seine Versetzung verstanden als „eine gezielte Gegenmaßnahme gegen den bislang einzigen neugermanistischen Ordinarius Günther Müller, der seit Beginn der nationalsozialistischen Herrschaft wegen seines engagierten Katholizismus zunehmendem Druck der Partei ausgesetzt" ist.[168] Ihm fehlt jedoch in Münster trotz seiner stetigen Bemühungen der kollegiale Rückhalt und in einem Bericht zur „Lage der Germanistik an der Universität Münster", den die Gauleitung Westfalen-Nord im Mai 1941 einholt, heißt es, dass Kindermanns Vorlesungen (im Gegensatz zu denen des wohl ungleich charismatischeren Müller) „nicht besonders gut besucht waren", was „[z]um Teil [...] darauf zurückgeführt" wurde, dass sie „als allzu seicht und wenig gehaltvoll empfunden" werden.[169] Nichtsdestoweniger wird man Kindermanns Wirken mit einiger Berechtigung als ein solches ansehen müssen, dass durchaus noch *innerhalb* des damaligen wissenschaftlichen Feldes zu verorten ist, wird man auch seine Schriften – so redundant, kognitiv unergiebig und ungebrochen aktualistisch sie auch sein mögen – in ihrer Gesamtheit als (sicherlich extreme) Ausformungen dessen begreifen müssen, was zwischen 1933 und 1945 *innerhalb* des Faches und *innerhalb* des disziplinären Denkstils als mögliche literaturwissenschaftliche Kommunikation noch zulässig ist und noch akzeptiert wird. Auch die aus den Müsteraner Ereignissen abgeleitete These Pilgers, derzufolge „Müllers anhaltender Erfolg und Kindermanns Erfolglosigkeit [...] deutliche

---

166 Pilger, Andreas: a.a.O., S. 398.
167 Pilger, Andreas: a.a.O., S. 389.
168 Pilger, Andreas: a.a.O., S. 389 und 368. Bedenken gegen diese Interpretation der Versetzung durch Pilger, der sich auf die Deutung des Vorganges durch die philosophische Fakultät stützt, erhebt Hans-Harald Müller. Müller zufolge werde diese „im Prinzip nahe liegende Interpretation [...] durch kein überzeugendes Dokument gestützt" (d.h. etwa durch eines aus dem außeruniversitären Feld, dass Kindermanns Rolle als politischer Widerpart und Kontrollinstanz belegen würde; s. Müller, Hans-Harald: Germanistik an der Universität Münster. Eine regionale Wissenschaftsgeschichte von überregionaler Bedeutung. Rezension über: Andreas Pilger: Germanistik an der Universität Münster, in: IASLonline [07.11.2005]. URL: iasl.unimuenchen.de/rezensio/liste/Mueller3935025483-1407.html, Abs. 31. Datum des Zugriffs: 13.12.2005)
169 Zit. nach Pilger, Andreas: a.a.O., S. 390.

Zeichen für das Scheitern des totalitären Staates an der Autonomie des Wissenschaftssystems [sind]"[170], scheint demzufolge zumindest überdenkenswert.

Betrachtet man nämlich den Grenzverlauf zwischen wissenschaftlichem und nicht mehr wissenschaftlichem (in diesem Fall politischem und bildungsöffentlichem) Diskurs nicht als etwas Fixiertes und ein für allemal Festgelegtes, mithin als einen Raum, dessen Konstitution immer wieder den – bisweilen konflikttträchtigen – Kommunikationsprozessen der je zeitgenössischen Akteure (und nicht dem distanzierten Rückblick einer am kognitiven Fortschritt orientierten Wissenschaftshistoriographie) unterliegt, dann erscheint gerade Kindermann als ein Akteur, dem es durchaus gelingt, sich mit einigem Erfolg innerhalb dieser Grauzone zwischen Wissenschaft, Politik und Öffentlichkeit zu bewegen. Gewiss, weder seine „literarhistorische Anthropologie", noch seine „volkhafte Lebenswissenschaft" erweisen sich als besonders erfolgreiche, mit seinem Namen gekoppelte, programmatische Varianten. Vor allem der letztere Entwurf wird ja weitestgehend ignoriert. Indes – die „Wissenschaftlichkeit" der Kindermann'schen Konzepte steht zwischen 1933 und 1945 im öffentlichen Diskurs der Disziplin keineswegs zur Disposition. Angezweifelt wird ihre Originalität, nicht jedoch die wissenschaftliche Zulässigkeit von Kindermanns Positionen. So vermerkt etwa Paul Kluckhohn im Blick auf die Forderungen der „volkhaften Lebenswissenschaft" lediglich: „Manches freilich, was hier für die ‚Literaturwissenschaft als volkhafte Lebenswissenschaft' gefordert wird, ist nicht so neu, wie der Verfasser zu meinen scheint, sondern liegt in der Linie schon vor 1933 begonnener Entwicklungen."[171] Auch die skeptischen Vorbehalte gegenüber Kindermanns „literarhistorischer Anthropologie", die in den Rezensionen in *Dichtung und Volkstum* und in der *DVjs* artikuliert werden, richten sich mehr auf die Epigonalität des Konzeptes als auf seine etwaige Unwissenschaftlichkeit. Oskar Walzel vermerkt zurecht, dass Kindermanns „neue Methode [...] sicherlich zum guten Teil nur Wiederaufnahme alten, halb- oder ganzvergessenen Brauchs" sei, insofern als dass sie letztlich „auf eine möglichst vollständige ‚interpretatio'" ziele und moniert „die unverkennbar psychologischen Züge seiner Methode."[172] Benno von Wiese bezweifelt die Angemessenheit der Kindermann'schen Verwendung des Anthropologie-Begriffes: „Das Kindermannsche Goethebild unterscheidet sich im Grunde nicht so sehr

---

170 Pilger, Andreas: a. a. O., S. 398.
171 Kluckhohn, Paul: Deutsche Literaturwissenschaft 1933–1940. Ein Forschungsbericht, in: Forschungen und Fortschritte, XVII, 1941, S. 33–39, hier zit. nach Gilman, Sander L. (Hrsg.): NS-Literaturtheorie, Berlin 1971, S. 244–264, hier: S. 250. Insgesamt wird die „Inangriffnahme anderer neuer Probleme und Aufgaben durch eine völkische Literaturwissenschaft" (250) aber von Kluckhohn als eine „im ganzen aber doch [...] fruchtbare Weiterentwicklung" (251) beschrieben. Kindermann wird gar ausdrücklich gelobt, wenn es heißt: „daneben verdienen die Einführungen zu den einzelnen Abteilungen der Sammlung volksdeutscher Dichtung von Heinz Kindermann [gemeint ist hier: Kindermann, Heinz (Hrsg.): Rufe über Grenzen. Antlitz und Lebensraum der Grenz- und Auslandsdeutschen in ihrer Dichtung, Berlin 1938; G. K.] besondere Erwähnung." (249)
172 Walzel, Oskar: Rez. zu Kindermann, Heinz: Goethes Menschengestaltung. Versuch einer literarhistorischen Anthropologie, in: DuV, 36, 1935, S. 357f.

von dem, was bereits von Korff und besonders von Viëtor [...] bereits früher herausgearbeitet wurde."[173]

Aber auch wenn Kindermann die Rolle eines theoretisch-methodologischen Innovators, die er mit seinen beiden programmatischen Schriften beansprucht, nicht mit Erfolg spielen kann, so bleibt ihm doch in anderer Hinsicht positive Resonanz innerhalb der Disziplin und über sie hinaus durchaus nicht versagt. Gemeint ist hier seine Rolle als erfolgreicher Wissenschaftsvermittler und Popularisator. Er mag auf der programmatischen Ebene und auch in Münster, in der – ihm selbst offenbar unangenehmen – unmittelbaren Konkurrenz zu Günther Müller und als ein der Fakultät vom REM aufgenötigter Akteur erfolglos sein[174], seine „Dienstleistungsgermanistik"[175] für eine bildungsbürgerliche Öffentlichkeit ist es keineswegs. Mit seinen zahlreichen Publikationen zur „Gegenwartsdichtung"

---

[173] von Wiese, Benno: Dichtung und Geistesgeschichte des 18. Jahrhunderts. Eine Problem- und Literaturschau. II. Teil, in: DVjs, 13, 1935, S. 311–356, hier: S. 353. Was Kindermann durchführe, so von Wiese, sei keine Anthropologie, sondern die „Zuordnung Goethescher Menschendarstellung und Selbstbekenntnisse zu Typen menschlichen Verhaltens." Dies bedeute zwar „eine Klarheit des systematischen Prinzipes, aber eine Verdünnung und Abstraktion des geschichtlichen Gehaltes, der hier allzu formelhaft auf die zugrunde liegenden Typen bezogen wird, so daß eine ganze Reihe von wesentlichen Fragestellungen nicht aufgerollt werden kann." (Ebd.)

[174] Kindermann selbst ist übrigens sichtlich sehr bemüht, nach innen wie nach außen den Eindruck eines Konkurrenzverhältnisses zu Müller zu vermeiden. Er schlägt sogar vor, ein geplantes Germanisten-Fest zu „benützen [...] um uns alle gemeinsam zu zeigen und in kurzen Ansprachen die gegenseitige Wertschätzung ausdrücklich zu betonen." (Brief von Heinz Kindermann an Günther Müller vom 14.01.1937, zit. nach: Pilger, Andreas: a.a.O., S. 389) Von einer völligen Erfolglosigkeit kann, wie die Ausführungen Pilgers zeigen, wiederum auch in Münster dann doch nicht die Rede sein. Da er „als sehr leichter Prüfer" gilt, wird er „gern als Begutachter von Dissertationen herangezogen", so die Lageberichterstattung der Gauleitung (zit. nach Pilger, Andreas: a.a.O., S. 390). Pilger selbst spricht davon, dass es so etwas wie eine „Kindermann-Schule" in Münster gegeben habe, die sich in ihren Dissertationen zumeist „an der primitiven Methodenlehre von *Dichtung und Volkheit*, besonders an Kindermanns Erfindung der literarhistorischen Anthropologie orientiert und mit wissenschaftlich anspruchslosen, dafür aber ideologisch tadelfreien Arbeiten den Doktortitel erworben [haben]." (Ebd.) Bisweilen scheint Kindermanns Methodik denn auch über die lokalen Grenzen hinaus gewirkt zu haben. So heißt es etwa über eine Arbeit zu *Grillparzers Menschenauffassung* (Weimar 1934) des Leipziger Literaturwissenschaftlers Joachim Müller in einer allerdings im Tenor eher kritischen Besprechung in *DuV*: „Mit den Mitteln einer literarhistorischen Anthropologie, die Heinz Kindermann, einer Anregung Diltheys folgend, sozusagen entdeckt und erstmalig in seinem Goethebuch [...] angewendet hat, untersucht Joachim Müller die Grillparzersche Dichtung, d.h. ausschließlich sein dramatisches Werk." (Bancsa, Kurt: Das neue Grillparzerbild, in: DuV, 36, 1935, S. 333 ff., hier: S. 335 f.)

[175] Ich übernehme diesen Terminus von Kirsch, Mechthild: a.a.O., S. 54. Sie reserviert diese Bezeichnung nicht ganz treffender Weise jedoch vor allem für Kindermanns Tätigkeit *nach* 1945, als er sich mit „populärwissenschaftliche[n] Nachschlagewerke[n] wie z.B. [dem] *Lexikon der Weltliteratur* (H.K. u. Margarete Dietrich, Wien 1950, 3. Auflage 1951), [dem] *Taschenlexikon der deutschen Literatur* (H.K. und Margarete Dietrich, Wien und Stuttgart 1953, Neuausgabe München 1958 u. 1960)" (Ebd.) einen Namen macht.

und zum „Grenz- und Auslandsdeutschtum" gelingt es dem umtriebigen Vermittler, zwei äußerst resonanzträchtige und anschlussfähige Themenfelder der Zeit zu besetzen.[176]

Holger Dainats Fazit, demzufolge „keines der von den Nationalsozialisten besonders präferierten Forschungsfelder (Vor- und Frühgeschichte, Vokskunde, Gegenwartsliteratur, Auslandsdeutschtum) von der Peripherie in das Zentrum des Faches"[177] gerückt sei, mag man im Großen und Ganzen zustimmen. Es rückt dabei jedoch m. E. ein wenig aus dem Blickfeld, dass es tendenzielle Verschiebungen, d. h. hier Höherwertungen und eine stärkere Berücksichtigung „modischer" Themen, wie eben der Gegenwartsliteratur und des sogenannten Auslandsdeutschtums, durchaus gegeben hat.

Aber nicht nur Kindermanns Sammelwerk zu des *deutschen Dichters Sendung in der Gegenwart*[178], auch ein von ihm als Hauptherausgeber betreutes, 1928 begonnenes, auf

[176] Die außerfachliche Resonanzträchtigkeit liegt auf der Hand und hat durchaus ressourcenmobilisierenden Charakter. Dies zeigt sich etwa darin, dass Kindermann in Münster „reichliche Sonderzuwendungen für sein spezielles Arbeitsgebiet, die Dichtung der Grenz- und Auslandsdeutschen vor allem in den ehemaligen Ostgebieten [erhält]. Weil hier [...] die kultur- bzw. außenpolitische Verwertbarkeit offen zutage trat, empfahl sich das Thema noch in einer ganz besonderen Weise für eine großzügige finanzielle Unterstützung seitens des Ministeriums." (Pilger, Andreas: a. a. O., S. 300; s. dort auch zu den ministeriellen Zuwendungen im Einzelnen). Die innerdisziplinäre Resonanz- und Anschlussfähigkeit der Gegenstandsbereiche „Gegewartsliteratur" und „Grenz- und Auslandsdeutschtum" zeigt sich etwa darin, dass auch andere Akteure – etwa Cysarz, Koch, Pongs, Kluckhohn, Trunz oder Böckmann – sich ihrer zumindest sporadisch annehmen. S. etwa die zahlreichen Arbeiten Herbert Cysarz', u. a. Cysarz, Herbert: Dichtung im Daseinskampf. Fünf Vorträge, Karlsbad-Drahowitz und Leipzig 1935; ders.: Die großen Themen der sudetendeutschen Schrifttumsgeschichte. Durchblick und Ausblick, Brünn/Leipzig/Wien 1938; ders.: Deutsche Front im Südosten. Fünf sudetendeutsche Reden, Karlsbad 1939; ders.: Sudetendeutschland in der volksdeutschen Gesamtfront, Leipzig 1940 (zum Sudetenland-Engagement Cysarz', der seit 1937 Vorsitzender der Sudetendeutschen Gesellschaft für Volksbildung und des Bundes sudetendeutscher Schriftsteller ist, s. Bonk, Magdalena: a. a. O., S. 315f.); die Arbeiten zur Gegenwartsliteratur und zur „deutschösterreichischen Dichtung", u. a. Koch, Franz: Gegenwartsdichtung in Österreich, Berlin 1935; ders.: Der Weg zur volkhaften Dichtung der Gegenwart, in: ZfDk, 51, 1937, S. 1–14 und 98–113; ders.: Die dichterische Leistung des Sudetendeutschtums, in: Geist der Zeit 16, 1938, S. 505–514; ders.: Die großdeutsche Idee in der deutsch-österreichischen Dichtung, in: ders.: Geist und Leben, Hamburg 1939, S. 205–217; zu Pongs' zahlreichen Arbeiten zur Gegenwartsliteratur s. die ausführliche Bibliographie bei Gaul-Ferenschild, a. a. O.; s. auch Kluckhohn, Paul: Die Gegensätze in der Dichtung der Gegenwart und ihre geistesgeschichtlichen Voraussetzungen, Stuttgart 1933; Trunz, Erich: Deutsche Dichtung der Gegenwart. Eine Bildnisreihe, Berlin 1937; Böckmann, Paul: Deutsches Schicksal in der elsässischen Literaturentwicklung der Neuzeit, in: Panzer, Friedrich (Hrsg.): Deutsches Schicksal im Elsaß. Vorträge Heidelberger Professoren, Heidelberg 1941, S. 85–115. Alexander Ritters Feststellung, Kindermann habe sich „als einziger maßgeblicher Hochschullehrer mit ‚auslandsdeutscher Literatur' beschäftigt" (Ritter, Alexander: Aspekte der kulturpolitischen und wissenschaftlichen Nutzung ‚auslanddeutscher Literatur' während der NS-Zeit, in: LiLi, 24, 1994, S. 62–78, hier: S. 72), kann zumindest angesichts der Arbeiten von Cysarz und Koch so nicht beigepflichtet werden.

[177] Dainat, Holger: Germanistische Literaturwissenschaft, in: Hausmann, Frank-Rutger (Hrsg.): Die Rolle der Geisteswissenschaften im Dritten Reich 1933–1945, München 2002, S. 63–86, hier: S. 72.

[178] Kindermann, Heinz (Hrsg.): Des deutschen Dichters Sendung in der Gegenwart, Leipzig 1933. In der von Franz Rolf Schröder verfassten „Bücherschau" der GRM wird dieses Sammelwerk, „in dem 28

ungefähr 300 Bände berechnetes, seit 1929 beim Reclam-Verlag erscheinendes editorisches Großprojekt zur *Deutschen Literatur* in Entwicklungsreihen[179], wie auch das zwischen 1934 und 1939 von ihm herausgegebene *Handbuch der Kulturgeschichte*[180] erfreuen sich in der

    ältere und jüngere Dichter Bekenntnisse zum Deutschtum ablegen" als ein „höchst reizvolles Buch bezeichnet." (in: GRM, XXI, 1933, S. 395)

179 Kindermann, Heinz (Hrsg.): Sammlung literarischer Kunst- und Kulturdenkmäler in Entwicklungsreihen, Leipzig 1929 ff. Zwischen 1929 und 1945 erscheinen 110 Bände der Sammlung. In der GRM werden die regelmäßig im Rahmen dieser Reihe publizierten Neuerscheinungen stets wohlwollend zur Kenntnis genommen. So heißt es etwa 1937 anlässlich der neuen Reihe „Drama des Mittelalters": „Etwa ein Viertel des auf mehr als 300 Bände berechneten Gesamtwerkes liegt bereits vor, dessen hohe kulturelle Bedeutung wir ja schon oft genug nachdrücklich unterstrichen haben." (in: GRM, XXV, 1937, S. 396; s. z. B. auch GRM, XXIII, 1935, S. 228; DuV, 37, 1936, S. 234) In der *Geistigen Arbeit* wird dem Werk gar ein zweiseitiger Sonderbericht gewidmet und die „Absicht des Unternehmens, wissenschaftliche Arbeit für das ganze Volk fruchtbar zu machen" ausdrücklich gelobt (Dr. R. S.: Deutsche Literatur, in: Geistige Arbeit, Nr. 18, 1934, S. 17) Kindermann selbst spricht davon, dass das Projekt nach anfänglichen Schwierigkeiten in der Weimarer Zeit nunmehr, „unterstützt von der Reichsregierung, unter Mitarbeit eines großen Stabes von Germanisten, […] emporwächst als Dom des volkhaft-deutschen Schrifttums, in den neben dem hohen Drama der Klassik das Volksschauspiel, neben dem Kunstlied das Volkslied, neben dem Kunstroman das Volksbuch gleichwertig Eingang gefunden haben und in dem die politische Dichtung genau so zur Geltung kommt wie die mythisch-ewigkeitsbezogene." (Kindermann, Heinz: Umwertung des deutschen Schrifttums, in: Deutscher Almanach, 1935, S. 142–150, hier: S. 147) Weniger Zuspruch erhält Kindermanns Großprojekt indes von wissenschaftspolitischer Seite. Im SD-Gutachten zur Lage der Germanistik von 1938 heißt es: Das Unternehmen „entspricht weder nach seiner Gesamtplanung noch nach seiner bisherigen Durchführung den Forderungen, die an ein solches literarisches Sammelwerk unter nationalsozialistischen Gesichtspunkten zu stellen wären. Einige bisher erschienene Bände sind wissenschaftlich unsauber gearbeitet. Eine Unzahl von Texten, vor allem aus der neueren deutschen Literatur, ist so bekannt und überall greifbar, dass eine Herausgabe in dieser Sammlung als überflüssig bezeichnet werden muss. Die Durchgliederung der Sammlung ist nach geschichtlichen und systematischen Gesichtspunkten nur zum Teil zu rechtfertigen. Der finanzielle Zuschuss des Staates für dieses Unternehmen erscheint daher nicht gerechtfertigt." (zit. nach: Simon, Gerd: a. a. O., S. 61) Allerdings mag diese harsche Kritik auch darauf zurückzuführen sein, dass Kindermann als Lektor in der Hauptstelle Schrifttumspflege im Amt Rosenberg, das mit dem SD in erbitterter Konkurrenz um die wissenschafts- und kulturpolitische Vormachtstellung liegt, tätig ist. An der Nähe zu „nationalsozialistischen Gesichtspunkten" lassen zumindest Kindermanns eigene, in dieser Reihe erschienenen Beiträge keinen Zweifel (vgl. etwa seine Einführung in: Kindermann, Heinz (Hrsg.): Reihe Irrationalismus. Band 6: Von deutscher Art und Kunst, Leipzig 1935, S. 5–52). Zur Romantik-Reihe des Editions-Projektes s. Klausnitzer, Ralf: Blaue Blume, a. a. O., S. 530–541.

180 Kindermann, Heinz (Hrsg.): Handbuch der Kulturgeschichte. Erste Abteilung: Geschichte Deutschen Lebens, Potsdam 1934 ff. Zu diesem Projekt und dessen Resonanz in der Fachwelt s. Boden, Petra: Kulturgeschichte im Wechsel der Zeiten? Ein Projekt an der Schnittstelle zwischen Wissenschaft und bildungsbürgerlicher Öffentlichkeit, in: Bollenbeck, Georg/Knobloch, Clemens (Hrsg.): a. a. O., S. 97–121. Dort heißt es zu „Machart" und Adressatenkreis des Handbuches: „Da es sich bei diesen Mitarbeitern um Historiker, Philologen, Ethnologen, Volkskundler, Sprachhistoriker, Theater- und Literaturwissenschaftler aus den verschiedensten Spezialgebieten handelte, kann wohl von einem interdisziplinären geistesgeschichtlichen Versuch, Kulturgeschichte zu schreiben, gesprochen werden. Die imposante Ausstattung der Einzelbände – Quartformat, Ledereinband, Goldprägung, zahlreiche, zum

Fachöffentlichkeit regelmäßig positiver Resonanz. Sowohl am Projekt der „Deutschen Literatur" als auch am „Handbuch" ist von Brüggemann und Cysarz, über Ermatinger, Flemming, Kluckhohn und Fricke bis zu Naumann, Nadler und Hübner die gesammelte germanistische Prominenz der Zeit involviert.[181] Von disziplinöffentlichen Ressentiments gegenüber der wissenschaftlichen Seriosität des herausgebenden Organisators und den ihm anvertrauten Projekten ist hier jedenfalls nichts zu spüren.

Auch bei den nationalsozialistischen Wissenschaftsbeobachtern erzeugt Kindermanns Popularisierungstalent positive Resonanzeffekte. Dies sicherlich nicht zuletzt, weil man dort gerade zu schätzen weiß, dass es sich bei seinen Publikationen, auch wenn ihr Autor sie als „ausschließlich wissenschaftlicher Natur" verstanden wissen will, „nicht um reinwissenschaftliches sondern um sogenanntes populärwissenschaftliches Schrifttum" handelt.[182] Kindermann erfreut sich im wissenschafts-und kulturpolitischen Raum größter Beliebtheit und man räumt ihm in hinreichendem Maße Möglichkeiten ein, sein Ideal eines „volkhaften Lebenswissenschaftlers", der „nicht nur auf Bücher", sondern auch „auf Menschen wirken" will, zu verwirklichen: Über seine bloß passive Mitgliedschaft in der Partei hinaus wird er zunächst Leiter der Abteilung „Literatur" in der NS-Kulturgemeinde Danzig und der Deutschkunde-Gesellschaft im NS-Lehrerbund, dann aber auch auf Reichsebene zum Lektor im Amt Rosenberg.[183] Als er 1943 dann nach Wien berufen wird, um dort ein „Zentralinstitut für Theaterwissenschaft" einzurichten, das er bis zum Kriegsende leitet, plant man gar von ministerieller Seite, dieses Insitut nach Kriegsende „zum Reichsinstitut für Theaterforschung" zu erheben und Kindermann zum Präsidenten dieses Reichsinstitutes zu machen.[184] Auch als kulturpolitischer Vortragsreisender, der von Dänemark über Jugoslawien bis Bulgarien in „großdeutscher Mission" unterwegs ist und seinen europä-

---

Teil farbige Abbildungen – verweist auf den intendierten Adressatenkreis: Diese Bände sind gedacht für den Bücherschrank des Bildungsbürgertums." (S. 98)

[181] S. etwa den „Reihenplan" in Kindermann, Heinz (Hrsg.): Reihe Irrationalismus. Band 6: Von deutscher Art und Kunst, Leipzig 1935, Anzeigen-Anhang. Zum Handbuch s. Boden, Petra: a.a.O.

[182] Brief von Kindermann an Reichsschrifttumskammer vom 04.07.1939 und Brief von der Reichsschrifttumskammer an Kindermann vom 25.10.1939, hier zit. nach Kirsch, Mechthild: a.a.O., S. 50f. Hellmuth Langenbucher z. B. lobt explizit Kindermanns Entwurf von 1937, denn hier habe der Autor den „entscheidenden Schritt vollzogen, der ihn von einer Methode neben anderen Methoden zur Forderung einer **Ganzheitswissenschaft** geführt hat. In dieser Schrift ‚**Dichtung und Volkheit**' untersucht Professor Kindermann nun in aller Klarheit die engen Beziehungen, die zwischen Volk und Dichtung einerseits, zwischen dem Leben des Volkes und der wissenschaftlichen Forschung andererseits bestehen." „Die Hauptwirkung, die diese Schrift erfüllen soll", dessen ist sich Langenbucher gewiss, „wird sie sicher erfüllen können. Denn die Ausführungen Kindermanns sind geeignet, besonders die heranwachsenden Forscher mit Vertrauen und Gläubigkeit zu ihrer Wissenschaft zu erfüllen." (Langenbucher, Hellmuth: Die Geschichte der deutschen Dichtung. Programme, Forderungen und Aufgaben der Literaturwissenschaft im Neuen Reich, in: Nationalsozialistische Monatshefte, 9, 1938, S. 293–310 und S. 435–445, hier: S. 302f.)

[183] Pilger, Andreas: a.a.O., S. 383.

[184] Kirsch, Mechthild: a.a.O., S. 47.

ischen Zuhörern u. a. den *großdeutschen Reichsgedanken in der Dichtung*[185] näher bringt, wird Kindermann gerne und häufig rekrutiert.[186]

Man wird also Kindermanns Wirkungsradius während des NS ungeachtet der qualitativen Inferiorität seiner Produktionen nicht unterschätzen dürfen. Gerade weil seine Schriften sich im exoterischen Grenzraum zwischen Wissenschaft, einer an die gebildete Öffentlichkeit gerichteten Vereinfachung und einer weitestgehend ungebrochenen politischen Akklamation bewegen, entfalten seine popularisierenden Schriften ein nicht unerhebliches Resonanzpotential. Kindermann erscheint mithin als jener Typus des Wissenschaftspopularisators, der zwischen fachlichem, politischem und öffentlichem Diskurs vermittelt, als ein Vermittler, der erfolgreich fachliche Wissensbestände in außerdisziplinäre Diskurse einspeist. Kindermanns Publikationen zeichnen sich mithin durch eben jene Charakteristika aus, die Ludwik Fleck in seiner Reflexion der Funktion und der Bedeutsamkeit „populärer Wissenschaft" als „die wichtigsten Merkmale exoterischen Wissens", d. h. hier der Handbuch- und der populären Wissenschaft, bezeichnet: Simplizität, Anschaulichkeit und Apodiktizität (Gewissheit). „*An Stelle des spezifischen Denkzwanges der Beweise, der erst in mühsamer Arbeit herauszufinden ist, entsteht*", so Fleck, „*durch Vereinfachung und Wertung ein anschauliches Bild.*"[187] Gewissheit, Einfachheit und Anschaulichkeit entstehen Fleck zufolge „*erst im populären Wissen;* den Glauben an sie als Ideal des Wissens holt sich der Fachmann von dort."[188] Mit diesem letzten Aspekt spricht Fleck jenen Rückkopplungseffekt vom exoterischen auf das esoterische Wissen an, der sicherlich auch im Blick auf Kindermanns Wirken eine nicht zu vernachlässigende Rolle spielt.

Nicht nur im Hinblick auf seine Wirkung aus der Wissenschaft heraus ist sein Œuvre von Interesse. Gewiss, als unmittelbarer Stichwortgeber in theoretisch-methodologischen Fragen spielt Kindermann für den esoterischen Zirkel seiner Disziplin keine Rolle. Als zu geringfügig erweist sich dafür in seinen Schriften die Brechung und Übersetzung politischer Imperative in den wissenschaftlichen Diskurs. Eine indirektere Wirkung auch auf den esoterischen Zirkel seiner Disziplin, mithin in die Wissenschaft wieder hinein, wird man indes auch bei Kindermanns populärwissenschaftlichen Aktivitäten vermuten dürfen: Trägt er doch mit seinen Schriften, die einen biologistisch gewendeten Volks-Begriff zum Ausgangs- und Zielpunkt literaturwissenschaftlicher Forschung hypostasieren, dazu bei, dass sich so etwas wie eine weltanschauliche Resonanz- und Druckkulisse aufbaut, auf die sich die Disziplin wiederum zu reagieren genötigt sieht. Indem er dazu aber – anders als die Langenbuchers und Hagens – als ein *innerhalb* der Disziplin lokalisierbarer und dort prinzipiell auch durchaus akzeptierter Akteur beiträgt, kommt ihm eine nicht zu unterschätzende Funktion bei der Politisierung des literaturwissenschaftlichen Diskurses zu. Fleck hat

---

185 S. den Abdruck in: Kindermann, Heinz: Der Kampf um die deutsche Lebensform, Wien 1941, S. 373–447.
186 Zu Kindermanns Auslandsreisen und ihrem kulturpolitischem Impetus s. Pilger, Andreas: a. a. O., S. 392 und III.4.4.
187 Fleck, Ludwik: a. a. O., S. 149 (kursiv im Orig.).
188 Fleck, Ludwik: a. a. O., S. 152.

diesen Zirkulationsprozess zwischen wissenschaftlichem und populärem Wissen wie folgt beschrieben:

> Auf diese Weise schließt sich der Zirkel intrakollektiver Abhängigkeit des Wissens: Aus dem fachmännischen (esoterischen) Wissen entsteht das populäre (exoterische). Es erscheint dank der Vereinfachung, Anschaulichkeit und Apodiktizität sicher, abgerundeter, fest gefügt. Es bildet die spezifische öffentliche Meinung und die Weltanschauung und wirkt in dieser Gestalt auf den Fachmann zurück.[189]

Kindermann nimmt als Wissenschaftsspieler zwischen 1933 und 1945 gleichsam jene wichtige Position ein, in der sich die in beide Richtungen flottierenden esoterischen und exoterischen Wissensströme verdichten und jeweils ineinander übersetzt werden. Dass die exoterische Resonanz- und Druckkulisse, die dabei entsteht, nicht ohne Folgen auch für die Akteure des esoterischen Zirkels bleibt, zeigt sich paradigmatisch am Beispiel von Kindermanns „Gegenspieler" in Münster, Günther Müller, bzw. in dessen Versuch, mit dem Konzept einer „morphologischen Dichtungskunde", die sich verstärkt dem „Sprachleib einer Dichtung"[190] zuwendet, (s. dazu III.5.1) auf diesen exoterischen Druck zu reagieren. Selbst in der grundlegenden, morphologischen Schrift seines Münsteraner Konkurrenten ist Kindermann – wenn auch nur als Fußnote – noch präsent. Selbstverständlich nicht als direkte Referenzquelle für Müllers Entwurf einer neuen Methodik. Aber wenn Müller über den Problemkomplex der Stoffgestaltung schreibt und diesbezüglich zu einem Vergleich der „Genoveva-Dramen Tiecks und Hebbels oder [der] Arminius-Dichtungen der verschiedenen Zeitalter von Hutten bis Grabbe" rät, dann verweist er im Anmerkungsapparat lobend auf Kindermann: „Vgl. die ausgezeichnete Übersicht in ‚Kampf um den deutschen Lebensraum. Reden und Aufsätze' von H. Kindermann, 1941."[191] Dass Müller den Titel von Kindermanns Schrift hier falsch wiedergibt (er lautet „Kampf um die deutsche Lebensform"), mag Resultat ihrer persönlichen Konkurrenz in Münster und Ausdruck des Desinteresses am Werk des wissenschaftlich inferioren Kollegen sein. Dass er ihn überhaupt zu erwähnen für nötig erachtet, ist Ausdruck wohl eines gewissen Maßes an Unumgänglichkeit, das sich der Wissenschaftspopularisator Kindermann zwischen 1933 und 1945 erschrieben hat.

Wie aber ist es insgesamt zwischen 1933 und 1945 um die Anschlussfähigkeit wirklichkeitswissenschaftlicher Konzeptionen – zu denen Kindermanns eigener Entwurf ja nur noch bedingt zu zählen ist – bestellt?

Die „Neu"profilierung der Literaturwissenschaft als einer Wirklichkeitswissenschaft, die im Zeichen des „Volks" eine Soziologisierung ihres disziplinären Fokus' anstrebt, er-

---

189 Fleck, Ludwik: a. a. O., S. 150.
190 Müller, Günther: Die Gestaltfrage in der Literaturwissenschaft und Goethes Morphologie, Halle 1944, S. 9.
191 Müller, Günther: a. a. O., S. 64 und 84.

weist sich auf der programmatischen Ebene der bloßen Forderung als durchaus zirkulations- und anschlussfähig. Dies zeigt schon das heterogene Spektrum jener Akteure, die – von Viëtor bis zu Kindermann – eine solche Neujustierung einfordern. Das Angebot einer empirisch fundierteren Beobachtung und Analyse des „literarischen Lebens" entbehrt gerade unter den gewandelten Resonanzverhältnissen durchaus nicht – wie gezeigt – eines gewissen Attraktivitätspotentials.

Dennoch können sich in der literaturwissenschaftlichen *Praxis* zwischen 1933 und 1945 solche Ansätze nicht etablieren. Zu einem festen Bestandteil der disziplinären Orthodoxie werden sie nicht.[192] Zu groß ist wohl doch der denkstilspezifische Widerstand innerhalb einer Disziplin, die die exponierte Stellung ihres Gegenstandsbereiches, der Dichtung, und somit auch ihre eigene Bedeutung „von der soziologischen Sichtweise bedroht" sieht.[193] Hinzu kommt sicherlich auch der Umstand, dass einige der prominenteren Befürworter einer Soziologisierung, wie Arnold Hirsch und schließlich auch Viëtor, der 1937 in die USA emigriert[194], aus antisemitischen Gründen zum Gang ins Exil gezwungen werden. Paradigmatisch zeigt sich dieses Amalgam aus antisemitisch und antimarxistisch motiviertem Ressentiment und denkstilspezifischem Vorbehalt in Erich Trunz' 1940 in der *DVjs* erschienenem Referat über die *Erforschung der deutschen Barockdichtung*. Arnold Hirschs soziologischer Ansatz, den er in seiner 1934 erschienen Abhandlung zum *Bürgertum und Barock im deutschen Roman* entfaltet, „zeigt", so Trunz, „in seiner methodischen Grundlegung den Geist des – jüdischen – Verfassers, wenn er sagt, erst seien die Wandlungen der Gesellschaft da, daraus folgen dann die Wandlungen der Kunst – im Grunde steht also die alte materialistische Schichtentheorie dahinter."[195] Bezeichnend ist in diesem Zusammenhang, dass Trunz 1931 noch selbst, mit seinem Aufsatz *Der deutsche Späthumanismus um 1600 als Standeskultur*, einen innerhalb der Disziplin durchaus geschätzten Beitrag zur Barockforschung liefert, der die „traditionelle geisteswissenschaftliche Forschungsrichtung

---

[192] Allerdings gibt es durchaus Beispiele für eine stillschweigende Integration soziologischer Betrachtungsweisen innerhalb geistesgeschichtlicher Konzeptionen. So etwa in Kluckhohns Beitrag zum „Biedermeier als literarische Epochenbezeichnung" (in: DVjs, XIII, 1935, S. 1–43), hier v. a. die S. 9–12, wo Kluckhohn die bürgerliche Trägerschicht des „Biedermeier" herausarbeitet und das literarische Leben der „Epoche" skizziert.

[193] Trommler, Frank: Germanistik und Öffentlichkeit, in: König, Christoph/Lämmert, Eberhard (Hrsg.): a. a. O., S. 307–330, hier: S. 325.

[194] S. II.3. Auch Viëtor bemerkt in seinem 1945 erschienenen Rückblick auf die *Deutsche Literaturgeschichte als Geistesgeschichte* (in: PMLA, LX, 1945, S. 899–916) im Blick auf „das Sündenregister" (909) einer in den vorangegangenen Dekaden geistesgeschichtlich geprägten Literaturwissenschaft: „Unzulänglich angebaut ist das Gebiet der *Literatursoziologie.*" (910) Der innerhalb seiner Disziplin wenig erfolgreiche Georg Keferstein begeht – wie bereits erwähnt – Selbstmord.

[195] Trunz, Erich: Die Erforschung der deutschen Barockdichtung, in: DVjs, 18, 1940, Referatenheft, S. 1–100, hier: S. 79. Zum anti-soziologischen Ressentiment (und dessen z. T. auch antifranzösischem Impetus) innerhalb der deutschen akademischen Welt des ersten Jahrhundertdrittels s. Bourdieu, Pierre: Die politische Ontologie Martin Heideggers, Frankfurt am Main 1988, S. 60.

mit sozialwissenschaftlichen Fragestellungen [verbindet]."[196] Nach 1933 und vor 1945 hat Trunz „keine weitere Arbeit mit solchem herausragenden Profil geschrieben."[197]

Neben den bereits erwähnten Umständen mag dies wie auch das Ausbleiben praktischer Umsetzungen wirklichkeitswissenschaftlicher Ansätze damit zusammenhängen, dass eine weitere Profilierungsvariante im Zeichen des „Volkes" den orthodoxen *mainstream* innerhalb der Disziplin dominiert: diejenige der Literaturwissenschaft als einer volksbezogenen Wesens- und Wertewissenschaft.

4.3 Weihespiele: Literaturwissenschaft als volksbezogene Wesens- und Wertewissenschaft

Der orthodoxe „mainstream" und das Scharnier-Narrativ der „Deutschen Bewegung"

Die Konzeption der Literaturwissenschaft als einer volksbezogenen Wesens- und Wertewissenschaft, die „durch ein Rückschlußverfahren vom Volkscharakter auf die Kulturäußerungen und von diesen wieder auf den nationalen Charakter die Frage zu beantworten [versucht]: was ist der ‚deutsche Mensch'?"[198], bildet sich bekanntlich lange vor 1933 heraus.

---

196 Hermann, Hans Peter: Germanistik – auch in Freiburg eine „Deutsche Wissenschaft"?, in: John, Eckhard u. a. (Hrsg.): a. a. O., S. 115–149, hier: S. 121. Zu Trunz' Rezension s. auch Boden, Petra: Stamm – Geist – Gesellschaft, in: a. a. O., S. 249 f. und Dubbels, Elke: a. a. O., S. 688.

197 Boden, Petra: a. a. O., S. 249. Erich Trunz hat später, in einem Brief vom 26. 02. 1961 an den remigrierten Richard Alewyn, seine Scham angesichts dieses Referats bekundet. An Alewyn, der Anfang der sechziger Jahre einige Arbeiten zur Barockforschung der zwanziger und dreißiger Jahre wiederveröffentlichen möchte und Trunz deshalb um die Abdruckerlaubnis seines Aufsatzes zum Späthumanismus und des Forschungsberichtes bittet, schreibt er: „Den ‚Späthumanismus' können Sie haben [...] Was den Forschungsbericht in der ‚Vierteljahresschrift' 1940 betrifft, so ist er offensichtlich stark beeinflußt von nationalsozialistischem Geiste. Er liegt also jenseits der ‚klassischen' Epoche der Barockforschung. Er wäre nur ein trauriges Beispiel dafür, wie die Forschung dann abglitt und wie ein junger Gelehrter sich von der Zeit beeinflussen ließ. Ich werde, solange ich lebe, diese Dinge nie loswerden. Sie sind nun einmal ein Makel und stehn gedruckt da." In einem weiteren Brief vom 18. 03. 1961 an Alewyn heißt es: „Wenn man den Bericht heute liest, ist er eindeutig engagierte Wissenschaft im Sinne jener Zeit. Aber für jene Zeit war er das wiederum zu wenig." (Zit. nach Boden, Petra: a. a. O., S. 253 und 254)

198 Benda, Oskar: a. a. O., S. 15. Hellsichtig wie stets verweist Benda auf die *differentia specifica* einer solchen Konzeption, der „,Volk' nicht ein formales Prinzip der Stoffbegrenzung (in diesem Sinne hat es immer schon eine ‚National'-Literatur gegeben) [ist], sondern Realgrund und Substanz alles geschichtlichen Wandels" (13). Ebenso legt er bereits den Finger auf die Wunde der kargen kognitiven Früchte eines solchen Unterfangens, die er vor allem in der methodologischen Zirkularität und im diffusen Volks-Begriff begründet sieht: Zwar stoße man mittlerweile [d. h. hier: 1928] auf eine „umfangreiche Literatur" in diesem Gebiete, „aber auf keine eindeutige Antwort." „[G]elang es doch bisher nicht einmal, Grundbegriffe wie ‚Volk' oder ‚Nation' [...] einwandfrei zu definieren. Selbst die durch Diltheys Analyse des deutschen Menschen des 16. und 17. Jahrhunderts angeregten Versuche einer umfassenden induktiven Nationalcharakteristik [...] tasten in der Dämmerung über Brucheis hin." Man habe, so Benda nicht ohne Ironie weiter, „so ziemlich alle großen Deutschen schon zum Urtypus

Auch die Verbindung dieses Leistungsangebotes einer Literaturgeschichtsforschung und -schreibung als Nationalmaieutik mit demjenigen einer nationalpädagogischen Wertevermittlung ist nicht neu. Diese Verbindung prägt nicht erst seit der politischen Zäsur die Selbstthematisierungs- und Außendarstellungsdiskurse einer um ihr Prestige in Hochschule und Gesellschaft fürchtenden Disziplin, die um die Inszenierung ihrer gesellschaftlichen Relevanz bestrebt ist. In Sonderheit schon im Rahmen jener programmatischen Diskurse im Umfeld der Gründung des Deutschen Germanistenverbandes von 1912 wie auch im Rahmen jener Redeweisen, die um die Forderung nach der Etablierung einer interdisziplinär ausgerichteten „Deutschkunde" kreisen, spielen „Volk" und „Nation" eine zentrale Rolle als Scharnierbegriffe mit Letztbegründungsfunktion. In den beiden Begriffen verschmelzen nationalphilologisches Forschungsinteresse und nationalpädagogisches Leistungsangebot unauflöslich miteinander.[199]

So attestiert etwa Friedrich Panzer im Rahmen seiner Ausführungen über „Grundsätze und Ziele des deutschen Germanisten-Verbandes" besonders der Deutschen Philologie jenen „Einblick in das Wesen unseres Volkes", der es ihr zur „Lust und Pflicht" mache, „nach ihrer Weise, mit ihren Einsichten, dem Volke und Staate zu dienen, dem sie angehören." In quasi-religiöser Diktion wird das priesterliche Amt der Wertepflege und -vermittlung vor allem mit Blick auf die „Jugendbildung" als gemeinsamer Aufgabe von Hochschule und Schule beschworen, wenn es heißt:

> Wissenschaft allein schafft freilich keine Kultur, dazu gehören vor allem jene großen Schöpfer, die der Himmel uns schenken muß; aber mitarbeiten können und müssen wir an ihr. Und wir Philologen im besonderen können vor jenen Großen einhergehen wie der Täufer vor dem Herrn, daß sie ein bereitetes Volk finden, und unser schönes Amt ist es, zu deuten und zu verkünden, was sie, Morgensonne im Antlitz, wenigen

---

erhoben, auch den Holländer Rembrandt und neuerdings sogar Albertus Magnus und Parazelsus. Nicht minder wurden sämtliche markanten Epochen als *die* deutsche Epoche gedeutet, nicht nur Gotik, Barock u. Romantik, sondern selbstverständlich auch die Klassik [...], der Realismus [...] und selbst das Rokoko [...]. Dasselbe gilt von den ‚typisch deutschen' seelischen Haltungen wie Innerlichkeit, Phantastik, Wirklichkeitssinn, Ewigkeitsgefühl, Idealismus, Mystik, metaphysischer Hang: all das ist in der Literatur vertreten." (15)

199 Frank Trommler zufolge „eröffnete der wachsende Nationalismus vor dem Ersten Weltkrieg und die zunehmend völkische Ausrichtung der Bildung der Germanistik eine Möglichkeit, um aus der relativen Mißachtung herauszukommen und organisatorisch *und* ideologisch zur Leitdisziplin in Hochschule und höherer Schule zu werden." (Trommler, Frank: Germanistik und Öffentlichkeit, in: König, Christoph/Lämmert, Eberhard (Hrsg.): a.a.O., S. 307–330, hier: S. 318.) Die Fokussierung auf die Nation – eingebettet allerdings in eine zumeist noch (national-)liberale und nicht in eine radikalnationalistische Argumentationsweise (s. dazu Bollenbeck, Georg: a.a.O., S. 44–193) – prägt natürlich bereits das Handlungsbewusstsein der Germanisten der Gründergeneration wie auch dasjenige der liberalen Ära und des wilhelminischen Obrigkeitsstaates. Auch Wilhelm Scherer, eines übersteigerten Radikalnationalismus sicherlich unverdächtig, spricht im Eröffnungsheft des *Euphorion* von der deutschen Philologie als der „Tochter des nationalen Enthusiasmus" (Scherer, Wilhelm: Wissenschaftliche Pflichten, in: Euphorion, 1, 1894, S. 1).

erst erkennbar und fühlbar, gesprochen und getan. Und indem wir die Vergangenheit erforschen, können wir wieder tönen machen, was einst stark und gut erklang und doch verklungen ist, können manche verborgenen Kräfte wecken und den Zugang öffnen zu verschütteten Quellen.[200]

Dieser Anspruch auf einen bevorzugten Rang innerhalb des nationalen Identifikations- und Integrationsmanagements, das in Zeiten desorientierender Modernisierungsprozesse noch einmal die einheits- und ordnungsstiftende Kraft einer qua „deutscher Bildung" restituierten „Volksgemeinschaft" beschwört, erweist sich als ein fester Bestandteil des disziplinären Selbstverständnisses und Denkstils. Paradigmatisch dokumentiert sich dies – um hier nur ein weiteres Beispiel anzuführen – in der Festansprache Julius Petersens anlässlich des Berliner Germanistentages 1924: „Die Wissenschaft […] kann dem Rufe der Nationalpädagogik sich nicht versagen. Selbsterziehung aus Selbsterkenntis muß heute die größte, die heiligste, die rettende Aufgabe unseres gesunkenen Volkes sein." Die Rede vom „gesunkenen Volk" verweist darauf, wie das wesens- und wertewissenschaftliche Leistungsangebot in den 1920er Jahren, nach der als traumatisch empfundenen Niederlage des Ersten Weltkrieges und der „Schmach von Versailles", um eine gleichsam nationaltherapeutische Dimension ergänzt wird. In diesem Sinne führt der Berliner Ordinarius weiter aus:

Wo können wir besseres Selbstvertrauen hernehmen als aus unserer Sprache, dem letzten Gemeinbesitz aller Deutschen, deren unerschöpfliche, schöpferisch immer neu sich bereichernde Urkraft den Verflachungen der Zivilisation noch immer siegreich widersteht und in sich die Bürgschaft der Auferstehung trägt? Wo können führerlos wir besser leitende Kräfte hernehmen als aus der vaterländischen Geschichte und aus dem Nacherleben großer Persönlichkeiten unserer Vergangenheit? Wo können wir, verloren in materialistischem Chaos, besser uns selbst finden, als im Spiegel unserer Dichtung, der uns in Wahrheit unser besseres Selbst entgegenträgt als ein zielweisendes Idealbild unserer Bestimmung, der wir folgen müssen, auf daß das Wort erfüllte werde, das einstmals der Rektor dieser Hochschule sprach, der große Nationalerzieher Johann Gottlieb Fichte: „Wir müssen werden, was wir ehedem sein sollten, Deutsche!"[201]

Das angestrengte Pathos von Petersens nationalpädagogischem Credo, das sich zudem aus den stereotypen bildungsbürgerlichen Moderneressentiments speist, sollte nicht darüber hinwegtäuschen, dass es sich hier keinesfalls nur um die festtagssemantischen Übersteigerungen eines auch an die außerdisziplinäre Öffentlichkeit gerichteten Vortrages handelt.

200 Panzer, Friedrich: Grundsätze und Ziele des Deutschen Germanisten-Verbandes, in: Verhandlungen bei der Gründung des Deutschen Germanisten-Verbandes in der Akademie zu Frankfurt a. M. am 29. Mai 1912. Hrsg. vom geschäftsführenden Ausschuß, Leipzig/Berlin 1912 (= Zeitschrift für den deutschen Unterricht, 7. Ergänzungsheft), S. 12. S. dazu Röther, Klaus: Die Germanistenverbände und ihre Tagungen, Köln 1980, S. 116–131; Doehlemann, Martin: Germanisten in Schule und Hochschule, München 1975, S. 54–64.
201 Petersen, Julius: Literaturwissenschaft und Deutschkunde, in: ZfDk, 38, 1924, S. 403–415, hier: S. 414f.

4. LITERATURWISSENSCHAFT IM ZEICHEN DES „VOLKES"

Im Ethos einer volksbezogenen, wertesetzenden und -vermittelnden Wesenswissenschaft eint sich der größte Teil der Disziplin.[202] Dieses Ethos ist zentraler Bestandteil ihres orthodoxen *mainstreams*, auch wenn es – wie Walter Schmitz zurecht betont – keineswegs zwangsläufig auch ihre Methoden bestimmt.[203] Gerade der Umstand aber, dass Akteure mit divergierenden methodischen Ausrichtungen an diesem Ethos partizipieren können, zeigt, dass die holistisch-ethnische Vorstellung vom Volk bzw. der Nation einen integralen Bestandteil des disziplinären Denkstils ausmacht.[204] Nach Stefan Breuer zeichnen sich holistisch-ethnische Volks-, bzw. Nationskonzepte, wie sie den Begriffsverwendungsweisen innerhalb des literaturwissenschaftlichen Feldes wohl fast ausnahmslos zugrunde liegen, durch zwei Spezifika aus: im Unterschied zu territorialen Konzepten fassen sie die Mitgliedschaft in einem Volk, bzw. in einer Nation als Zugehörigkeit zu einer ethnischen Ge-

---

202 Dieses Ethos ist auch dann noch virulent, wenn es – wie im Falle von Hermann Gumbels 1930 publiziertem Überblicksbeitrag „Dichtung und Volkstum" – von einer dezidiert an ein Fachpublikum adressierten, neusachlich verwissenschaftlichten Semantik und Diktion überlagert wird. In Gumbels Beitrag, der im Rahmen von Ermatingers herausgegebener „Leistungsschau" der zeitgenössischen Literaturwissenschaft erscheint, heißt es: „Volkstum als Wesen im Werden einer Gemeinschaft unter äußeren Voraussetzungen und Einflüssen, gemeinsamen geistigen Kulturinhalten und gemeinsamem schicksalhaften Geschichtsbewußtsein erscheint demnach als lebendiges Gebilde so zusammengesetzter Natur, daß es zunächst nur gefühlsmäßig und als Ganzes begriffen werden kann. […] Die Dichtung ist einer der Faktoren, die Ausdruck und Erscheinung, zugleich aber auch Bedingung und Voraussetzung des Volkstums sind […] Das eigentümliche Wechselverhältnis, in dem dieser Einzelfaktor zu dem übergeordneten Gesamtinhalt Volkstum steht, erfassen wir vielleicht vergleichsweise am besten mit dem mathematischen Begriff der ‚Funktion'. Dichtung und Volkstum stehen im Funktionsverhältnis zueinander." (Gumbel, Hermann: Dichtung und Volkstum, in: Ermatinger, Emil: Philosophie der Literaturwissenschaft, Berlin 1930, S. 43–91)
203 Schmitz, Walter: Legitimierungsstrategien der Germanistik und Öffentlichkeit. Das Beispiel „Kriegsgermanistik", in: König, Christoph/Lämmert, Eberhard (Hrsg.): a. a. O., S. 331–339, hier: S. 333.
204 Zur Virulenz dieses Ethos etwa bei einem philologisch ausgerichteten Akteur wie Gustav Roethe s. Judersleben, Jörg: a. a. O., S. 122 ff. Aber auch einem exemplarischen Vertreter einer ideengeschichtlich orientierten Geistesgeschichte wie Hermann August Korff ist dieses Ethos – und bereits seine Herausgebertätigkeit für die *ZfDk* seit 1926 legt dies nahe – alles andere als fremd. In seiner Rede etwa zum Goethejahr 1932 zeichnet Korff das Bild einer deutschen Identität auf der Grundlage der deutschen Literatur, die er hier in Goethe exemplarisch verkörpert sieht. Durch eine – literaturwissenschaftlich vermittelte – Besinnung auf Goethe könne es gelingen, „Kraft, Maß und Zuversicht für unsere eigene schwer bedrohte Existenz zu schöpfen", denn das „Gefühl unserer Wesenseinheit mit seiner Welt" resultiere daraus, dass „sie, wie wir aus deutschem Wesen geboren und gebildet" sei. Die Inszenierung einer grundsätzlichen Verbundenheit Goethes mit dem deutschen Volk entpuppt sich als zentrales Anliegen von Korffs Beitrag, das er mit einem nicht eben sparsamen Einsatz des Epithetons „deutsch" mehr als transparent werden lässt: Denn ungeachtet seiner europäischen Haltung sei Goethes Welt „doch eine deutsche Welt, die so nur [von] einem Menschen geschaffen werden konnte, in dem der deutsche Genius selbst am Werke war. Die Fragen aus denen sie erwächst, sind ganz spezifisch deutsche Fragen, die so nur mit dem deutschen Wesen gegeben sind. Und deutsche Antworten sind es, die Goethe auf diese Fragen gegeben hat, Antworten aus einem deutschen Lebensgefühl und deutscher Weltanschauung, die auch nur deutschen Menschen ganz verständlich sind." (Korff, Hermann August: Goethes deutsche Sendung. Eine Festrede, Leipzig 1932, S. 3 und 7)

meinschaft auf, die sich im wesentlichen über kulturelle Gemeinsamkeiten sowie durch gemeinsame Abstammung konstituiert; im Unterschied zu vertragstheoretischen, individualistischen Konzepten verstehen sie „Volk" als ein den Individuen immer schon vorgängiges Ganzes, mithin als Kollektiv oder gleichsam metaphysische Körperschaft, die immer mehr ist als die Summe seiner Teile.[205]

Selbst wenn dieses Volks-Konzept die Methoden der Disziplin nicht unmittelbar beeinflusst, so findet es gleichwohl doch insofern Eingang in die Praxis der Literaturgeschichtsschreibung, als dass es in nicht unerheblichem Maße prädispositioniert, *was* man überhaupt zu sehen in der Lage und gewillt ist und *wie* man es rekonstruiert. Dies zeigt sich an einer der zentralen literaturgeschichtlichen Scharniererzählungen, die mit geistesgeschichtlichem Methodenarsenal vor dem Hintergrund eines holistisch-ethnischen Volkskonzeptes erarbeitet wird. Gemeint ist hier jenes Narrativ von der „Deutschen Bewegung", demzufolge die Literaturbewegungen des ausgehenden 18. Jahrhunderts, Sturm und Drang, Klassik und Romantik, als eine einheitliche – eben „deutsche" – „Bewegung" zu verstehen seien, in der sich als Sonderweg des deutschen Geistes dessen wesensspezifische „Differenz zur ‚westeuropäischen' Aufklärung konstituiert."[206]

Das von Dilthey bereits 1867 in seiner Basler Antrittsvorlesung noch unter Einschluss der Aufklärung entwickelte metahistorische Konzept einer deutschen Literatur, „die schon heute von Lessings Geburt bis zum Tode Hegels und Schleiermachers als ein Zusammenhang uns erscheint"[207], erfährt 1911 durch Hermann Nohl einen folgenreichen dichotomisierenden Umbau. Einer als „rationalistisch" abgewerteten Aufklärung wird nunmehr eine zum Wesensausdruck des Volkes hypostasierte „Deutsche Bewegung" als asymmetrischer Gegenbegriff gegenübergestellt. Als Ursprung der gegenaufklärerischen „Deutschen Bewegung" macht Nohl einen spezifisch deutschen Impetus aus. Dieser Impetus manifestiere sich darin, dass „der ‚Reflexion' des Verstandes als der alle Gewißheit begründenden Macht, der Abstraktion und Demonstration des Rationalismus einerseits, der psychologischen und naturwissenschaftlichen Analyse andererseits, das ‚Leben' als ein von Grund aus

---

205 Breuer, Stefan: Ordnungen der Ungleichheit – die deutsche Rechte im Widerstreit ihrer Ideen 1871–1945, Darmstadt 2001, S. 78 ff. Breuer verweist in seiner differenzierten Studie darauf, dass seit der Jahrhundertwende das holistisch-ethnische Konzept dem konkurrierenden holistisch-territorialen zunehmend „den Rang abzulaufen begann" (78), warnt aber vor Pauschalisierungen, da – selbst innerhalb der Rechten – „keineswegs von vornherein ausgemacht war, welches Konzept am Ende siegreich sein würde." (Ebd.)
206 Dainat, Holger: „Dieser ästhetische Kosmopolitismus ist für uns aus". Weimarer Klassik in der Weimarer Republik, in: Ehrlich, Lothar/John, Jürgen/Ulbricht, Justus H. (Hrsg.): Weimar 1930. Politik und Kultur im Vorfeld der NS-Diktatur, Köln/Weimar/Wien 1998, S. 99–121, hier S. 112. S. auch Lischeid, Thomas: Deutsche Bewegung. Völkische Germanistik in Deutschland 1933–1945 und ihr Bild der Goethezeit, in: KulturRevolution, 24, Jan. 1991, S. 44–46.
207 Hier zitiert nach Dilthey, Wilhelm: Das Erlebnis und die Dichtung. Lessing, Goethe, Novalis, Hölderlin, 16. Aufl. 1985, Göttingen 1985, S. 122.

Individuelles, Irrationales und als Totalität des Erlebens […], entgegengehalten wird."[208] Diese Kopplung aus Lebens-Diskurs einerseits und identitätsstiftender, nationaler Distinktion gegenüber der Aufklärung andererseits erweist sich innerhalb der geistesgeschichtlich ausgerichteten, nach resonanzfähigen Ordnungs- und Sinnstiftungstopoi Ausschau haltenden Literaturwissenschaft als äußerst anschlussfähig.

Sicherlich, nicht alle Akteure bedienen sich explizit des Schlagwortes der „Deutschen Bewegung" – Korff etwa spricht lieber vom „Geist der Goethezeit" –, auch kommt es hinsichtlich der Bewertung des Zusammenspiels der mit dem Begriff synthetisierten Literaturbewegungen zu unterschiedlichen Akzentuierungen.[209] Die Abgrenzung von einer als wesensfremd empfundenen, rationalistischen Aufklärung jedoch kann sich im Laufe der 20er Jahre als ein fester Bestandteil literaturhistoriographischer Großerzählungen etablieren. So dekretiert Korff etwa, die Goethezeit stehe „im Widerspruche zu dem Geiste der Aufklärung", deren „letzte Idee" der „Atheismus" sei.[210] Ermatinger sieht den „Sinn der Aufklärung" in der „Lösung des abendländischen Denkens" von der „Jenseitsgebundenheit" – dass er dies nicht im positiven Sinne meint, wird deutlich, wenn er diesen Prozess als einen der Desorientierung, gar der „Zerstörung" bezeichnet, der „die Grundlage des christlichen Glaubens zerfressen" habe.[211] Und Unger weist die These, die Klassik sei lediglich die Vollendung der Aufklärung, dezidiert mit der Behauptung zurück: „Es gehört vielmehr zu dem Grundbestand unserer modernen geistesgeschichtlichen Erkenntnis, daß etwa seit der Mitte des 18. Jahrhunderts, in schärfstem prinzipiellen Gegensatz zur Aufklärung" sich „jene mächtige irrationalistische Bewegung" durchgesetzt habe, die „die gesamte Epoche des ‚deutschen Idealismus' trägt und dem ganzen deutschen Geistesleben des 19. Jahrhunderts, trotz aller zumeist aus den westlichen Nachbarländern herüberwirkenden neurationalistischen und positivistischen Gegenströmungen, […] das unterscheidende Gepräge aufdrückt."[212]

---

208 Nohl, Hermann: Die Deutsche Bewegung und die idealistischen Systeme, in: Logos, IV, 1911, S. 356–364, hier zitiert nach ders.: Die Deutsche Bewegung. Vorlesungen und Aufsätze zur deutschen Geistesgeschichte 1770–1830, Göttingen 1970, S. 78–86, hier: S. 78.

209 Während Korff im „Geist der Goethezeit" eine triadisches Erzählschema entwirft, demzufolge dem Irrationalismus des Sturm und Drang die klassische Synthese aus Rationalismus und Irrationalismus folge, die wiederum vom reinen Irrationalismus der Romantik überboten werde, legt Julius Petersen (Die Wesensbestimmung der deutschen Romantik, Leipzig 1926, S. 150 f.) ein um die Aufklärung erweitertes Modell vor, nach dem die Aufklärung als reiner Rationalismus den Sturm und Drang als irrationalistische Antithese ermöglicht habe. Während die Klassik – wie bei Korff – als Synthese aus Rationalismus und Irrationalismus verstanden wird, erscheint die Romantik als eine aus dem Erlebnis von Aufklärung und Klassik resultierende Auflehnung gegen deren Rationalismus.

210 Korff, Hermann August: Geist der Goethezeit, Leipzig 1923, S. 9 und 13.

211 Ermatinger, Emil: Das Zeitalter der Aufklärung, in: Korff, Hermann August/Linden, Walther (Hrsg.): Aufriß der deutschen Literaturgeschichte nach neueren Gesichtspunkten, Leipzig und Berlin 1930, S. 104–125, hier: S. 104 f.

212 Unger, Rudolf: Moderne Strömungen in der deutschen Literaturwissenschaft. VI: Hermann Hettner und wir, in: Die Literatur, 28, 1925/26, S. 65–69, hier: S. 67 f.

Erst dieses Dichotomisierungs- und Distinktionsangebot aber verleiht der Erzählung von einer genuin deutschen Geistesentwicklung ihr Profil und ihr Resonanzpotential inner- wie außerhalb des Faches und etabliert sie somit als Scharniererzählung.[213] Dass es sich um eine solche handelt, wird deutlich, wenn man sich ihre Mehrfachadressiertheit vergegenwärtigt. Mit innerdisziplinärer „Stoßrichtung" dokumentiert die Erzählung von der „Deutschen Bewegung" das makrologische Synthesepotential geistesgeschichtlicher Ansätze, die als Überbietung der Philologie darauf ausgerichtet sind, einen in den einzelnen literarischen Werken sich abzeichnenden, ja diese gewissermaßen erst ermöglichenden transpersonalen, epochenspezifischen „Geist" in kulturhistorischen Zusammenhängen auszumachen und darzustellen. Damit zugleich aber erschließt die geistesgeschichtliche Literaturbetrachtung – mit der Aufwertung der Romantik gegenüber der Aufklärung (und z. T. auch gegenüber der Klassik) – sich selbst ein zentrales, innerdisziplinäres Bewährungsfeld und der Disziplin insgesamt einen „neuen", bevorzugten Gegenstandsbereich[214], von dem aus die literarhistoriographische Optik sowohl auf die der Romantik vorausliegenden, als auch auf die ihr nachfolgenden Epochen neu justiert werden kann.[215] Was innerdisziplinär als wesenswissenschaftliches *surplus* erscheint, kann und wird mit Blick auf die außerdisziplinäre, gebildete Öffentlichkeit als wertesetzendes und somit Orientierungswissen stiftendes Leistungsangebot inszeniert. Denn dass die geistesgeschichtliche Erkenntnis und Rekonstruktion einer genuin deutschen, der Aufklärung abholden „Volksseele", wie sie sich im Besonderen in den Dichtungsdokumenten finden lässt (wenn man sie nur richtig zu lesen versteht), ebenso handlungsanleitendes Wertewissen von aktueller Relevanz bereit stellen will, daran lässt z. B. Korff keinerlei Zweifel: „Oder noch deutlicher gesprochen", so der Leipziger Ideengeschichtler in einem Vortrag zum „Wesen der Romantik":

> *[N]icht die Wissenschaft, sondern die Dichtung* bildet den Eingang zum wahren Verständnis der Welt. Erst wenn wir den Sinnentrug und den Verstandestrug durchschauen, gelangen wir zum wahren Wesen der Dinge. Erst wenn wir uns befreien von

---

213 „In diesem Sinne", so Dainat, „ist die Aufklärung für die Geistesgeschichte die wichtigste aller Epochen." (Dainat, Holger: Die wichtigste aller Epochen: Geistesgeschichtliche Aufklärungsforschung, in: ders./Vosskamp, Wilhelm (Hrsg.): Aufklärungsforschung in Deutschland, Heidelberg 1999, S. 21–37, hier: S. 37)

214 S. dazu im Detail Klausnitzer, Ralf: Blaue Blume, a. a. O., hier v. a. S. 38–58 und Dainat, Holger: a. a. O.

215 Diese Tendenz zu einer vorausgreifenden Teleologisierung auf die Romantik hin, die gleichsam wie ein Magnet die Eisenspäne der Einzeluntersuchungen auf sich hin lenkt, deutet sich meist in den Untertiteln der Darstellungen vorausliegender Epochen an und ist ein valider Indikator für die den literaturhistoriographischen Blick organisierende Resonanzträchtigkeit des Themas: S. etwa Unger, Rudolf: Hamann und die Aufklärung. Studien zur Vorgeschichte des romantischen Geistes im 18. Jahrhundert, 2. Aufl., Halle/Saale 1925; Schneider, Ferdinand Josef: Die deutsche Dichtung vom Ausgang des Barocks bis zum Beginn des Klassizismus 1700–1785. Prolegomena zu einer Geschichte der deutschen Romantik, Stuttgart 1924; Brüggemann, Fritz: Der Kampf um die bürgerliche Welt- und Lebensanschauung in der deutschen Literatur des 18. Jahrhunderts. Ein Beitrag zur Vorgeschichte der deutschen Romantik, in: DVjs, 3, 1925, S. 94–127.

der Herrschaft des Rationalismus und Realismus, befähigen wir uns zu einem tieferen Weltverständnis, das da anfängt, wo der Verstand des aufgeklärten Menschen endet.[216]

Es ist das gegen bestimmte Tendenzen der Moderne gerichtete Programm einer *„Erlösung durch die Gnade der Kunst"*[217], das sich in diesen Worten abzeichnet und das sich resonanzträchtig an jenen Teil der gebildeten Öffentlichkeit richtet, in dem Rationalismus, Naturwissenschaft und Technik, Positivismus, Materialismus und Marxismus als Schlagwörter für die Angst vor der eigenen gesellschaftlichen Marginalisierung, die zum allgemeinen Verfall der Nation stilisiert wird, dienen.[218] Der künstlerische Protest gegen die Vereinzelungs- und Differenzierungserscheinungen der Moderne, der sich in einem Teil jener zur „Deutschen Bewegung" synthetisierten Dokumente ausdrückt, wird zur antizipatorischen Wesensbekundung des eigenen Unbehagens in der als Kulturkrise diagnostizierten Gegenwart stilisiert. Und er soll zugleich das nötige Orientierungswissen zur Überwindung dieser Krise stiften. Vorgebildet in den Zeiten der „Deutschen Bewegung", im Laufe des 19. Jahrhunderts größtenteils vergessen, wird dieses Programm nunmehr vermittelt durch eine volksbezogene Wesens- und Wertewissenschaft, deren Angebot es zumindest gemäß der Korff'schen Ausführungen zu sein scheint, die von den Krisenerfahrungen der Moderne umdrohten und geblendeten „Höhlenbewohner" des 20. Jahrhunderts zurück zum „wahren Wesen der Dinge" zu führen. Allerdings wird letzteres – um im Bilde zu bleiben – gerade nicht mehr außerhalb der Höhle, sozusagen im Lichte der Aufklärung, verortet, sondern die hier von Korff umrissene Wesenswissenschaft scheint zu versprechen, dass man „zum wahren Verständnis der Welt" nur gelange, wenn man im Gegenteil noch tiefer in die Höhle, gleichsam bis zu ihrem Grund (der eben auch der Grund der Dinge sei) vordringt.

---

216 Korff, Hermann August: Das Wesen der Romantik. Ein Vortrag, in: ZfDk, 43, 1929, S. 545–561, hier: S. 548.
217 Korff, Hermann August: Geist der Goethezeit, Leipzig 1923, S. 45.
218 In grellen Farben und drastischer als Korff malt z. B. Hans Naumann das Schreckensbild eines seit der Aufklärung in Gefahr geratenen „deutschen Volkstums": „Denn seitdem es mit der Aufklärung des 18. Jahrhunderts wie eine Krankheit über Deutschland kam und seitdem dann besonders im 19. Jahrhundert Kapitalismus und Proletariat, Marxismus und wirtschaftliche Weltanschauung, Übervölkerung, politisches Massenbewusstsein und Maschinenzeitalter erwachten, alle miteinander aufs engste verschwistert und keines ohne die anderen denkbar, eine wirkliche Schar apokalyptischer Reiter, seitdem ist es langsam zu einer Auflösung und schließlich zu einer namenlosen Katastrophe in dem ständisch und kulturell so schön gegliederten Aufbau des deutschen Volkstums gekommen." (Naumann, Hans: Deutsche Nation in Gefahr, Stuttgart 1932, S. 29) Aber selbst bei Naumann wächst das Rettende auch in Gestalt einer „Revolution von rechts", wenn er seine Alarmschrift beschließt: **„Zwei** Bewegungen des 18., 19. Jahrhunderts sind nacheinander gesunkenes Kulturgut geworden, Aufklärung wie Romantik. Die eine hat zu einer Revolution von links, die andre zu einer von rechts geführt. Beide haben das Wort ‚Volk' aus vager Idee in geschichtliche Realität erhoben, wenn auch in verschiedenem Sinn. Aber die eine hat die Strukturen des Volkstums zerstört, die andre stellt sie vielleicht wieder her und ergänzt sie. Jene war bezeichnenderweise von außen, diese von innen gekommen." (37)

Nach 1933 lässt sich dann die Scharniererzählung von der „Deutschen Bewegung" wie auch die ihr zugrunde liegende ursprungsmythologische Rede vom Volk als wesenhaftem Grund und Zielpunkt jeder Dichtung bruchlos fortsetzen und zugleich aktualistisch mit dem gegenwärtigen politischen Geschehen parallelisieren. Die „Deutsche Bewegung" wie auch die Rede vom „Volk" fungieren somit als eine Art semantischer Filter, durch den sich das aktuelle politische Geschehen und die daraus resultierenden Anforderungen an das Fach in eine innerdisziplinär akzeptable Sprache und Logik übersetzen lassen. Exemplarisch zeigt sich dies im Nachwort der 1934 vom Tübinger Ordinarius und geistesgeschichtlichen Romantikexperten Paul Kluckhohn herausgegebenen Sammlung *Die Idee des Volkes im Schrifttum der deutschen Bewegung von Möser und Herder bis Grimm*, in dem es heißt:

Die Bewegung unserer Tage steht der deutschen Bewegung um 1800 näher, als es den meisten Menschen heute bewußt ist. Man kann geradezu sagen: Der deutschen Bewegung von heute ist durch die um 1800 geistig stark vorgearbeitet worden, oder – anders gesehen – wesentliche Ideen des Dritten Reiches sind aus den gleichen Tiefen gespeist, die schon die wertvollsten Epochen der deutschen Geistesgeschichte befruchtet haben.[219]

---

[219] Kluckhohn, Paul (Hrsg.): Die Idee des Volkes im Schrifttum der deutschen Bewegung von Möser und Herder bis Grimm, Berlin 1934, Nachwort, S. 323. So Kluckhohn auch im gleichen Wortlaut bei seinem Vortrag *Die Ideen Staat und Volk in der Deutschen Bewegung um 1800*, den er am 27.11.1937 in der Württembergischen Verwaltungsakademie hält (s. Dubbels, Elke: a. a. O., S. 701). In einm öffentlichen Vortrag an der Universität Tübingen am 24.05.1933 über die „Gegensätze in der Dichtung der Gegenwart", die er geistesgeschichtlich zu durchdringen sich anschickt, wertet Kluckhohn gegenüber dem Impressionismus und dem Expressionismus jene Dichtung „mit Verantwortung dem Volk und der Volksgemeinschaft gegenüber" auf (er nennt hier u. a. Paul Ernst, Hans Grimm, E. G. Kolbenheyer und Hanns Jost): „Alle diese Dichter sind einig in der Überzeugung, daß die Dichtung in der Gegenwart an hervorragender Stelle mitzuwirken habe an dem organischen Neuaufbau einer völkischen Kultur. [...] Der politischen Revolution unserer Tage hat so die Dichtung vorgearbeitet." (Kluckhohn, Paul: Die Gegensätze in der Dichtung der Gegenwart und ihre geistesgeschichtlichen Voraussetzungen, Stuttgart 1933, S. 26 f.) In der *Geistigen Arbeit* resümiert Dr. H. Bumenthal „Tendenzen der neueren Herderforschung" und kommt angesichts von Kluckhohns Quellensammlung zu dem Schluss: „In der Tat hat unsere Zeit, die in der Erhaltung und Stärkung unseres Volkstums ihre höchste Aufgabe sieht, die Pflicht, sich Herders zu erinnern, wenn auch zugegeben werden muß, daß Herders Volksbegriff das Moment der Rasse noch nicht enthält. Diese Ahnenschaft haben auch Wegbereiter des Dritten Reiches immer wieder anerkannt: den ‚Vater der jungen Völker' hat Möller van den Bruck ihn genannt. Max Hildebert Böhm hat bei seinen Bemühungen um eine Erforschung der Gesetzlichkeit des Volkstums und seine geistesgeschichtliche Begründung vor allem an Herder angeknüpft." (in: Geistige Arbeit, Nr. 7, 1936, S. 10) Auch Fritz Martini erläutert in einer exoterisch adressierten Schrift *Werden und Wesen der „Deutschen Bewegung"* (in: Geist der Zeit. Wesen und Gestalt der Völker. Organ des Deutschen Akademischen Austauschdienstes e.V. Berlin, 15, 1937, S. 343–355 und 460–473) Dort entfaltet er noch einmal den Grundgedanken eines „deutschen Sonderweges": „Die Überwindung der geistigen Welt der Aufklärung [...] hat das Schicksal und den Charakter der neueren europäischen Geistesgeschichte bis zum heutigen Tage bestimmt. Diese Überwindung der Aufklärung ist wesenhaft nicht mehr ein gemeineuropäischer Vollzug, vielmehr teilte sich jetzt der geistige Weg der Völker, ihre entscheidende Eigenart prägte sich mehr als bisher im Gesamtbild ihres kulturellen Lebens

Über das Schlagwort von der „Deutschen Bewegung" wird hier ein Verhältnis etabliert, in dem Literaturwissenschaft als Geistesgeschichte und Politik als Ressourcen für einander fungieren können. Indem die geistesgeschichtliche Deutung der deutschen Geschichte sich anheischig macht, die aktuelle politische „Bewegung" in ein nobilitierendes Traditionskontinuum einzuschreiben und ihr somit ein Legitimationsangebot unterbreitet, kann sie sich zugleich und eben dadurch Resonanzgewinne im NS versprechen, die wiederum sie selbst in ihrem beanspruchten Status als einer der wichtigsten volksbezogenen Wesens- und Wertewissenschaften legitimieren.

Bei aller Kontinuität der Semantik wie auch der mit ihr verbundenen geistesgeschichtlichen Methodologie über die politische Zäsur hinaus, sollte der Funktionswandel einer solchen volksbezogenen Wesens- und Wertewissenschaft unter den veränderten politisch-gesellschaftlichen Verhältnissen nicht übersehen werden. Was sich vor 1933 immer auch als literaturwissenschaftlicher Einspruch gegen die Realitäten der Moderne im Allgemeinen und die der Weimarer Republik im Besonderen artikuliert, wird nunmehr zur Affirmation des bestehenden politischen Systems. Oder, um es anders zu formulieren, aus dem gegenwartskritischen Ursprungsmythos vom Zusammenhang zwischen Dichtung und Volk wird ein affirmativer Gegenwartsmythos. Kluckhohn selbst bleibt das für die Wissenschaft Prekäre, das in einem solchen Bestätigungsverhältnis liegen könnte, keineswegs verborgen. Bereits unmittelbar nach dem Machtwechsel schreibt er in einem Brief an Hermann Niemeyer: „Meine Freude an der nationalen Erhebung ist nicht ganz frei; um die kulturellen Dinge bin ich etwa in Sorge, die Gefahr der Verflachung ist gross."[220] Eine solche „Gefahr der Verflachung" besteht auch für seine Wissenschaft – dies erkennt der Mitherausgeber der vielleicht wichtigsten und disziplinäre Standards setzenden, literaturwissenschaftlichen Traditionszeitschrift deutlich –, wenn sie durch eine allzu ostensive Ausrichtung ihres semantischen Inventars auf die Politik das prekäre Verhältnis von Eigensinn und Resonanz aus dem Gleichgewicht bringt. Dass dazu auch seine eigenen Schriften beitragen, scheint

aus. Die „Deutsche Bewegung" als politisch-geistige Gesamterscheinung [...] ist nichts anderes als die deutsche Überwindung der Aufklärung im weitesten Sinne, die Gründung eines deutschen Eigenseins im Raume der europäischen Kultur." (343 f.) Auch Martini verzichtet nicht auf den geistesgeschichtlichen Bogenschlag zur Gegenwart, wenn er feststellt: „Die Deutsche Bewegung lebte in den politischen Kämpfen des 19. Jahrhunderts fort, so oft diese auch in die Irre gingen, fremdem Ideengut neuen Raum gaben; [...] sie fand in Bismarcks Reichsgründung die erste politische Wirklichkeit und sie steht als geistiges Erbe auch vor allem hinter der deutschen Volkwerdung unserer Zeit." (473) Die Schriftleitung der Zeitschrift lässt einleitend keinerlei Zweifel an der Bedeutsamkeit der Scharniererzählung: „Innerhalb der geistigen Entwicklungsgeschichte des deutschen Volkes nimmt die sogenannte „Deutsche Bewegung" einen besonders bedeutsamen Raum ein. Sie bezeichnet jenen Zeitraum, der, von der ausgehenden Aufklärung ausgehend bis hin zur Romantik und zum politisch erwachten Bürgertum, die erste große neuzeitliche Wende der deutschen politischen und Geistesgeschichte umfaßt und somit zur Grundlage wurde für eine spätere Entwicklung, die heute erneut zu einer Geisteswende allergrößten historischen Ausmaßes geführt hat. [...] Der Geist jener Zeit ist heute, nach hundert Jahren, wiederauferstanden." (Vorbemerkungen der Schriftleitung, a. a. O., S. 343)

220 Brief von Paul Kluckhohn an Hermann Niemeyer vom 04.04.1933 (zit. nach Dubbels, Elke: a. a. O., S. 690).

dem Tübinger Ordinarius durchaus bewusst zu sein. So hegt er etwa in einem Brief an den Mitherausgeber der *DVjs*, Erich Rothacker, Bedenken gegen die Veröffentlichung seines eigenen Aufsatzes zum *Berufungsbewußtsein und Gemeinschaftsdienst des deutschen Dichters im Wandel der Zeiten* in der *DVjs*, „weil er in seinem Duktus nicht für eine rein wissenschaftliche Zeitschrift verfasst war"[221] und deshalb nicht in das auf Wissenschaftlichkeit bedachte Profil der Zeitschrift passe. Rothacker scheint diesbezüglich weniger skrupulös und versichert bereits vorher, dass ein solcher Beitrag „gerade das ist, was wir brauchen."[222] Der Aufsatz erscheint schließlich 1936 im Eröffnungsheft der *DVjs*. Ausgehend von der Gegenwart perpetuiert Kluckhohn hier das bekannte Erzählmuster einer dichotomisch verlaufenden Literaturgeschichte: auf der einen Seite stehen jene volks- und gemeinschaftsbewussten Autoren, die „im Zusammenhang mit dem lebendigen Volksleben schaff[en]"[223] und auf der anderen jene noch dem Geist einer individualistischen Aufklärung Verpflichteten, die sich – in Sonderheit seit der Mitte des 19. Jahrhunderts und in Gestalt des „auf die Massen wirken" wollenden Jungen Deutschlands und der „naturalistischen Unkunst" – solchen „überindividuellen Bindungen" zunehmend zu entziehen versuchen. Die scharniersemantische Klammer bildet auch hier wiederum die „Deutsche Bewegung":

> In solchem Berufungsbewußtsein, das sich nicht nur sich selbst, sondern überindividuellen Mächten, dem eigenen Volke und Gott, verpflichtet und verantwortlich weiß, und in einer Haltung, für die Dichten Dienst an der Gemeinschaft bedeutet, stehen heute Dichter sehr verschiedener Art und Altersstufen zusammen. Ihre Überzeugungen bilden einen Gegensatz zu vielem, was ein Jahrhundert lang und länger landläufige Meinung war, können aber in Klopstock, Herder, Hölderlin und anderen Großen der „deutschen Bewegung" und in deutschen Dichtern viel früherer Zeiten ihre Vorfahren sehen.[224]

---

221 Brief Paul Kluckhohn an Erich Rothacker vom 13.11.1935 (zit. nach Dubbels, Elke: a.a.O., S. 703).
222 Brief Erich Rothacker an Paul Kluckhohn vom 10.11.1935 (zit. nach Dubbels, Elke: a.a.O., S. 703).
223 Kluckhohn, Paul: Berufungsbewußtsein und Gemeinschaftsdienst des deutschen Dichters im Wandel der Zeiten, in: DVjs, XIV, 1936, S. 1–30, hier: S. 18.
224 Kluckhohn, Paul: a.a.O., S. 30. Der aktualistische Bezug wird diesmal – wenn auch vergleichsweise moderat – einleitend hergestellt: „Unsere Zeit des Umbruchs, die viele grundlegend neue Aufgaben stellt und alte neu sehen lehrt, läßt auch die Berufung und die Verantwortung des Künstlers und besonders des Dichters anders sehen, als es den jüngst vergangenen Jahrzehnten geläufig war." (S. 1) In seinem 1941 erschienenen Forschungsbericht heißt es: „Dieser Umbruch erhöhte und verstärkte die Bedeutung der gesamten Deutschwissenschaft als der Wissenschaft vom deutschen Menschen und von deutscher Kultur und damit auch die der Wissenschaft der deutschen Literatur als der Aussprache der deutschen Seele. Ein stärkeres Verantwortungsbewußtsein, auch der Einzelforschung, gegenüber dem Volksganzen und dem deutschen Kulturerbe ergibt sich daraus. Besinnung auf die lebendigen Werte des eigenen Volkstums wurden nun mehr als vorher ein Hauptanliegen der deutschen Literaturgeschichte." (Kluckhohn, Paul: Deutsche Literaturwissenschaft 1933–1940. Ein Forschungsbericht. In: Forschungen und Fortschritte, XVII. Jg. (1941), S. 33–39, hier zit. nach: Gilman, Sander L. (Hrsg.): NS-Literaturtheorie, Frankfurt am Main 1971, S. 245–264, hier: S. 247) S. auch Kluckhohn, Paul: Die konservative Revolution in der Dichtung der Gegenwart, in: Zeitschrift für deutsche Bildung, 9, 1933, S. 170–190.

Kluckhohns Befürchtungen vor einer „Verflachung" sollten sich innerhalb der ersten Jahre nach dem Machtwechsel als durchaus begründet erweisen. Dies zeigt der Blick auf die Selbstthematisierungs- und Außendarstellungsdiskurse innerhalb des literaturwissenschaftlichen Feldes. Es wäre – angesichts ihrer Vielzahl – ein ermüdendes Unterfangen, wollte man hier auf all jene explizit oder implizit programmatischen Beiträge im Detail eingehen, die sich zwar im jeweiligen Niveau durchaus voneinander unterscheiden mögen, die sich aber angesichts ihrer einheitlichen Semantik und Argumentationslogik alle dem Konzept einer schon vor 1933 entwickelten, nunmehr aber in ihrer Funktion gewandelten volkhaften Wesens- und Wertewissenschaft und deren herrschaftslegitimierenden Leistungsangeboten verpflichtet zeigen. In ihrer Gesamtheit konstituieren sie den orthodoxen *mainstream* der Disziplin. Allerdings – und dies gilt es zu berücksichtigen – kommt es auch in diesem Zusammenhang weder zu einer methodologischen Homogenisierung der Disziplin, noch wird der dem wissenschaftlichen Eigensinn inhärente Konkurrenz- und Überbietungsmechanismus völlig still gestellt.

Ob – um exemplarisch jedoch wenigstens einige anzuführen – nun Benno von Wiese 1933 über den Zusammenhang von *Dichtung und Volkstum* oder fünf Jahre später am Jahrestag der Machtergreifung vor der Universität Erlangen über *Volk und Dichtung* raisonniert[225]; ob nun Karl Justus Obenauer im Rahmen seiner Bonner Antrittsvorlesung *Volkhafte und politische Dichtung* über „Probleme deutscher Poetik" spricht oder ob Gerhard Fricke 1937 die *Aufgaben einer völkischen Literaturgeschichte* umreißt.[226] Stets geht es ihnen darum, ausgehend von einem als metaphysisch gedachten Konnex zwischen Volk und Dichtung, implizit oder explizit das Bild einer nunmehr in gesteigertem Maße gegenwartsrelevanten Wesens- und Wertewissenschaft zu zeichnen. An von Wieses Ausführungen zu „Dichtung und Volkstum", die er 1933, damals noch als außerplanmäßiger, außerordentlicher Professor an der Universität Erlangen, veröffentlicht, lässt sich noch einmal exemplarisch die Argumentationslogik einer volkhaften Wesens- und Wertewissenschaft aufzeigen. Im Wesentlichen ist sie durch sechs Schritte gekennzeichnet. Ausgangspunkt ist das – nicht selten im Rekurs auf Herder erhobene – Postulat eines ursprungsmythologischen Konnexes zwischen Dichtung und einem holistisch-ethnisch gedachten Volk:

„Das aber", so lautet dieser erste Schritt bei Benno von Wiese, „ist das Entscheidende: jeder Dichter schafft aus dem unbewußt-bewußten Kontakt mit der Kernsubstanz des Volkstums, in der das All der Welt zum dichterischen Gehalt wird. So steht Dichtung und

---

225 Wiese, Benno von: Dichtung und Volkstum, Frankfurt am Main 1933; ders.: Volk und Dichtung von Herder bis zur Romantik. Rede gehalten vor der Universität Erlangen am 30. Januar 1938, Erlangen 1938.
226 Obenauer, Karl Justus: Volkhafte und politische Dichtung, Leipzig 1936 (= Weltanschauung und Wissenschaft. Hrsg. von Ernst Krieck, Band 5); Fricke, Gerhard: Aufgaben einer völkischen Literaturgeschichte, in: Wissenschaft und Wirklichkeit. Almanach zum 10-jährigen Bestehen des Junker und Dünnhaupt Verlags Berlin 1927–1937, Berlin 1937, S. 62–67.

Volkstum in unlösbarer Wechselbeziehung."[227] Was im „mütterlichen Grund" der Sprache „zunächst unbewußt und gleichsam von selber geschieht", so von Wiese – mittlerweile planmäßiger, außerordentlicher Professor in Erlangen – fünf Jahre später, „das vollenden die Dichter, wenn sie den bereits in den Worten erfahrenen Zusammenhang der Dinge zum bewußten Wortkunstwerk gestalten. Aber schon das sprachliche Werden entsteht aus namenlosen, poetischen Kräften, die in unbemerkter Wirksamkeit sich aus dem Lebensgesetz des Volkstums heraus entfalten."[228]

---

[227] Wiese, Benno von: Dichtung und Volkstum, Frankfurt am Main 1933 (im Folgenden abgekürzt zitiert als DuV), S. 11. Obenauer charakterisiert in diesem Zusammenhang die Dichtung als „Eingebungen aus der Substanz des überindividuellen Lebensgrundes" und umreißt im Rekurs auf Kolbenheyer das Wesen des „volkhaften Dichters" wie folgt: „**er** hört den irrationalen Anruf des Ganzen, mit dem sein Inneres erst zu schwingen und zu klingen beginnt; **er** schafft nicht in werkbesessener Leidenschaft nur um des Werkes willen, sondern in dieser inneren Wesensbindung an das Ganze, in diesem aus dem Ganzen Herkommen des Werkes und zu ihm Zurückstreben." (Obenauer, Karl Justus: Volkhafte und politische Dichtung, Leipzig 1936, S. 14). Julius Petersen dekretiert, dass „an der Deutung der Dichtung als höchsten Ausdruckes nationalen Lebens und an der Erkenntnis ihres Zusammenschlusses zu einer rassisch gegründeten und im Lauf der Geschichte schicksalsmäßig vollendeten Einheit […] nicht nur Kenntnis, sondern Selbsterkenntnis beteiligt sein [muß]" (Petersen, Julius: Literaturwissenschaft als Methodenlehre, in: Helicon, 1938, S. 15–31, hier: S.19). Bei Franz Koch heißt es: „Lassen doch gerade die dichterischen Äußerungen eines Volkes tiefer in sein Wesen blicken als irgendwelche anderen, da sie ihre Wurzel in den emotionalen, in den metaphysischen Tiefen des Volkslebens haben, die noch nicht vom Scheinwerfer des Bewußtseins überblendet sind." (Koch, Franz: Von der übervölkischen Aufgabe des deutschen Schrifttums. Vortrag, gehalten an der Universität Helsinki anlässlich der Eröffnung der Deutschen Buchausstellung, in: Nationalsozialistische Monatshefte, 1941, S. 732–739, hier: S. 737) Alfred Nollau hingegen scheint die hochfrequente ursprungsmythologische Argumentationsfigur immer noch nicht verbreitet genug: „Es ist beileibe noch keine allgemeine Einsicht, **daß Dichtung im Letzten dem Volke verpflichtet ist**, daß sie aus seiner Mitte kommt und, erfüllt mit dem Reichtum der Phantasie und der Weisheit des Deutens, zum Volke zurückkehrt und ihm die Fülle seines Daseins und die Kräfte seines Bestandes aufzeigt. […] Hier sind Worte wie ‚Volk' und die ihm aufs nächste zugeordneten Begriffe ‚Heimat' und ‚Umwelt' von besonderer Bedeutungsschwere und erst wenn sie recht verstanden sind, kann mit der Deutung des Schrifttums begonnen werden." (Nollau, Alfred: Gesamtdeutsches Denken. Eine Aufgabe der deutschen Literaturwissenschaft unserer Zeit, in: Der Auslandsdeutsche. Zeitschrift für die Kunde vom Auslandsdeutschtum, 20, 1937, S. 478–481, hier: S. 480)

[228] Wiese, Benno von: Volk und Dichtung von Herder bis zur Romantik. Rede gehalten vor der Universität Erlangen am 30. Januar 1938, Erlangen 1938 (im Folgenden abgekürzt zitiert als VuD), S. 6. In der zeittypischen organologischen Diktion will von Wiese unter Volk einen „zugleich beseelten und pflanzenhaften Organismus" (10) verstanden wissen und auch die Dichtung selbst wird demzufolge gleichsam botanisiert, entstehe sie doch „aus dem Wohlgefühl des organischen Wachsens heraus, und die dichterischen Werke erhalten von hier aus etwas Pflanzenhaftes." (7; zur organologisch-botanischen Metaphorik solcher Konzepte s. auch III.5.1) Dass es von Wiese um eine holistisch-ethnische Variante des Volksbegriffes geht, die zugleich auf Resonanzeffekte im politischen Feld setzt, indem sie Herder eine aktualistisch deutbare Antizipatorenrolle zuschreibt, wird in seiner 1939 erschienenen Herder-Monographie deutlich, wenn es dort im diesmal „Dichtung und Volk" betitelten Kapitel heißt: „Denn Volk heißt für Herder nicht nur ein geschichtliches Gebilde, das sich mit der Ausbreitung der Kultur mehr und mehr vom ursprünglichen Leben entfernt, sondern auch ein organisches Gebilde,

Das „Lebensgesetz" dieses „Deutschen" wird – zweitens – als Entelechie beschrieben, denn, so von Wiese, die „Entwicklung deutschen Selbstverständnisses bedeutet nichts anderes als das allmähliche Enthüllen der eingeborenen Form, nach der sich das eigene Gesetz deutschen Wesens unübertragbar entfaltet."[229] Das eschatologische Moment dieser Erzählung ist offensichtlich und aus ihm speist sich zugleich die Parallelisierung des Amtes der Dichtungsdeutung, die gleichsam zum Sprachrohr dieses Selbstvollendungsprozesses stilisiert wird, mit dem des Priesters.[230] Zeitsoziologisch gesehen entpuppt sich dieses Narrativ einer nationalen Entelechie als einer jener Versuche, innerhalb der säkularisierten,

eine ‚Generation', eine ‚genetische Kraft', wobei Herder diese Worte nicht im zeitlichen, sondern im biologischen Sinne versteht […] Herder spricht hier auch von ‚Stamm' oder ‚Geblüt', dabei in manchem dem heutigen Begriff der ‚Rasse' sich gelegentlich schon nähernd." (Wiese, Benno von: Herder. Grundzüge seines Weltbildes, Leipzig 1939, S. 33 f.) Herder habe sich „von diesem biologischen Begriff des Volkes aus" gegen die „Wanderung der Nationen und gegen die Vermischung mit fremden Völkern" gewandt: „Ein Volk, das sein Blut nicht rein erhält, gerät damit in Gefahr, die ,Originalbildung' zu zerstören." (34) S. dazu auch Becker, Bernhard: Herder in der nationalsozialistischen Germanistik, in: Schneider, Jost (Hrsg.): Herder im „Dritten Reich", Bielefeld 1994, S. 145–159.

[229] DuV, S. 17. Der Gedanke der „Unübertragbarkeit" enthält bei von Wiese zudem eine anti-aufklärerische und humanismuskritische Spitze, denn vom „deutschen Wesen" aus „erfolgte der Kampf gegen die beliebige Übertragung von Lebens- und Denkformen, gegen die Schemata einer allgemeinen Vernunft und gegen die unwirkliche Idealität bloßer Menschheit." (Ebd.) In VuD tritt an die Stelle des „ewig Deutschen" das Volk, das „in seiner Geschichte als Brücke zum Ewigen verstanden wird." (12) Auch Fricke spricht von der „Selbstverwirklichung deutschen Wesens" (65) und vom „ewig deutschen Sinn" (Ebd.) sowie vom „unvergänglichen Erbe des deutschen Geistes" (64). Für Julius Petersen steht die transhistorische Wesensidentität des Deutschen außer Frage, „denn vom Altertum bis zur Gegenwart war es doch der in allen zeitlichen Veränderungen sich gleich bleibende Geist des deutschen Volkes, in dessen Blut und in dessen stammhaften Wurzeln die inneren Gesetze seines Werdens lagen." (Petersen, Julius: Berliner Germanistik. Erinnerungen zur Fünfzigjahrfeier des Germanischen Seminars am 18.12.1937, in: Geistige Arbeit, Nr. 4, 1938, S. 11) Bei Lugowski heißt es: „Das ,Deutsche' ist nicht Inbegriff von starren Werten, ebensowenig wie es ein Sammelname für eine Mehrzahl ist, sondern eine **Kraft**, und zwar eine Kraft, die in jeder deutschen Wirklichkeit lebt. Wir begreifen damit ein eingeborenes Artgesetz, das alles geschichtliche deutsche Leben durchwirkt, wie reich auch immer die Mannigfaltigkeit der Gestaltungen sein mag. […] Deshalb suchen wir in aller geschichtlichen Rückwendung auch zu unserer ältesten Vergangenheit in einem wohlverstandenen Sinn immer **uns selbst**. Uns fesselt nicht das Vergängliche und nur Zeitbedingte, sondern immer nur das, was wir als geheimnisvolle, bindende Macht in aller deutschen Wirklichkeit der Vergangenheit und Gegenwart wirken sehen." Das Volk, so Lugowski, sei „ein geschichtlich Werdendes, das sich selbst zur Verwirklichung aufgegeben ist." (Lugowski, Clemens: Dichtung als Verkörperung deutschen Volkstums, in: ZfDB, 15, 1939, S. 2–10, hier: S. 4 und 8)

[230] Zur Komponente des Theologischen im Selbstverständnis der Literaturwissenschaft s. v. a. die Arbeiten Vondungs: Vondung, Klaus: Völkisch-nationale und nationalsozialistische Literaturtheorie, München 1973; ders.: Autodafé und Phoenix. Vom Glauben an den deutschen Geist, in: Denkler, Horst/Lämmert, Eberhard (Hrsg.): „Das war ein Vorspiel nur …". Berliner Colloquium zur Literaturpolitik im „Dritten Reich", Berlin 1985, S. 89–104; ders.: Revolution als Ritual. Der Mythos des Nationalsozialismus, in: Härtl, Ursula/Stenzel, Burkhard/Ulbricht, Justus H. (Hrsg.): Hier ist Deutschland …Von nationalen Kulturkonzepten zur nationalsozialistischen Kulturpolitik, Göttingen 1997, S. 45–56; ders.: Literaturwissenschaft als Literaturtheologie. Der religiöse Diskurs der Germanistik im Dritten Reich, in: Rhetorik 16, 1997, S. 37–44.

„beschleunigten" Moderne noch einmal eine Form der *Sakralzeit* zu konstituieren, in der „die Diskrepanz zwischen der begrenzten Lebenszeit und der perspektivisch unbegrenzten Weltzeit" erzählend überbrückt und „zu eine[r] narrativen und lebenspraktischen"[231] Einheit gebracht werden soll. Diese „heilige Zeit", so Hartmut Rosa im Anschluss an Durkheim, Mauss und Blumenberg über die sozialkonstitutive Rolle der Sakralzeit, „überwölbt die lineare Zeit des Lebens und der Geschichte, begründet ihren Anfang und ihr Ende und hebt Lebens- und Weltgeschichte in einer gemeinsamen höheren, gleichsam ‚zeitlosen Zeit' auf. [...] Die *sakrale Zeit* hat dabei im Gegensatz zu der linearen, quantitativen, der diesseitigen Welt und dem Alltag (‚Werktag') zugehörigen *profanen Zeit* einen zeitlos-zyklischen, qualitativen, einer anderen oder höheren Welt zugehörigen Charakter."[232]

Aus der ursprungsmythologisch gedachten *unio mystica* von Dichtung und Volkstum resultiert dann – drittens – die Suggestion der wesenskundlichen Superiorität des Gegenstandsbereiches der eigenen Disziplin: der Dichtung, so von Wiese, als „unmittelbarem Ausdruck" der nationalen Entelechie, gebührt der „Vorrang vor bloßer Primitivität und reiner Bildung", weil sie „nichts anderes" bedeute, „als das Offenbarwerden dieses mystisch-mütterlichen Grundes, das in die Erscheinung Treten des unbewußten Lebenszusammenhanges, die Einheit von Zeichen und Bezeichnetem, in der sich der unbewußt empfangende Lebens- und Sprachgrund des Volkstums seine Symbole gibt."[233] Im Konnex zwischen Dichtung und Volkstum manifestiert sich somit gleichsam ein doppelter, bzw. reziproker Transsubstantationsprozess: aus dem noch „namenlosen" Volkstum emaniert das dichterische Wort, das wiederum – so der alte Intellektuellentraum[234] – zur Tat, d. h. hier „zum Fleische" jenes nationalen Volkskörpers wird, das durch das dichterische Wort in sichtbarer Weise erst gestiftet wird.[235]

---

231 Rosa, Hartmut: a. a. O., S. 35.
232 Rosa, Hartmut: a. a. O., S. 35 f. Zur sozialkonstitutiven Rolle der Sakralzeit s. u. a. Durkheim, Emile: Die elementaren Formen des religiösen Lebens, Frankfurt am Main 1981; ders./Mauss, Marcel: Über einige primitive Formen von Klassifikation. Ein Beitrag zur Erforschung der kollektiven Vorstellungen, in: Durkheim, Emile: Schriften zur Soziologie der Erkenntnis, Frankfurt am Main 1993, S. 169–256; Watts Miller, William: Durkhemian time, in: Time&Society, 9, 2000, S. 5–20; Blumenberg, Hans: Lebenszeit und Weltzeit, Frankfurt am Main 1986.
233 DuV, 8 und 18. „Die Dichtung also", so heißt es in VuD nietzscheanisierend, „soll zur Erde zurückkehren und aus den Spuren und Eindrücken des Vergangenen den Volksgeist, der im Vergangenen wirkte, aber gleichzeitig Vergangenheit, Gegenwart und Zukunft aneinander bindet, zur Anschauung bringen." (13) Auch Obenauer spart hier nicht mit Superlativen: „Eben hierin aber liegt das letzte ‚Wesen' der Dichtkunst, [...], das alle Zustände, alle Taten und Leiden, alle Seins- und Lebensformen eines Volkes zu erfassen und auszusprechen vermag, und das so unendlich ist wie das Volk selbst, ja das seine Unsterblichkeit erst verbürgt und vollendet." (Obenauer, Karl Justus: a. a. O., S. 34) Fricke spricht vom Gegenstandsbereich seiner Disziplin als der „unmittelbarsten und innigsten Selbstoffenbarung des Volksgeistes" (Fricke, Gerhard: a. a. O., S. 65).
234 Dietrich Harth (a. a. O., S. 359) spricht in diesem Zusammenhang von der „Literaturnation" als einem „deutschen Tagtraum".
235 Auch Hitler bedient sich bekanntlich immer wieder gerne im bildungsbürgerlichen Archiv kunstreligiöser Semantik. So taucht der Topos der Transsubstantation etwa in seiner Rede auf der Kultur-

Die Abgrenzung gegenüber „bloßer Primitivität" und „reiner Bildung" deutet bereits den vierten und fünften exemplarischen Argumentationsschritt an, die doppelte Distinktion von Volkstum und Dichtung gegenüber „Masse" und unechter „Verfallsliteratur". Zwar impliziert die Beschwörung einer volkhaften Dichtung in der Regel die modernekritische Sehnsucht nach einem Gesellschaftszustand, in dem an „die Stelle der aufgeklärten Gesellschaft [...] die bis ins ehrfürchtige Dunkel des Menschheitsursprunges zurückreichende Fülle der Geschlechter, Stämme und Völker, deren Gebärden und Rufe, deren Zartheit und Schmerz, deren Glaube und Leidenschaft, deren Gesinnung und Charakter, deren Geschichte und Tradition"[236] tritt; jedoch findet diese retro-authentizistische Inklusionsgeste im Zeichen des „Volkhaften" zumeist ihre Grenzen dort, wo es um die Verteidigung der bildungsbürgerlichen Definitionshegemonie in kulturellen Angelegenheiten geht. Konkreter heißt dies: zwar wird eine „volkhafte" Dichtung allenthalben beschworen, was aber als „volkhafte" Dichtung zu verstehen sei, dies zu bestimmen, obliegt auch weiterhin dem durchaus nicht interesselosen Geschmacksurteil jener institutionalisierten, bildungsbürgerlichen Dichtungsspezialisten, die ihr gesellschaftliches Prestige vor allem aus dieser Zuständigkeit ableiten. Demzufolge gilt es, das im Rahmen des eigenen Deutungsmusters (immer schon) Favorisierte einerseits durch die Zuschreibung von „Volkhaftigkeit" zu nobilitieren und es zugleich und andererseits von den „Massen"produkten und dem (mitunter politischen) „Verfallsschrifttum" einer als Bedrohung empfundenen kulturellen Moderne abzugrenzen. Zentrale Exlusionskriterien liefern in diesem Zusammenhang die typischen Argumentationsfiguren der „bildenden Funktion" und des „schönen Scheins". Dem Verdikt der Unangemessenheit verfallen mithin jene literarischen Hervorbringungen, die nicht als „Ausweis und Medium" der individuellen und nationalen Bildung dienen können und die nicht als Ausdruck einer autonomen, zeitenthobenen Welt der Freiheit und Sittlichkeit, der Schönheit und Wahrheit erscheinen.[237]

Von Wiese übersetzt die Distinktion zwischen Volk und Masse in den Unterschied zwischen Volkstum und Volkstümlichkeit: „Volkstum ist nicht das Volkstümliche; sondern Volkstum ist das einmalige Gesetz der Nation, das gerade in den bedeutendsten und tiefsten Schöpfungen dieser Nation ans Licht tritt, keineswegs in denen, die den Beifall der Menge gefunden haben."[238] Um aber erkennen zu können, dass ein „Hölderlinscher Vers, oft nur von einigen wenigen in seinem ganzen Gehalt verstanden und empfunden, [...] unendlich mehr vom Wesen deutschen Volkstums [enthält] als viele weit verbreitete und

---

tagung des Parteitages 1933 – *Die deutsche Kunst als stolzeste Verteidigung des deutschen Volkes* – auf, wenn es über die „gottbegnadeten", großen Künstler heißt: „Damit sind diese [die großen Künstler; G.K.] aber die Wegweiser für eine lange Zukunft, und es gehört mit zur Erziehung einer Nation, den Menschen vor diesen Großen die nötige Ehrfurcht beizubringen, denn sie sind die Fleischwerdung der höchsten Werte eines Volkes." (in: Nationalsozialistische Monatshefte, 4, 1933, S. 434–442, hier: S. 441).

236 DuV, 10.
237 Bollenbeck, Georg: a. a. O., S. 62–84.
238 DuV, 14.

beliebte Schlager und Gassenhauer", bedarf es auch weiterhin des zünftig-distinguierten Spezialistenblicks, der jenseits eines populistischen Dilettantismus oder bloßen Marktkalküls das „Echte" von bloßen volkstümelnden Velleitäten zu scheiden weiß.[239] Der Forderung nach einer der Idee des „schönen Scheins" verpflichteten Zeitenthobenheit kann nach von Wiese etwa eine „programmatische Heimatkunst" nicht gerecht werden. Deren Streben

> nach bewußter Vereinfachung des Milieus, nach treuer und beschränkter Wiedergabe landschaftlichen Raumes [...], ist zunächst nur die Gegenerscheinung zur internationalen Asphaltliteratur, zum modischen Roman, der die Nerven seiner großstädtischen Leser zu kitzeln sucht. [...] Jedoch vermag solcher Wille zu einem bestimmten künstlerischen Programm zwar Umwertungen vorzubereiten, nicht aber die Sprache schaffende Kraft zu ersetzen, aus der allein alle echte Dichtung hervorgeht. Dichtung deutschen Volkstums fällt daher keineswegs mit bewußter Tendenz zur Heimatkunst zusammen. Wo eine zur Literatur gewordene Dichtung sich durch den Stoffkreis der Heimatkunst wieder künstlich vereinfachen will, da haben wir es mit bestimmten Absichten zu tun, die bestimmte Wirkungen erzielen wollen. [...] Die Tendenz mag auf den Zusammenhang von Volkstum und Dichtung vorbereiten, sie bedeutet aber noch keineswegs diesen Zusammenhang selber.[240]

239 DuV, 12. In VuD betont von Wiese den authentizitätsverbürgenden Charakter der Oralität des Volksliedes, das er aufzuwerten bestrebt ist: „[...] das ist jene Einheit von Sprache und Musik, auf der die echte Volkskultur beruht, die eine gesprochene und gesungene, nicht aber eine geschriebene und gelesene ist", versäumt es aber gleich im Anschluss daran nicht, daran zu erinnern: „Volk ist nicht der Pöbel." (11) Auch Obenauer spricht sich durchaus standesbewusst und dezidiert gegen einen Begriff des „Volkhaften" aus, der nur „jene, fast außergeschichtliche, vorwiegend von erdhaft-mütterlichen Kräften durchwaltete, bäuerlich-konservative Unterschicht [...] beschreibt." (Obenauer, Karl Justus: a. a. O., S. 9) Das Wechselspiel von Inklusion und Exklusion, das der bildungsbürgerlich imprägnierte Volksbegriff gleichsam als diskursiv-strategische Manövriermasse erlaubt, zeigt sich deutlich auch bei Obenauer, wenn er „seinen" Begriff einer volkhaften Dichtung zunächst gegen Heimat- und Massenkunst abgrenzt, und ihn dann mit der insinuierten Zustimmung der *vox populi* gegen einen elitären Dichtungsbegriff in Stellung bringt: Er hält es nicht für „ganz überflüssig zu sagen, daß die wirkliche Erfüllung dieser hohen Idee volkhafter Dichtung, wie sie heute vorschwebt, nicht schon der gute ‚Heimatdichter' alten Stiles oder der verbreitete achtbare Volksschriftsteller sein kann, [...] noch weniger der dem primitiven Unterhaltungsbedürfnis der Massen Dienende, dieser großstädtischen Massen, die, allzulange entwurzelt, von dem Prozeß einer totalen Volkwerdung noch nicht völlig erfaßt sein **können**. Denn das Volk ist uns ja weder die Masse noch diese oder jene Schicht [...] – das Volk ist uns das unsterbliche Ganze, und so sehr der Bauer oder Arbeiter recht haben würde, wenn er den bildungsbelasteten, allzu artistisch gewordenen Stil der führenden Schicht von gestern ablehnt, so wenig darf dies der allein entscheidende Maßstab volkhafter Dichtung sein, ob sie heute schon sofort von allen Ständen und in allen deutschen Landschaften und von allen deutschen Menschen der augenblicklichen Gegenwart aufgenommen wird." (14)
240 DuV, 23. „Weder", so versichert der Erlanger Ordinarius den elitären Status seiner Disziplin legitimierend, „wird Dichtung echtes Volkstum, indem sie sich popularisiert und allgemein verständlich macht, noch wird Dichtung schon darum volkstumsfremd, weil ihr Symbolwert zunächst nur von wenigen verstanden wurde." (26)

Die Bestimmung dessen, was aufgrund seiner „bildenden Funktion" und seiner Verpflichtung gegenüber dem jedweden Tendenzen enthobenen „schönen Schein" als „echte Volkskultur" zu gelten hat, darf also – so die Mahnung – keineswegs an den „Massen"geschmack, der als Bedrohung der eigenen Geschmackshegemonie wahrgenommen wird, delegiert werden.

Der fünfte exemplarische Argumentationsschritt – und das zweite Moment innerhalb der doppelten Distinktion – zielt auf den Bruch des ursprünglichen Zusammenhangs zwischen Dichtung und Volkstum. Denn dieser Bruch erst macht ja nach von Wiese die tendenziösen Kittversuche einer sentimentalischen Heimatkunst erklärlich. Auch bei von Wiese kommt hier die Scharniererzählung von der „Deutschen Bewegung" und die mit ihr verbundene Dichotomisierung der Literaturgeschichte ins Spiel. Von Wiese zufolge handelt es sich dabei um „die geistesgeschichtliche Linie, die von der Mystik über Herder und den jungen Goethe bis zur Spätromantik führt, die Linie einer ‚deutschen Bewegung', in der Deutschtum in dieser Weise als organisches Lebensprinzip angeschaut wurde, als Volkstum und zugleich als Gedanke Gottes, als das Deutschland mit uns und in uns."241

Nach dem nationalen literatur- und geistesgeschichtlichen Doppelgipfel aus Klassik und Romantik, auf dem der deutsche Geist „im Widerspruche zu sich selber kommt", setze eine Entwicklung ein, in deren Verlauf „die deutsche Welt zerfiel, die deutsche Einheit […] sich in immer neue Widersprüche zu verwickeln [drohte], die Dichtung […] sich dem

---

241 DuV, 17. Franz Koch stellt eine Verbindung her zwischen mediengeschichtlichem Fortschritt und einer „inner-deutschen Bewegung", die in der „altdeutschen Mystik" ihren Ursprung habe: „Die deutsche Mystik ist […] der erste geschichtlich genau beobachtbare Versuch, das von außen herangebrachte Christentum und Bildungsgut von der eigenen, angeborenen und artgeprägten Seele her zu durchglühen und in diesem Schmelzvorgang sich anzuverwandeln. In diesen Jahrhunderten durchwächst deutsches Wesen die Schichten fremden Bildungsstoffes, die es verschüttet hatten, und **setzt an zu einer andern, nur vom eigenen Blute lebenden Kultur**, wie sie zunächst einmal, noch ungeformt, grobkantig und ungeschlacht, aber prallvoll trotzenden und quellenden Lebens im Schrifttum der Reformation beginnt. […] Dieses revolutionäre Geschehen […] ergreift den gesamten Volkskörper wie ein Fieber, Grund genug dafür, daß dieser Körper zunächst einmal nach Mitteln suchte, sich selber verständlich zu werden, zugleich aber sich mit den Mächten, die ihn bisher bestimmt hatten, auseinanderzusetzen. Und das ist der Augenblick, in dem die Erfindung der Buchdruckerkunst fällig, unvermeidlich, d. h. lebensnotwendig geworden ist […]" (Koch, Franz: Die Sendung des Buches. Ansprache anlässlich der Ausstellung „Das deutsche Buch" in Sofia, in: Bücherkunde, Folge 6, 1937, S. 346–350, hier: S. 348f.

Hans Naumann datiert diese Linie, bemüht um eine möglichst primordiale Traditionskonstruktion des Deutschen, gar noch weiter zurück, wenn er etwa in einem Beitrag über „Germanische Grundlagen des Rittertums" bestrebt ist, „die Unabhängigkeit des deutschen Rittertums vom französischen für größer und wesentlicher zu halten als bisher." Es sei „nicht wahr, daß der Wortschatz des deutschen Rittertums eine radikale Überfremdung aufweise. Hier blieb einiges Modische bloßer Firnis, die ritterliche Lyrik ist langhin frei davon, Walther ist ohne Fremdwörter, und aller wesenhafte Inbegriff wahrhaft ritterlichen Wesens, also das große Thema selbst, drückt sich mit dem uralt heimischen Wortschatz der Väter aus." Und auch für den Ritus des Schwertsegens gelte: „Es war keine Spur von französischem Einfluß dabei […]." (in: Geistige Arbeit, Nr. 15, 1937, S. 1)

Volk [entfremdete], und das Volk seine Dichter nicht mehr [verstand]."[242] Die Ursache für das „grausige Schauspiel dieser deutschen Entwurzelung" im 19. Jahrhundert verortet auch von Wiese in der Usurpation des deutschen Wesens, das gleichsam wesenhaft auf die „Aneignung fremder Geisteswelt" gerichtet sei, durch eine vom Geist der europäischen Aufklärung affizierte Moderne. Dem „Sturm der neuen Kolonnen: Industrie, Kapital, Weltwirtschaft, europäische Demokratie" ausgesetzt, wird dem soeben erst zu sich selbst gekommenen deutschen Wesen gerade seine Aneignungsleidenschaft zum Verhängnis:

> Es ist deutsches Verhängnis, wenn die europäische Aufklärung mit ihren beliebig übertragbaren, zivilisatorischen Endformen den deutschen Raum technisch und geistig überflutete und die Symbole des klassisch-romantischen Zeitalters auslöschte, als hätte niemals der Genius der Nation in seinen reichsten und schönsten Geistern gesprochen.[...] Je mehr die deutsche Dichtung und die deutsche Sprache zerfiel, je mehr die Literatur die Stoffe und Ziele vieler Zeiten und Völker durchprobierte, um die eigene Virtuosität zu schmecken, je mehr die Urbilder des Volkstumes verdunkelt wurden und die Sucht nach dem Interessanten und Verzerrten an dessen Stelle trat, umso stärker wuchs der Wunsch, wieder [...] der ‚Asphaltliteratur' der Großstadt organisch-ständische Dichtung [...] gegenüberzustellen.[243]

---

242 DuV, 21. Dass diese Dichotomisierung zu einer Art populärwissenschaftlichem Zirkulationsgut wird, zeigt sich – um nur ein Beispiel zu nennen – etwa in Bruno Markwardts Beitrag *Poetik, Wortkunsttheorie, Literaturphilosophie* für die *Geistige Arbeit* (Nr. 3, 1937, S. 5), wo es heißt: „Die Rechtfertigung der Dichtkunst als Kunst vor sich selbst ist zur Stärkung schöpferischen Verantwortungsbewußtseins unentbehrlich, verfällt indessen leicht einem blutarmen und spielerischen Ästhetentum, sobald sie die Kräfte des Religiös-Mythischen und Völkisch-Mythischen aus dem Blickfeld verliert (L'art pour l'art). Gesunde und verantwortungsfreudige Epochen werden stets einen Ausgleich zu finden suchen zwischen den Werttungsattributen [sic] und Zielsetzungen der Kunstwürdigkeit einerseits und der Volkswürdigkeit andererseits. Auch das Ideal der Volkstümlichkeit und Volksnähe ist schon in früheren Epochen der deutschen Wortkunsttheorie zum mindesten keimhaft erlebt worden, so im Raum der deutschen Bewegung der Geniezeit, bei Herder, bei G. A. Bürger u. a. Erinnert sei nur an Bürgers Prägung: ‚Alle Poesie soll volksmäßig sein; denn das ist das Siegel ihrer Vollkommenheit.'"

243 DuV, 21 ff. Fast wortgleich das gleiche Szenario zeichnet VuD, 17 f. In der *Bücherkunde* perpetuiert Heinrich Jessen den Gedanken: „Man hat, so viel uns bekannt, bisher niemals jene **Entwicklungen zum Volk und zum Volkstum, die Ende des 18. und Anfang des 19. Jahrhunderts im Anschluß an Herder** und seine Generation vor sich ging, mit dem Titel der kopernikanischen Revolution belegt, die nicht zur endgültigen Durchdringung kam, weil sie von den liberalen Gedankengängen der französischen Revolution und ihrer liberalen Fortsetzer in Deutschland überlagert wurde und vielleicht auch, weil man auch viel zu sehr bestrebt war, sie aus den westlichen Gedanken der Revolution und besonders Rousseaus abzuleiten, anstatt sie vielmehr aus deutscher Seele und Eigenart wie ein gewaltsames Aufbrechen zu verstehen. Heute sehen wir diese Zeit als einen Quellgrund unserer Eigenart und unseres völkischen Lebens [...]" (Jessen, Heinrich: Literaturbetrachtung, Literaturwissenschaft und nordischer Gedanke. Von den kopernikanischen Revolutionen, in: Bücherkunde, Heft 5, 1938, S. 395–399, hier: S. 395) Obenauer überträgt dieses diachrone Szenario einer Depravation der „Deutschen Bewegung" auf die synchrone Ebene seiner normativen Poetik, die volkhafte mit politischer Dichtung gleichsetzt. Als deren Ausgangspunkt wählt er zunächst eine schlagwortartige poetologische Feindbestimmung samt rassistischer Grundierung: „Gegenbegriff der **politischen** Dichtung

Schießlich – und sechstens – resultieren aus der bisher rekonstruierten Axiomatik die Aufgabenbestimmung und die Leistungsangebote einer als volkhaften Wesens- und Wertewissenschaft konzipierten Literaturwissenschaft. „Es werde Deutschland!"[244], so beschließt von Wiese seine Ausführungen, und er läßt keinerlei Zweifel daran, dass er in Sonderheit seiner eigenen Disziplin bei dieser Wiedergeburt, die sich „[i]n der großen Umwälzung unserer Zeit, in der politischen Zusammenfassung aller Kräfte, in der Kritik der vergangenen Lebensformen, in dem Aufbau eines neuen dritten Reiches"[245] abzeichnet, eine privilegierte Rolle einräumt. „Dienst an Dichtung und Volk!"[246], d. h. gegenwartsbezogene Tradierung, Selektion und Vermittlung des „Reichtum[s] eines ganzen Volkes", der danach verlange, „stets von neuem gefunden und höher gedeutet zu werden"[247], dies sind auch bei von Wiese, bei Obenauer und bei Fricke – wie bereits bei Flemming und Kindermann – die Funktionen und zugleich Leistungsangebote einer zeitgemäßen volksbezogenen Literaturwissenschaft „im Volksstaat Adolf Hitlers"[248]. „Und es braucht nun", so versichert etwa Fricke zum Abschluss seiner Aufgabenbestimmung einer „völkischen Literaturgeschichte"

> ist offenbar jede nur ästhetische Formkunst ohne weittragende Wirkungs- und Symbolkraft; **volkhafte** Dichtung verneint alle wurzellos weltbürgerlich internationale, jede individualistisch zu ausgegliederte wie jede zu einseitig klassenbewußte Kunst, […] und der **arteigenen** stünde eine blut- und artfremde Dichtung gegenüber, die auf fremdem Form- und Bildungsgut auflösend wuchert und in der wir weder nordisch-germanische noch typisch deutsche Ausdruckswerte empfinden." (S. 8) Zwar räumt er selbst die konjunkturbedingte „Entleerung, Verfälschung und Zersetzung" der von ihm hervorgehobenen Schlagworte ein, seine Poetik indes, die immerhin mit dem Anspruch auftritt, „diesen Entleerungs- und Zersetzungserscheinungen des nationalsozialistischen Gedankenguts in bewußtem und ausdrücklichen Einverständnis mit verantwortlichen Stellen der politischen Bewegung entgegenzutreten" (9), ist – die Bemerkung sei an dieser Stelle ausnahmsweise erlaubt – von einer geradezu beispiellosen Gedankenarmut gezeichnet. Die angehängte Versicherung in der verlagseigenen Anzeige zu Kriecks „Schriftenreihe zur Erneuerung der Wissenschaft", in dessen Rahmen Obenauers Schrift erscheint – „Wer um Sinn und Bedeutung der Wissenschaften im Dritten Reich ringt und für eine neue Zielsetzung kämpft, muß und wird diese bahnbrechenden Schriften lesen" – wirkt in diesem Zusammenhang eher wie das unfreiwillig ironische Fanal einer geistigen Bankrotterklärung.

244 DuV, 28.
245 DuV, 27.
246 VuD, 19.
247 DuV, 15.
248 VuD, 18. In seinen Lebenserinnerungen charakterisiert von Wiese seine hier expressis verbis mehrfach adressierte Rede als erzwungene Anpassungsleistung: „Als zum Reichsgründungstag am 30. Januar 1938 die Festrede gehalten werden mußte, bat mich der Rektor, eine allgemein interessierende wissenschaftliche Rede vorzutragen, damit eine rein politische vermieden werden konnte. Das abzulehnen war praktisch unmöglich. So wählte ich das Thema ‚Volk und Dichtung von Herder bis zur Romantik'. Damit war ich vertraut. Aber ganz ohne politisches Zugeständnis ließ sich dieser Vortrag an einem so eminent politischen Tage nicht durchführen. Ich suchte mir zu helfen, indem ich am Schluß einen kurzen, freundlichen Vergleich zwischen der Auffassung von Tanz, Lied und Spiel in dem von mir behandelten Zeitraum und dem Wiederaufleben von alten Landsknechtsgesängen und Soldatenliedern in der Jugendbewegung der Hitlerjugend zu ziehen versuchte. Es war das einzige Mal während der Nazi-Zeit, daß der Name Hitler in meinen Schriften erwähnt wurde. Für die Nachgeborenen ist es

keine Begründung mehr, daß solche Forschung, die gar nicht anders kann, als daß sie zugleich ‚Lehre' ist, nicht totes Wissen aufhäuft, sondern deutsche Menschen bildet und formt, die dann wiederum Erzieher und Führer deutscher Jugend zu sein vermögen. Für die Ausübung solcher Wissenschaft freilich gibt es weder Formeln noch Rezepte. Sie ist allein eine Frage lebendiger und leidenschaftlicher Menschen.[249]

Der „Weg um die Kugel": Clemens Lugowskis semantischer Umbau vom „mythischen Analogon" zur „deutschen Wirklichkeit" als semantisches Einfädeln in den orthodoxen „mainstream"

An der „Bildung und Formung" „deutscher Menschen" zeigt sich auch Clemens Lugowski, der mit Fricke und Koch gemeinsam den germanistischen Beitrag zum „Kriegseinsatz der Geisteswissenschaften" herausgibt[250], sehr interessiert. „[M]eine heimliche Überzeugung ist", so schreibt der DFG-Stipendiat und wissenschaftliche Hilfsarbeiter am Seminar für

---

schwer verständlich, in welcher Situation und unter welchem Druck eine solche Rede damals gehalten werden mußte. [...] Längst war mir dieser ‚Volksstaat' verhaßt. Aber ich mußte in ihm weiterleben und wollte nicht untergehen. An Auswanderung war zu diesem Zeitpunkt für einen vermögenslosen ‚Arier' nicht mehr zu denken." (von Wiese, Benno: Ich erzähle mein Leben. Erinnerungen, Frankfurt am Main 1982, S. 153 f.) Klausnitzer (a. a. O., S. 159) deutet gegenüber dieser Apologetik von Wieses berechtigte Zweifel an, da ihr „Gutachten parteiamtlicher Stellen gegenüber[stehen], die Benno von Wiese noch 1943 als ‚politisch durchaus einsatzbereite[n] Wissenschaftler' charakterisieren." Dies würde sich auch mit dem Befund decken, dass von Wiese auch in jenen Publikationen, die nicht mit „einem so eminent politischen Tage" verbunden sind, durchaus bereit ist, sein Thema aktualistisch – wenn auch in der Tat nicht dergestalt explizit wie in diesem Vortrag – mehrfach zu adressieren. So zumindest in seiner ein Jahr nach der Rede erschienenen Herder-Monographie (vgl. dazu etwa das in Anm. 228 wiedergegebene Zitat), wie ja auch in der oben ausführlich analysierten Arbeit über „Dichtung und Volkstum". Ein Schlüssel zur Motivationslage von von Wieses strategischem Geschick, wissenschaftlichen Eigensinn mit einem dosierten, auf das politische Feld gerichteten Resonanzkalkül zu verbinden, scheint wohl eher in folgender Bemerkung aus seinen Erinnerungen zu liegen, die sich allerdings nicht auf die Erlanger Rede beziehen: „Ich war zu jung und zu ehrgeizig, mich auf ein bewußtes Schweigen zurückzuziehen. Zudem war ich ja keine anonyme, sonder eine öffentliche Person." (153) Auch scheint das Erinnerungsvermögen von Wieses ein wenig getrübt, wenn er behauptet, dass der „Name Hitler" nur ein „einziges Mal" in seinen Schriften aufgetaucht sei. So heißt es etwa in einem Vortrag über *Strömungen in der deutschen Dichtung der Gegenwart* (Jahrbuch des Auslandsamtes der deutschen Dozentenschaft, Heft 1, 1941, S. 90–96), den er im Rahmen eines bulgarisch-deutschen Akademikertreffens, das zwischen dem 8. und 14. Juni in Leipzig stattfindet, hält: „So mündet denn auch die deutsche Geschichtsdichtung der Gegenwart in die Auseinandersetzung mit dem Reichsgedanken, die Kämpfe zwischen Rom und Deutschland und schließlich in das Großdeutsche Reich Adolf Hitlers, das eben so sehr Abschluß eines geschichtlichen Werdeweges wie Neubeginn einer unabsehbaren Zukunft ist." (96)

249 Fricke, Gerhard: a. a. O., S. 67.
250 Ein (allerdings durchaus bezeichnender) Zufall mag es sein, dass der Vorname Lugowskis bei diesem Sammelwerk, zu dem er übrigens keinen eigenen Beitrag besteuert, in der eingedeutschten Variante als „Klemens" erscheint.

Deutsche Philologie in Göttingen am 4.04.1933 an den zu diesem Zeitpunkt noch als Mitherausgeber der *Zeitschrift für Deutsche Bildung* fungierenden Karl Viëtor,

> dass die Bildungsmöglichkeiten (im Sinne der „Deutschen Bildung") der deutschen Literaturgeschichte, soweit sie an den Universitäten gelehrt wird, sich dort ungeheuer ausweiten lassen, wo menschliche Gemeinsamkeit als magische Urheberin dichterischer Wirklichkeiten enthüllt werden kann. Ja, fast scheint es mir, als seien hier noch Mächte wenn nicht zu entdecken so doch zu verstehen, die weitaus geeigneter sind, lebendige Anteilnahme in den (jungen) Menschen der Gegenwart zu wecken und so *bildend* zu werden, als die in sich zentrierten Individuen.[251]

„Heimlich" ist diese Überzeugung von der hier noch allgemein gefassten, dichtungserzeugenden Potenz „menschlicher Gemeinsamkeit", die der erfolgreiche Nachwuchswissenschaftler dann aber ursprungsmythologisch spezifizieren wird, jedoch nicht geblieben. In seinen nach 1933 publizierten Arbeiten[252], vor allem aber in seiner 1934 in Göttingen

---

[251] Zit. nach Martinez, Matias (Hrsg.): Formaler Mythos. Beiträge zu einer Theorie ästhetischer Formen, Paderborn/München/Wien/Zürich 1996, S. 242. Ironischerweise wird dann gerade Lugowski den exilierten Viëtor als Herausgeber der Zeitschrift 1936 beerben.

[252] Deutsches Wirklichkeitsgefühl in der Dichtung, in: ZfDk, 48, 1934, S. 244–252; Literarische Formen und lebendiger Gehalt im „Simplizissimus", in: ZfDk, 48, 1934, S. 622–634; Christian Dietrich Grabbe, in: ZfDB, 12, 1936, S. 424–431; Volkstum und Dichtung im 15. und 16. Jahrhundert, in: ZfDB, 12, 1936, S. 529–539; Gerhart Hauptmann als Dramatiker, in: ZfDB, 13, 1937, S. 473–481; Der junge Herder und das Volkslied. Eine Interpretation, in: ZfDB, 14, 1938, S. 265–277; Dichtung als Verkörperung deutschen Volkstums, in: ZfDB, 15, 1939, S. 2–10; Goethe, Ganymed, in: Burger, Heinz Otto (Hrsg.): a.a.O., S. 47–64. Zu weiteren kleineren Beiträgen s. die bibliographischen Angaben in Martinez, Matias (Hrsg.): a.a.O., S. 245f. Lugowskis bildungspolitisches Engagement für das neue Regime bleibt indes nicht nur auf seine Schreibtischtätigkeit beschränkt. So verweist z.B. Martinez auf Lugowskis in den Göttinger Universitätsakten erwähnte, mehrfache „Beteiligung an politischen Ausbildungslagern der Studentenschaft und an SA-Dozentenlehrgängen seit 1933." (Martinez, Matias (Hrsg.): a.a.O., S. 10) Diesen Umstand betonen auch die beiden Betreuer seiner Göttinger Dissertation, Friedrich Neumann und Rudolf Unger, in ihren Empfehlungsschreiben zu Lugowskis Stipendium an die DFG. Am 6.12.1933 betont ein von beiden unterschriebener Brief nicht nur, dass Lugowski „zu den wenigen jüngeren Gelehrten [gehört], die einwandfrei Talent haben", sondern auch, dass er sich „in der Arbeit der Studentenschaft sehr bewährt" habe. „Er hat", so heißt es, „mehrfach in dem Reichsführerlager der Studentenschaft Rittmarshausen mitgewirkt. Er hat beste Aussicht, bei den ersten Kursen der Dozentenschulung berücksichtigt zu werden. Die Notgemeinschaft hat also auch für den im engeren Sinne akademischen Erfolg des Bewerbers die denkbar größte Sicherheit." (BAK, R 73/16450) Am 1.10.1934 bekräftigt Neumann dies noch einmal. Lugowski „hat bereits einige Wehrsportlager hinter sich […] Ich rechne bestimmt damit, daß er sich auch im Hochschulleben durchsetzt, zumal er schon in mehreren Rittmarshäuser Lagern gut erprobt ist." (Ebd.) Laut eigener Auskunft auf dem Personalfragebogen vom 22.10.1934 gehört Lugowski seit dem Juli 1934 der SA an (BAK, R 73/16450) Lugowski promoviert 1931 bei Neumann und Unger mit einer Arbeit über die deutsche Erzählung des 16. Jahrhunderts (Druck unter dem Titel *Die Form der Individualität im Roman. Studien zur inneren Struktur der frühen deutschen Prosaerzählung*, Berlin 1932; 2. Aufl. der Neuausg. mit einer Einleitung von Heinz Schlaffer, Frankfurt am Main 1976). Vom 1.02.1933 bis zum 31.03.1936 wird Lugowski von der DFG mit einer Gesamtsumme (einschließlich der Druck-

eingereichten Habilitationsschrift *Mensch und Wirklichkeit. Betrachtungen über das Wirklichkeitsgefühl französischer, germanischer und deutscher Dichtung*[253] verleiht ihr Lugowski durchaus auch öffentlichen Ausdruck. Der semantische Umbau, der die Entwicklung von Lugowskis Konzeption von Literatur und Literaturwissenschaft nach 1933 kennzeichnet, ist auffällig und er ist wiederholt – allerdings mit durchaus unterschiedlichen Ergebnissen – bemerkt und diskutiert worden. Umstritten ist, inwiefern in seiner 1932 publizierten, formanalytischen und mittlerweile „in den Kanon der Kerntexte der neueren Literaturwissenschaft aufgenommen[en]" Dissertation das „volkstumsideologische Rechtfertigungsbuch", als das u. a. Jesinghausen seine 1936 veröffentlichte Habilitationsschrift bezeichnet, bereits angelegt ist.[254]

> kostenzuschüsse für Dissertation und Habilitation) von 6.045 RM gefördert (BAK, R 73/16450). Einen beredten Einblick in die ökonomischen Rahmenbedingungen und die Stufen seines Werdeganges gibt ein am 6.10.1932 an die DFG gerichteter Lebenslauf, der für Lugowskis Wirken nach 1933 durchaus erhellend ist. Zeigt ihn die knappe Skizze doch als einen aus bescheidenem Umfeld stammenden Angehörigen und späteren Exponenten jener „Generation des Unbedingten", die in den „neuen" Verhältnissen des NS-Regimes eine – sowohl ökonomisch-karrierestrategische, wie weltanschauliche – Chance gesehen haben mögen, die als extrem unsicher empfundenen Verhältnisse der Weimarer Republik, in der die eigene Existenzsicherung stets gefährdet ist, zu überwinden: „Ich wurde am 22. Februar 1904 als Sohn des Bahnhofvorstehers Leonhard Lugowski in Berlin geboren. Seit 1910 besuchte ich die Volksschule. Im Jahre 1912 starb mein Vater. [...] Nach bestandenem Abiturium versuchte ich mich zunächst als kaufmännischer Lehrling, bestand dann die Schlosser-Eignungsprüfung bei den Borsig-Werken, liess mich aber noch im Sommer 1923 an der Technischen Hochschule in Charlottenburg immatrikulieren. Dort studierte ich zunächst Maschinenbau, dann Architektur. Im Sommer 1924 verliess ich die Hochschule wegen Geldmangel und wurde Reporter, später Redakteur an einer Berliner Tageszeitung. 1925 wurde ich in der Philosophischen Fakultät der Universität zu Berlin immatrikuliert, wo ich bis 1927 während der Sommersemester Philosophie, deutsche Philologie und Geschichte studierte. Die Wintersemester 1925/26 und 1926/27 musste ich mein Studium unterbrechen, um als Wander-Kinovorführer Geld für mich und meine Geschwister zu verdienen. Seit Ostern 1927 studierte ich zwei Semester in Erlangen, seitdem in Göttingen, wo ich im Sommer 1931 zum Doktor der Philosophie promoviert wurde. Den Hauptteil der Mittel für mein Studium habe ich durch eigene Arbeit erworben." (BAK, R 73/16450) 1934 habilitiert er sich ebenfalls bei Neumann und Unger mit der unten genannten (s. folgende Anm.) Studie. Seit dem Sommersemester 1936 ist Lugowski als Dozent mit Lehrauftrag in Heidelberg tätig, zwischen 1937 und 1939 vertritt er am germanistischen Lehrstuhl in Königsberg, 1939 bis 1942 lehrt er als ao. Professor für Ältere deutsche Literatur in Kiel, wo er seit dem Sommersemester 1942 eine ordentliche Professur für Neuere deutsche Literaturgeschichte (als Nachfolger des nach Straßburg gerufenen Fricke) innehat. Seit 1937 ist er Mitglied der NSDAP (s. Kimmich, Dorothee: Art. Lugowski, Clemens, in: IGL, Bd. 2, S. 1124–1126), 1940 nimmt er am Frankreich-Feldzug teil und erhält das Eiserne Kreuz II. Klasse. Im Sommer 1942 meldet er sich freiwillig zum Kriegsdienst an der Ostfront (s. den Nachruf von Mohr, Wolfgang: Clemens Lugowski, in: Kieler Blätter 1943, S. 120).

253 Die Schrift erscheint unter dem Titel *Wirklichkeit und Dichtung. Untersuchungen zur Wirklichkeitsauffassung Heinrich von Kleists* (Frankfurt am Main 1936). Im Folgenden wird aus dieser Schrift mit Klammerzusatz im Fließtext zitiert.

254 Jesinghausen, Martin: a.a.O., S. 184 und S. 205. So auch Jan-Dirk Müller: a.a.O., S. 37. Heinz Schlaffer, dem das Verdienst gebührt, die innerdisziplinäre Zirkulation von Lugowskis Disseration wieder in Gang gebracht zu haben, legt den Schluss nahe, dass zwischen den beiden Qualifikations-

Das Irritierende, aus dem diese Strittigkeit m.E. resultiert, mithin auch das Irritierende, das vor allem die beiden Qualifikationsarbeiten Lugowskis für den heutigen Leser haben mögen, liegt – um hier einmal Thomas Mann zu bemühen – in ihrer „quälenden

schriften kein innerer Zusammenhang besteht. Während er die Dissertation als ein aufgrund „der Strenge der Methode" und „Neuheit und Kühnheit der Ergebnisse" bedeutsames Dokument einer „neuartigen Konstruktion" darstellt, die Lugowski „gegen die wolkige Art des zeitgenössischen Redens über Dichtung" immunisiert, erscheint die Habilitationsschrift mit ihrem „Verzicht auf die neuen Begriffe" gerade als „Verlust" der in der Vorgängerschrift entwickelten „neuen Denkweise": „So entsteht ein angepasstes und deshalb erfolgreiches Buch." (Schlaffer, Heinz: Clemens Lugowskis Beitrag zur Disziplin der Literaturwissenschaft, in: Lugowski, Clemens: Die Form der Individualität im Roman. Mit einer Einleitung von Heinz Schlaffer [1976], 2. Auflage, Frankfurt am Main 1994, S. VII–XXIV, hier: S. XVIII und XIX) Martin Jesinghausen (Der Roman zwischen Mythos und Post-histoire – Clemens Lugowskis Romantheorie am Scheideweg, in: Martinez, Matias (Hrsg.): a.a.O., S. 183–218) hingegen versucht – in dezidierter Wendung gegen Schlaffer – aufzuzeigen, dass Lugowskis „Kleistische Wende", d.h. seine Wendung zum „Propagieren einer existentialistischen Daseinsmystik" (185), bereits in der Dissertation – deren von Schlaffer betontes, exzeptionelles Niveau er mit Nachdruck in Frage stellt – angelegt ist. Eher in die Richtung Jesinghausens scheinen auch die jüngsten Ausführungen Jan-Dirk Müllers (Clemens Lugowski, in: Mitteilungen des Deutschen Germanistenverbandes, 53, 2006, Heft 1, S. 28–39, hier v.a. S. 36ff.) zu tendieren. Schlaffers Einleitung selbst ist – ohne dass damit hier seine Herausgeberleistung oder die Bedeutsamkeit von Lugowskis Schrift ernsthaft in Frage gestellt werden sollen – auch als wissenschaftshistoriographisches Dokument von Interesse. Inszeniert er sich doch hier als archäologischer „Entdecker" jenseits des „politisch korrekten" disziplinären *mainstreams* („Ist einmal der gängige Präfaschismus-Verdacht einer differenzierten Kenntnis gewichen [...]" (X)), der aus der Unorthodoxität des Entdeckten distinktionsstrategische Resonanzeffekte erzeugt: „Die Geschichte der Germanistik", so verortet Schlaffer vor dem Hintergrund fachspezifischer Mediokrität seinen „Fund", „ist aus der Wirkung bedeutungsloser Bücher und der Bedeutung wirkungsloser Bücher komplementär gebildet [...]." (VII) Es ist zweifellos der Topos des „verkannten Genies" (dessen Dignität natürlich auf denjenigen, der es *er*kennt, abstrahlt), der hier die Argumentation strukturiert, denn das von Schlaffer stark gemachte „Befremden und [die] Zurückhaltung", mit denen die Arbeit Lugowskis bei „ihrem ersten Erscheinen aufgenommen" (VII) worden sei, scheinen so rezeptionsprägend wiederum auch nicht gewesen zu sein (zu ihrer durchaus positiven Rezeption im zeitgenössischen literaturwissenschaftlichen Feld s. Martinez, Matias: Formaler Mythos. Skizze einer ästhetischen Theorie, in: ders. (Hrsg.): a.a.O., S. 8f.) Vor dem Hintergrund eines *ennui* angesichts der germanistischen Theorieturbulenzen der siebziger Jahre mag indes das auf Strenge, Prägnanz und Evidenz setzende Wissenschaftsethos, das sich in Lugowskis Dissertation manifestiert, in der Tat als eine attraktive Alternative erschienen sein. Allerdings scheint mir andererseits auch Jesinghausens scharfsichtiger Aufweis der theoretisch-systematischen Inkonsistenzen und begrifflichen Ambivalenzen innerhalb von Lugowskis Arbeit, die dem Umstand geschuldet sind, dass implizit und bei aller Sachlichkeitsinszenierung das altbekannte modernekritische Erzählmuster des „Verfalls" daseinsunmittelbarer Strukturen den negativ-teleologischen Rahmen seiner Formgeschichte bildet, das heuristische Potential von Lugowskis Überlegungen nicht grundsätzlich zu schmälern. Die Bedeutung, die etwa seine mitunter idiosynkratisch gefassten Kategorien des „formalen Mythos", der „Wie-" und „Ob-überhaupt-Spannung", der „Motivation von hinten" und des „Gehabtseins" für die moderne Erzählanalyse im Besonderen und für eine literaturgeschichtliche Alteritätsforschung im Allgemeinen haben, bzw. immer noch haben könnten – befreit man sie von ihren modernekritischen Verengungen – betont bei aller gebotenen Skepsis gegenüber ihrem Entstehungszusammenhang zurecht Jan-Dirk Müller (a.a.O., v.a. S. 33ff.).

Gescheitheit".[255] Sie kommen in der Literaturwissenschaft vielleicht in forciertester Weise jenem Phänomen nahe, das man als „reaktionäre Modernität" oder – um noch einmal den Romancier zu bemühen – als den „Weg um die Kugel" bezeichnen kann, „dieser Weg, in dem Rückschritt und Fortschritt, das Alte und Neue, Vergangenheit und Zukunft eins wurden."[256] Die „Modernität" eines die eigene Kälte in Szene setzenden Wissenschaftsethos' sowie diejenige der literaturwissenschaftlichen Fragestellungen und Methoden Lugowskis wird konterkariert durch den reaktionären Impetus der Antworten, die er teils gibt, teils nur andeutet. Antworten, die ihn einreihen in den orthodoxen *mainstream* einer volksbezogenen Wesens- und Wertewissenschaft, den er bisweilen – zumindest in seinen späten Arbeiten – noch im Zeichen der Rasse zu „überbieten" bestrebt ist.[257] Daraus resultiert jenes „tiefe[ ] Unbehagen", welches den heutigen Leser bei „der Erhebung Lugowskis zum Klassiker" befällt, auf das Jan-Dirk Müller zurecht verweist.[258] Der disziplinspezifische Brechungseffekt, der daraus resultiert, dass die Erzählung vom urprungsmythologischen Zusammenhang zwischen Volk und Dichtung, von der „Dichtung als Verkörperung deutschen Volkstums" nicht einfach nur reproduziert, sondern auch mit den Mitteln einer „modernisierten", versachlichten Literaturwissenschaft aufwändig rekonstruiert wird, ist in den Arbeiten Lugowskis ungleich ausgeprägter als etwa bei Kindermann oder bei Pongs (s. u.).

„Am Anfang dieser Betrachtungen", so versichert Lugowski etwa in seiner Dissertation mit ebenso anti-historistischem wie jedweder „Gefühligkeit" abholdem Gestus, „steht der umfassende Verzicht auf den Glauben, sich in die *lebendig wirkenden* Zusammenhänge jener fernen Welt [am Übergang zur Neuzeit; G. K.] einfühlen zu können, aus der der Einzelmensch geboren ist."[259] Dieses Ethos ist selbst noch für seine Habilitationsschrift über die divergierenden Wirklichkeitsauffassungen in germanischen und romanischen Dichtungen virulent, wenn die Absicherung gegen voreilige, nationalistische Stereotypen-Bildungen sowie eine stets um Dichtungsbezogenheit, d. h. um Textnähe bemühte Darstellung als

---

255 Thomas Mann lässt seinen Erzähler Zeitblom im *Doktor Faustus* die kulturkritisch, präfaschistischen Kunst- und Wissenschaftsdiskurse im Kridwiß-Kreis als „quälend gescheite Unterhaltungen" charakterisieren (Mann, Thomas: Doktor Faustus. Das Leben des deutschen Tonsetzers Adrian Leverkühn erzählt von einem Freunde, Frankfurt am Main 1990 (= ders.: Gesammelte Werke in dreizehn Bänden, Band VI), S. 494).
256 Ebd. An anderer Stelle kennzeichnet Zeitblom diesen Impetus auch als „intentionelle Re-Barbarisierung" (491): „Es war eine alt-neue, eine revolutionär rückschlägige Welt, in welcher die an die Idee des Individuums gebundenen Werte, sagen wir also: Wahrheit, Freiheit, Recht, Vernunft, völlig entkräftet und verworfen waren oder doch einen von dem der letztem Jahrhunderte ganz verschiedenen Sinn angenommen hatten [...] Das war so wenig reaktionär, wie man den Weg um eine Kugel, der natürlich herum-, das heißt zurückführt, als rückschrittlich bezeichnen kann." (489)
257 S. etwa die bereits in der Einleitung angeführten Ausführungen über den „Literaturjude[n]" Heine und die von Juden verfasste Literatur in Lugowski, Clemens: Dichtung als Verkörperung deutschen Volkstums, in: ZfDB, 15, 1939, S. 2–10, hier v. a. S. 2 f. und 9.
258 Müller, Jan-Dirk: a. a. O., S. 39.
259 Lugowski, Clemens: Die Form der Individualität im Roman, Frankfurt am Main 1994, S. 179.

Bürgen eines auf „Sachlichkeit" zielenden Wissenschaftsethos inszeniert werden. „Diese Untersuchungen", so heißt es hier im Schlusswort, „werden nur dann richtig aufgefasst, wenn man unbefangen genug ist, hinter ihnen keine massiven Lehrsätze über Nationalcharaktere zu suchen. Im besonderen gilt das von den Ergebnissen, die in der Betrachtung französischer Werke gewonnen wurden."[260] Und in der „Vorbemerkung" heißt es:

> Ist man entschlossen, Dichtung in diesem Sinne ohne historische Erweichung ernst zu nehmen, dann kommt es nur auf das an, was zu fordern das gute Recht der Dichter ist: auf die unmittelbare Begegnung mit ihrem Werk. Begriffe (ohne die auch strengste Interpretation nicht auskommt) dürfen dabei nur als leichte Chiffren der **Anschauung** gelten. Sie verlieren ihr Recht, wo sie von dem Jetzt und Hier der dichterischen Gegenwart abgelöst werden.[261]

Sicherlich, „massive Lehrsätze" liefert Lugowskis Habilitationsschrift in der Tat nicht. Nichtsdestoweniger reiht sich das triadische *emplotment* seiner Studie (Ursprung – Verfall – Wiederkehr), das durch die Anordnung der Kapitel[262] sowie durch den hohen interpretatorischen Aufwand – die „unmittelbare Begegnung mit dem Werk" also – nur unzureichend verdeckt werden kann (und wohl auch soll), nahtlos ein in das teleologische Grundnarrativ einer volksbezogenen Wesens- und Wertewissenschaft.[263] Das Ergebnis dieser – um hier einmal Lugowskis eigene Terminologie in ihrer Tragfähigkeit zu dokumentieren – „Motivation von hinten"[264], die seiner wissenschaftlichen Erzählung Struktur gibt, präsentiert sich in ihren Grundzügen wie folgt: In der isländischen Saga und dem germanischen Heldenlied dokumentiert sich Lugowski zufolge eine „vordualistische Einheitsvorstellung der Wirklichkeit" (107): „Der Mensch, der sich so wie in der Saga auffaßt, ist dem Wirklichen um sich herum nahe" (105) und der Sinn des Lebens des germanischen Menschen erfüllt sich „darin, sich selber als Persönlichkeiten oder als persönlich gebundene Gemeinschaften **innerhalb** der Wirklichkeit **durchzusetzen**. [...] Ein wichtiger Grundzug dieser

---

260 Lugowski, Clemens: Wirklichkeit und Dichtung. Untersuchungen zur Wirklichkeitsauffassung Heinrich von Kleists, Frankfurt am Main 1936, S. 223.
261 Lugowski, Clemens: Wirklichkeit, a. a. O., S. VII.
262 Die zugrunde liegende *histoire* von Lugowskis Schrift, der konventionelle geschichtsphilosophische Dreischritt „Ursprung (hier: isländische Saga, germanisches Heldenlied) – Verfall (hier: französische Dichtung, v. a. die des Realismus) – Wiederherstellung (Kleist)", wird hier durch den *discours*, d. h. dadurch verdeckt, dass das dem ersten Schritt zurechenbare Kapitel in Lugowskis Studie erst das vierte ist, während die ersten drei Kapitel sich vorrangig mit französischer Dichtung (also dem Schritt 2) beschäftigen. Es werden also in gewisser Weise – das ist die Besonderheit von Lugowskis Erzählarrangement – zuerst die Antagonisten seiner Erzählung ins Spiel gebracht.
263 S. zum Folgenden Jesinghausen: a. a. O., S. 205 f.
264 Lugowski, Clemens: Die Form, S. 66 ff. Mit der „Motivation-von-hinten" bezeichnet Lugowski den Umstand, dass bisweilen das Handeln von Figuren in Erzählungen nicht psychologisch-„realistisch" motiviert ist, sondern vom Ergebnis her, d. h. so, wie der Ausgang der Geschichte es verlangt. Insofern könnte man sagen, dass auch sein Erzählen selbst in dieser Studie „von hinten", nämlich von ihrem personalen Kulminationspunkt in Kleist aus, motiviert ist.

Einstellung ist das **Kämpferische** als höchste Steigerung von Tätigsein überhaupt." (105 f.) Diese germanische Daseinsunmittelbarkeit erodiert im Laufe der Geschichte und muss anderen Typen von Wirklichkeitsauffassung weichen. Dieser diachrone Verfallsprozess wird nun von Lugowski auch ins Räumliche transponiert, findet er doch ihm zufolge gerade in der romanischen, in Sonderheit aber der französischen Dichtung beredten Ausdruck. Lugowski verdeutlicht die Entzweiung der ursprünglichen Einheit von Mensch und Wirklichkeit zunächst am französisch geprägten, heroisch-galanten Roman des 17. Jahrhunderts, als dessen „Endzustand" er einen Menschen sieht, „der vom Glück träumt und für den das wahre Glück im paradiesischen Genießen besteht." (26) Dieser Mensch, so Lugowski, nimmt die Welt nicht so hin, wie sie ist, er ist nicht mehr *in* ihr, sondern er träumt davon, „**wie sie sein sollte**, und zwar, wie sie jeweils für **ihn** sein sollte." (Ebd.) Dieser Entzweiungsprozess wendet sich im französischen „Anti-Märchenroman" ins Negative, bzw. Pessimistische, herrscht hier doch eine „erzählerische Formung der Welt" vor, „wie sie nicht sein sollte, aber wie sie nun einmal doch ist, also wie sie **leider** ist." (26 f.)

Dieser distopische Entfremdungseffekt kulminiert schließlich in der „désillusion" des französischen Realismus des 19. Jahrhunderts bei Stendhal, Balzac und Flaubert. Hier dominiert „der **Beobachter**, der selbst nicht an dem Leben teilhat, sondern aus innerer Ferne den Bestand aufnimmt." (68) Die Kategorien des gesellschaftlich erzeugten „Opfers" sowie diejenige einer gleichsam mechanisch ablaufenden Kausalität dominieren diesen Romantyp und zeugen von einer tiefgehenden Zerrüttung der menschlichen Wirklichkeitsauffassung: „So sind die meisten oder alle Opfer in der ‚comédie humaine' Opfer der Gesellschaft, und von diesem gesellschaftsmäßig gefaßten Wirklichkeitsbegriff aus findet auch der Kriminal- und Unterweltsroman [...] seine ordnungsgemäße Stelle im Weltbild Balzacs." (75)

Währenddessen, oder besser: schon vorher, wächst jedoch in Deutschland das Rettende doch auch in Form jener Wirklichkeitsauffassung, die sich in den Dichtungen Kleists, als der „geformte Schmerz und Glanz einer lebendigen Seele" (VII) kundgibt und die Lugowski als „nachdualistische Wiederherstellung einer Einheitsvorstellung der Wirklichkeit"[265] begreift. Diachron gesehen über die Zerrüttungen der Neuzeit hinweg, synchron gesehen jenseits der romanischen Perfektionierung eines entfremdeten Blicks auf die Welt, offenbare sich in der Dichtung Kleists, der zwar kein Germane mehr, dessen „Wirklichkeitsgefühl [...] dem der altgermanischen Dichtung [jedoch] eng verwandt" (188) sei, eine neue Einheit von Mensch und Wirklichkeit **nach** deren Entzweiung. Mit Kleist, so wird deutlich, deutet sich das Ende des „Weges um die Kugel" an: „Das Kleistische Grunderlebnis der Unmittelbarkeit führt sofort in die Welt der Saga hinein." (187)

Was Lugowski in seiner Dissertation als das „Gehabtsein"[266] von erzählten Figuren bezeichnet, den erzählanalytisch zu beobachtenden Umstand, dass eine Figur bzw. ihre Handlungen weniger „realistisch", bzw. „psychologisch" motiviert ist, sondern vielmehr als

---

265 Jesinghausen, Martin: a. a. O., S. 206.
266 Lugowski, Clemens: Die Form, S. 61 f.

Repräsentant eines Prinzips, einer Eigenschaft, eines Merkmals oder einer Norm fungiert, trifft zweifellos auch auf den Kleist – sowie die als „Gegenfiguren" zu ihm inszenierten, französischen Autoren – *seiner* wissenschaftlichen Erzählung zu. Wird die Figur Kleists doch, von ihrem literaturwissenschaftlichen Erzähler gleichsam „von hinten motiviert"[267], zum symbolischen Repräsentanten der *invented tradition* einer germanisch-deutschen Daseinsunmittelbarkeit und damit „thematisch überfremdet"[268].

Lugowski selbst macht aus dieser „Hinterweltlichkeit"[269] seiner Erzählung, d. h. aus der Tatsache, dass hinter der manifesten Erzählkonstellation seiner Studie ein Weltmodell steht, das diese vorgängig bestimmt, auch keinerlei Hehl:

> Die dichterische Erscheinung Kleists ist uns mehr als ein einzelnes Schicksal: sie steht für viele andere Augenblicke deutscher Geschichte. Die deutsche Selbstgestaltung ist selten als ungestörtes Wachstum sichtbar. Sie offenbart sich am überwältigendsten in der immer neu und immer leidenschaftlicher durchbrechenden Sehnsucht nach den Ursprüngen. Die Entwicklung des Wirklichkeitsgefühls, wie sie von der deutschen Dichtung nach Kleist gespiegelt wird, ist der zähe Kampf um die endgültige Wiedererringung eines alten, neu erwachenden Urverhältnisses zur Wirklichkeit. Kleist hat die Grundstellungen dieses Kampfes mit visionärer Klarheit vorweggenommen. Er ist eine Gestalt des Übergangs, aber eines solchen von weltgeschichtlichem Ausmaß, in dem wir selbst noch darinstehen. Kein anderer Dichter hat die **Not** dieses Übergangs so schmerzhaft wach durchleben müssen wie er, und in keinem anderen wurde uns so schonungslos und sibyllenhaft gezeigt, **wie wir sind und wie wir sein wollen**. Das ist der letzte Sinn seiner Dichtung und der Rechtsgrund ihrer Unvergänglichkeit. (223 f.)

Allerdings hat sich Lugowski, disziplinintern adressiert, gegen den möglichen Vorwurf der „Hinterweltlichkeit" seiner Erzählkonstellation und gegen den Umstand, dass er gleichsam *bewusst*[270] an der Restitution eines Mythos' arbeitet, durch den Verweis auf die Interpretation und durch ihre Praxis, die die Ergebnisse seiner Erzählung gleichsam realistisch motivieren soll, abzusichern versucht. Nicht nur im Text selbst, sondern auch in den paratextuellen Begleitkommentaren zu seiner Habilitationsschrift bemüht er die Interpretation als

---

267 „Im Falle der ‚Motivation von hinten'", so erläutert Lugowski den Terminus an einer Stelle, „gibt es streng genommen nur *ein* Motivierendes, das Ergebnis, und der Selbstwert liegt nicht in der Fülle des Einzelnen ausgebreitet, sondern diese Fülle des Konkreten ist nichts als das Transparent, durch das hindurch der Selbstwert scheint." (Die Form, S. 75)

268 Lugowski, Clemens: Die Form, S. 24.

269 S. Lugowski, Clemens: Die Form, a. a. O., S. 66 ff.

270 In dieser lediglich kaschierten Intentionalität unterscheidet sich Lugowski freilich von jenem Autortypus, den er in seiner Dissertation analysiert. Denn dort heißt es: „Sie [die Analyse von Wickrams *Galmy*, G. K.] ergab ein in sehr großen Zügen angedeutetes Weltbild, das sich als Gehaltskorrelat zu einer sehr allgemeinen Formschicht des Romans findet und mit dem vom Autor in seinem Werk unmittelbar gemeinten ‚individuellen' Gehalt direkt nichts mehr zu tun hat." (Die Form, S. 83) Demgegenüber bedeutet Lugowskis Einsatz natürlich den *bewussten* Versuch, das Weltbild von einer zeitlosen, in Kleist wieder aufscheinenden Substanz des „Deutschen" in eine entsprechende Erzähl*form* zu transponieren.

realistische, und das heißt hier: als wissenschaftsadäquate Motivations- und Immunisierungsinstanz. In einem Brief an Julius Petersen vom 15.09.1936 etwa firmiert die „Künstlichkeit", die Lugowskis Erzählarrangement angesichts der historischen Beliebigkeit der von ihm ausgewählten Elemente anhaftet, als „Sprung". „[I]ch fürchte sehr", so heißt es dort

> man wird meine Untersuchungen so missverstehen, als sollte wieder einmal „das" Germanische gegen „das" Romanische oder ähnlich gestellt werden. Der „Sprung" [von der isländischen Saga, bzw. dem germanischen Heldenlied über die französische Dichtung des 17. und 19. Jahrhunderts zu Kleist; G. K.] ist gewiss da. Aber die sachlichen Ergebnisse werden durch ihn nicht in Frage gestellt werden können, sondern durch den Nachweis, dass falsch interpretiert worden ist. [...] Aber hier wollte ich einmal ganz bewußt unhistorisch, um nicht zu sagen: unhistoristisch verfahren [,] ausgehend von dem unmittelbaren Verhältnis für Dichtung. Für diese Haltung gibt es keine (historischen) Sprünge. – Übrigens habe ich eine Zwischenlage in meinem Grimmelshausen-Aufsatz in der Z[eitschrift] f[ür] D[eutschkunde] anzudeuten versucht, freilich wohl ziemlich unverständlich, weil aus dem Zusammenhang gerissen.[271]

Dass solche Versicherungen im Zeichen des Dichtungswissenschaftlichen vor allem mit Blick auf die Standards der eigenen Disziplin formuliert sind, offenbart sich schlaglichtartig darin, dass Lugowski mit Blick auf einen anderen Resonanzraum durchaus auch mit einer anderen Stimme zu sprechen in der Lage ist. In einem Brief an die DFG vom 1.10.1934, in dem es um die Verlängerung jenes Forschungsstipendiums geht, in dessen Rahmen die Kleist-Schrift entsteht, heißt es jedenfalls:

> „Mensch und Wirklichkeit. Betrachtungen über das Wirklichkeitsgefühl in französischer, germanischer und deutscher Dichtung"; etwa dreihundert Schreibmaschinenseiten stark. [...] Es werden in der Entwicklung des französischen Romans einerseits, in der isländischen Saga und dem eddischen Heldenlied andererseits zwei ursprüngliche Arten des Wirklichkeitserlebnisses gefunden und **scharf gegeneinandergesetzt** [*Hervorh. hier: G. K.*]. Am Beispiel der zwiespältigen Gestalt Heinrich von Kleists wird auf dieser Grundlage weiter gezeigt, wie zu Beginn des 19. Jahrhunderts der Kampf der deutschen Dichtung um ihre Ursprünglichkeit besonders gegen westliche literarische Überfremdung **mit besonderer Schärfe** [*Hervorh. hier: G. K.*] einsetzt. Dieser Kampf wird vor allem am Stil der Dichtung verfolgt. Die ganze Arbeit will im Blick auf die Art, wie Menschen Wirklichkeit erleben und wie sich ihnen aus diesem Erlebnis ihr Dasein formt, an der Klärung der Begriffe ‚germanisch' und ‚deutsch' mithelfen.[272]

---

271 Zit. nach Martinez, Matias (Hrsg.): a. a. O., S. 244.
272 Brief C. Lugowski an die DFG vom 1.10.1934, BAK, R 73/16450. In einem Empfehlungsbrief, den Friedrich Neumann am 25.02.1935 für seinen Habilitanden an den Teubner-Verlag schickt, wird dem Verlag die Publikation gerade mit Blick auf den komparatistisch-nationalistischen Aspekt schmackhaft gemacht: „Sein neues Buch wird einen neuen Blick für deutsche dichterische Formung geben. In diesem Buche wird die Schöpfung Kleists durch Betrachtung germanischer und französischer Denk- und Erlebnisformen aufgehellt. So wird dies Buch nach vielen Seiten wirken können. Es verfestigt

4. LITERATURWISSENSCHAFT IM ZEICHEN DES „VOLKES"   493

Es bleibt indes noch die Frage zu beantworten, ob diese „Kleistische Wende" Lugowskis zur „deutschen Wirklichkeit" einen Bruch innerhalb seiner Konzeption darstellt, oder ob jene „Sehnsucht nach den Ursprüngen", von der in der Habilitationsschrift die Rede ist, be-

> die Kenntnis des Germanischen. Es gibt von einem neuen deutschen Standort aus eine ausgezeichnete Beurteilung französischer Erzählungskunst des 17., 18. und 19. Jahrhunderts, wobei ich vor allem auf den Abschnitt über Balzac hinweise." (BAK, R 73/ 16262) Ähnlich deutlich heißt es bereits in einem Arbeitsbericht Lugowskis vom 2.12.1933 (es geht hier um das Forschungsstipendium zur „Stiltypik Simplicissimus"): „Bei Balzac, Flaubert und Zola werden die Ansätze, die sich schon bei Rosset im Anfange des 17. Jahrhunderts finden, in grösster Meisterschaft entfaltet: Charakter ist Schicksal, – ein im Sinne des <u>deutschen</u> Worts Schicksals [sic] völlig falscher Satz. Der Mensch findet nun die brutale Kausalität etwa auch in sich selbst. [...] Es gibt keinen französischen <u>Entwicklungsroman</u>. Charakter ist hier ein <u>Ding</u>, das fix und fertig vorgegeben ist und das dann seine Konsequenzen hat. [...] Ein Kampf des Menschen gegen den ‚Strom der Welt' hat hier immer etwas vom Kampf des Don Quixote gegen die Windmühlen. Der Kausalismus dieses, wie es scheint, vorwiegend französischen Lebensgefühls feiert nun höchste Triumphe in der erzählerischen Vorwegnahme oder Auswertung gewisser ‚wissenschaftlicher' Theorien: Tiefenpsychologie, Milieu- und Vererbungstheorie, naturwissenschaftlichem Determinismus aller Nuancen. [...] Die ganze deutsche Dichtung der Neuzeit ist ein Kampf um ihre eigene Wirklichkeit. Besondere Schärfe erreicht dieser Kampf im 19. Jahrhundert. Das romanische, deterministische Antimärchen wird fälschlich von deutschen Dichtern gegen das Märchen ausgespielt. Am Anfang des Jahrhunderts steht die tragische Figur Kleists. In seiner Dichtung bricht zum ersten Mal, wenn auch ohne letzten Sieg, echte schicksalhafte Wirklichkeit durch, wenn auch noch vermischt mit märchenhaften und antimärchenhaften Zügen. [...] In diesen grossen historischen Zusammenhang ordnet sich nun auch der ‚Simplicissimus' ein. Vielleicht ist er die einzige deutsche Prosadichtung des 17. Jahrhunderts, die jenen Kampf der deutschen Dichtung um ihre eigene Wirklichkeit spiegelt. [...] In Verbindung mit der Tatsache, dass im ‚Simplicissimus' das ‚magische', ‚dynamische' Erzählen zumindest vorherrscht, deutet das spurenweise, wenn auch noch durch antimärchenhafte Züge entstellt, auf eine ursprünglich deutsche Auffassung. Dieser ‚Rest', der einzige, der in der erzählenden Gattung eine für das 17. Jahrhundert ‚moderne' Deutschheit zeigt, macht den Umfang der romanischen Invasion deutlich, dem nicht nur die dichterische Lebensgestaltung, sondern auch das Leben der kulturtragenden Schichten selbst ausgesetzt war und in den folgenden Jahrhunderten ausgesetzt blieb. Dieser ‚Rest', der zugleich eine weit in die Zukunft weisende Spur ist, gibt als einsames Zeichen Kunde von dem Strom alter deutscher Tradition, der durch Jahrhunderte hindurch dem geistigen Bewusstsein der lebendeutenden Dichtung unterirdisch bleibt." (BAK, R 73/16450) Auffälligerweise kommt ein Arbeitsbericht zum gleichen Projekt, der aber ein Jahr zuvor – also noch vor der politischen Zäsur – an die DFG geschickt wurde, noch völlig ohne solche komparatistisch-nationalistischen Kontextualisierungsangebote aus. Zwar ist auch hier bereits von literaturtranszendierenden „Ganzheiten" die Rede, diese werden aber nur in ganz allgemeiner Hinsicht als „Weltanschauliches" bezeichnet: „Die verschiedenen ‚gattungs'mäßigen Komponenten werden untersucht, aus denen sich der Stil des S[implicissimus] aufbaut. [...] Die methodische Reduktion der Gattungen (deren Bedeutung dadurch nicht angetastet wird) ist nun vorbereitet und wird in Angriff genommen. ‚Gattungsethos' ist nicht eine letzte ‚weltanschauliche' Einheit, zu der die Analyse vorstösst. Gattungsethos kann auf ursprünglichere ‚weltanschauliche' Ganzheiten zurückgeführt werden. [...] Die gewonnene Basis erlaubt das Übergreifen der Stilbetrachtung auf nichtdichterische Lebensäusserungen und ermöglicht ein neues Verständnis des Zusammenklangs von Dichtung und gelebtem Leben." (Ebd.) Zum Umbau in Lugowskis *Simplicissimus*-Deutung s. auch Zelle, Carsten: „Im Simplicissimus stehen die Möbel auf der Straße". Anmerkungen zu zwei Briefen von Clemens Lugowski an Karl Viëtor, in: Martinez, Matias (Hrsg.): a. a. O., S. 219–225, hier v. a. S. 220 f.

reits in seiner vor der politischen Zäsur erschienenen Disseration angelegt ist. Während – ein wenig vereinfachend gesagt – vor allem Schlaffer der ersten Option zuzuneigen scheint, indem er die Habilitationsschrift als „angepaßte[]" und weitestgehend niveaufreie „Gegenprobe" zum originellen und „kompromißlosen Neuanfang"[273] der Disseration deutet, versucht Jesinghausen aufzuzeigen, dass und warum beide Schriften sowohl im Hinblick auf ihre Grundannahmen als auch auf ihre (nach Jesinghausen mangelnde) gedanklich Stringenz eng zusammengehören und deshalb von einem Bruch nicht die Rede sein kann.[274]

Von einem Bruch, darin möchte ich Jesinghausen beipflichten[275], lässt sich in der Tat nicht sprechen. Allein mit der politischen Zäsur von 1933 lassen sich die Schwerpunktverschiebungen innerhalb von Lugowskis Konzeption – denn um solche, so wird zu zeigen sein, handelt es sich – nicht verrechnen. Allerdings wird man dennoch vermuten dürfen, dass der politische Wandel der Resonanzkonstellation als *ein* radikalisierendes, die Verschiebung beschleunigendes Moment durchaus eine Rolle gespielt hat. Angelegt, wenn auch noch nicht zur Gänze entfaltet wie in seiner zweiten Qualifikationsschrift, ist der Weg Lugowskis „um die Kugel", mithin der Weg zur „deutschen Wirklichkeit" allerdings bereits in seiner Dissertation.

Zweifellos ist es richtig, dass – wie bereits Schlaffer bemerkt – Lugowski in seiner Habilitationsschrift „auf die neuen Begriffe"[276], die er in seiner Dissertation entwickelt, wieder verzichtet. Die Dissertation wird dominiert von einem forciert in Szene gesetzten Ethos der analytischen Kälte und szientifischen Distanz. Aus diesem Ethos resultiert zum Einen die Einsicht in die prinzipielle „Künstlichkeit" und die „Gemachtheit" der Dichtung: „Die Welt", so Lugowskis „neue[r] Einsatz", „die sich in einer Dichtung auftut, ,ist' nicht im schlichten Sinne, sondern sie ist *gemacht*. Damit stellt sie sich dem schlicht Seienden als etwas Künstliches gegenüber."[277] Mit jener dichtungsontologischen Prämisse einer lebenswissenschaftlichen Literaturwissenschaft, die in der Literatur den unmittelbarsten Ausdruck des Lebens, wenn nicht gar das Leben selbst glaubt verorten zu können, wird hier allerdings (zunächst) radikal gebrochen. Zum Anderen mündet die Deemphatisierung des eigenen Blicks in den analyseleitenden Vorsatz

> möglichst *nichts* an einem Roman ernst zu nehmen. Das wird sich auch in dem sprachlichen Stil dieser Untersuchungen ausdrücken, d. h. wir werden versuchen, bildliche Ausdrücke zu vermeiden, wo immer es möglich ist; denn in jedem Bilde können unbewusste Voraussetzungen stecken, die die Sicherheit unseres Blicks trübend beeinflussen. Wir werden uns bemühen, Bilder, Metaphern als willkommene Verständi-

---

273 Schlaffer, Heinz: a. a. O., S. XIX.
274 Jesinghausen, Martin: a. a. O.
275 Auch wenn ich – wie bereits angedeutet – Jesinghausens Infragestellung der gesamten Dissertation nicht folgen möchte.
276 Schlaffer, Heinz: a. a. O., S. XIX.
277 Lugowski, Clemens: Die Form, S. 10. Im Folgenden erfolgt die Seitenangabe in Klammern im Fließtext.

gungsmittel nur dort zu verwenden, wo der gemeinte Sachverhalt bereits direkt bezeichnet wurde oder wo sie ungefährlich sind. (19)[278]

Auf der Grundlage dieses „unnatürlichen" Blicks auf das bewusst in Distanz zum Leben gerückte Objekt, die Dichtung, entwickelt Lugowski seine eigene, idiosynkratische Begriffsapparatur, mit der er der Künstlichkeit der Literatur zu Leibe rückt: thematische Überfremdung, „Ob-überhaupt"-Spannung und „Wie"-Spannung, Gehabtsein, Motivation von hinten (s. dazu oben) und schließlich das mythische Analogon, jener Begriff, mit dem Lugowski im Rekurs auf Cassirers Überlegungen zum „mythischen Zeitalter" (9)[279] die „gemeinsamkeitsbegründende Kraft" (12) gerade der „Künstlichkeit" der Dichtung zu fassen versucht. Im „selbstverständlichen Hinnehmen" (11) der formgeprägten Künstlichkeit der Dichtung, eine Haltung, die das „Verhältnis der Menschen zur Dichtung" im „nachmittelalterlichen Abendland[]" (10) kennzeichne, liegt Lugowski zufolge „eine Analogie vor zu der Bezogenheit zwischen griechischer Gemeinsamkeit und tragischem Mythos." (11) Mit dem Begriff des mythischen Analogons versucht Lugowski, so könnte man ein wenig salopp sagen, das zu fassen, was vom Mythos noch übrig geblieben ist. Das „reale[] Einssein[] von Einzelmensch und übergreifendem Verband, ja, von Einzelmensch und der Welt des Lebendigen überhaupt" (9), das das mythische Zeitalter noch prägt, hat sich als „Abglanz" im „Zeitalter der klassischen griechischen Trägödie" noch dadurch erhalten, dass sich „das griechische Volk [...] in mythosgetragener Gemeinsamkeit im Angesichte des tragischen Spiels" (Ebd.) findet. Dieser noch stofflich-thematisch geprägten Gemeinsamkeit entspricht auf einer weiteren Schwundstufe – eben als mythisches Analogon – ein durch die Dichtung begründetes Gemeinsamkeitsempfinden, das jedoch nur noch in der fraglosen Akzeptanz gewisser *formbestimmter* Inhalte besteht. Der einst einheitstiftende Mythos hat sich somit in die Form verflüchtigt. Anhand einer detaillierten und textbezogenen Analyse der Romane Wickrams (52–141) – dem eigentlich dichtungswissenschaftlichen Teil der Arbeit – versucht Lugowski nun im Hauptteil seiner Arbeit nachzuweisen, wie selbst diese Schwundstufe des Mythischen im Prosaroman des 16. Jahrhundrts noch „zersetzt" wird und wie das „Werden des Einzelmenschen" an dessen Stelle rückt.

Bereits die kurze Wiedergabe dieser Verfallserzählung dürfte indes andeuten, dass Schlaffer den geistesgeschichtlichen Rahmen, in den Lugowski seine ausführliche Textanalysen einbettet, unterschätzt. Von einer Rahmung kann hier auch insofern die Rede sein,

---

278 Diese Haltung führt – allerdings in einer Anmerkung – auch zur dezidierten Absage an eine völkisch imprägnierte Wissenschaftssemantik. Diese sei „unbrauchbar [...] für unseren formgeschichtlichen [Standpunkt]. ‚Ursprünglichkeit', ‚volkstümliche Kraft und Anschaulichkeit', ‚kernige Schilderung' – darin steckt etwas von sentimentalischer Sehweise, deren Ergebnisse für sie selbst bezeichnender sind als für ihr Objekt." (204)

279 Zum theoriegeschichtlichen Kontext von Lugowskis Dissertation, u. a. auch zu den Überschneidungsaspekten mit dem Literaturverständnis des russischen Formalismus s. Martinez, Matias: a. a. O. Zu Bezügen und Differenzen zur vitalistischen Kultur- und Romantheorie (u. a. Simmel, der frühe Lukács), sowie zur „Neuen Sachlichkeit" des ersten Jahrhundertdrittels s. Jesingshausen, Martin: a. a. O., S. 207–214.

als dass diese Erzählung vornehmlich in den kurzen Einleitungs- und Schlusskapiteln entfaltet wird. Quantitativ überwiegt also durchaus die konkrete Textanalyse, deren narratives *emplotment* aber eben nicht nur – wie Schlaffer vermutet – eine „geschickte[] Wendung", bzw. Tarnung ist, mit der sich Lugowski „[g]egenüber den problemgeschichtlichen Ansprüchen seines Lehrers [und Zweitgutachters Rudolf Unger; G. K] zu legitimieren" versucht.[280] Das von Lugowski inszenierte Ethos einer asketischen Sachlichkeit, wie auch die in der Tat innovative und erhellende Analyse der Formen seiner Untersuchungsgegenstände sollten nicht darüber hinwegtäuschen, dass es dem Doktoranden durchaus auch und bereits in seiner Dissertation darum geht, eine „Geschichte" zu erzählen, die die zuvor so aufgeblendete „reine" und um Sachlichkeit bemühte Dichtungsanalyse wieder transzendiert. Als „Gegenfigur"[281] zur Geistes- und Ideengeschichte taugt Lugowski deshalb nur bedingt. Vielmehr beginnt er bereits in seiner Doktorarbeit mit der Entfaltung jenes geistesgeschichtlichen Erzählpanoramas, das dann in der zweiten Qualifikationsarbeit seine konsequente Fortsetzung und „Vollendung" im Zeichen der „deutschen Wirklichkeit" erfährt. Der „Weg um die Kugel" – um nocheinmal dieses Motiv aufzugreifen – beginnt also schon vor 1933 und führt bisweilen zu textimmanenten Widersprüchen. Diese zeigen sich etwa, wenn Lugowski sich selbst in seinen Schlussüberlegungen zwar zunächst noch Enthaltsamkeit bei der dichtungsübergreifenden Deutung der Ergebnisse seiner Formanalyse aufzuerlegen scheint: „Man kann nur fragen, ob die Zersetzung des mythischen Analogons, deren Beginn in den Romanen Wickrams nachgewiesen wurde, auf einen historisch-kontinuierlichen Zerfallsprozeß überhaupt hinweist oder ob es sich um eine bloße Umbildung einer bestimmten Ausprägung in eine andere handelt. Wir tun gut, diese Frage hier noch ganz offen zu lassen. (182)"[282]

Genau dies aber – nämlich „offen gelassen" – wird die Frage dann gerade nicht, wie sich bereits im unmittelbar anschließenden Passus offenbart. „Jedenfalls", so überführt Lugowski nun die zuvor gestellte Frage ungerührt von der soeben noch beschworenen geschichtsphilosophischen Abstinenz in das geschlossene Panorama seiner kulturpessimistischen Verfallserzählung,

> wird sich die Entwicklungsgeschichte des Einzelmenschen mit solchen Zerfallserscheinungen besonders zu beschäftigen haben. Dann erst – mit der Analyse viel späterer Romantypen – wird sich zeigen, auf was hier nur hingedeutet werden kann: die Zer-

---

280 Schlaffer, Heinz: a. a. O., S. X.
281 Ebd.
282 Damit nimmt Lugowski hier zunächst jenen Faden der enthaltsamen Selbstbeschränkung wieder auf, den er in der Einleitung ausgelegt hatte. Dort heißt es: „Es muß zugleich ausdrücklich darauf hingewiesen werden, daß jeder (vergleichende) Übergriff auf ein anderes Gebiet des objektiven Geistes, als es die Dichtung ist, aufs sorgfältigste vermieden werden wird. Das ist [...] darin begründet, dass die unserer Art von Formanalyse eigentümliche Blickrichtung durch eine Vermengung verschiedener Geistesgebiete nicht gestört werden darf, daß die Untersuchungen innerhalb der dichterischen Sphäre erst zu einer gewissen *Reife* gediehen sein müssen, ehe sie, ohne verwirrt zu werden, mit denen anderer Kulturgebiete, etwa der Philosophie, verglichen werden können." (19)

setzung des mythischen Analogons *ist* selbst das eigentliche Werden des Einzelmenschen, das sich in den beiden Linien der Absonderung aus der Totalität und der Verzeitlichung bewegt. Im Zerfall der Ganzheiten kommt das identische Einzelne zu sich selbst. Also nicht so wird es sein, daß die Zerrüttung des mythischen Analogons die Geburt des einzelnen nur vorbereitet, ermöglicht, die dann als ein qualitativ neuer Akt einsetzt; sondern, wo immer der Einzelne beginnt, sich zu zeigen, da erscheint er als Zersetzungsprodukt. (Ebd.)

Die (zumindest vorläufig noch) negative Teleologie, in die Lugowski nun die Ergebnisse seiner Formanalysen einspannt, ist offensichtlich und sie speist sich aus dem semantischen Archiv einer moderneskeptischen Individualismuskritik[283]: der „Einzelne", als das sich seiner selbst bewusst gewordene, bisher letzte Glied in einer umfassenden Niedergangsgeschichte, ist immer schon „Zersetzungsprodukt". Die Geschichte vom nachmythischen Zeitalter bis zur Neuzeit (und, so wird man ergänzen müssen: natürlich bis zur Gegenwart) erscheint mithin als ein fortgesetzter Prozess der „Zerrüttung", in dem der Mensch das Erwachen seiner selbst, seine Subjektwerdung mit der zunehmenden Entfremdung von jenem Leben erfährt, mit dem er ursprünglich eins war. Die Restbestände dieses urpsrungsmythologischen Lebenszusammenhangs finden – gleichsam als Vertriebenengut der Menschheitsgeschichte – ihr Refugium in der Kunst: „Verfolgt man die rapide Entwicklung des Gegenstandsbewußtseins seit der Renaissance, so ist es, als habe sich das vor dem unaufhaltsamen Vordringen des ‚aufklärenden Geistes' zurückweichende Mythische in die künstlichen Formen der Kunst, insbesondere der Dichtung zu flüchten versucht."(12)

Die „zersetzende Arbeit" des ‚aufklärenden Geistes' hält hier jedoch keinesfalls inne. An diesem Punkt ist Lugowskis Blick in der Tat weitaus schärfer und ernüchterter als der vieler seiner lebenswissenschaftlich orientierten Fach- und Zeitgenossen. Lugowski begreift Dichtung nicht nur nicht mehr als unmittelbaren Ausdruck eines ursprünglichen Daseinszusammenhanges zwischen Mensch und Leben (sie fungiert ja nur noch als Herberge für dessen Verflüchtigungsformen), sondern auch diese Schwundform der Gemeinsamkeit, d. h. der Nicht-Einzelmenschlichkeit, eben das mythische Analogon selbst, wird noch zersetzt.

Dazu trägt nicht zuletzt die eigene Arbeit als reflektierender Dichtungswissenschaftler nachhaltig bei. Sie ist gleichsam die letzte und „höchste" Station in diesem Entfremdungsprozess des Menschen vom Leben. Der Dichtungswissenschaftler begegnet nämlich der

---

283 Die wiederum, so wird man ergänzen dürfen, die philosophisch transformierte Variante einer politischen Liberalismuskritik ist. Wie sehr auch Lugowskis Ausführungen eingebunden sind in den politischen Kontext des Unbehagens an den „Weimarer Verhältnissen", wird schlaglichtartig deutlich, wenn er als möglichen und ebenso negativ konnotierten Gegenprozess zur Vereinzelung das Verschwinden des modernen Individuums in der „Masse" skizziert: „Außerdem gibt es Abstufungen der Identifizierbarkeit, Menschen, die sich ihr in stärkerem Maße entziehen als andere, es gibt mehr oder weniger *allgemeine* Menschen. In dem sogenannten Massenmenschen, dem realen Exemplar aus einer rasenden Menge, die die Brotläden stürmt, oder aus einem politischen Demonstrationszug, fasst sich ‚der' Mensch in einem Maximum an Allgemeinheit auf." (17f.)

Dichtung, indem er sie zum Objekt seiner Reflexion macht, eben nicht mehr in jener für das mythische Analogon konstitutiven Haltung des „selbstverständlichen Hinnehmens". Ist aber das mythische Analogon erst einmal als solches erkannt, mithin auch die Künstlichkeit der Kunst eben *als Künstlichkeit*, dann ist es auch schon aus damit. Die künstlichen Formen sind zwar „für den Menschen, dem sie sprechend sind, gar keine Künstlichkeiten: er begibt sich im Anschauen einer Dichtung ohne Besinnen und ohne Reflexion in deren Welt: nur dann kann sie zu ihm sprechen." (11) Zwar auch gehört die „Künstlichkeit mit ihren Ausprägungen [...] zu den Momenten am Dichterischen, die sich am längsten und erfolgreichsten der Bewusstwerdung und theoretischen Vergegenständlichung entziehen." (12) Diese Haltung der unreflektierten Hingabe aber ist für jenen, der – wie Lugowski selbst – die Dichtung als letztes, gemeinschaftsstiftendes Refugium reflektiert, gerade nicht mehr möglich: „Mit der Reflexion wird sie zerstört, wie der ‚aufklärende Geist' den mythischen Zusammenhang der Welt zerstört." (11)

Von hier aus gesehen entpuppt sich die forcierte Sachlichkeit des eigenen Wissenschaftsethos auch weniger als triumphale Distanznahme von einer als theoretisch unterkomplex erkannten Geistesgeschichte, sondern vielmehr als elegischer, bisweilen sardonischer Ausdruck des Unbehagens an der eigenen Tätigkeit, deren Überlegenheit gleichwohl mitgedacht wird: „Das Dienstmädchen", so artikuliert sich bei Lugowski dieses Verlustgefühl in einer bezeichnenden Anmerkung, „liest den Hintertreppenroman mit unmittelbarer Hingebung. Der künstlerisch Urteilsfähige vermag das nicht mehr. Er ist dieser Romanwelt gegenüber ungläubig, kann sich nicht wie das Dienstmädchen unbefangen in sie hineinbegeben. Er ist sich ihrer „Künstlichkeit" bewußt geworden und scheidet damit aus der Gemeinsamkeit." (189)[284]

Dies ist indes – auch in der Dissertation – nicht das letzte Wort Lugowskis in dieser Angelegenheit. Die nächste Station im gnoseologischen Dreischritt, mithin die Möglichkeit zur Wiedereinkehr in die „Gemeinsamkeit" und Daseinsunmittelbarkeit *nach* der letzten Stufe der „zersetzenden" Reflexionstätigkeit, wird schon in Lugowskis Erstlingsschrift, und nicht erst in seiner Habilitationsschrift, ins Auge gefasst. Die Haltung, die solch eine Wiedereinkehr ermöglichen könnte, die keineswegs einem „Zustande von Dumpfheit gleichzustzen sei", sondern vielmehr „das allerkonkreteste Leben bedeutet" (184), diese Haltung korrespondiert bei Lugowski mit einer „Welt des Fürsichseienden", die er am Ende seiner Ausführungen einer „‚gemachten' Welt" (183) gegenüberstellt. „Unbewältigte Wirklichkeit", so erläutert er diesen mit exisatentialistischem Pathos vorgetragenen Gedanken,

---

[284] Vom Ausschluss aus der Gemeinschaft sind mithin nicht nur jene, die zu wenig wissen, betroffen, sondern ebenso auch jene, die zuviel wissen. Beide werden mit Ausgrenzung bestraft. Mit Blick auf Erstere heißt es zur attischen Tragödie: „Wer nicht mit den heroischen Stoffen vertraut war, fand keinen Zugang zu ihr, konnte kein Grieche sein, sondern nur ein Barbar; er gehörte nicht zum Volke, dann das Volk ist hier noch der Kreis der Zuschauer vor der Skene." (10) Diesem Ausschluss korrespondiert in der Moderne die doppelte Lebensferne des Buchwissenschaftlers (s. III.2.2).

in diesem Sinne, in der der Mensch sich finden kann (die er nicht *denkt* oder erkennt, sondern in der er *lebt*), ist das, was wir die Welt des Fürsichseienden nennen möchten. Es ist die Welt, die der Mensch nicht mehr als Ganzes sinngebend formt, indem er sie als *Sinntotalität* auffaßt, sondern die stumm durchlebt, schweigend ertragen wird. In dieser Weise wird das Wirkliche nicht mehr durch eine prinzipielle und umfassende Deutung *überwunden*; der Mensch bleibt der Wirklichkeit gegenüber sieglos, indem er sie auf keine andere Weise ‚bearbeitet', als daß er sie konstatiert, ihr Dasein als Wirklichkeit anerkennt. Und wenn es für diese Haltung keinen totalen „Weltsinn" gibt, so doch auch keine Sinnlosigkeit. Denn sie ist überhaupt nicht an dem Gegensatz sinnvoll – sinnlos orientiert. (183)

Dichterischen Ausdruck findet eine solche Welt, in denen der Mensch den Dingen „am nächsten ist" (184), am Urprung der überlieferten, „germanischen" Literaturgeschichte: „Der Mensch weicht schweigend dem Schlage aus, der ihn treffen will, und er läßt sich schweigend treffen, wenn es nicht anders geht. Aber er ist dennoch vielleicht von großer aktiver Spannkraft. In dieser Weise ziehen die Gestalten der altisländischen Saga an uns vorüber." (Ebd.)

Nichtsdestoweniger ist einer solchen Welt nach Lugowski „das Dichterische im eigentlichen Sinne fremd" (184), ist doch gerade das Dichterische – und sei es nur noch in der Formgebung – immer auf Sinnstiftung hin angelegt:

Nirgends erscheint das eingewurzelte Bedürfnis des Menschen, sich eine sinndurchwaltete Welt zu *schaffen*, eindrucksvoller als in dem völlig überpersönlichen mythischen Analogon, das als dichterischer Form- und Ganzheitscharakter eine Dichtung beherrscht. Alle Sinngebung ist Trost, ist „Flucht aus dem Alltag". Auch der düsterste Pessimismus kann solche Flucht bedeuten, indem er mit der Welt „fertig" wird. Der Mensch der Saga aber wird nie mit ihr fertig. (184 f.)

Eine solche ursprüngliche Haltung, dies räumt Lugowski ein, lässt sich beim gegenwärtigen Stand der Geistesgeschichte nicht ohne weiteres restituieren. Sie findet allerdings, wie er im Verweis auf Überlegungen seines Erstgutachters Friedrich Neumann zu *Sage und Märchen* anführt, eine Form der „Wiederankündigung […] in gewissen modernen Kriegsbüchern." (204) In seiner Habilitationsschrift wird dann das Schaffen Kleists das dichterische Exemplum für eine solche Haltung abgeben, in der sich die Möglichkeit einer Revitalisierung *nach* der Aufklärung, eines „Weges um die Kugel", symbolisch verdichtet.

Aber bereits in der Dissertation scheint der Krieg – und nicht nur die Literatur über ihn – selbst jene Möglichkeiten zu bieten, bei der der durch alle Stadien der reflektierenden „Zersetzung" gegangene Mensch der Moderne sich solch einem Zustand der wiedergewonnenen Einfachheit noch am authentischsten wiederannähern kann: „Einer solchen Einstellung nähern sich wohl Menschen – Soldaten im besonderen – in kriegerischen Zeiten. […] Jeder Mensch besitzt etwas davon, jeder erlebt einmal, sei es auch nur für Augenblicke, Situationen, vor denen er in seinem Sinngehäuse erstarrt." (184)

Aus diesen Situationen, in denen sich eine „Sphäre des Fürsichseienden" wiederherstellt, ist „die Idee der Totalität [...] verbannt." In einer solchen Sphäre könne es allerdings, so insistiert Lugowski, „Ganzheiten" geben, „aber diesen eignet keine Notwendigkeit, keine kosmologische Würde. Sie sind – von der Idee einer Totalität aus – willkürlich, und deshalb sind auch ihre Teile im Grunde ‚für sich', einzeln." (184)

Allerdings ist es dem Menschen seit der Post-Saga-Ära, dem modernen, sentimentalischen Individuum zumal, nicht mehr möglich, in einer solchen Sphäre einfach zu *sein*. Schon Kleist ist ja Lugowski zufolge kein Saga-Mensch und kein Germane mehr, er kommt ihnen, in der sich in seinen Schriften manifestierenden „Überwindung des Objektiven durch das Unmittelbare"[285], lediglich nahe. Für die eigene Renaivisierung bzw. Regermanisierung, für den Schritt zurück an den Anfang des Weges um die Kugel, kann sich der hochreflektierte Einzelmensch der Moderne lediglich *entscheiden*. Diese Entscheidung bleibt, wie Lugowski ja einräumt, ebenso „willkürlich" wie ihr Ergebnis transitorisch bleiben muss.

Die Dissertation mündet damit in einer existentialistischen Erweiterung des Fokus', die das semantische Einfädeln in den *orthodoxen mainstream* als Möglichkeit schon aufzeigt. Dergestalt aber überschreitet die Arbeit ihren Gegenstandsbereich bei weitem und – gemessen an der forcierten Betonung dichtungswissenschaftlicher Selbstbeschränkung – in unzulässiger Weise. Die Entscheidung für jene Schwerpunktverlagerung hin zur „deutschen Wirklichkeit" bedeutet zugleich Lugowskis Wiederverschwinden in der Gemeinsamkeit des *orthodoxen mainstream*. Diese Entscheidung kennzeichnet dann Lugowskis Habilitationsschrift wie auch seine übrigen, nach 1933 entstandenen Arbeiten. Sie ist jedoch – wie gezeigt werden konnte – in seiner Erstlingsschrift zumindest schon angelegt.[286]

Lugowski hat jedoch, anders als einige seiner Zunftgenossen, den Radius seines Dezisionismus', d.h. seine Entscheidung, den „Weg um die Kugel" zurückzulegen, nicht auf den Schreibtisch und die Hochschule beschränkt. Im Sommer 1942, als frischgebackener ordentlicher Professor für Neuere deutsche Literaturgeschichte und als Nachfolger Gerhard Frickes an der Universität Kiel, meldet er sich freiwillig zum Kriegsdienst. Nach schwerer Verwundung stirbt er als Leutnant in einem Infanterieregiment an der Ostfront.

In seiner Habilitationsschrift geht Lugowski u.a. der Frage nach, „welche Einstellung die Menschen der Saga und des Heldenliedes" der „Flucht aus der Wirklichkeit", die den wesentlichen Impetus des Märchen- und Anti-Romans ausmache,

---

[285] So der Obertitel des Kleist-Kapitels in Lugowskis Habilitationsschrift (s. Lugowski, Clemens: Wirklichkeit und Dichtung, S. 137).

[286] Auch die Figur Kleists ist bereits in der Dissertation – wenn auch gewiss eher beiläufig – präsent. S. etwa S. 44 (und 192), wo die „Novellen der Kleistischen Art" als Gegentypus zur Ausprägung des mythischen Analogons im Dekameron (das sich u. a. durch Spannungsvernichtung und Wiederholung auszeichnet) erscheinen: „Man versuche demgegenüber nur einen Augenblick die absurde Vorstellung, es gäbe hundert Novellen der Kleistischen Art, und man wird entsetzt abwehren. Die Novelle Boccaccios gibt keineswgs das schlechthin Einmalige, Unwiederbringliche, wie es etwa die Kleists tut, von der es nur eine beschränkte Anzahl geben *kann*." (44)

entgegenzusetzen haben. Wonach **streben** diese Menschen? Die Antwort ist nicht so schwer. Es ist immer wieder deutlich geworden, daß sie nirgends das Bedürfnis haben, die Wirklichkeit, und mag sie noch so schwer sein, zu überspringen oder zu entwerten. Der Sinn des Lebens erfüllt sich vielmehr darin, sich selber als Persönlichkeiten oder als persönlich gebundene Gemeinschaften **innerhalb** der Wirklichkeit **durchzusetzen**. Das war ihre stärkste Lust und, wenn man will, der Inbegriff ihres „Glücks". Wo es auch nur als **Haltung**, der ein Erfolg versagt war, bruchlos durchgeführt wurde, da war der Sinn des Lebens erfüllt. Ein wichtiger Grundzug dieser Einstellung ist das **Kämpferische** als höchste Steigerung von Tätigkeit überhaupt. [...] In diesem Sinn war der Germane sich selbst eine Aufgabe, die ihn nicht der Wirklichkeit entzog, sondern die er erst dann ganz erfüllt sah, wenn er als Eigensein ganz Wirkung geworden, ganz in die Wirklichkeit eingegangen war.[287]

Wir müssen uns Klemens Lugowski als einen glücklichen Menschen vorstellen.

„Entschuldigen Sie, verehrte Leser, daß wir eine Schillerausgabe machen ..." – Probleme mit der Orthodoxie I: Orthodoxie zwischen Resonanz und Eigensinn und der „Fall" Beißner

Dass es für die Ausübung einer volksbezogenen Wesens- und Wertewissenschaft weder „Formeln noch Rezepte" gebe, wie Gerhard Fricke betont, charakterisiert allerdings nur zum Teil ihre Lage. Denn gerade die Formelhaftigkeit im Rahmen dieses orthodoxen *mainstreams* der Disziplin, d. h. die immer wieder auftauchenden Argumentationsfiguren, die Scharnierbegriffe und -erzählungen, dürften hinreichend deutlich geworden sein.

Problematischer für die einzelnen Akteure hingegen dürfte es sein, dass es gerade im Rahmen dieser Orthodoxie so etwas wie eine „Rezeptur" hinsichtlich des idealen „Mischungsverhältnisses" von wissenschaftlichem Eigensinn und politisch adressiertem Resonanzkalkül in der Tat nicht gibt. Sowohl das Ausbleiben einer klaren und einheitlichen Direktive aus der polykratisch strukturierten Wissenschaftspolitik wie auch der permanente Radikalisierungs- und Politisierungsdruck, der von den Rändern der Disziplin durch Akteure wie Langenbucher, Hagen oder Rössner ausgeübt wird, erzeugen eine eher unwägbare Resonanzkonstellation. Zwar erweist sich das Konzept einer volkhaften Wesens- und Wertewissenschaft als „sicherste" und deshalb auch dominante Variante der Mehrfachadressierung, da sie – anders als wirklichkeitswissenschaftliche oder rassenkundliche Entwürfe – sowohl die Inszenierung von Einverständnis mit den politischen Verhältnissen erlaubt, als auch mit dem disziplinären Denkstil kompatibel ist. Geichwohl will auch dieses Spiel der Orthodoxie „gekonnt" sein und es erfordert jenen Sinn für das richtige Maß, jene Intuition für das „Schickliche", über den Akteure wie Kluckhohn oder von Wiese zweifellos verfügen. Wer das Spiel – wie etwa Walther Linden – resonanzstrategisch „überreizt", d. h. durch eine allzu ostentative Politisierung seines Konzeptes die prekäre Balance zwi-

---

287 Lugowski, Clemens: Wirklichkeit und Dichtung, S. 135 f.

schen Eigensinn und Resonanz verfehlt und zudem noch von einer randständigen Position aus argumentiert, der wird ausgegrenzt (s. III.1). Zumindest dann, wenn er nicht wie Kindermann oder Obenauer über den entsprechenden Rückhalt bei nationalsozialistischen Instanzen verfügt. Aber auch von der gleichsam entgegengesetzten Seite aus lässt sich gegen die ungeschriebenen Spielregeln verstoßen, wie der „Fall" des Ausschlusses von Friedrich Beißners Einleitung zum 1943 erschienenen ersten Band der *Schiller-Nationalausgabe* exemplarisch verdeutlicht.[288]

Dass dieser erste von damals 32 geplanten Bänden, der die bis 1798 entstandenen Gedichte Schillers enthält und der der einzige, noch vor Kriegsende fertiggestellte Band der Ausgabe bleiben wird, im Frühjahr 1943 schließlich ohne Beißners – „dem Verlag bereits im Umbruch vorliegende"[289] – Einleitung erscheint, erweist sich in unserem Zusammenhang als exemplarisch für einen eigensinnigen Verstoß gegen die Spielregeln, die den orthodoxen *mainstream* der Disziplin konstituieren. Ist dieser Ausschluss doch die Folge von Beißners dezidiertem Verzicht, in diesem Fall[290] das von ihm (und von der Disziplin) erwartete Angebot eines mehrfach adressierten, d. h. nationalpädagogische „Aktualisierungen und Nutzanwendungen"[291] mitenthaltenden Textes vorzulegen.

---

[288] Zum literaturwissenschaftlichen Umgang mit Schiller während des NS s. II.2.2. Zum Folgenden s. Jäger, Ludwig: Disziplinen-Erinnerung – Erinnerungs-Disziplin: Der Fall Beißner und die NS-Fachgeschichtsschreibung der Germanistik, in: Lehmann, Hartmut/Oexle, Gerhard Otto (Hrsg.): Nationalsozialismus in den Kulturwissenschaften. Band 1: Fächer – Milieus – Karrieren, Göttingen 2004, S. 67–127; Dahnke, Hans-Dietrich: Friedrich Beissners Einleitung zum ersten Band der Schiller-Nationalausgabe, in: Jahrbuch der Deutschen Schillergesellschaft, 41, 1997, S. 513–548 [der Beitrag enthält zudem einen Abdruck des „bisher unveröffentlichten Textes Beißners" (535)]; Klassiker in finsteren Zeiten, Bd. 1, a. a. O., S. 366–387.

[289] Jäger, Ludwig: a. a. O., S. 93.

[290] Dass Beißner nicht prinzipiell abgeneigt ist, ein solches orthodoxes Leistungsangebot zu erbringen, zeigt sich beispielhaft in seinem Beitrag „Der Mythus in Hölderlins vaterländischen Gesängen" (ZfDB, 11, 1935, S. 249–269), in dem er – wenn auch nur seine Ausführungen beschließend – auf die erwartbaren Aktualisierungen keineswegs verzichtet. Dort heißt es u. a.: „Nun sind wir einigermaßen gerüstet, Hölderlins **Botschaft von der deutschen Sendung** in ihrer Tiefe zu verstehen. Das Volk soll zurückkehren zu einem natürlichen, gotthaltigen Dasein, zu einer naturfrommen Ordnung aller Lebensformen, zu einem brüderlichen, opferwilligen Bund der Liebe, dessen höchstes Ideal der Heldentod fürs Vaterland ist. [...] Das Volk bedarf der ewigen Wahrheiten, wenn sie ihm der Genius der Natur auch in die goldne Wolke mythischer Bilder kleidet; es bedarf zur Läuterung und Emporführung ins Reich der ewigen Schönheit auch der kultischen Weihe der elementaren Gaben, wie Brot und Wein. Es bedarf überhaupt der Führer und Mittler in der rechten Rangstaffelung. In solcher Erneuerung wird die Kultur wieder zum kosmosspiegelnden Organismus unter staatlicher Obhut. [...] In alledem erfüllt Deutschland die griechischen Verheißungen. Es ist heute unser inbrünstiger Glaube, daß gerade Deutschland zur echtbürtigen Nachfolge der großen Antike berufen ist, weil es als Land der Mitte, als geistige Walstatt aller europäischen Entscheidungen, die Gegensätze, Spannungen und Einseitigkeiten der übrigen Völker alleine zu schöpferischer Zukunftssynthese zu zwingen vermag und weil es, wie dereinst Griechenland, das vorgeschobene Bollwerk gegen Außereuropa ist. Dieser Glaube ist uns, wie so vielen früheren Deutschen, ein geistiges Fundament des Dritten Reiches." (S. 268 f.)

[291] Dahnke, Hans-Dietrich: a. a. O., S. 520.

Im Planungsstadium befindet sich die, zunächst noch unter der Ägide von Julius Petersen[292] konzipierte, Nationalausgabe bereits seit 1937. Sie erweist sich für die Außendarstellung der Disziplin als immens prestigeträchtig und ist von Anfang an als ein typisches Großprojekt im Rahmen der disziplinären Orthodoxie geplant; einer Orthodoxie mithin, die durch die Annahme gekennzeichnet ist, wissenschaftlicher (hier: philologisch-editorischer) Eigensinn und nationalpädagogisch-politisches, fachübergreifendes Resonanzkalkül ließen sich zwang- und bruchlos miteinander verbinden. Bereits im frühen Planungsstadium wird resonanzbewusst das Ziel der Edition umrissen, „gerade im Neuen Reich den National-Dichter Schiller als Künder deutscher Selbstbesinnung auf den Platz zu stellen, der ihm gebührt."[293] Auch die noch von Julius Petersen 1940 konzipierten „Leitsätze für die Bearbeitung der Nationalausgabe von Schillers Werken", die an alle Bearbeiter verschickt werden, insistieren auf einer Gleichzeitigkeit und Kompatibilität von wissenschaftlichem und nationalpädagogisch-kulturpolitischem Ethos:

> Die Ausgabe soll unbedingte Zuverlässigkeit in Bezug auf die Gestaltung des Textes mit vollständiger Deutung alles dessen, was der Erklärung bedarf, vereinigen und bei der Ausbreitung alles wissenschaftlichen Materials doch vermeiden, durch einen ausschließlich gelehrten Charakter den geniessenden Leser abzustossen. Sie darf auf den Namen <u>Nationalausgabe</u> Anspruch machen, wenn es ihr gelingt, den Dichter in seiner vollständigen Erscheinung in würdigem Gewande der Nation überliefern und verständlich zu machen.[294]

Und am 20.02.1942, auf der ersten Weimarer Tagung der Mitarbeiter, zu denen mit Beißner, Fricke, Burger, Böckmann, Hermann Schneider, Borcherdt und von Wiese ein Großteil des disziplinären esoterischen Zirkels zählt, wird noch einmal der Anspruch des Projektes bekräftigt, eine zugleich „wissenschaftliche und [...] volkstümliche Ausgabe"[295] zu realisieren. Gerade im Blick auf die avisierte „Volksbezogenheit" des Projektes kommt den jeweiligen Einleitungen natürlich eine besondere, didaktische Funktion zu. Deshalb, so

---

[292] Nach Petersens Tod 1941 übernimmt Gerhard Fricke, obwohl er „als Editor kaum Erkenntnisse und Erfahrungen besaß" (Dahnke, a.a.O., S. 515), die Funktion als leitender Herausgeber. Fricke wird vor allem deshalb auserkoren – in die engere Wahl fallen auch Böckmann, von Wiese und Burger (s. Dahnke, a.a.O., 515) – weil sich bei ihm wissenschaftliche wie politische Kredibilität offensichtlich im „richtigen" Mischugsverhältnis vereinigen. So betont etwa der Vorsitzende des Verwaltungsausschusses Friedrich Stier, Ministerialrat im Thüringischen Ministerium für Volksbildung Weimar, in einem Brief vom 9.12.1941 an die mitherausgebende Deutsche Akademie München: „Nach Abwägung aller Umstände" erscheine Fricke als „der weitaus geeignetste Nachfolger für Professor Petersen, und zwar sowohl seiner allgemeinen Geltung und seinem Namen nach als auch um des Ansehens willen, das er in wissenschaftlichen Kreisen, an den zuständigen Reichsstellen und in politischer Hinsicht genießt." (Zit. nach: Dahnke, a.a.O., 515; zur Nachfolgebestimmung s. auch Jäger, a.a.O., S. 119f.)

[293] Plan zur Schiller-Nationalausgabe von Julius Petersen und Kurt Vogtherr, in: Klassiker in finsteren Zeiten, Bd. 1, a.a.O., S. 371.

[294] Zit. nach Jäger, a.a.O., S. 99.

[295] Zit. nach Jäger, a.a.O., S. 98.

schon Petersens Leitsätze, hätten sie „in lesbarer, leicht fasslicher und anziehender Form das Wesentliche über das eingeleitete Werk, seine Stellung im Gesamtschaffen Schillers, seine ästhetische wie seine gedankliche Bewertung vorzubringen; sie sollen von allem Ballast frei sein."[296]

Die hybride Mischung aus dem Anspruch auf Wissenschaftlichkeit und einem volkspädagogisch sich inszenierenden Resonanzbewusstsein, das nicht zuletzt auch auf das politische Feld zielt, resultiert zum Einen aus der innerdisziplinär hegemonialen Orthodoxie einer volkhaften Wesens- und Wertewissenschaft und sie ist als solche zugleich, dies hat Ludwig Jäger detailliert rekonstruiert, das Ergebnis einer Übersetzung politisch-institutioneller Imperative in die Sprachspiele der Disziplin. Vor allem die noch durch das Einwirken Petersens an der Edition beteiligte Deutsche Akademie[297], die der Nationalausgabe finanzielle Ressourcen zur Verfügung stellt und im Gegenzug als einflussreiche Mitherausgeberin fungiert, macht in diesem Zusammenhang in nachhaltiger Weise die Erwartungen der (kultur-)politischen Instanzen an das wissenschaftliche Projekt geltend. Als geistige „Kriegsarbeit", so ihr Präsident Ludwig Siebert in einer Rede vom 16. 10. 1942, betrachtet die Akademie ihre editorische Beteiligung an den literaturwissenschaftlichen Großausgaben (Jean Paul, Hölderlin, Klopstock, Schiller), als „ein[en] sprechenden Beweis für die ruhige Siegeszuversicht unsres Volkes, für seinen unbeirrbaren Glauben an die endliche Erfüllung des deutschen Anspruchs und für sein unerschütterliches Vertrauen auf den Führer, seine Sendung und deren Vollendung in der Welt."[298] Sieberts Nachfolger Seyß-Inquart betont die ideologische Relevanz einer Fortsetzung der Gesamtausgaben von Schiller, Klopstock und Hölderlin in Zeiten des Krieges, da es im Krieg nicht nur um „militärische Erfolge oder um materielle Werte" gehe, sondern um die „Behauptung der ideellen Substanz des Volkes und des Abendlandes überhaupt."[299]

Dem Anspruch auf ein doppeltes Leistungsangebot, Wissenschaftlichkeit und ein „leicht fassliches", also zeitgemäß heroisierendes Schillerbild zu liefern, entzieht sich Beißners Einleitung. Das Bild, das seine „dezidiert un-ideologischen"[300], konsequent sachbezo-

---

296 Zit. nach ebd. In der Niederschrift der ersten Bearbeitersitzung in Weimar kommt diese Mischung aus wissenschaftlichem Eigensinn und fachübergreifendem Resonanzappeal ebenfalls deutlich zum Ausdruck: „Die innere Einheit der Ausgabe soll in der Einleitung zum Ausdruck kommen. Dabei ist zu berücksichtigen, daß es sich um eine wissenschaftliche und zugleich volkstümliche Ausgabe handelt. Während der kritische Apparat im wesentlichen die eigentlich wissenschaftlichen Fuktionen zu erfüllen hat, wird die Einleitung vor allem an breitere Kreise sich richten müssen." (Zit. nach Jäger, a. a. O., 98).
297 S. zur Deutschen Akademie, die nach langen Kompetenzstreitigkeiten zwischen dem Auswärtigen Amt, dem Amt Rosenberg und dem Reichsministerium für Volksaufklärung und Propaganda schließlich der Aufsicht des Goebbels'schen Ministeriums unterstellt wird, v. a. Jäger, a. a. O., S. 101–112. In der Satzung der Akademie wird als deren kulturpolitische Aufgabe „in erster Linie die Erforschung und Pflege der deutschen Sprache im Inland und ihre Förderung und Verbreitung im Ausland" formuliert. „Ausserdem nimmt sie teil an der Erforschung und Pflege des deutschen Kulturgutes in Vergangenheit und Gegenwart." (Zit. nach Jäger, a. a. O., S. 102)
298 Zit. nach Jäger, a. a. O., S. 117.
299 Zit. nach Ebd.
300 Dahnke, a. a. O., 520.

genen, einleitenden Ausführungen von Schiller, bzw. vor allem von seiner Jugendlyrik zeichnen, dupiert sowohl die Ansprüche der – durch die Akademie repräsentierten – Kulturpolitik, als auch die orthodoxe Erwartungshaltung innerhalb seiner eigenen Disziplin. Als mehrfachadressiertes Eingangsportal in eine historisch-kritische Gesamtausgabe, die zugleich „volkstümlich" von der in Schiller sich manifestierenden Größe des deutschen Weses künden soll, taugt die Einleitung Beißners in der Tat kaum. Er halte „alle Herausgeber-Einleitungen zwischen Titelblatt und Werk des Dichters für eine Unbescheidenheit, und erst recht solche Einleitungen, die sich nicht gewissermaßen von selbst aus der Arbeit am Wort des Dichters ergeben"[301], so Beißner in einem Brief vom 03.01.1943 an den Mitbearbeiter und Regierungsrat Reinhard Buchwald. Das lebenswissenschaftliche Ethos, das sich etwa in der makrologischen Schiller-Deutung eines Herbert Cysarz manifestiert, indem es sich mit dem „Mut zur Darstellung" erzählend zwischen Werk und Leser schiebt, erscheint Beißner als „wissenschaftsfern" und „effekthascherisch."[302] Das philologisch geprägte Handlungs- und Methodenbewusstsein Beißners setzt auf den mikrologischen Dienst am Werk, die Mühen auf den Ebenen des Textes und nicht auf steilgeistige Epochenfresken aus ideengeschichtlichen Höhen[303]: „aber diese Gedichte", so Beißner in seiner Einleitung mit Blick auf Schillers *Laura*-Poeme den Autor selbst zitierend, „verlangen von ihrem Deuter einläßliche Versenkung mit einem Schillerschen Ernst, den keine Mühe bleichet […]."[304] Eine „Vorrede im Festtagsstil"[305], die Schiller zu einem heroischen Originalgenie verklärt, in dessen lyrischem Werk von Beginn an „deutsche Größe" sich abzeichne, erlaubt ein solches Ethos nicht. Im Gegenteil: Beißners Einleitung zeichnet das unprätentiöse Bild eines zunächst noch epigonalen, weil noch ganz im Banne Klopstocks stehenden Jugendlyrikers, der mit Selbstzweifeln seine eigene lyrische Produktion betrachtet und dem es „auf diesem Feld an Selbstbewußtsein [mangelt]."[306] An Schillers „jugendlichen Versuchen, die bei flüchtigem Hören wie ein bloßer Widerhall des Klopstockischen Tons klingen", so Beißner ohne alle gleißnerische Bemäntelungen, lasse sich zeigen, „daß

---

301 Zit. nach Jäger, a.a.O., S. 121.
302 Dahnke, a.a.O., S. 524.
303 Friedrich Beißner (1905–1977) promoviert 1933 in Göttingen bei Hermann Fränkel mit einer Arbeit über *Hölderlins Übersetzungen aus dem Griechischen* (Stuttgart 1933). 1939 habilitiert er sich in Gießen mit einer von Aktualismen freien und streng sachorientierten *Geschichte der deutschen Elegie* (Berlin 1941, 3. Aufl. 1965). 1937 bis 1939 arbeitet er als Assistent von Karl Viëtor und Wather Rehm in Gießen, von 1940 bis 1942 als Privatdozent in Jena und als Redaktor der Schiller-Nationalausgabe in Weimar. 1943 tritt er in Gießen als außerordentlicher Professor die Nachfolge Wather Rehms an. Erhebliches innerfachliches Renomee erlangt Beißner vor allem durch seine 1943 begonnene, in der literaturwissenschaftlichen Editionspraxis neue Standards setzende und auf lange Zeit prägende historisch-kritische Edition der sämtlichen Werke Hölderlins (s. dazu III.4.4). Seit 1937 ist er Mitglied der NSDAP, pflegt aber – so die Bekundung von Zeitzeugen – eine „distanzierte Haltung […] zum NS-Regime" (s. Oellers, Norbert: Art. Beißner, Friedrich, in: IGL, Bd. 1, S. 125–127; s. dazu allerdings ebenfalls III.4.4).
304 Beißner, Friedrich: Einleitung, in: Dahnke, a.a.O., S. 543.
305 Beißner an Buchwald am 03.01.1943, zit. nach Jäger, a.a.O., S. 121.
306 Beißner, Friedrich: Einleitung, in: Dahnke, a.a.O., S. 537.

der junge Sänger, dem noch kein eigener Ausdruck zu Gebote steht, auch den Stil des erweckenden Meisters [Klopstock; G. K.] nicht bis zur letzten Feinheit erspürt hat. Darin äußert sich weniger der Wille zu eigener Form – denn der war kaum schon vorhanden – als die Fremdheit des Wesens bei aller zufälligen und vorübergehenden Ähnlichkeit der Nachahmung."[307]

Und selbst wenn Beißner Schillers „hohe Gedichte" der „reifen Zeit" in ihrer „alles Gemeine abstreifenden Erhabenheit" charakterisiert, so wirkt dies kaum wie eine um „Volkstümlichkeit" bemühte Hagiographie im Zeichen einer volkhaften Wesens- und Wertewissenschaft, sondern vielmehr wie eine Verteidigung der dichterischen Notwendigkeit von Schillers Pathos, das gerade nicht, „wie Unverstand zuweilen behauptet, hohl und rednerisch"[308] sei. Bezeichnenderweise lässt der Herausgeber der Schiller'schen Gedichte schließlich die einzige Passage seiner Einleitung, die im Sinne eines mehrfachadressierten Aktualisierungsangebotes interpretierbar wäre, wieder streichen. Im Umbruchexemplar fehlen gerade jene Ausführungen zum Fragment „Deutsche Größe", die zuvor noch Beißners Einleitung beschließen: „Die Worte Schillers aus dem großartigen Entwurf bleiben aber ein Vermächtnis und eine Verheißung, deren Erfüllung zu erleben und zu erkämpfen unser gegenwärtiges Geschlecht berufen ist: ‚Jedes Volk hat seinen Tag in der Geschichte; doch der Tag des Deutschen ist die Ernte der ganzen Zeit.'"[309]

Beißners dezidierter Verzicht auf nationalpädagogische Identifikationsangebote und Resonanzeffekte am Beginn einer Gesamtausgabe, von deren „europäische[r] Bedeutung"[310] sowohl die nationale Kulturpolitik als auch die Disziplin selbst sich Einiges an

---

307 Beißner, Friedrich: Einleitung, in: Dahnke, a. a. O., S. 538. Wiederholt und ausführlich verweist Beißner auf Schillers Selbstzweifel (vgl. etwa S. 537, 538, 540, 542), die ein heroisches Dichterbild nicht zustande kommen lassen.

308 Beißner, Friedrich: Einleitung, in: Dahnke, a. a. O., S. 541.

309 Beißner, Friedrich: Einleitung, in: Dahnke, a. a. O., S. 547. Zur Streichung der Passage s. Dahnke, a. a. O., S. 520. Bezeichnend für Beißners werkverpflichtete Intransingenz sind auch seine Erläuterungen zu diesem Fragment: „Noch auffälliger ist es, daß es von Schiller kein größeres lyrisches Gedicht mit einem unmittelbar vaterländischen Gegenstand gibt, keine Gestaltung politischer Gegenwart und (wenn die Gegenwart denn den Dichter damals nicht begeistern konnte) auch nicht der Zukunft, in Hoffnung oder Verheißung. Nur ein unausgeführter Plan dieser Art ist überliefert: ‚Deutsche Größe', und es ist zu fragen, warum der Dichter [...] diesen begeisternden Stoff, den er – keineswegs etwa in seinen letzten Lebenstagen – in ausführlicher Prosa ausbreitet, hat liegen lassen. Das kann kein Zufall sein. Was da vorliegt, ist der Stoff zu einer Rede, zu einer entflammenden Rede, der aber nicht ohne weiteres [...] in Strophenform gegossen werden kann. Es sind Schiller wohl gelegentlich rein lehrhafte und ermahnende (paraenetische) Gedichte meisterhaft gelungen [...] aber alle diese Gedichte sind geringeren Umfangs, haben die Form des ‚Spruches'. Eine weit ausgreifende Dichtung dieser Art indes wäre unerträglich und wäre auch dem echten Dichter, der eben als Dichter wirklich mehr war als ein Redner, unmöglich gewesen. So blieb der Versuch liegen." (Beißner, Friedrich: Einleitung, in: Dahnke, a. a. O., S. 547.

310 So Stier in einem Brief vom 19. 12. 1941 an die DA (Zit. nach Jäger, a. a. O., 120) In der Niederschrift der ersten Mitarbeiterbesprechung wird ausdrücklich hervorgehoben: „Da die Ausgabe im Ausland verbreitet werden soll, muß auch in diesem Sinne das Leserpublikum berücksichtigt werden." (zit. nach Ebd.)

symbolischem Kapital verspricht, löst nicht nur, wie einer der Bandbearbeiter, Hans Heinrich Brocherdt, es darstellt, das „Mißfallen maßgeblicher politischer Instanzen in München"[311], d. h. der Deutschen Akademie, aus, sondern er stellt auch einen idiosynkratischen Verstoß gegen die ungeschriebenen Spielregeln innerhalb des orthodoxen *mainstreams* der Disziplin dar.[312] Als „sehr kritisch distanziert" charakterisiert der Hauptherausgeber Gerhard Fricke die Einleitung in einem Brief an Leiva Petersen. Gegenüber dem Kollegen Hans Pyritz moniert er ihre funktionale Unangemessenheit, liege „die Aufgabe der Einleitung zu einer derart repräsentativen, sich an die Nation wendenden Ausgabe" doch „in der aufschließenden Hinführung auf das Positive und Bleibende, das Wesentliche der dichterischen Leistung [...] und nicht so sehr in ihrer kritischen Einschränkung und Ableitung."[313] Auch Reinhard Buchwald, einem weiteren Bandbearbeiter, ist es „unerfindlich, wie man die ganze Ausgabe mit diesem Auftakt hinausgehen lassen will, dessen Tenor doch etwa in die Sätze zu fassen ist: Entschuldigen Sie, verehrte Leser, daß wir eine Schillerausgabe machen und sie nun gar mit der Lyrik beginnen müssen."[314]

Beißners Beharren darauf, dass seine Einleitung dem „wissenschaftlichen Anspruch[] einer letztgültigen, vollständigen Ausgabe"[315] durchaus gemäß sei, kann das Unbehagen, das sich sowohl außer- wie innerhalb der Disziplin gegen seinen Text, der „so wenig bejahend an Schiller heran[führe]"[316], formiert, nicht mehr eindämmen. „[D]er Eindruck, die Ausgabe sei von einem skeptischen Verhältnis zu ihrem Helden beherrscht"[317], kann im Rahmen der etablierten Orthodoxie einer volksbezogenen Wesens- und Wertewissenschaft, deren Legitimationsgrundlage nicht zuletzt in der resonanzbewussten Konstruktion identitätsstiftender Heroenerzählungen besteht, nicht toleriert werden. Was Beißners philologischer Interpretation des disziplinären Eigensinns als Ausdruck „methodologischer Verwirrung"[318] erscheint – eben das prekäre Zugleich von Eigensinn und außerwissenschaftlichem Resonanzkalkül – manifestiert sich innerhalb dieses *mainstreams* gleichsam als

---

311 Zit. nach Dahnke, a. a. O., S. 523. In einem Brief vom 25. 11. 1942 an Buchwald bekennt Borcherdt, dass er sich „von Beißners Einleitung [...] auf das tiefste enttäuscht" fühlt und vergisst weiterhin nicht darauf hinzuweisen, dass man „[a]uch in den Kreisen der Deutschen Akademie der Meinung [ist], daß diese Einleitung wirklich nicht repräsentativ als Auftakt für die ganze Ausgabe dasteht." (Zit. nach ebd.)

312 Zum Prozess des Ausschlusses im Detail s. Jäger, a. a. O., S. 118 ff. und Dahnke, a. a. O., S. 520 ff.

313 Brief von Gerhard Fricke an Leiva Petersen vom 19. 01. 1943 und an Hans Pyritz vom 18. 02. 1943, zit. nach Dahnke, a. a. O., S. 524.

314 Brief von Reinhard Buchwald an Borcherdt vom 22. 11. 1942, zit. nach Dahnke, a. a. O., S. 522. Jäger zufolge spielt vor allem Böckmann im Rahmen der innerdisziplinären Kritik eine gewichtige Rolle (s. Jäger, a. a. O., S. 124).

315 In einem Brief vom 10. 01. 1943 an Gerhard Fricke betont Beißner: „Ich habe schon Petersen gegenüber meine Bedenken nicht zurückgehalten, dass es schwierig sein wird, den zween Herren des wissenschaftlichen Anspruchs einer letztgültigen, vollständigen Ausgabe und des Laienwunsches einer schönen und bequemen Leseausgabe zu dienen." (zit. nach Jäger, a. a. O., S. 120.)

316 Fricke an Beißner, 02. 12. 1942, zit. nach Jäger: a. a. O., S. 124.

317 Buchwald an Beißner, 20. 12. 1942, zit. nach Jäger: a. a. O., S. 125.

318 Beißner an Fricke, 06. 12. 1942, zit. nach Dahnke, a. a. O., S. 533.

stillschweigend akzeptierte Geschäftsgrundlage, die bei einseitigen Verstößen (in beide Richtungen) eingeklagt wird.

Fricke als Hauptherausgeber exekutiert den Ausschluss, so dass der erste Band der Schiller-Nationalausgabe schließlich ohne Beißners Einleitung erscheint.[319] Dessen wissenschaftliche Karriere gefährdet der Vorfall jedoch nicht, politische Sanktionen bleiben aus.[320] Zu groß scheint offensichtlich das wissenschaftliche Kapital, das Beißner im Laufe der 30er Jahre vor allem mit seinen vielbeachteten Hölderlinstudien innerhalb der Disziplin hat ansammeln können: noch im selben Jahr tritt er die Nachfolge Walther Rehms in Gießen an und gibt seine Rolle als Schillerredaktor auf, um sich ganz einem weiteren, ebenso prestige- wie konfliktträchtigen germanistischen Großeditionsprojekt zu widmen, der ebenfalls von der Akademie geförderten Hölderlin-Ausgabe.[321]

„Volk nennt er ein einziges Mal ..." – „Probleme mit der Orthodoxie II: Orthodoxie und Langeweile oder Hermann Pongs' „existentialistische" Literaturwissenschaft als Reaktion auf die „Gefahr einer völkischen Konvention"

Der orthodoxe *mainstream* einer volksbezogenen Wesens- und Wertewissenschaft birgt jedoch noch ein weiteres Problem. In einem in eigener Sache werbenden, „marktstrategisch" argumentierenden Brief an seinen Verleger Carl Winter vom 08.02.1938 bringt der Stuttgarter Ordinarius und Symbolforscher Hermann Pongs das Dilemma eines literaturwissenschaftlichen Feldes, das von einem weitestgehend vereinheitlichten Angebotssegment im Zeichen des Volkes dominiert wird, auf den Punkt:

> Wir erleben gerade eine Hochflut völkisch ausgerichteter Literaturgeschichten. Das ist gewiß berechtigt und zeitgemäß. Sie können aber sicher sein, je mehr in dieser Art erscheint, um so schwerer wird es, Absatz zu finden. Die Gefahr einer völkischen Konvention bildet sich heraus, die höchst langweilig wirkt und die das so bewegte, leidenschaftliche, widerspruchsvolle Gesamtleben des Volkes gar nicht faßt. Insofern in Widerspruch zu den eigentlichen Zielen des Nationalsozialismus. Hier sehe ich meine Aufgabe. Eine Literaturgeschichte, die nicht in den Strudel vorübergehender Zeitströmungen gerät.[322]

---

[319] Dafür betont Reichserziehungsminister Rust im Vorwort, dass die Schiller-Nationalausgabe im „vierten Jahr des gewaltigsten Krieges" als „ein stolzes Bekenntnis unseres Volkes zu seiner edelsten Vergangenheit und ein Zeugnis seines unerschütterlichen Glaubens an seine Zukunft" gedacht sei (zit. nach: Oellers, Norbert: Editionswissenschaft um 1945, in: Barner, Wilfried/König, Christoph (Hrsg.): a.a.O., S. 103–118, hier: S. 109f.).

[320] Dies mag auch daran liegen, dass in dieser späten Phase des NS unmittelbare personalpolitische Eingriffe in universitäre Angelegenheiten seitens der wissenschaftspolitischen Institutionen seltener werden (s. II.3).

[321] S. III.4.4.

[322] Brief Hermann Pongs an Carl Winter vom 08.02.1938 (zit. nach Gaul-Ferenschild, Hartmut: a.a.O., S. 237).

Auch wenn die hier von Pongs prospektierte Literaturgeschichte nie erscheint, so sind seine Überlegungen doch von exemplarischer Bedeutung. Hier geht es offensichtlich nicht so sehr um eine prinzipielle Reflexion des Verhältnisses zwischen Eigensinn und Resonanz. Pongs Bedenken zielen weniger auf die Frage, wieviel an Wissenschaftlichkeit sich eine Disziplin bewahren muss, um ihre Angebote überhaupt noch als Wissenschaft codieren und in Umlauf bringen zu können, eine Frage, die implizit sowohl in Beißners Insisitieren auf einem philologischen Eigensinn, als auch in den von Kluckhohn geäußerten Befürchtungen vor einer „Verflachung" anklingt. Auch geht es nicht nur – selbst wenn Pongs gegenüber seinem Verleger natürlich das „Absatz"problem artikuliert – um Fragen des ökonomischen Kapitals. Pongs Befürchtungen vor der „langweiligen Wirkung" einer „völkischen Konvention"[323] in einer „Alles-wurde-schon-einmal-gesagt-eben-nur-noch-.nicht-von-jedem"-Situation, zielen vielmehr auf ein weiteres Problem: wie lässt sich für einen literaturwissenschaftlichen Akteur innerhalb eines prinzipiell als „berechtigt" anerkannten Konzeptes, das aber eben dadurch, dass die meisten es anerkennen, keinerlei Distinktionspotential mehr bietet, noch symbolisches Kapital akkumulieren? Wie kann man sich inner- wie außerhalb des Faches noch unterscheidbar machen, ohne – wie etwa Beißner, aber auch, mit anderen Vorzeichen, Linden – in Konflikt mit der Orthodoxie zu geraten oder, schlimmer noch, gar der Häresie bezichtigt zu werden?

Pongs geht es also um die resonanzstrategische Frage, wie man als Akteur die Wahrnehmungsschwelle sowohl inner- wie außerhalb des Feldes überhaupt noch überschreiten kann, und wie man dabei einerseits Konvergenz mit „den eigentlichen Zielen des Nationalsozialismus" inszenieren und andererseits ein konzeptionelles Angebot vorlegen kann, das nicht im „Strudel der vorübergehenden Zeitströmungen" untergeht. Angesichts der Übersättigung des Marktes mit Angeboten einer volksbezogenen Wesens- und Wertewissenschaft entsteht also das Problem, wie sich ein politisch ausgelegter Zeitgeist und ein aus der disziplinintern keineswegs stillgestellten Konkurrenzsituation resultierender Anspruch auf Zeitlosigkeit, wie sich also Konvergenz nach außen und Überbietungsgestus nach innen, miteinander verbinden lassen. Um 1937 muss dieses Übersättigungsproblem des orthodoxen Marktes als ein durchaus drängendes empfunden worden sein, denn sowohl Kindermanns Entwurf einer „volkhaften Lebenswissenschaft", als auch Frickes „Aufgaben einer völkischen Literaturgeschichte" (s. o.) lassen sich als programmatische Antworten auf eine solche Problemlage verstehen. Einer der resonanzstrategisch sicherlich ambitioniertesten Versuche, Distinktionsgewinne innerhalb des Konzeptes einer volkhaften Wesens- und Wertewissenschaft zu verbuchen, stammt denn auch von Pongs selbst. Die Rede ist hier von seinem bereits ein Jahr vor dem Brief an Winter erschienenen Versuch, mit dem Ent-

---

323 Eine Befürchtung übrigens, die selbst ein Akteur wie Obenauer, dessen Probleme mit der „Langeweile" sich in Grenzen gehalten haben dürften, äußert, wenn er vor der „Entleerung" solcher Begriffe wie „politisch, volkhaft, artgemäß" warnt (Obenauer, Karl Justus: Volkhafte und politische Dichtung, Leipzig 1936, S. 8f.).

wurf einer „existentialistischen Literaturwissenschaft" die *Neuen Aufgaben der Literaturwissenschaft* verbindlich im Sinne eines eigenen Konzeptes zu umreißen.[324]

„Die ‚existentialistische' Literaturwissenschaft des Hermann Pongs", so Hartmut Gaul-Ferenschild in seiner instruktiven, personengeschichtlichen Studie zum Stuttgarter Symbolforscher, „gehört gewiß zu den Mythen der Fachgeschichte."[325] Dies gerade macht sie in unserem Zusammenhang besonders interessant. Eine der wichtigsten Gründungsurkunden[326] dieses langlebigen Mythos', der eben nicht zuletzt das Resultat von Pongs distinktionsstrategischer Inszenierungspraxis ist, verdient deshalb einen genaueren Blick. Erweisen sich doch Pongs' Ausführungen über die „Neuen Aufgaben der Literaturwissenschaft", argumentationsanalytisch fokussiert, als Dokument einer durchaus ambitionierten Resonanz„politik", dessen Autor gleichsam drei Fliegen mit einer Klappe zu schlagen bestrebt ist. *Erstens* geht es ihm – mit Blick vor allem auf die Disziplin – um die Inszenierung einer „neuen", literaturwissenschaftlichen Position, die von den bereits vorhandenen Optionen innerhalb einer volksbezogenen Wesens- und Wertewissenschaft unterscheidbar ist und die diese zugleich überbietet. Gegen die „völkische Konvention" setzt Pongs zunächst auf die Inszenierung von Unkonventionalität. Zur semantischen Ressource dieses Dekonventionalisierungs- und Überbietungsimpetus' wird bei Pongs der von Heidegger entlehnte, philosophisch geadelte Begriff der Existenz, der im Rahmen der Heuristik des eigenen Programms zum Ausweis einer gesteigerten wissenschaftlichen Dignität, d. h. hier einer forcierten Tiefgründigkeit und Differenziertheit, gereichen soll. Dass es sich dabei lediglich um eine oberflächliche Subreption, eine „eklektizistische Beanspruchung"[327] der Heidegger'schen Terminologie handelt, spielt – resonanzstrategisch gesehen – nur eine untergeordnete Rolle.

Zweitens zielt Pongs Programmatik auf den außerwissenschaftlichen Resonanzraum, wenn sie sich wiederum dezidiert gegen den zuvor noch vereinnahmtem Heidegger richtet und dessen Existenz-Begriff mit dem Begriff des Volkes amalgamiert und somit die exis-

---

324 Pongs, Hermann: Neue Aufgaben der Literaturwissenschaft I und II, in: DuV, 38, 1937, S. 1–17 und S. 273–324. Der Aufsatz Pongs stellt zugleich seinen Versuch dar, die diversen innerdisziplinären Konflikte, in die er verwickelt ist (zum Streit um das Schillerbild s. II.2.2); zur Biedermeierdebatte s. u. und Boden, Petra: Im Käfig des Paradigmas: Biedermeierforschung 1928–1945 und in der Nachkriegszeit, in: Euphorion, 90, 1996, S. 432–444, hier: S. 439) auf eine programmatische Ebene zu überführen, ohne auf die einzelnen Auseinandersetzungen erneut einzugehen.
325 Gaul-Ferenschild, Hartmut: a. a. O., S. 238. Gaul-Ferenschild weist in überzeugender Manier nach, dass „Pongs' Bemühungen um eine ‚existentielle Literaturwissenschaft' nicht geeignet [sind], ein von der völkischen Literaturbetrachtung sinnvoll abzugrenzendes genuin existentialistisches Forschungsparadigma unter den germanistischen Hauptrichtungen zu begründen." (236) S. aber die Behauptungen bei Hermand, Jost: a. a. O., S. 103 f.
326 Pongs versucht zwar schon seit 1929 den Begriff der „Existenz" in die literaturwissenschaftliche Semantik einzuspeisen (vgl. Pongs, Hermann: Zur Methode der Stilforschung, in: GRM, 17, 1929, S. 256–277), unter resonanzstrategischen Aspekten als wichtigster, programmatischer Versuch dürfen gleichwohl seine 37er-Ausführungen über die „neuen Aufgaben" der Disziplin gelten.
327 Gaul-Ferenschild, Hartmut: a. a. O., S. 235.

tenzphilosophisch eingedunkelte Krisenontologie ins Positive, die „neue Zeit" Bejahende wendet. „[W]o die Geworfenheit umschlägt in die Getragenheit"³²⁸ der Volksgemeinschaft, genau an diesem Punkt lässt sich Pongs Programm einer auf Anschlussfähigkeit bedachten und deshalb volksbezogen-„verfröhlichten" Existenzforschung verorten.

Drittens geht es Pongs darum, sein älteres, bereits in den 20er Jahren entwickeltes Programm einer Symbol-, bzw. „Urbild"forschung, semantisch umgebaut zur volksbezogenen Existenzforschung³²⁹, erneut als ein gegenwartsadäquates, weil inner- wie außerwissenschaftlich resonanzfähiges Angebot zu lancieren.

---

328 Pongs, Hermann: a. a. O., S. 13.
329 Zur Wirkungs- und Produktionsästhetik von Pongs' „konservativ-revolutionärem" Symbol-Begriff erläutert Gaul-Ferenschild treffend: „Resümierend läßt sich Pongs' Konzeption des ‚Symbols' zu den strategischen Bemühungen ‚konservativ-revolutionärer' Intelligenz um eine Re-Mythologisierung der Wirklichkeit zählen. Das dichterische Bild, seiner Verweisungsfunktion enthoben und mit ‚metaphysischen' Wesenheiten ‚ontologisch' ‚verschmolzen', tendiert dazu, wieder zum Mythos zu werden, – vorausgesetzt allerdings, es gelingt, die spezifisch empirische Wirklichkeitsauffassung des modernen Menschen, sein prägnant wissenschaftlich-rationales Weltbild wieder auf den vormodernen Zuschnitt des Mythenglaubens zurückzuentwickeln [...]." (137) Zum Authentizitäts-Dilemma eines solchen – im Sinne Schillers verstanden – „sentimentalischen" Konzeptes vermerkt Gaul-Ferenschild: „Von geistespolitischem Kalkül geleitet, will es mythologisches Bewußtsein reproduzieren, raubt ihm dabei jedoch zugleich die Eigenschaften des ‚Ursprünglichen', ‚Natur-Gewachsenen', ‚Unberührt-Echten', die er an ihm zu finden hofft." (Ebd.) Vor 1933, d. h. vor allem in seiner vielbeachteten Hauptschrift *Das Bild in der Dichtung. Versuch einer Morphologie der metaphorischen Formen*, Bd. 1 (Marburg 1927), bleibt Gaul-Ferenschild zufolge allerdings der „völkische Impuls" eher „dezent": „Nur sporadisch begegnet ‚Volk' als Wechselbegriff zu den [...] ontologischen Abstrakta, ohne von diesen klar unterschieden zu sein. [...] Die[] wenigen Fundstellen können nicht belegen, daß hier eine um den ‚Volk'-Begriff als alleinigen Erklärungsgrund und Wertmaßstab dichterischer Erscheinungen zentrierte Literaturtheorie ausformuliert vorläge. Die literaturbezogenen Analysen des ‚national-konservativen Revolutionärs' können auf völkische Anklänge fast vollständig verzichten." (224) Dies ändert sich freilich nach 1933. Auch wenn Pongs im Rahmen seines Entwurfes einer Existenzforschung mit dem Anspruch auftritt, den Volks-Begriff vor „Abbrauch" zu schützen, so hat er doch selbst zwischen 1933 und 1945 wiederholt den resonanzträchtigen Begriff als zentrales Deutungsmuster innerhalb seines Denkens, auch ohne terminologische Bemäntelungen und in eindeutig politisch adressierter Weise ins Spiel gebracht: So konstatiert er etwa in seiner am 30. 01. 1935 an der Hochschule Stuttgart gehaltenen Rede zum „Reichsgründungsfeiertag": „Das Volk hält stand durch den Schrecken des Krieges und die Katastrophe von Versailles: Aus ihm bricht das Neue, die Bewegung zum Volksreich der Deutschen [...] In der Weltkriegsdichtung vernehmen wir die ersten erzernen Klänge des neuen dritten Reiches." (Pongs, Hermann: Der Dichter im Reich (Rede bei der Reichsgründungsfeier der TH Stuttgart am 30. 01. 1935), in: Technische Hochschule Stuttgart (Hrsg.): Reden und Aufsätze, 12, 1935, S. 9) Das „Volk" wird hier beschworen als „die Kraftmitte, der alles dienen muß" (S. 13) und Pongs prophezeit des weiteren: „Dienend dem Leben, das heute schicksalsgewaltig, unerbittlich-wirklich und über den Einzelnen hinweggreifend völkisch ist, wird auch die Dichtung ihre neue Form finden." (S. 14) In seiner ersten großen Kriegsschrift betont er einen „unterirdische[n] Zusammenhang" zwischen „dem Urstoff Krieg, der als Volksschicksal neu erobert wird, und zwischen der großen Volksbewegung, die zum neuen Volksdeutschland führt." Zum „dämonischen Geheimnis" dieses „Urstoffes" gehöre es aber, „daß alle Befragung und Gestaltung immer mitbestimmt ist von der Frage nach Leben und Bestand des Volkes, das dieser Katastrophe [gemeint ist der 1. Weltkrieg; G. K.] standhielt, ihr entwuchs

Doch zunächst zurück zu dem vorrangig innerdisziplinär adressierten Distinktions- und Überbietungsgestus, der Pongs' Entwurf – kommuniziert vor allem über den Existenz-Begriff – rahmt und strukturiert. Zwar räumt der Mitherausgeber von *Dichtung und Volkstum* mehrfach proleptisch ein, dass es sich bei der von ihm importierten, existentialistischen Terminologie um durchaus „fragwürdige Fremdworte"[330] handele, insistiert aber zugleich auf einem entscheidenden „Vorzug" des von ihm „erweiterte[n] Existenzbegriff[es]: daß er den Geist immer wieder vor letzte Lebensfragen stellt und den heute so wirkungsmächtigen Volksbegriff mitenthält, ohne ihn beständig aufzurufen und abzubrauchen." (17)

Bereits diese Passage dokumentiert *in nuce* das mehrfache und zugleich mehrfach adressierte Leistungsangebot, dass der Stuttgarter Ordinarius mit seiner literaturwissenschaftlichen Existenzforschung verspricht: die „letzten Lebensfragen" insinuieren, adressiert vor allem an die eigene Disziplin, eine philosophieanaloge Tiefgründigkeit, die an den lebenswissenschaftlich imprägnierten Denkstil einer geistesgeschichtlichen Literaturwissenschaft appelliert und diesen zugleich zu bedienen und existentialistisch zu überbieten verspricht; der Verweis auf den gleich mitenthaltenen „wirkungsmächtigen Volksbegriff" zielt auf das disziplinüberschreitende, volkspädagogische Resonanzbewusstsein innerhalb des orthodoxen *mainstreams* und auf die Ansprüche des kultur- und wissenschaftspolitischen Feldes; schließlich – und hier markiert Pongs den „feinen Unterschied" seiner Programmatik – verleiht er dieser Orthodoxie qua Existenz-Begriff eine Bestandsgarantie und verspricht ihr zugleich eine Art semantischer Frischzellenkur, die sie gegen „Abbrauchs"- erscheinungen im Zeichen des Volkes immunisiert. Vor allem letzteres illustriert, dass es Pongs um eine Dekonventionalisierung *im Rahmen* der Konvention und nicht etwa um einen Bruch mit ihr geht. In seinen einleitenden Überlegungen verdeutlicht Pongs das doppelte Abgrenzungspotential des Existenz-Begriffes. Zunächst erlaubt er die Unterscheidung zwischen dilettantischem und wissenschaftlichem, d. h. gegenstandsadäquatem Sprechen über die Kunst, eine Unterscheidung mithin, die angesichts der „Kraft des völkischen

---

und willens wurde, aus ihr eine Zeitwende zu machen." (Pongs, Hermann: Krieg als Volksschicksal im deutschen Schrifttum, in: DuV, 35, 1934, S. 40–86 und 182–219 [selbst. erschienen Stuttgart 1934], hier S. 56 und 218) Und noch 1944 lässt Pongs keinerlei Zweifel daran aufkommen, wo sein Herz schlägt: „So gewaltsam der Umbruch 1933 sein mußte, um die Überfremdungsformen des englischen Parlamentarismus im Politischen, die thersiteshaften Zerstörungen der Volkswerte im Geistigen zu beseitigen, so notwendig ist diese umstürzende Bewegung im Grundwesen des deutschen Volkes gewachsen." (Pongs, Hermann: Die Gemeinschaft der europäischen Literatur, in: Auswärtige Politik 1944, S. 329–342, hier: S. 335)

330 Pongs, Hermann: a. a. O., S. 1, 17 und S. 322 f. (im Folgenden erscheint, wenn aus diesem Text zitiert wird, die Seitenangabe im Fließtext in Klammern im Anschluss an das Zitat). Auch diese Prolepse ist durchaus doppeldeutig in ihrer Funktion, d. h. sie ist prophylaktisch und nobilitierend zugleich: einerseits lässt sie sich als vorauseilende Verwahrung gegenüber möglichen anti-intellektualistischen Einwürfen gegen die arkanische und deshalb „volksentfremdete" Terminologie der Literaturwissenschaft lesen (zur Berechtigung dieser Prophylaxe s. u.), andererseits und zugleich signalisiert sie, das derjenige, der hier spricht, jedoch durchaus über jenes elitäre Wissen verfügt, dessen es bedarf, um sich überhaupt mit solchen „Fremdworten", bzw. den mit ihnen verbundenen, als komplex suggerierten Gehalten adäquat zu beschäftigen.

Gedankens", der sich „heute in allen Lebensgebieten" auswirkt, in Vergessenheit zu geraten und die Legitimität eines genuin literaturwissenschaftlichen Sprechens über Literatur zu gefährden droht: „Dennoch" so insistiert Pongs, „besteht die Kunst aus eigenem Gesetz. Kein völkischer Eiferer kann der Nation auf Dauer ein Machwerk als Kunstwerk aufreden, bloß weil es einen völkischen Stoff behandelt oder aus völkischer Haltung spricht." (1) Dabei geht es Pongs nun, auch wenn er die Eigengesetzlichkeit der Kunst wider ihre völkischen Vereinfacher betont, keineswegs darum, den ursprungsmythologischen Konnex zwischen Dichtung und Volk zu bestreiten. Allerdings geht es ihm darum, zu zeigen, dass es um diese Verbindung so leichthin, wie es sich der literaturraisonnierende Laie denken mag, keineswegs bestellt ist. Der Bezug zwischen Dichter und Volk wird nun bei Pongs durch das Zwischenschalten des Existenzbegriffes differenziert, bzw. dergestalt verkompliziert, dass er gegen ein dilettantisches Mitreden, das der Komplexität dieses Zusammenhangs nicht gewachsen ist, immunisiert werden soll. Denn was

> den Künstler ganz und mit der Gewalt eines Schicksals einordnet in sein Volk, das liegt tiefer als im Willen, das liegt im ganzen Sein: in Rasse und Blut, im Geist der Ahnen, im Einwirken von Umwelt und Mitwelt, in der Muttersprache, im Jasagen zum Kulturwillen des Volkes, das ihn trägt, in allen unbewußten Grundkräften, die die letzten Entscheidungen im Leben lenken. (1)

Für diesen „Seinsbegriff", der – wie man sieht – durchaus den konventionellen Vorstellungen einer volksbezogenen Wesens- und Wertewissenschaft entspricht, wählt Pongs nun den „eindrucksmächtigen" (1) Begriff der Existenz. Aber nicht nur einer Usurpation des legitimen Redens über Literatur durch „völkische Eiferer" gilt es sich im Namen der Disziplin zu erwehren (die arkanische Aura der existenzialphilosophischen Terminologie schließt ein leichtfertig-laienhaftes Mitreden schlechterdings aus), sondern auch mit innerdisziplinärer Stoßrichtung ist Pongs bestrebt, den distinktiven Mehrwert einer solchen Existenzforschung aufzuzeigen. Das im Existenzbegriff beschlossene „Hindringen auf die Vollauslegung des Daseins im Kunstwerk" will er deshalb verstanden wissen als

> Abkehr von der nur stilästhetischen Formbetrachtung ebenso wie von der nur geistesgeschichtlichen Problembetrachtung. In dem Bestreben, das Kunstwerk als Gehalt-Gestalt-Einheit, als wirkende Gestalt zu sehen und es dem Leben zuzuordnen, wird es auf die letzte menschliche Existenzentscheidung hin geprüft, die in der symbolischen Gültigkeit der dargestellten Schicksale aufleuchtet. Und die Deutung dieser Existenzentscheidung wird aus der Existenzform des Dichters mit heraufzuholen versucht. (2 f.)

Man sieht, wie Pongs Ausführungen unterschiedliche Denkstilkomponenten und methodische Herangehensweisen im Programm einer existentiellen Literaturwissenschaft zu amalgamieren versucht: Der hier wie auch im Fortgang der Argumentation immer wieder ins Spiel gebrachte Lebens-Begriff verweist auf jenen lebenswissenschaftlichen Impetus, der sich ja bereits im Streit mit Fricke dokumentierte (s. II.2.2). Die Rede von der „symbolischen Gültigkeit" verweist auf sein eigenes Konzept einer Symbolforschung. Der Verweis auf die Eigengesetzlichkeit der Kunst wie auch die sich vor allem im zweiten Teil der Abhandlung anschließenden, ausführlichen und bewusst textbezogenen Interpretationen verweisen zum einen auf das ältere philologisch-mikrologische Ethos, zum Anderen lassen sie sich aber auch lesen als Reaktion auf eine neuere, im Laufe der zweiten Hälfte der 30er Jahre immer häufiger artikulierte Forderung: die nach einer Hin-, bzw. Rückwendung der Literaturwissenschaft zur Dichtung als Dichtung (s. dazu ausführlich III.5). Die „Existenzform des Dichters" wiederum verweist auf ältere Konzepte, in denen der Biographie des Dichters eine nicht unerhebliche Erklärungsfunktion zugestanden wird.

Eine solche existentielle „Vollauslegung" verspricht indes nicht nur ein Mehr an Tiefgründigkeit, sondern, so versichert Pongs, auch ein *surplus* an Differenziertheit, geht sie doch aus von „einem **Seinsbegriff, der mehrschichtig ist**" (4) und zielt deshalb auch auf die „Erfassung einer **Seinsganzheit** im Kunstwerk." (Ebd.) Aufgabe einer auf die Existenz gerichteten Literaturwissenschaft sei es demzufolge, „am Kunstwerk die verschiedenen Seinsschichten so aufzudecken, daß die volle vielschichtige Lebensganzheit in der symbolischen Widerspiegelung klar erkennbar wird." (Ebd.) Den hier erhobenen Anspruch auf Differenziertheit – mit dem er konkurrierenden, volksbezogenen Herangehensweisen zugleich ein Professionalisierungsdefizit unterstellt – will Pongs im Rahmen seines Beitrages gleich durch mehrere praktische Leistungsproben unter Beweis stellen; integriert ist eine existentielle Analyse von Kleists *Kohlhaas* (s. dazu u.), und der gesamte zweite Teil der Abhandlung setzt sich zusammen aus der Interpretation von Dichtungen, die existentiellen „Grenzfällen" (273) entspringen: des *Weberliedes* (als Beispiel für ein „Massenlied"), der Weltkriegsdichtung (als Beispiel für die existentiellen Situationen „Volk im Krieg" und „Tod im Krieg"), der Lyrik Hölderlins, Weinhebers und vor allem Rilkes (als Beispiele für die „Selbstdeutungen der Dichter") und schließlich der „politischen Dichtung der Gegenwart".

Doch zunächst noch einmal zurück zum programmatischen Teil von Pongs' Entwurf und zu der Frage nach der Rolle von Heideggers Philosophie im Rahmen dieser Konzeption. Die Bezugnahme des Literaturwissenschaftlers auf den renommierten Philosophen gestaltet sich bewusst ambivalent. Einerseits fungiert Heidegger für Pongs als Ressource zur Nobilitierung des eigenen Ansatzes. Zwar hat der Freiburger „Meisterdenker" seinen wissenschafts- und kulturpolitischen Kredit zu diesem Zeitpunkt längst verspielt[331], innerhalb der Geisteswissenschaften wirft der mit seiner Fundamentalontologie assoziierte Anspruch auf ein jedweder Wissenschaft vorgängiges, „wesentliches Denken" gleichwohl sicherlich immer noch ein erhebliches symbolisches Kapital ab. Es ist denn auch kaum überraschend, wenn Pongs dieses Ethos der Wesentlichkeit auch für sein Programm reklamiert und sich so vom Abglanz fundamentalontologischer Tiefgründigkeit Prestigewerte erhofft: „die forschende Entschlossenheit, mit der Heidegger immer wieder neu dem Rätsel der Existenz zu

---

331 S. dazu u. a. Thomä, Dieter: Heidegger und der Nationalsozialismus. In der Dunkelkammer der Seinsgeschichte, in: ders. (Hrsg.): Heidegger-Handbuch. Leben – Werk – Wirkung, Stuttgart 2003, S. 141–162.

Leibe geht, fordert dazu heraus, mit dem gleichen Ernst immer wieder neu vor das Rätsel der Dichtung zu treten." (5) Und ungeachtet der „eigenwilligen Terminologie" des Denkers dränge sich doch die Frage auf, „ob es nicht doch möglich ist, die analytische Energie des Philosophen [...] fruchtbar zu machen für ein tieferes Eindringen in die Existenzganzheit, die das Kunstwerk bietet und mit der es auf das Leben wirkt." (Ebd.)

Pongs geht es jedoch nicht nur um Prestigegewinne auf der Ebene des Ethos allein. Vor allem die Integration des Begriffspaares Existenz und Ekstasis, an dessen Leitseil Pongs schließlich die Heuristik[332] seiner Methode entfaltet, zielt – so oberflächlich diese Anverwandlung auch bleiben mag – zugleich auf eine Verwissenschaftlichung jener „völkischen Konvention", deren Langeweile und Dilettantismus Pongs als ernsthafte Probleme erscheinen. Verwissenschaftlichung, das meint hier aber vor allem eine Formgebung, die den zeitgenössischen Standards innerhalb des literaturwissenschaftlichen Feldes entspricht. Pongs Entwurf erscheint somit als ein Versuch, mithilfe existentialistischer Begrifflichkeiten den ebenso hochfrequenten wie undifferenzierten Volks-Diskurs, der außerhalb der Wissenschaften die ethisch-politischen Dispositionen der meisten Akteure nachhaltig prägt, in eine innerhalb des Feldes akzeptable Form zu übersetzen.[333] Dass es ihm dabei um eine Transformation geht, die jedoch nicht allein auf die Stiftung einer „neuen", distinktionsträchtigen literaturwissenschaftlichen Position aus ist, sondern die zugleich deutlich auf Resonanzeffekte im außerwissenschaftlichen, vor allem im politischen Raum nicht verzichten will, zeigt sich daran, wie Pongs sich wiederum von Heideggers Denken, das ihm zuvor noch gleichsam als semantische Relaisstation gedient hat, distanziert.

---

332 Pongs selbst spricht in diesem Zusammenhang von „Hilfsbegriffen" (322), die er „behelfsmäßig eingeführt[]" (323) habe.

333 Damit reproduziert Pongs genau jenen Übersetzungsprozess, der – zumindest wenn man der Heidegger-Analyse Bourdieus zu folgen gewillt ist – auch Heideggers Philosophie selbst ihre spezifische Form verleiht: „Die relative Autonomie des Feldes", so Bourdieu mit Blick auf die disziplinäre Philosophie, „dokumentiert sich in seinem Vermögen, zwischen die ethisch-politischen Dispositionen, die den Diskurs leiten, und dessen endgültiger Form ein System von legitimen Problemen und Denkobjekten zu schieben und damit jede Ausdrucksintention einer systematischen Umwandlung zu unterwerfen: philosophische Formgebung, das heißt politische Entschärfung; und so läßt die Trans-Formation, die bei der Übertragung von einem sozialen – und untrennbar damit mentalen – Raum in einen anderen Voraussetzung ist, den Zusammenhang zwischen dem Endprodukt und den ihm zugrundeliegenden Determinanten tendenziell unkenntlich werden." (Bourdieu, Pierre: Die politische Ontologie Martin Heideggers, Frankfurt am Main 1988, S. 59) Bourdieus sich daran anschließende Feststellung, „eine philosophische Stellungnahme" sei „(bis auf das System) nie etwas anderes als das Homolog einer ‚naiven' ethisch-politischen Stellungnahme" (Ebd.), mag – so möchte man zugunsten der eigenen wissenschaftlichen Positionen Bourdieus annehmen – in ihrem deterministischen Rigorismus überzogen sein, für Pongs indes, dessen Übersetzungsfähigkeit sich mit der Virtuosität Heideggers nicht messen kann, scheint sie zuzutreffen, da die ethisch-politischen Stellungnahmen in seinem Programm eben nur zum Teil übersetzt werden und somit viel offensichtlicher bleiben (s. u.). Diese nur partielle Szientifizierung mag indes aber auch damit zusammenhängen, dass die Transformationsansprüche innerhalb der Orthodoxie der Literaturwissenschaft andere, d. h. geringer sind als innerhalb der Philosophie.

Am Beispiel der Interpretation von Kleists *Michael Kohlhaas* wertet Pongs die eingedunkelte Daseinsanalyse Heideggers um und versucht zugleich, den Philosophen zu überbieten. Pongs will aufzeigen, dass im Rahmen von Heideggers Daseinsanalytik die Bestimmung „jener Grundbefindlichkeit der Angst, die den Menschen vereinzelt" (8) insofern einen blinden Fleck darstellt, als dass sie „die Gemeinschaft als die Durchschnittlichkeit des Man herausrückt aus dem Kraftfeld der echten existentiellen Entscheidung." (Ebd.) In der „analytischen Haltung des Philosophen" verfestige sich somit „die Krise zur Dauerform des Existierens überhaupt, um immer wieder daran echte Existenz auf[]weisen" (6) zu können. Der „Ganzheitsanspruch" des Dichters indes, wie er sich an Kleist exemplarisch zeige, entspringe einer Haltung, die bei der Diagnose des Daseins als Dauerkrise gerade nicht stehen bleibe: „Der Dichter aus der Ganzheit seines Weltbildes braucht die Krise als den zeugerischen Widerspruch zum großen heilen Dasein, das sich immer wieder im Menschen herstellt." (6) Die dichterische Existenzanalyse also ziele – zumindest dann, wenn es sich um eine solche der „großen Dichter" (12) handelt – nicht nur auf die Diagnose der Krise, sondern immer zugleich auch auf deren Therapie, auf die Wiederherstellung des „heile[n] Gefüge[s]" (12), auf die Erlösung „zur frohen und heilen Welt." (305) Am *Kohlhaas* exemplifiziert Pongs, dass dieses „große heile Dasein" natürlich begründet liegt in der „heile[n] Schicht des Volkes." (Ebd.) Maßgeblich sei das „Gefühl" des Kleistischen Protagonisten, dass mit der ihm widerfahrenen „Rechtsverletzung nicht er allein, sondern alle rechtlich Denkenden bedroht und betroffen sind." (8) „Was in ihm beleidigt wurde", so Pongs entscheidender Argumentationsschritt mit Blick auf den „eigentlichen Existenzgrund" des *Kohlhaas*, „ist das natürliche Rechtsgefühl des Volkes." (Ebd.) Der zuvor noch durch die „Existenz" überblendete Scharnierbegriff des Volkes wird nunmehr zum zentralen heuristischen Ordnungs- und Sinnstiftungsgaranten von Pongs' gesamter Analyse.[334] Kohlhaas' Rachefeldzug resultiere aus der Überzeugung, dass „die Stimme des Volkes selbst als berufende und mittragende Kraft dahintersteht" (8), vom „Tode her erweist sich als die echtere Entscheidung die, in der sich Kohlhaas unter die Gemeinschaft stellt" (9):

> Die tragende Grundschicht dieses Charakters [Kohlhaas; G. K.] ist das in der lebendigen Gemeinschaft geformte, untrügliche Rechtsgefühl, wie es der aufrechte Mann des Volkes hat, der als ordentlicher Hausvater seine Pflicht tut und seinem Gewerbe nachgeht mit Verstand und Verantwortung. [...] Durch die ganze Dichtung hindurch gibt die unsichtbare Gegenwart dieser tragenden Gemeinschaft Kohlhaasens Existenz symbolischen Bezug bis zum Kniefall vor dem Landesherrn, der sein tiefstes Vertrauen rechtfertigt und ihn im Tode mit der Weltordnung versöhnt. (11)

Und noch der Tod des einstigen Empörers wird nahtlos in diese Deutung eingefügt, denn: „Seinem Tode folgt nach ‚die allgemeine Klage des Volkes'. Es stellt sich her, was ihm von

---

[334] Dass der Volks-Begriff selbst jedweder reflexiven Bestimmung enthoben ist, versteht sich für Pongs von selbst und wird an anderer Stelle des Beitrages auch ausdrücklich betont: „Wir brauchen hier keine Begriffsbestimmung, was Volk, was Masse ist. Es sind die Spannungskräfte, die heute jeden Existenzgrund durchwirken." (319)

Anbeginn als Urbild in der Seele stand, die echte Volksgemeinschaft, das heile Gefüge." (12)

Diese Einsicht in die existentielle Bedeutung des „Volkes" und seiner Widerspiegelung in der Dichtung bleibe indes dem Philosophen Heidegger – „Volk nennt er ein einziges Mal" (13) – durchaus notwendigerweise verschlossen, denn das Weltbild, das „hinter der Heideggerschen Existenzanalyse steht" sei „das der glaubenslosen Großstadtwelt der Gegenwart, in der das unverpflichtende Man die gewachsene Gemeinschaft ersetzt. [...] Mutterliebe, Vatergeist, Familie, Stamm, Volk, Vaterland, Geist der Kultur. Keine dieser Grundkräfte läßt Heidegger wirksam werden." (Ebd.)

Das „Volk" sei aber eben nicht „das entlastende Man, sondern das verpflichtende Mitsein." (14) In der „vielschichtige[n] Tiefe großer Dichtung" (Ebd.) wächst mithin symbolisch jenes Rettende, durch dessen Rekonstruktion der „Dichtungsdeuter" (13) Heideggers pessimistische Fundamentalontologie in eine „fröhliche Wissenschaft" von der volksgetragenen Existenz glaubt wenden zu können. Das aktualistische Resonanzkalkül wie auch der langlebigere mentalitätsgeschichtliche Zusammenhang einer solchen volksbezogenen „Kehre" innerhalb der Adaptation existentialistischer Philosopheme bedarf wohl kaum mehr einer einlässlicheren Erörterung. Die Moderneskepsis eines Teils der nationalkonservativen und völkischen Intelligenz und die bildungsbürgerliche Hoffnung, dass mit den neuen politischen Verhältnissen aus dem „Zerfall [...] die größte Volksbewegung erweckt [wird], die Deutschland je erlebt hat, derart daß sich heute der alten europäischen Kulturwelt das Gesicht einer neuen deutschen Volkswelt entgegenstellt" (494), liegen offen und gleichsam untransformiert zutage.[335] Sowohl die bildungsbürgerliche Furcht vor „kultureller Enteignung", als auch die damit verbundene illusionäre Erwartung, der neue Staat könne und wolle diesem moderneinduzierten Phänomen ernsthaft Einhalt gebieten, artikuliert sich bei Pongs in der stereotypen Entgegensetzung von „Volk" und „Masse". Von der „Seelenlosigkeit des Massenruhms" (299), vom 19. Jahrhundert als dem „Jahrhundert der Masse" (315), vom „Denkmal des unbekannten Soldaten, [...] in dem sich das Massenzeitalter adelt, indem die Masse wieder zum Volk wird" (301) und schließlich von der „bändigende[n] und gliedernde[n] Volkskraft des Nationalsozialismus", der den „Massen der Nachkriegszeit ihr Gesetz [gibt], daß sie nicht dämonisch gestaltlos ausbrechen und alle Volkskulturen zerstören" (320), ist bei Pongs die Rede.[336]

---

335 So heißt es etwa zu einem der Orpheus-Sonette Rilkes, das auf die Verse „Einzig das Lied überm Land/heiligt und feiert" endet: „das Lied überm Land umfaßt mehr als der Vor-Gesang, in ihm erst ist die eigentliche Gegenkraft zum Maschinenzeitalter beschworen, aus dem tragenden Grund des Uralten, das wonach Rilkes ungestillte Jugendsehnsucht ging: die Einfalt des Volksliedes." (305) Ebenso unterscheidet Pongs zwischen dem „in die ländliche Natur hineingeborene[n] Mensch[en] und de[m] Heimatlose[n], de[m] in die Welt der Städte Verbannte[n]." (307)

336 „Masse" definiert sich nach Pongs als „Zustand einer Gruppenexistenz, die aus der natürlichen Ordnung des sozialen Gefüges abgedrängt ist in den Gegensatz der Klassen. Die Vielfalt des Lebens ist abgeschnürt auf eine einzige Not. In dieser Abschnürung ist die Masse lebensentwurzelt, daher ein Spielball der eigenen Erregungen oder fremder Verführung." (277) „Masse" fungiert also auch bei Pongs als asymmetrischer Gegenbegriff zur im „Volk" sich verdichtenden Utopie einer die Klassen-

Jedoch geht es dem Stuttgarter Ordinarius nicht nur um eine in der außerdisziplinären, kulturraisonnierenden Öffentlichkeit resonanzträchtige Widerlegung des „Meisterdenkers", dessen Impetus der Wesentlichkeit er mithilfe des Volks-Begriffes noch zu übertreffen vorgibt, sondern – und hier manifestiert sich erneut der auch auf das eigene Fach gerichtete Distinktionsgestus von Pongs' Programmatik – auch um eine Überbietung innerdisziplinär erfolgreicher Nachwuchsakteure. Ins Visier nimmt Pongs hier sowohl erneut seinen „Intimfeind" Gerhard Fricke, bzw. dessen vielbeachtete Dissertation über *Gefühl und Schicksal bei Heinrich von Kleist* (Berlin 1929), als auch Clemens Lugowski, der nicht zuletzt aufgrund seiner 1936 erschienen Habilitationsschrift über Kleist (s. das vorige Teilkapitel) als einer der aussichtsreichsten Nachwuchswissenschaftler seiner Disziplin gilt. Die Gemeinsamkeit der *Kohlhaas*-Deutungen beider Qualifikationsschriften, die übrigens beide von Rudolf Unger betreut wurden, liegen Pongs zufolge „im Übersehen der Gemeinschaft als bestimmende[r] Macht" (9) im Schicksal des Kleistischen Helden. Während Fricke die religiöse Dimension der Novelle aspektmonistisch überstrapaziere, betone Lugowskis Arbeit zu sehr „den ganz irdischen, verschwiegenen Wirklichkeitssinn des Kohlhaas, dem es um kein absolutes Gefühl, keine Unbedingtheit des Gefühls geht, sondern um sein Recht und seine Rache." (10) „Beiden Deutungen gegenüber", so versichert Pongs, „gibt die Kleistische Dichtung sehr viel mehr her" (Ebd.) und nur seine eigene „Methode" der Existenzforschung durchdringe die facettenreichen „Existenzschichten" der Erzählung bis zu ihrer „Grundschicht", dem Volk.[337]

Allerdings – und nun kommt Pongs' drittes Anliegen ins Spiel – erweist sich diese Existenzforschung noch aus einem weiteren Grund als so neu keineswegs. Denn sein Programm einer existentiellen Literaturforschung entpuppt sich bei genauerer Lektüre nicht nur als die Transformation des allgegenwärtigen Volks-Diskurses in ein literaturwissenschaftliches Programm, sondern auch als semantischer Umbau und Re-Inszenierung seines

gegensätze überwindenden Gemeinschaft. Während Volk „der Mensch im gewachsenen Gefüge" ist, „[g]ehört es zum Wesen der Masse, daß ihr das Bewußtsein des Gefüges geschwunden ist." (Ebd.)

337 Pongs innerdisziplinärer Überbietungsgestus zeigt sich auch, wenn er jene Deutungen etwa eines Rilkegedichtes, von denen seine bewusst abweicht, als „die durchschnittliche[n]" (305, Anm. 20) charakterisiert. Zudem darf man es wohl nicht völlig vernachlässigen, dass der noch an der wenig renommeeträchtigen Technischen Hochschule in Stuttgart lehrende Pongs in Fricke und Lugowski nicht nur junge und vergleichsweise rasch erfolgreiche Nachwuchskonkurrenz sieht (bereits seit 1936, also in einem Alter von 32 Jahren, erhält Lugowski Vertretungsdozenturen in Heidelberg und dann in Königsberg; s. IGL Art. „Lugowski"), sondern auch die Herausgeber von Fachzeitschriften, die auf dem nicht eben üppigen, germanistischen Markt mit seinem eigenen Organ, *DuV*, um Resonanz und Ressourcen konkurrieren. Fricke ist seit 1934 Mitherausgeber der *Zeitschrift für Deutschkunde*, Lugowski seit 1936 Mitherausgeber der *Zeitschrift für Deutsche Bildung*. Beide Zeitschriften zielen, ähnlich wie das „erneuerte" *Euphorion*, nicht nur auf eine disziplininterne Leserschaft, sondern setzen mit dezidiert volkspädagogisch-politischem Impetus auch auf den erzieherischen und politischen Resonanzraum. Die sich im zweiten Teil seiner Abhandlung anschließenden, äußerst textnahen Analysen dürften – als exemplarische Leistungsschau der Anwendungsbezogenheit und Nachahmbarkeit des eigenen Ansatzes – sicherlich auch an das erzieherische Feld des schulischen Deutschunterrichtes adressiert sein.

eigenen, älteren Entwurfes einer Symbol- und Urbildforschung. Denn aus der Analyse des *Kohlhaas*, so versichert Pongs, ergebe „sich uns die wichtige methodische Einsicht, **daß überhaupt für den großen Dichter das Existentielle mit dem Symbolischen zusammenfällt**." (12) Erst damit, dass Pongs schließlich noch sein eigenes, bereits erprobtes Konzept einer Symbolforschung in seinen Entwurf einschreibt, wird die Trias der Leitbegriffe, anhand derer die „neuen Aufgaben der Literaturwissenschaft" zugleich gestellt und mit Hilfe des eigenen Programmes bewältigt werden sollen, komplett: Volk, Existenz und Symbol. Während der Volksbegriff nach Pongs im Existenzbegriff „mitenthalten" ist und somit zugleich gegen dilettantischen „Abbrauch" immunisiert werden soll, ist der Existenzbegriff wiederum inbegriffen, überboten und aufgehoben in Pongs' eigener, gleichsam mythologischer Konzeption des Symbols (die somit logischerweise ebenfalls den Volksbegriff immer schon „mitenthält"). In den Worten Pongs':

> Indem es zum Wesen des Symbols gehört, daß in ihm die verschiedenen Existenzschichten im Schicksalssinn zusammenfallen, wird es zur ersten Pflicht jeder Dichtungsdeutung, allen Verweisen nachzugehen, die den Existenzaufbau der Dichtung im Gefüge des Weltbildganzen ermöglichen. Das Weltbildganze, das dann zu uns spricht als volle symbolische Existenz, trägt seine eigne gültige Werteordnung in sich, die uns zur inneren Entscheidung aufruft, wie sie uns als Bekenntnis des Dichters anspricht. Doch es gehört eben zur Existenzform des großen Dichters, in sich den Umschlag von der Geworfenheit in die Getragenheit erfahren zu haben und aus der Getragenheit eines gültigen Weltbildes zu uns zu sprechen durch die stellvertretend-symbolische Gestalt. Das heißt, das Existentielle ist eingegangen und aufgehoben ins Symbolische. (14)

Die doppelte semantische Einkapselung des Volks-Begriffes fungiert somit auch als verdoppeltes „Schutz-" und Laienausschlussprogramm für ein Reden über Dichtung (bzw. über den Zusammenhang von Volk und Dichtung), das im Geschwätz der Unberufenen zur „völkischen Konvention" zu erstarren und damit jedweden distinktiven Nimbus zu verlieren droht. Es geht Pongs – wohlgemerkt – keineswegs darum, das althergebrachte und resonanzträchtige Reden über den Zusammenhang zwischen Volk und Dichtung in *inhaltlicher* Hinsicht durch ein anderes, neues Reden zu ersetzen. Erneuern und enttrivialisieren will er aber die *Form* solchen Redens und ihm so jenen semantisch hermetisierten Expertenstatus sichern, der es vor den Zugriffen Unbefugter schützt. In diesem Zusammenhang sorgen die „schwachen Anleihen" bei Heideggers Terminologie für den Ausweis jener philosophischen Dignität, auf den ein großer Teil der Literaturwissenschaft seit ihrem geistesgeschichtlichen *turn* glaubt nicht mehr verzichten zu dürfen. Die starken Anleihen bei der eigenen Symbolforschung, die zweifellos den Fluchtpunkt auch aller „neuen Aufgaben" ausmacht, sollen schließlich dafür sorgen, dass im Rahmen dieses Redens ein Topos präsent bleibt, dessen Berücksichtigung den Literaturwissenschaftler als Dichtungsexperten sowohl von dilettierenden Literaturlaien wie den Langenbuchers, Mulots oder Hagens, aber auch vom dichtungsfernen und deshalb ebenfalls zu überbietenden Philosophen scheidet: der

Topos der Form, oder, wie es bei Pongs in zeitüblicher Diktion heißt, der „Gestalt". Die im Symbolgebrauch sich manifestierende „Gestalt" rückt nun bei Pongs neben den im jeweiligen Werk realisierten „Grundwerten des Volkstums" (15) zu einem zweiten zentralen Kriterium auf, dessen Berücksichtigung unerlässlich sei, wolle man der tatsächlichen „Existenzmächtigkeit" (14) einer Dichtung auf die Spur kommen:

> Je selbstverständlicher es aber heute ist, die Existenzmächtigkeit eines Werkes nach den Grundwerten des Volkstums zu bestimmen, wie sie sich besonders eindringlich und eindeutig auf den Inhalt hin verfestigen lassen, um so notwendiger wird das Gegengewicht der symbolischen **Gestalt**, nicht in der Abtrennung Gestalt-Gehalt, sondern als durchdringendes Wesensmerkmal der vollen symbolischen Existenz. (15)[338]

Mit einer weiteren „schwachen Anleihe" bei Heidegger, dessen Begriff der „Ekstase" er für seine Zwecke umdeutet, fügt Pongs einen letzten hermetisierenden Begriffsbaustein in seine Programmatik ein. Die in der „symbolischen Gestalt" sich manifestierende „symbolische Existenz" sei „nun nicht ohne Ekstasis, ohne ein Herausgetretensein aus der Alltäglichkeit, möglich und" – dieser Zusatz ist bedeutsam für die Legitimitätsansprüche eines auf Distinktion angewiesenen, disziplinären Dichtungsdeutertums – „auch nicht ohne sie zu erschließen." (15) Nur der selbst zur nachempfindenden „Ekstasis" befähigte Literaturforscher ist also auch dazu in der Lage, die „Ekstasen" der „echten" Dichter „darstellend auszudeuten" (17). Der Dichter und sein Deuter, als kongeniale „Ekstatiker" der „Durchschnittlichkeit des Man" (8) enthoben, stiften und rekonstruieren im kontingenten und beschleunigten Strudel der modernen Zeitläufte allein noch Sinn und Ordnung in ihrem Dienst am volksbezogenen Symbol. Denn im Augenblick der dichterischen „Ekstasis" vollzieht sich nach Pongs „das Einverwandeln der zusammengefaßten ‚Idee' der Existenz in die reine Dauer einer Bildverwirklichung, die den Sinn der Existenz für alle unvergänglich offenbart. Dies Hineinretten des Augenblicks in die Dauer, dieser Triumph über die Zeitlichkeit hat in Heideggers Seinslehre bisher keine Stelle gefunden." (Ebd.) Wohl aber in Pongs' Symbollehre: indem sie eine im dichterischen Symbol noch mögliche und gestiftete zeitenthobene Einheit von Signifikant und Signifikat, von Sagen und Sein beschwört, in der immer schon auch die Einheit von Dichtung und Volkstum aufgehoben ist, inszeniert sie ihr modernekompensatorisches Leistungsangebot. Gleichsam leitmotivisch wird seine Programmatik durchzogen von den Versprechen, die „Ordnung" des „Lebens- und Weltganze[n]", die „Dauer" als „‚das gegen den Fortriß zu Stehen gebrachte Bleibende'" (13)

---

[338] Bezeichnenderweise stellt Pongs hier, wenn er von „Gestalt" spricht, sogleich die Bestimmung „symbolisch" voran, um zu bekräftigen, dass „symbolische Gestalt" nicht nur etwas anderes meint als eine der Trivialität verdächtige, inhaltliche Volksbezogenheit, sondern auch etwas anderes als formale Virtuosität, denn: „Wieviel größer ist die Existenzmächtigkeit der Dichtung Jeremias Gotthelfs als die aller Bauernromane der Gegenwart, und wieviel mehr Volkskraft und Volksgeist im echten Sinn strömt aus der spröden urbildhaften Prosa Paul Ernsts als aus den sprachgeschmeidigen Abbildern des verirrten Bürgers bei Thomas Mann." (14f.)

und die „echte Volksgemeinschaft" als „heile[s] Gefüge" (12) wieder erfahrbar zu machen. Gegen die individuellen und kollektiven Verlustempfindungen in einer als kalt und rationalistisch gedeuteten, beschleunigten Moderne, setzt der Existenzforscher noch einmal auf die im dichterischen Symbol noch präsente „Mutterwärme urtümlichen Daseins." (307)

So wenig individuell sich das Konzept auch innerhalb des Gedankenspektrums der zeitgenössischen deutschen Rechten ausnimmt[339], so insistiert Pongs doch mit Nachdruck auf dem Expertenstatus und auf der persönlichen Zuschreibbarkeit dieses Angebots. Beides impliziert nicht zuletzt die Fähigkeit und den Anspruch, das weithin Geläufige noch einmal, aber eben *anders*, d.h. mit der Aura der Unkonventionalität, zu formulieren. So tritt etwa, um nur ein besonders augenfälliges Beispiel zu nennen, die ursprungsmythologische Argumentationsfigur bei Pongs in einer doppelt transformierten Variante auf, die ihre rehermetisierte Aura aus dem Begriffsarchiv der Heidegger'schen Seinslehre und der eigenen Symbollehre bezieht:

> Das „Erbe", das in Heideggers Entscheidungsaugenblick mitwirkend hineingenommen ist als schicksalhafte Wiederholung gewesener Möglichkeiten, nimmt in der Gestaltungskraft des Dichters die Form des **Urbildes** an, in dem Erfahrungen des Stammes, der Rasse, des Volkes von langen Zeiten her sich niedergeschlagen haben. Die Urbilder wachsen aus der formenden und tragenden Kraft des Mitseins, ja, sie leben allein aus der Gegenseitigkeit: Was als Urerfahrung durch die Jahrhunderte eingeht in die Erbsubstanz als eingewachsene Ordnung oder Idee der Existenz, bedarf der Bildkraft des Dichters, um sinnfällige Gestalt zu werden, die zu allen spricht. Dem Dichter aber ist seine Bildkraft verliehen, nicht um sie sich selbst zu überlassen, sondern um was ihm als Erbe und Auftrag überkommen ist, an die Gemeinschaft zurückzugeben […] Das bedeutet einen Zustand der Enthobenheit aus dem alltäglichen Besorgen, der noch hinter die Bewußtseinsform des Künstlers zurücktreten läßt in ein mittlerhaftes Sprechen aus dem Ganzen der symbolisch gefühlten Existenz heraus […]. (16)

Der Begriff der „Ekstasis" wiederum fungiert innerhalb dieser Argumentationsfigur als proleptische Distinktions- und Legitimationschiffre. Als Distinktionschiffre, weil über ihn kommuniziert wird, dass „volle symbolische Existenz" etwas anderes meint, als die inszenierte „Volkstümlichkeit" naiver oder gar trivialer „Machwerke"[340], die somit aus dem

---

339 Obwohl Pongs' Position, in der sich Elemente eines völkisch-konservativen (Kunst-) Nationalismus und Moderneskeptizismus mit denen eines ästhetischen Fundamentalismus unauflöslich und z.T. widersprüchlich miteinander vermischen, zumindest für den mentalen Haushalt der vor 1900 geborenen Literaturwissenschaftler durchaus ein gewisses Maß an Repräsentativität beanspruchen kann, sei daran erinnert, dass sie im buntscheckigen Ideenspektrum rechter Positionen durchaus nicht die einzige Variante darstellt. S. dazu vor allem die Arbeiten Stefan Breuers: Anatomie der Konservativen Revolution, Darmstadt 1993; Ästhetischer Fundamentalismus. Stefan George und der deutsche Antimodernismus, Darmstadt 1995; Grundpositionen der deutschen Rechten 1871–1945, Tübingen 1999; Ordnungen der Ungleichheit – die deutsche Rechte im Widerstreit ihrer Ideen 1871–1945, Darmstadt 2001.
340 S. etwa die bereits erwähnte Spitze gegen die „Bauernromane der Gegenwart" (15).

Kanon literaturwissenschaftlich legitimer Objekte ausgegrenzt werden; als Legitimationschiffre, weil der Begriff jenen Einwänden begegnet, die die Volksbezogenheit der Literaturwissenschaft ob ihrer zum Teil elitären Untersuchungs„gegenstände" in Zweifel ziehen. Wenn jedoch die mit der „Ekstasis" angesprochene Außeralltäglichkeit und Vermitteltheit dichterischen Sprechens als legitime Produktionsbedingung etabliert wird und Massentauglichkeit als Beurteilungskriterium „echter Dichtung" ausscheidet, dann „können [auch] große Einsame wie Hölderlin, George aus der Kraft des Urbildes plötzlich unmittelbar ins Herz des Volkes hineinsprechen." (16)

Pongs' Einführung des Ekstasis-Begriffes reagiert somit auch auf die seit Schillers Abhandlung über naive und sentimentalische Dichtung virulente Einsicht, dass eine im strengen Sinne naive, d. h. unmittelbar-„natürliche" Dichtung unter den Bedingungen der Moderne nicht mehr möglich ist. Überhaupt scheint Pongs' Begriffspaar der Existenz und Ekstasis – sieht man von der semantischen Oberfläche einmal ab – weniger auf Heidegger zurückzugehen, als vielmehr ein völkisierter Abglanz von Schillers Unterscheidung zwischen naiver und sentimentalischer Dichtung zu sein. Dies wird u. a. deutlich, wenn es z. B. in seiner bereits erwähnten Rilke-Interpretation, in der von der „ungestillten Jugendsehnsucht" des Dichters nach der „Einfalt des Volksliedes" die Rede ist, heißt: „Rilke ist der Dichter, der im Orpheussinnbild rühmend, verwandelnd, überschreitend sich unermeßliche spirituelle Möglichkeiten des Seins erschließt, die orphische Ekstasis selber sich zur Existenzweise macht, dem dennoch das einfach Tragende, die heile Schicht des Volkes ganz fehlt." (305)

Scharf scheidet Pongs allerdings die „echte[] dichterische[] Ekstasis" (277), als legitimen Ausnahmezustand der Alltagsenthobenheit dieser *chosen few*, vom „berechnende[n] Intellekt" etwa eines Heinrich Heine, „der sich auf Massenwirkungen versteht." (Ebd.) Dass die „Ekstasis", als szientifiziertes Kriterium der Authentizität, den „feinen Unterschied" bei der Dichtungsbewertung ausmacht, exemplifiziert Pongs am Beispiel des „Weberliedes" (274–277), indem er die „ursprüngliche" Fassung, die dann Eingang in Hauptmanns Drama findet, mit der Bearbeitung Heines in textnaher Interpretation vergleicht. Beide Fassungen können den – wie sich zeigen wird – typisch bildungsbürgerlichen Echtheitskriterien des Existenzforschers nicht Genüge tun, da beide – wenn auch aus unterschiedlichen Gründen – die „Ekstasis" verfehlen. Der auf den schlesischen Weberaufstand von 1844 zurückgehenden Vorlage wird zunächst zwar immerhin konzediert, dass sie aus „der nackten Not der Existenz hervorgetrieben [ist], wo es um Tod und Leben geht" (274) – ein Umstand mithin, so könnte man voreilig meinen, der einer gewissen „Existenzmächtigkeit" durchaus nicht zu entbehren scheint. Indes handelt es sich bei solch vorpoetischer Notgeburt noch keineswegs um jenes Maß an Authentizität, das dem Geschmack des Ordinarius' entspräche, denn:

> Das Ganze ist so ein Haß- und Wutausbruch, nichts weiter, aber der Wutausbruch einer Masse, mit der dumpfen Kraft der eng gebundenen, noch vorpersönlichen Schicksalsgemeinschaft, die aus dem Unbewußten ins Lied aufbricht. Was fehlt, um

Dichtung zu werden, ist jeder Ansatz zu einer „Ekstasis", als ein gestaltendes In-Abstand-Treten zur Existenz, die hier Gruppenexistenz ist, in die notvollen Gefühlsverstrickungen des Alltags gebunden. Und so kommt das Lied dieser biologischen Masse nicht einmal zum klaren Erfassen eines Tat-Ziels, zum Racheaufruf, der zugleich die formlosen Verse auf einen Gipfel hin zusammenrisse und so eine Art primitiver Formung gäbe. Das höchste, was erreicht wird, ist die Gefühlsentladung in die Haßmetaphern. Zur Symbolwirkung des Kunstwerks fehlt jede Möglichkeit trotz des Gemeinschaftsuntergrunds. (275 f.)

Das Maß an zulässiger und wünschbarer Authentizität ist also in diesem Fall eindeutig überschritten. Dem Anlass zwar, d.h. dem Umstand, dass die „schlesischen Heimarbeiter" „aus der Hungersnot" (274) „ins Lied aufbrechen", kann der beamtete Dichtungsdeuter seinen existentiellen Respekt nicht ganz versagen, allein, der Ausführung gebricht es dann doch – angesichts der existenziellen Mangelerscheinungen der spontan sich zusammenfindenden Sängergruppe – am erforderlichen „gestaltende[n] In-Abstand-Tretens zur Existenz." Der von Pongs beklagte Mangel an poetischer Formgebung (den er dann gegen Heine gewendet wiederum als Stärke ausspielen wird, s. u.) verweist darauf, dass der „Ekstasis"-Begriff zugleich auch eine Wissenschaftlichkeit inszenierende Überschreibung jener Argumentationsfigur des „schönen Scheins" ist, die die Orientierungs- und Wertungsschemata der bildungsbürgerlichen Kunstsemantik mitkonturiert.[341] Die Funktion der Kunst, als einer autonomen, zeitenthobenen Welt der Freiheit und Sittlichkeit, der Schönheit und Wahrheit, erschöpft sich dieser Argumentationsfigur zufolge keineswegs darin, die außerkünstlerischen Realitäten lediglich abzubilden, sondern sie soll sie zugleich poetisch überhöhen und überformen. Diesem bildungsbürgerlichen Poetisierungspostulat, das bei Pongs in Gestalt der „Ekstatsis" auftritt, kann das Klagelied – „Einwortblöcke statt Sätze." (275) – nicht gerecht werden.

Ist es bei dieser Fassung sozusagen das Übermaß an Authentizität, das die „Ekstasis" blockiert, so verfehlt Heine sie aus dem entgegengesetzten Grund: ihm mangelt es an Echtheit. Seine Formgebung erweist sich dem Auge des Existenzforschers als Resultat eines bloß noch seine eigene Virtuosität ausstellenden Kalküls. Der „schöne Schein" wird bei ihm zur manieristischen Täuschung. Allerdings belässt er es nicht bei einer Diskreditierung Heines auf politischer Ebene. Dies wäre im Rahmen des Pongs'schen Anliegens, die „völkische Konvention" qua Existenzforschung in ein wissenschaftlich akzeptables Sprechen zu transformieren und zu überbieten, nicht hinreichend. Gewiss, auch bei Pongs ist einleitend die Rede vom „Pariser Emigranten, der jenen selben Weberaufstand zum Anlaß nimmt, ein erstes Hetzlied des Klassenkampfes zu dichten, in das der Haß des heimatlosen Juden gegen Deutschland eingeflossen ist." (274) Während für die völkisch-konventionelle Literaturgeschichtsschreibung etwa eines Langenbuchers oder Fechters der Autor damit schon

---

[341] Zur Ideen-und Verwendungsgeschichte dieser Argumentationsfigur s. Bollenbeck, Georg: a. a. O., S. 71–84.

„erledigt" wäre[342], versucht Pongs einen solchen „Kategorienfehler"[343] – wenn auch nicht gänzlich zu vermeiden – so doch zumindest mit den wissenschaftlichen Mitteln seines Programmes auszubalancieren.

Sein Heine-Bild entspricht durchaus demjenigen der „völkischen Konvention", ihm geht es jedoch darum, Heines Unzulänglichkeit auch auf ästhetischer Ebene, und d. h. hier am Text selbst, aufzuweisen. Der Anspruch auf Wissenschaftlichkeit steigert deshalb den Deskriptions- und Begründungsaufwand, den Pongs keineswegs scheut. Die starke Textbezogenheit samt Analyse der formalen, poetischen Mittel, das Changieren zwischen Mikroanalyse[344] und philosophisch anmutender Schlussfolgerung, dies sind – neben dem beschriebenen Anspruch auf Terminologisierung und dessen idiosynkratischer Realisation – *die* distinktiven Merkmale von Pongs' Arbeiten. Dem soll deshalb hier – stellvertretend für den argumentativen Duktus seiner übrigen Texte – Rechnung getragen werden durch ein letztes, notwendigerweise ausführlicheres Zitat:

> Heines Weberlied dagegen verrät sich von vornherein als Gewirk bewußter Kunstübung. „Die Weber" heißt die Überschrift. Vergleicht man das mit der Überschrift des Weberliedes: „Das Blutgericht", so wird der Abstand deutlich, mit dem hier der Anspruch eines Typenliedes, eines Klassengesangs erhoben wird. Den Begriff „aufrühreri-

---

[342] Paradigmatisch zeigt sich dies in der populären Literaturgeschichte des Gelegenheitsliteraturwissenschaftlers Paul Fechter. Erscheint Heinrich Heine 1932 bei Fechter, der ihm zu diesem Zeitpunkt immerhin sechs Seiten einräumt, noch nur als „der erste, für den Literatur Beruf im heutigen Sinne wird, der den Übergang von der Dichtung zur Literatur und zum Journalismus vollzieht" (Fechter, Paul: Dichtung der Deutschen. Eine Geschichte der Literatur unseres Volkes von den Anfängen bis zur Gegenwart, Berlin 1932, S. 566), so erklärt er 1941 angesichts des Autors, den er als „sich selber fremd gebliebenen jüdischen Mann" (509) bezeichnet: „Sein Ruhm wuchs aus seiner Lyrik: sie war wie alles, was er schrieb, Schauspiel, Theater der Worte für ihn selbst wie für andre. Ein sehr geschicktes jüdisches Worttalent ohne Hemmungen bemächtigt er sich schon in jungen Jahren der Formeln der Echtheit." (Geschichte der deutschen Literatur. Von den Anfängen bis zur Gegenwart, Berlin 1941, S. 510) Der Raum, den Fechter Heine noch zubilligt, ist nunmehr auf wenig mehr als eine Seite zusammengeschrumpft.

[343] „Kategorienfehler" meint hier im Sinne Bourdieus die ungebrochene Applikation außerwissenschaftlicher, etwa politischer Maßstäbe innerhalb des wissenschaftlichen Feldes. „Gelehrte", so Bourdieu in diesem Zusammenhang, „haben Interessen, sie wollen unbedingt die Ersten sein, die Besten, die Außergewöhnlichsten. Paradoxerweise bringen aber wissenschaftliche Felder gleichzeitig jene mörderischen Antriebe und eine Kontrolle dieser Antriebe hervor. Wenn sie einen Mathematiker ausstechen wollen, muß es mathematisch gemacht werden, durch einen Beweis oder eine Widerlegung. Natürlich gibt es immer auch die Möglichkeit, daß ein römischer Soldat einen Mathematiker köpft, aber das ein ‚Kategorienfehler', wie die Philosophen sagen." (Bourdieu, Pierre: a. a. O., S. 28) Im Blick auf Pongs müsste man allerdings präzisieren, dass es ihm nicht darum geht, das populärwissenschaftliche Heine-Bild zu widerlegen. Es geht ihm vielmehr um den Distinktionsgewinn, der gerade darin liegt, dieses Bildes mit besseren, d. h. genuin literaturwissenschaftlichen Mitteln noch einmal zu bestätigen.

[344] Die auch philologische Auseinandersetzungen beinhaltet: s. etwa zur Frage der Validität von Konjekturen in den unterschiedlichen Hölderlin-Ausgaben S. 296, Anm. 16. Die starke Textbezogenheit seiner Ausführungen lässt es auch nachvollziehbar erscheinen, dass Pongs mit einem Beitrag im Sammelband „Gedicht und Gedanke" vertreten ist.

4. LITERATURWISSENSCHAFT IM ZEICHEN DES „VOLKES" 525

sche Weber" setzt Heine in grelle Anschauung um. „Im düstern Auge keine Träne, sie sitzen am Webstuhl und fletschen die Zähne." Bewußte Stilisierung baut das ganze weitere Gedicht. Wenn die wirklichen Weber, die der Aufruhr auf die Straße treibt, den Viertakter der Volksmelodie suchen, zu dem sich marschieren läßt, so fingiert Heines Rhythmus den stampfenden Webertakt des Webstuhls, um die Vorstellung „Weber" so zwingend wie möglich zu machen. In diesen dumpfen Arbeitstakt hinein preßt er den Haßgesang, dem er von vornherein das politische Ziel gibt: Arbeiterrevolution gegen Deutschland. Gleichlautend setzen die Strophen ein: „Ein Fluch", und sie schließen mit dem drohenden „Wir weben, wir weben", als dröhnten alle Webstühle den Aufruhr mit. Gegen solche Kultur der Form und klug gesteigerte Wucht der Wirkung fällt das wirkliche Aufruhrlied der Weber in seiner formlosen Breite ab. Vergleicht man aber den Haßausbruch des echten Weberlieds mit den Fluchstrophen Heines, so verrät sich vor jener elementaren Lebenswahrheit Heines Deutsch als papierenes Deutsch, als Leitartikeldeutsch, das die einfach nackte Not der Armen aus der Lage des Intellektuellen sieht, der zur Empörung verleiten will:

Ein Fluch dem Gotte, zu dem wir gebeten
In Winterskälte und Hungersnöten ...
Ein Fluch dem König, dem König der
                           Reichen
Den unser Elend nicht konnte erreichen ...

Ein Fluch dem falschen Vaterlande
Wo nur gedeihen Schmach und Schande,
Wo jede Blume früh geknickt,
wo Fäulnis und Moder den Wurm
erquickt.

Kein Wort ist geprägt aus dem echten Zorn der Bedrückten, für dessen inneres Recht der Dichter steht, überall ist die uneigene gängige Phrase aufgegriffen, wie sie das billige Pathos des Volksredners braucht, der die Massen in seine Gewalt bringt, in dem er ihrem dumpfen Lebensgroll einen typischen Ausdruck gibt. [...] An dem Gegensatz dieser beiden Weberlieder ergeben sich methodische Einsichten. Das echte Weberlied, in die Gruppenexistenz gebunden, entbehrt jedes geistigen Abstandes. Heines Weberlied bei unbezweifelbarem geistigen Abstand und wohlberechneter künstlerischer Formung, ist so wenig verbunden mit der Weberexistenz die er aufruft, daß an die Stelle der echten dichterischen Ekstasis nichts als ein berechnender Intellekt getreten ist, der sich auf Massenwirkungen versteht. [...] Eins allerdings ist aus den beiden Weberliedern zu folgern: daß dieser dichterische Zustand offenbar nicht eintritt, wo der tragende Grund, der Existenzgrund, die Masse ist. (276 f.)[345]

Der „dichterische Zustand" der „Ekstasis" tritt – wie etwa bei der Weltkriegsdichtung oder bei Hölderlin – nur da ein, wo „aus Urbildern" (297) gedichtet wird, was für Pongs bedeu-

---

345 Das sich hier abzeichnende Muster – hoher Begründungsaufwand zur literaturwissenschaftlichen Bestätigung bereits zum *mainstream* geronnener, völkischer Literaturwertungen – wiederholt sich bei der Abhandlung der weiteren Gegenstandsbereiche im umfangreichen zweiten Teil von Pongs' Beitrag, so dass hier eine weitere Darstellung nicht nötig ist.

tet: „dichten aus Urentscheidungen für das Volk." (Ebd.)[346] Volkhaftigkeit ist und bleibt somit auch bei Pongs das authentizitätsstiftende Transzendental und Wertungskriterium der Dichtung, so dass er gegen den „Intellektualismus" eines Heine oder Thomas Mann die ausführlich interpretierte „Dichtung der Gegenwart" eines Josef Weinheber, Johannes Linke, Gerrit Engelke, Hanns Johst oder Heinrich Lersch ausspielen kann (306–322), weil sie „[g]erade auf diese Grundschichten des Einfachen, der einfachen Bindungen [...] heute wieder gerichtet" (305) sei. Der Schritt vom Ursprungs- zum Gegewartsmythos ist also auch in der Literatur mittlerweile vollzogen.[347]

Pongs' Version einer „existentiellen" Literaturforschung wird kein anschlussfähiges Programm, zum *trendsetter* wird der Stuttgarter Ordinarius nicht. Seine Bestimmungen der „Neuen Aufgaben" werden – dies wird bereits in den ersten Jahren nach ihrem Erscheinen sichtbar – nicht zum Gründungstext einer neuen Richtung oder gar einer Schulbildung.[348] Zwar mag der wohl kaum zufällige Umstand, dass sich an Pongs' programmatischen Text noch im selben Heft von *DuV* zwei weitere Beiträge anschließen, die den Begriff einer „existentiellen Literaturwissenschaft" im Titel führen[349], zumindest oberflächlich den Anschein einer übergreifenderen, disziplinären „Neu"besinnung oder gar eines homogenen Forschungszusammenhangs erwecken. Doch ein bereits flüchtiger Blick auf die Beiträge Fritz Dehns und Horst Oppels widerlegt einen solchen Eindruck. Dies liegt nicht nur daran, dass sich beide mehr auf Kierkegaard, der bei Pongs keine Rolle spielt, berufen. Sondern es zeigt sich auch daran, dass weder bei Dehn noch bei Oppel die Verknüpfung der

---

346 „Jedes echte Symbol", so Pongs an anderer Stelle, „reicht mit einer seiner Wurzeln in einen zeitlosmetaphysischen Akt des Menschseins hinab, wenigstens bei den Deutschen." (Pongs, Hermann: Methodenstreit um Schiller, in: DuV, 37, 1936, S. 390–391, hier: S. 390)

347 Zu Pongs' literaturgeschichtlichem Wertungshorizont, der gekennzeichnet ist von der Konstruktion einer Dialektik von „Krise" und „Erneuerung" der Literatur, die bereits seit dem 1. Wetkrieg untergründig einsetzt s. Gaul-Ferenschild: a. a. O., S. 196 ff.

348 Auch wenn bis zum Ende des hier analysierten Zeitraums ohnehin nur noch acht Jahre verbleiben (und die Resonanzkonstellation nach 1945 für die Pongs'sche Variante einer „existentialistischen" Literaturwissenschaft ohnehin wenig günstig ist), so zeigen doch bereits die ersten Reaktionen, dass sich wohl auch ohne politischen Systemwechsel eine methodologisch einheitliche Richtung oder gar eine Schule im Sinne einer „generationenübergreifende[n] Kommunikationsgemeinschaft mit besonderer kognitiver und sozialer Kohärenz" (Klausnitzer, Ralf: Wissenschaftliche Schule. Systematische Überlegungen und historische Recherchen zu einem nicht unproblematischen Begriff, in: Danneberg, Lutz/Höppner, Wolfgang/Klausnitzer, Ralf (Hrsg.): Stil, Schule, Disziplin. Analyse und Erprobung von Konzepten wissenschaftsgeschichtlicher Rekonstruktion (I), Frankfurt am Main u. a. 2005, S. 31–64, hier: S. 44), die sich auf Pongs berufen würde, wohl kaum gebildet hätte. Bisweilen stößt Pongs innerhalb des Faches auf dezidierte Ablehnung. Als in Marburg ein Nachfolger für den emeritierenden Harry Maync gefunden werden soll und u. a. Pongs im Gespräch ist, kommt das aus Gießen eingeholte Außengutachten des Germanisten Alfred Goetze im Blick auf Pongs zu folgendem Schluss: „Seit er die Zeitschrift ‚Dichtung und Volkstum' [...] herausgibt, füllt er deren Bogen mit endlosen, rasch hingeschriebenen Aufsätzen, die ihn als eifrigen Diener des dritten Reichs hinstellen sollen – was ihm im Ernst niemand glaubt." (Zit. nach: Köhler, Kai: a. a. O., S. 408)

349 Oppel, Horst: Kierkegaard und die existentielle Literaturwissenschaft, in: DuV, 38, 1937, S. 18–29; Dehn, Fritz: Existentielle Literaturwissenschaft als Entscheidung, in: DuV, 38, 1937, S. 29–43.

"Existenz" mit dem Volks-Begriff, geschweige denn mit dem Symbolbegriff eine gewichtige Rolle spielt. Oppel kommt hier Pongs noch am weitesten entgegen, wenn er wenigstens an einer Stelle einräumt, dass

> Fragen solchen Gewichtes, wie sie aus der Bemühung um das Denken des großen Dänen erstehen, […] die ihnen unentbehrliche Fundierung durch eine Bewegung in den Geisteswissenschaften der heutigen Stunde [erfahren], der es wie der Generation Kierkegaards um das Bild des Menschen geht, freilich jetzt unter Einsicht der Bindungen an Volk und Staat, die sich dem Gesichtskreis jener Denker mehr oder weniger entzogen.[350]

Fritz Dehns Interpretation der „Existenz", die vor allem um den Begriff der „Entscheidung" kreist, gibt sich jedoch (zumindest zunächst) so dezidiert individualistisch, dass er die Relevanz von „Volk" und „Rasse" für eine echte „existentielle Forschung" zumindest stark relativiert:

> Wir setzen übrigens bei dieser Betrachtung voraus, daß wir es mit existentieller Forschung im strengen Sinne zu tun haben: diese hat es immer mit dem Individuum zu tun. Das Individuum hat freilich unzählige Züge von typischem Charakter, volksmäßiger, rassenmäßiger Prägung. Soweit diese **allein** Gegenstand der Forschung wären, hätten wir es zwar mit einer Materie zu tun, die die Existenz beträfe, sie anginge, aber nimmermehr erschöpfte. Existentielle Forschung hat es mit dem Einzelnen zu tun und fordert den Einsatz des einzelnen Forschers, so wahr die Probleme der Existenz nur in der Einsamkeit erfahren werden.[351]

Der zentrale Hochwertbegriff in Dehns Konzept ist der der Entscheidung, und zwar der Entscheidung *als solcher*, d.h. *wozu* sich der Dichter und nach ihm der Wissenschaftler entscheiden, daran scheint ihm wenig gelegen:

> Wer ernsthaft von der Existenz spricht, der meint nicht [den] Inbegriff des Möglichen, bei dessen Analyse man phylogenetisch gesprochen mit den etwaigen unbewußten Er-

---

350 Oppel, Horst: a.a.O., S. 29.
351 Dehn, Fritz: a.a.O., 36f. Indes scheint Dehn die Gewagtheit eines solch individualistischen Dezisionismus' selbst zu erschrecken, so dass er, sozusagen aus Angst vor der eigenen Courage, die eben getroffene Behauptung in einer sich an diese anschließenden Fußnote wieder einzuschränken bemüht ist: „Zur Vermeidung gefährlicher Mißverständnisse sei folgendes hinzugefügt: Einsamkeit meint hier nicht die Einsamkeit der ‚fensterlosen Monade', meint nicht eine Haltung des ‚Solipsismus'. Das auf sich selbst zurückgeworfene Individuum wäre zum geistigen Tode verurteilt. Gerade in der Einsamkeit wird die unentrinnbare Verhaftung an das antwortende Gegenüber, an das Du erfahren. Die Bezogenheit auf das Du ist so sehr eine tiefste Grundlage unseres Wesens, dass es eine ‚solipsistische' Einsamkeit im Grunde gar nicht gibt. […] Es wäre auch zu sprechen von einer Existentialität der Erfahrung der größeren tragenden Gemeinschaft, die selbst ein so differenzierter Geist wie Rilke 1914 bekannte: ‚aus dem gemeinsamem Herzen schlägt das meine den Schlag, und der gemeinsame Mund bricht den meinigen auf.' – Wo die Erfahrung der Gemeinschaft in eine gewisse Tiefe herabreicht, wird sie existentiell." (S. 37)

innerungen an die prähistorische Fischblase beginnen könnte [...], sondern er meint Existenz als **Entscheidung**. Mag man diese Entscheidung motivieren, wie man will: metaphysisch, rassisch, völkisch, individualistisch – wenn wir nicht ‚Entscheidung' meinen, sobald wir von Existenz sprechen, so lohnt es sich nicht an die Existenz zu appellieren. Das Problem der Existenz ist also kein anderes als das der Entscheidung. Existenz heißt Entscheidung oder es heißt, wie man will: alles oder gar nichts. (41)

Dehns Abhandlung zielt mithin vorrangig auf das Ethos des Literaturwissenschaftlers, nicht auf Fragen der Methodologie oder auf solche literarischer Wertungskriterien. Und er lässt, mit streng anti-bürgerlichem Impetus inszeniert[352], lediglich die üblichen Verdächtigen auf der Bühne seines existentiellen Theaters aufmarschieren, wenn er fordert, dass an die Stelle eines rationalen Verstehenskonzeptes eben ein Ethos der reinen Entscheidung zu treten habe, wolle man die „tötliche [sic] Trennung von Wissenschaft und Leben"[353] überwinden.

Obwohl auch Pongs – wie im „Streit" um den Biedermeier-Begriff (s. u.) deutlich wird – eine entschiedene Neigung zum Heroischen hat[354] und bei Bedarf, etwa in der Auseinan-

---

352 „Die bürgerliche Beruhigtheit des 19. Jahrhunderts, die sich unvermeidlich auch in der Literaturwissenschaft aussprach" ist nach Dehn mit dem Aufkommen des philosophischen Existenzialismus „abgetan, mitsamt allem die letzten Fragen verschleiernden ‚Historismus'." (31) Auf die Restitution jener Werte, die eine solche „bürgerliche Beruhigtheit" erst ermöglichen, zielen jedoch gerade die Ausführungen Pongs.

353 Dehn, Fritz: a. a. O., S. 43. Auch Oppels Ausführungen kreisen – wenn auch weniger individualistisch zugespitzt als diejenigen Dehns – eher um die altbekannte Dichotomie von Wissenschaft und Leben (das hier mit der Kunst identifiziert wird), wenn er festhält, dass „auch das künstlerische Schaffen als ‚**Realitätsverwandlung mit dem Telos der Seinsentdeckung**' zu bestimmen ist. **Realitätsverwandlung**, denn die Kunst setzt dort ein, wo denkerisches Begreifen und wissenschaftliche Zuordnung enden, um das ewige Verborgensein kreisend, das sie gestaltend offenbaren will; sie ist über philosophische und wissenschaftliche Aussagen hinaus der Unmittelbarkeit des vielfältigen Lebens zugewandt, von dessen flutendem Rhythmus sie bis in die Tiefen ihres formalen Seins erfüllt ist." (Oppel, Horst: a. a. O., S. 28) Selbst seine Ausführungen über die „Grundgesetze der völkischen Existenz", die zwei Jahre später im Rahmen seiner Grundlagenschrift *Die Literaturwissenschaft in der Gegenwart. Methodologie und Wissenschaftslehre* (Stuttgart 1939, S. 119–132) erscheinen, sind mehr auf diesen Lebensbegriff hin ausgerichtet als auf „Volk" oder gar „Rasse". Allerdings lobt Oppel an anderer Stelle den Kollegen aus Stuttgart wegen „seiner bewußten Abtrünnigkeit vom ursprünglichen Existenzdenken." (Oppel, Horst: Rezension zu Hermann Pongs: Das Bild in der Dichtung. Voruntersuchungen zum Symbol (Bd. 2), Marburg 1939, in: DLZ, 1940, Sp. 282–288, hier: Sp. 288)

354 Diese Neigung wird sogar zum Ziel kollegialen Spottes. So schreibt etwa Rothacker, als Mitherausgeber der *DVjs* zudem ein Konkurrent Pongs' auf dem germanistischen Zeitschriftenmarkt, in einem Brief vom 01.09.1935 an Kluckhohn: „Wenn ich Pongs wiedersehe, wozu sich im Herbst vielleicht doch noch einmal Gelegenheit bieten wird, werde ich ihn anulken, wegen der großen methodischen Originalität und Zeitgemäßheit seiner Zeitschrift. Wir werden ihm den Blu- und Bodenorden verleihen, und ihn zum Volkstribunen ernennen. Wir haben ja gar nicht gewusst, wie rückständig wir Geistesgeschichtler methodisch sind! Wie gut, daß wir die heroischen Pöngse haben." (zit. nach Klausnitzer, Ralf: a. a. O., S. 91)

dersetzung mit Fricke, mit dem Gegensatz von Wissenschaft und Leben zu argumentieren weiß, so verträgt sich doch sein Entwurf einer im Kollektivabstraktum „Volk" ihr metaphysisches Behagen findenden „Existenzforschung" kaum mit dem individualistischen Dezisionismus Dehns. „Entscheiden" muss sich zwar auch bei Pongs der Dichtungsdeuter, nämlich immer dann, wenn er die „Existenzmächtigkeit" einer Dichtung zu bewerten hat, allerdings entwickelt sein Programm mit den Leitbegriffen des Volkes und des Symbols ja, so zumindest der Anspruch, gerade Hilfsangebote, *wie* und *wozu* es sich zu entscheiden gilt. Sozusagen prophylaktisch weist er denn auch schon in seinem eigenen Beitrag die Vertreter einer Lehre der reinen Entscheidung in ihre Schranken: „Der theologische Radikalismus, mit dem von einzelnen Forschern die „Entscheidung" in die Mitte gerückt wird, [...], führt leicht dazu, der vollen symbolischen Existenz unrecht zu tun, und der Schritt ist von hier nicht weit, schließlich den Maßstab einer „absoluten Wirkichkeit" anzulegen." (14)

Zwar ist er noch bereit, das „Fruchtbare solcher Haltung", wie er sich in dem ja erst folgenden „Aufsatz von Dehn" (14, Anm. 16) dokumentiert, zu konzedieren, betont aber auch zugleich: „Daß die Schriftleitung [d.i. Pongs; G.K.] die Ziele der Existenzforschung anders und weiter stellt, wird aus dem Einleitungsaufsatz klar." (Ebd.)

Allerdings geht es Pongs selbst ja auch weniger um eine mögliche Schulenbildung als vielmehr zunächst darum, mit dem eigenen Programm eine distinktive Position zu markieren. Ironischerweise beeinträchtigt gerade der Umstand, dass ihm dieser Akt der Distinktion gelingt, das positive Resonanzpotential seines Programmes. Vor allem Pongs' distinktiver Stil, der seinen Entwurf prägt und der in der Tat von der „völkischen Konvention" abweicht, erregt sowohl inner- wie außerhalb der Disziplin nicht immer Wohlgefallen. Während sich z.B. in Kluckhohns Forschungsbericht zur „Deutschen Literaturwissenschaft 1933–1940" Lob und Tadel noch die Waage halten und letzterer vorrangig darauf abhebt, dass Pongs' „existentielle Stilforschungen" „manche Erkenntnisse, die auch auf anderem Wege zu gewinnen waren, schwieriger aus[]drücken, als der leichten Verständigung dienlich war"[355], fällt das Urteil im Raum der politischen Wissenschaftsbeobachtung deut-

---

355 Kluckhohn, Paul: Deutsche Literaturwissenschaft, a.a.O., S. 246. Der Passus lautet im Zusammenhang: „Unstreitig sind aus der modernen Existenzphilosophie Heideggers und anderer Anregungen auf die Literaturwissenschaft ausgegangen [...] Sie brachten freilich auch die Gefahr mit sich, Begriffe und Terminologien in die Literaturwissenschaft einzuführen, die ihr als einer wesentlich historischen Wissenschaft im Grunde wesensfremd sind [...] Doch indem sie den Blick auf die ‚Existenzganzheit' des Werkes lenkte und es zugleich als Ausdruck der Existenz des Dichters, seiner Grunderlebnisse, in denen Bewußtes und Unbewußtes noch ungeschieden sind, erfassen lehrte, half diese existentielle Literaturbetrachung dazu, der Gefahr einer Aufspaltung der Literaturgeschichte in Gehalts- und Problemforschung einerseits, in Gestaltforschung andererseits zu begegnen." (245f.) An Pongs' zweitem Band zum „Bild in der Dichtung" hebt Kluckhohn die darin enthaltenen Novelleninterpretationen als „Beispiele tiefschürfender Analysen" (255) hervor. Abwägend auch Keferstein, Georg: Symbol und Existenz in der Dichtung. Zu Pongs' zweitem Band, in: GRM, 29, 1941, S. 1–20 und Günther Müller (in: Göttinger Gelehrte Anzeigen, 203, 1941, S. 211–221). Außerhalb des „Tausendjährigen Reiches" sieht man dies verständlicherweise mit erheblich größerer Skepsis. Der zur Emigration genötigte Werner Richter sieht 1941 in der „existentiellen" Literaturwissenschaft eine bedenkliche, rufschädigende

lich weniger gewogen aus. Hellmuth Langenbucher etwa handelt Pongs' Programm einer „existenziellen Literaturwissenschaft" im Rahmen seines im Aprilheft der *Nationalsozialistischen Monatshefte* erschienenen Forschungsüberblicks bezeichnenderweise gleich noch unter dem Kapitel „Vor 1933: Hoffnungsloses Gegeneinander der Richtungen"[356] ab. Dass für ihn das Programm des Stuttgarter Ordinarius' noch den überkommenen Weimarer Geist eines dünkelhaft-sektiererischen Wissenschaftselitarismus' atmet, daran lassen Langenbuchers ironische und wie so oft *ad hominem* vorgebrachten Ausführungen keinen Zweifel:

> Diese Richtung trägt den Namen ‚**Existenzielle Literaturwissenschaft**'. ‚Was den Künstler ganz und mit der Gewalt eines Schicksals einordnet in sein Volk, das liegt tiefer als im Willen, das liegt im ganzen Sein: in Rasse und Blut, im Geist der Ahnen, im Einwirken von Umwelt und Mitwelt, in der Muttersprache, im Jasagen zum Kulturwillen des Volkes, das ihn trägt, in allen unbewußten Grundkräften, die die letzten Entscheidungen im Leben lenken.' Das ist fürwahr ein trefflicher Standpunkt, den sich Pongs ausgesucht hat, um von ihm aus das Ganze der deutschen Dichtung und ihre einzelnen Erscheinungsformen zu überschauen. Aber sofort beginnt das Verhängnis: weil sich im deutschen Sprachgebrauch für den von Pongs gewählten Seinsbegriff das Fremdwort ‚Existenz' eingebürgert hat, deshalb muß die Forschungsrichtung, der er huldigt, den Namen ‚existenzielle Literaturwissenschaft' bekommen. [...] Wir müssen das aufrichtig bedauern, denn es handelt sich hier ja nicht nur um den Gebrauch von Fremdworten, ohne die Wissenschaft kaum möglich ist, sondern um die Tatsache, daß Professor Pongs wieder nur eine Schule, eine Richtung, eine Methode beschwört, die in ihrer Auswirkung dem **Sonderdasein** der Wissenschaft, in unserem Falle der Literaturwissenschaft, von neuem Vorschub leistet. [...] Professor Pongs kann einwenden, daß die Zeitschrift „Dichtung und Volkstum" eben nur für Fachleute bestimmt sei. Demgegenüber muß doch hervorgehoben werden, daß selbst

---

Modeerscheinung, die vom depravierten Zustand der Disziplin in Deutschland zeugt: „Solche Hörigkeit gegenüber eben aufkommenden philosophischen Strömungen wird von andern Wissenschaften nicht mit Unrecht als ein Zeichen der Schwäche, als ein Mangel an Wurzelhaftigkeit, aufgefaßt. Sie hat dem Ansehen der Literaturwissenschaft, welche doch in so manchem Lande um ihre Geltung kämpft, durchaus geschadet. Weil einmal für Kleist mit glücklichem Griff der ‚existentielle' Gesichtspunkt zur Erklärung dafür herangezogen werden konnte, daß Kleist sich vom ‚Idealismus' seiner Zeit mehr und mehr entfernte [...] ist man noch nicht berechtigt, die gesamte Literaturwissenschaft unter ein monotones Programm der ‚existentiellen' Methode zu stellen. Die Literaturwissenschaft sollte nicht jeder Zeitphilosophie anheimfallen [...] Die Literaturwissenschaft wird gut daran tun, nicht alle Ankündigungen einer neuen Methode ernst zu nehmen." (Richter, Werner: a. a. O., S. 8f.) Kritisch äußert sich auch 1943 Max Wehrli (a. a. O., S. 299f.), der Dehns „Dezisionismus" moniert, der „weit über Heideggers Ansatz hinaus[geht]" und Pongs eine nicht „zu verantwortende" Verengung des „Existenz-Gedankens" attestiert, weil der „[n]och deutlicher [...] den Bogen zurück zum Volkstumsgedanken [schlägt]."

356 Langenbucher, Hellmuth: Die Geschichte der deutschen Dichtung. Programme, Forderungen und Aufgaben der Literaturwissenschaft im Neuen Reich, in: Nationalsozialistische Monatshefte, 9, 1938, S. 293–310 und S. 435–445, hier: S. 295.

der Fachmann Schwierigkeiten haben wird, Pongs durchweg zu folgen. Und schließlich kann es ja, ganz unabhängig davon, daß wir keiner Popularisierung wissenschaftlicher Forschung das Wort reden, auch nicht Zweck der Literaturforschung im heutigen Deutschland sein, daß die Literaturwissenschaft eine Geheimlehre bleibt, die lediglich für den Fachmann im allerengsten Sinne des Wortes verständlich ist.[357]

Gegen die Anwürfe des einflussreichen Wissenschaftsdilettanten Langenbucher, der sich an einer laienausgrenzenden Hermetisierung des Literaturdiskurses entzündet, versucht Pongs einen weiteren Aspekt seines mehrfachadressierten Programms aufzublenden: „Hier", so Pongs sich verteidigend, „wird gerade die Bemühung verkannt, Dichtung überall als das tiefere Bewußtwerden des Volksgeistes aufzuspüren."[358]

Aber auch in anderen Teilen der wissenschaftsraisonnierenden Öffentlichkeit stößt sowohl der distinktive Impetus als auch das heuristische Instrumentarium von Pongs' Programm auf erhebliche Zweifel. Äußerst skeptisch gibt sich zumindest der Artikel Walter Schmieles, der am 06.03.1938 unter dem Titel *Existenzielle Literaturwissenschaft?* in der Rubrik „Hochschule und Jugend" der Reichsausgabe der *Frankfurter Zeitung* erscheint und der von den ersten Anzeichen einer dergestalt konzipierten Literaturwissenschaft als der „Dämmerung des Undefinierbaren"[359] spricht.

Von einer Literaturwissenschaft zu sprechen, die schon bewußt und programmatisch den philosophischen Beinamen einer existenziellen sich zugelegt hätte und diesen öffentlich benützte, um sich von anderen literaturwissenschaftlichen Methoden zu unterscheiden, hieße voreilig sein. [...] Aber immerhin gibt es seit einiger Zeit Bestrebungen [...], die, wo sie sich kundgeben, gern und ausgiebig mit den Begriffen „Existenz" und „existenziell" operieren. [...] Und es gibt, ehe noch solche Bemühungen zu einem greifbaren Ergebnis gediehen wären, längst eine weitverbreitete Uebung, von „existenziellen Gehalten", „existenziellen Mängeln", größerer oder geringerer „Existenzmächtigkeit" und von „existenzieller Analyse" zu sprechen, die gar dem Laien auf-

---

357 Langenbucher, Hellmuth: a.a.O., S. 298. Es folgt nun eine kritische Bloßstellung von Pongs heideggerndem Jargon anhand eines Beispiels aus seiner *Kohlhaas*-Interpretation, die mit der von drohenden Untertönen nicht freien Bemerkung schließt: „Man muß diese beiden Stellen, die klare Schöpfung Heinrich von Kleists und die unverständliche Auslegung des Vertreters der ‚existenziellen Literaturwissenschaft' nebeneinander halten, um unsere große Befürchtung zu verstehen. Wenn die ‚existenzielle Literaturwissenschaft' keinen anderen Weg als den hier beschrittenen für möglich hält, dann wäre es wohl nötig, ihr beizeiten und ehe sie viel Kraft unnütz vertan hat, **ein Halt zuzurufen**!" (Ebd.)

358 Pongs, Hermann: Weltkrieg und Dichtung. Zu neuen Kriegsbüchern, in: DuV, 39, 1938, S. 193–213, hier: S. 213. Zu den Animositäten auch innerhalb des schwäbischen NS-Establishments gegenüber Pongs und „seiner gewundenen Sprache", die sich bereits 1932 anlässlich eines Beitrages, in dem er Goethes *Iphigenie* und *Tasso* in ihrer zeitgemäßen Bedeutung relativiert, artikulieren s. Gaul-Ferenschild: a.a.O., S. 199 f.

359 Schmiele, Walter: Existenzielle Literaturwissenschaft?, in: Frankfurter Zeitung Nr. 118/119 vom 06.03.1938, S. 10.

fällt und die Frage entstehen läßt, ob die Wissenschaft etwas Neues erfunden hat und wie dieses Neue denn nun beschaffen ist.[360]

Diese erste Sichtung des „Neuen", dessen vorrangig auf Distinktion angelegten Impetus Schmiele bereits scharfsichtig andeutet, stellt der Existenzforschung kein gutes Zeugnis aus: Mangelnde definitorische Klarheit, Verabschiedung wissenschaftlicher Standards zugunsten eines ebenso vagen wie hypostasierten Lebens-Begriffes und subjektivistische literarische Wertungskategorien – dies ist der Katalog der Vorwürfe, den Schmiele zusammenstellt. Es ist also nur vordergründig die pompöse Arkansemantik, an der er sich reibt. Was Schmiele dezidiert in Frage stellt, ist vielmehr die Wissenschaftlichkeit eines Programmes, das zugunsten eines innovatorischen Gestus' auf intersubjektiv nachvollziehbare Operationalisierungsvorgaben verzichtet. Bemerke man nämlich, so der Autor,

> daß die Maßstäbe zur Bestimmung von Existenzmächtigkeiten ohne Bedenken von den Forschern für variabel angesehen werden, so erscheint die in die Waagschale der Wissenschaft geworfene Existenz des Forschers wie ein beliebig hin und her genommener Stein, der von Schale zu Schale kommt, aber nicht Schweben, sondern Schwanken zustande bringt. Der Literaturwissenschafter [sic], der zum Richter über die Existenzmächtigkeit gesetzt wird, gleicht einem Priester, der heute nach dieser und morgen nach jener „dogmatischen Leidenschaft" den Spruch über den Dichter fällt, von deren Werken er nur noch den „existenziellen" Kern bewerten möchte, der ihm selbst aber so wenig erscheinen kann, wie er dem Dichter zu jener Zeit hat erscheinen können.[361]

Die „Leidtragenden" eines solchen Verfahrens aber seien die Dichter selbst, deren Kunstwerke in ihrem „Wert und [ihrer] Artung als Kunstwerke, die für sich leben [...], gar nicht mehr in Betracht gezogen werden."[362] Die „tödliche Trenung von Wissenschaft und Leben" sei im Rahmen eines solch subjektivistischen Wertens zwar „zur Genugtuung des Lebens aufgehoben", allerdings, so Schmiele seine Ausführungen beschließend, „wäre nun aber von der Seite der Wissenschaft her zu fragen, ob eine Erkenntnis noch Macht über das Leben ausüben kann, die zuvor selber unter die Macht des Lebens gekommen war."[363]

Pongs' Karriere hat der offensichtlich begrenzte *appeal* seines „Neuentwurfes" jedoch nicht wirklich geschadet. Zu groß ist sein wissenschaftliches Kapital bereits, das er sich vor allem mit und seit seiner 1927 erschienenen Habilitationsschrift über *Das Bild in der Dichtung* innerhalb der Disziplin erarbeitet hat.[364] Angewachsen ist mittlerweile wohl auch das

---

360 Ebd.
361 Ebd.
362 Ebd. Schmiele exemplifiziert dieses subjektivistischen Dezisionismus anhand von Pongs' wertendem Vergleich zweier Gedichte von Lersch und Schröder.
363 Ebd.
364 Zur seit der Veröffentlichung dieser Schrift wachsenden Reputation innerhalb des Faches s. Gaul-Ferenschild, a. a. O., S. 201 f. Auch der 1939 veröffentlichte zweite Band, der allerdings – anders als der Titel suggeriert – eher eine Sammlung von Teilstudien ist, die durch die Begriffe „Bild" und „Symbol" lediglich lose verklammert werden, erfreut sich innerhalb der Zunft eines warmen Zuspruchs (s. Gaul-Ferenschild, S. 211).

symbolische Kapital, über das er nicht zuletzt als maßgeblicher Herausgeber von *DuV* verfügt. Und auch wenn sein Angebot, qua Existenzforschung die „völkische Konvention" zu überbieten und zu professionalisieren, sowohl inner- wie außerhalb des Faches als Programm kaum auf Nachfrage stößt[365], so ist er jenseits solcher disziplinärer Grundlagenerörterungen als Akteur doch durchaus erfolgreich darin, sich über andere Angebote einen Expertenstatus zu festigen. Neben die Rilke- und Schillerforschung treten die Gebiete der völkischen Gegenwarts- und vor allem der Kriegsdichtung, um die er nach 1933 sein Themenspektrum erweitert. In Sonderheit auf letzterem Gebiet gelingt es ihm, sich mit einer Vielzahl von Schriften den Status eines akademisch respektablen Experten und Wortführers zu erschreiben.[366] Auch hier ist es der Gestus des Bemühens um eine „differenzierte, umfassende und theoretisch ausgewiesene Betrachtung"[367], mit dem Pongs sich – diesmal allerdings mit Erfolg – vom Gros der konventionellen Kriegsliteraturbetrachtungen abzuheben versteht, ohne allerdings mit deren völkischen Wertungsschemata zu brechen.

Im Herbst 1942 kann Pongs schließlich auch einen institutionell bedingten Zuwachs an symbolischem Kapital und eine weitere Verbesserung seiner Position innerhalb der Disziplin für sich verbuchen. Er verlässt die TH Stuttgart und tritt die prestigeträchtige Nachfolge des verstorbenen Rudolf Unger als Ordentlicher Professor für deutsche Philologie, insbesondere neuere deutsche Literaturgeschichte, an der Traditionsuniversität Göttingen an.[368]

---

365 Zwar greift auch Benno von Wiese zwischenzeitlich, etwa in seiner Herder-Monographie, auf existentialistische Deutungsmuster zurück, so u. a. wenn er Herder gar zum „Vorläufer der modernen Lebens- und Existenzphilosophie" (von Wiese, Benno: Herder, Leipzig 1939, S. 139) erklärt, jedoch bezieht er sich auf die Existenzphilosophie seines philosophischen Lehrers Karl Jaspers.

366 Den Auftakt dazu bildet sein im Eröffnungsheft von *DuV* plazierter, umfangreicher Beitrag über *Krieg als Volksschicksal im deutschen Schrifttum* (DuV, 35, 1934, S. 40–86 und 182–219). Bereits diese Arbeit stößt auf positive Resonanz. So lobt z. B. Karl Ude in den *Münchner Neuesten Nachrichten* vom 25.03.1934, dass es hier jemand in einer „wesenhaften und grundlegenden Arbeit" „zum ersten Male versucht, in die gewaltige Flut der Kriegsbücher von einem höheren Gesichtspunkt aus Ordnung und Wertung zu tragen." Es folgen zahlreiche weitere Aufsätze und Artikel (s. die Bibliographie bei Gaul-Ferenschild) Dass Pongs mittlerweile als Experte in „Kriegsangelegenheiten" gilt, manifestiert sich auch darin, dass er 1938 für den Artikel „Der Weltkrieg" im *Handbuch für den Deutschunterricht* (Bd. 2, hrsg. von Rudolf Murtfeld, 1938, S. 740–744) rekrutiert wird. Dort proliferiert er jene „klassische" Erzählung vom 1. Weltkrieg als der Geburtsstunde der Volksgemeinschaft, die im „Dritten Reich" nunmehr endlich zu sich selbst komme, und koppelt sie mit einem Appell an Einsatz und Opferbereitschaft im Sinne des Volkes (vgl. S. 740). Im gleichen Handbuch (Bd. 1, S. 93–95) kann Pongs übrigens auch seine Deutung des Biedermeier im gleichnamigen Artikel plazieren. Obwohl also seine Interpretation des Biedermeier innerfachlich durchaus umstritten ist (s. dazu u.), kann er es auch auf diesem Gebiet zum Expertenstatus bringen.

367 Gaul-Ferenschild, Hartmut: a. a. O., S. 284. Zu Pongs' Versuch, die Kriegsdichtung unter den Aspekten seiner Symboltheorie zu untersuchen und somit zugleich immer auch als Darstellungen eines Volkserlebnisses darzustellen s. Gaul-Ferenschild: a. a. O., S. 284 ff.

368 Ursprünglich sollte Pongs' Intimfeind Fricke, der jedoch einen Ruf nach Straßburg angenommen hatte, die Nachfolge antreten. Nach dessen Ausfall ist das Votum der Berufungskommission für Pongs allerdings einstimmig.

Die „übertrieben starke Einwirkung der Existenzialphilosophie Heideggers [...] auf die Literaturwissenschaft" gilt kurze Zeit später, zumindest aus der Perspektive eines unmittelbaren Konkurrenten auf dem übersättigten Markt der volkhaften Wesens- und Wertewissenschaft, „nur" noch als ein mittlerweile überwundenes „Zwischenspiel".[369] Nach 1945 hat die „Existenz" jedoch wieder Hochkonjunktur.[370] Auf Pongs und seine Variante der „Existenzforschung" will sich jedoch nun erst recht niemand mehr berufen.

„Volk" im Werten – Probleme mit der Orthodoxie III: Orthodoxie und literaturhistoriographische Wertung

Auch Gerhard Fricke macht sich Gedanken. In mehreren Vorträgen, „die vor deutschkundlichen Erziehern im Schulungslager Rankenheim des Deutschen Zentralinstituts für Erziehung und Unterricht" gehalten werden und die er 1939 in einem Beitrag für die von ihm mitherausgegebene *ZfDk* zusammenfasst, raisonniert der Kieler Ordinarius über die „Interpretation des dichterischen Kunstwerks."[371] Vordergründig geht es ihm um die ewig jungen, literaturdidaktischen Fragen und Probleme der Vermittlung, bzw. der Vermittelbarkeit von „klassischer Dichtung" im „deutschen Unterricht". Auf einer grundsätzlicheren Ebene allerdings geht es ihm um mehr, zielen seine Überlegungen doch auf eine Positionsbestimmung der eigenen Disziplin zwischen Eigensinn und Resonanz. Zur Disposition steht das Kardinalproblem einer literaturwissenschaftlichen Orthodoxie, die sich als volksbezogene Wesens- und Wertewissenschaft begreift: das Verhältnis, bzw. die Grenzen zwischen literaturwissenschaftlichem, erzieherischem und politischem Feld. Das Zentrum von Frickes Beitrag bildet demzufolge die Frage, wie seine Disziplin einerseits ihrem nationalpädagogischen Anspruch gerecht werden kann, indem sie Werte über literaturhistoriographische Wertungen vermittelt, ohne dabei andererseits an ihrem gleichzeitig erhobenen Anspruch auf Wissenschaftlichkeit Schaden zu nehmen.

Am nationalpädagogischen Auftrag seiner Zunft lässt Fricke zunächst auch keinerlei Zweifel aufkommen, obliege ihr doch die „Berufsvorbereitung" der künftigen „deutsch-

---

369 Kindermann, Heinz: Die deutsche Literaturwissenschaft an der Wende zweier Zeitalter, in: Geist der Zeit. Wesen und Gestalt der Völker, Heft 1, 1943, S. 1–17, hier: S. 5. Allerdings versäumt es Kindermann auch nicht, darauf hinzuweisen, dass es sich dabei um ein Zwischenspiel handelt, „dem freilich die wichtigen Arbeiten von Pongs über das Bild der Dichtung, also über den stilkritisch wichtigen Bereich der dichterischen Metapher, ihre Anregung verdanken." (Ebd.)
370 S. Gärtner, Marcus: a. a. O.; Rahner, Mechthild: „Tout est neuf ici, tout est neuf ici, tout est à recommencer". Die Rezeption des französischen Existenzialismus im kulturellen Feld Westdeutschlands (1945–1949), Würzburg 1993.
371 Fricke, Gerhard: Zur Interpretation des dichterischen Kunstwerks. Ein Beitrag zum Thema: Klassische Dichtung und deutscher Unterricht, in: ZfDk, 53, 1939, S. 337–353. Dort (S. 337, Am. 1) auch die Angaben zum Entstehungskontext seiner Ausführungen. Die Begriffe der „Interpretation" und des „dichterischen Kunstwerks" zeugen bereits vom Zirkulations- und Anschlusspotential „dichtungswissenschaftlicher" Konzepte (s. dazu III.5).

kundlichen Erzieher", deren „Grundziel" wiederum „eindeutig" feststehe: „der Deutschunterricht soll, wie jeder andere, nur in besonderem Grade, den nationalsozialistischen jungen Deutschen formen."³⁷²

Allerdings verteidigt er die Literaturwissenschaft zugleich dezidiert gegen überzogene, weil ihr Profil als Wissenschaft gefährdende, Angebotserwartungen seitens der Schule und des Staates. Auch wenn es Fricke durchaus fern liegt, noch einmal das Credo einer Humboldt'schen Universität anzustimmen, so könne man doch eine Zurichtung der disziplinären Leistungsangebote im Sinne einer unmittelbaren pädagogischen Praxisrelevanz, eines auf unmittelbare Nutzanwendung zielenden Rezeptwissens nicht erwarten:

> Also: gerade weil die Arbeit der Hochschule nicht gelehrter Selbstzweck ist, sondern in erster Linie dem Beruf, auf den sie vorbereitet, zu dienen hat, gerade darum kann es unmöglich ihr Amt sein, dieses „Dienen" so flach und direkt aufzufassen, daß sie etwa die Dichtung, die sie behandelt, gebrauchsfertig für die pädagogische Praxis macht. Denn da der Hochschullehrer […] einfach nicht die breite und tiefe pädagogische Erfahrung, die nötig wäre, haben kann, so stände zu befürchten, daß die von ihm für seine Studenten angefertigten schulpraktischen Rezepte, wenn sie von jungen Referendaren in Anwendung gebracht werden sollen, womöglich noch traurigere Ergebnisse zeitigen, als es schon bisher der Fall war.³⁷³

Defensiv, nämlich über die mangelnde „pädagogische Erfahrung" der Hochschullehrer, wird hier der Eigensinn des erzieherischen wie des literaturwissenschaftlichen Feldes kommuniziert. Einer ähnlichen Strategie, ergänzt durch die Betonung der Eigensinnigkeit des disziplinären Gegenstandsbereiches, befleißigt sich Fricke, wenn er neben der pädagogischen auch eine allzu wohlfeile politische Zurichtung literaturwissenschaftlichen Wissens ablehnt:

> Denn dann besteht die Gefahr, daß man es sich allzu leicht macht und aus den Tellheim und Götz, den Wallenstein und Prinz von Homburg, den Tell und Herzog Ernst von Bayern eben einfach gute Nationalsozialisten oder zum mindesten eine Art von hoffnungsvollen Parteianwärtern macht. Aber es ehrt weder den Nationalsozialismus, der ein in der bisherigen Geschichte unvergleichlicher schöpferischer Neuanfang ist, wenn es schon seit Jahrhunderten von seinen ahnungsvollen Vorläufern und Propheten nur so wimmelt, noch ehrt es die großen deutschen Meister früherer Zeiten, wenn wir ihr Werk nur soweit achten, als es Vorklang, Bestätigung und Echo der Gegenwart

---

372 Fricke, Gerhard: a. a. O., S. 337 und 342.
373 Fricke, Gerhard: a. a. O., S. 339. Fricke reagiert damit auf einen im schulischen Bereich artikulierten Vorwurf, der bis heute als eine gleichsam kontextinvariante Konstante die Kommunikation zwischen wissenschaftlichem und erzieherischem Feld prägt: „Immer wieder, zumal in Referendarseminaren, wird der Vorwurf ausgesprochen, in den Hörsälen und Seminaren der Universität würden Dinge getrieben, die, wie die jungen Philologen dann zu ihrem Schrecken in der ersten Schulklasse, in der sie stehen, am eigenen Leibe erfahren, vor den Bedürfnissen des Unterrichts sich als gänzlich unbrauchbar erweisen." (S. 338)

ist. So an der Oberfläche und so billig ist die Kontinuität [...] nicht zu haben. Durch „Gleichschaltung" wird unser reiches Vätererbe nicht erworben. Fülle und Eigenheit unserer Herkunft und ihrer Schöpfungen müssen unangetastet bleiben. Jedes geschichtslose, unsaubere und unehrliche Vermanschen von Geschichte und Gegenwart betrügt sich und andere. Die deutsche Gegenwart ist wahrhaftig mächtig und herrlich genug, sich durch ihre eigene unvergleichliche Leistung zu behaupten, und bedarf keiner morschen und zusammengeflickten historischen Krücken.[374]

Wohlgemerkt, dass es Aufgabe der Literaturwissenschaft sei, „Sinnbilder" mit „verpflichtende[m] und bildende[m] Anspruch"[375] zu produzieren, dies bezweifelt auch der erfolgreiche Nachwuchswissenschaftler keineswegs. Doch diese Aufgabe der Sinnbildproduktion könne nur dann auch den etablierten wissenschaftlichen Standards Genüge tun, wenn sie der „Größe und Grenze" ihrer Gegenstände eingedenk bleibe, und nicht den „schweigende[n] Berggipfel der Dichtung vom Nebel des Geschwätzes umwallt"[376] zurück lasse. Es reicht also nicht – um in Frickes Bild zu bleiben – auf jedem literarischen Gipfel ein Hakenkreuzfähnchen aufzupflanzen, sondern es gilt für eine Wissenschaft, die auch weiterhin noch als eine solche wahrgenommen werden will, diese Gipfel mit den ihr eigenen Methoden zu vermessen und zu klassifizieren.

Frickes Beitrag bringt zwar, indem er das Spannungsverhältnis von politisch codiertem Erziehungsauftrag und ästhetischem Eigenwert des Gegenstandsbereiches thematisiert, ein zentrales Problem der zeitgenösssichen, literaturwissenschaftlichen Orthodoxie auf den Begriff. Lösen jedoch kann auch er, trotz gegenteiliger Beteuerungen, dieses Problem nicht. Denn der Grat zwischen „Geschwätz" und einer als wissenschaftlich akzeptierten Rede ist zweifellos schmaler und umstrittener, als es der Beitrag Frickes suggeriert. Die Grenzen, an denen die eine aufhört und das andere anfängt, sind – wie z. B. die Debatten um ein „neues Schillerbild" (s. III.2.2) zeigen – zwar keineswegs völlig beliebig, fest umrissen sind sie jedoch ebensowenig. Die Grenzen zwischen legitimer, weil den Zeitgenossen als wissenschaftlich geltender Sinnbildproduktion und illegitimer, weil zu offensichtlich einem außerwissenschaftlichen Resonanzkalkül verpflichteter Zurichtung unterliegen einem permanenten Prozess der Auseinandersetzung. Noch erschwerend kommt hinzu, dass gerade der auch zwischen 1933 und 1945 keineswegs still gestellte Konkurrenz- und Überbietungsmechanismus innerhalb der Literaturwissenschaft nicht selten den Eindruck erzeugt, dass als Geschwätz immer nur die Rede der jeweils Anderen gilt.

Im Blick auf die literaturhistoriographische Wertungspraxis, die in ihrer sinn- und orientierungsstiftenden Funktion vor allem an der Konstruktion von Epochen- und Autorenbildern ausgerichtet ist, gesellt sich noch ein weiteres, sozusagen hausgemachtes Problem hinzu. Gerade der Umstand, dass mit der „großen Erzählung" von der „Deutschen Bewegung" ein innerhalb der Orthodoxie weithin konsensträchtiges Narrativ etabliert ist,

---

374 Fricke, Gerhard: a. a. O., S. 343.
375 Fricke, Gerhard: a. a. O., S. 353.
376 Fricke, Gerhard: a. a. O., S. 353 und 347.

4. LITERATURWISSENSCHAFT IM ZEICHEN DES „VOLKES" 537

zeitigt eine spezifische literaturhistoriographische Schwierigkeit im Werten. Denn akzeptiert man es, wie die Mehrzahl der zeitgenössischen Akteure, dass jene Phase zwischen 1770 und 1830, in der „der unruhevolle[ ] Werdensdrang des deutschen Geistes [...] zur Selbstbesinnung"[377] gelangt, mithin das Wesen des deutschen Volkes im Medium der Literatur zum ersten Mal zu sich selbst kommt, gleichsam als Gipfelmassiv der nationalen kulturgeschichtlichen Evolution gilt, so drängt sich unweigerlich die Frage nach der Bewertung der Literatur des 19. und 20. Jahrhunderts auf.[378] Im Rahmen der Erzähllogik dieses Gipfel-Narrativs sozusagen a priori zur Epigonalität einer Literatur des „Flachlands" herabgestimmt[379], müssen doch – zumindest gemäß des ebenfalls konsensstiftenden Entelechiegedankens – zugleich auch die literarischen Hervorbringungen der nach-„goethezeitlichen" Jahrzehnte einen Anspruch erfüllen, den etwa Gerhard Fricke wie folgt formuliert: sie müssen „das bleibend Deutsche, in ihrer Fülle das *eine* deutsche Wesen sichtbar machen."[380]

Spannungsreich wird ein solches, letztlich ahistorisches, Entelechiekonzept, das die Makrostruktur nationaler Literaturgeschichtsschreibung festlegt, aber erst dann, wenn die eigene Gegenwart nicht mehr länger als abzulehnende Zeit des „Verfalls", sondern als „die große deutsche Erfüllung [erscheint, bzw. erscheinen soll], die reich und stark genug ist,

---

377 Petersen, Julius: Die Wesensbestimmung der Romantik. Eine Einführung in die moderne Literaturwissenschaft, Leipzig 1926, S. 180.

378 Dieser literaturhistoriographische Konsens im Großräumigen – dies sei hier noch einmal ausdrücklich betont – bedeutet natürlich keineswegs, dass es unter- bzw. innerhalb dieses Konsenses, mithin auf der Ebene der Bewertung jener Epochen und literarischen Akteure, die man gemeinhin der „Deutschen Bewegung" zurechnet, nicht zum Dissens gekommen sei. Weder mit Blick auf einzelne Autoren (s. etwa zu Schiller III.2.2, zu Goethe Höppner, Wolfgang: „Der Kampf um das neue Goethebild", a. a. O.), noch mit Blick auf einzelne Epochen gelingt es der Disziplin, „unterhalb" des Minimalkonsenses der „Deutschen Bewegung", einheitliche Sinnbilder im Zeichen des „Volkes" zu stiften. So kann sich etwa die Forderung des disziplinären Außenseiters Walther Linden nach einer „Umwertung der deutschen Romantik", die unter dem Fahnenwort des „Volkstumserlebnisses" eine einseitige Aufwertung der Spätromantik zuungunsten der „intellektualistischen" Frühromantik propagiert, als konsensfähige Binnenerzählung letztlich nicht etablieren (s. dazu u. a. Klausnitzer, Ralf: Blaue Blume, a. a. O.; ders.: Umwertung der deutschen Romantik?, a. a. O.).

379 Mit dem Topos der Epigonalität der nach-goethischen Phase operieren bekanntlich schon zeitgenössische Akteure wie Immermann („Die Epigonen") oder Friedrich Theodor Vischer, der von „unsere[r] jetzige[n] Dichtung" als einer „abgefallene[n] Samenkapsel der alten" spricht (zit. nach: Kluckhohn, Paul: Biedermeier als literarische Epochenbezeichnung. Ein erweiterter Vortrag, in: DVjs, XIII, 1935, S. 1–43, hier: S. 12).

380 Fricke, Gerhard: a. a. O., S. 339. Für die Literatur vor der „Deutschen Bewegung" stellt sich dieses Problem nicht mit einer vergleichsweisen Dringlichkeit, kann sie doch – wie in Sonderheit im Falle der „deutschen Mystik" praktiziert – zum „Vorläufer" stilisiert werden. Allerdings zeigen sich auch hier, wie Holger Dainat mit Blick auf die in den 1920er Jahren noch boomende Barockforschung bemerkt, bezeichnende Verschiebungen in der Themenwahl: „Die Beschäftigung mit ,gelehrter' Barockliteratur wird ab 1933 wegen ihrer ,Volksferne' diskreditiert und brach nahezu vollständig ab, um erst seit den sechziger Jahren wieder aufgenommen zu werden." (Dainat, Holger: Germanistische Literaturwissenschaft, a. a. O., S. 71; s. dazu auch Müller, Hans-Harald: a. a. O.; Jaumann, Herbert: Die deutsche Barockliteratur. Wertung – Umwertung. Eine wertungsgeschichtliche Studie in systematischer Absicht, Bonn 1975; Garber, Kaus (Hrsg.): Europäische Barock-Rezeption, Wiesbaden 1991).

alle wesensmäßig deutschen Taten und Gedanken und Schöpfungen in sich aufzuheben."[381] Denn dann kann sich auch der teleologische Impetus der Literaturgeschichtsschreibung nicht mehr allein in der Phase der „Deutschen Bewegung" beruhigen und das ihr Folgende zur bloßen *quantité negligeable* degradieren. Ist die Literaturhistoriographie jedoch bereit, mit Fricke zu akzeptieren, „daß in der Tiefe alles Große, das aus unserem Volke erwuchs, eines Wesens ist"[382], so rücken hinsichtlich der Wertung jener Phasen nach der Gipfelbildung, will man nicht 100 Jahre Literaturgeschichte als bloße Verfallsgeschichte erzählen, zwei, einander nicht ausschließende Erzählstrategien in den Vordergrund: man zeigt, dass ein Teil jener Literatur, von der man bisher geringer dachte, doch einer gewissen Größe nicht entbehrt, oder man zeigt, dass man zurecht geringer von einem Teil jener Literatur dachte, weil sie in der Tat nicht groß ist und/oder nicht „aus unserem Volke erwuchs." Im einen Fall hat man es gleichsam mit einer Erweiterung der Gipfelzone, im anderen gleichsam mit einer Expatriierung der Ebenen zu tun. Um allerdings nicht in den Verdacht bloßen „Geschwätzes" zu geraten, ist zumindest Fricke zufolge sicherzustellen, dass beide Erzählstrategien sich als Ergebnis solcher Verfahrensweisen präsentieren können, die sich vor allem durch ihre Bezogenheit auf die Texte selbst als wissenschaftlich legitim erweisen.

Um den Versuch einer Erweiterung der Gipfelzone geht es vor allem auch in der sogenannten Biedermeier-Debatte.[383]

„Lebensgefühl (was ist das eigentlich??)" oder der „Schrecken der Beresina" –
Die Debatte um den Biedermeier-Begriff als literaturhistoriographische Epochenbezeichnung

Die Debatte um die Legitimität des Biedermeier-Begriffes zur Kennzeichnung einer der „entscheidenden Strömungen und Epochengrenzen des 19. Jahrhunderts"[384] scheint zunächst einer rein fachinternen Logik zu entspringen und zu folgen. Als „ein neues Forschungsfeld und Konjunkturthema"[385], von dem man sich die ordnende Erschließung eines weiteren Gegenstandsbereiches verspricht, stehen die literaturgeschichtlichen Entwicklungen des 19. Jahrhunderts geradezu mit einer gewissen Notwendigkeit auf der disziplinären Tagesordnung, nachdem man in den 1920er Jahren die Leistungsfähigkeit des eigenen Methodenspektrums vor allem auf den Gebieten der Barock- und Romantikforschung mehr oder weniger erfolgreich erprobt hat.[386] Das 19. Jahrhundert als folgerich-

---

381 Fricke, Gerhard: a. a. O., S. 351.
382 Fricke, Gerhard: a. a. O., S. 353.
383 S. zum Folgenden auch Boden, Petra: Im Käfig des Paradigmas: Biedermeierforschung 1928–1945 und in der Nachkriegszeit, in: Euphorion, 90, 1996, S. 432–444; Gaul-Ferenschild, Hartmut: a. a. O., S. 247–252.
384 Kluckhohn, Paul: a. a. O., S. 1.
385 Boden, Petra: a. a. O., S. 433.
386 Zwar bleibt auch im Blick auf die Romantik die eigentlich erhoffte, einheitliche Synthesebildung angesichts der unterschiedlichen Zugriffsweisen aus, doch immerhin, so konzediert Kluckhohn, glaubt „man die wesentlichen geistigen Strömungen des 18. Jahrhunderts wenigstens so weit zu kennen […],

tiges, literaturhistoriographisches Anschlussproblem der Romantikforschung hatte Paul Kluckhohn bereits am 7. Oktober 1927 in einem Vortrag auf der Hauptversammlung der Gesellschaft für Deutsche Bildung in Danzig benannt, indem er der „Nötigung" Ausdruck verlieh, sich mit „der ersten Generation der Nachromantiker" intensiver als bisher zu befassen. Einen ersten Kategorisierungsvorschlag für die „geistesgeschichtliche Einordnung" hatte er gleich mitgeliefert mit dem Deutungsangebot, diese Generation „mit dem Worte ‚Biedermeier' zu charakterisieren."[387]

Acht Jahre später steht das Thema, wiederum mitinitiiert durch Kluckhohn, mit erneuerter Dringlichkeit auf der disziplinären Agenda.[388] Mit der *DVjs* und dem Konkurrenzorgan *DuV* widmen 1935 nacheinander gleich zwei Fachorgane ein eigenes Themenheft der Biedermeierforschung. Fachlogisch wie -geschichtlich gesehen mag dies dem Umstand geschuldet sein, dass seit Kluckhohns Initialvortrag eine Reihe von Arbeiten zum Thema erschienen sind, so dass eine erste, synoptisch-abwägende Sichtung der bisher erzielten Ergebnisse angebracht erscheint.[389] Resonanzstrategisch mag es sich bei diesem *agenda-setting* jedoch nicht nur um den Versuch Kluckhohns handeln, das Zirkulationspotential des von ihm ins Spiel gebrachten Begriffs weiter zu erhöhen, sondern auch um ein vorübergehendes Manöver zur disziplininternen Entspannung. Verspricht doch das außerfachlich nur in beschränktem Maße aufmerksamkeitsträchtige Thema die Möglichkeit einer zunächst innerhalb der Fachgrenzen verbleibenden und somit stärker an „rein" wissenschaftlichen Kriterien orientierten Auseinandersetzung. Darin unterscheidet es sich, so hofft man zumindest, von den zum Teil heftigen Kontroversen um die „Umwertung der Romantik" und um ein „neues" Schillerbild, die in den ersten beiden Jahren nach der

---

daß über die Hauptstränge, nach denen eine Literaturgeschichte dieser Zeit zu disponieren wäre, eine Art communis opinio besteht." (Kluckhohn, Paul: a. a. O., S. 1) Nicht zuletzt vom neuen Forschungsgebiet des 19. Jahrhunderts erhofft man sich, gleichsam *ex negativo*, weitere Aufschlüsse auch im Hinblick auf das Romantikbild.

387 Kluckhohn, Paul: Die Fortwirkung der deutschen Romantik in der Kultur des 19. und 20. Jahrhunderts. Vortrag auf der Hauptversammlung der Gesellschaft für Deutsche Bildung in Danzig am 7. Oktober 1927, in: Zeitschrift für Deutsche Bildung, 4, 1928, S. 57–69, hier: S. 57 und S. 62.

388 Auch Richard Alewyn betont in seinem noch vor der Auseinandersetzung erschienenen Forschungsbericht *Das neunzehnte Jahrhundert in der jüngsten Forschung* (ZfDB, 11, 1935, S. 276–281 und 324–330) die Notwendigkeit einer intensivierten Erforschung des Zeitraums: „Eigentlich ruht das 19. Jahrhundert noch immer im toten Winkel der wirklich geschichtlichen Forschung. […] So blieb dieses Jahrhundert, während ein Zeitalter nach dem andern sich dem geschichtlichen Sehen erschloß, fast ausschließlich das Feld des ästhetisch gestimmten Liebhabers […]" (276)

389 U. a. Weydt, Günther: Naturschilderung bei Annette von Droste-Hülshoff und Adalbert Stifter. Beiträge zum „Biedermeierstil" in der Literatur des 19. Jahrhunderts, Berlin 1930; ders.: Literarisches Biedermeier, in: DVjs, IX, 1931, S. 628–651; Bietak, Wilhelm: Das Lebensgefühl des Biedermeier in der österreichischen Dichtung, Wien/Leipzig 1931; Majut, Rudolf: Lebensbühne und Marionette. Ein Beitrag zur seelengeschichtlichen Entwicklung von der Geniezeit bis zum Biedermeier, Berlin 1931; ders.: Studien um Büchner. Untersuchungen zur Geschichte der problematischen Natur, Berlin 1932; ders.: Das literarische Biedermeier. Aufriß und Probleme, in: GRM, 20, 1932, S. 401–417; Grolmann, Adolf von: Volks- und Staatsgedanke in Adalbert Stifters Ethik, in: DVjs, 11, 1933, S. 413–420.

Machtübergabe auch in einer fachübergreifenden Öffentlichkeit auf Interesse stoßen und dort zugleich das Bild einer wenig homogenen Disziplin erzeugen. Jenseits der disziplinären Grenzen, d. h. außerhalb der beteiligten Fachorgane, findet denn auch die Debatte um das Biedermeier kein Echo. Allerdings folgen die fachintern ausgetragenen Konflikte deshalb keineswegs nur einer „rein" fachlichen Logik, geht es doch auch in dieser Debatte – diesmal allerdings ohne explizite Ankündigung – um einen Prozess der literaturgeschichtlichen Umwertung, präziser der Aufwertung. Auch dieser Prozess hat Konsequenzen für die Außendarstellung des Faches, gilt es doch immerhin, einen durchaus umfangreichen Gegenstandsbereich der Disziplin, die nachromantische Literatur des 19. Jahrhunderts, mit literaturwissenschaftlich legitimen Mitteln in ein resonanzträchtigeres Narrativ als dasjenige vom bloßen Epigonentum und vom Verfall zu überführen. Allerdings werden sich gerade an der Frage der Legitimität der eingesetzten Mittel erneut die Geister scheiden. Hier verläuft – um noch einmal Frickes Bild zu bemühen – die Grenze zwischen dem Geschwätz der anderen und der eigenen wissenschaftlichen Rede.

Die mit der Biedermeier-Debatte verbundene, fachgeschichtlich bedeutsame Forderung, sich vom werteleitenden Paradigma eines klassisch-romantischen Doppelgipfels zu lösen und somit das gängige *before-after-design* durch eine objektivere, sozusagen historistischere Zugangsweise zu ersetzen, ist dabei – dies nur am Rande – so neu nicht. Schon Nadler fordert 1926, die *Forschungsprobleme der Literatur des 19. Jahrhunderts* umreißend, eine Differenzierung des literaturhistoriographischen Blicks: Es sei „ein ganz falscher Standpunkt, von Goethe und von der Romantik her dies Zeitalter unter den Winkel zu nehmen. Diesem Anblick erscheint das Jahrhundert allerdings epigonenhaft. Gerade das aber war es nicht."[390]

So konsensträchtig der Impetus zum semantischen Umbau des bisherigen Narrativs über die Nachromantik nun in den 30er Jahren auch wird, so „sperrig" erweist sich doch auch der erzählerisch zu überformende Gegenstandsbereich. Als schwierig erweist sich die Transformation gleich in dreifacher Hinsicht. Zunächst aus gleichsam komparatistischen Gründen: Gerade im Vergleich zu den großen Würfen der französischen, englischen oder russischen Erzähtradition des 19. Jahrhunderts scheint die Literatur der Stifter, Mörike, Gotthelf, Grillparzer oder Hebbel einen Geist der „Resignation und Entsagung"[391] zu atmen. Darstellungen „des stillen Glücks in einem umhegten Bezirk"[392] prägen, so sieht sich etwa auch Kluckhohn in seinem Einleitungsaufsatz von 1935 zunächst genötigt einzuräumen, offensichtlich das Antlitz der zu konstruierenden Epoche und „die hohe Kunst der Klassik und der Romantik" – und hier wirkt aus nationaler Perspektive das Doppelgipfel-Paradigma – „vererbt und verflacht in mehr als einer Beziehung."[393] Sodann kommt

---

390 Nadler, Josef: Forschungsprobleme des 19. Jahrhunderts, in: Euphorion, 27, 1926, S. 114–121, hier: S. 115.
391 Kluckhohn, Paul: a. a. O., S. 14.
392 Kluckhohn, Paul: a. a. O., S. 15.
393 Kluckhohn, Paul: a. a. O., S. 13.

auf semasiologischer Ebene erschwerend noch die nur eingeschränkte semantische Anschlussfähigkeit des von Kluckhohn präferierten Ordnungsbegriffes selbst hinzu. Denn, wie ihm „Fachgenossen" „gesprächsweise" entgegengehalten hätten, „Biedermeier […] habe doch einen allzu geringschätzigen, kleinlichen Beigeschmack und entwerte so die Dichter, die man damit bezeichne."[394] Neben dem latent pejorativen Bedeutungsinhalt gilt es zudem noch – drittens und auf onomasiologischer Ebene – den begrenzten Bedeutungsumfang des Begriffes in Rechnung zu stellen, deckt er doch bei weitem – man denke nur an das „Junge Deutschland", an Heine oder an Büchner – nicht alle literarischen Phänomene der ersten Jahrhunderthälfte in angemessenem Maße ab.

Dennoch will Kluckhohn an dem einmal von ihm in Umlauf gebrachten „Worte Biedermeier zur Bezeichnung nicht zwar der gesamten Literatur, aber doch der wesentlichen und breitesten literarischen Strömung, die jener Zeit ihr Gepräge gibt, festhalten."[395] „Jene Zeit" könne man, so die These Kluckhohns,

> ungefähr mit den Jahren 1820 und 1850 begrenzen. […] Biedermeier wäre also die Epoche der ersten Generation nach der Romantik, die Epoche der etwa zwischen 1790 und 1810 oder 1815 geborenen, deren Schaffen in die 20iger, 30iger, 40iger Jahre fällt, z. T. auch noch in die 50iger Jahre und darüber hinaus. Das Jahr 1830 […] bedeutet meines Erachtens für die Literatur keinen starken Einschnitt. Für die deutsche kulturelle Entwicklung wichtigere politische Daten dürften doch der Wiener Kongreß (1815) […] sowie später die Revolution von 1848 sein. Das Zeitalter der Restauration, politisch gesehen, ist kulturell das Zeitalter des Biedermeiers, seine vorherrschende, nicht einzige literarische Strömung […] die Biedermeierliteratur.[396]

In unserem Zusammenhang von größerem Interesse als diese fachintern durchaus strittigen Datierungsversuche, ist die Frage, wie Kluckhohn die von ihm als „Biedermeier" etikettierte literarische Strömung aufzuwerten bestrebt ist. Auch wenn dieser Aufwertungsprozess nur einen, allerdings zentralen, Aspekt von Kluckhohns umfangreicher Studie ausmacht[397], zum sinn- und orientierungsstiftenden Angelpunkt der semantischen Remedur, die er dem Image der literarischen Nachromantik verabreicht, wird der Scharnier- und Hochwertbegriff der „Deutschen Bewegung". Zwar sei, wie der Tübinger Ordinarius ein-

---

394 Kluckhohn, Paul: a. a. O., S. 7.
395 Kluckhohn, Paul: a. a. O., S. 8.
396 Ebd. Kluckhohns Betonung, das Biedermeier sei nicht die „einzige literarische Strömung" wendet sich gegen den weniger differenzierten und überdehnten Begriffsgebrauch Rudolf Majuts, der „auch Büchner und das Junge Deutschland zum Biedermeier [rechnet]" und „also diese ganze Epoche" mit dem Etikett belegen will (Kluckhohn, Paul: a. a. O., S. 6).
397 Die stärker normativ ausgerichteten Passagen sind eingebettet in einen kurzen Umriss der Geschichte des Biedermeier-Begriffes, eine quasi-soziologische Beschreibung des literarischen und kulturellen Lebens der von Kluckhohn anvisierten Zeitspanne, sowie eine immer wieder auf einzelne Textbeispiele rekurrierende Erläuterung der Hauptthemen, der dichterischen Formen und der bevorzugten Gattungen der Phase.

räumt, „der Hochschwung der deutschen Bewegung [...] aufgegeben"[398] worden, deren Werte indes seien durchaus aufgehoben, und d. h. ins Bürgerliche überführt worden: „Biedermeier", so Kluckhohns These, „ist die bürgerlich gewordene deutsche Bewegung."[399] Diese Epoche, so seine Variante einer nachträglichen Erweiterung der nationalkulturellen Gipfelzone, trete

> nicht bloß das Erbe der Romantik an, sondern ein weit größeres, das Erbe der ganzen deutschen Bewegung und mehr noch, und ist dabei nicht bloß ein Epigonenzeitalter, sondern bildet sich einen eigentümlichen Lebensstil aus. Ja man darf geradezu sagen: diese Epoche ist die letzte noch einigermaßen einheitliche deutsche Kulturepoche, auf die wir heute fast mit einem gewissen Neidgefühl zurücksehen.[400]

Diesen Prozess der Aufhebung der Werte der „deutschen Bewegung" in der bürgerlichen Trägerschicht des Biedermeier versteht der Geistesgeschichtler Kluckhohn durchaus im dreifachen Hegel'schen Sinne als *negatio, conservatio* und *elevatio*. Negiert werde zwar das idealistische, die Wirklichkeiten bisweilen verkennende Ungestüm der Vorgängerepochen, auch trete eine „Zähmung und Überwindung der Leidenschaften und dämonischen Kräfte [] an [die] Stelle ihrer Verherrlichung, ihres Sichauslebenwollens."[401] Gleichwohl werde die Essenz dieser Ideale durch einen Prozess der Innenverlagerung bewahrt und durch diese Verinnerlichung noch zu einer reifen Gelassenheit, die sich mit den Unabwendbarkeiten der Wirklichkeit zu arrangieren wisse, erhoben: „Also Gelassenheit, die Wahrung der Ideale im Innern und innere Freiheit bei Sichbescheiden nach außen, anspruchsloses Sein-Glückfinden in der Beschränkung, in den Freuden und in den Sorgen des Hauses, in der Geselligkeit eines vertrauten Freundeskreises, in einem Leben der Stille und des Maßes, das ist das Lebensideal des Biedermeiers."[402]

Woher aber rührt das „gewisse Neidgefühl", das Kluckhohn zufolge ja den gegenwärtigen Betrachter dieses biedermeierlichen „Lebensideals", dieser biedermeierlichen Jahrzehnte ankommen könnte? Betrachtet man den Wertekatalog, den Kluckhohn anhand der von ihm für epochenspezifisch erklärten Literatur exemplifiziert, so wird deutlicher, dass er das Biedermeier gleichsam zur letzten Bastion einer noch intakten, bildungsbürgerlich verklärten Vormoderne im deutschsprachigen Raum[403] gegen die sich bereits abzeichnenden Verfallserscheinungen einer kulturellen Moderne stilisiert: Die Biedermeierdichtung sei „im allgemeinen bewußt, oft auch betont, unpolitisch", das sich in ihr artikulierende

---

[398] Kluckhohn, Paul: a. a. O., S. 13.
[399] Kluckhohn, Paul: a. a. O., S. 9.
[400] Kluckhohn, Paul: a. a. O., S. 3.
[401] Kluckhohn, Paul: a. a. O., S. 14.
[402] Kluckhohn, Paul: a. a. O., S. 16.
[403] Gegen wen Kluckhohns Narrativ gerichtet ist, zeigt sich schlaglichtartig, wenn er im Blick auf die österreichische Literatur vermerkt: „Es ist doch nicht zu leugnen: die Jahrzehnte des vielgescholtenen ‚Vormärz', die alles geistige Leben sollen darniedergedrückt haben, wie die liberale Geschichts- und Literaturgeschichtsschreibung immer wieder betont hat, waren gerade für Österreich eine literarische und künstlerische Blütezeit." (S. 16)

„Lebensgefühl" stehe im „Gegensatz" zur „Schriftstellerei mit politischen, besonders mit radikalen liberalen Zielen" und selbst ein Dichter politischer „Zeitgedichte" wie Hoffmann von Fallersleben „sei im Grunde seines treuherzigen liebenswürdigen Wesens mit Selbstbescheidung, Genügsamkeit, Freude an der Natur, Sammeleifer und Volksverbundenheit durchaus ein Mann des Biedermeiers" gewesen[404]; überhaupt sei man sich „des Volkes und des Volkslebens" stärker als noch im 18. Jahrhundert und „mit Stolz" bewusst gewesen; dies, wie „auch das Neuerstarken religiösen Gemeinschaftslebens" habe „den einseitigen Individualismus der Aufklärung überwinden" geholfen[405]; „Verbundenheit mit der heimatlichen Landschaft" sei „kennzeichnend [...] für die Biedermeierdichtung überhaupt"; das Bild der Frau in der biedermeierlichen Literatur trage nicht mehr „die Züge der von den Romantikern verehrten Frauen wie Caroline Schlegel, Sophie Mereau, Bettina oder der Frauen romantischer Romane, erst recht nicht die Züge der Emanzipierten der Jungdeutschen, es sind vielmehr einfache naturnahe Mädchen und hausfraulich sorgende, mütterliche, mit den ewigen Naturgesetzen verbundene Frauen"; „[d]ie geselligen Freuden der Familie, der Nachbarschaft und der Freundeskreise regen Dichtungen an und werden durch Dichtungen verschönt."[406] Da verwundert es schließlich kaum, dass Kluckhohn auch der eigenen Disziplin, bzw. dessen grundlegendem Ethos einen phasenverschobenen Gründungsmythos zuschreibt, wenn er die geistesgeschichtliche Einordnung der brüderlichen Gründerheroen kurzerhand umdeutet: „Es ist die Einfachheit und Gradlinigkeit ihres Wesens, das sichere Insichruhen, und es ist auch die Andacht zum Unbedeutenden, die die Grimm von den Romantikern scheidet und an die Seite der Biedermeiermenschen stellt."[407]

Kurzum: der „Glaube an die letzten Harmonien des Weltganzen" ist noch intakt für den Menschen im Biedermeier und für den Tübinger Ordinarius markiert er „ein[en] Grundzug der religiösen Haltung des Biedermeier."[408] Allerdings wächst, wo solch Rettendes im Glanz des schönen Scheins noch einmal möglich war, das Gefährdende doch bereits auch. Schon bei Mörike ist die Fähigkeit zur Verklärung der Realität im Kunstwerk, mithin eine der Grundforderungen bildungsbürgerlicher Ästhetik, nicht mehr selbstverständlich und wird zum Gegenstand eines sehnsuchtsvoll-schwermütigen Ringens. Bewusst „wendet [er] sich gegen die moderne Zerrissenheit und sehnt sich demgegenüber ‚herzlich nach einem gesunden idealen Stoffe, der sich eine antike Form assimilierte.'"[409] Für Kluckhohn reckt nunmehr deutlich sichtbar die kulturelle Moderne ihr hässliches Haupt:

Hier scheiden sich die Wege des Biedermeierdichters und des „modernen" Dichters, der sich zu Skepsis und Ironie, zu Zerrissenheit und Pessimismus bekennt, in anderen

---

404 Kluckhohn, Paul: a. a. O., S. 17, 38 und 39.
405 Kluckhohn, Paul: a. a. O., S. 20 f.
406 Kluckhohn, Paul: a. a. O., S. 22, 24 und 25.
407 Kluckhohn, Paul: a. a. O., S. 19.
408 Kluckhohn, Paul: a. a. O., S. 27.
409 Kluckhohn, Paul: a. a. O., S. 40.

Beispieln auch zu Hypochondrie und Blasiertheit. – Gewiß, auch die Biedermeierdichtung ist nicht bloß heitere Idylle, sondern ihre Heiterkeit einem dunklen Untergrund entsprossen, wie ich schon mehrmals betont habe. Aber aller Schmerz über den Abstand der Wirklichkeit vom Ideal, der sich auch als Weltschmerz äußern mag, führt den Biedermeiermenschen doch nie zur Leugnung des Ideals und Leugnung des Göttlichen, des Sittengesetzes, des Objektiven. Extremer Subjektivismus und Zweifel an allem sind der Weltanschauung des Biedermeiers entgegengesetzt.[410]

Neben der im Zeichen der „Deutschen Bewegung" inszenierten Erweiterung des literaturgeschichtlichen Gipfelbereiches kommt nun – zum Zwecke der Aufwertung des Biedermeier – ein zweites entscheidendes Moment innerhalb von Kluckhohns Narrativ hinzu: die historiographische Spaltung des literarischen Ensembles, und d. h. hier vor allem die Abwertung des „Jungen Deutschland", das gleichsam zum asymmetrischen Gegenbegriff des „Biedermeier" wird. Denn „erst recht nicht Heine und die Vertreter des Jungen Deutschland" können Kluckhohn zufolge „zum Biedermeier gerechnet werden." Sie stellen vielmehr seinen „Gegensatz" dar, bilden sie doch in ihrer „unbiedermeierlichen Haltung" den „Gegenpol" zu dem von Kluckhohn erläuterten Wertekatalog.[411] Für den Tübinger Ordinarius sind deshalb eventuelle Streitigkeiten um eine adäquate Epochenbezeichnung *ad acta* zu legen. Das Biedermeier sei zwar „gewiß nicht die einzige Richtung jener Zeit", habe aber doch „am stärksten und wertvollsten in ihr" gewirkt, weshalb es „berechtigt sein dürfte", diesen Zeitraum mit seinem Namen zu belegen.[412] Von diesem normativ gespaltenen Ensemble aus, so das dichotomisierende, literaturhistoriographische Sinnstiftungs- und Ordnungsangebot, laufen die Linien nun Kluckhohn zufolge bis zur Literatur der Gegenwart: während das abgewertete „Junge Deutschland" über die Zeitromane Spielhagens und Giesekes und über den Naturalismus bis zur Neuen Sachlichkeit wirke, entfalte jene andere, am schönen Schein der Kunst noch festhaltende Linie sich vom Biedermeier aus „über den poetischen Realismus zur Heimatkunst um 1900 und zu dem völkischen Realismus oder der volk- und bodenverhafteten Dichtung unserer Tage."[413] Sieht man von dieser letzten Bemerkung ab, so bleibt das Aktualisierungsangebot von Kluckhohns Studie doch, insgesamt gesehen, eher indirekter Natur. Er wertet das Biedermeier auf, ohne es unmittelbar zu aktualisieren. Die gegenwärtigen politischen Resonanzbedingungen werden nicht explizit zur Sprache gebracht. Ihrem Duktus nach bleiben die Ausführungen des Tübinger Ordinarius – so deutlich sein Wille zu einer auch weltanschaulich motivierten Aufwertung auch sein mag – insgesamt doch eher vorsichtig und argumentativ abwägend.

Genau daran entzündet sich die ebenso kurzlebige und letztlich folgenlose, und doch für die fachinternen Funktionsmechanismen so bezeichnende Debatte um das Bieder-

---

410 Ebd.
411 Ebd.
412 Kluckhohn, Paul: a. a. O., S. 42.
413 Kluckhohn, Paul: a. a. O., S. 43.

meier[414], die nun im Themenheft des Konkurrenzorgans, *DuV*, in Gang gebracht werden soll. Dass es erneut zunächst Hermann Pongs ist, der, in seiner Funktion als Hauptherausgeber der Zeitschrift, den Stein ins Rollen bringt, mag zum Einen Ausdruck des Konkurrenz- und Überbietungsmechanismus auf dem literaturwissenschaftlichen Zeitschriftenmarkt sein. Zum Anderen verdeutlicht es aber auch noch einmal eindrücklich, dass der Stuttgarter Existenzforscher sich zwischen 1933 und 1945 sozusagen zum „Experten" für die Inszenierung eines auf Distinktion zielenden Ethos' entwickelt. Denn obgleich Pongs in seinem Beitrag *Zur Bürgerkultur des Biedermeier (Bürgerklassik)* darauf insistiert, dass seine „andere Fragestellung" an den zur Disposition stehenden Zeitraum „doch ganz andere Bereiche [erschließt] und [...] zu verschiedenen Ergebnissen [führt]"[415], mutmaßt bereits der angegangene Kluckhohn, dass man es bei der „Auseinandersetzung mit dem Biedermeierheft der DVj." (Ebd.) weniger mit einem Dissens auf kognitiver Ebene, als vielmehr mit einer um ihrer selbst willen inszenierten Distinktion zu tun habe. Als „konstruiert" bezeichnet der Tübinger Ordinarius in einem Brief an Pongs vom 3.9.1935 denn auch die Differenzen in der Sache[416], auch wenn Pongs selbst in seinem Beitrag vollmundig versichert, dass (s)eine existentielle Herangehensweise „den Gegensatz" zu Kluckhohns geistesgeschichtlich gewonnenen Ergebnissen „mit ungewöhnlicher Schärfe hervortreten" (142) lasse. Während Kluckhohn wie auch die übrigen Beiträge in der *DVjs* auf „die dem Geist erfaßbaren Merkmale für eine Epochenbezeichnung" zielten und diese vor der Betrachtung einzelner Dichtungen immer schon voraussetzten, richte sich sein eigener, existentieller Ansatz (den er ja erst im Anschluss an die Debatte in programmatischer Absicht umreißen wird) auf die „Existenzgrundlagen dieses Stils" (143). D.h. er ziele auf den „Daseinsgrund, der die großen Dichtwerke der Zeit in ihrem Lebensstil trägt und prägt als Kulturausdruck eines ständisch gegliederten Volkes, der uns heute existentiell berührt." (142) Schon letztere Bemerkungen machen aber klar, dass es Pongs in dieser Debatte keineswegs vor allem darum geht, eine Lanze zu brechen für eine Dichtungsdeutung „aller Einordnung voraus" (143), sondern, wie er selbst in einem Brief an Kluckhohn betont, um „das Ethos einer politischen Wissenschaft"[417], mit dem er die Geistesgeschichte zu überbieten gedenkt. „Sie", so belehrt er brieflich den Tübinger Ordinarius, der sich zuvor gegen die Unterstellung einer lebensabgewandten, historistischen Wissenschaft verteidigt hatte, „grenzten ab: Biedermeier als literarische Epochenbezeichnung, wir wollen der literarischen Abgrenzung voraus die Existenzgrundlagen untersuchen, die zu dem Bürgerstil führten, der

---

414 Anders jedoch als im Falle der Schiller-Kontroverse kommt es nicht zu einem anhaltenden Zerwürfnis zwischen den Beteiligten (Gaul-Ferenschild, Hartmut: a.a.O., S. 250).
415 Pongs, Hermann: Zur Bürgerkultur des Biedermeier (Bürgerklassik), in: DuV, 36, 1935, S. 141–163, hier: S. 142 (Zitate aus diesem Beitrag werden im Folgenden mit Angabe der Seitenzahl im Fließtext belegt).
416 Brief von Paul Kluckhohn an Hermann Pongs vom 03.09.1935, zit. nach Gaul-Ferenschild, Hartmut: a.a.O., S. 250.
417 Brief von Hermann Pongs an Paul Kluckhohn vom 31.08.1935, zit. nach Gaul-Ferenschild, Hartmut: a.a.O., S. 250.

mit dem Wort Biedermeier ungenau umgriffen wird. „Politisch" nenne ich das in dem Sinn, daß es uns darum ging, in unsere Gegenwart hinein die unverlierbaren Werte dieser Bürgerkultur zu stellen, als eine nahrhafte Seelensubstanz gleichsam, die wir heute brauchen."[418]

Die von Pongs inszenierten Konfliktlinien sind also die gleichen wie im Streit mit Fricke. Erneut – allerdings anhand eines anderen Gegenstandsbereiches – geht es um das Mischungsverhältnis von Wissenschaftlichkeit und nationalpädagogischem Leistungsangebot und um das resonanzkalkulierende Lancieren seines eigenen Ansatzes. Allerdings bleibt Pongs' öffentliche Kritik am Ansatz des renommierten Geistesgeschichtlers diesmal weitaus moderater im Ton als seine vehementen Anwürfe gegenüber dem erfolgreichen *newcomer* Fricke. *Ad hominem* argumentiert Pongs diesmal nicht. Die schwereren Geschütze werden diesmal erst unterhalb der Ordinarienebene und sozusagen stellvertretend aufgefahren, wenn noch im gleichen Heft der Karlsruher Stifterforscher Adolf von Grolmann gegen Günther Weydt, der den Positionen Kluckhohns nahesteht, polemisiert (s. dazu unten). Weniger geht es Pongs auch um eine Widerlegung Kluckhohns in der Sache, als vielmehr um eine aufmerksamkeitsträchtige und politisch resonanzfähige Überbietung der konventionellen Geistesgeschichte im Ethos. Das ist für Pongs nicht zuletzt auch, wenn man so sagen darf, eine Frage vor allem des *sounds*, kommt es doch weniger auf das Dargestellte selbst, als vielmehr auf die Darstellungsweise an. Wo Kluckhohn, wie Pongs anerkennend zu konzedieren scheint, „mit behutsamer Hand" Forschungsergebnisse zusammenfasst und „geistige Ordnungsgesichtspunkte" (142) herausarbeitet, da regiert bei Pongs die eiserne Faust einer „Dichtungsdeutung, die auf die Existenzgründe geht" (149) und die – Cysarz lässt grüßen – im 19. Jahrhundert den „Feueratem einer Riesenzeit" verortet, der in „die rückwärtsgewandte Romantik fährt" (147) und das „Dämonische im Biedermeier"[419] offenbar werden lässt.

Auch Pongs geht es – wie Kluckhohn – um eine Aufwertung der nationalen Literaturgeschichte des 19. Jahrhunderts, mithin um die literaturhistoriographische Konstruktion eines sinn- und orientierungsstiftenden Traditionskontinuums bis in die Gegenwart, in dem sich der „Lebensstil dieses Bürger-Deutschlands" in seiner – wie Pongs versichert – bloß vermeintlichen „Resignation [...], Bescheidenheit, Kleinbürgerlichkeit" (149) nicht wie ein Fremdkörper ausnimmt. Anders als der Mitherausgeber der *DVjs* jedoch lässt Pongs keinerlei Zweifel daran aufkommen, dass seine Erzählung auch an das politische Feld der Gegenwart adressiert ist:

---

418 Brief von Hermann Pongs an Paul Kluckhohn vom 03.09.1935, zit. nach ebd.
419 Ein weiterer Aufsatz Pongs' im gleichen Heft lautet *Ein Beitrag zum Dämonischen im Biedermeier* (DuV, 36, 1935, S. 241–261). Interessanterweise ist gerade dieser Beitrag weitaus weniger effektheischend als es sein Titel vermuten lässt. Pongs liefert hier eine durchaus konzentrierte, vergleichende Analyse von Büchners *Lenz*, Mörikes *Mozart*-Novelle und von Gotthelfs *Schwarzer Spinne* (die er alle drei zum biedermeierlich geprägten „Bürgerjahrhundert" zählt), die in ihrer Textbezogenheit und weitestgehenden Aktualismusferne als Paradebeispiel für eine „werkimmanente" Novelleninterpretation in jedem Sammelband der 1950er Jahre hätte stehen können. Auch dies bestätigt allerdings den auf resonanzträchtige Distinktion hin angelegten Impetus seines ersten Beitrages im gleichen Heft.

Wenn heute jeder Deutsche seinen Stammbaum mindestens bis zu den Großeltern zurückzuführen hat, so bedeutet diese Stärkung des Sippen- und Vätergeistes zugleich ein Anknüpfen unserer revolutionären Gegenwart an die Tradition einer noch unerschütterten bürgerlichen Kultur. [...] Nach dem Stilchaos des Wilhelminischen Reiches ist es zuerst wieder der Nationalsozialismus, der im Kampf um die völkischen Grundlagen der Kultur den Blick schärft auch für das Wertbeständige und Echte dieses großen Bürgerstils, so sehr sich die heroische Haltung des politischen Menschen heute abhebt von den gelassenen Bürgertugenden jener erzwungen-unpolitischen Zeit. [...] Dennoch hat jene scheinbar unmännliche Zeit des Biedermeier in ihrer Familienbindung, in ihrem selbstverständlichen Ordnungssinn, ihrem Ehr- und Pflichtgefühl, ihrem Bildungswillen, die beste deutsche Substanz erhalten und fortvererbt, die im Weltkrieg die Probe bestand. (141 f.)

Pongs schickt sich nun an, diesen untergründigen Konnex zwischen Biedermeier und nationalsozialistischer Gegenwart transparent werden zu lassen, indem er die „Existenzgrundlagen" dieser Phase qua Dichtungsdeutung offenzulegen verspricht. Der Wertekatalog, den er dabei aus den „Wesenswerke[n]" (149) jenes Zeitraums (u. a. Stifter, Mörike und auch Keller) als deren „Existenzgründe" herausliest, ist demjenigen Kluckhohns zum Verwechseln ähnlich, soll aber durch die semantische Stilisierung zum „Heroischen" und durch eine stärkere Fokussierung der Volksbezogenheit deutlicher als bei diesem mit der Gegenwart verklammert werden. Zudem, und dies ist die zweite zentrale Strategie innerhalb der Pongs'schen Argumentation, zielt er nicht, wie Kluckhohn, allein darauf, das Biedermeier als Fortsetzung der „Deutschen Bewegung" mit anderen Mitteln zu inszenieren, sondern auch darauf, das Biedermeier schon in Klassik und Romantik hinein- und gleichsam zurückzuverlagern. Die Blickrichtung wird somit sozusagen umgekehrt, das Ergebnis bleibt natürlich ähnlich. Denn auch eine „Verbiedermeierung", d. h. bei Pongs eine „Verbürgerlichung" der „Deutschen Bewegung" – weshalb er auch den Begriff der „Bürgerklassik" etablieren möchte – im Zeichen des Heroischen läuft natürlich auf die Konstruktion von Analogien zwischen beiden Phasen hinaus. So wird der „Biedermann" im Rekurs auf Schiller zum „ruhig-heroischen Bürger" erklärt: „Der Biedermann ist der Volksmann, der zu allen im richtigen Verhältnis steht, der von Volksgeist geformte Brave." (145) „In Goethe und Schiller" bereits, so Pongs Interpretation der Klassik, „ist es offenbar das **Erdbeben der Französischen Revolution**, das die herrschende Haltung ihres humanen Idealismus erschüttert hat und die bürgerliche Grundschicht ihres Wesens emporhebt, in der sie sich auf das letzte Ordnungsgefüge ihrer Existenz, auf den Volkszusammenhang besinnen." (Ebd.) Kohlhaas wird kurzerhand zum „dämonischen Biedermann" (147) erklärt, Chamissos Schlehmil zum „Faust des Biedermeier" (148). Genauso aber, wie das Biedermeierliche bereits in Klassik und Romantik vorgeprägt sei, so rage in Gestalt des Heroischen, Tragischen, Dämonischen und Völkischen die „Deutsche Bewegung" allenthalben ins Biedermeier hinein: als „universal-tragischer Grund" (150) in den Novellen Grillparzers, Stifters, der Droste und Kellers; als „Heroismus im stillen" (Ebd.) bei Gotthelf; als „Ethos der Arbeit, das auf völkische Ziele geht" (152) in Stifters „Witiko" – „Bürgerklassik haben wir hier im großen Sinn" (153) –; als „Mörikes Unbewußtes", das sich „dem Wirklich-Dämonischen in Lust und Grauen [ganz]" aufschließt (155). Im Bürger des Biedermeier, mithin also im Biedermann, erfahren nach Pongs schließlich die Grundprobleme von Klassik und Romantik ihre Aufhebung und zumindest ihre vorübergehende Lösung: „Hier ist wirklich der bürgerliche Mensch der Mitte [...] ein Eigner geworden zwischen dem romantischen Unbewußten und dem eingeborenen, klassischer Einfachheit zudrängenden Gesetz. Und diese Mittelhaltung ist nicht entfernt mit dem Wort ‚Resignation' zu umreißen." (156)[420]

Für Pongs ist auch diese Mittelhaltung nicht das Ergebnis eines resignativen Verzichts, sondern Ausdruck eines heroischen Kampfes, denn im Biedermeiermenschen des 19. Jahrhunderts verwirklicht sich nach Pongs eine gleichsam dialektische aber schmerzgeborene Synthese aus formengläubiger Klassik und dämoniebewußter Romantik:

> So sehen wir den Menschen der Biedermeierzeit, der sich vom Dämonischen der Geschichte erschüttert in die Sicherungen überpersönlicher bürgerlicher Ordnungen rettet, in Maß und Gleichgewicht der Klassik, in ein Zurückdämmen der Leidenschaften, dennoch doppelt bedroht unter jenen Wandlungsformen des Dämonischen: in der Unbedingtheit seiner Ethik vom Über-Ich des Sippen- und Vatergeistes und in der inneren Aufspaltung seiner Existenz in die bewußte und unbewußte Schicht. So gesehen ergibt sich jene gleichgewichtige, statisch erscheinende (entsagende) Mittelhaltung des Biedermeiermenschen als ein Ergebnis zäher, geradezu heldischer innerer Kämpfe. (160)

Diese Blütezeit der „Biedermannskultur", deren Restitution sich der bildungsbürgerliche Ordinarius wie nicht wenige seiner akademischen Kollegen unter den gewandelten politischen Bedingungen der Gegenwart erhofft, ende schließlich, „wo das Bürgergefüge aufgelöst wird in der Entartung des Bourgeois und in dem Aufstand der Massen" (163), also „in den fünfziger und sechziger Jahren [...] mit dem Aufkommen der Industrie und des Unternehmertums" der sogenannten Gründerzeit, „die in wenigen Jahren diesen Lebensstil vernichtet hat." (161) Dieser „künftige Zerfall" findet Pongs zufolge natürlich auch in der Literatur der Moderne seinen Ausdruck, sei aber schon „in Grillparzers Werk vorgedeutet: Naturalismus, Psychologismus, Neuromantische Poetisierung. Und so kann es nicht Zufall sein, daß gerade in Österreich, in Wien, sich zuerst der Seelenkrebs der Verfallszeit, die Psychoanalyse mit ihrer die Seele zerfressenden ‚Ambivalenz' ansetzen sollte." (157)[421]

---

[420] Pongs' Überstrapazierung des Biedermeierbegriffes führt zu Widersprüchen, so etwa, wenn er vier Seiten zuvor gerade von jener „biedermeierlichen Resignation" (156) spricht, die er hier widerlegen will.

[421] Zu Pongs' Psychoanalyse-Verdikt s. auch ders.: Psychoanalyse und Dichtung, in: Euphorion, 34, 1933, S. 38–72; zu seiner Ablehnung der literarischen Moderne s. ders.: Vom Naturalismus bis zur Neuen Sachlichkeit, in: Korff, Hermann August/Linden, Walther (Hrsg.): Aufriß der deutschen Literaturgeschichte, Leipzig 1930, S. 192–217.

Auch für Pongs liegt, ähnlich wie bei Kluckhohn, die entscheidende Leistung der biedermeierlichen Kultur darin, dass sie durch den Rekurs auf „überpersönliche Ordnungen" „einen letzten einheitlichen Lebensstil ausgeprägt hat" (141) und in diesem nationalspezifischen Lebensstil den bereits andrängenden Verwerfungen der Moderne noch widersteht. Im Aufrechterhalten dieser letzten, gleichsam vormodernen Verteidigungsposition sieht Pongs die eigentliche „heroische" und für die eigene Gegenwart vorbildliche Leistung des Biedermeier, bzw. der „Bürgerklassik". Auch das Biedermeier, bzw. das 19. Jahrhundert ist Deutschland, wie Pongs schließlich noch einmal an Raabe exemplifiziert: „Durch alle Jahrhunderte hindurch erfaßt er [Raabe; G.K.] den kleinen Menschen des Alltags und der Sorge als den deutschen Menschen und sein Erleiden des großen Weltgeschehens als die deutsche geschichtliche Leistung, mit zähem Lebenswillen das immer wieder hereinbrechende Chaos zu überdauern und den großen ordnenden Mächten Raum zu geben."(154) Die durch die Tendenzen der Moderne bedrohten Ordnungen, hier sind sie noch möglich: „Familie, Heimat, Vaterland ist jedem mitgegeben; jeder trägt in seiner Seele Deutschland mit." (155) Auffällig ist, dass der Begriff des Biedermeier im Rahmen von Pongs Ausführungen jedweder Trennschärfe und Bezeichnungsfestigkeit verlustig geht, soll er doch zur Etikettierung einer Lebenshaltung dienen, die – da in der Klassik bereits angelegt – einen Zeitraum von annähernd sieben Jahrzehnten umfasst. Methodologisch gesehen erweist sich Pongs' Beitrag zum Biedermeier deshalb als ein Paradoxon: angetreten mit dem Anspruch, anhand einer unvoreingenommenen, gleichsam induktiv operierenden „Dichtungsdeutung" (149) erst zu den „Existenzgrundlagen" der Epoche vorzustoßen, verfährt er *de facto*, indem er unter dem Begriff der „Bürgerklassik" gleich drei Epochen in ihrer untergründigen Wesenszusammengehörigkeit glaubt zusammenfassen zu können, geistesgeschichtlicher als die Geistesgeschichte selbst. Die am Biedermeier exemplifizierte Existenzforschung des Hauptherausgebers von *DuV* erscheint somit auch als eine Überbietung der Geistesgeschichte sozusagen mit deren eigenen Mitteln.

Einen ungleich heftigeren Angriff als bei Pongs erfährt die Geistesgeschichte im Allgemeinen und das Biedermeierheft der *DVjs* im Besonderen jedoch noch in der gleichen Ausgabe von *DuV*. In einem bewusst in Anführungszeichen gesetzten Beitrag zur „*Biedermeier*"-*Forschung*[422] wird mit dem Karlsruher Stifterforscher Adolf von Grolman einem Akteur das Wort erteilt, der zwar innerhalb der Disziplin eine eher randständige und weitaus weniger gewichtige Position als Pongs einnimmt, der aber pikanterweise zwei Jahre zuvor selbst noch im Konkurrenzmedium einen Beitrag zum Thema veröffentlichte.[423]

---

[422] Grolman, Adolf v.: „Biedermeier"-Forschung, in: DuV, 36, 1935, S. 311–325 (im Folgenden Zitatbelege aus diesem Beitrag in Klammern im Fließtext). V. Grolman verweist in diesem Beitrag explizit auf seine bereits erschienenen Arbeiten über Stifter (dies wohl nicht zuletzt deshalb, weil sie in Publikationsorganen erschienen, die nicht unmittelbar im Fokus eines breiteren, fachöffentlichen Interesses stehen; s. S. 322), zu denen u. a. die „Gesamteinleitung und die Einleitung zum ‚Witiko' in der Stifter-Volksausgabe des Inselverlages, 1933 und 1934" (Ebd.) gehören.

[423] Grolman, Adolf v.: Volks- und Staatsgedanke in Adalbert Stifters Ethik, in: DVjs, 11, 1933, S. 413–420. Pongs selbst räumt denn auch proleptisch in seinem Beitrag ein, dass Grolmans Beitrag „in Einzel-

Anders als diesmal der Hauptherausgeber nimmt Grolman kein Blatt vor den Mund, wenn er der bisherigen, geistesgeschichtlich dominierten Biedermeierforschung ein vernichtendes Zeugnis ausstellt. Allerdings scheint es Grolman zunächst weniger um das mangelnde politische Ethos, als vielmehr um die mangelnde Wissenschaftlichkeit der im Umfeld der *DVjs* entstandenen und präsentierten Arbeiten zu gehen. Bereits die „ganze Fragestellung" könne „als falsch" (311) betrachtet werden; der „Verwendung der Vokabel Biedermeier" hafte etwas „völlig Vage[s], ja Geschmäcklerische[s]" (312) an; mit Weydts 1931 in der *DVjs* veröffentlichtem Aufsatz zum „literarischen Biedermeier"[424] beginne das „sattsam bekannte geistesgeschichtliche Kämmerchenvermieten, [...] die Debatte über die literarische Tischordnung samt der Frage, wer nun eigentlich ‚dazu' gehöre" (Ebd.); „forscherlich vorsichtig" sei man dabei nicht gewesen, sondern habe „munter drauflos – arrangiert[]" (313), so dass sich angesichts der geringfügigen Erträge die Fragen aufdrängten: „wozu denn dann die ganze Mühe? Ist das noch exakte Forschung?" (Ebd.). Ebensowenig Gnade finden auch die Beiträge Bietaks zum Biedermeier in Österreich:

> Man muß, führt man Begriffe ein, streng sein und acht geben, daß Begriffe bleiben, was sie sind; und man muß zurückhaltend sein und Begriffe nicht überanstrengen, sonst macht man Puzzlespiel, aber keine Wissenschaft. [...] Man beobachtet recht viel Begriffsjonglieren allenthalben, welches zuletzt Begriffsverdrossenheit samt Unlust hervorruft, aber man sieht selten Begriffe als vorsichtig gerbrauchte Hilfsmittel gegen eine gefährliche Begriffsstutzigkeit. (314)

Der von Bietak verwendete Begriff eines einheitlichen „Lebensgefühl[s] (was ist das eigentlich??)" (Ebd.) habe im Rahmen einer „‚wissenschaftliche[n]' Darstellung" schlechterdings nichts zu suchen. Überhaupt betreibe man „statt Literaturwissenschaft eine Art von Psychologismus einiger Autoren der nachnapoleonischen Zeit" (315) und auch Majut versuche lediglich „mit Jahreszahlen und Generationenkabbalistik Leute beizuschleppen." (316) „Das große Biedermeierheft der DVj.", so beschließt Grolman seinen sarkastischen

---

heiten über das Ziel hinausschießend" (142) sei, seiner Substanz nach aber durchaus zu unterstützen sei, da er „zunächst einmal wieder Raum schaffen will für die Dichtung als Ausdruck des Kulturwillens einer Epoche, aller Einordnung voraus." (143) Auch der Umstand, dass v. Grolmans Beitrag weniger auf den renommierten Kluckhohn als vielmehr auf den Bonner Nachwuchswissenschaftler Weydt zielt, könnte den Eindruck bekräftigen, dass es sich hier um ein aus taktischen Gründen lanciertes „Stellvertretergefecht" handelt, durch das Pongs, indem er von Grolman sozusagen „vorschickt", eine allzu direkte Auseinandersetzung mit Kluckhohn vermeiden kann. Von Grolman ist innerhalb des literaturwissenschaftlichen Feldes nicht universitär verankert. Allerdings meldet er sich zwischen 1933 und 1945 mehrfach – in allerdings eher entlegenen Organen – mit programmatischen Überlegungen zur Literaturwissenschaft zu Wort: s. Grolman, Adolf v.: Literaturwissenschaft und Buchkritik, in: Die Buchbesprechung. Eine monatliche Umschau, Heft 3 (März), 1937, S. 65–68; ders.: Kann Literaturwissenschaft dem Werkbüchereileiter nützen und wie verhält er praktisch sich zu ihr?, in: Die Werkbücherei, 1942, S. 45–47; ders.: Die wesenhafte Aufgabe deutscher Literaturwissenschaft, in: Straßburger Monatshefte, 1942, S. 26–30.

424 Weydt, Günther: Literarisches Biedermeier (I), in: DVjs, 9, 1931, S. 628–651. Im 1935er-Heft erscheint die Fortsetzung von diesem Aufsatz, ders: Literarisches Biedermeier II, in: DVjs, 11, 1935, S. 44–58.

Rundumschlag, bringe ebenfalls „nun das alles nicht, was man erwartet", da alle Beiträge nach „dem Denkschema Kluckhohns gearbeitet" (317) seien und vor allem angesichts des neuerlichen Beitrages von Weydt könne es „zuletzt […] mit dem Biedermeier so werden, daß er ein großer Zentralbahnhof ist, in den von allen Seiten Züge einfahren; wo sind die Weichenwärter? Wo ist der Fahrplan?" (318)

Grolmanns harsche Kritik am mangelnden Methodenbewusstsein geistesgeschichtlicher Ansätze wirft natürlich die Frage auf, wie für ihn eine „[m]ethodenbewußte Literaturwissenschaft" (325) auszusehen habe. So treffsicher seine Kritik an dem, was er selbst wohl für geistesgeschichtliches „Geschwätz" hält – „Es wird überhaupt zuviel geschrieben …"–[425], so idiosynkratisch bleibt doch sein eigenes Angebot.[426] Zumindest fraglich nämlich dürfte es sein, ob sein eigener Entwurf der „Möglichkeiten eines Biedermeierbildes"

---

[425] So klagt er an anderer Stelle über den Zustand der Literaturwissenschaft (von Grolman, Adolf: Literaturwissenschaft und Buchkritik, in: Die Buchbesprechung. Eine monatliche Umschau, Heft 3 (März), 1937, S. 65–68, hier: S. 65).

[426] Dies zeigt auch ein kurzer Blick auf seine kleinen, programmatischen Schriften, in denen sich die Forderung nach einer textbezogenen Dichtungswissenschaft mit dem Anspruch auf eine nationalpädagogische Erziehungsfunktion vermischen. Die „wesenhafte Aufgabe der deutschen Literaturwissenschaft", so Grolman zunächst in einer 1942 erschienenen Grundsatzbetrachtung gleichen Titels, sei es, „den Leser von Kunstwerken darauf aufmerksam zu machen, daß es sich bei aller echten Literatur und Dichtung um **Kunstwerke** handelt, und nicht um sonstiges Druckwerk aller möglichen Art." Das Kunstwerk aber, so von Grolmanns werkimmanent anmutendes Credo, „erkennt man aus *ihm* selber, und das Kunstwerk liegt nicht offen auf der Straße; es gehört nicht einem jeden, der gerade des Wegs kommt, sondern das Kunstwerk will erarbeitet sein." Die bisher von der Literaturwissenschaft erprobten Methoden (seien sie nun philologischer, volkhafter, problem- oder stilgeschichtlicher Art) sind Grolman zufolge aber „nicht die Sache und der Weg selbst. Das echte Kunstwerk schwebt in seiner eigengesetzlichen Form, und das Schicksal im Leben des Dichters klingt in ihm deutlich mit, ohne daß es entscheidend werden dürfte für Deutung und – Genuß des Lesers." (Grolman, Adolf v.: Die wesenhafte Aufgabe deutscher Literaturwissenschaft, in: Straßburger Monatshefte, 1942, S. 26–30, hier S. 28 f.) Ungeachtet dieser Eigengesetzlichkeit der Dichtung sei es aber gleichwohl eine wesentliche Aufgabe der Literaturwissenschaft, „das sittliche Wesen des einzelnen Volksgenossen zu schützen vor jener Vergröberung, die das schwere Leben des Alltags einerseits und der verführerische Leichtsinn des Menschen andererseits nur gar zu unauffällig aufkommen lassen." (Grolman, Adolf v.: a. a. O., S. 29) Und „daß die deutsche Literaturwissenschaft, insofern sie echt ist, nichts Geringeres tut, als **Wahrerin** zu sein des **seelischen Erbgutes** der Nation", dass ihr „das Höchste und Letzte der Nation anvertraut" sei, das leidet auch für Grolman, wie er an anderer Stelle (von Grolman, Adolf: Literaturwissenschaft und Buchkritik, in: Die Buchbesprechung. Eine monatliche Umschau, Heft 3 (März), 1937, S. 65–68, hier: S. 65) versichert, keinerlei Zweifel. Nichtsdestoweniger insistiert von Grolman auf dem Status der Wissenschaft und der Abgrenzung gegenüber dilettantischer Literaturbetrachtung, „denn kein Journalismus", so von Grolman, „der ja aus dem Tag und für den Tag west und webt, hat hier auch nur das allergeringste verloren, sondern er würde wegleiten, indem er das Grundsätzliche undeutlich macht und das Technische der Darstellung allzusehr vereinfacht. Beides geht bei einer Wissenschaft nicht an. Es wird also an den dazu Berufenen sein und bleiben, daß sie in stets erneuter Prüfung trachten, die guten Wege zu finden und zu gehen, unberührt von Lob und Tadel […]." (von Grolman, Adolf: Der literaturwissenschaftliche Arbeitsprozeß. Ein Versuch zur Methodenfrage, in: Die Badische Schule, 1936, S. 89–92, hier: S. 92)

den zuvor eingeklagten Wissenschaftlichkeitskriterien standhält. Die Absage an geistesgeschichtliche Epochalisierungsbemühungen führt bei ihm gerade nicht zu einem Mehr an Wissenschaftlichkeit. Das zuvor so geschmähte „Lebensgefühl" taucht auch bei Grolman unter der Hand wieder auf, wenn er die mentale Grunddisposition des 19. Jahrhunderts – ohne irgendwelche Belege dafür anzuführen – an ein einziges sinnstiftendes, von ihm mythisch überhöhtes Ereignis zurückbinden will. Zum Zentralereignis des 19. Jahrhunderts, vergleichbar nur der Bedeutung des Erdbebens von Lissabon für das 18., wird Grolman nun nicht müde, den „Schrecken der Beresina" zu stilisieren, d. h. Napoleons verlustreichen Rückzug von 1812 über gleichnamigen Fluss, der ihn dann durch Deutschland führt und der den „Zusammenbruch einer europäischen Zwischenwelt" (325) ankündigt. Seines Überraschungscoups offensichtlich gewiss, kommt auch Grolman selbst nicht umhin, zu betonen: **das** hätte niemand erwartet!" (319) Im „Schrecken der Beresina" manifestiere sich der „Selbstsinn einer Epoche" (320) und biedermeierlich seien lediglich die akzidentellen „Begleitumstände" wie „Möbel-Kleider-Haus-Anschauungsstil". (Ebd.) Diesem Zusammenbruch einer Weltordnung standzuhalten habe es wahrer Größe bedurft, weshalb es nicht angehe, etwa einen Dichter wie Stifter, der in dieser Katastrophe „mitteninne [...], breit und ein Mann" (323) gestanden habe, als Repräsentanten einer biedermeierlichen Ethik zu bezichtigen.

Nun aber wird deutlicher, worum es Grolman eigentlich geht, woher der unduldsame Impetus seiner schonungslosen Kritik an der Geistesgeschichte rührt. Ging es Pongs um eine Heroisierung der gesamten Epoche, so zielen Grolmans Ausführungen letzten Endes auf eine Heroisierung und Aufwertung seines bevorzugten, bisher indes in seiner Bedeutsamkeit von der Fachwelt noch verkannten Gegenstandsbereiches: auf eine Aufwertung Stifters, bzw. seiner – Grolmans – Sicht auf ihn. Auf eine voraussetzungslose, der Bewertung sich enthaltende Wissenschaft zielt seine Kritik keineswegs. Neben dem singulären Ereignis, das dem Zeitraum angeblich sein einheitliches, aufgewertetes Antlitz verleiht, ist es bei Grolman die einzelne Person, bzw. das einzelne Werk, in der, bzw. in dem sich die Werte des Jahrhunderts exemplarisch verdichten. So amalgamieren in seinen Schlußausführungen bezeichnenderweise Stifter-Apotheose, generelle Methodenkritik und eine resonanzkalkulierende Zurichtung des „Witiko" zum Lobe der eigenen literaturwissenschaftlichen Tätigkeit. Wo Grolman noch über Stifter spricht, und wo bereits über sich selbst, ist dabei keineswegs immer ganz deutlich:

> Es gehörte **Mut** dazu, in den „Bunten Steinen" sich vom jeanpaulisierenden Salbadern loszuringen, es gehörte Mut dazu, verkannt zu sein[427], belächelt, mißverstanden (alle

---

427 Das Motiv des „Verkannt-Seins" spielt offensichtlich innerhalb von Grolmans Konzeption der Literaturwissenschaft eine gewichtige Rolle, heißt es doch an anderer Stelle: „der Literaturwissenschaft, die es ernst nimmt, ist das Höchste und Letzte der Nation anvertraut, denn sie erschöpft sich nicht, wie viele Ahnungslose glauben, mit Schiller und Goethe, sondern weit jenseits dieser beiden beginnt sie erst, dort, wo die großen Verkannten, die Einsamen und die Stiefkinder der geistigen deutschen Nation lebten, litten und wirkten, die Vergessenen, die Totgeschwiegenen; ein Beispiel statt vieler: die Wiederentdeckung Hölderlins. Ein Gegenbeispiel: der Kampf gegen den übertrieben, maßlos und

Einzelheiten in der oben angegebenen Literatur [von Grolman rekurriert hier auf seine eigenen Beiträge; G. K.]), und es gehörte Mut dazu, sich von der Zwangsvorstellung des alternden Eckermanngoethe durchaus zu befreien in Wesen und Sein des Witiko [...] Man muß wissen, daß Stifter ein unerschütterlicher Optimist war, wie ich es nachgewiesen habe, man muß ferner wissen, daß er sich läuterte und von den Verführern seiner Jugend, von Jean Paul und Goethe, frei kam, um den Kommenden zu dienen. Man muß wissen, daß Konstruktionen nicht Selbstzweck sind, und Begriffe keine Absoluta, sondern daß sie der **einen** Erkenntnis dienen: das Erbe der Väter durch die Härten und Widersprüche einer Gegenwart **wissend** hindurchzutragen, wiederum den Kommenden zu Liebe und zu Nutzen. **Das** ist „Hegen und Sammeln", **das** ist Maß, gebändigte Leidenschaft, welche keine Exaltationen braucht und keine Eselsbrücken, sondern die in Dichtung und Leben den steilen steinigen Weg zu Gott hin schreitet und sich von dem Unverstand vieler Leutehirne nicht beunruhigen läßt.

Stifter sieht in seinem Witiko neben allen andern Dingen auch das Volk und das Reich; er sieht Gemeinschaft und Dienst, er sieht Rassensauberkeit, Treu und Glauben, Anstand, Verkehrssitte, Reinheit, Wandel vor Gott, tätiges Christentum. Der Witiko ist, um einen heute viel benutzten Ausdruck zu gebrauchen, ein „eminent politisches" Buch; und es hat mehr als 60 Jahre gebraucht, bis wenige anfingen, es lesen zu lernen. (324)

Indem Grolman Stifters „Witiko" gleichsam zur antizipatorischen Tugendfibel des „Tausendjährigen Reiches" stilisiert – in einer Unverblümtheit übrigens, die man bei Kluckhohn wohl kaum, ja so vielleicht nicht einmal bei Pongs antrifft –, wird jedoch deutlich, dass aus seiner vehementen Kritik an geistesgeschichtlichen Epochenkonstruktionen keineswegs eine Enthaltsamkeit im (aktualisierbaren) Werten resultiert. Ungeachtet seines Gestus', der ein gesteigertes Maß an Wissenschaftlichkeit dadurch inszeniert, dass er die Dichtung selbst wieder zu ihrem Recht kommen zu lassen verspricht, ist auch bei Grolman das „Volk" im Werten noch allenthalben präsent.

Mangelnde Wissenschaftlichkeit sieht denn auch Weydt, dem man – als einem der am heftigsten Angegangenen – noch im gleichen Jahrgang von *DuV* die Möglichkeit zu einer Replik einräumt, bei Grolman am Werke. Ob der „Unausgeglichenheit und Subjektivität seines Urteils, durch schiefe und persönliche Betrachtung" verursacht, habe Grolman gerade „**den** Standpunkt preisgegeben", den er wider die Geistesgeschichte für sich selbst in Anspruch nehmen zu können glaube, nämlich denjenigen forcierter Wissenschaftlichkeit.[428] Die von Grolman „gefürchtete Überbewertung des Begrifflichen" werde schließlich

---

daher albern gewordenen Kultus mit Goethe, mit George, demnächst mit Nietzsche." (Literaturwissenschaft und Buchkritik, in: Die Buchbesprechung. Eine monatliche Umschau, Heft 3 (März), 1937, S. 65–68, hier: S. 65) In Sonderheit der Kreis um George scheint Grolmans Unmut auf sich zu ziehen: einer „üblen Diatribe Gundolfs" (313), bzw. „Gundelfingers (Pseud. Gundolf)" (504) schreibt er in seinen Beiträgen zum Biedermeier die bisher dominierende Abwertung Stifters zu und „St. George" (313) macht er verantwortlich für ein zu positives Bild von Jean Paul.

428 Weydt, Günther: Eine Antwort an Adolf von Grolman, in: DuV, 36, 1935, S. 497–503, hier: S. 497 und 500.

auch nicht dadurch behoben, „daß man an die Stelle einheitlichen Stils und einheitlicher Lebens-Haltung nur ein angeblich bestimmendes Ereignis, den ‚Schreck der Beresina' setzt."[429] Auch von Grolman darf gleich im Anschluss an Weydts Replik erneut das Wort ergreifen. Allerdings dürften weder seine Verwahrung, Weydt habe „aus meinem Aufsatz einen ‚Angriff' gespürt, der gar nicht vorliegt", noch die bloße Wiederholung seines Credos, „für mich fängt Methode dann an, wenn die Schlagworte aufhören"[430], angesichts der Heftigkeit seiner vorangegangenen Invektiven sonderlich überzeugend gewirkt haben. Das letzte Wort in diesem Streit erteilt sich die Schriftleitung, d. i. Pongs, selbst, um noch einmal auf die Bedeutsamkeit des eigenen existentiellen Ansatzes zu verweisen und um die Auseinandersetzung zum Sprungbrett jenes Grundlagenaufsatzes zu erklären, der dann zwei Jahre später die „Neuen Aufgaben der Literaturwissenschaft" (s. o.) als solche der „Existenzforschung" bestimmen zu können vorgibt:

> Die Schriftleitung hat es für richtig gehalten, dieser persönlichen Aussprache Raum zu geben, um eine Verstimmung auszuräumen, die von Grolmans Aufsatz offenbar hervorgerufen hatte. Sie schließt die Aussprache und hofft, daß der fruchtbare Wettstreit der Methoden, der hier im Grunde am Werke ist, nur um so nachhaltiger dem dienen wird, worauf es in diesem Forschungfalle ankommt: unterhalb der Epochenbezeichnungen Biedermeier die Existenzform der Biedermannskultur herauszuarbeiten, die den letzten einheitlichen bürgerlichen Lebensstil hervorgebracht hat. Die Schriftleitung nimmt den Streitfall zum Anlaß, in einem besonderen Heft den Grundfragen unsrer Literaturwissenschaft und ihren verschiedenen Arbeitsmethoden nachzugehen.[431]

Nach dieser Auseinandersetzung verebbt der Streit wie auch die soeben erst begonnene Debatte um das Biedermeier. Zu einer weiteren Annäherung kommt es zwischen den Kombattanten nicht. Kluckhohns Versuch, die Diskussion im folgenden Jahr noch einmal in Gang zu bringen, bleibt diesmal folgenlos.[432] Die Akte „Biedermeier" wird, zumindest bis 1945, vorerst geschlossen. Das innerfachliche Resonanz- und Anschlusspotential des umstrittenen Begriffes bleibt begrenzt. Zwar findet das „Biedermeier" ab Mitte der 30er Jahre Eingang als Epochenbezeichnung in die Jahresberichte zur deutschen Literaturwissenschaft und durchaus auch in einige Literaturgeschichten[433], als ein standardisierter und konsen-

---

429 Weydt, Günther: a. a. O., S. 501.
430 Grolman, Adolf von: Zusatz von Adolf von Grolman, Karlsruhe, in: DuV, 36, 1935, S. 503–505, hier: S. 503 und 504.
431 Nachwort der Schriftleitung, in: DuV, 36, 1935, S. 505.
432 S. Kluckhohn, Paul: Zur Biedermeier-Diskussion, in: DVjs, 14, 1936, S. 494.
433 Boden, Petra: a. a. O., S. 441. Auch das 1938 erschienene *Handbuch für den Deutschunterricht* (Bd. 1, hrsg. von Rudolf Murtfeld, o. O. 1938, S. 93–95) nimmt den Begriff als Lemma auf. Der Artikel stammt bezeichnenderweise von Hermann Pongs, was dafür spricht, dass er sich auch in Fragen des Biedermeier einen gewissen Expertenstatus erschrieben haben dürfte. Pongs proliferiert hier seine Deutung von der „Bürgerklassik" und ihrer „Abkehr von jeder Maßlosigkeit des Gefühls", an dessen Stelle sich eine bürgerliche Werteordnung aus „Familiensinn, Heimatliebe, Stammesverbundenheit und Volksgefühl" (94) habe etablieren können. Diejenigen Literaturgeschichten, die den Biedermeier-

sueller Terminus zur literarhistoriographischen Kennzeichnung der Dichtung der ersten Hälfte des 19. Jahrhunderts kann sich der Begriff, der im Zeitschriftendiskurs zudem zunehmend durch den des „Poetischen Realismus" verdrängt wird, jedoch bis 1945 nicht mehr etablieren.[434]

Begriff als epochenhistoriographischen Ordnungsbegriff aufnehmen, betonen jedoch zumeist weiterhin sein pejoratives Assoziationsspektrum. So heißt es z. B. in der populären Literaturgeschichte Emil Brenners (Deutsche Literaturgeschichte, 8. erg. Aufl., Wels und Leipzig 1942) einleitend zur „Biedermeierdichtung in Österreich": „Der Name Biedermaier (mit ‚ai' geschrieben) taucht erst 1850 in den ‚Fliegenden Blättern' auf und bezeichnet den philiströsen und unpolitischen Spießbürger der Zeit von 1820 bis 1848. Noch später wurde diese Bezeichnung auf den Stil derselben Zeit und auf die sich ängstlich von der Politik fernhaltende Dichtung verwendet. Den Gegensatz zu den Biedermeierdichtern [Brenner diskutiert repräsentativ Raimund und Grillparzer; G. K.] bilden zur selben Zeit die jungdeutschen Dichter." (163) Hermann Amonn (Deutsche Literaturgeschichte in Frage und Antwort. II. Teil: Von Luther bis zur Gegenwart. Dritte, neubearb. Aufl., Berlin und Bonn 1933), von dessen Literaturgeschichte 1969 noch die siebte Auflage (21.–25. Tausend) erscheint, rekurriert zur Kennzeichnung der nachgoethischen Phase auf einen Terminus des Weimarer Großpoeten, wenn er von einer Zeitspanne der „Forcierte[n] Talente" spricht und den Terminus „Biedermeier" lediglich als Klammerzusatz anfügt (174). In der vierten, stark umgearbeiteten Auflage von 1951 hat der Begriff dann Einzug als legitimer Epochentitel gehalten („Biedermeier und Junges Deutschland (1830–1850)", S. 166). Karl Viëtor (Deutsches Dichten und Denken von der Aufklärung bis zum Realismus. Deutsche Literaturgeschichte von 1700 bis 1890, Berlin/Leipzig 1937) überschreibt die Epoche als „Das literarische Biedermeier" (107). Ähnliche Tendenzen zeigen sich in der Literaturgeschichte Wilhelm Vogelpohls. In „Von deutscher Dichtung. Ein Wegweiser durch die Geschichte der deutschen Dichtung" (2. Aufl., Leipzig/Berlin 1937), vermerkt er zwar den „Ausgang des Biedermeier" (106) im Fließtext, als epochenkennzeichnende Überschrift taucht der Begriff indes nicht auf. Während er 1940 noch von der „Zeit der Wirklichkeitsdichtung" spricht (Deutsche Dichter. Ihr Leben und Schaffen, Leipzig/Berlin 1940, S. 74), verwendet auch er 1952 (Deutsche Dichtung. Eine Darstellung ihrer Geschichte, Stuttgart 1952) den Begriff der „Biedermeierzeit" (85). Die unklare Bezeichnungslage dokumentiert sich paradigmatisch auch in Hanns W. Eppelsheimers „Handbuch der Weltliteratur" (Frankfurt am Main 1937). Für die zur Rede stehende Phase gebe es, so Eppelsheimer, zahlreiche, „gleichberechtigt[e] Bezeichnungen", die für den „Übergangscharakter [der] Zeit" (407) sprächen, weshalb das entsprechende Kapitel auch „Nachklassik und Nachromantik – Junges Deutschland und Früher Realismus – Biedermeier" (Ebd.) betitelt wird.

434 Die Mehrzahl sowohl der populärwissenschaftlichen als auch der im engeren Sinne wissenschaftlichen Darstellungen präferieren nach wie vor die allgemeinere Bezeichnung einer Literatur des „19. Jahrhunderts", um sich dann einzelnen Autoren wie Stifter, Gotthelf, Grillparzer oder Mörike zuzuwenden. So heißt es etwa in der auflagenträchtigen Literaturgeschichte Hellmuth Langenbuchers *Deutsche Dichtung in Vergangenheit und Gegenwart* (Berlin 1937) in der Einleitung zum Kapitel „Das 19. Jahrhundert": „Die bestimmenden dichterischen Bewegungen des Jahrhunderts heißen nach bisher geübtem Gebrauch: ältere und jüngere Romantik und Realismus. Diese Begriffe sagen so viel und so wenig, daß wir gut daran tun, wie wir es in dieser Einführung überhaupt mit allen herkömmlichen literarischen Epochenbezeichnungen gehalten haben, ohne sie auszukommen." (146) Auch Franz Koch vermeidet in seinen Arbeiten zum 19. Jahrhundert den Begriff, vgl.: Koch, Franz: Das deutsche Schrifttum von der Romantik bis zur Gegenwart (= Handbuch des deutschen Schrifttums, Band 3), Potsdam 1939 ff., wo, wenn es um die geistige Physiognomie des 19. Jahrhunderts geht, vom „Vorstoß des Liberalismus" (1) und vom „Durchbruch bindender Kräfte" (48) die Rede ist. „Vom Geist zur Wirklichkeit" ist in Kochs Literaturgeschichte das entsprechende Kapitel benannt (Koch, Franz: Geschichte

Wesentlich resonanzträchtiger ist und bleibt hingegen jene narrative Aufspaltung des literarischen Ensembles, die ja auch schon Kluckhohns Erzählung von den literaturgeschichtlichen Entwicklungen im 19. Jahrhundert ihren geistesgeschichtlichen Rahmen gibt. Zwar schafft es das „Biedermeier" nicht zum literaturhistoriographischen Hochwertbegriff, doch die Stigmatisierung der mit dem „Jungen Deutschland" assoziierten Autoren, jener Bewegung mithin, die auch bei Kluckhohn die Position eines asymmetrischen Gegenbegriffes zum „Biedermeier" einnimmt, wird zu einem festen Topos innerhalb der orthodoxen Literaturgeschichtsschreibung.[435] Im identitätsstiftenden Abwerten scheint Konsens offensichtlich leichter herstellbar zu sein.

Schlaglichtartig deutlich wird dieser „Trend" im Literaturbericht Fritz Martinis über *Ergebnisse und Aufgaben der Dichtungsgeschichte des 19. Jahrhunderts*, der zwei Jahre nach der abgebrochenen Biedermeier-Debatte im Anschluss an Pongs Grundlagenaufsatz in *DuV* erscheint.[436] Die 1935 noch im überbietungsbeflissenen Diskant ausgeklungene Debatte wird hier einleitend bereits zur gelungenen, kollektiven Leistungsprobe einer „neuen Ausrichtung" der eigenen Disziplin umgeschrieben:

> Die Beschäftigung mit dem Problem des literarischen Biedermeier hat nicht nur eine wesentliche Vertiefung der Kenntnis der dichterischen Zusammenhänge in der ersten Hälfte des Jahrhunderts eingebracht, die wohl noch klärender Abrundung bedarf, in ihren Grundzügen aber feststeht, sondern zugleich auch den Beweis der fruchtbaren **Möglichkeiten einer Gemeinschaftsarbeit** als Ergebnis gemeinsamer wissenschaftlicher Bemühungen von verschiedenen Seiten her ergeben: sie erweist für die Literaturwissenschaft eine neue Ausrichtung, die freiwillige Forschungskameradschaft. (86)

---

deutscher Dichtung, Hamburg 1937, S. 194–257). Auch die drei dem 19. Jahrhundert gewidmeten Beiträge in „Von deutscher Art" kommen ohne den Begriff des Biedermeier zur Kennzeichnung der literaturgeschichtlichen Entwicklungen aus (s. Koch, Franz: Der Liberalismus und seine Gegenkräfte in der ersten Hälfte des 19. Jahrhunderts, in: Von deutscher Art in Sprache und Dichtung, Band 4, a. a. O., S. 283–313; Klein, Karl Kurt: Der gesamtdeutsche Gedanke in der deutschen Dichtung des 19. Jahrhunderts, in: a. a. O., S. 315–366; Martini, Fritz: Verfall und Neuordnung in der deutschen Dichtung seit dem 19. Jahrhundert, in: a. a. O., S. 367–413). Auch Kluckhohn selbst spricht hier nicht mehr vom literarischen Biedermeier und übernimmt eine ex-negativo-Charakterisierung, wenn er ganz allgemein von den „Gegenbewegungen des 19. Jahrhunderts gegen den westlichen Liberalismus" spricht (Kluckhohn, Paul: Das Volks- und Nationalbewußtsein in der deutschen Bewegung, in: a. a. O., S. 79–126, hier: 125). Walther Linden spricht vom „Kampf um die Wirklichkeit: der deutsche Realismus (1830–1885)" (Geschichte der deutschen Literatur, 5. Aufl., Stuttgart 1944, S. 360).

435 S. dazu etwa die in der voranstehenden Fußnote angeführten Darstellungen.
436 Martini, Fritz: Ergebnisse und Aufgaben der Dichtungsgeschichte des 19. Jahrhunderts. Ein Literaturbericht, in: DuV, 38, 1937, S. 86–102. (Zitatbelege aus diesem Text im Folgenden in Klammern im Fließtext) S. auch die Fortsetzung: ders.: Neue Forschungen zur Dichtungegeschichte des 19. Jahrhunderts, in: DuV, 40, 1939, S. 342–363.

Das Angebot zu einer thematischen Schwerpunktverlagerung, die zusätzlichen Konsens verspricht, wie auch die dazu erforderlichen Wertsetzungen liefert der Nachwuchswissenschaftler und Raabeforscher gleich mit:

> Die notwendige, neue dichtungs- wie geistesgeschichtliche Durchdringung des Jahrhunderts ist vielleicht allein durch eine solche Zusammenarbeit zu erreichen, in deren Vordergrund jetzt vor allem die Behandlung des Problems **des Jungen Deutschlands** zu treten hätte, das, in vielfacher Hinsicht noch ganz ungeklärt, besonders aufschlußreich für die Lage des deutschen Menschen um die Mitte des Jahrhunderts, für die Nachwirkung zahlreicher Bildungsströmungen, die Gebundenheit der ideellen Haltung an die politische und soziale Wirklichkeit, den starken Einfluß westlich-jüdischer Gedankengänge, die intellektuelle Verliterarisierung des Dichtens, die Verwandlung der Gesittungsnormen und die Schichtenverschiebung innerhalb des literarischen Publikums ist. [...] Zwar ist das Biedermeier keineswegs eine festgeschlossene, epochale Einheit, sondern nur eine – allerdings die höchste – Stufe der bürgerlichen Kulturentwicklung und in das geschichtliche Werden in unentscheidbaren Übergängen von Ursprung und Nachwirkung eingebettet; die wiederholte Erörterung seiner genauen zeitlichen Abgrenzung muß der Sackgasse lebensentfremdeter Konstruktion verfallen, da sie einen volks- wie dichtungsgeschichtlich überaus lebendigen Vollzug bei genauer, isolierender Festlegung aus seinen eigenen Seinsbedingungen lösen würde. Die Biedermeierforschung hat wiederholt das Problem des Jungen Deutschland gestreift, ohne jedoch zur Klärung zu kommen oder eine faßbare Abgrenzung zu erreichen. [...] Es braucht nicht betont zu werden, welche beispielhafte Bedeutung gerade das Junge Deutschland für das deutsche Bildungsschicksal der jüngst überwundenen Zeit gehabt hat, wie es der erste allgemeine Ausdruck von politischen, sozialen und literarischen Tendenzen wurde, deren verhängnisvolle Auswirkung bekannt genug ist. Es gilt, es in seinem Bestand abzugrenzen, nach seinen treibenden volksechten und artfremden Kräften zu fragen, seine verschiedenen ideellen Schichten zu begreifen, seine existentielle Wirklichkeit und soziologische Bedingtheit zu bestimmen, seine Traditionen und ihre Umformung und Auswirkung zu verstehen. (1 f.)

Zwar versucht Martini hier geschickt, allen divergierenden Strömungen, die, von der Geistesgeschichte (Kluckhohn, Weydt, Bietak) über dichtungszentriertere Ansätze (Grolman) bis zur Existenzforschung (Pongs), an der Debatte beteiligt waren, ein Integrationsangebot zu unterbreiten (selbst die Literatursoziologie wird berücksichtigt). Jedoch findet die von ihm avisierte Forschung zum „Jungen Deutschland" bis 1945 genausowenig statt wie die von Kluckhohn zuvor geforderte zum Biedermeier. Als neu zu erschließender Gegenstandsbereich literaturwissenschaftlicher Forschung ist auch das „Junge Deutschland" eher ungeeignet. Zum Einen herrscht über die groben Linien des Ergebnisses einer solchen Beschäftigung – wie ja auch Martinis Ausführungen belegen – ohnehin und gleichsam im Vorhinein schon ein orthodoxer Konsens: gelten doch die meisten der repräsentativen Autoren der Bewegung als Nachhut einer rationalistischen Aufklärung und als Vorläufer und Wegbereiter einer verwestlichten, „artfremden", d. h. jüdisch infiltrierten, intellektualisierten kulturellen Moderne.[437] Zum Anderen hätte eine differenziertere und differenzierendere Beschäftigung mit dem Gegenstand jenseits großräumiger literaturgeschichtlicher Epochenfresken gerade zu einer Relativierung dieses Verdikts und damit zur Diffusion bereits etablierter literaturhistoriographischer Erzählanordnungen führen können.[438] Das Ausbleiben weiterer Forschungen zum „Jungen Deutschland" beeinträchtigt indes – anders als beim Biedermeier-Begriff – keineswegs seine Präsenz als ein, *ex negativo* Ordnung und Zusammenhang stiftender, literaturhistoriographischer Stigmabegriff, mit dem die vor-naturalistischen „Verfremdung[en]" (100) innerhalb der deutschsprachigen Literaturgeschichte auf einen diskreditierenden Nenner gebracht werden können. Das „Junge Deutschland", mit dem zumeist in einem Atemzug dann auch Heine genannt wird, figuriert als epochales Signum für die Geburtsstunde des „Literaten", dem es in seinem bloß formalen Virtuosentum um bloße Effekthascherei zu tun ist, und den es vom „echten Dichter" zu scheiden gilt.[439]

---

[437] Martini verlagert die Spaltung des literarischen Ensembles noch einmal in die Bewegung selbst hinein, so dass er immerhin ein gewisses Maß an Binnendifferenzierung erreichen kann: „Im Jungen Deutschland läßt sich eine mehr nationalliberal gerichtete, vaterländisch-freiheitliche Schicht der volklich-politischen Dichtung, deren Ursprung auf dieses Erlebnis der Freiheitskriege zurückgeht [Martini nennt hier z. B. Wienbarg (88); G. K.], von einer aufklärerisch-kleinbürgerlichen, westlerisch-jüdisch beeinflußten Richtung unterscheiden [als deren Repräsentant bei Martini Börne erscheint (95); G. K.], deren wesentliche Antriebe im Rationalismus der Aufklärung zu suchen sind." (87) „Die liberale jungdeutsche Bewegung ist der Versuch einer literarischen bürgerlichen Revolution in Deutschland, die die westliche Entwicklung seit der Revolution 1789 unter stark jüdischem Einfluß aufzuholen sucht [...]." (93) An den Arbeiten Börnes habe die bisherige Forschung zeigen können, dass „für die jüdische Auswertung des deutschen Sprachstoffs [...] aber gerade die radikale Unverantwortlichkeit gegenüber dem eigenständigen Ausdruckswert charakteristisch [ist], das willkürliche Spiel mit Worten und Bildern, die Mißachtung des seelischen Gewichtes der Sprache." (95) Anders hingegen verhält es sich mit Martinis eigenem, bevorzugten Forschungs„gegenstand": „Selten wird man die unendlichen Möglichkeiten deutscher Sprachverknüpfung in so unmittelbar gelebter Einheit wie bei Raabe aufspüren können [...]." (100)

[438] S. Boden, Petra: a. a. O., S. 441.

[439] „Der Einbruch des Liberalismus ins deutsche Schrifttum vollzieht sich" nach Franz Koch „bei Börne und Heine und im Jungen Deutschland." „Mit dem Liberalismus wird im deutschen Schrifttum eine Erscheinung geboren, die es so vordem nicht gegeben hat, der Literat, der Schöpfer jenes Schrifttums, das nicht Dichtung ist, sondern wirtschaftliche, soziale und politische Gedanken verbreiten will [...] Die Ideen, die der Literat in Umlauf setzt, sind weder von ihm geschaffen, noch von ihm gestaltet [...] Mit Börne und Heine wird zugleich eine andere Folge des ins Schrifttum eindringenden Liberalismus sichtbar, die Emanzipation des Judentums, auch ein Geschenk der Französischen Revolution. Der Jude, von außen kommend und fremd im Schrifttum eines Volkes, dessen Sprache er erst lernen mußte, besetzt sofort jene Stellen, die ihm die größten Wirkungsmöglichkeiten boten, die Presse, die ja die weiteste Massenpropaganda ermöglichte." (Koch, Franz: Der Liberalismus und seine Gegenkräfte in der ersten Hälfte des 19. Jahrhunderts, in: a. a. O., S. 292) Dass diese Form einer dichotomosierenden Literaturgeschichtsschreibung nicht nur für einen dezidierten Nationalsozialisten wie Franz Koch bezeichnend und offensichtlich keine Frage des wissenschaftlichen Ranges ist, verdeutlichen etwa Günther Müllers Ausführungen über die *Grundformen der deutschen Lyrik*, in denen es zu Heine heißt:

Ist die Biedermeier-Debatte also, diese Frage drängt sich abschließend auf, nicht mehr als bloß ein Sturm im Wasserglas, bzw. nicht mehr, wie Hans Mayer rückblickend einmal bemerkt hat, als „eine ernsthafte Diskussion offenkundiger Scheinprobleme"⁴⁴⁰?

Für eine fachgeschichtliche Betrachtungsweise, die an der Geschichte der Optimierung literaturwissenschaftlichen Wissens in bestimmten Gegenstandsbereichen interessiert ist, liegt dieser Schluss angesichts der Ergebnis- und Folgenlosigkeit der Debatte sicherlich nahe. Für eine Wissenschaftshistoriographie im hier verstandenen Sinne jedoch erweist sich die Auseinandersetzung durchaus als indikationsträchtig, dokumentiert sich in ihr doch gleich in mehrfacher Hinsicht das komplexe Verhältnis von Eigensinn und Resonanz innerhalb der Literaturwissenschaft während des NS.

Erstens hinsichtlich der Themenwahl selbst, die sich – wie bereits ausgeführt – als ein sowohl aus forschungslogischen wie auch aus resonanzstrategischen Motiven gespeistes *agenda-setting* erweist.

Zweitens und darüber hinaus hinsichtlich des orthodoxen Konsenses einerseits und der Grenzen semantischer Umbauten und strategischer Begriffspolitik innerhalb dieses Konsenses andererseits. Die Biedermeier-Debatte zeigt, dass „unterhalb" des Konfliktes ein prinzipieller, die Orthodoxie des Faches kennzeichnender Konsens darüber besteht, dass es zu den Leistungsangeboten der Disziplin gehört, qua wertender Literaturhistoriographie zur nationalen Identitätskonstruktion und Sinnstiftung beizutragen. Allen Beteiligten ist es deshalb ein Anliegen, die Literatur der nach-romantischen Phase (oder zumindest einige ihrer exponierten Vertreter) vom Stigma der Epigonalität zu befreien, und alle Beteiligten bedienen sich dabei – mehr oder weniger offensichtlich – solcher Argumentations- und Erzählschemata, in denen der Scharnier- und Hochwertbegriff des Volkes eine zentrale Rolle

---

„Aufschlußreiche Beleuchtung erfährt das deutsche Bildungsgesetz der Liedform in dieser Zeitspanne schließlich durch den Gegensatz, den Heines Lyrik darstellt. Heines Lied paßt sich in den ersten Sammlungen recht eng und auch bewußt den Gestaltungen Uhlands und Wilhelm Müllers an. Aber trotz der Übernahme von Strophenformen, Wortbildungen und Motiven wird nicht nur die Innigkeit bei ihm zur Sentimentalität, die Abtönung der Klänge zu unstimmigen Übergängen, die einen blechernen Klang in die übertriebene Weichheit bringen (‚Du bist wie eine Blume'). [...] Es handelt sich hier also um ein volles und grundsätzliches, blutmäßig bedingtes Widerspiel zu deutscher Formauffassung, deutscher Gestaltungsart." (Müller, Günther: Die Grundformen der deutschen Lyrik, in: Von deutscher Art, Bd. V, S. 95–135, hier: S. 118) Die Abwertung Heines, wie auch die dabei verwendeten „Begründungen" gehören sicherlich mit zu den stabilsten Diskurselementen, die sich zwischen 1933 und 1945 etablieren. Benno von Wiese etwa betont, dass „mit Heine zum ersten Male in der deutschen Literatur der Typus der radikalen Standpunktlosigkeit auf[tritt], die aus ihrer eigenen Standpunktlosigkeit Methode macht und damit das Zeitalter der sozialen Kritik und der modernen Zivilisation einleitet. Von hier aus hat sich der ständig wachsende Einfluß des Judentums in der deutschen Literatur entwickelt, dem die moderne Zivilisation zum Mittel wurde, den fraglich werdenden kulturellen Ganzheitszusammenhang zugunsten der freischwebenden Diskussion von ‚Standorten' und der destruktiven Enthüllung von Werten aufzulösen." (von Wiese, Benno: Politische Dichtung in Deutschland, in: ZfDB, 10, 1934, S. 65–74, hier: S. 72)

440 Mayer, Hans: Literaturwissenschaft in Deutschland, in: Das Fischer-Lexikon, Bd. 35, 1. Teil, Frankfurt am Main 1965, S. 317–333, hier: S. 332.

spielt. Dies gilt sowohl für die geistesgeschichtlichen Deutungen, die im Gefolge Kluckhohns das Narrativ der „Deutschen Bewegung" ins Spiel bringen, als auch für Pongs und dessen völkisch konnotierter Existenzialisierung des Biedermeier, wie auch für Grolman, der ungeachtet seiner Kritik an den voreilig wertenden Arrangements der Geistesgeschichte dann, wenn es um die Heroisierung Stifters geht, selbst auf völkische Wertungsschemata zurückgreift. Aus diesem gemeinschaftlichen Impetus resultiert der Eindruck der „Scheinhaftigkeit" und des Konstruierten, den die Auseinandersetzung erweckt. Dieser konsensuelle Wille zum semantischen Umbau findet jedoch seine Grenzen im bereits vorhandenen Wissen über den Gegenstandsbereich, der „auf dem Spiel" steht, in den etablierten Standards wissenschaftlichen Redens und schließlich im disziplinspezifischen Distinktions- und Überbietungsmechanismus. Pongs' im großen Maßstab ins Visier genommene, heroisierende Konstruktion einer Epoche der „Bürgerklassik" taugt nicht zur *opinio communis*, weil – bei aller Bereitschaft zur Aufwertung – die kognitive Dissonanz zwischen dem von ihm gezeichneten und dem bereits zirkulierenden Bild eines „ruhige[n], bei aller Dämonie einzelner Künstlerpersönlichkeiten immer auf Mäßigung und Ausgleich bedachte[n] Wesen[s] der Biedermeierkultur"[441] wohl doch zu offensichtlich war. Die stilistischen Idiosynkrasien des Stuttgarter Ordinarius mögen noch ihr übriges dazu beigetragen haben, dass seine Variante eines dämonisierten Biedermeier kaum Widerhall findet.

Grolmans „Beresina"-These erweist sich als nicht anschlussfähig, weil er diesseits der Polemik schlechterdings jedweden Beleges für sie schuldig bleibt und somit die etablierten Regeln wissenschaftlichen Redens unterläuft. Dass sich seine Position innerhalb des Feldes gleichsam disproportional zur Heftigkeit seiner Invektiven verhält, verschlechtert zudem noch seine Chancen auf positive Resonanz. Kluckhohns Vorschlag zur Aufwertung stößt zwar als solcher auf Akzeptanz, weil sich in ihm der Konsens einer volksbezogenen Wesens- und Wertewissenschaft hinsichtlich ihres fachübergreifenden Leistungsprofils artikuliert, seine Begriffspolitik jedoch setzt sich, obgleich durchaus moderater als Pongs' Bemühungen, nur in begrenztem Maße durch.[442]

Sie scheitert nicht nur am limitierten semantischen Charme des von ihm in Spiel gebrachten *labels*, wodurch es als Hochwertbegriff fraglich wird, sondern auch am Distinktions- und Überbietungsmechanismus, den sein Vorschlag in Gang setzt. Durch Unterscheidung innerhalb der Konvention noch für Originalität und Aufmerksamkeit zu sorgen, darauf zielt sowohl Pongs, der sein Konkurrenzangebot als ein ethisch motiviertes insze-

---

441 Weydt, Günther: Biedermeier und Junges Deutschland. Eine Literatur- und Problemschau, in: DVjs, 24, 1951, S. 505–521, hier: S. 505.
442 Zustimmung findet indes Weydts Arbeit zur *Naturschilderung bei Annette von Droste-Hülshoff und Adalbert Stifter. Beiträge zum „Biedermeierstil" in der Literatur des 19. Jahrhunderts* (Berlin 1930), die mit Kluckhohns Begriff operiert, immerhin bei Alewyn, dessen Stimme jedoch 1935 nurmehr wenig ausschlaggebend gewesen sein dürfte. „Ich halte Weydts Begriff", so der aus seinem Amt getriebene Forscher, „für sehr glücklich und wohl für fähig, eine zusammenfassende Darstellung zu tragen." (Alewyn, Richard: Das neunzehnte Jahrhundert in der jüngsten Forschung, in: ZfDB, 11, 1935, S. 276–281 und 324–330, hier: S. 278)

niert, als auch Grolman, der vorgibt, im Dienste der Wissenschaftlichkeit unterwegs zu sein.

Drittens wird die Auseinandersetzung, bzw. ihr Ende bezeichnend für die Grenzen literaturwissenschaftlicher Debattenkultur während der folgenden Jahre. Es ist richtig, dass sich unter den diffusen wissenschaftspolitischen Rahmenbedingungen des NS „nicht zu unterschätzende Handlungsspielräume"[443] für die einzelnen Wissenschaftsakteure eröffnen. Allerdings zeigen die Positionen innerhalb der Auseinandersetzung wie ihr Ende, dass man solche geduldeten Spielräume auch nicht überschätzen sollte. Was von Pongs und noch mehr von Grolman mit Nachdruck als ein grundlegender Dissens in der Sache inszeniert wird, erweist sich doch unterhalb des gleichsam rituellen Überbietungsanspruchs als ein fachöffentlich ausgetragenes, aufmerksamkeitsheischendes Distinktionsmanöver *innerhalb* der Konventionen der Orthodoxie. Deren Konzeption eines volksbezogenen Leistungsprofils steht keineswegs auf dem Spiel. Und dennoch endet die Debatte damit, dass man sie still legt. Auch das hat Signalwert. Zwar wird es bis 1945 auch weiterhin – wie etwa der Streit um Beißners Einleitung zeigt – Handlungsspielräume und Dissens geben. Allerdings werden Differenzen von nun an nicht mehr, wie zum letzten Mal im Falle der Biedermeier-Debatte, fach*öffentlich*, mit einem solchen inszenatorischen Überschuss und schon gar nicht mehr, wie noch im Streit um ein „neues" Schillerbild, unter Einschluss außerfachlicher Resonanzräume ausgetragen. Martinis harmonistische Umstilisierung der Biedermeier-Debatte zur „Gemeinschaftsarbeit" und zur „freiwilligen Forschungskameradschaft" kann insofern als exemplarisch für eine disziplinäre Außendarstellungspolitik gelten, die bis 1945 dominant bleiben wird. Statt einer außerfachlichen Öffentlichkeit weiterhin das Bild einer Disziplin zu bieten, deren von persönlichen Eitelkeiten getriebene Akteure sich im Streit um „lebensferne" Spezialfragen verstricken, setzt man nunmehr darauf, zumindest nach außen und jenseits der durchaus auch weiterhin bestehenden Differenzen in Sach- und Methodenfragen, das Image einer auf Sinn- und Identifikationsstiftung angelegten „Gemeinschaft" zu proliferieren.

„Echt"/„Unecht": Zur Kanononisierung der „Gegenwartsliteratur"

Dass ein Konsens über solche literaturhistoriographischen Sinn- und Identifikationsangebote vor allem über die Dichotomisierung des literarischen Ensembles und über Ausgrenzungs- und Abwertungsprozesse hergestellt werden kann, auch dies hatte die Biedermeier-Debatte mit ihrer Exterritorialisierung der Ebenen des „Jungen Deutschland" verdeutlicht. Dieses Argumentationsmuster bleibt keinesfalls auf die Sichtung der Literatur des 19. Jahrhunderts beschränkt, es kann vielmehr als das prägende Strukturmerkmal der gesamten literaturhistoriographischen Bemühungen einer volksbezogenen Wesens- und Wertewis-

---

[443] Dainat, Holger: Anpassungsprobleme einer nationalen Wissenschaft, in: Boden, Petra/ders. (Hrsg.): Atta Troll tanzt noch. Selbstbesichtigungen der literaturwissenschaftlichen Germanistik im 20. Jahrhundert, Berlin 1997, S. 103–126, hier: S. 119.

senschaft betrachtet werden.[444] In einem Vortrag, den er 1939 in der „Schulungsstätte des Deutschen Zentralinstituts für Erziehung und Unterricht in Rankenheim" hält, bringt Clemens Lugowski in der ihm eigenen Schnörkellosigkeit diesen Aspekt exemplarisch auf den Punkt, wenn er Volksbezogenheit und Authentizität miteinander synchronisiert:

> „Echtes" von „Unechtem" zu scheiden, ursprünglich Deutsches von fremden Bestandteilen, aber auch nur Vermeintes, Vorgespiegeltes von dem Wesenserfüllten: das wird damit als ernsteste Aufgabe der deutschkundlichen Forschung ergriffen. Jeder Jude kann ein Drama schreiben, in dem Schauspieler patriotische Sätze aussprechen; aber er kann kein nationales Drama schreiben.[445]

---

[444] Erzähl*theoretisch* gesehen lässt sich dieser dichotomisierende Impetus noch weiter verallgemeinern und ist keineswegs nur auf die Erzählungen einer volkhaften Wesens- und Wertewissenschaft begrenzt. Insofern literaturhistoriographische Diskurse immer auch auf Selektionsentscheidungen beruhen, die ihrerseits wiederum mit Bezeichnungs- und Bedeutungsentscheidungen gekoppelt sind, ist die Literaturgeschichtsschreibung prinzipiell eine dichotomisierende Form des Erzählens. Schon ihr Einsatzpunkt ist notwendigerweise dichotomischer Natur. Denn wie letztlich jede Geschichtsschreibung übt auch die Literaturgeschichtsschreibung bei der Transposition der *res gestae* in die *historiae rerum gestarum* Selektionsmacht aus, insofern sie, da sie weder *alles* erzählen kann, noch will, diejenigen „Sachverhalte", die sie – aus welchen Gründen auch immer – für erzählenswert erachtet, erst selektiert und Literaturgeschichte eben durch diese Selektionsprozesse erst konstruiert und konstituiert wird. Diese Selektionsprozesse, die schließlich erst zur versprachlichenden Vergegenwärtigung von Geschehenem führen, sind somit die Bedingung der Möglichkeit von Geschichte – verstanden als eine intersubjektiv vermittelte Geschehenserzählung – überhaupt. Durch diese Selektion wird hier eine dichotomisierende Wirkung insofern ausgeübt, als dass durch sie bestimmt wird, was im Dunkel des Ungeschriebenen – oder, insofern die Literaturgeschichtsschreibung betroffen ist: im Dunkel des Nicht-Mehr-Weiter-Beschriebenen, des Vergessens – bleibt oder zumindest bleiben soll. Dieser Grundzug des Unterteilens in etwas, das des Erzählens wert ist und in etwas, das nicht erzählt wird, reproduziert sich dann auf der Ebene des tatsächlich Erzählten, indem auch das Erzählte noch einmal durch Wertungsentscheidungen strukturiert und gewichtet wird. Dabei kann es – wie die Erzählungen der volksbezogenen Wesens- und Wertewissenschaft über das 19. Jahrhundert zeigen – zu einer gleichsam manichäischen Teilung des Erzählstoffes kommen. Auch diese Tendenz zur Manichäisierung der Literaturgeschichte hat eine Geschichte, die nicht erst im 20. Jahrhundert und schon gar nicht erst 1933 beginnt. Bereits seit der Mitte des 19. Jahrhunderts, darauf verweist etwa Jürgen Fohrmann, ist die Literaturgeschichtsschreibung ein „Genre" mit „doppelter Optik", das – zentriert um die entelechieförmige Leit- und Zielvorstellung des Zu-Sich-Selbst-Kommens der deutschen Nation – in Freund-Feind-Kategorien operiert, indem es zwischen einer „guten" deutschen und einer „schlechten" deutschen Literaturgeschichte (die dann nicht mehr als eigentlich deutsch angesehen werden konnte) unterscheidet. Dass solche Alienisierungs- und Nostrifizierungsstrategien *per se* immer auch äußerst durchlässig sind für die jeweiligen narrativen Strukturen der Inklusion und der Exklusion des allgemeinen gesellschaftlichen Diskurses, liegt auf der Hand (s. Fohrmann, Jürgen: Das Projekt der deutschen Literaturgeschichte. Entstehung und Scheitern einer nationalen Poesiegeschichtsschreibung zwischen Humanismus und Deutschem Kaiserreich, Stuttgart 1989; ders.: Geschichte, Nation, Literaturgeschichte, in: Baasner, Frank (Hrsg.): Literaturgeschichtsschreibung in Italien und Deutschland, Tübingen 1989, S. 50–59).

[445] Lugowski, Clemens: Dichtung als Verkörperung deutschen Volkstums, in: ZfDB, 15, 1939, S. 2–10, hier: S. 3.

4. LITERATURWISSENSCHAFT IM ZEICHEN DES „VOLKES" 563

Dass aber in der literaturhistoriographischen Praxis das „Unechte" leichter auszuscheiden, als das „Echte" zu bestimmen ist, daran lässt Lugowski keinen Zweifel:

> Wenn wir nun wieder auf das engere Feld der Dichtung hinüberblicken, so können wir auch hier nicht einen Katalog von Merkmalen einer echten Verkörperung deutschen Volkstums zusammenstellen, der dann etwa zugleich als eine Art völkischer Poetik zu verwenden wäre. Wir müssen vielmehr im Angesicht jedes konkreten Einzelwerks wieder von vorn beginnen, indem wir es als jeweils echt verwirklichte Haltung begreifen oder nicht. Und wir können noch eines tun, und das ist allen praktischen Forderungen gegenüber besonders wichtig: wir können mit Sicherheit Dichtungen ausscheiden, die *keine* echten Verkörperungen deutschen Volkstums sind. Wie wir etwa den deutschen Menschen nicht auf eine qualitativ und quantitativ genau ein- für allemal bestimmte Rassenzusammensetzung festlegen und doch genau wissen, was rassenmäßig innerhalb des deutschen Volkes unmöglich ist, so werden wir uns auch im Bereich der Dichtung verhalten können.[446]

Aus dem dezisionistischen Grundcharakter solcher Wertungen, die sich letztlich nicht auf intersubjektiv vermittelte, operationalisierbare Begründungsvoraussetzungen berufen können, macht Lugowski keinerlei Hehl, wenn er einräumt:

> Dies steht fest: es gibt keine Elle, mit der man aus der verwirrenden Vielfalt unserer Überlieferung die Echtheit oder Unechtheit von wirklichen und angeblichen Verkörperungen deutschen Volkstums herausmessen könnte. Jeder, der diesem Fragenkreis nachgeht, bleibt vielmehr immer auf seine eigene Entscheidung gestellt. Denn wenn er ganz mit sich einig ist, so hat er nicht nach der Verkörperung eines allgemein deutschen Volkstums zu fragen; sondern er **darf** immer nur – so seltsam das zunächst klingt – nach der Verkörperung seines eigenen Wesens fragen. Das heißt, er darf immer nur nach dem Maß seiner eigenen Zustimmung, Begeisterung, nach der Antwort, die sein eigenes Dasein auf eine Dichtung gibt, urteilen wollen. Wieweit dann dieses Urteil nur dem unverbindlichen Gefühl eines einzelnen, wieweit es ihm als einem Gliede der völkischen Gemeinsamkeit entsprungen ist, das entscheidet er nicht mehr selbst. An diesem Punkt beginnt das Wagnis aller deutschkundlichen Forschung.[447]

Tatsächlich aber endet das „Wagnis" aber auch an jenem Punkt schon wieder. Denn betrachtet man die Ergebnisse der zwischen 1933 und 1945 virulenten Kanonisierungsprozesse, dann bestätigt sich der von Uwe K. Ketelsen hinsichtlich der in jenem Zeitraum erschienenen Literaturgeschichten erhobene Befund, dass es der Literaturhistoriographie in dieser Phase – ungeachtet gegenteiliger Selbstdarstellungen – keineswegs gelingt, bzw. auch gar nicht darum geht, einen wirklich neuen Kanon zu konstruieren.[448] Die Vertreter einer

---

446 Lugowski, Clemens: a. a. O., S. 8.
447 Lugowski, Clemens: a. a. O., S. 9.
448 Diese Grundhaltung, die davon Abstand nimmt, kanonisierte Traditionsbestände der deutschen Kulturgeschichte von einem aktualistischen Standpunkt aus in Frage zu stellen, deckt sich zumindest

volksbezogenen Weses- und Wertewissenschaft „versuchten vielmehr, den ihnen wichtigen Bestand als Teilkanon im Gemäuer des alten Kanons unterzubringen."[449]

Es gelingt – wohl auch angesichts der mit zwölf Jahren sicherlich äußerst knapp bemessenen Zeitspanne – nicht, im Blick auf die nach 1890 entstandene Literatur, einen wirklich einheitlichen Kanon der „Gegenwartsliteratur" zu etablieren.[450] Auch rückt die

> mit einem Teil der nationalsozialistischen Kulturpolitik und ihren Interessen. S. etwa die öffentliche Intervention Goebbels im Falle der von der Ludendorff-Bewegung in Umlauf gesetzten These, Schiller sei einem Komplott aus Juden und Freimaurern, zu dem auch Goethe gehörte, zum Opfer gefallen (Ruppelt, Georg: a. a. O., S. 20–23 und 146–148).

449 Ketelsen, Uwe K.: Literaturgeschichten als Instrumente literarischer Kanonbildung im Dritten Reich, in: ders.: Literatur und Drittes Reich, Schernfeld 1992, S. 72–93, hier: S. 93. Ketelsen verweist darauf (s. 75f.), dass die Zahl der publizierten Literaturgeschichten zwischen 1920 und 1940 enorm ansteigt (s. dazu auch Schumann, Andreas: Bibliographie zur deutschen Literaturgeschichtsschreibung 1827–1945, München u. a. 1994). Im Blick auf die für das Genre ohnehin gängigen Strategien der Nostrifizierung und Alienisierung kommt er zu dem Befund, dass „um 1930 [...] dieses Instrument in all seiner Schärfe gehandhabt [wurde]: Aus Abgrenzung wurde Ausgrenzung." (79) Ketelsens Befund eines überwiegenden und kontinuierten Traditionalismus innerhalb der Literaturgeschichtsschreibung während des NS wird auch von Bernhard Metz bestätigt (Metz, Bernhard: „Bei deinen Feiertagen Germania, wo du Priesterin bist." Germanistische Literaturwissenschaft in der Zeit des Nationalsozialismus, Magisterarbeit Universität Konstanz 2002) Metz zufolge, der unter Rückgriff auf die Bibliographie zur *Literaturlenkung im „Dritten Reich"* von Norbert Hopster und Petra Josting (2 Bde., Hildesheim 1993 und 1994, hier: Bd. 1, S. 332–373), eine Auszählung der zwischen 1933 und 1945 erschienenen Publikationen zur Literatur der Neuzeit vornimmt (dessen Skopus also wesentlich umfangreicher als derjenige Ketelsens ist, s. S. 53ff.), lautet die Liste der „meistbehandelten deutschen Autoren" zwischen 1933 und 1945: „1. Goethe, 2. Hölderlin, 3. Schiller, 4. Nietzsche, 5. Rilke, 6. Kleist und Herder, 8. Hebbel, 9. George, 10. Lessing." (53) Zur Literaturgeschichtsschreibung s. auch Barner, Wilfried: Literaturgeschichtsschreibung vor und nach 1945: alt, neu, alt/neu, in: ders./König, Christoph (Hrsg.): a. a. O., S. 119–150; ders.: Tradition als Kategorie der Literaturgeschichtsschreibung, in: ders.: Pioniere, Schulen, Pluralismus, Tübingen 1997, S. 277–296; zum Themenkomplex der Kanonisierung s. von Heydebrand, Renate (Hrsg.): Kanon Macht Kultur, Stuttgart 1998.

450 Ketelsen macht in seiner Analyse von zehn repräsentativen Literaturgeschichten 46 Autoren der „Gegenwartsliteratur" aus, „deren Rang unter etwa 2000" Genannten „unbestritten war", was sich darin zeigt, dass sie mindestens 9 der 10 Literaturgeschichten für erwähnenswert halten: Bartels, Beumelburg, Billinger, Binding, Blunck, Bröger, Burte, Carossa, H. Claudius, Dehmel, Dörfler, Dwinger, Engelke, Ernst, Flex, Frenssen, George, Gorch Fock, v. d. Goltz, Griese, Grimm, Handel-Mazetti, C. Hauptmann, G. Hauptmann, Rud. Huch, Johst, E. Jünger, Kneip, Kolbenheyer, Lersch, Löns, Miegel, v. Polenz, Ponten, Rilke, Schäfer, Schaffner, Schauwecker, v. Scholz, I. Seidel, Stehr, E. Strauß, v. Strauß und Torney, Thoma, Voigt-Diederichs, J. Winckler (S. 86f.) Auch diese Auswahl der Kanonisierten zeigt Ketelsen zufolge noch den Traditionalismus und die bildungsbürgerliche Imprägnierung der ihnen zugrunde liegenden Wertungen. Denn es „sind – mit Ausnahme von George und Jünger – Autoren in der Tradition des ‚bürgerlichen Realismus' des 19. Jahrhunderts [...] Auch wenn – was allerdings sehr selten vorkommt – einzelne Literaturhistoriker gegenüber einzelnen Autoren dieses Kanons auf Distanz gingen (wie etwa Bartels zu Paul Ernst, den er als Epigonen Friedrich Hebbels einschätzte), so gestanden sie jener ästhetischen Attitüde, die die geschichtliche Erfahrung ihrer Leser gerade verleugnet, doch allgemeine Aufmerksamkeit zu. Schon das allein – und die Schreiber verhehlen das gar nicht – ist als Opposition gegen die ‚Moderne' – und im übrigen auch gegen den radikalen Flügel der ‚Konservativen Revolution'! – gemeint. Der ‚Geist', der ‚deutsche Geist', stellte die

„Gegenwartsliteratur", selbst wenn sich eine forciertere Hinwendung zu diesem Themenbereich in den Fachzeitschriften durchaus abzeichnet, anders als in zahlreichen programmatischen Bekundungen gefordert, nicht zu einem zentralen Gegenstand der Literaturwissenschaft zwischen 1933 und 1945 auf. Zu tiefsitzend noch mag hier die denkstilspezifische Befürchtung sein, sich allzusehr einem feuilletonistischen Laiendiskurs anzunähern, indem man sich zu einem Gegenstand äußert, demgegenüber gleichsam *a priori* die nötige, weil Wissenschaftlichkeit verbürgende zeitliche Distanz noch fehlt.[451] Zu groß mag aber auch die strategische Reserve gegenüber einem vom disziplinären Diskurs noch nicht eingehegten Themenkomplex sein, dessen erhöhtes politisches Resonanzpotential zugleich ein

---

Ebene dar, auf der in der Krise die Widersprüche der Epoche integriert werden sollten. Zentrum solcher Integration war die – im bürgerlichen Sinn – gebildete Nation, als deren ‚Moderne' die ‚Antiken' fungierten." (88)

[451] Entsprechend fallen dann die paratextuellen Absicherungen aus, wendet man sich dann doch dem Thema zu. Dies zeigt sich etwa bei Paul Kluckhohn, der eine Reihe von Vorträgen zur Gegenwartsliteratur, die er für die „Deutsche Welle" gehalten hat, 1933 gekürzt veröffentlicht –: Sein Beitrag, so der Ordinarius tentativ, sei „ein Versuch, Züge aufzuzeigen, die im Gesamtbild der Dichtung der Gegenwart wesentlich und für die Zukunft bedeutsam sein dürften, Bestrebungen, in denen ein neues Werden zu spüren ist, wobei von vornherein betont sei, daß der Verfasser sich durchaus bewußt ist, seine Kenntnis der Dichtung der Gegenwart sei notwendig lückenhaft und zufallbedingt, aber auch, daß hier nur eine kleine Auswahl von Dichtern und Büchern genannt werden kann als Belege für Richtungen und Zielsetzungen, eine Auswahl, die auch für andere nicht genannte Werke mit stehen muß." (Kluckhohn, Paul: Die konservative Revolution in der Dichtung der Gegenwart, in: ZfDB, 9, 1933, S. 177–190, hier: S. 177) S. auch ders.: Die Gegensätze in der Dichtung der Gegenwart und ihre geistesgeschichtlichen Voraussetzungen, Stuttgart 1933. Dass Kluckhohns Absicherungen durchaus berechtigt sind, zeigt etwa die harsche Kritik Franz Kochs an Albert Soergels Band über „Dichter aus deutschem Volkstum. Dichtung und Dichter der Zeit. Eine Schilderung der deutschen Literatur der letzten Jahrzehnte" (Leipzig 1934), wo es heißt: „Ein gefrorener Trompetenstoß angesichts der Tatsache, daß der Chronist ‚im Banne des Expressionsimus' 1925 zwar 900 Seiten aufgewendet hat, daß aber erst jetzt von Dichtern wie Binding, Grimm, Carossa, Kolbenheyer, Mell, Frank, Vesper, Ina Seidel, Schnack, Blunck und Griese gehandelt wird, von Dichtern also, die 1925 bereits mit einem bedeutenden Teil ihres Schaffens auf dem Markte standen. Und was soll man sagen zu der Instinktsicherheit literarischen Mittlertums, wenn diese Verspätung damit begründet wird, dass diese Dichter deshalb nicht zu Worte kamen, ‚weil sie aus anderen Grundgefühlen heraus schrieben als die Gleichaltrigen, denen der Tag gehörte, weil auch noch Jüngere und Lautere sie überschrien'! Daß der Wertmaßstab jetzt ein anderer ist als in den früheren Bänden, ist natürlich auch nicht zu übersehen, wie denn überhaupt diese dritte Folge, eine unverbindliche Aneinanderreihung von Einzelcharakteristiken, durchaus die Male schnelleren Entstehens trägt. Wichtige Namen fehlen auch jetzt noch immer, es sei an Rudolf Huch, an Agnes Miegel, erinnert, früher genannte erforderten längst eine neue Darstellung." (Koch, Franz: Zur Dichtung der Gegenwart. Ein Forschungsbericht, in: ZfDB, 12, 1936, S. 205–210, hier: S. 205 f.) Dieser Forschungsbericht Kochs, wie auch ein zweiteiliger, ein Jahr zuvor veröffentlichter (s. Koch, Franz: Umbruch. Ein Forschungsbericht zur Dichtung der Gegenwart, in: ZfDB, 11, 1935, S. 47–54 und 100–104) verdeutlichen übrigens, dass die meisten Beiträge zur Gegenwartsliteratur von Akteuren stammen, die innerhalb des literaturwissenschaftlichen Feldes keine etabliertere Position innehaben.

unkalkulierbares Maß an Brisanz birgt.[452] Allerdings sind es andererseits auch *nicht ausschließlich* kulturpolitisch motivierte Laien wie Langenbucher oder die „üblichen Verdächtigen" wie Koch, Kindermann, Cysarz oder Obenauer, die sich am Diskurs zur Gegenwartsliteratur beteiligen. Zumindest sporadisch schalten sich auch etablierte Akteure wie Kluckhohn (unmittelbar nach der Machtübergabe) oder gewichtigere Nachwuchsakteure wie von Wiese und Trunz, die sicherlich auch mit dem karrierförderlichen Resonanzpotential des Themas rechnen, in das Gespräch ein. Wendet man sich innerhalb des Fachs diesem Gegenstandsbereich dann doch zu, so greift jedoch auch hier kaum das von Lugowski beschworene „Wagnis" der individuellen Entscheidung, als vielmehr jene erprobten, dichotomisierenden Erzähl- und Wertungsmuster, die auch in den Auseinandersetzungen um das Biedermeier konsensstiftend sind. Aufgewertet werden jene Werke, die, wie Erich Trunz 1937 formuliert, „im Volke stehen" und „zu ihm dringen". Die Autoren der von ihm konzipierten „Bildnisreihe", die er in „Vorträgen vor Ausländern und Auslandsdeutschen" aufgestellt hat und die neben Dwinger und Kolbenheyer auch Griese, Lersch und Grimm portraitiert, werden allesamt in das bekannte dichotomisierende Schema eingepasst. Stehen sie doch Trunz zufolge exemplarisch für den Reichtum der „neueren deutschen Dichtung", weil sie „gegen die Not des städtischen Massengeistes de[n] Mythos der bäuerlichen Erde, gegen die Vereinsamung hochgezüchteten Geistes die arbeiterliche Lebenskraft, gegen die Unbeholfenheit arbeiterlichen Suchens die helfende, verantwortungsbewußte Denktat aus altgeschultem Geisteserbe"[453] setzen. Benno von Wiese sieht die von ihm skizzierten *Strömungen in der deutschen Dichtung der Gegenwart* als „Ausdruck des gemeinsamen geschichtlichen Lebens, in dem wir alle mitten darin stehen, und das seine Wurzeln im Welt-

---

452 Zumal sich auf dieses Themengebiet auch die Arbeit diverser Partei- und Staatsinstanzen wie des „Amtes Rosenberg", des „SS-Ahnenerbes" und des Propagandaministeriums erstreckt (s. Dainat, Holger: Anpassungsprobleme, in: a. a. O., S. 114)

453 Trunz, Erich: Deutsche Dichtung der Gegenwart. Eine Bildnisreihe, Berlin 1937, S. 59, Vorbemerkung und S. 64. S. auch ders.: Edwin Erich Dwinger und die deutsche Kriegsdichtung, in: Geist der Zeit. Wesen und Gestalt der Völker, 15, 1937, S. 440–449. Hier versichert der Freiburger Assistent, der ab Herbst 1940 eine ordentliche Professur in Prag innehaben sollte (und der dort ab 1942 als Leiter des „Amtes Wissenschaft" fungierte) sich und den potentiellen Leser des gesteigerten Authentizitätspotentials der Kriegsliteratur: „Es gibt keine Bücher, die so erschütternd, so aufwühlend sind wie die Kriegsbücher. Das Leben selbst spricht aus ihnen, das Brüder des Lesers gelebt haben und das ihn selbst ähnlich ergreifen kann, Schicksal seines Volkes, seiner Schicksalsgemeinschaft. Der Stoff ist bei allen ungeheuerlich. Hier vollzieht sich eine Neugeburt der Dichtung aus dem Stoff. Die bürgerliche Verfallszeit war zu einer Überbetonung der Form gelangt und einer Verachtung der Inhalte. Aber alle Dichtung, sofern sie im Volke und seinen gemeinsamen Seelenregungen wurzelt und allen etwas zu sagen hat, hat ihre einfache Grundlage im Stoff, dem Geschehen. […] Diese Dichtung packt jeden, auch den, der mit Dichtung im alten Sinne sich nie befaßt hat. Er greift zum Kriegsbuch aus Anteilnahme am Stoff, aber die Dichtung gibt ihm dann mehr als nur diesen." (448) Auch anderen „Mode"themen gegenüber und deren exoterischer Präsentation zeigt sich Trunz in diesem Karrierestadium nicht abgeneigt: s. Trunz, Erich: Bauerntum und Dichtung. Die deutsche Dorfgeschichte im 19. Jahrhundert, in: Hochschule und Ausland, 14, 1936, S. 506–522; 631–647; 720–734.

krieg, in der Nachkriegszeit und im Durchbruch der deutschen Revolution hat."[454] Eine Skizze Kindermanns über das *Profil des neuen Romans* kommt im *Kampfblatt für Völkische Kultur und Politik, Das Volk*, zu dem Fazit, „daß er [der neue Roman; G. K.] auf allen Gebieten des deutschen Lebens miteinschwingt in die Glocken des großen Gleichklangs, der uns alle nun bewegt. Das Volk auf dem Wege zu sich selbst: der neue Roman zeigt die bisher zurückgelegte Wegstrecke an …"[455]

Noch einträchtiger läuten die „Glocken des großen Gleichklangs" indes in der gegenbildlichen Abwertung jener gegenwartsnahen Strömungen und Autoren, die den Authentizitäts-, Bildungs- und Schönheitskriterien einer volksbezogenen Wesens- und Wertewissenschaft nicht Genüge tun. „Naturalistisches Darstellen und psychologisches Analysieren" können, wie Kluckhohn betont, einer „hohen und strengen Auffassung von der Verantwortung und der Aufgabe des Dichters nicht genug tun, Führer zu sein von der Wirklichkeit zur Idee"[456]; der Expressionismus macht zwar nach Benno von Wiese „die Verzweiflung sichtbar, in der eine gottfremde Welt sich einen Gott erzwingen will, aber zugleich auch mit dieser Verzweiflung die völlige Unmöglichkeit, von solcher inbrünstigen Politik des

---

454 Von Wiese, Benno: Strömungen der deutschen Dichtung der Gegenwart, in: Jahrbuch des Auslandsamtes der deutschen Dozentenschaft, Heft 1, 1941, S. 90–96. „Entscheidende neue Anstöße" erhält die jüngste Literatur von Wiese zufolge „in der Auseinandersetzung mit dem politischen Geschehen der Gegenwart und in dem revolutionären Umbruch des Nationalsozialismus. In dieser geschichtlichen Lage wird sie zur Dichtung der jungen Mannschaft, die Politik als Lebensgestaltung im weitesten Sinne versteht und damit den engen Begriff der Tedenzdichtung überwindet. Dichtung soll Gemeinschafts- und Volkskunst sein, innerer Auftrag des einzelnen an ein Ganzes, dem er sich zugehörig weiß." (92) „Deutsche Dichtung reicht so weit", versichert von Wiese, „als deutsche Sprache gesprochen oder vernommen wird." (94)

455 Kindermann, Heinz: Das Profil des neuen Romans. Ein Überblick, in: Das Volk. Kampfblatt für Völkische Kultur und Politik, 1936/37, unpag. [nach artikelimmanenter Zählung: S. 5]. Kindermann bespricht hier u. a. Werke von Blunck, Jesulich, Gmelin, Hohlbaum, Dörfler, Bauer, Grengg, Kuhnert, Stahl, Schnack, Schaeffer, Barthels, Franck und Kaergel. Die „Wende zu den Wurzelkräften in Volkstum, Stamm und Familie" zeichnet auch nach Kluckhohn die Werke von Paul Ernst, Otto Gmelin, Wilhelm Schäfer, Kolbenheyer, Stehr, Schnack, Dwinger, Edschmid, Johst, Vesper und Blunck aus (Kluckhohn, Paul: a. a. O., S. 186). In einem weiteren Beitrag zur Gegenwartsliteratur von Benno von Wiese heißt es ganz ähnlich: „Einzelgänger haben, oft wenig beachtet, einen Weg gesucht, der in eine neue deutsche Welt führen sollte; sei es, daß sie wie Paul Ernst sich mit der längst vergessenen Kulturwelt deutscher Nation im eigenen Schaffen rückhaltlos auseinandersetzten, sei es, daß wie bei Hans Grimm und Hanns Johst die politische Dichtung ihren Weckruf erhob, um die Forderung der deutschen Einheit und des deutschen Raumes gegen die Idee des Klassenkampfes, gegen die Verabsolutierung des reinen Geistes und gegen den Vorkriegsnationalismus mit seiner Trennung von Geist und Macht zu künden; sei es, daß wie bei George, Schaefer und Kolbenheyer in Zukunft, Gegenwart und Vergangenheit ein neues Bild der deutschen Seele und des deutschen Menschen im dichterischen Symbol gestaltet wurde; sei es, daß wie bei Emil Strauß, Ponten und Stehr Dichtung in der Landschaftsgebundenheit der zivilisatorischen Entwurzelung unzerstörbare Bindung und noch gültige Lebensform gegenüberstellte, sei es, daß wie bei Carossa und Binding die dichterische Welt sich aus religiösen Ursprüngen zu erneuern suchten." (von Wiese, Benno: Politische Dichtung in Deutschland, in: ZfDB, 10, 1934, S. 65–74, hier: S. 74)

456 Kluckhohn, Paul: a. a. O., S. 179.

Weltendes aus irgendeinen Pfad in die zufünftige deutsche Welt zu finden"[457]; ähnlich verhält es sich mit der „Flut" von modernen, „,interessanten' Romanen [...], die sich in der Ästhetik der Formengebung, in der Psychologie der Menschenerklärung, in der Soziologie der Gesellschaftsanalyse zu einer immer größeren Virtuosität verfeinerten, ohne jedoch zu dichterischer Deutung oder sittlicher Willensbildung vorstoßen zu können"[458]; Gerhart Hauptmann ist nach Lugowski der „mimische Gestalter des sterbenden liberalen Bürgertums" und jene Stücke der 1910er und 20er Jahre, in denen er versucht, sich in die Geschichte des „hohen Dramas" einzuschreiben, „scheitern am gründlichsten", weil dieser „falsche Anpsruch" Hauptmanns „ganz und gar von Gesichtspunkten der mechanistisch-deterministischen Weltanschauung aus ihre [sic] Begründung findet, wie sie den letzten Entwicklungsabschnitt des bürgerlichen Liberalismus immer maskenloser beherrscht."[459]

Die große Linie der Erzählung über die Literatur vom 19. Jahrhundert bis in die Gegenwart jedenfalls scheint disziplinintern kaum umstritten: vom „poetischen Realimus" des 19. Jahrhunderts reicht er bis zu jenen zunächst verkannten Autoren einer neuen Volksbezogenheit, die sie um die Jahrhundertwende gegen die Widerstände einer expandierenden kulturellen Moderne verteidigen und, sozusagen als Erbe des bürgerlichen Zeitalters, in die Gegenwart des „Dritten Reiches" überführen. Diese Gestalt der Traditions- und Kontinuitätsstiftung bildet gleichsam das mehrheitlich geteilte, narrative Grundmuster der disziplinären Literaturhistoriographie, und es zeigt sich lediglich noch einmal besonders deutlich, wenn etwa Obenauer über das „epische Werk" Gerhart Hauptmanns raisonniert:

> [Z]wischen den letzten großen deutschen Bildungsromanen in der Art des „Nachsommer" Stifters und des „Grünen Heinrich" Kellers etwa, [...] und, auf der anderen Seite, zwischen den zu neuen epischen Großformen hindrängenden Werken des beginnenden 20. Jahrhunderts, die im Einzelschicksal zugleich sinnbildhaft ewiges Volksschicksal mitzufassen suchen – Kolbenheyers Paracelsus, Grimms Volk ohne Raum – bedeutet dies Romanwerk Hauptmanns eine Zwischenstufe, bedingt durch den Niedergang, den unbewältigten Marxismus und Materialismus des zweiten Reiches und noch nicht unmittelbar zu diesen neuen epischen Großformen hinleitend. So ist, dem Gehalt nach, notwendig in ihnen noch mehr vom Untergang einer alten als vom Aufgang einer neuen Welt.[460]

---

457 Von Wiese, Benno: a. a. O., S. 73. Die Wertung des Expressionismus innerhalb der Zunft ist bisweilen schwankender als die des Naturalismus, kann man der expressionistischen Literatur doch eine gewisse emotionale Authentizität nicht absprechen. Insgesamt überwiegen aber auch hier abwertende Urteile, fehlt den thematisierten Werken doch die bildende Funktion wie auch das Moment einer auf Schönheit insistierenden Verklärung (s. dazu detaillierter Gärtner, Marcus: a. a. O.).

458 Von Wiese, Benno: a. a. O., S. 74.

459 Lugowski, Clemens: Gerhart Hauptmann als Dramatiker, in: ZfDB, 13, 1937, S. 473–481, hier: S. 481.

460 Obenauer, Karl Justus: Zu Gerhart Hauptmanns „Epischem Werk", in: ZfDB, 13, 1937, S. 482–488, hier: S. 483.

4.4 Sinnsoldaten: Die Neuere deutsche Literaturwissenschaft und der Krieg

„Herr Generalgouverneur, hochgeehrte Versammlung! Gibt es ein Gesetz der Geschichte?" Mit dieser Gewichtigkeit insinuierenden Frage eröffnet der mittlerweile in München lehrende Ordinarius Herbert Cysarz seinen Vortrag *Zur Frage: Gibt es ein Gesetz der Geschichte?*, den er am 19.12.1943 in Krakau anlässlich der Gründungsfeier der Gesellschaft der Wissenschaften des Generalgouvernements hält.[461] „Die Frage, die Sie mir und damit Sich selbst gestellt haben, um diese gründende festliche Versammlung in eine Gemeinschaft auch der Besinnung zu kehren", so fährt der Lebenswissenschaftler im Rahmen seiner geistigen Truppenbetreuung fort,

> ist die theoretischste Frage an die Praxis aller Praxis. Eine Frage, die die Wissenschaften, und nicht etwa nur die Geschichtswissenschaften, in die dichteste Fühlung mit jenem Handeln, Wagen und Planen und Verantworten setzt, dem Sie heute diese Stunden hier abgespart haben. Zeuge denn jedes Wort, jeder Gedanke, den ich Ihnen zur Erwägung vortrage, für die lebendige Wechselwirkung (natürlich nicht kunterbunte Vermischung) der Tat und des Geistes![462]

Cysarz' Hervorhebung der „dichteste[n] Fühlung" der Wissenschaften mit „jenem Handeln, Wagen und Planen und Verantworten" der „hochgeehrten" Versammelten klingt gespenstisch angesichts der zeitlichen wie räumlichen Nähe seines Auftritts zu den rassistischen Deportations- und Ausrottungsaktionen in den besetzten polnischen Gebieten. Unweit des Amtssitzes des Generalgouverneurs Dr. Hans Frank befindet sich das KZ Krakau-Plaszow, in dem sich ca. 24.000 Gefangene befinden und das insbesondere unter der Leitung Amon Göths zum „Schauplatz von Massenmord, Folter und Mißhandlungen"[463] wird. Keine 300 Kilometer von Krakau entfernt, im Distrikt Lublin, befinden sich die Vernichtungslager Belzec, Sobibór und Treblinka, in denen noch im Oktober 1943 die letzten Morde im Rahmen der von Himmler angeordneten „Aktion Reinhardt", die 1,75 Millionen (überwiegend polnischen) Juden das Leben kostet, stattfinden.[464] Am 3.11.1943 – um hier nur noch ein weiteres Beispiel zu nennen – ermorden einige tausend SS-, Polizei- und Waffen-SS-Angehörige im Zuge der „Aktion Erntefest" in Trawinki, Poniatowa und Maj-

---

[461] Cysarz, Herbert: Zur Frage: Gibt es ein Gesetz der Geschichte?, in: Schriftenreihe der Gesellschaft der Wissenschaften des Generalgouvernements, Bd. 1, 1944, S. 5–39, hier: S. 5. Beim eingangs apostrophierten Generalgouverneur, der den als Generalgouvernement bezeichneten, d.h. den nicht in das Reich eingegliederten, besetzten polnischen Gebieten vorsteht, handelt es sich um Reichsminister Dr. Hans Frank, Präsident der Akademie für Deutsches Recht. Zum rassistischen Verfolgungs-, Vertreibungs- und Vernichtungsfeldzug in diesen Gebieten s. u. a. Wildt, Michael: a. a. O., S. 419–505.

[462] Ebd.

[463] Benz, Wolfgang/Graml, Hermann/Weiß, Hermann (Hrsg.): a. a. O., S. 551.

[464] Arad, Yitzhak: Belzec, Sobibor, Treblinka. The Operation Reinhard Death Camps, Bloomington-Indianapolis 1987.

danek mehr als 40.000 Juden. Die jüdischen Arbeitskommandos, die die Toten verbrennen und begraben müssen, werden anschließend liquidiert.[465]

Es soll hier jedoch nicht darüber spekuliert werden, ob der Münchner Repräsentant und Abgesandte der deutschen Wissenschaft und Kultur von diesen organisierten Greueltaten etwas wusste oder überhaupt hätte wissen können.[466] Dem heutigen Betrachter erscheint Cysarz' Angebot, mit Hilfe seines Vortrages die anwesenden Männer „der Tat" „in eine Gemeinschaft auch der Besinnung" zu verwandeln als ein unerträglicher Zynismus. Dennoch lässt sich gerade ausgehend von einem dergestalt drastischen Beispiel, wie es Cysarz' Krakauer Vortrag zweifellos ist, besonders deutlich zeigen, auf welche Weise Literaturwissenschaft und Politik unter den Bedingungen des Krieges als Ressourcen füreinander – der Münchner Ordinarius selbst spricht in diesem Zusammenhang von der „lebendigen Wechselwirkung der Tat und des Geistes" – fungieren *können*.[467] Freilich – auch daran sei hier erinnert – „entdeckt" die Literaturwissenschaft den Krieg als legitimen und resonanzträchtigen Gegenstandsbereich nicht erst 1939. Spätestens seit der Frühphase des NS lässt sich an den Rändern des literaturwissenschaftlichen Feldes, aber auch – denkt man an die Arbeiten etwa des Kriegs„experten" Pongs – in dessen Zentrum eine Konjunktur von Beiträgen zur Weltkriegsliteratur beobachten.[468] Zum Einen reagiert die Disziplin damit

---

465 Benz, Wolfgang/Graml, Hermann/Weiß, Hermann (Hrsg.): a. a. O., S. 354. Nach dem Aufstand im Vernichtungslager Sobibór ordnet Himmler die „Aktion Erntefest" an. Aus Furcht vor weiteren Unruhen in den Lagern befiehlt er, alle Juden in den Arbeitslagern Trawniki (8.000–10.000), Poniatowa, im Vernichtungslager Majdanek (17.000–18.000) und aus kleineren Lagern zu erschießen.

466 Als ein „spektakuläre[s] Beispiel" nationalsozialistischer Wissenschaftspolitik „mit beträchtlicher internationaler Resonanz" wurde jedoch bereits drei Jahre zuvor die „Sonderaktion Krakau" wahrgenommen (Kleßmann, Christoph/Dlugoborski, Waclaw: Nationalsozialistische Bildungspolitik und polnische Hochschulen 1939–1945, in: Geschichte und Gesellschaft, 23, 1997, S. 535–559, hier: S. 544). Am 6. November 1939 wurden 183 Wissenschaftler, die man unter dem Vorwand einer Vollversammlung in die Jagiellonische Universität bestellt hatte, verhaftet. Sie wurden anschließend „in eine Kasernen transportiert, wo zehn von ihnen wieder freikamen (Ukrainer und einige polnische Ärzte), von dort begann die Deportation zunächst nach Breslau, wo zwei weitere entlassen wurden, und dann ins Konzentrationslager Sachsenhausen, weil das eigentlich vorgesehene KZ Buchenwald überbelegt war. Dieses makabre Beispiel nationalsozialistischer Wissenschaftspolitik löste in den folgenden Wochen und Monaten zahlreiche Interventionen im In- und Ausland aus, die schließlich dazu führten, daß der größere Teil der Verhafteten am 8. Februar 1940 entlassen wurde. Sechs der Häftlinge waren bereits gestorben, fünf weitere erlagen nach der Ankunft in Krakau den Folgen ihrer Haft. 54 Wissenschaftler, die unter vierzig Jahre alt waren, blieben im Lager, der größte Teil wurde im März nach Dachau verlegt, von wo aus sie bis zum Januar 1941 wieder entlassen wurden." (546)

467 Die Möglichkeitsform soll hier darauf verweisen, dass das gewählte Beispiel, auch wenn Cysarz hier mehr in seiner Rolle als Geschichtsphilosoph denn als Literaturwissenschaftler auftritt, in argumentations- und funktionsanalytischer Hinsicht zwar durchaus repräsentativ ist für jene literaturwissenschaftlichen Beiträge, die auf die Option einer solchen „Wechselwirkung" setzen. Damit ist jedoch nicht behauptet, dass solche Sprachhandlungen schlechterdings repräsentativ für die Gesamtheit der disziplinären Äußerungen während des Krieges sind (s. dazu unten).

468 Pongs rekurriert bereits in seiner symboltheoretischen Hauptschrift von 1927 auf den „Rückzug 1918" als jenen entscheidenden Anstoß, der seine Forschung in Gang gebracht habe: „Der Anstoß", so heißt

auf Impulse und Veränderungen innerhalb ihres Zuständigkeits- und Beobachtungsbereiches, d. h. auf jene „zur Hochflut anschwellende Produktion völkisch-national-konservativer Kriegsliteratur", die in den späten Jahren der Weimarer Republik den literarischen Markt mitprägt.[469] Zum Anderen erscheint der Krieg im Allgemeinen, der Erste Weltkrieg im Besonderen, als resonanzträchtiges Scharnierthema, über das sich an das politische Feld adressierte Übereinstimmungsdiskurse inszenieren lassen. Sowohl die rückwärtsgewandte Mythologisierung des Ersten Weltkrieges zum Ursprung einer neuen volksumspannenden, im Nationalsozialismus mündenden „Bewegung", als auch die affirmative Parallelinszenierung eines militärischen Tugendkatalogs, der – dies muss hier nicht mehr im Einzelnen rekonstruiert werden[470] – kriegsinduzierte und kriegstaugliche Werte wie Tapferkeit, Gehorsam, Affinität zum Tragischen und Opferbereitschaft umfasst, lassen sich immer auch als sinnstiftende Leistungsangebote an die neuen Machthaber lesen. Pongs' erste Arbeit im umbenannten „Euphorion" beschäftigt sich ausführlich mit dem *Krieg als Volksschicksal im deutschen Schrifttum*, 1938 liefert die Zeitschrift dann ein ganzes „Weltkriegsheft".[471] Dass der Krieg in diesem Zusammenhang durchaus ressourcenträchtig sein kann, zeigt sich etwa, wenn Hermann Pongs in einem Brief vom 15.12.1941 an die DFG, in dem es um die Fortsetzung der Bezuschussung der von ihm geleiteten Zeitschrift geht, darauf verweist, dass sich „[d]ie Zeitschrift […] bemüht [habe], im Jahr 1941 […] ihre altbewährte Tradition mit besten Kräften fortzuführen. […] [I]ch brauche nur auf die Voranzeige am Schluß des 3. Heftes zu verweisen, insbesondere auf das dem Thema der ‚Ehre' gewidmete Heft,

---

es dort, „kam aus einem entscheidenden inneren Erlebnis auf dem Rückzug 1918: daß im drohenden Zusammenbruch Deutschlands, auch wenn alles verloren ging, aller sogenannte ‚Besitz', alle Sicherheit der Existenz, eines uns unverlierbar blieb: unsere innere Art zu wirken und zu sein, die Kraft des Bildens selber, die das Leben neu verwandeln kann." (Pongs, Hermann: Das Bild in der Dichtung, a. a. O., S. VI) Neben Pongs' Schriften zum Krieg s. auch: Linden, Walther: Volkhafte Dichtung von Weltkrieg und Nachkriegszeit, in: ZfDk, 48, 1934, S. 1–22; Böhme, Herbert: Rufe in das Reich. Die heldische Dichtung von Langemarck bis zur Gegenwart, o. O. 1934; Langenbucher, Hellmuth: Volkhafte Dichtung der Zeit, Berlin 1933, S. 54–58; Mulot, Arno: Die deutsche Dichtung unserer Zeit, Teil 1, Bd. 2 („Der Soldat"), Stuttgart 1938.

469 Gaul-Ferenschild, Hartmut: a. a. O., S. 270. Zur Kriegsliteratur der 1920er Jahre s.: Prümm, Karl: Das Erbe der Front. Der antidemokratische Kriegsroman der Weimarer Republik und seine nationalsozialistische Fortsetzung, in: Denkler, Horst/Prümm, Karl (Hrsg.): Die deutsche Literatur im Dritten Reich, Stuttgart 1976, S. 138–164; Gollbach, Michael: Die Wiederkehr des Weltkriegs in der Literatur. Zu den Frontromanen der späten Zwanziger Jahre, Kronberg 1978; Bornebusch, Herbert: Kriegsromane, in: Bormann, Alexander v./Glaser, Horst Albert (Hrsg.): Weimarer Republik – Drittes Reich: Avantgardismus, Parteilichkeit, Exil. 1918–1945, Hamburg 1983, S. S. 138–143; Schütz, Erhard: Roman der Weimarer Republik, München 1986, S. 201–217; Heukenkamp, Ursula: Wie aus dem Weltkrieg gelernt wurde. Ein neues Kapitel der Diskussion über die Kriegsromane der 20er Jahre in der Literaturwissenschaft der BRD, in: Zeitschrift für Germanistik, 9, 1988, S. 338–356.

470 S. Dahle, Wendula: a. a. O.; Klein, Holger M.: Weltkriegsroman und Germanistik 1933–1938, in: Journal of English and Germanic Philology, 84, 1985, S. 467–484.

471 Pongs, Hermann: Krieg als Volksschicksal im deutschen Schrifttum, in: DuV, 35, 1934, S. 40–86 und 182–219. Beim „Weltkriegsheft" handelt es sich um DuV, 39, 1938, Heft 2.

zum Ausdruck des Bemühens, die wissenschaftliche Arbeit in den Dienst des lebendigen Zeitgeistes zu stellen."[472]

Hier soll es jedoch vorrangig um das Leistungsangebot gehen, das die Disziplin *im Krieg* unterbreitet. Eben jene Rede Cysarz' von einer „Gemeinschaft auch der Besinnung" kann hier als ein entscheidender Hinweis gelten.

Denn anders als ein Großteil der Natur-, Technik- und Wehrwissenschaften, anders auch als die anwendungsorientierten Humanwissenschaften kann die Literaturwissenschaft, wie die meisten der Geisteswissenschaften, in der Regel kein für die Kriegsführung „an der inneren und äußeren Front"[473] unmittelbar handlungsrelevantes, operationalisierbares Expertenwissen produzieren.[474] Was sie aber anbieten kann und im Verlaufe des Krieges immer wieder anbietet, das ist – als Resultat eben der „Besinnung", aus der eine Gemeinschaft der Besonnenen, also mit Sinn Versorgten hervorgehen kann – ein aus dem eigenen Gegenstandsbereich, der Literatur, abgeleitetes Sinn- und Orientierungswissen, das mit dem Ziel kollektiver Anschlussfähigkeit die kontingenten Kriegserlebnisse in einen

---

472 Brief Hermann Pongs an die DFG vom 15.12.1941, BAK, R 73/10701.
473 Echternkamp, Jörn: a.a.O., S. 1. Echternkamp spricht in diesem Zusammenhang von einem „Zweifrontenkrieg": „Zu dem Krieg nach außen trat der Krieg nach innen gegen die Minderheiten, die programmatisch als ‚Feinde' der ‚Volksgemeinschaft', der Schicksalsgemeinschaft der Deutschen, die zugleich ‚Wehr- und Blutsgemeinschaft' sei, gebrandmarkt wurden." (2)
474 Eine Ausnahme stellen hier allerdings jene Literaturwissenschaftler dar, die – wie etwa Hans Ernst Schneider – ihr Wissen im Rahmen der weltanschaulichen Gegnerforschung des Sicherheitsdienstes der SS zum Einsatz bringen und auch unmittelbar an der kulturpolitischen Planung der „geistigen Kriegsführung" in den besetzten Gebieten beteiligt sind. S. dazu Jäger, Ludwig: Seitenwechsel, a.a.O.; Simon, Gerd: a.a.O., Wildt, Michael: a.a.O. Zur Rolle etwa der Physik s. u.a. Walker, Mark: Die Uranmaschine. Mythos und Wirklichkeit der deutschen Atombombe, Berlin 1990. Zur Rolle der anwendungsorientierten Humanwissenschaften und der politikberatenden Sozialwissenschaften s. u.a. Raphael, Lutz: a.a.O.; Schmuhl, Hans-Walter (Hrsg.): a.a.O.; zur interdisziplinär ausgerichteten „Ostforschung" s. u.a. Fahlbusch, Michael: Wissenschaft im Dienst der nationalsozialistischen Politik? Die „Volksdeutschen Forschungsgemeinschaften" von 1931–1945, Baden-Baden 1999; Haar, Ingo: Historiker im Nationalsozialismus. Deutsche Geschichtswissenschaft und der „Volkstumskampf" im Osten, Göttingen 2000; Burkert, Martin: Die Ostwissenschaften im Dritten Reich, Teil I, Wiesbaden 2000; zur „Westforschung" s. Schöttler, Peter: Die historische „Westforschung" zwischen „Abwehrkampf" und territorialer Offensive, in: ders. (Hrsg.): Geschichtsschreibung als Legitimationswissenschaft 1918–1945, Frankfurt am Main 1997. Ein höheres Maß an Praxisrelevanz – vor allem im Rahmen des „Sprachenkampfes" in den besetzten Gebieten – als die Beiträge der Literaturwissenschaften weist im Krieg das Leistungsangebot der Sprachwissenschaft auf, s. dazu u.a. Knobloch Clemens: Sprachwissenschaft, in: Hausmann, Frank-Rutger (Hrsg.): Die Rolle der Geisteswissenschaften im Dritten Reich 1933 bis 1945, München 2002, S. 305–327; Wiking, Stefan: Der Deutsche Sprachatlas im Nationalsozialismus. Studien zur Dialektologie und Sprachwissenschaft zwischen 1933 und 1945, Heidelberg 1998; Lerchenmueller, Joachim: „Keltischer Sprengstoff". Eine wissenschaftsgeschichtliche Studie über die deutsche Keltologie von 1900 bis 1945, Tübingen 1997. Zur Rolle der Psychologie s. u.a. Ash, Mitchell G.: Psychologie, in: Hausmann, Frank-Rutger (Hrsg.): a.a.O., S. 229–264; Geuter, Ulfried: Die Professionalisierung der deutschen Psychologie im Nationalsozialismus, Frankfurt am Main; zur Medizin s. u.a.: Zimmermann, Susanne: Die medizinische Fakultät der Universität Jena während der Zeit des Nationalsozialismus, Berlin 2000.

größeren Zusammenhang einzuordnen erlaubt. Im Austausch ermöglicht diese Funktion als potentielle Sinnstiftungsressource jenen Akteuren, die diese Option realisieren, gesteigerte Resonanzmöglichkeiten zumindest im politischen Feld[475], sowie die Aussicht, der eigenen, wissenschaftlichen Tätigkeit ein erhöhtes Maß an Praxisrelevanz zuschreiben zu können. Die Möglichkeit, die eigenen Produktionen im Kontext der geistigen Kriegsführung für das eigene Volk verortet zu sehen, entpuppt sich somit für nicht wenige Akteure als prestigeträchtige Chance, nicht mehr länger, wie etwa Fritz Martini betont, „dem Vorwurf eines leeren Intellektualismus ausgesetzt [zu] sein."[476] Der Krieg erscheint mithin als naheliegende Möglichkeit, eine klassenübergreifende Erlebnis- und Volksgemeinschaft nicht mehr nur im sentimentalischen Rückblick auf den Ersten Weltkrieg, sondern im unmittelbaren Bezug auf die eigene Gegenwart zu inszenieren. Im Kontext jenes disziplinären Selbstverständnisses, das die Forderung nach einem gesteigerten Lebensbezug der Wissenschaften in das Konzept einer volksbezogenen Wesens- und Wertewissenschaft übersetzt, ist dies sicherlich kein zu unterschätzendes Moment. „[D]as deutsche Soldatentum und die deutsche Universität:", so bekundet denn auch Martini, „sie sind in Freiheit und Bindung *eines* Blutes, *eines* Geistes und gemeinsamer Art."[477]

Jedoch sollte man die Bedeutung, die einem solchen „Expertentum" für literaturbezogene Sinnstiftung und -bekräftigung in den Zeiten des Krieges zukommt, weder überschätzen, noch sollte man es bagatellisieren. Gewiss, jene „Schlüsselstellung", die etwa Franz Koch seinem eigenen Fach im Rahmen des „Kriegseinsatzes der Geisteswissenschaften" glaubt zuschreiben zu können[478], spiegelt eher das individuelle Geltungsbedürfnis des Berliner Ordinarius und das Wunschdenken eines vergleichsweise resonanzgeschwächten Faches wider als die tatsächliche Verteilung der Gewichte. Zu einer der „Gewinnerdisziplinen" wird die Literaturwissenschaft auch während des Krieges nicht.[479] Allerdings ist es aus systematischen, historischen und gegenstandsspezifischen Gründen ebenso unangemessen, die Bedeutung ihres Einsatzes im Kriege zu verharmlosen. Aus systematischen Gründen zunächst, weil „Sinn", hier verstanden als kohärenzstiftendes und anschlussfähiges Resultat kriegsbegleitender Erzählungen, prinzipiell zu einer in zunehmenden Maße sich verknappenden Ressource wird, je länger ein Krieg andauert, je länger Erfolge ausbleiben, je brutaler er geführt wird und je größer die Zahl der eigenen Verlusterfahrungen wird. Aus historischen Gründen, weil die nationalsozialistischen Kriegsplaner die traumatische Niederlage

---

475 Aber auch der innerfachlichen Reputation scheinen kulturpolitische „Einsätze" im Zeichen des Krieges – anders als eine allzu ostentative Politisierung des fachlichen Diskurses in der Friedenszeit – keineswegs abträglich zu sein.
476 Martini, Fritz: Liebe und ehrwürdige Alma Mater Hamburgensis!, in: Hamburger Hochschulzeitung, 21, 1940, S. 273–278, hier: S. 274f.
477 Martini, Fritz: a. a. O., S. 274.
478 Vgl. I.
479 S. dazu bereits II.

im Ersten Weltkrieg nicht zuletzt einem „eklatanten Mangel an Sinnhaftigkeit"[480] zuschreiben, der die mentale Mobilität der Zivilbevölkerung untergraben habe. Aus dieser Niederlage zu lernen und ein solches Sinnvakuum mit allen Mitteln zu vermeiden, ist deshalb zweifellos eine der wesentlichen Maximen der kulturellen Kriegspolitik des Regimes. Aus gegenstandsspezifischen Gründen schließlich, weil „die Literatur" ihre Rolle als ein wichtiges Medium, das sowohl symbolische Vergemeinschaftungserlebnisse als auch nationale Repräsentanz ermöglicht, noch nicht ausgespielt hat – auch wenn ihr die massenwirksameren Medien Film, Rundfunk und Theater gerade während des Krieges zumindest an der „Heimatfront" den Rang ablaufen.[481] „Was wir da [im Krieg; G. K.] brauchen", so heißt es etwa 1939 in der Rosenberg'schen *Bücherkunde* über *Bücher im Schützengraben*, „ist echte, ganz große Dichtung."[482] Dass dabei jenen, die sich mit solcher Dichtung von Berufs wegen auskennen, eine wichtige Funktion zukommt, liegt auf der Hand.

Das Sinnstiftungs- und Sinnbekräftigungsangebot der Literaturwissenschaft während des Krieges fächert sich, funktional gesehen, im Wesentlichen in folgende Aspekte auf: (1) in den der Repräsentation und (2) in den der Legitimation sowie der Kompensation.[483] Ausgehend jeweils von Cysarz' Krakauer Vortrag sollen diese Aspekte im Folgenden zunächst eingehender erläutert werden, um dann (3) am Beispiel der Hölderlin-Inszenierung 1943 das komplexe Ineinander dieser drei Aspekte wie auch die während des Krieges sich

---

480 Kundrus, Birthe: Totale Unterhaltung? Die kulturelle Kriegführung 1939 bis 1945 in Film, Rundfunk und Theater, in: Echternkamp, Jörg: Die deutsche Kriegsgesellschaft, Bd. 2, München 2005, S. 93–157, hier: S. 93. „In der Tat", so die Autorin, „hatten immer weniger Deutsche, je länger der Erste Weltkrieg gedauert hatte, einen Sinn in seiner Fortführung ohne erkennbare militärische Erfolge erkennen können, und ebensowenig hatte die Reichsleitung auf diesen eklatanten Mangel an Sinnhaftigkeit adäquate Antworten parat gehabt. Ein weiterer moderner Krieg würde noch höhere Anforderungen an die mentale Mobilisierung der Zivilbevölkerung stellen, so die Schlußfolgerung der Kriegsplaner. Er könne nur mit der eigenen Bevölkerung gewonnen werden, nicht aber gegen sie." (Ebd.)

481 S. dazu unten.

482 Lorch, Willi: Bücher im Schützengraben, in: Bücherkunde, Ausgabe B. Bayreuth, 6, 1939, Heft 11, S. 517–519, hier: S. 517.

483 Auch hier gelten die folgenden Einschränkungen: 1. es handelt sich hier um eine aus analytischen Gründen vorgenommene Trennung. Die einzelnen Aspekte können einander überlagern und auch gemeinsam eine Sprachhandlung konstituieren. 2. die Funktionen können mit unterschiedlicher Intensität und Deutlichkeit (etwa von der direkten Bezugnahme auf Kriegsereignisse bis zur subtilen Anspielung; s. dazu unten) realisiert werden. 3. literaturwissenschaftliche Beiträge, die eine oder mehrere der genannten Funktionen realisieren, müssen sich keineswegs in dieser bzw. diesen Funktionen erschöpfen, d. h. sie können mehrfach adressiert sein und somit zugleich auch einen innerfachlichen Sinn kommunizieren. Dieser innerfachliche Sinn kann zweifellos auch der dominierende innerhalb eines solchen Beitrages sein. 4. die folgenden Beispiele rechtfertigen keineswegs den Schluss, dass die Mehrheit oder gar alle zwischen 1939 und 1945 erschienenen literaturwissenschaftlichen Beiträge eine oder mehrere dieser Funktionen realisiert haben. Auch wenn eine quantitative Abbildung der Gesamtverhältnisse aufgrund methodischer Schwierigkeiten kaum möglich ist, so legt zumindest das im Rahmen dieser Studie gesichtete Quellenmaterial die Vermutung nahe, dass die Zahl solcher Beiträge, die ein aktualistisches Anschlusspotential aufweisen, seit Kriegsbeginn nicht steigt.

verdichtende „Gemengelage" zwischen Eigensinn und Resonanz, die das literaturwissenschaftliche Feld kennzeichnet und die sich während des Krieges verdichtet, noch einmal aufzuzeigen.

Sinnstiftung durch Repräsentation

Wenn Herbert Cysarz anlässlich der Gründungsfeier der Gesellschaft der Wissenschaften des Generalgouvernements von den deutschen Besatzern das Wort erteilt wird, dann spricht er nicht nur als Ordinarius für Neuere deutsche Literaturgeschichte, sondern – allerdings durchaus kraft dieses Amtes – auch als kultureller und wissenschaftlicher Repräsentant jener „deutschen Größe", die der militärischen eine geistig-kulturelle Expansion folgen lässt. Solche kulturpolitischen Repräsentationsakte bestätigen und bekräftigen performativ, d. h. hier unabhängig zunächst noch von der jeweiligen inhaltlichen Gestaltung solcher repräsentativen Akte, die Sinnhaftigkeit jener vorangegangenen militärischen oder politischen Aktion, die sie ermöglicht.[484] Sie wiederum ermöglichen damit gleichsam eine Sinnpotenzierung der kriegerischen Expansion, indem sie die bloße Faktizität der militärischen Überlegenheit in ein Netz aus wissenschaftlich-kulturellen Begleit-, bzw. Folgehandlungen einbetten. Cysarz selbst ist sich über die potentiell sinnbekräftigende Funktion solcher repräsentativen Akte wie auch über das Verhältnis von Ermöglichung und Bestätigung zwischen kriegerischer und geistiger Expansion durchaus im Klaren. In einem Bericht vom 27. 12. 1940 an das REM über seine Vortragsreise nach Dänemark und Schweden raisonniert er mit deutlichem Resonanzkalkül über „die außenpolitische Werbekraft unserer Wissenschaft":

484 Um die repräsentative Inszenierung „deutscher Größe" geht es sowohl in den besetzten Ost- als auch in den Westgebieten, auch wenn man in letzteren um subtilere, auch persuasive Formen der Demonstration bemüht ist als im okkupierten Osten, wo das auf Vernichtung der intellektuellen und politischen Eliten angelegte Konzept einer „rassenbiologisch fundierte[n] Lebensraumeroberung" (Kleßmann, Christoph/Dlugoborski, Waclaw: a. a. O., S. 535) die Handlungen wie deren Begleitdiskurse dominiert. So veranstaltet etwa die Dienststelle Rosenberg mit der Propagandaabteilung und der Militärverwaltung in Brüssel eine Ausstellung „Deutsche Grösse – Bilder aus der Geschichte des Reiches". „Im Entwurf des Einladungstextes gibt der Militärverwaltungschef seiner Hoffnung Ausdruck, ,dass die ungewöhnlich eindrucksvolle Schau der geschichtlichen Grösse des Reiches in diesen seinen westlichen Vorlanden wesentlich zur Entstehung eines neuen europäischen Geschichtsbildes beitragen' werde. Der Schlußraum der Ausstellung sei ,den Ansätzen zu einer Eingliederung Flanderns und Walloniens in die deutsch bestimmte europäische Zukunft gewidmet.'" (Zit. nach Jäger, Ludwig: Seitenwechsel, a. a. O., S. 198 f.) Im *Ostbeauftragten des Reichsstudentenführers* (Rundbrief. Studentischer Osteinsatz, Posen 1942) indes ziegt sich ein rassenbiologisch gegründeter Anspruch auf „deutsche Größe" ohne jedwede Bemäntelungen: „Der endgültige Sieg des überlegenen deutschen Leistungsmenschen mit der ihm eigenen Zucht, Ordnung und Sauberkeit über das schlaffe, aber um so anmaßendere polnische Untermenschentum setzt eine Wiederbelebung der gesamten Lebens- und Schaffensfragen voraus. [...] Unsere Aufgabe ist es, den Osten nicht im alten Sinn zu germanisieren, d. h. den dort wohnenden Menschen deutsche Sprache und Gesetze beizubringen, sondern dafür zu sorgen, daß im Osten nur Menschen wirklich deutschen, germanischen Blutes wohnen." (S. 2)

Und diese Kraft, die in allem Ausland am offensten anerkannte, wird immer unentbehrlicher in unserem Kampf um die Neuordnung Europas. Die Stimmung der breiten ausländischen Oeffentlichkeit wird durch unsere kriegerischen Erfolge bestimmt. Vor allem müssen wir siegen. Indes die fortdauernde Führerschaft [...] werden wir immer nur durch erstrangige kulturelle Arbeit behaupten. Die müssen wir in schriftlichen und mündlichen Bekundungen, auch menschlichen Verkörperungen wieder und wieder zur Schau stellen und in stärkstmögliche Wirkung setzen.[485]

Ganz gemäß der Cysarz'schen Forderung, die „erstrangige kulturelle Arbeit" des überlegenen deutschen Geistes „wieder und wieder zur Schau" zu stellen, um somit einen Beitrag zu leisten zur geistigen „Neuordnung Europas", entwickelt sich während der Kriegsjahre gleichsam ein Netz der kulturpolitischen Repräsentation in den unabhängigen, neutralen und den besetzten Gebieten im europäischen Ausland, zu dem auch die Vertreter der Literaturwissenschaft in einem nicht unerheblichen Maße beitragen.[486] Ob als Vortragsredner, als (Gast-)Professoren oder in gehobenen Leitungsfunktionen, der Beitrag der Disziplinvertreter „für die Entwicklung des Deutschlandbildes und für die Vermittlung einer Vorstellung vom Wesen des Deutschen namentlich bei der jüngeren Generation"[487] in Europa ist durchaus beträchtlich.

---

485 Cysarz' Bericht über die Reise nach Dänemark und Schweden im Dez. 1940, 27.12.1940, zit. nach Bonk, Magdalena: a. a. O., S.296. Cysarz gehört zumindest bis 1941 neben Franz Koch zu den beliebtesten und aktivsten deutschen Gastrednern im unabhängigen, neutralen oder besetzten europäischen Ausland. In offiziellem Auftrag (meist im Zusammenhang mit den seit 1940 gegründeten DWI, die wiederum dem REM, dem AA und dem Propagandaministerium unterstehen) unternimmt er Vortragsreisen nach Bulgarien, Dänemark, Frankreich, Kroatien, Rumänien und Schweden (s. hierzu und zum Folgenden Hausmann, Frank-Rutger: „Auch im Krieg ...", a. a. O., S. 75 ff. und 138). In Berlin stoßen seine kulturpolitischen Aktivitäten auf positive Resonanz, so dass das REM 1940 plant, ihn an das Japanisch-Deutsche Kulturinstitut in Tokio zu entsenden, ein Vorhaben, dass angesichts der aktuellen Kriegssituation ausgesetzt wird. Seit dem Ende des Jahres 1941 wird seine Reisetätigkeit stark eingeschränkt. Sein Plan, in München ein Ordinariat für Philosophie zu übernehmen, scheitert in diesem Zeitraum an einer denunziatorischen Intrige des Münchner Ordinarius für Philosophie, Hans A. Grunsky. In einem Gutachten wirft der Philosophieprofessor Cysarz vor, er sei „jüdisch infiziert". „Ein Fall stärkerer Verjudung eines arischen Menschen", so Grunsky in seinem Gutachten, das am 15. Juli 1941 in einer Fakultätssitzung verlesen wird, „als sie bei Herbert Cysarz vorliegt, ist weder bekannt, noch überhaupt denkbar." (Zit. nach Bonk, Magdalena: a. a. O., S. 306; s. dort auch zum gegen Cysarz eingeleiteten Parteiverfahren, das bis Kriegsende jedoch nicht mehr entschieden wird). Dass Cysarz, wie Hausmanns Ausführungen nahelegen, „wegen Einsprüchen des NSDDB ab 1942 nicht mehr reisen durfte" (75), ist – wie sein Krakauer Vortrag zeigt – nicht zutreffend; allerdings scheitert sein Antrag auf eine Vortragsreise in die neutrale Schweiz 1943 in der Tat am Einspruch der Dozentenschaft (s. Bonk, Magdalena: a. a. O., S. 307 f.).

486 Auch Wolfgang Höppner gelangt zu dem Schluss, dass im Rahmen „der von Anfang an klar ersichtlichen Strategie, der militärischen die geistig-kulturelle Expansion folgen zu lassen, dem Fach Germanistik eine nicht zu unterschätzende Bedeutung zu[kommt]." (Höppner, Wolfgang: Germanisten auf Reisen, a. a. O., S. 9)

487 So lautet es in einem Positionspapier zu einer vom AA und der Auslandsabteilung des REM veranstalteten Tagung, die am 30. 09. und 01. 10. 1942 im REM über die „Lage der Germanistik und der deut-

So referiert etwa – um einige Beispiele zu nennen[488] – Franz Koch bei der feierlichen Eröffnung des Wintersemesters 1941 am DWI in Bukarest über *Den Kampf gegen den Liberalismus in der deutschen Literatur des 19. Jahrhunderts* und vor dem rumänischen Schriftstellerverband über *Seelische Spannungen in der deutschen Dichtung*.[489] Noch im gleichen Jahr kündet der Berliner Ordinarius einem finnischen Publikum anlässlich der Eröffnung der Deutschen Buchausstellung an der Universität Helsinki *Von der übervölkischen Aufgabe des deutschen Schrifttums*.[490] Cysarz reist vom 18. bis zum 30. Mai 1940 nach Rumänien und spricht in Czernowitz, Bukarest und Klausenburg über *Grundfragen und -haltungen heutiger deutscher Geisteswissenschaften* und *Nietzsche und die Gegenwart*.[491] Gerhard Fricke hat seit September 1941 das prestigeträchtige Ordinariat für Deutsche Philologie an der Reichsuniversität Straßburg inne, einer Universität, die in den wissenschaftspolitischen Visionen des SD zum „Zentrum der deutschen Westforschung werden

schen Literaturgeschichte an den nichtdeutschen wissenschaftlichen Hochschulen Kontinentaleuropas" stattfindet (hier zit. nach Höppner, Wolfgang: a. a. O., S. 9). „Die jungen Schüler", so heißt es weiter in diesem Papier, „erhalten ihre ersten Eindrücke von der kulturellen Leistung und der politischen Gestalt Deutschlands durch ihre Lehrer der deutschen Sprache an den ausländischen höheren Lehranstalten, die ihrerseits wiederum in erster Linie von den ausländischen Germanisten für ihre Berufsaufgaben vorgebildet worden sind." (Ebd.) Höppner zufolge nehmen an dieser Tagung neben dem Präsidenten der DWI auch „führende deutsche Germanisten" (8) teil. Um wen es sich dabei handelt, wird allerdings nicht deutlich.

488 Die folgende Aufzählung erhebt natürlich nicht den Anspruch auf Vollständigkeit. Eine systematische und erschöpfende Rekonstruktion dieses Aspektes der germanistischen Wissenschaftsgeschichte steht, wie Ludwig Jäger zurecht betont (Jäger, Ludwig: Disziplinen-Erinnerung – Erinnerungs-Disziplin, a. a. O., S. 108), noch aus, kann jedoch auch im Rahmen der vorliegenden Studie nicht geleistet werden. Zu Strukturen und Mechanismen der Lenkung der wissenschaftlichen Auslandsarbeit durch die NSDAP sowie zum Zusammenwirken von DAAD, DWI und Deutscher Akademie s. neben den Arbeiten Jägers, Hausmanns und dem Beitrag Höppners auch Spencer Richards, Pamela: Der Einfluß des Nationalsozialismus auf Deutschlands wissenschaftliche Beziehungen zum Ausland, in: Estermann, Monika/Knoche, Michael (Hrsg.): Von Göschen bis Rowohlt. Beiträge zur Geschichte des deutschen Verlagswesens. Festschrift für Heinz Sarkowski zum 65. Geburtstag, Wiesbaden 1990, S. 248–261.

489 Hausmann, Frank-Rutger: a. a. O., S. 77.

490 Koch, Franz: Von der übervölkischen Aufgabe des deutschen Schrifttums. Vortrag, gehalten an der Universität Helsinki, in: Nationalsozialistische Monatshefte, 1941, S. 732–739. Höppners Rekonstruktion zufolge erstreckt sich Kochs Reisetätigkeit während des Krieges auf folgende Ziele: 1939: Warschau, Belgrad, Sofia, Bukarest, Wien; 1940: Budapest (Gastprofessur); 1941: Bukarest, Helsinki; 1942: Warschau, Debrezen, Budapest (Gastprofessur); 1943: Sofia, Pressburg, Bastad, Malmö; 1944: Belgrad, Agram, Venedig, Hengelo (Höppner, Wolfgang: a. a. O., S. 10). Nicht immer stoßen Kochs Auftritte auf uneingeschränkt positive Resonanz. Im neutralen Schweden kommt es 1943 im Gefolge seines Vortrages *Goethe als Erzieher*, den er in Lund hält, zu einem Eklat. Öffentlich wird ihm vorgeworfen, er sei ein fanatischer Nazi und angesichts seiner literaturgeschichtlichen Wertungspraxis wird ihm beschieden, er sei in Schweden unerwünscht (s. Hausmann, Frank-Rutger: a. a. O., S. 297).

491 Hausmann, Frank-Rutger: a. a. O., S. 75. Veröffentlicht wurde Cysarz, Herbert: Wissenschaft und Gegenwart: Weltbild und Forschungslage der deutschen Geisteswissenschaften, in: Veröffentlichungen des Deutschen Wissenschaftlichen Instituts in Bukarest, Jena und Leipzig 1940, S. 5–30, ebenfalls veröffentlicht als ders.: Zur Gegenwartslage der deutschen Geisteswissenschaften, in: Historische Zeitschrift, 162, 1940, S. 457–478. S. dazu auch III.3.2.

[sollte]."[492] Beim akademischen Festakt zur Erinnerung an den Reichsgründungstag und an den Tag der Nationalen Erhebung wird er am 30.01.1943 im Lichthof der Universität eine Rede über *Schiller und die geschichtliche Welt* halten (s. dazu unter 2). Vom Herbst 1940 bis zum Februar 1944 führen ihn Vortragsreisen nach Rumänien, Norwegen, Frankreich, Dänemark, Finnland und Schweden.[493] In Oslo 1942 und in Bukarest 1943 erkundet Fricke *Wege und Wandlungen deutscher Dichtung von Nietzsche bis zur Gegenwart*.[494] Heinz Kindermann bereichert 1943 das Kulturprogramm des Kopenhagener DWI mit seinem Vortrag über *Die deutsche Literaturwissenschaft an der Wende zweier Zeitalter*[495], im März 1943 spricht er in Brüssel über den *Reichsgedanken in der deutschen Dichtung* und 1944 in Athen über *Goethe als Theaterleiter*.[496]

Es sind jedoch keineswegs nur die „üblichen Verdächtigen", die sich am repräsentativen Auslandseinsatz der Literaturwissenschaft beteiligen. Sowohl für bereits ältere und/oder etablierte Akteure wie auch für Nachwuchswissenschfatler scheinen die im Rahmen des Krieges intensivierten Möglichkeiten zu einem bloß temporären oder auch längeren Auslandseinsatz attraktiv zu sein. Leopold Magon, seit 1928 Professor in Greifswald für Neuere deutsche und nordische Sprachen und Literatur, lässt in Kopenhagen die *Geistigen Beziehungen zwischen Deutschland und Dänemark in der Zeit Klopstocks* Revue passieren, während der Kölner Ordinarius Ernst Bertram im Juli 1941 auf Einladung der belgischen Militärverwaltung in Arlon „mit seinem Festvortrag über Heimat, Muttersprache und Volkstum", so weiß der Leiter der Kulturabteilung an das REM zu berichten, „literarische Höhe und nationales Bekenntnis miteinander verband und sowohl bei den Volksdeutschen wie bei den reichsdeutschen Gästen nachhaltigen Eindruck hinterließ."[497] Hermann Schneider, Ordinarius in Tübingen und Altgermanist, der jedoch auch wiederholt zu Themen der neueren deutschen Literaturwissenschaft publiziert[498], tritt 1943 in Bukarest eine

---

492 Lerchenmueller, Joachim: Die Reichsuniversität Straßburg: SD-Wissenschaftspolitik und wissenschaftliche Karrieren vor und nach 1945, in: Bayer, Karen/Sparing, Frank/Woelk, Wolfgang (Hrsg.): Universitäten und Hochschulen im Nationalsozialismus und in der frühen Nachkriegszeit, Stuttgart 2004, S. 53–79, hier: S. 58.
493 S. Art. Fricke, Gerhard, in: IGL und Hausmann, Frank-Rutger: a.a.O., S. 278.
494 Fricke, Gerhard: Wege und Wandlungen deutscher Dichtung von Nietzsche bis zur Gegenwart, Veröffentlichungen des Deutschen Wissenschaftlichen Instituts in Bukarest, Jena und Leipzig 1943. Zuvor norwegisch und deutsch veröffentlicht als Bd. 1 der Schriftenreihe der Deutschen Akademie, Mittelstelle Norwegen, bei der Abteilung für Schul- und Bildungswesen des Reichskommisars der besetzen norwegischen Gebiete, Oslo 1943.
495 Kindermann, Heinz: Die deutsche Literaturwissenschaft an der Wende zweier Zeitalter, in: Geist der Zeit. Wesen und Gestalt der Völker, Heft 1, 1943, S. 1–17.
496 Jäger, Ludwig: Seitenwechsel, a.a.O., S. 220 und Hausmann, Frank-Rutger: a.a.O., S. 249.
497 Dr. Franz Petri am 14.07.1941 an das REM (zit. nach Jäger, Ludwig: a.a.O., S. 220).
498 1942 und 1943 spricht Schneider in Orléans sowie in Ploesti (Rumänien) über *Die Epochen deutscher Dichtung* und *Die Dichtung der Stauferzeit und Frankreich* (s. Jäger, Ludwig: Disziplinen-Erinnerung, a.a.O., S. 108). Zur Bibliographie Schneiders, der u.a. 1934 eine Monographie über *Schiller. Werk und Erbe* (Stuttgart 1934) vorlegt, s. Schneider, Hermann: Kleinere Schriften zur germanischen Heldensage und Literatur des Mittelalters, Berlin 1962, S. 271–291.

Professur für Deutsche Sprache und Literatur an und wird zugleich zum Vizedirektor des dortigen DWI.[499] Rudolf Fahrner, 1934 als Nachfolger Gundolfs nach Heidelberg gekommen, wo er aber bereits zwei Jahre später aufgrund von Querelen mit der Universitätsverwaltung sein Amt niederlegt, ist von 1941 bis zur Schließung Präsident des DWI in Athen und Gastprofessor an der dortigen Universität.[500]

Aber auch für jüngere Nachwuchswissenschaftler entwickeln solche repräsentativen Außeneinsätze ein nicht unbeträchtliches Maß an Attraktivität. Clemens Heselhaus arbeitet von 1941 bis 1942 als Lektor für Literaturgeschichte an der Universität Pisa und in den folgenden beiden Jahren in Mailand.[501] Wolfdietrich Rasch spricht 1942 und 1943 in Paris

---

[499] Hausmann, Frank-Rutger: a.a.O., S. 84. Schneider hatte sich vorher bereits durch Auslandsreisen nach Rumänien, aber auch nach Italien und ins besetzte Paris für diese Ämter qualifiziert (s. zur Parisreise Hausmann, Frank-Rutger: a.a.O., S. 55f.).

[500] Fahrners Rückzug aus dem Heidelberger Universitätsleben geht, wie Hausmann (a.a.O., S. 243) ausführt, auf eine gemischte Motivationslage zurück: sowohl die Kritik der Studenten an seinem didaktischen Unvermögen, als auch der durch seine engen Kontakte zum George-Kreis stets virulente Vorwurf des mangelnden nationalsozialistischen Engagements wie schließlich die Klagen eines in Heidelberg wohnenden britischen Offiziers, der sich durch Fahrner belästigt fühlt, dürften es dem häufig kränkelnden, musisch und künstlerisch begabten Fahrner, der zudem ein starkes Interesse an alt- wie neugriechischer Literatur pflegt, erleichtert haben, nach Athen zu gehen. Fahrners Amtsausübung ist wenig exemplarisch. Gegenüber den nationalsozialistischen Verwaltungsbehörden ist er stets um die Autonomie seines Institutes bemüht. „Auf die Frage, warum er kein Bild des Führers im Institut hängen habe, antwortete er, für Athen komme natürlich kein banales Photo, sondern nur eine Breker-Büste in Frage, die sehr schwer zu beschaffen sei. Als eine Kommission unter Franz Alfred Six das Institut visitierte und bemängelte, es gebe kein NS-Schrifttum, dafür aber drei Heine-Ausgaben, konnte Fahrner glaubhaft machen, daß gerade diese Bücher ein Geschenk von Reichserziehungsminister Bernhard Rust an das germanistische Institut der Universität seien und das Institut wissenschaftlich und nicht parteilich orientiert sei." (252) Die Anziehungskraft des Instituts im öffentlichen Leben Athens geht nicht zuletzt auf Fahrners offensichtliches Vermögen zurück, Gelehrtentum, Kulturmanagement und respektvolle Diplomatie miteinander zu verbinden. Seit dem 20. Juli 1944 befindet er sich aufgrund seiner Kontakte zum Kreis um die Stauffenberg-Brüder und aufgrund seiner Mitwisserschaft über das geplante Attentat in akuter Lebensgefahr. Seine Verbindungen werden jedoch nicht aufgedeckt und er wird nicht festgenommen. Sicherlich erfüllt auch Fahrner als Präsident des DWI die Funktion eines Repräsentanten des Reiches, allerdings zeigt sein Beispiel, dass es durchaus auch im Rahmen dieser Rolle Handlungsspielräume gibt, deren jeweilige Verwirklichung auch von der Persönlichkeit des einzelnen Akteurs abhängt. „Das Athener DWI", so betont Hausmann, „unterschied sich […] von allen anderen seines Namens, denn es darf wegen der Persönlichkeit seines Leiters und der Mitarbeiter, die ihm nahe standen, als eine Schaltstelle des Widerstandes bezeichnet werden." (255)

[501] S. Waldow, Stephanie: Art. Heselhaus, Clemens, in: IGL, Bd. 2, S. 733–735; Hausmann, Frank-Rutger: a.a.O., S. 367; Jäger, Ludwig: Seitenwechsel, a.a.O., S. 219. Heselhaus (1912–2000) promoviert 1937 in Münster bei Günther Müller mit einer Arbeit über *Anton Ulrichs Aramena* (*Studien zur Dichterischen Struktur des deutschbarocken Geschichtsgedichts*, Würzburg-Aumühle 1939) und habilitiert sich drei Jahre später ebenfalls bei Müller mit einer Studie zu Annette von Droste-Hülshoff (*Die Entdeckung des Seins in der Dichtung des 19. Jahrhunderts*, Halle/Saale 1943).

und Angers über *Herders europäische Sendung.*⁵⁰² Günther Weydt arbeitet von 1941 bis 1945 als Lektor der Deutschen Akademie in Brüssel, wo er zwischen 1942 und 1944 als Leiter der Sprachenabteilung (Mittelstelle der DA) des dortigen DWI fungiert, 1942 übernimmt er zudem Lektorate in Antwerpen und in Lüttich. In einem seiner Berichte über die deutsche Kulturpolitik im besetzten Belgien vergleicht er Belgien angesichts seines uneinheitlichen „Volkscharakters" mit dem Balkan und er moniert den starken französischen Einfluss, den es zu brechen gelte: „Das gilt nicht nur für Brüssel, sondern das gilt auch für das rein flämische Gebiet, man muß nur den Bahnhof Antwerpen verlassen, um zu sehen, wie hier die französische Kulturgeschichte in ihrer Weise die flämische überdeckt [...]." Allerdings, so Weydts kultur- wie militärpolitische Empfehlung, solle man sich ohnehin nicht zu sehr auf das Flamentum konzentrieren:

> Dies nicht nur wegen des sehr beträchtlichen Rüstungspotentals, sondern wegen der Wallonen selbst, die keine Franzosen sind und ihrer Herkunft nach auch zum Teil germanischer Abstammung sind und die nur durch eine falsche Politik allzu sehr in die Arme des französischen Kulturlebens getrieben worden sind. Die Wallonen sind durch geschichtliche Bande mit dem deutschen Reich verbunden und haben Jahrhunderte lang bis zu den Zeiten Napoleons zum Reich Romana [sic] gehört.⁵⁰³

Wolfgang Kayser tritt 1941 eine Gastprofessur in Lissabon an und 1943 wird er zum Direktor der Wissenschaftlichen Abteilung des dortigen Deutschen Kulturinstituts (und somit zum Stellvetreter von dessen Präsidenten).⁵⁰⁴ Kayser, der – wohl nicht zuletzt aufgrund

---

502 Jäger, Ludwig: Disziplinen-Erinnerung, a. a. O., S. 108. Rasch (1903–1986) habilitiert sich 1933 bei Ferdinand Josef Schneider mit einer Arbeit über *Freundschaftskult und Freundschaftsdichtung im deutschen Schrifttum des 18. Jahrhunderts vom Ausgang des Barock bis zu Klopstock* (Halle/Saale 1936). 1941 erhält er eine außerordentliche Professur für Neuere deutsche Literaturgeschichte an der Universität Würzburg.

503 Zit. nach Hausmann, Frank-Rutger: a. a. O., S. 260 f. Auch Weydt hält im Rahmen seiner Auslandstätigkeit eine Reihe von Vorträgen: in Brüssel und Antwerpen spricht er über *Simplicius Simplicissimus, Friedrich den Großen und das Problem der nationalen Literatur, Die deutsche Malerei des 19. Jahrhunderts* und *Die deutsche Zeichenkunst des 19. Jahrhunderts* (Jäger, Ludwig: Erinnerungs-Diszplin, a. a. O., S. 108; s. zu Weydts kulturpolitischer Tätigkeit in Belgien auch Jäger, Ludwig: Seitenwechsel, a. a. O., S. 244–256).

504 Hausmann, Frank-Rutger: a. a. O., S. 344. Statt Kayser (1906–1960) hätte ursprünglich Kommerell nach Lissabon gehen sollen, jedoch wird ihm, als politisch Mißliebigem, die Ausreisegenehmigung des NS-Dozentenbundes verweigert (342). Auch die Karriere Kaysers, der sich 1935 bei Julius Petersen mit einer Studie über die *Geschichte der deutschen Ballade* (Berlin 1936) habilitiert, wird durch den Dozentenbund blockiert. Seine Bewerbung um eine Dozentur in Berlin 1936 scheitert an der „wissenschaftlich-charakterlich-politischen Beurteilung" des Dozentenbundführers E. Landt, dessen Gutachten vom 07.06.1937 zu dem Schluss kommt, dass Kaysers „Verhalten ihn nicht als einen wahren Nationalsozialisten ausweist. Die Bezeichnung ‚politisch einwandfrei'" müsse ihm „zwar formell zuerkannt werden", jedoch sei Kayser „mehr ein Kämpfer für eigene Rechnung als für die allgemeine [sic], insbesondere hochschulpolitischen Ziele." (hier zit. nach Vosskamp, Wilhelm: Wolfgang Kayser, in: König, Christoph/Müller, Hans-Harald/Röcke, Werner (Hrsg.): Wissenschaftsgeschichte der Germanistik in Porträts, Berlin/New York 2000, S. 235–238, hier: S. 235) Allerdings gelingt es durch den

seiner Querelen mit dem Berliner NS-Dozentenbund – erst im Mai 1937 in die NSDAP eintritt, übernimmt schließlich während seiner Zeit in Lissabon auf Anraten seiner ebenfalls dort tätigen deutschen Kollegen auch das Amt des Schulungsleiters der Landesgruppe der Partei. Seine Kollegen sehen in der Übernahme des Amtes „die damals sichere Gewähr für die unmittelbare Abweisung jeder Art von Einmischung der Parteistellen in die Tätigkeit der an der hiesigen Hochschule verpflichteten Deutschen."505

Kayser versteht es, zu repräsentieren ohne indoktrinierend zu wirken. Bei den Studenten und Kollegen stößt er damit auf äußerst positive Resonanz. An der Überlegenheit des deutschen Geistes scheint indes auch er nicht zu zweifeln. In einem Tätigkeitsbericht vom 21.03.1941 heißt es: „Hier arbeitet man, wie fast überall im Ausland, nur ästhetisch oder biographisch, wenn man Dichtungen behandelt. Ich glaube, daß wir auch in der literarhistorischen Arbeit einen solchen Vorsprung vor der ausländischen Literaturwissenschaft gewonnen haben, daß die anderen viel lernen können. Es wäre eine ganz unauffällige Art, Kulturpropaganda zu machen."506

In Posen übernimmt 1939 der zuvor schon in Riga lehrende Otto von Petersen die Aufsicht über die literaturwissenschaftlichen Einrichtungen der Universität. 1942 erhält er, wie der „Kurator der Reichsuniversität" in einem Schreiben vom 09.11.1942 mitteilt, „den freien für das Fach der Literaturgeschichte umgewandelten Lehrstuhl ‚Geschichte und Sprache des Judentums'".507 Als „Mitdirektor des Deutschen Seminars", das seit 1942

Einsatz der Fakultät, Kayser eine Dozentur in Leipzig zu verschaffen. Von 1939 bis 1941 ist Kayser Soldat (u. a. nimmt er 1940 am „Frankreich-Feldzug" teil), und es mag nicht zuletzt die Möglichkeit gewesen sein, dieser eher ungeliebten Lebensform zu entrinnen, die Kayser bewogen haben mag, das Angebot einer Professur in Lissabon anzunehmen. Denn Teresa Seruya zufolge war Kayser „gewiß nicht willens, den ‚Heldentod' zu sterben, wenn es sich vermeiden ließ." (Seruya, Teresa: Wolfgang Kayser in Portugal. Zu einem wichtigen Kapitel der portugiesischen Germanistik, in: Fürbeth, Frank/Krügel, Pierre/Metzner, Ernst E./Müller, Olaf (Hrsg.): Zur Geschichte und Problematik der Nationalphilologien in Europa. 150 Jahre Erste Germanistenversammlung in Frankfurt am Main (1846–1996), Tübingen 1999, S. 715–725, hier S. 718; zu Kaysers Zeit in Portugal s. auch: dies.: Germanistik in Portugal. Ein wissenschaftsgeschichtlicher Bericht, in: Jahrbuch der deutschen Schillergesellschaft 39, 1995, S. 391–417; dies.: Wolfgang Kayser in Portugal. Zu einem Aspekt der Beziehungen zwischen Deutschland und Portugal in den vierziger Jahren, in: Die Germanistik in Portugal: Dialog und Debatte. Akten des I. Internationalen Kongresses des Portugiesischen Germanistenverbandes, Coimbra, 25.–27. Januar 1996, Bd. II, S. 637–646).

505 Seruya, Teresa: Wolfgang Kayser in Portugal, a. a. O., S. 719.
506 Zit. nach ebd. Bereits hier sei darauf verwiesen, dass diese „unauffällige Kulturpropaganda" sich durchaus mit dem Propagandakonzept Goebbels deckt, der seine Untergebenen dazu anhält, „[n]ur nicht die Gesinnung auf den Präsentierteller [zu] legen." (Zit. nach: Reichel, Peter: Der schöne Schein des Dritten Reiches. Faszination und Gewalt des Faschismus, Frankfurt am Main 1993, S. 160; s. dazu unten). Kayser ist in seiner Rolle als Repräsentant des deutschen Geistes immerhin so erfolgreich, dass auf ihn in Lissabon auch noch im September 1944 und trotz allgemeiner und kriegsbedingter Aufhebung der Uk.-Stellungen wegen seines „starken Einfluss[es] auf die portugiesischen akademischen Kreise" – wie es heißt – „nicht verzichtet werden" konnte (zit. nach: Jäger, Ludwig: a. a. O., S. 219).
507 Zit. nach Grimberg, Martin: Das Deutsche Seminar an der Reichsuniversität Posen (1941–1945), in: Convivium. Germanistisches Jahrbuch Polen, 1997, S. 25–60, hier: S. 35.

unter der Leitung das Altphilologen, Volkskundlers und engagierten Nationalsozialisten[508] Lutz Mackensen steht, und als „Leiter der Abteilung Schrifttum der Landeskundlichen Forschungsstelle des Reichsgaus Wartheland" obliegt es ihm, „der im Unterschied zu Mackensen eher als ‚Mitläufer' ohne NS-Ambition einzustufen ist"[509], das deutsche Ostschrifttum zu erforschen.

Erich Trunz schließlich erhält, nachdem er sich in der zweiten Hälfte der 1930er Jahre mit einigen resonanzstrategischen Schriften an das neue Regime herangeschrieben hat, im Herbst 1940 eine ordentliche Professur für Neuere deutsche Literaturgeschichte an der Deutschen Universität in Prag, die er bis zum Kriegsende bekleidet. Dort führt er, wie Herrmann zeigt, eine Form der „Doppelexistenz" zwischen „strenge[r] wissenschaftlicher Arbeit" einerseits und politischen Zugeständnissen andererseits weiter. Sowohl seine Lehre als auch die wenigen Arbeiten, die von ihm noch während seiner Prager Zeit erscheinen, sind „von auffallenden nationalen Tönen ganz frei"[510]. Zugleich jedoch fungiert er seit 1940 als stellvetretender Dozentenführer im NS-Dozentenbund und seit 1942 als Leiter des „Amtes Wissenschaft" in Prag.[511]

Da solche repräsentativen Außeneinsätze auch in den Zeiten des Krieges keineswegs zu den unumgänglichen Pflichten eines Literaturwissenschaftlers zählen, stellt sich die Frage, woher ihr Attraktivitätspotential, das für viele Akteure offensichtlich nicht unerheblich gewesen zu sein scheint, rührt. Die Motivationslage für einen solchen Willen zur Repräsentation oder zumindest für die Bereitschaft, eine solche Funktion stillschweigend in Kauf zu

---

508 Mackensens Schriften sind von einem ostentativen Antisemitismus durchzogen. So heißt es etwa in *Der Dichter und das Reich* (Brüssel 1941): „Die Germanistik, die doch die Aufgabe gehabt hätte, die Maßstäbe des künstlerischen Geschmacks zurecht zu rücken, ist ganz verjudet [...], die Kulturphilosophie haben Simmel, Cassirer, Martin Buber an sich gerissen – das sind nur wenige, sind nur die ‚besten' Namen, hinter denen nun die Männer des zweiten Gliedes stehen und sich breit machen, bis hin zu einer Zerrgestalt wie dem landesverräterischen Karl [sic] Tucholsky, der unter vielen erborgten Namen [...] sein ekles Gift ins Volk spritzt und alles, was anderen irgendwie wert und heilig ist, in den Dreck der Gosse zieht, der er selbst entstammt, und der in seiner ‚Weltpresse' ein Blatt bereitfindet, das in der ‚freiesten aller Republiken' alles abdruckt, was er und seinesgleichen niederschmieren." (249)
509 Grimberg, Martin: a. a. O., S. 43. Otto von Petersen (1898–1945 [vermißt]), der nicht habilitiert ist, fungiert von 1929 bis 1939 als Vorsitzender der Goethe-Gesellschaft in Riga und pflegt „durch diese Aufgabe enge Kontakte zum ‚Ministerium für Volksaufklärung und Propaganda'" (Grimberg, Martin: a. a. O., S. 35). Angesichts seines mangelnden politischen Engagements wird er im WS 1943/44 vom REM nach Odessa entsandt und zeitweise durch den politisch gefälligeren Max Ittenbach vertreten. Als dieser 1944 zurück nach Gent beordert wird, kehrt von Petersen nach Posen zurück.
510 Herrmann, Hans Peter: Germanistik – auch in Freiburg eine „Deutsche Wissenschaft"?, in: a. a. O., S. 123.
511 Seit 1943/44, so Hans-Peter Kunisch, sei es bei Trunz (1905–2001) zu einer zunehmenden Distanzierung gegenüber dem nationalsozialistischen Regime, ja sogar zu sporadischen Kontakten mit Kreisen innerhalb der Universität, „die Widerstand zu formieren beginnen", gekommen (Kunisch, Hans-Peter: Die Gelehrten und das verteufelt Humane. Wie der Germanist und Goethe-Herausgeber Erich Trunz einen „völkischen Standpunkt" fand, überwand und verschwieg, in: SZ, Nr. 182, 2000).

nehmen⁵¹², ist – dies ziegen die hier kurz umrissenen Beispiele – durchaus vielschichtig. Für die jüngeren, innerhalb der Literaturwissenschaft noch nicht fest etablierten Nachwuchswissenschaftler, spielen karrierestrategische Erwägungen zweifellos eine nicht zu unterschätzende Rolle: Für die einen, wie etwa für Trunz, Kayser oder von Petersen bedeutet das Auslandsengagement immerhin den Schritt zur ersten Professur. Für andere, wie für Weydt oder Heselhaus bedeutet das Auslandsengagement die Möglichkeit, einen weiteren Schritt auf der Karriereleiter voranzukommen oder zumindest einen Karrierestau zu überbrücken.⁵¹³ Die Aussicht auf eine Uk.-Stellung mag, wie das Beispiel Kaysers zeigt, hier noch ihr Übriges getan haben. Doch würde es sicherlich zu kurz greifen, allein solche karrierestrategischen Erwägungen zur motivationalen Basis jener literaturwissenschaftlichen Akteure zu erklären, die sich bereit finden, die „stille Studierstube des Gelehrten, fern ab vom Appell der Zwecke"⁵¹⁴ zu verlassen. In Sonderheit für jene, die – wie Cysarz, Koch,

---

512 Dass diese Einsätze zumindest eine solche Bereitschaft, qua Repräsentation auch an der kulturpolitischen „Strategie verdeckter Auslandspropaganda" des Regimes (Jäger, Ludwig: Seitenwechsel, a. a. O., S. 195) zu partizipieren, nahelegen und somit die nach 1945 häufig zu hörende Versicherung, man sei einzig im „Dienste der Wissenschaft" unterwegs gewesen, als notorische Exkulpationsstrategie und kaum als Ausdruck echter Unwissenheit interpretiert werden kann, erhellt aus den während des Krieges obligatorischen Rahmenbedingungen solcher Auslandseinsätze. Solche Aufenthalte, selbst kürzere Vortragsreisen (wie das Beispiel von Cysarz' abgelehnter Schweizreise zeigt), waren genehmigungspflichtig durch politische Instanzen. Ohne die Bescheinigung zumindest politischer Unbedenklichkeit durch den NS-Dozentenbund waren etwa (Gast-)Professuren in neutralen oder befreundeten Staaten, dies zeigt die Ablehnung Kommerells für Lissabon, und erst recht Professuren an den „Grenzlanduniversitäten" in den besetzten Gebieten nicht möglich. Jene Aktuere, die im Rahmen des DWI-Netzwerkes eine leitende Funktion übernahmen, waren in regelmäßigen Abständen berichtspflichtig gegenüber dem REM oder dem AA (s. Jäger, Ludwig: Seitenwechsel: a. a. O., S. 200). „Über ihr Involviertsein in das System", so führt Hausmann etwa im Blick auf die Präsidenten der Institute aus, „[…] konnten sie kaum Zweifel haben. Denn mindestens einmal pro Jahr wurden sie zu einer Tagung ins AA nach Berlin einbestellt, auf der ihnen die neuesten Richtlinien der NS-Kultur- und Wissenschaftspolitik nachdrücklich vermittelt und eingeschärft wurden. Auch unterlagen sie einer regelmäßigen Berichtspflicht, die sie zu permanenter Quantifizierung und Selbstevaluierung ihrer Arbeit zwang." (a. a. O., S. 45) Ähnliches gilt aber auch für die Lektorate, wie Ludwig Jäger betont: „Der unzweifelhaft politische Charakter der Tätigkeit der Akademie-Lektorate kam bereits bei der Auswahl der Lektoren zur Geltung. Vor ihrer Entsendung – meist auf Vorschlag der Universitäten – brauchten die Lektoren, die alle Mitglieder der NSDAP waren, in jedem Fall ein positives Gutachten der Auslandsorganisation der NSDAP (AO) […] Darüber hinaus wurden entsandte Lektoren jährlich vom Instituts- oder Lektoratsleiter sowie vom Landesgruppenleiter der AO einer Beurteilung in fachlicher und weltanschaulicher Hinsicht unterzogen." (a. a. O., S. 216)
513 Weydt erhält 1943 eine apl. Professur in Bonn und Heselhaus arbeitet seit 1944 als Privatdozent für Neure deutsche Literatur und Sprache unter besonderer Berücksichtigung der Neueren deutschen Literaturgeschichte in Halle.
514 „Die stille Studierstube des Gelehrten", so versichert noch 1944 Kurt Stegmann, Indogermanist und Leiter des „Kriegseinsatzes der Wissenschaft im Ostland" sowie des Sonderreferats Wissenschaft und Kultur in Rosenbergs Ostministerium, „bleibt weiterhin Vorhof der Waffenschmiede." (Zit. nach Lerchenmueller, Joachim/Simon, Gerd (Hrsg.): Im Vorfeld des Massenmords. Germanistik und Nachbarfächer im 2. Weltkrieg, Tübingen 1997, S. 52)

Kindermann, Fricke, Schneider oder Bertram – bereits eine gesicherte Position einnehmen, sind es sicherlich weltanschauliche, denkstilspezifische und prestigebezogene Erwägungen, die eine repräsentative Präsenz im Ausland attraktiv erscheinen lassen.[515]

In Cysarz' Deutung des Polen- und Frankreichfeldzuges als eines „uns aufgezwungenen Kriegs, in dem wir Deutschen nichts als unsere Einheit und das Daseinsrecht eines starken Volks verteidigen"[516], dürfte sich auch die weltanschauliche Grundhaltung, die holistisch-ethnische Volkskonzeption der anderen auslandsaktiven Akteure widerspiegeln. Ebenso dürfte es sich mit jener Sicht verhalten, derzufolge der Einfall in Russland als weltgeschichtlicher Akt der „Verteidigung" des Abendlandes gegen den Bolschewismus mit dem Ziel des „Aufbau[s] eines neuen Europa[s]"[517] erscheint. Die Argumentation, derzufolge es sich bei den repräsentativen Kriegseinsätzen der Literaturwissenschaft um „Aufgaben deutschen Geistes im Dienst der einen abendländischen Zukunft"[518] handelt, ist sicherlich nicht nur eine private Grille Cysarz', sondern vielmehr ein hochfrequenter Topos der am Kriegsdiskurs beteiligten Schriftgelehrten. Dass Cysarz betont, bei diesen Aufgaben handele es sich um „Wirklichkeitsaufgaben"[519] verweist auf die denkstilspezifische Imprägnierung der Motivationslage. Artikuliert sich doch darin das lebenswissenschaftliche Ethos einer resonanzgeschwächten Disziplin, die mit der wirklichkeitsgesättigten, lebensbezogenen Bewährungsprobe eines geistigen Kriegseinsatzes die Möglichkeit ergreift, ihre Praxisrelevanz zu demonstrieren.

Allerdings beschränkt sich das lebenswissenschaftliche Ethos nicht weniger Akteure darauf, in der Studierstube „ungeschlagen" zu bleiben. Der unmittelbareren „Bewährung im Feld" jedenfalls zieht man häufig die Uk.-Stellungen, um die ein mitunter intrigantes Gerangel entbrennt, an der „kriegswichtigen" Schreibtischfront vor. So muss etwa von Petersen in Posen als „Bauernopfer" für die Uk.-Stellung Mackensens dienen. Von Petersen wird gegen seinen Willen von Posen nach Odessa versetzt, damit Mackensen in Posen bleiben und nicht zur Wehrmacht eingezogen werden kann. Zudem scheinen 1943/44 im Posener Direktorat des Deutschen Seminars in gleichsam epidemischer Weise Gallenbeschwerden zu zirkulieren. Mackensen muss sich 1944 einer Gallenoperation unterziehen und auch Mackensens Mitdirektor Jungandreas betont in einem Brief an den „Herrn Kurator der Reichsuniversität", dass er – wie auch seine Frau – „seit vielen Jahren an Gallenbeschwerden" leide und seit zwei Jahren in seinem Haushalt „ohne Mädchen, ja ohne jegliche Stütze (Aufwartefrau u. dgl.)" habe auskommen müssen, so dass ein Umzug von Breslau

---

515 Dies bedeutet natürlich keineswegs, dass solche Motivlagen – zusammen mit karrierestrategischen Erwägungen – nicht auch für Nachwuchswissenschaftler relevant sein können. Im Blick auf Trunz s. dazu etwa die differenzierenden Überlegungen bei Herrmann, Hans Peter: a. a. O., S. 123 f.
516 Cysarz, Herbert: Zur Gegenwartslage der deutschen Geisteswissenschaften, in: Historische Zeitschrift, 162, 1940, S. 457–478, hier: S. 476.
517 Koch, Franz: Von deutscher Art, a. a. O., S. V.
518 Cysarz, Herbert: Zukunftsaufgaben deutscher Schrifttumsforschung, in: Volk und Reich, XIX, 1943, Heft 11 und 12, S. 423–425, hier: S. 425.
519 Ebd.

nach Posen, um dort die Stelle von Petersens längerfristig zu vertreten, schlechterdings nicht in Frage käme.[520]

Die Chancen jedoch auf die Repräsentation des „deutschen Geistes", die immer auch eine Demonstration der eigenen Relevanz ist, steigen für die Disziplin mit dem Krieg wieder. Sie steigen vor allem durch die Möglichkeit der machtgeschützten und -gestützten Auslandseinsätze im Rahmen der expansionistischen nationalsozialistischen Wissenschafts- und Kulturpolitik. Solche repräsentativen Akte steigern zudem – und auch dies ist sicherlich ein nicht zu unterschätzendes Motiv – das Prestigebewusstsein der beteiligten Akteure. Das Gefühl, als Repräsentant des deutschen Geistes im Ausland gefragt zu sein und hofiert zu werden, schmeichelt der Eitelkeit und dem Geltungsbedürfnis der Akteure. Gerade der Umstand, dass sie einer Disziplin angehören, die im Inland ihren Reputationszenith überschritten hat, macht solche Auslandseinsätze noch attraktiver. Dieses für die Selbstwahrnehmung als Lebenswissenschaftler wichtige Gefühl, etwas in der Praxis bewegt zu haben und weiterhin bewegen zu können, wie auch die egobalsamierende Wirkung gesteigerter Aufmerksamkeit spiegelt sich deutlich in Cysarz' Bericht über seinen ersten Besuch am DWI in Bukarest. Der Bericht des Münchner Ordinarius, so resümiert Hausmann, ist

> hymnisch, denn der Gastredner wurde aller nur erdenklichen Ehren teilhaftig. Er wurde vom Botschafter und seinen Mitarbeitern bzw. in der Provinz von den Konsuln, von Gamillschegg [dem Präsidenten des Bukarester DWI; G. K.] und den Abteilungsleitern des DWI sowie von hochrangigen rumänischen Gelehrten und Politikern (Minister Ion Nistor, zugleich Rektor der Universität Czernowitz, den Professoren Dumitru Caracostea, Ion San-Giorgiu, Alexandru Tzigara-Samurcas, Grigore Antipa u. v. a.) empfangen. In Klausenburg nahmen 7–800 Hörer an seinem Vortrag teil und feierten ihn emphatisch. Im DWI hielt er am Abend des 23. seinen Nietzschevortrag im Festsaal, der nicht alle Gäste fassen konnte. ‚Nachher geselliger Abend des Instituts, Dutzende aufgeschlossener Gespräche: Deutschland muß siegen, wenn Europa zu dauernder Ordnung gelangen soll. Ueberall merkt man die ebenso unaufdringliche wie überaus wirksame Arbeit des Instituts und seines Leiters Prof. Gamillscheg.[521]

---

520 Grimberg, Martin: a. a. O., S. 44. S. auch Ludwig Jäger (Seitenwechsel, a. a. O., S. 325 ff.) zum Erlaß „Sonderelbe", in dessen Rahmen auch wehrwichtige Geisteswissenschaftler von der Front zurückgeholt werden konnten. So wird etwa Benno von Wiese am 16.05.1944 uk.-gestellt, damit er an einer zwei Monate später in Wien stattfindenden, vom Ahnenerbe protegierten Klopstock-Tagung, auf der Jäger zufolge auch Probleme einer „Kriegsarbeitsgemeinschaft der deutschen Geisteswissenschaften" besprochen werden sollten, teilnehmen kann.

521 Hausmann, Frank-Rutger: a. a. O., S. 75 f. Der Eindruck der eigenen Bedeutsamkeit in Kriegszeiten mag durch die Informationspflicht gegenüber den politischen Instanzen bisweilen noch gesteigert worden sein. Zumindest Cysarz' Bericht über seinen Besuch in Bukarest vermittelt den Eindruck, dass hier jemand schreibt, der sich zugleich auch in einer wichtigen, politischen Mission unterwegs weiß: „Immer noch ist hier [in Rumänien; G. K.]", so resümiert der Münchner Ordinarius seine Reiseimpressionen, „der überaus fruchtbare Stock eines kerngesunden, an Leib und Seele sauberen, in Vielem hochbegabten Bauern- und Hirtenvolks weithin von einem händlerischen, levantinischen

Sicherlich, auch im Inland gibt es solche Chancen prestigeträchtiger Repräsentation. Mit ihrem fünfbändigen Beitrag zum „Kriegseinsatz der Geisteswissenschaften" (s. I.), oder mit ihren Inszenierungsbeihilfen zu den nationalen Hölderlinfeierlichkeiten 1943 (s. u.) repräsentiert die Disziplin während des Krieges auch nach innen, allerdings bleibt der Wirkungsradius solcher Projekte, vergleicht man sie mit den repräsentativen Inszenierungen etwa in Film, Radio und Theater, doch eher begrenzt (s. dazu unten). Im Rahmen der auf die „Heimatfront" gerichteten Strategien der „kulturellen Kriegsführung" des Regimes spielt die Literaturwissenschaft deshalb sicherlich auch eine geringere Rolle als in der auf das Ausland gerichteten Kulturpolitik.

Sinnstiftung durch Legitimations- und Kompensationsangebote

Nur in Ausnahmefällen – etwa bei Rudolf Fahrners „Einsatz" in Athen – beschränkt sich das literaturwissenschaftliche Sinnstiftungsangebot im Kriege auf bloße Repräsentation. Da Literaturwissenschaftler (in der Regel) Experten des geschriebenen und (bisweilen zumindest) auch des gesprochenen Wortes sind, erstreckt sich ihr potentielles Repertoire an Sinnstiftungsangeboten im Krieg – die oben genannten Titel einiger Beiträge deuten dies bereits an – auch auf legitimatorische und/oder kompensatorische Sprachhandlungen. Als legitimatorisch sollen hier solche Sprachhandlungen bezeichnet werden, die dazu beitragen, einen narrativen „Deutungsrahmen" des Krieges zu konstruieren, so dass die „laufende[n] Ereignisse eine Bedeutung und einen erzählerischen Sinn erhalten."[522] Als gerechtfertigt und notwendig erscheinen somit sowohl der Krieg als solcher, als auch seine mitunter negativen Folgen. Letztere gilt es bekanntlich vor allem seit dem Kriegswinter 1942/43, als mit der symbolträchtigen Kapitulation der 6. Armee bei Stalingrad eine „Talsohle der Stimmungslage"[523] erreicht wird, zu legitimieren und zugeich zu kompensieren. Als kompensatorisch sollen hier jene Sprachhandlungen gelten, die – der zumindest temporären – Inszenierung „einer zivilisatorischen Normalität auch im Krieg"[524] dienen.

> Menschenschlag überschichtet. So kommt es unsererseits vor allem darauf an, dem bodenwüchsigen Stamm zu der ihm gebührenden Führung zu verhelfen. Eine Eigenbewegung in solcher Richtung ist ansatzweise im Gang. Minister wie Dragomir oder Giurescu, Professoren wie Procopovici oder Cuza o. a. unterscheiden sich stark von dem Typus, den wir bis unlängst in Rumänien am Steuer zu sehen gewohnt waren. Wohl sind die Besten der Eisernen Garde tot und dieser Ausfall an Führerpersönlichkeiten wird noch sehr lange nicht verwunden sein. Doch manche solcher Art, nicht nur Gardisten, sind vorerst vereinzelt am Werk; es gilt, ihnen und uns den Nachwuchs, die Durchschlagskraft einer breiten Front zu gewinnen." (Zit. nach Hausmann, Frank-Rutger: a. a. O., S. 76)

522 Herf, Jeffrey: „Der Krieg und die Juden." Nationalsozialistische Propaganda im Zweiten Weltkrieg, in: Echternkamp, Jörg: a. a. O., Zweiter Halbband, S. 159–202, hier: S. 161.
523 Kallis, Aristotle A.: Der Niedergang der Deutungsmacht. Nationalsozialistische Propaganda im Kriegsverlauf, in: Echternkamp, Jörg: a. a. O., Zweiter Halbband, S. 203–250, hier: S. 231.
524 Thamer, Hans-Ulrich: „Es wird alles ganz verwandelt sein." Die deutsche Gesellschaft und der Krieg. Eine Schlußbetrachtung, in: Echternkamp, Jörg: a. a. O., Zweiter Halbband, S. 977–992, hier: S. 984. Auf den ersten Blick mag diese Definition als analytisch wenig ergiebig erscheinen, tragen doch aus

4. LITERATURWISSENSCHAFT IM ZEICHEN DES „VOLKES" 587

Als Inszenierung einer Insel zivilisatorischer Normalität innerhalb des Besatzungsterrors und zugleich als zynische Demonstration der angeblichen geistigen Überlegenheit der germanischen „Herrenrasse" erscheinen sowohl die anlassgebende Gründung der Gesellschaft der Wissenschaften in Krakau zu einem Zeitpunkt, als die Endphase des Generalgouvernements bereits nahe rückt[525], als auch Cysarz' Vortrag über das „Gesetz der Geschichte" selbst. Veranlasst er doch die Anwesenden, ihrem alles andere als zivilisatorischen „Handeln, Wagen und Planen und Verantworten [...] diese Stunden" der akademischen Belehrung abzusparen. Der kompensatorische Effekt von Cysarz' Krakauer Intermezzo als geschichtsphilosophischem *haruspex* dürfte sich allerdings in Grenzen gehalten haben, erlaubt doch das von ihm als „unvorausbestimmbare Bestimmtheit" gekennzeichnete „Gesetz der Geschichte" keinerlei Prognosen über den weiteren Kriegsverlauf:

> Unberechenbarkeit des Nacheinander und Unwiderleglichkeit des Ineinander, beide tragen denselben Weltfug. Wie lange wir füglich die Herrschaft in Polen behalten werden, kann mit unseren Mitteln **grundsätzlich** nicht vorweg ausgemacht werden. Wüßten wir es, dann brauchten wir nichts Äußerstmögliches dazuzutun – wir würden zu Marionetten einer Spieldose oder Insassen eines Schlaraffenlands.[526]

Der Appell an die Anwesenden, ihr „Äußerstmögliches dazuzutun", ist ebenso deutlich wie die Ergebnisse der Schau des Münchner Experten für großräumiges Denken in die Eingeweide der Geschichte vage bleiben: „Die Ordnung der Geschichte ist weder die beste noch die schlechteste, weder die weiseste noch deren Gegenteil, sondern die werdendste, die schaffendste."[527]

Weniger skrupulös als beim Blick in die Zukunft zeigt sich Cysarz indes immerhin, wenn es um die Legitimation der unmittelbaren Vergangenheit geht:

> Wenn nun hier in Krakau die brennende Frage gestellt wird: War es den Polen also bestimmt, anno 1939 unter deutsche Herrschaft zu kommen, ist es ihnen bestimmt, unter der Hoheit Deutschlands zu bleiben? – so muß nach alledem bündig geantwor-

---

einer funktionalen Perspektive zunächst einmal **alle** nicht unmittelbar kriegsbezogenen Handlungen in Kriegszeiten zur Perpetuierung zivilisatorischer Normalität bei. Allerdings scheint es m. E. sinnvoll, zwischen einer solchen allgemein verstandenen Zuschreibung eines Normalitätseffektes und einer spezifischeren Variante graduell zu unterscheiden. Die spezifische Differenz ist hier m. E. mit dem Begriff der Inszenierung gegeben, der darauf verweist, dass als kompensatorisch in unserem Zusammenhang nur solche Sprachhandlungen gelten sollen, bei denen sich der Vorsatz einer Normalitätssuggestion bei einem der an dieser Handlung maßgeblich Beteiligten aufzeigen lässt (s. dazu u. über die Hölderlin-Gesamtausgabe).

525 Im März 1944, also ca. drei Monate nach Cysarz' Vortrag, leitet die Teilräumung des Distrikts Galizien die „anarchische Endphase" der deutschen Herrschaft im Generalgouvernement ein (Kosmala, Beate: Generalgouvernement, in: Benz, Wolfgang/Graml, Hermann/Weiß, Hermann (Hrsg.): a. a. O., S. 483–485, hier: S. 484.

526 Cysarz, Herbert: Gibt es ein Gesetz der Geschichte, a. a. O., S. 35.

527 Cysarz, Herbert: a. a. O., S. 38.

tet werden: Es waren notwendige Vorgänge, die Polen vor vier Jahren unterworfen werden ließen; und zwar viel mehr als ursächliche Zwangläufigkeit [sic], an deren Wirksamkeit ja keinesfalls Zweifel bestehen. Notwendigkeit war es, auch aus zahllosen unabhängigen sprich welt-abhängigen Wesenszügen fernsther und fernsthin gewoben. Indessen all die Bestimmtheit dieser Geschehnisse verbürgt keine lücken- und restlose Vorbestimmtheit in einem menschlich faßbaren Sinn dieses Ausdrucks. Wäre der Gang der Dinge vorbestimmt gewesen in einem uns eingängigen Sinn des Begriffs [...], [d]ann hätten etwa der polnische Staatspräsident und seine Ratgeber das ihnen bevorstehende Unglück erkennen und durch teilweise Kapitulation zeitgerecht abwenden können. Und damit hätte die große Notwendigkeit sich selbst widerlegt.[528]

Cysarz' Krakauer Erzählung ist insofern durchaus typisch für die Begleitdiskurse, die von literaturwissenschaftlichen Akteuren während des 2. Weltkriegs in Umlauf gebracht werden, als dass sie den Krieg als ein notwendiges und gerechtfertigtes Ereignis legitimiert. Untypisch sind jedoch die zeitlichen Fokussierungen, die ihren Argumentationsgang strukturieren. Cysarz' Fokus ist hier enger und weiter zugleich als derjenige der meisten anderen Legitimationserzählungen. Enger, weil die unvermittelte Bezugnahme auf konkrete „laufende Ereignisse" des Krieges (bei Cysarz eben die Besetzung Polens) eher eine Ausnahme darstellt. Selbst Kindermanns 1939 in der *Geistigen Arbeit* erschienener Beitrag zum „deutschen Wesen" der *Danziger Barockdichtung* (s. III.4.2) stellt keinen direkten Bezug zum Einmarsch deutscher Truppen in Polen her.[529] Dies erklärt sich aus dem spezifischen Adressatenkreis sowie dem Ort des Vortrages. Cysarz kann hier relativ unverblümt „zur Sache" sprechen, da der Großteil seiner Zuhörer aus Angehörigen der SS oder der Wehrmacht bestanden haben wird. Zudem muss er im Generalgouvernement, das als Abschiebe- und Vernichtungsgebiet für Polen und Juden aus den in das Reich eingegliederten Gebieten fungiert, nicht in der Rolle eines auch werbenden kulturpolitischen Repräsentanten sprechen, der nicht-deutsche Zuhörer von der Überlegenheit des deutschen Geistes überzeugen will.[530]

Weiter ist sein Fokus, weil Cysarz seinen eigenen geschichtsphilosophischen Ambitionen gemäß hier gleich die gesamte Weltgeschichte in den Blick zu nehmen sich anschickt. Deshalb bleibt sein Legitimationsangebot auch relativ vage, besagt seine Erzählung doch letztlich nichts anderes, als dass der Einfall Deutschlands in Polen deshalb legitim sei, weil *alle* im Laufe der Weltgeschichte bereits vollzogenen Handlungen in der historiographi-

---

528 Cysarz, Herbert: a. a. O., S. 33 f.
529 Ähnlich unvermittelt rekurriert allerdings Paul Böckmann in seinem Beitrag von 1941 über *Deutsches Schicksal in der elsässischen Literaturentwicklung der Neuzeit* auf die militärischen Ereignisse (vgl. S. 89).
530 In dieser sowohl legitimatorischen als auch kompensatorischen Rolle treten die kulturpolitischen Repräsentanten eher in den neutralen und befreundeten Ländern, aber auch in den besetzten Westgebieten auf. So hofft etwa die Besatzungsmacht in Belgien, „die Präsenz der Besatzungstruppen durch das Gegenbild einer großen Kulturnation ab[]mildern" zu können (Michels, Eckard: Das Deutsche Institut in Paris 1940–1944. Ein Beitrag zu den deutsch-französischen Kulturbeziehungen und zur auswärtigen Kulturpolitik des Dritten Reiches, Stuttgart 1993, S. 131).

schen Rückschau als notwendig und damit auch als gerechtfertigt erscheinen. Im Rahmen eines dergestalt universalistischen Dezisionismus' bleibt das Maß an anschlussfähiger Sinnstiftung notwendigerweise bescheiden, erscheint doch zumindest theoretisch immer auch das Gegenteil alles Geschehens, das erst als bereits Geschehenes seine Notwendigkeit wird offenbaren können, *möglich*.

Gängigere und wohl auch gefälligere Scharniergeschichten zur Legitimation des Krieges sind jene, die die Hochwertsemantik des „Freiheitskrieges" und des „Abendlandes" (bzw. „Europas") bemühen. Nicht nur Franz Koch in der Einleitung zum „Gemeinschaftswerk" seiner Disziplin rekurriert auf den „Aufbruch volkhaften Willens" während der antinapoleonischen Kriege und auf die Aufgabe des „Aufbau[s] eines neuen Europa[s]" (s. I.), die sich als geistige Dimension des aktuellen Krieges stelle. Auch der Greifswalder Ordinarius Leopold Magon unterlegt dem aktuellen Krieg ein synchronisierendes und sinnstiftendes Narrativ. Entfaltet wird dieses Narrativ anhand der literaturgeschichtlichen Symbolfigur Ernst Moritz Arndts, den er in seinem Vortrag *als Wegbereiter deutscher Wehrerziehung* charakterisiert. Einleitend betont Magons Vortrag, den er im Rahmen der vom 19. bis zum 24.07.1943 stattfindenden Arndttage hält: „Arndttage bedürfen im Kriege keiner besonderen Rechtfertigung vor der großen Öffentlichkeit. Jedermann kennt Arndt als Dichter der Befreiungskriege [...], und es wird vielen einleuchtend erscheinen, daß man Geist und Wort eines so mächtigen Kämpfers aufs neue beschwört, nachdem das deutsche Volk zum neuen Freiheitskriege angetreten ist."[531]

Magons Vortrag skizziert das aktuelle Anschlusspotential von Arndts antizipatorischen Schriften zur „Wehrerziehung". Arndts „Einsatz für die allgemeine Wehrpflicht" habe „[d]as ideale Ziel und den politische[n] Sinn der allgemeinen Wehrpflicht", der in der „Verschmelzung der beiden bisher getrennten, ja feindlichen Faktoren Heer und Volk, die Einheit von Soldat und politischem Mann" bestehe, propagiert und so „den folgenreichen Übergang zum Volksheer" ermöglicht.[532] Allerdings habe dieses weitsichtige Konzept im Laufe des 19. Jahrhunderts herbe „Rückschläge" erfahren müssen, ein Umstand, der im Ersten Weltkrieg, so Magon den Topos vom „Dolchstoß" aufgreifend, schließlich bittere Früchte getragen habe:

---

531 Magon, Leopold: Ernst Moritz Arndt als Wegbereiter deutscher Wehrerziehung, in: Magon, Leopold (Hrsg.): Ernst Moritz Arndt. Ursprung, Wesen, Wirkung. Drei Vorträge an den Arndttagen der Ernst-Moritz-Arndt-Universität Greifswald vom 19.–24. Juli 1943 gehalten von Paul Hermann Ruth, Leopold Magon, Erich Gülzow, Greifswald 1944, S. 32–70, hier: S. 32. Magon (1887–1968), hochdekorierter Kriegsteilnehmer an beiden Weltkriegen (sein Beitrag trägt im Titel den authentifizierenden Zusatz „z. Z. b. d. Wehrmacht"), habilitiert 1917 in Münster mit einer (ungedruckten) Arbeit über Schillers Jugenddramen und ist seit 1928 Ordinarius für Neuere deutsche und nordische Sprachen und Literatur an der Universität Greifswald und zudem Direktor des dortigen Nordischen Institus (ab 1933 Nordische Auslandsinstitute). Seit 1928 unternimmt er fast jährlich Vortragsreisen in skandinavische Länder. In der SBZ/DDR kann er seine Karriere ohne größere Brüche fortsetzen (s. dazu Red.: Art. Magon, Leopold, in: IGL, Bd. 2, S. 1142–1144).

532 Magon, Leopold: a. a. O., S. 41.

> Wir werden keinen Augenblick leugnen und vergessen, was das deutsche Heer durch Erziehung, durch Friedensarbeit und Bewährung auf dem Schlachtfelde geleistet hat. Aber das Heer konnte nicht verhindern, daß rings um es herum die Zersplitterung und Verpöbelung im Volke um sich griff und all die Schäden am Volke fraßen, die Arndt schon zu Anfang der vierziger Jahre am Werk gesehen hatte, ohne ihnen wehren zu können; es konnte nicht verhindern, daß sich diese Schäden ins Heer selbst einfraßen, und es erlag 1914/18 nicht der Übermacht der Feinde, sondern scheiterte an der Brüchigkeit des Volksgefüges.

Arndt selbst sei es nicht mehr vergönnt gewesen, „jene ideale Form des Volksheeres mitschaffen zu helfen, wo das Heer die von lebendiger Kraft erfüllte kriegerische Daseinsform eines echten, von einem einheitlichen Willen beseelten Volkes ist. [...] Hier hat ihm das Schicksal lediglich die Aufgabe vorbehalten, Wegbereiter des Heute zu sein."[533]

Die Greifswalder Arndttage, die sicherlich auch nationalrepräsentative und kriegskompensatorische Effekte zeitigen, wie auch die Beiträge des Vortragsbandes liefern ein eindrückliches Beispiel dafür, wie Literaturwissenschaft und Krieg als Ressourcen füreinander fungieren können, indem sie sich gleichsam wechselseitig legitimieren. Die Literaturwissenschaft wird, hier in Gestalt der Arndt-Forschung, zu einer Legitimationsressource des politischen Feldes, indem sie ihr Forschungsobjekt zur symbolspendenden Projektionsfläche eines kriegslegitimierenden und potentiell motivierenden Narrativs stilisiert. Der Krieg wiederum wird zur Legitimationsressource der literaturwissenschaftlichen Forschungstätigkeit, lässt er doch, wie ja auch Magon eingangs betont, eine forcierte Beschäftigung mit dem „Sänger der Freiheitskriege" als besonders angemessen erscheinen. Sowohl in der Einleitung, die der Greifswalder Rektor Carl Engel besteuert, als auch im Nachwort Magons wird denn auch mit Nachdruck darauf hingewiesen, dass die „Weiterarbeit an der großen historisch-kritischen Gesamtausgabe der Schriften Ernst Moritz Arndts [...] auf den besonderen Wunsch der führenden Stellen trotz des totalen Krieges weitergefördert wird", und zwar „mit Unterstützung der Deutschen Forschungsgemeinschaft."[534]

Vor allem seit dem im Frühsommer 1941 begonnenen Angriff auf die Sowjetunion rückt die Europa-Semantik in zunehmendem Maße auch in die kriegslegitimatorischen Erzählungen der Literaturwissenschaft ein und überlagert dort das Narrativ vom „Freiheitskrieg". Letzteres hatte in der Anfangsphase des Krieges, noch als Ausdruck jenes holistisch-ethnischen Volkskonzeptes, das den wesens- und wertewissenschaftlichen *mainstream* der Disziplin prägt, überwogen. Als die Räume des von Deutschland ausgehenden Krieges im Zuge des Ostfeldzuges weiter werden, steigt zugleich die Notwendigkeit, das innerhalb der Disziplin noch dominante Legitimationsnarrativ vom nationalen, völkischen Verteidigungskrieg ins – wie es etwa bei Koch heißt – „Übervölkische" und damit ins „Abendländische" zu erweitern. An der europäischen Dimensionierung eines künftigen Krieges, in dem

---

533 Magon, Leopold: a. a. O., S. 42.
534 Magon, Leopold (Hrsg.): a. a. O., S. 3 und 71. Die Gesamtausgabe ist bis 1945 nicht über das Planungstadium hinausgekommen.

Deutschland als letztes „Bollwerk" des Abendlandes gegen die jüdisch-bolschewistische „Zerstörung des Abendlandes" figuriert, hatte das von offizieller, politischer Seite aus lancierte Narrativ ohnehin von Beginn an gearbeitet. In seiner Rede vom 13.09.1935 beim Nürnberger Parteitag etwa, dem „Parteitag gegen den Bolschewismus", liefert Goebbels die kulturgeschichtliche Rahmung für den intellektuellen Teil seiner Zuhörerschaft gleich mit: „Während der Nationalsozialismus einen neue Fassung und Formung der europäischen Kulturen in die Wege leitet, ist der Bolschewismus die Kampfansage des von den Juden geführten internationalen Untermenschentums gegen die Kultur an sich. Er ist nicht nur antibürgerlich, er ist antikulturell." Der Bolschewismus, so Goebbels weiter, bedeutet „die absolute Vernichtung aller wirtschaftlichen, sozialen, staatlichen, kulturellen und zivilisatorischen Errungenschaften des Abendlandes zugunsten einer wurzellosen und nomadenhaften internationalen Verschwörerclique, die im Judentum ihre Repräsentanz gefunden hat."[535]

Goebbels versteht es, in dieser Rede den nationalsozialistischen Antisemitismus mit den sozialen wie kulturellen Enteignungsängsten eines Teils des Bildungsbürgertums, aus dessen modernekritischen Erzählungen er wiederum Bestandteile seines Narrativs importiert, zu amalgamieren. Der Kommunismus sei

> erdacht, geführt und geleitet von der Inkarnation des mammonistischen und materialistischen Denkens, dem internationalen Judentum in allen Ländern der Erde. [...] Das ist nichts anderes als der großangelegte Versuch des Judentums zur Expropriierung und Depossidierung der arischen Oberschicht in allen Nationen und ihren Ersatz durch die jüdische Unterwelt [...] Das hat nichts mehr mit Politik zu tun [...] Das ist Verbrechen unter politischer Maske.[536]

Auffällig sind auch die Fremdworthäufungen in diesem Teil seiner Rede, die die Vermutung noch plausibler erscheinen lassen, er wende sich hier dezidiert und vor allem an die Gebildeten unter seinen Zuhörern. Kontinuierlich hat Goebbels – sieht man einmal von der kurzen Phase des Hitler-Stalin-Paktes ab – diesen Topos in seinen Reden und Aufsätzen wiederholt. Auch in einem zweistündigen Vortrag an der Friedrich-Wilhelm-Universität zu Berlin greift Goebbels am 01.12.1941 vor Mitgliedern der Deutschen Akademie, Diplomaten, Partei- und Regierungsmitgliedern, Offizieren der Wehrmacht, Journalisten, Industriellen und Wissenschaftlern dieses Narrativ wieder auf. Die Invasion der Sowjetunion sei eine Maßnahme zur Verteidigung der europäischen Kultur und Zivilisation, eine „geschichtliche[] Auseinandersetzung" und die Beendigung der jüdischen „Vorherrschaft" über Europa sei die Voraussetzung für die „Gesundung" Europas.[537] Noch am 21.06.1944

---

535 Goebbels, Joseph: Deutschlands Weg zur Freiheit, hier zit. nach Herf, Jeffrey: a.a.O., S. 163.
536 Zit. nach Herf, Jeffrey: a.a.O., S. 164.
537 Goebbels, Joseph: Das eherne Herz. Rede vor der Deutschen Akademie. Gehalten am 1. Dezember 1941 in der Neuen Aula der Friedrich-Wilhelm-Universität zu Berlin, München 1941, S. 35 und 37. Auch Hitler betont 1942, anlässlich des Jahrestages des Putschversuchs von 1923 bei einer Rede im Münchner Löwenbräukeller: „Wenn das Judentum sich etwa einbildet, einen internationalen Welt-

vermeldet der *Völkische Beobachter*, dass sich nunmehr „[z]um dritten Male" der Tag jähre, „an dem die deutschen Heere zur Abwehr des jüdisch-bolschewistischen Einbruchs ins Abendland angetreten sind. Wir wissen heute aus vielen dokumentarischen Zeugnissen, in welcher Gefahr das Abendland damals schwebte."538

Unter fallweiser Ausblendung der antisemitischen Komponente ist es dieses, den Krieg kulturhistoriographisierende und deshalb so anschlussfähige, Narrativ vom deutschen Kampf um und für „Europa", das auch die literaturwissenschaftlichen Legitimationserzählungen strukturiert. Cysarz, der unter der Bürde der dräuenden Niederlage offensichtlich zu altem Sinnstiftungselan zurückfindet, lässt Nietzsche – *Seher des Untergangs – um des Aufstiegs willen* –, in den *Münchner neuesten Nachrichten* vom 14.10.1944 „um ein künftiges Deutschland mit allen Ordnungs- und Unordnungsmächten Europas [ringen]." Der Denker des ewigen Mittags ist es, der „mit dem wider- und untermenschlichen Nihilismus [ringt], mit einer Lebensnot (und Notwendigkeit), die die ganze Neuzeit begräbt, um ein Weltalter, das sich aus unseren welt-kreißenden Kriegen gebären soll. Ein Riesenmal des Abendlandes vor dem längsten Tunnel vielleicht seiner gesamten Bahn – und Wort für Wort ein deutscher Frühlingsschrei nach dem unbekannten Gott vor der Entscheidung der Entscheidungen."539

Trauer muss Europa ein Jahr zuvor bei Kluckhohn noch nicht tragen. Bildungsbürgerlicher und feiner im Ton als Cysarz, distanzierter scheinbar auch in der Wahl der verhandelten Sache, dafür aber im *Europäischen Wissenschaftsdienst*, als dessen Herausgeber Paul Ritterbusch, REM-Beauftragter für den „Kriegseinsatz der Geisteswissenschaften", Walter Wüst vom SS-Ahnenerbe und Wilhelm Ziegler vom Reichspropagandaministerium verantwortlich zeichnen, reflektiert der Tübinger Ordinarius 1943 über *Den europäischen Gedanken in der deutschen Romantik*. Die Romantik habe den „Glaube[n] an die deutsche Europa-Aufgabe", an die „Aufgabe der Vermittlung und der Führung, im Geistigen zunächst und dann auch als politische Vormachtstellung" geweckt. Allerdings, so das einschränkende Versöhnungsangebot Kluckhohns an die potentiellen ausländischen Leser der Zeitschrift, ziele diese Hegemonialstellung nicht auf eine „Unterdrückung anderer Völker"

---

krieg zur Ausrottung der europäischen Rassen herbei führen zu können, dann wird das Ergebnis nicht die Ausrottung der europäischen Rassen, sondern die Ausrottung des Judentums in Europa sein." (Domarus, Max: a.a.O., Bd. 2, S. 1937)

538 Der Völkische Beobachter (Münchner Ausgabe), 21.06.1944, S. 1 (hier zit. nach Herf, Jeffrey: a.a.O., S. 200). Dass die Proliferation der Europa-Semantik einen zentralen Bestandteil der nationalsozialistischen Kriegspropagada ausmacht, manifestiert sich auch in dem Umstand, dass auf die aus Russland verschickten Feldpostkarten üblicherweise ein Satz aus der Note an die Sowjetregierug anlässlich des Überfalls auf Russland gedruckt ist: „Das deutsche Volk ist sich bewußt, daß es dazu berufen ist, die gesamte Kulturwelt von den tödlichen Gefahren des Bolschewismus zu retten und den Weg für einen wahren sozialen Aufstieg in Europa frei zu machen." (Zit. nach Zeller, Bernhard (Hrsg.): a.a.O., Bd. 2, S. 111)

539 Cysarz, Herbert: Seher des Untergangs – um des Aufstiegs willen: Nietzsche in der Zeitwende unserer Gegenwart, in: Münchner neueste Nachrichten vom 14.10.1944, S. 3.

sondern bedeute „vielmehr nur eine Befreiung der unterdrückten Völker und allen eine Hilfe zur Entfaltung ihrer Eigentümlichkeit."⁵⁴⁰

Um Europa ist es auch Gerhard Fricke zu tun, wenn er „als Abgesandter gleichsam des inneren Reiches der Deutschen, des Reiches der Wissenschaft, der Kunst, der Dichtung" dem „eherenvolle[n] und bewegende[n] Auftrag"⁵⁴¹ nachkommt, seine Zuhörer am Deutschen Wissenschaftlichen Institut in Bukarest 1943 über *Wege und Wandlungen deutscher Dichtung von Nietzsche bis zur Gegenwart* aufzuklären. Die Literaturgeschichte der vergangenen hundert Jahre lässt der Straßburger Ordinarius als einen heroischen und „im Grunde hoffnungslosen Abwehrkampf [...] um das Stückchen [...] sinnvollen Daseins" gegen „die wachsenden Wellen der nihilistischen, atomistischen und relativistischen Auflösung" Revue passieren.⁵⁴² Allerdings ist auch bei Fricke der Tag dann besonders nahe, wenn die Nacht am tiefsten ist. Denn in Gestalt der Dichtung der Seidels, Baumanns, Langenbecks, Schumanns, Weinhebers, Kolbenheyers und Carossas, die sich „nie damit begnügt [hat], auf raffinierte oder exakte oder schöne Weise das Leben einfach widerzuspiegeln[,] [s]ondern [...] das Leben gestaltete wie es sein **soll** und sein **kann**"⁵⁴³, naht seit der Jahrhundertwende die Rettung. Dieser binnendeutsche Krieg der Literaturen, an dessen Ende sich nach Fricke als Hoffnung die „Überwindung der tödlichen Gefahr, die aus dem hinter uns

---

540 Kluckhohn, Paul: Der europäische Gedanke in der deutschen Romantik, in: Europäischer Wissenschafts-Dienst, 3, 1943, H. 12, S. 7–9, hier: S. 8f. S. dazu auch Klausnitzer, Ralf: Blaue Blume, a. a. O., S. 153 f.

541 Fricke, Gerhard: Wege und Wandlungen deutscher Dichtung von Nietzsche bis zur Gegenwart (= Veröffentlichungen des Deutschen Wissenschaftlichen Instituts in Bukarest, Vorträge, 5), Jena/Leipzig 1943, S. 5.

542 Fricke, Gerhard: a. a. O., S. 33. Nach den maßgeblichen Beschleunigern der „Lockerung und Relativierung der Ordnungen und Bindungen in allen Bereichen des individuellen und sozialen Lebens" (18) sowie den Nutznießern der „verfallenden europäischen Zivilisation" (19) braucht auch Fricke nicht lange zu fahnden. Ganz im Sinne der nationalsozialistischen, verschwörungstheoretischen und handlungsanleitenden Maxime „Die Juden sind schuld!" (s. dazu Herf, Jeffrey: a. a. O., S. 189) heißt es bei ihm: „In den Rissen und Fugen aber des zerfallenden sittlichen, weltanschaulichen und ästhetischen Gefüges der Zeit setzten sich seit den achtziger Jahren [des 19. Jahrhunderts; G. K.] immer rascher und zahlreicher die Juden fest. Sie besetzten alle entscheidenden Schlüsselstellungen der literarischen und kritischen Meinungslenkung. Sie beherrschen die Presse, die Bühne, die maßgebenden Verlage. War doch die Literatur allmählich zu einer Industrie geworden, die in Erzeugung und Verbrauch von einem kleinen, unsichtbar bleibenden Kartell gesteuert wurde. Diese Gruppe lenkte die Massen und machte die öffentliche Meinung, weil sie Verlage, Kritik und Presse beherrschte. Sie ,lancierte' das eine Buch und den einen Schriftsteller. Und sie verurteilte durch Verschweigen oder durch einige ironische Beiläufigkeiten den anderen zur Wirkungslosigkeit. Seit 1900 nehmen dann die Juden auch die Herstellung der Literatur immer stärker in die eigene Hand. Mit einem untrüglichen Instinkt gleichsam für die feuchten Stellen des völkischen und kulturellen Lebens haben sie die Krankheit der europäischen Kultur – und zwar wohl am stärksten in Deutschland – unablässig und zielsicher gefördert. Sie haben die im Gang befindliche Pervertierung der – Gestalten, Symbole und Lebensnormen schöpferisch aufrichtenden – Dichtkunst zur analysierenden und zerfasernden psychologischen Routine vollendet." (18 f.)

543 Fricke, Gerhard: a. a. O., S. 34.

liegenden Jahrhundert aufsteigend, über das Abendland allmählich die Schatten des Untergangs sinken ließ", abzeichnet, geht jedoch, wie Fricke versichert,

> nicht nur uns Deutsche an. [Er] betrifft das Schicksal Europas. Und so darf auch das deutsche Schrifttum, das seit Jahrzehnten in gläubigem Kampf gegen den Untergang stand, diese seine Leistung als eine stellvertretende ansehen – in dem Sinne, wie Deutschland heute wie nie zuvor stellvertretend für Europa kämpft. [...] Dennoch glaube ich, daß es sich lohnt und daß es ein edler und fruchtbarer Entschluß wäre, wenn schon jetzt, inmitten des Erzklanges der Waffen, die einem neuen Europa den Weg bahnen, die Völker ernstlich begännen, eines auf des anderen wahre Dichter zu hören. Denn auf dem Grunde der reifsten Dichtungen, die heute den Völkern eines verjüngten Europa erwachsen, spiegeln sich die Sterne der Zukunft, der wir gemeinsamen Kampfes und Schaffens entgegengehen.[544]

Falls nötig, versteht es Fricke indes auch, auf subtilere Weise die Register der Legitimation zu ziehen, wie sein Vortrag über *Schiller und die geschichtliche Welt* zeigt, den er am 30.01.1943 im Lichthof der Universität Straßburg hält.[545] Bei seiner Zuhörerschaft in Bukarest kann Fricke durchaus davon ausgehen, dass das Europa-Narrativ angesichts der im Land des deutschfreundlichen Achsenpartners weit verbreiteten antiwestlichen, antibolschewistischen wie auch antisemitischen Ressentiments auf einen positiven Resonanzboden fällt.[546] Im okkupierten Straßburg hingegen ist die Erzählung vom kulturellen „Abwehrkampf", den Deutschland stellvertretend für Europa zu führen auf sich genommen hat, als legitimatorische Sinnstiftungsressource denkbar ungeeignet. Verfolgt man hier doch vor allem das Ziel, die 1941 unter maßgeblicher Beteiligung der SS „wiederaufgebaute" Reichsuniversität „unter Zugrundelegung eines streng nationalsozialistischen Maßstabes und einer straffen Auswahl der Lehrkräfte zu einer im Raum verankerten Kampfuniversität zu machen, die den westlerischen Geist zu überwinden und den Reichsgedanken zu stärken [hat]."[547] Die „westlichen Nachbarn an die neue europäische Ordnung zu binden und für die unter deutscher Führung entstehende Völkergemeinschaft zu gewinnen"[548] – so 1942 etwa der Verwaltungschef beim Militärbefehlshaber Frankreich, Werner Best – lautet die großraumpolitische Direktive. Zu deren Durchsetzung soll auf kulturpolitischer Ebene auch eine „Strategie verdeckter Auslandspropaganda" beitragen, die die militärische Raumerweiterung geistig flankiert und die „sich ruhig nach außen ein Gelehrtengesicht geben

---

544 Fricke, Gerhard: a.a.O., S. 35.
545 Fricke, Gerhard: Schiller und die geschichtliche Welt, Straßburg 1943 (= Heft 5 der Straßburger Universitätsreden). Im Folgenden zit. aus Fricke, Gerhard: Vollendung und Aufbruch. Reden und Aufsätze zur deutschen Dichtung, Berlin 1943, S. 444–470.
546 S. dazu Hausmann, Frank-Rutger: a.a.O., S. 64 ff.
547 So Heydrich am 10.04.1942 an Himmler, hier zit. nach Lerchenmueller, Joachim: a.a.O., S. 58.
548 Best am 08.05.1942 an die DFG, zit. nach ebd. Der westeuropäische Bereich, so Best in einem Schreiben vom 27.05.1942 an das REM, „bedarf aber – anders als im Osten – in erster Linie einer geistigen Bewältigung und Durchdringung." (Zit. nach ebd.)

[soll], ohne natürlich in Wirklichkeit professoral zu sein."⁵⁴⁹ Die Philosophische Fakultät und in Sonderheit das „Historisch-Germanistische Großseminar", an dem Fricke seit September 1941 das Amt des ordentlichen Professors für Deutsche Philologie bekleidet, stehen im Rahmen dieser geistigen „Regermanisierungs"- und „Entwelschungs"-Politik im Vordergrund der Planungen des Sicherheitsdienstes.⁵⁵⁰

Der Vortrag des Straßburger Ordinarius kann in seiner mehrfachen Codierung gleichsam als ein Musterbeispiel verdeckter, oder präziser: wissenschaftlich *über*deckter, Kulturpropaganda gelesen werden. Gelehrt und wissenschaftlich in der Wahl des Sujets und im Duktus richtet Fricke als Schiller-Experte das Wort an seine akademische Zuhörerschaft, ohne die aktuellen militärisch-politischen „Begleitumstände", die eine solche Rede an diesem Ort erst ermöglichen, auch nur ein einziges Mal explizit anzusprechen. Implizit jedoch erzählt Fricke seinem wissenschaftlich wie sicherlich auch politisch interessierten Auditorium zugleich von der Legitimität der deutschen Raumerweiterung im Westen.

Ausgangspunkt ist die Frage nach Schillers Geschichtsverständnis, das Fricke einleitend von demjenigen Herders und Goethes abgrenzt. Zur Leitfrage wird dabei, wie sich bei Schiller Geschichte und Idee zueinander verhalten:

> [W]as bedeutete bei Schiller die Geschichte für die Idee? Und, unlösbar damit verbunden, die andere, uns vor allem beschäftigende [Frage]: was bedeutet die Idee für die Geschichte? Oder das Gleiche etwas anders ausgedrückt: was war und was wurde die **Geschichte** für Schiller? *Und*: was wurde **er** bzw. seine **Dichtung** in der immer neuen, immer näheren Begegnung mit der Geschichte? Nur wenn wir beständig diese Wechselfrage im Auge behalten, hört unsere Frage auf, ein beliebiges akademisches Thema zu sein, greift sie in den Kern der dynamischen, spannungsträchtigen Schillerschen Entelechie.⁵⁵¹

Dass das Thema kein „beliebiges akademisches" ist, und dass es nicht nur um Schillers sondern auch um die Entelechie des deutschen Reiches geht, wird deutlicher, wenn der Straßburger Ordinarius nun der Frage nachgeht, ob in Schillers dramatischen Dichtungen wie auch in seinen historischen Schriften Geschichte wirklich nur noch – wie ein erster Blick vermuten lassen könne – als ein „Chaos selbstsüchtiger Triebe und skrupelloser Mittel"⁵⁵² erscheine. Lässt sich also, so kann die Frage Frickes umrissen werden, Schillers historiographische *Praxis*, in der er Geschichte immer wieder als Poet oder als Historiker zur Anschauung bringt, als skeptizistische Diskreditierung der Geschichte, mithin als Widerlegung der philosophischen Theorie von des Menschen „Vermögen und Berufung zur Freiheit durch die Idee"⁵⁵³ begreifen. Frickes Argumentationsgang läuft im Fogenden vor allem darauf

---

549 Aufzeichnungen des Staatssekretärs über interne Dienstanweisungen, zit. nach Michels, Ekhard: a.a.O., S. 47.
550 Lerchenmueller, Joachim: a.a.O., S. 59.
551 Fricke, Gerhard: a.a.O., S. 446.
552 Fricke, Gerhard: a.a.O., S. 449.
553 Fricke, Gerhard: a.a.O., S. 446.

hinaus, die Leerstelle, die Schillers poetisch-historiographische Praxis innerhalb der „Grundvesten des Vernunftideals seines Jahrhunderts"[554] aufreißt und hinterlässt, als eine bloß vermeintliche, bzw. oberflächliche aufzuweisen. Das „Tätertum des Helden" zum Einen, „Heil und Bestand einer **Nation**"[555] als legitime Ziele machtpolitischen Handelns zum Anderen erweisen sich Fricke zufolge nun aber als jene beiden Leitideen, die in der Tiefe der poetisch-historiographischen Praxis Schillers (und zum Teil wider dessen eigene Absicht) das Vakuum sinnstiftend auffüllen. Sie rechtfertigen somit Geschichte auch als Praxis zumindest temporär wieder.

Vom *Fiesco* über *Wallenstein* bis zu den *Warbeck*- und *Demetrius*-Fragmenten reiche die Galerie jener Tatmenschen, an denen sich Schillers „Bejahung vor allem des **großen Menschen** in der Geschichte"[556] manifestiere. „[N]ur von solchen Fällen her" sei Schiller Geschichte „als erhabenes Objekt" erschienen, denn die „Größe, die Schiller in der Geschichte suchte und fand, lag allein im Genius und in der Kraft des **Einzelnen**", des „große[n] Feldherr[n] oder Staatsmann[es]."[557] Schiller, so versichert Fricke, „pries die Größe, die gelebt wurde und sich in der geschichtlichen Welt verwirklichte. Hier erfuhr er einen Wert, der sich der Souveränität der allein wertgebenden Idee nicht unterordnete und der die Wirklichkeit nicht preisgab, sondern sie bestand."[558] Fiesco etwa repräsentiere jenen von Schiller bewunderten Typus, der „zur **Tat** geboren und zur **Herrschaft** bestimmt, die Stunde ergreift und sich dienstbar macht." Fiesco, so Fricke weiter und unter durchaus ambiger Verwendung des Demonstrativpronomens, sei

> ein Sohn dieser Stunde. Mit offenbarer Begeisterung gestaltet Schiller diesen großen politischen Täter, der überlegen, schweigsam, kühn, voll besonnener Glut, ebenso zu warten, wie den Augenblick blitzschnell zu ergreifen vermag, der, selber undurchsichtig, seine Umgebung durchschaut und sie mit unmerklichem Zügel lenkt und sich dienstbar macht, wie ein Meister sich sein Instrument unterwirft. Wenn er nach der Krone greift – dann offenbar deshalb, weil er zur Herrschaft geboren ist, weil Genua der Herrschaft bedarf und weil niemand da ist, der ihm ebenbürtig wäre.[559]

Freilich wird Hitler von Fricke namentlich nicht erwähnt. Dennoch dürfte gerade seinen Zuhörern auf einem im „Blitzkrieg" besetzten Grunde das aktualistische Assoziationsangebot, das in der obigen Skizze des „großen politischen Täters" enthalten ist, kaum entgangen sein.[560] Doch ist die Geschichte auch in der Praxis nicht allein als Ergebnis entschlossenen

---

554 Ebd.
555 Fricke, Gerhard: a. a. O., S. 447 und 461.
556 Fricke, Gerhard: a. a. O., S. 453.
557 Ebd.
558 Fricke, Gerhard: a. a. O., S. 459.
559 Fricke, Gerhard: a. a. O., S. 449.
560 Herbert Cysarz zum Beispiel kommt – wie des Öfteren – in einer ähnlichen Angelegenheit direkter zur Sache. Heißt es doch in seinen Ausführungen *Vom Genie* (in: Neue Rundschau, 1943, Heft 3, S. 89–96) u. a. in Anspielung auf Hitlers Festungshaft: „Aus solchen Nöten bricht sein [des Genies; G. K.] Vollbringen ja auf: der Wüste vor der Glaubensstiftung, dem Gefängnis vor der politischen Tat [...]." (S. 95)

und bereits vollzogenen Handelns legitimiert. Das bisher entwickelte, an Schiller exemplifizierte Loblied des Dezisionismus, demzufolge die geschichtliche, d. h. die politische Welt nur als eine aus dem Geiste der Entscheidung geborene auf ewig gerechtfertigt sei, wird von Fricke nun durch die Leitidee der Nation grundiert. Sicherlich, so konzediert zunächst auch Fricke, manifestiere sich in Schillers Tätertypen zugleich auch die „unheimlich skeptische[], illusionslose[] Psychologie"561 des Dichters, denn: „Wird nicht der zum Handeln Berufene notwendig auf den gewissenlosen Weg des Fiesco, des Wallenstein und schließlich des Demetrius gedrängt?"562 Allerdings habe auch Schiller ungeachtet seines illusionslosen Blickes auf die politische Geschichte doch erkennen müssen, „daß es auch innerhalb des Politischen ‚schöne', d. h. gute und notwendige Zwecke gibt und daß man diese schönen Zwecke nur wollen kann, wenn man auch die Mittel will, durch die sie in Wirklichkeit allein erreichbar sind."563 Hier bringt Fricke nun die Idee der Nation ins Spiel und seine Didaktik ist wohl nicht ganz frei von Perfidie, wenn er im besetzen Straßburg diese oberste Anwärterin auf das Reich der „schönen Zwecke" ausgerechnet am Beispiel von Schillers Schilderung des „‚glorreich geführte[n] Leben[s] Heinrichs IV. von Frankreich und seine[m] Kampf gegen die habsburgische[n] Länder'" erläutert. Es sei belanglos, so Fricke, ob Schillers historiographisches Gemälde geschichtlich richtig sei, entscheidend sei es vielmehr,

> daß hier aus der Geschichte ein Begriff von Herrschergröße gewonnen wird, der nicht vom Selbstgenuß der Macht, sondern von großen und adligen, auf Heil und Bestand der **Nation** gerichteten Zielen bestimmt wird. Damit aber wird der Dualismus von Macht und Freiheit, von Geschichte und Idee gesprengt und das idealistische Denkgefüge erschüttert. Schiller fährt fort, daß alle Mächte Europas das gleiche Interesse am Niedergang Spanien-Österreichs gehabt hätten. Heinrich allein aber sei kühn und genial genug gewesen, es zur Tat zu machen.564

---

561 Fricke, Gerhard: a. a. O., S. 453.
562 Fricke, Gerhard: a. a. O., S. 454.
563 Fricke, Gerhard: a. a. O., S. 461.
564 Ebd. Man geht wohl nicht zu weit, hier auch eine historische Rückverlagerung des Europa-Narrativs zu vermuten, in dem Frankreich die Rolle Deutschlands und Spanien-Österreich die Rolle Russlands zukommt. Dass Fricke hier, wenn er Schillers Ausführungen über das Frankreich Heinrichs IV. zitiert, zugleich auch auf die Lage Deutschlands nach dem Ersten Weltkrieg und auf den aktuellen Krieg gegen Russland anspielt, erhellt etwa aus folgender Passage: „‚Was hatte es ihn [Heinrich IV.; G. K.] nicht gekostet, das trübe Chaos zu ordnen, worin der Tumult eines langwierigen Bürgerkrieges, von eben diesem Österreich angefacht und unterhalten, Frankreich gestürzt hatte. Jeder große Mensch will für die Ewigkeit gearbeitet haben, und wer bürgte diesem König für die Dauer des Wohlstandes, worin er Frankreich verließ, solange Österreich und Spanien eine einzige Macht blieb, die jetzt zwar entkräftet darniederlag, aber ein einziges glückliches Ohngefähr brauchte, um sich schnell wieder in *einen* Körper zusammenzuziehen und in ihrer ganzen Furchtbarkeit wieder aufzuleben? Wollte er seinem Nachfolger einen festgegründeten Thron, seinem Volke einen dauerhaften Frieden zurücklassen, so mußte diese gefährliche Macht auf immer entwaffnet werden. Aus dieser Quelle floß der unversöhnliche Haß, welchen Heinrich IV. dem Hause Österreich geschworen, unauslöschlich, glühend und gerecht, wie Hannibals Feindschaft gegen Romulus' Volk, aber durch edleren Ursprung geadelt.'" (460)

Allerdings, und nunmehr erweitert Fricke die soeben exemplifizierte Idee der Nation zu derjenigen des Reiches, in dessen Namen die Westexpansion offiziell gerechtfertigt wird, sei Schillers Einsicht in die Legitimität der geschichtlichen Wirklichkeit nur vorübergehender Natur. Denn „die Wirklichkeit des Reiches [...] war zu Schillers Zeit nicht gegenwartsmächtig genug, um den Durchbruch zur inneren und eigenen Positivität der Geschichte herbeizuführen."[565]

Von der „Gegenwartsmächtigkeit" der „Wirklichkeit des Reiches" wird man sich im Straßburg des Jahres 1943 allerdings durchaus noch einen Begriff gemacht haben können. Fricke verdeutlicht seinen Zuhörern im Lichthof jedoch noch einmal zum Abschluss indirekt, indes mit der nachdrücklichen Emphase des Schlusswortes, welcher historische Abstand zwischen dem heutigen Deutschland, als dem Ergebnis eben jener großen „Schicksals"taten, die Schiller so bewundert habe, und demjenigen des beginnenden 19. Jahrhunderts liegt:

> Eine wahrhaft deutsche Spannung, die bei Schiller, dem idealistischen Bürger des zerfallenen und zersplitterten Reiches zugleich immer etwas Unerlöstes, Unerfülltes behielt. Nur ein großes nationales Schicksal hätte ihn die tiefere Einheit von Idee, Größe und Geschichte in der lebendigen Verwirklichung von Volk und Reich erfahren lassen. Auch von hier aus bleibt die weitere Entwicklung Schillers, wenn sie die Napoleonische Katastrophe, an deren Schwelle sie abbricht, und ihre Überwindung durchmessen hätte, unübersehbar.[566]

Erfüllen sollte sich der großraumideologische Traum vom Reich, den Frickes Huldigung der geschichtsmächtigen Tat als solcher hier noch einmal narrativ flankiert, jedoch auch diesmal nicht. Als spätestens 1943 der zunächst im Zeichen einer holistisch-ethnischen Volkskonzeption und dann unter dem semantischen Banner des „Europa"-Begriffes legitimierte Eroberungskrieg ins Stocken kommt und die zuvor eroberten Räume für das „Dritte Reich" zusehends wieder enger werden, steigt zugleich die Notwendigkeit, Niederlagen und Verluste erzählerisch zu legitimieren und zu kompensieren, sie in ein sinnstiftendes Narrativ einzubinden. So rückt denn auch innerhalb der im Fach produzierten Legitimations- und Kompensationsdiskurse an die Stelle der Erzählungen vom heldischen „Tätertum" in zunehmenden Maße das gleichsam komplemetäre Narrativ des heroisch-tragischen Opfers, das zum Akt einer selbstgewählten Schicksalsbejahung stilisiert wird. Fritz Martini etwa kontempliert 1943 „im Felde" ausführlich über *„Menschlichkeit"* in *Josef Weinhebers Dichtung anläßlich seines 50. Geburtstages*[567] und erzählt vom „Adel" des Todes, der sich paradigmatisch in den Schriften des Dichters manifestiere:

---

565 Fricke, Gerhard: a. a. O., S. 462.
566 Fricke, Gerhard: a. a. O., S. 470.
567 Martini, Fritz: „Menschlichkeit". Zu Josef Weinhebers Dichtung anläßlich seines 50. Geburtstages, in: DuV, 43, 1943, S. 69–106. Ebd. (S. 69) auch der die Authentizität des Folgenden antizipierende Zusatz „im Felde".

Aus solchem Willen um das in unendlichem Dunkel auslöschende Vergehen wird nochmals alles zur Frage, was als Adel, Sendung, Weisheit der Dichter gegen das Schicksal aus der Kraft seiner Seele eroberte. Hier war eine letzte, fast überwältigende Aufgabe gesetzt: auch das lähmende Grauen des Todes zu überwinden durch die freie Entscheidung zu ihm, indem er als die höchste schicksalhafte Erprobung erkannt wird, damit ganz zum Leben, zur Bestimmung hinführt und der Mut zu ihm eine letzte Treue zum Ich, zur Sendung, zum Adel trotz des Wissens um den Untergang und die Vergeblichkeit bedeutet. Auch der Tod wird als Dunkelstes zum schöpferischen Ruf, sein Erleiden zu heroischem Handeln. Erst angesichts seiner, im Wissen um das unentrinnbare Vergehen erhält der Mensch den höchsten Adel: sich treu zu sein trotz nahen Untergangs. So wird von Weinheber mit heroischer Bändigung einer immer wieder überwältigenden Schwermut und Trauer und noch angesichts des Unergründlichen auch der Tod sinngebend in die Größe der Verpflichtung des Menschen einbezogen – als letztes Maß der Dinge, vor dem sich hohes Menschentum bewährt.[568]

In ihrer Abstraktheit lassen sich solche Ausführungen zweifellos als existenzialistisch-allgemeiner Kommentar zur *conditio humana* lesen. Zugleich enthalten sie jedoch zumindest potentiell auch ein wesentlich konkreteres Sinnstiftungsangebot. Ermöglicht die Hypostasierung des Opfertodes im Allgemeinen doch auch die sinngebende Verortung des Kriegstodes im Besonderen als einer äußersten Möglichkeit zur menschlichen Selbstverwirklichung.

Sowohl Martinis Ausführungen zu Weinheber wie diejenigen Frickes zu Schiller, als auch Magons Rekurs auf Arndt und Cysarz' Elogen auf Nietzsche verweisen auf einen weiteren Aspekt, dessen Funktion als erzählkonstruktives Moment von erheblicher Bedeutung ist. Gemeint ist hier jene narrative Konstruktion von literaturgeschichtlichen Symbol- und Sinn„figuren", die, zu Wesens- und Wertrepräsentanten des Deutschen stilisiert, zugleich

---

[568] Martini, Fritz: a. a. O., S. 86. Ein im „Tragischen" liegender Sinn wird in den letzten Kriegsjahren gehäuft beschworen. Auch Friedrich Sengle, ebenfalls „z. Zt. im Felde", kommt – ähnlich wie Martini ohne jedwede direkte Bezugnahme auf die laufenden Kriegsereignisse – im Rahmen seiner Überlegungen *Vom Absoluten in der Tragödie* (in: DVjs, 20, 1942, S. 265–272) zu dem Schluss, dass es sich beim gesamten deutschen Drama von Gryphius bis zu Schiller um einen „ganzen Raum als Entwicklungssphäre eines deutschen tragischen Glaubens und Werkes" (268) handelt. Allerdings, so Sengle, mache erst die Sinnstiftung das wahrhaft Tragische aus, denn: „Während es richtig sein mag, das ‚Tragische' nur im Konflikt zu suchen, behaupten wir, daß die Tragödie als ein Ganzes ohne eine ‚Lösung' höherer Art, wie sie nur aus dem Glauben an ein Absolutes kommen mag, nicht zu denken ist, und daß in dem Augenblick keine wirkliche Tragödie mehr möglich ist, wo der Mensch über dem Blick in die unendliche Konfliktgeladenheit der Welt den Glauben an ihren Sinn verliert. Irgendwo in dem Gegeneinander der Kräfte und der Werte muß ein fester Punkt zu finden sein, der die getrennten Strebebogen zum sinnvoll harmonischen Bauwerk vereinigt. Hinter den Abgründen des Leids steht die Erhebung, hinter dem seelenzerreißenden Dialog und dem Schrei der Verzweiflung der ruhige Abgesang mit dem Blick zum alles überwindenden Ewigen." (269 f.) Vor allem das „Märtyrermotiv", so Sengle, sei „ein tragisches Ur- und Hauptmotiv" (271).

als kriegslegitimatorische bzw. -kompensatorische Projektionsflächen und Zuschreibungsadressen fungieren können.

In Sonderheit Hölderlin wird nach der Kriegswende, die sich 1942/43 abzuzeichnen beginnt, eine exponierte Rolle als Sinnfigur innerhalb der literaturwissenschaftlichen Kriegsbegleitdiskurse zukommen, auch wenn dieser Aspekt seiner Rezeption und historiographischen Inszenierung freilich bereits wesentlich früher einsetzt (s. u.). Eingedenk des Umstandes, dass man Hölderlins hundertsten Todestag am 07. 06. 1943 zunächst als kalendarischen Zufall verbuchen muss, offenbaren sich an der seit 1943 forcierten Hölderlin-Inszenierung in extremer Verdichtung doch noch einmal exemplarisch all jene Aspekte, in deren Zusammenspiel die Komplexität des Verhältnisses von Wissenschaft und Politik unter diktatorischen Bedingungen deutlich wird: disziplinärer Eigensinn, feldintern wie -extern ausgerichtetes Resonanzkalkül, die wechselseitige Ressourcenfunktion von Wissenschaft und Politik sowie das Ineinander von kriegsbezogener Repräsentation, Legitimation und Kompensation. Den multifaktoriellen Ermöglichungszusammenhang wie auch die argumentativen Muster dieser Inszenierung einer literaturgeschichtlichen Sinnfigur exemplarisch noch einmal transparent werden zu lassen, soll deshalb dem folgenden Unterkapitel, mit dem zugleich die Ausführungen über die Literaturwissenschaft als einer volksbezogenen Wesens- und Wertewissenschaft abgeschlossen werden, vorbehalten bleiben.

„wir brauchen ein Symbol" oder Lesen in Zeiten des Krieges: Hölderlin-Inszenierung 1943/44

> „Seine Werke waren nicht das wichtigste, woran man bei seinem Namen dachte."
> (Tomaševskij, Boris) [569]

„In dem gewaltigen Geschehen der Gegenwart", so verkündet der Münchner Kunstbildhauer Eugen Wittmann am 28. Mai 1933 bei der Feier zum 90. Todestag Hölderlins im Hof des Tübinger Stifts, dem er eine Gedenktafel mit dem Relief des Dichters und zwei Hölderlinbüsten für den Hölderlinturm gestiftet hat,

> sind wir uns dessen bewußt geworden, daß wir nur bestehen können, wenn wir innerlich gefestigt sind, wenn wir in Herz und Geist nicht nur uns selbst, sondern alle miteinander wiederfinden zu gemeinsamer Versenkung und Erhebung. Wir brauchen eine sichtbare Verkörperung, die uns alle erhebt, wir brauchen ein Symbol, um das wir uns sammeln und in dem wir uns erkennen. Und dieses Symbol ist uns Hölderlin. Wir sind wieder Deutsche geworden, wir besinnen uns auf uns selbst und auf unsere Sen-

---

[569] Tomaševskij, Boris: Literatur und Biographie, in: Jannidis, Fotis u. a. (Hrsg.): Texte zur Theorie der Autorschaft, Stuttgart 2000, S. 49–64, hier: S. 52. Der dem russischen Formalismus nahestehende Tomaševskij bezieht sich mit diesem Ausspruch auf die Inszenierungsstrategien Voltaires.

dung, und wir ehren die großen Männer, die sich aufgeopfert haben im Kampf um die deutsche Freiheit, im Kampf um die deutsche Seele.[570]

Der hier von Wittmann beschworene und zuvor auch in Kluckhohns Ansprache bemühte Topos vom „Opfertod fürs Vaterland"[571], der mit der Figur Hölderlins und einem Bruchteil seiner Schriften immer wieder verbunden wird, erweist sich vor allem in der Endphase des Krieges als eine der zirkulations- und resonanzträchtigsten Sinnstiftungsangebote, an denen die Literaturwissenschaft beteiligt ist. Zwar dienen fragmentarisch und aus dem Kontext anzitierte Verse des Dichters schon 1936 dazu, einem populärkulturellen Massen-*event* wie den olympischen Spielen die höheren Weihen einer gebildeten und politischen Lesart zu verleihen, können doch die Besucher des Berliner Reichssportfeldes an dessen Eingang die in Stein gemeißelten Schlussverse aus dem *Tod fürs Vaterland* lesen: „[…] Lebe droben, o Vaterland,/Und zähle nicht die Toten! Dir ist,/Liebes! Nicht einer zuviel gefallen."[572] Ihr Höchstmaß an feldübergreifender Aufmerksamkeit erreicht die Inszenierung von Hölderlin als einer Sinnfigur jedoch erst im Laufe der frühen 1940er Jahre.

Frühe Sakralisierung: George und Hellingrath

Die Geschichte der Sakralisierung des früh und lange Umnachteten zum *poeta vates* und nationalen Wesensrepräsentanten beginnt indes lange vor 1933 und überlagert schon früh den akademischen, eher (editions-)philologisch ausgerichteten Diskurs über den Autor. Sie ist eng verbunden mit der seit 1910 intensivierten Hölderlin-Rezeption innerhalb des George-Kreises, deren pathetische Deutungsmuster sich dann in Akteuren wie Gundolf, Kommerell[573] und vor allem Norbert von Hellingrath wiederum mit dem literaturwissenschaftlichen Diskurs überschneiden. Dies kann hier lediglich kurz umrissen werden.[574]

---

570 Zit. nach Zeller, Bernhard (Hrsg.): a. a. O., Bd. 2, S. 79.
571 Kluckhohn nennt in seiner Ansprache als die Themen der Hölderlin'schen Dichtung „die großen Ideale der Menschheit […]: das Ideal der Humanität, nicht in dem verwaschenen Sinn so mancher heutigen Schriftsteller, sondern in dem hohen und reinen Sinn, in dem Goethe und Herder das Ideal der Humanität erkannt haben: die Idee der Schönheit und Harmonie, Freundschaft, der Opfertod fürs Vaterland, der Genius der Kühnheit." (Zit. nach Ebd.)
572 Zeller, Bernhard (Hrsg.): a. a. O., Bd. 1, S. 343.
573 Gundolf hält am 26.04.1911 seine Antrittsvorlesung zum „Archipelagus". In Kommerells Abhandlung zum *Dichter als Führer in der deutschen Klassik* (Frankfurt am Main 1928) ist das letzte Kapitel Hölderlin vorbehalten (zu Kommerell und von Hellingrath s. u.).
574 S. dazu Albert, Claudia (Hrsg.): a. a. O., S. 193–208; Hoffmann, Paul: Hellingraths ‚dichterische' Rezeption Hölderlins, in: Kurz, Gerhard/Lawitschka, Valérie/Wertheimer, Jürgen (Hrsg.): Hölderlin und die Moderne. Eine Bestandsaufnahme, Tübingen 1995, S. 74–104; Schmidt, Jochen: Hölderlin im 20. Jahrhundert, in: Kurz, Gerhard/Lawitschka, Valérie/Wertheimer, Jürgen (Hrsg.): a. a. O., S. 105–125; Pieger, Bruno: Edition und Weltentwurf. Dokumente zur historisch-kritischen Ausgabe Norbert von Hellingraths, in: Volke, Werner u. a. (Hrsg.): Hölderlin entdecken. Lesarten 1826–1993, Tübingen 1993, S. 57–114; Bothe, Henning: „Ein Zeichen sind wir, deutungslos". Die Rezeption Hölderlins von ihren Anfängen bis zu Stefan George, Stuttgart 1992; Aurnhammer, Achim: Stefan George und Hölderlin, in: Euphorion, 81, 1987, S. 81–99.

Für George selbst fungiert die forcierte Bezugnahme auf Hölderlin sicherlich nicht zuletzt als eine seiner distinktionsträchtigen Beglaubigungsressourcen für die eigene Rolle und Position innerhalb des literarischen Feldes. „Hölderlin figuriert als der Vorläufer des Reichs der Liebe, der das Kommen Georges ankündigt."[575] Vor allem die Gestalt des späten Hölderlin, in seiner arkanischen Außenseiterexistenz stilisiert zur „Präfiguration des in George inkarnierten Seherdichters"[576], erscheint somit als literaturgeschichtliche Projektionsfläche, die das eigene „Projekt einer ästhetisch-heroischen Lebensform"[577] sowie den damit einhergehenden Anspruch auf die eigene Bedeutsamkeit legitimiert. In der Gestalt des gesellschaftsabgewandten Turmbewohners und dessen hermetischer Hymnenproduktion der Spätphase bespiegelt sich der Kreis-Meister als inspiriertes Zeitablehnungsgenie, das gerade aufgrund seiner elitären Verweigerung von Zeitgenossenschaft legitimerweise den Anspruch erheben kann, die Geschicke der eigenen Nation vorherzusehen, wenn nicht gar zu lenken. „Mit seinen eindeutig unzerlegbaren wahrsagungen", so George 1919 in den *Blättern für die Kunst*, sei Hölderlin „der eckstein der nächsten deutschen zukunft und der rufer des Neuen Gottes."[578]

Das dezidiert Inszenatorische und auf Sinnbildkonstruktion angelegte wird etwa in Kommerells Monographie *Der Dichter als Führer in der deutschen Klassik* semantisch geradezu greifbar, wenn er einleitend betont, er sei „gewillt, die Dichter […] **auftreten** [Hervorhebung: G. K.] zu lassen als Vorbilder einer Gemeinschaft als wirkende Personen."[579] Zu den *dramatis personae* des George-Adepten und späteren Marburger Ordinarius' gehört – neben Klopstock, Herder, Goethe, Schiller und Jean Paul eben auch Hölderlin. Sei doch auch dieser – „in andrem Sinn als Goethe oder Schiller doch mit ähnlicher Wucht" – eine „sinnbildliche, stellvertretende Figur[]. Und wenn Hölderlins des scheinbar tatfernsten Name in diesem Zusammenhang befremden könnte, sei daran erinnert, dass er durch seine vertiefte Sicht des Volkes Führer war und immer mehr Führer wird."[580]

Es ist jedoch nicht hauptsächlich die Hölderlin-Stilisierung Georges, an dessen geistesaristokratischem Duktus sich auch Gundolf und noch Kommerell orientieren, die die gesteigerte Aufmerksamkeit, die dem Dichter seit den 10er Jahren inner-, wie außerhalb des Faches entgegengebracht wird, ermöglicht. Zu einer weniger elitären, jedoch resonanzträchtigeren Sakralisierung des Hölderlin-Bildes, vor allem aber zur diskursiven Etablierung der Verbindung Hölderlins mit dem nachmals geradezu als selbstverständlich erschei-

---

575 Busch, Walter: Kommerells Hölderlin. Von der Erbschaft Georges zur Kritik an Heidegger, in: ders./Pickerodt, Gerhart (Hrsg.): Max Kommerell. Leben – Werk – Aktualität, Göttingen 2003, S. 278–299, hier: S. 280. S. dort auch zur George'schen Inanspruchnahme des philologischen Werkes von Hellingraths für seine Vision vom „Geheimen Deutschland".
576 Albert, Claudia (Hrsg.): a. a. O., S. 193.
577 Kolk, Rainer: a. a. O., S. 9.
578 George, Stefan: Hölderlin, in: Blätter für die Kunst, 11/12, 1919, S. 11–13, hier: S. 13.
579 Kommerell, Max: Der Dichter als Führer in der deutschen Klassik [1928], Zweite Auflage, Frankfurt am Main o. J., Vorbemerkung.
580 Ebd.

nenden Opfer-Topos tragen vor allem die Arbeiten sowie die Todesumstände Norbert von Hellingraths (1888–1916), der sich im weiteren Umfeld des George-Kreises bewegt[581], bei. Hellingraths Beitrag zur Hölderlin-Forschung umfasst seine 1911 publizierte Dissertation zu den *Pindarübertragungen von Hölderlin*, die er als *Prolegomena zu einer Erstausgabe* verstanden wissen will[582], sowie vor allem die von ihm begonnene, erste historisch-kritische Ausgabe von Hölderlins Sämtlichen Werken. In diesem Zusammenhang macht er sich vor allem als Herausgeber der von ihm selbst besorgten Ausgabe der Gedichte aus den Jahren 1800 bis 1806 einen Namen. Es handelt sich dabei um die späten Hymnen, Gesänge und Fragmente, die Hellingrath, obwohl oder gerade weil sie bisher im Rahmen der akademischen Forschung nur wenig Resonanz fanden, als „Herz, Kern und Gipfel des Höderlinischen Werkes"[583] charakterisiert. Hellingraths Beitrag zur Hölderlin-Forschung erscheint insofern als Paradigma einer „philologischen Antiphilologie"[584], als dass sich in ihm philologische Ausgangsmotivation und Methode sowie lebenswissenschaftlicher Impetus samt „Ethikangebot" einander wechselseitig bestärken und durchdringen. Ist Hellingraths editorische Praxis – sein Zurückgehen auf bis dahin zum Teil unbekannte Handschriften Hölderlins, die er entziffert und mit einem Anhang der unterschiedlichen Bearbeitungsstadien herausgibt[585] – durchaus kompatibel mit dem in dieser Phase vorwiegend noch philologisch imprägnierten Denkstil der Disziplin, so erscheint bereits die Themenwahl des jungen Nachwuchsforschers als ein deutliches Distinktionssignal innerhalb der gängigen Hölderlin-Forschung. Hellingraths Eintritt ins literaturwissenschaftliche Feld, d.h. jene Konzentration auf Hölderlins Spätphase, die schon seine Dissertation über die Pindarübertragungen des Dichters kennzeichnet, ist dezidiert unorthodox. Gelten die Spätprodukte des Dichters, die vor Hellingraths Wiederentdeckung ein verstreutes Dasein in Archiven oder bei privaten Autographensammlern fristeten, doch innerhalb der Zunft als „unleserliche und sinnlose Aufschriebe eines Geisteskranken."[586] So versucht etwa der zünftige Phi-

---

581 S. Kolk, Rainer: a.a.O., S. 173. Kolk zufolge berät George Hellingrath bei seiner Editionstätigkeit. Die Pindar-Übertragungen, „nach der Urhandschrift [Hölderlins] gefertigt von Norbert von Hellingrath" erscheinen 1910 in der 9. Folge der „Blätter für die Kunst" (S. 8–33).

582 Die Dissertation erscheint bei Eugen Diederichs in Leipzig – „getreu der Georgeschen Schreibkonvention ohne Majuskeln und mit sehr eigenwilliger Interpunktion." (Albert, Claudia: a.a.O., S. 201)

583 Hölderlin, Friedrich: Sämtliche Werke. Vierter Band. Besorgt durch Norbert von Hellingrath. Gedichte 1800 bis 1806. München/Leipzig 1916 [rückdatiert, Erscheinungsjahr ist 1917], S. XII.

584 S. dazu v.a. Bothe, Henning: a.a.O., S. 101 ff. Zur historisch-kritischen Hölderlin-Ausgabe Hellingraths s. Pieger, Bruno: a.a.O.

585 „[M]it diesem Bande zuerst öffentlich bekannt" – so heißt es in der Einleitung Hellingraths zum vierten Band – werden „etwa anderthalbtausend Verse im Text und im Anhang die Entwürfe, Änderungen, Überarbeitungen." (Hölderlin. Sämtliche Werke. Historisch-kritische Ausgabe. Unter Mitarbeit von Friedrich Seebaß besorgt durch Norbert von Hellingrath. Vierter Band, München/Leipzig 1916, S. XI) Die philologische Leistung Hellingraths findet 1937 noch die Anerkennung Beißners, der die Notwendigkeit der unter seiner Ägide seit 1943 erscheinenden Stuttgarter Ausgabe nichtsdestoweniger vor allem mit den Mängeln der Hellingrath'schen Ausgabe begründen wird (vgl. Beißner, Friedrich: Rezension zu Hölderlin-Vermächtnis, in: DuV, 38, 1937, S. 268 f.)

586 Pieger, Bruno: a.a.O., S. 57.

lologe Franz Zinkernagel, Hellingraths Konkurrent bei der Herausgabe einer Historisch-Kritischen Edition, die Leistung des Nachwuchswissenschaftlers durch den Verweis zu diskreditieren, dass in Hölderlins Pindarübertragungen „jede zweite Zeile den unverkennbaren Stempel der Katatonie" trage und dass „des Dichters kranker Geist des öfteren gar nicht mehr fähig [sei], den Gedankengang des Originals zu erfassen."[587]

Doch Hellingraths Platzierungssinn, sein Gespür für eine aufmerksamkeitsträchtige Präsentation der „richtigen" Themen zur „richtigen" Zeit, erschöpft sich keineswegs in dem durchaus noch binnenphilologisch legitimierbaren Anspruch, das Œuvre Hölderlins so umfassend und authentisch wie möglich zu rekonstruieren. Hellingrath geht es um mehr. Bildet doch die philologische Rekonstruktion des Spätwerks für ihn erst die Grundlage, von der aus er Hölderlin als Sinnfigur und Projektionsfläche, als ein mit den Mitteln der Literaturwissenschaft präpariertes „Ethikangebot" inszeniert. Hölderlin erscheint bei Hellingrath als *der* Exponent eines angesichts der durch die Moderne bedingten Entfremdungs- und Depravationserfahrungen allein noch möglichen „erfüllten Sprechens."[588] Gerade das Fragmentarische, das Rhapsodische und Hermetische des Hölderlinschen Spätstils sollen nunmehr die Authentizität des Dichters verbürgen. Aus den Lücken, aus dem Stammeln, die – möglicherweise Resultat einer fortschreitenden Geistestrübung des Dichters – die späten Oden, Hymnen und Elegien teilweise kennzeichnen, entsteht somit unter der Hand der Hellingrath'schen Dechiffrierkünste das Referenzkorpus einer „neuen Mythologie"[589], die im Geiste des ästhetischen Fundamentalismus reinszeniert wird. Innerhalb dieser Erzählung wird die Dichtung zum einzigen Ort, an dem ein sinnstiftendes, die Ganzheit des Seins verbürgendes Sprechen noch möglich scheint und der späte Hölderlin zum *poeta vates* schlechthin[590], den es deshalb „mit der Hölderlin-Ausgabe [...] ins Leben weiter herein[zu]reißen" lohne, „weil das Dasein ihn in seiner Reinheit und bloß verkündenden Art wegen nicht abnützen, nur stärken kann."[591]

---

587 Zinkernagel, Franz: Rezension zur Historisch-Kritischen Ausgabe München/Leipzig 1913, in: Euphorion, 21, 1914, S. 356–363, hier: S. 357. Zur innerdisziplinären Auseinandersetzung um Hellingraths Dissertation s. Albert, Claudia: a. a. O., S. 198 ff.

588 Albert, Claudia: a. a. O., S. 201.

589 Zum ästhetischen Fundamentalismus und seinen Spielarten s. Breuer, Stefan: Ästhetischer Fundamentalismus. Stefan George und der deutsche Antimodernismus, Darmstadt 1995.

590 Diesen Topos wird dann auch Heidegger im Rahmen seiner Hölderlinexegesen wieder aufgreifen. S. dazu Albert, Claudia: a. a. O., S. 209–216 und Storck, Joachim W.: „Zwiesprache von Dichten und Denken". Hölderlin bei Martin Heidegger und Max Kommerell, in: Zeller, Bernhard (Hrsg.): a. a. O., Bd. 1, S. 345–365.

591 So Hellingrath in einem Brief vom 22. 08. 1916, hier zit. nach Hölderlin-Vermächtnis [1936], eingel. von Ludwig von Pigenot, München ²1944, S. 259. Das „Hölderlin-Vermächtnis", ein „Gedenkbuch zum 14. Dezember 1936", enthält die Arbeiten Hellingraths: seine Dissertation von 1910, die Vorreden zu den Bänden I, IV und V der von ihm begonnenen „Historisch-kritischen Ausgabe von Hölderlins Sämtlichen Werken" sowie die beiden, 1915 im Rahmen der „Kriegshilfe für geistige Berufe" gehaltenen, Vorträge „Hölderlin und die Deutschen" und „Hölderlins Wahnsinn". Das von Ludwig von Pigenot eingeleitete „Gedenkbuch" ist ein beredter Ausdruck der binnendisziplinären Stilisierung Hellingraths zum märtyrerhaften Idol eines lebenswissenschaftlichen Ethos'. Jedoch versteht man es

Dieses Residual- und Kompensationsmythologem von der Sagekraft der Dichtung, in dem die Grenzen zwischen Literatur(wissenschaft) und Leben aufgehoben scheinen, ist vor allem innerhalb der moderneskeptischen Kreise des Bildungsbürgertums anschlussfähig[592] und Hellingrath versäumt es nicht, auch die unter den Bedingungen des Ersten Weltkrieges in gesteigertem Maße resonanzträchtige, nationale Komponente seines Hölderlin-Konstruktes aufzublenden. In seinem im Februar 1915 in München gehaltenen Vortrag *Hölderlin und die Deutschen* etwa erscheint der Dichter nicht nur als Seher des Seins, sondern auch als schlechthinniger Wesensrepräsentant des deutschen Volkes:

> Wir nennen uns „Volk Goethes", weil wir ihn als Höchsterreichbares unseres Stammes, als höchstes auf unserem Stamme Gewachsenes sehen in seiner reichen, runden Menschlichkeit, welche selbst Fernere, die sein Tiefstes nicht verstehen, zur Achtung zwingt. Ich nenne uns „Volk Hölderlins", weil es zutiefst im deutschen Wesen liegt, daß sein innerster Glutkern unendlich weit unter der Schlackenkruste, die seine Oberfläche ist, nur in einem geheimen Deutschland zutage tritt [...] Und weil Hölderlin das größte Beipiel ist jenes verborgenen Feuers, jenes geheimen Reiches, jener stillen, unbemerkten Bildwerdung des göttlichen Glutkerns.[593]

Die Authentizität von Hellingraths Hölderlin-Erzählung wird wiederum maßgeblich und nachhaltig bekräftigt durch den Zufall, d. h. durch seinen Soldatentod vor Verdun am 14. Dezember 1916. Der frühe Tod erst macht aus dem jugendlichen Hölderlineditor und -exegeten jene repräsentative Inkarnation eines lebenswissenschaftlichen Sinnsoldaten, bei dem paradoxerweise durch den Tod, der als die existenzielle Bewährungsprobe schlechthin erscheint, Literaturwissenschaft und Leben zu einer sinnstiftenden, weil vorbildhaften Einheit verschmelzen. Der frühe Tod – so ein bis heute noch in der populärkulturellen Personalmythologisierung greifender Mechanismus – verleiht dem noch zu Lebzeiten Geäußerten den Nimbus gesteigerter Wahrhaftigkeit und transpersonaler Bedeutsamkeit. Der assoziative Konnex aus Hölderlin, Sehertum, Hellingrath und national wie existenziell codierbarem „Opfertod" im Kriege verdichtet sich zum „Hölderlin-Erlebnis" des Ersten Weltkrieges und etabliert sich in der nationalkonservativen Publizistik schnell als eine potentielle Sinnstiftungsressource und somit als ein sich stabilisierender Topos innerhalb kriegslegitima-

---

auch innerhalb des (kultur)politischen Feldes, sich der Projektionsfläche, die Hellingrath bietet, zu bedienen. Im *Völkischen Beobachter* lobt Adolf Hösel anlässlich des „Vermächtnisses": „Hellingrath [...] verdanken wir, daß das Vermächtnis Hölderlins, des einzigen Künstlers eines geheiligten Vaterlandes, in den unveräußerlichen Besitz einer neueren und würdigeren Generation überging. Der Heldentod Hellingraths aber, in der Blüte seiner Jahre, ist unsterbliche Bürgschaft für den Fortbestand seiner Leistung im Dienste des ewigjungen Genius. In seinem Zeichen marschiert heute das junge Deutschland und, von seinem Zauber berührt, nährt es die Frucht göttlicher Ursprünglichkeit." (Hösel, Adolf: Das Vermächtnis Hölderlins, in: Völkischer Beobachter, Berlin, 1937, 28. Februar, Beilage)

592 Zur positiven Rezeption der Hellingrath'schen Arbeiten etwa bei Wolfskehl, Gundolf, Klages oder Rilke s. Pieger, Bruno: a. a. O.

593 Zit. nach Zeller, Bernhard (Hrsg.): a. a. O., Bd. 2, S. 86. Zum im George-Umkreis virulenten, ästhetisch-aristokratischen Topos vom „geheimen Deutschland" s. u. a. Kolk, Rainer: a. a. O., S. 425–482.

torischer und -kompensatorischer Argumentationsmuster.[594] Das Bild des Dichters, dessen Leben und Werk mehr noch als bei Kleist oder Schiller „jenseits von wenigen Zitatbruchstücken die Brauchbarkeit […] im Sinne propagandistischer Verwertung stark ein[]schränken"[595], und das seines im Kriege gefallenen jugendlichen Exegeten beginnen einander zu überlagern und verdichten sich schließlich zur symbolischen Sinnfigur Hölderlin. Die kann schließlich – auch ohne dass das „Zwischenglied" Hellingrath immer noch aktualisiert werden müsste – als „Dichter der letzten Opferbereitschaft"[596] inszeniert werden.

Obwohl sich diese Sinnfigur also schon seit dem Tode Hellingraths zu verfestigen beginnt, kann mit Blick auf die 1920er und -30er Jahre nur von einer eingeschränkten Popularität Hölderlins gesprochen werden. Außerhalb der Disziplin und jenseits der erwähnten, kriegsverarbeitenden Diskurse nationalkonservativer Provenienz bleibt das Resonanzpotential Hölderlins zunächst gering. Dies mag nicht zuletzt am hermetischen und dispersen Charakter seines Werkes liegen, zu dem – ungeachtet der durch Hellingrath beförderten Popularisierungsbemühungen – Uneingeweihte nur schwerlich Zugang finden. Durch Hölderlins Gattungspräferenz – sieht man einmal vom *Hyperion* und vom Fragment gebliebenen Drama *Empedokles* ab, konzentriert er sich weitestgehend auf Lyrikproduktion – spielt zudem das Theater als popularisierendes Verteilermedium kaum eine Rolle. In der Konsolidierungsphase des NS dominieren zudem bereits die Schiller-Inszenierungen das literaturwissenschaftliche Sinnstiftungsangebot (s. III.2.2), später und auch noch in der von schnellen Erfolgen gekennzeichneten Anfangsphase des Krieges ist es vor allem die Figur des „Tatmenschen" Kleist, die die außerwissenschaftlich ausgerichtete, disziplinäre Angebotsagenda dominiert, bietet sie doch für nationalistische wie für kriegslegitimatorische Inszenierungen werkbiographisch wesentlich mehr Anknüpfungspunkte als Hölderlin.

Die große Stunde Hölderlins als *der* Sinnfigur für den heroischen Untergang schlägt erst 1943. Allerdings wäre es eine verkürzende Sicht, diesen Umstand auf die Kriegsentwicklung allein zurückzuführen. Die inner- wie außerdisziplinär gesteigerte Resonanz der Sinnfigur Hölderlin ist das Resultat eines Inszenierungskomplexes, in dem sich politische, disziplinäre und bildungsbürgerliche sowie ökonomische Motivationslagen vermischen, einander wechselseitig bestärken und so Popularisierungseffekte erzeugen.

Doppeltes Rückzugsgefecht mit Hölderlin im Krieg: Von militärischen und mentalitäts-, bzw. mediengeschichtlichen Niederlagen

Als die ersten deutschen Städte bereits in Schutt und Asche liegen – in der Nacht des 5./6. März 1943 eröffnet ein Angriff auf Essen die als „Battle of the Ruhr" bezeichnete, verschärfte Luftoffensive des Bomber Command auf das rheinisch-westfälische Industrie-

---

594 Albert, Claudia: a.a.O., S. 204.
595 Albert, Claudia: a.a.O., S. 192.
596 So etwa der Leiter des Hauptkulturamtes, Karl Cerff, in seiner Rede anlässlich der Hölderlin-Reichsfeier am 6. Juni 1943, zit. nach Zeller, Bernhard (Hrsg.): a.a.O., Bd. 2, S. 98.

gebiet[597] – erreicht die Hölderlin-Inszenierung 1943 ihren Höhepunkt. Ein Komplex von multimedial inszenierten Aktivitäten, die dem Dichter gewidmet sind, durchzieht im Frühsommer des Jahres das gesamte Land. Nahezu dreihundert Veranstaltungen, bei denen des hundertsten Todestages des Dichters gedacht wird, finden im Reichsgebiet statt.[598] Bei einer am 6. Juni im Rahmen der Tübinger Parteiveranstaltungen abgehaltenen Morgenfeier spricht der Tübinger Professor für Indologie, Religionsgeschichte und Arische Weltanschauung, Jakob Wilhelm Hauer – umrahmt von Kompositionen Hugo Herrmanns („Hyperions Schicksalslied", für Orgel und Baßsolo) und Felix Petyreks („Der Tod fürs Vaterland", Motette für gemischten Chor und Orchester) und von Rezitationen des „Gesangs des Deutschen" und des „Tods fürs Vaterland" – über *Hölderlins deutsche Sendung*; im Kleinen Haus der Württembergischen Staatstheater Stuttgart kommt am 6. Juni *Der Tod des Empedokles* zum ersten Mal nach der Textanordnung des im Februar gefallenen Germanisten Georg Seidler zur Aufführung[599]; am Morgen des 7. Juni veranstaltet der NSD-Studentenbund eine Gedenkfeier am Grabe des „Dichters der letzten Opferbereitschaft" mit feierlicher Kranzniederlegung – Hölderlins Grab auf dem Tübinger Stadtfriedhof verschwindet fast unter den Kränzen großer und kleiner nationalsozialistischer Würdenträger[600] –; der Deutschlandsender bringt am Abend des 7. Juni 1943 eine Hölderlin gewidmete Sendung *Vom ewig Deutschen*.[601] Auch innerhalb des literaturwissenschaftlichen Feldes nutzt man, wenn auch bisweilen mit unterdrücktem Unbehagen[602], die Gunst der

---

597 In der Nacht des 23./24. Mai wird auf Dortmund der mit über 2.500 Tonnen abgeworfenen Spreng- und Brandbomben bis dahin schwerste Luftangriff auf eine deutsche Stadt geflogen. Zum Luftkrieg s. Blank, Ralf: Kriegsalltag und Luftkrieg an der „Heimatfront", in: Echternkamp, Jörg (Hrsg.): a. a. O., Erster Halbband, S. 357–461.

598 Volke, Werner: Hölderlins 100. Todestag 1943 (I): Ehrungen, in: Zeller, Bernhard (Hrsg.): a. a. O., Band 2, S. 76–103, hier: S. 76.

599 „Was unsere Schauspieler und ihr Regisseur an diesem weihevollen Abend geleistet haben", so heißt es am folgenden Tag im *Stuttgarter NS-Kurier*, „verdient hohe Anerkennung; selbstloser im ehrfürchtigen Dienst am Wort eines reinen Dichters ist in diesem Haus kaum je zuvor Theater gespielt worden." (Zit. nach Volke, Werner: a. a. O., S. 93)

600 Vgl. die bekannte Abbildung in Volke, Werner: a. a. O., S. 97.

601 Volke verweist in diesem Zusammenhang auf eine bezeichnende semantische Retusche, die indes nicht nur im Rahmen dieses *features* zu beobachten sei. Bei den Schlussversen des 1801 entstandenen „vaterländischen Gesanges" „Germanien" („Bei deinen Feiertagen,/Germania, wo du Priesterin bist/Und wehrlos Rat gibst rings/Den Königen und den Völkern.") wird das Kriegstauglichkeit nur in Maßen insinuierende Adverb „wehrlos" unterschlagen.

602 So usurpieren Parteiinstanzen etwa, wie Kahlefendt detailliert nachzeichnet, gegen den Willen des Initiators Kluckhohn, den Gründungsakt der Hölderlin-Gesellschaft, deren Vorgeschichte bereits bis auf das Jahr 1938 zurückgeht: Auf Geheiß Goebbels wird der NS-Lyriker Gerhard Schumann zum Präsidenten der Gesellschaft inthronisiert und der Reichspropagandamister selbst, dem die Pläne für die Hölderlin-Feiern in Tübingen und Stuttgart zwecks Genehmigung vorgelegt werden mussten, wird zu ihrem Schirmherrn. Bei den Feierlichkeiten lässt er sich allerdings vertreten (s. Kahlefendt, Nils: „Im vaterländischen Geiste…" Stuttgarter Hölderlin-Ausgabe und Hölderlin-Gesellschaft (1938–1946), in: Volke, Werner/Pieger, Bruno/Kahlefendt, Nils/Burdorf, Dieter (Hrsg.): Hölderlin entdecken. Lesarten 1826–1993, Tübingen 1993, S. 115–163, hier: S. 142–155). Kluckhohn dokumen-

aufmerksamkeitsträchtigen Stunden zur Präsentation der „hauseigenen" Hölderlin-Produkte. Am 7. Juni wird in Tübingen die Hölderlin-Gesellschaft, als deren Schirmherr Joseph Goebbels fungiert, gegründet; die „Erste Jahresgabe der Hölderlin-Gesellschaft", ein von Paul Kluckhohn herausgegebener Sammelband, der den aktuellen Stand der Forschung widerspiegelt, erscheint bereits 1944 in der zweiten Auflage[603]; am 8. Juni präsentiert Ministerialrat Theophil Frey in Anwesenheit kulturpolitischer und akademischer Honoratioren auf der 2. Sitzung des Verwaltungsausschusses den ersten, von Friedrich Beißner herausgegebenen Band der neuen, im renommierten Cotta-Verlag erscheinenden Stuttgarter Höderlin-Ausgabe (Gedichte bis 1800, geteilt in zwei Halbbände: Text und Apparat)[604]; noch im gleichen Jahr erscheint eine von Friedrich Beißner besorgte „Feldauswahl" aus den Werken Hölderlins, für die bis Ende 1943 194.000 Bestellungen vorliegen und von der 100.000 Exemplare gedruckt werden[605]; 1944 schließlich wird zum ersten Mal das von Friedrich Beißner und Paul Kluckhohn herausgegebene Jahrbuch der Hölderlin-Gesellschaft, *Iduna*, publiziert.

Hölderlin, dieser Eindruck drängt sich auf, ist auf allen „Kanälen" präsent. Er ist *das* kulturelle Ereignis der Jahre 1943/44. Inner- wie außerhalb des literaturwissenschaftlichen Feldes, an der „Heimatfront" wie im Felde, stößt der schwäbische Dichter auf gesteigertes Interesse. Im Zeichen Hölderlins entfaltet sich noch einmal das komplexe Wechselspiel gegenseitiger Ressourcenfunktionalisierung zwischen Literaturwissenschaft und Politik.

    tiert in einem Brief an Max Niemeyer vorsichtig Genervtheit angesichts des Verlaufes der Feierlichkeiten, die er doch zugleich auch insofern begrüßt, als dass sie den „aktuellen Bemühungen der Forschung öffentliche Resonanz […]" verschaffen (Kahlefendt, Nils: a. a. O., S. 148): „Ich habe erleichtert aufgeatmet, als diese Hölderlin-Tage vorbei waren. Sie haben mir sehr viel Zeit und Arbeitskraft genommen und durch mancherlei Schwierigkeiten und Widerwärtigkeiten auch viel Nervenkraft gekostet. Einiges habe ich Ihnen ja bei meinem Besuch in Halle angedeutet. Danach kam es noch schlimmer. Nun bin ich froh, daß wenigstens die hiesige Feier einen einigermaßen würdigen Verlauf genommen hat und manches freundliche Echo mir zukommt." (Zit. nach Volke, Werner: Hölderlins 100. Todestag 1943 (II): Die Stuttgarter Hölderlin-Ausgabe, in: Zeller, Bernhard (Hrsg.): a. a. O., Band 2, S. 104–134, hier: S. 133).

603 Kluckhohn, Paul (Hrsg.): Hölderlin. Gedenkschrift zum 100. Todestag, 7. Juni 1943, Zweite Auflage, Tübingen 1944. Die Gedenkschrift geht bereits im November 1942 in einer Auflage von 1.500 Exemplaren in den Druck und sollte als erste Jahresgabe unter den Mitgliedern der Gesellschaft verbreitet werden. Ihr Resonanzappeal ist indes ungleich größer, liegen dem Mohr-Verlag doch allein schon bis zum Mai 1943 etwa 7.000 Buchhandels-Vorbestellungen vor, so dass die Gedenkschrift bereits vor ihrem Erscheinen restlos vergriffen ist (Kahlefendt, Nils: a. a. O., S. 148). Der von tagesaktuellem Resonanzkalkül weitestgehend freie, bereits seit 1940 in Planung befindliche Band, der Kluckhohn zufolge „Spannungen in der Hölderlin-Forschung und Hölderlin-Auffassung" (Einleitung, S. 6) dokumentiert und deshalb auch kein „einheitliches Hölderlin-Bild" (Kluckhohn am 29.09.1942 an Wilhelm Böhm, zit. nach Kahlefendt, Nils: a. a. O., S. 146) liefern kann und soll, enthält, neben der vorangestellten Ode *An Hölderlin* von Weinheber u. a. Beiträge von Gadamer, Rehm, Kurt Hildebrandt, Friedrich Beißner und Heidegger. Max Kommerell, der zu den ersten gehört, die Kluckhohn um einen Beitrag bittet, lehnt ab (s. dazu unten).

604 Volke, Werner: a. a. O., Band 2, S. 133.

605 Tgahrt, Reinhard: Hölderlin im Tornister, in: Zeller, Bernhard (Hrsg.): a. a. O., Band 2, S. 300–335, hier: S. 325.

Innerhalb des politischen Feldes scheint Hölderlin, wie der Nachwuchswissenschaftler Walther Killy am 04.02.1941 Friedrich Beißner brieflich versichert, „ein Name von großer Zugkraft zu sein."[606] Dies dokumentiert sich nicht nur im Rahmen der Todestag-Feierlichkeiten, an deren Organisation und Durchführung maßgeblich beteiligt zu werden, parteiliche Instanzen im Bewusstsein der Repräsentationseffekte solcher Inszenierungen mit Nachdruck beanspruchen, sondern auch in dem Umstand, dass ein wesentlicher Impuls, eine neue, historisch-kritische Hölderlin-Ausgabe ins Werk zu setzen, vom politischen Feld selbst ausgeht. Der 24jährige Doktorand Killy, der zu diesem Zeitpunkt noch an einer vom Krieg unterbrochenen Dissertation über „Die Überlieferung der Gedichte Hölderlins" arbeitet, bringt mit Engagement die Pläne für eine solche Ausgabe in Gang, indem er die Rolle eines zwischen politischem und literaturwissenschaftlichem Feld vermittelnden Akteurs einnimmt. Durch seinen Vater, Reichskabinettsrat Dr. Leo Killy, der in der Berliner Reichskanzlei unter Hans Heinrich Lammers mitverantwortlich für die Führung des Reichsetats ist, darüber informiert, dass ein nachhaltiges „Interesse oberster Reichsbehörden an einer rechtzeitig zum 100. Todestag des Dichters vorliegenden Hölderlin-Edition"[607] besteht, wendet sich der cand. phil. umgehend an den editionserprobten Beißner, in dem er den „gegebene[n] Mann"[608] für ein solches Unterfangen sieht. Es bestehe, so versichert Killy, „nicht weniger als die Möglichkeit, eine große kritische Hölderlinausgabe unter Umständen aus Mitteln des Reiches entstehen zu lassen." Unter Einhaltung der anvisierten Frist werde das Projekt im politischen Feld „die realste Unterstützung finden, welche nur nachgesucht zu werden braucht."[609] Dem „Namen Hölderlin" sind jedoch nicht nur auf Reichsebene „alle Türen geöffnet", auch die entscheidenden landespolitischen Akteure, die Killy umgehend einzubinden versteht, zeigen sich von dem nationalen wie regionalen Repräsentativitätspotential einer solchen Ausgabe angetan. Dr. Theophil Frey, so informiert Killy Beißner am 04.02.1941, seines Zeichens

> Ministerialrat im hiesigen Cultusministerium[,] sagte, er sei überzeugt, daß man hierorts eine Hölderlin-Ausgabe sogar sehr gerne als Werk des Landes Württemberg in Gang bringen würde, da schon die maßgebliche Beteiligung an der Schiller-Ausgabe entfallen sei. Zu Recht; aber Hölderlin sei eine schwäbische nationale Aufgabe, ganz anders noch als Schiller, und dazu sei doch bald Jubiläum. Er glaube fest, daß sein Minister [der württembergische Ministerpräsident und Kultminister Dr. Christian Mergenthaler; G.K.], daß das Land eine so sichtbar notwendige Arbeit unterstützen wolle […] Kurz: wenn man hier die Dinge in die Hand nimmt, werden sie, möchte ich fast meinen, von einem rührenden Patriotismus von selbst weitergetragen.[610]

---

606 Zit. nach Zeller, Bernhard (Hrsg.): a.a.O., Band 2, S. 106.
607 Kahlefendt, Nils: a.a.O., S. 118.
608 Killy an Beißner am 15.01.1941, zit. nach Ebd.
609 Zit. nach Ebd.
610 Zit. nach Kahlefendt, Nils: a.a.O., S. 120f.

In dem Schreiben, mit dem sich Kultminister [sic] Mergenthaler schließlich, das Projekt befürwortend, an den Chef der Reichskanzlei, Lammers, wendet, verdichten sich exemplarisch jene auf Repräsentation und Kompensation zielenden Motive, aus der sich das Interesse des politischen Feldes (neben dem Württembergischen Kultministerium und der Deutschen Akademie wirken sowohl das REM als auch das Reichsministerium für Volksaufklärung und Propaganda an der Ausgabe mit[611]) an den Hölderlin-Iszenierungen speist. Die geplante Hölderlin-Ausgabe, so der Minister, soll

> die Werke des Dichters Friedrich Hölderlin der deutschen Wissenschaft als historisch-kritische Ausgabe sämtlicher Schriften darbieten, sie zugleich aber in Verbindung mit den anderen Lebenszeugnissen dem ganzen deutschen Volke in einer würdigen und endgültigen Form vermitteln. Ich glaube, mich dieser Anregung umso weniger verschließen zu dürfen, als es sich bei diesem Dichter um den Liebling der deutschen Jugend handelt, der in den Jahren des Weltkrieges und in der Zeit des Zusammenbruchs durch die Reinheit seiner Ideale, durch die Tiefe und Kraft der Begegnung deutschen und klassischen Geistes, durch sein leidenschaftliches Ringen um die Heimat Germanien und um menschliche Bestimmung immer mehr an Bedeutung gewonnen hat. [...] Die durch den Krieg hervorgerufenen Schwierigkeiten dürften kein Hindernis bedeuten, das Werk schon jetzt in Angriff zu nehmen und zum 100. Todestag im Juni 1943 wenigstens zwei Bände der Öffentlichkeit darzubieten. Ich bin der Meinung, daß gerade gegenüber diesem vaterländischen Dichter die große nationale Verpflichtung besteht, dieser Schwierigkeiten Herr zu werden und den Beweis zu erbringen, daß Deutschland in der Lage ist, trotz und während des Krieges die ideellen und materiellen Kräfte aufzubringen, um das geplante Werk rechtzeitig zu vollenden.[612]

Eine Repräsentationsfunktion kommt dem mit der Gesamtausgabe und im Kontext der Feierlichkeiten inszenierten Produkt „Hölderlin" insofern zu, als dass sich in der Sinnfigur des Dichters die Einzigartigkeit und Größe des deutschen Geistes und Wesens – mit Strahlkraft auch ins Ausland[613] – noch einmal spiegeln soll. Als „Ort" der „Begegnung klassischen und deutschen Geistes", wie Mergenthaler hervorhebt, wird Hölderlin zudem zu einem antizipatorischen Repräsentanten jener „europäischen" Sendung Deutschlands,

---

611 Vgl. die Einladung zur Subskription der Cotta'schen Buchhandlung Nachf., bei der die Ausgabe erscheint, die die beteiligten Instanzen aufführt. Der Hinweis auf das Ministerium Goebbels sowie auf das REM unterbleibt indes im Druck des ersten Bandes (Zeller, Bernhard (Hrsg.): a.a.O., Band 2, S. 115f.).

612 Mergenthaler an Lammers, 12.04.1941, zit. nach Kahlefendt, Nils: a.a.O., S. 123.

613 Dass es den am Projekt beteiligten Reichsstellen nicht zuletzt um positive Resonanz im Ausland geht, zeigt sich etwa darin, dass das Auswärtige Amt noch Ende 1944 für die Schweiz 5–6000 Exemplare der Großen Ausgabe bestellt. Das Protokoll der zweiten Sitzung des Verwaltungsausschusses der Ausgabe vom 08.06.1943 hält fest, dass, nachdem „anfänglich nur eine kleine Auflage von 2000 Stück geplant und erlaubt worden war", die Auflage „in der ersten Sitzung, hauptsächlich im Hinblick auf die Nachfrage im Ausland, auf 2500 Stück erhöht" wurde (Kahlefendt, Nils: a.a.O., S. 133).

die die offizielle Kriegslegitimationsrhetorik dominiert. Eine kompensatorische Funktion erfüllt die Inszenierung gleich in zweierlei Hinsicht. Zum Einen soll sich in der Gesamtausgabe wie in den sie umrahmenden Feierlichkeiten die ungebrochene, kulturelle Leistungsfähigkeit einer Nation manifestieren, die auch unter den verschärften Bedingungen des Weltkrieges noch in der Lage ist, den Anschein von (kulturbetrieblicher) Normalität, Funktionsstabilität und den Willen zu kultureller Größe aufrecht zu erhalten. Zum Anderen verweist Mergenthalers Anspielung auf die für die Hölderlin-Rezeption bedeutsamen „Jahre des Weltkrieges" und auf die „Zeit des Zusammenbruchs" darauf, dass es sich bei der Hölderlin-Erzählung um ein im und nach dem Ersten Weltkrieg bereits erprobtes bildungsbürgerliches Narrativ mit hohem Kontingenzbewältigungspotential handelt. Hat sich doch Hölderlin schon einmal als zentrale Sinnfigur eines – zumindest für die Gebildeten unter den Kriegsteilnehmern – anschlussfähigen Narrativs von der „letzten Opferbereitschaft" erwiesen, durch das die existenziellen und prinzipiell kontingenten Zumutungen, die der Krieg im Allgemeinen, und der technisierte, moderne Krieg im Besonderen, an den Einzelnen stellt, kompensatorisch mit einem „höheren" Sinn aufgeladen werden. Durch die bereits eingeschliffene Assoziationskette Hölderlin-Hellingrath-Opfer wird der Tod, der vor dem Hintergrund einer technisierten Kriegsführung zum kontingenten Massenschicksal wird, potentiell transponierbar in ein transindividuelles, sinnhaftes „Schicksal", das die Aufopferung des eigenen Lebens für die vaterländische Gemeinschaft zur bewusst getroffenen Entscheidung und somit zum Signum eines gelungenen Lebens stilisiert. Wie angemessen seine Rede von einer „Zeit des Zusammenbruchs" 1943 wieder sein sollte, dies war für Mergenthaler im April 1941 sicherlich noch nicht absehbar. Die affektiven Dispositionen indes, die u.a. mit Hölderlin als symbolträchtigem Segment der Hochkultur aktivierbar waren, dürften auch vor der Kriegswende bereits erwünscht gewesen sein. „Wenn ich Beethoven höre", so resümiert 1942 ein Kriegsteilnehmer in einer Rundfunkzeitschrift die kriegsförderliche Wirkung eines anderen Klassikers, „so werde ich tapfer."[614] Dass die Lektüre Hölderlins ähnliche Ermutigungswirkungen zeitigen könne, davon kündigte das bildungsbürgerliche Mythologem vom Opfergang Hellingraths. Dass also auch die Projektionsfläche Hölderlin ein probates Mittel sein kann, den bildungsnäheren Teilen der Bevölkerung ein Integrationsangebot in jene „emotionalisierte Erlebnisgemeinschaft" zu unterbreiten, deren Inszenierung ein „essentieller und letztlich auch lange Zeit tragender Faktor in [den] Propagandakonzeptionen"[615] des kriegführenden Regimes ist, weiß man also bereits vor Stalingrad.

„[B]ei der hohen nationalen und kulturellen Bedeutung der Angelegenheit", so hält denn auch ein Vermerk in den Akten der Reichskanzlei vom 23. April 1941 fest, bestünden „keine Bedenken, der Bitte zu entsprechen." Bereits einen Tag später ordnet Lammers die

---

614 Zit. nach Klingler, Walter: Nationalsozialistische Rundfunkpolitik 1942–1945. Organisation, Programm und die Hörer, Mannheim 1983, S. 137.
615 Kundrus, Birthe: a.a.O., S. 99 und 98.

Zahlung der beträchtlichen Summe von 40.000 RM auf das neugegründete Konto der „Hölderlin-Gesamtausgabe" der Württembergischen Bank in Stuttgart an.[616]

Die Niederlage, die sich angesichts des Kriegsverlaufes 1943 immer deutlicher abzuzeichnen beginnt, intensiviert noch die kompensatorische Funktion der Hölderlin-Feierlichkeiten, die – mit ihren Kranzniederlegungen, Theateraufführungen und musikgerahmten Rezitationsabenden – Literatur gleichsam als multimediales, performatives *happening* inszenieren. Neben den *event*-typischen, im Rahmen einer um subtilere Strategien bemühten Kriegspropaganda durchaus erwünschten Zerstreuungs- und Ablenkungseffekten, die Inszenierungen solcher Art als „Seelenmassage" (Goebbels) vor allem für das Bildungsbürgertum sicherlich immer auch mit sich bringen[617], wird deutlich, dass sich der kompensatorische Fokus der um Hölderlin gruppierten Erzählungen erweitert hat. Dies zeigen vor allem die zahlreichen kulturpolitischen Verlautbarungen, die die Feierlichkeiten sowie das Erscheinen der ersten beiden Bände der Gesamtausgabe umrahmen. Als sinnstiftende Figur soll Hölderlin nun nicht mehr nur zur Kompensation des kriegsbedingten Todes des einzelnen Soldaten beitragen, sondern er wird zum fragmentarisch anzitierten Stichwortgeber, mit dessen Hilfe die drohende Kriegsniederlage den Firnis der Tragik und der Schicksalhaftigkeit erhält und zum heroischen, durchhaltewilligen „Endkampf" einer ganzen Nation stilisiert werden soll. Als die militärischen Aussichten zusehends trüber werden, intensiviert sich die Transformation der Volks- in die Schicksalsgemeinschaft. Innerhalb dieser „Choreographie eines geschichtsmächtigen Untergangs"[618] stellt die Inszenierung Hölderlins ein, vor allem an ein bildungsbürgerliches Publikum appellierendes, Segment dar. „Mitten im schwersten Ringen unseres Volkes um seine Freiheit und sein Lebensrecht", so verkündet etwa das Geleitwort Mergenthalers zum ersten Band der Gesamtausgabe,

> erscheint die „Stuttgarter Hölderlin-Ausgabe". Seit das reiche Leben des großen Schwaben [...] erlosch, sind hundert Jahre vergangen. Und trotzdem wirkt das Vermächtnis des großen Genius so stark und tief, als ob es für uns Deutsche dieser schicksalsschweren Zeit geschrieben wäre, denen die Zukunft des Vaterlandes in einem Kampf auf Leben und Tod anvertraut ist. Sein großer und edler Geist schaute mit

---

616 Kahlefendt, Nils: a.a.O., S. 124. Die Beträchtlichkeit dieser Summe wird umso deutlicher, wenn man bedenkt, „daß der Schiller-Nationalausgabe von Berlin noch vor Jahresfrist ganze 6000 RM – zahlbar ‚nach Beendigung des Krieges' – in Aussicht gestellt wurden." (Ebd.) Weitere Zuschüsse erhielt das Projekt vom Finanzministerium Württemberg (25000 RM), vom REM (5000 RM) und von der Deutschen Akademie (5000 RM) (Volke, Werner: a.a.O., S. 131).

617 Solche Effekte, die statt auf unmittelbare politische Indoktrination auf Ablenkung durch Unterhaltung setzen, spielen gerade im Rahmen von Goebbels Konzept einer wirksamen Propaganda – ein Metier, das er durchaus als „Kunstform" verstand (Kundrus, Birthe: a.a.O., S. 95) – eine zetrale Rolle. „Nur nicht langweilig werden", so sein Credo, „[n]ur keine Öde. Nur nicht die Gesinnung auf den Präsentierteller legen [...] Gesinnung muß sein, aber Gesinnung bracht nicht Langeweile zu bedeuten [...] man merkt die Absicht und wird verstimmt." (Zit. nach Reichel, Peter: a.a.O., S. 159f.)

618 Wegner, Bernd: Hitler, der Zweite Weltkrieg und die Choreographie des Untergangs, in: Geschichte und Gesellschaft, 26, 2000, S. 493–518, hier: S. 493.

seherischem Blick das deutsche Schicksal. Aus der tiefsten Not wird stets aufleuchten Hölderlins „Gesang des Deutschen" [...] Und über den Gräbern unserer Toten steht tröstend und stolz sein verpflichtendes Wort: „Lebe droben, o Vaterland,/und zähle nicht die Toten! Dir ist,/Liebes! nicht Einer zu viel gefallen." Stuttgart im Kriegsjahr 1943.[619]

Ob nun der Leiter des Hauptkulturamtes bei der Hölderlin-Reichsfeier „etwas Kämpferisches, den letzten Einsatz Wagendes in Hölderlin" ahndet, das ihn zum „Dichter der letzten Opferbereitschaft" mache, oder ob ein Oberbannführer die anlässlich einer Feierstunde an der Geburtsstätte des Dichters versammelten Hitlerjungen darüber aufklärt, wie bewunderungswürdig und verpflichtend zugleich die „heilige Glut" Hölderlins sei, „mit der er das Reich der Deutschen verkündete, als sein Zusammenbruch offenbar und sein Todesröcheln allenthalben vernehmbar war."[620] Stets verleiht die Berufung auf Hölderlin dem von Sinnlosigkeit umdrohten Bild des Kriegstodes den Goldrand gemeinschaftsbezogener und deshalb sinnerfüllter Opferwilligkeit.

Die Hölderlin-Inszenierung befördert somit eine geläufige, kriegslegitimatorische Argumentationsfigur, in der die Zeit des Krieges gleichsam zu einer Sakralzeit stilisiert wird. Durch die potenzierte Todesmöglichkeit ist gerade die narrative wie lebenspraktische „Verarbeitung" des Krieges mit einem erheblichen Sinnstiftungsproblem konfrontiert. Das Wissen um die Endlichkeit des je individuellen Daseins ist im Krieg eben durch die permanente Todesdrohung präsenter als in anderen Lebensphasen, so dass die Diskrepanz zwischen der begrenzten eigenen Lebenszeit und der unbegrenzten Weltzeit zu einem noch drängenderen Problem wird. In der Regel sind es, sieht man einmal von zahlreichen Ablenkungs- und Zerstreuungsmöglichkeiten ab, deren Wirksamkeit indes zeitlich beschränkt ist, Erzählungen religiöser oder quasi-religiöser Natur, die, indem sie eine alle Zeitebenen überwölbende „heilige Zeit" etablieren, diese Diskrepanz narrativ ausgleichen. Wie bereits dargelegt, fungiert u. a. die Rede vom Volk als eine mögliche Sakralisierungserzählung, in der Alltagszeit, Lebenszeit und Weltzeit zu einem kultur- und handlungsorientierenden

---

[619] Zit. nach Zeller, Bernhard (Hrsg.): a. a. O., Band 2, S. 117. Bei der Akademischen Feier in der Aula der Tübinger Universität wird der Kultminister ähnlich deutlich, worin die Bedeutung Hölderlins zu sehen sei: „Ungezählte sind im Laufe unserer Geschichte für das germanische Reich deutscher Nation und für die Freiheit und das Lebensrecht unseres Volkes gefallen. Bewußt oder unbewußt gehorchten sie dem heiligen Wort Hölderlins: ‚O nimmt mich, nimmt mich in die Reihen auf,/Damit ich nicht sterbe gemeinen Tods!/Umsonst zu sterben, lieb ich nicht, doch/Lieb ich zu fallen am Opferhügel/Fürs Vaterland.' [...] Je härter der Kampf wird, um so klarer spüren wir, daß wir über alle materielle Rüstung und Technik hinaus zum Siege die Kräfte der deutschen Seele brauchen [...] Der Schwere des Kampfes bewußt, tragen wir den unerschütterlichen Glauben im Herzen, daß der Geist von Bach und Beethoven und Wagner, von Goethe und Schiller und Hölderlin sich verbinden wird mit dem des großen Preußenkönigs, mit den Kämpfern des Weltkrieges und dieses Kriegs, und daß beide, das deutsche Schwert und die deutsche Seele, den Endsieg für unsere Fahnen erkämpfen werden." (Zit. nach Zeller, Bernhard (Hrsg.): a. a. O., Band 2, S. 95)

[620] Zit. nach Zeller, Bernhard (Hrsg.): a. a. O., Band 2, S. 100 f.

Sinnganzen miteinander verbunden werden. Die Hölderlin-Erzählung ist nun eine unter den Kriegsbedingungen besonders anschlussfähige Variante dieser völkisch imprägnierten Sakralzeit, erlaubt sie es doch – zentriert um die repräsentative Seherfigur Hölderlin – die profane Alltags- und Lebenszeit der vom Tode bedrohten, bzw. der von ihm bereits ereilten Individuen prospektiv bzw. retrospektiv wieder mit der Weltzeit eines um seine Selbstverwirklichung kämpfenden deutschen Volkes in Verbindung zu bringen. Hölderlin, der dieser Erzählung zufolge diesen Kampf bereits in sich fühlte und ausfocht, fungiert dabei als personalisiertes Bindeglied zwischen Vergangenheit, Gegenwart und Zukunft. Er wird zur Beglaubigungsressource einer sinn- und orientierungsstiftenden Beziehung zwischen dem Schicksal des Einzelnen und dem Schicksal des gesamten Volkes, indem er, in seiner Funktion als narrative Verbindungsinstanz, den Soldatentod des Einzelnen in die große Erzählung vom „ewig Deutschen" integrierbar macht.

Sicherlich, man wird die Wirksamkeit solcher qua Hölderlin mittransportierter Propaganda in der Spätphase des Krieges zumindest an der „Heimatfront" keinesfalls überschätzen dürfen. Neuere Forschungen warnen zurecht davor, das vor allem von Goebbels selbst immer wieder beschworene Bild von der Propaganda als einer quasi-genialischen Manipulation, die „die Fäden der Meinungslenkung virtuos"[621] und stets erfolgreich zu ziehen versteht, für bare Münze zu nehmen und zu perpetuieren. Eine solche instrumentalistische Interpretation von Propaganda greift zu kurz. Sie unterschlägt den Aspekt der Dynamik von Propagandastrategien in der öffentlichen Kommunikation, der Propaganda als eine Struktur begreift, „die im Gefüge von Herrschaft und Mentalitäten angesiedelt ist"[622] und als ein Phänomen, „das aus mehrfacher Perspektive zu behandeln ist: von der Führung und der Basis her, der ‚Ideologie' und der Praxis, den innen- und außenpolitischen Erfordernissen, den speziellen Motiven und Zielen und somit immer auch von Intentionen und Wirkungen her."[623]

Der „Zerfall der Propagandastrukturen", der ab 1942 einsetzt, und der – so Aristotle A. Kallis – angesichts der Kriegserfahrungen in der Heimat und an der Front zu einer Erosion des nationalsozialistischen Wahrheitsmonopols führt[624], schlägt sich auch im Rahmen der Hölderlin-Inszenierung nieder. Dies zeigt sich nicht nur an den indirekten Auslassungen Kluckhohns, der von der parteipolitischen Penetration der Feierlichkeiten sichtlich genervt ist. Ganz anders, als in den Zeitungsberichten und offiziellen Meldungen verkündet, wirken die Feierlichkeiten etwa auch auf den Tübinger Geschichtsstudenten Hellmuth

---

621 Kundrus, Birthe: a. a. O., S. 97f.
622 Kundrus, Birthe: a. a. O., S. 99.
623 Sösemann, Bernd: Propaganda und Öffentlichkeit in der „Volksgemeinschaft", in: Ders. (Hrsg.): Der Nationalsozialismus und die deutsche Gesellschaft, Stuttgart/München 2002, S. 114–154, hier: S. 152.
624 S. Kallis, Aristotle A.: Der Niedergang der Deutungsmacht. Nationalsozialistische Propaganda im Kriegsverlauf, in: Echternkamp, Jörg (Hrsg.): a. a. O., Zweiter Halbband, S. 203–250. Ob indes in dieser Phase, wie Kallis argumentiert, in der Tat sich bereits auch ein „Zerfall des Hitler-Mythos" (228ff.) abzeichnet, ist in der Geschichtsschreibug allerdings umstritten. Vgl. dazu etwa die Position von Kershaw, Ian: Hitler. 1936–1945, München 2002, S. 731ff.

Günther Dahms. In einem Brief vom 10.06.1943 läßt er die Tübinger Feierlichkeiten sowie die kontraintentionale Wirkung der parteipolitischen Partizipation ironisch Revue passieren:

> Nach einer greulichen Musik hat Hauer in einer Partei-Veranstaltung Hölderlin zum ersten SS-Mann ernannt. Ebenso sinnig war die Gründung der Hölderlin-Gesellschaft. Der Gauleiter (!) setzte Schumann (!) zum Präsidenten ein und rief Göbbels zum Schirmherrn aus, während der Saal in eisigem Schweigen verharrte. Erst als Kluckhohn und Beißner zu Stellvertretern ernannt wurden, brauste eine demonstrative Zustimmung los. Praktisch werden die Dinge so laufen, daß die Professoren die Arbeit verrichten (nämlich die neue Ausgabe) und die Herren Präsidenten den Ruhm einstreichen.
> Wahrhaft erhebend war dagegen die Abschlußfeier der Universität. Nach Reuters Vertonung des „Gesanges des Deutschen" für Orchester, Chor und Soli, wurden Hölderlin-Gedichte in vollendeter Weise von einer Schauspielerin vorgetragen und zum Schluß die erschütternde Vertonung des „Schicksalsliedes" von Brahms. Ich bin mir im Stillen darüber klar geworden, daß die Wirkung dieser Stunde wohl darauf beruht, daß so gar nichts Gegenwärtiges mitzureden hatte, sondern das einst gültig Gestaltete mehr sagen konnte, als alles dumme Geschwätz unserer Tage, das, moralisch betrachtet, Hölderlins Todestag mit Katyn auf einer Ebene betrachtet.
> So ist also die Vergangenheit nicht mehr die Wurzel unseres so und so angelegten Schicksalsweges, sondern das arische Ausweispapier einer geplanten Anstellung im Völkerleben.[625]

Allerdings zeigen gerade die kritisch-spöttischen Auslassungen Dahms, dass von einem völligen Zerfall der Propagandastrukturen – wie es die Ausführungen Kallis bisweilen nahezulegen scheinen – wiederum nicht die Rede sein kann. Zwar dokumentiert sich in der Skepsis des jungen Geschichtsstudenten eine nur noch partielle Realisation der potentiellen kulturpolitischen Funktionen der Hölderlin-Inszenierung: dass Hölderlin zur Repräsentation der vermeintlichen Größe des nationalsozialistischen Deutschlands denkbar ungeeignet ist, daran lässt Dahms in der Tat keinen Zweifel; die kompensatorische Funktion der Feierlichkeiten wird von ihm jedoch gerade dann bestätigt, wenn er in Hölderlin das Symbol einer zeitenthobenen Sinnstiftung, bei der „so gar nichts Gegenwärtiges mitzureden hatte", glaubt erkennen zu können und er sich von der Vertonung des „Schicksalsliedes" ergriffen zeigt. Kompensieren doch hier die im Zeichen des „Schicksals" rezipierten, weihevollen Stunden mit dem Dichter zumindest vorübergehend das offensichtliche Unbehagen des Bildungsbürgers im Nationalsozialismus und dem von ihm entfesselten Kriege.

Und dennoch sollte man die Wirkung der Hölderlin-Inszenierung an der „Heimatfront" nicht überschätzen. Tübingen 1943 ist – dies mag zunächst banal klingen – nicht

---

625 Brief Helmuth Günther Dahms an Wolfgang Hermann, 10.06.1943, zit. nach Zeller, Bernhard (Hrsg.): a. a. O., Band 2, S. 99.

Bayreuth 1940, als Hitler ungeachtet des Krieges die Durchführung der Festspiele befiehlt und zum ersten Mal 19.000 Arbeiter und Soldaten zur Teilnahme einlädt.[626] Dies liegt nicht nur an der veränderten Kriegslage. Zur Inszenierung einer emotionalisierten, klassenlosen Volks- und todesbereiten Erlebnisgemeinschaft eignet sich der vor allem in seiner Spätphase hermetische und kommentarbedürftige Wortkünstler kaum. Allein dies schon unterscheidet ihn zweifellos von dem mit den Wirkungsmechanismen der Musik bestens vertrauten Gesamtartisten, den es, wie Thomas Mann vermerkt, „auch nach den Dummen" gelüstet. Gewiss denn doch nur in eingeschränkterem Maße taugt Hölderlin – trotz Hellingrath – deshalb dazu, „die Menschen", wie Hitler es als Leitdirektive jedweder Kriegspropaganda formuliert, „zum Sterben zu berauschen."[627]

Überhaupt – und dies ist sicherlich der wichtigste Grund – spielt das bildungsbürgerlich imprägnierte, literaturbezogene Angebotssegment, zumindest dann, wenn es performativer, qua Theateraufführungen realisierbarer Komponenten entbehrt, nur eine vergleichsweise marginale Rolle sowohl im Geschmackshaushalt der nationalsozialistischen Führungsriege[628] als auch innerhalb des Konzeptes einer „geistigen Kriegsführung". Die Präsenz politischer Akteure bei den Dichtergedenktagen, wie auch die großzügigen finanziellen Zuwendungen etwa im Falle der Hölderlin-Ausgabe sollten nicht darüber hinwegtäuschen, dass das Hauptinteresse der kriegsbegleitenden Kulturpropaganda keineswegs beim textuellen Medium Literatur liegt. Die darstellenden und deshalb massenwirksameren Medien wie der Film, der – was die öffentliche Resonanz betrifft (s. u.) – sicherlich der „kulturelle Kriegsgewinnler" ist[629], der Rundfunk und das Theater stehen eindeutig im Vordergrund der Propagandastrategien des „Kompensationspragmatikers" (Bollenbeck) Goebbels und sie marginalisieren literaturbezogene Leistungsangebote.

Der „Bedeutungszuwachs der Massenkultur für die Propaganda"[630] markiert einen wesentlichen Unterschied zum Ersten Weltkrieg. „Unser Volk bei guter Laune zu halten", so notiert Goebbels am 26.02.1942 in sein Tagebuch, „das ist auch kriegswichtig. Wir haben das während des Weltkriegs [dem Ersten; G. K.] versäumt und mußten das mit einer grauenhaften Katastrophe bezahlen. Das Beispiel darf sich unter keinen Umständen wie-

---

626 S. Heyde, Ludwig: Presse, Rundfunk und Film im Dienste der Volksführung, Dresden 1943, S. 13.
627 Hitler, Adolf: Mein Kampf [1924/25], 97.–101. Aufl., München 1934, S. 202.
628 Zum Kunstverständnis Hitlers s. Bollenbeck, Georg: Tradition – Avantgarde – Reaktion, Frankfurt am Main 1999, v. a. S. 298–346; Fest, Joachim: a. a. O., S. 865 ff. Die lediglich eingeschränkte Bedeutsamkeit des bildungsbürgerlichen Literaturkanons als Medium einer breitenwirksamen, geistigen Kriegsführung, zeigt sich schlaglichtartig, wenn Goebbels lakonisch bemerkt, dass „die wenigen, die nur von Kant und Hegel ernährt werden wollen, kaum ins Gewicht" fallen (zit. nach Pohle, Heinz: Der Rundfunk als Instrument der Politik. Zur Geschichte des Rundfunks von 1923–1938, Hamburg 1955, S. 282). Dass bildungsbürgerlich imprägnierte Argumentationsfiguren dessen ungeachtet eine ganz zentrale Rolle im Rahmen des Kunstdiskurses der Nationalsozialisten spielen und der Bezug auf den Kanon literarischer „Klassiker" durchaus dann eine Rolle spielen kann, wenn es um die Inszenierung von nationaler Größe geht, dazu s. ebenfalls Bollenbeck, Georg: a. a. O.
629 Kundrus, Birthe: a. a. O., S. 120.
630 Kundrus, Birthe: a. a. O., S. 99.

derholen."⁶³¹ Unterhaltung also, die von den Sorgen des Kriegsalltages ablenkt, ist vor allem gefragt. Zwar gibt es – unter Ausgrenzung der künstlerischen Moderne – eine „weiterlaufende[] bildungsbürgerliche[] Normalität im Kunstbetrieb"⁶³², auch werden vornehmlich bildungsbürgerlich adressierte Angebote nicht völlig verdrängt, aber sie werden doch deutlich marginalisiert und in ihrer Funktion – wie etwa die Dichterfeiern Schillers und Kleists zeigen – darauf zugeschnitten, „deutsche Größe" zu repräsentieren. „Mit der kulturpolitischen ‚Gleichschaltung' verlieren die Höhenkünste", zu diesem Schluss kommt etwa Bollenbeck, „trotz der offiziösen vulgäridealistischen Rhetorik, ihren Status als ‚höhere Realität'. Eine ‚Sondersphäre des Geistes', die sich von der Unterhaltungsindustrie abgrenzt, gibt es für die Macher nicht mehr."⁶³³ Durchaus als ein Phänomen der reaktionären Modernität des Nationalsozialismus erscheint das Ergebnis dieser kunstpolitischen Strategien, institutionalsieren sie doch, „indem sie die Grenzen zwischen Höhenkünsten und Massenkünsten verwisch[en], einen nahezu postmodernen Egalitarismus unter diktatorischen Bedingungen."⁶³⁴ So „bunt, abwechslungsreich und farbig wie möglich"⁶³⁵, so lautet denn auch die Direktive des Propagandaministers an die verantwortlichen Rundfunkmacher, solle die Programmgestaltung ausfallen. Von den täglich 21 Stunden Sendezeit der seit dem 9. Juli 1940 vereinheitlichten Reichssender entfallen 13 Stunden auf Musik-, die übrigen acht auf Wortsendungen. Unterhaltungsmusik dominiert das Programm und verdrängt jene Segmente, die – wie Klassik, nichtpolitische Wortbeiträge wie Vorträge, Hörspiele oder literarische Beiträge – vornehmlich auf eine bildungsbürgerliche Adressatenschaft zielen. „Von den im Dezember 1942 bis Januar 1943 etwa 190 Programmstunden in der Woche […] entfielen ungefähr 84 Prozent, also 160 Stunden, auf den unterhaltendkünstlerischen Teil und rund 16 Prozent, insgesamt 30 Sendungen, auf den politisch-propagandistischen. Etwa 130 Stunden des Unterhaltungsteils wurden mit leichten oder gehobenen Musikstücken gefüllt."⁶³⁶ *Happiness*, dies weiß auch der Propagandaminister, *is a*

---

631 Goebbels, Joesph: Die Tagebücher, Teil 2, Band 3, München u. a. 1993–96, S. 377.
632 Bollenbeck, Georg: a. a. O., S. 330.
633 Bollenbeck, Georg: a. a. O., S. 304.
634 Bollenbeck, Georg: a. a. O., S. 305. Indikationsträchtiges Beispiel eines solchen Egalitarismus, der zugleich auf die mediale Konstruktion der Volksgemeinschaft zielt, ist die Rundfunksendung „Wunschkonzert", die seit 1939 „Wunschkonzert für die Wehrmacht" heißt. „Sie war", so führt Kundrus aus, „die beliebteste und auch bekannteste Sendung, bis zu 50 Prozent der Hörer sollen sie verfolgt haben. […] Die Sendung suggerierte eine enge Bindung zwischen Wehrmacht und Heimat. […] Das ‚Wunschkonzert' betonte darüber hinaus durch die Gleichrangigkeit ästhetischer Präferenzen die Irrelevanz sozialer, regionaler, religiöser oder geschlechtlicher Unterschiede. Marika Rökks Schlager ertönten neben Mozart-Ouvertüren, Schnulzen neben Marschmusik. Das Militär wurde mit den Künsten vereint, die Preußen mit den Bayern, die Bildungsbürger mit den Arbeitern. Man war eins durch das gemeinsame Radiohören und eins in der Front der Gefühle." (Kundrus, Birthe: a. a. O., S. 137)
635 Zit. nach Kundrus, Birthe: a. a. O., S. 111.
636 Ebd.

warm gun, und es entspricht dieser Leitlinie, wenn das RMVP Ende 1942 einen Wettbewerb für optimistische Schlager ausschreibt.[637]

Dies kommt der kulturellen Bedürfnislage an der „Heimatfront" durchaus entgegen und bestärkt sie zugleich. Die vom Kriegsalltag in wachsendem Maße betroffenen „Volksgenossen" wollen sich eben doch in der Mehrheit lieber „einen bunten Luftballon" kaufen und mit ihm „in ein fremdes Märchenland"[638] davonfliegen, als mit einem Hölderlinvers auf den Lippen den Heldentod beim nächsten Luftangriff zu sterben. Operetten, Revuen, Kriminalfilme und Melodramen dominieren in der Spätphase des Krieges die Leinwand. Dass allein im Jahr 1943 die Zahl der Kinobesuche im Reich 1,116 Milliarden beträgt – jeder Einwohner findet sich also im Durchschnitt etwa 13 bis 14 mal im Kino, das in diesem Jahr etwa 70 neue Filme bringt, ein[639] –, während von der Großen Ausgabe der Hölderlin-Edition im gleichen Jahr 3.200 Bände ausgeliefert werden, ist zumindest insofern aufschlussreich, als dass diese Zahlen die quantitative Diskrepanz zwischen filmischem und literarischem Resonanz- und Zirkulationspotential dokumentieren.

Zwar bleibt das Theater, an das weiterhin die meisten Mittel des Propagandaministeriums fließen[640], nach wie vor eine erfolgreiche und hauptsächlich von einer privilegierten, bildungsbürgerlichen Besucherschicht frequentierte Institution, doch selbst hier scheint sich zumindest eine gewisse Gleichgültigkeit gegenüber seiner bildenden Funktion breitzumachen und der Wille zum *entertainment* um sich zu greifen. „Ziemlich übereinstimmend", so lautet es zumindest in einem Bericht des SD Anfang 1942, „wird festgestellt, daß ein großer Teil der Theaterbesucher ins Theater gehe lediglich aus dem Bedürfnis nach Unterhaltung und Entspannung."[641]

Dieser Trend zur Marginalisierung eines literaturbezogenen, bildungsbürgerlichen Kompensationsangebotes scheint indes nicht für die Kriegsfront im Feld gelten. Anders als in der „Heimat" erlebt das bildungsbürgerliche Leitmedium „Buch" unter den eingeschränkten Rezeptiosbedingungen an der Front einen regelrechten Aufschwung. Als zer-

---

637 Maaß, Michael: Freizeitgestaltung und kulturelles Leben in Nürnberg 1930–1945. Eine Studie zu Alltag und Herrschaftsausübung im Nationalsozialismus, Nürnberg 1992, S. 220.

638 „Kauf Dir einen bunten Luftballon/nimm ihn fest in Deine Hand/stell Dir vor, er fliegt mit Dir davon/in ein fremdes Märchenland" – so lautet der eskapistische Refrain des gleichnamigen Schlagers aus dem Eisrevuefilm „Der weiße Traum", einem der 1943/44 erfolgreichsten Filme (Kundrus, Birthe: a. a. O., S. 107).

639 Kundrus, Birthe: a. a. O., S. 101. „Mit dieser Nachfrage", so Kundrus, „erhöhte sich auch die Zahl der Kinos von 5071 im Jahre 1933 auf 7043 anno 1941. Dadurch standen zumindest zeitweise etwa 2,8 Millionen Sitzplätze für die Kinobesucher zur Verfügung." (Ebd.) Die 1940 erstmals gezeigte Filmromanze „Wunschkonzert" (mit Carl Raddatz und Ilse Werner) – als Ableger der gleichnamigen Radiosendung (s. o.) ein frühes Beispiel dessen, was man heute wohl als ein *crossover-media-marketing* bezeichnen würde – erreicht bis 1945 je nach Zählung die Rekordzahl von 20 bis 25 Millionen Zuschauern (Kundrus, Birthe: a. a. O., S. 138).

640 Kundrus, Birthe: a. a. O., S. 117. S. dazu auch Reichel, Peter: a. a. O., S. 336–345.

641 Meldungen aus dem Reich 1938–1945. Die geheimen Lageberichte des Sicherheitsdienstes der SS. Hrsg. u. eingel. von Heinz Boberach, 17 Bde., München 1984/85, Bd. 9, Nr. 263, S. 3371 (26. 02. 1942).

streuungs-, trost- und motivationsspendendes *vademecum* wird das Buch hier zum bevorzugten Kompensationsmedium. Um diese Bedeutung des Buches im Kriege weiß man auch innerhalb des kulturpolitischen Feldes. Bereits am 14.10.1939 veröffentlicht z. B. Rosenberg einen Aufruf zur Bücherspende im *Börsenblatt für den Deutschen Buchhandel*, in dem es heißt:

> Unsere Soldaten stehen in hartem Kampf für Deutschland. Diesen mit allen Kräften zu unterstützen und die Gemeinschaft von Wehrmacht und Volk zu stärken, ist uns eine hohe Pflicht. Hier kann das deutsche Buch als Symbol für die Kraft unseres geistigen Lebens in hervorragendem Maße wirken. Daher ergeht an das ganze deutsche Volk, insbesondere an die deutschen Verlagsanstalten und Buchhandlungen, die Aufforderung, Bücher zu spenden, die in Kriegslazaretten, Krankenhäusern der Heimat, Sammellagern und ähnlichen Einrichtungen den deutschen Soldaten zur Verfügung gestellt werden. […] Als erste Spende stelle ich 2 500 Bücher zur Verfügung.[642]

Vom „Lesehunger des Soldaten"[643] vor allem in den „Winterquartieren" profitiert man indes auch innerhalb des ökonomischen Feldes. Auch der Buchhandel reagiert schnell auf den Krieg als potentiellen Wachstumsfaktor und entwickelt ein kriegsspezifisches Angebotssegment. Unter der Leitung von Leys *Deutscher Arbeitsfront* entstehen zahlreiche Frontbuchhandlungen, die sich darum bemühen, „selbst die neuesten Erscheinungen der Heimat stets anbieten zu können."[644] Den größten Aufschwung jedoch markiert die „Feldpost"-Literatur. Das *Börsenblatt* schaltet bereits 1939 eine großangelegte „Werbung für die Buch-Feldpostsendung". Da solche Sendungen bis 250 g portofrei sind, werben die Verlage vor allem mit ihren „leichten" und billigen „Kleinen Büchereien" aus bereits bestehenden oder eilig neu gegründeten Reihen, die – ganz im Sinne der von Goebbels' ausgegebenen Strategie eines ästhetischen *border-crossing* – eine „bunte" Mischung aus Unterhaltendem („Lach mit, Soldat!") und Anspruchsvollem präsentieren. Um die Leserschaft an der Front konkurrieren z. B. die „Münchner Lesebogen", die „Insel-Bücherei", „Die deutsche Reihe" (bei Diederichs), „Die kleine Bücherei" (bei Langen-Müller), „Die bunten Hefte für unsere Soldaten" (Kohlhammer), die „Feldpost"-Reihe des Böhlau-Verlages, die „Trösteinsamkeit" (Rütten & Loening), die „Schriften zur völkischen Bildung" (Schaffstein), die „Kriegsbücherei der deutschen Jugend" (Schaffstein) oder die „Bertelsmann-Feldausgaben". „Schickt Bücher in's Feld", wirbt etwa ein Prospekt des letztgenannten Verlages, dessen Titelseite sinnigerweise vier kartenspielende Soldaten zeigt: „Sie wollen ihren Gefolgschaftsmitgliedern an der Front eine Freude bereiten. Senden Sie ihnen zur Unterhaltung

---

642 Zit. nach Zeller, Bernhard (Hrsg.): a. a. O., Band 2, S. 306.
643 Stöve, Günther: Besuch in einer Frontbuchhandlung, in: Bücherkunde, Ausgabe B. Bayreuth, 8, 1941, Heft 7, S. 204.
644 Ebd. Beim „Großdeutschen Dichtertreffen" in Weimar im Oktober 1940 berichtet Wilhelm Baur, Vizepräsident der Reichsschrifttumskammer und „Leiter des Deutschen Buchhandels", dass mittlerweile 14 fahrbare und 9 stationäre Frontbuchhandlungen eingerichtet worden seien (s. Zeller, Bernhard (Hrsg.): a. a. O., Band 2, S. 309).

Bertelsmann-Feldausgaben!"[645] Der Böhlau-Verlag etwa schickt 1944 *Deutsche Gedichte*, eine „Sammlung für die Kriegszeit" mit „vorgedrucktem Adressenschema für den direkten Versand auf dem hinteren Umschlag" ins Rennen.[646] Im Novemberheft 1942 von *Westermanns Monatsheften*, die das Ergebnis einer Umfrage „Was liest der Landser?" präsentieren, wird die „Feldausgabe" zum Medium einer die gesellschaftlichen Schranken überbrückenden Volks- und Erlebnisgemeinschaft und der Krieg zur Schule einer Lesegemeinschaft, in der ästhetische Präferenzen eingeebnet werden, stilisiert: „Was der Soldat liest?", so fragt etwa der Soldat Wilhem Pleyer, um sich sogleich diese Frage selbst zu beantworten:

> Er liest ziemlich viel und daher so ziemlich alles, worauf er gerade angewiesen ist. Studienräte lesen Karl May, Kaufleute Hölderlin, Mathematiker Eichendorff – usf., wenn sie nichts anderes haben; und wohl alle entdecken sie neues Land – der Krieg ist auch hier der Vater der Dinge, ein großer Erzieher und Bildner, und zweifellos werden aus dem Kriege bessere Leser heimkehren. Den sprichwörtlichen „Faust" hat von meinen Bunkerkameraden zufällig niemand im Tornister oder auf dem Brettel, auch sonst nichts Klassisches; aber ich konnte feststellen, daß *sehr gutes Erzählgut von Hand zu Hand geht* und Bauern, Beamten und Arbeitern gleichermaßen gefällt.[647]

In diesen „Feldpost"-*boom* reiht sich wiederum auch Hölderlin als erfolgsversprechendes Angebotssegment ein, das eine gewisse Resonanzträchtigkeit nicht zuletzt deshalb verspricht, da es seine Tauglichkeit zur mentalen Truppenbetreuung – man denke an die mit Hellingrath verbundene Legende – bereits im Ersten Weltkrieg unter Beweis gestellt hat. In der *Feldgrauen Reihe* des Böhlau-Verlages erscheint eine von Leiva Petersen edierte Sammlung von Hölderlin-Gedichten[648], der Walter-Verlag schickt 1943 *Hölderlin: Heldentum*, eine „Auswahl für Soldaten von Amadeus Grohmann" ins Feld, der Cotta-Verlag im selben

---

645 Zeller, Bernhard (Hrsg.): a. a. O., S. 315. „Reclams Universalbibliothek" oder die „Wiesbadener Volksbücher" werben u. a. damit, dass ihre Reihen schon im Ersten Weltkrieg ihre Funktion erfüllt hätten (s. ebd.).
646 Zeller, Bernhard (Hrsg.): a. a. O., Band 2. Im von Hajo Jappe verfassten Vorwort heißt es: „Als der Krieg ausbrach, wurde Wunsch und Verantwortung brennend, neben so vielen anderen Waffen auch die geweihte einiger Verse aus unserer großen Schatz- und Rüstkammer bereitzustellen für Bereitwillige. Es mußte die Hilfe angeboten werden des lauteren geprägten Wortes, wörtlich in sich erfüllte und wörtlich zu erfüllende Gedichte, die das Menschliche gültig sagen in soviel menschlich äußersten Lagen unserer Zeit. Sie bedarf des Dichters als eines wahren Nothelfers: Zuspruch ist, was er von Leben und Sterben spricht, uns eine Zueignung von Stärke, von Wärme, Trost und Vertrauen. […] Goethe steht wie immer für uns Heutige am Anfang, und Hölderlin ist seit dem vorigen Krieg für die Besten […]." (zit. nach ebd.) Die Auswahl enthält zudem Gedichte von George, Rilke und Hofmannsthal.
647 Zit. nach Zeller, Bernhard (Hrsg.): a. a. O., S. 318.
648 Friedrich Hölderlin: Gedichte. Eine Auswahl [von Leiva Petersen], Weimar 1939 [Feldgraue Reihe. Heft 2]. Feldpostausgabe ohne Vor- oder Nachwort.

Jahr das erste Hunderttausend einer von Friedrich Beißner besorgten „Feldauswahl"[649], das Bibliographische Institut Leipzig zieht 1944 mit *Hölderlin: Auswahl aus seinen Werken*, „[u]nter Benutzung der neuesten Forschung zusammengestellt und herausgegeben von Paul Smolny" nach, und die bei Kohlhammer erscheinenden „Bunten Hefte für unsere Soldaten" enthalten in der 1944 erscheinenden 75. Ausgabe „Hölderlins vaterländische Gesänge". Der Verweis darauf, dass die Sinnstiftung qua Hölderlin gleichsam ein Kriegstauglichkeits-Siegel trägt und dadurch gesteigerte Authentizität im Angesicht der Niederlage verspricht, zieht sich wie ein roter Faden durch die Paratexte dieser Ausgaben. „Viele Deutsche", so heißt es etwa in den „Bunten Heften",

> erfuhren die Macht, die mit nichts zu vergleichen, was sonst auf deutsch gedichtet wurde, die Innigkeit und das zutiefst Verpflichtende und Verantwortliche seiner Gesänge im Toben der Stahlgewitter des Weltkrieges, und retteten versinkenden Glauben an das Reich durch sein heiliges Wort, sie wußten in der Götzendämmerung der wirbelnden Nachkriegszeit um das heimliche Deutschland, den lebendigen Glutkern, der in Hölderlins Hymnen kristallrein glühte, und hüteten eifersüchtig den unschätzbaren Diamant seines Sehertums mitten in der Umkehrung materieller Werte der Inflation, sie gaben diesen Schatz dann an ihre Söhne weiter, die heute an den Fronten stehen, um nicht zuletzt auch dieses erhabene Erbe gegen den Vernichtungswillen dumpfer Mächte zu verteidigen.[650]

„Schon im Weltkrieg", so betont auch Grohmann in der *Heldentum* betitelten Ausgabe einleitend das bei Sieg und Niederlage offensichtlich gleichermaßen sinnstiftende Potential des Dichters,

> hatten wir den „Faust" und „Hyperion" im Tornister. So wie damals spricht uns Soldaten von heute nur das Wesentliche an, um das es geht. Für das stehen wir mit unserem Leben ein. Wir haben wenig Zeit zum Lesen. Was nicht stärkendes Rüstzeug des Geistes ist, bleibt für uns Ballast in jeder Hinsicht. Als wir 1941 Minsk eroberten, kam mir in der zerstörten Universitätsbibliothek Hölderlin in die Hand. Von Trümmern umgeben, las ich wenige Stunden nach dem Kampfe einige Seiten aus dem „Hyperion". Er war mir Sinngebung unseres Kampfes.[651]

---

649 Zeller, Bernhard (Hrsg.): a. a. O., S. 325. In einem Telegramm der Reichskulturkammer an den Cotta-Verlag vom 09.09.1943 heißt es im Hinblick auf diese „Feldauswahl": „Wieviel Exemplare lieferbar Reserviert uns Restbestand zwecks Truppenbetreuung" (zit. nach Kahlefendt, Nils: a. a. O., S. 156).

650 Hölderlins vaterländische Gesänge, Stuttgart/Berlin 1944 [= Die bunten Hefte für unsere Soldaten, 75], Einleitung. Diese Sammlung ist 1941 zum ersten Mal erschienen. Die Erläuterungen wie auch die einleitenden Worte stammen von Ernst Müller, der hier indes ungenannt bleibt (s. Zeller, Bernhard (Hrsg.): a. a. O., Band 2, S. 324).

651 Hölderlin: Heldentum, Wien/Leipzig 1943, Vorwort. Paul Smolny fokussiert in den „Gedenkworten" zu seiner Auswahl die todesbejahende Funktion Hölderlins: „Diese Liebe zu seinem Volk ist es gerade […] – ja, wer weiß es nicht aus Feldpostbriefen und aus Gesprächen mit Frontsoldaten –, daß diese Vaterlandsliebe unseren Waffenträgern so voranleuchtet, ihnen Widerstand und Kampfesmut verleiht,

Dieses ästhetizistisch-pittoreske, nietzscheanisierende *setting* der eigenen „Hyperion"-Lektüre im Trümmerfeld wirft die Frage auf, in welchem Maße es sich bei solchen Hölderlin-Erzählungen nicht nur um eine propagandistische Stilisierung, sondern auch um eine bildungsbürgerliche Selbstinszenierung handelt. Das tatsächliche Rezeptionsverhalten an der Front lässt sich, wenn überhaupt, nur noch bruchstückweise – etwa aus Feldpostbriefen, die wiederum nicht ohne weiteres als valide Quellen gelten können[652] – rekonstruieren. Wie viele von den hunderttausend Hölderlin-Ausgaben nicht nur „im Tornister" getragen, sondern *de facto* auch gelesen wurden und ob etwa der „einfache" Landser – ungeachtet des bildungsbürgerlichen Idylls von der klassenübergreifenden Lesegemeinschaft im Kriege – nicht doch lieber beim Kartenspiel als bei der Lektüre „echter" Dichtung seine Freizeit verbrachte, bleibt fraglich. Zumindest ein Feingeist wie Josef Weinheber, reichsweit akklamierter Experte im Verfassen lyrischer Hölderlin-*pastiches*, bezweifelt mit Nachdruck eine breitenwirksam bildende Funktion der Kriegslektüre. In einem Brief vom 21.01.1944 klagt er über eklatante Erfahrungen, die er als ehrenamtlicher Prüfer bei der ersten juristischen Staatsprüfung in Wien selbst bei Vertretern eines gehobenen Bildungsniveaus hat machen müssen:

> Ich habe heute einen Prüfling über Goethe gefragt: Er wußte nicht, daß Goethe den „Faust" gedichtet hat! Dabei tragen bekanntlich – nach Rosenberg – die deutschen Soldaten den Faust und den Hölderlin im Tornister! Falsch! Alles falsch! Man soll sich doch nicht so mit sich selbst betrügen! Ich, als Prüfer, habe es doch mit der „Intelligenz", mit den „Akademikern" zu tun, ständig zu tun! Gott, mein Gott!, was erlebe ich?! Wir sind das ungeformteste Volk, das die Erde trägt! Ich rede nicht von Schulbildung – das ist Mist – ich rede von der Durchgestaltung der menschlichen Seele! Auf eine Million Barbaren kommt erst ein wirklich perikleischer Mensch![653]

Gleich von einem halben Dutzend solcher „perikleischer Menschen" weiß indes Paul Kluckhohn im ersten Jahrgang der *Iduna*, des Jahrbuchs der Hölderlin-Gesellschaft, 1944 Kunde zu geben. „Im heutigen Krieg", so spekuliert der Tübinger Ordinarius in seinem Beitrag *Hölderlin bei den Soldaten des Zweiten Weltkriegs*, „dürfte die Zahl derer, die Hölderlin als ‚ständigen treuen Begleiter', wie es in einem Frontbrief heißt, mit sich führen, wesentlich größer geworden sein."[654] Die Zeugnisse, die Kluckhohn ausbreitet, stammen aus

---

sie beschwingt und – wenn es sein muß – auch das Leben hingeben läßt! Keine bessere Bestätigung für die Gültigkeit Hölderlinscher Kraft und Frömmigkeit gibt es!" (Hölderlin: Auswahl aus seinen Werken, Leipzig 1944, S. VIII f.)

652 S. dazu Kilian, Katrin A.: Kriegsstimmungen. Emotionen einfacher Soldaten in Feldpostbriefen, in: Echternkamp, Jörg (Hrsg.): a. a. O., Zweiter Halbband, S. 251–288. In der von Kilian analysierten Korrespondenz – sie untersucht eine Auswahl von Briefen, die von über 30 verschiedenen Soldaten mit einem Mannschaftsdienstgrad stammen – spielt der Name Hölderlins keine Rolle.

653 Weinheber, Josef: Briefe an Maria Mahler, Gütersloh 1952, S. 18.

654 Kluckhohn, Paul: Hölderlin bei den Soldaten des zweiten Weltkriegs, in: Iduna, 1, 1944, S. 192–196, hier: S. 192.

„Zuschriften, die die Hölderlin-Gesellschaft bzw. das Deutsche Seminar in Tübingen [...] von Soldaten und Offizieren aller Grade und Waffengattungen erhalten hat."[655] Das dergestalt als authentisch ausgewiesene Material – Ergebnis einer „Feldforschung" mithin in ganz besonderem Sinne – reicht vom „SS-Mann", für den Hölderlin „in den langen Monaten des russischen Winterfeldzuges [...] fern von der Heimat der einzige Freund [ist], mit dem ich täglich Zwiesprache halten konnte" bis zum „Fahnenjunker", den „im unendlichen Sand der afrikanischen Wüste" bei der Lektüre „in meiner Inseldünndruckausgabe [...] die Hölderlinsche Sprachgewalt gepackt hat."[656]

Kluckhohns Beitrag voraus geht ein Aufsatz von Hermann Haering, der über die Bedeutung *Hölderlins im Weltkrieg 1914–1918* raisonniert. Beide Beiträge zusammen dokumentieren, dass sowohl das neue Jahrbuch wie auch die neue Gesellschaft, die es herausgibt, durchaus willens ist, die um Hölderlin angelagerte Kompensationserzählung als Leistungsangebot zu perpetuieren. Geichzeitig beglaubigt die Ausstellung des Zuspruchs von der aktuellen Front die Kriegswichtigkeit, und allgemeiner noch die gesellschaftliche Relevanz auch der Tätigkeit der „jungen Gesellschaft."[657] Hierin liegt zugleich ein Schlüssel zur Beantwortung der bisher noch bewusst zurückgestellten Frage, wie die Interessenlage bezüglich Hölderlins innerhalb der Disziplin sich gestaltet. Denn dass man via Hölderlin, der auch außerhalb des wissenschaftlichen Feldes so resonanzträchtigen Sinnfigur, deren „Marktwert" als wesensrepräsentative Projektionsfläche während des Krieges noch steigt, zugleich einen Relevanzschub für das eigene, disziplinäre Leistungsangebot erwartet, steht außer Frage. Allerdings hieße es die Komplexität der literaturwissenschaftlichen Interessenlage unterschlagen, würde man den Beitrag der an der Hölderlin-Inszenierung partizipierenden, literaturwissenschaftlichen Akteure lediglich als Ausdruck eines sich an den Bedürfnissen des politischen Feldes orientierenden Resonanzkalküls charakterisieren. Sicherlich, auch im Blick auf die Hölderlin-Inszenierung gibt es jene Akteure, die einsinnig und nahezu ohne Brechungseffekte politische Imperative in ihren Beiträgen artikulieren. So etwa Franz Koch, wenn er bereits 1938 in der Rosenberg'schen *Bücherkunde* die politische Anschlussfähigkeit der Hellingrath-Hölderlin-Erzählung betont. Hellingrath, so Koch, habe „einer Auffassung der Dichtung vorgearbeitet, die sich auch der Nationalsozialismus zu eigen machen kann und die uns in Hölderlins Dichtung eines der kostbarsten Bekenntnisse als art- und blutgebundenes Vermächtnis der deutschen Seele erschließt."[658]

Und auch der unvermeidliche Heinz Kindermann verweist im Rahmen seines Vortrages *Hölderlin und das deutsche Theater*, den er am 12. Februar 1943 in der Aula der Universität Göttingen im Rahmen der Woche „Vom klassischen Geist der Deutschen" hält, in der bei ihm erwartbaren Weise auf Hölderlin als einen Dichter,

---

655 Kluckhohn, Paul: a. a. O., S. 193.
656 Kluckhohn, Paul: a. a. O., S. 194.
657 Kluckhohn, Paul: a. a. O., S. 196.
658 Zit. nach Zeller, Bernhard (Hrsg.): a. a. O., Band 1, S. 324.

> [d]er uns aber beisteht in diesem Ringen auf Tod und Leben, der uns mit seinem inneren Leuchten von urdeutscher Art gerade auch vom Theater her die neuen Wege weist, die größten Aufgaben stellt und damit den Trost des wahren Adels der Seele, der urdeutschen Heiligung des Vaterlandes, der Treue, der Ehre und des Opfers vor Augen rückt, in einer Zeit, da jeder sein letztes geben muß, um das Kostbarste zu retten.[659]

Solche unmittelbaren Aktualisierungen bleiben indes innerhalb des Faches eher eine Ausnahme und es ist – wie bereits erwähnt – nicht nur die politische Resonanzträchtigkeit Hölderlins in den Zeiten des Krieges, die eine verstärkte Hinwendung der Literaturwissenschaft zum schwäbischen Dichter befördert. Mentalitäts- wie disziplinspezifische Interessen spielen in diesem Zusammenhang eine gewichtige Rolle und erst aus der Erhellung ihres Zusammenspiels mit den Rückkopplungseffekten im politischen Resonanzraum wird die gesteigerte Attraktivität der Sinnfigur Hölderlin verständlich.

Aus mentalitätsgeschichtlichem Blickwinkel erscheint der literaturwissenschaftliche Beitrag zur Hölderlin-Inszenierung zugleich – und dies gilt es noch vor allen spezifisch disziplinären Motiven zu betonen – als eine weitere Station innerhalb eines doppelten Rückzugsgefechtes. Als ein innerhalb des politischen Feldes nachgefragtes Leistungsangebot flankiert das Hölderlin-Narrativ sinnstiftend die drohende Kriegsniederlage und den militärischen Rückzug. Dass es sich jedoch um einen Fall *doppelter Kriegsführung* handelt, in dem neben die militärische noch eine kulturelle Front tritt, wird deutlicher, wenn man sich zunächst das bildungsbürgerliche Interesse an der Inszenierung vergegenwärtigt. Geht es aus dieser Perspektive doch nicht nur um die Kompensation der militärischen Niederlage, sondern auch um den qua Hölderlin noch einmal erfolgversprechenden Kampf um die eigene, zusehends gefährdete Deutungshegemonie in kulturellen Fragen. Paradigmatisch artikuliert sich diese bildungsbürgerliche Marginalisierungsfurcht etwa in einem Beitrag Adolf von Grolmans, der 1942 in seinen Überlegungen über *Die wesenhafte Aufgabe deutscher Literaturwissenschaft* zu dem ernüchternden Schluss kommt:

> Je länger, desto mehr schwindet aus dem Wesen des modernen Menschen der Respekt vor dem gedachten und dem gedruckten. Bild und Geräusch haben durch das Kino den modernen Menschen von seiner geistigen Tradition weiter weggebracht, als gut wäre. Wenn Einer schon noch liest, dann wird er es meist mit erheblichen Vorbehalten

---

659 Kindermann, Heinz: Hölderlin und das deutsche Theater, Wien 1943 [Vorträge des Zentralinstituts für Theaterwissenschaft an der Universität Wien], S. 47. Am 8. Juni des gleichen Jahres hält Kindermann den gleichen Vortrag im Auditorium maximum der Wiener Universität bei der Hölderlin-Feier des Zentralinstituts für Theaterwissenschaft. Eine ähnliches Verklärungsangebot des soldatischen Todes zum sinnstiftenden Opfer steuert auch Nadler (Nadler, Josef: Friedrich Hölderlin, in: Westdeutscher Beobachter, Abendausgabe 04.06.1943, S. 6) bei, wenn er darauf hinweist, dass der Opfertod (des Empedokles) „nicht der gemeine Tod, die Auslöschung des vitalen Daseins" sei, sondern „Wiedergeburt durch Rückkehr in die schuldvoll gelöste göttliche Gemeinschaft." Offensichtlich aktualistische Zurichtungen des Hölderlin-Bildes zirkulieren ansonsten hauptsächlich an den Rändern oder außerhalb der Disziplin; s. dazu Albert, Claudia: a. a. O., S. 216–227.

tun, und was er etwa liest, wird von ihm sehr stark nach Gesichtspunkten praktischer Verwertbarkeit ausgewählt werden, – begreiflicherweise.⁶⁶⁰

Die Marginalisierung des schichtspezifischen Leitmediums „Buch", seine Verdrängung durch die moderneren, auf Zerstreuung statt auf Bildung zielenden, visuellen und akustischen Medien – ein Prozess, der durch den nationalsozialistischen Kompensationspragmatismus in kulturellen Angelegenheiten noch beschleunigt wird – erscheint im Zuge der Fixierung auf Hölderlin noch einmal, wenn auch kurzfristig nur, als umkehrbar. In der existenziellen Not des Krieges scheint sich nicht nur das Beten – und hier zeigt sich eindrücklich der quasi-religiöse Surrogatcharakter der bildungsbürgerlichen Kunstemphase – sondern auch das Lesen plötzlich wieder zu lohnen. Der durch den Krieg (zumindest an der Front) gesteigerte Bedarf an „echte[r], ganz große[r] Dichtung" gibt dem bildungsbürgerlichen Selbstverständigungsmedium kurzfristig und partiell jene Leit- und Orientierungsfunktion zurück, die es im Zuge der kulturellen Enteignung seiner Trägerschicht zunehmend verliert.

Dass dadurch – um nunmehr den Blick auf die disziplinspezifische Interessenlage zu lenken – nicht nur das Medium als solches, sondern auch die Tätigkeit derer, die als Buchwissenschaftler professionellerweise mit ihm Umgang pflegen, aufgewertet wird, liegt auf der Hand. Ergibt sich doch gerade durch den Krieg, bzw. durch einen Krieg, den man zu verlieren immer offensichtlicher im Begriff ist, eine weitere Chance, die eigene Buchwissenschaft noch einmal nachhaltig als Lebenswissenschaft zu inszenieren. Als eine Lebenswissenschaft, die sich durch ihren Beitrag zur Hölderlin-Inszenierung – dies zeigen vor allem die eilig zusammengestellten „Feldausgaben" – noch einmal in die Lage versetzt sieht, kompensatorisch Sinn zu stiften.

Hölderlin als Objekt einer „reinen" Literaturwissenschaft 1: Die Stuttgarter Hölderlin-Ausgabe

Jedoch erweist sich Hölderlin nicht nur, ja nicht einmal vorrangig im Rahmen einer solchen lebenswissenschaftlichen Auslegung des disziplinären Eigensinns als ein anschlussfähiges „Objekt". Mehr noch zieht er innerhalb des literaturwissenschaftlichen Feldes das Interesse solcher Akteure auf sich, die dem Konzept einer „reinen", d. h. einer außerwissenschaftlichen Zwecksetzungen scheinbar entsagenden Literaturwissenschaft zuneigen. Sowohl den Vertretern einer eher philologisch orientierten Variante, als auch jenen – im Vorgriff auf das folgende Kapitel sei hier bereits davon die Rede –, die einen solchen, auf „Reinheit" bedachten Eigensinn eher dichtungswissenschaftlich interpretieren, erscheint Hölderlin als ein prestigeträchtiger Forschungs„gegenstand". Denn im Rahmen beider „Reinheits"-Varianten wird Hölderlin zum paradigmatischen Exerzier- und Demonstrationsobjekt jener *illusio*, die Bedingung und Ergebnis zugleich eines spezifisch wissenschaftlichen „Glaubensuniversums" ist, eines Universums mithin, in dem sich gerade das

---

660 Von Grolmann, Adolf: Die wesenhafte Aufgabe deutscher Literaturwissenschaft, in: Straßburger Monatshefte, 1942, S. 26–30, hier: S. 27.

„Interesse an der Uneigennützigkeit"[661], am vermeintlichen Verschwinden des Forschers hinter seinem Forschungsgegenstand auszahlt.

Als Manifestation eines philologisch interpretierten Konzeptes einer solchen interesselosen, den außerwissenschaftlichen Anmutungen der Zeitläufte enthobenen Literaturwissenschaft erscheint im Rahmen der Hölderlin-Inszenierung zweifellos die Stuttgarter Ausgabe. Der innerhalb des Faches mit Spannung erwartete Band wird durchweg lobend besprochen und die *opinio communis* spiegelt sich etwa in der Rezension Hans Pyritz' wider, wenn er prophezeit, dass diese Ausgabe

> unter die notvolle Geschichte des Hölderlin-Textes den Schlußstrich ziehen und zugleich eine neue Aera der Hölderlin-Forschung eröffnen [wird]. Sie wird zu den Mustern literaturwissenschaftlicher Editionskunst rechnen und hoffentlich auch – das möchten wir dringend wünschen – dem heute etwas schief beurteilten und lässlich geübten Philologenhandwerk erneute Achtung verschaffen und frischen Auftrieb vermitteln.[662]

Obgleich – wie eingangs erläutert – ein wesentlicher Impuls zum Beginn dieser neuen Gesamtausgabe aus dem auf Repräsentativität bedachten, kulturpolitischen Feld kommt, ist der Impetus des Hauptherausgebers Friedrich Beißner durchaus eigensinniger, d. h. hier philologischer Natur. Beißner, dessen textkritische Hölderlin-Arbeiten bis auf das Jahr 1931 zurückgehen, hatte seit dem Erscheinen seiner Göttinger Dissertation über *Hölderlins Übersetzungen aus dem Griechischen* wiederholt auf die philologischen Unzulänglichkeiten der Ausgaben von Hellingrath und Zinkernagel hingewiesen und – zunächst noch ohne Resonanz innerhalb der Disziplin – einer neuen, historisch-kritischen Gesamtausgabe das Wort geredet, „deren Notwendigkeit", wie er am 07.03.1941 notiert, „von keinem Kenner bestritten wird."[663]

In Beißners Herausgebertätigkeit, die für Jahrzehnte als Maßstäbe setzend innerhalb der Editionsphilologie anerkannt werden wird, manifestiert sich exemplarisch jene Art von doppelsinnigem Interesse, d. h. von „interesselosem Interesse und Interesse an der Interesse-

---

661 Bourdieu, Pierre: a. a. O., S. 27.
662 Pyritz, Hans: Die Stuttgarter Hölderlin-Ausgabe, in: Iduna, 1, 1944, S. 225–230, hier: S. 230. Auf positive Resonanz stößt die Ausgabe auch in weniger philologisch ausgerichteten Kreisen. Auch Hermann Pongs – um nur ein weiteres Beispiel zu nennen – bezeichnet die Edition in *DuV* als „Großleistung deutschen Geistes im fünften Kriegsjahr" (Pongs, Hermann: Rezension des Ersten Bandes der Stuttgarter Hölderlin-Ausgabe, in: DuV, 43, 1943, S. 250–253, hier: S. 250).
663 Zit. nach Kahlefendt, Nils: a. a. O., S. 117. Philologischer Natur ist auch die Motivation des für die Entstehungsgeschichte so wichtigen jungen Doktoranden Walther Killy. „Ich verglich einmal", so schreibt er am 26.11.1940 an Beißner, „die bedeutsamen Ausgaben von 1826 bis zum Erscheinen der beiden kritisch-historischen in ihrer Abhängigkeit untereinander, zum andern Hellingrath und Zinkernagel, um ihre Änderungen festzuhalten. Ich trachtete nach möglichster Vollständigkeit und sah schließlich ein vergleichendes Verzeichnis der Gedichte vor mir, das einen weit größeren Umfang und ein weit traurigeres Ergebnis hatte, als erwartet." (Zit. nach ebd.)

losigkeit"⁶⁶⁴, die das wissenschaftliche Spiel perpetuiert. Paart sich doch in seiner Editionstätigkeit der Uneigennutz des hinter dem „Wort des Dichters" verschwindenden Philologen, der darin besteht, der inner- wie außerdisziplinären Hölderlin-Gemeinschaft eine möglichst authentische und zuverlässige Textausgabe präsentieren zu können, mit dem Eigennutz, eben durch eine solche eigensinnige Leistung die bisherigen editorischen Bemühungen um Hölderlin, d. h. insonderheit jene Hellingraths, philologisch zu überbieten. Dass ein solcher, hier philologisch grundierter Überbietungsgestus auch karrierestrategischer Erwägungen nicht gänzlich entbehrt, wird man – ohne damit die editorische Leistung des Herausgebers zu schmälern – nicht ausschließen können. Immerhin verfügt Beißner, ungeachtet seiner von Friktionen mit Repräsentanten der nationalsozialistischen Kulturpolitik nicht immer ganz freien Redaktortätigkeit im Rahmen der Schiller-Nationalausgabe (s. III.4.3) beim Start des Projektes als Privatdozent noch nicht über eine gefestigte Position innerhalb des literaturwissenschaftlichen Feldes.⁶⁶⁵ Allerdings ist Beißner geschickt genug, das symbolträchtige Konkurrenzprodukt der Hellingrath-Ausgabe, die während der Entstehungsphase der Stuttgarter Edition zudem eine dritte, neue Auflage im Propyläen-Verlag erfahren soll (s. u.), nur vorsichtig zu kritisieren. Er wolle keineswegs behaupten, so Beißner im Arbeitsbericht zur Stuttgarter Ausgabe, den der Cotta-Verlag 1942 publiziert,

> er sei an philologischer Begabung und Schulung oder in der Vertrautheit mit Hölderlins Hand [...] einem Hellingrath oder Zinkernagel überlegen [...] Erwägt man [aber], dass gerade bei den schwierigen Gedichten der späten Zeit, die Hellingraths unvergessliche Tat dem deutschen Volk in ihrer wahrhaft vaterländischen Bedeutung erschlossen hat, die Varianten oft wesentlich zum Verständnis zu helfen vermögen, so wird man solchen Verzicht bedenklich nennen müssen.⁶⁶⁶

Der tentativ-proleptische Duktus dieser Passage zeigt Beißners strategisches Geschick nicht nur mit Blick auf das disziplininterne Konkurrenzprojekt, sondern auch darin, möglichen Interventionen seitens des politischen Feldes diesmal zuvorzukommen, indem er sich der entsprechenden Scharniersemantik befleißigt. Hier mögen nicht zuletzt seine misslichen Erfahrungen im Rahmen der Schiller-Ausgabe prägend gewesen sein. Gerade ein Blick auf die näheren Umstände der Entstehung der Stuttgarter Ausgabe zeigt eindrücklich, wie auch das politische Feld, bzw. dessen Erwartungshaltung zur Ressource der Realisation durchaus eigensinniger Bedürfnisse werden kann. Paradoxerweise kann die Stuttgarter Ausgabe, als Manifestation eines philologisch interpretierten, disziplinären Eigensinns, lediglich mit Hilfe eines außerfachlich ausgerichteten Resonanzkalküls, das die politischen In-

---

664 Bourdieu, Pierre: a. a. O., S. 27.
665 Zwischen 1940 und 1942 arbeitet Beißner als Privatdozent für Deutsche Philologie an der Universität Jena und als Redaktor der Schiller-Nationalausgabe in Weimar. Zwischen 1942 und 1943 ist er als Privatdozent an der Universität Tübingen tätig. Erst 1943 erhält er eine außerordentliche Professur an der Universität Gießen, an der er die Nachfolge Walther Rehms antritt. Im Sommersemester 1944 vertritt er in Marburg den Lehrstuhl des verstorbenen Max Kommerell.
666 Beißner, Friedrich: Die Stuttgarter Hölderlin-Ausgabe. Ein Arbeitsbericht, Stuttgart 1942, S. 23.

teressen an dem Projekt zu antizipieren und zu instrumentalisieren weiß, realisiert werden. Beißner versteht es, die politische Nachfrage nach repräsentativer und kompensatorischer Sinnstiftung durchaus einzukalkulieren und auch zu bedienen, ohne sich ihr jedoch völlig auszuliefern.

„Die Zeit scheint jetzt wirklich reif zu sein", so schreibt er am 24.02.1941 an den württembergischen Landesbibliothekar Wilhelm Hoffmann, „alle Umstände stimmen herrlich zusammen, und Sie haben recht: man muß das Eisen schmieden, solange es heiß ist."[667] So kennzeichnet denn auch ein resonanzstrategischer Pragmatismus Beißners Herausgebertätigkeit, ein Pragmatismus, der zur Verwirklichung des philologischen Zweckes den kalkulierten Einsatz politischer Mittel nicht scheut. Sicherlich, die von den am Projekt beteiligten politischen Instanzen in die Wege geleiteten Usurpationsmanöver bleiben dem Philologen – wie schon bei der Schiller-Ausgabe – suspekt.[668] Den für die Gesamtausgabe einberufenen Verwaltungsausschuss etwa, zu dem neben den Ministerialräten Frey (Kultministerium des Landes) und Dähnhardt (Reichswissenschaftsministerium) und den Professoren Julius Petersen (Deutsche Akademie) und Otto Stickl (Universität Tübingen) auch „Kultursenator" Gerhard Schumann, als „Vertreter des Württ. Herrn Kultministers" gehört, bezeichnet er in einem Brief an Walther Killy als „hydramäßiges Gremium". „Wenn nur wenigstens", so klagt er weiter, „Herr Hoffmann noch dabei wäre [...] oder wenn Sie als mein Assistent mir schon auf der ersten Ausschusssitzung [...] ‚beistehen' könnten! So werde ich unter lauter Weihnachtsmännern und Würdenträgern die einzige fühlende Larve sein!"[669] Und selbst bei der 1943 erscheinenden, von Beißner besorgten „Feldauswahl" Hölderlin'scher Texte insistiert der Herausgeber auf einer Nuance, die den Aspekt der politischen Funktionalisierung, die ein solches kompensatorisches Leistungsangebot zweifellos hat, abschwächen soll. Beißner nimmt Anstoß an einer von Gerhard Schumann vorgeschlagenen Bemerkung auf der Rückseite des Titelblattes. Schumann, der betont, dass die „von uns geplante[] Hölderlin-Feldausgabe [...] ohne Zweifel geradezu eine kriegswichtige Aufgabe erfüllt"[670], schlägt als Zusatz vor: „Diese Ausgabe erscheint im Auftrage der Hölderlingesellschaft und des Hauptkulturamtes der NSDAP. Die Auswahl besorgte Friedrich Beißner." Beißner, dem die Bezeichnung „Ausgabe" als philologisch nicht korrekt erscheint und der wohl auch den Eindruck zumindest abschwächen will, er habe die Ausgabe auch im Auftrag der politischen Instanz übernommen, insistiert auf einer

---

667 Zit. nach Kahlefendt, Nils: a.a.O., S. 117.
668 Dass dieser Argwohn durchaus gegenseitiger Natur ist, zeigt sich ein Jahr später, als die zuständigen Berliner Instanzen dem Cotta-Verlag die Papierzuteilung für ein Bändchen verweigern, das Beißners bei der Gründung der Hölderlin-Gesellschaft gehaltenen Vortrag *Hölderlin und das Vaterland* publizieren sollte. Beißner hatte darin ausführlich die Scheltrede Hyperions auf die Deutschen zitiert, was, wie Kläre Buchmann vom Verlag Beißner mitteilt, „seinerzeit [...] bei einigen nicht unmaßgeblichen Leuten Anstoß erregte." (zit. nach Zeller, Bernhard (Hrsg.): a.a.O., Band 2, S. 127)
669 Brief Friedrich Beißner an Walther Killy vom 07.05.1941, zit. nach Kahlefendt, Nils: a.a.O., S. 125.
670 Brief von Gerhard Schumann an Wilhelm Haegert vom 24.06.1943, zit. nach Kahlefendt, Nils: a.a.O., S. 158.

Umformulierung, mit der er sich schließlich durchsetzen kann: „Diese von Friedrich Beißner besorgte Auswahl erscheint im Auftrag der Hölderlin-Gesellschaft und des Hauptkulturamts der NSDAP."[671]

Weniger skrupulös und distanziert indes zeigt sich Beißner, wenn es darum geht, politische Instanzen zur Ressource für die eigenen philologischen Ambitionen umzufunktionalisieren. Sowohl bei der Handschriftenbeschaffung als auch beim Konkurrenzkampf um Ressourcen mit der zeitgleich projektierten Neuauflage der von Hellingrath besorgten Edition nimmt er eine pragmatische Flexibilisierung des philologischen Eigensinnes durchaus in Kauf. „Wir dürfen nun unsere ‚Reklame' nicht einschlafen lassen, müssen sie im Gegenteil noch intensivieren"[672], so Beißners dringliches, resonanzstrategisches Credo 1942, eine Direktive, der er bereits ein Jahr zuvor die Lösung des Problems der Handschriftenbeschaffung unterstellt hatte. So integriert Beißners „Reklame"-Strategie auch jene um den Volksbegriff gruppierte Hochwertsemantik, von der er sich als Philologe sonst weitestgehend fernhält. Ein von Beißner verfasster „Aufruf" an die potentiellen Besitzer Hölderlin'scher Handschriften etwa bedient sich dieser Strategie einer semantischen Mimikry, wenn es heißt:

> Alle Besitzer Hölderlinscher Handschriften, Bibliotheks- und Archivleiter, Sammler, Betreuer von Familienarchiven und Nachlässen, werden hiermit aufgerufen, die geplante Ausgabe, mit der die Wissenschaft eine Ehrenpflicht gegenüber dem größten Seher und Sänger einer vaterländischen Zukunft und einer geweihten volkhaften Gemeinschaft der Deutschen zu erfüllen hat, nach Kräften zu fördern und zu diesem Zweck zunächst von ihren Handschriften Hölderlinscher Werke und Entwürfe […] Nachricht zu geben der als Sammelstelle und Treuhänderin bestellten Württembergischen Landesbibliothek in Stuttgart […][673]

---

671 Zit. nach Kahlefendt, Nils: a.a.O., S. 158f. Kahlefendt widerlegt die von Tghart (in: Zeller, Bernhard (Hrsg.): a.a.O., S. 326) gegebene Lesart dieses Vorgangs, derzufolge Beißner „die Herausgabe allein im Auftrag der Hölderlin-Gesellschaft übernommen" habe. „[E]rst als das Bändchen im Satz war", so Tghart, „erklärte der Präsident der Gesellschaft, Schumann, er wolle das Hauptkulturamt der Partei beteiligen." (Ebd.) Kahlefendt hingegen insistiert, dass Beißner „entgegen späterer Beteuerungen – von Anfang an über die Ausrichtung des Unternehmens und die Beteiligung des Hauptkulturamtes der NSDAP informiert" (157) gewesen sei. Selbst wenn dem nicht so gewesen sein sollte, dürften auch für Beißner wohl keinerlei Zweifel am kompensatorischen Charakter des Projektes bestanden haben. Personalbiographisch mag diese Frage durchaus relevant sein, funktional gesehen ändert indes auch sein Nichtwissen nichts daran, dass hier die Literaturwissenschaft – ob mit direkter Beteiligung der NSDAP oder ohne sie – als Ressource für das politische Feld fungiert.

672 Brief Friedrich Beißner an Ernst-Georg Steinmetz vom 03.03.1942, zit. nach Kahlefendt, Nils: a.a.O., S. 138.

673 Zit. nach Kahlefendt, Nils: a.a.O., S. 130. Ähnliche Töne versteht Beißner auch bei der Ankündigung der Ausgabe im *Jahrweiser des guten Buches, Der Greif* (auf dem Blatt für die Tage vom 28. bis 30. November 1943) anzuschlagen, wenn er Hölderlin als den „Seher und Künder des aus göttlichen Urkräften der Stunde seiner Weltsendung entgegenreifenden Vaterlandes" bezeichnet (zit. nach Zeller, Bernhard (Hrsg.): a.a.O., Band 2, S. 113).

Doch sind es nicht nur Flexibilisierungen semantischer Natur, die Beißners Projektmanagement der Stuttgarter Ausgabe kennzeichnen. Zugleich entwickelt er das Konzept eines konzertierten „Werbe"feldzuges mit möglichst umfangreichem, medialem Resonanzradius, das auf die „Vorzüge" eines (zumindest dem Anspruch nach) zentral gelenkten Kulturapparates setzt. Wilhelm Hoffmann informiert er darüber, dass „nun wohl darauf gesehen [werden] müsse, dass die großen Tageszeitungen, die Wochenzeitungen, die literarischen und wissenschaftlichen Zeitschriften möglichst gleichzeitig zum Abdruck aufgefordert werden. Vielleicht kann uns da der Herr Vertreter des Propagandaminsiteriums an die Hand gehen?"[674]

Als die Handschriftenbeschaffung ins Stocken kommt, wird dieses Konzept medial ausgeweitet. „Nun ist mir der Gedanke gekommen", so Beißner an die Lektorin des Cotta-Verlages, „ob nicht auch der Rundfunk, der seit einiger Zeit neben Fußballspielen und Trabrennen auch geistig-kulturelle Dinge in erfreulicher Weise stärker berücksichtigt, diesen Appell noch intensivieren könnte. Treffen Sie in Berlin Herrn Oberregierungsrat Schlecht, und könnten Sie diese Sache mal zur Sprache bringen?"[675]

Im Kampf um die im fortdauernden Kriege immer knapper werdende Ressource Papier setzt Beißner nicht nur auf die philologische Fortschrittlichkeit, sondern dezidiert auch auf die Repräsentativität der Stuttgarter Ausgabe, wenn er den Geschäftsführer des Cotta-Verlages darauf hinweist,

> daß für repräsentative dichterische Werke, auch für wissenschaftliche Leistungen von bleibendem Wert, trotz aller Einschränkungen Ganzleinen bewilligt werden kann. Ich sollte meinen, dass die Stuttgarter Hölderlin-Ausgabe mindestens so repräsentativ und wertvoll ist wie die Schiller-Nationalausgabe, und dass der wissenschaftliche Ertrag hinsichtlich der Reinigung des Textes sogar ungleich größer ist. Es wäre schön, wenn Sie etwas erreichen könnten.[676]

Durch die in Berlin geplante Neuauflage der von Friedrich Seebaß und Ludwig von Pigenot besorgten Hellingrath'schen Ausgabe entsteht schließlich eine verschärfte Konkurrenzsituation, geht es doch nicht nur um das symbolische Kapital der Repräsentativität, sondern auch um ganz „handgreifliche" Interessen an der Ressourcenzuteilung. Auch hier

---

674 Brief Friedrich Beißner an Wilhelm Hoffmann vom 24.05.1941, zit. nach Kahlefendt, Nils: a.a.O., S. 131. Die Beteiligung des Propagandaministeriums an der Gesamtausgabe scheint Beißner denn auch – ungeachtet des „hydramäßigen Gremiums" – nicht nur mit Skepsis erfüllt zu haben. In einem Brief an Killy wird sie gar als Erfolg verbucht: „Ja, denken Sie: dieses Ministerium hat spontan angefragt, ob es uns nicht auch fördern dürfe! Die Ministerien drängen sich herzu! Ein Erfolg, der dem Konkurrenzunternehmen, der Schiller-Ausgabe, nicht beschieden war." (zit. nach Kahlefendt, Nils: a.a.O., S. 128)
675 Brief Friedrich Beißner an Kläre Buchmann vom 16.01.1942, zit. nach Kahlefendt, Nils: a.a.O., S. 132. „Schlecht erklärte sich daraufhin bereit, ‚den Rundfunk zu veranlassen, den gewünschten Hinweis auf die Hölderlin-Ausgabe zu bringen.'" (Ebd.)
676 Brief von Friedrich Beißner an Kurt Port vom 14.09.1942, zit. nach Kahlefendt, Nils: a.a.O., S. 135.

erweist sich Beißner als flexibler und aggressive Mittel nicht scheuender Krisenmanager, der erneut auf politischen Beistand setzt: „Ob man Herrn Ministerialrat Dähnhardt bitten könnte", so seine Anfrage an Theophil Frey, „auf eine Verweigerung des für die neue Auflage der unzulänglichen Hellingrathschen Ausgabe notwendigen Papiers hinzuwirken (gerade mit der Begründung, es stehe eine ganz neue, fortschrittlichere Ausgabe bevor), das ist mir nicht ganz klar. Aber unter Umständen wäre eine Anfrage oder ein Wink sehr nützlich."[677]

Entsprechend erbost ob einer solchen – zunächst erfolgreichen – Strategie des forcierten Ausschlusses von Ressourcen zeigt sich der Mitheausgeber des Propyläen-Projektes, Ludwig von Pigenot. In einem Brief vom 12.06.1943 an Imma von Bodmershof, der einstigen Verlobten und der Nachlassbewahrerin von Norbert von Hellingrath, polemisiert er durchaus scharfsichtig sowohl gegen die Ausschluss- und mimikryhaften Inszenierungsstrategien des Konkurrenzprojektes als auch gegen den philologischen Impetus, der ihm zugrunde liegt:

> Die Schwaben haben mit Freuden die Gelegenheit ergriffen, sich selbst mit ihren besonderen Tendenzen in die Mitte zu setzen und ein Kompromiß-Blendwerk aufzustellen, das seinesgleichen sucht. – Zugrunde liegt [...] der Machtwille einer Philologenklique, der es um die Wiederherstellung des Wissenschaftsbetriebes geht, wie er vor etwa einem halben Jahrhundert blühte, und die zur Erreichung ihres Zieles vor keinem Kompromiß und keiner noch so plumpen Tarnung zurückschreckt. Auch nicht zurückschreckt vor ungehemmter Ausbeutung aller politischen Machtmittel, deren [sic] man habhaft werden kann: Vor acht Tagen besuchte mich ein früherer Bekannter, der am Propyläenverlag beschäftigt ist. Er sagte mir (im Vertrauen), dass die Verzögerung

---

[677] Brief von Friedrich Beißner an Theophil Frey vom 08.08.1941, zit. nach Kahlefendt, Nils: a. a. O., S. 137. Beißners Strategie der gezielten Ressourcenverknappung zur Schädigung des Konkurrenzunternehmens geht jedoch noch weiter. Darüber hinaus wendet er sich an die entsprechenden Stellen in Bad Homburg, Marbach und Stuttgart mit dem Ersuchen, dem Berliner Konkurrenzunternehmen die Einsicht in die reproduzierten Handschriften zu verweigern. „Zunächst", so schreibt er am 08.08.1941 an Theophil Frey, „wäre es überhaupt wünschenswert, dass von den jetzt in Arbeit befindlichen Reproduktionen sowohl der Marbacher als auch der Stuttgarter Bestände an keine der interessierten Stellen Abzüge gelangen [...] man [müsste] zu verhindern suchen, dass vor Abschluß der Ausgabe oder doch ihres größeren Teils das handschriftliche Material an einer anderen Stelle zur Verfügung steht [...]." (Zit. nach Kahlefendt, Nils: a. a. O., S. 137) Den Stadtarchivar von Bad Homburg versucht er dadurch zu gewinnen, dass er dem Konkurrenzprojekt „unreine", d. h. mit der feldspezifischen *illusio* nicht kompatible, ökonomische Motive unterstellt: „Der Propyläenverlag will jetzt schnell noch ein Geschäft [...] machen, nachdem er jahrelang zugeschaut hat, dass im Antiquariatshandel die Preise dafür in unverschämte Höhe stiegen. Zunächst ist ihm, wohl mit Hinweis auf unser Vorhaben, das Papier nicht genehmigt worden [...] Die Vermutung liegt nun nahe, dass er [Seebaß] nur zum Schein eine neue Vergleichung [der Handschriften] vornehmen will [...] und dass der Verlag dann für eine ‚auf Grund wiederholter Textrevision gänzlich erneuerte Auflage' doch noch das Papier genehmigt zu bekommen hofft [...] Es freut mich [...] dass Sie die Sache von Anfang an richtig sehen." (Friedrich Beißner an Ernst-Georg Steinmetz am 03.03.1942, zit. nach Kahlefendt, Nils: a. a. O., S. 138)

des Erscheinens der Propyläen-Ausgabe z.T. darauf zurückzuführen sei, dass gegen Jahresende das schon seit längerem zugestandene Papier wieder entzogen wurde. Der Gauleiter von Württemberg habe sich an die Reichsleitung gewandt in der Sache und die Reichswirtschaftsstelle habe dem Druck zunächst nachgegeben, bis es dem sehr mächtigen Deutschen Verlag am Ende doch gelang seine Position zu behaupten [...] Das reiht sich den uns schon früher bekannt gewordenen Machenschaften der „Stuttgarter" würdig an.[678]

Dass Beißners Strategie letztlich doch scheitert, und die Propyläenausgabe schließlich mit halbjähriger Verzögerung erscheint, liegt zum Einen am übereifrigen Aktionismus Theophil Freys, der sich die Ungunst des Propagandaministeriums zuzieht[679], und zum Anderen an der polykratischen und deshalb letztlich kontingenzoffenen, inkalkulablen Struktur des nationalsozialistischen Herrschaftsapparates, dessen man sich gerade bedienen zu können glaubte. Hitler genehmigt die Hölderlin-Ausgabe des Propyläen-Verlages, nachdem die Verlegerwitwe Elsa Bruckmann, die ihn weiland in ihrem Münchner Salon in die gesellschaftliche Elite der Stadt eingeführt hatte, persönlich bei ihm vorgersprochen und die Ausgabe von Pigenots als „ein besonderes Anliegen des verstorbenen Herrn Bruckmann"[680] bezeichnet hatte.

Allerdings verhindert weder dieser Dezisionismus noch die wiederholte Zerstörung eines Teils der Ausgabenbestände bei Luftangriffen[681], dass die von Beißner besorgte Stuttgarter Ausgabe schnell zu *der* Referenzausgabe innerhalb des Faches wird. Das Projekt der partiellen Reinszenierung eines philologischen Fundamentalismus im Zeichen Hölderlins kann also – nicht zuletzt dank des strategischen Geschicks Beißners – realisiert werden. Gerade die Entstehungsgeschichte der Stuttgarter Ausgabe zeigt jedoch paradigmatisch, in welch erheblichem Maße die Aufrechterhaltung der *illusio* einer „reinen" Literaturwissenschaft zugleich durch die Mittel, derer es unter den gegebenen Resonanzbedingungen zu einer solchen Illusionskontinuierung bedarf, konterkariert wird.

Hölderlin als Objekt einer „reinen" Literaturwissenschaft 2: Paul Böckmanns und Max Kommerells Hölderlin-Deutungen

Um eine weitere Spielart „reiner" Literaturwissenschaft, die am Forschungsobjekt Hölderlin ihre „Reinheit" exerziert und demonstriert, geht es auch bei solchen Konzepten, die weniger philologisch als vielmehr ästhetisch – angelagert um den Hochwertbegriff der

---

678 Brief Ludwig von Pigenot an Imma von Bodmershof vom 12.06.1943, zit. nach Zeller, Bernhard (Hrsg.): a. a. O., Band 2, S. 115f.
679 S. Kahlefendt, Nils: a. a. O., S. 141.
680 Brief von Rudolf Erckmann [Oberregierungsrat in der Schrifttumsabteilung, zuständig für die „geistige Führung und Betreuung der Dichter, Lenkung des schöngeistigen Schrifttums" und für die „zentrale Organisation der Papierzuteilung"] an Kurt Port vom 16.09.1942, zit. nach Kahlefendt, Nils: a. a. O., S. 141.
681 S. dazu Zeller, Bernhard (Hrsg.): a. a. O., Band 2, S. 133f.

„Dichtung" – codiert sind. Zwar verzichten auch sie nicht gänzlich auf jene Erzählmuster, in denen Hölderlin als Wesens- und Werterepräsentant des deutschen Volkes erscheint, jedoch tritt diese Form des narrativen *emplotments* hier mehr oder bisweilen auch ganz in den Hintergrund. Im Vordergrund dagegen steht hier eine erzählerische Zurichtung Hölderlins, die ihn – statt als kompensatorische Tornisterbeigabe oder als Objekt philosophischer Exegese im Stile Heideggers – als eine Sinnfigur erscheinen lässt, die „das Sinnbild echtesten Dichtertums verkörpert"[682], als ein „von uns unterschiedenes Wesen, das wir dichterisch nennen, weil wir ihm seine höhere Herkunft ansehen."[683]

„Es gilt", so betont etwa Kommerell in seiner 1943 gehaltenen *Hölderlin-Gedenkrede*, „vom Verständnis Hölderlins alles fern zu halten, was nach Exegese und Dogmatik aussieht, damit er uns Dichter bleibt."[684] Dieses „uns" meint nicht zuletzt auch die eigene Disziplin und kann, indem Hölderlin als Objekt eines genuin *literatur*wissenschaftlichen Fragens restituiert werden soll, als Geste einer doppelten Distinktion verstanden werden. Denn zum Einen soll Hölderlin den Niederungen jener Diskurse entzogen werden, die vermeinen, sich den Dichter durch bloß aktualistische Zuschreibungen gefügig machen zu können und die aus der Sicht der disziplinären Beschäftigung mit Hölderlin den Geist des Dilettantismus atmen. So verweist Kommerell etwa in einem Brief vom Frühsommer des Jubiläumsjahres dezidiert darauf, dass er einen Vortrag über *Die kürzesten Oden Hölderlins*[685] am Deutschen Institut in Paris gehalten habe, „ohne die zeitüblichen Anspielungen auf den mythischen Begründer heroischer Gesangsvereine zu machen."[686]

Zum Anderen gilt es, die Zuständigkeit eines genuin literaturwissenschaftlichen Sprechens über Hölderlin abzusichern und abzugrenzen gegenüber jener fachexternen, philosophischen Irritation, die die seit der zweiten Hälfte der 30er Jahre zirkulierenden Hölderlin-Deutungen Heideggers darstellen.[687] Die Hinwendung des Philosophen zu Hölderlin

---

682 Böckmann, Paul: Heimat und Vaterland in der Dichtung Hölderlins, in: ders.: Hölderlin. Drei Reden (= Die Bunten Hefte für unsere Soldaten, Sonderreihe, Heft 2), Stuttgart 1943, S. 5–26, hier: S. 7. Gleichlautend auch in Böckmann, Paul: Unser Weg zu Hölderlin, in: Ders.: Hölderlin, a. a. O., S. 64.
683 Kommerell, Max: Hölderlin-Gedenkrede Juni 1943, in: Hölderlin-Jahrbuch, 15, 1967/68, S. 240–254.
684 Kommerell, Max: a. a. O., S. 253 f.
685 Kommerell, Max: Die kürzesten Oden Hölderlins, in: ders.: Dichterische Welterfahrung. Essays, Frankfurt am Main 1952, S. 194–204 [zuerst erschienen in: Deutschunterricht im Ausland 1943/44]. Schon die Wahl des Themas, d. h. der Verzicht auf eine Auseinandersetzung mit den späten Hymnen, deren Aktualisierungspotential ungleich höher ist, erscheint unter den gegebenen Bedingungen eines Vortrages im besetzten Paris als Geste eines Sich-Entziehens.
686 Brief Max Kommerell an Hedwig Kerber-Carossa vom Frühsommer 1943, zit. nach Max Kommerell. Briefe und Aufzeichnungen 1919–1944. Aus dem Nachlass herausgegeben von Inge Jens, Olten und Freiburg im Breisgau 1967, S. 417.
687 Zur Rezeption von Heideggers Hölderlin-Deutung innerhalb der Literaturwissenschaft, die vor allem seit seinem 1936/37 im *Inneren Reich* veröffentlichten Beitrag *Hölderlin und das Wesen der Dichtung* für Aufmerksamkeit in der *scientific community* sorgt, s. u. a.: Albert, Claudia: Heideggers Hölderlin-Deutung und ihre Rezeption, in: dies. (Hrsg.): a. a. O., S. 209–216; Busch, Walter: a. a. O.; Lypp, Bernhard: „Mein ist die Rede vom Vaterland". Zu Heideggers Hölderlin, in: Merkur, 455, 1987, S. 120–

nobilitiert zwar einerseits noch zusätzlich das Forschungsobjekt, verleiht es ihm doch den Nimbus einer bloße literarische „Angelegenheiten" transzendierenden Dignität. Andererseits jedoch müssen die sich philosophisch legitimierenden und mit anti-philologischem Affekt inszenierten Ansprüche Heideggers, qua Hölderlin das „Wesen der Dichtung" erschließen zu können, dem Literaturwissenschaftler als „Akte dezisionaler Selbstermächtigung der Deutung"[688] erscheinen, derer es sich zu erwehren gilt. Dem von Heidegger erhobenen Anspruch auf Deutungshegemonie setzt man deshalb auch innerhalb des literaturwissenschaftlichen Feldes jenen Verweis auf das Dichterische der Dichtung (Hölderlins) entgegen, mit dem noch bis heute – unter dem Stichwort der Literarizität – die Zuständigkeitsgrenzen markiert werden, sobald von außerdisziplinärer Seite Deutungsansprüche umfassenderer Natur im literarischen Terrain erhoben werden. So insistiert etwa Kommerell, ohne in seiner Gedenkrede explizit auf Heidegger einzugehen, dass „doch der ganze Unterschied zu bedenken [sei] zwischen einer philosophischen Lehre, die die Einheit des Seienden erfragt, und dem Versuch des dichterischen Geistes, mit dieser Einheit des Seienden eins zu werden. Nicht sie denkend, sondern sie im Lebensgefühl erreichend. Denn immerhin sagt Hyperion, der Mensch sei ein Bettler, wenn er nachdenke ..."[689]

135; Storck, Joachim W.: „Zwiesprache von Dichten und Denken". Hölderlin bei Martin Heidegger und Max Kommerell, in: Zeller, Bernhard (Hrsg.): a. a. O., Bd. 1, S. 345–365. Albert kommt zu dem Schluss, dass die Aufmerksamkeit, die Heideggers Zuwendung zu Hölderlin zweifellos erregt, innerhalb der Literaturwissenschaft letztlich „für die inhaltliche Auseinandersetzung ohne jegliche Konsequenz [bleibt]. Die leichte Isolierbarkeit einzelner Formeln besiegelt Heideggers Rezeptionsschicksal als Zitiergröße; das Gespräch zwischen ihm und den Germanisten bleibt oberflächlich und substanzlos." (214)

688 Busch, Walter: a. a. O., S. 291.

689 Kommerell, Max: Hölderlin-Gedenkrede, a. a. O., S. 245. Zum Briefwechsel, der sich zwischen Heidegger und Kommerell anlässlich Hölderlins seit 1941 entwickelt s. Storck, Joachim W.: a. a. O. Kommerells Skepsis an Heideggers gleichsam usurpatorischer Selbstermächtigung artikuliert sich ebenso vorsichtig wie erkennbar in einem Brief vom 19.07.1942. „Wie kommt es", so fragt der Marburger Ordinarius, „dass der Philosoph, der mir bisher als Virtuose im Bestehen und Gestehen der ungelösten und unlösbaren Situation des Menschen gegolten hat, zu einer Stiftung und Gründung, einem durchgängig gedeuteten Sein gelangt, die nicht sein eigenes sind, und die ihm plötzlich fast noch eigener scheinen, als alles, was er gedacht hat [...] dass dieser Philosoph, nicht bloß mit seiner zurückgelassenen sondern auch mit seiner gesuchten Welt, in diesem Dichter sich selbst enthalten scheint, und, durch eine Art erhabenen Selbstmordes, in dem Augenblick, wo sein letztes Wissen zeichenlos wird, in der dichterischen Kunde die lückenlosen Zeichen findet, Zeichen, die er übernehmen darf, und die ihn, wo er dies nicht kann, ermächtigen zu neuen, eigenen Zeichen! [...] Ihr Aufsatz [gemeint ist hier Heideggers Auslegung von „Hölderlins Hymne ‚Wie wenn am Feiertage ...'"; G. K.] könnte – ich sage nicht: er ist's – er könnte sogar ein Unglück sein!?" Heidegger notiert sich dazu mit dem Gestus des Repräsentanten der *prima scientia*: „Der Aufs. **ist** sogar ein Unglück, solange man nicht **nach-** u. **weiter**denkt." An Kommerell schreibt er am 04.08.1942: „Sie haben recht, die Schrift *ist* ein ‚Unglück'. [...] Alles aufrichtige Denken ist zum Unterschied der Dichter in seinem unmittelbaren Wirken eine Verunglückung. Daraus ersehen Sie schon, dass ich mich nicht und nirgends mit Hölderlin identifizieren *kann*. Hier ist die Auseinandersetzung eines Denkens mit einem Dichter im Gang, wobei die Aus-einandersetzung sogar den Entgegnenden erst setzt." (Zit. nach Storck, Joachim W.: a. a. O., S. 360 f.)

In Heinz Otto Burgers 1940 in der *DVjs* erschienenem Literaturbericht zur *Entwicklung des Hölderlinbildes seit 1933*, in dem er die Hölderlinforschung der vergangenen Jahre als „eines der Ruhmesblätter deutscher **Literaturwissenschaft**"[690] apostrophiert, wird Heideggers Deutung denn auch lediglich eine halbe Seite gewidmet. Im Zentrum von Heideggers Hölderlin-Interpretation stehe, so mutmaßt Burger, der dann lediglich einige Zitate Heideggers aneinanderreiht, das Wesen der Dichtung als einer Form „des Sehenlassens des Seienden". – Oder auch nicht, denn, so Burger: „So scheint, falls ich ihn recht verstehe, die Meinung Martin Heideggers zu sein."[691]

Ausführlicheres Lob als die „Meinung" des Philosophen erfährt indes Paul Böckmanns Schrift *Hölderlin und seine Götter*, denn: „Der Literaturwissenschaftler tritt neben den Philosophie- und Religionswissenschaftler, und damit erscheint Hölderlin nicht mehr in erster Linie als Philosoph oder Seher, sondern vor allem als Dichter."[692] Böckmanns Schrift, die etwa von Beißner als „bedeutsame[s] Werk" charakterisiert wird, mit dem „die Hölderlinforschung die erste angemessene Gesamtdarstellung hervorgebracht"[693] hat, zeichnet sich vor allem durch ihren forcierten Bezug auf die Texte Hölderlins, die sie einer gründlichen Interpretation unterzieht, aus. Hölderlins „Naturglaube, sein Wille zum Volk, sein Wissen um das rechte Menschenmaß und die mythische Welt der Götter, seine Kraft des dichterischen Wortes" werden im steten Rekurs auf die „lebendige Kraft, die von seinen Versen ausgeht"[694] und – so wiederum Beißner – mit einem „wissenschaftlichen Ernst", mit einer „Sachlichkeit und Nüchternheit" rekonstruiert, „die auch wieder gerade bei der Hölderlindeutung schicklich ist."[695]

Beißners Eloge dokumentiert, wie sich im Interesse am „reinen Dichter" die beiden Varianten einer „reinen" Literaturwissenschaft einträchtig begegnen können: sowohl die

---

690 Burger, Heinz Otto: Die Entwicklung des Hölderlinbildes seit 1933, in: DVjs, 18, 1940, S. 101–122, hier: S. 101.
691 Burger, Heinz Otto: a. a. O., S. 116. Ein gewisser innerdisziplinärer Überdruss am Pathos in der Nachfolge Georges sowie an dichtungsferneren Deutungen aus dem außerdisziplinären Bereich der Hölderlinexegese artikuliert sich auch in Burgers Kritik an der „Rhapsodie Hajo Jappes [Jappe, Hajo: Jugend deutschen Geistes. Das Bild des Jünglings in der Blüte der deutschen Dichtung, Berlin 1939]". „Es heißt das Bild Hölderlins fälschen", so moniert Burger, „wenn man es so darstellt, als sei Mitte seiner Dichtung die ‚gläubige Liebe zum Jüngling'. Hier liegt für ihn nicht das ‚Geheimnis großen Menschentums' und der Angelpunkt in der ‚Heilsgeschichte der Welt'. Jappes zelebrierender Ton bildet den äußersten Gegensatz zu Korffs zupackender Begrifflichkeit, doch hat das mit jener [bei Korff vermissten; G. K.] Behutsamkeit, von der wir sprachen, nichts zu tun. Von Norbert v. Hellingrath zu Hajo Jappe, das bedeutet schon im Stil einen starken Abfall." (S. 103)
692 Burger, Heinz Otto: a. a. O., S. 110. Es handelt sich hierbei um eine erweiterte Fassung von Böckmanns 1930 bei Robert Petsch in Hamburg vorgelegter Habilitationsschrift über *Hölderlins Jugendentwicklung* (Böckmann, Paul: Hölderlin und seine Götter, München 1935).
693 Beißner, Friedrich: Rez. zu Paul Böckmann „Hölderlin und seine Götter", in: DuV, 38, 1937, H. 3, S. 361–365, hier: S. 361.
694 Böckmann, Paul: Hölderlin und seine Götter, München 1935, S. VII.
695 Beißner, Friedrich: a. a. O., S. 365.

philologische Spielart, die den Text in seiner Reinheit erst rekonstruiert und damit zugänglich macht, als auch die daran anschließende dichtungswissenschaftliche Spielart, die den „heilige[n] Zusammenhang [...]" erhellt, „aus dem Hölderlin spricht", und der ihr „nur aus seiner Dichtung ablesbar, in nichts anderem gegeben ist."[696] Beiden kann Hölderlin zu einem bevorzugten Objekt, zu einem Probier- und Grenzstein werden, an dem sich genuin literaturwissenschaftliche Kompetenzen, Textrekonstruktion und Textinterpretation, demonstrieren lassen. Wie die schwierige Überlieferungslage die Exzellenz des Philologen erst sichtbar macht, so erfordert die Hermetik Hölderlins die interpretatorische Kompetenz des professionellen Deuters. Letztere kann sich zwar zunächst – wie etwa bei Kommerell – als „unbefangenes[s] Befragen des Gegenstands"[697] inszenieren, verweist aber mit ihrem Duktus des gesteigerten Einfühlungsvermögens in den Arkanbereich der Hölderlinschen Zeichenwelt zugleich darauf, das eine solche „Unbefangenheit" keineswegs mit dem „undisziplinierten" Leseverhalten einer laienhaften Alltagslektüre verwechselt werden sollte. Solche Unbefangenheit bedarf der Anleitung und der Schulung. „Der Verfasser sähe es gerne", so leitet Kommerell etwa seine umfangreichen *Gedanken über Gedichte* ein, die u. a. einen Beitrag zu *Hölderlins Hymnen in freien Rhythmen* enthalten, „wenn sein Buch eine Art Lehrmittel würde. Kein Abc – ein Rat für Geübte."[698]

Hölderlin fungiert im Rahmen dieser dichtungswissenschaftlichen Variante einer „reinen" Literaturwissenschaft als ein plausibler Garant für jenes grenzenbestimmende Maß an Distanzierung und Distinktion, dessen es bedarf, um die Legitimität der eigenen Tätigkeit als einer professionellen Form der Expertenrede zu demonstrieren. Das unbefangene, d. h. disziplinär nicht geschulte, Mitreden, auch jenes aus dem kulturpolitischen Feld, fällt bei Hölderlin ungleich schwerer als bei den beiden anderen wichtigen Jubilaren, Schiller und Kleist. „Denn nur die Bereitschaft, sich von den Versen tragen zu lassen und auf die logische Folge der gewohnten Mitteilungsrede zu verzichten", so Böckmann 1943 im Blick auf die „vaterländischen" Hymnen Hölderlins, „führt zur Einsicht in den inneren Zusammenhang dieser Gedichte."[699] Das Befremdende, eben Ungewohnte dieser Gedichte zurückzuübersetzen in die „gewohnte Mitteilungsrede", wird somit zur Aufgabe des Dichtungswissenschaftlers, und gerade die enigmatische Spätlyrik wird somit zu einem Gegen-

---

696 Kommerell, Max: Hölderlins Hymnen in freien Rhythmen, in: ders.: Gedanken über Gedichte, Frankfurt am Main 1943, S. 456–481, hier: S. 457.
697 Kommerell, Max: Geist und Buchstabe der Dichtung, 5. Aufl., Frankfurt am Main 1962, S. 7. Das Distinktive sowie die disziplinäre Genuinität einer solchen Herangehensweise wird von Kommerell am gleichen Ort dezidiert herausgehoben: „Bei der Vielheit der ausgebildeten Methoden, die zudem meist von anderen Wissenschaften übernommen worden sind, und bei der so verursachten Willkür und Skepsis, scheint ein Zurückgehen auf das Einfachste, wenn auch nicht Leichteste, rätlich: auf das unbefangene Befragen des Gegenstands. In ihm ist zweierlei sogleich gegeben: Das Werk und das Wort. Form und Text also [...] Neben das Verständnis der Form tritt die Auslegung des dichterischen Worts: sehr naheliegend und selten geübt." (Ebd.)
698 Kommerell, Max: Gedanken über Gedichte, Frankfurt am Main 1943, S. 7.
699 Böckmann, Paul: Heimat und Vaterland in Hölderlins Dichtung, a. a. O., S. 15.

standsbereich, an dem die Dichtungswissenschaft – als säkularisierte Variante des Priesteramtes – ihre exegetische Kompetenz und ihr Expertentum inszenieren kann, ohne allerdings beim Wesensrepräsentanten Hölderlin in den Verdacht zu geraten, Glasperlenspiele ohne jedwede „Volksbezogenheit" zu betreiben.

Dass ein solcher dichtungswissenschaftlicher Zugriff auf Hölderlin keineswegs einhergehen muss mit einem vollständigen Verzicht auf politisch konnotierbare Sinnstiftungsangebote, dass Distanzierung und Distinktion also nicht gleichbedeutend sein müssen mit Verweigerung, zeigt Paul Böckmanns Rede über *Heimat und Vaterland in der Dichtung Hölderlins*, die er am 6. Juni 1943 bei einer Gedenkfeier in Heidelberg, am 10. Juni auch in Metz, am 28. Juni in Ludwigshafen hält und die noch im gleichen Jahr in den *Bunten Heften für unsere Soldaten* abgedruckt wird.[700] Auch aus einer Haltung der Distanz heraus lassen sich politische Leistungsangebote unterbreiten, lassen sich esoterische Interpretationsgebärde und exoterisches Leistungsangebot kombinieren. Dass der Grad der Distanzierung zudem innerhalb des dichtungswissenschaftlich konzipierten Hölderlin-Narrativs je nach Akteur sehr unterschiedlich ausfallen kann, zeigt dann jene Hölderlin-Gedenkrede, die Max Kommerell im gleichen Monat in Marburg hält. Doch zunächst zu Böckmanns Beitrag.

Böckmanns Rede unterscheidet und distanziert sich schon dadurch von den Hölderlin-Beiträgen jener kulturpolitischen Akteure, denen der Dichter lediglich zum Ausgangspunkt offensichtlich kompensatorischer Durchhalteparolen gereicht, dass sie – obgleich durchaus auch an ein exoterisches Publikum gerichtet – jegliche unmittelbare Bezugnahme auf die aktuelle politische und militärische Situation vermeidet. Vielmehr scheint es dem Literaturwissenschaftler darum zu gehen, die Gestalt Hölderlins, als das „Sinnbild echtesten Dichtertums", den Anmutungen und Zudringlichkeiten eines an Aktualisierbarkeiten interessierten Gemeinverständnisses zunächst zu entrücken. Die lange Umnachtung wie der Tod des Dichters trage „sein Geheimnis mit sich und mag uns mahnen", so Böckmanns prophylaktische Arkanisierung Hölderlins, „dem Schicksal des Geistes sein eigenes Gesetz zuzugestehen und es nicht von unseren alltäglichen Zweckmäßigkeiten aus zu beurteilen."[701] Aber nicht nur Hölderlins Leben und Sterben, sondern auch seine „Heimat"- und „Vaterlands"dichtung, deren textnahe Interpretation den Hauptteil von Böckmanns Rede ausmacht (im Mittelpunkt steht hier vor allem das Gedicht „Heidelberg"), wird als eine Weise des dichterischen Sprechens charakterisiert, die mit den Erwartungshaltungen des Druchschnittslesers bricht. Nicht nur ihre Form verstößt – wie bereits erwähnt – gegen die Konventionen der „gewohnten Mitteilungsrede", sondern auch ihr Inhalt. Zwar sei in den Überschriften solcher Gedichte wie „Die Heimat", „Rückkehr in die Heimat", „Heim-

---

[700] S. die Vorbemerkung in Böckmann, Paul: Hölderlin, a. a. O., S. 4. Das Heft, in dem Böckmanns Rede erscheint, enthält noch zwei weitere Beiträge des Autors: Hölderlins Naturglaube (S. 27–49) und Unser Weg zu Hölderlin (S. 50–64).

[701] Böckmann, Paul: Heimat und Vaterland in der Dichtung Hölderlins, in: a. a. O., S. 7. Im Folgenden werden die Belegstellen aus dieser Rede in Klammern im Fließtext angegeben.

kunft" oder „Sonnenuntergang" die „Liebe zur heimischen Natur und zum vaterländischen Schicksal" durchaus präsent.

> Aber die Gedichte selbst bezeugen, daß Hölderlin doch einen sehr anderen Weg gegangen ist als die uns gewohnteren Heimatdichter und vaterländischen Sänger des 19. Jahrhunderts. Ja, manche dieser Strophen möchten beim ersten Kennenlernen eher überraschen und befremden, weil sie sich so gar nicht der realistischen Schilderung und idyllischen Verklärung der heimischen Welt überlassen, sondern viel unbedingter ausgreifen und dunkler sprechen. (14)[702]

Weder plane Rezepte zur Bewältigung der gegenwärtigen Probleme liefert die Begegnung mit Hölderlin also, noch scheint seine Dichtung als Phrasensteinbruch für einen kompensatorischen Vulgärpatriotismus tauglich zu sein. Jedoch lässt es Böckmann bei dieser Entrückung des sperrigen Poeten keineswegs bewenden. Sie ist vielmehr propädeutischer Natur insofern, als dass sie der qua Auslegung gewonnenen Sinnstiftung, die gleichsam den argumentationsstrukturierenden Kontrapunkt zu Böckmanns Verfremdungsstrategie bildet, umso mehr Gewicht verleiht. Denn von Hölderlin aus, so versichert der Heidelberger Ordinarius,

> erweist sich ja besonders sinnenfällig, daß der Dichter ein eignes Amt und eine eigne Würde besitzt. Die Dichtung gewinnt erst da ihre begründende Bedeutung, wo sie nicht nur der Unterhaltung, Zerstreuung oder Spielfreude dient, sondern wo sie das menschliche Leben mit sich selbst bekannt macht und geradezu die Auffassungsformen schafft, mit deren Hilfe sich ein Volk das Leben deutet. […] [J]e wesentlicher die überpersönlichen Mächte des Volkes und des Glaubens uns bestimmen, um so entschiedener stellt sich neben Goethe Hölderlin, um so mehr sind wir geneigt, seinem hymnischen Wort eine eigene begründende Bedeutung zuzugestehen. (6 f.)

Die das „Volksleben" deutbar machenden „Auffassungsformen", die Böckmann nun aus Hölderlins Dichtung ableitet, erweisen sich als das Ergebnis einer habitus- und feldspezifischen Transformation durchaus „alltäglicher", um den Volks-Begriff angelagerter Kompensationsdiskurse. Deren Krisenbewältigungspotential wird mittels Hölderlin bildungsbürgerlich verfeinert durch ihre Übersetzung in eine „seelische Weiträumigkeit" (11) ermöglichende, mythologisierende Semantik. Der disziplinspezifische Transformationsvorgang liegt begründet in jenem Brechungseffekt, der daraus resultiert, dass an die Stelle bloßer Behauptungen das methodisch kontrolliertere und fachintern akzeptierte Begründungsverfahren der Auslegung am Text tritt. Exemplarisch laufen beide Sublimationsstrategien zusammen, wenn Böckmann zu dem Schluss kommt:

---

702 „Freilich", so leitet Böckmann dann seine Interpretation des „Heidelberg"-Gedichtes ein, „darf man in den Versen nicht nach lebensgeschichtlichen Angaben suchen; auf sie kommt es ebenso wenig an wie auf eine realistische Schilderung oder auf das durch die Landschaft erregte nur individuelle Gefühl." (11)

> Denn in seinen großen und reifen Gedichten macht dieser Natur- und Schicksalsglaube [Hölderlins] die Welt der Heimat derart sichtbar, dass sie sich mythisch verwandelt und steigert. Wenn Hölderlin jetzt vom Neckar und Rhein, vom schwäbischen Land und den Alpen spricht, dann nicht mehr im realistisch schildernden Sinn, sondern aus der Haltung des Glaubens, daß im irdisch-naturhaften Dasein die Macht des Lebensgeistes vernehmbar werden muß und daß sich im Bild des heimatlichen Lebens alle bewegenden Mächte enthüllen: der heroische Geist der Tat so gut wie die Gewalt des Schicksals wie die Kraft der Natur. Die vertraute Nähe der Heimat lockt ihn zum rühmenden Anruf, weil der Mensch im Alltäglichen zugleich das Bleibende erfährt und damit im hiesig-gegenwärtigen Dasein dem Göttlichen begegnet. [...] Auch im Heidelberg-Gedicht wird die „ewige Sonne" genannt, die mit ihrem verjüngenden Licht von der Dauer des in sich lebendigen Daseins zeugt. Und das vertraute Bild der Stadt scheint „wie von Göttern gesandt" [...] Aus diesem Ineinander von Geist und Natur verklärt sich die Heimat zum mythischen Raum. Denn das Mythische ist nun nichts anderes als das Geistig-Geschehende im naturhaften Dasein selbst. (22 f.)

Im „schönen Schein" des Kunstreiches der Hölderlinschen Dichtung – und dies macht ihn für die Vertreter einer „reinen" Dichtungswissenschaft unter seinen bildungsbürgerlichen Verehrern so attraktiv – lassen sich „Heimat" und „Volk" als quasi-mythologische Substanzen interpretieren, die ihrer realgeschichtlichen Akzidenzien entkleidet sind. Anders als bei den „uns gewohnteren Heimatdichter[n]" hat in der Dichtung Hölderlins jener ästhetische Verklärungsakt bereits stattgefunden, der die Rede von „Heimat" und „Volk" dem distinktiven Verdacht der vulgären „Volks-" und „Heimattümelei" enthebt. Anders aber auch als „in der deutschen Klassik so oft" bleiben Hölderlins Mythologisierungen des Profanen, die sich nach Böckmann nicht zuletzt in seiner „Griechenverehrung" manifestieren, konkret genug, „dass sie nicht nur zu einer persönlichen Bildungswelt des wahrhaft Menschlichen hinführ[en], [...] sondern die Einheit eines Volkslebens sichtbar mach[en], das sich in der Gemeinsamkeit des Glaubens erfüllt, und in den Gestalten des Liebenden wie des Helden sich seine wirkenden Vorbilder schafft." (19)

Von einem dergestalt bereiteten Plateau der Distinguiertheit aus kann Böckmann denn auch durchaus sinnstiftende Kompensationsangebote für die gegenwärtige Lage Deutschlands unterbreiten. Nach der Transposition ins Esoterische kann nunmehr die zumindest angedeutete, d. h. implizit bleibende Rückübersetzung ins Exoterische erfolgen. Den Krieg, der im Rahmen des mythologisierenden Deutungsmusters eben lediglich als *eine* realgeschichtliche Bewährungssituation innerhalb einer weitaus substanzielleren und deshalb umfassenderen Volksgeschichte erscheint, muss Böckmann deshalb gar nicht erst erwähnen. Denn er kann an Hölderlins Dichtung jene Tugenden aufzeigen, derer es bedarf, um auch die gegenwärtige Krisensituation als sinnhafte zu erfahren und zu bewältigen. Unausgesprochen aber deutlich wird die jüngste Geschichte Deutschlands zum realgeschichtlichen Fall stilisiert, an dem sich die Wahrheit der mythologisierenden Geschichtsdeutung bestätigt.

Vor der Hintergrundfolie des Mythos wird auch der gegenwärtige Krieg, die drohende Niederlage wie auch der Tod des Einzelnen, als Schicksal gedeutet, mit Sinn aufgeladen[703]:

> Es ist das Volk, in dem „Geist und Größe" wieder Geist und Größe erzeugen und das rühmende Wort die Mächte des Daseins in den Alltag einformt. Weil hier [in Hölderlins Dichtungen; G. K.] das Volksleben mit seinen echten Ordnungen in Frage steht, genügt nicht die bertachtende Versenkung in die Überlieferung, sondern allein der tatbereite Aufbruch, der die Größe des Perikleischen Zeitalters dem eigenen zurückgewinnen will. Die Heimatliebe sieht sich damit vor die heroische Aufgabe gestellt und drängt weiter zur vaterländischen Tat. Hölderlin hat im Hyperion den Jüngling gezeichnet, der aus Naturglauben und Griechenverehrung dem heimisch-vaterländischen Leben eine neue Erfüllung zu erobern sucht und der nach dem Scheitern seines tätigen Wirkens sich nur stärker noch dem Naturglauben überlässt und damit den mythischen Gewalten, die allem Einzelleben vorangehen.
>
> Neben diese heroische Tatbereitschaft tritt dann im Empedokles-Drama die Verherrlichung des überwindenden Opfers, das der Schicksalsstunde des Volkes zu begegnen weiß. [...] Er [Empedokles; G. K.] bewährt die Kraft eines Glaubens, der vor dem Untergang nicht zurückschreckt, weil auch der Tod letztlich nur die höhere Macht des alles umfangenden Lebens bestätigt.
>
> [...] Diese Schicksalsbereitschaft ist es denn auch, die in der Heidelberg-Ode erst den Vergleich des Stromes mit dem Jüngling ermöglicht. So wie der Fluß als ein flüchtiger zum Meere drängt, um sein gesondertes Dasein aufzugeben und in seinem Element sich zu erfüllen, so verlangt es auch den vom Geist des Lebens durchdrungenen Jüngling, sich selber tätig zu wagen und sich in die „Fluten der Zeit" zu werfen. Es ist der gleiche Glaube, der den „Tod fürs Vaterland" als Erfüllung des heimischen Lebens zu feiern weiß und der nun der Lyrik Hölderlins überhaupt die Schicksalsaufgeschlossenheit gibt. (20 und 22)

---

703 Allerdings verhehlt auch Böckmann die Brüchigkeit, bzw. das Voluntaristische, das einem solchen Akt der Mythenstiftung unter den Bedingungen einer selbstreflexiven Moderne anhaftet, nicht. Nur als Setzung durch und in der Poesie, mithin als Resultat eines sentimentalischen und deshalb melancholischen Dezisionismus ist die Restitution des Mythos selbst bei Hölderlin noch möglich: „Freilich", so räumt er ein, „bleibt auch Hölderlin an seine eigene Schicksalsstunde gebunden. Zu ihr gehört es ja, dass der seiner selbst bewusst gewordene Mensch alle überkommenen Bräuche und Mythenerzählungen weitgehend von sich geworfen hat. So kann auch Hölderlin nicht wie die griechischen Sänger auf einen sicheren Besitz heimischer Sagengestalten und Götterbilder zurückgreifen. Vielmehr bleibt es allein seinem dichtenden Wort vorbehalten, jenen mythischen Raum sichtbar zu machen [...] Das Dichteramt steigert sich hier zu einer höchsten und letzten vaterländischen Bedeutung, weil es jenem tieferen Bezug des Menschen zum Göttlichen erst Namen und Gestalt gibt. Die Sprache greift zu ihren kühnsten und äußersten Möglichkeiten, um das Unnennbare doch zu bannen, um ‚dem Volk ins Lied gehüllt die himmlische Gabe zu reichen'. [...] Hölderlins Dichtertum vollendet sich erst in dieser greifenden, prägenden Kraft des mythischen Worts, das das hiesige Dasein so weit durchdringt, bis sich das feiernde Nennen und rühmende Rufen als berechtigte Möglichkeit ergibt." (23 f.)

4. LITERATURWISSENSCHAFT IM ZEICHEN DES „VOLKES" 641

Solche impliziten Anleitungen zum sinnerfüllten Sterben finden sich in den während des Krieges entstandenen Hölderlin-Beiträgen Max Kommerells nicht mehr. Ein Gestus des Sich-Entziehens, des Abstand-Nehmens von aktualistischen Zudringlichkeiten und Zugeständnissen, den man allerdings nicht mit Widerstand verwechseln sollte, prägt die Arbeiten, die der Marburger Ordinarius zwischen 1939 und 1943 zu Hölderlin verfasst.[704] Dies impliziert auch eine Distanzierung vom eigenen, wissenschaftlichen „Frühwerk". Jene aus einer bildungsbürgerlichen Volkssemantik sich speisenden Schreibtischpollutionen, die etwa die Schlussapotheose des Hölderlin-Kapitels im „Führer"-Buch von 1928 noch kennzeichnen, finden im späten Oeuvre Kommerells keinen Platz mehr.[705] Wie kaum ein zwei-

---

[704] Dass es sich hier um eine Distanzierung *nach* einer partiellen, karrierestrategisch motivierten Anpassung handelt, gilt es zu berücksichtigen. Bereits am 24. Juni 1930 formuliert Kommerell in einem Brief an Hans Anton sein bildungsbürgerlich imprägniertes, opportunistisches Credo zweier Welten: „Ich trenne: im Geistig Dichterischen bekreuzige ich mich, wie bekannt, vor parteilichem Sektentum, – im Politischen bin ich gänzlich Unempfindlich [sic]. Hier gilt nur Mittel und Stufe!" (Hier zit. nach Köhler, Kai: Max Kommerell, a. a. O., S. 403). Köhler zufolge sieht Kommerell zumindest zu dieser Zeit schon in der NSDAP ein geeignetes „Mittel". Zwar, so räumt Köhler ein, dürften Kommerells Mitgliedschaften um 1940 in Partei und SA „keiner aktivistischen Überzeugung entsprochen haben", allerdings ergebe sich „in jedem Fall ein zeitlicher Zusammenhang von Partei- und SA-Mitgliedschaft und Aufstieg zum Professor" (407). 1941 wird Kommerell zum ordentlichen Professor in Marburg ernannt, ungeachtet seiner früheren Zugehörigkeit zum George-Kreis, die in den bisherigen Berufungsverhandlungen noch ein Karrierehindernis dargestellt hatte. S. dazu auch Albert, Claudia: Abstand, nicht Widerstand: Max Kommerell, in: Dies. (Hrsg.): a. a. O., S. 249–253.

[705] Um den Wandel vom metaphernübersättigten Früh- zum ernüchterten, sprachlich indes nicht minder virtuosen Spätstil anschaulicher werden zu lassen, sei hier zumindest die Schlusspassage des Hölderlin-Kapitels, dessen letzter Teil den Untertitel „Das Volk" trägt, wiedergegeben: „Nach so langer Wanderung überschauen wir dies deutsche Werden als Einheit und durch die Ferne von fünf Vierteljahrhunderten treten die feindlich sich begegnenden oder fliehenden Sterne zusammen zum Sternbild. Uns wirrt nicht mehr der furchtbare Fluch, der, als so stolze Anzahl von Geistern erster Ordnung umeinanderlebte, den Zusammenschluß wehrte unter einheitlichem Zepter, ehrfürchtig froh umfassen wir in jedem für sich *ein* höchstes Deutsches, in ihnen zusammengenommen die deutsche Allheit. Denn in wenigen begründenden Gestalten kündet sich Art und Vorrat der Kräfte einem beginnenden Volke an, und unserm dem vielgestaltigen, das Süden und Norden und mehrerer Stämme Seele in sich hegt, gab das große Erwachen drei sinnbildliche Darsteller: neben dem **König** [d. i. Goethe; G. K.] mit dem gemeißelten Haupt und der gebietenden Hand, der sich alles Rollen und Wogen zum Gebilde ballt, ging machtlos und unscheinbar, ging mit Stirn und Mund des Kindes der **Zauberer** [d. i. Jean Paul; G. K.], der Sonnen regte mit Tönen, Ströme von seiner Hand rollen ließ und aus einer faustvoll Erde den Titan knetete..und geheim und abseits von allen der *Seher* [d. i. Hölderlin; G. K.], der unterm Getrieb des Werktags das Fest, unter den Fürstentümern der Welt das Weihtum sucht und dessen Adern Ichor zum sterblichen Blute strömt. […] Dann wird, was sich einst schied oder befocht, eins und wirkt einhellig, und dem Volk, das nicht minder den kaum glaublichen Umfang seines Erbes zu kennen wagt wie die Schwere seiner fernern Bestimmung, werden seine namengebenden Dichter die Gnaden der zweiten Hohzeit fassen helfen: das Heute meisterlicher Herrschaft, den zeitlos unerschöpflichen Traum der fortwebt mitten im Ärgsten: dem Unsicherwerden des volkhaften Lebenstriebs, und ein innig ernstes Morgen, wo die Jugend die Geburt des neuen Vaterlandes fühlt in glühender Einung und im Klirren der vordem allzu tief vergrabenen Waffen." (Kommerell, Max: Der Dichter als Führer in der Deutschen Klassik [1928], 2. Aufl. Frankfurt am Main o. J., S. 482 f.) Allerdings lässt

ter Akteur verkörpert Kommerell in dieser Phase den Typus des „reinen" Dichtungswissenschaftlers.[706] Betrachtet man Kommerells Entwicklung als literaturwissenschaftlicher Autor vom *Führer*-Buch bis zu den späten Essays, so wird man hier von einer Schwerpunkt-Verlagerung im System der eigenen, nicht immer explizierten, Voraus-Setzungen sprechen müssen. Aus dem dichterischen Text als einem *Mittel* zur Erkenntnis eines repräsentativen Subjektes, eben des „großen Menschen", – wie etwa noch in der *Führer*-Schrift –, wird nunmehr der dichterische Text als ein in und durch sich selbst gerechtfertigter *Gegenstand* der Erkenntnis.[707] Resonanzstrategisch gesehen handelt es sich bei diesem partiellen Wandel der Konzeption um einen semantischen Umbau gleichsam *gegen* den Zeitgeist, in dem die eigene Position des Abstandes sich artikuliert.[708]

Dass gerade Hölderlin, „heute vielleicht der meistmißbrauchte Name"[709], in den sinnbedürftigen Zeiten des Krieges, in der selbst die Philosophen beginnen, „in Germanistik zu machen"[710], ein prekäres Objekt zur Inszenierung des eigenen Abstandes vom bloß Zeit-

    Kommerell bereits hier keinen Zweifel daran, dass seine Volks-Visionen durchaus distanziert-elitärer Natur sind und sich nicht gemein machen wollen mit den Utopien einer klassenlosen Volksgemeinschaft. Er lobt das „Verschmähen des roh Alltäglichen, der Fühlart von Markt und Gasse und de[n] Haß des falschen Volkstümlichen (ein Trugwort womit man von jeher das Minderwertige bevorrechtete." (300 f.) Walter Benjamin hat in seiner anerkennenden Polemik Kommerells Hölderlin-Deutung als enthistorisierte Vision einer „Heilsgeschichte des Deutschen" und als Fragment einer neuen „vita sanctorum" bezeichnet (Benjamin, Walter: Wider ein Meisterwerk. Zu Max Kommerell: ‚Der Dichter als Führer in der deutschen Klassik', in: ders.: Gesammelte Schriften, Bd. III, hrsg. von Rolf Tiedemann und Hermann Schweppenhäuser, Frankfurt am Main 1991, S. 252–259, hier: S. 259). Zum Verhältnis zwischen Benjamin und Kommerell s. Nägele, Rainer: Vexierbild einer kritischen Konstellation. Walter Benjamin und Max Kommerell, in: Busch, Walter/Pickerodt, Gerhart (Hrsg.): a. a. O., S. 368–390.

706 Dass es sich bei Kommerell in gewisser Weise um einen „abtrünnigen" Lebenswissenschaftler handelt, wird auch dadurch bestätigt, dass der eigene dichterische Impetus, der die frühen wissenschaftlichen Schriften noch mitprägt, in der Spätphase in zunehmendem Maße aus der wissenschaftlichen in die dramatische Produktion umgelenkt und ausgelagert wird. S. dazu Köhler, Kai: Kommerells dramatisches Werk, in: Busch, Walter/Pickerodt, Gerhart (Hrsg.): a. a. O., S. 207–233.

707 Zu dieser Unterscheidung s. Weimar, Klaus: Literaturwissenschaftliche Konzeption und politisches Engagement. Eine Fallstudie über Emil Ermatinger und Emil Staiger, in: a. a. O., S. 271–286, hier: S. 272 f. S. dazu auch III.5.

708 Partiell bleibt dieser Wandel deshalb, weil auf der noch vorausgelagerten Ebene der Selektion, d. h. bei der Auswahl jener Texte, die es überhaupt „wert" sind, dass man sie als eigenständige Erkenntnisgegenstände betrachtet, das Konzept des „großen Menschen", zumindest implizit, noch weiter wirkt. Auch bei Kommerell richtet sich die Dichtungsauslegung zumeist auf die Texte gerade jener Autoren, die im Rahmen der vorgängigen Konzeption bereits als „groß" ausgewiesen worden sind.

709 Brief von Max Kommerell an Paul Kluckhohn vom 08.11.1940, zit. nach Kahlefendt, Nils: a. a. O., S. 148.

710 „Überhaupt", so Kommerell am 01.05.1941 in einem Brief an Karl Gerold, „sinke ich immer mehr meinem Kebsweib, der Romanistik, in die Arme, meine Legitime [d. i. die Germanistik; G. K.] redet zu viel von sich. Aber so geht es wohl jedem. Reinhardt, Schöffler machen in Germanistik, ebenso Heidegger und Gadamer." (Zit. nach Jens, Inge (Hrsg.): Max Kommerell. Briefe und Aufzeichnungen 1919–1944, Olten und Freiburg im Breisgau 1967, S. 33) Zu Kommerells Calderón-Studien s. Albert, Claudia: Eine Welt aus Zeichen – Kommerells Calderón, in: Busch, Walter/Pickerodt, Gerhart (Hrsg.): a. a. O., S. 234–248.

gemäßen darstellt, ist Kommerell durchaus bewusst. Seit 1928 hat er nicht mehr zu Hölderlin publiziert und gegenüber der um 1940 herum einsetzenden Renaissance des Dichters gibt er sich distanziert. Kluckhohns Bitte, er möge einen Beitrag zur Gedenkschrift beisteuern, vermag er nicht zu entsprechen. In seiner Begründung beruft er sich selbstkritisch auf das Ethos einer strengen Forschung:

> [E]s wäre sicher höchst wünschenswert und erfreulich, wenn Hölderlin […] von Forschern mit strengstem Gewissen und strengsten Anforderungen an sich selbst zum Gegenstand ihrer Arbeit gemacht würde. Nur kann ich selbst für die nächste Zeit leider nichts anbieten. Die Abhandlung des Themas in meinem ersten Buch [Der Dichter als Führer in der deutschen Klassik; G.K.] scheint mir heute zu schematisch. Ich habe mich seither in Vorlesungen und auch in einsamem Nachdenken tiefer in Hölderlin-Probleme eingearbeitet, aber muß leider bekennen, dass ich, statt zur Antwort zu gelangen, nur immer tiefer ins Fragen geriet.[711]

Ähnlich skrupulös und im Zeichen einer „reinen" Dichtungswissenschaft argumentiert er auch gegenüber Heidegger, der ihn erneut zur Mitarbeit an der Gedenkschrift auffordert:

> Ich kann mir also nicht das Recht geben zur Veröffentlichung, umsoweniger, als ich gerade was Hölderlins heutige Wirklichkeit anlangt, den merkwürdigen und aufregenden Zusammenfall Ihrer Philosophie […] mit einer bestimmten Art der Erschließung Hölderlinischer Gedichte vorfinde, und dadurch das Tastende und Unsichere, das sich auf diesem Gebiet überhaupt nicht hervorwagen sollte, noch unter ein strengeres Selbstgericht gestellt wird. Ich möchte also zunächst – das heißt: ehe ich neue und entschiedene Aufschlüsse mitzuteilen habe – das Thema Hölderlin ruhen lassen, und bin ärgerlich, dass ich mir 12 Seiten für die Zeitschrift: „Geist der Zeit", entwinden ließ – gegen die ich jedoch eine Art Verpflichtung hatte.[712]

„[I]ch verbiete mir jetzt Hölderlin"[713], teilt er im folgenden Jahr Karl Reinhardt mit und noch in einem bereits auf dem Sterbebett diktierten Brief vom 07.06.1944 an den Theologen Rudolf Bultmann distanziert er sich mit Nachdruck von der „furchtbar hybrid[en] […] Christologie eines Hölderlin": „Ich bin der letzte, der leugnete, dass die bezüglichen Gedichte Hölderlins sprachliche Schätze sind, aber sind sie nicht, wenn man davon absieht, arge und nur bei uns mögliche Greuel? Goethe hätte sich lieber in den Ärmel geschneuzt als so etwas gemacht."[714]

---

[711] Brief von Max Kommerell an Paul Kluckhohn vom 08.11.1940, zit. nach Kahlefendt, Nils: a.a.O., S. 148f.

[712] Max Kommerell an Martin Heidegger am 29.09.1941, zit. nach Jens, Inge (Hrsg.): a.a.O., S. 384f. Bei dem angesprochenen Beitrag handelt es sich um Kommerell, Max: Das Problem der Aktualität in Hölderlins Dichtung, in: Geist der Zeit, 19, 1941, S. 570–580.

[713] Brief von Max Kommerell an Karl Reinhardt vom 19.01.1942, zit. nach Jens, Inge (Hrsg.): a.a.O., S. 389.

[714] Brief von Max Kommerell an Rudolf Bultmann vom 07.06.1944, zit. nach Jens, Inge (Hrsg.): a.a.O., S. 452.

Jedoch sollte man solche Distanzierungsgesten, die sich nicht nur gegen den Umgang mit Hölderlin, sondern schließlich auch gegen Elemente seiner Dichtung selbst richten, nicht überbewerten. Sie sind keineswegs der private Paratext zu einer völligen Abkehr Kommerells von Hölderlin. Schließlich entstehen in den Kriegsjahren immerhin doch fünf Beiträge, in denen sich der Marburger Ordinarius mit der Dichtung Hölderlins beschäftigt. 1940 erscheint eine Abhandlung zu *Hölderlins Empedokles-Dichtungen*, 1941 ein Beitrag über *Das Problem der Aktualität in Hölderlins Dichtung* und 1943 Betrachtungen zu den *Kürzesten Oden Hölderlins* und zu *Hölderlins Hymnen in freien Rhythmen*. Noch im gleichen Jahr liefert Kommerell seinen letzten Beitrag zum Thema: seine im Juni gehaltene *Hölderlin-Gedenkrede*.[715] Diese Diskrepanz zwischen paratextueller Distanzierung und tatsächlicher Veröffentlichungspraxis, bzw. dieses Zugleich von Sich-Verweigern und Präsenz, verweist darauf, dass Kommerells brieflich demonstrierte Skrupel, sein Rekurs auf das Ethos einer ernsten Forschung nicht zuletzt auch auf Distinktion zielen. Der Unterschied der eigenen, als wissenschaftlich seriös codierten Hölderlin-Beiträge zum Großteil der zeitgenössischen Hölderlin-Inszenierung soll hier markiert werden, um dem möglichen Verdacht auf ein bloß resonanzstrategisch motiviertes Sich-Gemein-Machen mit dem Zeitgeist vorzubeugen. Allerdings – dies gilt es zu betonen – bleibt Kommerells Insistieren auf Unterscheidbarkeit nicht bloß rein rhetorischer Natur. Die Geste der Distanz, des Sich-Entziehens ist auch seinen Beiträgen selbst eingeschrieben. Das dezidiert „unpopulistische" wird – wie bereits erwähnt – schon in der Themenwahl zum Programm erhoben und findet in dem distinktiven Narrativ, in das Hölderlin eingebettet wird, seine konsequente Fortsetzung.

715 Kommerell, Max: Hölderlins Empedokles-Dichtungen, in: ders.: Geist und Buchstabe der Dichtung [1940], Frankfurt am Main, 5. Aufl., 1962, S. 318–357; ders.: Das Problem der Aktualität in Hölderlins Dichtung, in: ders.: Dichterische Welterfahrung. Essays, Frankfurt am Main 1952, S. 174–193 [erstmals erschienen unter dem gleichen Titel in: Geist der Zeit, 19, 1941, S. 570–580]; ders.: Die kürzesten Oden Hölderlins, in: ders.: Dichterische Welterfahrung. Essays, Frankfurt am Main 1952, S. 194–204. Diese Rede hält Kommerell 1943 auch am Deutschen Institut in Paris (s. Köhler, Kai: Max Kommerell, a. a. O., S. 419 und Jens, Inge (Hrsg.): a. a. O., S. 420; sie erscheint 1943/44 in der Zeitschrift „Deutschunterricht im Ausland"). Bezüglich dieser Rede, derer er sich „schlecht und recht" entledigt habe, fällt die bereits zitierte (s. o.) abfällige Bemerkung über den „mythischen Begründer heroischer Gesangsvereine". Den Geist einer ostentativen Zeitabgewandtheit scheint auch die Mehrzahl der übrigen in diesem Band versammelten Beiträge zu atmen: neben einem Beitrag über den *Vers im Drama* (S. 147–158), der zum ersten Mal 1939/40 in den „Blättern des Hessischen Landestheaters Darmstadt" erscheint, raisonniert Kommerell über die *Dame Dichterin* (S. 83–108; ein Essay über die chinesische Hofdame Murasaki und ihren „Prinzen Genji", der 1938 in der „Corona" erscheint), die *Humoristische Personifikation im „Don Quijote"* (S. 109–146; erscheint im März 1938 in der „Neuen Rundschau") und über *Die Commedia Dell'arte* (S. 159–173; erscheint 1940/41 in den „Blättern der Städtischen Bühnen Frankfurt am Main"). Auch die dezentralen Publikationsorte dieser Beiträge scheinen jenem Lebensmotto zu entsprechen, das Kommerell am 31. 07. 1937 in einem Brief an Erika Kommerell wiefolgt definiert: „Es ist jetzt sehr schwer, eine große und anerkannte Position mit unverbogner Produktivität zu vereinigen. Und wenn es um diese Alternative geht, lebe ich lieber unscheinbar und leise." (Zit. nach Jens, Inge (Hrsg.): a. a. O., S. 326) Bei den letzten beiden Beiträgen handelt es sich um Kommerell, Max: Hölderlins Hymnen in freien Rhythmen, in: ders.: Gedanken über Gedichte, Frankfurt am Main 1943, S. 456–481 und ders.: Hölderlin-Gedenkrede im Juni 1943 [Vortragsmanuskript], in: Hölderlin-Jahrbuch, 15, 1967/68, S. 240–254.

4. LITERATURWISSENSCHAFT IM ZEICHEN DES „VOLKES" 645

Kommerells Hölderlin-Narrativ, das seine fünf Beiträge formt und konstituiert, ist nahezu kompromisslos esoterisch.[716] Der Marburger Ordinarius rekurriert zwar noch bisweilen auf den Scharnierbegriff des Volkes sowie auf den kompensatorischen Hochwertbegriff des Opfers. Auch verzichtet er nicht auf die häufig bemühte Stilisierung des Dichters zum *poeta vates*. Allerdings – und darin unterscheidet sich das von ihm entworfene Bild nachhaltig von den übrigen zirkulierenden Hölderlin-Erzählungen – werden diese diskursiv bereits etablierten Erzählbausteine dergestalt sublimiert und ins Zeitlose transponiert, dass sie nahezu jedweder unmittelbaren Beziehbarkeit auf das Historisch-Faktische entkleidet scheinen. Kommerells Erzählhaltung mag – um eine Wendung, mit der er selbst Hölderlins Sprachgestus charakterisiert, umzukehren – noch als ein „Aussagen im Verschweigen"[717] erscheinen; gleichwohl entzieht er sich jener resonanzkalkulierenden Rück-

---

[716] Eine ähnliche Intensität des Insistierens auf einem eigensinnigen Wissenschaftsethos, das sich in der Beschäftigung mit einem „klassischen" Autor artikuliert, findet sich lediglich bei Beißner (sofern es ihm – wie gezeigt – nicht um die Akkumulation von arbeitsförderlichen Ressourcen geht) und bei Walther Rehm. Letzterer mag sich von Kommerell allerdings dadurch unterscheiden, dass es ihm nicht nur um Abstand, sondern auch – wie Ernst Osterkamp zu zeigen versucht – um eine „Form des inneren Widerstands gegen den Nationalsozialismus" geht (Osterkamp, Ernst: Klassik-Konzepte. Kontinuität und Diskontinuität bei Walther Rehm und Hans Pyritz, in: Barner, Wilfried/König, Christoph (Hrsg.): a. a. O., S. 150–170, hier: S. 158). Osterkamp deutet Rehms umfangreiche geistesgeschichtlich orientierte Studie *Griechentum und Goethezeit. Geschichte eines Glaubens* (Leipzig 1936), als „deutliche[] Wendung gegen die nationalsozialistische Pervertierung des Mythos-Begriffs" (155). Allzu deutlich scheint diese Wendung indes dann doch nicht gewesen zu sein, erhält Rehm doch immerhin für die Publikation einen Druckkostenzuschuss von der DFG. Zwar zeigt sich die DFG bei Rehms Antrag, die Drucklegung dieses Werkes mit 1.600 RM zu unterstützen, zunächst zögerlich, obwohl er – ähnlich wie Beißner, wenn auch zurückhaltender – durchaus dazu in der Lage ist, resonanzkalkulierende Strategien einzusetzen, um die aktuelle Relevanz seiner Studie herauszustellen. „Mein Bestreben war", so heißt es etwa in einem Brief vom 22. 03. 1935 an die DFG, „eine grosse Tat des deutschen Geistes, nämlich die Entdeckung des Griechentums, in seiner Bedeutung für das Abendland aufzuzeigen und zu untersuchen, welchen Sinn und welche Aufgabe dieses neuentdeckte Griechentum gerade für die entscheidende Epoche unserer Geistes- und Dichtungsgeschichte […] besessen hat. […] Hinwendung zum Griechischen darf nicht deutsche Art beeinträchtigen, vielmehr soll sich das deutsche Wesen in der Auseinandersetzung mit dem Griechentum steigern und festigen, es soll am Griechentum wachsen. Gerade heute, da die Frage Deutsch – Griechisch neu gestellt ist, kann vielleicht eine solche Arbeit zur Klärung beitragen." (BAK, R 73/13830) Trotz der positven Fachgutachten (u. a. von Petersen) zeigt sich die DFG aus ökonomischen Gründen zunächst wenig geneigt, Rehms Arbeit zu unterstützen (ob dazu auch Rehms konsequente Weigerung beiträgt, seine Bittgesuche nicht nur mit „deutschem Gruss", sondern auch – wie die Schreiben der DFG – mit „Heil Hitler" zu unterzeichnen, mag hier dahingestellt bleiben). Erst Anfang 1936 und nach weiteren Briefwechseln, in denen es um Fragen der Verlagskosten geht, bewilligt ihm die DFG aber schließlich doch 500 RM, bittet aber „von ihrer Nennung im Vorwort Ihrer Arbeit […] abzusehen. Ich darf", so versichert aber das Schreiben, „noch ausdrücklich hinzufügen, dass hierin keine von der früheren Beurteilung abweichende Stellungnahme zu ihrer Arbeit liegt." (DFG an Walther Rehm, 11. 02. 1936, BAK, R 73/13830)

[717] „Die andeutende Aussage", so Kommerell, „das Verschweigen im Aussagen, ist das dichterische Verhalten Hölderlins. Dies bestimmt nicht nur die sprachliche Gestalt, sondern auch die dichterischen Formen." (Kommerell, Max: Hölderlins Empedokles-Dichtungen, a. a. O., S. 329)

übersetzung ins Exoterische, die etwa bei Böckmann noch stattfindet, fast durchgängig. Dabei resultiert diese Geste des Abstand-Nehmens keineswegs aus einem Verkennen der zeitgenössischen Bedürfnislage. „Begreiflich", so heißt es etwa in der Einleitung zu seiner Rede über die *Kürzesten Oden,* „daß ein Geschlecht, dem die Frage seines Werdens von außen wie von innen gleich dringend auferlegt ist, Hölderlins mittlere Zeit übergehend, sich ungeduldig auf seine letzen Gesänge wirft und ihn als endlich vernehmlichen Propheten fordert!"[718] Jedoch entzieht sich Kommerell weitestgehend gerade dieser Forderung, den Propheten „vernehmlich" zu machen. Ja, er erteilt diesem Ansinnen gerade dann eine besonders süffisante Absage, wenn er sich schließlich doch noch – in seinem Beitrag über die *Hymnen in freien Rhythmen* – selbst diesen „letzten Gesängen" zuwendet: „Es ist", so mokiert sich der Dichtungswissenschaftler, „einer der merkwürdigen Fortschritte der Geistesgeschichte, dass der Inhalt dieser Hymnen, deren Unentwirrbarkeit noch gestern der Umnachtung Hölderlins zur Last gelegt wurde, durch mehr oder weniger tiefsinnige Exegesen popularisiert heute in aller Munde ist. Es sei also hier die Rede von etwas weniger Beredetem [...]"[719]

Gegenüber solchen als wohlfeil und als übereilt diskreditierten Popularisierungs- und Eingemeindungstendenzen insistiert Kommerell zunächst auf dem Eigensinn der Dichtung, die als eine autonome Sphäre der Artikulation beschworen wird. Hölderlins Werk wird dabei zum Paradigma dieses Eigensinnes. Das „unbegreiflich große Wort" Hölderlins „ist entrückt ins Zeitlose"[720], „Hölderlins Gesänge [sind] weltlos" und „sein Wort ist nicht wirksam wie das Schillers"[721]. Gerade die „Reinheit", d. i. die Zeitenthobenheit seines dichterischen Sprechens verbürgt Hölderlins Authentizität: „ein Verhältnis des Geistes wird [bei ihm] persönliches Schicksal. Hölderlin hat die Seele, dies zu erfahren, und die Stimme, der man es glaubt."[722] In seinem Beitrag zum *Problem der Aktualität in Hölderlins Dichtung* greift Kommerell denn auch auf die mentalitäts- wie disziplingeschichtlich bedeutsamen, asymmetrischen Gegenbegriffe des Dichters und des Schriftstellers zurück, um die zeitlose Gültigkeit Hölderlins gegen eine bloß zeitgeistige Relevanz seiner Dichtung abzugrenzen:

> Wenn sich der Dichter mit ursprünglichen Verhältnissen befasst, die sein Geist aus den vorgefundenen in jedem Augenblick wiederherstellt, befasst sich der Tages-Schriftstel-

---

718 Kommerell, Max: Die kürzesten Oden Hölderlins, a. a. O., S. 194.
719 Kommerell, Max: Hölderlins Hymnen in freien Rhythmen, a. a. O., S. 462.
720 Kommerell, Max: Hölderlins Hymnen, a. a. O., S. 478.
721 Kommerell, Max: Hölderlin-Gedenkrede, a. a. O., S. 240 und 241. In einem Brief vom 10. 07. 1943 an Gadamer beklagt Kommerell an Heideggers Hölderlin-Exegese eine Neigung zur „Gewalt des Deutens", deren Grund darin liege, dass etwas „für die Distanz zum Gedicht und zu seinem Bestehen aus sich selbst Erhebliches" fehle (zit. nach Jens, Inge (Hrsg.): a. a. O., S. 423). Dass Heideggers Beschäftigung mit Hölderlin eine „produktive[] Irritation der zeitgenössischen Literaturwissenschaft" (Busch, Walter: a. a. O., S. 289 f.) gewesen ist, mag gleichwohl – zumindest mit Blick auf Kommerell, der sich gerade in der Abgrenzung von Heidegger seiner eigenen dichtungswissenschaftlichen Voraussetzungen zu versichern sucht – zutreffen.
722 Kommerell, Max: Hölderlin-Gedenkrede, a. a. O., S. 247.

ler mit dem Bedingten und Abgeleiteten, wie es ist und wie er es vorfindet – genauer: wie er es im Bewusstsein der Zeitgenossen vorfindet. [...] Wenn die Zeit des Dichters latent ist im Sinne der anderen, ein ihnen Verborgenes, die unfassbare, unausgesprochene Zeit (in diesem Sinn werden wohl „Oberfläche" und „Tiefe" unterschieden), wenn also der Dichter eine Zeit meint, die unfasslich ist, so meint jener Schriftsteller die Zeit, sofern sie fasslich ist und sich selber fasst – denn ohne dies könnte es ja keine Tendenz geben. [...] Und wenn also der Dichter selbst ein Agens im ursprünglichen Sinne, eine Ursache der Zeit ist, jenseits der Auslegung, und selbst ebenso verborgen wie die Zeit, die er vertritt, [...] so ist jener einsichtige Teilhaber der Zeitbewegung, den wir ihm entgegenstellen, ein Reagens, das sich vielleicht selbst für eine letzte Ursache hält [...].[723]

Es ist nicht zuletzt das bildungsbürgerlich imprägnierte Ressentiment gegenüber bestimmten Erscheinungsweisen der literarischen Moderne, d.h. hier gegenüber einer operativen Literatur sowie gegenüber solchen realistischen oder experimentellen Schreibweisen, denen es an einer Verklärung des Dargestellten im „schönen Schein" der Kunst gebricht[724], das Kommerell hier zugleich auch Abstand nehmen lässt von einer politischen Aktualisierung Hölderlins. Zugleich spiegelt sich in der Unterscheidung zwischen zeitenthobenem Dichter und zeitverfallenem Schriftsteller auf der Objektebene auch jener Anspruch auf Differenz zwischen einer „reinen" Literaturwissenschaft und einer das Populistische nicht scheuenden Lebenswissenschaft wider, den Kommerell auf der Ebene des wissenschaftsethischen Selbstkommentars, der sein Spätwerk begleitet, wiederholt erhebt. Dass eine solche prophylaktische Immunisierung und Hermetisierung des Forschungs„objektes" zugleich also auch dazu dient, die Exegese des Experten gegenüber dem Diskurs des Laien abzugrenzen, liegt auf der Hand. Der Experte, im Sinne Kommerells Repräsentant einer „reinen" Literaturwissenschaft im dichtungswissenschaftlichen Sinne, das ist der „genau Lesende[]"[725], der der Dichtung nicht mit jenen Gebärden einer gewaltsamen Deutung gegenübertritt, die der Marburger Ordinarius mit Unbehagen sowohl einst an George als nunmehr auch an Heidegger und an den tagesaktuellen Hölderlinzurichtungen wahrnimmt. Die Geste des Dichtungswissenschaftlers ist eine andere: „Lesend", so speist Kommerell seine Zugangs- und Verfahrensweise in seine Ausführungen zu *Hölderlins Hymnen* ein, „hält man immer wieder inne und fragt: Von welchem Standort, mit welchem Fug und auf welche

---

723 Kommerell, Max: Das Problem der Aktualität, a.a.O., S. 177–179.
724 Zu Kommerells Indifferenz gegenüber den „erzählerischen Avantgarden des 20. Jahrhunderts" s. Mattenklott, Gert: Max Kommerell – Versuch eines Porträts, in: Merkur, 40, 1986, Heft 12, S. 541–554, hier: S. 546.
725 Kommerell, Max: Hölderlins Hymnen, a.a.O., S. 458. S. auch ders.: Die kürzesten Oden, a.a.O., S. 201, wo es mit Blick auf das Gedicht „Sonnenuntergang" heißt: „Dies alles sind große Gedanken und schwere Rätsel, wie wir sie aus dem späteren Dichter Hölderlin kennen. Und obwohl sie dem genau Lesenden von den wenigen Worten dieses Gedichtes unausweichlich auferlegt werden, sind sie nicht eigentlich gesagt, sondern bloß mit vorhanden in Bild und Stimmung."

Wirklichkeit sich beziehend spricht eigentlich hier der Sprechende?"[726] Wer aber so der Dichtung ihr Eigenrecht belässt, der wird, nicht nur bei den späten Hymnen, reich belohnt. Auch die bis 1798 enstandenen „kürzesten Oden" eröffenen nach Kommerell erst angesichts einer solchen Zugangsweise ihr gesamtes Bedeutungspotential: „So gering ihr Umfang ist: Wer sie recht zu lesen wüsste, dem erschlösse sich der ganze Hölderlin."[727]

Erst auf der Grundlage einer solchen Zugangsweise, deren bekundete Skrupulösität die „Reinheit" des lesend befragten Objektes widerspiegelt und erst dann, wenn außerdichterisch motivierte Kurzschlüsse somit ausgeschlossen scheinen, kann es zur Deutung kommen. Denn nicht nur gelesen, sondern auch gedeutet wird Hölderlin schließlich bei Kommerell dann doch. Allerdings vermeidet er auch hier Eindeutigkeit. *Dass* Hölderlins Werk, mit seinem „Grundton einer hohen Kindlichkeit"[728], der Ausdruck eines höheren „Sehertums" ist, daran besteht auch für Kommerell keinerlei Zweifel: „Weil Hölderlins Gesänge weltlos sind, kann Welt in ihnen anfangen."[729] *Was* allerdings in seinem Werk gesehen wird und *welche* Welt „in ihm anfängt" – die Fragen mithin, bei deren Beantwortung andere dichtungswissenschaftliche Exegeten wie z. B. Böckmann spätestens ihre resonanzstrategische Rückneigung ins Exoterische einleiten, werden bei Kommerell zwar gestellt, einer eindeutigen Beantwortung jedoch entzogen.

Kommerells Verweigerungsstrategie – dies soll nun abschließend gezeigt werden – artikuliert sich dabei in unterschiedlichen Intensitätsgraden. Fester Bestandteil innerhalb seines Hölderlin-Narrativs – in diesem Punkt überschneidet sich seine Erzählung mit den meisten anderen, esoterischen Varianten – ist der Topos von der Abwesenheit der Götter. Er bildet gleichsam das weitgespannte und stabile geistesgeschichtliche *setting*, vor dessen Hintergrund sich die Deutung dann entfaltet. Die „Götterferne" des Menschen, seine Uneinigkeit mit sich selbst, stellt jene als „Leid" erfahrene existentielle und anthropologische Grundsituation dar, von der Hölderlins Dichtung Kommerell zufolge ihren Anfangsimpuls erhält: „Immer aber", so heißt es in *Hölderlins Empedokles-Dichtungen*,

---

[726] Kommerell, Max: Hölderlins Hymnen, a. a. O., S. 458. Es ist wohl, neben dem weitestgehenden Verzicht auf außerdisziplinär adressierte Resonanzofferten, u. a. diese tentative Art des Umgangs mit der Dichtung, die Kommerells Schriften – anders als diejenigen vieler seiner Zeit- und Fachgenossen – bis heute im kollektiven Gedächtnis der Disziplin präsent sein lässt. „Den Werken ihre Erfahrungen abzulocken", so lobt etwa Gert Mattenklott in einem Portrait den Literaturwissenschaftler, „dient alle Philologie – nie ein Selbstzweck –, diese Erfahrungen ‚nachzustammeln' seine Schreibkunst. *Mit* der Dichtung zu schreiben, nicht über oder gegen sie, so könnte man den Habitus Kommerells als wissenschaftlichen Schriftstellers charakterisieren." (Mattenklott, Gert: a. a. O., S. 548)

[727] Kommerell, Max: Die kürzesten Oden, a.a.O., S. 194.

[728] Kommerell, Max: Hölderlins Hymnen, a. a. O., S. 457. Das Paradoxon verweist darauf, dass Hölderlin für Kommerell als *der* Repräsentant eines – im Schiller'schen Sinne verstandenen – sentimentalischen Dichtertums figuriert. Hölderlins Authentizität als „der Stimme, der man es glaubt" liegt mithin darin, dass sich in ihm eine Art „zweiter" Naivität, eine Naivität unter den Bedingungen der Moderne, artikuliert.

[729] Kommerell, Max: Hölderlin-Gedenkrede, a. a. O., S. 240.

ist Grund dieses Leids die Geschiedenheit als Bedingung des wirklichen Lebens, immer ist das in diesem Leid Vermißte der Zustand des reinen Lebens, der Einklang der Natur mit sich selbst und mit dem Gemüt der Menschen.
Dieser Einklang aber ist nicht urgegeben und unzerstörbar, er geht als eine freie Schöpfung – Wort Gottes und Antwort der Menschen hervor, so zärtlich und störbar wie der Einklang, der im Gemüt der Dichter wohnt; sein Erklingen und Verklingen ist ein Schicksal, für Hölderlin **das** Schicksal, und damit er erklinge, bedarf es jener Vermittlungen, jener Wechselbeziehungen, durch die bei Hölderlin die Götter aus ihrer Verborgenheit ins eigentliche Sein hinübertreten. Das Leid, dessen Name Geschiedenheit ist, ist also ein Sein ohne Götter, und wenn nicht ein Nichtsein der Götter, so doch ihr Abwesendsein. Und es ist Hölderlins Frommheit, dass ihm das Leben ohne die Götter nicht schön ist. Wo Götter sind und wirken, ist die Geschiedenheit des Lebens aufgehoben; wo sie in die Verborgenheit zurückgetreten sind, übt sie die Herrschaft.[730]

Jedoch ist diese von Hölderlin als Leid erfahrene „Götterferne" des Menschen nur auf den ersten Blick situierbar vor dem ideengeschichtlichen Hintergrund jenes seit der Neuzeit einsetzenden Säkularisationsprozesses, der als Begleiteffekt die transzendente Obdachlosigkeit des Menschen zeitigt. Hölderlins Leid am *deus absconditus*, so betont Kommerell wiederholt, ist nicht epochengebunden und welt- oder gar lebenszeitlich, sondern gerade von jener Zeitenthobenheit geprägt, die zugleich seine Würde als Dichter verbürgt. Denn es ist nicht die „Oberfläche" einer reflektierten Zeitgenossenschaft zur beginnenden Moderne, der Hölderlins Dichtung entspringt. Sie verdankt sich vielmehr der „Tiefe" eines in sakralzeitlichen Dimensionen eingespannten Fühlens, das bis zu den Anfängen der christlichen Zeitrechnung zurückreicht. „Der unmittelbare Gott", so erläutert Kommerell in seinen Überlegungen zum *Problem der Aktualität in Hölderlins Dichtung* dessen „Christologie",

der in den einzelnen Göttern mittelbar wird, ist immer derselbe; das Besondere des Christus aber liegt darin, dass er dieser Gott in der Gebärde des Abschieds, des sich noch einmal Mitteilens und sich dann für immer Verweigerns ist. Und dies Mitteilen ist durch das sich Verweigern vorausbeschattet; in Christus stirbt nicht ein Gott, sondern Gott überhaupt, sofern er erscheint. In ihm, dafür ist er Zeichen und dies ist seine Gebärde, hört die Gottheit überhaupt auf, zu erscheinen. Zu den dichterischen Vorstellungen Hölderlins gehört noch das Leben des abwesenden Gottes, einer Gottheit, die sich nicht mehr auf den Menschen bezieht, nicht mehr sich selbst in den Verehrungen und heiligen Diensten des Menschen begegnet und eine Witwenzeit der nicht mehr von den Göttern besuchten Erde.[731]

---

730 Kommerell, Max: Hölderlins Empedokles-Dichtungen, a. a. O., S. 320 f. S. auch ders.: Hölderlins Hymnen, a. a. O., S. 460, wo die Götter als „scheidende, sich verweigernde Götter" charakterisiert werden sowie ders.: Die kürzesten Oden, a. a. O., S. 201, wo von der „schmerzlich nachblickende[n] Frage nach dem abwesenden Gott" die Rede ist.
731 Kommerell, Max: Das Problem der Aktualität, a. a. O., S. 191.

Hölderlins „Sehergabe" besteht nun nach Kommerell gerade nicht darin, dass er ein zukünftiges Geschehen, etwa eine Wiederkehr des Göttlichen in Gestalt des „Volkes", vorauszusagen im Stande wäre, sondern vielmehr darin, dass er als „rückwärts gekehrter Prophet" von diesem Prozess des Sich-Verbergens der Götter überhaupt noch zu künden weiß: „[U]nd nicht ist er Prophet, weil er Kommendes ansagt, sondern weil er Verborgenes zeigt."[732]

Kommerells Verweigerung, Hölderlins Werk qua Deutung zu referentialisieren, d. h. seine Verweigerung, Bezüge zwischen dem seherischen Wort des Dichters und der Welt historisch-faktischer Geschehnisse herzustellen, äußerst sich – wie gesagt – in unterschiedlichen Intensitätsgraden. Diese reichen von einer esoterischen Absage an jedwede außerdichterische Referenz, die vor allem die späte *Hölderlin-Gedenkrede* kennzeichnet, bis zu einer partiellen „Lockerung" der immer noch esoterisch bleibenden Haltung in den früheren Beiträgen, die – selbst wie „eine Gebärde von ferne her" – exoterische Beziehbarkeiten immerhin andeuten.

Vor allem in seiner Gedenkrede, die chronologisch gesehen als letztes Wort Kommerells zu Hölderlin gelten muss, dominiert das Konzept einer performativen Epiphanie, das die Selbstreferentialität des dichterischen Zeichens radikaler als in den anderen Beiträgen in den Vordergund rückt und Sinnstiftungen, die außerhalb der Dichtung liegen, mit Nachdruck suspendiert. Die Epiphanie, d. h. das augenblickshafte Durchscheinen eines Transzendenten[733], scheint hier nur noch im Modus des dichterischen Vollzuges selbst möglich und sie endet zugleich mit diesem:

> Es ist das Geschehen, nach dem der Leser, noch eben bestürzt vor der fast fremden Schönheit dieser Gedichte [gemeint sind Hölderlins Oden; G. K.], immer wieder fragt. Würde man aber mit Gedichtetem nicht zu gröblich verfahren, wenn man es danach mäße, ob es durch sichtbare Ereignisse recht behält? Hölderlin glaubt seine Götter, aber er bringt uns nicht den Glauben an sie, sondern ihr Leben im Gedicht, das uns, statt uns zu binden, mit unserer heimlichsten Freiheit bekannt macht. So ist auch das von ihm gezeigte Volk ein mögliches, nicht anders als mit dem Wort in uns gestiftet. Zumindest aber gilt dies von jenem Geschehen, das nicht – handgreiflich prophezeit – irgendwo außerhalb und nach diesen Gedichten geschieht. Es gilt vom Verständnis Hölderlins alles fern zu halten, was nach Exegese und Dogmatik aussieht, damit er uns Dichter bleibt: Gedicht wurde dies Geschehen, so inwendig es war, ihm durch nur ihm vernehmliche Zeichen; damit geschieht es offen und geschieht weiter, durchs Gedicht an uns Werdenden, so wahr diese Gedichte an uns mitbilden. Ist das nicht Wirklichkeit genug? Zeichen um Zeichen dringt in Hölderlins Gedicht, bald baut es sich aus Zeichen als seinem eigentlichen Stoffe auf, und schließlich wird der

---

732 Kommerell, Max: Hölderlins Hymnen, a. a. O., S. 480.
733 Kommerell selbst spricht sowohl von Epiphanie (s. etwa Zum Problem der Aktualität, a. a. O., S. 193; Hölderlins Hymnen, a. a. O., S. 365) als auch von „Gebärden": „So zeigt Hölderlin die Naturphänomene als Gebärden. Gebärden sind Zeichen, in denen die Seele vorübergehend sichtbar wird, und aus solchen Naturgebärden, die erst durch Hölderlins Gedichte sind und sichtbar sind, besteht der Naturmythos Hölderlins." (Gedenkrede, a. a. O., S. 246)

Dichter selbst zum Zeichen darüber: eingedrückte, überdauernde Spur des Geschehens, das sich uns im Verstummen des Dichters entzieht.[734]

In den früheren Beiträgen erscheint diese asketische Haltung, die einer gleichsam ontotheologischen Selbstreferentialität der Zeichen das Wort zu reden scheint und deshalb möglicher Sinnstiftungen außerhalb des Dichterischen entsagt, noch gelockert. „Hölderlins Dichtung", so heißt es 1941 noch, „bezieht sich [...] deutend auf ein Ganzes außer ihr, das als göttlich gewußt wird und durch das sie sich selber heiligt; sie ist also von Anfang an nicht ein freies Bilden, als ein Schaffen aus der Fülle der Selbstheit anzusehen, sondern als eine Deutung des Seins."[735] Als eine solche Deutung aber muss die Dichtung ein Referenzobjekt außerhalb ihrer selbst, auf das sie sich deutend bezieht, haben. Hier kommt denn auch bei Kommerell der Scharnierbegriff des Volkes ins Spiel. Allerdings bleibt selbst dann, wenn Kommerell an dieses Sprachspiel anknüpft, sein Anspruch auf esoterische Distinktion ungebrochen. Dass das in aller Munde zirkulierende und deshalb abgenutzte „Volk" bei ihm nur mit gleichsam ganz spitzen Fingern angefasst wird, zeigt sich, wenn er – vor dem Hintergrund der Unterscheidung zwischen „Dichter" und „Schriftsteller" – jene ursprungsmythologische Verbindung zwischen Dichter und Volk, die für viele seiner Kollegen völlig selbstverständlich ist, in Ausnahmefällen nur für möglich erklärt:

Wenn der Dichter Bewegungen in der Zeit aus der Natur herleitet, sofern sie, als eine werdende, mitspricht im Werden des Menschen, aus der Natur also, soweit sie in einem menschlichen Raum sich zu einem Geschehen begrenzt und Schicksal wird, aus der Natur also, die der Kräftevorrat einer Gemeinschaft ist und die im Sinne eines solchen, wiederum verborgenen, unantastbaren, „heiligen" Kräftevorrats am liebsten „Volk" genannt wird – wenn also der Dichter aus dieser letzten, so blind als sicher wirkenden Ursache, „Volk" genannt, die Bewegungen einer Zeit herleitet, so kann jener Schriftsteller zwar dieselben Zeichen und Benennungen für die von ihm gemeinten Vorgänge prägen; er hat jedoch weniger jenen blinden und verborgenen Kräftevorrat, der das letzte Schicksal bestimmt, im Auge als einen Gesamtwillen, wie er aus dem

---

[734] Kommerell, Max: Hölderlin-Gedenkrede, a. a. O., S. 253f. Mit einem ähnlichen Gestus beschließt Kommerell auch seine Ausführungen über die *Kürzesten Oden*, wenn er mit der Frage endet: „Kann aber Kunst Vollkommeneres sein, als wenn sie, wie hier, fühlbar verschweigt?" (S. 201) Dass es ihm nicht um eine Übersetzung der dichterischen Zeichen ins Exoterische geht, sondern im Gegenteil um die Freilegung von deren esoterischem Gehalt, zeigt sich schlaglichtartig, wenn Kommerell in seiner Deutung der „Rhein"-Hymne auf einer der „Gemeinverständlichkeit" gerade abträglichen Verfremdung der Zeichen insistiert: „Die Wirklichkeit, die den Dichter durch das Zeichen über sich verständigt, kann Natur und kann Geschichte sein. Nur ist aus diesen Begriffen zu tilgen, was sie im gemeinen Wortgebrauch sind. Denn zuerst erweist sich die Deutungsgewalt des Dichters daran, dass er alles Seiende dem Rätsel, der Unentschiedenheit zurückgibt. Erst in der Deutung wirkt sich die erst in ihr entschiedene Wirklichkeit zu Ende; die Deutung selbst ist ausschließlich. So ist der Rhein als fertiger Flusslauf auf der Landkarte da, und jeder weiß, was ein Fluß und was dieser Fluß ist. *Damit er Zeichen werden kann, muß er zuerst von dieser Gemeinverständlichkeit erlöst werden, muß erst in seiner Unverstandenheit auffallen* [Hervorh. G. K.]." (Kommerell, Max: Hölderlins Hymnen, a. a. O., S. 471f.)

[735] Kommerell, Max: Zum Problem der Aktualität, a. a. O., S. 174.

zielbewussten Meinen und Planen der Zeitgenossen hervorgeht, das er reizt, verdeutlicht, bekämpft und an das er sich wendet. [...] Vielleicht (wenigstens gilt dies für Hölderlin) fällt die Stille mit der Bewegung in dem zusammen, was man Volk nennt. Sein Begriff setzt einen durch Geschichte und Schicksal abgegrenzten Kräftevorrat voraus, dem es im Guten und Bösen zugetraut wird, während aller geschichtlichen Veränderungen gleichzubleiben. In den sehr seltenen Fällen, in denen ein Dichter, wie geschildert wurde, ein Geschehen von letzter Lösungs- und Bindegewalt anzeigt, wird man also ein Mittleres herstellen aus jenem Gleichbleibenden und seinem Äußersten an Bewegung, das vorstellbar ist, und wird sagen dürfen: Das Geschehen ereilt den Dichter da, wo sein Volk sich ändert.[736]

Man muss lediglich die etwa von Kindermann praktizierte Variante des Volks-Diskurses mit der gewundenen, um Definitionen, Absicherungen und Einschränkungen bemühten Argumentation Kommerells vergleichen, um der Übersetzungsenergie gewahr zu werden, die der Marburger Ordinarius investiert, um die hochfrequente Rede vom Volk ins Esoterische zu sublimieren. Allerdings konzediert auch Kommerell, ohne daraus irgendwelche konkreten Schlüsse für eine Deutung der deutschen Gegenwart abzuleiten oder anzubieten, dass zumindest Hölderlin im Rahmen seiner persönlichen Geschichtsmythologie im deutschen Volk epiphanisches Potential erkannt habe:

Die Geschichte ist ferner das Schicksal der Menschen von Göttern her, die einmal vorhanden sind als ein zwar ewiges, aber verborgenes Sein (verborgen auch für sich selbst) und dann als aus sich hervorgehende, sich manifestierende Götter, deren Werden in der Zeit, vom ersten Vorzeichen bis zum letzten Abschied, zugleich die geschichtliche Entfaltung eines Volkes bedeutet. Eine solche Epiphanie, die in ihrer Lückenlosigkeit von Hölderlin nur einmal überblickt wird als an den Griechen geschehen, trifft im Lauf der Zeiten die wenigen „innigen", genialen Völker [...] So wird Geschichte als Bahn der Kultur gemäß dem Bildungsbewusstsein Hölderlins in einer Art von geographischem Mythos vorgestellt; die „menschenbildende Stimme", die von Asien herkommt, hallt in Griechenland, dann in Rom und zuletzt in Deutschland wider.[737]

Die Möglichkeit, aus diesem Hölderlin zugeschriebenen „geographischen Mythos" ein Deutungsmuster von „Erweckung" und „Abschied" für die nationale Entwicklungsgeschichte seit den Tagen des Dichters bis in die unmittelbare Gegenwart des Krieges abzuleiten, wird zwar zumindest eröffnet, realisiert wird sie von Kommerell indes nicht. „Handgreiflicher" Sinnstiftung enthält sich das Hölderlin-Narrativ des Dichtungswissenschaftlers auch dann, wenn es um die kriegskompensatorische Kategorie des Opfers geht. Auch hier deutet Kommerell, etwa in seinen Betrachtungen zu *Hölderlins Empedokles-Dichtungen*, die

---

736 Kommerell, Max: Zum Problem der Aktualität, a. a. O., S. 177 f. und 179. In *Hölderlins Empedokles-Dichtungen* heißt es: „Es fehlt also dieser Christologie ein Substrat für die Entzweiungen vor der Erscheinung Christi, es fehlt der umgrenzte Schicksalsraum der zum Versöhner gehört, und der in Hölderlins Sprache Volk heißt [...]" (S. 352).
737 Kommerell, Max: a. a. O., S. 189.

Möglichkeit exoterischer Beziehbarkeit lediglich an. In Hölderlins Dramenfragment, so heißt es z. B. in einer todesmystifizierenden Deutung, in der der Aristokratismus George'scher Provenienz noch nachklingt, eröffne sich

> statt der Bedeutung der Sühne [...] eine andere Bedeutung des Todes, die jene ausschließt: er ist ein Fest. Er ist nicht Sühne, er ist Versöhnung, und anders als Versöhnung: Wiedervereinigung der Getrennten. Zur Sühne schreitet man gebückt, zum Fest herrlich, es ist ein Vorrecht, so kann es nicht Sühne sein. Und so ist Ursache Folge und Folge Ursache: der Tod ist die Bedingung des Wiederfindens, das Wiederfinden die Bedingung des Todes – denn erst der mit den Göttern Wiedervereinigte ist geschmückt genug, um sich als Opfer anzubieten. [...] dem entspricht der Tod als ein Vorrecht des Ranges, da nur die höchste Organisation frei in diese Selbstverschwendung einwilligt. [...] Vom Rang aus wird der freie Wille Notwendigkeit.[738]

Anders als in den Hölderlin-Erzählungen vieler seiner Kollegen werden bei Kommerell keinerlei unmittelbar auf den Krieg und den Soldatentod beziehbare, kompensatorische Sinnstiftungsangebote unterbreitet. Die Sinnstiftung bleibt im esoterischen Duktus des Dichtungswissenschaftlers abstrakt und allgemein. Stärker und erkennbarer jedoch als in den späteren Arbeiten zu Hölderlin entpuppt sich diese Verweigerung hier als Resultat jener Sublimation weltanschaulicher Gehalte in die Esoterik dichtungswissenschaftlicher Rede, durch die Kommerell seine Position der Distanz befestigt. Der philisterkritische, jugendbewegte Geist der Unbedingtheit[739] hallt noch nach, wenn Kommerell u. a. das „empedokleische Opfer" thematisiert und zum Symbol für die zeitenthobene Sinnhaftigkeit des Opfertodes nicht nur des Einzelnen, sondern auch ganzer Völker stilisiert: „Ein Unterschied, wie er zwischen dem religiös spontanen Menschen und dem religiös geknechteten waltet, ist also auch errichtet zwischen solchen Völkern, die dumpfleibig die Frist zwischen vorgemessenem Auf- und Abstieg durcheilen und einem Volk, das sich selbst das Ende zubereitet und sich daran verjüngt."[740]

Der Opfertod des „empedokleischen" Individuums, der „mit den Rhythmen des Weltlaufs wieder[kehrt], wie es vorbestimmt war", wird zum existenziellen und finalen Akt der Vergemeinschaftung zwischen dem Einzelnen und seinem durch das Opfer geadelten Volk, denn „sich opfernd bekennt er [Empedokles], dass das durch ihn Geschehene mehr ist als er selbst."[741] Das „Volk, das Empedokles aus seiner heiligen Angst löste und im Tod auf seine Stufe hob, war nichts anderes als der Stoff empedokleischer Wirkung."[742]

---

738 Kommerell, Max: Hölderlins Empedokles-Dichtungen, a. a. O., S. 340 und 342.
739 Zu Kommerells früher Begeisterung für die Jugendbewegung, von der er sich mit dem Anschluss an George indes wieder abwendet s. Jens, Inge (Hrsg.): a. a. O., S. 10 ff. und Mattenklott, Gert: a. a. O., S. 542 f.
740 Kommerell, Max: a. a. O., S. 344.
741 Kommerell, Max: a. a. O., S. 355 und 354.
742 Kommerell, Max: a. a. O., S. 348.

Allerdings geht auch dieser Todesverklärung der einschränkende und zugleich distinktive Hinweis voraus, dass mit dem „Namen Volk […] ein Ausdruck" gemeint sei, „den man sich im Sinn Hölderlins zueigne!"[743] Und auch in der Schlussbemerkung kehrt Kommerell wieder zu jener distinktiven Haltung des Sich-Entziehens zurück, als deren Beglaubigungsressource die Dichtung Hölderlins fungiert. Er sei, so versichert Kommerell,

> dem Grundsatz [gefolgt], daß nicht zunächst etwas Gemeinsames zwischen Hölderlin und uns vorauszusetzen und er darnach auszulegen sei, sondern dass man ihm in seine Besonderheit folgen müsse, verstehend oder doch verstehen wollend, und erst darnach gerade erlaubt sei, was aus dieser Besonderheit für uns selber folge. So ziemt sich am Ende noch einmal hervorzuheben, worin diese Wiedergabe durch Begriffe notwendig versagen musste. Ich meine nicht nur den allbewussten Unterschied zwischen Begrifflichkeit und Dichtung. Das Rätsel liegt vielmehr darin, dass Hölderlin seiner Anlage nach ein solches für uns ungreifbar fernes und nur eben noch denkbares Geschehen als die wirkliche Geschichte seiner Seele erfahren konnte.[744]

Dass Kommerells „essayistische Pädagogik", wie Gert Mattenklott behauptet, „zu ihrer Zeit darauf gerichtet [war], Menschen für den Faschismus unbrauchbar zu machen"[745], scheint jedoch eher wünschenswert als zutreffend zu sein. Sicherlich, die Unterschiede des kognitiven Ranges und des Wissenschaftsethos', die das Œuvre des Marburger Ordinarius trennen von dem eines Akteurs wie z. B. Kindermann, mit dem dieses umfangeiche Kapitel über den Volks-Begriff einleitete, sind offensichtlich. Wahrscheinlich ist es sogar, dass sich – sieht man einmal von den Beispielen Rehms und z. T. Beißners ab – in der Abständigkeit Kommerells die Brechungsmacht des literaturwissenschaftlichen Feldes während des NS in ihrer prononciertesten Weise artikuliert. Freilich gäbe gerade ein solcher Befund zur Freude wenig Anlass. Denn destabilisierende Wirkungen auf das politische System dürften auch Kommerells Arbeiten wohl kaum gehabt haben. Im Gegenteil: funktional gesehen trägt noch die im Zeichen der „Dichtung" und im Zeichen „Hölderlins" kommunizierte Perpetuierung der *illusio* eines politikfernen Raumes der „reinen" Wissenschaft zur reibungsloseren Funktionsfähigkeit jenes Regimes bei, das solche Inszenierungen des Abstandes, solche Spiele um Grenzen, duldet.[746]

---

743 Kommerell, Max: a. a. O., S. 343.
744 Kommerell, Max: a.a.O., S. 357.
745 Mattenklott, Gert: a. a. O., S. 553.
746 In dieses Bild passt es dann auch durchaus, dass Kommerells Arbeiten auch bei regimenahen Literaturwissenschaftlern wie Gerhard Fricke und Franz Koch auf positive Resonanz stoßen. Während Fricke ihn in einem Berufungsgutachten vom 22.12.1937 zu den „stärksten Begabungen in der jüngeren Generation der Literaturwissenschaftler" zählt, betont selbst Franz Koch in einem Gutachten vom 21.02.1938, dass es sich bei Kommerell um „eine geistige Persönlichkeit von Format" handelt (zit. nach Kolk, Rainer: a. a. O., S. 536).

5. „Neue" Grenzen und alte Verwirrungen: Literaturwissenschaft und „Dichtung"

„Wichtiger als alle Methodologie ist das wirkliche Haben des Gegenstandes. Die Suche dieses legitimen Gegenstandes", so fordert Max Wehrli in seiner 1943 in der *Schweizerischen Hochschulzeitung* erschienenen, kritischen Bestandsaufnahme der *Deutschen Literaturwissenschaft*, „hat neu zu beginnen. So ist außerhalb des volkhaften Bereichs wohl die herrschende Tendenz gegenwärtiger Literaturwissenschaft der Wille, zur Dichtung als solcher zurückzukehren und sie nicht mehr nur als Beleg seelischer oder sozialer, ethnischer oder philosophischer Verhältnisse zu verstehen."[1]

Wehrlis Rede von einer „Rückkehr" ist durchaus zutreffend. Denn gänzlich neu ist natürlich auch dieser Dichtungs-Diskurs, bzw. der Diskurs über das dichterische „Kunstwerk" mit seiner Betonung der „Dichtung als solcher", die es zunächst „aus sich selbst heraus" zu interpretieren gelte, (ein Diskurs, an dem – wie gezeigt – etwa auch die Arbeiten Kommerells maßgeblich partizipieren), um 1940 keineswegs. Zwar mutet etwa Willi Flemmings 1954 geäußerte, rückblickende Feststellung, bereits „um 1930 [habe] ‚Interpretation' als Schlachtruf"[2] fungiert, in ihrer Metaphorik ein wenig überzogen an und sie mag mehr dem nachvollziehbaren Interesse des Rostocker Ordinarius geschuldet sein, fachgeschichtliche Kontinuitäten jenseits der politischen Zäsuren zu forcieren. Auch mag es fraglich sein, ob man, wie Klaus L. Berghahn, den Beginn der fachgeschichtlichen Filiation einer um den Hochwertbegriff der Dichtung zentrierten „Wortkunst ohne Geschichte" gerade bei den stiltypologischen Arbeiten eines Oskar Walzel oder Fritz Strich verorten sollte, die Berghahn aufgrund ihrer Fokussierung der ästhetischen, stilistischen und formalen Aspekte der Literatur zu „Vorgängern" und „Anregern" der „werkimmanenten Methode der Germanistik nach 1945" erklärt.[3]

Nichtsdestoweniger beginnt die eigentliche semantische Karriere des Dichtungs-Begriffes, in deren Zuge er – fach- wie methodengeschichtliche Spezialprobleme überwölbend – zu einem zentralen kulturellen Hochwert- und Scharnierbegriff mutiert, bereits um die Wende zum 20. Jahrhundert.

Die Geschichte des Dichtungsbegriffes, bzw. des literarischen Kunstwerks ist, dies soll hier lediglich skizziert werden, eingebettet in die Verwendungsgeschichte des Literatur-

---

1   Wehrli, Max: Deutsche Literaturwissenschaft, in: Schweizerische Hochschulzeitung, Heft 5, 1943, S. 297–308, hier: S. 298 f.
2   Flemming, Willi: Analyse und Synthese und die Funktion der Norm, in: Studium Generale, 7, 1954, S. 352–363, hier: S. 352.
3   Berghahn, Klaus L.: Wortkunst ohne Geschichte: Zur werkimmanenten Methode der Germanistik nach 1945, in: Monatshefte, 71, S. 387–398, hier: S. 387. Immerhin räumt auch Berghahn (ebd.) ein, dass sowohl Walzel als auch Strich angesichts der fachinternen Resonanzkonstellation letztlich einer geistesgeschichtlich geprägten Methodik und Konzeption verhaftet bleiben.

Begriffes.[4] Ist sie einerseits also lediglich eine Station innerhalb dieser umfassenderen Begriffsgeschichte, so ist – andererseits – ihr disziplin- wie mentalitätsgeschichtliches Indikationspotential doch beträchtlich.

Die Geschichte des Literaturbegriffes um die Wende zum 20. Jahrhundert lässt sich als ein Prozess der normativen Differenzierung beschreiben, in dessen Verlauf sich der literaturwissenschaftliche Literaturbegriff von demjenigen breiter Leserschichten zu unterscheiden beginnt. Es ist vor allem die akademische Beschäftigung mit der Literatur, die seit dem Ende des 19. Jahrhunderts unter der neuen Bezeichnung Literaturwissenschaft und mit dem Anspruch auf eine theoretisch fundiertere Erschließung ihres Gegenstandes antritt, von der die wesentlichen Differenzierungsimpulse ausgehen. Dieser Umstand zeitigt eine „soziokulturelle Spaltung des Begriffsverständnisses".[5] Die semantischen Differenzierungsbestrebungen seitens einer geistesgeschichtlich orientierten Literaturwissenschaft werden von zwei Ausschlussstrategien geprägt. Die erste differenziert zwischen Literatur und Unterhaltungsliteratur, die zweite zwischen Literatur und Dichtung. Beide Differenzierungen zielen nicht nur auf eine deskriptive Abgrenzung, sondern auch auf eine normative Aufwertung des eigenen Gegenstandsbereiches wie auch der eigenen wissenschaftlichen Tätigkeit. Die angestrebte Unterscheidung zwischen Literatur und einer aus dem Literaturbegriff zu eliminierenden Massen- und Trivialliteratur erscheint sowohl ästhetisch, als auch pragmatisch motiviert. Ästhetikgeschichtlich gesehen rekrutiert sich das argumentative Repertoire der relativ willkürlich bleibenden Grenzziehungen zwischen einer „hohen", formal und inhaltlich originellen und einer „niederen", bloß unterhaltenden Literatur aus den Versatzstücken der idealistischen Genieästhetik des späten 18. Jahrhunderts. Pragmatisch gesehen reagiert die Literaturwissenschaft auf die enorme Zunahme der Textproduktion seit dem 19. Jahrhundert, indem sie ihren Zuständigkeitsbereich durch eine Abwertungsoperation abgrenzt; zugleich reagiert sie mit dieser Abwertung aber auch auf den gesteigerten Erfolg der Unterhaltungsliteratur bei breiten Leserschichten, durch den die Vertreter der Literaturwissenschaft die bildungsbürgerliche Dominanz in kulturellen Angelegenheiten gefährdet sehen. Anders als diese erste Ausschlussstrategie, bleibt die Differenzierung zwischen Dichtung und Literatur weitestgehend auf den deutschsprachigen Raum beschränkt. Dies zeigt sich schon daran, dass etwa die englische Gattungsbezeichnung „poetry" etwas anderes meint als der gattungsübergreifende, emphatische Begriff der Dichtung. Die „asymmetrischen Gegenbegriffe" Dichtung und Literatur, Dichter und Literat, bzw. Schriftsteller werden dabei meist ebenso subjektiv wie vage verwendet. Während Dichtung u. a. mit schöpferischer Kreativität, individueller Erlebnisfähigkeit und affektiver Intensität assoziiert wird, wird Literatur, der somit eine Mittelstellung zwischen

---

4 S. zum Folgenden auch Kaiser, Gerhard: Literatur/Literarisch, in: Trebess, Achim (Hrsg.): Metzler Lexikon Ästhetik, Stuttgart/Weimar 2006, S. 235–238.
5 Rosenberg, Rainer: Literarisch/Literatur, in: Barck, Karlheinz u. a. (Hrsg.): Ästhetische Grundbegriffe. Historisches Wörterbuch in sieben Bänden, Band 3: Harmonie-Material, Stuttgart/Weimar 2001, S. 665–693, hier: S. 678. S. auch ders.: Verhandlungen des Literaturbegriffes, Berlin 2003.

Unterhaltungsliteratur und Dichtung zukommt, herabgestuft zum rational kalkulierten, artistischen, möglicherweise politisch intendierten Produkt intellektueller Schriftsteller und Literaten. Auch im Rahmen dieser Spaltung des Literaturbegriffs spielen bildungsbürgerliche Bedrohungsängste eine wichtige Rolle. Grenzt man mit dieser Binnendifferenzierung doch vor allem jene experimentellen, z. T. gesellschaftskritisch-politischen Texte der klassischen Moderne und der historischen Avantgarden aus dem Hochwertbereich der Dichtung aus, die vor allem in den ersten Jahrzehnten des 20. Jahrhunderts die bildungsbürgerliche Geschmackshegemonie in Frage stellen. Die Gegenüberstellung von Dichtung und Literatur enthält darüber hinaus ein kulturkritisches, bisweilen nationalmythisches Moment, wenn sie, wie bereits vor 1933 durchaus üblich, jener zeitgemäßen, national aufgeladenen Dichotomie von deutscher, unpolitischer „Kultur" und westeuropäischer, aufklärerisch-demokratischer „Zivilisation" unterstellt wird.[6]

Diese im Laufe der ersten drei Jahrzehnte des 20. Jahrhunderts zu beobachtende Etablierung des Dichtungs-Begriffes zu einem Hochwert- und Scharnierbegriff[7] mit Ausgrenzungsfunktion erlaubt indes noch keinerlei Rückschlüsse auf konzeptionelle Konse-

---

6 Um auf ein lediglich besonders prominentes Beispiel und auf die interdiskursive Resonanzträchtigkeit dieser Dichotomisierung zu verweisen, sei hier an Thomas Manns 1918 publizierte *Betrachtungen eines Unpolitischen* erinnert, in denen es an einer von zahlreichen Stellen zum Unterschied zwischen Dichtung und Literatur heißt: „Nicht nur der Humanismus – Humanität überhaupt, Menschenwürde, Menschenachtung und menschliche Selbstachtung ist nach der eingeborenen und ewigen Überzeugung der römischen Zivilisation untrennbar mit Literatur verbunden. Nicht mit Musik – oder doch keineswegs notwendig mit ihr. Im Gegenteil, das Verhältnis der Musik zur Humanität ist so bei weitem lockerer als das der Literatur, dass die musikalische Einstellung dem literarischen Tugendsinn mindestens als unzuverlässig, mindestens als verdächtig erscheint. Auch nicht mit Dichtung; es steht damit allzu ähnlich wie mit der Musik [...] Sondern ausdrücklich mit Literatur, mit sprachlich artikuliertem Geist, – Zivilisation und Literatur sind ein und dasselbe. Der römische Westen ist literarisch: das trennt ihn von der germanischen – oder genauer – von der deutschen Welt, die, was sie sonst nun sei, unbedingt nicht literarisch ist." (Mann, Thomas: Betrachtungen eines Unpolitischen, in: ders.: Gesammelte Werke in dreizehn Bänden, Band XII, Frankfurt am Main 1990, S. 50f.)

7 Es mag möglicherweise zunächst überraschen, dass auch „Dichtung" hier als ein Scharnierbegriff verstanden wird, war doch soeben noch die Rede davon, dass der Begriff – als Hochwertbegriff – gerade das Resultat der *Spaltung* des Literaturbegriffes in einen disziplinären Literaturbegriff und in denjenigen einer breiteren, disziplinexternen Leserschaft darstellt. Allerdings erlaubt der Umstand, dass möglicherweise eine größere Leserschaft diejenigen Texte, die die Disziplin als „Dichtung" bezeichnet, gar nicht oder eher selten rezipiert, noch keinerlei Schlüsse über die für Scharnierbegriffe konstitutive Fähigkeit, auch außerhalb des wissenschaftlichen Feldes Sinnbezüge zu bündeln, zu zirkulieren und Resonanzeffekte zu erzeugen. Vielmehr könnte man vermuten, dass als Scharnierbegriffe in Sonderheit solche Begriffe fungieren können, die zwar einerseits ein gewisses Maß an alltagssprachlicher, also auch dem nicht wissenschaftlich Initiierten zugänglicher Anfangsplausibilität aufweisen, die aber andererseits ihre Dignität nicht zuletzt dadurch erhalten und wahren, dass man als Laie jenen Gegenstandsbereich, auf den sich die Begriffsverwendung im wissenschaftlichen Diskurs bezieht, eben nicht (genauer) *kennt*. Dieser ambivalente Status zwischen Mitredeangebot und Bestandteil von Spezialistenwissen scheint für die Karriere als Scharnierbegriff (man denke an Beispiele aus anderen Disziplinen wie etwa „System", „Relativität" oder eben an die hier bereits behandelten Begriffe wie „Leben", „Rasse" oder „Volk") unabdingbar zu sein.

quenzen innerhalb der Literaturwissenschaft selbst. Damit ist gemeint, dass die innerdisziplinär konsensuelle Hochschätzung der „Dichtung" durchaus nicht notwendigerweise festlegt, welchen epistemologischen und methodologischen Status man dichterischen Texten zuzuschreiben gedenkt, d. h. *als was* ein solcher Text anzusehen und *wie* mit ihm umzugehen sei. Klaus Weimar unterscheidet in diesem Zusammenhang zunächst vor allem zwei mögliche Konzeptionen, die er als „Bündel von Voraus-Setzungen" versteht, die wiederum auf Entscheidungen beruhen,

> die in aller Regel weder explizit gemacht noch gar begründet werden. […] Die fundamentale Entscheidung ist diejenige, ob ein Text anzusehen sei entweder als *Gegenstand* der Erkenntnis (1.1) oder als *Mittel* der Erkenntnis (1.2), also entweder als ein Etwas, das in seiner Positivität untersucht und erforscht sein will, oder als ein Etwas, das – als Dokument oder Quelle – Auskunft geben kann über anderes.[8]

Zwar trägt die Etablierung des Dichtungs-Begriffes als Hochwert- und Scharnierbegriff zu einem immer schon positiv konnotierten Resonanzhintergrund für jene literaturwissenschaftlichen Konzeptionen bei, die die „Dichtung als solche" zum zentralen Gegenstand ihrer Erkenntnis erklären (also die Option 1.1 gemäß des Weimar'schen Schemas „wählen"). Zwingend ist eine solche Option deshalb keineswegs. Von der Hochwertigkeit der „Dichtung" sind Akteure wie Korff oder Unger (mithin solche, deren geistesgeschichtliche Konzeptionen eine Entscheidung für die Alternative 1.2 implizieren) sicherlich ebenso überzeugt wie etwa der späte Kommerell. Dennoch fungiert die Dichtung bei den beiden Erstgenannten weniger als Gegenstand sondern vor allem als Mittel zur Erkenntnis einer texttranszendierenden Problem- bzw. Ideengeschichte.[9]

Tendenziell wird der disziplinäre Denkstil in den vier Jahrzehnten zwischen der ersten Blüte geistesgeschichtlicher Ansätze und dem Ende des NS zweifellos vor allem von solchen Konzeptionen geprägt, denen die Dichtung, verstanden als Wirkung einer sie hervorbringenden Ursache, als Mittel zur Erkenntnis einer die je einzelne Dichtung übergreifenden „Entität" – des Dichters, des Lebens, bestimmter Ideen oder Probleme, des Volkes oder der Rasse – gereicht.

Sicherlich, die Voraus-Setzung, dass, wie Wolfgang Kayser es später formulieren wird, „eine Dichtung […] nicht als Abglanz von irgend etwas anderem [lebt und entsteht], son-

---

8   Weimar, Klaus: Literaturwissenschaftliche Konzeption und politisches Engagement, in: Dainat, Holger/Danneberg, Lutz (Hrsg.): a. a. O., S. 271–286, hier: S. 272.
9   Günther Müller, der etwa Korffs *Geist der Goethezeit* als die „geschlossenste und reinste Leistung dieser Art [geistesgeschichtlicher Literaturwissenschaft; G. K.]" (Müller, Günther: Literaturwissenschaft als Geistesgeschichte, in: Universitas. Katholischer Pressedienst für Kultur, Dichtung und Leben, 40, 29. 11. 1934) betrachtet, liefert eine nachgerade „klassische" Definition der Variante 1.2, wenn er feststellt: „Noch schärfer ausgedrückt: die ‚Literatur' – schrifttümliche Gestaltung menschlicher Wirklichkeitsdeutung und -bewältigung – wird [in den geistesgeschichtlich orientierten Arbeiten; G. K.] letzten Endes nicht als ein ‚Selbst', nicht auf ihre besondere Art und Erscheinung hin erforscht: sie wird vielmehr als ‚Dokument', als Zeugnis für etwas Unliterarisches angesehen, als Zeugnis nämlich für die Geschichte des menschlichen Geistes." (Ebd.)

dern als in sich geschlossenes sprachliches Gefüge"[10], findet sich durchaus bereits in den 10er und 20er Jahren vorformuliert. „[A]ls absolut selbständige Schöpfung", so betont etwa August H. Kober bereits 1915 in seinen dezidiert gegen Julius Petersens Basler Antrittsvorlesung[11] gerichteten, programmatischen Ausführungen, sei „ein Kunstwerk [...] dem allgemeinen Kausalzusammenhang durchaus entzogen."[12] Das dichterische Kunstwerk, so Kober weiter und gleichsam eine Grundposition innerhalb der vierzig Jahre später einsetzenden *intentional fallacy*-Debatte antizipierend[13], „ist vermöge seiner Geschlossenheit als absolut einmaliger Vorgang durch keine Notwendigkeit eines biologischen Zweckzusammenhanges mit dem Dichter mehr verbunden."[14]

10 Kayser, Wolfgang: Das sprachliche Kunstwerk. Eine Einführung in die Literaturwissenschaft [1948], 9. Aufl., Bern/München 1963, S. 5.
11 Petersen, Julius: Literaturgeschichte und Philologie, in: Germanisch-romanische Monatsschrift, 5, 1913, S. 625–640. S. auch ders.: Der Aufbau der Literaturgeschichte (I und II), in: Germanisch-romanische Monatsschrift, 6, 1914, S. 1–16 und S. 129–152.
12 Kober, August H.: Der Begriff der Literaturgeschichte, in: Zeitschrift für Ästhetik und allgemeine Kunstwissenschaft, 10, 1915, S. 191–206, hier: S. 195. An anderer Stelle verdeutlicht Kober die grundlegende Differenz zwischen seinem eigenen Ansatz und demjenigen Petersens: „Mit der absoluten Beschränkung der Forschung (literarische Interpretation) auf das fertige abgeschlossene Werk unterscheide ich meine Definitionen von Petersens, bei dem die Literaturwissenschaft *ein* Weg zur Erfassung und Begreifung des Volksgeistes ist. Beurteilt er Denkmäler letztlich genetisch und synthetisch, so will ich rein essentiell und analytisch untersuchen. Daß dabei meine Ergebnisse für eine Allgemeinwissenschaft der Volksgeist-Erkenntnis wenig fruchtbar sein werden, gebe ich zu." (Kober, August H.: Wesen und Methode der Literaturwissenschaft, in: Germanisch-romanische Monatsschrift, 7, 1915–1919, S. 109–118, S. 117, Anm. 1)
13 Zur *intentional fallacy*-These s. Wimsatt, William K.: The Verbal Icon. Studies in the Meaning of Poetry, Lexington 1954, S. 3–18 [hier findet sich eine überarbeitete Fassung des bereits 1946 mit Monroe C. Beardsley gemeinsam unter dem Titel *The Intentional Fallacy* publizierten Aufsatzes; zur deutschen Übersetzung s. Wimsatt, William K./Beardsley, Monroe C.: Der intentionale Fehlschluss, in: Jannidis, Fotis u. a. (Hrsg.): Texte zur Theorie der Autorschaft, Stuttgart 2003, S. 84–101]. Zur Debatte um die These s. Danneberg, Lutz/Müller, Hans-Harald: Der „intentionale Fehlschluss" – ein Dogma? Systematischer Forschungsbericht zur Kontroverse um eine intentionalistische Konzeption in den Textwissenschaften. Teil 1 und 2, in: Zeitschrift für allgemeine Wissenschaftstheorie, 14, 1983, S. 103–137 und S. 376–411.
14 Kober, August H.: Der Begriff der Literaturgeschichte, S. 199. In ganz ähnlicher Weise wird bekanntermaßen später Wolfgang Kayser betonen, dass angesichts einer gelungenen Dichtungsanalyse „allen Forschungsrichtungen, die das Werk nun in historische Zusammenhänge stellen, ihr fester Platz und ihre Grenze gesetzt [sei]. Denn dann könnte keine dieser Richtungen, sie blicke nun auf den Zusammenhang mit dem Dichter, einer Strömung, einer Epoche, einer Gruppe, einer Klasse, einer Landschaft, einer Nation, einem kollektiven Unbewussten oder worauf auch immer, mit dem Anspruch auftreten, von ihrem außerhalb des Werks liegenden Standpunkt seinen Ursprung und mit ihm erst sein Wesen verständlich machen zu können. Das sprachliche Kunstwerk lebt als solches und in sich. Wenn dem so ist, dann droht nicht mehr die Gefahr einer Gleichsetzung von Literaturwissenschaft und Literaturgeschichte, dann droht aber auch nicht mehr jene Gefahr, der das Denken in den letzten Jahrzehnten oft hilflos ausgesetzt war: daß das Kunstwerk in den Strudel eines psychologischen oder historischen oder nationalen Relativismus gerissen würde." (Kayser, Wolfgang: a. a. O., S. 387)

Auch Heinrich Meyer-Benfey optiert 1921 in seiner Hamburger Antrittsvorlesung *Ziele und Wege der Literaturwissenschaft* entschieden für eine Konzeption seiner Disziplin, als deren epistemologische Ausgangsbasis ein als autonom verstandenes „Kunstwerk" zu fungieren habe: „*Kunstwissenschaft*", so Benfey, „ist zuerst und vor allem Wissenschaft vom einzelnen Kunstwerk, und diese muß das Wesentliche aus dem einzelnen Kunstwerk selbst entnehmen. Und diese grundlegendste und wichtigste Aufgabe [...] muß im Prinzip gelöst sein, ehe sich übergreifende und zusammenfassende Betrachtungsweisen, ehe sich Kunst- und Literaturgeschichte darauf aufbauen können."[15]

Solche proto-„werkimmanenten" Redeweisen zirkulieren zwar bisweilen auch in der gattungsästhetischen Genreforschung der 20er Jahre[16], dennoch bleibt ihr Anschlusspotential angesichts eines dominant lebenswissenschaftlich konzeptionierten Umganges mit Literatur eher begrenzt. Auch als sich in der Phase einer angemahnten Rephilologisierung der Disziplin in der zweiten Hälfte der 20er Jahre die Stimmen mehren, die eine stärkere Berücksichtigung der literarischen „Dokumente" selbst fordern und der „Interpretation" das Wort reden (s. III.2.2), wird die „Dichtung" noch nicht zu einem Scharnierbegriff mit der Funktion einer alternativen Konzeptionsbegründung. Der Impetus solcher Redeweisen ist eher korrektiv als dezidiert distinktiv. Die angemahnte Berücksichtigung der Texte selbst versteht sich denn auch nicht als Absage an jene Konzeptionen, denen die Dichtung als *Mittel* zur Erkenntnis von etwas Anderem dient, sondern eher als eine Komplementär- und Mäßigungsstrategie zu jenen literaturhistoriographischen Entwürfen eines Korff, Gundolf, Unger oder Nadler, denen im Zuge ihrer von der Literatur abstrahierenden Synthesen die Literatur selbst aus dem Blick zu geraten scheint. Insofern handelt es sich auch weniger um eine einfache *Re*philologisierung, als vielmehr um eine „Selbstkorrektur" (Dainat), bzw. Selbstbestätigung der Literaturgeschichtsschreibung in einer Phase, in der sie sich bereits im Stadium ihrer geistesgeschichtlichen Reproduzierbarkeit befindet.[17] Es geht mithin nicht darum, das im Zuge geistesgeschichtlicher Verfahrensweisen gewonnene Wissen über die Literaturgeschichte durch eine Rückkehr zu den Texten selbst in Frage zu stellen, sondern vielmehr darum, dieses Wissen im Rückgriff auf die literarischen Dokumente selbst noch einmal – sozusagen textempirisch – zu fundieren und zu bestätigen.

Diese Strategie einer komplementären Selbstkorrektur, mit deren Hilfe die Disziplin ihren Eigensinn über einen forcierten Objektbezug im Zeichen der „Dichtung" kommuni-

---

15 Meyer-Benfey, Heinrich: Ziele und Wege der Literaturwissenschaft, in: Zeitschrift für Ästhetik und allgemeine Kunstwissenschaft, 15, 1921, S. 318–327, hier: S. 319. Zu Meyer-Benfey s. auch Beck, Wolfgang/Krogoll, Johannes: a. a. O., S. 717–719.

16 So betont etwa Viëtor einleitend in seiner *Geschichte der deutschen Literatur nach Gattungen* (München 1923), „daß die Gattungen der Dichtkunst unter Gesetzen stehen, die a priori in ihrem Wesen liegen." (S. 1)

17 Ganz in diesem Sinne ist auch Staigers späteres Diktum zu verstehen: „Die Kunst der Interpretation beruht auf dem ausgebreiteten Wissen, das ein Jahrhundert Literaturwissenschaft erarbeitet hat. Es gibt da nur sehr wenig abzulehnen, aber für viel zu danken." (Staiger, Emil: Die Kunst der Interpretation [1951], in: ders.: Die Kunst der Interpretation. Studien zur deutschen Literaturgeschichte, Zürich 1955, S. 9–33, hier: S. 18)

ziert, verschwindet – anders als man es möglicherweise erwarten könnte – auch nach der politischen Zäsur keineswegs. Gewiss, zunächst bestimmen – befördert durch die gewandelte Resonanzkonstellation – deutlich jene Konzeptionen die disziplinäre Selbstverständigung und Außendarstellung, die sich an den Lebens-, Volk- und (wenn auch nur zum Teil) an den Rasse-Diskurs ankoppeln und demzufolge die Dichtung vorrangig als Erkenntnis*mittel* interpretieren. Aber selbst *innerhalb* solcher Konzeptionen bleibt die Berufung auf „Dichtung" und „Werk" als komplementäres Korrektiv präsent. Dies zeigt sich etwa – um hier nur einige Beispiele anzuführen – wenn Robert Petsch in *Einigen Leitsätzen* zur *Philologischen Interpretation* aus dem Jahre 1933 konstatiert:

> An sich ist die Interpretation jeder Richtung [innerhalb des literaturwissenschaftlichen Methodenspektrums; G. K.] eine unendliche Aufgabe; wir können sie umschreiben als „bewußtes Erfassen des dichterischen Kunstwerkes in seiner organischen Einheit und Zielsetzung". Diese Einheit wird erzeugt (vom Dichter im Schaffen und vom Leser bei der Aufnahme des Werkes) durch das sinnvolle Zusammengreifen von Gehalt, Stoff und Form zu einer sprachsymbolischen, poetisch wirkenden „Gestalt" („Werk").[18]

Nur „echte[] Interpretationskunst", die selbst wiederum einem „Kunstwerk" vergleichbar sei, so Petsch weiter, vermag es, „das Letzte überhaupt aufleuchten zu lassen und damit den Betrachter oder Leser in die Gemütslage zu versetzen, in der er eine Dichtung als Dichtung genießen und auf angemessene Weise „verstehen" kann. Hier ist die höchste Aufgabe des „Philologen" zu suchen, dem die allgemeine Literaturwissenschaft und die Literaturgeschichte (unbeschadet ihrer Sonderziele) die Wege bereiten."[19]

Auch Viëtor charakterisiert in seiner Programmschrift von 1933 innerhalb seines Konzeptes einer Literaturwissenschaft als „Wissenschaft vom deutschen Menschen" (vgl. III.1) „die Zurückgewinnung [der] Interpretationskunst" als „die dringendste Aufgabe unsrer Wissenschaft". Als komplementäres Korrektiv fungiert die Berufung auf die „Dichtung" auch bei ihm, wenn es heißt:

---

18 Petsch, Robert: Philologische „Interpretation". Einige Leitsätze, in: Forschungen und Fortschritte, 9, 1933, S. 77 f., hier: S. 77.
19 Petsch, Robert: a. a. O., S. 78. Auch in seinem Beitrag *Was heißt: „Allgemeine Literaturwissenschaft. Einführende Bemerkungen* (in: Zeitschrift für Ästhetik und allgemeine Kunstwissenschaft, 1934, S. 254–260) versteht der Hamburger Ordinarius eine allgemeine Literaturwissenschaft als „reine ‚Dichtungswissenschaft'", die er dann resonanzstrategisch mit den kurrenten Scharnierbegriffen und Fahnenwörtern imprägniert: „Die Allgemeine Literaturwissenschaft im eigentlichsten Sinne will von der Oberfläche in die Kernschicht eindringen. Sie will Dichtung nicht zunächst und vor allem als fertige Leistung, als tatsächliche Gegebenheit betrachten, auch nicht als einen Vorgang, der sich mit andern wohl vergleichen läßt und der sich nur an einem besonderen, einmal gegebenen und weiter nicht zu ergründenden Material vollzieht, dessen Eigenart wir am besten durch die Abgrenzung gegen das, was Dichtung nicht ist, gerecht werden. Reine ‚Dichtungswissenschaft' bemüht sich vielmehr, die Dichtung als vorgängliche Wesenheit für sich, mit und in ihren Äußerungsformen zu begreifen, ihre besondere Zielsetzung und damit ihre besondere, unvergleichbare Rolle im gesamten Geistesleben der Menschen und der bluthaften Volksgemeinschaft zu begreifen, die sich in der Sprache offenbart." (S. 259)

Die andre Seite unsrer Wissenschaft, die geschichtliche Forschung und Darstellung wird dadurch [durch die Interpretation von Dichtung; G. K.] keineswegs überflüssig gemacht oder in ihrer Unersetzlichkeit angezweifelt. Es versteht sich, daß Geschichtsschreibung immer ihr unantastbares Recht und ihre Aufgaben behält. Aber jede geschichtliche Darstellung der deutschen Literatur in ihrer Gesamtheit oder ihrer Epochen setzt voraus, daß die einzelnen Werke der großen Dichtung erst für sich verstanden und unter sich rangmäßig gegliedert sind. Man kann sich heute nicht mehr vor der Forderung, daß es die Ur- und Grundkunst des Literaturwissenschaftlers sein muß, das einzelne Dichtwerk zu deuten und zu bewerten, in das Museum einer rubrizierenden Geschichtsschreibung zurückziehen.[20]

Aber nicht nur bereits etablierte Akteure wie Petsch oder Viëtor, sondern auch Nachwuchswissenschaftler und Fachaußenseiter, die – wie z. B. Rössner oder Büttner – einer rassenkundlichen Neujustierung der Disziplin das Wort reden (vgl. III.3.2), verzichten innerhalb ihrer dezidiert dichtungsübergeifenden Programmatik nicht darauf, die Dichtung selbst als innerdisziplinär adressierte Kompatibilisierungschiffre ins Spiel zu bringen. „Hauptausgangspunkt" einer „rassenbiologischen Literaturgeschichte", so versichert etwa Büttner, „bleibt [...] doch immer wieder das dichterische Werk selbst."[21] Und selbst ein aufstrebender Nachwuchsakteur, der sich – wie Rössner – mit dem Gestus der Unbedingtheit als neusachlich-rassenbiologischer Innovator der Disziplin inszeniert, konzediert in seinen Überlegungen *Zur Neuordnung der Literaturwissenschaft*, dass seine „Wissenschaft wohl zuweilen wieder werkgerechter, materialechter werden" müsse.[22]

Solche Versachlichungstendenzen im Zeichen der Dichtung und des Kunstwerkes werden schließlich auch in den wissenschaftsraisonnierenden Verteilermedien registriert. In der *Geistigen Arbeit* etwa ist bereits 1934 die Rede von einer „neuen Wendung der dichtungsgeschichtlichen Wissenschaft, die sich von der rein ideen- und problemgeschichtlichen Richtung ebenso wie von der Mythisierung abkehrt und zu einer neuen Sachlichkeit zurückzufinden sucht. Dabei", so räumt der Verfasser des Artikels, Dr. R. S., ein, „sollen die Ergebnisse der von Dilthey eingeleiteten, von Rudolf Unger, Cysarz u. a. fortgeführten ersten und der vom Georgekreis sich herleitenden zweiten Strömung in keiner Weise übersehen werden, wohl aber soll das Werk, die dichterische Gestaltung selbst unmittelbar in den Vordergrund treten und an den deutschen Menschen herangebracht werden."[23]

---

20 Viëtor, Karl: Die Wissenschaft vom deutschen Menschen in dieser Zeit, in: Zeitschrift für deutsche Bildung, 9, 1933, S. 342–348, hier: S. 347. Auch ein Nachwuchsakteur wie Günther Weydt moniert in seinem programmatischen Beitrag zur *Germanistischen Wissenschaft in der neuen Ordnung* (in: ZfDB, 9, 1933, S. 638–641), dass etwa die „biographische Methode" des 19. Jahrhunderts „meistens die Dichtung selbst [vergaß]." (S. 640)

21 Büttner, Ludwig: Literaturgeschichte, Rassenkunde, Biologie. Weg und Aufgabe der rassenkundlichen Literaturbetrachtung, in: ZfDk, 52, 1938, S. 337–347, hier: S. 344.

22 Rössner, Hans: Zur Neuordnung der Literaturwissenschaft, in: Volk im Werden, 6, 1938, S. 166–174, hier: S. 173.

23 Dr. R. S.: Deutsche Literatur, in: Geistige Arbeit, 1934, Nr. 18, S. 7.

Und auch in der *Deutschen Rundschau* optiert man für eine „Literaturwissenschaft als Kunstwissenschaft", die zwar „die Verknüpfung des Dichtwerks und des Künstlers mit der kulturellen Umwelt" nicht vergisst, die aber in die Mitte ihrer Problemstellung „stets die Frage nach den spezifisch künstlerischen Eigenschaften des Dichtwerks rücken" lässt.[24]

Allerdings sollten diese hier exemplarisch angeführten Spuren der auch nach 1933 feststellbaren Ko-Präsenz eines Dichtungs-Diskurses nicht darüber hinwegtäuschen, dass bis 1945 solche Konzeptionen den literaturwissenschaftlichen Selbstverständigungsdiskurs dominieren, innerhalb derer die Dichtung selbst eben nicht der vorrangige Gegenstand der Erkenntnis ist. Nichtsdestoweniger lässt sich etwa seit dem Ende der 30er Jahre eine Emanzipation dieses Dichtungs-Diskurses innerhalb der Disziplin beobachten. Emanzipation meint hier, dass die Berufung auf die Dichtung nicht mehr nur als strategisches Komplementärphänomen und als Versachlichungschiffre zur Abfederung lebens- und volkswissenschaftlicher oder rassenkundlicher Konzepte dient. Vielmehr wird nun die Dichtung selbst, bzw. ihre „Seinsweise", in den Rang einer konzeptionsbegründenden Größe erhoben.

Neben den späten, dem Konzept einer reinen Dichtungswissenschaft verpflichteten Arbeiten Kommerells (s. III.4.4), einer Reihe von in der *DVjs* publizierten Einzeltextinterpretationen von Emil Staiger, Günther Müller, Erich Trunz und Paul Stöcklein[25], den Schriften Johannes Pfeiffers[26], Benno von Wieses Schrift *Die Dramen Schillers*[27], z. T.

---

[24] Seckel, Dietrich: Literaturwissenschaft als Kunstwissenschaft, in: Deutsche Rundschau, CCLXII, S. 177–182, hier: S. 180 und 179.

[25] Staiger, Emil: Kleists „Bettelweib von Locarno". Zum Problem des dramatischen Stils, in: DVjs, 20, 1942, S. 1–20; Müller, Günther: Goethes Elegie „Die Metamorphose der Pflanzen". Versuch einer morphologischen Interpretation, in: DVjs, 21, 1943, S. 67–98 [s. dazu unten]; Trunz, Erich: Goethes Gedicht „Prooemium", in: DVjs, 21, 1943, S. 99–112; Stöcklein, Paul: Goethes Altersgedicht „Der Bräutigam". Eine Interpretation, in: DVjs, 22, 1944, S. 382–411. Gerade der Umstand, dass mit der *DVjs* das renommierte Hauptorgan für geistesgeschichtliche Ansätze innerhalb des literaturwissenschaftlichen Feldes auch Interpretationen abdruckt, verweist darauf, dass man eine dichtungswissenschaftliche Konzeption von Literaturwissenschaft eher als Komplementär-, denn als Konkurrenzprogramm zu den eigenen Verfahrensweisen verstanden hat. „Interpretationen zu bringen", so schreibt denn auch Kluckhohn in einem Brief vom 30.06.1942 an den Mitherausgeber Rothacker, „finde ich an sich gut, weil – darin bin ich mit Trunz und Burger einig – die Lit.wiss. dringend guter Interpretationen bedarf. Darum habe ich auch den Aufsatz von Staiger über Kleists ‚Bettelweib' so sehr begrüsst und darum werde ich auch in der Tübinger Hölderlingedenkschrift [s. III.4.4] mehrere Interpretationen bringen (von Heidegger, Beissner, Staiger)." (zit. nach Dainat, Holger: „wir müssen ja trotzdem weiter arbeiten", in: a.a.O., S. 88) Dainat verweist an dieser Stelle denn auch darauf, „daß Kluckhohn wohl zu den Initiatoren des von Heinz Otto Burger herausgegebenen und im Niemeyer Verlag erschienenen Gemeinschaftswerks *Gedicht und Gedanke* […] gehört hat." (S. 89)

[26] Neben einigen Zeitungs- und Zeitschriftenbeiträgen (Pfeiffer, Johannes: Die dichterische Sprachgestalt, in: Die Neue Rundschau, Juni 1934; ders.: Die innere Wahrheit der Dichtung, in: Die Neue Rundschau, Juli 1934; ders.: Was haben wir an der Dichtung?, in: Die Neue Rundschau, August 1934; ders.: Andreas Gryphius als Lyriker, in: Das Innere Reich, II, 1, April 1935; ders.: Die Lyrik Rudolf Alexander Schröders, in: Das Innere Reich, II, 3, Juni 1935; ders.: Ton und Gebärde in der Lyrik, in: Dichtung und Volkstum, 37, 1936, S. 430–441) meint dies vor allem Pfeiffers mit didaktischem Anspruch und in fasslichem Duktus geschriebene und sehr erfolgreiche Untersuchung *Umgang mit*

sicherlich auch den Arbeiten Clemens Lugowskis (s. III.4.3) sowie dem 1942 von Heinz Otto Burger herausgegebenen Sammelband *Gedicht und Gedanke* (s. I.), deutet auf einen solchen Emanzipationsschub des Dichtungs-Diskurses vor allem ein weiterer Umstand hin: Gemeint ist damit, dass seit dem Ende der 30er Jahre mit der „Stilkritik" Emil Staigers und der „morphologischen Poetik" Günther Müllers binnen weniger Jahre zwei Konzepte vorgelegt werden, die – bei allen sonstigen Unterschieden – darin übereinstimmen, dass sie in ihren Begründungen ganz entschieden auf die Dichtung selbst als Gegenstand literaturwissenschaftlicher Erkenntnis rekurrieren.[28]

Dieser innerdisziplinäre Emanzipationsschub, den die Rede von der Dichtung als eigentlichem Gegenstand literaturwissenschaftlicher Erkenntnis in dieser Phase erfährt, ist – dies sei hier lediglich wiederholt (vgl. I.) – eingebettet in einen komplexen Ermöglichungszusammenhang von disziplininternen und -externen Faktoren.

Unter disziplininternem Fokus meint dies zunächst jenen bereits von Pongs (s. III.4.3) beklagten, gegen Ende der 30er Jahre zunehmend offensichtlicher werdenden Effekt einer *Übersättigung des literaturwissenschaftlichen „Marktes"* mit Konzeptionen, denen, vor allem

Dichtung. Eine Einführung in das Verständnis des Dichterischen (Leipzig 1936). Die Schrift entsteht im Rahmen seiner Vortragstätigkeit an der Bremer Volkshochschule und erscheint 1962 in der 10. Auflage. Pfeiffers (1902–1970) Konzeption einer Dichtungswissenschaft erhält ihre wesentliche ideengeschichtliche Prägung von der Phänomenologie Husserls. Er promoviert 1931 in Freiburg mit einer Arbeit über *Das lyrische Gedicht als ästhetisches Gebilde. Ein phänomenologischer Versuch* (Halle an der Saale 1931) bei Oskar Becker und Edmund Husserl. Pfeiffer bleibt disziplinintern gesehen jedoch ein Außenseiter, da ihm eine institutionelle Verankerung verweigert wird. Dies liegt nicht zuletzt an seiner politischen Konsequenz. Seine Habilitation für Ästhetik und Allgemeine Literaturwissenschaft bei Hermann Pongs an der TH Stuttgart wird 1933 „wegen seiner ungenügenden nationalsozialistischen Gesinnung abgelehnt." (Red.: Art. Pfeiffer, Johannes, in: IGL, Bd. 2, S. 1401–1403) Eine zweite Habilitationsmöglichkeit bei Oskar Becker an der Universität Bonn, für die die Mitgliedschaft in der NSDAP gefordert wird, schlägt ebenfalls fehl: „Der Versuch, die NSDAP-Mitgliedschaft durch Eintritt in die NS-Volkswohlfahrt […] zu umgehen, scheiterte, da [er] von der NSV für die Aufnahme in die Partei vorgeschlagen wurde. Er gab seine Habilitationspläne auf, als sich herausstellte, daß er über den Parteieintritt hinaus auch eine Änderung seiner Haltung gegen den Nationalsozialismus erwartet wurde. Bis 1945 arbeitet Pfeiffer als Privatgelehrter und wissenschaftlicher Schriftsteller in Bremen sowie als Lektor und Referent in Hamburg. Eine Universitätskarriere schlägt er auch nach 1945 nicht ein.

27 Benno von Wiese: Die Dramen Schillers. Politik und Tragödie. Leipzig 1938 (s. dort v. a. die Vor- und Nachüberlegungen).

28 Auch Friedrich Beißner betont 1940 in seiner Rezension des 19 Jahre zuvor erschienenen theoretischen Hauptwerkes von Emil Ermatinger (Das dichterische Kunstwerk. Grundbegriffe der Urteilsbildung in der Literaturgeschichte, Leipzig/Berlin 1921) die „Zeitgemäßheit" einer solchen Dichtungsbezogenheit: „Ja, sein [Ermatinger; G. K.] Bestreben, das dichterische Kunstwerk auf eine ihm wirklich und eigentlich angemessene Art aus sich zu verstehen, ohne die ‚wechselseitige Erhellung' in Anspruch zu nehmen, die sich in der Verwendung von Methoden benachbarter Wissenschaftsgebiete ergehen, aber auch zu verhängnisvollen Fehldeutungen führen kann: dies Bestreben scheint gerade jetzt wieder zeitgemäß zu sein, wie aus manchen Anzeichen zu schließen ist." (Beißner, Friedrich: Neue Bücher zur deutschen Literaturgeschichte, 1940, Nr. 15, S. 4.) Dass es freilich gerade Ermatinger keineswegs um das „dichterische Kunstwerk" selbst, sondern vielmehr um „dessen Voraussetzungen auf Seiten des Autors" geht, dazu s. Weimar, Klaus: a. a. O., S. 274 ff.

im Rekurs auf den Volks-Begriff, die Literatur lediglich als ein Mittel zur Erkenntnis gilt.[29] Im Blick auf die Konkurrenzlogik innerhalb des Faches bedeutet dies, dass die Wahrscheinlichkeit, mit einem weiteren Konzept solcher Art positive Resonanzeffekte erzeugen zu können, relativ begrenzt ist.

Hinzu kommt der Ernüchterungseffekt einer *ausgebliebenen Homogenisierungsleistung* dieser Entwürfe. Dies meint, dass keines dieser dichtungsübergreifenden konzeptionellen Angebote, sei es im Zeichen des „Lebens", sei es der „Rasse" oder des „Volkes", die beanspruchte disziplinäre Homogenisierungsleistung erbracht hat. Keines dieser Konzepte hat sich bis zum Ende der 30er Jahre als anschlussfähig genug dazu erwiesen, die erhoffte Einheit einer Wissenschaft wiederherzustellen, deren Methodenvielfalt von nicht wenigen Akteuren und Wissenschaftsbeobachtern als Zeichen ihres Auseinanderfallens gedeutet wurde. Das partielle Umschalten auf eine dichtungswissenschaftliche Konzeptualisierung der Literaturwissenschaft erweist sich unter diesen Bedingungen als ein durchaus zustimmungsträchtiges *Vereinheitlichungs-* und *Autonomieangebot*, impliziert es doch das esoterisch adressierte Versprechen, die Einheit sowie die Autonomie einer durch Methodenimporte heterogenisierten und in ihrer Eigenständigkeit gefährdeten Disziplin durch die Respezifikation ihres Objektbereiches wieder gewährleisten zu können. Die Forderung nach einer erneuten Konzentration auf die Dichtung als dem ureigenen Gegenstand der Disziplin enthält darüber hinaus – wie wohl die Arbeiten Kommerells besonders deutlich zeigen – ein entschiedenes *Distinktionsangebot*. Ermöglicht sie doch dem Literaturwissenschaftler, als Dichtungsfachmann, Abständigkeit und Überlegenheit zu inszenieren gegenüber jenen feldexternen, literaturraisonnierenden Dilettanten, die sich berechtigt fühlen, im disziplineigenen Bereich mit politisierten (den eigentlichen Gegenstand indes immer schon verfehlenden) Phrasen zu wildern.

Unter disziplinexternem Fokus ist es vor allem die potentielle exoterische Anschlussfähigkeit, die eine dichtungswissenschaftliche Konzeption attraktiv erscheinen lässt. Zum Einen reagiert die Disziplin (mit ein wenig Verzögerung) auf jene bereits 1933 artikulierten *Pragmatisierungsforderungen* aus dem schulischen Bereich, die das „Schwergewicht" der Deutschlehrer-Ausbildung auf eine „Schulung zur Interpretation"[30] gelegt sehen wol-

---

29 So verkündet etwa Staiger in seinen programmatischen Überlegungen von 1939 explizit: „Und wir meinen ferner, dass sie [die Literaturgeschichte; G. K.] einer Erneuerung heute sehr bedürfe, dass sie in dem, was sie bisher getan, gesättigt sei, und, um zu dauern, gleichsam von vorn beginnen und in neuer Treue und Strenge darauf dringen müsse, ‚dass gepfleget werde/Der veste Buchstab und Bestehendes gut/Gedeutet.'" (Staiger, Emil: Die Zeit als Einbildungskraft des Dichters. Untersuchungen zu Gedichten von Brentano, Goethe und Keller [1939], 3. Auflage, Zürich 1963, S. 19)

30 S. I., Anm. 33. Ähnliche Forderungen werden auch 1935 auf dem „II. Internationalen Kongreß für Literaturgeschichte" in Amsterdam geäußert. Kurt Wais berichtet über diese Tagung, die sich vor allem mit den „literaturhistorischen Periodenbegriffen" beschäftigt, in der *Geistigen Arbeit* u. a.: „Es ist wohl jedem klar geblieben, dass die üblichen Periodenbezeichnungen vorab Hilfskonstruktionen sind oder, wie Wilhelm Pinder einmal ausgezeichnet sagte, ‚Verabredungen auf Kündigung'. Das heißt aber auch, daß die Veranlassung zu einer solchen *Kündigung* – ich habe auf dem Kongress davon gesprochen – möglichst vermieden werden sollte: verantwortungsloses Entgrenzen, Zerreden und Ausweiten der

len.³¹ Dass sich mit diesem Anspruch zugleich ein Markt für exemplarische Interpretationssammlungen, die auch als didaktische Handreichungen fungieren können, zu bilden verspricht – ein Feld, das mit *Gedicht und Gedanke* erstmals, in den 1950er und 1960er Jahren dann aber umso nachdrücklicher von der Disziplin bestellt werden sollte – dürfte dem Zirkulationspotential dichtungswissenschaftlicher Konzeptionen ebenfalls nicht abträglich gewesen sein. Zum Anderen und aus mentalitätsgeschichtlicher Perspektive gesehen schreibt sich die Ontologisierung der Dichtung – nach Günther Müller etwa „west [sie] nicht im Nun und Hier, sondern [...] wächst sie in einer Zeit- und Ortlosigkeit, die wir vorläufig nur als das [sic] eigentümlich dichterische Daseinsbereich angeben"³² – in jenes Unbehagen in der Kultur der Moderne ein, das das bildungsbürgerliche Kunstverständnis in der ersten Jahrhunderthälfte nachhaltig prägt und das ungeachtet der anfänglichen Hoffnungen, die man mit dem neuen Regime verbinden zu können glaubt, auch während des NS keineswegs vollständig erodiert (s. dazu unten).

Das resonanzstrategisch wie kognitiv gesehen innovative Potential der Konzepte Staigers, dessen *success story* sich erst nach 1945 eigentlich entfalten sollte, und Müllers, das nach 1945 nur partiell reüssieren sollte³³, liegt indes weniger in der – wie gezeigt – bereits

---

Periodenbezeichnungen. An den unmittelbaren Weg zum Kunstwerk, das durchglühte ästhetische Erleben, das durch keine Hilfskonstruktion ersetzt werden kann, hat als Getreuer Eckart immer wieder Prof. Étienne (Lüttich) beharrlich gemahnt; nachdrücklich erhob er die Forderung, dass im Unterricht nichts vom unmittelbaren Studium des Textes ablenken dürfe: der große Dichter gehöre sich, und nicht seiner ‚Periode', seinen Zeitgenossen. Wir möchten diese Mahnung nicht überhören." (Wais, Kurt: Die literarhistorischen Periodenbegriffe. Zum II. Internationalen Kongreß für Literaturgeschichte, Amsterdam, in: Geistige Arbeit, Nr. 21, 1935, S. 8)

31 Zugleich reagiert die Disziplin mit dieser Selbstpragmatisierung auch auf die – vor allem seit Kriegsbeginn noch intensivierte – allgemeinere Forderung nach einer Empirisierung der Geisteswissenschaften. Die Konzentration auf die Dichtung als Dichtung verspricht die Nachprüfbarkeit (und Falsifizierbarkeit) literaturwissenschaftlicher Aussagen am empirischen Objekt des Textes. So heißt es etwa bei Günther Müller: „Sprachliche Gebilde aus Sätzen, wie sie unabhängig vom Sprechvorgang festgehalten werden können, bilden die Grundlage der Wirklichkeit einer Dichtung und gehören selbst zur Dichtung. Es ist ein völlig einsichtiger Befund, dass wir Dichtungen nur in oder ‚auf' sprachlichen Gegebenheiten vorfinden. Das sprachliche Gefüge ist aufweisbar, die Aussagen darüber sind nachprüfbar." (Müller, Günther: Über die Seinsweise von Dichtung, in: DVjs, 17, 1939, S. 137–152, hier: S. 137)

32 Müller, Günther: Morphologische Poetik [1944], in: ders.: Morphologische Poetik. Gesammelte Aufsätze, 2. unveränderte Auflage, Tübingen 1974, S. 225–246, hier: S. 229.

33 Zur Rezeption der morphologischen Poetik nach 1945 s. Baasner, Rainer: Günther Müllers morphologische Poetik und ihre Rezeption, in: Barner, Wilfried/König, Christoph (Hrsg.): a. a. O., S. 256–267 sowie Pilger, Andreas: Germanistik an der Universität Münster, a. a. O., S. 415–473. Zur Erfolgsgeschichte der „werkimmanenten Interpretation" nach 1945 s. Kaiser, Gerhard „Dichtung als Dichtung": Die langen 50er Jahre der westdeutschen Germanistik, in: Der Deutschunterricht, 2001, Heft 5, S. 84–94; Scherpe, Klaus R.: Die Renovierung eines alten Gebäudes. Westdeutsche Literaturwissenschaft 1945–1950, in: Pehle, Walter H./Sillem, Peter (Hrsg.): Wissenschaft im geteilten Deutschland. Restauration oder Neubeginn nach 1945?, Frankfurt am Main 1992, S. 149–163; Gärtner, Marcus: a. a. O.; Scherer, Stefan: Prägnanz und Evidenz. Philologische Erkenntnis und Verwissenschaftlichung der germanistischen Literaturwissenschaft im disziplinen- und gesellschaftsgeschichtlichen Umbruch der 1950er Jahre, in: Kaiser, Gerhard/Krell, Matthias (Hrsg.): a. a. O., S. 33–52.

zu diesem Zeitpunkt durchaus nicht unüblichen Berufung auf die Dichtung als einem zentralen Hochwertbegriff. Beide Konzepte – so unterschiedlich sie sonst auch allein schon aufgrund der differenten Resonanzkonstellation, innerhalb derer sie entstehen, sein mögen[34] – zeichnen sich vor allem dadurch aus, dass sie es verstehen, die bisher noch eher dispersen und nicht selten volatilen Bezugnahmen auf die Eigenlogik der Dichtung resonanzträchtig zu bündeln, zu systematisieren und anschlussfähiger zu machen. Erst mit den Arbeiten dieser beiden Akteure rückt die „Dichtung" in den Rang eines *konzeptionsbegründenden* Scharnierbegriffes auf.[35] Der Umstand, dass zudem beide Akteure über ein erhebliches innerfachliches Renommee verfügen, steigert noch das Zirkulationspotential ihrer Konzepte.[36]

Staigers Konzept einer „Stilgeschichte", bzw. einer „Typologie"[37] erscheint von ihrem Inszenierungsgestus her gesehen sicherlich als der „radikalere" Entwurf. Mitbedingt sicherlich durch die größeren Freiräume in der Schweiz setzt die Profilbildung von Staigers Programmatik entschiedener auf Distinktion und ist weniger auf die Integration potentiell konkurrierender Ansätze bedacht als Müllers morphologische Poetik.[38] „Von allen Mög-

---

34 Die Resonanzkonstellation, in der Günther Müller – als zwangsemeritierter Professor im nationalsozialistischen Deutschland – sein Konzept entwickelt, ist zweifellos eine andere als diejenige eines Ordinarius in einer sich als neutral verstehenden Schweiz, in der sich „sehr bald" nach 1933 „von einer Stellungnahme für den Nationalsozialismus [...] niemand mehr Karrierevorteile oder öffentlichen Applaus versprechen" konnte (Weimar, Klaus: Literaturwissenschaftliche Konzeption, a. a. O., S. 271). Dass innerhalb der für die Schweizer Hochschulgermanistik relevanten Resonanzkonstellation das nationalsozialistische Deutschland als potentieller und erhaltenswerter Absatzmarkt für literaturwissenschaftliche Publikationen sowie als Resonanzraum für programmatische Entürfe dennoch eine gewichtige Rolle spielt, liegt auf der Hand (s. dazu Schütt, Julian: Germanistik und Politik. Schweizer Literaturwissenschaft in der Zeit des NS, Zürich 1996, v. a. S. 81–85 und Kaiser, Gerhard: Vom allmählichen Abhandenkommen des Platzierungssinnes: Denkstil und Resonanzkalkül in ‚verteilersprachlichen' Texten Emil Staigers, in: Bollenbeck, Georg/Knobloch, Clemens (Hrsg.): Semantischer Umbau, a. a. O., S. 132–157, hier v. a. S. 136–142).
35 Dieser Umstand dokumentiert sich auch darin, dass Wolfgang Kayser ursprünglich plant, sein *Sprachliches Kunstwerk* – mithin also eines der zentralen Grundlagenwerke der Dichtungsinterpretation in der Nachkriegszeit und darüber hinaus – Emil Staiger und Günther Müller zu widmen. In einem Brief Kaysers an Müller vom 04.12.1948 heißt es entschuldigend: „[V]or einem Jahr wollte ich Sie bitten, Ihren Namen (und den Emil Staigers) meinem Buche voransetzen zu dürfen. Wenn ich es schließlich doch nicht getan habe, so hatte das lediglich in meiner damaligen äusseren Lage seinen Grund und in der Scheu vor irgendwelchen Missinterpretationen. In der Widmung wäre das offene Bekenntnis enthalten, daß Sie und Emil Staiger heute die maßgeblichen Forscher in unserer Wissenschaft sind." (Zit. nach: Seruya, Teresa: Wolfgang Kayser in Portugal, a. a. O., S. 724)
36 Dies gilt sowohl für Günther Müller, dessen institutionelles Kapital zwar durch seine Zwangsemeretierung beeinträchtigt ist, dessen wissenschaftliches Kapital angesichts seiner Reputation innerhalb der Disziplin dennoch nach wie vor erheblich ist, als auch für den Zürcher Ordinarius Emil Staiger.
37 Staiger, Emil: Die Zeit, a. a. O., S. 16.
38 Dass Staiger sich der Notwendigkeit zur Inszenierung „neuer" Konzepte sowie der dazu einzusetzenden Strategien durchaus bewusst ist, erhellt u. a. seine 1951 getroffene, rückblickende Feststellung: „Als wissenschaftliche Richtung freilich, mit allem Zubehör von Polemik und programmatischen Äußerungen, hat sich die Interpretation – die Stilkritik oder immanente Deutung der Texte – erst seit zehn

lichkeiten literarischer Forschung", so versichert der 1939 noch als Privatdozent für Deutsche Literatur und Geistesgeschichte an der Universität Zürich arbeitende Gelehrte in den programmatischen Einleitungsüberlegungen seiner Schrift *Die Zeit als Einbildungskraft des Dichters*, „ist sie [die Stilgeschichte; G. K.] die am meisten autonome und dem Dichterischen am meisten treu."[39] Denn der stilgeschichtlich orientierte Literaturforscher „untersucht [...] die Dichtung selbst, nicht etwas, das dahinter liegt."[40] Staigers Programmatik zielt darauf, durch die präsupponierte Autonomie und Hochwertigkeit ihres Gegenstandes – eben der „Dichtung" – auch die Literaturwissenschaft selbst wieder als eigenständige Wissenschaft zu legitimieren. Sie ist, sowohl was ihren biographischen, institutionellen, ideen- und mentalitätsgeschichtlichen Ermöglichungszusammenhang[41], als auch was ihren kognitiven Gehalt, ihre Widersprüche und die in ihr enthaltenen Leistungsangebote betrifft[42], in der Forschung hinreichend diskutiert worden. Hier sei lediglich darauf verwiesen, dass Staiger mit dem Rekurs auf zwei der Haupt„gegner", an denen er das distinktive Profil seines Konzeptes zu schärfen bestrebt ist, durchaus „weiche Ziele" wählt, nämlich

> [...] die tiefenpsychologische Forschung und [...] die Stammesgeschichte, die Josef Nadler ausgeführt hat. Diese beiden Richtungen haben nämlich wenigstens eins gemeinsam: sie gehen zur Erklärung literarhistorischer Befunde in eine tiefere Schicht zurück, aus dem Bereich des Worts in den des Bluts oder den des Unbewussten. Und sie glauben, das eine aus dem andern nach dem Verhältnis von Ursache und Wirkung erklären zu können. So sagt z. B. Nadler, dass ‚das Feinste, das Geistigste wie in goldenen Dämpfen' aus Blut und Erde aufsteigt; und er meint den Geist zu begreifen, indem er das Blut und die Erde erforscht. Oder ein Jünger Freuds behauptet, den ‚Ödipus rex' erklärt zu haben, indem er als seelischen Hintergrund der Sage einen Komplex feststellt.

> Darüber kann kein Zweifel sein: hier verzichtet die Literaturgeschichte auf ihre Autonomie und begibt sich in den Dienst der Psychoanalyse und Ethnologie. Denn was den Literaturhistoriker angeht, ist das Wort des Dichters, das Wort um seiner selbst willen, nichts was irgendwo dahinter, darüber oder darunter liegt. Nach dem Ursprung eines Kunstwerks aus dem Stamm, dem Unbewussten – oder was es auch immer sei – können wir ja dann erst fragen, wenn der unmittelbare künstlerische Ein-

---

bis fünfzehn Jahren durchgesetzt." (Staiger, Emil: Die Kunst der Interpretation, a. a. O., S. 9) S. zu Staigers Talent als Polemiker Kaiser, Gerhard: „... ein männliches ...", a. a. O. und neuerdings auch Wübben, Yvonne: Propaganda, polemisch. Zur Aktualität von Emil Staigers Stilkritik, in: Mitteilungen des Deutschen Germanistenverbandes, 53, 2006, Heft 1, S. 60–72.

39 Staiger, Emil: Die Zeit, a. a. O., S. 16.
40 Staiger, Emil: Die Zeit, a. a. O., S. 15.
41 S. dazu Schütt, Julian: a. a. O.; Böschenstein, Bernhard: a. a. O.; Kaiser, Gerhard: a. a. O.
42 S. dazu Danneberg, Lutz: Zur Theorie der werkimmanenten Interpretation, in: Barner, Wilfried/ König, Christoph (Hrsg.): a. a. O., S. 313–342; Weimar, Klaus: a. a. O.; Dainat, Holger: Anpassungsprobleme einer nationalen Wissenschaft. Die Neuere deutsche Literaturwissenschaft in der NS-Zeit, in: Boden, Petra/Ders. (Hrsg.): a. a. O., S. 103–126, hier v. a. S. 125f.

druck nachgelassen hat. Doch eben dies, was uns der unmittelbare Eindruck aufschliesst, ist der Gegenstand literarischer Forschung; dass wir begreifen, was uns ergreift, das ist das eigentliche Ziel aller Literaturwissenschaft.[43]

Nicht nur die Fähigkeit, seine Konzeption in einer griffigen und anschaulichen Formel – „begreifen, was uns ergreift" – zu verdichten, zeigt Staiger als gewieften und resonanzbewussten Akteur. Auch die Wahl und Kopplung der hier exemplarisch ins Feld geführten „Gegner" ist im Blick auf ihre Kompatibilität mit dem Denkstil innerhalb des Feldes durchaus als geschickt zu bezeichnen: Erfreuen sich doch weder die von Staiger im Vagen belassenen Ansätze psychoanalytischer Provenienz, noch die Stammeskunde Nadlers (s. III.3.2) innerhalb der Disziplin allzu großer Beliebtheit.

Lutz Danneberg und Klaus Weimar haben überzeugend dargelegt[44], dass und warum Staigers Konzeption, betrachtet man sie im Kontext ihres fachgeschichtlichen Entstehungszeitraums, weitaus gehaltvoller und sich ihrer Voraus-Setzungen durchaus bewusster ist, als viele ihrer späteren Kritiker einzuräumen geneigt sind; Kritiker, die dann wiederum die „werkimmanente Interpretation" aus distinktionsstrategischen Gründen zum Schibboleth einer theoretisch unterkomplexen, geschichtsvergessenen Affirmationsgermanistik stilisieren. Nichtsdestoweniger erscheint Müllers morphologische Poetik – ungeachtet ihres sicherlich geringeren Erfolges als Konzept – hier interessanter. In kognitiver Hinsicht, weil sie in ihrer Argumentation systematischer und reflektierter vorgeht als Staigers programmatische Überlegungen, im Blick auf ihre Resonanzstrategien, weil das Spektrum an Leistungsangeboten, das sich in ihr, als einer zwischen Dichtungs- und Lebenswissenschaft vermittelnden Variante manifestiert, komplexer ist als das der „Stilgeschichte".

Ein abschließender Blick auf das dichtungs„morphologische" Konzept, d. h. auf die Leistungsangebote, die es unterbreitet sowie auf seine argumentationsstrategische Inszenierung, soll hier deshalb noch einmal den bereits in Teil I angerissenen Fragen detaillierter nachgehen, welche Resonanzbedingungen eine als Dichtungswissenschaft konzipierte Literaturwissenschaft in der Endphase des NS mitkonstituieren und welche Erfolgschancen und -hemmnisse sich ihr eröffnen.

5.1 Dichtung und Gestalt oder Das Leben in der Dichtung: Günther Müllers „morphologische Poetik" als Fährenvariante zwischen Lebens- und Dichtungswissenschaft

Günther Müllers „morphologische Poetik" kann sich bis zum Ende des NS nicht mehr als eine resonanzträchtige konzeptionelle Variante innerhalb der Literaturwissenschaft etablieren.[45] Die Grundzüge dieser Poetik präsentiert er vor allem in drei zwischen 1943 und

---

43 Staiger, Emil: Die Zeit, a. a. O., S. 15.
44 S. Danneberg, Lutz: a. a. O.; Weimar, Klaus: a. a. O.
45 Mit der Anfang 1943 selbst beantragten vorzeitigen Versetzung in den Ruhestand, bei der es sich letztlich um eine Zwangspensionierung handelt (s. dazu unten), muss Müller zudem gerade in der Haupt-

1944 publizierten Schriften einer größeren Fachöffentlichkeit.[46] Auch nach 1945 sind es dann – verbunden vor allem mit dem anschlussfähigen Begriffspaar „Erzählzeit – Erzählte Zeit" – eher die Überlegungen zum Zusammenhang zwischen „Zeit und Erzählung" als deren „morphologische" Einbettung[47], die die innerfachliche Reputation des bis 1956 in Bonn lehrenden Ordinarius als einer der zentralen Vordenker der germanistischen Erzählforschung prägen.[48]

> publikationsphase seiner morphologischen Arbeiten auf jene Proliferationsinstanz der Lehre verzichten, die für den ob seines Charismas bei den Studierenden äußerst erfolgreichen Ordinarius von erheblicher Bedeutung ist (zum Lehrerfolg Müllers s. Pilger, Andreas: Nationalsozialistische Steuerung, in: a. a. O., S. 110). Lediglich sein Münsterscher Schüler Clemens Heselhaus hat einige der in den Seminaren Müllers bereits vor 1943 zirkulierenden Grundgedanken des morphologischen Programmes in seine 1940 eingereichte Habilitationsschrift über *Annette von Droste-Hülshoff. Die Entdeckung des Seins in der Dichtung des neunzehnten Jahrhunderts* (Halle/Saale 1943) integriert (zur Analyse dieser Schrift s. Pilger, Andreas: Germanistik an der Universität Münster, a. a. O., S. 409 ff.).

46 Müller, Günther: Goethes Elegie „Die Metamorphose der Pflanzen". Versuch einer morphologischen Interpretation, in: DVjs, 21, 1943, S. 67–98 (im Folgenden im Fließtext als „GE" mit Seitenangaben zitiert nach dem Wiederabdruck in: ders.: Morphologische Poetik. Gesammelte Aufsätze, 2. unveränderte Auflage, Tübingen 1974, S. 356–387); ders.: Morphologische Poetik, in: Hélicon. Revue internationale des problèmes généraux de la littérature, 1944, S. 1–22 (im Folgenden im Fließtext als „MP" mit Seitenangaben zitiert nach dem Wiederabdruck in: ders.: Morphologische Poetik, a. a. O., S. 225–246); ders.: Die Gestaltfrage in der Literaturwissenschaft und Goethes Morphologie, Tübingen 1944 (= Die Gestalt. Abhandlungen zu einer allgemeinen Morphologie, Heft 13); im Folgenden im Fließtext als „GF" mit Seitenangaben zitiert.

47 Diese Einbettung zeigt sich etwa in MP, wenn es heißt: „Die weitgehende Analogie, die sich zwischen organischer und dichterischer Gestalt bezeigte, ermöglicht es nun auch, der *Zeit* von Dichtung näherzutreten. Das Sprechen der Satzabfolgen nimmt eine bestimmte, mit der Uhr meßbare Zeitlänge in Anspruch. Diese Zeit aber ist keineswegs dieselbe wie diejenige, die in der dichterischen Gestalt gezeitigt wird. Hier muß nun mehreres unterschieden werden. Fast jeder Botenbericht im Drama dauert kürzere Zeit als die berichteten Vorgänge. Er dauert aber nicht nur kürzere Zeit, er läuft auch in einer anderen Zeitebene ab als die dargestellten Vorgänge. Davon ist zu unterscheiden das Zeiterlebnis des Dichters, das unausgesprochen seine Werke durchwaltet, wie E. Staiger gezeigt hat. Und im Wachsen der Gestalt durch die vorwärts, rückwärts und in die Breite greifenden Metamorphosen ist nun wieder eine andere ‚Zeit' gegeben, in der das eindimensionale Nacheinander gar nicht mehr ausschlaggebend bleibt." (238 f.) Hier (S. 239) verweist Müller zudem ausdrücklich auf die Bedeutung, die die in der Reihe *Die Gestalt* publizierte Schrift *Gestalt und Zeit* von Viktor von Weizsäcker für die Integration der Zeitanalyse in sein morphologisches Konzept hat (zur Bedeutung des interdisziplinären Hallenser Gestalt-Kolloquiums s. u.).

48 S. zur Rezeption der morphologischen Poetik nach 1945 und zur von Müller in den späten 40er und frühen 50er Jahren selbst forcierten, pragmatisierten (und deshalb vor allem auch im erzieherischen Feld anschlussfähigen) Applikation der Zeitanalyse, deren Zusammenhang mit dem theoretischen Konzept der „morphologischen Poetik" zusehends in den Hintergrund tritt: Baasner, Rainer: Günther Müllers morphologische Poetik und ihre Rezeption, a. a. O., S. 261 ff. Klausnitzer (Blaue Blume, a. a. O., S. 229) weist zurecht darauf hin, dass aus „der kleinen Interpretationsgemeinschaft der in [Müllers] Bonner Oberseminar aufgenommenen Studenten […] eine bedeutende Erzählforschung hervor[ging], die ihre bleibenden Leistungen in Müllers Arbeiten zur ‚Bedeutung der Zeit in der Erzählkunst' und Eberhard Lämmerts Dissertation *Bauformen des Erzählens* finden sollte."

Die kontrafaktualistische Frage, ob Müllers Entwurf einer „morphologischen Poetik" auf breitere Zustimmung gestoßen wäre, hätte sich die Resonanzkonstellation, vor deren Hintergrund sie entstand, mit dem Zusammenbruch des NS-Regimes 1945 nicht gewandelt, mag ebenso spekulativ wie müßig sein.[49] Weniger spekulativ, indes wissenschaftshistoriographisch umso aufschlussreicher ist hingegen der an den programmatischen Texten rekonstruierbare Befund, dass Müllers „Poetik", auch wenn einige ihrer Elemente bereits vor 1933 ihren Platz in seinem Denken haben, durch die Resonanzkonstellation zwischen 1933 und 1945 nachhaltig mitgeprägt wird. Als ein kognitiv anspruchsvolles und zugleich resonanzstrategisch versiertes Amalgam aus dichtungs- *und* lebenswissenschaftlichen Elementen reagiert Müllers zu Beginn der 40er Jahre präsentierte Konzeption zum Einen, indem sie sich mit Nachdruck als Dichtungswissenschaft inszeniert, auf die eingangs dieses

[49] Zwar spricht Günther Müller in einem „Bericht über den Stand der Arbeiten" vom 14.02.1944 an die DFG davon, dass seine „durch Analogie zu organischen Formen" veranschaulichende Darstellung der *Grundformen der deutschen Lyrik* – Müllers Beitrag zu „Von deutscher Art in Sprache und Dichtung" (a.a.O., Bd. V, S. 95–135) – „[b]estärkt" worden sei „durch die Zustimmung, die diesem Versuch aus Fachkreisen zuteil wurde". Fach*öffentliche* positive Würdigungen der Konzeption Müllers finden sich indes bis 1945 kaum. Im Gegenteil scheint, äußert man sich innerhalb der Disziplin überhaupt, Skepsis zu überwiegen. Emil Staiger etwa bezeichnet Müllers dritte Grundlagenarbeit zwar als „bedeutende Schrift", die den „Bestrebungen des Trivium so nahe[steht]" (Staiger, Emil: Morphologische Literaturwissenschaft, in: Trivium, 2, 1944, S. 223–227, hier: S. 223). Er moniert jedoch die Übertragung Goethescher, aus der Naturbetrachtung gewonnener Begrifflichkeiten auf die Dichtung. Es zeigt sich nach Staiger, „wie verwirrend die aus Goethes Morphologie geschöpften Begriffe werden, wenn man sie so wie Günther Müller umbiegt und für andere Daseinsbereiche verwendet. Wir sind der entgegengesetzten Ansicht, dass die deutsche Literaturwissenschaft gerade an dem engen Anschluss an Goethes Begriffe krankt, dass zumal der Begriff des Organismus die Köpfe verwirrt und das Urteil getrübt hat." (226) Gegen den von Müller favorisierten Gestalt-Begriff setzt Staiger deshalb entschieden auf den sein eigenes Konzept bündelnden Begriff des Stils: „Schon der Begriff ‚Gestalt' ist gefährlich, weil er auf die Anschauung bezogen ist und zunächst auch nur für das mit Augen zu Sehende gilt. Wir sagen lieber wie bisher ‚Stil' und verstehen darunter jenes ‚Wesen', das sich ebenso im Rhythmus, in der Syntax wie im Wortschatz und in den Gedanken offenbart. Es ist nicht nötig", so Staigers prophylaktische Versicherung gegenüber dem möglichen Vorwurf einer theoretischen Unterreflektiertheit der „Stilkritik", „dass die Stilkritik ihr eigenes Tun begreift und über ihr Verfahren begriffliche Rechenschaft abzulegen vermag. Beobachtung, Erkenntnis ist auch möglich, ohne dass die Voraussetzungen solchen Erkennens durchsichtig sind." (227) Der Distinktions- und Überbietungsgestus des Zürcher Ordinarius mag nicht zuletzt daher rühren, dass Müllers Konzeption zumindest in ihren dichtungswissenschaftlichen Bestandteilen dem Entwurf Staigers – wie er ja selbst zu Beginn seiner Rezension einräumt – durchaus sehr nahe steht und somit unmittelbar mit diesem um Aufmerksamkeit konkurriert. „Die Schärfe, mit der Sie den biologischen Ansatz fortentwickeln", hat auch Hans Pyritz – wie er in einem Brief vom 09.02.1947 an Müller versichert – „fast bestürzt." (Zit. nach Baasner, Rainer: a.a.O., S. 264) Ob der zur Wendigkeit durchaus fähige Pyritz (s. II.3 und Hempel-Küter, Christa: a.a.O.) dieser Bestürzung ob des Biologismus seines Kollegen auch vor 1945 öffentlich Ausdruck verliehen hätte, mag dahingestellt bleiben. 1947 jedenfalls heißt es weiter: „Wenn Sie jeden menschlichen Ereigniszusammenhang [...] als reinen, sinnfremden Naturvorgang fassen [...] Dann aber seh ich nicht recht, wo der Hebelpunkt sitzt, der es gestattet, das Bewusstsein des künstlerischen Menschen als Träger sinngebender Kräfte aus dem Naturnexus herauszuheben." (Zit. nach ebd.)

Kapitels beschriebenen Tendenzen innerhalb der Disziplin in dieser Phase. Zum Anderen reagiert Müller mit der lebenswissenschaftlichen Rückbindung dieser „Dichtungslehre", die er – wie es etwa in einem Brief an die DFG vom 2.11.1943 heißt – „einstweilen als biomorphologisch bezeichnen möchte"[50] und mit der er „zum Ausbau einer organischen deutschen Dichtungslehre beizutragen"[51] verspricht, auch auf den zunehmenden Druck, der von wissenschaftspolitischer Seite auf ihn ausgeübt wird.

Nicht zuletzt vor dem Hintergrund dieser wissenschaftspolitisch erzeugten Drucksituation resultiert der Umstand, dass Müller sein Konzept überhaupt mit resonanzsemantischem Bedacht in einem 5-seitigen „Bericht über den Stand der Arbeiten" gegenüber der DFG legitimieren muss.[52] Bereits 1935 war Müller die Prüfungsbefugnis entzogen worden, nachdem sich denunziatorische Beschwerden aus nationalsozialistischen Erzieherkreisen, die das katholische Fundament der Lehre und Forschung des charismatischen Gelehrten monierten, gehäuft hatten.[53] Zwar hat es der Münsteraner Ordinarius nach 1933 an Kollusionssignalen in seiner Lehre sowie in seinen Schriften nicht fehlen lassen[54], die Skepsis innerhalb des wissenschaftspolitischen und erzieherischen Feldes jedoch konnte Müller nicht zerstreuen. Nach wie vor argwöhnte man, dass hier jemand „unter nationalsozialistischer Ummäntelung" die Studenten mit „seine[r] katholischen Auffassung der Literatur-

---

50 Brief Günther Müller an die DFG vom 30.10.1943, BAK R 73/13278.
51 Brief Günther Müller an die DFG vom 09.02.1944, BAK R 73/13278.
52 „Bericht über den Stand der Arbeiten. (Arbeiten auf dem Gebiete der Goethe-Forschung)" vom 14.02.1944, BAK, R 73/13278.
53 S. zu den Vorgängen im Einzelnen und zum Folgenden Pilger, Andreas: Germanistik an der Universität Münster, a.a.O., S. 367–414.
54 So bietet Müller etwa im Sommersemester 1934 erstmals auch ein Seminar zum Thema „Rasse und Stil" an (Pilger, Andreas: a.a.O., S. 370). Erste Anpassungssignale sendet Müller ebenfalls bereits 1934 in seinem im „Katholischen Pressedienst für Kultur, Dichtung und Leben" veröffentlichen Beitrag *Literaturwissenschaft als Kulturwissenschaft* (in: Universitas, 15.11.1934), wenn er die „Geschichtlichkeit aller menschlich irdischen Geistäußerungen" für „gegeben" erklärt: „Damit ist ferner die Bindung aller menschlichen Äußerungen an körperliche Organe gegeben, das heißt zugleich die Umformung, die das Geistige durch die ‚Zeitigung', die zeiträumliche Aktualisierung mittels der jeweils ganz bestimmten körperlichen Bedingtheiten erfährt. [...] Die aufsteigende rassenkundliche Literaturbetrachtung wird auf eine Verbindung der typologischen und der historischen Fragestellung hinauskommen müssen." An der Bedeutung der religiösen Voraussetzungen für literaturwissenschaftliche Konzeptionen lässt Müller hier allerdings noch keinerlei Zweifel. Zeitgeistige Kollusionssignale streut Müller auch in seiner groß angelegten Darstellung der deutschen Literaturgeschichte der Neuzeit, *Geschichte der deutschen Seele. Vom Faustbuch zu Goethes Faust* (Freiburg i. Br. 1939), ein. So etwa, um hier nur ein Beispiel zu nennen, wenn er versucht, die thomistische Konzeption einer gradualistischen, stufenförmig aufgebauten Seinsordnung, die seine Literaturgeschichtsschreibung maßgeblich konfiguriert, vorsichtig rassenkundlich und mit Bezug auf die Kategorien Günthers zu flexibilisieren: „Auf gewisse geistesgeschichtliche, problemgeschichtliche, soziologische Zusammenhänge als Zweitursachen wurde bisher der Blick zu kurzer Zusammenfassung gelenkt. Von verschiedenen Standorten her ergab er immer wieder die Feststellung bestimmter typischer seelischer Verhaltensweisen, die, ständig vorhanden, sich zeitweilig in der Führung ablösen. Man wird von da aus den Blick auf rassische Typen lenken dürfen, ja müssen. Auch sie erklären nicht das Letzte, aber auch sie gehören in jenen geheim-

geschichte" im „ultramontanen zentrümlichen Geiste"[55] beeinflusse. Anfang der 1940er Jahre – nach dem Scheitern der vom REM eingefädelten „Kindermann-Aktion" (s. III.4.2) – spitzt sich dann die Situation für Müller aufgrund fortgesetzter Denunziationen erneut zu. Nachdem ein Beschwerdebrief einer Münsteraner Oberlyzeums-Lehrerein den Kurator der Universität erreicht hatte, in dem diese bemängelte, dass die Deutsch-Referendarinnen, „die von der hiesigen Universität" kämen, „häufig eine weltanschauliche Einstellung" aufwiesen, „die vom erzieherischen Standpunkt aus zu schweren Bedenken Anlaß gibt"[56], fühlt sich der für die Geisteswissenschaften zuständige Referent des REM, Heinrich Harmjanz, zum Handeln genötigt. Da Harmjanz Müller jedoch als „ausgezeichnete[n] Germanist[en]"[57] schätzt und die Angelegenheit darüber hinaus aufgrund des erheblichen und ungebrochenen innerfachlichen Renommees des Münsteraner Ordinarius ein gewisses Maß an wissenschaftspolitischer Diplomatie erfordert, einigt man sich Ende 1942 auf einen *deal*. Müller, der unter einer sich verschlimmernden Herzerkrankung leidet, soll aufgrund seines Gesundheitszustandes die vorzeitige Versetzung in den Ruhestand beantragen und

---

nisvollen und in der Hauptsache aus unterbewussten Kraftverlagerungen sich vollziehenden Ordnungswechsel hinein, der die irdisch-menschliche Geschichte ausmacht. Da gewinnt es den Anschein, als wären in Zeiten des gestuften Abstandes und Aufbaus, der Raumdurchwaltung, der darstellenden Gebärde dinarische und nordische Kräfte die überformenden [...] Alpine oder ostische und ostbaltische Kräfte scheinen dagegen die Zeiten typisch zu bestimmen, die sich durch die volle Innenwendung [...] erfüllt. Das heißt keineswegs, alle echten Barockhumanisten wären rassisch Dinarier oder Norden gewesen, alle echten Aufklärungshumanisten Osten oder Ostbalten. Es heißt eher, daß die geistesgeschichtliche, soziologische, seinsmäßige Bestimmtheit aller Zeitalter in einem Zuordnungsverhältnis zu den besonderen Möglichkeiten und Schranken bestimmter rassenseelischer Typen steht und zum Ausgleich, zur Ergänzung gewisse andere rassetypische Möglichkeiten berufen und gleichsam von dem leer gebliebenen Raum des Wirklichkeitsbildes gerufen werden, die denn freilich auch ihre besonderen Schranken in die neue Zeitformung wieder mitbringen." (S. 151 f.) Innerhalb der Disziplin stößt Müllers Schrift zwar durchaus auf positive Reaktionen, das Volatile seiner resonanzsemantischen Kompatibilisierungsversuche wird jedoch ebenfalls erkannt. Die Unnachgiebigkeit wächst mit der Parteinähe der Disziplinvertreter. So konzediert zwar auch Karl Justus Obenauer (Neue Literaturgeschichten, in: ZfDB, 16, 1940, S. 84–86, hier: S. 85), dass Müller „Ergebnisse der Rassenforschung berücksichtigt. Aber die Grundeinstellung des Verf. lässt diese Erkenntnisse mehr von oben und außen auf die Erscheinungen [...] fallen." Gerhard Fricke (Schrifttumsberichte. Vom Humanismus zur Klassik, in: ZfDK, 54, 1940, S. 334–344) lobt zwar die „oft glänzenden, tief und neu sehenden Darstellungen des Sturm und Drang, des jungen Goethe, des Urfaust, Hölderlins, Novalis" sowie die „sachnahen, fruchtbaren einzelinterpretatorischen Abschnitte" (335), moniert jedoch letztlich deren weltanschauliche Überformung durch den Umstand, dass der „Verfasser nirgends einen Hehl daraus [macht], daß er Wesen, Werden und Schicksal der deutschen Seele [...] von christlich-katholischer Weltschau und Frömmigkeit her deutet." (334)

55 So ein Bericht des stellvertretenden Gauleiters Westfalen-Nord an die Parteikanzlei, hier zit. nach Pilger, Andreas: a. a. O., S. 394.
56 Zit. nach Pilger, Andreas: Germanistik an der Universität Münster, a. a. O., S. 393. Es ist die Rezension Frickes (s. Anm. 53), nach deren Lektüre die parteitreue Oberstudienrätin sich an den Kurator der Universität Münster wendet (s. Pilger, Andreas: a. a. O., S. 393).
57 Ebd.

Münster verlassen. Im Gegenzug erklärt sich das REM bereit, durch Gewährung eines lebenslänglichen DFG-Stipendiums zur „Goetheforschung" die Differenz zwischen Müllers Professoren-Gehalt und seiner zukünftigen Pension (300 RM monatlich[58]) auszugleichen. Zudem wird Müller eingeräumt, dass er weiterhin publizieren darf.

Müller selbst hat diese Phase des intensivierten wissenschaftspolitischen Drucks wohl in „eine Art religiöse Krise"[59] gestürzt. Angesichts des Vorwurfs, er würde „die Studenten untragbar katholisieren", habe er sich – wie er in Briefen an den Dekan der Münsteraner Fakultät sowie an Rothacker 1942 versichert – „auf Grund persönlicher Erfahrung und sachlicher Erkenntnisbemühungen in qualvollen Jahren nicht nur von allem Kirchentum, sondern auch von allem konfessionellen Christentum abgewandt."[60] Man wird kaum rekonstruieren können, wie viel auch an strategischer Schutzbehauptung in diesem Bekenntnis steckt. Ablesbar an den zwischen 1943 und 1944 publizierten Texten ist jedoch ein nachhaltiger semantischer Umbau jener konfessionellen Konzeption von Literaturwissenschaft, die seine Schriften bis zum Ende der 30er Jahre noch bestimmt. Als Resultat seiner – allerdings seit längerem vorbereiteten – „morphologische[n] Wendung"[61], präsentiert Müller das avancierte Konzept einer „morphologischen" Literaturwissenschaft, die gleichsam als Fährenvariante zwischen Dichtungs- und Lebenswissenschaft Elemente der ersteren mit solchen der letzteren resonanzstrategisch und kognitiv anspruchsvoll zu verbinden versucht.

Es mag zunächst verwundern, dass innerhalb eines programmatischen Entwurfes, den sein Autor gegenüber seinen Ressourcenspendern legitimiert als „ein im Grunde biologisches Verstehen des schöpferischen Menschen und seiner Werke"[62], dem Scharnierbegriff der Dichtung überhaupt noch eine gewichtige Funktion zukommt. Und dennoch ist die –

---

58 In einem Schreiben vom 12.10.1943 der DFG an Müller heißt es: „Sehr geehrter Herr Professor! Die Deutsche Forschungsgemeinschaft stellt Ihnen für Ihre Arbeiten auf dem Gebiete der Goetheforschung eine Forschungsbeihilfe in Höhe von monatlich RM 300.– (Dreihundert Reichsmark) für die Zeit vom 1. April 1943 bis zum 31. März 1944 unter dem Vorbehalt jederzeitigen Widerrufs zur Verfügung. [...] Ueber eine Verlängerung über den 1. April hinaus wird die Forschungsgemeinschaft auf Grund eines bis zum 1. März einzureichenden eingehenden Berichtes über den Stand Ihrer Arbeiten Beschluss fassen." (BAK, R 73/13278) Nach Müllers am 09.02.1944 verfassten Bericht (s. o.) ist die Beihilfe bis zum 31.03.1945 verlängert worden (BAK, R 73/13278).
59 Pilger, Andreas: a. a. O., S. 398.
60 Zit. nach Pilger, Andreas: a. a. O., S. 398.
61 So Müller selbst seinen semantischen Umbau in einem Brief vom 24.12.1942 an Rothacker charakterisierend (zit. nach Pilger, Andreas: a. a. O., S. 400). Freilich kursiert der Begriff der „Morphologie" auch in literaturwissenschaftlichen Zusammenhängen schon länger. Bereits Andre Jolles charakterisiert im Rekurs auf Goethe sein Verfahren der „Formbestimmung, Gestaltdeutung", das er in seiner einflussreichen Schrift über *Einfache Formen* ([1930], 2. Aufl., Darmstadt 1958, S. 7) anwendet, als „morphologisch".
62 Günther Müller an die DFG (Bericht über den Stand der Arbeiten) vom 09.02.1944 (BAK, R 73/13278). Ebd. betont Müller noch einmal ausdrücklich, dass es notwendig gewesen sei, „eine gewisse Vertrautheit mit den Grundlagen der heutigen Biologie zu erwerben."

im Rahmen von Müllers Arbeiten übrigens nicht ganz neue[63] – Auffassung, dass die Dichtung selbst der genuine Erkenntnis*gegenstand* der Literaturwissenschaft sei, eine der beiden zentralen und expliziten Voraus-Setzungen auch der „morphologischen Poetik". „Ein Gedicht", so heißt es etwa einleitend in Müllers Beitrag zu *Goethes Metamorphose der Pflanzen*, der die Trias der morphologischen Grundlagenschriften bezeichnenderweise mit einer Interpretation eröffnet, „muß in seinem eigentümlich **Dichterischen** aufgenommen und ergründet werden." (GE, 357) Die Dichtung, so Müller den romantischen Topos von der Inkommensurabilität und Supremität der Literatur in seinem zweiten Beitrag aufgreifend, „vermag das sonst unfassliche der Welt bis zu einem gewissen Grad zu sagen." (MP, 230) Sie mache den „eigensten Gegenstand der Literaturwissenschaft aus" (226), sei sie doch „nicht in erster Linie Vortrag theoretischer Einsichten oder Ausdruck seelischer Vorgänge oder Mitteilung dinglicher Beziehungen oder Ereignisse, sondern Gestalt von sozusagen eigenen Graden und Gnaden." (MP, 245)[64] Die ihre Eigenständigkeit sowie ihren Eigenwert begründende ontologische Differenz komme der Dichtung aufgrund ihrer Nicht-Referentialität und gleichsam interesselosen Selbstzweckhaftigkeit zu:

> Bei dem dichterischen Bedeutungsgefüge [...] steht die Abfolge der Sätze und das unübersehbar reiche und vielfältige Gewebe der Bedeutungen im Dienst einer in sich beschlossenen Erscheinung, im Dienst eines in sich bewegten Bildes oder Gebildes [...] Dazu gehört etwas Weiteres, und wenn man dies beachtet, wird der Unterschied

---

[63] Bereits in seiner 1922 erschienenen Dissertation *Brentanos Romanzen vom Rosenkranz. Magie und Mystik in romantischer und klassischer Prägung* (Göttingen 1922) insistiert Müller, dass es Aufgabe des Literaturwissenschaftlers sei, nicht nur die umfassenderen ideengeschichtlichen Kontexte zu rekonstruieren, sondern auch das einzelne „Werk als selbständige Wirklichkeit, als eigenen Mikrokosmos" (S. 1) zu fokussieren. Der Einfluss der phänomenologischen Ontologie Husserls auf Müllers Arbeiten ist von einer auffälligen werkbiographischen Konstanz. Prägt er doch nicht nur den Ansatz seiner frühen formanalytischen Arbeiten (s. etwa Müller, Günther: Studien zum Formproblem des Minnesangs, in: DVjs, 1, 1923, S. 61–103), sondern auch seine gegen Ende der 1930er Jahre wieder forcierten, grundlagentheoretischen Überlegungen zur *Seinsweise von Dichtung* (in: DVjs, 17, 1939, S. 137–152), in denen er ausgiebig auf das literaturphilosophische Werk des Husserl-Schülers Roman Ingarden, *Das literarische Kunstwerk. Eine Untersuchung aus dem Grenzgebiet der Ontologie, Logik und Literaturwissenschaft* (Halle/Saale 1931) rekurriert. Ingarden (1893–1970), der etwa zur gleichen Zeit bei Husserl Philosophie in Göttingen studiert wie Müller (der 1890 geborene Müller 1911–1915, Ingarden beginnt sein Studium 1912), folgt Husserl nach Freiburg und promoviert 1918 bei ihm (s. Schneider, Norbert: Geschichte der Ästhetik von der Aufklärung bis zur Postmoderne, 2. durchgesehene Auflage, Stuttgart 1997, S. 327). Ingarden hat mit seinem Buch „auf die Methodendiskussion in der Literaturwissenschaft eine zwar nicht spektakuläre, so doch unterschwellig intensive Wirkung ausgeübt. Mit Recht", so betont Schneider, „lässt er sich als der eigentliche Begründer des Immanentismus bezeichnen, jenes hermeneutischen Ansatzes also, der ein Kunstwerk nur aus seinen eigenen Voraussetzungen [...] verstehen will." (S. 149) In einem Lebenslauf von 1930 bezeichnet Müller rückblickend Husserl – neben Edward Schröder – „als seinen wichtigsten akademischen Lehrer" (Pilger, Andreas: Germanistik, a. a. O., S. 403).

[64] Diesen Gedanken der dichterischen Begriffstranszendenz exemplifiziert Müller bereits zwei Jahre zuvor in seiner Interpretation von Goethes Gedicht *Schillers Reliquien* (s. Müller, Günther: Schillers Reliquien, in: Burger, Heinz Otto (Hrsg.): Gedicht und Gedanke, a. a. O., S. 140–151, hier v. a. S. 147).

zwischen dichterischem und außerdichterischem Schrifttum deutlicher. Im Sprachgefüge ist durchweg ein Bedeutungsgefüge entworfen. Das außerdichterische Sprechen ist nun so geartet, dass die Bedeutungen unmittelbar über sich hinausweisen auf Dinge und Taten eines Hier und Nun. Wer Blumen zu kaufen oder einen Gegner zur Rechenschaft zu ziehen verlangt, wer von einem Geschehnis Bericht gibt oder einen Reiseplan entwirft, bildet Satz- und Bedeutungsgefüge. Aber er bildet sie nicht um der Gefüge willen, sondern mittels dieser Gefüge greift er in die Welt des Bedeuteten hinein, greift er nach Dingen und ruft Begebenheiten zwischen Dingen hervor. In der Dichtung dagegen reicht keine Hand aus den Bedeutungen in die Dingwelt hinein. Die Dichtung west nicht im Nun und Hier, sondern durch die Sprache im Hier und Nun verwurzelt wächst sie in einer Zeit- und Ortlosigkeit, die wir vorläufig nur als das [sic] eigentümlich dichterische Daseinsbereich angeben. (MP, 229)

Es ist offensichtlich, dass sich Müller mit dieser Ontologisierung der Dichtung in jenen disziplinintern virulenten Diskurs einschreibt, in dem aus der zuvor gesetzten Eigenständigkeit der Dichtung die praktische Handlungsmaxime der „Interpretation" folgt. Nicht zuletzt der Umstand allerdings, dass Müller ernsthaft bestrebt ist, diese Setzung reflexiv einzuholen, markiert die kognitive Differenz, die seine Konzeption auszeichnet gegenüber den Redeweisen vieler jener Akteure, die an diesem tendenziell sich verstärkenden Dichtungs-Diskurs partizipieren.

Dezidiert innerfachlich adressiert rekurriert aber auch Müller in seiner dritten Grundlagenschrift auf die „zunehmende Pflege", die die „Einzelinterpretation von Dichtungen [...] in der fachlichen Forschung" findet und auf die „neue Bereitschaft zur Interpretation von Dichtung als Dichtung" (GM, 8) als einen zentralen Ermöglichungszusammenhang seiner eigenen, morphologischen Konzeption.[65] So ist es auch resonanzstrategisch folgerichtig, wenn er als eine zentrale Bedingung der morphologischen Dichtungsbetrachtung jene „Bereitschaft zu ganz ruhiger, versuchsfreudiger Einzelinterpretation" (GM, 66) einfordert, die er selbst in seiner Goethe-Interpretation bereits vorexerziert hat und derer die „eilige[n], ungegenständliche[n] Denkverbindungen" (Ebd.) einer geistesgeschichtlichen Literaturwissenschaft, die ihre Gegenstände aus dem Blick zu verlieren droht, gerade entbehren. Aus der „Zeit- und Ortlosigkeit" des dichterischen Sprachgefüges folgt für den (interpretierenden) Rezipienten gleichsam als Entschleunigungs-Imperativ und -Angebot die Forderung nach einem objektadäquaten „stille[n], beharrliche[n] Vertiefen" in den Gegenstand.[66]

65 Es folgen Verbeugungen vor den „einschlägige[n] Bemühungen" (GM, 8) um Interpretation bei Pongs, Böckmann, Lugowski, May, Kommerell, Staiger, dessen Interpretationen Müller als „höchst förderlich" (71) bezeichnet, und bei Rasch sowie die lobende Erwähnung des Sammelbandes *Gedicht und Gedanke*, zu dem ja auch Müller selbst eine Interpretation beisteuert (s. Anm. 63).

66 Zur gleichsam didaktischen Handlungsanweisung gerinnt dieses Entschleunigungsangebot, das die Aufwertung der Einzelinterpretation beinhaltet, bisweilen in Müllers Auslegung von Goethes *Metamorphose*. So etwa, wenn es heißt: „Nicht ohne weiteres lässt sich der Ton finden, in dem das Gedicht gelesen werden will. Es wird gut sein, zunächst einmal die Verse ganz einfach aufzunehmen und dabei die bisherigen allgemeinen Überlegungen einigermaßen im Bewusstsein zu halten." (GE, 364)

Allerdings lässt es Müller dabei nicht bewenden. Ihre spezifische Kontur erhält seine „morphologische Poetik" ja erst dadurch, dass er die hier skizzierte dichtungswissenschaftliche Konzeptionskomponente, die zur Legitimation seiner auch schon vor diesen Grundlegungsschriften geübten interpretatorischen Praxis[67] durchaus hinreichend gewesen wäre, wiederum mit einer lebenswissenschaftlich ausgerichteten Komponente unterfüttert. Als semantisches Verbindungsstück innerhalb seiner Theoriearchitektur fungiert dabei der zweite zentrale Scharnierbegriff seiner Programmatik, der aus Goethes Morphologie importierte Begriff der Gestalt. Mit dem Gestalt-Begriff versucht Müller jene „Grundfrage" zu beantworten, die er bereits 1939 eingangs seines Beitrages *Über die Seinsweise von Dichtung* wie folgt aufgeworfen hatte: „Auf welche Weise Dichtung Dasein hat, wie Dichtung existiert, das ist eine literaturwissenschaftliche Grundfrage; literaturwissenschaftlich im engsten Sinn, weil hier nicht nach Inhalten, Werten, geschichtlichen Zusammenhängen, Stilen gefragt wird, sondern nach der ‚Seinsart' von Literatur."[68]

Die Frage, „auf welche Weise Dichtung Dasein hat", scheint aber nunmehr für Müller – jenseits der viel bemühten Tautologie „als Dichtung" – eine Antwort gefunden zu haben: die Erkenntnis der „Dichtung als Dichtung" (GM, 10), die zu den „Hauptaufgaben der Literaturwissenschaft gehört" (Ebd.), bedeutet die Erkenntnis der Dichtung „als **Gestalt**." (Ebd.)

„Das also", so versichert Müller,

> wäre die eigene Geisteswendung, die eine neue Ansicht des bekannten literaturwissenschaftlichen Gegenstandes gäbe und damit eine neue Methode forderte und die Aufstellung einer Dichtungsmorphologie wünschenswert machte: die Auffassung der Dichtungen als erstlich und letztlich gestalthafter Erscheinungen oder Gegebenheiten, die Auffassung der dichterischen Gestalten oder Formen als Ausgestaltungen und Bekundungen einer hervorbringenden und bildenden Kraft, in der wiederum sich dasselbe ewig Lebendige dartut, das uns in der Bildung und Umbildung organischer Naturen entgegen tritt. (GM, 16)

Um eine „Geisteswendung", zumindest aber um einen zentralen semantischen Umbau innerhalb der Müller'schen Konzeption des literaturwissenschaftlichen Gegenstandsbereiches handelt es sich in der Tat. Sicherlich, auch vor der „morphologischen Wende" finden sich

---

[67] Seminare zur Interpretation bietet Müller schon in den dreißiger Jahren an: SS 1933 *Anleitung zur Interpretation Schillerscher und Goethescher Balladen*, WS 1935/36 *Anleitung zum Interpretieren*, WS 1937/38 *Einführung in die Kunst der Interpretation* (s. Pilger, Andreas: Germanistik, a. a. O., S. 403).

[68] Müller, Günther: Über die Seinsweise von Dichtung, a. a. O., S. 137. Bereits hier deutet allerdings die abschließende Antwort, ohne dass allerdings der Scharnierbegriff bereits fiele, auf das spätere Konzept voraus: „Und insofern nicht ein Haufen von Bedeutungen Dichtung macht, sondern das geordnete Gefüge, insofern sind es nicht so sehr die Urteilsinhalte, als die Form des Gefüges, was Dichtung zur Dichtung macht. Der Anspruch von Dichtung, tiefere Wahrheit, eigentlichen Sinn zur Erscheinung zu bringen, hängt also entscheidend von ihrer Proportioniertheit ab; von der Proportion des ganzen Gefüges gegenüber der bedeuteten tieferen Wahrheit." (S. 151 f.)

Versuche des Münsteraner Ordinarius, jenes thomistische Modell einer gradualistischen, stufenförmig aufgebauten und schließlich im geistigen Sein und in Gott gipfelnden Seinsordnung, das seine Dichtungsauffassung nach seiner Konversion zum Katholizismus vor allem in den 20er Jahren konfiguriert[69], resonanzstrategisch zu flexibilisieren. Allerdings können weder die letztlich ornamental bleibende Integration von Elementen des Rasse-Diskurses sowie die Berufung auf die „politische[] Gemeinschaft" von „Führer und Volk"[70], noch die Transposition der gradualistischen in eine dualistische Seinsordnung darüber hinwegtäuschen[71], „dass letztlich nicht der Nationalsozialismus, sondern weiterhin der Katholizismus der wirkliche Stützpfeiler im Denken Müllers war."[72]

Erst die durch den politischen Anpassungsdruck und den völkischen „Materialismus" innerhalb des nationalsozialistischen Weltanschauungskonglomerats sicherlich mitbedingte Wende zu jenem biologistischen Monismus, der der morphologischen Poetik ihr spezifisches Gepräge gibt, stellt einen weitestgehenden Bruch mit Müllers bisherigen Auffassungen dar.[73] Rückt doch nunmehr an die Stelle der bisherigen Hochwert- und Kontingenzbewältigungsinstanz „Gott", auf die bei Müller als ordnungsstiftendes Moment selbst noch die Deutung jener Dichtungen ausgerichtet war, die von seiner Abwesenheit erzählen, dezidiert und ausnahmslos die „Natur". Die „ästhetische Wirklichkeit", so lautet nunmehr Müllers monistisches Credo, sei „als eine der Erscheinungsformen des Lebens zu begreifen." (GM, 9)

So schillernd der für die morphologische Poetik zweite, konstitutive Scharnierbegriff der Gestalt ist, so komplex sind auch die Argumentationen und die Leistungsangebote, die Müller mit ihm verbindet und die es hier abschließend zu erläutern gilt.

Durch die Einführung des zweiten Scharnierbegriffes, mit dem er gleichsam eine Brücke von der Dichtungs- zur Lebenswissenschaft zu schlagen bestrebt ist, ergibt sich für Müller zunächst ein erhebliches logisches und resonanzstrategisches Problem. Denn, so könnte man einwenden, hatte er doch zunächst scheinbar sowohl auf programmatischer Ebene als auch in seiner interpretatorischen Praxis zunächst für eine „reine" Dichtungswissenschaft optiert (sich also, um erneut das Modell Weimars aufzugreifen, für die Variante 1.1 entschieden), so scheint mit der Einführung des lebenswissenschaftlich imprägnierten Gestalt-Begriffes schließlich doch wieder die Dichtung vom Gegenstand zum bloßen Mittel der Erkenntnis – nämlich der zeitenüberdauernd wirksamen Produktivgesetze der Natur – degradiert. Müller hat diesen möglichen Vorwurf einer konzeptionellen Inkonsistenz (d.h. des unvermittelten Umschwenkens von der Variante 1.1 auf die Vari-

---

69 Zum Konzept einer katholischen Literaturwissenschaft s. etwa Müller, Günther: Katholische Literaturwissenschaft?, in: Jahrbuch des Verbandes der Renaissance-Gesellschaften, 7, 1928/29, S. 52–58. Zu Müllers Konversion im Jahre 1920 s. Pilger, Andreas: Germanistik, a. a. O., S. 136.
70 Müller, Günther/Kromer, Helena: Der deutsche Mensch und die Fortuna, in: DVjs, 12, 1934, S. 329–351, hier: S. 350.
71 S. dazu die Interpretation des *Fortuna*-Aufsatzes bei Pilger, Andreas: a. a. O., S. 372f.
72 Ebd.
73 Zum strukturellen Rest-Katholizismus auch innerhalb der morphologischen Poetik s. jedoch unten.

ante 1.2) durchaus vorausgesehen und er begegnet ihm mit einer Argumentationsstrategie, die man als die der *proleptischen Immanentisierung* bezeichnen könnte. „Wollte sich aber hier der Einwand erheben", so konzediert der Literaturmorphologe in seiner dritten Grundlagenschrift

> daß mit dieser Geisteswendung [zur Gestalt; G.K.] denn doch wieder die leibhaftige Dichtung zu einem bloßen Hilfsmittel verflüchtigt würde, um etwas völlig Anderes gewahr zu werden, nämlich das gesetzliche Walten der ewigen Naturkräfte, so wäre zu erwidern: Allerdings liegt dies Walten in der Blickrichtung einer literaturwissenschaftlichen Morphologie. Aber es ist schwerlich eine Entwertung des Dichtwerks, wenn man ihm zumutet, den Blick zu solchen Wirklichkeiten führen zu können. Und es ist ein völliges Mißverständnis der Goetheschen Auffassung, anzunehmen, daß die Dichtung zu einem leeren Schema, einem Hilfsgerät würde, wenn der Blick wirklich jenes Ziel anstrebt oder erreicht. Das ist ja gerade das Entscheidende der morphologischen Betrachtungsweise, daß sie die Gestalten **nicht** in Formeln verwandelt, die als das Eigentliche hinter oder unter den Erscheinungen ständen, dass sie vielmehr gerade und nur *in* den gestalthaften Erscheinungen selbst das Walten der ewigen Kräfte, das Erscheinen des Lebendigen sucht und in seiner Gesetzhaftigkeit zu durchdringen trachtet. Wohl besteht auch hier die von Goethe entdeckte Polarität des Lebens, und zwar hier in der Form eines unlöslichen Bezuges von Gesetz und Erscheinung. Aber die Erscheinung ist nicht etwas Unwesentliches im Vergleich mit den Kräften, die in ihr erscheinen. Die einzelne Dichtung wird also durch die morphologische Betrachtung nicht entwertet, sondern vielmehr überhaupt erst in ihrer ganzen lebendigen Fülle gewürdigt, im Sinn der [Goethe'schen; G.K.] Forderung: „Man suche nur nichts hinter den Phänomenen; sie selbst sind die Lehre." (GM, 16f.)

Dichtung, so wird man Müller verstehen dürfen, *ist* – als Gestalt – Leben und deshalb gilt für ihn: Eine morphologische Dichtungswissenschaft ist immer auch schon Lebenswissenschaft, da ihre Aufgabe in der „Anschauung von Urphänomenen in der einzelnen Gestalt, [in der] Anschauung des waltenden Lebens im einzelnen lebendig Gestalthaften, leibhaftig Lebendigen" (GM, 14) liegt. Indem Müller im Rekurs auf Goethes umfassenden Natur-Begriff die Voraus-Setzung trifft, „daß Kunst, also auch die Dichtung, nicht gegenüber der organischen Natur etwas Fremdartiges ist, sondern daß auch sie im Vollsinn ‚Natur' ist; eine andere, eine zweite Natur, […] in der, wie in der organischen Natur die ewigen Kräfte des Lebens sich gestaltend-umgestaltend manifestieren" (GM, 15), verlegt er also das Leben *in* die Dichtung.

So umstritten der Grad der Biologisierung der Kultur, bzw. der Botanisierung der Literatur auf der Inhaltsebene auch bleiben mag – Müllers Formulierungen bleiben in dieser Hinsicht letztlich ambivalent[74] –, so klar ist das resonanzstrategisch verdoppelte Leistungs-

---

74 Bereits die oben zitierte Passage lässt den Grad der Biologisierung, bzw. „Naturalisierung" kultureller Artefakte letztlich offen, wird doch der zunächst konzedierte „Vollsinn", in dem Goethe Kunst als

angebot, das diese Immanentisierung ermöglicht. Dadurch, dass die „morphologische Poetik" die im Zeichen des „Lebens" seit Jahrzehnten geforderte Re-Vitalisierung der Literaturwissenschaft (s. II.2.2) gleichsam von der Ebene der disziplinären Selbstbeobachtung auf die Ebene des Objektbereiches selbst transponiert, erlaubt sie die Konzeption einer lebenswissenschaftlichen Dichtungswissenschaft (oder, je nach Fokus, einer dichtungswissenschaftlichen Lebenswissenschaft), die nach dem Leben *in* und nicht *außerhalb* der Texte zu fragen berechtigt ist und die so, über die Abgrenzung und Aufwertung ihres Gegenstandsbereiches, weiterhin ihrer Autonomie versichert bleibt. Als „morphologische Poetik", so wird man dieses Angebot zuspitzen können, dürfte Dichtungswissenschaft einerseits sie selbst bleiben und trotzdem zugleich das resonanzstrategische *surplus* einer über den Gestalt-Begriff inszenierten Lebensbezogenheit für sich verbuchen.

Dieser doppelten Programmatik der „morphologischen Poetik" entsprechend ist die argumentative Struktur von Müllers Grundlagentexten gekennzeichnet durch die Gleichzeitigkeit von Innovationsinszenierungen auf der einen und Kompatibilisierungsstrategien auf der anderen Seite, wobei letztere vor allem darauf zielen, die zuvor unterbreiteten Erneuerungsangebote an die Usancen des disziplinären Denkstils anzupassen.

> Natur verstanden habe, durch die Anführungszeichen, in die Müller die Natur hier setzt, wieder relativiert. Die Frage, ob Müllers „morphologischer Poetik" also die Annahme zugrunde liege, Kunst sei Natur (also eine Gleichsetzung), oder aber die Annahme, Kunst sei *wie* Natur (also eine Analogisierung) lässt sich anhand der drei Grundlagentexte nicht eindeutig bestimmen. Man wird davon ausgehen können, dass Müller im Hinblick auf die disziplinäre Denkstilkompatibilität seiner Konzeption (s. dazu unten) den Eindruck einer völligen „Naturalisierung" hat vermeiden wollen. Dass jedoch innerhalb seiner Auffassung von Kultur ein nachhaltiger semantischer Umbau sich vollzogen hat, wird deutlich, wenn man sich etwa den Unterschied der beiden folgenden Passagen vor Augen führt. In seinem 1934 publizierten Beitrag *Literaturwissenschaft als Kulturwissenschaft* (in: Universitas, 15. November 1934) zitiert Müller im Hinblick auf die Differenz zwischen Kultur- und Naturwissenschaft noch zustimmend Oswald Menghin: „Das Bereich der Kultur hat Oswald Menghin in seinem Buch ‚Geist und Blut' (1934) klassisch dahin umschrieben: ‚Für das ungeheure Ereignis des Kulturentstehens, -geschehens, und -vergehens Gleichungen in der stofflichen Wirklichkeit finden zu wollen, ist vergebliche Mühe. Geistigen Ursprungs, wie es ist, läßt es sich nur mit Dingen auf eine Ebene bringen, in denen ebenfalls der Geist wirkt. Mit der Sprache, mit dem Volkstum. Kultur ist keine Pflanze, wie Spengler will, aber auch nicht [...] das dritte irdische Reich neben dem Anorganischen und Organischen. [...]' [...] Literatur ist die eigentümliche Wirklichkeit sprachlicher Gefüge, in denen der Mensch seine Auffassung, Deutung, Bewältigung der ‚Welt', also der Schöpfung, bedeutet, darstellt und überlieferbar macht. Literatur ist in diesem Sinn die unmittelbarste Erscheinungsform menschlichen Geistes." Der Gedanke, Literatur sei die „eigentümliche Wirklichkeit sprachlicher Gefüge" bleibt bei Müller konstant, eine deutliche „Geisteswandlung" lässt sich jedoch 10 Jahre später im Blick auf die Grenzen zwischen Natur und Kultur verbuchen. Heißt es doch jetzt z. B.: „Die einzelne wirkliche Gestalt einer Dichtung aber ist ein Ganzes, indem sie wird – wie eine Pflanze, ein Tier nicht nur jeweils ein Ganzes ist, in dem Augenblick, indem ich sie als ‚ganz' sehe, taste oder höre, sondern in der stetigen Reihe ihrer Verwandlungen." (GM, 38) In MP (227) heißt es: „Die Bedeutungen aber stehen nicht zusammenhanglos neben diesem rhythmisch bewegten Klangleib, sondern gehen aus ihm hervor, ohne ihn ganz zu verlassen, wie Pflanzen aus der Erde hervorgehen." Sowie: „Man wird versuchen dürfen, Dichtung ganz ernstlich als Naturwirklichkeit zu betrachte." (MP, 231)

Dementsprechend verortet Müller seine Konzeption einer literaturwissenschaftlichen Gestaltforschung innerhalb jenes „neue[n] Aufbruch[s] biologischen Denkens auch in den Geisteswissenschaften", der „auch in den Literaturwissenschaften die Forderung rege gemacht [habe], die Kluft zwischen Natur- und Geisteswissenschaften zu schließen." (GM, 8) Die morphologische Poetik aber, so Müllers Versprechen, könne dadurch, dass sie „gerade in der dichterischen Gestalt etwas von dem ‚offenbaren Geheimnis' der Natur ergreift und begreift [...] den Spalt zwischen Natur- und Geisteswissenschaft schließen" (MP, 246). Sie wendet sich gerade „gegen die Aufspaltung in Natur- und Geisteswissenschaften" (GM, 7). Die literaturwissenschaftliche Gestaltforschung, so versichert Müller, „wird [...] auf einem begrenzten Gebiet hinter die Aufspaltung von Geistes- und Naturwissenschaften und von vielen anderen dogmatischen Fixierungen zurückfinden [...] zu der Einheit des immerfort zeugenden und zerstörenden Lebens." (GM, 9)

Dabei ist zu bedenken, dass Müller auch mit dem Gestalt-Begriff keineswegs Neuland betritt – neu ist lediglich die durch den persönlichen Resonanzdruck und die disziplinären Legitimationsprobleme mitbedingte Re-Kombination der Elemente. Reiht er sich doch mit der auf dem Gestalt-Begriff basierenden, lebenswissenschaftlichen Komponente seiner Programmatik ein in einen seit dem Beginn des 20. Jahrhunderts virulenten, nach 1920 vor allem in der neuen Leitdisziplin der Biologie intensivierten, letztlich aber interdisziplinären Diskurs. Im Rahmen dieses naturphilosophisch imprägnierten Diskurses zirkuliert der Gestalt-Begriff als Chiffre eines Wissenschaftsverständnisses, das angesichts eines durch die fortschreitende Differenzierung und den Komplexitätszuwachs bedingten „Verlust[s] von Anschaulichkeit und Integrationsfähigkeit"[75] (natur-)wissenschaftlicher Erklärungs- und Darstellungsverfahren auf „Ganzheitlichkeit" und „Organizität" setzt.

Erscheint dieser Gestalt-Diskurs von naturwissenschaftlicher Seite aus gesehen wie eine mit Weltanschauungs-*appeal* auftretende Philosophisierung der eigenen, vornehmlich durch Mathematisierung und Logifizierung geprägten Kommunikationsstrukturen, so ist von literaturwissenschaftlicher Seite aus gesehen in gewisser Weise das Gegenteil der Fall. Hier ist es gerade auch die naturwissenschaftlich-biologische Aura des Gestalt-Begriffes, die ihn zumindest Müller als anschlussfähige Chiffre für die mögliche Szientifizierung seiner nicht zuletzt durch die Konkurrenz zu den Naturwissenschaften unter erheblichem Legiti-

---

75 Klausnitzer, Ralf: Blaue Blume, a. a. O., S. 420. S. dort (S. 420–459) zur detaillierteren Rekonstruktion der interdisziplinären Zirkulationsgeschichte des Begriffes vor und nach 1933. Müllers dritte Grundlagenschrift erscheint in der „Die Gestalt-Abhandlungen zu einer allgemeinen Morphologie" betitelten Schriftenreihe, die – herausgegeben von dem Kunsthistoriker Wilhelm Pinder, dem Botaniker Wilhelm Troll und dem Chemiker Karl Lothar Wolf – die Ergebnisse des seit 1942 regelmäßig stattfindenden Hallenser „Gestalt-Kolloquiums" dokumentiert. Müllers Abhandlung geht – wie er einleitend erwähnt – auf einen Vortrag im Rahmen dieses Kolloquiums zurück: „Die Einladung zu einem Vortrag in dem Halleschen Gestalt-Kolloquium durch Herrn Professor W. Troll bot [...] erwünschten Anlaß, die in der Abhandlung [gemeint ist: Müller, Günther: Die Grundformen der deutschen Lyrik, in: Von deutscher Art, a. a. O., S. 95–135; G. K.] umrissenen methodischen Voraussetzungen nun zu einem Entwurf der Anfangsgründe einer literaturwissenschaftlichen Morphologie zu erweitern." (GM, 8)

mations- und Innovationsdruck stehenden Disziplin erscheinen lässt. Dass für den zudem noch unter erheblichem wissenschaftspolitischen Legitimationsdruck stehenden Müller die politischen Resonanzeffekte, die sich über eine solche Biologisierung der eigenen Redeweisen inszenieren lassen, attraktiv gewesen sein mögen, wird man sicherlich nicht ausschließen können. Offensichtlich ist es jedenfalls, dass dem Gestalt-Begriff innerhalb seiner Programmatik nicht zuletzt die Funktion zukommt, den Gegenstandsbereich sowie die Arbeitsmethoden der eigenen Disziplin zu empirisieren. Denn, wenn die Dichtung „Sprachwirklichkeit und Naturwirklichkeit" (MP, 242) und als solche „im Vollsinn ‚**Natur**'" (GM, 15) ist, dann hat die morphologische Dichtungswissenschaft „**anschauliche** Erkenntnis" (GM, 18) durch „eine möglichst große Zahl von Einzelbeobachtungen" (GM, 46) zu gewinnen und d. h., dass sie – ganz in den Spuren Goethes – solche Erkenntnis „nur am Gegenstand selbst, nicht in freier Begriffsbildung [...] gewinnen" (GM, 46) kann. Sowohl der Gegenstand literaturwissenschaftlicher Erkenntnis, als auch die Methoden der Erkenntnisgewinnung zeitigen innerhalb von Müllers Programmatik eine im Sinne der Empirisierung konsequente „Verleiblichung" der Semantik. Durch den Gestalt-Begriff, so insistiert er etwa, werde

> der Formbegriff aus seiner Beschränkung auf den äußeren Umriß befreit. Er bezieht sich sowohl auf diesen als auf die innere Organisation, Gliederung und Auswirkung der Kräfte, und er versteht den Umriß gewissermaßen als die Oberfläche einer leibhaftigen Erscheinung. Das eigentümlich Dichterische würden wir somit als Form, als Gestalt auffassen in dem Sinn, in dem Gestalt besagt den „Kompelex des Daseins eines wirklichen Wesens" [Goethe; G. K.]. (GM, 357 f.)

Die Einzelheiten eines Gedichtes werden dann zu „Fasern und Adern einer sprachgetragenen Leibhaftigkeit im Gesamtgezüge des Werdens" (GM, 374), vom „organische[n] Glied" GM, 367) – statt von Strophe –, ist die Rede, eine Wortfügung „wächst" als „Organ" in „das zweite [Glied] hinüber" (Ebd.) und „auch die einzelnen Wörter" müssen „in ihrer farbigen Leibhaftigkeit" (GM, 376) aufgenommen werden. Einzelne Dichtungen wiederum verwirklichen sich „in einem Werden, das bei aller Verschiedenheit mit dem Wachsen einer Pflanze verglichen werden kann und das sich durch Metamorphosen vollzieht." (MP, 235) Die potentiell überschüssige Bedeutungskonstitution eines Gedichtes ist demzufolge das Resultat eines dichtungsspezifischen „Wachstums"prozesses, der sich bei Müller wie die organologisierte Variante des hermeneutischen Zirkels liest:

> Das Nacheinander der Worte und Sätze bringt kein bloßes Hinzufügen von Begriffen, sondern wirkt im Ineinanderfügen von Bedeutungen ein außerhalb der Sätze stattfindendes Werden erscheinender Einheiten. Ein Teil wirkt auf alle, alle wirken auf jeden, und in diesem ausgewogenen Wechselspiel der Kräfte wächst von Metamorphose zu Metamorphose eine Gestalt heran. Sie ist nicht erst am Ende des Werks, sondern schon im Vollzug der ersten Metamorphose Gestalt, wie die Pflanze, das Tier in jedem Wachstumsstand Gestalt ist. [...] Man wird versuchen dürfen, auch die Metamorphose in Dichtung als ein Zusammenwirken vertikaler und spiraler Tendenzen

zu begreifen. Dabei läßt sich der Einfachheit halber von Führkraft und Schwellkraft sprechen. Dass hier auch Entsprechungen zum menschlichen Leben vorliegen, ist offenkundig. (MP, 237f.)[76]

Dieser Verleiblichung des Artefaktes korrespondiert jene des Rezeptionsaktes, ist doch die Erkenntnis der jeweiligen „leiblichen" Beschaffenheit eines dichterischen „Gebildes" nicht lediglich das Resultat eines kognitiven Aktes, sondern eine Einsicht, die sich erst „dem Ohr, dem Auge und dem verstehenden Sinn" (GE, 367) abzeichnet. Die „Sinnenhaftigkeit und Leibhaftigkeit" (MP, 228) der Dichtung, daran lässt Müller keinen Zweifel, erfordert den Einsatz ihres Interpreten als eines „ganzen" Menschen, d.h. als Verstandes- *und* Sinnenwesen.[77] Erst unter der synästhetischen Hinwendung des Morphologen kann das Wort offenbaren, das es im Gefüge der Dichtung wenn auch nicht „Fleisch", so doch zumindest Leib geworden ist. Denn

> dann sind das alles nicht mehr Wörter, wie sie im Wörterbuch stehen, sondern dichterische Verkörperungen einer liebenden Begegnung und Verbindung, die sich aus dem tiefsten Lebensgeheimnis erwachsen weiß und bereit ist, die „heilige Liebe" in der persönlichen Verwirklichung als eine Manifestation der ewigen Kräfte zu leben, deren geheimes Gesetz in der Betrachtung der Pflanzenmetamorphose sichtbar geworden ist. (GE, 383)

Eine Art Rest-Katholizismus, der seine teilweise gewandelten Denkstrukturen weiterhin prägt[78], wird man hier bei Müller vermuten dürfen, auch wenn die Transsubstantation des

---

76 „Vertikale" und „spirale" Tendenzen markieren die möglichen „Gesetzlichkeiten" des Dichtungswachstums: „Die vertikale Tendenz ist das Ausrichtende, geradeaus, vorwärts, aufwärts Treibende, die spirale Tendenz ist das Beköpernde, Umschweifende, Kreisende. […] Löst man sie in Gedanken voneinander, so kann ihr Wirken und ihr Verhältnis durch das Bild einer ihre Stange umrankenden Bohnenpflanze verdeutlicht werden. Etwas Entsprechendes läßt sich nun wohl im Werden dichterischer Gestalten beobachten. […] Die Züge des Tuns und Geschehens, aber unter Umständen auch die des denkenden Ordnens und Ausrichtens haben in diesem Sinn etwas von vertikaler Tendenz, die der Gestimmtheit, des Fühlens, Leidens, Nachsinnens, aber auch die Zuständlichkeiten (das Milieu) haben etwas von spiraler Tendenz." (MP, 238)

77 Dass Müllers Auffassung einer synästhetischen Interpretation ihre ideengeschichtlichen Wurzeln in der Ästhetik der Weimarer Klassik und ihrer Forderung nach dem „ganzen Menschen" hat, liegt auf der Hand. Nicht nur Goethe entwirft ein solches Programm – etwa in den berühmten Versen der sechsten Elegie der *Römischen Elegien*, in denen es u.a. heißt: „ich denk und vergleiche,/Sehe mit fühlendem Aug, fühle mit sehender Hand" (hier zit. nach: Goethe, Johann Wolfgang: Werke. Jubiläumsausgabe, hrsg. von Friedmar Apel u.a., Erster Band, Frankfurt am Main 1998, S. 89) –, sondern auch Schiller schreibt ja, z.B. in seiner Rezension *Ueber Bürgers Gedichte* (1791), der Literatur die Aufgabe zu, der „Vereinzelung und getrennten Wirksamkeit unsrer Geisteskräfte" entgegenzuwirken, um das moderne Individuum zu einer ursprünglichen Einheit zurückzuführen (Schillers Werke. Nationalausgabe, begr. von Julius Petersen, fortgeführt v. Lieselotte Blumenthal und Benno v. Wiese, hg. im Auftrag der Stiftung Weimarer Klassik und des Schiller-Nationalmuseums Marbach v. Norbert Oellers, Weimar 1943ff., Band 22, S. 245).

78 Auch der für den Gestalt-Diskurs bezeichnende Fokus auf die Proportion geht natürlich – theoriegeschichtlich gesehen – weit hinter Goethes Morphologie zurück, findet er doch Vorläufer nicht nur in

Wortes, das Fleisch geworden ist, sich im Rahmen der morphologischen Poetik in einen Analogien heischenden Pannaturalismus verflüchtigt hat: das Wort ist Gestalt, d. h. Sprachleib geworden.

„Dabei", so heißt es an anderer Stelle mit deutlichem Abgrenzungsgestus gegenüber dem „Spiritualismus" geistesgeschichtlich geprägter Konkurrenzmodelle, „wollen wir ganz absehen von dem scharfen Widerspruch, den eine spiritualistische, gegenorganische Deutung der menschlichen Geisteskräfte hier erhebt mit der Behauptung, daß Dichtung nicht von Keimkräften hervorgebracht werde, sondern vom Geist, der mehr oder weniger unabhängig über dem leibhaftigen Leben schwebe." (GM, 18)[79]

Die Rede von den „Keimkräften" als dichtungserzeugender Ursache sowie die konsequente Organologisierung der Literatur und ihrer Beschreibungssemantik rückt Müllers „morphologische Poetik" in eine gewisse Nähe zu Kochs „biologischem Funktionalismus" (s. III.3.2), der ja ebenfalls für sich den Anspruch erhebt, die herkömmlichen Grenzziehungen zwischen Natur- und Geisteswissenschaften zu transzendieren. So mag es denn kaum überraschen, dass der zum biologischen Monismus konvertierte Ex-Gradualist den Schatten der „Bauhütte" auch keineswegs scheut und sich wiederholt resonanzstrategisch

>
> der pythagoreischen Metaphysik der Zahl sondern etwa auch und gerade in der Spätscholastik eines Nikolaus von Kues. So heißt es etwa in *Idiota de mente*: „Wir wissen also, dass das erste Entsprungene dasjenige ist, dessen Bild die Zahl trägt. Und wir können an seine Washeit nicht anders und näher herankommen, da die Genauigkeit der Washeit eines jeden Dinges durch uns nicht anders berührbar ist als im Rätsel oder Bild. Wir nennen nämlich das erste Entsprungene symbolisch ‚Zahl', weil die Zahl Träger der Proportion ist; es kann nämlich kein Verhältnis ohne Zahl geben. Und die Proportion ist der Ort der Form; ohne eine Proportion nämlich, die für die Form passend und angemessen ist, kann die Form nicht widerstrahlen […] Sieh, wie die unendliche Einheit des Urbildes nur in einer angemessenen Proportion widerstrahlen kann, und diese Proportion liegt in der Zahl. Der ewige Geist handelt nämlich gleichsam wie ein Musiker, der seinen Plan sinnlich wahrnehmbar machen will." (Nikolaus von Kues: Der Laie über den Geist, Hamburg 1995, S. 47) Wenn Müller abschließend über die *Seinsweise von Dichtung* (a. a. O., S. 152) reflektiert, kommt er zu dem Schluss: „Der Anspruch von Dichtung, tiefere Wahrheit, eigentlichen Sinn zur Erscheinung zu bringen, hängt also entscheidend von ihrer Proportioniertheit ab; von der Proportion ihrer Teile unter einander und von der Proportion des ganzen Gefüges gegenüber der bedeuteten tieferen Wahrheit."

79 Diese Kritik am „Spiritualismus" einer „geistesgeschichtlichen Literaturwissenschaft" ist innerhalb des Müller'schen Denkens bereits vor der „morphologischen Wende" präsent. So heißt es etwa in seinem Beitrag *Literaturwissenschaft als Geistesgeschichte* (in: Universitas, 29.11.1934): „Sie [die geistesgeschichtliche Literaturwissenschaft; G. K.] hat dabei aber auch dessen [Hegels; G. K.] Glauben an die Autonomie des menschlichen Geistes weitgehend übernommen: Aus seiner eigenen Dialektik, von einem Oben und Unten unberührt, wirkt ‚der' menschliche Geist seine Geschichte aus sich heraus. Und sie hat das Sein in eine endlose Abfolge von Entwicklungen aufgelöst, hat dabei weitgehend sich mit einer vielfach sehr feinen und verstehenden Beschreibung der Vorgänge begnügt, ohne Ordnungszusammenhänge über das Wallen der tatsächlichen Vorgänge hinaus, ohne Richtpunkte und Entscheidungen zu suchen. So wenig ihre Gewinne leichthin verloren werden dürfen, so gewiß ist sie von den Gefahren eines jeden Spiritualismus bedroht. Es gilt, sie dagegen zu sichern. Es gilt, das unendlich Wandelbare und Bedingte durchsichtig zu machen für den Blick auf das Unwandelbare hin." Selbstverständlich ist dieses „Unwandelbare" und alles Bedingende für Müller zu dieser Zeit noch Gott und nicht die im Goethe'schen Sinne verstandene Natur.

auf die Arbeit des Berliner Ordinarius und Goetheforschers bezieht. „Für das Bestreben", so versichert Müller etwa in seiner exemplarischen Interpretation von *Goethes Metamorphose der Pflanzen*, „in der literaturwissenschaftlichen Interpretation eine Verbindung der Literaturwissenschaft mit der biologischen Naturwissenschaft zu gewinnen, darf ich verweisen auf die entscheidend wichtige Abhandlung von Franz Koch ‚E. G. Kolbenheyers Bauhütte und die Geisteswissenschaften'." (GE, 364)

Und auch in der großen *Gestalt*-Schrift betont Müller, dass er, unter Anderem „angeregt durch F. Koch und seinen Aufsatz ‚Die Entwicklung des organischen Weltbildes in der deutschen Dichtung' [1939, G. K.], die Gestaltfrage der Dichtung im Sinn von Goethes Morphologie anzugreifen begonnen" (GM, 8) habe.[80]

Den mehrfachen Rekurs auf Koch – einen Akteur mithin, der als der vielleicht gewichtigste Vertreter einer rassenkundlich orientierten Lebenswissenschaft innerhalb des esoterischen Zirkels der Disziplin anzusehen ist – mag man auch als ein resonanzstrategisch motiviertes Kollusionssignal eines Literaturwissenschaftlers unter Katholizismusverdacht verbuchen. Dass es Müller mit seiner „morphologischen Poetik" indes nicht nur darum geht, durch am Rande eingestreute, politisch lesbare Übereinstimmungssignale eine Art resonanzsemantischen Schutzgürtel um seine interpretatorische Praxis zu legen[81], sondern auch darum, mit seiner Konzeption selbst ein Szientifizierungsangebot für seine eigene Disziplin zu entwerfen, wird deutlich, wenn er die dem Anspruch nach weitgehende normativ-ästhetische Indifferenz seiner literaturwissenschaftlichen Gestaltkunde betont. Beschreibung und Gesetzeserkenntnis, nicht Wertung aufgrund intransparenter Voraussetzungen sei ihr Anliegen. „In welcher Weise morphologische Poetik an die Frage der *Schönheit* heranzutreten hat, ergibt sich schon einigermaßen aus allem Vorhergehenden" (MP, 241), versichert er in seiner zweiten Grundlagenschrift:

> Diese Poetik ist nicht Ästhetik, sondern Gestaltkunde. Sie unterscheidet die Gebilde nach dem Bildungsgesetz, nicht nach dem ästhetischen Reiz, und sie hat mit einer Definition dessen, was auf diesem oder jenem Standpunkt als ‚schön' anzuerkennen oder als ‚unschön' zu verwerfen ist, nichts zu tun. Dagegen muß ihr sehr daran gelegen

---

80 S. dort auch S. 74, wo Müller Kochs Schrift über *Goethe und Plotin* [1925] als „ungemein erhellend" würdigt und ausführlich zitiert.

81 In diesem Sinne inszeniert Müller seine „morphologische Poetik" mit Blick wohl vor allem auf seine disziplininterne Adressatenschaft auch keineswegs als explizite Konkurrenzprogrammatik zu bereits zirkulierenden literaturwissenschaftlichen Konzeptionen. Als ein genuines Leistungsangebot seiner in dieser Hinsicht gleichsam als eine Art Meta-Programmatik konzipierten Gestaltforschung erscheint deshalb das Versprechen, die Fragen nahezu aller anderen Ansätze integrieren zu können. Die Gestaltfrage, so versichert Müller, liefere Aufschluss auch darüber, „daß und wie die Fragen einer geschichtlichen, ideenmäßigen, rassischen, völkischen, soziologischen Gliederung des Dichtungsbestandes anzugreifen sind." (MP, 246) „Auf diese Weise", so sein Versprechen allseitiger Anschlussfähigkeit, „würde die morphologische Literaturwissenschaft zur Erkenntnis von Volks-, Rasse-, Stammes-, Zeitaltertypen beitragen und auch deren Verhältnis zu psychologischen und Weltanschauungstypen klären helfen." (GM, 68)

sein, wie weit ein Keim sich im Werden einer Gestalt rein und unbeeinträchtigt herausbildet. Wo im Zusammenwirken aller ‚Teile' auf einen und jedes Teils auf alle eine völlig durchdrungene Einheit Gestalt wird, da erscheint offenbar etwas, das sich morphologische Schönheit nennen läßt. Und im Spielraum morphologischer Schönheit gibt es klassische, romantische, naturalistische Schönheit usw. [...] Was sich der Betrachter davon aneignen kann, das hängt von der Vorstellungsart des Betrachters und von seiner Geschmacksrichtung ab, die ja weitgehend theoretisch bestimmt zu sein pflegt. Es gehört ins Gebiet der Nutzanwendung wie die Wahl von Speisen, nicht in das Gebiet der Gestaltkunde, und eine morphologische Poetik wird bestrebt sein müssen, sich von Geschmackswahl und Schönheitstheorie nicht den Blick für die Gestalt und deren Gesetze trüben zu lassen. (MP, 242)[82]

Allerdings sollte diese Inszenierung eines schönheitsindifferenten Objektivismus auf der programmatischen Ebene[83], der mit der potentiellen Inklusion „naturalistischer" Schönheit gegen die bildungsbürgerliche und auch im NS hegemoniale Orthodoxie des „schönen Scheins" verstößt, wiederum nicht darüber hinwegtäuschen, dass es Müller in seinen Grundlagenschriften durchaus nicht versäumt, seiner Variante einer qua Gestalt-Begriff verwissenschaftlichten und modernisierten Literaturwissenschaft das nötige Maß an Kompatibilität mit dem disziplinären Denkstil einzuschreiben.

Die „morphologische Poetik" schließt zwar (dem Anspruch nach) den Spalt zwischen Natur- und Geisteswissenschaften, sie beachtet aber nichtsdestoweniger die Grenzen. Schon der Umstand, dass mit Goethe eine der zentralen Projektionsflächen des bildungsbürgerlichen und disziplinären Literatur-Pantheons als maßgebliche personale Referenz für die angestrebte Synthese von Natur- und Geisteswissenschaften fungiert, deutet auf Müllers Bestreben hin, die „morphologische Poetik" nicht als Bruch mit der denkstilspezifischen Nomenklatur zu inszenieren. Im programmkonstitutiven Rekurs auf „Goethe"

---

82 In der gleichen Schrift heißt es: „Bestimmte Zeiten, bestimmte Menschenarten werden von idealistischer, andere von naturalistischer Dichtung gefesselt und befriedigt. Dabei können Kämpfe der Weltanschauungstheorien zum Austrag kommen. Mit der Frage aber, ob ein Werk eine *Dichtung* ist, haben diese Kämpfe in Wirklichkeit nichts zu tun. [...] Wenn Dichter oder Kritiker programmatisch klassische oder romantische oder auch naturalistische Dichtung als einzig wahre Dichtung vertreten, was ändert das an dem dichterischen Rang der Divina commedia oder der Comédie humaine, der klassischen Tragödie, des Faust, des Grünen Heinrich, des Manfred oder der Rougon-Macquarts? Es ist so, als wollte man den ausschließlichen Anbau von Roggen oder Gerste oder Weizen fordern, was ja unter gewissen praktischen Gesichtspunkten gelegentlich einen guten Sinn haben kann. Bestimmungen wie Realismus und Naturalismus sind keine Wertmaßstäbe, sondern besondere Ausprägungen des umfassenden Bildungsgesetzes der Einheit und als solche freilich, wie gesagt, Gegenstand der morphologischen Poetik." (MP, 233)
83 Müller hat diesen „naturalistischen" Indifferentismus auch nach 1945 und nicht nur auf der Publikationsebene durchaus perpetuiert. So schreibt er etwa am 09.04.1947 an Pyritz, der ja den „Biologismus" von Müllers Konzeption kritisierte: „Daß der erzählte Vorgang in sich so wenig von einem transzendierenden ‚Sinn' hat wie die Bewegung eines Gletschers, halte ich für eine schlichte Beschreibung." (Zit. nach Baasner, Rainer: a.a.O., S. 266)

personalisiert sich mithin jener Brechungseffekt innerhalb der morphologischen Theoriearchitektur, mit dem die in Aussicht gestellte Biologisierung der Disziplin in eine denkstilkompatible und deshalb anschlussfähige Semantik übersetzt werden soll. Dass „Goethe" im Rahmen von Müllers *border crossing* deshalb bisweilen die Funktion eines argumentationslogischen Platzhalters einnimmt, zeigt sich z. B. paradigmatisch, wenn der morphologische Grenzgänger über die Erweiterung des Natur-Begriffes raisonniert. „Vielmehr erfordern erhebliche Befunde", so heißt es zunächst in der Abhandlung zur „Morphologischen Poetik", „den Natur-Begriff so weit zu nehmen, dass er die Kultur als eigentümliche Hervorbringung und Aufgabe der menschlichen Natur begreift." (MP, 230) Allerdings folgt nun keineswegs – wie man angesichts der von Müller sonst durchaus gepflegten argumentativen Stringenz erwarten könnte – eine Darlegung dieser „erheblichen Befunde" (geschweige denn eine Auseinandersetzung mit neueren naturwissenschaftlichen Positionen), sondern eben der Verweis auf die sakrosankte Autorität:

> In der neueren Zeit hat besonders Goethe einen solchen Naturbegriff vertreten, und für die Poetik ist sein Wort aus dem 16. Buch von „Dichtung und Wahrheit" höchst wichtig: „Ich war dazu gelangt, das mir innewohnende dichterische Talent ganz als Natur zu betrachten." Denn dies Wort ist geeignet, die Suche nach Gesetzen der Dichtkunst von den geschichtlichen Besonderungen zu den durchwaltenden Grundmächten zu führen und das Erzeugnis der **dichterisch** bildenden Kraft im Zusammenhang mit allen anderen bildenden Naturkräften zu sehen. Damit rückt aber auch die Dichtungsgestalt in einen gewissen Zusammenhang mit den Gestalten der organischen Natur, und es ist berechtigt, nach Analogien der Bildungsgesetze zu forschen. (MP, 231)

Goethe locuta, causa finita. Darüber hinaus findet die mithilfe des Gestalt-Begriffes inszenierte Annäherung der Dichtungswissenschaft an die Naturwissenschaften ihre denkstilspezifische „Abfederung" sowohl in der genaueren Bestimmung des Gegenstandes (mithin im Scharnierbegriff der Dichtung) als auch in derjenigen der Methoden und Ziele einer morphologischen Poetik.

An der Dignität des disziplinären Gegenstandsbereiches lässt auch die morphologische Poetik, ungeachtet der Biologisierung der Dichtung, keinerlei Zweifel. Im Gegenteil verbürgt gerade die biologistisch gedeutete Gestalthaftigkeit der Dichtung für Müller ihre distinktive Qualität. Dies gilt zunächst im Blick auf ihre besondere Beschaffenheit, ihre ontologische Differenz im Vergleich zu anderen Weisen der sprachgebundenen Kommunikation: Müller zufolge ist es offensichtlich, „daß dem Klangleib der Sprache in der Dichtung eine sehr viel größere Rolle zukommt als in außerdichterischen Sprachgefügen. Das deutet auf eine Besonderheit dichterischer Sprachgebilde hin, nämlich auf eine Sinnenhaftigkeit und Leibhaftigkeit, die in der Dichtung stärker und bedeutsamer ist als im außerdichterischen Schrifttum." (MP, 228)

Aber nicht nur gegenüber nicht-dichterischen sprachgebundenen Äußerungen, sondern auch gegenüber den „neuen" Konkurrenzmedien zum bildungsbürgerlichen Leitmedium des Buches – d.h. Film, Phono- und Photographie – insistiert der morphologische Dichtungswissenschaftler auf dem Sonderstatus seines Gegenstandsbereiches. Organizität und Authentizität markieren hier die *differentia specifica* der Dichtung. Zwar ist auch die Dichtung, wie Müller einräumt, an die Linearität ihres Mediums – die Schrift – gebunden, jedoch resultiert ihre gesteigerte Organizität aus dem Umstand, dass die „Bilder und Bewegungen, körperliche[n] Vorgänge und seelische[n] Regungen, Gedanken, Vorstellungen und Stimmungen" nicht nur „im Nacheinander der Sätze als Bedeutungen entworfen werden", sondern sich zugleich auch „in die zeit- und ortlose Gestalterscheinung hineinbilden, so daß diese in der Tat während des ganzen Verlaufes einer Dichtung nicht nur ‚abläuft' wie ein Filmstreifen, sondern wächst." (MP, 232) Mit Blick auf die „Verbundenheit von Dichtung und **Dichter**" (GM, 69) schließlich verortet Müller das gesteigerte Maß an Authentizität der Dichtung gegenüber den audiovisuellen Medien:

> Hält man auch nur mit technischen Mitteln eine Gebärde, einen Stimmklang fest, so wird der Mensch in **dieser** Wirklichkeit seines Lebens noch nach seinem Tod „vergegenwärtigt" durch Photographie oder Phonogramm. Die Niederschrift einer Dichtung durch den Dichter aber gibt nicht nur ein Abbild; sie gibt sein Sprechen, seine sprachlichen Metamorphosen **selbst**. (GM, 69f.)[84]

---

84 Theoriegeschichtlich interessant ist es, dass Müllers Poetik – ungeachtet der Onto-Biologisierung der Dichtung, die ja eine ihrer grundlegenden Prämissen darstellt – den Akt der dichterischen Produktion, vor allem aber den der Rezeption durch den Leser durchaus bereits mitdenkt. „Daß für das Zustandekommen dieses Kräftespiels [der dichterischen Gestaltwerdung; G.K.] einerseits der Dichter, andererseits der Betrachter unerläßlich ist, bedarf kaum eigener Hervorhebung, wohl aber besonderer Untersuchungen" (MP, 230), räumt Müller zunächst ein, um dann aber doch der Möglichkeit einer Gestaltanalyse unabhängig von Produktions- und Rezeptionsfragen das Wort zu reden: „Nur ist die literaturwissenschaftliche Lage derartig, dass die Frage nach dem dichterischen Schaffensvorgang und der dichterischen Wirkung besser erst nach der Klärung der Gestaltfrage in Angriff genommen wird [dies wird also, ungeachtet der zuvor konzedierten Dynamisierung des Werk-Begriffes durch Autor und Leser, für durchaus möglich erachtet; G.K.], weil diese sonst allzu leicht von kunstpsychologischen und kulturpädagogischen Überlegungen verstellt wird." (MP, 230) Müller widmet diesem intrikaten Problem des Zusammenhangs von *Werk, Betrachter, Dichter* bezeichnenderweise das gesamte Schlusskapitel seiner zweiten Grundlagenschrift. Und auch hier bleiben seine Ausführungen ambivalent zwischen biologistischer Ontologisierung einerseits und produktions- bzw. rezeptionsästhetischer Dynamisierung des Werk-Begriffes andererseits: „Während Pflanze und Tier unabhängig von etwaigen Betrachtern leben, wenden sich sprachliche Gebilde ihrer Natur nach an Vernehmende. Es gehört sogar zur vollen Wirklichkeit einer dichterischen Gestalt, daß sie vernommen, vollzogen, betrachtet wird. In der Handschrift, im Buch sind nur Schriftzeichen wirklich, deren bloßes Dasein sich von einem Klecks auf Papier, einer Vertiefung im Sand nicht wesentlich unterscheiden würde, wenn die Schriftzeichen nicht darauf angelegt wären, gelesen zu werden. Ungelesen bilden sie nur die *Möglichkeit* eines Sprachleibs. Erst gelesen verwirklichen sie einen Sprachleib. Sie verwirklichen ihn im Zusammenwirken mit dem Lesenden. Und der Leser ist aufgerufen, ein *Betrachter* des aus dem Sprachleib erwachsenden Bedeutungsgefüges zu werden, damit die entworfene Gestalt wirklich zur Erscheinung kommt. Indem sie nun in solchem Zusammenwirken, solchem Verschmelzen wirklich *erscheint*, ist eine gewisse bildende Tätigkeit des Betrachters eine Bedingung ihrer vollen Wirklichkeit. Dieser bildenden Tätigkeit sind die Bahnen durch das feststehende Sprachgefüge weitgehend vorgezeichnet,

Auch führt der epochenbezogene Objektivismus (s.o.) der Gestaltkunde schließlich doch nicht zu einem qualitätsindifferenten Wertungsrelativismus. Denn auf eine normative Selektion der ihr adäquaten Gegenstände muss auch eine Morphologie keineswegs verzichten. Zum Selektionskriterium wird auch hier – transponiert in die Semantik der Gestaltkunde – die Authentizität eines Werkes: nicht jedes sprachgetragene Artefakt nämlich ist automatisch auch eine Dichtung. Denn es

> zeigt sich ferner, dass morphologische Poetik ihre Gesetze nicht in jedem Stück versifizierter Sprache finden kann, sondern nur in Werken, die von einer ursprünglichen Gestaltungskraft gebildet sind. Der zahlenmäßig weitaus größere Bestand bildet ja fremde Gestaltungsgesetze nach, bringt also ursprüngliche Grundgesetze gar nicht zur Erscheinung. Insofern verlangt morphologisches Erkennen allerdings einen Sinn für dichterische Qualität, denn sonst würde es wie der Blinde von der Farbe reden. Im weiteren Verlauf wird es dann freilich gerade einer morphologischen Poetik möglich werden, den Unterschied zwischen ursprünglichen Gestaltungen und nachgemachten Gebilden zu verdeutlichen. (MP, 246)

Die Unterscheidung zwischen Dichtung und Literatur, so sieht man, bleibt also auch im Rahmen dieser lebenswissenschaftlichen Dichtungswissenschaft, die an ihre Gegenstände die Sonde der Authentizität legt, virulent. Somit lässt die Morphologie, die einerseits statt auf den vom diskursiven Verschleiß bedrohten Volks-Begriff und den grenzwertigen Rasse-Begriff auf das höhere Anschlusspotential des Gestalt-Begriffes setzt, andererseits die Tür zur komparatistischen Volks- und Rassenkunde doch offen. Prospektive Synergieeffekte werden mithin keineswegs ausgeschlossen:

> Wenn aber etwa in der französischen Dichtung sich ein mehr rationales Bauen bemerkbar machen sollte gegenüber einem mehr organischen Wachsen in der deutschen, so wäre eben das als eine der möglichen Abwandlungen zu begreifen, die mit dem Werdegesetz des dichterischen Gestalttypus gegeben oder in ihm beschlossen sind. [...] Und der stärkere rhetorische Einschlag in romanischer Dichtung wird Anlaß geben, das umstrittene Verhältnis von Dichtung und Rhetorik einmal vom Morphologi-

---

sodaß man von einem Nachbilden sprechen kann. Dennoch bleibt der unentbehrlichen nachbildenden Tätigkeit ein ganz erheblicher Spielraum, und dieser Spielraum gehört notwendig zur Gestalt von Dichtung. Er ist nicht etwas, das nur durch psychologische Unzulänglichkeiten des Betrachters herangebracht würde, sondern er gehört zu den morphologischen Grundgegebenheiten." (MP, 242f.) Ähnlich mäandernd argumentiert Müller dann im Blick auf das Verhältnis von Dichter und Werk (vgl. MP, 243ff.) Es gehört sicherlich zu den ironischen Paradoxien der germanistischen Theoriegeschichte, dass gerade innerhalb eines programmatischen Entwurfes, der mit dem Vorsatz antritt, den Werk-Begriff – biologistisch imprägniert – noch einmal zu stärken, eben dieser Werk-Begriff gleichsam „unter der Hand" durch seine Dynamisierung vor allem im Zeichen des Lesers bereits wieder zu erodieren droht. Das antizipatorische Potential dieser Seite der morphologischen Poetik für eine spätere Literaturgeschichtsschreibung, die sich als Provokation verstanden wissen will, ist – dies dürfte deutlich geworden sein – ebenso beträchtlich wie möglicherweise überraschend.

> schen her zu erhellen. Mit diesen Bemerkungen ist die Frage volklicher Stiltypen neuerlich berührt, die mit der Frage stämmischer und rassischer Eigenzüge sowie mit der des Individualstils in enger Verbindung steht. Es wird zu untersuchen sein, inwieweit es sich dabei um Abwandlungen des Grundtypus [...] handelt, inwieweit um etwas Neues, Andersartiges, Zusätzliches. (GM, 67)

Wie die meisten auf Innovation setzenden Konzeptionen, so entpuppt sich auch die morphologische Poetik hier als ein disziplinäres Arbeitsbeschaffungsprogramm, spendet doch auch sie die Legitimation, das umfängliche Korpus relevanter Texte noch einmal – diesmal unter dem morphologischen Paradigma – durchforschen zu dürfen:

> Es ist nun wohl für den gediegenen Ausbau morphologischer Poetik unerläßlich, unvoreingenommen Gruppenbildungen zu beobachten und auf ihre Tragweite, ihre typenbildende Kraft zu prüfen. Das Gestaltungsgesetz der sprachgetragenen Wirk- und Werdeeinheit kann und muß dabei als Prüfstein dienen. Man wird einerseits durch **eingehende Vergleichung von Einzelmetamorphosen** [*Hervorh. G. K.*] Artgemeinschaften aufsuchen, anderseits die herkömmlichen Gattungsbegriffe daraufhin untersuchen, was die von ihnen umgriffenen Dichtungen in ihren Bildungen an Gesetzlichem gemeinsam haben." (MP, 240)[85]

Auch schickt sich Müller an, mögliche Bedenken zu zerstreuen, eine im Zeichen der Gestalt re-empirisierte Literaturwissenschaft müsse den anvisierten Brückenschlag zu den Naturwissenschaften mit der unzulässigen Re-Adaptation quasi-naturwissenschaftlicher Verfahrensweisen bezahlen. Prophylaktisch kann der Gestaltforscher auch, was die Methodik der Morphologie betrifft, Entwarnung geben. Die Perspektive der Morphologie auf ihren Forschungsbereich ist „hylozoistisch" (GM, 37)[86], nicht materialistisch. Die „Natur-

---

[85] Im Rahmen der an Staiger anschließenden stilgeschichtlichen Programmatik wird dieses Arbeitsbeschaffungsprogramm über die präsupponierte Unausschöpflichkeit des Kunstwerkes kommuniziert und legitimiert. Staiger selbst etwa insistiert, „daß jedes echte lebendige Kunstwerk in seinen festen Grenzen unendlich ist. ‚Individuum est ineffabile'. Und wir besinnen uns auf die unvergängliche humanistische Wahrheit, daß nur alle Menschen zusammen Menschliches ganz zu erkennen vermögen." (Staiger, Emil: Die Kunst der Interpretation, a. a. O., S. 33) Deutlicher noch heißt es bei Wilhelm Emrich: „Diese Werke sind gleichsam ‚unausschöpfbar'. Sie geben jeder Generation neue Rätsel auf, neue Deutungsmöglichkeiten und Sinnbezüge; sie sind nie zu Ende zu interpretieren." (Emrich, Wilhelm: Geist und Widergeist. Wahrheit und Lüge in der Literatur, Frankfurt am Main 1965, S. 19)

[86] S. auch GE, 371, wo Müller in einer Anmerkung ausführt: „Die ‚höhere Welt', die ‚geistigeren Kräfte' sind [bei Goethe; G. K.] durchaus welthafter Natur und dürfen nicht spiritualistisch oder außerweltlich umgedeutet werden. Das Wort aus der Schilderung des Pempelforter Aufenthalts in der ‚Campagne in Frankreich' hat zumindest für die ganzen neunziger Jahre volle Giltigkeit [sic]: ‚Der Hylozoismus, oder wie man es nennen will, dem ich anhing und dessen tiefen Grund ich in seiner Würde und Heiligkeit unberührt ließ, machte mich unempfänglich, ja unleidsam gegen jene Denkweise, die eine tote, auf welche Art es auch sei, auf- und angeregte Materie als Glaubensbekenntnis aufstellte'. Gerade die Metamorphosen-Elegie läßt manches von dem tiefen Grund des Goetheschen ‚Hylozoismus' in seiner Würde und Heiligkeit ahnen."

wissenschaftlichkeit" ihrer Optik ist die der klassischen Ästhetik Goethes, weshalb auch keine Gefahr bestehe, „daß ihr Gegenstand, die Dichtung, mit fremdartigen Verfahren mathematisch-physikalischer Herkunft vergewaltigt würde." (GM, 14) Die Verfahrensweise der Morphologie orientiert sich an der präsupponierten Beschaffenheit ihres Gegenstandes: so wie der Gestalt-Begriff dazu nötige, „die Vorstellung einer mit ihren Summanden gleichen Summe durch die Vorstellung eines einheitlich durchgeformten **Ganzen** [zu] ersetzen" (GM, 18), und so wie Gestalt zu verstehen sei als der „Zusammenschluß größter Mannigfaltigkeit in die absoluteste Kraft der ausgewogenen Wechselwirkung zwischen allen Teilen miteinander und mit dem Ganzen" (GM, 19)[87], so setzt auch der Morphologe auf eine „ganzheitliche" Anschauungsweise, die die „Art der neueren, atomistischen, mechanistischen Wissenschaft" (GE, 384) ebenso transzendiert wie den „stimmungsmäßigen Impressionismus und genießerischen Ästhetizismus" (GM, 9) einer fehlgeleiteten Geistesgeschichte. Der Morphologie, so versichert Müller, geht es gerade nicht „um ein flach naturalistisches Wiedergeben der jedesmaligen Gegenstände" (GE, 385) und man müsse „sich vor einer Umdeutung des Gestalthaften ins messbar Begriffliche hüten." (GM, 25) Dem „Hauptgegenstand morphologischer Literaturforschung", eben der Dichtung, sei „überhaupt nicht auf dem Zick-Zack-Weg der Induktion von wenigen Einzelfällen und abstrahierender Verallgemeinerung" (GE, 386) zu begegnen. Demzufolge liege es „in der Natur der [morphologischen; G. K.] Interpretation von Dichtung, dass sie einmal gewisse letzte Zusammenhänge ihrer Gebilde nicht durch Zerlegen, sondern nur durch Hindeuten sichtbar machen kann, weil sie sonst, statt das geheime Gesetz der dichterischen Formwirklichkeit zu verdeutlichen, den dichterischen Organismus zerstört." (GE, 383)

Der Morphologe mit seiner „Bereitschaft zu ganz ruhiger, versuchsfreudiger Einzelinterpretation" (GM, 66) versuche zwar die einzelnen „Gestaltzüge" (GM, 17) einer Dichtung, wie z. B. ihre metrisch-rhythmischen Eigentümlichkeiten, ihre Gliederung, ihren Ton, ihre Gedankenzüge, „in ihrer Einheit" zu interpretieren, aber „die Zulänglichkeit einer Interpretation [läßt sich] nicht eigentlich beweisen." (GE, 384) Die interpretato-

---

[87] Es ist offensichtlich, dass sich Müllers Präsupposition – sieht man einmal von ihrer semantischen Einkleidung ab – mit jener „Maximierungsannahme" deckt, die Danneberg als das „pars construens" von Staigers „Theorie" der werkimmanenten Interpretation herauspräpariert: „Das literarische Kunstwerk ist im höchsten Maße (zum Beispiel) einheitlich kohärent, bedeutungsträchtig, gestalthaft." (Danneberg, Lutz: a. a. O., S. 316) Bei Staiger heißt es etwa zur „Vollkommenheit" der Dichtung: „Je vollkommener eine Dichtung ist, desto eher wird jede Erscheinung allen anderen ebenbürtig sein. Doch jede gewinnt ihren eigentümlichen Sinn nur im Zusammenhang. Löse ich etwas heraus und betrachte es isoliert, so verfalle ich einem öden und trügerischen Schematismus." (Staiger, Emil: Die Kunst der Interpretation, in: ders.: Die Kunst der Interpretation. Studien zur deutschen Literaturgeschichte, Zürich 1955, S. 9–33, hier: S. 20) Auch Müller geht es, wie Staiger, in seiner interpretatorischen Praxis – s. etwa seine Deutung von Goethes *Morphologie*-Gedicht – vor allem um den Aufweis von „Gestalt-Gehalt"-Entsprechungen und Staigers Grundprinzip der „Stimmigkeit" entpricht Müllers Voraussetzung der Gestalthaftigkeit „echter" Dichtung. Diese programmübergreifenden Konvergenzen können indes kaum überraschen, bilden doch bei beiden Akteuren letztlich die „Werke[] der Klassik" (Danneberg, Lutz: a. a. O., S. 323) die Explikationsbasis ihrer ästhetischen Grundannahmen (s. dazu auch Böschenstein, Bernhard: a. a. O.).

rischen Anschauungsversuche des literaturwissenschaftlichen Gestaltforschers finden, so Müller, ihre natürliche Grenze im „heiligen Rätsel" (GE, 382), das in der „sozusagen entelechischen, nur gestalthaft gegebenen **Idee einer Dichtung**" (GM, 33) beschlossen liegt. „Und wir finden in dieser Idee die begrifflich nicht aussagbare Manifestation geheimer, wahrer und natürlicher Gesetze." (Ebd.)

Vor allem, wenn es um die Verfahrensweisen und das Hauptziel der Morphologie – „das eigentümliche Werdesein von Dichtung" (GM, 45) zu erschließen – geht, dann offenbart sich, dass Müllers Konzeption mit ihren beiden Scharnierbegriffen Dichtung und Gestalt sich auch – und ungeachtet ihres „modernistischen" Verwissenschaftlichungsanspruches – als ein modernekompensatorisches Leistungsangebot versteht. Als ein Leistungsangebot, das sich über die disziplinären Grenzen hinaus an eine vornehmlich bildungsbürgerliche Adressatenschaft wendet, deren Weltdeutungsmuster durch die sozialen, ökonomischen und kulturellen Differenzierungs-, Rationalisierungs- und Beschleunigungserfahrungen in der Moderne zunehmend erschüttert werden. Die morphologische Poetik ist mithin auch ein Produkt jenes „tragischen Bewußtseins" (Kurt Lenk) vieler bildungsbürgerlicher Intellektueller, an das es zugleich appelliert.

Die Verfahrensweisen der morphologischen Gestalterkenntnis werden demgemäß – wie bereits erwähnt – als ein Programm zur Entschleunigung des literaturwissenschaftlichen Blicks inszeniert. Gefordert und legitimiert wird ein anschauendes Verweilen beim einzelnen Objekt, ein durchaus zeitintensives Verweilen, das gegen den Zergliederungsimpetus eines analytisch-rationalistischen Wissenschaftsethos' und gegen die „eiligen Denkverbindungen" einer geistesgeschichtlich hyperventilierenden Literaturgeschichtsschreibung die gleichsam meditative Versenkung in die Gestalthaftigkeit der einzelnen Dichtung setzt.[88] Das im Prinzip erlernbare und deshalb auch für das erzieherische Feld potentiell attraktive Verfahren der morphologischen Interpretation schafft so eine „Entschleunigungs-

---

88 Auch Staiger setzt dezidiert auf diesen Entschleunigungseffekt, um seine Art der Herangehensweise programmatisch zu nobilitieren: „Aus diesen Gründen haben wir uns entschlossen, mit aller Behutsamkeit das einzelne Kunstwerk zu beschreiben. Eine wissenschaftliche Beschreibung nennen wir Auslegung. Wir legen also Dichtungen aus. Und um den Kreis so eng wie möglich zu ziehen, wählen wir Gedichte. In diesem Buch setzen wir uns nicht weniger und nicht mehr zum Ziel, als drei Gedichte zu verstehn in ihrem Zauber und ihrem Sinn." (Staiger, Emil: Die Zeit, a. a. O., S. 17) Und auch seine stilgeschichtliche Programmatik optiert im Rekurs auf Nicolai Hartmann gegen ein naturwissenschaftlich imprägniertes „Erklären": „Doch die Kategorie der Kausalität ist [bei der Beschäftigung mit Dichtung; G. K.] […] unbrauchbar. Denn das Geistige ist kein Produkt des unbewussten Seelenlebens und ebenso wenig ein Produkt des Biologischen, wie Nadler […] uns einzureden hofft. […] Nicolai Hartmann hat für das Verhältnis der höheren Schichten des Seins zu den niedern das Wort ‚aufruhen' geprägt und so die ‚Autonomie des getragenen Geistes', das ‚kategoriale Novum' seines Wesens deutlich gemacht. ‚Das ist der Grund', so lesen wir in seinem ‚Problem des geistigen Seins', ‚warum es unmöglich ist, den Geist aus etwas zu erklären. Erklären in diesem Sinne lässt sich nur das Zusammengesetzte und Heteronome. Der Geist aber hat unbeschadet seines Aufruhens und seiner Daseinsabhängigkeit den Charakter der vollsten Eigengesetzlichkeit. ‚Erklären' kann man ihn überhaupt nicht. Man kann an ihm nur beschreibend seine Wesenszüge aufzeigen.' Hier öffnet sich zugleich der Weg, auf dem wir der Verlegenheit entgehen: Beschreiben statt erklären!" (Staiger, Emil: Die Zeit, a. a. O., S. 13)

oase"⁸⁹, in der der Morphologe der zuvor botanisierten Literatur gleichsam beim Wachsen zuschauen kann. Jedoch bleibt Müllers Anleitung zur Langsamkeit kein Selbstzweck. Der morphologisch entschleunigte Blick erkennt und schafft Ordnung, er stiftet Sinn und enthält somit ein nachhaltiges Angebot zur Kontingenzbewältigung:

„Wie aus dem verwirrenden Blumengewühl jede einzelne Pflanze emporwächst, wie sie in ihrem Wachsen und Werden die Urpflanze zur Erscheinung bringt und wie in dem geheimen Gesetz, dem heiligen Rätsel des Pflanzenwachstums ein Urphänomen des Lebens sich darstellt", so „erhellt" eine an Goethes Gestaltlehre geschulte Morphologie

> das zunächst verwirrende bunte Gewimmel der „Million Fälle", die „das Besondere sind". Sie dringt […] sogar noch höher mit dem Leben, das sich in Spannungen und Steigerungen verwirklicht. Sie vernimmt im Gesetz der Metamorphose der Pflanze die heilige Sprache der göttlichen Natur und macht vernehmlich, wie diese geheimnisvolle Natursprache auch über das Bereich der Pflanzen und der Tiere hinaufklingt und doch immer, auch in den organischen Bildungen und Umbildungen der **menschlichen** Bereiche, aus der gleichen Grundkraft sich erhebt und die gleichen Grundformen abwandelt. (GE, 372f.)

Die Verfahrensweisen der morphologischen Poetik, verstanden als Schule eines „Anschauens, das die höhere Welt findet" (GE, 371) und das „Verwirrung in Ordnung verwandelt" (GE, 382), legitimieren sich denn auch vor allem durch ihre Angemessenheit zu ihrem Gegenstand, d. h. zu einer als Gestalt angeschauten Dichtung. Denn auch die Dichtung, so versichert Müller wiederholt, ist, sofern es sich „um Dichtung im strengen und hohen Sinn handelt" (GE, 358) gleichsam außerhalb jedweder Lebens- und Weltzeit situiert. Dies betrifft sowohl die Zeit in der Dichtung, als auch die Dichtung in der Zeit. Zwar, so räumt Müller ein, nimmt „das Sprechen der Satzabfolgen […] eine bestimmte, mit der Uhr meßbare Zeitlänge in Anspruch. Diese Zeit aber ist keineswegs dieselbe wie diejenige, die in der dichterischen Gestalt gezeitigt wird." (MP, 238) Damit zielt Müller vor allem auf jenen erzähltheoretischen Aspekt, den er mit dem Terminus der „erzählten Zeit" beschreibt, mithin auf jenen Umstand, dass „im Wachsen der Gestalt durch die vorwärts, rückwärts und in die Breite greifenden Metamorphosen […] nun wieder eine andere ‚Zeit' gegeben ist, in der das eindimensionale Nacheinander gar nicht mehr ausschlaggebend bleibt." (MP, 239)

Als „Ganze" sind die „dichterischen Gebilde", so Müller, durch „Zeit- und Ortlosigkeit" (MP, 239) geprägt und mit den „Kämpfe[n] der Weltanschauungstheorien" (MP, 233) etwa haben sie als Dichtungen „in Wirklichkeit nichts zu tun." (Ebd.) Die „Suche nach den Gesetzen der Dichtkunst" darf deshalb auch nicht bei den „geschichtlichen Besonderungen" stehen bleiben, sondern muss zu den „durchwaltenden Grundmächten"

---

89 Hartmut Rosa (a. a. O., S. 143) versteht unter Entschleunigungsoasen solche „territoriale[n] als auch soziale[n] oder kulturelle[n] Nischen […], die von den akzelerierenden Modernisierungsprozessen bisher ganz oder teilweise ausgenommen waren. […] [I]n diesen Praxiszusammenhängen scheint dann buchstäblich ‚die Zeit stehen geblieben' zu sein: Diese gebräuchliche Redewendung indiziert just eine gegenüber jenen Prozessen resistente Sozialform, welche im Vergleich zu den umgebenden temporaldynamischen Sozialsystemen zunehmend anachronistisch wird."

(MP, 231), zu den „wesentlichen, unzeitlichen Grundzüge[n]" (GE, 376) führen. Deshalb würden auch jene „reinen Geschichtsschreiber des Schrifttums", denen „Dichtungen nichts als Dokumente, Zeugnisse für das geschichtliche Ereignisgewebe" (MP, 246) seien, nicht nur die Dichtung in ihrem eigentlichen Wesen verkennen, sondern auch „die Gestalt der Dichtungen gerade auf[lösen]." (Ebd.)

Müllers Poetik, die, wie er versichert, „ihrerseits das Geschichtliche durchaus einbezieht" (MP, 246), versteht sich mithin zwar nicht als dezidierte Absage an die Literaturgeschichte.[90] Allein schon mit Blick auf die im Fach ja immer noch sehr präsenten geistesgeschichtlichen Ansätze wäre dies auch kaum resonanzträchtig. Zweifellos aber ist seine Programmatik von Literaturwissenschaft eine Ursprungserzählung, die – allerdings jenseits transzendenter Hoffnungen – zumindest eine Begrenzung der im Zuge der Moderne entstandenen „Schäden", qua Rekurs auf eine als wachstümlich gedeutete und deshalb desentimentalisierte Dichtung, verspricht. Indem sie nämlich die Dichtung zu einem den Turbulenzen der Zeitläufte (somit auch jenen der aktuellen Politik) enthobenen, ursprünglichen Seienden stilisiert und so gleichsam in die Sakralzeit eines als ewig gedachten, gesetzhaften Naturgeschehens einschreibt, ist sie konzipiert auch als ein Immunisierungsangebot und Antidotum gegen jenen „chronische[n] Mangel an Dauer"[91], gegen die Verstörung gegenüber der eigenen Zeit[92], der das Individuum in der Moderne vor erhebliche Sinnstiftungs- und Orientierungsprobleme stellt.

---

90 Er erteilt ihr vielmehr ausdrücklich eine Bestandsgarantie, wenn er zum Abschluss seiner dritten Grundlagenschrift betont, dass *„neben* [Hervorh. G. K.] eine literarhistorische eine morphologische Gesamtdarstellung" (GM, 70) der Literatur zu treten habe.

91 Gronemeyer, Marianne: Das Leben als letzte Gelegenheit. Sicherheitsbedürfnisse und Zeitknappheit, 2. Aufl., Darmstadt 1996, S. 92. Gronemeyer hält diesen Mangel für ein seit der Neuzeit konstitutives Moment: „War einstmals die Dauer der Welt, von ihrer Erschaffung bis zu ihrem Untergang im Letzten Gericht, die Zeiteinheit, mit der die Menschen rechneten, so wird am Beginn der Neuzeit die Dauer des Lebens von der Geburt bis zum Tod zur bestimmenden Zeiteinheit. Was der Mensch jetzt belangreich findet, ist seine eigene Verweildauer *in der Zeit*. Der mittelalterliche Mensch war seiner eigenen Anteilhabe an der verbleibenden Zeit der alt gewordenen Welt über seinen Tod hinaus sicher […] Sorge bereitete ihm nur die Frage, ob er zu guter Letzt der Verdammnis anheimfiele oder in die ewige Seligkeit einginge. Aber diese Sorge hat mit der Dauer seines Erdenlebens nichts zu tun, sondern nur mit der Art seiner Lebensführung. […] Seitdem die Lebensspanne so unsanft aus der Welt- und Heilszeit herausgeschnitten worden war, seit das Einzelleben nicht mehr aus der Perspektive der alternden Welt, sondern umgekehrt aus der Zentralperspektive des hinfälligen Einzellebens betrachtet wurde, entstand ein chronologischer Mangel an Dauer." (S. 91 f.)

92 Das Schöne der Dichtung als Schutzraum gegen die Anfechtungen vor allem der Tagespolitik ist auch bei Staiger ein konstantes Motiv. So heißt es etwa in seiner Würdigung von Goethes *Hermann und Dorothea*: „Es ist uns deutlich geworden, wie Goethe die Form zu höchster Klarheit schmeidigt, indem er am Horizont die Unform zeigt, die Französische Revolution, von der sich unser Auge schaudernd abkehrt um Trost zu finden an der wohlumrissenen kunstgerechten Gestalt. Es bleibt noch übrig, wahrzunehmen, wie sauber er die Linie des das Schöne hegenden Kreises zieht. […] Das ist für Goethe vollendete Form. Das ist der Schutz, den er dem Schönen zu gewähren sich gedrängt fühlt, den er in *Hermann und Dorothea* einmal auch deutschen Bürgern gewährt." (Staiger, Emil: Goethe, Bd. II, Zürich/Freiburg i. Br. 1956, S. 261 f.)

Die morphologische Poetik, so darf man vermuten, hätte sich durchaus zu einer anschlussfähigen Konzeption innerhalb der Disziplin entwickeln können, wäre die Resonanzkonstellation, der sie ihr Entstehen mitverdankt, stabil geblieben. Sicherlich, Müllers Position war angesichts des Drucks, der von wissenschaftspolitischer Seite auf ihn ausgeübt wurde, nicht ungefährdet. Unter Katholizismusverdacht wäre seine Variante einer lebenswissenschaftlichen Dichtungswissenschaft jedoch gewiss nicht mehr gefallen. Das „Leistungspaket", das der emeritierte Ordinarius schnürt, hätte vielmehr aus mehreren Gründen durchaus resonanzträchtig sein können: in kognitiver Hinsicht ist Müllers Entwurf durch seine (meist) stringente Argumentation sowie durch das reflexive Einholen der ihm zugrunde liegenden Voraussetzungen den meisten konkurrierenden lebenswissenschaftlichen Programmen – sei es in der rassenorientierten Gestalt etwa eines Franz Koch, sei es in der volksorientierten Gestalt eines Heinz Kindermann – weit überlegen; der von Müller zugrundegelegte, disziplinenübergreifend virulente und an der Leitdisziplin Biologie orientierte Gestalt-Gedanke hätte zudem eine behutsame und deshalb disziplinintern anschlussfähigere „Modernisierung" erlaubt, wie sie am Leitseil des Rasse-Begriffes nicht möglich war; mit dem Rekurs auf Goethe wird nicht nur der Gedanke des „großen" schöpferischen Individuums, der ansonsten auch in Müllers Konzept kaum noch eine Rolle spielt, zumindest partiell gerettet, sondern es bleibt auch die innerfachliche Denkstilkompatibilität der anvisierten Empirisierung und Annäherung an die Naturwissenschaften potentiell gewährleistet; mit dem Scharnierbegriff der Dichtung reagiert die morphologische Dichtungswissenschaft darüber hinaus auf die „neuesten" Tendenzen innerhalb des disziplinären Eigensinns und die in diesem Zusammenhang exemplifizierte Interpretationspraxis Müllers hätte sich aufgrund ihrer Operationalisierbarkeit auch in der didaktischen Praxis des schulischen Deutschunterrichts als anschlussfähig erweisen können.

Die erneuten Verschiebungen innerhalb der Resonanzkonstellation, die sich 1945 mit dem Ende des NS-Regimes und mithin also relativ rasch nach den ersten Versuchen Müllers, sein Konzept zu lancieren, ergeben, verweisen solche Überlegungen jedoch ins Reich der müßigen Spekulationen. Zwar verschwindet jenes „organologische" Denken, das auch die morphologische Poetik prägt, keineswegs nach 1945 einfach von der disziplinären Tagesordnung[93], die doch recht konsequent durchgeführte biologisierende Einkleidung, mit der Müller seine Konzeption ausstattet, erscheint jedoch vor dem Hintergrund der semantischen Umbauten, die sich das Fach nach 1945 zumindest an der Oberfläche vorzunehmen genötigt sieht, schon wieder als unzeitgemäß. Müller selbst, der 1946 einem Ruf an die Universität Bonn folgt, hat zwar gelegentlich den Aspekt der Biologisierung abgeschwächt und versichert, dass die „Anwendung morphologischer Begriffe auch auf Werke der Kunst, der Dichtung […] nicht etwa eine biologische Deutung der Kunst [bedeutet]"[94], an den Grundpositionen seiner Morphologie hat er gleichwohl festgehal-

---

93 Zur „Kontinuität der Programme" s. u. a. Pilger, Andreas: Germanistik, a. a. O., S. 442–473.
94 Müller, Günther: Goethes Morphologie in ihrer Bedeutung für die Dichtungskunde, in: Goethe und die Wissenschaft. Vorträge. Gehalten anläßlich des Internationalen Gelehrtenkongresses zu Frankfurt am Main im August 1949, Frankfurt am Main 1951, S. 23–34 [hier zit. nach dem Wiederabdruck in

ten.⁹⁵ Müllers morphologisch-lebenswissenschaftliche Grundannahmen – also das eigentlich Morphologische an der morphologischen Poetik – haben denn auch als solche kaum weiter gewirkt.⁹⁶ Sie werden innerhalb der Disziplin kaum mehr diskutiert.⁹⁷ Es sind vielmehr die aus der Dichtungsinterpretation resultierenden Elemente seiner Konzeption, die Eingang in eine um den Ausweis szientifischer Sachlichkeit bestrebte Erzählforschung⁹⁸ der frühen Bundesrepublik finden.

---

     ders.: Morphologische Poetik. Gesammelte Aufsätze, a. a. O., S. 287–298, hier: S. 291] Müller reagiert mit dieser Wendung explizit auf den bereits angeführten Einwand Pyritz', ob es angemessen sei, eine „Lehre von *organischen* Gestalten [] anzuwenden auf geistige, auf dichterische Wirklichkeiten." (S. 289)

95 S. etwa Müllers Einleitung zu Goethe, Johann Wolfgang von: Maximen und Reflexionen. Neu geordnet, eingeleitet u. erläutert von Günther Müller, 3. Aufl., Stuttgart 1949. Ironischerweise – so wird man vermuten dürfen – hätte das Konzept einer katholischen Literaturwissenschaft der vor-morphologischen Phase Müllers resonanzstrategisch weitaus besser in das intellektuelle Klima der frühen Bundesrepublik gepasst, das von einem wehmütig gestimmten, christlichen Konservatismus geprägt ist (s. dazu das folgende Kapitel). Dass Müller einen solchen, erneuten Umbau nicht vollzieht, spricht dafür, dass es sich bei seiner morphologischen Wende keineswegs nur um eine oberflächlich-volatile Anpassung an die Resonanzkonstellation im NS handelt.

96 Dies bedeutet keineswegs, dass ein organisch-lebenswissenschaftliches Denken jenseits von einer unmittelbaren Applikation des Müller'schen Begriffsapparates auch nach 1945 innerhalb des literaturwissenschaftlichen Denkstils durchaus noch seinen Platz findet.

97 Eine Ausnahme ist allerdings die Arbeit des mittlerweile zur Anglistik gewechselten Oppel, Horst: Morphologische Literaturwissenschaft. Goethes Ansicht und Methode, Mainz 1947. Hier wird Müllers Versuch, „eine morphologische Literaturwissenschaft vorerst wenigstens im Grundriß festzulegen" immerhin „bemerkenswerte[] Fruchtbarkeit" (29) attestiert.

98 S. dazu Teil IV.

IV. Nachspiele: Diskursives Vergangenheitsmanagement in der Neueren deutschen Literaturwissenschaft nach 1945

> And the Good Samaritan, he's dressing
> He's getting ready for the show
> He's going to the carnival tonight
> On Desolation Row
> (Bob Dylan, Desolation Row)

Als „diskursives Vergangenheitsmanagement" lässt sich jener Teilbereich einer Wissenschaftskultur bezeichnen, dem die Selektion, Tradierung und Zirkulation der Erzählungen über das vergangene Fachgeschehen obliegt.[1] Die politische Zäsur des Jahres 1945 zeigt die ordnungs- und kontinuitätsstiftende Funktion dieses Teilbereiches in den Hochschullandschaften West- wie Ostdeutschlands lediglich besonders deutlich. Gilt es doch aus nahe liegenden Gründen in besonderem Maße, die Geschichten des eigenen Faches erzählend oder verschweigend so zu inszenieren, dass die Reproduktion des eigenen wissenschaftlichen Feldes über den „Bruch" in der Fachumwelt hinaus gewährleistet bleibt. Insofern es hier um die Neuere deutsche Literaturwissenschaft in Westdeutschland geht, bedeutet dies: Professorale Erinnerungs- und Vergessenskultur im Blick auf die miterlebte und mitgeschaffene Vergangenheit des eigenen Faches während der NS-Zeit muss immer auch verstanden werden als das diskursive Management der eigenen literaturwissenschaftlichen Disziplinvergangenheit unter gewandelten politisch-gesellschaftlichen Rahmen- und Resonanzbedingungen. Das wirft die Frage auf nach den zentralen Begriffen, den grundlegenden narrativen Mustern, den rhetorischen Strategien, die das semantische Inventar des Vergangenheitsmanagements konstituieren. Darüber hinaus stellt sich die allgemeinere Frage,

---

1 Es ist evident, dass es keinen Zugriff auf eine (Fach-)Vergangenheit „an sich" gibt. Vergangenheit ist immer schon selektiv rekonstruierte, das heißt „gegenwärtige Vergangenheit" (R. Kosellleck). S. dazu die Ausführungen von Koselleck, Reinhart: Vergangene Zukunft. Zur Semantik geschichtlicher Zeiten, Frankfurt am Main 1979; s. auch Fried, Johannes: Der Schleier der Erinnerung. Grundzüge einer historischen Memorik, München 2004, der auch neuere neurophysiologische Ermöglichungs- sowie Beschränkungszusammenhänge solcher Rekonstruktionsarbeit berücksichtigt. Die folgenden Ausführungen beschränken sich auf die westdeutsche Literaturwissenschaft. Zur DDR-Germanistik s. jetzt Saadhoff, Jens: Germanistik in der DDR. Literaturwissenschaft zwischen „gesellschaftlichem Auftrag" und disziplinärer Eigenlogik, Heidelberg 2007.

ob und, wenn ja, wie die semantischen Bestände der Fächer unter gewandelten Resonanzkonstellationen umgebaut werden (können).

Es dürfte wohl kaum überraschend sein, dass Strategien des Ausblendens der Vergangenheit (übrigens in beiden politischen Systemen) besonders nahe liegen. Es geht jedoch im Folgenden nicht so sehr darum, die sattsam bekannte These des Ausblendens erneut zu belegen. Gezeigt werden soll vielmehr, *wie*, d.h. mit welchen semantischen Strategien der mit dieser These angesprochene Sachverhalt realisiert wird.

Drei typische diskursive Strategien des Vergangenheitsmanagements in der westdeutschen Literaturwissenschaft, mit denen das Fach auf die fundamental gewandelte Resonanzkonstellation nach 1945 (s.u.) reagiert, sollen hier beschrieben werden: die Rhetorik des Ausblendens, die Semantik der Sachlichkeit und schließlich das Überschreiben.

Die Rhetorik des Ausblendens

In seinen 1947 publizierten Ausführungen *Über die gegenwärtige Situation einer deutschen Literaturwissenschaft* kommt der Göttinger Literaturwissenschaftler Kurt May rückblickend auf seine Disziplin zwischen 1933 und 1945 zu dem Urteil: „Aber bestimmend, allgemein gültig ist die völkische Konzeption einer Geschichte der deutschen Literatur gewesen [...] Die ‚germanische Kontinuität' wurde zum entscheidenden Wertmaßstab für deutsche Dichtung."[2] Und weiter heißt es: „Die völkisch gedeutete, politisch bewertete deutsche Literaturgeschichte als Wissenschaft, ist zu einem Extrem von falsch verstandener Geschichtlichkeit entartet."[3]

Aus Mays möglicherweise auch von impliziter Selbstkritik nicht freiem Aufsatz[4] wird hier vor allem deshalb zitiert, weil er als Dokument einer innerdisziplinären, kritischen Sichtung der unmittelbaren Fachvergangenheit eher eine frühe Ausnahme geblieben ist.[5] Denn dass die westdeutsche Literaturwissenschaft bis in die zweite Hälfte der sechziger Jahre eine Vergangenheitspolitik betreibt, die in weiten Teilen durch das Ausblenden ihrer Fachvergangenheit zwischen 1933 und 1945 gekennzeichnet ist, dürfte mittlerweile ein Gemeinplatz der germanistischen Wissenschaftshistoriographie sein.[6] Dennoch mag es

---

2 May, Kurt: Über die gegenwärtige Situation einer deutschen Literaturwissenschaft, in: Trivium, 5, 1947, S. 293–303, hier: S. 294f.

3 May, Kurt: a.a.O., S. 296.

4 May beteiligt sich immerhin am Sammelwerk „Von deutscher Art" mit einem ebenfalls die hier kritisierte völkische Optik bemühenden Beitrag (s. May, Kurt: Wiederaufleben der Saga in der jüngsten deutschen Prosa, in: Fricke, Gerhard/Koch, Franz/Lugowski, Klemens (Hrsg.): a.a.O., Band IV, S. 415–435).

5 Sieht man einmal von dem bereits im September 1945 erschienenen, allerdings im Exil verfassten Beitrag Viëtors ab (Viëtor, Karl: Deutsche Literaturgeschichte als Geistesgeschichte. Ein Rückblick, in: PMLA, LX, 1945, S. 899–916).

6 Gleichwohl nimmt das Fach seit der Mitte der sechziger Jahre (Stichwort „Münchner Germanistentag" 1966) innerhalb der Geisteswissenschaften eine Vorreiterrolle hinsichtlich der Thematisierung der eigenen Vergangenheit im NS ein.

lohnenswert sein, sich die jeweiligen Strategien und „Sprachspiele", die dieses Ausblenden ermöglichen, im Hinblick auf ihre semantischen Hauptbestände einmal genauer anzuschauen.[7]

Als einfachste und deshalb zugleich wohl auch am häufigsten bemühte Ausblendungs- oder Vergessensstrategie erscheint auch in der Literaturwissenschaft die simple Tabuisierung der disziplinären Vergangenheit während der NS-Jahre. Eindrucksvolles Anschauungsmaterial für dieses „kommunikative Beschweigen" (H. Lübbe) liefert – um nur ein Beispiel zu nennen – ein Beitrag über die *Geschichte der deutschen Philologie*, der 1952 im seit 1945 vorbereiteten Sammelwerk *Deutsche Philologie im Aufriß* erscheint. Das Sammelwerk, so der Herausgeber Wolfgang Stammler im Vorwort, soll „ein Umblick über den jetzigen Stand der germanistischen Wissenschaft [sein], ein Umblick, der in gleicher Weise zusammenfassende Rückschau wie vorwärtsweisende Anregung für die Forschung der Zukunft sein [soll]."[8] Zwar räumt der Autor des Artikels zunächst ein,

> daß eine Geschichte der dt. Ph. sich nicht begnügen darf mit der Aneinanderreihung der fachlichen Tatsachen, sondern die schicksalhafte Verknüpfung dieser Wissenschaft mit den großen geistigen Bewegungen aufzeigen muß. Erkenntnis und Erlebnis der geschichtlichen Welt, dieser bedeutsamste geistige Vorgang der neueren Geschichte, bildet den tragenden und fördernden Grund auch dieser geschichtlichen Wissenschaft.[9]

Auffallend ist indes, dass die „schicksalhafte Verknüpfung" der Philologie mit der „neueren Geschichte" im vorliegenden Abriss spätestens Anfang der dreißiger Jahre zu enden scheint. Widmen sich im Rahmen des immerhin 145 Spalten langen Beitrags ohnehin nur etwas mehr als 20 Spalten der Geschichte der Philologie im 20. Jahrhundert, so bleiben

---

7   Zur Personalgeschichte sei hier lediglich soviel angemerkt: Zwar werden jene Ordinarien, deren geistiger Kriegseinsatz für das „tausendjährige Reich" allzu offensichtlich ist, nach 1945 entlassen (u. a. Ernst Bertram, Herbert Cysarz, Franz Koch, Josef Nadler, Karl Justus Obenauer, Hermann Pongs). Zwar kehren auch einige Germanisten – wie z. B. Richard Alewyn, Wolfgang Liepe oder Werner Milch – aus dem unfreiwilligen Exil an deutsche Universitäten zurück. Es ist jedoch kaum zu übersehen, dass personelle Kontinuitäten – nicht zuletzt aus Gründen des organisatorischen Sachzwangs – das disziplinäre Erscheinungsbild bis weit in die fünfziger Jahre hinein dominieren. S. dazu u. a. Barner, Wilfried/König, Christoph (Hrsg.): a. a. O.; Boden, Petra/Rosenberg, Rainer (Hrsg.): Deutsche Literaturwissenschaft 1945–1965. Fallstudien zu Institutionen, Diskursen, Personen, Berlin 1997; Hempel-Küter, Christa: Anfänge, Sachzwänge – kaum Neubeginn. Zur Lage der Hochschulgermanistik nach dem Ende des Zweiten Weltkriegs, in: Fürbeth, Frank (Hrsg.): Zur Geschichte und Problematik der Nationalphilologien in Europa. 150 Jahre Erste Germanistenversammlung in Frankfurt am Main (1846–1996), Tübingen 1999, S. 591–602; Boden, Petra: Grenzschritte. Remigranten in der literaturwissenschaftlichen Germanistik an deutschen Universitäten nach 1945, in: Euphorion, 98, 2004, Heft 4, S. 425–463; zur Lage in der SBZ/DDR s. ebenfalls Boden, Petra: Universitätsgermanistik in der SBZ/DDR 1945–1958. Personalpolitik und institutioneller Wandel, in: Dies./Rosenberg, Rainer (Hrsg.): a. a. O., S. 119–160.
8   Stammler, Wolfgang (Hrsg.): Deutsche Philologie im Aufriß, Band 1, Berlin/Bielefeld 1952, S. V.
9   Dünninger, Joseph: Geschichte der Deutschen Philologie, in: Stammler, Wolfgang (Hrsg.): a. a. O., S. 86.

innerhalb dieser Darlegungen die fachlichen wie geschichtlichen Ereignisse nach der geistesgeschichtlichen „Wende" der zehner und zwanziger Jahre vollständig ausgeblendet. Diese Strategie eines vollständigen Ausblendens harmoniert indes bestens mit jener nach 1945 allseits bemühten Rhetorik eines fachlichen Neuanfangs, die auch im Vorwort des Bandes nicht ausgespart wird. So verkünden bereits die ersten Zeilen: „Die deutsche Philologie, die Wissenschaft vom deutschen Geist in Wort und Wesen, steht an dienender und bedeutender Stelle als mitverantwortliche Kraft mitten im geistigen Neuaufbau des deutschen Volkes."[10]

Eine differenziertere Rhetorik des Ausblendens findet sich in jenen Texten, die durch Argumentationsfiguren der individuellen oder disziplinären Anständigkeit gekennzeichnet sind. Die rhetorische Strategie, Dokumente der Anpassungsbereitschaft zu Quasi-Manifesten der Opposition umzustilisieren, zieht sich wie ein roter Faden durch die argumentative Landschaft der Autobiographien westdeutscher Literaturwissenschaftler. Dass selbst ein frühzeitiger Parteieintritt letztlich als Zeichen individueller Anständigkeit gelesen werden kann, erfahren wir etwa bei Benno von Wiese noch in den achtziger Jahren:

> Im Frühjahr 1933 besuchte mich mein Freund Fritz Scheid. […] Eindringlich suchte er mir klarzumachen, daß wir nicht draußen bleiben dürften, daß wir verpflichtet seien, „Schlimmes oder noch Schlimmeres zu verhüten". „Draußen" nämlich seien wir erst wirklich machtlos. Um das zu verhindern, müßten wir noch rechtzeitig in die NSDAP eintreten. Und so geschah es im April 1933. Wir schrieben sogleich zusammen törichte Thesen zur Reform deutscher Hochschulen nieder [s. dazu III.1; G.K.], die glücklicherweise niemand ernst genommen hat.[11]

Zur Dokumentation der eigenen Anständigkeit kann auch der Dissens mit einer der wissenschaftspolitisch aktiven Institutionen bemüht werden. Dass der aufgrund des Ämterchaos gerade in der Wissenschaftspolitik nicht selten war, dürfte mittlerweile deutlich geworden sein. Dazu liest man bei Josef Nadler, der im Hinblick auf seine Literaturgeschichte (s. III.3.2) ausführt:

> Das Werk hatte sich von der ersten bis zur vierten Auflage weder sachlich noch weltanschaulich geändert. Die Schriften Alfred Rosenbergs sind nicht einmal mit den Titeln erwähnt, geschweige denn behandelt, obwohl dazu schon eine gewisse sachliche Verpflichtung bestand. […] Das Werk hatte mit der Rassenpsychologie nicht das geringste zu tun, ja es stand ihr entgegen. Das war auch der Grund für die unverhohlene Feindschaft, mit der das Amt Rosenberg mir persönlich und allen meinen Arbeiten begegnet ist. Ein Verbot des vierten Bandes vor seinem Erscheinen hat der Verlag nur mit Mühe […] verhindert.[12]

---

10 Stammler, Wolfgang: a. a. O., S. V.
11 Wiese, Benno von: Ich erzähle mein Leben. Erinnerungen, Frankfurt am Main 1982, S. 138.
12 Nadler, Josef: Kleines Nachspiel, Wien 1954, S. 90.

Zu einer weiteren probaten Strategie des Ausblendens ihrer „kritischen Jahre 1933–1945" (Horst Oppel) formieren sich nach 1945 und in den fünfziger Jahren jene Redeweisen, die mit dem auch nach 1933 angeblich ungebrochenen disziplinären Eigensinn argumentieren. Kennzeichnend für dieses „Sprachspiel" ist zweierlei: Zum Einen wird das Fachgeschehen zwischen 1933 und 1945 retrospektiv dadurch versachlicht, dass ein gleichsam „harter Kern" der Fachwissenschaft postuliert wird. Das Festhalten an lediglich sachorientierter Forschung habe die meisten Literaturwissenschaftler gegenüber politisierten Zudringlichkeiten immunisiert. Zum Anderen und damit einhergehend wird eine Politisierung der Disziplin marginalisiert und personalisiert. Argumentiert wird demzufolge, dass die Disziplin als solche ungeachtet des politischen Engagements einiger weniger Wirrköpfe im Grunde immer nur der Wissenschaft gedient habe. Als Sündenböcke werden besonders gerne jene Akteure herangezogen, die – wie z. B. Herbert Cysarz oder Franz Koch – nach 1945 ohnehin angesichts ihres politischen Engagements ihrer Ämter enthoben wurden, oder solche, die – wie Walther Linden – innerhalb der Disziplin ohnehin nur eine marginale Position einnehmen konnten. Lediglich exemplarisch und weil sie diese Argumentationsfigur gleichsam in Reinform zeigen, seien hier die Ausführungen Horst Oppels zitiert, der 1953 anlässlich eines Situationsberichts zur Lage der Allgemeinen Literaturwissenschaft erklärt: „Aber nach unserer Meinung gereicht es der deutschen Literaturwissenschaft durchaus zur Ehre, daß sie politisierende Sprecher wie K. J. Obenauer, H. Kindermann, W. Linden und F. Koch ihr Programm einer ‚volkhaften Literaturwissenschaft' ausposaunen ließ, während sie gleichzeitig in aller Stille unverdrossen und mit dem nötigen Ernst weitergearbeitet hat."[13]

Als beliebtestes „Bauernopfer" wird jedoch zumeist der auch während der NS-Zeit ja, innerdisziplinär umstrittene Josef Nadler bemüht. So insistiert auch Oppel, „daß die deutsche Forschung sich rechtzeitig und energisch von Nadler abgesetzt hat"[14] und „daß es kaum ein anderes Land gibt, in dem *racial theory* und *centrally political outlook* so schnell abgetan und so gründlich überwunden worden sind wie in Deutschland."[15]

13 Oppel, Horst: Zur Situation der Allgemeinen Literaturwissenschaft, in: Die Neueren Sprachen, Neue Folge, 1953, S. 9f. Dass Oppel selbst einer „volkhaften Literaturwissenschaft" nicht ganz so distanziert gegenüber stand, wie er hier glauben machen will, scheint er geflissentlich auszublenden. 1939 jedenfalls konnte man beim jungen aufstrebenden Dozenten der Vergleichenden Literaturwissenschaft durchaus einige von zeitbedingtem Resonanzkalkül geprägte Ausführungen zu Ansätzen einer volksbezogenen Literaturwissenschaft lesen. Vgl. dazu etwa Oppel, Horst: Die Literaturwissenschaft in der Gegenwart. Methodologie und Wissenschaftslehre, Stuttgart 1939, S. 116 ff.
14 Dass sie dies nicht etwa aus politischen Gründen und nicht erst nach 1933 getan hat, verschweigt Oppel natürlich.
15 Oppel, Horst: a. a. O., S. 10.

Semantik der Versachlichung

Die Literaturwissenschaft der frühen Bundesrepublik sieht sich – angesichts der durch die politische Zäsur veränderten Resonanzkonstellation – gezwungen, sowohl von den dezidiert antipositivistischen, lebenswissenschaftlichen als auch von den emphatischen volksbezogenen und z.T. rasseorientierten Redeweisen Abstand zu nehmen und – zumindest rhetorisch – ihre „neue"[16] Sachlichkeit zu betonen. Sicherlich – darauf sei hier lediglich hingewiesen – unterscheiden sich die Resonanzbedingungen in der sich zunehmend westlich orientierenden Bundesrepublik erheblich von denen im östlichen Teil Deutschlands. Die westdeutsche Literaturwissenschaft muss sich semantisch auf eine als heterogener einzuschätzende Öffentlichkeit ausrichten. Gleichwohl, wenn auch nuancierter als im Osten des Landes[17], wird die rhetorische Versachlichung literaturwissenschaftlicher Wissenschaftsproduktion erneut zu einem gängigen Inszenierungs-Topos.

Eine „Art Diätkur" verschreibt denn auch schon Kurt May 1947 in der bereits erwähnten Bestandsaufnahme seiner Wissenschaft – insonderheit der Literaturgeschichtsschreibung. So bildet denn auch jene ostentativ um Versachlichung und Ernüchterung bemühte Rhetorik, die nach 1945 den literaturwissenschaftlichen Diskurs dominiert, die prospektive Kehrseite retrospektiver Ausblendungen. Ein „neues" Ethos philologischer Askese wird im Zusammenhang mit der „Interpretation" allenthalben rhetorisch inszeniert. Dass es sich dabei in der Tat hauptsächlich um eine rhetorische Strategie handelt, der das ungebrochene Pathos eines weiterhin die eigene Tätigkeit der „Dichtungsdeutung" sakralisierenden Mandarinentums diametral entgegensteht, ist bekannt.[18] In der Fachöffentlichkeit, auf Tagungen und in Leitartikeln ertönt die „Forderung nach strenger, sachlicher *Werkinterpretation.*"[19] Aufgabe des Literaturwissenschaftlers, so etwa Paul Böckmann, sei es, sich „der Sache zu überlassen" und „die Sachlichkeit der Wissenschaft und ihrer forschenden Haltung auch noch in gefühlsdunkle Bereiche hinein[zu]tragen."[20]

Man wird, anknüpfend an Latours Überlegungen zur „zirkulierenden Referenz"[21] wissenschaftlicher Ausdrücke und Programme davon ausgehen dürfen, „dass ‚erfolgreiche' wis-

---

16 Um eine „neue", oder präziser: andere Sachlichkeit handelt es sich in diesem Zusammenhang allein schon deshalb, weil – wie gezeigt – auch Teile der rassenkundlichen und volksbezogenen Konzepte *während* des NS mit Nachdruck als Versachlichungs-Programme inszeniert wurden. Dieser Umstand wird natürlich innerhalb der Sachlichkeits-Diskurse nach 1945 vollständig ausgeblendet.
17 S. dazu Kaiser, Gerhard/Krell, Matthias: a.a.O., S. 196–202.
18 Und bestens nachzulesen etwa bei Gärtner, Marcus: „Die ganze Schwere des Irdischen sinnbildet im grasenden Vieh" – Zur Sprache der germanistischen Literaturwissenschaft nach 1945, in: Bollenbeck, Georg/Knobloch, Clemens (Hrsg.): a.a.O., S. 80–96.
19 Schrimpf, Hans-Joachim: Jahrestagung der deutschen Hochschulgermanisten. Krise und Erneuerung der deutschen Literaturwissenschaft, in: Universitas, 8, 1953, S. 1311.
20 Böckmann, Paul: Der Beitrag der Literaturwissenschaft zu unserer Zeit, in: Die Sammlung, 7, 1952, S. 181.
21 Latour, Bruno: Die Hoffnung der Pandora. Untersuchungen zur Wirklichkeit der Wissenschaft, Frankfurt am Main 2000, bes. S. 119 ff.

senschaftliche Modelle über die Fähigkeit verfügen müssen, in wechselnden und heterogenen semantischen Bezugssystemen bündig zu wirken."²² Im Blick auf die germanistische Literaturwissenschaft der Nachkriegszeit mag hier das Modell der sachbezogenen (sog. werkimmanenten) „Interpretation", zentriert um den ordnungsstiftenden Hochwert- und Scharnierbegriff der Dichtung (s. III.5), als veranschaulichendes Beispiel dienen. Bereits – wie gezeigt – seit Ende der 1930er Jahre vor allem von Emil Staiger und Günther Müller im Rahmen ihrer Konzeptionen gebündelt und seitdem mehr oder weniger erfolgreich in Umlauf gebracht, 1948 dann in der „Bibel" der Fünfziger-Jahre-Germanistik – Wolfgang Kaysers *Das sprachliche Kunstwerk* – in einer formalisierten und methodisch strengeren Variante dargelegt, ist es nach wie vor das Hauptanliegen der werkimmanenten Richtung, das „Wortkunstwerk als Wortkunstwerk, die einzelne Dichtung in ihrem Wesen als ‚Dichtung' zu erschließen."²³

Man sieht: neu ist dieses Konzept keineswegs, steht es doch gewissermaßen schon seit dem Ende der 30er Jahre „bereit". Neu, bzw. verändert ist indes die Resonanzkonstellation, in der es nunmehr umso erfolgreicher zirkulieren kann. Die kontinuierliche Erfolgsgeschichte, mithin die „zirkulierende Referenz" des als methodische „Neubesinnung" inszenierten Programmes nach 1945 und in den fünfziger Jahren hängt nicht unwesentlich damit zusammen, dass das Versachlichungs-Pathos der Interpretation jene Leitargumentation für ein unpolitisch-asketisches Wissenschaftsethos liefert, auf das nach 1945 von deutschen Literaturwissenschaftlern zwecks Beschwörung einer „Stunde Null" dankbar zurückgegriffen werden kann. Darüber hinaus trägt zum Erfolg der Methode – auch dies deutete sich ja bereits vor 1945 an – auch ihre relativ reibungslose Transferierbarkeit in exoterische Diskurse bei: Gemeint ist hier v.a. ihre Kompatibilität mit den pragmatischen Anforderungen und den an tradierten Kanonbeständen orientierten Gepflogenheiten des Deutschunterrichtes an den höheren Schulen. Dass die „neue" Methode in diesem Sinn ein hohes Maß an exoterischer Anschlussfähigkeit aufweise, wird seitens der Literaturwissenschaft gerne und oft betont. So führt etwa Arno Mulot in einem Artikel, der die erste deutsche Germanistentagung in München (September 1950) Revue passieren lässt, ganz in diesem Sinne aus:

> Es war zweifellos ein bedenkliches Symptom, daß sich Schule und Universität auf dem Gebiet der Dichtungsbetrachtung so weit entfremden konnten. […] Und hier scheint das Bedeutsame der dichtungswissenschaftlichen Neubesinnung für die Schule zu liegen. […] Bei der Interpretation in der unmittelbaren Nähe des Werkes und des spezifisch Poetischen zu bleiben, die Funktion und Leistung des Dichterischen aufzu-

---

22 Knobloch, Clemens: Über die Schulung des fachgeschichtlichen Blickes: Methodenprobleme bei der Analyse des „semantischen Umbaus" in Sprach- und Literaturwissenschaft, in: Bollenbeck, Georg/Ders. (Hrsg.): a. a. O., S. 203–235, hier: S. 228.
23 So in der tautologischen Diktion durchaus zeittypisch Burger, Heinz Otto: Methodische Probleme der Interpretation, in: Germanisch-Romanische Monatsschrift, 32, 1950, S. 81.

schließen, daß nicht in einem grauen Begriffsnetz außerdichterischer Explikationen das elementare Dichtungserlebnis zerstört wird [...]: in diesem Ziel kann sich der Lehrer wieder eins wissen mit der Wissenschaft von der Dichtung.[24]

Dass leistungsbezogene Relevanzerklärungen dieser Art in der Nachkriegszeit und den fünfziger Jahren besonders starke Resonanzeffekte erzielen können, wird schlaglichtartig deutlich, wenn etwa der Diskussionsbericht des Frankfurter Germanistentages 1956 vermerkt, dass im Anschluss an einen Vortrag über die Behandlung von klassischen Dramen im Unterricht „ein großer Teil der Deutschlehrer den unmittelbaren Weg über die Gestalt und das Kunstwerk vorzieht, weil die Gefahr, das Kunstwerk als Zeitdokument zu betrachten, gespürt wird."[25]

Auch die erste Einführung in die Germanistik, die nach dem Krieg erscheint, schwört die Studenten ein auf sachliche Grundtugenden wie „Knappheit, Schlichtheit und Verständlichkeit"[26] und betont: „Wahre Wissenschaft bleibt immer schlicht und einfach."[27] Und auch die Literaturgeschichtsschreibung partizipiert an dieser Semantik der Deemphatisierung. Vorbei scheinen auch hier nunmehr die Zeiten jener großzügig argumentierenden Geistesgeschichten, denen die einzelnen literarischen Texte nur positivistische Verschnaufpausen zwischen den Synthesegipfeln darstellten. Vorbei auch die nach 1933 besonders beliebte Teleologisierung der gesamten Literaturgeschichte im Zeichen des „Volkes" und der „Deutschen Bewegung". Zwecks Wiedergewinnung von politisch neutralem Terrain und zur Normalisierung ihrer literaturgeschichtlichen Rekonstruktionsangebote setzt die Literaturgeschichtsschreibung nach 1945 und in den fünfziger Jahren verstärkt auf jene Darstellungsmittel, denen gleichsam *eo ipso* das Flair wissenschaftlicher Faktizität und Nüchternheit eigen ist: auf Daten und Tabellen. So erscheinen zwischen 1949 und 1952 etwa jene drei Bände einer *Deutschen Literaturgeschichte in Tabellen*, denen die Herausgeber Fritz Schmitt und Gerhard Fricke im Nachwort selbst eine „gewisse objektive Nüchternheit"[28] attestieren. 1952 gibt Heinz Otto Burger die *Annalen der Deutschen Literatur* heraus und betont im Vorwort: „Noch nie hat meines Wissens die Literaturwissenschaft von unten angefangen, das heißt dort, wo die Geschichtsschreibung herkommt und wohin die Geschichtswissenschaft immer wieder einkehrt: bei der einfachen Annalistik. [...] Das vorliegende Buch möchte deshalb Chronologie und Synchronismus der Literaturwerke einmal besonders herausarbeiten. Den Vorwurf des ,Neu-Positivismus'", so der

---

24 Mulot, Arno: Zur Neubesinnung der Literaturwissenschaft, in: Germanisch-Romanische Monatshefte, 3, 1950, S. 177.
25 Mahlberg, Gustav: Die 4. Tagung des Gesamtverbandes der Deutschen Germanisten vom 1. bis 5.10. 1956 in Frankfurt a. M., in: Wirkendes Wort, 7, 1956/57, S. 59.
26 Newald, Richard: Einführung in die Wissenschaft der deutschen Sprache und Literatur, 2., durchgesehene und verb. Auflage, Lahr 1949, S. 40.
27 Newald, Richard: a. a. O., S. 19.
28 Fricke, Gerhard/Schmitt, Fritz: Deutsche Literaturgeschichte in Tabellen, Teil III: 1770 bis zur Gegenwart, Bonn 1952, S. 295.

Herausgeber dem Jahrzehnte lang bemühten „Gott-sei-bei-uns" eines jeden aufrechten Literaturwissenschaftlers nunmehr sachlich ins Auge blickend, „fürchten wir nicht."[29]

1953 schließlich beginnt die bis heute ungebrochene Erfolgsgeschichte von Frenzels *Daten deutscher Dichtung*.[30]

Im Blick auf die in der Nachkriegszeit innerhalb der literaturwissenschaftlichen Zunft dominierende Rhetorik der Nüchternheit und deren Dialektik resümiert Eberhard Lämmert denn auch seine Studentenzeit: „Unpathetische Genauigkeit wurde uns schon beinahe wieder pathetischer Vorsatz."[31]

Überschreibungen

Überschreibungen oder Palimpseste, das meint hier vor allem jene semantischen Umbauten, mit denen die Literaturwissenschaft diejenigen textlichen Spuren, die als Zeichen einer Kollusion mit dem politischen System zwischen 1933 und 1945 gedeutet werden können, zu löschen versucht.

Aus nahe liegenden Gründen scheint nach 1945 die während des NS so gängige Rede vom „volkhaften" Ursprung „arteigener" deutscher Kunst wenig opportun, ist doch die Resonanzkonstellation der Nachkriegszeit nach 1945 eine völlig andere als etwa nach dem Ende des Ersten Weltkrieges. Während nach 1918 das Kaiserreich vor dem Hintergrund der krisengeschüttelten Weimarer Republik von den Erinnerungseliten als Gegenbild einer guten alten Zeit beschworen werden kann, sieht die Situation 1945 fundamental anders aus: „Die Verbrechen des NS-Regimes sind so monströs, seine Niederlage ist so total und der westliche Sieger so beeindruckend überlegen, dass im Unterschied zur Situation nach 1918 eine selbstgerechte Resistenz gegenüber Neuerungen aus dem Ausland nicht mehr aufkommen kann."[32]

Das NS-Regime wird denn auch relativ rasch von den Gebildeten unter seinen neuen Verächtern rhetorisch umstilisiert vom einstigen Bollwerk gegen die Moderne und ihre „Verfallserscheinungen" zum letzten Degenerationsphänomen derselben, zum „Kulminationspunkt jahrhundertelanger abendländischer Säkularisierung."[33] Axel Schildt zufolge

---

29 Burger, Heinz Otto (Hrsg.): Annalen der Deutschen Literatur, Stuttgart 1952, S. 2. Dass Burger sich auch zwischen 1933 und 1945 „furchtlos" in der Erprobung neuer Konzepte – sowohl rassenkundlicher als auch dichtungswissenschaftlicher – gezeigt hat, dazu s. III.3.2 und I.

30 Frenzel, Herbert A. und Elisabeth: Daten deutscher Dichtung. Chronologischer Abriß der deutschen Literaturgeschichte, Köln 1953.

31 Lämmert, Eberhard: [ohne Titel], in: Unseld, Siegfried (Hrsg.): Wie, warum und zu welchem Ende wurde ich Literaturhistoriker. Eine Sammlung von Aufsätzen aus Anlaß des 70. Geburtstags von Robert Minder, Frankfurt am Main 1972, S. 156.

32 Bollenbeck, Georg: Die fünfziger Jahre und die Künste: Kontinuität und Diskontinuität, in: ders./ Kaiser, Gerhard (Hrsg.): Die Januskköpfigen 50er Jahre. Kulturelle Moderne und bildungsbürgerliche Semantik III, Wiesbaden 2000, S. 190–213, hier: S. 204. S. dazu auch Herbert, Ulrich: Deutsche Eliten nach Hitler, in: Mittelweg, 36, 1999, Nr. 33, S. 66–82.

33 Schildt, Axel: Ankunft im Westen. Ein Essay zur Erfolgsgeschichte der Bundesrepublik, Frankfurt am Main 1999, S. 114.

ist die ideologische Landschaft der fünfziger Jahre über weite Strecken geprägt von einem „wehmütig gestimmten christlichen Konservatismus"[34], der im Zeichen der neuen Systemauseinandersetzung die Rede von einem rechristianisierten, humanistischen „Abendland" und „Europa" zur kurrenten semantischen Münze einer antikommunistischen Integrationsideologie prägt.[35] Auch die literaturwissenschaftlichen Akteure jener Jahre zeigen sich nunmehr bemüht, ihr semantisches Basisinventar zu entrümpeln und die völkischen oder gar rassischen Diskurse zu überschreiben.

Lediglich exemplarisch sei hier Paul Böckmann angeführt, der – das „neue" Mantra noch ein wenig überstrapazierend – als „Beitrag der Literaturwissenschaft zu unserer Zeit" eine „um die europäische Gemeinschaft bemühte Literaturforschung", „eine Literaturwissenschaft auf europäischer Grundlage" empfiehlt, die im Zeichen der „Gemeinsamkeit der abendländischen Bildungsüberlieferung [...] nach den Zusammenhängen unter den abendländischen Literaturen fragt."[36] Auch in der Zeitschrift *Der Deutschunterricht*, einem paradigmatischen Scharniermedium, dem seit der Nachkriegszeit die Zirkulation von Wissensbeständen zwischen Hochschulgermanisten und Deutschlehrern obliegt[37], stößt man allenthalben auf diese „Abendland"-Überschreibungen. So etwa, wenn Carter Kniffler im Rahmen seiner Diskussion des „deutschen Nachkriegsdramas" Eschmanns Drama *Alkestis* überschwänglich zur künstlerischen Verwirklichung des deutschen „Ringens" um Westbindung hypostasiert: „Mit diesem Werk ist die Kluft überbrückt, mit der der Nationalsozialismus Deutschland geistig vom Abendland trennte. [...] Hier ward zum Ereignis, was deutscher Geistesgeschichte einen seltsamen Zauber verleiht: die Form, die der Westen entworfen hat, wird verwandt zur Aussage einer Deutung des Lebenssinns, um die der Deutsche ringt."[38] Sehr schön zeigt sich an dieser Passage, wie gleichsam unterhalb der semantischen Umbauten die tradierten Stereotypen – nunmehr allerdings in ihrer Bewertung verändert – weiterleben: Noch immer kommt vom „Westen" die „Form" (wofür man ihn 10 Jahre zuvor noch als Hort eines oberflächlich bleibenden „Ästhetizismus" geziehen hätte) und der „Deutsche" geht immer noch seiner angestammten Aufgabe nach, in der „Tiefe" um Sinn zu „ringen".

Den wohl bezeichnendsten „Fall" einer (je nach Optik: entweder doppelten oder zurückgenommenen) Überschreibung bietet die zweifache Umbenennung der Zeitschrift *Euphorion*. 1934 zunächst aus Resonanzkalkül in *Dichtung und Volkstum* umbenannt

---

34 Schildt, Axel: a.a.O., S. 149.
35 Auch die „Europa"- und „Abendland"-Semantik ist natürlich älter, spielt sie doch bereits während des 2. Weltkrieges (s. III.4.4) eine gewichtige Rolle innerhalb der kriegslegitimatorischen Diskurse. Neu besetzt werden auch hier also lediglich die Positionen und Rollen *innerhalb* dieses bereits tradierten „Sprachspiels": auch hier wechselt die Rolle des NS-Regimes vom letzten Verteidiger zum letzten Totengräber des „Abendlandes".
36 Böckmann, Paul: Der Beitrag der Literaturwissenschaft zu unserer Zeit, in: Die Sammlung, 7, 1952, S. 183 f.
37 S. zum *Deutschunterricht* auch Kaiser, Gerhard: „Dichtung als Dichtung": Die langen 50er Jahre der westdeutschen Germanistik, in: Der Deutschunterricht, 2001, Heft 5, S. 84–94.
38 Kniffler, Carter: Das deutsche Nachkriegsdrama, in: Der Deutschunterricht, Heft 3, 1954, S. 96.

(s. III.1), greift man 1950, angesichts der gewandelten Resonanzkonstellation wieder auf den Namen *Euphorion* zurück. Die erste Umbenennung wird im Geleitwort von den neuen Herausgebern Hans Neumann und Hans Pyritz kurz kritisch kommentiert:

> Das neue Programm [jenes von *Dichtung und Volkstum*; G.K.] erweiterte nur dem Wortlaut nach den Aufgabenkreis der Zeitschrift, engte ihn aber in Wahrheit gefährlich ein und zog trotz gewisser Vorbehalte mancherlei tagesgebundene Halbwissenschaft nach sich. Dennoch darf man billigerweise nicht übersehen, dass auch in diesen knapp zehn Bänden der 1944 jäh abgebrochenen „Neuen Folge des Euphorion" durch eine Reihe bleibend wertvoller Beiträge von rein sachlichem Duktus ein gutes Stück der alten Euphorion-Tradition bewahrt ist.[39]

Die anvisierte Wiedereinschreibung der Zeitschrift in die Traditionen eines internationalen, humanistischen Wissenschaftsdiskurses steht denn auch im Mittelpunkt der Einleitung der Herausgeber. So wird etwa die erneute Überschreibung als bewusstes Bekenntnis „zu dieser Tradition einer innerlich freien, nur der Wahrheit dienenden, weltoffenen Wissenschaft"[40] inszeniert und die Verpflichtung „auf einen Geist der wissenschaftlichen Objektivität, der selbstverleugnenden Sachtreue, der verstehenden Toleranz"[41] beschworen.

Abschließend sei hier ganz kurz noch auf die Vielzahl personenspezifischer, meist eher unauffälliger Überschreibungen hingewiesen, die – wie bereits am Beispiel von Emrichs *Faust II*-Studie kurz angedeutet (s. III.3.2) – einige Gelehrte am eigenen Werk vorzunehmen sich genötigt sehen. Schreibt etwa – um hier nur ein Beispiel zu nennen – Günther Müller in der Einleitung der 1944er-Ausgabe seiner Literaturgeschichte *Deutsches Dichten und Denken vom Mittelalter zur Neuzeit* der Beantwortung der Frage, „welche Stände und Rassen" in der Geschichte „jeweils zur Führung kommen" eine „entscheidend[e]"[42] Bedeutung zu, so werden daraus in der Neuauflage von 1949 „Stände und Typen"[43].

Für die Literaturwissenschaft in Westdeutschland fungiert in Sonderheit die „Dichtung" als jener Hochwert- und Scharnierbegriff, unter dessen semantischem Banner jene bildungsbürgerlichen Argumentationsmuster (weiter) florieren können, die den dichtungsdeutenden Mandarinen zumindest bis in die Mitte der sechziger Jahre ihre literarische Definitionshegemonie bewahren helfen. Das Konzept der „Dichtung" ermöglicht und legitimiert bei einem Großteil der literaturwissenschaftlichen Zunft den (mitunter impliziten) Fortbestand zählebiger denkstilspezifischer Ressentiments gegenüber der kulturellen Moderne und gegenüber „modernen" Theorieangeboten. Erst in der zweiten Hälfte der sechziger Jahre, als das Zusammenspiel außer- und innerfachlicher Entwicklungen die Re-

---

39 Neumann, Hans/Pyritz, Hans: Geleitwort, in: Euphorion, 45, 1950, S. 2.
40 Ebd.
41 Neumann, Hans/Pyritz, Hans: a. a. O., S. 4.
42 Müller, Günther: Deutsches Dichten und Denken vom Mittelalter zur Neuzeit (1270 bis 1700), durchgesehener Neudruck, Berlin 1944, S. 5.
43 Müller, Günther: Deutsches Dichten und Denken vom Mittelalter zur Neuzeit (1270 bis 1700), zweite, durchgesehene Auflage, Berlin 1949, S. 5.

sonanzkonstellation erneut verändert[44], kommt es zu einer tiefer greifenden Erosion dieses über die politischen Zäsuren von 1933 und 1945 hinaus tradierten literaturwissenschaftlichen Denkstils. Im außerfachlichen kulturraisonnierenden Diskurs wird die kulturelle Moderne im Zuge der sich festigenden Westbindung der Bundesrepublik und der weltanschaulichen Konfrontation der politischen Systeme zunehmend als Signum einer liberalen, westlichen Welt akzeptiert und inszeniert. Auf innerfachlicher Ebene führt nicht zuletzt ein Generationenwechsel innerhalb der germanistischen Professorenschaft zu nachhaltigen Verschiebungen im akademischen Habitus und zum beschleunigten Import strukturalistischer und sozialgeschichtlicher Theoriemodelle. Gerade die Integration jener theoretischen Ansätze, die man bisher im Zeichen der dichtungszentrierten Interpretation erfolgreich hatte ausgrenzen können, zeitigt eine ebenso nachhaltige wie umstrittene Szientifizierung des semantischen Inventars der Literaturwissenschaft. Ob sich mit den Reformbestrebungen der sechziger und siebziger Jahre tatsächlich auch ein langfristig wirksamer Umbau der Literaturwissenschaft hat durchsetzen können, wäre wohl lohnenswerter Gegenstand einer anderen Untersuchung. Dass die Spiele um Grenzen seitdem zu einem Ende gekommen sind, wird man allerdings bezweifeln dürfen.

---

44 Der vielzitierte „Münchner Germanistentag" von 1966 – mittlerweile innerhalb der Wissenschaftshistoriographie der Germanistik so etwas wie ein zur Chiffre gewordener (Selbst-)Reinigungsort der Disziplin – ebenso wie der „Zürcher Literaturstreit" um Emil Staiger (s. dazu Kaiser, Gerhard: „... ein männliches, aus tiefer Not gesungenes Kirchenlied ...": Emil Staiger und der Zürcher Literaturstreit, in: Mitteilungen des Deutschen Germanistenverbandes 47, 2000, Heft 4, S. 382–394) erscheinen in diesem Zusammenhang als signifikante Indikatoren dieser Entwicklung. Allerdings sollte man die sechziger Jahre – vor allem jedoch nicht das *annus mirabilis* 1968 – in ihrer Wirkung isolieren und überschätzen. Neuere Forschungen zeigen auch für die Literaturwissenschaft, dass bestimmte Tendenzen zu einem kumulativen Umbau des Faches – ohne allerdings die Hegemonie des tradierten Denkstils schon sichtbar zu gefährden – bereits im Laufe der 50er Jahre einsetzen (s. u. a.: Scherer, Stefan: Prägnanz und Evidenz. Philologische Erkenntnis und Verwissenschaftlichung der germanistischen Literaturwissenschaft im disziplinen- und gesellschaftsgeschichtlichen Umbruch der 1950er Jahre, in: Kaiser, Gerhard/Krell, Matthias: a. a. O., S. 33–52; Bogdal, Klaus-Michael/Müller, Oliver (Hrsg.): Innovation und Modernisierung. Germanistik von 1965 bis 1980, Heidelberg 2005).

Anhang

1. Entlassungen und Vertreibungen nichtbeamteter, akademischer Lehr- und Forschungskräfte[1]:

Ohne Anspruch auf Vollständigkeit sei hier auf folgende Eingriffe verwiesen:
Walter Berendsohn, wissenschaftlicher Hilfsarbeiter mit Professorentitel für Schwedische Sprache sowie Deutsche und Skandinavische Literaturgeschichte und Leiter der skandinavischen Abteilung an der Universität Hamburg, wird zum 31. 08. 1933 wegen seiner jüdischen Herkunft und aus politischen Gründen (Berendsohn ist SPD-Mitglied und Verteidiger der Weimarer Verfassung) entlassen. Er emigriert 1933 nach Dänemark (s. Bachofer, Wolfgang/Beck, Wolfgang: Deutsche und Niederdeutsche Philologie. Das Germanische Seminar zwischen 1933 und 1945, in: Krause, Eckart (Hrsg.): Hochschulalltag im „Dritten Reich". Die Hamburger Universität 1933–1945, Teil 2, S. 641–704, hier: S. 684–688).

Ernst Beutler, Honorarprofessor für Deutsche Literatur in Frankfurt und verheiratet mit einer „halbarischen" Frau, wird zum 27. 09. 1937 nach § 6 des GWBB die Lehrbefugnis entzogen (s. Hammerstein, Notker: Die Johann Wolfgang Goethe-Universität Frankfurt am Main. Von der Stiftungsuniversität zur staatlichen Hochschule. Band I. 1914–1950, Neuwied/Frankfurt 1989, S. 428–431; Mandelkow, Karl Robert: Der Literaturwissenschaftler Ernst Beutler. Dargestellt am Beispiel seiner Arbeiten zu Goethe und zur Goethezeit, in: Barner, Wilfried/König, Christoph (Hrsg.): Zeitenwechsel. Germanistische Literaturwissenschaft vor und nach 1945, Frankfurt am Main 1996, S. 182–204).

Fritz Brüggemann, nichtbeamteter außerordentlicher Professor für Neuere deutsche Literaturgeschichte an der Universität Kiel, wird zum 16. 10. 1935 aufgrund des § 18 der RHO („Der Reichswissenschaftsminister kann die Lehrbefugnis entziehen oder einschränken, wenn es im Universitätsinteresse geboten ist.") die Lehrbefugnis entzogen. Am 20. 11. 1935 wird Brüggemann durch das Kriegsgericht der NSDAP in Kiel freigesprochen. Unter Fortzahlung seiner Bezüge wird er nicht wieder eingestellt.

Carl Enders, nichtbeamteter außerordentlicher Professor für Rheinische Literaturgeschichte an der Universität Bonn wird 1937 die Lehrbefugnis an der Universität Bonn und das Lehramt in Siegburg aus rassenpolitischen Gründen entzogen.

---

[1] Falls nicht anderweitig ausgewiesen, stammen die Angaben aus den entsprechenden Artikeln des IGL.

Melitta Gerhard, Privatdozentin für Deutsche Literaturgeschichte an der Universität Kiel, wird am 09.09.1933 aufgrund des § 3 des GWBB entlassen.

Arnold Hirsch, Habilitand an der Universität Frankfurt, zieht im April 1933 sein Habilitationsgesuch zurück, nachdem er seine Habilitationsschrift bereits im August 1932 eingereicht hatte und diese auch zur Begutachtung durch Franz Schultz und Julius Schwietering zugelassen worden war. Am 09.04.1933 rät ihm der Dekan der Philosophischen Fakultät, Erhard Lommatzsch, „auf Grund der heutigen kulturpolitischen Gesamtlage" von einer Habilitation ab.

Erich Jenisch, nichtbeamteter außerordentlicher Professor für Neuere deutsche Literaturgeschichte und Theaterwissenschaft an der Universität Königsberg, wird 1939 aus politischen Gründen aus dem Universitätsdienst entlassen.

Werner Milch, Privatgelehrter und freier Schriftsteller in Wolfshau (Schlesien), bricht 1939 wegen rassenpolitisch motivierter Repressionen seine Habilitation ab und emigriert im selben Jahr nach England.

Richard Samuel, wissenschaftlicher Assistent bei Julius Petersen in Berlin, wird 1933 entlassen und emigriert 1934 nach England.

Martin Sommerfeld, nichtbeamteter, außerordentlicher Professor für Deutsche Philologie wird 1933 aus rassistischen Gründen die Lehrbefugnis entzogen. Er emigriert im September 1933 in die USA, wo er 1939 stirbt.

Georg Stefansky, Privatdozent für Neuere deutsche Literaturgeschichte an der Universität Münster und Mitherausgeber des *Euphorion* wird zum 07.09.1933 die Lehrbefugnis auf Grundlage des § 3 des GWBB entzogen. Im September 1933 muss er als Mitherausgeber des *Euphorion* ausscheiden (s. Adam, Wolfgang: Einhundert Jahre „Euphorion". Wissenschaftsgeschichte im Spiegel einer germanistischen Fachzeitschrift, in: Euphorion, 88, 1994, S. 1–72; ders.: Spagat zwischen Literaturgeschichte auf stammeskundlicher Grundlage und Geistesgeschichte. Georg Stefanskys Romantik-Konzeption, in: Bluhm, Lothar/Hölter, Achim (Hrsg.): Romantik und Volksliteratur. Beiträge des Wuppertaler Kolloquiums zu Ehren von Heinz Rölleke, Heidelberg 1999, S. 161–183).

Eduard Berend, werkvertraglicher Mitarbeiter der Preußischen Akademie der Wissenschaften und Künste an der Jean Paul-Ausgabe wird am 07.11.1938 aus rassistischen Gründen gekündigt und kann nur mit knapper Not in die Schweiz und dann in die USA emigrieren (s. Knickmann, Hanne: Der Jean-Paul-Forscher Eduard Berend (1883–1973). Ein Beitrag zur Geschichte der Germanistik in der ersten Hälfte des 20. Jahrhunderts, in: Jahrbuch der Jean-Paul-Gesellschaft, 29, 1994, S. 7–92; 30, 1995, S. 7–104).

Nimmt man die von den Nationalsozialisten annektierten oder besetzten Gebiete noch hinzu, so wären noch zu ergänzen:

Oskar Benda, Landesschulinspektor in Wien und Verfasser vielbeachteter Arbeiten zur Gegenwartslage der Literaturwissenschaft, wird 1938 aus politischen Gründen entlassen.

Eduard Castle, Titularprofessor für Neuere deutsche Literaturgeschichte an der Universität Wien wird am 31.05.1938 in den Ruhestand versetzt, nachdem er zuvor aus politischen Gründen mit „sofortiger Wirkung beurlaubt" worden ist (s. Schmidt-Dengler,

Wendelin: Nadler und die Folgen. Germanistik in Wien 1945–1957, in: Barner, Wilfried/ König, Christoph (Hrsg.): a.a.O., S. 35–46).

Josef Körner, außerordentlicher Professor für Deutsche Literaturgeschichte an der Universität Prag und renommierter Frühromantik- und Schlegelforscher, wird 1939 aus rassistischen Gründen die Lehrerlaubnis entzogen (s. Klausnitzer, Ralf (Hrsg.): Josef Körner. Philologische Schriften und Briefe, Göttingen 2001).

Zu einer Liste der emigrierten und remigrierten Germanisten s. Boden, Petra: Grenzschritte. Remigranten in der literaturwissenschaftlichen Germanistik an deutschen Universitäten nach 1945, in: Euphorion, 98, 2004, S. 425–463, hier S. 426f. Boden wiederum bezieht sich in ihren Angaben auf Kieser, Harro: Deutsche Philologen im Exil. Eine Ausstellung des Deutschen Exilarchivs 1933–1945. Die Deutsche Bibliothek, 3. Aufl., Frankfurt am Main 2002.

2. Behaghel, Otto: Außenseiter. Eine Philippika, in: DAZ, Nr. 367 vom 9.08.1934:

„Von alters her besteht eine Kluft zwischen denen, die etwas verstehen, und denen, die etwas zu verstehen *glauben*. Die letzteren nennt man auch Laien, Dilettanten, unter Umständen auch Pfuscher. Ich bin höflich und will sie als Außenseiter bezeichnen. Ihnen stehen die Leute vom Fach gegenüber. Sie wissen, daß ihr Wissen Stückwerk ist. Sie behaupten nur, was sie verantworten können. Ueber die Außenseiter lächeln sie, ärgern sich vielleicht auch kräftig, aber sie pflegen zu schweigen, lassen die Toren ihres Weges gehen. Das ist aber sehr bedauerlich, unter Umständen verhängnisvoll. Denn die Außenseiter sind mächtig in der Überzahl, und es gelingt ihnen nicht selten, Eingang in die Öffentlichkeit zu finden. Und wie die große Masse lieber zum Heilpraktiker geht, als zum gelernten Doktor, so hat sie auch ein starkes Mißtrauen gegen den ernsthaften Wissenschaftler, insbesondere gegen den bösen Professor; denn der ist nicht nur reaktionär, er ist auch verkalkt. Der ordentliche Professor leistet bekanntlich nichts Außerordentliches, der außerordentliche nichts Ordentliches. [...] Heute tobt sich das Pfuschertum fröhlicher aus als je zuvor. Denn die hohe Begeisterung für alles Vaterländische hat ihm neue Welten aufgetan, von denen es früher keine Ahnung hatte. Germanisches, Urgermanisches, Nordisches. [...] Nicht minder leichtfertig ist, was man sich jetzt gegenüber einer bestimmten Gattung von Denkmälern aus der Vorzeit erlaubt, den Riesensteingräbern, den Hünenbetten oder Hünengräbern, wie das Volk sie nennt. Ein Architekt namens Wille hat vor kurzem ein Buch geschrieben, in dem er beweisen will, daß wir darin die Reste von germanischen Gotteshäusern zu sehen haben, daß es die Unterbauten überdachter Kultstätten seien. Hermann Wirth hat diese Anschauung gebilligt. [...] Dabei ist Wille der typische Vertreter oberflächlichen Arbeitens. Ernsthafte wissenschaftliche Werke über seinen Gegenstand hat er nicht gelesen, und es sind fünf ganze Hünenbetten, die er genauer untersucht hat. [...] Ganz schlimm steht es mit der Laienweisheit über den germanischen Götterhimmel und verwandtes. […] Bei all dem Unsinn steht im Hintergrund letztlich der Wahn, daß die nordische Edda germanischen Glauben widerspiegle. […] Über sprachlichen Unfug wäre ein besonders Kapitel zu schreiben. Hier möchte ich nur erstens dem Bedauern Ausdruck geben, daß der Unfug selbst ernsthaften, wissenschaftlichen Zeitschriften nicht ferne bleibt: Kürzlich standen in einem Heft der ‚Bairischen Blätter für Gymnasialwesen' ganz unmögliche Namendeutungen! Zweitens möchte ich Einspruch erheben gegen einen Aufsatz von R. Dohm: Eifeler Bergnamen im Licht der Ursiedlungsforschung. Die hier verübten Namendeutungen gehören zum Schlimmsten, was ich in den langen Jahrzehnten meines Daseins erlebt habe. Drittens muß ich feststellen, daß das, was jetzt über germanisch ‚od, odal' als Sippengut behauptet wird, eitel Hirngespinst ist. Ja, meine Herren und Damen, warum sind Sie so? Wir Gelehrten braten doch auch kein Beafsteak, wenn wir's nicht verstehen. Wir schreiben nicht über Leibesübungen. Wenn wir als Germanisten etwa über Irisch schreiben wollten, dann lernten wir's vorher. Und dann würden wir immer noch einen Keltologen fragen. Also nur keine falsche Scheu! Fragen Sie nach dem, was Sie nicht wissen; am besten aber: Sie schweigen."

Danksagung

Für die gesamte Darstellung trage ich natürlich die alleinige Verantwortung. Dennoch gilt es, einigen Menschen, die die Entstehung dieses Buches in den letzten sechs Jahren ermöglicht und unterstützt haben, zu danken.

An erster Stelle richtet sich mein Dank an Prof. Dr. Georg Bollenbeck: zum Einen für die geistig stets anregende, lehrreiche, Selbsttätigkeit befördernde (kurzum: humboldtianische) und menschlich äußerst angenehme Arbeitsatmosphäre in den von ihm geleiteten Forschungsprojekten zur Wissenschaftsgeschichte der Germanistik; zum Anderen für seine langjährige, umsichtige Betreuung, Unterstützung und Förderung, die – und das ist alles andere als selbstverständlich – auch in dürftigeren Zeiten nicht nachgelassen hat.

Dank gebührt auch Prof. Dr. Clemens Knobloch, der zusammen mit Georg Bollenbeck jenes Projekt zum „Semantischen Umbau der Geisteswissenschaften" entwickelte und leitete, in dessen Kontext die vorliegende Arbeit ihren Ausgang nahm und von dem sie immer wieder wichtige Anregungen bezog. Zudem gilt Clemens Knobloch und PD Dr. Klaas-Hinrich Ehlers mein Dank für die Möglichkeit des kollegialen Einblicks in die Ergebnisse des Projektes zur „Förderung sprachwissenschaftlicher Projekte durch die DFG im Kontext der Fachgeschichte".

Den Gutachtern Prof. Dr. Wolfgang Adam, Prof. Dr. Georg Bollenbeck, Prof. Dr. Frank-Rutger Hausmann und Prof. Dr. Hermann Korte danke ich für ihre geduldige und aufmerksame Lektüre und für wichtige Hinweise zur Verbesserung dieser Arbeit.

Meinem Freund und ehemaligen Kollegen Dr. Jens Saadhoff danke ich für den fruchtbaren und anregenden Ideenaustausch während der Arbeit an diesem Buch.

Genoveva Schmid möchte ich stellvertretend für all jene Mitarbeiterinnen und Mitarbeiter von Georg Bollenbeck danken, die in den letzten Jahren – geduldig mit meinen Karteikarten – ihre Arbeitszeit auch dem Zustandekommen der „Grenzverwirrungen" gewidmet haben. Moritz Scheper danke ich für die Erstellung des Namenregisters.

Danken möchte ich auch den Stiftungen und Institutionen, die die Fertigstellung dieses Buches ermöglicht haben: der VW-Stiftung, die von 2001 bis 2004 das Projekt „Semantischer Umbau der Geisteswissenschaften nach 1933 und 1945", in dem ich als wissenschaftlicher Mitarbeiter tätig war, förderte; der DFG, die von 2004 bis 2006 mein Projekt „Zwischen Eigensinn und Resonanz: Neuere deutsche Literaturwissenschaft im

Nationalsozialismus und nach 1945" mit einer eigenen Stelle finanziert und es mir somit ermöglicht hat, meine Forschungsergebnisse überhaupt zu Papier zu bringen.

Der Verlagsleiterin des Akademie Verlages, Dr. Sabine Cofalla, danke ich für die Bereitschaft, meine Arbeit in das Programm des Verlages aufzunehmen sowie für ihre umsichtige, unkomplizierte und souveräne Betreuung.

Für die lebenszeitraubende und aufmerksame Hilfe bei der Durchsicht des nicht eben schlanken Manuskriptes danke ich Lisa Kampmann, Dr. Marcel Sturm und meiner Frau, Claudia Kaiser.

Meiner Frau gebührt zudem mein ganz besonderer Dank für ihre hilfreiche Unterstützung in der Endphase der Niederschrift – in einer Phase, in der weitaus Bedeutenderes als ein Buch schon im Begriff war, das Licht der Welt zu erblicken.

Meinen Eltern schließlich danke ich für die stete Unterstützung und dafür, dass sie nie danach gefragt haben, ob denn *dieses* Spiel die Mühe wert ist.

Düsseldorf/Göttingen im März 2008   Gerhard Kaiser

Literaturverzeichnis

Quellen

Ungedruckte Quellen

Briefwechsel „Dichtung und Volkstum" – Metzler-Verlag – DFG (BAK R 73/10701)

Briefwechsel Wilhelm Emrich – DFG (BAK, R 73/10893)

Briefwechsel Fritz Martini – DFG (BAK, R 73/12901)

Briefwechsel Günther Müller – DFG (BAK R 73/13278)

Briefwechsel Walther Rehm – DFG (BAK, R 73/13830)

Briefwechsel Erich Rupprecht – DFG (BAK, R 73/14114)

Briefwechsel Clemens Lugowski – DFG (BAK, R 73/16262 und R 73/16450)

Andere Quellen

Alewyn, Richard: Das neunzehnte Jahrhundert in der jüngsten Forschung, in: ZfDB, 11, 1935, S. 276–281 und 324–330

Alker, Ernst: Rassenfragen und Literaturwissenschaft, in: Schweizerische Rundschau, 27, 1927, S. 446–450

Amonn, Hermann: Deutsche Literaturgeschichte in Frage und Antwort. II. Teil: Von Luther bis zur Gegenwart. Dritte, neubearb. Aufl., Berlin und Bonn 1933

Arndt, Ernst Moritz: Katechismus für den teutschen Kriegs- und Wehrmann [1813], in: ders.: Werke, hrsg. von August Leffson und Wilhelm Steffens, Bd. 10, Berlin/Leipzig/Wien/Stuttgart 1913

Bancsa, Kurt: Das neue Grillparzerbild, in: DuV, 36, 1935, S. 333 ff.

Bartels, Adolf: Geschichte der deutschen Literatur. 2 Bde., Leipzig 1901/02

Bartels, Adolf: Weshalb ich die Juden bekämpfe. Eine deutliche Auskunft, Hamburg 1919

Bartels, Adolf: Jüdische Herkunft und Literaturwissenschaft. Eine gründliche Erörterung, Leipzig 1925

Baumgart, Wolfgang: Dichterehrung und Dichtergedenkstätte, in: Geistige Arbeit, 1938, Nr. 16, S. 7

Baur, Erwin/Fischer, Eugen/Lenz, Fritz: Menschliche Erblichkeitslehre [in späteren Auflagen: Erblehre] und Rassenhygiene. Bd. I: dies.: Menschliche Erblichkeitslehre [in späteren Auflagen: Erblehre], München 1920; Bd. II: Lenz, Fritz: Menschliche Auslese und Rassenhygiene (Eugenik), München 1921

Behaghel, Otto: Außenseiter. Eine Philippika, in: DAZ, Nr. 367 vom 9. 08. 34

Behrend, Erich: Mensch und Rasse in Grieses Dichtung, in: DuV, 41, 1941, S. 321–343

Beissner, Friedrich: Hölderlins Übersetzungen aus dem Griechischen, Stuttgart 1933

Beissner, Friedrich: Der Mythus in Hölderlins vaterländischen Gesängen, in: ZfDB, 11, 1935, S. 249–269

Beissner, Friedrich: Rezension zu Hölderlin-Vermächtnis, in: DuV, 38, 1937, S. 268f.

Beissner, Friedrich: Neue Bücher zur deutschen Literaturgeschichte, in: Geistige Arbeit, 1940, Nr. 15, S. 4

Beissner, Friedrich: Geschichte der deutschen Elegie, Berlin 1941

Beissner, Friedrich: Die Stuttgarter Hölderlin-Ausgabe. Ein Arbeitsbericht, Stuttgart 1942

Benda, Oskar: Der gegenwärtige Stand der deutschen Literaturwissenschaft. Eine erste Einführung in ihre Problemlage, Wien und Leipzig 1928

Benda, Oskar: Artikel „Literaturwissenschaft", in: Hofstaetter, Walther/Peters, Ulrich (Hrsg.): Sachwörterbuch der Deutschkunde, Bd. II, Leipzig und Berlin 1930, S. 746–750

Benjamin, Walter: Gesammelte Schriften, Band I, hrsg. von Rolf Tiedemann und Hermann Schweppenhäuser, Frankfurt am Main 1991

Benjamin, Walter: Wider ein Meisterwerk. Zu Max Kommerell: ‚Der Dichter als Führer in der deutschen Klassik', in: ders.: Gesammelte Schriften, Bd. III, hrsg. von Rolf Tiedemann und Hermann Schweppenhäuser, Frankfurt am Main 1991, S. 252–259

Benn, Gottfried: Gesammelte Werke in drei Bänden, hrsg. von Dieter Wellershoff, Frankfurt am Main 2003

Bergson, Henri: Die philosophische Intuition [1911], in: ders.: Denken und schöpferisches Werden, Meisenheim 1948, S. 126–148

Bergson, Henri: Zeit und Freiheit, Jena 1911

Bergson, Henri: Schöpferische Entwicklung, Jena 1912

Bertram, Ernst: Schiller. Festvortrag, gehalten am 26. Mai 1934, in: Jahrbuch der Goethe-Gesellschaft, 20, 1934, S. 215–249

Beutler, Ernst: Der Glaube Heinrich von Kleists. Ansprache, gehalten am 18. November 1936 zum Gedächtnis an Kleists 125. Todestag bei der Morgenfeier der städtischen Bühne im Schauspielhaus, Frankfurt am Main 1936

Beyer, Paul: Das nordische Frauenbild in der deutschen Volksballade, in: DuV, 37, 1936, S. 141–173

Bietak, Wilhelm: Das Lebensgefühl des Biedermeier in der österreichischen Dichtung, Wien/Leipzig 1931

Birt, Theodor: Die klassische Philologie an den Universitäten. Eine Entgegnung, in: Deutsches Wochenblatt, 5, 1892, S. 18f.

Böckmann, Paul: Rezension zu Walther Linden, Aufgaben einer nationalen Literaturwissenschaft, in: ZfDB, 10, 1934, S. 105–107

Böckmann, Paul: Hölderlin und seine Götter, München 1935

Böckmann, Paul: Deutsches Schicksal in der elsässischen Literaturentwicklung der Neuzeit, in: Panzer, Friedrich (Hrsg.): Deutsches Schicksal im Elsaß. Vorträge Heidelberger Professoren, Heidelberg 1941, S. 85–115

Böckmann, Paul: Hellas und Germanien, in: Fricke/Koch/Lugowski (Hrsg.): a.a.O., Bd. V, S. 341–404

Böckmann, Paul: Heimat und Vaterland in der Dichtung Hölderlins, in: ders.: Hölderlin. Drei Reden (= Die Bunten Hefte für unsere Soldaten, Sonderreihe, Heft 2), Stuttgart 1943, S. 5–26

Boehm, Max Hildebert: Das eigenständige Volk, Göttingen 1932

Böhme, Herbert: Rufe in das Reich. Die heldische Dichtung von Langemarck bis zur Gegenwart, o.O. 1934

Borcherdt, Hans Heinrich: Literaturwissenschaft als militante Wissenschaft, in: Bayerische Hochschulzeitung, 15.01.–01.02.1934

Borcherdt, Hans Heinrich: Der deutsche Bildungsroman, in: Fricke, Gerhard/Koch, Franz/Lugowski, Klemens (Hrsg.): a. a. O., Bd. V, S. 3–56

Brenner, Emil: Deutsche Literaturgeschichte, 8. erg. Aufl., Wels und Leipzig 1942

Briefwechsel zwischen Wilhelm Dilthey und dem Grafen Paul York von Wartenburg, Halle 1923

Brinkmann, Hennig: Die deutsche Berufung des Nationalsozialismus. Deutsche Spannungen – Deutsche Not – Deutsche Umkehr, Jena 1934

Brüggemann, Fritz: Der Kampf um die bürgerliche Welt- und Lebensanschauung in der deutschen Literatur des 18. Jahrhunderts. Ein Beitrag zur Vorgeschichte der deutschen Romantik, in: DVjs, 3, 1925, S. 94–127

Brüggemann, Fritz: Literaturgeschichte als Wissenschaft auf dem Grunde kulturgeschichtlicher Erkenntnis im Sinne Karl Lamprechts, in: ZfdB, 2, 1926, S. 469–479

Büttner, Ludwig: Heinrich von Kleists „Der zerbrochene Krug". Eine Neuwertung für die heutige Schule, in: Die Deutsche Höhere Schule, 4, 1937, S. 633–641

Büttner, Ludwig: Literaturgeschichte, Rassenkunde, Biologie. Weg und Aufgabe der rassenkundlichen Literaturbetrachtung, in: ZfDk, 52, 1938, S. 337–347

Büttner, Ludwig: Gedanken zu einer biologischen Literaturbetrachtung, München 1939

Burger, Heinz Otto: Schwabentum in der Geistesgeschichte. Versuch über die weltanschauliche Einheit einer Stammesliteratur, Stuttgart/Berlin 1933

Burger, Heinz Otto: Die rassischen Kräfte im deutschen Schrifttum, in: ZfDk, 48, 1934, S. 462–476

Burger, Heinz Otto: Die Entwicklung des Hölderlinbildes seit 1933, in: DVjs, 18, 1940, S. 101–122

Burger, Heinz Otto (Hrsg.): Gedicht und Gedanke. Auslegungen deutscher Gedichte, Halle 1942

Burger, Heinz Otto: Die deutsche Sendung im Bekenntnis der Dichter, in: Fricke, Gerhard/Koch, Franz/Lugowski, Klemens (Hrsg.): a. a. O., Bd. V, S. 305–340

Burger, Heinz Otto (Hrsg.): Annalen der Deutschen Literatur, Stuttgart 1952

Chamberlain, Houston Stewart: Die Grundlagen des 19. Jahrhunderts [1899], 25. Aufl., München 1940

Claudius, Hermann: Begegnung mit dem eigenen Gedicht, in: Burger, Heinz Otto (Hrsg.): Gedicht und Gedanke, Halle 1942, S. 378–379

Clauß, Ludwig Ferdinand: Die nordische Seele. Artung, Prägung, Ausdruck (ab 1932: Eine Einführung in die Rassenseelenkunde), Halle a. d. S. 1923

Clauß, Ludwig Ferdinand: Rassische Wurzeln des Südostdeutschtums, in: DuV, 40, 1939, S. 1–8

Cysarz, Herbert: Erfahrung und Idee. Probleme und Lebensformen in der deutschen Literatur von Hamann bis Hegel Wien/Leipzig 1921

Cysarz, Herbert: Der Lebensbegriff der deutschen Geisteswissenschaft, in: Österreichische Rundschau, 19, 1923, S. 1085–1106

Cysarz, Herbert: Deutsche Barockdichtung. Renaissance, Barock, Rokoko, Leipzig 1924

Cysarz, Herbert: Literaturgeschichte als Geisteswissenschaft. Kritik und System, Halle 1926

Cysarz, Herbert: Über Unsterblichkeit. Eine literaturwissenschaftliche Studie, Kassel/Wilhelmshöhe 1930

Cysarz, Herbert: Zur Geistesgeschichte des Weltkriegs. Die dichterischen Wandlungen des deutschen Kriegsbildes 1910–1930, Halle 1931

Cysarz, Herbert: Geschichtswissenschaft, Kunstwissenschaft, Lebenswissenschaft. Prager Antrittsrede, Wien/Leipzig 1928

Cysarz, Herbert: Zwischen Dichtung und Philosophie oder Literaturhistorie als Schicksal, in: Dichtung und Forschung. Festschrift für Emil Ermatinger. Zum 21. Mai 1933, Frauenfeld und Leipzig 1933, S. 1–19

Cysarz, Herbert: Schillers Wiederkehr, in: DAZ vom 22.11.1933

Cysarz, Herbert: Erbe und Aufbruch. Zum Schillertag, in: DAZ vom 09.11.1934

Cysarz, Herbert: Schiller. Halle an der Saale 1934

Cysarz, Herbert: Dichtung im Daseinskampf. Fünf Vorträge, Karlsbad-Drahowitz und Leipzig 1935

Cysarz, Herbert: Deutsches Barock in der Lyrik, Leipzig 1936

Cysarz, Herbert: Die großen Themen der sudetendeutschen Schrifttumsgeschichte. Durchblick und Ausblick, Brünn/Leipzig/Wien 1938

Cysarz, Herbert: Neuere deutsche Sprach- und Schrifttumsgeschichte, in: Deutsche Wissenschaft. Arbeit und Aufgabe, Leipzig 1939, S. 36–38

Cysarz, Herbert: Deutsche Front im Südosten. Fünf sudetendeutsche Reden, Karlsbad 1939

Cysarz, Herbert: Das Unsterbliche. Die Gesetzlichkeiten und das Gesetz der Geschichte, Halle 1940

Cysarz, Herbert: Sudetendeutschland in der volksdeutschen Gesamtfront, Leipzig 1940

Cysarz, Herbert: Zur Gegenwartslage der deutschen Geisteswissenschaften, in: Historische Zeitschrift, 162, 1940, S. 457–478

Cysarz, Herbert: Die deutsche Einheit im deutschen Schrifttum, in: Fricke/Koch/Lugowski (Hrsg.): a. a. O., Bd. V, S. 405–443

Cysarz, Herbert: Natur- und Geschichtsforschung. Eine gesamtwissenschaftliche Überschau, in: DuV, 41, 1941, S. 131–151

Cysarz, Herbert: Schicksal, Ehre, Heil. Drei Begegnungen des Menschen mit dem Weltgesetz, Weimar 1942

Cysarz, Herbert: Das Schöpferische. Die natürlich-geschichtliche Schaffensordnung der Dinge, Halle 1943

Cysarz, Herbert: Zukunftsaufgaben deutscher Schrifttumsforschung, in: Volk und Reich, XIX, 1943, Heft 11 und 12, S. 423–425

Cysarz, Herbert: Vom Genie, in: Neue Rundschau, 1943, Heft 3, S. 89–96

Cysarz, Herbert: Das Welträtsel des Bewusstseins, München 1944

Cysarz, Herbert: Zur Frage: Gibt es ein Gesetz der Geschichte?, in: Schriftenreihe der Gesellschaft der Wissenschaften des Generalgouvernements, Bd. 1, 1944, S. 5–39

Cysarz, Herbert: Seher des Untergangs – um des Aufstiegs willen: Nietzsche in der Zeitwende unserer Gegenwart, in: Münchner neueste Nachrichten vom 14.10.1944

Cysarz, Herbert: Vielfelderwirtschaft. Ein Werk- und Lebensbericht, Bodman-Bodensee 1976

Das Germanische Seminar der Universität Berlin. Festschrift zu seinem 50 jährigen Bestehen, Berlin und Leipzig 1937

Dehn, Fritz: Existentielle Literaturwissenschaft als Entscheidung, in: DuV, 38, 1937, S. 29–43

Deubel, Werner: Schillers Kampf um die Tragödie. Umrisse eines neuen Schillerbildes, Berlin/Lichterfelde 1935

Deutsche Wissenschaft. Arbeit und Aufgabe, Leipzig 1939

Die Mittwochsgesellschaft. Protokolle aus dem geistigen Deutschland 1932 bis 1944. Hrsg. und eingeleitet von Klaus Scholder, Berlin 1982

Dilthey, Wilhelm: Gesammelte Schriften, Leipzig/Stuttgart/Göttingen 1914 ff.

Dilthey, Wilhelm: Das Erlebnis und die Dichtung. Lessing, Goethe, Novalis, Hölderlin, [1905], Göttingen 1965

Dr. R. S.: Deutsche Literatur, in: Geistige Arbeit, 1934, Nr. 18, S. 17

Dühring, Eugen: Die Judenfrage als Rassen-, Sitten- und Culturfrage [1881], 6. Aufl., Leipzig 1930

Emrich, Wilhelm: Der Einbruch des Judentums in das wissenschaftliche und fachliche Denken, in: Das Deutsche Fachschrifttum, Heft 4, 5, 6, 1943, S. 1–3

Emrich, Wilhelm: Rezension zu Ada M. Klett: Der Streit um Faust II seit 1900, Jena 1939, in: Zeitschrift für deutsche Philologie, 68, 1943, H. 1 und 2, S. 100–102

Emrich, Wilhelm: Die Symbolik von Faust II. Sinn und Vorformen, Berlin 1943

Emrich, Wilhelm: Goethes dichterische Darstellung des Krieges, in: Europäische Literatur, 3, 1944, S. 14ff.

Emrich, Wilhelm: Die Symbolik von Faust II. Sinn und Vorformen, Bonn 1957

Eppelsheimer, Hanns W. (Hrsg.): Handbuch der Weltliteratur, Frankfurt am Main 1937

Epstein, Hans: Die Metaphysizierung in der literarwissenschaftlichen Begriffsbildung und ihre Folgen. Dargelegt an drei Theorien über das Literaturbarock, in: Germanische Studien, 1929, H. 73, S. 1–69

Ermatinger, Emil: Das dichterische Kunstwerk. Grundbegriffe der Urteilsbildung in der Literaturgeschichte, Leipzig/Berlin 1921

Ermatinger, Emil: Die deutsche Literaturwissenschaft in der geistigen Bewegung der Gegenwart, in: Zeitschrift für Deutschkunde, 39, 1925, S. 241–261

Ermatinger, Emil (Hrsg.): Philosophie der Literaturwissenschaft, Berlin 1930

Ermatinger, Emil: Das Zeitalter der Aufklärung, in: Korff, Hermann August/Linden, Walther (Hrsg.): Aufriß der deutschen Literaturgeschichte nach neueren Gesichtspunkten, Leipzig und Berlin 1930, S. 104–125

Fabricius, Hans: Schiller als Kampfgenosse Hitlers. Nationalsozialismus in Schillers Dramen. Bayreuth 1932

Fechter, Paul: Dichtung der Deutschen. Eine Geschichte der Literatur unseres Volkes von den Anfängen bis zur Gegenwart, Berlin 1932

Fechter, Paul: Geschichte der deutschen Literatur. Von den Anfängen bis zur Gegenwart, Berlin 1941

Fechter, Paul: Geschichte der Deutschen Literatur, Gütersloh 1952

Fischer, Eugen: Die Rehobother Bastards und das Bastardisierungsproblem beim Menschen, Jena 1913

Flemming, Willi: Deutsche Kultur im Zeitalter des Barock, Potsdam 1937 (= Handbuch der Kulturgeschichte. Hrsg. von Heinz Kindermann. Erste Abteilung: Geschichte des deutschen Lebens)

Flemming, Willi: Das deutsche Schrifttum von 1500 bis 1700 (= Handbuch des deutschen Schrifttums. Hrsg. von Franz Koch. Band 2. Erster Teil, Potsdam o. J.).

Flemming, Willi: Die deutsche Seele des Barocks, in: Fricke/Koch/Lugowski (Hrsg.): a.a.O., Bd. III, S. 171–199

Flemming, Willi: Literaturwissenschaft und rassische Betrachtungsweise, in: Bücherkunde, 9, 1942, S. 133–139

Flemming, Willi: Wesen und Aufgabe volkhafter Literaturgeschichtsschreibung, Breslau 1944

Flemming, Willi: Analyse und Synthese und die Funktion der Norm, in: Studium Generale, 7, 1954, S. 352–363

Freiherr von Münchhausen, Börries: Autophilologie, in: Burger, Heinz Otto (Hrsg.): Gedicht und Gedanke, Halle 1942, S. 380–390

Fricke, Gerhard: Der religiöse Sinn der Klassik Schillers. Zum Verhältnis von Idealismus und Christentum [1927], repografischer Nachdruck der 1. Auflage, Darmstadt 1968

Fricke, Gerhard: Gefühl und Schicksal bei Heinrich von Kleist. Studien über den inneren Vorgang im Leben und Schaffen des Dichters, Berlin 1929

Fricke, Gerhard: Über die Aufgabe und die Aufgaben der Deutschwissenschaft, in: ZfDB, 9, 1933, S. 494–501

Fricke, Gerhard: Rede des Privatdozenten Dr. Fricke anläßlich der Kundgebung der Studentenschaft „Wider den undeutschen Geist", in: Göttinger Hochschul-Zeitung, 2, 1933, H. 3, S. 2

Fricke, Gerhard: Die Bildlichkeit in der Dichtung des Andreas Gryphius. (Neue Forschungen, Heft 17), Berlin 1933

Fricke, Gerhard: Zur inneren Reform des philologischen Hochschulstudiums, in: Volk im Werden, 1, 1933, H. IV, S. 29–35

Fricke, Gerhard: Schiller und Kleist als politische Dichter, in: ZfDk, 48, 1934, S. 222–238

Fricke, Gerhard: Rez. zu Herbert Cysarz „Schiller", in: Deutsche Literaturzeitung für Kritik der internationalen Wissenschaft, 55, 1934, S. 883–891

Fricke, Gerhard: Vom Nutzen und Nachteil des ‚Lebens' für die Historie, in: ZfDk, 50, 1936, S. 433–437

Fricke, Gerhard: Aufgaben einer völkischen Literaturgeschichte, in: Wissenschaft und Wirklichkeit. Almanach zum 10-jährigen Bestehen des Junker und Dünnhaupt Verlags Berlin 1927–1937, Berlin 1937, S. 62–67

Fricke, Gerhard: Zur Interpretation des dichterischen Kunstwerks. Ein Beitrag zum Thema: Klassische Dichtung und deutscher Unterricht, in: ZfDk, 53, 1939, S. 337–353

Fricke, Gerhard: Schrifttumsberichte. Vom Humanismus zur Klassik, in: ZfDK, 54, 1940, S. 334–344

Fricke, Gerhard/Koch, Franz/Lugowski, Klemens (Hrsg.): Von deutscher Art in Sprache und Dichtung, 5 Bde., Stuttgart/Berlin 1941

Fricke, Gerhard: Vollendung und Aufbruch. Reden und Aufsätze zur deutschen Dichtung, Berlin 1943

Fricke, Gerhard: Schiller und die geschichtliche Welt, Straßburg 1943 (= Heft 5 der Straßburger Universitätsreden)

Fricke, Gerhard: Vollendung und Aufbruch. Reden und Aufsätze zur deutschen Dichtung, Berlin 1943

Fricke, Gerhard: Wege und Wandlungen deutscher Dichtung von Nietzsche bis zur Gegenwart, Veröffentlichungen des Deutschen Wissenschaftlichen Instituts in Bukarest, Jena und Leipzig 1943

Fricke, Gerhard/Schmitt, Fritz: Deutsche Literaturgeschichte in Tabellen, Teil III: 1770 bis zur Gegenwart, Bonn 1952

Gobineau, Josef Arthur de: Essai sur l'inégalité des races humaines, T. 2, Paris 1853

Goebbels, Joseph: Das eherne Herz. Rede vor der Deutschen Akademie. Gehalten am 1. Dezember 1941 in der Neuen Aula der Friedrich-Wilhelm-Universität zu Berlin, München 1941

Günther, Hans F. K.: Der Nordische Gedanke unter den Deutschen, München 1925

Günther, Hans F. K.: Rassenkunde des deutschen Volkes, 9. Aufl., München 1926

Günther, Hans F. K.: Rasse und Stil. Gedanken über ihre Beziehungen im Leben und in der Geistesgeschichte der europäischen Völker, insbesondere des deutschen Volkes, München 1926

Günther, Hans F. K.: Der rasseneigene Geruch der Hautausdünstung, in: Zeitschrift für Rassenphysiologie, Bd. II, 1929, S. 94–99

Gumbel, Hermann: „Dichtung und Volkstum", in: Ermatinger, Emil (Hrsg.): Philosophie der Literaturwissenschaft, Berlin 1930, S. 43–91

Gumbel, Hermann: Volk und Reich im Schrifttum der Reformbewegung, in: Fricke/Koch/Lugowski (Hrsg.): a. a. O., Bd. III, S. 147–170

Gundolf, Friedrich: Goethe [1916], 12., unveränderte Aufl., Berlin 1925

Haffner, Sebastian: Geschichte eines Deutschen. Die Erinnerungen 1914–1933, Stuttgart/München 2000

Hagen, Hans W.: Zur Entwicklung der deutschen Literaturgeschichtsschreibung, in: NS-Bibliographie, 3, 1938, S. I–XI

Hagen, Hans W.: Das Reich und die universalistische Kulturgeschichtsschau, in: Weltliteratur, 16, 1941, S. 37 ff.

Hatvany, Ludwig: Die Wissenschaft des nicht Wissenswerten. Ein Kollegienheft, Leipzig 1908

Havenstein, Martin: Zur Krisis der Literaturwissenschaft, in: Neue Jahrbücher für Wissenschaft und Jugendbildung, 7, 1931, S. 632–642

Hengstenberg, Hans Eduard: Über den Wesenszusammenhang von rassischer Grundlage und völkischer Kultur, in: ZfDB, 11, 1935, S. 9–17

Hein, Alfred: Wort und Tat. Das Beispiel Heinrich von Kleists, in: NS-Landpost, 05.04.1940

Heselhaus, Clemens: Anton Ulrichs Aramena. Studien zur dichterischen Struktur des deutschbarocken „Geschichtgedichts", Würzburg 1939

Heselhaus, Clemens: Annette von Droste-Hülshoff. Die Entdeckung des Seins in der Dichtung des 19. Jahrhunderts, Halle/Saale 1943

Hitler, Adolf: Reden und Proklamationen 1933–1945, hrsg. von Max Domarus, 2 Bde. in 4 Teilbänden, Wiesbaden 1973

Hitler, Adolf: Mein Kampf [1924/25], 97.–101. Aufl., München 1934

Hitler, Adolf: Die deutsche Kunst als stolzeste Verteidigung des deutschen Volkes, in: Nationalsozialistische Monatshefte, 4, 1933, S. 434–442

Hitlers politisches Testament. Die Bormann-Diktate vom Februar und April 1945, Hamburg 1981

Hirsch, Arnold: Soziologie und Literaturgeschichte, in: Euphorion, 29, 1928, S. 74–82

Hirsch, Arnold: Bürgertum und Barock im deutschen Roman. Ein Beitrag zur Entstehungsgeschichte des bürgerlichen Weltbildes, Frankfurt am Main 1934

Höfler, Otto: Friedrich Gundolf und das Judentum in der Literatur, in: Forschungen zur Judenfrage, 1940, S. 115–133

Hübner, Arthur: Wissenschaft und neuer Staat. Ansprache an die Berliner Studentenschaft zu Beginn des Sommersemesters 1933, in: Akademische Turnbunds-Blätter, 1933, H. 6, S. 110–122

Hübner, Arthur: Die Dichter und die Gelehrten. Ein Vortrag vor Studenten, in: ZfDB, 9, 1933, S. 593–601

Ingarden, Roman: Das literarische Kunstwerk. Eine Untersuchung aus dem Grenzgebiet der Ontologie, Logik und Literaturwissenschaft, Halle/Saale 1931

Jensen, Harald: Schiller zwischen Goethe und Kant. Oslo 1927

Jessen, Heinrich: Literaturbetrachtung, Literaturwissenschaft und nordischer Gedanke. Von den kopernikanischen Revolutionen, in: Bücherkunde, H. 5, 1938, S. 395–399

Jolles, Andre: Einfache Formen ([1930], 2. Aufl., Darmstadt 1958

Kayser, Wolfgang: Bürgerlichkeit und Stammestum in Theodor Storms Novellendichtung, Berlin 1938

Kayser, Wolfgang: Das sprachliche Kunstwerk. Eine Einführung in die Literaturwissenschaft [1948], 9. Aufl., Bern/München 1963

Keferstein, Georg: Aufgaben einer volksbezogenen Literatursoziologie, in: Volksspiegel, 1, 1934, S. 114–123

Keferstein, Georg: Zur Wiedergeburt Schillers in unserer Zeit, in: GRM, 27, 1939, S. 165–191

Keferstein, Georg: Symbol und Existenz in der Dichtung. Zu Pongs' zweitem Band, in: GRM, 29, 1941, S. 1–20

Keudel, Rudolf: Heinrich von Kleist. Zu seinem 125. Todestag am 21. November, in: Die HJ. Das Kampfblatt der Hitlerjugend (21. 11. 1936) Ausgabe „Gebiet Hochland"

Kindermann, Heinz (Hrsg.): Sammlung literarischer Kunst- und Kulturdenkmäler in Entwicklungsreihen, Leipzig 1929 ff.

Kindermann, Heinz: Das literarische Antlitz der Gegenwart, Halle 1930

Kindermann, Heinz: Goethes Menschengestaltung. Versuch einer literarhistorischen Anthropologie, Bd. 1, Berlin 1932

Kindermann, Heinz: Eichendorffs deutsche Sendung, in: DAZ vom 12. 03. 1933

Kindermann, Heinz: Umbruch des Geistes, in: Kölnische Zeitung. Morgen-Ausgabe, Nr. 518 vom 23. 09. 1933

Kindermann, Heinz (Hrsg.): Des deutschen Dichters Sendung in der Gegenwart, Leipzig 1933

Kindermann, Heinz: Heute vor 175 Jahren wurde Schiller geboren. Der Dichter der heldischen Lebensform, in: Völkischer Beobachter vom 10. 11. 1934

Kindermann, Heinz (Hrsg.): Handbuch der Kulturgeschichte. Erste Abteilung: Geschichte Deutschen Lebens, Potsdam 1934 ff.

Kindermann, Heinz: Umwertung des deutschen Schrifttums, in: Deutscher Almanach, 1935, S. 142–150

Kindermann, Heinz (Hrsg.): Reihe Irrationalismus. Band 6: Von deutscher Art und Kunst, Leipzig 1935

Kindermann, Heinz: Geist und Gestalt der deutschen Gegenwartsdichtung, in: ZfDB, 11, 1935, S. 192–202

Kindermann, Heinz: Die Danziger Barockdichtung in: DuV, 37, 1936, S. 296–324

Kindermann, Heinz: Die deutsche Gegenwartsdichtung im Aufbau der Nation, Berlin 1936

Kindermann, Heinz: Das Profil des neuen Romans. Ein Überblick, in: Das Volk. Kampfblatt für Völkische Kultur und Politik, 1936/37, unpag.

Kindermann, Heinz: Dichtung und Volkheit. Grundzüge einer neuen Literaturwissenschaft, Berlin 1937

Kindermann, Heinz: Adolf Bartels im Kampf um die völkische Entscheidung. Ein Wort des Dankes zum 75. Geburtstag am 15. November, in: Die Deutsche Höhere Schule. Zeitschrift des Nationalsozialistischen Lehrerbundes. Reichsfachschaft 2: Höhere Schulen, 4, 1937, S. 724 f.

Kindermann, Heinz: Rufe über Grenzen. Dichtung und Lebenskampf der Deutschen im Ausland, Berlin 1938

Kindermann, Heinz: Die Danziger Barockdichtung, in: Geistige Arbeit, 1939, Nr. 18, S. 1–3

Kindermann, Heinz: Lebensraum des Burgtheaters, Wien/Leipzig 1939

Kindermann, Heinz: Heimkehr ins Reich – Großdeutsche Dichtung aus Ostmark und Sudetenland, Leipzig 1939

Kindermann, Heinz: Die Weltkriegsdichtung der Deutschen im Ausland, Berlin 1940

Kindermann, Heinz: Kampf um die deutsche Lebensform. Reden und Aufsätze über die Dichtung im Aufbau der Nation, Wien 1941

Kindermann, Heinz: Die deutsche Gegenwartsdichtung im Kampf um die deutsche Lebensform, Wien 1942

Kindermann, Heinz: Die deutsche Literaturwissenschaft an der Wende zweier Zeitalter, in: Geist der Zeit. Wesen und Gestalt der Völker (Organ des Deutschen Akademischen Austauschdienstes, hg. von Wilhelm Burmeister und Dr. Herbert Scurla), H. 1, 1943, S. 1–17

Kindermann, Heinz: Hölderlin und das deutsche Theater, Wien 1943

Klages, Ludwig: Vom kosmogonischen Eros, 2. Aufl., Jena 1926

Klages, Ludwig: Der Geist als Widersacher der Seele I, Leipzig 1929

Klein, Karl Kurt: Der gesamtdeutsche Gedanke in der deutschen Dichtung des 19. Jahrhunderts, in: Fricke/Koch/Lugowski (Hrsg.), Bd. V, S. 315–366

Kleinberg, Alfred: Die deutsche Dichtung in ihren sozialen, zeit- und geistesgeschichtlichen Bedingungen, Berlin 1927

Kluckhohn, Paul: Das Kleist-Bild der Gegenwart, in: DVjS, 4, 1926, S. 798–830

Kluckhohn, Paul: Die Fortwirkung der deutschen Romantik in der Kultur des 19. und 20. Jahrhunderts. Vortrag auf der Hauptversammlung der Gesellschaft für Deutsche Bildung in Danzig am 7. Oktober 1927, in: ZfDB, 4, 1928, S. 57–69

Kluckhohn, Paul: Die Gegensätze in der Dichtung der Gegenwart und ihre geistesgeschichtlichen Voraussetzungen, Stuttgart 1933

Kluckhohn, Paul: Die konservative Revolution in der Dichtung der Gegenwart, in: ZfDB, 9, 1933, S. 177–190

Kluckhohn, Paul (Hrsg.): Die Idee des Volkes im Schrifttum der deutschen Bewegung von Möser und Herder bis Grimm, Berlin 1934

Kluckhohn, Paul: Biedermeier als literarische Epochenbezeichnung. Ein erweiterter Vortrag, in: DVjs, XIII, 1935, S. 1–43

Kluckhohn, Paul: Berufungsbewußtsein und Gemeinschaftsdienst des deutschen Dichters im Wandel der Zeiten, in: DVjs, XIV, 1936, S. 1–30

Kluckhohn, Paul: Deutsche Literaturwissenschaft 1933–1940 [Ein Forschungsbericht], in: Forschungen und Fortschritte, XVII, 1941, S. 33–39

Kluckhohn, Paul: Der europäische Gedanke in der deutschen Romantik, in: Europäischer Wissenschafts-Dienst, 3, 1943, H. 12, S. 7–9

Kluckhohn, Paul (Hrsg.): Hölderlin. Gedenkschrift zum 100. Todestag, 7. Juni 1943, 2. Auflage, Tübingen 1944

Kluckhohn, Paul: Hölderlin bei den Soldaten des zweiten Weltkriegs, in: Iduna, 1, 1944, S. 192–196

Kober, August H.: Der Begriff der Literaturgeschichte, in: Zeitschrift für Ästhetik und allgemeine Kunstwissenschaft, 10, 1915, S. 191–206

Kober, August H.: Wesen und Methode der Literaturwissenschaft, in: GRM, 7, 1915–1919, S. 109–118

Koch, Franz: Erwin Guido Kolbenheyer. Zum 30. Dezember 1928, in: Preußische Jahrbücher 1928, Bd. 214, S. 304–330

Koch, Franz: Stammeskundliche Literaturgeschichte, in: DVjs, 8, 1930, S. 143–197

Koch, Franz: Zur Literatur- und Geistesgeschichte Österreichs. Ein Forschungsbericht, in: DVjs, 9, 1931, S. 745–770

Koch, Franz: Goethes Stellung zu Tod und Unsterblichkeit, Weimar 1932, (= Schriften der Goethe-Gesellschaft, 45)

Koch, Franz: Deutsche Kultur des Idealismus, Potsdam 1935 (= Handbuch der Kulturgeschichte. Hrsg. von Heinz Kindermann. Erste Abteilung: Geschichte des deutschen Lebens)

Koch, Franz: Gegenwartsdichtung in Österreich, Berlin 1935

Koch, Franz: Umbruch. Ein Forschungsbericht zur Dichtung der Gegenwart, in: ZfDB, 11, 1935, S. 47–54 und 100–104

Koch, Franz: Zur Dichtung der Gegenwart: ein Forschungsbericht, in: ZfDB, 12, 1936, S. 205–210

Koch, Franz: Goethe als Erzieher, in: Internationale Zeitschrift für Erziehung, 5, 1936, S. 241–254

Koch, Franz: Zur Dichtung der Gegenwart. Ein Forschungsbericht, in: ZfDB, 12, 1936, S. 205–210

Koch, Franz: Blick in die Zukunft, in: Das Germanische Seminar, S. 55–59

Koch, Franz (Hrsg.): Handbuch des deutschen Schrifttums. Band 2. Erster Teil, Potsdam o. J.

Koch , Franz: Jakob Wassermanns Weg als Deutscher und Jude (Forschungen zur Judenfrage. Bd. 1: Sitzungsberichte der Ersten Arbeitstagung der Forschungsabteilung Judenfrage des Reichsinstituts für Geschichte des neuen Deutschlands vom 19. bis 21. November 1936), Hamburg 1937, S. 150–164

Koch, Franz: Der Weg zur volkhaften Dichtung der Gegenwart, in: ZfDk, 51, 1937, S. 1–14 und 98–113

Koch, Franz: Goethe und die Juden, Hamburg 1937 (= Separatdruck der Schriften des Reichsinstituts für Geschichte des neuen Deutschlands)

Koch, Franz: Die Sendung des Buches. Ansprache anlässlich der Ausstellung „Das deutsche Buch" in Sofia, in: Bücherkunde, Folge 6, 1937, S. 346–350

Koch, Franz: Geschichte deutscher Dichtung [1937], 4. erw. Auflage, Hamburg 1941

Koch, Franz: Kleists deutsche Form, in: Kleist-Jahrbuch, 18, 1938, S. 9–28

Koch, Franz: Vergangenheit und Gegenwart in eins. Festwort zur Feier von Goethes Geburtstag am 27. August 1938 im Römer zu Frankfurt am Main, Halle 1939

Koch, Franz: Die dichterische Leistung des Sudetendeutschtums, in: Geist der Zeit, 16, 1938, S. 505–514

Koch, Franz: Geist und Leben. Vorträge und Aufsätze, Hamburg 1939

Koch, Franz: E. G. Kolbenheyer. Zum 60. Geburtstag, in: DuV, 40, 1939, S. 84–94

Koch, Franz: Das deutsche Schrifttum von der Romantik bis zur Gegenwart (= Handbuch des deutschen Schrifttums, Band 3), Potsdam 1939ff.

Koch, Franz: E. G. Kolbenheyers Bauhütte und die Geisteswissenschaften, in: DuV, 41, 1941, S. 269–296

Koch, Franz: Der Liberalismus und seine Gegenkräfte in der ersten Hälfte des 19. Jahrhunderts, in: Fricke/Koch/Lugowski (Hrsg.): a. a. O., Bd. IV, S. 283–313

Koch, Franz: Von der übervölkischen Aufgabe des deutschen Schrifttums. Vortrag, gehalten an der Universität Helsinki anlässlich der Eröffnung der Deutschen Buchausstellung, in: Nationalsozialistische Monatshefte, 1941, S. 732–739

Kohlschmidt, Werner: Selbstgefühl und Todesschicksal im Liede des deutschen Soldaten. Untersuchungen zur Geschichte des deutschen Soldatenliedes und zur Bestimmung des sentimentalen Volksliedes, Frankfurt am Main 1940

Kohlschmidt, Werner: Das deutsche Soldatenlied, in: Fricke/Koch/Lugowski (Hrsg.): a. a. O., Bd. V, S. 177–202

Kommerell, Max: Der Dichter als Führer in der deutschen Klassik. Berlin 1928

Kommerell, Max: Geist und Buchstabe der Dichtung. Goethe, Schiller, Kleist, Hölderlin, Frankfurt am Main 1941

Kommerell, Max: Hölderlins Empedokles-Dichtungen, in: ders.: Geist und Buchstabe der Dichtung [1941], Frankfurt am Main, 5. Aufl., 1962, S. 318–357

Kommerell, Max: Die Sprache und das Unaussprechliche. Eine Betrachtung über Heinrich von Kleist, in: ders.: Geist und Buchstabe der Dichtung. Goethe, Schiller, Kleist, Hölderlin, Frankfurt am Main 1941, S. 200–274

Kommerell, Max: Hölderlin-Gedenkrede Juni 1943, in: Hölderlin-Jahrbuch, 15, 1967/68, S. 240–254

Kommerell, Max: Gedanken über Gedichte, Frankfurt am Main 1943

Kommerell, Max: Hölderlins Hymnen in freien Rhythmen, in: ders.: Gedanken über Gedichte, Frankfurt am Main 1943, S. 456–481

Kommerell, Max: Das Problem der Aktualität in Hölderlins Dichtung, in: ders.: Dichterische Welterfahrung. Essays, Frankfurt am Main 1952, S. 174–193 [erstmals erschienen unter dem gleichen Titel in: Geist der Zeit, 19, 1941, S. 570–580]

Kommerell, Max: Die kürzesten Oden Hölderlins, in: ders.: Dichterische Welterfahrung. Essays, Frankfurt am Main 1952, S. 194–204

Kommerell, Max: Briefe und Aufzeichnungen 1919–1944. Aus dem Nachlass herausgegeben von Inge Jens, Olten und Freiburg im Breisgau 1967

Kommerell, Max: Essays, Notizen, Poetische Fragmente. Aus dem Nachlass herausgegeben von Inge Jens, Olten und Freiburg im Breisgau 1969

Korff, Hermann August: Literaturgeschichte der deutschen Stämme und Landschaften, in: ZfDk, 1920, S. 401–408

Korff, Hermann August: Georg Stefansky. Das Wesen der deutschen Romantik, in: Literaturblatt für germanische und romanische Philologie, 1–3, 1924, Sp. 22–26

Korff, Hermann August: Geist der Goethezeit. Versuch einer ideellen Entwicklung der klassisch-romantischen Literaturgeschichte, 4 Bde., Leipzig 1923–1953

Korff, Hermann August: Das Wesen der Romantik. Ein Vortrag, in: ZfDk, 43, 1929, S. 545–561

Korff, Hermann August: Goethes deutsche Sendung. Eine Festrede, Leipzig 1932

Korff, Hermann August: Die Forderung des Tages, in: ZfDk, 47, 1933, S. 341–345

Krieck, Ernst: Wissenschaft, Weltanschauung, Hochschulreform, Leipzig 1934

Lachmann, Karl: Vorrede zur 2. Aufl. von Hartmanns *Iwein*, in: Iwein. Eine Erzählung von Hartmann von Aue. Mit Anmerkungen von G. F. Benecke und K. Lachmann, 3. Ausgabe, Berlin 1868

Lagarde, Paul de: Deutsche Schriften, Göttingen 1891

Langbehn, Julius: Rembrandt als Erzieher. Von einem Deutschen [1890], Weimar 1922

Langenbucher, Hellmuth: Volkhafte Dichtung der Zeit, Berlin 1933

Langenbucher, Hellmuth: Heinrich von Kleist. Zum 125. Todestag am 21. November, in: Westdeutscher Beobachter (20.11.1936) Abendausgabe. Außerdem in: Völkischer Beobachter (20.11.1936) Norddeutsche Ausgabe

Langenbucher, Hellmuth: Deutsche Dichtung in Vergangenheit und Gegenwart, Berlin 1937

Langenbucher, Hellmuth: Die Geschichte der deutschen Dichtung. Programme, Forderungen und Aufgaben der Literaturwissenschaft im Neuen Reich, in: Nationalsozialistische Monatshefte, 9, 1938, S. 293–310 und S. 435–445

Langenbucher, Hellmuth: Literaturwissenschaft und Gegenwartsdichtung, in: Hans Hagemeyer (Hrsg.): Einsamkeit und Gemeinschaft. Schriftenreihe der „Bücherkunde", Band 6, Stuttgart 1939, S. 64–84

Leitzmann, Albert: Georg und Therese Forster und die Brüder Humboldt. Urkunden und Umrisse, Bonn 1936

Lessing, Theodor: Europa und Asien. Untergang der Erde am Geist, Hannover 1918

Lessing, Theodor: Die verfluchte Kultur. Gedanken über den Gegensatz von Leben und Geist, München 1921, [Neudruck 1981]

Linden, Walther: Das neue Antlitz der Deutschkunde, in: Deutsches Bildungswesen. Zeitschrift des NS-Lehrerbundes, 1, 1933, S. 401–414

Linden, Walther: Aufgaben einer nationalen Literaturwissenschaft, München 1933

Linden, Walther: Deutschkunde als politische Lebenswissenschaft – das Kerngebiet der Bildung!, in: ZfDk, 47, 1933, S. 337–341

Linden, Walther: „Umwertung der deutschen Romantik", in: ZfDk, 47, 1933, S. 65–91

Linden, Walther: Rez. zu Herbert Cysarz „Schiller", in: ZfDk, 48, 1934, S. 347f.

Linden, Walther: Volkhafte Dichtung von Weltkrieg und Nachkriegszeit, in: ZfDk, 48, 1934, S. 1–22

Linden, Walther: Geschichte der deutschen Literatur, 5. Aufl., Stuttgart 1944

Loerke, Oskar: Tagebücher 1909-1939. Hrsg. von Hermann Kasack, Frankfurt am Main 1986

Lorch, Willi: Bücher im Schützengraben, in: Bücherkunde, Ausgabe B. Bayreuth, 6, 1939, H. 11, S. 517–519

Lublinski, Samuel: Der Ausgang der Moderne. Ein Buch der Opposition, Dresden 1909

Lukács, Georg: Theorie des Romans, Berlin 1920

Lugowski, Clemens: Die Form der Individualität im Roman. Studien zur inneren Struktur der frühen deutschen Prosaerzählung, Berlin 1932

Lugowski, Clemens: Deutsches Wirklichkeitsgefühl in der Dichtung, in: ZfDk, 48, 1934, S. 244–252

Lugowski, Clemens: Literarische Formen und lebendiger Gehalt im „Simplizissimus", in: ZfDk, 48, 1934, S. 622–634

Lugowski, Clemens: Christian Dietrich Grabbe, in: ZfDB, 12, 1936, S. 424–431

Lugowski, Clemens: Wirklichkeit und Dichtung. Untersuchungen zur Wirklichkeitsauffassung Heinrich von Kleists, Frankfurt am Main 1936

Lugowski, Clemens: Volkstum und Dichtung im 15. und 16. Jahrhundert, in: ZfDB, 12, 1936, S. 529–539

Lugowski, Clemens: Gerhart Hauptmann als Dramatiker, in: ZfDB, 13, 1937, S. 473–481

Lugowski, Clemens: Der junge Herder und das Volkslied. Eine Interpretation, in: ZfDB, 14, 1938, S. 265–277

Lugowski, Clemens: Dichtung als Verkörperung deutschen Volkstums, in: ZfDB, 15, 1939, S. 2–10

Lugowski, Clemens: Rezension zu Hans Rößner: Georgekreis und Literaturwissenschaft, in: ZfDB, 15, 1939, S. 143

Lugowski, Clemens: Goethe, Ganymed, in: Burger, Heinz Otto (Hrsg.): Gedicht und Gedanke, Halle 1942, S. 47–64

Lutz, Wolfgang: Gedanken zur nationalsozialistischen Literaturgeschichte, in: Nationalsozialistische Bibliographie, 1938, S. XII–XX

Mackensen, Lutz: Der Dichter und das Reich, Brüssel 1941

Magon, Leopold: Ernst Moritz Arndt als Wegbereiter deutscher Wehrerziehung, in: Magon, Leopold (Hrsg.): Ernst Moritz Arndt. Ursprung, Wesen, Wirkung. Drei Vorträge an den Arndttagen der Ernst-Moritz-Arndt-Universität Greifswald vom 19.–24. Juli 1943 gehalten von Paul Hermann Ruth, Leopold Magon, Erich Gülzow, Greifswald 1944, S. 32–70

Mahrholz, Werner: Literargeschichte und Literaturwissenschaft, Berlin 1923

Majut, Rudolf: Lebensbühne und Marionette. Ein Beitrag zur seelengeschichtlichen Entwicklung von der Geniezeit bis zum Biedermeier, Berlin 1931

Majut, Rudolf: Studien um Büchner. Untersuchungen zur Geschichte der problematischen Natur, Berlin 1932

Majut, Rudolf: Das literarische Biedermeier. Aufriß und Probleme, in: GRM, 20, 1932, S. 401–417

Mann, Thomas: Doktor Faustus. Das Leben des deutschen Tonsetzers Adrian Leverkühn erzählt von einem Freunde, Frankfurt am Main 1990 (= ders.: Gesammelte Werke in dreizehn Bänden, Band VI)

Markwardt, Bruno: Beitrag Poetik, Wortkunsttheorie, Literaturphilosophie in: Geistige Arbeit, 1937, Nr. 3, S. 5

Marr, Wilhelm: Der Sieg des Judenthums über das Germanenthum. Vom nicht confessionellen Standpunkt aus betrachtet, Berlin 1873

Martini, Fritz: Die Stadt in der Dichtung Wilhelm Raabes (Teildruck), Greifswald 1934

Martini, Fritz: Germanische Heldensage, Berlin 1935

Martini, Fritz: Das Problem der literarischen Schichten im Mittelalter, in: Geistige Arbeit, 1937, Nr. 3, S. 7

Martini, Fritz: Ergebnisse und Aufgaben der Dichtungsgeschichte des 19. Jahrhunderts. Ein Literaturbericht, in: DuV, 38, 1937, S. 86–102

Martini, Fritz: Wesenszüge niederdeutscher Dichtung im 19. Jahrhundert, in: DuV, 38, 1937, S. 418–438

Martini, Fritz: Werden und Wesen der „Deutschen Bewegung", in: Geist der Zeit. Wesen und Gestalt der Völker. Organ des Deutschen Akademischen Austauschdienstes e.V. Berlin, 15, 1937, S. 343–355 und 460–473

Martini, Fritz: Heinrich von Kleist und die geschichtliche Welt, Berlin 1940

Martini, Fritz: Liebe und ehrwürdige Alma Mater Hamburgiensis!, in: Hansische Hochschul-Zeitung, 21, 1940, Heft 12, S. 273–278

Martini, Fritz: Verfall und Neuordnung in der deutschen Dichtung seit dem 19. Jahrhundert, in: Fricke/Koch/Lugowski (Hrsg.): a. a. O., Bd. IV, S. 367–414

Martini, Fritz: Christian Dietrich Grabbes niederdeutsches Drama I und II, in: GRM, 30, 1942, S. 87–106 und 153–171

Martini, Fritz: „Menschlichkeit". Zu Josef Weinhebers Dichtung anläßlich seines 50. Geburtstages, in: DuV, 43, 1943, S. 69–106

Martini, Fritz: Das Bild des Bauerntums im deutschen Schrifttum des Mittelalters und der Reformation, Halle/Saale 1944

May, Kurt: Wiederaufleben der Saga in der jüngsten deutschen Prosa, in: Fricke/Koch/Lugowski (Hrsg.): a. a. O., Band IV, S. 415–435

May, Kurt: Über die gegenwärtige Situation einer deutschen Literaturwissenschaft, in: Trivium, 5, 1947, S. 293–303

May, Kurt: Rez. zu Heinz Otto Burger: Gedicht und Gedanke, in: Zeitschrift für Deutsche Philologie, 72, 1953, S. 204–213

Mayer, Hans: Literaturwissenschaft in Deutschland, in: Das Fischer-Lexikon, Bd. 35, 1. Teil, Frankfurt am Main 1965

Maync, Harry: Die Entwicklung der Literaturwissenschaft, Bern 1927

Mehring, Franz: Die Lessinglegende. Zur Geschichte und Kritik des preußischen Despotismus und der klassischen Literatur [1893], 4. Auflage, Stuttgart 1913

Merkenschlager, Friedrich: Götter, Helden und Günther. Eine Abwehr der Güntherschen Rassenkunde, Nürnberg 1927

Merkenschlager, Friedrich/Saller, Karl: Vineta. Eine deutsche Biologie von Osten her geschrieben, Breslau 1935

Merker, Paul: Neue Aufgaben der deutschen Literaturgeschichte, in: ZfDk, 35, 1921, 15. Ergänzungsheft, S. 1–82

Merker, Paul: Individualistische und soziologische Literaturgeschichtsforschung, in: ZfdB, 1, 1925, S. 15–27

Merker, Paul: Höltys Elegie auf ein Landmädchen (Die vier Wege des Literarhistorikers), in: ZfDk, 40, 1926, S. 260–274

Meyer-Benfey, Heinrich: Die gegenwärtige Lage der deutschen Literaturwissenschaft, in: Frankfurter Zeitung, Nr. 28 vom 28.01.1914

Meyer-Benfey, Heinrich: Ziele und Wege der Literaturwissenschaft, in: Zeitschrift für Ästhetik und allgemeine Kunstwissenschaft, 15, 1921, S. 318–327

Minde-Pouet, Georg: Die Kleist-Gesellschaft, in: Deutscher Kulturwart, 2, 1935, S. 90–93

Mohr, Wolfgang: Clemens Lugowski, in: Kieler Blätter 1943, S. 120

Mommsen, Theodor: Universitätsunterricht und Konfession, in: ders.: Reden und Aufsätze, Berlin 1905, S. 432–436

Müller, Günther: Brentanos Romanzen vom Rosenkranz. Magie und Mystik in romantischer und klassischer Prägung, Göttingen 1922

Müller, Günther: Studien zum Formproblem des Minnesangs, in: DVjs, 1, 1923, S. 61–103

Müller, Günther: Katholische Literaturwissenschaft?, in: Jahrbuch des Verbandes der Renaissance-Gesellschaften, 7, 1928/29, S. 52–58

Müller, Günther/Naumann, Hans (Hrsg.): Höfische Kultur, Halle an der Saale 1929

Müller, Günther: Literaturwissenschaft als Kulturwissenschaft, in: Universitas, 15.11.1934

Müller, Günther: Literaturwissenschaft als Geistesgeschichte, in: Universitas, 29.11.1934

Müller, Günther/Kromer, Helena: Der deutsche Mensch und die Fortuna, in: DVjs, 12, 1934, S. 329–351

Müller, Günther: Geschichte der deutschen Seele. Vom Faustbuch zu Goethes Faust, Freiburg i. Br. 1939

Müller, Günther: Über die Seinsweise von Dichtung, in: DVjs, 17, 1939, S. 137–152

Müller, Günther: Die Grundformen der deutschen Lyrik, in: Fricke/Koch/Lugowski (Hrsg.): a. a. O., Bd. V, S. 95–135

Müller, Günther: Goethe: Schillers Reliquien, in: Burger, Heinz Otto (Hrsg.): Gedicht und Gedanke, Halle 1942, S. 140–151

Müller, Günther: Goethes Elegie „Die Metamorphose der Pflanzen". Versuch einer morphologischen Interpretation, in: DVjs, 21, 1943, S. 67–98

Müller, Günther: Morphologische Poetik [1944], in: ders.: Morphologische Poetik. Gesammelte Aufsätze, 2. unveränderte Auflage, Tübingen 1974, S. 225–246

Müller, Günther: Morphologische Poetik, in: Hélicon. Revue internationale des problèmes généraux de la littérature, 1944, S. 1–22

Müller, Günther: Die Gestaltfrage in der Literaturwissenschaft und Goethes Morphologie, Halle 1944

Müller, Günther: Deutsches Dichten und Denken vom Mittelalter zur Neuzeit (1270 bis 1700), durchgesehener Neudruck, Berlin 1944

Müller, Günther: Deutsches Dichten und Denken vom Mittelalter zur Neuzeit (1270 bis 1700), 2., durchgesehene Auflage, Berlin 1949

Müller, Günther: Goethes Morphologie in ihrer Bedeutung für die Dichtungskunde, in: Goethe und die Wissenschaft. Vorträge. Gehalten anläßlich des Internationalen Gelehrtenkongresses zu Frankfurt am Main im August 1949, Frankfurt am Main 1951, S. 23–34

Mulot, Arno: Nationalsozialistische Literaturgeschichte im Deutschunterricht, in: ZfDB, 10, 1934, S. 474–485

Muncker, Franz: Rezension: Michael Bernays, Schriften zur Kritik und Litteraturgeschichte, in: Zeitschrift für Vergleichende Litteraturgeschichte, 10, 1896, S. 101–110

Nadler, Josef: Literaturgeschichte der deutschen Stämme und Landschaften, 4 Bde., Regensburg 1912–1928

Nadler, Josef: Die Wissenschaftslehre der Literaturgeschichte. Versuche und Anfänge, in: Euphorion, 21, 1914, S. 1–63

Nadler, Josef: Forschungsprobleme des 19. Jahrhunderts, in: Euphorion, 27, 1926, S. 114–121

Nadler, Josef: Das Problem der Stilgeschichte, in: Ermatinger, Emil (Hrsg.): Philosophie der Literaturwissenschaft, Berlin 1930, S. 376–397

Nadler, Josef: Konrad Burdach, in: Sudetendeutsches Jahrbuch, 1931, S. 23–28

Nadler, Josef: Die literaturhistorischen Erkenntnismittel des Stammesproblems, in: Verhandlungen des Siebenten deutschen Soziologentages vom 28. September bis 1. Oktober 1930 in Berlin. Vorträge und Diskussionen in der Hauptversammlung und in den Sitzungen der Untergruppen, Tübingen 1931, S. 242–257

Nadler, Josef: Wo steht die deutsche Literaturwissenschaft?, in: Völkische Kultur, 1933, S. 307–313

Nadler, Josef: Rassenkunde, Volkskunde, Stammeskunde, in: DuV, 35, 1934, S. 1–18

Nadler, Josef: Das Stammproblem in der Literaturgeschichte, in: Österreichische Pädagogische Warte, 1935, Nr. 7, S. 163–165

Nadler, Josef: Stamm und Landschaft in der deutschen Dichtung, in: Neophilologus, XXI, 1936, S. 81–92

Nadler, Josef: Literaturgeschichte des deutschen Volkes. Dichtung und Schrifttum der deutschen Stämme und Landschaften, 4., neubearb. Aufl., 4 Bde., Berlin 1938–1941

Nadler, Josef: Das stammhafte Gefüge des deutschen Volkes, 4., veränderte Aufl., München 1941

Nadler, Josef: Friedrich Hölderlin, in: Westdeutscher Beobachter, Abendausgabe 04.06.1943, S. 6

Nadler, Josef: Kleines Nachspiel, Wien 1954

Naumann, Friedrich: Kriegsgedanken zur Welt- und Seelengeschichte, Wien 1917

Naumann, Hans: Deutsche Nation in Gefahr, Stuttgart 1932

Neumann, Friedrich: Die Deutsche Oberschule als Trägerin des völkischen Erziehungsgedankens, in: ZfDB, 9, 1933, S. 601–609

Newald, Richard: Einführung in die Wissenschaft der deutschen Sprache und Literatur, 2., durchgesehene und verb. Auflage, Lahr 1949

Nidden, Ezard: Krisis in der Literaturwissenschaft, in: Der Kunstwart 26.4.1912/13, S. 169–172

Nidden, Ezard: Krisis, Krach, Bankrott der Literaturgeschichte, in: Der Kunstwart 26.4.1912/13, S. 184–191

Nietzsche, Friedrich: Sämtliche Werke. Kritische Studienausgabe in 15 Einzelbänden, hrsg. von Giorgio Colli und Mazzino Montinari, München 1988ff.

Nikolaus von Kues: Der Laie über den Geist, Hamburg 1995

Nohl, Hermann: Die Deutsche Bewegung. Vorlesungen und Aufsätze zur deutschen Geistesgeschichte 1770–1830, Göttingen 1970

Nollau, Alfred: Gesamtdeutsches Denken. Eine Aufgabe der deutschen Literaturwissenschaft unserer Zeit, in: Der Auslandsdeutsche. Zeitschrift für die Kunde vom Auslandsdeutschtum, 20, 1937, S. 478–481

Obenauer, Karl Justus: Der Wandel in der deutschen Literaturwissenschaft, in: Ständisches Leben, 1932, S. 369–374

Obenauer, Karl Justus: Kleists Weg zu Volk, Staat und Vaterland. Vortrag auf der Kleist-Festwoche in Bochum am 17. November 1936, in: Kleist-Jahrbuch, 17, 1933–1937, S. 59–73

Obenauer, Karl Justus: Volkhafte und politische Dichtung, Leipzig 1936

Obenauer, Karl Justus: Drei Reden, in: ZfDB, 13, 1937, S. 565 f.

Obenauer, Karl Justus: Zu Gerhart Hauptmanns „Epischem Werk", in: ZfDB, 13, 1937, S. 482–488

Obenauer, Karl Justus: Rezension: Josef Nadler, Literaturgeschichte des deutschen Volkes, in: ZfDB, 15, 1939, S. 278–281

Obenauer, Karl Justus: Neue Literaturgeschichten, in: ZfDB, 16, 1940, S. 84–86

Olberg, Oda: Rassenhygiene und Sozialismus, in: Die neue Zeit, 25, 1907, Heft 1, S. 882–887

Oppel, Horst: Kierkegaard und die existentielle Literaturwissenschaft, in: DuV, 38, 1937, S. 18–29

Oppel, Horst: Die Literaturwissenschaft in der Gegenwart. Methodologie und Wissenschaftslehre, Stuttgart 1939

Oppel, Horst: Rezension zu Hermann Pongs: Das Bild in der Dichtung. Voruntersuchungen zum Symbol (Bd. 2), Marburg 1939, in: DLZ, 1940, Sp. 282–288

Oppel, Horst: Morphologische Literaturwissenschaft. Goethes Ansicht und Methode, Mainz 1947

Oppel, Horst: Zur Situation der Allgemeinen Literaturwissenschaft, in: Die Neueren Sprachen, Neue Folge, 1953, S. 9 ff.

Overmans, Jakob: Die Wirrnis unserer Literaturwissenschaft, in: Stimmen der Zeit, 1932, S. 396–410

Petersen, Julius: Literaturgeschichte und Philologie, in: GRM, 5, 1913, S. 625–640

Petersen, Julius: Der Aufbau der Literaturgeschichte (I und II), in: GRM, 6, 1914, S. 1–16 und S. 129–152

Petersen, Julius: Literaturwissenschaft und Deutschkunde, in: ZfDk, 38, 1924, S. 403–415

Petersen, Julius: Die Wesensbestimmung der deutschen Romantik. Eine Einführung, Leipzig 1926

Petersen, Julius: Geschichte im geschichtslosen Land, in DAZ vom 02.09.1933

Petersen, Julius: „Ich fürchte, sie werden vom Paradies enttäuscht sein!" Kalifornien als Sommerfrische, in: DAZ vom 06.01.1934

Petersen, Julius/Pongs, Hermann: „An unsere Leser!", in: DuV, 35, 1934

Petersen, Julius: Die Sehnsucht nach dem Dritten Reich in deutscher Sage und Dichtung, in: DuV, 35, 1934, S. 18–40; 145–182

Petersen, Julius: Der Ausbau des Seminars, in: Das Germanische Seminar, S. 29–35

Petersen, Julius: Berliner Germanistik. Erinnerungen zur Fünfzigjahrfeier des Germanischen Seminars am 18.12.1937, in: Geistige Arbeit, 1938, Nr. 4, S. 11

Petersen, Julius: Literaturwissenschaft als Methodenlehre, in: Helicon, 1938, S. 15–31

Petersen Julius: Die Wissenschaft von der Dichtung. System und Methodenlehre der Literaturwissenschaft. Erster Band: Werk und Dichter, Berlin 1939

Petersen, Julius: Dichtertypen im Aufbau der Literaturgeschichte, in: DuV, 41, 1941, S. 151–177

Petersen, Julius: Schiller und der Krieg, in: Goethe. Viermonatsschrift der Goethe-Gesellschaft. Neue Folge des Jahrbuchs, 6, 1941, S. 118–138

Petsch, Robert: Philologische „Interpretation". Einige Leitsätze, in: Forschungen und Fortschritte, 9, 1933, S. 77 f.

Petsch, Robert: Bemerkungen. Was heißt: „Allgemeine Literaturwissenschaft"? Einführende Bemerkungen, in: Zeitschrift für Ästhetik und allgemeine Kunstwissenschaft, 1934, S. 254–260

Petsch, Robert: Wesen und Formen der Erzählkunst, Halle 1934

Petsch, Robert: Nordisches und Südliches in Goethes Faust, in: Goethe, 1, 1936, S. 243–263

Petsch, Robert: Die lyrische Dichtkunst – Ihr Wesen und ihre Formen, Halle 1939

Petsch, Robert: Deutsche Literaturwissenschaft. Aufsätze zur Begründung der Methode, Berlin 1940

Petsch, Robert: Eine neue Erzählform germanischer Art. Die Saga-Novelle, in: Geistige Arbeit, 1941, Nr. 13, S. 5

Petsch, Robert: Wesen und Formen des Dramas, Halle 1945

„Politik den Berufenen!", in: Das Schwarze Korps, Nr. 31 vom 31.07.1941

Pfeiffer, Johannes: Die dichterische Sprachgestalt, in: Die Neue Rundschau, Juni 1934

Pfeiffer, Johannes: Die innere Wahrheit der Dichtung, in: Die Neue Rundschau, Juli 1934

Pfeiffer, Johannes: Was haben wir an der Dichtung?, in: Die Neue Rundschau, August 1934

Pfeiffer, Johannes: Andreas Gryphius als Lyriker, in: Das Innere Reich, II, 1, April 1935

Pfeiffer, Johannes: Die Lyrik Rudolf Alexander Schröders, in: Das Innere Reich, II, 3, Juni 1935

Pfeiffer, Johannes: Ton und Gebärde in der Lyrik, in: DuV, 37, 1936, S. 430–441

Pfeiffer, Johannes: Umgang mit Dichtung. Eine Einführung in das Verständnis des Dichterischen, Leipzig 1936

Pongs, Hermann: Das Bild in der Dichtung. Versuch einer Morphologie der metaphorischen Formen, Bd. 1, Marburg 1927

Pongs, Hermann: Zur Methode der Stilforschung, in: GRM, 17, 1929, S. 256–277

Pongs, Hermann: Vom Naturalismus bis zur Neuen Sachlichkeit, in: Korff, Hermann August/Linden, Walther (Hrsg.): Aufriß der deutschen Literaturgeschichte, Leipzig 1930, S. 192–217

Pongs, Hermann: Psychoanalyse und Dichtung, in: Euphorion, 34, 1933, S. 38–72

Pongs, Hermann: Zum Problem der voraussetzungslosen Wissenschaft. Auseinandersetzung mit dem Buch von Gerhard Fricke, Die Bildlichkeit in der Dichtung des Andreas Gryphius. (Neue Forschungen, Heft 17. Berlin 1933), in: DuV, 1934, S. 113–123

Pongs, Hermann: Krieg als Volksschicksal im deutschen Schrifttum, in: DuV, 35, 1934, S. 40–86 und 182–219

Pongs, Hermann: Schillerbild der Gegenwart, in: DuV, 35, 1934, S. 515–526

Pongs, Hermann: Schillers Urbilder, Stuttgart 1935

Pongs, Hermann: Zur Bürgerkultur des Biedermeier (Bürgerklassik), in: DuV, 36, 1935, S. 141–163

Pongs, Hermann: Ein Beitrag zum Dämonischen im Biedermeier, in: DuV, 36, 1935, S. 241–261

Pongs, Hermann: Methodenstreit um Schiller, in: DuV, 37, 1936, S. 390f.

Pongs, Hermann: Rilkes Umschlag und das Erlebnis der Frontgeneration, in: DuV, 37, 1936, S. 75–97

Pongs, Hermann: Neue Aufgaben der Literaturwissenschaft I und II, in: DuV, 38, 1937, S. 1–17 und 273–324

Pongs, Hermann: Weltkrieg und Dichtung. Zu neuen Kriegsbüchern, in: DuV, 39, 1938, S. 193–213

Pongs, Hermann: Rheinische Stammesseele in der Dichtung der Gegenwart, in: DuV, 39, 1938, S. 85–127

Pongs, Hermann: Weltkrieg und Dichtung, in: DuV, 39, 1938, S. 193–213

Pongs, Hermann: Der Weltkrieg, in: Handbuch für den Deutschunterricht (Bd. 2, hrsg. von Rudolf Murtfeld, 1938), S. 740–744

Pongs, Hermann: Soldatische Ehre in der Dichtung der Gegenwart, in: DuV, 42, 1942, S. 89–129

Pongs, Hermann: Soldatenehre – Frauenehre. Für Soldaten geschrieben, Berlin 1943

Pongs, Hermann: Rezension des Ersten Bandes der Stuttgarter Hölderlin-Ausgabe, in: DuV, 43, 1943, S. 250–253

Puchstein, I.[?]: Schiller als politischer Dichter, in: Geistige Arbeit. 1934, Nr. 24, S. 4

Rasch, Wolfdietrich: Herder. Sein Leben und Werk im Umriß, Halle/Saale 1938

Rasch, Wolfdietrich: Freundschaftskult und Freundschaftsdichtung im deutschen Schrifttum des 18. Jahrhunderts vom Ausgang des Barock bis zu Klopstock, Halle/Saale 1936

Rasch, Wolfdietrich: Herders deutsche Weltanschauung, in: Fricke/Koch/Lugowski (Hrsg.): a. a. O., Bd. IV, S. 53–77

Rehm, Walther: Griechentum und Goethezeit. Geschichte eines Glaubens, Leipzig 1936

Reischauer, Hans: „Kameradschaft!" Rede an die Mitglieder einer Dozentenschaft, in: Volk im Werden, 2, 1934, S. 319–321

Reichs-Habilitations-Ordnung (RHO) vom Februar 1939. Amtliche Bestimmungen, hrsg. von Franz Senger (Regierungsoberinspektor im Reichsministerium für Wissenschaft, Erziehung und Volksbildung), in: Weidmännsche Taschenausgaben von Verfügungen für die Unterrichtsverwaltung, Berlin 1939

Richter, Werner: Von der Literaturwissenschaft zur Literaturgeschichte, in: Monatshefte für deutschen Unterricht (Official Organ of the Germanic Section of the Modern Language Association of the Central West and South), XXXIII, Januar 1941, 1, S. 1–22

Riecke, Heinz: Aufgaben für die Literaturwissenschaft. Vom Buchhändler und Verleger her gesehen, in: Börsenblatt für den deutschen Buchhandel, Nr. 278, 30. November 1935, S. 1023–1024

[Rössner, Hans]: „Ist das die neue Universität?", in: Offenes Visier. Sächsische Hoch- und Fachschulzeitung, 23. Halbjahr, Nr. 2 vom 18.11.1935

Rössner, Hans: Dritter Humanismus im Dritten Reich, in: ZfDB, 12, 1936, S. 186–192

Rössner, Hans: Georgekreis und Literaturwissenschaft. Zur Würdigung und Kritik der geistigen Bewegung Stefan Georges, Frankfurt am Main 1938

Rössner, Hans: Zur Neuordnung der Literaturwissenschaft, in: Volk im Werden, 6, 1938, S. 166–174

Rössner, Hans: Ende des George-Kreises, in: Volk im Werden, 6, 1938, S. 459–477

Rössner, Hans: George und Ahasver oder vom geistigen Reich, in: Die Weltliteratur, 1941, S. 244–248

Rothacker, Erich: Nationale Soziologie, in: Westdeutsche akademische Rundschau. Amtliches Organ des Kreises V der Deutschen Studentenschaft, 3, 1933, Nr. 1 (1. Januarfolge 1933), S. 2–3

Rust, Bernhard: Rede vom 06.05.33, in: Dokumente der Deutschen Politik. Reihe: Das Reich Adolf Hitlers, Bd. 1, Berlin 1942[7], S. 305–312

Rust, Bernhard: Die totale geistige Umgestaltung, in: Berliner Tageblatt Nr. 102 vom 29.02.1936

Rust, Bernhard: Reichsuniversität und Wissenschaft, Berlin 1940

Sauer, Eugen: Deutschland im Spiegel des Kleistbildes, in: Neuer Schwäbischer Kurier (Stuttgart), 11. Juli 1934

Schemann, Ludwig: „Bestimmungen Herbst 1906". Die Gobineau-Sammlung der Kaiserlichen Universitäts- und Landesbibliothek zu Strassburg, Straßburg 1907

Schemann, Ludwig: Die Rasse in den Geisteswissenschaften. Studien zur Geschichte des Rassengedankens. 3 Bde, München 1928–1931

Scherer, Wilhelm: Geschichte der deutschen Literatur [1883], 16. Aufl., Berlin 1927

Schiller, Friedrich: Werke. Nationalausgabe, im Auftrag des Goethe- und Schiller-Archivs, des Schiller-Nationalmuseums und der Deutschen Akademie hrsg. von Julius Petersen und Gerhard Fricke, Weimar 1943 ff.

Schmiele, Walter: Existenzielle Literaturwissenschaft?, in: Frankfurter Zeitung Nr. 118/119 vom 06.03.1938

Schneider, Ferdinand Josef: Die deutsche Dichtung vom Ausgang des Barocks bis zum Beginn des Klassizismus 1700–1785. Prolegomena zu einer Geschichte der deutschen Romantik, Stuttgart 1924

Schneider, Ferdinand Josef: Christian Dietrich Grabbe. Persönlichkeit und Werk, München 1934

Schneider, Ferdinand Josef: Grabbe und das Judentum, in: Der Westfälische Erzieher, 4, 1936, S. 476

Schönbach, Anton E.: Offner Brief an den Herausgeber, in: Euphorion, 1, 1894, S. 4–12

Scholz, Wilhelm von: C. F. Meyer: Die sterbende Meduse, in: Burger, Heinz Otto (Hrsg.): Gedicht und Gedanke, Halle 1942, S. 288–293

Schücking, Levin L.: Literaturgeschichte als Geschmacksgeschichte. Ein Versuch zu einer neuen Problemstellung, in: GRM, 5, 1913, S. 561–577

Schücking, Levin L.: Soziologie der literarischen Geschmacksbildung [1923], 3. neubearb. Aufl., Bern/München 1961

Schultz, Franz: Das Schicksal der deutschen Literaturgeschichte, Frankfurt am Main 1929

Seckel, Dietrich: Literaturwissenschaft als Kunstwissenschaft, in: Deutsche Rundschau, CCLXII, S. 177–182

Sengle, Friedrich: Vom Absoluten in der Tragödie, in: DVjs, 20, 1942, S. 265–272

Simmel, Georg: Das individuelle Gesetz. Philosophische Exkurse. Hrsg. von Michael Landmann, Frankfurt am Main 1968

Soergel, Albert: Dichter aus deutschem Volkstum. Dichtung und Dichter der Zeit. Eine Schilderung der deutschen Literatur der letzten Jahrzehnte, Leipzig 1934

Spengler, Oswald: Der Untergang des Abendlandes. Umrisse einer Morphologie der Weltgeschichte [1923], München 1997

Spengler, Oswald: Der Mensch und die Technik. Beitrag zu einer Philosophie des Lebens, München 1931

Spranger, Eduard: Der Sinn der Voraussetzungslosigkeit in den Geisteswissenschaften, Berlin 1929

S[prengel], J[ohann] G[eorg]: Die Erfurter Ausschußtagung (3.–5. Februar 1933), in: Deutsche Bildung. Mitteilungen der Gesellschaft für deutsche Bildung (Deutscher Germanistenverband), 14, 1933, Nr. 1/2, S. 6–10

Staiger, Emil: Die Zeit als Einbildungskraft des Dichters. Untersuchungen zu Gedichten von Brentano, Goethe und Keller [1939], 3. Auflage, Zürich 1963

Staiger, Emil: Kleists „Bettelweib von Locarno". Zum Problem des dramatischen Stils, in: DVjs, 20, 1942, S. 1–20

Staiger, Emil: Morphologische Literaturwissenschaft, in: Trivium, 2, 1944, S. 223–227

Staiger, Emil: Die Kunst der Interpretation [1951], in: ders.: Die Kunst der Interpretation. Studien zur deutschen Literaturgeschichte, Zürich 1955, S. 9–33

Staiger, Emil: Goethe, Bd. II, Zürich/Freiburg i. Br. 1956

Stammler, Wolfgang (Hrsg.): Deutsche Philologie im Aufriß, Band 1, Berlin/Bielefeld 1952

Stapel, Wilhelm: Volk. Untersuchungen über Volkheit und Volkstum [1932], 4. Aufl., Hamburg 1942

Stapf, Paul: Erkenntnis und Bekenntnis. Zum 50. Geburtstag von Prof. Dr. Franz Koch am 21. März, in: Bücherkunde, 5, 1938, S. 140

Steffen, Wilhelm: Mächte der Vererbung und Umwelt in Storms Leben und Dichtung, in: DuV, 41, 1941, S. 460–485

Stöcklein, Paul: Goethes Altersgedicht „Der Bräutigam". Eine Interpretation, in: DVjs, 22, 1944, S. 382–411

Strich, Fritz: Deutsche Klassik und Romantik oder Vollendung und Unendlichkeit. Ein Vergleich, Bd.2, verm. Aufl., München 1924

Strich, Fritz: Aufgaben der heutigen Literaturwissenschaft, in: DAZ vom 14.08.1927

Thurnher, Eugen: Rezension: C.,H., Das Unsterbliche, Halle 1940, in: Literaturblatt für germanische und romanische Philologie, 63, 1942, Sp. 299f.

Troeltsch, Ernst: Das Neunzehnte Jahrhundert [1913], in: ders.: Aufsätze zur Geistesgeschichte und zur Religionssoziologie, Tübingen 1925 (Gesammelte Schriften 4), S. 614–649

Troeltsch, Ernst: Der Historismus und seine Probleme. Erstes Buch: Das logische Problem der Geschichtsphilosophie (Gesammelte Schriften 3), Tübingen 1922

Trunz, Erich: Der deutsche Späthumanismus um 1600 als Standeskultur, in: Zeitschrift für Geschichte der Erziehung und des Unterrichts, 21, 1931, S. 17–53

Trunz, Erich: Bauerntum und Dichtung. Die deutsche Dorfgeschichte im 19. Jahrhundert, in: Hochschule und Ausland, 14, 1936, S. 506–522; 631–647; 720–734

Trunz, Erich: Deutsche Dichtung der Gegenwart. Eine Bildnisreihe, Berlin 1937

Trunz, Erich: Die Erforschung der deutschen Barockdichtung, in: DVjs, 18, 1940, Referatenheft, S. 1–100

Trunz, Erich: Rez. „Von deutscher Art in Sprache und Dichtung", in: Göttingsche gelehrte Anzeigen, 205, 1943, S. 1–20

Trunz, Erich: Goethes Gedicht „Prooemium", in: DVjs, 21, 1943, S. 99–112

Unger, Rudolf: Philosophische Probleme in der neueren Literaturwissenschaft [1906], in: ders.: Gesammelte Studien. Bd. 1: Aufsätze zur Prinzipienlehre der Literaturgeschichte, Berlin 1929, S. 1–31

Unger, Rudolf: Die neueste Heine-Literatur, in: Das literarische Echo, 9, 1906/07, Sp. 22–29 und 263–272

Unger, Rudolf: Hamann und die Aufklärung. Studien zur Vorgeschichte des romantischen Geistes im 18. Jahrhundert [1911], 2 Bde., Halle a. d. S. ²1925

Unger, Rudolf: Moderne Strömungen in der deutschen Literaturwissenschaft, in: Die Literatur, 26, 1923/24, S. 65–73

Unger, Rudolf: Moderne Strömungen in der deutschen Literaturwissenschaft. VI: Hermann Hettner und wir, in: Die Literatur, 28, 1925/26, S. 65–69

Unger, Rudolf: Literaturgeschichte und Geistesgeschichte. Vortrag, gehalten in der Abteilung für Germanistik der 55. Versammlung deutscher Philologen und Schulmänner, in: DVjs, 4, 1926, S. 177–192

Unger, Rudolf: Richtungen und Probleme neuerer Schiller-Deutung. In: Nachrichten aus der Neueren Philologie und Literaturgeschichte, 1, 1937, S. 202–242

Utitz, Emil: Die Überwindung des Expressionsimus, Stuttgart 1927

Verhandlungen des zweiten deutschen Soziologentags, Tübingen 1913

Vesper, Will: Bild des Führers. Gedichte, München 1942

Viëtor, Karl: Vom Stil und Geist der deutschen Barockdichtung, in: GRM, 14, 1926, S. 145–178

Viëtor, Karl: Die Wissenschaft vom deutschen Menschen in dieser Zeit, in: ZfDB, 9, 1933, S. 342–348

Viëtor, Karl: Programm einer Literatursoziologie, in: Volk im Werden, 2, 1934, S. 35–44

Viëtor, Karl: Deutsches Dichten und Denken von der Aufklärung bis zum Realismus. Deutsche Literaturgeschichte von 1700 bis 1890, Berlin/Leipzig 1937

Viëtor, Karl: Deutsche Literaturgeschichte als Geistesgeschichte, in: PMLA, LX, 1945, S. 899–916

Vogelpohl, Wilhelm: Von deutscher Dichtung. Ein Wegweiser durch die Geschichte der deutschen Dichtung, 2. Aufl., Leipzig/Berlin 1937

Vogelpohl, Wilhelm: Deutsche Dichter. Ihr Leben und Schaffen, Leipzig/Berlin 1940

Vogelpohl, Wilhelm: Deutsche Dichtung. Eine Darstellung ihrer Geschichte, Stuttgart 1952

Vogt, Erika: Die gegenhöfische Strömung in der deutschen Barockliteratur, Leipzig 1932

von Busse, Gisela: Auch eine Geschichte des deutschen Volkes. Betrachtungen zu Josef Nadlers Literaturgeschichte, in: DVjs, 16, 1938, S. 258–292

von der Leyen, Friedrich: Deutsche Universität und deutsche Zukunft. Betrachtungen, Jena 1906

von Grolman, Adolf: Volks- und Staatsgedanke in Adalbert Stifters Ethik, in: DVjs, 11, 1933, S. 413–420

von Grolman, Adolf: „Biedermeier"-Forschung, in: DuV, 36, 1935, S. 311–325

von Grolman, Adolf: Zusatz von Adolf von Grolman, Karlsruhe, in: DuV, 36, 1935, S. 503–505

von Grolman, Adolf: Der literaturwissenschaftliche Arbeitsprozeß. Ein Versuch zur Methodenfrage, in: Die Badische Schule, 1936, S. 89–92

von Grolman, Adolf: Literaturwissenschaft und Buchkritik, in: Die Buchbesprechung. Eine monatliche Umschau, Heft 3 (März), 1937, S. 65–68

von Grolman, Adolf: Kann Literaturwissenschaft dem Werkbüchereileiter nützen und wie verhält er praktisch sich zu ihr?, in: Die Werkbücherei, 1942, S. 45–47

von Grolman, Adolf: Die wesenhafte Aufgabe deutscher Literaturwissenschaft, in: Straßburger Monatshefte, 1942, S. 26–30

von Wiese, Benno/Scheid, Fritz K.: 49 Thesen zur Neugestaltung deutscher Hochschulen, in: Volk im Werden, 1, 1933, Heft 2, S. 13–21

von Wiese, Benno: Dichtung und Volkstum, Frankfurt am Main 1933

von Wiese, Benno: Zur Kritik des geistesgeschichtlichen Epochenbegriffs, in: DVjs, 11, 1933, S. 130–144

von Wiese, Benno: Politische Dichtung in Deutschland, in: ZfDB, 10, 1934, S. 65–74

von Wiese, Benno: Dichtung und Geistesgeschichte des 18. Jahrhunderts. Eine Problem- und Literaturschau. II. Teil, in: DVjs, 13, 1935, S. 311–356

von Wiese, Benno: Volk und Dichtung von Herder bis zur Romantik. Rede gehalten vor der Universität Erlangen am 30. Januar 1938, Erlangen 1938

von Wiese, Benno: Die Dramen Schillers. Politik und Tragödie, Leipzig 1938

von Wiese, Benno: Herder. Grundzüge seines Weltbildes, Leipzig 1939

von Wiese, Benno: Die deutsche Leistung der Aufklärung, in: Fricke/Koch/Lugowski (Hrsg.): a. a. O., Bd. III, S. 241–269

von Wiese, Benno: Strömungen in der deutschen Dichtung der Gegenwart, in: Jahrbuch des Auslandsamtes der deutschen Dozentenschaft, Heft 1, 1941, S. 90–96

Wagner, Albert Malte: Die deutsche Universität und die deutsche Germanistik, in: Mass und Wert, Zweimonatsschrift für freie deutsche Kultur, Heft 2, II. Jahrgang, November/Dezember 1938, S. 242–250

Wahrmund, Adolf: Das Gesetz des Nomadenthums und die heutige Judenherrschaft, Leipzig 1887

Wais, Kurt: Die literarhistorischen Periodenbegriffe. Zum II. Internationalen Kongreß für Literaturgeschichte, Amsterdam, in: Geistige Arbeit, 1935, Nr. 21, S. 8

Walzel, Oskar: Das Wortkunstwerk. Mittel seiner Erforschung, Leipzig 1926

Walzel, Oskar: Rez. zu Kindermann, Heinz: Goethes Menschengestaltung. Versuch einer literarhistorischen Anthropologie, in: DuV, 36, 1935, S. 357f.

Wehrli, Max: Deutsche Literaturwissenschaft, in: Schweizerische Hochschulzeitung, H. 5, 1943, S. 297–308

Weinheber, Josef: In eigener Sache, in: Burger, Heinz Otto (Hrsg.): Gedicht und Gedanke, Halle 1942, S. 363–377

Weydt, Günther: Naturschilderung bei Annette von Droste-Hülshoff und Adalbert Stifter. Beiträge zum „Biedermeierstil" in der Literatur des 19. Jahrhunderts, Berlin 1930

Weydt, Günther: Literarisches Biedermeier (I), in: DVjs, 9, 1931, S. 628–651

Weydt, Günther: Die germanistische Wissenschaft in der neuen Ordnung, in: ZfDB, 9, 1933, S. 638–641

Weydt, Günther: Literarisches Biedermeier II, in: DVjs, 11, 1935, S. 44–58

Weydt, Günther: Eine Antwort an Adolf von Grolman, in: DuV, 36, 1935, S. 497–503

Weydt, Günther: Georg Büchner als Revolutionär, in: ZfDB, 13, 1937, S. 283–290

Wimsatt, William K.: The Verbal Icon. Studies in the Meaning of Poetry, Lexington 1954

Wimsatt, William K./Beardsley, Monroe C.: Der intentionale Fehlschluss, in: Jannidis, Fotis u. a. (Hrsg.): Texte zur Theorie der Autorschaft, Stuttgart 2003, S. 84–101

Wirz, Franz: „Kampfansage an Liberalismus und Reaktion an den Hochschulen", in: Völkischer Beobachter vom 15.01.1934

Zinkernagel, Franz: Rezension zur Historisch-Kritischen [Hölderlin-]Ausgabe München/Leipzig 1913, in: Euphorion, 21, 1914, S. 356–363

Forschungsliteratur

Adam, Wolfgang: „Dichtung und Volkstum" und erneuerter „Euphorion". Überlegungen zur Namensänderung und Programmatik einer germanistischen Fachzeitschrift, in: Barner, Wilfried/König, Christoph (Hrsg.): a. a. O., S. 60–75

Adam, Wolfgang: Einhundert Jahre „Euphorion". Wissenschaftsgeschichte im Spiegel einer germanistischen Fachzeitschrift, in: Euphorion, 88, 1994, S. 1–72.

Adam, Wolfgang: Spagat zwischen Literaturgeschichte auf stammeskundlicher Grundlage und Geistesgeschichte. Georg Stefanskys Romantik-Konzeption, in: Bluhm, Lothar/Hölter, Achim (Hrsg.): Romantik und Volksliteratur. Beiträge des Wuppertaler Kolloquiums zu Ehren von Heinz Rölleke, Heidelberg 1999, S. 161–183

Albert, Claudia (Hrsg.): Deutsche Klassiker im Nationalsozialismus. Schiller – Kleist – Hölderlin, Stuttgart/Weimar 1994

Albert, Claudia: Schiller im 20. Jahrhundert, in: Koopmann, Helmut (Hrsg.): Schiller-Handbuch, Stuttgart 1998, S. 773–794

Albert, Karl: Lebensphilosophie: von den Anfängen bei Nietzsche bis zu ihrer Kritik bei Lukács, Freiburg/München 1995

Almgren, Birgitta: Germanistik und Nationalsozialismus: Affirmation, Konflikt und Protest. Traditionsfelder und zeitgebundene Wertung in Sprach- und Literaturwissenschaft am Beispiel der Germanisch-Romanischen Monatsschrift 1929–1943, Uppsala 1997

Alt, Peter André: Schiller. Leben – Werk – Zeit. Eine Biographie, 2 Bde., 2., durchges. Aufl. München 2004

Aly, Götz: Hitlers Volksstaat. Raub, Rassenkrieg und nationaler Sozialismus, Frankfurt am Main 2005

Arad, Yitzhak: Belzec, Sobibor, Treblinka. The Operation Reinhard Death Camps, Bloomington-Indianapolis 1987

Ash, Mitchell: Wissenschaft und Politik als Ressourcen für einander, in: Vom Bruch, Rüdiger/Kaderas, Brigitte (Hrsg.): Wissenschaft und Wissenschaftspolitik. Bestandsaufnahmen zu Formationen, Brüchen und Kontinuitäten im Deutschland des 20. Jahrhunderts, Wiesbaden 2002, S. 32–51

Aurnhammer, Achim: Stefan George und Hölderlin, in: Euphorion, 81, 1987, S. 81–99

Baasner, Rainer: Günther Müllers morphologische Poetik und ihre Rezeption, in: Barner, Wilfried/König, Christoph (Hrsg.): a. a. O., S. 256–267

Bachofer, Wolfgang/Beck, Wolfgang: Deutsche und Niederdeutsche Philologie. Das Germanische Seminar zwischen 1933 und 1945, in: Krause, Eckart (Hrsg.): Hochschulalltag im „Dritten Reich". Die Hamburger Universität 1933–1945, Teil 2, S. 641–704

Bähre, Ralf: Hellmuth Langenbucher (1905–1980). Beschreibung einer literaturpolitischen Karriere, in: Archiv für Geschichte des Buchwesens, 47, 1997, S. 249–308

Barbian, Jan-Pieter: „Kulturwerte im Zweikampf". Die Kulturabkommen des „Dritten Reiches" als Instrumente nationalsozialistischer Außenpolitik, in: Archiv für Kulturgeschichte, 74, 1992, S. 267–290

Barbian, Jan-Pieter: Literaturpolitik im „Dritten Reich". Institutionen, Kompetenzen, Betätigungsfelder, München 1995

Barner, Wilfried: Zwischen Gravitation und Opposition. Philologie in der Epoche der Geistesgeschichte, in: König, Christoph/Lämmert, Eberhard (Hrsg.): a. a. O., S. 201–231

Barner, Wilfried/König, Christoph (Hrsg.): Zeitenwechsel. Germanistische Literaturwissenschaft vor und nach 1945, Frankfurt am Main 1996

Barner, Wilfried: Literaturgeschichtsschreibung vor und nach 1945: alt, neu, alt/neu, in: ders./König, Christoph (Hrsg.): a. a. O., S. 119–150

Barner, Wilfried: Pioniere, Schulen, Pluralismus, Tübingen 1997

Barner, Wilfried/König, Christoph (Hrsg.): Jüdische Intellektuelle und die Philologien in Deutschland 1871–1933, Göttingen 2001

Bäumer, Änne: NS-Biologie, Stuttgart 1990

Bayertz, Kurt: Naturwissenschaft und Sozialismus: Tendenzen der Naturwissenschaftsrezeption in der deutschen Arbeiterbewegung des 19. Jahrhunderts, in: Social Studies of Science, 1983, S. 355–394

Becker, Bernhard: Herder in der nationalsozialistischen Germanistik, in: Schneider, Jost (Hrsg.): Herder im „Dritten Reich", Bielefeld 1994, S. 145–159

Benz, Wolfgang/Graml, Hermann/Weiß, Hermann (Hrsg.): Enzyklopädie des Nationalsozialismus, München ³1998

Berg, Christa/Hermann, Ulrich: Industriegesellschaft und Kulturkrise. Ambivalenzen der Epoche des zweiten deutschen Kaiserreiches 1870–1918, in: Berg, Christa (Hrsg.): Handbuch der deutschen Bildungsgeschichte. Bd. 4, München 1991, S. 1–56

Berghahn, Klaus L.: Wortkunst ohne Geschichte: Zur werkimmanenten Methode der Germanistik nach 1945, in: Monatshefte, 71, S. 387–398

Berglund, Gisela: Der Kampf um den Leser im Dritten Reich. Die Literaturpolitik der „Neuen Literatur" und der „Nationalsozialistischen Monatshefte", Worms 1980

Bialas, Wolfgang/Raulet, Gérard (Hrsg.): Die Historismusdebatte in der Weimarer Republik, Frankfurt am Main u. a. 1996

Blank, Ralf: Kriegsalltag und Luftkrieg an der „Heimatfront", in: Echternkamp, Jörg (Hrsg.): a. a. O., Erster Halbband, S. 357–461

Blumenberg, Hans: Die Lesbarkeit der Welt, Frankfurt am Main 1983

Blumenberg, Hans: Lebenszeit und Weltzeit, Frankfurt am Main 1986

Boden, Petra/Fischer, Bernhard: Der Germanist Julius Petersen (1878–1941). Bibliographie, systematisches Nachlassverzeichnis und Dokumentation, Marbach 1994

Boden, Petra: Julius Petersen: Ein Wissenschaftsmanager auf dem Philologenthron, in: Euphorion, 88, 1994, S. 82–102

Boden, Petra: Im Käfig des Paradigmas: Biedermeierforschung 1928–1945 und in der Nachkriegszeit, in: Euphorion 90, 1996, S. 432–444

Boden, Petra/Rosenberg, Rainer (Hrsg.): Deutsche Literaturwissenschaft 1945–1965. Fallstudien zu Institutionen, Diskursen, Personen, Berlin 1997

Boden, Petra: Stamm – Geist – Gesellschaft. Deutsche Literaturwissenschaft auf der Suche nach einer integrativen Theorie, in: Dainat, Holger/Danneberg, Lutz (Hrsg.): a. a. O., S. 215–261

Boden, Petra: Kulturgeschichte im Wechsel der Zeiten? Ein Projekt an der Schnittstelle zwischen Wissenschaft und bildungsbürgerlicher Öffentlichkeit, in: Bollenbeck, Georg/Knobloch, Clemens (Hrsg.): a. a. O., S. 97–121

Boden, Petra: Grenzschritte. Remigranten in der literaturwissenschaftlichen Germanistik an deutschen Universitäten nach 1945, in: Euphorion, 98, 2004, S. 425–463

Bogdal, Klaus-Michael/Müller, Oliver (Hrsg.): Innovation und Modernisierung. Germanistik von 1965 bis 1980, Heidelberg 2005

Böhme, Hartmut: Fetischismus und Kultur. Eine andere Theorie der Moderne, Reinbek bei Hamburg 2006

Bollenbeck, Georg: Bildung und Kultur. Glanz und Elend eines deutschen Deutungsmusters, Frankfurt am Main 1994

Bollenbeck, Georg: Tradition –Avantgarde – Reaktion. Deutsche Kontroversen um die kulturelle Moderne 1880–1945, Frankfurt am Main 1999

Bollenbeck, Georg: Weltanschauungsbedarf und Weltanschauungsangebote um 1900. Zum Verhältnis von Reformoptimismus und Kulturpessimismus, in: Buchholz, Kai/Latocha, Rita/Peckmann, Hilke/Wolbert, Klaus (Hrsg.): Die Lebensreform. Entwürfe zur Neugestaltung von Leben und Kunst um 1900. Band I, Darmstadt 2000, S. 203–207

Bollenbeck, Georg: Die fünfziger Jahre und die Künste: Kontinuität und Diskontinuität, in: ders./Kaiser, Gerhard (Hrsg.): Die Januskörpfigen 50er Jahre. Kulturelle Moderne und bildungsbürgerliche Semantik III, Wiesbaden 2000, S. 190–213

Bollenbeck, Georg/Knobloch, Clemens (Hrsg.): Semantischer Umbau der Geisteswissenschaften nach 1933 und 1945, Heidelberg 2001

Bollenbeck, Georg: Das neue Interesse an der Wissenschaftshistoriographie und das Forschungsprojekt „semantischer Umbau der Geisteswissenschaften", in: ders./Knobloch, Clemens (Hrsg.): Semantischer Umbau der Geisteswissenschaften nach 1933 und 1945, Heidelberg 2001, S. 9–40

Bollenbeck, Georg/Kaiser, Gerhard: Kulturwissenschaftliche Ansätze in der Literaturwissenschaft, in: Handbuch der Kulturwissenschaften, Band 2: Paradigmen und Disziplinen, hrsg. von Friedrich Jaeger und Jürgen Straub, Metzler: Stuttgart/Weimar 2004, S. 615–637

Bollenbeck, Georg/Knobloch, Clemens (Hrsg.): Resonanzkonstellationen. Die illusionäre Autonomie der Kulturwissenschaften, Heidelberg 2004

Bollenbeck, Georg/Knobloch, Clemens: Einleitung. „Öffentlichkeit" als Ressource, in: Dies. (Hrsg.): Resonanzkonstellationen. Die illusionäre Autonomie der Kulturwissenschaften, Heidelberg 2004, S. 7–13

Bollenbeck, Georg: Goethe als kulturkritische Projektion bei Chamberlain, Simmel und Gundolf, in: Golz, Jochen/Ulbricht, Justus H. (Hrsg.): Goethe in Gesellschaft. Zur Geschichte einer literarischen Vereinigung vom Kaiserreich bis zum geteilten Deutschland, Köln/Weimar/Wien 2005, S. 13–32

Bonk, Magdalena: Deutsche Philologie in München. Zur Geschichte des Faches und seiner Vertreter an der Ludwig-Maximilians-Universität vom Anfang des 19. Jahrhunderts bis zum Ende des Zweiten Weltkrieges, Berlin 1995

Bornebusch, Herbert: Kriegsromane, in: Bormann, Alexander v./Glaser, Horst Albert (Hrsg.): Weimarer Republik – Drittes Reich: Avantgardismus, Parteilichkeit, Exil. 1918–1945, Hamburg 1983, S. 138–143

Bothe, Henning: „Ein Zeichen sind wir, deutungslos". Die Rezeption Hölderlins von ihren Anfängen bis zu Stefan George, Stuttgart 1992

Bourdieu, Pierre: Sozialer Raum und „Klassen". Zwei Vorlesungen, Frankfurt am Main 1985

Bourdieu, Pierre: Homo academicus, Frankfurt am Main 1988

Bourdieu, Pierre: Die politische Ontologie Martin Heideggers, Frankfurt am Main 1988

Bourdieu, Pierre: Was heisst Sprechen? Die Ökonomie des sprachlichen Tausches, Wien 1990

Bourdieu, Pierre: Soziologische Fragen, Frankfurt am Main 1993

Bourdieu, Pierre, Wacquant, Loïc J. D. (Hrsg.): Reflexive Anthropologie, Frankfurt am Main 1996

Bourdieu, Pierre, Wacquant, Loïc J. D.: Die Ziele der reflexiven Soziologie, in: dies. (Hrsg.): Reflexive Anthropologie, Frankfurt am Main 1996, S. 95–249

Bourdieu, Pierre: Vom Gebrauch der Wissenschaft. Für eine klinische Soziologie des wissenschaftlichen Feldes, Konstanz 1998

Bourdieu, Pierre: Die Regeln der Kunst. Genese und Struktur des literarischen Feldes, Frankfurt am Main 1999

Bourdieu, Pierre: Das religiöse Feld. Texte zur Ökonomie des Heilsgeschehens, Konstanz 2000

Bracher, Karl Dietrich/Sauer, Wolfgang/Schulz, Gerhard: Die nationalsozialistische Machtergreifung, Köln/Opladen ²1962 (Schriften des Instituts für politische Wissenschaft, 14)

Bracher, Karl Dietrich: Die deutsche Diktatur, Köln 1980⁶

Brenner, Peter J. (Hrsg.): Geist, Geld und Wissenschaft. Arbeits- und Darstellungsformen von Literaturwissenschaft, Frankfurt am Main 1993

Brenner, Peter J.: Das Verschwinden des Eigensinns. Der Strukturwandel der Geisteswissenschaften in der modernen Geselllschaft, in: ders. (Hrsg.): Geist, Geld und Wissenschaft. Arbeits- und Darstellungsformen von Literaturwissenschaft, Frankfurt am Main 1993, S. 21–65

Breuer, Stefan: Anatomie der Konservativen Revolution, Darmstadt 1993

Breuer, Stefan: Ästhetischer Fundamentalismus. Stefan George und der deutsche Antimodernismus, Darmstadt 1995

Breuer, Stefan: Grundpositionen der deutschen Rechten 1871–1945, Tübingen 1999

Breuer, Stefan: Ordnungen der Ungleichheit – die deutsche Rechte im Widerstreit ihrer Ideen 1871–1945, Darmstadt 2001

Broer, Werner/Kopp, Detlev (Hrsg.): Grabbe im Dritten Reich, Bielefeld 1986

Brokoff, Jürgen: Diskussionsbericht, in: Schönert, Jörg (Hrsg.): a. a. O., S. 271–281, hier v. a. S. 278–281

Burkert, Martin: Die Ostwissenschaften im Dritten Reich, Teil I, Wiesbaden 2000

Busch, Walter/Pickerodt, Gerhart (Hrsg.): Max Kommerell. Leben – Werk – Aktualität, Göttingen 2003

Buselmeier, Karin: Von deutscher Art. Heidelberger Germanistik bis 1945, in: Dies./Harth, Dietrich/Jansen, Christian (Hrsg.): Auch eine Geschichte der Universität Heidelberg, Mannheim 1985, S. 51–78

Chroust, Peter: Gießener Universität und Faschismus. Studenten und Hochschullehrer 1918–1945, 2 Bde., Münster/New York 1994

Collins, Harry M.: What is tacit knowledge?, in: Schatzki, Theodore R./Knorr Cetina, Karin/von Savigny, Eike (Hrsg.): The Practice Turn in Contemporary Theory, London 2001, S. 107–119

Connelly, John/Grüttner, Michael (Hrsg.): Zwischen Autonomie und Anpassung. Universitäten in den Diktaturen des 20. Jahrhunderts, Paderborn/München/Wien/Zürich 2003

Conrady, Karl Otto: Völkisch-nationale Germanistik in Köln. Eine unfestliche Erinnerung, Schernfeld 1990

Conze, Werner/Sommer, Antje: Rasse, in: Brunner, Otto u. a. (Hrsg.): Geschichtliche Grundbegriffe. Historisches Lexikon zur politisch-sozialen Sprache in Deutschland, Bd. 5, Stuttgart 1984, S. 135–178

Dahle, Wendula: Der Einsatz der Wissenschaft. Eine sprachinhaltliche Analyse militärischer Terminologie in der Germanistik 1933–1945, Bonn 1969

Dahm, Volker: Nationale Einheit und partikulare Vielfalt. Zur Frage der kulturpolitischen Gleichschaltung im Dritten Reich, in: Vierteljahreshefte für Zeitgeschichte, 43, 1995, S. 221–265

Dahnke, Hans-Dietrich: Friedrich Beissners Einleitung zum ersten Band der Schiller-Nationalausgabe, in: Jahrbuch der Deutschen Schillergesellschaft, 41, 1997, S. 513–548

Dainat, Holger: Deutsche Literaturwissenschaft zwischen den Weltkriegen, in: Zeitschrift für Germanistik, N. F. 3, 1991, S. 600–608

Dainat, Holger: Vom Nutzen und Nachteil, eine Geisteswissenschaft zu sein. Zur Karriere der Unterscheidung von Natur- und Geisteswissenschaften, in: Brenner, Peter J. (Hrsg.): Geist, Geld und Wissenschaft. Arbeits- und Darstellungsformen von Literaturwissenschaft, Frankfurt am Main 1993, S. 66–98

Dainat, Holger: „wir müssen ja trotzdem weiter arbeiten". Die *Deutsche Vierteljahrsschrift für Literaturwissenschaft und Geistesgeschichte* vor und nach 1945, in: Barner, Wilfried/König, Christoph (Hrsg.): a. a. O., S. 76–100

Dainat, Holger: Überbietung der Philologie. Zum Beitrag von Wilfried Barner, in: König, Christoph/Lämmert, Eberhard (Hrsg.): a. a. O., S. 232–239

Dainat, Holger: Von der Neueren Deutschen Literaturgeschichte zur Literaturwissenschaft. Die Fachentwicklung von 1890 bis 1913/14, in: Fohrmann, Jürgen; Voßkamp, Wilhelm (Hrsg.): Wissenschaftsgeschichte der Germanistik im 19. Jahrhundert. Stuttgart/Weimar 1994. S. 494–537

Dainat, Holger: Voraussetzungsreiche Wissenschaft. Anatomie eines Konflikts zweier NS-Literaturwissenschaftler im Jahre 1934, in: Euphorion, 88, 1994, S. 103–122

Dainat, Holger/Kolk, Rainer: Das Forum der Geistesgeschichte. Die „Deutsche Vierteljahrsschrift für Literaturwissenschaft und Geistesgeschichte" (1923–1944), in: Harsch-Niemeyer, Robert (Hrsg.): Beiträge zur Methodengeschichte der neueren Philologien. Zum 125jährigen Bestehen des Max Niemeyer-Verlages, Tübingen 1995, S. 111–134

Dainat, Holger: „wir müssen ja trotzdem weiter arbeiten". Die *Deutsche Vierteljahrsschrift für Literaturwissenschaft und Geistesgeschichte* vor und nach 1945, in: Barner, Wilfried/König, Christoph (Hrsg.): a. a. O., S. 76–100

Dainat, Holger: „Erlösung von jenem ertötenden Historismus". Die Neuere deutsche Literaturwissenschaft zu Beginn der zwanziger Jahre, in: Bialas, Wolfgang/Raulet, Gérard (Hrsg.): Die Historismusdebatte in der Weimarer Republik. Frankfurt a. M. u. a. 1996, S. 248–271

Dainat, Holger/Boden, Petra (Hrsg.): Atta Troll tanzt noch. Selbstbesichtigungen der literaturwissenschaftlichen Germanistik im 20. Jahrhundert, Berlin 1997

Dainat, Holger: „Dieser ästhetische Kosmopolitismus ist für uns aus". Weimarer Klassik in der Weimarer Republik, in: Ehrlich, Lothar/John, Jürgen/Ulbricht, Justus H. (Hrsg.): Weimar 1930. Politik und Kultur im Vorfeld der NS-Diktatur, Köln/Weimar/Wien 1998, S. 99–121

Dainat, Holger: Gefesselt an den Siegeswagen der Naturwissenschaften. Über die bezeichnende Macht der Geisteswissenschaften, in: Fohrmann, Jürgen u. a. (Hrsg.): Autorität der/in Sprache, Literatur, Neuen Medien. Vorträge des Bonner Germanistentages 1997, 2 Bde, Bd. 1, Bielefeld 1999, S. 302–318

Dainat, Holger: Die wichtigste aller Epochen: Geistesgeschichtliche Aufklärungsforschung, in: Ders./Vosskamp, Wilhelm (Hrsg.): Aufklärungsforschung in Deutschland, Heidelberg 1999, S. 21–37

Dainat, Holger: Germanistische Literaturwissenschaft, in: Hausmann, Frank-Rutger (Hrsg.): Die Rolle der Geisteswissenschaften im Dritten Reich 1933–1945, München 2002, S. 63–86

Dainat, Holger/Danneberg, Lutz (Hrsg.): Literaturwissenschaft und Nationalsozialismus, Tübingen 2003

Dainat, Holger: Zur Berufungspolitik in der Neueren deutschen Literaturwissenschaft 1933–1945, in: Ders./Danneberg, Lutz (Hrsg.): a. a. O., S. 55–86

Danneberg, Lutz/Müller, Hans-Harald: Der „intentionale Fehlschluss" – ein Dogma? Systematischer Forschungsbericht zur Kontroverse um eine intentionalistische Konzeption in den Textwissenschaften. Teil 1 und 2, in: Zeitschrift für allgemeine Wissenschaftstheorie, 14, 1983, S. 103–137 und S. 376–411

Danneberg, Lutz: Zur Theorie der werkimmanenten Interpretation, in: Barner, Wilfried/König, Christoph (Hrsg.): a. a. O., S. 313–342

Danneberg, Lutz/Schönert, Jörg: Belehrt und verführt durch Wissenschaftsgeschichte, in: Dainat, Holger/Boden, Petra (Hrsg.): Atta Troll tanzt noch, Berlin 1997, S. 13–57

Danneberg, Lutz/Schernus, Wilhelm: Der Streit um den Wissenschaftsbegriff während des Nationalsozialismus, in: Dainat, Holger/Danneberg, Lutz (Hrsg.): Literaturwissenschaft und Nationalsozialismus, Tübingen 2003, S. 41–55

Danneberg, Lutz/Höppner, Wolfgang/Klausnitzer, Ralf (Hrsg.): Stil, Schule, Disziplin. Analyse und Erprobung von Konzepten wissenschaftsgeschichtlicher Rekonstruktion (I), Frankfurt am Main u. a. 2005

Danneberg, Lutz/Höppner, Wolfgang/Klausnitzer, Ralf: Einleitung, in:, S. VII–XXI

Deichmann, Ute: Die biologische Forschung an Universitäten und Kaiser-Wilhelm-Instituten 1933–1945, in: Meinel, Christoph/Voswinckel, Peter (Hrsg.): Medizin, Naturwissenschaft, Technik und Nationalsozialismus, Stuttgart 1994, S. 100–110

Deichmann, Ute: Biologen unter Hitler. Porträt einer Wissenschaft im NS-Staat, Frankfurt am Main 1995

Deleuze, Gilles: Bergson zur Einführung, Hamburg 1989

Doehlemann, Martin: Germanisten in Schule und Hochschule, München 1975

Dreitzel, Horst: Die Entwicklung der Historie zur Wissenschaft, in: Zeitschrift für historische Forschung 8, 1981, S. 257–284

Dubbels, Elke: Zum Verhältnis von wissenschaftlicher Tradition und Politik im „Dritten Reich". Die *Deutsche Vierteljahrsschrift für Literaturwissenschaft und Geistesgeschichte* in den Jahren 1933–1944, in: DVjs, 78, 2004, S. 672–706

Durkheim, Emile: Die elementaren Formen des religiösen Lebens, Frankfurt am Main 1981

Durkheim, Emile/Mauss, Marcel: Über einige primitive Formen von Klassifikation. Ein Beitrag zur Erforschung der kollektiven Vorstellungen, in: Durkheim, Emile: Schriften zur Soziologie der Erkenntnis, Frankfurt am Main 1993, S. 169–256

Echternkamp, Jörg (Hrsg.): Die deutsche Kriegsgesellschaft 1939 bis 1945. Erster Halbband: Politisierung, Vernichtung, Überleben. Zweiter Halbband: Ausbeutung, Deutungen, Ausgrenzung (= Das deutsche Reich und der Zweite Weltkrieg. Band 9 1/2. Herausgegeben vom Militärgeschichtlichen Forschungsamt), München 2004/2005

Edge, David: Competition in Modern Science, in: Frängsmyr, Tore (Hrsg.): Solomon's House Revisited. The Organization and Institutionalization of Science, Canton 1990, S. 208–232

Ehrlich, Lothar/John, Jürgen/Ulbricht, Justus H. (Hrsg.): Das Dritte Weimar. Klassik und Kultur im Nationalsozialismus, Köln, Weimar, Wien 1999

Elias, Norbert: Studien über die Deutschen. Machtkämpfe und Habitusentwicklung im 19. und 20. Jahrhundert, Frankfurt am Main 1992

Essner, Cornelia: Im „Irrgarten der Rassenlogik" oder Nordische Rassenlehre und nationale Frage (1919–1935), in: Historische Mitteilungen, 7, 1994, S. 81–101

Essner, Cornelia: Die „Nürnberger Gesetze" oder Die Verwaltung des Rassenwahns 1933–1945, Paderborn u. a. 2002

Fähnders, Walter: Avantgarde und Moderne 1890–1933, Stuttgart/Weimar 1998

Fahlbusch, Michael: Wissenschaft im Dienst der nationalsozialistischen Politik? Die „Volksdeutschen Forschungsgemeinschaften" von 1931–1945, Baden-Baden 1999

Fahlbusch, Michael: Die „Südostdeutsche Forschungsgemeinschaft". Politische Beratung und NS-Volkstumspolitik, in: Schulze, Winfried/Oexle, Otto Gerhard (Hrsg.): Deutsche Historiker im Nationalsozialismus, Frankfurt am Main 1999, S. 241–261

Fangerau, Heiner: Etablierung eines rassenhygienischen Standardwerkes, 1921–1941. Der Baur-Fischer-Lenz im Spiegel der zeitgenössischen Rezensionsliteratur, Frankfurt am Main 2001

Felken, Detlef: Oswald Spengler. Konservativer Denker zwischen Kaiserreich und Diktatur, München 1988

Ferber, Christian von: Die Entwicklung des Lehrkörpers der deutschen Universitäten und Hochschulen 1864–1954; Göttingen 1956

Fricke-Finkelnburg, Renate (Hrsg.): Nationalsozialismus und Schule: Amtliche Erlasse und Richtlinien 1933–1945, Opladen 1989

Fischer, Klaus: Die Emigration von Wissenschaftlern nach 1933: Möglichkeiten und Grenzen einer Bilanzierung, in: Vierteljahrshefte des Instituts für Zeitgeschichte, 39, 1991, S. 535–549

Fischer, Klaus: Repression und Privilegierung: Wissenschaftspolitik im Dritten Reich, in: Beyrau, Dietrich (Hrsg.): Im Dschungel der Macht. Intellektuelle Professionen unter Stalin und Hitler, Göttingen 2000, S. 170–194

Flasch, Kurt: Die geistige Mobilmachung. Die deutschen Intellektuellen und der Erste Weltkrieg, Berlin 2000

Fleck, Ludwik: Erfahrung und Tatsache. Gesammelte Aufsätze. Mit einer Einleitung herausgegeben von Lothar Schäfer und Thomas Schnelle, Frankfurt am Main 1983

Fleck, Ludwik: Über die wissenschaftliche Beobachtung und Wahrnehmung im allgemeinen [1935], in:, S. 59–83

Fleck, Ludwik: Das Problem einer Theorie des Erkennens [1936], in: Ders.: a. a. O., S. 84–127

Fleck, Ludwik: Entstehung und Entwicklung einer wissenschaftlichen Tatsache. Einführung in die Lehre vom Denkstil und Denkkollektiv [1935], Frankfurt am Main 1999

Fohrmann, Jürgen/Voßkamp, Wilhelm (Hrsg.): Von der gelehrten zur disziplinären Gemeinschaft (= DVjs-Sonderheft 1987), Stuttgart 1987

Fohrmann, Jürgen: Das Projekt der deutschen Literaturgeschichte. Entstehung und Scheitern einer nationalen Poesiegeschichtsschreibung zwischen Humanismus und Kaiserreich. Stuttgart 1989

Fohrmann, Jürgen: Organisation, Wissen, Leistung. Konzeptuelle Überlegungen zu einer Wissenschaftsgeschichte der Germanistik, in: Internationales Archiv für Sozialgeschichte der deutschen Literatur 16, 1991, S. 110–125

Fohrmann, Jürgen/Voßkamp, Wilhelm (Hrsg.): Wissenschaftsgeschichte der Germanistik im 19. Jahrhundert, Stuttgart/Weimar 1994

Foucault, Michel: Die Ordnung des Diskurses, Frankfurt am Main 1991

Foucault, Michel: Was ist ein Autor?, in: Jannidis, Fotis/Lauer, Gerhard/Martinez, Matias/Winko, Simone (Hrsg.): Texte zur Theorie der Autorschaft, Stuttgart 2003, S. 198–229

Frank, Horst Joachim: Dichtung, Sprache, Menschenbildung. Geschichte des Deutschunterrichts von den Anfängen bis 1945, 2 Bde., München 1976

Fried, Johannes: Der Schleier der Erinnerung. Grundzüge einer historischen Memorik, München 2004

Fuchs, Thomas: Fortschritt, Diskontinuität und Einheit der Wissenschaften. Eine Untersuchung zum Problem wissenschaftlicher Polyperspektivität, in: Gesnerus, 50, 1993, S. 201–222

Fuller, Steven Nyole: The Nazi's Literary Grandfather. Adolf Bartels and Cultural Extremism, 1871–1945, New York u. a. 1996

Gardt, Andreas: Wann ist ein Germanist ein „Nazi"? Überlegungen zu einem schwierigen Thema, in: Kirsch, Frank-Michael/Almgren, Birgitta (Hrsg.): a. a. O., S. 21–39

Gärtner, Marcus: Stationen der Kleist-Rezeption nach 1933 und Journalistische Beiträge, in: Albert, Claudia (Hrsg.): a. a. O., S. 77–84 und S. 99–104

Gärtner, Marcus: Kontinuität und Wandel in der neueren deutschen Literaturwissenschaft nach 1945, Bielefeld 1997

Gärtner, Marcus: „Die ganze Schwere des Irdischen sinnbildet im grasenden Vieh" – Zur Sprache der germanistischen Literaturwissenschaft nach 1945, in: Bollenbeck, Georg/Knobloch, Clemens (Hrsg.): a. a. O., S. 80–96.

Gaul-Ferenschild, Hartmut: National-völkisch-konservative Germanistik. Kritische Wissenschaftsgeschichte in personengeschichtlicher Darstellung, Bonn 1993

Gollbach, Michael: Die Wiederkehr des Weltkriegs in der Literatur. Zu den Frontromanen der späten Zwanziger Jahre, Kronberg 1978

Gronemeyer, Marianne: Das Leben als letzte Gelegenheit. Sicherheitsbedürfnisse und Zeitknappheit, 2. Aufl., Darmstadt 1996

Gumbrecht, Hans Ulrich/Pfeiffer, Karl Ludwig (Hrsg.): Stil. Geschichten und Funktionen eines kulturwissenschaftlichen Diskurselements, Frankfurt am Main 1986

Grimberg, Martin: Das Deutsche Seminar an der Reichsuniversität Posen (1941–1945), in: Convivium. Germanistisches Jahrbuch Polen, 1997, S. 25–60

Gruchmann, Lothar: „Blutschutzgesetz" und Justiz, in: Vierteljahreshefte für Zeitgeschichte, 31, 1983, S. 418–442

Grüttner, Michael: Studenten im Dritten Reich, Paderborn 1995

Grüttner, Michael: Wissenschaft, in: Benz, Wolfgang/Graml, Hermann/Weiß, Hermann (Hrsg.): Enzyklopädie des Nationalsozialismus, München ³1998, S. 135–153

Grüttner, Michael: Machtergreifung als Generationskonflikt. Die Krise der Hochschulen und der Aufstieg des Nationalsozialismus, in: vom Bruch, Rüdiger/Kaderas, Brigitte (Hrsg.): Wissenschaften und Wissenschaftspolitik. Bestandsaufnahmen zu Formationen, Brüchen und Kontinuitäten im Deutschland des 20. Jahrhunderts, Stuttgart 2002, S. 339–353

Grüttner, Michael: Die deutschen Universitäten unter dem Hakenkreuz, in: Connelly, John/ders. (Hrsg.): Zwischen Autonomie und Anpassung. Universitäten in den Diktaturen des 20. Jahrhunderts, Paderborn/München/Wien/Zürich 2003, S. 67–100

Grüttner, Michael: Die nationalsozialistische Wissenschaftspolitik und die Geisteswissenschaften, in: Dainat, Holger/Danneberg, Lutz (Hrsg.): a. a. O., S. 13–40

Grund, Uwe: Indices zur sprachlichen und literarischen Bildung in Deutschland, Bd. 1: Zeitschrift für Deutschkunde 1920–1943. Beiträger – Themen – Textprofile, München u. a. 1991

Grund, Uwe: Indices zur sprachlichen und literarischen Bildung in Deutschland, Bd. 2: Zeitschrift für Deutsche Bildung 1925–1943. Beiträger – Themen – Textprofile, München u. a. 1991

Haar, Ingo: Historiker im Nationalsozialismus. Deutsche Geschichtswissenschaft und der „Volkstumskampf" im Osten, Göttingen 2000

Hachmeister, Lutz: Der Gegnerforscher. Die Karriere des SS-Führers Franz Alfred Six, München 1998

Hacking, Ian: Styles of Scientific Thinking or Reasoning: A New Analytical Tool for Historians and Philosophers of the Sciences, in: Gavroglu, Kostas u. a. (Hrsg.): Trends in the Historiography of Science, Dordrecht u. a. 1994, S. 31–48

Hammerstein, Notker: Die Johann Wolfgang Goethe-Universität Frankfurt am Main. Von der Stiftungsuniversität zur staatlichen Hochschule. Band I. 1914 bis 1950, Neuwied/Frankfurt 1989

Hammerstein, Notker: Die Deutsche Forschungsgemeinschaft in der Weimarer Republik und im Dritten Reich. Wissenschaftspolitik in Republik und Diktatur 1920–1945, München 1999.

Hammerstein, Notker: Wissenschaftssystem und Wissenschaftspolitik im Nationalsozialismus, in: vom Bruch, Rüdiger/Kaderas, Brigitte (Hrsg.): Wissenschaften und Wissenschaftspolitik. Bestandsaufnahmen zu Formationen, Brüchen und Kontinuitäten im Deutschland des 20. Jahrhunderts, Stuttgart 2002, S. 219–224

Harms, Wolfgang: Die studentische Gegenwehr gegen Angriffe auf Paul Hankamer an der Universität Königsberg 1935/36, in: Huber, Martin/Lauer, Gerhard (Hrsg.): Nach der Sozialgeschichte. Konzepte für eine Literaturwissenschaft zwischen Historischer Anthropologie, Kulturgeschichte und Medientheorie, Tübingen 2000, S. 281–301

Harth, Dietrich: Nationalliteratur – ein Projekt der Moderne zwischen Mystifikation und politischer Integrationsrhetorik, in: Gardt, Andreas (Hrsg.): Nation und Sprache. Die Diskussion ihres Verhältnisses in Geschichte und Gegenwart, Berlin/New York 2000, S. 349–381

Hartsthorne, Edward Yarnall Jr.: The German Universities and National Socialism, London 1936

Hartung, Günter: Völkische Ideologie, in: Puschner, Uwe/Schmitz, Walter/Ulbricht, Justus H. (Hrsg.): Handbuch zur „Völkischen Bewegung" 1871–1918, München u. a. 1996, S. 1–41

Haß, Ulrike: Vom „Aufstand der Landschaft gegen Berlin", in: Weyergraf, Bernhard (Hrsg.): Literatur der Weimarer Republik 1918–1933 (Hansers Sozialgeschichte der deutschen Literatur vom 16. Jahrhundert bis zur Gegenwart, Band 8), München/Wien 1995, S. 340–370

Hass-Zumkehr, Ulrike: Agathe Lasch (1879–1942?), in: Barner, Wilfried/König, Christoph (Hrsg.): Jüdische Intellektuelle und die Philologien in Deutschland 1971–1933, Göttingen 2001, S. 203–211

Hausmann, Frank-Rutger: „Deutsche Geisteswissenschaft" im Zweiten Weltkrieg. Die „Aktion Ritterbusch" (1940–1945). Zweite, erweiterte Auflage, Dresden/München 2002.

Hausmann, Frank-Rutger: „Vom Strudel der Ereignisse verschlungen". Deutsche Romanistik im „Dritten Reich", Frankfurt am Main 2000

Hausmann, Frank-Rutger (Hrsg.): Die Rolle der Geisteswissenschaften im Dritten Reich 1933–1945, München 2002

Hausmann, Frank-Rutger: „Auch im Krieg schweigen die Musen nicht". Die deutschen Wissenschaftlichen Institute im Zweiten Weltkrieg. 2., durchgesehene Auflage, Göttingen 2002

Hausmann, Frank-Rutger: Anglistik und Amerikanistik im „Dritten Reich", Frankfurt am Main 2003

Heiber, Helmut: Universität unterm Hakenkreuz. Teil 1: Der Professor im Dritten Reich: Bilder aus der akademischen Provinz; Teil 2.1/2: Die Kapitulation der Hohen Schulen: Das Jahr 1933 und seine Themen, München u. a. 1991/1992/94

Heinemann, Isabel: „Rasse, Siedlung, deutsches Blut". Das Rasse- und Siedlungskonzept der SS und die rassenpolitische Neuordnung Europas, Göttingen 2003

Heller, Agnes: A theory of history, London 1982

Hempel-Küter, Christa: Anfänge, Sachzwänge – kaum Neubeginn. Zur Lage der Hochschulgermanistik nach dem Ende des Zweiten Weltkriegs, in: Fürbeth, Frank (Hrsg.): Zur Geschichte und Problematik der Nationalphilologien in Europa. 150 Jahre Erste Germanistenversammlung in Frankfurt am Main (1846–1996), Tübingen 1999, S. 591–602

Hempel-Küter, Christa: Germanistik zwischen 1925 und 1955. Studien zur Welt der Wissenschaft am Beispiel von Hans Pyritz, Berlin 2000

Herbert, Ulrich: Traditionen des Rassismus, in: Bürgerliche Gesellschaft in Deutschland. Historische Einblicke, Fragen, Perspektiven, Frankfurt am Main 1990, S. 472–488

Herbert, Ulrich: Best. Biographische Studien über Radikalismus, Weltanschauung und Verunft. 1903–1989, Bonn 1996

Herbert, Ulrich: Deutsche Eliten nach Hitler, in: Mittelweg, 36, 1999, Nr. 33, S. 66–82

Herbst, Ludolf: Das nationalsozialistische Deutschland 1933 bis 1945. Die Entfesselung der Gewalt: Rassismus und Krieg, Frankfurt am Main 1996

Herden, Werner: Zwischen „Gleichschaltung" und Kriegseinsatz. Positionen der Germanistik in der Zeit des Faschismus, in: Wissenschaftliche Zeitschrift der Humboldt-Universität zu Berlin, 33, 1987, S. 1875–1879

Herf, Jeffrey: „Der Krieg und die Juden." Nationalsozialistische Propaganda im Zweiten Weltkrieg, in: Echternkamp, Jörg: a. a. O., Zweiter Halbband, S. 159–202

Hering, Rainer: Der „unpolitische" Professor?, in: Krause, Eckart u. a. (Hrsg.): Hochschulalltag im „Dritten Reich". Die Hamburger Universität 1933–1945, Berlin/Hamburg 1991, Teil I, S. 85–112

Hermand, Jost: Geschichte der Germanistik, Reinbek bei Hamburg 1994

Hermand, Jost: Germanistik, in: Handbuch der deutschsprachigen Emigration, hrsg. von Claus-Dieter Krohn u. a., Darmstadt 1998, S. 736–746

Herrmann, Hans Peter: Germanistik – auch in Freiburg eine „Deutsche Wissenschaft"?, in: John, Eckard u. a. (Hrsg.): Die Freiburger Universität in der Zeit des Nationalsozialismus, Freiburg/Würzburg 1991, S. 115–150

Herrmann, Hans Peter: Das Bild der Germanistik zwischen 1945 und 1965 in autobiographischen Selbstreflexionen von Literaturwissenschaftlern, in: Barner, Wilfried/König, Christoph (Hrsg.): a. a. O., S. 345–360

Heukenkamp, Ursula: Wie aus dem Weltkrieg gelernt wurde. Ein neues Kapitel der Diskussion über die Kriegsromane der 20er Jahre in der Literaturwissenschaft der BRD, in: Zeitschrift für Germanistik, 9, 1988, S. 338–356

Heydebrand, Renate von: Zur Analyse von Wertsprachen in der Zeitschrift *Euphorion/ Dichtung und Volkstum* vor und nach 1945. Am Beispiel von Hans Pyritz und Wilhelm Emrich, in: Barner, Wilfried/König, Christoph (Hrsg.): a. a. O., S. 205–230

Heydebrand, Renate (Hrsg.): Kanon Macht Kultur, Stuttgart 1998

Hipp, Katharina: Die Deutung der epischen Gesellschaftsentwürfe im „Parzival" im Wandel der Zeiten, in: Zeitschrift für angewandte Germanistik, 11, 2007, S. 2–11

Hofmann, Michael: Wirkungsgeschichte, in: Luserke-Jaqui, Matthias (Hrsg.): Schiller Handbuch. Leben – Werk – Wirkung, Stuttgart/Weimar 2005, S. 561–581

Hoffmann, Paul: Hellingraths ‚dichterische' Rezeption Hölderlins, in: Kurz, Gerhard/Lawitschka, Valérie/ Wertheimer, Jürgen (Hrsg.): Hölderlin und die Moderne. Eine Bestandsaufnahme, Tübingen 1995, S. 74–104

Höpfner, Hans-Paul: Die Universität Bonn im Dritten Reich. Akademische Biographien unter nationalsozialistischer Herrschaft, Bonn 1999 Höpfner, Hans-Paul: Die Universität Bonn im Dritten Reich. Akademische Biographien unter nationalsozialistischer Herrschaft, Bonn 1999

Höppner, Wolfgang: Das „Ererbte, Erlernte und Erlebte" im Werk Wilhelm Scherers: Ein Beitrag zur Geschichte der Germanistik, Köln 1993

Höppner, Wolfgang: Eine Institution wehrt sich. Das Berliner Germanische Seminar und die deutsche Geistesgeschichte, in: König, Christoph/Lämmert, Eberhard (Hrsg.): Literaturwissenschaft und Geistesgeschichte, Frankfurt am Main 1993, S. 362–380

Höppner, Wolfgang: Mehrfachperspektivierung versus Ideologiekritik. Ein Diskussionsbeitrag zur Methodik der Wissenschaftsgeschichtsschreibung, in: Zeitschrift für Germanistik, Neue Folge, V/3, 1995, S. 624–633

Höppner, Wolfgang: Der Berliner Germanist Franz Koch in Warschau. Aspekte der Wissenschaftspolitik des ‚Dritten Reiches' im okkupierten Polen, in: Convivum. Germanistisches Jahrbuch Polen, 1997, S. 61–82

Höppner, Wolfgang: Germanisten auf Reisen. Die Vorträge und Reiseberichte von Franz Koch als Beitrag zur auswärtigen Kultur- und Wissenschaftspolitik der deutschen NS-Diktatur in Europa, in: Trans. Internet-Zeitschrift für Kulturwissenschaften 2, 1997, http://www.adis.at/arlt/institut/trans/2Nr/hoeppner.htm

Höppner, Wolfgang: Ein „verantwortungsbewußter Mittler". Der Germanist Franz Koch und die Literatur in Österreich, in: Baur, Uwe/Gradwohl-Schlacher, Karin/Fuchs, Sabine (Hrsg.): Macht Literatur Krieg. Österreichische Literatur im Nationalsozialismus, Wien/Köln/Weimar 1998, S. 163–181

Höppner, Wolfgang: Der Berliner Germanist Franz Koch als ‚Literaturvermittler', Hochschullehrer und Erzieher, in: Bey, Gesine (Hrsg.): Berliner Universität und deutsche Literaturgeschichte, Frankfurt am Main/ Berlin/Bern/New York/Paris/Wien 1998, S. 105–128

Höppner, Wolfgang: Franz Koch, Erwin Guido Kolbenheyer und das Organische Weltbild in der Dichtung, in: Zeitschrift für Germanistik. Neue Folge, IX, 1999, Heft 2, S. 318–328

Höppner, Wolfgang: „Der Kampf um das neue Goethebild". Zur Goethe-Rezeption in der Berliner Germanistik des „Dritten Reiches", in: Stellmacher, Wolfgang/Tarnói, László (Hrsg.): Goethe. Vorgaben, Zugänge, Wirkungen, Frankfurt am Main u. a. 2000, S. 373–390

Höppner, Wolfgang: Das Berliner Germanische Seminar in den Jahren 1933 bis 1945. Kontinuität und Diskontinuität in der Geschichte einer wissenschaftlichen Institution, in: Dainat, Holger/Danneberg, Lutz (Hrsg.): Literaturwissenschaft und Nationalsozialismus, Tübingen 2003, S. 87–106.

Höppner, Wolfgang: „Rasse ist Stil". Anmerkungen zum Wissenschaftsstil in der germanistischen Literaturwissenschaft des „Dritten Reiches", in: Kirsch, Frank-Michael/Almgren, Birgitta (Hrsg.): Sprache und Politik im skandinavischen und deutschen Kontext 1933–1945, Aalborg 2003, S. 73–88

Höppner, Wolfgang: Zum Selbstbild der deutschen Philologie in ihrer Frühphase im Kontext des Disziplin-Begriffs und seiner Beschreibung, in: Danneberg, Lutz/Höppner, Wolfgang/Klausnitzer, Ralf (Hrsg.): a. a. O., S. 65–86

Höppner, Wolfgang: Kontinuität und Diskontinuität in der Berliner Germanistik, in: vom Bruch, Rüdiger (Hrsg.): Die Berliner Universität in der NS-Zeit. Band II: Fachbereiche und Fakultäten, Wiesbaden 2005, S. 257–276

Hohorst, Gerd/Kocka, Jürgen/Ritter, Gerhard A.: Sozialgeschichtliches Arbeitsbuch. Materialien zur Statistik des Kaiserreichs 1870–1914. München 1975

Hopster, Norbert/Josting Petra: Literaturlenkung im „Dritten Reich", 2 Bde., Hildesheim 1993 und 1994

Hoßfeld, Uwe: Die Jenaer Jahre des „Rasse-Günther" von 1930 bis 1935, in: Medizinhistorisches Journal, 34, 1999, S. 47–103

Hoßfeld, Uwe/John, Jürgen/Lemuth, Oliver/Stutz, Rüdiger (Hrsg.): „Kämpferische Wissenschaft". Studien zur Universität Jena im Nationalsozialismus, Köln/Weimar/Wien 2003

Hübinger, Paul Egon: Thomas Mann, die Universität Bonn und die Zeitgeschichte. Drei Kapitel deutscher Vergangenheit aus dem Leben des Dichters 1905–1955, München/Wien 1974

Hunger, Ulrich: Germanistik zwischen Geistesgeschichte und „völkischer Wissenschaft": Das Seminar für deutsche Philologie im Dritten Reich, in: Becker, Heinrich/Dahms, Hans-Joachim/Wegeler, Cornelia (Hrsg.): Die Universität Göttingen unter dem Nationalsozialismus, München/London/New York/Oxford/Paris 1987, S. 272–297

Hutton, Christopher M.: Linguistics and the Third Reich. Mother-tongue fascism, race and the science of language, London/New York 1999

Iggers, Georg G.: Historismus – Geschichte und Bedeutung eines Begriffs. Eine kritische Übersicht der neuesten Literatur, in: Scholtz, Gunter (Hrsg.): Historismus am Ende des 20. Jahrhunderts. Eine internationale Diskussion, Berlin 1997, S. 102–126

Jacobeit, Wolfgang u.a. (Hrsg.): Völkische Wissenschaft. Gestalten und Tendenzen der deutschen und österreichischen Volkskunde in der ersten Hälfte des 20. Jahrhunderts, Wien u.a. 1994

Jäger, Lorenz: Wilhelm Emrich (1909–1998), in: König, Christoph/Müller, Hans-Harald/Röcke, Werner (Hrsg.): Wissenschaftsgeschichte der Germanistik in Porträts, Berlin/New York 2000, S. 250–258

Jäger, Ludwig: Seitenwechsel – Der Fall Schneider/Schwerte und die Diskretion der Germanistik, München 1998

Jäger, Ludwig: Disziplinen-Erinnerung – Erinnerungs-Disziplin. Der Fall Beißner und die NS-Fachgeschichtsschreibung der Germanistik, in: Lehmann, Hartmut/Oexle, Otto Gerhard: Nationalsozialismus in den Kulturwissenschaften. Band 1: Fächer – Milieus – Karrieren, Göttingen 2004, S. 67–127

Jansen, Christian: Professoren und Politik. Politisches Denken und Handeln der Heidelberger Hochschullehrer 1914–1935, Göttingen 1992

Jansen, Christian: Im Kampf um die geistig-ideologische Führungsrolle in Universität und Gesellschaft. Die zwischen 1910 und 1925 in Deutschland lehrenden Hochschullehrer im politisch-wissenschaftlichen Spektrum, in: König, Christoph/Lämmert, Eberhard (Hrsg.): Literaturwissenschaft und Geistesgeschichte 1910 bis 1925, Frankfurt am Main 1993, S. 385–399

Jesinghausen, Martin: Der Roman zwischen Mythos und Post-histoire – Clemens Lugowskis Romantheorie am Scheideweg, in: Martinez, Matias (Hrsg.): a.a.O., S. 183–218

Judersleben, Jörg: Philologie als Nationalpädagogik. Gustav Roethe zwischen Wissenschaft und Politik, Frankfurt am Main 2000

Jung, Matthias: Dilthey zur Einführung, Hamburg 1996

Kaden, Helma/Nestler, Ludwig (Hrsg.): Dokumente des Verbrechens. Aus Akten des Dritten Reiches 1933–1945, 3 Bände, Berlin 1993

Käsler, Dirk: Die frühe deutsche Soziologie 1909 bis 1934 und ihre Entstehungs-Milieus, Opladen 1984

Käsler, Dirk: Max Weber. Eine Einführung in Leben, Werk und Wirkung, Frankfurt/New York 1995

Kahlefendt, Nils: „Im vaterländischen Geiste …" Stuttgarter Hölderlin-Ausgabe und Hölderlin-Gesellschaft (1938–1946), in: Volke, Werner/Pieger, Bruno/Kahlefendt, Nils/Burdorf, Dieter (Hrsg.): Hölderlin entdecken. Lesarten 1826–1993, Tübingen 1993, S. 115–163

Kaiser, Gerhard: „... ein männliches, aus tiefer Not gesungenes Kirchenlied ...": Emil Staiger und der Zürcher Literaturstreit, in: Mitteilungen des Deutschen Germanistenverbandes 47, 2000, 4 (Literaturstreit), S. 382–394

Kaiser, Gerhard/Krell, Matthias: Ausblenden, Versachlichen, Überschreiben Diskursives Vergangenheitsmanagement in der Sprach- und Literaturwissenschaft in Deutschland nach 1945, in: Weisbrod, Bernd (Hrsg.): Akademische Vergangenheitspolitik. Beiträge zur Wissenschaftskultur der Nachkriegszeit, Göttingen 2002, S. 190–216

Kaiser, Gerhard/Krell, Matthias (Hrsg.): Zwischen Resonanz und Eigensinn. Studien zur Geschichte der Sprach- und Literaturwissenschaften im 20. Jahrhundert, Heidelberg 2005

Kaiser, Gerhard: Zwischen Eigensinn und Resonanz. Anmerkungen zum literaturwissenschaftlichen Feld am Beispiel der „Rasse"-Semantik zwischen 1933 und 1945, in: ders./Krell, Matthias (Hrsg.): a. a. O., S. 1–29

Kaiser, Gerhard/Krell, Matthias: Einleitung, in: dies. (Hrsg.): Zwischen Resonanz und Eigensinn. Studien zur Geschichte der Sprach- und Literaturwissenschaften im 20. Jahrhundert, Heidelberg 2005, S. VII–XIX

Kaiser, Gerhard: Literarisch/Literatur, in: Trebess, Achim (Hrsg.): Metzler Lexikon Ästhetik, Stuttgart/Weimar 2006, S. 235–238

Kaiser, Gerhard: Das Finstere in klassischen Zeiten. Vom literaturwissenschaftlichen Umgang mit Schillers theoretischen Schriften zwischen 1933 und 1945, in: Bollenbeck, Georg/Ehrlich, Lothar (Hrsg.): Friedrich Schiller. Der unterschätzte Theoretiker, Köln/Weimar/Wien 2007, S. 215–236

Kallis, Aristotle A.: Der Niedergang der Deutungsmacht. Nationalsozialistische Propaganda im Kriegsverlauf, in: Echternkamp, Jörg: a. a. O., Zweiter Halbband, S. 203–250

Kater, Michael H.: Das „Ahnenerbe" der SS 1933–1945. Ein Beitrag zur Kulturpolitik des Dritten Reiches, Stuttgart 1974

Kelling, Dieter: Josef Nadler und der deutsche Faschismus, in: Brücken. Germanistisches Jahrbuch DDR – CSSR 1986/87, Prag 1987, S. 132–147

Kelly, Reece C.: Die gescheiterte nationalsozialistische Personalpolitik und die mißlungene Entwicklung der nationalsozialistischen Hochschulen, in: Heinemann, Manfred (Hrsg.): Erziehung und Schulung im Dritten Reich. Teil 2: Hochschule, Erwachsenenbildung, Stuttgart 1980, S. 61–76

Kempski, Jürgen von: „Voraussetzungslosigkeit". Eine Studie zur Geschichte eines Wortes, in: Archiv für Philosophie, 4, 1952, S. 157–174

Kershaw, Ian: Hitler. 1889–1936;1936–1945, 2 Bde., München 2002

Ketelsen, Uwe-K.: Literatur und Drittes Reich, Schernfeld 1992

Ketelsen, Uwe K.: Literaturgeschichten als Instrumente literarischer Kanonbildung im Dritten Reich, in: ders.: Literatur und Drittes Reich, Schernfeld 1992, S. 72–93

Kiefer, Annegret: Das Problem einer „jüdischen Rasse", Frankfurt am Main/Bern/New York/Paris 1991

Kiesant, Knut: Die Wiederentdeckung der Barockliteratur. Leistungen und Grenzen der Barockbegeisterung der zwanziger Jahre, in: König, Christoph/Lämmert, Eberhard (Hrsg.): a. a. O., S. 77–91

Kieser, Harro: Deutsche Philologen im Exil. Eine Ausstellung des Deutschen Exilarchivs 1933–1945. Die Deutsche Bibliothek, 3. Aufl., Frankfurt am Main 2002

Kilian, Katrin A.: Kriegsstimmungen. Emotionen einfacher Soldaten in Feldpostbriefen, in: Echternkamp, Jörg (Hrsg.): a. a. O., Zweiter Halbband, S. 251–288

Kindt, Tom/Müller, Hans-Harald: Dilthey gegen Scherer. Geistesgeschichte contra Positivismus. Zur Revision eines wissenschaftshistorischen Stereotyps, in: DVjs, 74, 2000, S. 684–709

Kirsch, Mechthild: Das Kleist-Jubiläum 1936, in: Albert, Claudia (Hrsg.): a. a. O., S. 86–99.

Kirsch, Mechthild: Heinz Kindermann – ein Wiener Germanist und Theaterwissenschaftler, in: Barner, Wilfried/König, Christoph (Hrsg.): a. a. O., S. 47–59

Kirsch, Frank-Michael/Almgren, Birgitta (Hrsg.): Sprache und Politik im skandinavischen und deutschen Kontext 1933–1945, Aalborg 2003

Klausnitzer, Ralf: Krönung des ostdeutschen Siedelwerks? Zur Debatte um Josef Nadlers Romantikkonzeption in den zwanziger und dreißiger Jahren, in: Euphorion, 93, 1999, S. 99–125

Klausnitzer, Ralf: Blaue Blume unterm Hakenkreuz. Die Rezeption der deutschen literarischen Romantik im Dritten Reich, Paderborn u. a. 1999

Klausnitzer, Ralf (Hrsg.): Josef Körner. Philologische Schriften und Briefe, Göttingen 2001

Klausnitzer, Ralf: Wissenschaftliche Schule. Systematische Überlegungen und historische Recherchen zu einem nicht unproblematischen Begriff, in: Danneberg, Lutz/Höppner, Wolfgang/Klausnitzer, Ralf (Hrsg.): Stil, Schule, Disziplin. Analyse und Erprobung von Konzepten wissenschaftsgeschichtlicher Rekonstruktion (I), Frankfurt am Main u. a. 2005, S. 31–64

Klein, Holger M.: Weltkriegsroman und Germanistik 1933–1938, in: Journal of English and Germanic Philology, 84, 1985, S. 467–484

Kleßmann, Christoph/Dlugoborski, Waclaw: Nationalsozialistische Bildungspolitik und polnische Hochschulen 1939–1945, in: Geschichte und Gesellschaft, 23, 1997, S. 535–559

Klingemann, Carsten: Soziologie im Dritten Reich, Baden-Baden 1996

Klingemann, Carsten: Wissenschaftsanspruch und Weltanschauung. Soziologie an der Universität Jena 1933 bis 1945, in: Hoßfeld, Uwe/John, Jürgen/Lemuth, Oliver/Stutz, Rüdiger (Hrsg.): a. a. O., S. 679–722

Klingler, Walter: Nationalsozialistische Rundfunkpolitik 1942–1945. Organisation, Programm und die Hörer, Mannheim 1983

Kneer, Georg: Differenzierung bei Luhmann und Bourdieu. Ein Theorienvergleich, in: Nassehi, Armin/Nollmann, Gerd (Hrsg.): a. a. O., S. 25–56

Knickmann, Hanne: Der Jean-Paul-Forscher Eduard Berend (1883–1973). Ein Beitrag zur Geschichte der Germanistik in der ersten Hälfte des 20. Jahrhunderts, in: Jahrbuch der Jean-Paul-Gesellschaft, 29, 1994, S. 7–92; 30, 1995, S. 7–104

Knobloch, Clemens: Überlegungen zur Theorie der Begriffsgeschichte aus Sprach- und kommunikationswissenschaftlicher Sicht, in: Archiv für Begriffsgeschichte, Bd. XXXV, 1992, S. 7–24

Knobloch, Clemens: Begriffspolitik und Wissenschaftsrhetorik bei Leo Weisgerber, in: Dutz, Klaus N. (Hrsg.): Interpretation und Re-Interpretation. Aus Anlaß des 100. Geburtstages von Leo Weisgerber (1899–1985), Münster 2000, S. 145–174

Knobloch, Clemens: Über die Schulung des fachgeschichtlichen Blickes: Methodenprobleme bei der Analyse der „semantischen Umbauten", in: Bollenbeck, Georg/ders. (Hrsg.): a. a. O., S. 203–235

Knobloch, Clemens: Sprachwissenschaft, in: Hausmann, Frank-Rutger (Hrsg.): Die Rolle der Geisteswissenschaften im Dritten Reich 1933–1945, München 2002, S. 182–202

Knobloch, Clemens: Rassesemantik in der deutschen Sprachwissenschaft um 1933, in: Dutz, Klaus D. (Hrsg.): Später Mittag. Vermischte Anmerkungen zur Metahistoriographie, Münster 2003, S. 143–160

Knobloch, Clemens: Volkhafte Sprachforschung. Studien zum Umbau der Sprachwissenschaft in Deutschland zwischen 1918 und 1945, Tübingen 2005

Knoche, Michael: Wissenschaftliche Zeitschriften im nationalsozialistischen Deutschland, in: Estermann, Monika/Knoche, Michael (Hrsg.): Von Göschen bis Rowohlt. Beiträge zur Geschichte des deutschen Verlagswesens. Festschrift für Heinz Sarkowski zum 65. Geburtstag, Wiesbaden 1990, S. 260–281

Köhler, Kai/Dedner, Burghard/Strickhausen, Waltraud (Hrsg.): Germanistik und Kunstwissenschaften im „Dritten Reich". Marburger Entwicklungen 1920–1950, München 2005

Köhler, Kai: Max Kommerell, in: ders./Dedner, Burghard/Strickhausen, Waltraud (Hrsg.): Germanistik und Kunstwissenschaften im „Dritten Reich". Marburger Entwicklungen 1920–1950, München 2005, S. 399–433

Köhler, Fritz: Zur Vertreibung humanistischer Gelehrter 1933/34, in: Blätter für deutsche und internationale Politik, 11, 1966, S. 696–707

König, Christoph/Lämmert, Eberhard (Hrsg.): Literaturwissenschaft und Geistesgeschichte 1910 bis 1925, Frankfurt am Main 1993

König, Christoph: „Geistige, private Verbündung". Brecht, Nadler, Benjamin und Hugo von Hofmannsthal, in: König, Christoph/Lämmert, Eberhard (Hrsg.): a. a. O., S. 156–171

König, Christoph/Lämmert, Eberhard (Hrsg.): Konkurrenten in der Fakultät. Kultur, Wissen und Universität um 1900, Frankfurt am Main 1999

König, Christoph: Hofmannsthal. Ein moderner Dichter unter den Philologen, Göttingen 2001

König, Christoph (Hrsg.): Internationales Germanistenlexikon 1800–1950, 3 Bde., Berlin 2003

Kolk, Rainer: Wahrheit – Methode – Charakter. Zur wissenschaftlichen Ethik der Germanistik im 19. Jahrhundert, in: IASL 14, 1989, S. 50–73

Kolk, Rainer: Reflexionsformel und Ethikangebot, in: König, Christoph/Lämmert, Eberhard (Hrsg.): Literaturwissenschaft und Geistesgeschichte 1910 bis 1925, Frankfurt am Main 1993, S. 38–45

Kolk, Rainer: Liebhaber, Gelehrte, Experten. Das Sozialsystem der Germanistik bis zum Beginn des 20. Jahrhunderts, in: Fohrmann, Jürgen/Voßkamp, Wilhelm (Hrsg.): Wissenschaftsgeschichte der Germanistik im 19. Jahrhundert, Stuttgart/Weimar 1994, S. 48–114

Kolk, Rainer: Literarische Gruppenbildung. Am Beispiel des George-Kreises 1890–1945, Tübingen 1998

Kondylis, Panajotis: Die Aufklärung im Rahmen des neuzeitlichen Rationalismus [1981], Darmstadt 2002

Koselleck, Reinhart: Werner Conze. Tradition und Innovation, in: Historische Zeitschrift, Bd. 245, 1987, S. 536

Koselleck, Reinhart: Vergangene Zukunft. Zur Semantik geschichtlicher Zeiten, Frankfurt am Main 1989

Kremer, Detlef: Romantische Metamorphosen. E. T. A. Hoffmanns Erzählungen, Stuttgart/Weimar 1993

Kruckis, Hans-Martin: Goethe-Philologie als Paradigma neuphilologischer Wissenschaft im 19. Jahrhundert, in: Fohrmann, Jürgen/Voßkamp, Wilhelm (Hrsg.): a. a. O., S. 451–493

Kruckis, Hans-Martin: „Ein potenziertes Abbild der Menschheit." Biographischer Diskurs und Etablierung der Neugermanistik in der Goethe-Biographik bis Gundolf, Heidelberg 1995

Krummacher, Hans-Henrik: Paul Böckmann. Ein wissenschaftsgeschichtliches Portrait, Tübingen 1999

Kuhn, Thomas S.: Die Struktur wissenschaftlicher Revolutionen [1962]. Zweite revidierte und um das Postskriptum von 1969 ergänzte Auflage, Frankfurt am Main 1976

Kuczynski, Jürgen: Geschichte des Alltags des deutschen Volkes, Bd. 4 (1871–1918), Köln 1982

Kundrus, Birthe: Totale Unterhaltung? Die kulturelle Kriegführung 1939 bis 1945 in Film, Rundfunk und Theater, in: Echternkamp, Jörg: Die deutsche Kriegsgesellschaft, Bd. 2, München 2005, S. 93–157

Kunicki, Wojciech: Germanistik in Breslau 1918–1945, Dresden 2002

Kunigk, Helmut: Paul Hankamer in Königsberg (1932–1936), in: Zeitschrift für die Geschichte und Altertumskunde Ermslands, 48, 1996, S. 166–204

Kunisch, Hans-Peter: Die Gelehrten und das verteufelt Humane. Wie der Germanist und Goethe-Herausgeber Erich Trunz einen „völkischen Standpunkt" fand, überwand und verschwieg, in: SZ, Nr. 182, 2000

Kurz, Gerhard/Lawitschka, Valérie/Wertheimer, Jürgen (Hrsg.): Hölderlin und die Moderne. Eine Bestandsaufnahme, Tübingen 1995

Lämmert, Eberhard: Ein Weg ins Freie. Versuch eines Rückblicks auf die Germanistik vor und nach 1945, in: Barner, Wilfried/König, Christoph (Hrsg.): a. a. O., S. 411–417

Latour, Bruno: Die Hoffnung der Pandora. Untersuchungen zur Wirklichkeit der Wissenschaft, Frankfurt am Main 2000

Lehmann, Hartmut/Oexle, Otto Gerhard: Nationalsozialismus in den Kulturwissenschaften. Band 1: Fächer – Milieus – Karrieren, Göttingen 2004

Lenk, Kurt: Das tragische Bewußtsein in der deutschen Soziologie, in: Kölner Zeitschrift für Soziologie und Sozialpsychologie, 16, 1964, S. 257–287

Lenoir, Timothy: Politik im Tempel der Wissenschaft. Forschung und Machtausübung im deutschen Kaiserreich, Frankfurt am Main/New York 1992

Lepsius, Oliver: Die gegensatzaufhebende Begriffsbildung. Methodenentwicklungen in der Weimarer Republik und ihr Verhältnis zur Ideologisierung der Rechtswissenschaft im Nationalsozialismus, München 1994

Lerchenmüller, Joachim/Simon, Gerd: Im Vorfeld des Massenmords. Germanistik und Nachbarfächer im 2. Weltkrieg. Eine Übersicht, Tübingen 1997

Lerchenmueller, Joachim: „Keltischer Sprengstoff". Eine wissenschaftsgeschichtliche Studie über die deutsche Keltologie von 1900 bis 1945, Tübingen 1997

Lerchenmueller, Joachim: Die Reichsuniversität Straßburg: SD-Wissenschaftspolitik und wissenschaftliche Karrieren vor und nach 1945, in: Bayer, Karen/Sparing, Frank/Woelk, Wolfgang (Hrsg.): Uiversitäten und Hochschulen im Nationalsozialismus und in der frühen Nachkriegszeit, Stuttgart 2004, S. 53–79

Leske, Monika: Philosophen im „Dritten Reich", Berlin 1990

Lethen, Helmut: Der Habitus der Sachlichkeit in der Weimarer Republik, in: Weyergraf, Bernhard (Hrsg.): Literatur der Weimarer Republik 1918–1933 (Hansers Sozialgeschichte der deutschen Literatur vom 16. Jahrhundert bis zur Gegenwart, Band 8), München/Wien 1995, S. 371–445

Leube, Achim (Hrsg.): Prähistorie und Nationalsozialismus. Die mittel- und osteuropäische Ur- und Frühgeschichtsforschung in den Jahren 1933–1945, Heidelberg 2002

Lichtblau, Klaus: Kulturkrise und Soziologie um die Jahrhundertwende. Zur Genealogie der Kultursoziologie in Deutschland, Frankfurt am Main 1996

Link, Jürgen: Warum Diskurse nicht von personalen Subjekten „ausgehandelt" werden, in: Keller, Reiner/Hirseland, Andreas/Schneider, Werner/Viehöver, Willy (Hrsg.): Die diskursive Konstruktion von Wirklichkeit, Konstanz 2005, S. 77–99

Lischeid, Thomas: Deutsche Bewegung. Völkische Germanistik in Deutschland 1933–1945 und ihr Bild der Goethezeit, in: KultuRRevolution, 24, Jan. 1991, S. 44–46

Lischeid, Thomas: Symbolische Politik. Das Ereignis der NS-Bücherverbrennung im Kontext seiner Diskursgeschichte, Heidelberg 2001

Losemann, Volker: Zur Konzeption der NS-Dozentenlager, in: Heinemann, Manfred (Hrsg.): Erziehung und Schulung im Dritten Reich, Teil II: Hochschule, Erwachsenenbildung, Stuttgart 1980, S. 87–109

Luhmann, Niklas: Die Wissenschaft der Gesellschaft, Frankfurt am Main 1990

Luhmann, Niklas: Einführung in die Systemtheorie, Darmstadt 2002

Lundgreen, Peter (Hrsg.): Wissenschaft im Dritten Reich, Frankfurt am Main 1985

Lundgreen, Peter: Hochschulpolitik und Wissenschaft im Dritten Reich, in: ders. (Hrsg.): Wissenschaft im Dritten Reich, Frankfurt am Main 1985, S. 9–30

Lutzhöft, Hans Jürgen: Der Nordische Gedanke in Deutschland 1920–1940, Stuttgart 1971

Lypp, Bernhard: „Mein ist die Rede vom Vaterland". Zu Heideggers Hölderlin, in: Merkur, 455, 1987, S. 120–135

Maas, Utz: Die Entwicklung der deutschsprachigen Sprachwissenschaft von 1900 bis 1950: Zwischen Professionalisierung und Politisierung, in: Zeitschrift für germanistische Linguistik, 16, 1988, S. 253–290

Màcha, Karel (Hrsg.): Die menschliche Individualität. Festschrift zum 85. Geburtstag von Herbert Cysarz, München 1981

Mandelkow, Karl Robert: Der Literaturwissenschaftler Ernst Beutler. Dargestellt am Beispiel seiner Arbeiten zu Goethe und zur Goethezeit, in: Barner, Wilfried/König, Christoph (Hrsg.): Zeitenwechsel. Germanistische Literaturwissenschaft vor und nach 1945, Frankfurt am Main 1996, S. 182–204

Mannheim, Karl: Wissenssoziologie, in: Vierkandt, Alfred (Hrsg.): Handwörterbuch der Soziologie [1931], Unveränderter Neudruck, Stuttgart 1959, S. 659–680

Marshall, Barbara: Der Einfluss der Universität auf die politische Entwicklung der Stadt Göttingen 1918–1933, in: Niedersächsisches Jahrbuch für Landesgeschichte, 49, 1977, S. 265–301

Marten, Heinz-Georg: Rassismus, Sozialdarwinismus und Antisemitismus, in: Fetscher, Iring/Münkler, Herfried (Hrsg.): Pipers Handbuch der politischen Ideen, Bd. 5: Neuzeit: Vom Zeitalter des Imperialismus bis zu den neuen sozialen Bewegungen, München 1987, S. 55–81

Martinez, Matias (Hrsg.): Formaler Mythos. Beiträge zu einer Theorie ästhetischer Formen, Paderborn/München/Wien/Zürich 1996

Massin, Benoit: Rasse und Vererbung als Beruf. Die Hauptforschungsrichtungen am Kaiser-Wilhelm-Institut für Anthropologie, menschliche Erblehre und Eugenik im Nationalsozialismus, in: Schmuhl, Hans-Walter (Hrsg.): a. a. O., S. 190–244

Mattenklott, Gert: Max Kommerell – Versuch eines Porträts, in: Merkur, 40, 1986, Heft 12, S. 541–554

Mayntz, Renate: Autonomie oder Abhängigkeit: Externe Einflüsse auf Gehalt und Entwicklung wissenschaftlichen Wissens, in: Schönert, Jörg (Hrsg.): Literaturwissenschaft und Wissenschaftsforschung, Stuttgart/Weimar 2000, S. XXVII–XLII, hier: S. XXVII

Meier, Monika u. a.: Theaterwissenschaft und Faschismus, Berlin 1982

Meissl, Sebastian: Germanistik in Österreich. Zu ihrer Geschichte und Politik 1918–1938, in: Kadrnoska, Franz (Hrsg.): Aufbruch und Untergang österreichischer Kultur zwischen 1918 und 1938, Wien/München/Zürich 1981, S. 475–496

Meissl, Sebastian: Zur Wiener Neugermanistik der dreißiger Jahre: Stamm, Volk, Rasse, Reich. Über Josef Nadlers literaturwissenschaftliche Position, in: Amann, Klaus/Berger, Albert (Hrsg.): Österreichische Literatur der dreißiger Jahre. Ideologische Verhältnisse. Institutionelle Voraussetzungen. Fallstudien, Wien/Köln 1985, S. 130–146

Meissl, Sebastian: Der „Fall Nadler" 1945–50, in: ders. u. a. (Hrsg.): Verdrängte Schuld, verfehlte Sühne. Entnazifizierung in Österreich. Symposion des Instituts für Wissenschaft und Kunst, Wien, März 1985, München 1986, S. 281–301

Meissl, Sebastian: Wiener Ostmark-Germanistik, in: Heiß, Gernot u. a. (Hrsg.): Willfährige Wissenschaft. Die Universität Wien 1938–1945, Wien 1989, S. 133–154

Meldungen aus dem Reich 1938–1945. Die geheimen Lageberichte des Sicherheitsdienstes der SS. Hrsg. u. eingel. von Heinz Boberach, 17 Bde., München 1984/85

Mertens, Lothar: Die Forschungsförderung der DFG im Dritten Reich 1933–1937, in: Jahrbuch für Universitätsgeschichte, 1999, S. 57–74

Mertens, Lothar: Der Primat der Ideologie im Nationalsozialismus. Die Forschungsförderung von Literaturwissenschaft/Germanistik im Dritten Reich durch die DFG, in: Schönert, Jörg (Hrsg.): Literaturwissenschaft und Wissenschaftsforschung. DFG-Symposion 1998, Stuttgart/Weimar 2000, S. 257–270

Mertens, Lothar: Einige Anmerkungen zur NS-Wissenschafts- und Forschungspolitik, in: vom Bruch, Rüdiger/Kaderas, Brigitte (Hrsg.): a. a. O., S. 225–240

Mertens, Lothar: „Nur politisch Würdige". Die DFG-Forschungsförderung im Dritten Reich 1933–1937, Berlin 2004

Meves, Uwe: Zur Namensgebung „Germanistik", in: Fohrmann, Jürgen/Vosskamp, Wilhelm (Hrsg.): Wissenschaftsgeschichte der Germanistik im 19. Jahrhundert, Stuttgart/Weimar 1994, S. 25–47

Metz, Bernhard: „Bei deinen Feiertagen Germania, wo du Priesterin bist." Germanistische Literaturwissenschaft in der Zeit des Nationalsozialismus, Magisterarbeit Universität Konstanz 2002

Michels, Eckard: Das Deutsche Institut in Paris 1940–1944. Ein Beitrag zu den deutsch-französischen Kulturbeziehungen und zur auswärtigen Kulturpolitik des Dritten Reiches, Stuttgart 1993

Mies, Thomas/Wittich, Dieter: Weltanschauung/Weltbild, in: Europäische Enzyklopädie zu Philosophie und Wissenschaften, Bd. 4, hrsg. von Hans Joachim Sandkühler, Hamburg 1990, S. 783–797

Möller, Horst: Nationalsozialistische Wissenschaftsideologie, in: Tröger, Jörg (Hrsg.): Hochschule und Wissenschaft im Dritten Reich, Frankfurt am Main/New York 1984, S. 65–76

Mosse, George L.: Rassismus. Ein Krankheitssymptom in der europäischen Geschichte des 19. und 20. Jahrhunderts, Königstein im Taunus 1978

Müller, Hans-Harald: Barockforschung: Ideologie und Methode. Ein Kapitel deutscher Wissenschaftsgeschichte 1870–1930, Darmstadt 1973

Müller, Hans-Harald: Die Übertragung des Barockbegriffs von der Kunstwissenschaft und ihre Konsequenzen bei Fritz Strich und Oskar Walzel, in: Garber, Klaus (Hrsg.): Europäische Barock-Rezeption, Teil 1, Wiesbaden 1991, S. 95–112

Müller, Hans-Harald: Germanistik an der Universität Münster. Eine regionale Wissenschaftsgeschichte von überregionaler Bedeutung. Rezension über: Andreas Pilger: Germanistik an der Universität Münster, in: IASLonline [07.11.2005]. URL: iasl.unimuenchen.de/rezensio/liste/Mueller3935025483_1407.html, Abs. 31. Datum des Zugriffs: 13.12.2005

Müller, Hans-Peter: Kultur, Geschmack und Distinktion. Grundzüge der Kultursoziologie Pierre Bourdieus, in: Neidhardt, Friedhelm/Lepsius, M. Rainer/Weiß, Johannes (Hrsg.): Kultur und Gesellschaft (= Sonderheft der Kölner Zeitschrift für Soziologie und Sozialpsychologie), Opladen 1986, S. 162–190

Müller, Hans-Peter: Sozialstruktur und Lebensstile. Der neuere theoretische Diskurs über soziale Ungleichheit, Frankfurt am Main 1992

Müllers Jan-Dirk: Clemens Lugowski, in: Mitteilungen des Deutschen Germanistenverbandes, 53, 2006, Heft 1, S. 28–39

Müller, Jörg J. (Hrsg.): Germanistik und deutsche Nation. Zur Konstitution bürgerlichen Bewusstseins [1974], Stuttgart/Weimar 2000

Müller, Peter: Die Goethe-Feier an der Friedrich-Wilhelm-Universität 1932, in: Wissenschaftliche Zeitschrift der Humboldt-Universität zu Berlin. Gesellschaftswissenschaftliche Reihe 36, 1987, S. 829–835

Müller, Sven Oliver: Nationalismus in der deutschen Kriegsgesellschaft, in: Echternkamp, Jörg (Hrsg.): Die deutsche Kriegsgesellschaft 1939 bis 1945. Zweiter Halbband: Ausbeutung, Deutungen, Ausgrenzung (= Das deutsche Reich und der Zweite Weltkrieg. Band 9, Zweiter Halbband, hrsg. vom Militärgeschichtlichen Forschungsamt), München 2005, S. 9–92

Müller, Wolfgang G.: Art. „Stil", in: Ritter, Joachim/Gründer, Karlfried (Hrsg.): Historisches Wörterbuch der Philosophie, Band 10, Basel 1998, S. 150–159

Nath, Axel: Die Studienratskarriere im Dritten Reich, Frankfurt am Main 1988

Nassehi, Armin/Nollmann, Gerd (Hrsg.): Bourdieu und Luhmann. Ein Theorienvergleich, Frankfurt am Main 2004

Neuber, Wolfgang: Nationalsozialismus als Raumkonzept. Zu den ideologischen und formalästhetischen Grundlagen von Josef Nadlers Literaturgeschichte, in: Garber, Klaus (Hrsg.): Kulturwissenschaftler des 20. Jahrhunderts. Ihr Werk im Blick auf das Europa der Frühen Neuzeit, München 2002, S. 175–191

Nipperdey, Thomas: Deutsche Geschichte. 1866–1918. Bd. 1, München 1990

Nörr, Knut Wolfgang (Hrsg.): Geisteswissenschaften zwischen Kaiserreich und Republik, Stuttgart 1994

Nowotny, Helga/Scott, Peter/Gibbons, Michael: Re-Thinking Science. Knowledge and the Public in an Age of Uncertainty, Cambridge 2001

Oellers, Norbert: Editionswissenschaft um 1945, in: Barner, Wilfried/König, Christoph (Hrsg.): a.a. O., S. 103–118

Oexle, Otto Gerhard: „Wissenschaft" und „Leben". Historische Reflexionen über Tragweite und Grenzen der modernen Wissenschaft, in: Geschichte in Wissenschaft und Unterricht, 41, 1990, Heft 12, S. 145–161

Oexle, Otto-Gerhard: „Zusammenarbeit mit Baal". Über die Mentalitäten deutscher Geisteswissenschaftler nach 1933 – und nach 1945, in: Historische Anthropologie, 8, 2000, S. 1–27

Olt, Reinhard/Ramge, Hans: „Außenseiter": Otto Behaghel, ein eitel Hirngespinst und der Nationalsozialismus, in: LiLi. Zeitschrift für Literaturwissenschaft und Linguistik, 14, 1984, Heft 53/54, S. 194–223

Osterkamp, Ernst: Klassik-Konzepte. Kontinuität und Diskontinuität bei Walther Rehm und Hans Pyritz, in: Barner, Wilfried/König, Christoph (Hrsg.): a. a. O., S. 150–170

Pätzold, Kurt: Hitlers fünfzigster Geburtstag am 20. April 1939, in: Eichholtz, Dietrich/Pätzold, Kurt (Hrsg.): Der Weg in den Krieg. Studien zur Geschichte der Vorkriegsjahre (1935/36 bis 1939), Berlin 1989, S. 309–343

Pauen, Michael: Dithyrambiker des Untergangs. Gnostizismus in Ästhetik und Philosophie der Moderne, Berlin 1994

Pauen, Michael: Pessimismus. Geschichtsphilosophie, Metaphysik und Moderne von Nietzsche bis Spengler, Berlin 1997

Pfetsch, Frank R.: Datenhandbuch zur Wissenschaftsentwicklung 1850–1975, Köln ²1985

Pieger, Bruno: Edition und Weltentwurf. Dokumente zur historisch-kritischen Ausgabe Norbert von Hellingraths, in: Volke, Werner u. a. (Hrsg.): Hölderlin entdecken. Lesarten 1826–1993, Tübingen 1993, S. 57–114

Pilger, Andreas: Nationalsozialistische Steuerung und die „Irritation" der Literaturwissenschaft. Günther Müller und Heinz Kindermann als Kontrahenten am Münsterschen Germanistischen Seminar, in: Dainat, Holger/Danneberg, Lutz (Hrsg.): a. a. O., S. 107–126

Pilger, Andreas: Germanistik an der Universität Münster. Von den Anfängen um 1800 bis in die Zeit der frühen Bundesrepublik, Heidelberg 2004

Pleßke, Gabriele: Weltbild wider das „Dunkelmännertum". Der jüdische Gelehrte Albert Malte Wagner, in: Diagonal. Zeitschrift der Universität Siegen, 2, 2001, S. 73–89

Pöthe, Angelika: Konservatives Kulturideal und Nationalsozialismus. Jenaer Germanisten im Dritten Reich, in: Hoßfeld, Uwe/John, Jürgen/Lemuth, Oliver/Stutz, Rüdiger (Hrsg.): „Kämpferische Wissenschaft". Studien zur Universität Jena im Nationalsozialismus, Köln/Weimar/Wien 2003, S. 850–867

Poliakov, Léon/Wulf, Joseph: Das Dritte Reich und seine Denker, Berlin-Grunewald 1959

Poliakov, Léon/Delacampagne, Christian/Girard, Patrick: Über den Rassismus. Sechzehn Kapitel zur Anatomie, Geschichte und Deutung des Rassenwahns, Frankfurt am Main 1984

Prahl, Hans-Werner (Hrsg.): Uni-Formierung des Geistes. Universität Kiel im Nationalsozialismus, Kiel 1995

Prinz, Michael/Zitelmann, Rainer (Hrsg.): Nationalsozialismus und Modernisierung, Darmstadt 1991

Prümm, Karl: Das Erbe der Front. Der antidemokratische Kriegsroman der Weimarer Republik und seine nationalsozialistische Fortsetzung, in: Denkler, Horst/Prümm, Karl (Hrsg.): Die deutsche Literatur im Dritten Reich, Stuttgart 1976, S. 138–164

Puschner, Uwe/Schmitz, Walter/Ulbricht, Justus H. (Hrsg.): Handbuch zur „Völkischen Bewegung" 1871–1918, München u. a. 1996

Puschner, Uwe: Grundzüge völkischer Rassenideologie, in: Leube, Achim (Hrsg.): Prähistorie und Nationalsozialismus. Die mittel- und osteuropäische Frühgeschichtsforschung in den Jahren 1933–1945, Heidelberg 2002, S. 49–72

Rahner, Mechthild: „Tout est neuf ici, tout est neuf ici, tout est à recommencer". Die Rezeption des französischen Existenzialismus im kulturellen Feld Westdeutschlands (1945–1949), Würzburg 1993

Rammstedt, Otthein: Deutsche Soziologie 1933–1945. Die Normalität einer Anpassung, Frankfurt am Main 1986

Raphael, Lutz: Radikales Ordnungsdenken und die Organisation totalitärer Herrschaft. Weltanschauungseliten und Humanwissenschaftler im NS-Regime, in: Geschichte und Gesellschaft, 27, 2001, Heft 1, S. 5–40

Ries, Thorsten: Wissenschaftsgeschichte mit oder ohne System? Ein methodologischer Rückblick auf das DFG-Projekt *Wissenschaftsgeschichte der Germanistik im 19. Jahrhundert*, in: Berichte zur Wissenschaftsgeschichte, 24, 2001, S. 29–46

Ringer, Fritz K.: Die Gelehrten. Der Niedergang der deutschen Mandarine 1890–1933 [1969], Stuttgart 1987

Ritter, Alexander: Aspekte der kulturpolitischen und wissenschaftlichen Nutzung ‚auslanddeutscher Literatur' während der NS-Zeit, in: LiLi, 24, 1994, S. 62–78

Rohrwasser, Michael: Josef Nadler als Pionier moderner Regionalismuskonzepte?, in: Regionalität als Kategorie der Sprach-und Literaturwissenschaft. Hrsg. vom Instytut Filologii Germanskiej der Uniwersytet Opolski, Frankfurt am Main 2002, S. 257–280

Römer, Ruth: Sprachwissenschaft und Rassenideologie in Deutschland, München 1985

Rösner, Thomas: Adolf Bartels, in: Puschner, Uwe/Schmitz, Walter/Ulbricht, Justus H. (Hrsg.): a. a. O., S. 874–894

Röther, Klaus: Die Germanistenverbände und ihre Tagungen. Ein Beitrag zur germanistischen Organisations- und Wissenschaftsgeschichte, Köln 1980

Rohkrämer, Thomas: Eine andere Moderne? Zivilisationskritik, Natur und Technik in Deutschland 1880–1933, Paderborn 1999

Romanos, Konstatinos P.: Heimkehr. Henri Bergsons Ansätze zur Heilung von erstarrtem Leben, Frankfurt am Main 1988

Rosa, Hartmut: Beschleunigung. Die Veränderung der Zeitstruktur in der Moderne, Frankfurt am Main 2005

Rosenberg, Rainer: Die Semantik der ‚Szientifizierung': Die Paradigmen der Sozialgeschichte und des linguistischen Strukturalismus als Modernisierungsangebote an die deutsche Literaturwissenschaft, in: Bollenbeck, Georg/Knobloch, Clemens (Hrsg.): Semantischer Umbau der Geisteswissenschaften, a. a. O., S. 122–131

Rosenberg, Rainer: Literarisch/Literatur, in: Barck, Karl u. a. (Hrsg.): Ästhetische Grundbegriffe, Bd. III, Stuttgart 2001, S. 665–693

Rosenberg, Rainer: Verhandlungen des Literaturbegriffs, Berlin 2003

Rosenberg, Rainer: *Von deutscher Art* zu *Gedicht und Gedanke*, in: Dainat, Holger/Danneberg, Lutz (Hrsg.): Literaturwissenschaft und Nationalsozialismus, Tübingen 2003, S. 263–270

Rosenberg, Rainer/Brückle, Wolfgang/Soeffner, Hans-Georg/Raab, Jürgen: Art. „Stil", in: Barck, Karlheinz u. a. (Hrsg.): Ästhetische Grundbegriffe. Historisches Wörterbuch in sieben Bänden, Bd. 5, Stuttgart/Weimar 2003, S. 641–703

Roßmann, Kurt: Wissenschaft, Ethik und Politik. Erörterung des Grundsatzes der Voraussetzungslosigkeit in der Forschung, Heidelberg 1949

Ruppelt, Georg: Schiller im nationalsozialistischen Deutschland. Der Versuch einer Gleichschaltung. Stuttgart 1979

Rusinek, Bernd A.: Die *Nationalsozialistischen Monatshefte* und *Volkstum und Heimat*, in: Grunewald, Michel/Puschner, Uwe (Hrsg.): Das konservative Intellektuellen-Milieu in Deutschland, seine Presse und seine Netzwerke (1890–1960), Bern 2003, S. 575–616

Saadhoff, Jens: Germanistik in der DDR. Literaturwissenschaft zwischen „gesellschaftlichem Auftrag" und disziplinärer Eigenlogik, Heidelberg 2007

Sarkowicz, Hans/Mentzer, Alf: Literatur in Nazi-Deutschland. Ein biografisches Lexikon, Hamburg/Wien 2001

Sauder, Gerhard: „Akademischer Frühlingssturm". Germanisten als Redner bei der Bücherverbrennung, in: Walberer, Ulrich (Hrsg.): 10. Mai 1933. Bücherverbrennung in Deutschland und die Folgen, Frankfurt am Main 1983, S. 140–159

Schäfer, Hans Dieter: Das gespaltene Bewußtsein. Über deutsche Kultur und Lebenswirklichkeit 1933–1945, München/Wien 1981

Schäfer, Lothar/Schnelle, Thomas: Die Aktualität Ludwik Flecks in Wissenschaftssoziologie und Erkenntnistheorie, in: Fleck, Ludwik: Erfahrung und Tatsache, a. a. O., S. 9–34

Schäfer, Lothar/Schnelle, Thomas: Ludwik Flecks Begründung der soziologischen Betrachtungsweise in der Wissenschaftsgeschichte, in: Fleck, Ludwik: Entstehung, a. a. O., S. VII–XLIX

Scherer, Stefan: Prägnanz und Evidenz. Philologische Erkenntnis und Verwissenschaftlichung der germanistischen Literaturwissenschaft im disziplinen- und gesellschaftsgeschichtlichen Umbruch der 1950er Jahre, in: Kaiser, Gerhard/Krell, Matthias (Hrsg.): a. a. O., S. 33–52

Scherpe, Klaus R.: Die Renovierung eines alten Gebäudes. Westdeutsche Literaturwissenschaft 1945–1950, in: Pehle, Walter H./Sillem, Peter (Hrsg.): Wissenschaft im geteilten Deutschland. Restauration oder Neubeginn nach 1945?, Frankfurt am Main 1992, S. 149–163

Schildt, Axel: NS-Regime, Modernisierung und Moderne. Anmerkungen zur Hochkonjunktur einer andauernden Diskussion, in: Tel Aviver Jahrbuch für deutsche Geschichte, XXIII, 1994, S. 3–22

Schildt, Axel: Ankunft im Westen. Ein Essay zur Erfolgsgeschichte der Bundesrepublik, Frankfurt am Main 1999

Schivelbusch, Wolfgang: Geschichte der Eisenbahnreise. Zur Industrialisierung von Raum und Zeit im 19. Jahrhundert, Neuauflage, Frankfurt am Main 2000

Schivelbusch, Wolfgang: Die Kultur der Niederlage. Der amerikanische Süden 1865, Frankreich 1871, Deutschland 1918, Berlin 2001

Schlaffer, Heinz: Clemens Lugowskis Beitrag zur Disziplin der Literaturwissenschaft, in: Lugowski, Clemens: Die Form der Individualität im Roman. Mit einer Einleitung von Heinz Schlaffer [1976], 2. Auflage, Frankfurt am Main 1994, S. VII–XXIV

Schlott, Michael: Wertkontinuität im Werkkontinuum. Die Funktion der „Klassik" bei Walther Rehm, in: Barner, Wilfried/König, Christoph (Hrsg.): a. a. O., S. 171–181

Schlott, Michael: Mythen, Mutationen und Lexeme – „Historismus" als Kategorie der Geschichts- und Literaturwissenschaft, in: Scientia Poetica, Band 3, 1999, S. 158–204

Schmidt, Jochen: Hölderlin im 20. Jahrhundert, in: Kurz, Gerhard/Lawitschka, Valérie/Wertheimer, Jürgen (Hrsg.): a. a. O., S. 105–125

Schmidt-Dengler, Wendelin: Nadler und die Folgen. Germanistik in Wien 1945–1957, in: Barner, Wilfried/König, Christoph (Hrsg.): a. a. O., S. 35–46

Schmitz, Walter: Legitimierungsstrategien der Germanistik und Öffentlichkeit. Das Beispiel „Kriegsgermanistik", in: König, Christoph/Lämmert, Eberhard (Hrsg.): a. a. O., S. 331–339

Schmitz-Berning, Cornelia: Rasse, in: dies.: Vokabular des Nationalsozialismus, Berlin/New York 1998

Schmuhl, Hans-Walter (Hrsg.): Rassenforschung an Kaiser-Wilhelm-Instituten vor und nach 1933, Göttingen 2003

Schmuhl, Hans-Walter: Rasse, Rassenforschung, Rassenpolitik. Annäherungen an das Thema, in: Ders. (Hrsg.): Rassenforschung an Kaiser-Wilhelm-Instituten vor und nach 1933, Göttingen 2003, S. 7–37

Schnabel, Gudrun: Gerhard Fricke. Karriereverlauf eines Literaturwissenschaftlers nach 1945, in: Boden, Petra/Rosenberg, Rainer (Hrsg.): Deutsche Literaturwissenschaft 1945–1965. Fallstudien zu Institutionen, Diskursen, Personen, Berlin 1997, S. 61–85

Schnädelbach, Herbert: Philosophie in Deutschland 1831–1933, Frankfurt am Main 1983

Schneider, Jost (Hrsg.): Herder im „Dritten Reich", Bielefeld 1994

Schneider, Norbert: Geschichte der Ästhetik von der Aufklärung bis zur Postmoderne, 2. durchgesehene Auflage, Stuttgart 1997

Schönert, Jörg (Hrsg.): Literaturwissenschaft und Wissenschaftsforschung, Stuttgart/Weimar 2000

Schönert, Jörg: Zum Status und zur disziplinären Reichweite von Narratologie, in: Borsó, Vittoria/Kann, Christoph (Hrsg.): Geschichtsdarstellung. Medien – Methoden – Strategien, Köln/Weimar/Wien 2004, S. 131–143

Schöttler, Peter: Die historische „Westforschung" zwischen „Abwehrkampf" und territorialer Offensive, in: ders. (Hrsg.): Geschichtsschreibung als Legitimationswissenschaft 1918–1945, Frankfurt am Main 1997

Schoolfield, George C.: Nadler, Hofmannsthal und ‚Barock', in: Vierteljahresschrift des Adalbert-Stifter-Institutes des Landes Oberösterreich, 35, 1986, S. 157–170

Schrödinger, Erwin: Über Indeterminismus in der Physik. Ist die Naturwissenschaft milieubedingt? Zwei Vorträge zur Kritik naturwissenschaftlicher Erkenntnis, Leipzig 1932

Schütt, Julian: Germanistik und Politik. Schweizer Literaturwissenschaft in der Zeit des NS, Zürich 1996

Schütz, Erhard: Roman der Weimarer Republik, München 1986

Schulze, Hagen: Gibt es überhaupt eine deutsche Geschichte?, Berlin 1989

Schumann, Andreas: Bibliographie zur deutschen Literaturgeschichtsschreibung 1827–1945, München u. a. 1994

Schwingel, Markus: Analytik der Kämpfe. Macht und Herrschaft in der Soziologie Bourdieus, Hamburg 1993

Schwingel, Markus: Pierre Bourdieu. Zur Einführung, Hamburg 1995

Seier, Hellmut: Niveaukritik und partielle Opposition. Zur Lage an den deutschen Hochschulen 1939/40, in: Archiv für Kulturgeschichte, 58, 1976, S. 227–246

Seier, Hellmut: Universität und Hochschulpolitik im nationalsozialistischen Staat, in: Malettke, Klaus (Hrsg.): Der Nationalsozialismus an der Macht. Aspekte nationalsozialistischer Politik und Herrschaft, Göttingen 1984, S. 143–165

Seruya, Teresa: Wolfgang Kayser in Portugal. Zu einem wichtigen Kapitel der portugiesischen Germanistik, in: Frank Fürbeth/Pierre Krügel/Ernst E. Metzner/Olaf Müller (Hrsg.): Zur Geschichte und Problematik der Nationalphilologien in Europa. 150 Jahre Erste Germanistenversammlung in Frankfurt am Main (1846–1996), Tübingen 1999, S. 715–725

Seruya, Teresa: Wolfgang Kayser in Portugal. Zu einem Aspekt der Beziehungen zwischen Deutschland und Portugal in den vierziger Jahren, in: Die Germanistik in Portugal: Dialog und Debatte. Akten des I. Internationalen Kongresses des Portugiesischen Germanistenverbandes, Coimbra, 25.–27. Januar 1996, Bd. II, S. 637–646

Sieferle, Rolf Peter: Indien und die Arier in der Rassentheorie, in: Zeitschrift für Kulturaustausch, 37, 1987, S. 444–467

Sieg, Ulrich: Strukturwandel der Wissenschaft im Nationalsozialismus, in: Berichte zur Wissenschaftsgeschichte, 24, 2001, S. 255–270

Simon, Gerd: Germanistik in den Planspielen des Sicherheitsdienstes der SS. Erster Teil, Tübingen 1998

Sloterdijk, Peter: Weltanschauungsessayistik und Zeitdiagnostik, in: Weyergraf, Bernhard (Hrsg.): Literatur der Weimarer Republik 1918–1933 (Hansers Sozialgeschichte der deutschen Literatur vom 16. Jahrhundert bis zur Gegenwart, Band 8), München/Wien 1995, S. 309–339

Sösemann, Bernd: Propaganda und Öffentlichkeit in der „Volksgemeinschaft", in: DERS. (Hrsg.): Der Nationalsozialismus und die deutsche Gesellschaft, Stuttgart/München 2002, S. 114–154

Spencer Richards, Pamela: Der Einfluß des Nationalsozialismus auf Deutschlands wissenschaftliche Beziehungen zum Ausland, in: Estermann, Monika/Knoche, Michael (Hrsg.): Von Göschen bis Rowohlt. Beiträge zur Geschichte des deutschen Verlagswesens. Festschrift für Heinz Sarkowski zum 65. Geburtstag, Wiesbaden 1990, S. 248–261

Spoerhase, Carlos: Über die Gleichgültigkeit der Gegenwart. Das Verfügbarkeitsprinzip in der Methodologie der Wissenschaftsgeschichte, in: Danneberg, Lutz/Höppner, Wolfgang/Klausnitzer, Ralf (Hrsg.): a. a. O., S. 87–108

Stern, Fritz: Kulturpessimismus als politische Gefahr. Eine Analyse nationaler Ideologie in Deutschland, München 1986

Sternsdorff, Jürgen: Wissenschaftskonstitution und Reichsgründung. Die Entwicklung der Germanistik bei Wilhelm Scherer. Eine Biographie nach unveröffentlichten Quellen, Frankfurt am Main 1979

Stilla, Gabriele: Gerhard Fricke: Literaturwissenschaft als Anweisung zur Unterordnung, in: Albert, Claudia (Hrsg.): Deutsche Klassiker im Nationalsozialismus. Schiller – Kleist – Hölderlin, Stuttgart/Weimar 1994, S. 18–36

Storck, Joachim W.: „Zwiesprache von Dichten und Denken". Hölderlin bei Martin Heidegger und Max Kommerell, in: Zeller, Bernhard (Hrsg.): a. a. O., Bd. 1, S. 345–365

Sturm, Peter: Literaturwissenschaft im Dritten Reich. Germanistische Wissensformationen und politisches System, Wien 1995

Svendsen, Lars: Kleine Philosophie der Langeweile, Frankfurt am Main/Leipzig 2002

Tgahrt, Reinhard: Hölderlin im Tornister, in: Zeller, Bernhard (Hrsg.): a. a. O., Band 2, S. 300–335

Thamer, Hans-Ulrich: „Es wird alles ganz verwandelt sein." Die deutsche Gesellschaft und der Krieg. Eine Schlußbetrachtung, in: Echternkamp, Jörg: a. a. O., Zweiter Halbband, S. 977–992

Thielen, Joachim: Wilhelm Dilthey und die Entwicklung des geschichtlichen Denkens in Deutschland im ausgehenden 19. Jahrhundert, Würzburg 1999

Thomä, Dieter (Hrsg.): Heidegger-Handbuch. Leben – Werk – Wirkung, Stuttgart 2003

Tietze, Hartmut: Das Hochschulstudium in Preußen und Deutschland 1820–1944, Göttingen 1987 (= Datenhandbuch zur deutschen Bildungsgeschichte I,1)

Tietze, Hartmut: Hochschulen, in: Langewiesche, Dieter/Tenorth, Heinz-Elmar (Hrsg.): Handbuch der deutschen Bildungsgeschichte, Bd. V: Die Weimarer Republik und die nationalsozialistische Diktatur., München 1989, S. 209–240 ders.: Hochschulen, in: Langewiesche, Dieter/Tenorth, Heinz-Elmar (Hrsg.): Handbuch der deutschen Bildungsgeschichte, Bd. V: Die Weimarer Republik und die nationalsozialistische Diktatur., München 1989, S. 209–240

Tilitzki, Christian: Die deutsche Universitätsphilosophie in der Weimarer Republik und im Dritten Reich. 2 Bde., Berlin 2002

Tomaševskij, Boris: Literatur und Biographie, in: Jannidis, Fotis u. a. (Hrsg.): Texte zur Theorie der Autorschaft, Stuttgart 2000, S. 49–64

Trommler, Frank: Germanistik und Öffentlichkeit, in: König, Christoph/Lämmert, Eberhard (Hrsg.): a. a. O., S. 307–330

Unseld, Siegfried (Hrsg.): Wie, warum und zu welchem Ende wurde ich Literaturhistoriker. Eine Sammlung von Aufsätzen aus Anlaß des 70. Geburtstags von Robert Minder, Frankfurt am Main 1972

„Volk, Nation, Nationalismus, Masse", in: Brunner, Otto/Conze, Werner/Koselleck, Reinhart (Hrsg.): Geschichtliche Grundbegriffe. Historisches Lexikon zur politisch-sozialen Sprache in Deutschland, Band 7, Stuttgart 1992, S. 141–431

Volke, Werner: Hölderlins 100. Todestag 1943 (II): Die Stuttgarter Hölderlin-Ausgabe, in: Zeller, Bernhard (Hrsg.): a. a. O., Band 2, S. 104–134

Volke, Werner u. a. (Hrsg.): Hölderlin entdecken. Lesarten 1826–1993, Tübingen 1993

vom Bruch, Rüdiger u. a. (Hrsg.): Kultur und Kulturwissenschaften um 1900. Krise der Moderne und Glaube an die Wissenschaft, Stuttgart 1989

vom Bruch, Rüdiger/Kaderas, Brigitte (Hrsg.): Wissenschaft und Wissenschaftspolitik. Bestandsaufnahmen zu Formationen, Brüchen und Kontinuitäten im Deutschland des 20. Jahrhunderts, Wiesbaden 2002

vom Bruch, Rüdiger (Hrsg.): Die Berliner Universität in der NS-Zeit, 2 Bde., Wiesbaden 2005

Vondung, Klaus: Völkisch-nationale und nationalsozialistische Literaturtheorie, München 1973

Vondung, Klaus: Autodafé und Phoenix. Vom Glauben an den deutschen Geist, in: Denkler, Horst/Lämmert, Eberhard (Hrsg.): „Das war ein Vorspiel nur ...". Berliner Colloquium zur Literaturpolitik im „Dritten Reich", Berlin 1985, S. 89–104

Vondung, Klaus: Revolution als Ritual. Der Mythos des Nationalsozialismus, in: Härtl, Ursula/Stenzel, Burkhard/Ulbricht, Justus H. (Hrsg.): Hier ist Deutschland ... Von nationalen Kulturkonzepten zur nationalsozialistischen Kulturpolitik, Göttingen 1997, S. 45–56

Vondung, Klaus: Literaturwissenschaft als Literaturtheologie. Der religiöse Diskurs der Germanistik im Dritten Reich, in: Rhetorik, Band 16: Rhetorik im Nationalsozialismus, 1997, S. 37–44

von See, Klaus: Das „Nordische" in der deutschen Wissenschaft des 20. Jahrhunderts, in: Jahrbuch für Internationale Germanistik, Bern/Frankfurt am Main/New York 1983, S. 8–38

von See, Klaus: Barbar, Germane, Arier. Die Suche nach der Identität der Deutschen, Heidelberg 1994

von See, Klaus/Zernack, Julia: Germanistik und Politik in der Zeit des Nationalsozialismus. Zwei Fallstudien: Hermann Schneider und Gustav Neckel, Heidelberg 2004

Voßkamp, Wilhelm: Kontinuität und Diskontinuität. Zur deutschen Literaturwissenschaft im Dritten Reich, in: Lundgreen, Peter (Hrsg.): Wissenschaft im Dritten Reich, Frankfurt am Main 1985, S. 140–162

Voßkamp, Wilhelm: Deutsche Barockforschung in den zwanziger und dreißiger Jahren, in: Garber, Klaus: Europäische Barock-Rezeption. Teil I, Wiesbaden 1991, S. 683–703

Voßkamp, Wilhelm: Literatursoziologie: Eine Alternative zur Geistesgeschichte? „Sozialliterarische Methoden" in den ersten Jahrzehnten des 20. Jahrhunderts, in: König, Christoph/Lämmert, Eberhard (Hrsg.): Literaturwissenschaft, S. 291–303

Voßkamp, Wilhelm: Wolfgang Kayser, in: König, Christoph/Müller, Hans-Harald/Röcke, Werner (Hrsg.): Wissenschaftsgeschichte der Germanistik in Porträts, Berlin/New York 2000, S. 235–238

Voßkamp, Wilhelm: „Deutscher Geist und Griechentum". Zur literaturwissenschaftlichen Interpretation der Weimarer Klassik in der Zeit des Nationalsozialismus, in: Bollenbeck, Georg/Köster, Werner (Hrsg.): Kulturelle Enteignung – Die Moderne als Bedrohung (Kulturelle Moderne und bildungsbürgerliche Semantik I), Opladen 2003, S. 97–110

Walberer, Ulrich (Hrsg.): 10. Mai 1933. Bücherverbrennung in Deutschland und die Folgen, Frankfurt am Main 1983

Walker, Mark: Die Uranmaschine. Mythos und Wirklichkeit der deutschen Atombombe, Berlin 1990

Watts Miller, William: Durkhemian time, in: Time&Society, 9, 2000, S. 5–20

Weber, Christoph: Der „Fall Spahn" (1901). Ein Beitrag zur Wissenschafts- und Kulturdiskussion im ausgehenden 19. Jahrhundert, Rom 1980

Wegmann, Nikolaus: Was heißt einen „klassischen Text" lesen? Philologische Selbstreflexion zwischen Wissenschaft und Bildung, in: Fohrmann, Jürgen/Voßkamp, Wilhelm (Hrsg.): Wissenschaftsgeschichte der Germanistik im 19. Jahrhundert, Stuttgart/Weimar 1994, S. 334–450

Wegner, Bernd: Hitler, der Zweite Weltkrieg und die Choreographie des Untergangs, in: Geschichte und Gesellschaft, 26, 2000, S. 493–518

Wehler, Hans-Ulrich: Deutsche Gesellschaftsgeschichte. Vierter Band. Vom Beginn des Ersten Weltkriegs bis zur Gründung der beiden deutschen Staaten, München 2003

Weimar, Klaus: Literatur, Literaturgeschichte, Literaturwissenschaft. Zur Geschichte der Bezeichnungen für eine Wissenschaft und ihren Gegenstand, in: Wagenknecht, Christian (Hrsg.): Zur Terminologie der Literaturwissenschaft, Stuttgart 1988, S. 9–23

Weimar, Klaus: Geschichte der deutschen Literaturwissenschaft bis zum Ende des 19. Jahrhunderts, München 1989

Weimar, Klaus: Deutsche Deutsche, in: Boden, Petra/ Dainat, Holger (Hrsg.): Atta Troll tanzt noch. Selbstbesichtigungen der literaturwissenschaftlichen Germanistik, Berlin 1997. S. 127–138

Weimar, Klaus: Literaturwissenschaftliche Konzeption und politisches Engagement. Eine Fallstudie über Emil Ermatinger und Emil Staiger, in: Dainat, Holger/Danneberg, Lutz (Hrsg.): a. a. O., S. 271–286

Weingart, Peter/Prinz, Wolfgang/Kastner, Maria u. a. (Hrsg.): Die sog. Geisteswissenschaften: Außenansichten. Die Entwicklung der Geisteswissenschaften in der BRD 1954–1987, Frankfurt am Main 1991

Weingart, Peter/Kroll, Jürgen/Bayertz, Kurt: Rasse, Blut und Gene. Geschichte der Eugenik und Rassenhygiene in Deutschland, Frankfurt am Main 1992

Weingart, Peter: Doppelleben. Ludwig Ferdinand Clauß. Zwischen Rassenforschung und Widerstand, Frankfurt am Main/New York 1995

Weingart, Peter: Die Stunde der Wahrheit? Zum Verhältnis der Wissenschaft zu Politik, Wirtschaft und Medien in der Wissensgesellschaft, Weilerswist 2001

Weisbrod, Bernd (Hrsg.): Akademische Vergangenheitspolitik. Beiträge zur Wissenschaftskultur der Nachkriegszeit, Göttingen 2002

Weiss, Burghard: „Stil". Eine vereinheitlichende Kategorie in Kunst, Naturwissenschaft und Technik?, in: Knobloch, Eberhard (Hrsg.): Wissenschaft, Technik, Kunst, Wiesbaden 1997, S. 147–163

Wellek, René: Die Auflehnung gegen den Positivismus in der neueren europäischen Literaturwissenschaft, in: ders.: Grundbegriffe der Literaturkritik, 2. Auflage, Stuttgart u. a. 1971, S. 183–199

Werle, Dirk: Stil, Denkstil, Wissenschaftsstil. Vorschläge zur Bestimmung und Verwendung eines Begriffs in der Wissenschaftsgeschichte der Geistes- und Kulturwissenschaften, in: Danneberg, Lutz/Höppner, Wolfgang/Klausnitzer, Ralf (Hrsg.): a. a. O., S. 3–30

Werner, Marike: „Michael Kohlhaas" als Modellfall. Interpretationen der 20er Jahre, in: Albert, Claudia (hrsg.): Deutsche Klassiker im Nationalsozialismus. Schiller – Kleist – Hölderlin, Stuttgart/Weimar 1994, S. 136–145

White, Hayden V.: Tropics of Discourse. Essays in Cultural Criticism, Baltimore 1978

Wiking, Stefan: Der Deutsche Sprachatlas im Nationalsozialismus. Studien zur Dialektologie und Sprachwissenschaft zwischen 1933 und 1945, Heidelberg 1998

Wildt, Michael: Generation des Unbedingten. Das Führungskorps des Reichssicherheitshauptamtes, Hamburg 2002

Wittich, Dieter: Das Verhältnis von Wissenschaft und Kultur in der Wissenschaftstheorie von Ludwik Fleck, in: Zeitschrift für Deutsche Philosophie, 31, 1983, S. 852–855

Wittkau, Annette: Historismus. Zur Geschichte des Begriffs und des Problems, Göttingen 1992

Zelle, Carsten: Emigrantengespräch. Ein Brief Richard Alewyns an Karl Viëtor, in: Euphorion, 84, 1990, S. 213–227

Zeller, Bernhard (Hrsg.): Klassiker in finsteren Zeiten 1933–1945. Eine Ausstellung des deutschen Literaturarchivs im Schiller-Nationalmuseum Marbach am Neckar, 2 Bde., Marbach 1983

Zimmermann, Harm-Peer: Vom Schlaf der Vernunft. Deutsche Volkskunde an der Kieler Universität 1933 bis 1945, in: Prahl, Hans-Werner (Hrsg.): Uni-Formierung des Geistes. Universität Kiel im Nationalsozialismus, Kiel 1995, S. 171–274

Zimmermann, Susanne: Die medizinische Fakultät der Universität Jena während der Zeit des Nationalsozialismus, Berlin 2000

Verzeichnis der Abkürzungen

a. a. O.	am angegeben Ort
Amt Rosenberg	Sammelbezeichnung für die Dienststellen des Reichsleiters Alfred Rosenberg
Aufl.	Auflage
AStA	Allgemeiner Studentenausschuss
BAK	Bundesarchiv Koblenz
Bl.	Blatt
DuV	Dichtung und Volkstum
DVjs	Deutsche Vierteljahrsschrift für Literaturwissenschaft und Geistesgeschichte
ebd.	ebenda
erw.	erweiterte
GRM	Germanisch-Romanische Monatsschrift
H.	Heft
Hrsg.	Herausgegeben bzw. Herausgeber
IASL	Internationales Archiv für Sozialgeschichte der deutschen Literatur
IGL	Internationales Germanistenlexikon 1800–1950, 3 Bde., hrsg. von Christoph König, Berlin 2003
Jb.	Jahrbuch
KfdK	Kampfbund für deutsche Kultur
N.F.	Neue Folge
NS	Nationalsozialismus/nationalsozialistisch
NSDAP	Nationalsozialistische Deutsche Arbeiterpartei
NSDDB	Nationalsozialistischer Deutscher Dozentenbund
NSDSt	Nationalsozialistischer Deutscher Studentenbund
NSV	Nationalsozialistische Volkswohlfahrt
PMLA	Publications of the Modern Language Association
REM	Reichsminister(ium) für Wissenschaft, Erziehung und Volksbildung
RKK	Reichskulturkammer
RMfVP	Reichsministerium für Volksaufklärung und Propaganda
RSK	Reichsschrifttumskammer
SA	Sturmabteilung
SD	Sicherheitsdienst
SS	Schutzstaffel der NSDAP
verm.	Vermehrte
ZfDB	Zeitschrift für Deutsche Bildung
ZfDk	Zeitschrift für Deutschkunde
ZfG	Zeitschrift für Germanistik
ZfDPh	Zeitschrift für deutsche Philologie

Namenverzeichnis

Adam, Wolfgang   192, 193, 353, 397, 714, 717, 740
Adorno, Theodor W.   Motto, 340, 341
Albert, Claudia   67, 112 f., 151, 282, 351, 601–606, 624, 633, 641 f., 740, 747, 753, 763, 765
Alewyn, Richard   94, 96 f., 101, 177, 426, 464, 539, 560, 701, 719, 765
Alker, Ernst   327, 719
Almgren, Birgitta   115, 351, 353, 361, 740, 747, 750, 753
Alt, Johannes   95, 97, 101 ff.
Alverdes, Paul   453
Aly, Götz   128 f., 295, 417 f., 740
Amonn, Hermann   555, 719
Arendt, Hannah   82
Arndt, Ernst Moritz   414, 589 f., 599, 719, 730

Bachofer, Wolfgang   713, 741
Baeumler, Alfred   33, 122, 133, 328
Bancsa, Kurt   457, 719
Barbian, Jan Pieter   81, 84, 86, 741
Barner, Wilfried   64, 95, 103 f., 193, 341, 353, 391, 441, 508, 564, 645, 666, 668, 701, 713, 715, 740 f., 744 f., 748 f., 753, 755 f., 758, 761
Bartels, Adolf   33, 323 ff., 329 f., 375, 379, 404, 417, 564, 719, 726, 747, 759
Baumgart, Wolfgang   435, 719
Baur, Erwin   301, 719, 746
Bayertz, Kurt   295 f., 299 ff., 306 f., 313–316, 318 f., 741, 765
Becher, Johannes R.   324
Beck, Wolfgang   105, 116 f., 340, 660, 713, 741
Behaghel, Otto   197 f., 715, 719, 758
Beißner (bzw. Beissner), Friedrich   12, 48, 101, 104 f., 501–509, 561, 603, 608 f., 615, 621, 626–632, 635, 645, 654, 663 f., 719 f., 744, 751

Benda, Oskar   60, 136, 219, 325 f., 394, 406, 421 f., 464, 714, 720
Benjamin, Walter   199, 206, 391, 394, 642, 720, 754
Benn, Gottfried   201
Benz, Wolfgang   76, 112, 569 f., 587, 741, 747
Berendsohn, Walter A.   713
Berghahn, Klaus L.   287, 655, 741
Bergson, Henri   211, 216, 278, 720, 745, 760
Bersin, Theodor   106
Bertram, Ernst   86, 100, 102, 112, 219, 228, 235, 281, 325, 578, 584, 701, 720
Best, Werner   438, 594
Beutler, Ernst   54, 115, 713, 720, 756
Bietak, Wilhelm   539, 550, 557, 720
Blumenberg, Hans   218, 478, 741
Boden, Petra   9, 60, 103, 132, 148, 224, 247, 285, 370, 391 f., 396, 401, 406, 422, 452, 459 f., 464, 510, 538, 554, 558, 561, 668, 701, 715, 741 f., 744 f., 761, 765
Böckmann, Paul   46, 54, 101, 104–107, 144–147, 152, 240, 244 f., 292, 458, 503, 507, 588, 632 f., 635–640, 646, 648, 676, 704, 708, 720, 754
Boehm, Max Hildebert   430, 432, 720
Bonk, Magdalena   95, 272–275, 361, 458, 576, 743
Börries, Freiherr von Münchhausen   70, 723
Bollenbeck, Georg   13 f., 24 ff., 30 ff., 135, 164, 181, 202 ff., 281, 351, 370, 412 ff., 416 f., 459, 465, 479, 523, 616 f., 667, 704 f., 707, 717, 742, 747, 752 f., 760, 764
Borcherdt, Hans Heinrich   54, 101, 104 ff., 134, 140 f., 168, 179–183, 192, 333 f., 337, 503, 507, 720 f.
Bourdieu, Pierre   13 f., 16–20, 25 f., 28, 32, 39, 81, 230, 254, 258 f., 288, 295, 410, 463, 515, 524, 626 f., 743, 753, 757 f., 762

Brecht, Walther   95, 97, 101, 272, 374, 391, 754
Brenner, Emil   555, 721
Brenner, Peter J.   20, 27, 743 f.
Breuer, Stefan   217, 467 f., 521, 604, 743
Brinkmann, Henni(n)g   54, 198, 721
Bruch, Rüdiger vom   374, 421, 740, 747 f., 750, 757, 763
Brüggemann, Fritz   422, 431, 460, 470, 713, 721
Buchwald, Reinhard   505, 507
Büchner, Georg   111, 539, 541, 546, 730, 740
Burdach, Konrad   238, 265 f., 733
Büttner, Ludwig   337, 345, 354–361, 363, 365–368, 370, 662, 721
Burger, Heinz Otto   41, 53 f., 65–72, 101, 104 f., 294, 333, 344–348, 350 ff., 366, 368, 485, 503, 635, 663 f., 675, 705 ff., 721, 723, 730, 731, 732, 737, 740
Buselmeier, Karin   96, 743
Busse, Gisela von   409, 739

Carossa, Hans   453, 564 f., 567, 593, 633
Chamberlain, Houston Stewart   302–305, 308, 321, 721, 742
Chroust, Peter   131, 743
Claudius, Hermann   70, 564, 721
Clauß (bzw. Clauss), Ludwig Ferdinand   309, 335, 339, 342, 344, 347 f., 353 f., 385, 721, 765
Comte du Buffon, George Louis   298
Conrady, Karl Otto   96, 744
Cysarz, Herbert   46 f., 54, 101, 104 f., 219, 228, 231, 240 f., 254 f., 272–281, 285–290, 328–332, 346, 354, 375, 458, 460, 505, 546, 566, 569 f., 572, 574–577, 583 ff., 587 f., 592, 596, 599, 662, 701, 703, 721 f., 724, 730, 756

Dahle, Wendula   57, 571, 744
Dainat, Holger   9 ff., 27, 54, 56, 59 f., 63 f., 69, 79 f., 86, 94 ff., 98 ff., 102 ff., 106, 132, 148, 152, 156, 175, 183, 193, 218, 221 f., 224, 226, 239, 250, 254, 262–266, 330, 340, 353, 365 f., 375, 391, 410, 458, 468, 470, 537, 561, 566, 658, 660, 663, 668, 742, 744 f., 748, 750, 758, 760, 765
Dilthey, Wilhelm   207–211, 213, 216, 225, 326, 343, 387, 389, 446, 457, 464, 468, 662, 721 f., 751 f., 763
Danneberg, Lutz   9 f., 14, 21, 40, 50, 54, 56, 59 f., 63, 79 f., 94 ff., 98, 102, 132, 175, 183, 224, 250, 330, 340, 375, 391, 410, 526, 658 f., 668 f., 691, 742, 745, 748, 750, 755, 758, 760, 762, 765
Darré, Richard Walt(h)er   122 f., 198, 307, 311, 315
Dehn, Fritz   526–530, 722
Deubel, Werner   266, 281, 290–293, 722
Droste-Hülshoff, Annette von   12, 136, 347, 539, 547, 560, 579, 670, 725, 740
Dubbels, Elke   86, 193, 353, 433, 464, 472 ff., 745
Dühring, Eugen   304, 315, 723
Durkheim, Emile   478, 745
Dwinger, Edwin Erich   564, 566 f.

Echternkamp, Jörg   322, 416, 572, 574, 586, 607, 614, 622, 741, 745, 749, 752, 754, 758, 763
Edge, David   19, 26, 745
Emrich, Wilhelm   122, 338, 340–344, 690, 709, 719, 723, 749, 751
Enders, Carl   713
Engelke, Gerrit   526, 564
Eppelsheimer, Hanns W.   555, 723
Epstein, Hans   60, 723
Ermatinger, Emil   60, 136, 234–238, 276, 278, 325, 394, 460, 467, 469, 642, 664, 721, 723 f., 733, 765
Ernst, Paul   80 ff., 173 f., 244, 426, 449, 453, 472, 520, 564, 567
Essner, Cornelia   307 f., 310 f., 321 f., 337, 408, 746

Fabricius, Hans   293, 723
Fahlbusch, Michael   78, 572, 746
Fahrner, Rudolf   96, 101 f., 579, 586
Fechter, Paul   33, 173, 523 f., 723
Ferber, Christian von   83, 93, 746
Fischer, Eugen   301, 306 ff., 719, 723, 746
Fischer, Klaus   78, 80, 85, 90, 93, 746
Fleck, Ludwik   14 f., 21–25, 29, 32, 247 f., 253, 313, 461 f., 746, 760, 765
Flemming, Willi   46 f., 54, 100, 240 ff., 351, 354, 365–374, 419, 423, 436–441, 460, 483, 655, 723
Fohrmann, Jürgen   10 f., 27, 58 f., 63, 81, 174, 221 f., 227, 562, 744 ff., 747, 754, 757, 764
Foucault, Michel   32, 747
Frank, Hans   128, 569

Frey, Theophil 608 f., 628, 631 f.
Freyer, Hans 90, 133, 187, 441
Frick, Wilhelm 323
Fricke, Gerhard 41, 46, 53, 55, 58, 100–103, 112, 118, 134, 137, 147, 154, 158, 162, 165, 191, 226 f., 240, 245, 254–259, 261–271, 281, 287–290, 292 ff., 306, 316, 348 f., 366, 375, 460, 475, 477 f., 483 f., 486, 500 f., 503, 507 ff., 513, 518, 529, 533–538, 540, 546, 577 f., 584, 593–599, 654, 673, 700, 706, 720 ff., 724, 727 f., 731 f., 735 f., 739, 761, 763

Gärtner, Marcus 113 f., 116, 534, 568, 666, 704, 747
Gaul-Ferenschild, Hartmut 11, 16, 254, 256 ff., 458, 508, 510 f., 526, 531 ff., 538, 545, 571, 747
George, Stefan 82, 96, 104, 106, 217 f., 222, 235 f., 363, 365, 425, 521 f., 553, 564, 567, 579, 601–605, 620, 635, 641, 647, 653, 662, 730, 736, 741, 743, 754
Gerhard, Melitta 714
Gobineau, Josef Arthur de 298–305, 318, 724, 736
Goebbels, Josef 42, 84, 128, 283, 340, 438, 447, 504, 564, 581, 591, 607 f., 610, 612, 614, 616 f., 619, 724
Goethe, Johann Wolfgang von 7, 56, 108, 111, 113, 139, 145, 151, 168, 176 f., 182, 195, 206, 209 ff., 224, 235, 238, 256 f., 265, 281, 284 f., 291, 307, 309, 339–344, 346, 349 ff., 361, 366, 374, 376, 379 f., 388 ff., 394, 410, 426, 429, 443, 456 f., 462, 467 ff., 471, 481, 485, 531, 537, 540, 547, 552 f., 564, 577 f., 582, 595, 601 f., 605, 613, 620, 622, 638, 641, 643, 645, 658, 663, 665, 670–677, 679, 682–687, 690 f., 693–696, 713, 720, 722 f., 725–730, 732, 734, 736–739, 742, 748, 750, 754 ff., 758
Gotthelf, Jeremias 520, 540, 548, 555
Grabbe, Christian Dietrich 115, 351 f., 367–370, 462, 485, 730 f., 737, 743
Griese, Friedrich 217, 354, 564 ff., 719
Grillparzer, Franz 85, 457, 540, 547 f., 585, 719
Grimm, Hans 416, 453, 472, 565–568, 727
Grimm, Jacob 64, 67, 180, 195, 389, 393, 543
Groh, Wilhelm 90
Grolmann, Adolf von 539, 546, 551, 625
Groß, Walter 319

Grüttner, Michael 59, 69, 76 f., 79 f., 85, 91, 93, 124, 128 f., 131, 250, 744, 747 f.
Grund, Uwe 134, 158, 349, 748
Günther, Hans F. K. 305–312, 326, 334 f., 345, 348, 354, 370, 385, 403–407, 724, 731, 751
Gumbel, Hermann 101, 104 f., 325, 467, 724
Gundolf, Friedrich 86, 94, 98, 176, 180, 189 f., 223 f., 228 f., 235, 285, 361, 376, 378, 388, 553, 579, 601 f., 605, 660, 725, 742, 754

Hagen, Hans W. 251, 391, 408, 411, 501, 519, 725
Haffner, Sebastian 230, 248, 725
Hammerstein, Notker 76, 80, 85 f., 713, 748
Hankamer, Paul 95 ff., 101, 129, 235, 748, 755
Hartsthorne, Edward Yarnall 93, 748
Hatvany, Ludwig 220, 725
Hauptmann, Gerhart 370, 485, 522, 564, 568, 730, 734
Hausmann, Frank-Rutger 11, 55, 58, 69, 86, 90, 94, 96, 108 f., 158, 365, 372, 422, 458, 572, 576–580, 583, 585 f., 594, 717, 745, 748, 753
Havenstein, Martin 238, 725
Hebbel, Friedrich 152, 330, 345, 350, 405, 462, 540, 564
Hegel, G. W. F. 206 f., 210, 215, 260, 272, 278, 347, 399, 468, 542, 616, 684, 721
Heiber, Helmut 95, 749
Heidegger, Martin 67, 184, 230, 463, 510, 514–517, 519–522, 529 f., 534, 602, 604, 608, 633 ff., 642 f., 646 f., 663, 743, 756, 763
Heine, Heinrich 5 f., 17, 232 f., 324, 330, 389, 488, 522–526, 541, 544, 558 f., 579, 738
Hellingrath, Norbert von 601–606, 611, 616, 620, 623, 626 f., 629 ff., 635, 750, 758
Hempel-Küter, Christa 89, 108, 110 f., 671, 701, 749
Herbert, Ulrich 296, 438, 707, 749
Herbst, Ludolf 166, 301, 305, 318, 749
Herder, Johann Gottfried 105, 107, 117, 138, 162, 194 f., 351, 380, 389, 407, 413, 472, 474, 477, 481–485, 533, 564, 580, 595, 601 f., 727, 730, 736, 739, 741, 761
Hermand, Jost 11, 97, 133 f., 423, 510, 749
Herrmann, Hans Peter 104, 582, 584, 749
Herrmann, Max 94, 97, 101 f., 148
Herz, Henriette 98
Heselhaus, Clemens 374, 579, 583, 670, 725
Heß, Rudolf 43, 90

Heusler, Andreas 62, 199 f.
Heydrich, Reinhard 128, 594
Himmler, Heinrich 42 f., 84, 90, 128, 175, 569 f., 594
Hirsch, Arnold 108, 422 f., 433, 463, 714, 725
Hitler, Adolf 76 ff., 81, 96 f., 106, 109, 112, 114, 119, 123, 129, 131, 139 ff., 151, 161, 273, 283, 285, 293, 306, 316 f., 320 ff., 327, 379, 413, 417 f., 447, 452, 478, 483 f., 591, 596, 612 f., 616, 632, 645, 707, 723, 725 f., 736, 740, 745 f., 749, 752, 758, 764
Hoefler, Otto 54, 101, 361, 375, 725
Hölderlin, Friedrich 49, 67, 85, 105, 107, 112 f., 151, 182, 209, 278, 347 f., 352, 367, 399, 405, 407, 468, 474, 479, 502, 504, 508, 514, 522, 524 f., 552, 564, 574, 586 f., 600–616, 618, 620–630, 632–654, 663, 673, 719–722, 727 ff., 733, 736, 740 f., 743, 750 f., 755 f., 758, 761, 763, 765
Höppner, Wolfgang 11, 14, 21, 27, 40, 55, 94, 97–100, 102 f., 111, 140, 175, 284, 340, 342, 349, 351, 361, 374–377, 381 ff., 388, 397, 526, 537, 576 f., 745, 750, 753, 762, 765
Hofmannsthal, Hugo von 96, 239, 391, 394, 397, 400, 620, 754, 761
Hübner, Arthur 45, 134, 139 f., 168–180, 223, 330, 460, 725
Huber, Hans 90
Hunger, Ulrich 84 f., 130 f., 248, 255, 751
Husserl, Edmund 341, 343, 347, 664, 675

Ingarden, Roman 675, 725

Jäger, Ludwig 12, 85, 158, 502–506, 508, 572, 575, 577–581, 583, 585, 751
Janentzky, Christian 100
Jansen, Christian 96 f., 169, 421, 743, 751
Jean Paul 85, 103, 504, 553, 602, 641, 714, 753
Jensen, Harald 281, 725
Jessen, Heinrich 316, 344, 354, 360, 482, 725
Jolles, Andre 674, 725
Johst, Hanns 472, 526, 564, 567

Kahlefendt, Nils 607–610, 612, 621, 626, 628–632, 642 f., 751
Kallis, Aristotle A. 586, 614 f., 752
Kant, Immanuel 208, 281, 285 ff., 298, 383, 616, 725

Kayser, Wolfgang 99, 110, 352 f., 580 f., 583, 658 f., 667, 725
Keferstein, Georg 48, 288, 293, 423, 429–433, 441, 463, 529, 725 f.
Keller, Gottfried 547, 665, 737
Kershaw, Ian 112, 614, 752
Ketelsen, Uwe K. 352, 415 f., 563 f., 752
Kierkegaard, Søren 526, 734
Killy, Walther 609, 626, 628, 630
Kindermann, Heinz 46, 54, 61, 86, 96, 101 ff., 134, 177, 183–188, 240, 243 f., 283 f., 330, 370, 375, 378 f., 411, 441–463, 483, 488, 502, 534, 566 f., 578, 584, 623 f., 652, 654, 673, 695, 703, 723, 726 f., 739, 753, 758
Klages, Ludwig 205 f., 217, 290, 445, 605, 727
Klausnitzer, Ralf 14, 21, 40, 46, 142, 147, 188, 239, 295, 345, 357, 365, 378, 385, 389, 391, 394, 399 f., 405–410, 459, 470, 484, 526, 528, 537, 593, 670, 681, 715, 745, 750, 753, 762, 765
Kleinberg, Alfred 423, 727
Kleist, Heinrich von 67, 105, 111–121, 148, 151 f., 182, 268, 271, 290, 348, 350 f., 356, 367, 407, 489–492, 500, 516, 518, 530, 564, 606, 636, 724, 726–729, 731–733, 740, 747, 753, 763, 765
Klemt, Eduard 129
Klopstock, Friedrich Gottlieb 85, 244, 274, 407, 425, 474, 504 ff., 578, 580, 585, 602, 736
Kluckhohn, Paul 54, 82 f., 86, 100, 102, 112, 114 f., 118, 121, 192, 219, 337, 409, 433, 445, 453, 456, 458, 460, 463, 472–475, 501, 509, 528 f., 537–547, 549–551, 553 f., 556 f., 560, 565 ff., 592 f., 601, 607 ff., 614 f., 622 f., 642 f., 663, 727
Knobloch, Clemens 14, 21, 25, 30, 370, 372 f., 459, 572, 667, 704 f., 717, 742, 747, 753, 760
Kober, August H. 659, 727
Koch, Franz 3 f., 6, 41, 47, 53, 55–68, 70 f., 77, 86, 100–103, 110, 112, 115, 194–196, 198 ff., 327, 334, 342 ff., 354, 356, 365 f., 374–391, 399 f., 409, 437, 458, 476, 481, 484, 555 f., 558, 565 f., 573, 576 f., 583, 589 f., 623, 654, 684 f., 695, 700 f., 703, 720–724, 727 f., 731 f., 736 f., 739, 750
König, Christoph 27, 59, 62, 64, 95–98, 103 f., 193, 223, 239, 340 f., 353, 391, 421, 441, 463, 465, 467, 508, 564, 580, 645, 666, 668, 702,

713, 715, 740 f., 744 f., 748–756, 758, 761, 763 f.
Köhler, Kai   93, 255, 526, 641 f., 644, 754
Körner, Josef   377 f., 399, 715, 753
Kohlschmidt, Werner   101, 104 f., 107, 728
Kolbenheyer, Erwin Guido   33, 65, 217, 376, 381–390, 472, 476, 564–568, 593, 685, 727 f., 750
Kolk, Rainer   27, 62 f., 193, 217–220, 222 f., 227, 602 f., 605, 654, 745, 754
Kommerell, Max   49, 54, 99–106, 113, 255, 281, 580, 583, 601 f., 603, 608, 627, 632 ff., 636 f., 641–655, 658, 663, 665, 676, 720, 728, 743, 754, 756, 763
Kondylis, Panajotis   156, 754
Korff, Hermann August   45 f., 82, 86, 100, 113, 115, 134, 138 f., 146 f., 159, 162, 222 ff., 226, 228, 238, 240, 249, 252, 388, 399 f., 444, 457, 467, 469 ff., 548, 635, 658, 660, 723, 729, 735
Koselleck, Reinhart   249, 412, 414, 420, 699, 754, 763
Kraeger, Heinrich   102
Kroll, Jürgen   295 f., 299 ff., 306 f., 313–316, 318 f., 765
Krummacher, Hans-Henrik   107, 145, 754
Krieck, Ernst   90, 133, 137, 174, 184, 250, 328, 419, 426, 428, 447, 475, 483, 729
Kuhn, Thomas S.   23, 40, 754
Kundrus, Birthe   547, 611 f., 614, 116 ff., 754

Lachmann, Karl   179, 729
Lämmert, Eberhard   27, 59, 62, 64, 97 f., 103, 223, 239, 391, 421, 463, 465, 467, 477, 670, 707, 741, 744, 750 ff., 754 f., 761, 763 f.
Lagarde, Paul de   304, 414, 729
Lamprecht, Karl   224, 394, 421 f., 439, 721
Langbehn, Julius   217, 414 f., 729
Langenbucher, Hellmuth   33, 75, 86–89, 113 f., 147, 250 f., 354, 377, 381, 434, 441, 460 f., 501, 519, 523, 530 f., 555, 566, 571, 729, 741
Lasch, Agathe   94 f., 748
Latour, Bruno   704, 755
Leitzmann, Albert   97 f., 101, 729
Lenk, Kurt   201, 217, 692, 755,
Lenoir, Timothy   53, 755
Lenz, Fritz   301, 307, 316, 719, 746
Lepsius, Oliver   17, 322, 332, 755, 757
Lerchenmüller, Joachim   175, 755
Lersch, Heinrich   526, 532, 564, 566

Lessing, Theodor   205, 217, 324, 729
Lichtblau, Klaus   216, 421, 755
Liepe, Wolfgang   94 f., 97, 101, 701,
Linden, Walther   44, 46, 134 f., 138, 141–148, 150 ff., 153, 158 f., 161 f., 177, 182, 188–191, 240, 242–245, 289 f., 292, 348, 390, 469, 501, 509, 537 f., 556, 571, 703, 720, 723, 729 f., 735
Link, Jürgen   31, 755
Linke, Johannes   526
Lischeid, Thomas   94, 468, 755
Loerke, Oskar   385, 730
Lublinski, Samuel   324, 423, 730
Lugowski, Clemens (bzw. Klemens)   4 ff., 8, 16, 41, 48, 53 f., 101, 104 f., 107, 112, 118, 268, 352, 366, 375, 477, 484–501, 518, 562 f., 566, 568, 664, 676, 700, 719–724, 727 f., 730 ff., 736, 739, 751, 575, 761
Luhmann, Niklas   12, 17, 24, 28, 39, 753, 756, 758
Lukács, Georg   201, 423, 495, 730, 740
Lundgreen, Peter   11, 93, 756, 764
Lutz, Wolfgang   251, 730
Lutzhöft, Hans Jürgen   306–310, 321, 756

Mackensen, Lutz   582, 584, 730
Magon, Leopold   100, 578, 589 f., 599, 730
Mahrholz, Werner   219, 423, 730
Majut, Rudolf   539, 541, 550, 730
Mann, Thomas   99, 174, 213, 246, 278, 324, 385, 394, 452, 487 f., 520, 526, 616, 657, 731, 751
Mannheim, Karl   22 f., 341, 756
Marr, Wilhelm   304, 731
Martinez, Matias   32, 485, 487, 492 f., 495, 747, 751, 756
Martini, Fritz   43, 54, 101, 104 f., 111 f., 115–123, 352, 354, 435, 472 f., 556 ff., 561, 573, 598 f., 719, 731
Mattenklott, Gert   647 f., 653 f., 731
May, Kurt   54, 72, 131, 676, 700, 704, 731
Mayer, Theodor   55
Maync, Harry   101, 219, 255, 399, 526, 731
Mehring, Franz   423, 731
Meissl, Sebastian   188, 756 f., 374 f., 379, 391, 393–397, 406,
Meister Eckhart   75
Mergenthaler, Christian   609–612
Merkenschlager, Friedrich   310 f., 731

Merker, Paul 54, 100, 219, 422, 431, 436, 731 f.
Mertens, Lothar 75, 77, 80, 85 f., 757
Meyer-Benfey, Heinrich 221 f., 660, 732
Miegel, Agnes 453, 564 f.
Milch, Werner 701, 714
Minde-Pouet, Georg 113, 732
Mörike, Eduard 399, 540, 543, 446 ff., 555
Molo, Walter von 173
Mommsen, Theodor 260 f., 732
Müller, Günther 49, 54, 95–98, 101 f., 177, 183, 338 f., 374, 422, 455, 457, 462, 529, 558 f., 579, 658, 663 f., 666 f., 669–696, 705, 709, 719, 732, 741, 758
Müller, Hans-Harald 239, 326, 340, 351, 370, 455, 537, 580, 659, 745, 751 f., 757, 764
Müller, Joachim 54, 390, 457
Mulot, Arno 33, 349, 519, 571, 705 f., 732

Nadler, Josef 33, 47, 61, 86, 134, 177, 181, 186–192, 223–226, 228 f., 237 ff., 327, 333, 346, 371, 375 f., 382, 388, 390–410, 439, 460, 540, 624, 660, 668 f., 692, 701 ff., 715, 733 f., 739, 752 ff., 756, 758 f., 761
Naumann, Friedrich 415, 733
Naumann, Hans 54, 158, 177, 325, 422, 460, 471, 481, 732 f.
Neumann, Friedrich 54, 84, 165, 177, 268, 349, 438, 485 f., 492, 499, 709, 733
Newald, Richard 706, 733
Nidden, Ezard 221, 733
Nietzsche, Friedrich 117, 122, 150, 201, 203, 205, 207, 211–216, 226, 235, 240, 242, 245, 260, 266 f., 275, 280 f., 286 f., 292, 299, 326, 348, 440, 450, 478, 553, 564, 577 f., 585, 592 f., 599, 622, 722, 724, 733, 740, 758
Nikolaus von Kues 684, 733
Nipperdey, Thomas 202, 758
Nohl, Hermann 468 f., 733
Nollau, Alfred 89, 251 f., 476, 733
Nowotny, Helga 15, 758

Obenauer, Karl Justus 54, 101 ff., 115, 136, 326 f., 339, 379, 408, 475 f., 478, 480, 482 f., 502, 509, 566, 568, 673, 701, 703, 733 f.
Oexle, Otto Gerhard 12, 78, 105, 207, 214, 217, 502, 746, 751, 755, 758
Olt, Reinhard 198, 758
Oppel, Horst 115, 526 ff., 696, 703, 734
Osterkamp, Ernst 104, 645, 758

Overmans, Jakob 136, 734

Panzer, Friedrich 54, 107, 163, 458, 465 f., 720
Pauen, Michael 203, 205 f., 217, 758
Petersen, Julius 54, 97, 100–103, 132, 148, 192 ff., 196, 199, 284 f., 326, 334–337, 359, 375, 382, 399 ff., 466, 469, 476 f., 492, 503 f., 507, 537, 580, 628, 659, 683, 713, 734, 736, 741 f.
Petersen, Otto von 581–585
Petsch, Robert 54, 100, 178, 243, 338 ff., 635, 661 f., 734 f.
Pfeiffer, Johannes 663 f., 735, 747
Pigenot, Ludwig von 604, 630 ff.
Pilger, Andreas 12, 83, 96, 102, 183, 326, 338, 374, 411, 443, 445, 453–458, 460 f., 666, 670, 672–675, 677 f., 695, 757 ff.
Ploetz, Alfred 301, 314, 316
Pöthe, Angelika 95, 98, 429, 759
Pongs, Hermann 11, 16, 46, 48, 54, 88, 101, 104, 113, 193–196, 254–259, 261–271, 288, 290, 293 f., 354, 415, 458, 488, 508–534, 545–550, 552 ff., 556 f., 560 f., 570 ff., 626, 664, 676, 701, 726, 734 ff.
Pretzel, Ulrich 110
Puschner, Uwe 75, 298, 300, 305, 323, 748, 759 f.,
Pyritz, Hans 43, 89, 101, 104, 108, 111, 341, 410, 507, 626, 645, 671, 686, 696, 709, 749, 758

Raabe, Wilhelm 105, 549, 557 f., 731
Ranke, Friedrich 95 f., 178
Raphael, Lutz 76, 78, 429, 572, 759
Rasch, Wolfdietrich 54, 101, 104 f., 107, 579 f., 676, 736
Rehm, Walther 101, 103 f., 505, 508, 608, 627, 645, 654, 719, 736, 758, 761
Reischauer, Hans 130, 736
Richter, Hans Werner 61, 94 f., 97, 179, 436, 529 f., 532, 736
Rickert, Heinrich 343, 393, 399
Riecke, Heinz 434 f., 736
Ries, Thorsten 8, 759
Rilke, Rainer Maria 255, 514, 517 f., 522, 527, 533, 564, 605, 620, 735
Ringer, Fritz K. 56, 135, 223, 357, 759
Ritterbusch, Paul 55, 270, 592, 748
Römer, Ruth 299, 759

Rössner (bzw. Rößner), Hans 46, 82, 88 f., 99, 240, 245 f., 249, 253, 345, 354 f., 361–366, 371, 381 f., 433, 501, 662, 730, 736
Roethe, Gustav 140, 175, 199, 436, 467, 751
Röther, Klaus 163, 466, 759
Rohkrämer, Thomas 202 f., 760
Rosa, Hartmut 397, 478, 693, 760
Rosenberg, Alfred 3, 42 f., 77, 84, 86 f., 89 f., 113, 122, 132, 138, 147, 175, 250, 307, 316 f., 327, 344, 353 f., 366, 375, 377, 379, 406, 417, 447, 459 f., 504, 566, 574 f., 583, 619, 622 f., 702, 766
Rosenberg, Rainer 3, 54, 66, 69, 148, 239, 247, 656, 701, 742, 760 f.
Rothacker, Erich 86, 184, 192, 409, 426, 446, 474, 528, 663, 674, 736
Ruppelt, Georg 282, 564, 760
Rupprecht, Erich 122, 252, 719
Rusinek, Bernd A. 75, 760
Rust, Bernhard 43, 79, 90, 94, 131, 261, 322 f., 327, 508, 579, 736

Saadhoff, Jens 699, 717, 760
Saller, Karl 310 f., 731
Samuel, Richard 714
Sauer, August 193, 195, 224, 272, 391–394, 396, 400, 431
Sauer, Eugen 113, 193, 736
Schäfer, Hans Dieter 116, 385, 760
Schäfer, Lothar 21 f., 248, 746
Schäfer, Wilhelm 385, 453, 564, 567
Scheid, Fritz K. 130, 137, 702, 739
Scheler, Max 446 f.
Schemann, Ludwig 301, 305, 344, 404, 736
Schemm, Hans 127
Scherer, Stefan 666, 710
Scherer, Wilhelm 27, 56 f., 81, 178, 180, 220, 225, 272, 325 f., 334, 465, 736, 750, 752, 760, 762
Schildt, Axel 420, 707 f., 761
Schiller, Friedrich 46 ff., 67, 85, 104 f., 112 f., 137, 148, 151, 226, 237, 254 ff., 266 ff., 271–274, 278 f., 281–294, 345, 348, 350 ff., 393, 399, 501–508, 510 f., 522, 526, 533, 536 f., 539, 545, 547, 552, 561, 564, 578, 581, 589, 594–599, 602, 606, 609, 612 f., 617, 627 f., 630, 636, 646, 648, 663 f., 675, 677 f., 683, 720, 722–726, 728, 730, 732, 734 ff., 738 ff., 744, 749, 752, 760, 763, 765

Schirach, Baldur von 325
Schivelbusch, Wolfgang 397, 415, 761
Schlaffer, Heinz 485 ff., 494 ff., 761
Schlösser, Rainer 325
Schmidt, Erich 178, 180, 199, 323
Schmiele, Walter 531 f., 737
Schmitt, Saladin 113
Schmitz-Berning, Cornelia 296, 302, 317, 321, 417, 761
Schmuhl, Hans-Walter 295 ff., 301, 306, 314, 317, 319, 572, 756, 761
Schnädelbach, Herbert 201, 203, 207, 209, 215, 761
Schneider, Ferdinand Josef 54, 100, 351 f., 470, 580, 737
Schneider (Schwerte), Hans Ernst 85, 158, 342, 572, 751
Schneider, Hermann 54, 385, 503, 578 f., 584, 764
Schönert, Jörg 9, 15, 29, 38, 50, 85 f., 743, 745, 756 f., 761
Scholz, Wilhelm von 70, 564, 737
Schücking, Levin L. 422, 425, 427, 432, 436 f., 737
Schütt, Julian 667 f., 762
Schultz, Franz 54, 100, 136, 219, 237 ff., 434, 714, 737
Schumann, Andreas 564, 762
Schumann, Gerhard 593, 607, 615, 628 f.
Schwietering, Julius 54, 714
Schwingel, Markus 13, 17, 32, 762
See, Klaus von 305, 351, 385, 764
Seebaß, Friedrich 603, 630 f.
Seeberg, Erich 75
Seier, Hellmut 3, 70, 90 f., 93 f., 762
Senger, Franz 109 f., 736
Sengle, Friedrich 54, 599, 737
Seruya, Teresa 110, 581, 667, 762
Siebert, Ludwig 504
Sieg, Ulrich 55, 69, 75, 78 f., 87, 90, 762
Simmel, Georg 206, 216, 218, 495, 582, 737, 742
Simon, Gerd 82, 88, 175, 194, 245, 330, 363, 365, 434, 459, 572, 583, 755, 762
Sommerfeld, Martin 341, 714
Spahn, Martin 260 f., 764
Spengler, Oswald 203, 205 ff., 210 f., 213, 217, 365, 680, 737, 746, 758
Spoerhase, Carlos 40, 762

Spranger, Eduard   260, 336, 737
Staiger, Emil   49, 54, 60, 66, 642, 660, 663–671, 676, 690 ff., 694, 705, 710, 737, 752, 765
Stammler, Wolfgang   95 f., 701 f., 737
Stapel, Wilhelm   416, 737
Stark, Johannes   76
Stefansky, Georg   193, 397, 400, 714, 729, 740
Stern, Fritz   217, 762
Stifter, Adalbert   136, 239, 539 f., 546–549, 552 f., 555, 560, 568, 739 f., 761
Strauß, Emil   214, 453, 564, 567
Strich, Fritz   86, 176, 222 f., 226, 228, 238 f., 330, 394, 655, 738, 757
Stumpfl, Robert   101
Sturm, Peter   7, 11, 33 f., 389, 763
Svendsen, Lars   229 f., 763

Thamer, Hans-Ulrich   586, 763
Thielen, Joachim   209, 211, 763
Thomä, Dieter   514, 763
Tietze, Hartmut   83, 763
Tilitzki, Christian   90, 134, 763
Tomaševskij, Boris   600
Troeltsch, Ernst   216 f., 738
Trommler, Frank   463, 465, 763
Trunz, Erich   61, 101, 422, 458, 463 f., 566, 582 ff., 663, 738, 755
Tucholsky, Kurt   206, 324 f., 582

Unger, Rudolf   84, 101, 148, 189, 218 ff., 222 f., 232 ff., 272, 281, 288, 292, 399, 444, 469 f., 485 f., 496, 518, 533, 658, 660, 662, 738
Utitz, Emil   444, 447, 738

Vesper, Will   81, 217, 565, 567, 738
Viëtor, Karl   45, 48, 95 ff., 101 f., 134, 139, 144 f., 151, 159–168, 170, 177, 237, 411, 419, 423–430, 433, 441, 457, 463, 485, 493, 505, 555, 660 ff., 770, 738, 765
Vogelpohl, Wilhelm   555, 738 f.
Volke, Werner   601, 607 f., 612, 751, 758, 763
Von der Leyen, Friedrich   95 f., 228, 739
Vondung, Klaus   112, 477, 763 f.
Vosskamp (bzw. Voßkamp), Wilhelm   10 ff., 27, 58 f., 63, 81, 174, 221 f., 227, 351, 421 f., 470, 580, 744–747, 754, 757, 764

Wagner, Albert Malte   246 f., 739, 759
Wagner, Richard   122, 278, 301–304, 613
Wais, Kurt   665 f., 739
Walzel, Oskar   101, 138, 158, 192, 219, 239 f., 378, 387 f., 456, 655, 739, 757
Weber, Max   217, 260, 315, 751, 764
Wehler, Hans-Ulrich   37, 55, 130, 135, 149, 417, 764
Wehrli, Max   61 f., 66, 223, 530, 655, 739
Weimar, Klaus   4, 60, 63, 81, 642, 658, 664, 667 ff., 764 f.
Weingart, Peter   15, 20, 295 f., 299 ff., 306 f., 309, 313–316, 318 f., 342, 347, 765
Weinheber, Josef   70, 375, 514, 526, 593, 598 f., 608, 622, 731, 740
Weisbrod, Bernd   10, 410, 752, 765
Wellek, René   220, 765
Wentzlaff–Eggebert, Friedrich Wilhelm   101
Werle, Dirk   21 ff., 28, 765
Wesle, Carl   94 f., 101, 429
Weydt, Günther   46, 111, 134, 136 f., 154–162, 169, 240, 245, 539, 546, 550 f., 553 f., 557, 560, 580, 583, 662, 740
White, Hayden V.   29, 765
Wiese, Benno von   54, 99, 101–105, 107, 130, 134, 137 f., 377 ff., 445, 456 f., 475–484, 501, 503, 533, 559, 566 ff., 585, 663 f., 683, 702, 739
Wildt, Michael   82, 137, 346, 569, 572, 765
Wimsatt, William K.   659, 740
Wirth, Hermann   175, 715
Witkop, Philipp   101
Witte, Arthur   429
Wörner, Roman   99, 101
Wolf, Karl Lothar   95, 681
Wüst, Walter   592

Zelle, Carsten   139, 426, 493, 765
Zeller, Bernhard   104, 282 f., 592, 601, 604–610, 613, 615, 619 ff., 623, 628 f., 632, 634, 763, 765
Ziegler, Hans Severus   325
Ziegler, Wilhelm   592
Zinkernagel, Franz   604, 626 f., 740